Peter Pinzinger

## Die Marktrisikoprämie im Rahmen der objektivierten Unternehmensbewertung

Eine Erörterung der qualitativen und der quantitativen Determinanten im Lichte der modelltheoretischen Annahmen und der Empfehlungen der Bewertungspraxis

Herbert Utz Verlag · München

**Schriftenreihe zum Finanz-, Prüfungs- und Rechnungswesen**

herausgegeben von

Prof. Dr. Hans Peter Möller, TH Aachen
Prof. Dr. Volker H. Peemöller, Universität Erlangen-Nürnberg
Prof. Dr. Martin Richter, Universität Potsdam

Band 48

MIX
Papier aus verantwortungsvollen Quellen
FSC® C083411

Zugl.: Diss., Erlangen-Nürnberg, Univ., 2016

Bibliografische Information der Deutschen Nationalbibliothek: Die Deutsche Nationalbibliothek verzeichnet diese Publikation in der Deutschen Nationalbibliografie; detaillierte bibliografische Daten sind im Internet über http://dnb.d-nb.de abrufbar.

Dieses Werk ist urheberrechtlich geschützt. Die dadurch begründeten Rechte, insbesondere die der Übersetzung, des Nachdrucks, der Entnahme von Abbildungen, der Wiedergabe auf fotomechanischem oder ähnlichem Wege und der Speicherung in Datenverarbeitungsanlagen bleiben – auch bei nur auszugsweiser Verwendung – vorbehalten.

Copyright © Herbert Utz Verlag GmbH · 2016

ISBN 978-3-8316-4514-5

Printed in EU
Herbert Utz Verlag GmbH, München
089-277791-00 · www.utzverlag.de

**Geleitwort der Herausgeber**

Die internationale Finanzmarktkrise und die europäische Schuldenkrise haben zu erheblichen Veränderungen der Marktrendite und der Rendite risikoloser Anlagen beigetragen, die über den Kapitalisierungszinssatz in die Unternehmensbewertung einfließen und erhebliche Bedeutung für den Unternehmenswert haben. Hierbei sollen im Rahmen der objektivierten Bewertung subjektive oder auch willkürliche Datenfestlegungen möglichst verhindert werden. Der Verfasser analysiert in seiner Arbeit die Ermittlungsmöglichkeiten dieser beiden Größen und zeigt jeweils die Stärken und Schwächen der Alternativen auf und unterbreitet einen Vorschlag, wie unter Berücksichtigung der geschilderten Anforderungen eine Ableitung der Werte erfolgen sollte.

In Deutschland hat die Unternehmensbewertung durch IDW S 1 eine hohe Standardisierung gefunden, die für die Praxis der Bewertungen Erleichterungen bringt, aber in vielen Einzelpunkten kritisiert wird. In Anbetracht der Bedeutung des Kapitalisierungszinssatzes auf den Unternehmenswert erscheint deshalb eine fundamentale Bearbeitung der einzelnen Größen von elementarer Bedeutung.

Die Arbeit liefert zunächst eine Bestandsaufnahme der bisherigen empirischen Studien, wobei auf die Veränderungen im Zeitablauf hingewiesen wird. Die Änderungen waren geprägt von den grundlegenden Veränderungen der Besteuerung und den Veränderungen auf dem Kapitalmarkt. Eine rationale Begründung für die Werte fehlte. Der Verfasser geht deshalb der Frage nach, wie unter Berücksichtigung der theoretischen Grundlagen und Anforderungen die Marktrendite zu bestimmen ist. Er unterbreitet dazu einen konzeptionellen Vorschlag, bei dem auf einen Aktienindex abgestellt werden sollte, der die Weltökonomie bestmöglich repräsentiert. Sehr dezidiert wird auf die Länge des Referenzzeitraums und auf die Bestimmung des Mittelwerts eingegangen. Die Frage ‚Geometrischer oder arithmetischer Mittelwert?' wird intensiv diskutiert, die Aussagen argumentativ unterlegt und eindeutig Stellung bezogen.

Die Überlegungen zum risikolosen Zins beziehen sich auf Sitzland und Währungsraum, Risikograd und insbesondere auf die Laufzeit. Für diese Fragestellungen werden Alternativen aufgezeigt bzw. Lösungsvorschläge unterbreitet, die keinen Raum für Rundungen und Glättungen vorsehen. Abgeschlossen werden die Ausführungen mit einer eigenen Auswertung empirischer Daten, um den vorgelegten Vorschlag zur Ermittlung der Marktrisikoprämie zu verdeutlichen.

Der Verfasser referiert die theoretischen Anforderungen, zeigt die sich daraus ergebenden Alternativen auf und unterbreitet einen praktikablen Lösungsvorschlag. Er hat damit einen wichtigen Beitrag zur theoretischen Fundierung und zur praktischen Durchführung der Unternehmensbewertung geliefert.

Aachen / Nürnberg / Potsdam, im September 2016

Die Herausgeber

## Inhaltsübersicht

**Inhaltsübersicht**

Abbildungsverzeichnis ........................................................... XXII

Tabellenverzeichnis .............................................................. XXIV

Abkürzungsverzeichnis ......................................................... XXV

Symbolverzeichnis ................................................................ XXXI

1 Einführung ....................................................................... 1
   1.1 Problemstellung ......................................................... 1
   1.2 Gang der Untersuchung ............................................ 3

2 Bewertungstheoretische Grundlagen ............................ 5
   2.1 Gegenstand, Anlass und Zweck der Unternehmensbewertung ....... 5
   2.2 Systematisierung der Bewertungsverfahren ............ 10
   2.3 Zukunftserfolgswert .................................................. 12
   2.4 Äquivalenzgrundsätze ordnungsmäßiger Unternehmensbewertung ................................. 20
   2.5 Marktmäßig-objektivierte Bestimmung des Risikozuschlags mithilfe des CAPM ........... 45
   2.6 $\beta$-Faktor ................................................................... 63
   2.7 Ansätze zur Bestimmung der Marktrisikoprämie ... 67
   2.8 Zusammenfassung ..................................................... 76

3 Empirische Studien und ihre Bedeutung in der Bewertungspraxis .. 79
   3.1 Vorbemerkung ........................................................... 79
   3.2 Deutscher Kapitalmarkt ............................................ 80
   3.3 Internationale Kapitalmärkte .................................... 84
   3.4 Auffassung der Bewertungspraxis ........................... 85
   3.5 Zusammenfassung ..................................................... 98

4 Marktrendite ................................................................... 101
   4.1 Vorbemerkung ........................................................... 101
   4.2 Operationalisierung des Marktportfolios ................ 101
   4.3 Wahl des Referenzzeitraums ................................... 144
   4.4 Bestimmung des Mittelwerts historischer Marktrenditen ....... 156
   4.5 Zusammenfassung ..................................................... 217

# Inhaltsübersicht

5 Rendite der risikolosen Anlage ........................................... 219
   5.1 Vorbemerkung ........................................... 219
   5.2 Definition ........................................... 221
   5.3 Merkmale von Anleihen ........................................... 223
   5.4 Marktdaten ........................................... 226
   5.5 Stichtagsverzinsung ........................................... 236
   5.6 Operationalisierung der Zinsstruktur ........................................... 253
   5.7 Verfahren von Nelson / Siegel / Svensson zur Schätzung der empirischen Zinsstruktur ........................................... 295
   5.8 Auffassung des IDW zur Rendite der risikolosen Anlage ........................................... 338
   5.9 Zusammenfassung ........................................... 356

6 Sonderfragen ........................................... 359
   6.1 Zur Berücksichtigung von persönlichen Einkommensteuern bei der Unternehmensbewertung im Allgemeinen und bei der Marktrisikoprämie im Besonderen ........................................... 359
   6.2 Anpassungen der empirisch ermittelten historischen Marktrisikoprämie ........................................... 383

7 Konzeptioneller Vorschlag zur Schätzung der Marktrisikoprämie ........................................... 401

8 Zusammenfassung der Ergebnisse ........................................... 415

Literaturverzeichnis ........................................... 437

Verzeichnis der Gerichtsentscheidungen ........................................... 496

Verzeichnis der Internet-Quellen ........................................... 499

Anhang ........................................... 503

# Inhaltsverzeichnis

Abbildungsverzeichnis .................................................................. XXII
Tabellenverzeichnis .................................................................... XXIV
Abkürzungsverzeichnis ................................................................ XXV
Symbolverzeichnis ...................................................................... XXXI
1 Einführung .................................................................................. 1
   1.1 Problemstellung ................................................................. 1
   1.2 Gang der Untersuchung .................................................... 3
2 Bewertungstheoretische Grundlagen ........................................ 5
   2.1 Gegenstand, Anlass und Zweck der Unternehmensbewertung ....... 5
   2.2 Systematisierung der Bewertungsverfahren ................... 10
   2.3 Zukunftserfolgswert ........................................................ 12
      2.3.1 Grundlagen ............................................................ 12
      2.3.2 Kapitalisierungsgröße ........................................... 14
      2.3.3 Kapitalisierungszinssatz ........................................ 15
         2.3.3.1 Aufgabe .................................................... 15
         2.3.3.2 Definition .................................................. 16
         2.3.3.3 Verzinsungskonzept ................................. 17
      2.3.4 Zwischenergebnis ................................................. 19
   2.4 Äquivalenzgrundsätze ordnungsmäßiger Unternehmensbewertung ................................................ 20
      2.4.1 Auslegung des Äquivalenzbegriffs ....................... 20
      2.4.2 Prinzip der Laufzeitäquivalenz ............................. 23
      2.4.3 Stichtagsprinzip und Prinzip der Zukunftsbezogenheit der Bewertung ........................................................ 23
         2.4.3.1 Auslegung im Zusammenhang mit der Rendite der Alternativanlage ................................. 24
            2.4.3.1.1 Vorbemerkung ...................... 24
            2.4.3.1.2 Verhältnisse nach dem Bewertungsstichtag .......... 25
            2.4.3.1.3 Verhältnisse am Bewertungsstichtag ...................... 26
            2.4.3.1.4 Verhältnisse vor dem Bewertungsstichtag ............. 27

2.4.3.2 Würdigung ............................................................................. 27
2.4.4 Prinzip der Risikoäquivalenz ................................................... 34
    2.4.4.1 Entscheidungstheoretische Grundlagen ..................... 35
        2.4.4.1.1 Erwartungswert ............................................ 35
        2.4.4.1.2 $(\sigma - \mu)$-Prinzip ............................................ 36
        2.4.4.1.3 von Neumann-Morgenstern-Nutzenfunktion ........... 37
    2.4.4.2 Sicherheitsäquivalentmethode ................................. 38
    2.4.4.3 Risikozuschlagsmethode .......................................... 40
        2.4.4.3.1 Vorbemerkung ............................................. 40
        2.4.4.3.2 Individualistische Bestimmung des Risikozuschlags ........................................ 41
        2.4.4.3.3 Marktmäßig-objektivierte Bestimmung des Risikozuschlags ........................................ 43
2.4.5 Zwischenergebnis .................................................................. 44
2.5 Marktmäßig-objektivierte Bestimmung des Risikozuschlags mithilfe des CAPM ................................................................... 45
    2.5.1 Vorbemerkung ............................................................... 45
    2.5.2 Portfoliotheorie .............................................................. 45
    2.5.3 Tobin'sches Separationstheorem ..................................... 51
    2.5.4 Kapitalmarktlinie ............................................................ 53
    2.5.5 Wertpapiermarktlinie ..................................................... 57
    2.5.6 Würdigung ..................................................................... 62
2.6 $\beta$-Faktor ................................................................................. 63
    2.6.1 Funktion ......................................................................... 63
    2.6.2 Definition ....................................................................... 63
    2.6.3 Bewertungspraktische Aspekte ....................................... 63
2.7 Ansätze zur Bestimmung der Marktrisikoprämie ...................... 67
    2.7.1 Überblick ........................................................................ 67
    2.7.2 Vergangenheitsorientierter Ansatz ................................. 69
        2.7.2.1 Vorgehensweise ....................................................... 69

2.7.2.2 Würdigung ..................................................................................... 70
2.7.3 Barwertbasierter Ansatz ........................................................................ 71
2.7.3.1 Vorgehensweise ........................................................................ 71
2.7.3.2 Würdigung ................................................................................ 73
2.7.4 Zwischenergebnis .................................................................................. 75
2.8 Zusammenfassung ............................................................................................ 76
3 Empirische Studien und ihre Bedeutung in der Bewertungspraxis .. 79
3.1 Vorbemerkung ................................................................................................. 79
3.2 Deutscher Kapitalmarkt .................................................................................. 80
3.3 Internationale Kapitalmärkte ......................................................................... 84
3.4 Auffassung der Bewertungspraxis ................................................................. 85
3.4.1 IDW ........................................................................................................ 85
3.4.1.1 Grundlagen ............................................................................... 85
3.4.1.2 Bewertungsstichtag vor dem 1. Januar 2001 ....................... 86
3.4.1.3 Bewertungsstichtag zwischen
dem 31. Dezember 2000 und dem 1. Januar 2009 ............... 87
3.4.1.4 Bewertungsstichtag nach dem 31. Dezember 2008 ............ 90
3.4.1.5 Zwischenergebnis .................................................................... 93
3.4.2 Auffassung der Rechtsprechung ........................................................ 95
3.5 Zusammenfassung ........................................................................................... 98
4 Marktrendite ................................................................................................ 101
4.1 Vorbemerkung ............................................................................................... 101
4.2 Operationalisierung des Marktportfolios ................................................... 101
4.2.1 Theoretische Anforderungen und ihre praktische
Operationalisierung ............................................................................. 101
4.2.2 Aktienindizes ....................................................................................... 104
4.2.2.1 Allgemeine Eigenschaften von Indizes ............................... 104
4.2.2.2 Konstruktionsmerkmale ....................................................... 105
4.2.2.2.1 Kursmesszahl ......................................................... 106
4.2.2.2.2 Messzahl der Kurssummen .................................. 106

IX

| | | | |
|---|---|---|---|
| 4.2.2.2.2.3 | Wertindexformel | | 107 |
| 4.2.2.2.4 | Rundprobe | | 107 |
| 4.2.2.3 | Klassifizierungsansätze | | 110 |
| 4.2.2.3.1 | Vorbemerkung | | 110 |
| 4.2.2.3.2 | Klassifizierung nach dem Wägungsschema des Indexportfolios | | 111 |
| | 4.2.2.3.2.1 | Preisgewichtungsindex | 111 |
| | 4.2.2.3.2.2 | Gleichgewichtungsindex | 112 |
| | | 4.2.2.3.2.2.1 Grundlagen | 112 |
| | | 4.2.2.3.2.2.2 Arithmetische Wägung | 112 |
| | | 4.2.2.3.2.2.3 Geometrische Wägung | 112 |
| | 4.2.2.3.2.3 | Kapitalisierungsgewichtungsindex | 113 |
| | | 4.2.2.3.2.3.1 Grundlagen | 113 |
| | | 4.2.2.3.2.3.2 Wägungsschema vom Typ Laspeyres | 114 |
| | | 4.2.2.3.2.3.3 Wägungsschema vom Typ Paasche | 114 |
| 4.2.2.3.3 | Klassifizierung nach der Einbeziehung der laufenden Portfolioerträge | | 115 |
| 4.2.2.3.4 | Berücksichtigung gesellschaftsrechtlich bedingter Indexkorrekturen | | 115 |
| 4.2.2.4 | Zwischenergebnis | | 118 |
| 4.2.3 Wahl des Aktienindexes | | | 118 |
| 4.2.3.1 | Grundlagen | | 118 |
| 4.2.3.2 | Aktienindex des Statistischen Reichs- bzw. Bundesamts | | 120 |
| | 4.2.3.2.1 | Merkmale | 120 |
| | 4.2.3.2.2 | Zeitreihe | 122 |
| | 4.2.3.2.3 | Würdigung | 123 |
| 4.2.3.3 | DAX® 30 | | 124 |
| | 4.2.3.3.1 | Merkmale | 124 |
| | 4.2.3.3.2 | Zeitreihe | 126 |

| | | |
|---|---|---|
| 4.2.3.3.3 | Würdigung | 126 |
| 4.2.3.4 | Composite-DAX® (CDAX®) | 129 |
| 4.2.3.4.1 | Merkmale | 129 |
| 4.2.3.4.2 | Zeitreihe | 130 |
| 4.2.3.4.3 | Würdigung | 130 |
| 4.2.3.5 | Sonstige in empirischen Studien verwendete deutsche Aktienindizes | 130 |
| 4.2.3.5.1 | Vorbemerkung | 130 |
| 4.2.3.5.2 | Commerzbank-Index | 131 |
| 4.2.3.5.3 | F. A. Z.-Index | 131 |
| 4.2.3.5.4 | Deutscher Aktienforschungsindex (DAFOX) | 132 |
| 4.2.3.5.5 | MSCI Germany | 132 |
| 4.2.3.5.6 | Datastream-Germany Market | 132 |
| 4.2.3.6 | Würdigung | 133 |
| 4.2.3.7 | Konzeptioneller Vorschlag | 135 |
| 4.2.4 | Zwischenergebnis | 143 |
| 4.3 | Wahl des Referenzzeitraums | 144 |
| 4.3.1 | Vorbemerkung | 144 |
| 4.3.2 | Art der Festlegung | 145 |
| 4.3.3 | Länge des Referenzzeitraums | 146 |
| 4.3.3.1 | Vorbemerkung | 146 |
| 4.3.3.2 | Theorie der langen Wellen | 147 |
| 4.3.3.3 | Intertemporale Diversifikation | 149 |
| 4.3.3.4 | Schwankungen der Marktrendite | 150 |
| 4.3.4 | Zwischenergebnis | 154 |
| 4.4 | Bestimmung des Mittelwerts historischer Marktrenditen | 156 |
| 4.4.1 | Vorbemerkung | 156 |
| 4.4.2 | Formulierung der in Frage kommenden Schätzfunktionen | 158 |
| 4.4.2.1 | Grundformen | 158 |

| | | |
|---|---|---|
| 4.4.2.1.1 | Definitionen | 158 |
| 4.4.2.1.1.1 | Arithmetischer Mittelwert | 158 |
| 4.4.2.1.1.2 | Geometrischer Mittelwert | 158 |
| 4.4.2.1.1.3 | Formaler Zusammenhang | 159 |
| 4.4.2.1.2 | Eigenschaften und Annahmen | 160 |
| 4.4.2.1.2.1 | Arithmetischer Mittelwert | 160 |
| 4.4.2.1.2.2 | Geometrischer Mittelwert | 160 |
| 4.4.2.1.3 | Exemplifizierende Gegenüberstellung von arithmetischem und geometrischem Mittelwert | 161 |
| 4.4.2.2 | Erweiterungen | 163 |
| 4.4.3 | Wahl der Schätzfunktion | 165 |
| 4.4.3.1 | Modelltheoretischer Rahmen | 165 |
| 4.4.3.2 | Überblick über die Literaturmeinung | 166 |
| 4.4.3.2.1 | Vorbemerkung | 166 |
| 4.4.3.2.2 | Arithmetischer Mittelwert | 167 |
| 4.4.3.2.3 | Geometrischer Mittelwert | 169 |
| 4.4.3.2.4 | Kombination von arithmetischem und geometrischem Mittelwert | 170 |
| 4.4.3.2.5 | Zwischenergebnis | 170 |
| 4.4.3.3 | Begründung der Ausschließlichkeit des geometrischen Mittelungsverfahrens | 171 |
| 4.4.3.3.1 | Vorbemerkung zu den finanzmathematischen Merkmalen diskreter und stetiger Wertpapierrenditen | 171 |
| 4.4.3.3.1.1 | Formale Definition | 171 |
| 4.4.3.3.1.2 | Kurvendiskussion | 172 |
| 4.4.3.3.1.3 | Intertemporale Verknüpfung | 174 |
| 4.4.3.3.2 | Stochastische Eigenschaften diskreter und stetiger Wertpapierrenditen | 176 |
| 4.4.3.3.2.1 | Originäre Verteilung | 176 |

4.4.3.3.2.2 Prüfung der Anwendbarkeit des zentralen
Grenzwertsatzes der induktiven Statistik
nach Lindeberg / Lévy auf stetige Renditen ....... 179

4.4.3.3.2.2.1 Vorbemerkung ........................................................ 179

4.4.3.3.2.2.2 Theoretische Grundlagen ..................................... 180

4.4.3.3.2.2.3 Beurteilung stochastischer Prozesse ............ 183

4.4.3.3.2.2.4 Ergebnisse empirischer Untersuchungen ... 185

4.4.3.3.2.3 Zwischenergebnis ...................................................... 189

4.4.3.3.3 Finanzmathematische Überlegenheit
des geometrischen gegenüber
dem arithmetischen Mittelungsverfahren ................... 190

4.4.3.3.3.1 Vorbemerkung ........................................................ 190

4.4.3.3.3.2 Konsistenz des systeminhärenten
Verzinsungskonzepts mit dem Barwertkalkül .. 190

4.4.3.3.3.3 Technische Zulässigkeit .................................... 198

4.4.3.3.3.4 Vereinbarkeit mit dem Grundsatz der intertemporalen multiplikativen Verknüpfung
diskreter Renditen ................................................ 203

4.4.3.3.3.5 Zwischenergebnis ................................................ 204

4.4.3.3.4 Hinweise auf das geometrische Mittelungsverfahren in den Modellannahmen des CAPM .......... 204

4.4.3.3.4.1 Rechnen mit dem Total Return ....................... 204

4.4.3.3.4.2 Operationalisierung des Marktportfolios
mit einem kapitalisierungsgewichteten
Performance-Index vom Typ Laspeyres .......... 205

4.4.3.3.4.3 Modellannahme des Einperiodenhorizonts ....... 206

4.4.3.3.4.4 Zwischenergebnis ................................................ 208

4.4.3.3.5 Zur Nivellierung des Schätzfehlers mithilfe
der Kombination von arithmetischem und
geometrischem Mittelungsverfahren ........................... 209

4.4.3.3.5.1 Vorbemerkung ........................................................ 209

XIII

| | | | |
|---|---|---|---|
| | 4.4.3.3.5.2 | Blume (1974) | 210 |
| | 4.4.3.3.5.3 | Cooper (1996) | 211 |
| | 4.4.3.3.5.4 | Würdigung | 211 |

4.4.4 Zwischenergebnis ... 216
4.5 Zusammenfassung ... 217

# 5 Rendite der risikolosen Anlage ... 219

5.1 Vorbemerkung ... 219
5.2 Definition ... 221
5.3 Merkmale von Anleihen ... 223
5.4 Marktdaten ... 226
    5.4.1 Vorbemerkung ... 226
    5.4.2 Sitzlandprinzip ... 226
    5.4.3 Restlaufzeit ... 226
        5.4.3.1 Theoretische Anforderungen ... 226
        5.4.3.2 Praktische Umsetzung ... 228
            5.4.3.2.1 Vorbemerkung ... 228
            5.4.3.2.2 Rendite der risikolosen Anlage in der Funktion als isolierter Kapitalkostenbestandteil ... 229
            5.4.3.2.3 Rendite der risikolosen Anlage in der Funktion als Referenz für die Marktrendite ... 230
            5.4.3.2.4 Würdigung ... 235
    5.4.4 Zwischenergebnis ... 236
5.5 Stichtagsverzinsung ... 236
    5.5.1 Vorbemerkung ... 236
    5.5.2 Ausprägungen ... 237
    5.5.3 Fristigkeitsstruktur ... 239
        5.5.3.1 Gegenstand ... 239
        5.5.3.2 Erklärungsansätze ... 241
            5.5.3.2.1 Vorbemerkung ... 241
            5.5.3.2.2 Erwartungstheorie ... 241

| | | |
|---|---|---|
| 5.5.3.2.2.1 | Überblick | 241 |
| 5.5.3.2.2.2 | Reine Erwartungstheorie | 242 |
| 5.5.3.2.2.3 | Erweiterungen | 245 |
| 5.5.3.2.3 | Marktsegmentationstheorie | 245 |
| 5.5.3.3 | Eignung der Stichtagsverzinsung zur laufzeitäquivalenten Diskontierung der Kapitalisierungsgröße | 246 |
| 5.5.3.3.1 | Vorbemerkung | 246 |
| 5.5.3.3.2 | Effektivverzinsung von Kuponanleihen | 246 |
| 5.5.3.3.3 | Effektivverzinsung von Nullkuponanleihen | 247 |
| 5.5.3.3.4 | Exemplifizierende Gegenüberstellung | 247 |
| 5.5.4 | Zwischenergebnis | 252 |
| 5.6 | Operationalisierung der Zinsstruktur | 253 |
| 5.6.1 | Vorbemerkung | 253 |
| 5.6.2 | Nullkuponanleihen | 253 |
| 5.6.2.1 | Vorgehensweise | 253 |
| 5.6.2.2 | Würdigung | 258 |
| 5.6.3 | Rekursive Ableitung der Zinsstruktur | 259 |
| 5.6.3.1 | Vorbemerkung | 259 |
| 5.6.3.2 | Empirische Renditestruktur | 259 |
| 5.6.3.2.1 | Vorgehensweise | 259 |
| 5.6.3.2.2 | Würdigung | 261 |
| 5.6.3.3 | Modellbasierte rekursive Verfahren | 265 |
| 5.6.3.3.1 | Vorbemerkung | 265 |
| 5.6.3.3.2 | Modellbildung | 265 |
| 5.6.3.3.3 | Methode der kleinsten quadrierten Abweichungen | 267 |
| 5.6.3.3.3.1 | Vorgehensweise | 267 |
| 5.6.3.3.3.2 | Würdigung | 269 |

| | | |
|---|---|---|
| 5.6.3.3.4 | Arbitragetheoretische Operationalisierung | 269 |
| 5.6.3.3.4.1 | Grundlagen | 269 |
| 5.6.3.3.4.2 | Modellerweiterung | 270 |
| 5.6.3.3.4.3 | Würdigung | 281 |
| 5.6.3.4 | Zinsswaps | 283 |
| 5.6.3.4.1 | Definition | 283 |
| 5.6.3.4.2 | Vorgehensweise | 285 |
| 5.6.3.4.3 | Würdigung | 290 |
| 5.6.4 | Zwischenergebnis | 294 |
| 5.7 | Verfahren von Nelson / Siegel / Svensson zur Schätzung der empirischen Zinsstruktur | 295 |
| 5.7.1 | Vorbemerkung | 295 |
| 5.7.2 | Historische Vorläufer | 296 |
| 5.7.3 | Grundsätzliche Vorgehensweise | 297 |
| 5.7.4 | Modell von Nelson / Siegel (1987) | 303 |
| 5.7.5 | Modell von Svensson (1994) | 309 |
| 5.7.6 | Bewertungspraktische Aspekte | 313 |
| 5.7.6.1 | Indirekte Ermittlung der Zinsstruktur | 313 |
| 5.7.6.2 | Direkte Ermittlung der Zinsstruktur | 314 |
| 5.7.6.2.1 | Vorbemerkung | 314 |
| 5.7.6.2.2 | Verwendung der Regressionsparameter der Deutschen Bundesbank | 315 |
| 5.7.6.2.3 | Verwendung der Regressionsparameter der Europäischen Zentralbank (EZB) | 315 |
| 5.7.6.2.4 | Würdigung | 316 |
| 5.7.7 | Zur Problematik der Anschlussverzinsung | 318 |
| 5.7.7.1 | Vorbemerkung | 318 |
| 5.7.7.2 | Expertenprognosen | 319 |
| 5.7.7.3 | Historische Durchschnittszinsen | 320 |
| 5.7.7.4 | Zinsstrukturkurve | 321 |

| | | |
|---|---|---|
| 5.7.7.4.1 | Überblick | 321 |
| 5.7.7.4.2 | Explizit geschätzter Kassazinssatz mit der längsten verfügbaren Restlaufzeit | 321 |
| 5.7.7.4.3 | $\beta_0$ | 323 |
| 5.7.7.4.4 | Einfaches Mittel zwischen dem explizit geschätzten Kassazinssatz mit der längsten verfügbaren Restlaufzeit und $\beta_0$ | 325 |
| 5.7.7.5 | Regressionsansatz | 327 |
| 5.7.7.6 | Konzeptioneller Vorschlag zur Anschlussverzinsung | 329 |
| 5.7.7.6.1 | Vorbemerkung | 329 |
| 5.7.7.6.2 | Duration | 330 |
| 5.7.7.6.3 | Durchschnittliche Restlaufzeit der Kassazinssätze der Phase der Anschlussverzinsung | 333 |
| 5.7.7.6.4 | Würdigung | 336 |
| 5.7.8 | Zwischenergebnis | 336 |
| 5.8 | Auffassung des IDW zur Rendite der risikolosen Anlage | 338 |
| 5.8.1 | Entwicklungslinie | 338 |
| 5.8.2 | Modifikationen der Zinsstrukturkurve | 340 |
| 5.8.2.1 | Systematik | 340 |
| 5.8.2.2 | Datenbasis | 340 |
| 5.8.2.3 | Verdichtung der periodenspezifischen Kassazinssätze zu einem einheitlichen Basiszinssatz | 345 |
| 5.8.2.3.1 | Vorbemerkung | 345 |
| 5.8.2.3.2 | Funktion des Basiszinssatzes als isolierter Bestandteil der risikoadjustierten Kapitalkosten | 346 |
| 5.8.2.3.3 | Funktion des Basiszinssatzes als Referenz für die Marktrendite | 350 |
| 5.8.2.3.4 | Würdigung | 354 |
| 5.8.3 | Berücksichtigung der globalen Finanz- und Staatsschuldenkrise | 354 |

5.8.4 Zwischenergebnis ... 355
5.9 Zusammenfassung ... 356
6 Sonderfragen ... 359
6.1 Zur Berücksichtigung von persönlichen Einkommensteuern bei der Unternehmensbewertung im Allgemeinen und bei der Marktrisikoprämie im Besonderen ... 359
    6.1.1 Grundlagen ... 359
    6.1.2 Grundzüge der deutschen Unternehmensbesteuerung ... 359
        6.1.2.1 Anknüpfungspunkte der Besteuerung ... 359
        6.1.2.2 Gesellschaftsrechtliche Grundlagen ... 360
        6.1.2.3 Besteuerung unterschiedlicher Gesellschaftsformen ... 361
    6.1.3 Bewertungsrelevanz von Steuern ... 362
        6.1.3.1 Auffassung der Bewertungstheorie ... 362
        6.1.3.2 Auffassung der Bewertungspraxis ... 363
        6.1.3.3 Empfehlungen des IDW ... 364
            6.1.3.3.1 Vorbemerkung ... 364
            6.1.3.3.2 U. E. C.-Methode ... 365
            6.1.3.3.3 Stellungnahme HFA 2 / 1983 ... 365
            6.1.3.3.4 Stellungnahme des IDW von 1997 ... 366
            6.1.3.3.5 IDW S 1 i. d. F. 2000 ... 367
                6.1.3.3.5.1 Anlass der Novellierung ... 367
                6.1.3.3.5.2 Besteuerung der Kapitalisierungsgröße ... 368
                6.1.3.3.5.3 Besteuerung der Rendite der Alternativanlage ... 369
            6.1.3.3.6 IDW S 1 i. d. F. 2005 ... 370
                6.1.3.3.6.1 Anlass der Novellierung ... 370
                6.1.3.3.6.2 Besteuerung der Kapitalisierungsgröße ... 370
                6.1.3.3.6.3 Besteuerung der Rendite der Alternativanlage ... 370
            6.1.3.3.7 IDW S 1 i. d. F. 2008 ... 372

| | | |
|---|---|---|
| 6.1.3.3.7.1 | Anlass der Novellierung | 372 |
| 6.1.3.3.7.2 | Besteuerung der Kapitalisierungsgröße | 373 |
| 6.1.3.3.7.3 | Besteuerung der Rendite der Alternativanlage | 374 |
| 6.1.3.4 | Würdigung | 375 |
| 6.1.4 | Zusammenfassung | 382 |
| 6.2 | Anpassungen der empirisch ermittelten historischen Marktrisikoprämie | 383 |
| 6.2.1 | Vorbemerkung | 383 |
| 6.2.2 | Ermittlungsbedingter Abschlag | 384 |
| 6.2.2.1 | Auffassung von Stehle (2004) | 384 |
| 6.2.2.1.1 | Forderung | 384 |
| 6.2.2.1.2 | Würdigung | 384 |
| 6.2.2.2 | Auffassung des IDW | 388 |
| 6.2.2.2.1 | Forderung | 388 |
| 6.2.2.2.2 | Würdigung | 389 |
| 6.2.3 | Finanz- und staatsschuldenkrisenbedingter Zuschlag | 390 |
| 6.2.3.1 | Vorbemerkung | 390 |
| 6.2.3.2 | Entwicklungslinie der Auffassung des IDW zur Vornahme krisenbedingter Zuschläge auf die Marktrisikoprämie | 391 |
| 6.2.3.3 | Würdigung | 393 |
| 6.2.4 | Zusammenfassung | 399 |
| 7 | Konzeptioneller Vorschlag zur Schätzung der Marktrisikoprämie | 401 |
| 8 | Zusammenfassung der Ergebnisse | 415 |
| Literaturverzeichnis | | 437 |
| Verzeichnis der Gerichtsentscheidungen | | 496 |
| Verzeichnis der Internet-Quellen | | 499 |

# Inhaltsverzeichnis

Anhang .................................................................................................... 503

A 1 Geometrische Berechnung des geometrischen Mittelwerts historischer Marktrisikoprämien ............................................. 503

A 2 Überleitung des geometrischen Mittelwerts historischer Marktrisikoprämien ............................................. 504

A 3 Zusammenhang zwischen arithmetischem und geometrischem Mittelwert ................................................................................ 505

    A 3.1 Vorbemerkung ................................................................. 505

    A 3.2 Arithmetischer Mittelwert .............................................. 506

    A 3.3 Geometrischer Mittelwert .............................................. 507

    A 3.4 Probe ................................................................................ 510

A 4 Zusammenhang zwischen Kassazinssätzen und impliziten Terminzinssätzen ................................................................... 511

A 5 Entwicklung des Laguerre'schen Polynoms ersten Grades ........... 512

A 6 Integration der Funktion der impliziten Terminzinssätze .......... 513

    A 6.1 Vorbemerkung ................................................................. 513

    A 6.2 Modell von Nelson / Siegel (1987) ................................. 513

    A 6.3 Modell von Svensson (1994) .......................................... 515

A 7 Grenzwertbetrachtungen ........................................................... 518

    A 7.1 Vorbemerkung ................................................................. 518

    A 7.2 Funktion der impliziten Terminzinssätze ..................... 518

    A 7.3 Funktion der Kassazinssätze .......................................... 520

A 8 Bestimmung der Anschlussverzinsung ....................................... 523

    A 8.1 Mit der Duration der Phase der Anschlussverzinsung korrespondierender Kassazinssatz ................................. 523

        A 8.1.1 Berechnung der Duration der Phase der Anschlussverzinsung ................................................................. 523

        A 8.1.2 Berechnung des mit der Duration der Phase der Anschlussverzinsung korrespondierenden Kassazinssatzes ................................................................. 523

    A 8.2 Durchschnittlicher Kassazinssatz der Phase der Anschlussverzinsung ................................................................. 523

A 9 Kurvendiskussion ........ 536
   A 9.1 Vorbemerkung ........ 536
   A 9.2 Erste Ableitung ........ 536
   A 9.3 Zweite Ableitung ........ 543

A 10 Komprimierung der periodenspezifischen Kassazinssätze zu einem einheitlichen Basiszinssatz ........ 555
   A 10.1 Allgemeiner Fall ........ 555
   A 10.2 Phase der Anschlussverzinsung ........ 556

## Abbildungsverzeichnis

Abbildung 1: Modellierung des Investitionszeitraums ... 17
Abbildung 2: Sicherheitsäquivalent und Erwartungswert einer Lotterie ... 39
Abbildung 3: Diversifizierung unsystematischer Risiken ... 49
Abbildung 4: Investitionsmöglichkeitenkurve ... 50
Abbildung 5: Tobin'sches Separationstheorem ... 53
Abbildung 6: Wertpapiermarktlinie ... 60
Abbildung 7: Ausgewählte empirische Untersuchungen zur Überrendite von Aktien gegenüber festverzinslichen Anlagen auf dem deutschen Kapitalmarkt ... 83
Abbildung 8: Überrendite von Aktien gegenüber festverzinslichen Anlagen im internationalen Vergleich ... 84
Abbildung 9: Empfehlungen des IDW zur Höhe der Marktrisikoprämie ... 94
Abbildung 10: Vergleichende Gegenüberstellung bedeutsamer Aktienindizes ... 117
Abbildung 11: Korrelation zwischen ausgewählten Kapitalmärkten ... 136
Abbildung 12: Bestimmtheitsmaß ausgewählter Kapitalmärkte ... 137
Abbildung 13: Schwankungen der US-Marktrendite im Zeitraum von 1802 bis 2006 ... 151
Abbildung 14: Schwankungen der US-Marktrendite im Zeitraum von 1802 bis 1990 ... 152
Abbildung 15: Schätzfunktionen ... 165
Abbildung 16: Reagibilität von diskreter und stetiger Rendite in Abhängigkeit von der Entwicklung des Aktienkurses ... 174
Abbildung 17: Exemplarische Unterteilung einer Periode in Subperioden ... 200
Abbildung 18: Zweiphasenmodell ... 229
Abbildung 19: Restlaufzeitentabelle bundesdeutscher Rentenpapiere am 30. Dezember 2015 ... 234
Abbildung 20: Ausprägungen der Fristigkeitsstruktur ... 240
Abbildung 21: Kombination von Zinsstrips ... 256
Abbildung 22: Exemplarische Zahlungsstruktur synthetischer Nullkuponanleihen ... 257
Abbildung 23: Empirische Zinsstruktur für den Zinstermin am 15. Februar ... 258
Abbildung 24: Empirische Renditestruktur am 30. Dezember 2015 ... 260
Abbildung 25: Kuponswapgeschäft ... 287
Abbildung 26: Kurve der momentanen impliziten Terminzinssätze und Kurve der Kassazinssätze ... 299
Abbildung 27: Zinsstrukturmodelle im internationalen Vergleich ... 302

Abbildung 28: Stabilität der Komponenten der Funktion der impliziten
Terminzinssätze im Nelson / Siegel-Modell ................................ 307
Abbildung 29: Stabilität der Komponenten der Funktion
der Kassazinssätze im Nelson / Siegel-Modell ........................ 308
Abbildung 30: Stabilität der Komponenten der Funktion der impliziten
Terminzinssätze im Nelson / Siegel / Svensson-Modell ....... 310
Abbildung 31: Stabilität der Komponenten der Funktion der Kassazinssätze im Nelson / Siegel / Svensson-Modell .................... 311
Abbildung 32: Explizit geschätzter Kassazinssatz mit der längsten
verfügbaren Restlaufzeit als Anschlussverzinsung ............... 322
Abbildung 33: $\beta_0$ als Anschlussverzinsung ........................................................ 323
Abbildung 34: Einfaches Mittel zwischen explizit geschätztem Kassazinssatz mit der längsten verfügbaren Restlaufzeit und
$\beta_0$ als Anschlussverzinsung ........................................................ 326
Abbildung 35: Mit der Duration der Phase der Anschlussverzinsung
korrespondierender Kassazinssatz als Anschlussverzinsung ............................................................................................ 331
Abbildung 36: Durchschnittlicher Kassazinssatz der Phase
der Anschlussverzinsung als Anschlussverzinsung .............. 335
Abbildung 37: Geometrisch gemittelte Rendite des CDAX®, Basis:
1. Januar 1955, im Zeitraum von 1955 bis 2015 .................... 406
Abbildung 38: Geometrisch gemittelte Rendite des CDAX®, Basis:
1. Januar 1955, $\beta_0$ und Marktrisikoprämie im Zeitraum
von 1972 bis 2015 .......................................................................... 407
Abbildung 39: Geometrisch gemittelte Rendite des CDAX®, Basis:
1. Januar 1955, Marktrisikoprämie, $\beta_0$ und exemplarisch
ermittelte Kapitalkosten im Zeitraum
von 1972 bis 2015 .......................................................................... 411

## Tabellenverzeichnis

Tabelle 1: Duplikation der Zahlungsströme des Bewertungsobjekts............21
Tabelle 2: Duplikation der Kapitalisierungsgröße bei Zugrundelegung der Stichtagsverzinsung....................32
Tabelle 3: Duplikation der Kapitalisierungsgröße bei Zugrundelegung der zukünftigen Zinsen....................33
Tabelle 4: Ergebnisse der wissenschaftlichen Studie von Stehle (2004) zur Schätzung der Risikoprämie auf dem deutschen Kapitalmarkt für den Zeitraum von 1955 bis 2003....................88
Tabelle 5: Aktienindex mit fester Basis und Kettenindex....................109
Tabelle 6: Entwicklung von Aktienkurs und Periodenrendite im Zweiperiodenmodell....................161
Tabelle 7: Diskrete und stetige Rendite im Zweiperiodenmodell....................173
Tabelle 8: Exemplifizierung der systeminhärenten Annahmen des arithmetischen und des geometrischen Mittelungsverfahrens....................191
Tabelle 9: Intervalling-Effekt....................207
Tabelle 10: Vergleichende Gegenüberstellung von Blume- und Cooper-Schätzer....................212
Tabelle 11: Duplikation schwankender Zahlungsströme mithilfe von Kupon- und Nullkuponanleihen....................249
Tabelle 12: Entwicklung der Rendite des CDAX®, des REXP®, der arithmetisch berechneten Überrendite des CDAX® gegenüber dem REXP®, des geometrischen Mittels der Rendite des CDAX®, Basis: 1. Januar 1955, im Zeitraum von 1955 bis 2015, Entwicklung von $\beta_0$ und der Überrendite des geometrischen Mittels des CDAX®, Basis: 1. Januar 1955, gegenüber $\beta_0$ im Zeitraum von 1972 bis 2015....................403
Tabelle 13: Arithmetisches und geometrisches Mittel des CDAX® und des REXP®, Basis: 1. Januar 1955, im Zeitraum von 1972 bis 2015....................405
Tabelle 14: Geometrisch gemittelte Rendite des CDAX®, Basis: 1. Januar 1955, $\beta_0$ und exemplarisch ermittelte Kapitalkosten im Zeitraum von 1972 bis 2015....................410

## Abkürzungsverzeichnis

| | |
|---|---|
| aA | andere Ansicht |
| Abs. | Absatz |
| AER | The American Economic Review (Zeitschrift) |
| AG | Aktiengesellschaft |
| AktG | Aktiengesetz |
| AKU | Arbeitskreis Unternehmensbewertung |
| AMEX | American Stock Exchange |
| AO | Abgabenordnung |
| Art. | Artikel |
| ASS | Archiv für Sozialwissenschaft und Sozialpolitik (Zeitschrift) |
| AStA | Allgemeines Statistisches Archiv (Zeitschrift) |
| BAJ | British Actuarial Journal (Zeitschrift) |
| BayObLG | Bayerisches Oberlandesgericht |
| BewG | Bewertungsgesetz |
| BFuP | Betriebswirtschaftliche Forschung und Praxis (Zeitschrift) |
| BGB | Bürgerliches Gesetzbuch |
| BGBl. | Bundesgesetzblatt |
| BGH | Bundesgerichtshof |
| Bio. | Billion |
| BIS QR | Bank for International Settlements Quarterly Review (Zeitschrift) |
| BNLQR | Banca Nazionale del Lavoro Quarterly Review (Zeitschrift) |
| BO | Bundesobligation |
| BP | BewertungsPraktiker (Zeitschrift) |
| BPEA | Brookings Papers on Economic Activity (Zeitschrift) |
| BR-Drucks. | Bundesrats-Drucksache |
| BSA | Bundesschatzanweisung |
| BSMF | Bulletin de la Société Mathématique de France (Zeitschrift) |
| BStBl II | Bundessteuerblatt Teil II: Entscheidungen des Bundesfinanzhofs (Zeitschrift) |
| Bund | Bundesanleihe |
| BVerfG | Bundesverfassungsgericht |
| BZ | Börsen-Zeitung (Zeitung) |
| bzw. | beziehungsweise |
| CAPM | Capital Asset Pricing Model |

# Abkürzungsverzeichnis

| | |
|---|---|
| CDAX® | Composite-DAX® |
| cet. par. | ceteris paribus |
| CF | Corporate Finance (Zeitschrift) |
| CF biz | Corporate Finance biz, nachrichtlich Corporate Finance (Zeitschrift) |
| CRSP | Center for Research in Security Prices |
| d. | de |
| d. h. | das heißt |
| DAFOX | Deutscher Aktienforschungsindex |
| DAX® | Deutscher Aktienindex |
| DB | Der Betrieb (Zeitschrift) |
| DBa | Die Bank: Zeitschrift für Bankpolitik und Praxis (Zeitschrift) |
| DBW | Die Betriebswirtschaft (Zeitschrift) |
| DST | Der Schweizer Treuhänder (Zeitschrift) |
| DStR | Deutsches Steuerrecht (Zeitschrift) |
| e. V. | eingetragener Verein |
| EJ | The Economic Journal (Zeitschrift) |
| EFAJ | European Financial and Accounting Journal (Zeitschrift) |
| EFM | European Financial Management (Zeitschrift) |
| engl. | englisch |
| EStG | Einkommensteuergesetz |
| EUR | Euro |
| EURIBOR | European Interbank Offering Rate |
| EZB | Europäische Zentralbank |
| FAJ | Financial Analysts Journal (Zeitschrift) |
| FaS | Finance and Stochastics (Zeitschrift) |
| FAUB | Fachausschuss Unternehmensbewertung und Betriebswirtschaft |
| FB | Finanz-Betrieb, nachrichtlich Corporate Finance biz (Zeitschrift) |
| FED | Federal Reserve System |
| FIBOR | Frankfurt Interbank Offering Rate |
| FM | Financial Management (Zeitschrift) |
| FMPM | Finanzmarkt und Portfolio Management, nachrichtlich Financial Markets and Portfolio Management (Zeitschrift) |
| Fn. | Fußnote |
| FN-IDW | Fachnachrichten-IDW (Zeitschrift) |
| franz. | französisch |

| | |
|---|---|
| FRBCEP | Federal Reserve Bank of Chicago Economic Perspectives (Zeitschrift) |
| FRBSLR | Federal Reserve Bank of St. Louis Review (Zeitschrift) |
| GewStG | Gewerbesteuergesetz |
| GG | Grundgesetz |
| GmbH | Gesellschaft mit beschränkter Haftung |
| GWR | Gesellschafts- und Wirtschaftsrecht (Zeitschrift) |
| HBR | Harvard Business Review (Zeitschrift) |
| HFA | Hauptfachausschuss |
| HGB | Handelsgesetzbuch |
| Hrsg. | Herausgeber |
| i. d. F. | in der Fassung |
| i. V. m. | in Verbindung mit |
| IAS / IFRS | International Accounting Standards / International Financial Reporting Standards |
| IDW | Institut der Wirtschaftsprüfer |
| IMR | Industrial Management Review (Zeitschrift) |
| IREF | International Review of Economics and Finance (Zeitschrift) |
| index. | inflationsindexiert |
| ISIN | International Securities Identification Numbers |
| JACF | Journal of Applied Corporate Finance (Zeitschrift) |
| JF | Journal of Forecasting (Zeitschrift) |
| JAR | Journal of Accounting Research (Zeitschrift) |
| JASA | Journal of the American Statistical Association (Zeitschrift) |
| JBES | Journal of Business and Economic Statistics (Zeitschrift) |
| JBF | Journal of Banking and Finance (Zeitschrift) |
| JEF | Journal of Empirical Finance (Zeitschrift) |
| JEP | Journal of Economic Perspectives (Zeitschrift) |
| JET | Journal of Economic Theory (Zeitschrift) |
| JFE | Journal of Financial Economics (Zeitschrift) |
| JFI | The Journal of Fixed Income (Zeitschrift) |
| JFM | Journal of Financial Markets (Zeitschrift) |
| JFQA | The Journal of Financial and Quantitative Analysis (Zeitschrift) |
| JFR | The Journal of Financial Research (Zeitschrift) |
| JIE | Journal of International Economics (Zeitschrift) |

| | |
|---|---|
| JME | Journal of Monetary Economics (Zeitschrift) |
| JNS | Jahrbücher für Nationalökonomie und Statistik (Zeitschrift) |
| JOB | The Journal of Business (Zeitschrift) |
| JOE | Journal of Econometrics (Zeitschrift) |
| JOF | The Journal of Finance (Zeitschrift) |
| JPE | Journal of Political Economy (Zeitschrift) |
| JPM | The Journal of Performance Measurement (Zeitschrift) |
| JPortM | The Journal of Portfolio Management (Zeitschrift) |
| JRF | The Journal of Risk Finance (Zeitschrift) |
| KG | Kammergericht |
| KISS | Kursinformations-Service-System |
| KoR | Kapitalmarktorientierte Rechnungslegung (Zeitschrift) |
| KStG | Körperschaftsteuergesetz |
| KuK | Kredit und Kapital (Zeitschrift) |
| KWG | Kreditwesengesetz |
| LG | Landgericht |
| lit. | litera |
| m. w. N. | mit weiteren Nennungen |
| MS | Management Science (Zeitschrift) |
| Mio. | Million |
| MM | manager magazin (Zeitschrift) |
| Mrd. | Milliarde |
| MSCI ACWI | Morgan Stanley Capital Investment All Country World Index |
| MSCI WI | Morgan Stanley Capital Investment World Index |
| n. v. | nicht verfügbar |
| NASDAQ | National Association of Securities Dealers Automated Quotations |
| NJW | Neue Juristische Wochenschrift (Zeitschrift) |
| No. | Number |
| Nr. | Nummer |
| NTJ | National Tax Journal (Zeitschrift) |
| NYSE | New York Stock Exchange |
| NYT | The New York Times (Zeitung) |
| NZG | Neue Zeitschrift für Gesellschaftsrecht (Zeitschrift) |
| o. J. | ohne Jahresangabe |
| o. O. | ohne Ortsangabe |

| | |
|---|---|
| OLG | Oberlandesgericht |
| OR | Operations Research (Zeitschrift) |
| OTC | over the counter |
| p. a. | per annum |
| PVP | Penning- & Valutapolitik (Zeitschrift) |
| QJE | The Quartely Journal of Economics (Zeitschrift) |
| q. e. d. | quod erat demonstrandum |
| RES | The Review of Economic Studies (Zeitschrift) |
| REStat | The Review of Economics and Statistics (Zeitschrift) |
| REX® | Renten-Index |
| REXP® | Renten-Performance-Index |
| RFS | The Review of Financial Studies (Zeitschrift) |
| Rn. | Randnummer |
| RS | Rechnungslegungsstandard |
| RückAbzinsV | Verordnung über die Ermittlung und Bekanntgabe der Sätze zur Abzinsung von Rückstellungen (Rückstellungsabzinsungsverordnung) |
| RWZ | Zeitschrift für Recht und Rechnungswesen (Zeitschrift) |
| S | Standard |
| S. | Seite |
| S & P | Standard & Poor's |
| SBR | Schmalenbach Business Review (Zeitschrift) |
| SJE | The Scandinavian Journal of Economics (Zeitschrift) |
| SJb | Schmollers Jahrbuch für Gesetzgebung, Verwaltung und Volkswirtschaft (Zeitschrift) |
| SJES | Swiss Journal of Economics and Statistics (Zeitschrift) |
| SJS | Scandinavian Journal of Statistics (Zeitschrift) |
| SP | Statistical Papers (Zeitschrift) |
| Sp. | Spalte |
| SSB | Social Security Bulletin (Zeitschrift) |
| Stbg | Die Steuerberatung (Zeitschrift) |
| StBJb | Steuerberater-Jahrbuch (Zeitschrift) |
| SZVS | Schweizerische Zeitschrift für Volkswirtschaft und Statistik (Zeitschrift) |
| TAR | The Accounting Review (Zeitschrift) |
| TFR | The Financial Review (Zeitschrift) |

| | |
|---|---|
| Tz. | Textziffer |
| u. a. | und andere |
| UM | Unternehmensbewertung und Management (Zeitschrift) |
| UmwG | Umwandlungsgesetz |
| US | United States |
| USD | US-Dollar |
| usw. | und so weiter |
| v. | von |
| v. d. | von der |
| vgl. | vergleiche |
| VjKf | Vierteljahreshefte für Konjunkturforschung (Zeitschrift) |
| vs | versus |
| WiSt | Wirtschaftswissenschaftliches Studium: Zeitschrift für Ausbildung und Hochschulkontakt (Zeitschrift) |
| WiSta | Wirtschaft und Statistik (Zeitschrift) |
| WM | Wertpapier-Mitteilungen: Zeitschrift für Wirtschafts- und Bankrecht (Zeitschrift) |
| WPg | Die Wirtschaftsprüfung (Zeitschrift) |
| WpHG | Wertpapierhandelsgesetz |
| WpÜG | Wertpapiererwerbs- und Übernahmegesetz |
| WpÜG-AngebVO | Wertpapierübernahmegesetz-Angebotsverordnung |
| XETRA | Exchange Eletronic Trading |
| z. B. | zum Beispiel |
| ZBB | Zeitschrift für Bankrecht und Bankwirtschaft (Zeitschrift) |
| ZfB | Zeitschrift für Betriebswirtschaft, nachrichtlich Journal of Business Economics (Zeitschrift) |
| ZfbF | Zeitschrift für betriebswirtschaftliche Forschung (Zeitschrift) |
| ZHR | Zeitschrift für das gesamte Handelsrecht und Wirtschaftsrecht (Zeitschrift) |
| ZIP | Zeitschrift für Wirtschaftsrecht, vormals Zeitschrift für Wirtschaftsrecht und Insolvenzpraxis (Zeitschrift) |
| ZPO | Zivilprozessordnung |
| ZSteu | Zeitschrift für Steuern & Recht (Zeitschrift) |

# Symbolverzeichnis

|  |  |
|---|---|
| $\hat{\Theta}(*)$ | Schätzwert |
| $AM$ | arithmetischer Mittelwert |
| $A_t$ | arithmetischer Kursdurchschnitt im Zeitpunkt $t$ |
| $C_{u,t}$ | Kupon der $u$-ten Kuponanleihe im Zeitpunkt $t$ |
| $D_{i,t}$ | Dividende der $i$-ten Aktie im Zeitpunkt $t$ |
| $E_{Sz}$ | handelsrechtlicher Erfolg im $Sz$-ten Szenario |
| $E_t$ | handelsrechtlicher Erfolg in $t$ |
| $GM$ | geometrischer Mittelwert |
| $G_t$ | geometrischer Kursdurchschnitt im Zeitpunkt $t$ |
| $I_{0,t}$ | Index mit Laufzeit von $t=0$ bis $t$ |
| $I_{0,t}^{KM}$ | Index auf Basis von Kursmesszahlen |
| $I_{0,t}^{KS}$ | Index auf Basis von Kurssummen |
| $I_{0,t}^{La}$ | kapitalisierungsgewichteter Index vom Typ *Laspeyres* |
| $I_{0,t}^{Pa}$ | kapitalisierungsgewichteter Index vom Typ *Paasche* |
| $I_{0,t}^{WI}$ | Wertindexformel |
| $I_{0,t}^{aGl}$ | arithmetisch gleichgewichteter Index |
| $I_{0,t}^{gGl}$ | geometrisch gleichgewichteter Index |
| $I_{t-1,t}$ | Datenpunkt einer Indexzeitreihe |
| $L^k$ | Verschiebungsoperator |
| $MRP^A$ | arithmetisch berechnete Marktrisikoprämie |
| $MRP_{AM}$ | arithmetisch gemittelte Marktrisikoprämie |
| $MRP_{AM}^A$ | arithmetisches Mittel der arithmetisch berechneten Marktrisikoprämie |
| $MRP_{AM}^G$ | arithmetisches Mittel der geometrisch berechneten Marktrisikoprämie |
| $MRP^G$ | geometrisch berechnete Marktrisikoprämie |
| $MRP_{GM}$ | geometrisch gemittelte Marktrisikoprämie |
| $MRP_{GM}^A$ | geometrisches Mittel der arithmetisch berechneten Marktrisikoprämie |
| $MRP_{GM}^{A\,Stehle}$ | geometrisches Mittel vom Typ *Stehle* der arithmetisch berechneten Marktrisikoprämie |
| $MRP_t$ | Marktrisikoprämie der $t$-ten Periode |
| $NB$ | Nominalbetrag eines Zinsswaps |
| $P_{t,PF}$ | Marktpreis des Portfolios von Kuponanleihen |
| $P_{t,i}$ | Preis des $i$-ten Wertpapiers im Zeitpunkt $t$ |

# Symbolverzeichnis

| | |
|---|---|
| $P_u(0;t)$ | Preis der $u$-ten Kuponanleihe mit der Laufzeit $t$ im Zeitpunkt $t=0$ |
| $Q_{t,i}$ | im Zeitpunkt $t$ im Indexportfolio enthaltene Stücke des $i$-ten Wertpapiers |
| $R_{M,AM}$ | Aufzinsungsfaktor auf Basis der arithmetisch gemittelten Marktrendite |
| $R_{M,GM}$ | Aufzinsungsfaktor auf Basis der geometrisch gemittelten Marktrendite |
| $R_M$ | Aufzinsungsfaktor auf Basis der Marktrendite |
| $Z_{fix}$ | fixe Zahlungen eines Zinsswaps |
| $Z_{variabel}^{t,t+1}$ | variable Zahlungen eines Zinsswaps für den Zeitraum von $t$ bis $t+1$ |
| $i_A(m;b)$ | durchschnittlicher Kassazinssatz in der Phase der Anschlussverzinsung |
| $i_e$ | einheitlicher Basiszinssatz |
| $m_D$ | Duration der Phase der Anschlussverzinsung |
| $p_{Sz}$ | Eintrittswahrscheinlichkeit des $Sz$-ten Szenarios |
| $r^*$ | konformer Zinssatz |
| $r_{2000}^{nESt}$ | Rendite der Alternativanlage nach Einkommensteuern in den Anwendungsfällen von IDW S 1 i. d. F. 2000 |
| $r_{2005}^{nESt}$ | Rendite der Alternativanlage nach Einkommensteuern in den Anwendungsfällen von IDW S 1 i. d. F. 2005 |
| $r_{2008}^{nESt}$ | Rendite der Alternativanlage nach Einkommensteuern in den Anwendungsfällen von IDW S 1 i. d. F. 2008 |
| $r_{M,AM}$ | arithmetisch gemittelte Marktrendite |
| $r_{M,GM}$ | geometrisch gemittelte Marktrendite |
| $r_{M,AM}^d$ | arithmetisch gemittelte Marktrendite in diskreter Konnotation |
| $r_{M,AM}^s$ | geometrisch gemittelte Marktrendite in stetiger Konnotation |
| $r_{M,t}$ | Marktrendite der $t$-ten Periode |
| $r_{M,t}^d$ | Marktrendite der $t$-ten Periode in diskreter Konnotation |
| $r_{M,t}^s$ | Marktrendite der $t$-ten Periode in stetiger Konnotation |
| $r_M$ | Marktrendite |
| $r_{PF}$ | Portfoliorendite |
| $r_{WACC}$ | gewichtete Kapitalkosten |

# Symbolverzeichnis

| | |
|---|---|
| $r_d(S_t)$ | Funktion der diskreten Rendite in Abhängigkeit vom Aktienkurs |
| $r_d^{PF}$ | diskrete Portfoliorendite |
| $r_f$ | risikoloser Zins |
| $r_i$ | Rendite des $i$-ten Wertpapiers |
| $r_i^{global}$ | Rendite des $i$-ten Wertpapiers bei Zugrundelegung eines globalen Portfolios |
| $r_s(S_t)$ | Funktion der stetigen Rendite in Abhängigkeit vom Aktienkurs |
| $r_s^{PF}$ | stetige Portfoliorendite |
| $r_{u,e}$ | Effektivverzinsung der $u$-ten Kuponanleihe |
| $r_{variabel}^{t,t+1}$ | variabler Zinssatz für den Zeitraum von $t$ bis $t+1$ |
| $st_{ASt}$ | Abgeltungssteuersatz |
| $st_{ASt}^{eff}$ | effektiver Abgeltungssteuersatz |
| $st_{typ}$ | typisierter Einkommensteuersatz |
| $x_{t,u}$ | Anzahl der im Portfolio im Zeitpunkt $t$ enthaltenen $u$-ten Kuponanleihe |
| $\beta_0$ | Nelson / Siegel / Svensson-Parameter |
| $\beta_1$ | Nelson / Siegel / Svensson-Parameter |
| $\beta_2$ | Nelson / Siegel / Svensson-Parameter |
| $\beta_3$ | Nelson / Siegel / Svensson-Parameter |
| $\beta^L$ | $\beta$-Faktor des verschuldeten Bewertungsobjekts |
| $\beta^U$ | $\beta$-Faktor des unverschuldeten Bewertungsobjekts |
| $\delta_M$ | auf die Dividenden entfallender Anteil an der Marktrendite |
| $\kappa_M$ | auf den Kursgewinn entfallender Anteil an der Marktrendite |
| $\sigma_M$ | Standardabweichung der Marktrendite |
| $\sigma_{PF}$ | Standardabweichung der Portfoliorendite |
| $\sigma_{iM}$ | Kovarianz zwischen der Rendite des $i$-ten Wertpapiers und der Marktrendite |
| $\tau_1$ | Nelson / Siegel / Svensson-Parameter |
| $\tau_2$ | Nelson / Siegel / Svensson-Parameter |
| $\tau_N$ | Nelson / Siegel-Parameter |
| $\Delta$ | Abweichung |
| $const.$ | konstant |
| $h$ | Einkommen des Individuums |
| $\Lambda$ | Ausschüttungsquote |
| $P(k)$ | Autokorrelationskoeffizient in Abhängigkeit vom Verschiebungsparameter $k$ |

# Symbolverzeichnis

| | |
|---|---|
| $AS_{BZ}$ | Abschlag auf den Basiszinssatz |
| $AA$ | Alternativanlage |
| $B$ | Startwert des Indexes |
| $BO$ | Bewertungsobjekt |
| $COV$ | Kovarianz |
| $COV[\tilde{X}_t; \tilde{X}_{t-k}]$ | Intertemporale Kovarianz |
| $COV(\tilde{r}_i; \tilde{r}_j)$ | Kovarianz des Wertpapiers $i$ und des Wertpapiers $j$ |
| $E(\hat{*})_{Blume}$ | Schätzfunktion vom Typ *Blume* |
| $E(\hat{*})_{Cooper}$ | Schätzfunktion vom Typ *Cooper* |
| $E(\hat{*})$ | Schätzfunktion |
| $E(*)$ | Erwartungswert |
| $EK$ | Eigenkapital |
| $FDF$ | Forward-Diskontfaktor |
| $FK$ | Fremdkapital |
| $GE$ | Geldeinheit |
| $K$ | Kapitalbetrag |
| $MRP$ | Marktrisikoprämie |
| $NV$ | Nominalwert |
| $PF$ | Portfolio |
| $PV(*)$ | Barwert |
| $R$ | Aufzinsungsfaktor |
| $S$ | Aktienkurs |
| $S(*)$ | Sicherheitsäquivalent |
| $Sz$ | Anzahl der Szenarien |
| $SA$ | Sicherheitsabschlag |
| $SD(*)$ | Standardabweichung |
| $SR$ | Swapsatz |
| $St$ | Steuerzahlung |
| $T$ | Dauer des Investitionszeitraums |
| $TV(*)$ | Endwert |
| $U(*)$ | Nutzenfunktion |
| $V$ | Marktwert |
| $VAR(*)$ | Varianz |
| $X$ | Kapitalisierungsgröße |
| $Z$ | Zahlung |
| $ZS$ | Zuschlag |
| $a$ | Regressionsparameter |
| $b$ | Aggregat der *Nelson / Siegel / Svensson*-Parameter |
| $c$ | Konsum des Individuums |
| $d$ | diskrete Konnotation |

# Symbolverzeichnis

| | |
|---|---|
| $e$ | Regressionsparameter |
| $f(0;t)$ | momentaner impliziter Terminzinssatz |
| $f(t;t+1;T)$ | impliziter Terminzinssatz |
| $g$ | nachhaltiges Unternehmenswachstum |
| $i,j$ | Wertpapiere |
| $i(0;t)$ | Kassazinssatz |
| $k$ | Grad der Verschiebung |
| $m$ | Laufzeit der Nullkuponanleihe |
| $nESt$ | nach Einkommensteuern |
| $p$ | Limesparameter |
| $q$ | Diskontierungsfaktor |
| $r$ | Kapitalisierungszinssatz |
| $s$ | stetige Konnotation |
| $st$ | Grenzsteuersatz |
| $t$ | Zeitpunkt innerhalb des Investitionszeitraums |
| $u$ | Anzahl der im Portfolio enthaltenen Kuponanleihen |
| $v$ | Substitutionsparameter |
| $vSt$ | vor Steuern |
| $w$ | Wertpapiergewichtung im Indexportfolio |
| $y$ | Liquiditätskasse des Individuums |
| $z$ | Anzahl der Iterationen |
| $zs$ | Risikozuschlag |
| $\Phi$ | Präferenzfunktional |
| $\alpha$ | Risikoaversionsparameter |
| $\beta$ | $\beta$-Faktor |
| $\gamma$ | *Euler-Mascheroni*-Konstante |
| $\varepsilon$ | Störterm |
| $\eta$ | Nullkuponswapsatz |
| $\mu$ | Mittelwert |
| $\sigma$ | Standardabweichung |
| $\varrho$ | Korrelationskoeffizient |

# 1 Einführung

## 1.1 Problemstellung

Die Unternehmensbewertung befindet sich in einem tiefgreifenden Wandel. Die verstärkte Kapitalmarktorientierung im Zuge der Shareholder Value-Diskussion korrespondiert mit einem erhöhten Informationsbedürfnis breiter Anlegerkreise, welches sich im Hinblick auf die Unternehmensbewertung in steigenden Ansprüchen an die Bewertungsmethodik äußert.[1] Nicht nur ist in diesem Zusammenhang der enorme Bedeutungsgewinn der Anwendungen des investitionstheoretischen Barwertmodells zu sehen. Vielmehr haben die veränderten Anforderungen an die Unternehmensbewertung in Wissenschaft und Praxis einen Prozess der Verfeinerung bereits bestehender und der Entwicklung gänzlich neuer Bewertungsverfahren in Gang gesetzt, wodurch die Lehre von der Unternehmensbewertung selbst eine verstärkte Kapitalmarktorientierung erfahren hat.[2] In besonderem Maße ist hiervon der Kapitalisierungszinssatz betroffen.

Innerhalb des Barwertmodells bringt der Kapitalisierungszinssatz die ökonomischen Kosten des zu bewertenden Investitionsprojekts zum Ausdruck.[3] Allgemein haben sich in den Kapitalkosten sämtliche Faktoren widerzuspiegeln, welche auf die Höhe und die Struktur der zu bewertenden Zahlungsströme des Investitionsprojekts Einfluss nehmen. Die im Folgenden zu beleuchtende Frage nach der Marktrisikoprämie im Rahmen der objektivierten Unternehmensbewertung zielt auf den Aspekt des Risikoprofils der Zahlungsströme ab, allerdings nur insoweit, als hierbei die Besonderheiten im Zusammenhang mit der Finanzierungsstruktur des Bewertungsobjekts ausgeblendet bleiben können. Dies erlaubt die Annahme eines fiktiv vollständig eigenkapitalfinanzierten Bewertungsobjekts, sodass sich im Hinblick auf den Kapitalisierungszinssatz die Betrachtung hier und im Weiteren auf die Eigenkapitalkosten beschränkt.

Ausgangspunkt für die Bestimmung der Eigenkapitalkosten ist die Rendite der risikolosen Anlage. Bei Zugrundelegung der Risikozuschlagsmethode ist diese um einen adäquaten Zuschlag zu erhöhen, welcher den Besonderheiten des zu bewertenden Investitionsprojekts Rechnung trägt. Das *IDW* empfiehlt, den Risikozuschlag anhand des Capital Asset Pricing Model (CAPM)

---

[1] Vgl. Nowak, K., Unternehmensbewertung, 2003, S. 13; Heusinger von Waldegge, S., Steigerung, 2009, S. 64 – 65.
[2] Vgl. Burger, A. / Buchhart, A., KoR 2002, S. 83; Coenenberg, A. G. / Schultze, W., DBW 2002, S. 598; Mandl, G. / Rabel, K., Methoden, 2015, S. 52.
[3] Vgl. z. B. Baetge, J. / Krause, C., BFuP 1994, S. 434; Freiberg, J. / Lüdenbach, N., KoR 2005, S. 480; Daske, H. / Gebhardt, G. / Klein, S., SBR 2006, S. 4.

abzuleiten.[4] Der Risikozuschlag selbst ergibt sich im CAPM als Produkt aus dem $\beta$-Faktor und der Marktrisikoprämie, wobei die eigentliche Risikoadjustierung über den $\beta$-Faktor erfolgt. Bei der Marktrisikoprämie handelt es sich um den Preis, welchen der Kapitalmarkt für die Übernahme des Marktrisikos vergütet. Sie berechnet sich aus der Gegenüberstellung der Rendite des Marktportfolios und der Rendite der risikolosen Anlage.

Sowohl die Ermittlung als auch die Höhe der Marktrisikoprämie sind umstritten. Das CAPM trifft hierzu keine konkreten Vorgaben. In anhaltenden Kontroversen versucht das Schrifttum, die bestehenden konzeptionellen Lücken hinsichtlich der Operationalisierung der Marktrisikoprämie argumentativ zu schließen.[5] Das *IDW* wie auch die Rechtsprechung halten sich mit methodischen Empfehlungen hinsichtlich der Bestimmung der Marktrisikoprämie zurück und verweisen stattdessen auf den wissenschaftlichen Diskurs über die Richtigkeit der verschiedenen Auffassungen und Auslegungen. Die Vehemenz, mit welcher dieser bisweilen ausgetragen wird, kann dabei wenig erstaunen,[6] zumal selbst nur geringfügige Änderungen der Kapitalkosten erhebliche Auswirkungen auf den Zukunftserfolgswert haben können.

Vorliegende Untersuchung zielt darauf ab, einen Beitrag zur Beilegung des Meinungsstreits hinsichtlich der Marktrisikoprämie im Rahmen der objektivierten Unternehmensbewertung zu leisten, wobei methodische Aspekte und damit die Determinanten der Marktrisikoprämie im Vordergrund stehen. Der Schwerpunkt der Betrachtung liegt demgemäß auf der Marktrendite und der Rendite der risikolosen Anlage, wobei hierfür der besondere Blickwinkel der Unternehmensbewertung eingenommen wird. Demgegenüber wird der $\beta$-Faktor nur am Rande gestreift. Teile der Bewertungspraxis erheben bisweilen die Forderung, neben der Marktrisikoprämie weitere Zuschläge auf die Rendite der risikolosen Anlage vorzunehmen, um auf diese Weise den Besonderheiten der jeweiligen Bewertungssituation, etwa der Unternehmensgröße oder speziellen Länderrisiken (engl. country risk premium) Rechnung zu tragen. Diese Zuschläge sind ebenso wenig Gegenstand der vorliegenden Untersuchung[7] wie eine Erweiterung des Kanons der empirischen Studien zur Höhe der Marktrisikoprämie. Es wird sich zeigen, dass sich dahingehende Aussagen, zumindest in der allgemein gepflogenen Genauigkeit, bei der momentanen Datensituation seriös nicht treffen lassen. Zudem lässt selbst eine nur oberflächliche Beschäftigung mit den empiri-

---

[4] Vgl. IDW (Hrsg.), IDW S 1 i. d. F. 2000, Tz. 98; IDW (Hrsg.), IDW S 1 i. d. F. 2005, Tz. 100; IDW (Hrsg.), IDW S 1 i. d. F. 2008, Tz. 92.
[5] Vgl. Tartler, T., RWZ 2010, S. 187.
[6] Vgl. z. B. Knoll, L., Mittelungsproblematik historischer Marktrisikoprämien, 2010, S. 325 – 343; Ruiz de Vargas, S., DB 2012, S. 813 – 819.
[7] Vgl. hierzu z. B. einführend Ernst, D. / Gleißner, W., WPg 2012, S. 1252 – 1265.

schen Studien erkennen, dass die Meinungsverschiedenheiten hinsichtlich der Höhe der Marktrisikoprämie im Rahmen der objektivierten Unternehmensbewertung zu einem Gutteil in Auffassungsunterschieden in den methodischen Vorfragen wurzeln. Vorliegende Untersuchung entspringt somit der Motivation, mit den bestehenden konzeptionellen Unsicherheiten aufzuräumen, um so ein solides Fundament zu schaffen, worauf künftige empirische Forschungsarbeiten aufsetzen können. Die folgenden Aussagen unterstellen den Fall der Bewertung eines Unternehmens von unendlichem Fortbestand.

**1.2 Gang der Untersuchung**

Vorliegende Untersuchung ist wie folgt aufgebaut: Kapitel 2 legt die im Folgenden relevanten bewertungstheoretischen Grundlagen. Der Schwerpunkt liegt hierbei auf der kapitalmarkttheoretischen Lokalisierung der Marktrisikoprämie innerhalb des Modellrahmens des CAPM. Dies bedingt, zunächst allgemein die Notwendigkeit eines Risikozuschlags im Konzept des Zukunftserfolgswerts zu begründen. Eine wichtige Rolle spielen in diesem Zusammenhang die Äquivalenzgrundsätze ordnungsmäßiger Unternehmensbewertung. Neben diesen erläutert Kapitel 2 weiterhin die Überlegenheit des vergangenheitsorientierten Ansatzes gegenüber dem barwertbasierten Ansatz zur Bestimmung der Marktrisikoprämie.

Kapitel 3 zielt in erster Linie darauf ab, die Stellschrauben der Marktrisikoprämie zu identifizieren. Hierzu gibt Kapitel 3 einen Überblick über die Ergebnisse ausgewählter empirischer Studien zur langfristigen Überrendite von Aktien gegenüber festverzinslichen Wertpapieren. Aufbauend hierauf folgt eine Darstellung, welche Auffassung einerseits das *IDW*, andererseits die Rechtsprechung hinsichtlich der Marktrisikoprämie vertreten und welchen Wandel diese jeweils im Laufe der Zeit durchlebt hat.

Kapitel 4 stellt sich der Frage nach der Ermittlung der Marktrendite und beantwortet diese unter dem Blickwinkel der praktischen Operationalisierung des theoretisch gebotenen Marktportfolios, des Referenzzeitraums sowie des Mittelungsverfahrens. Breiten Raum nimmt hierbei die Begründung der Ausschließlichkeit des geometrischen Mittelungsverfahrens ein. Die Ausschließlichkeit des geometrischen Mittelungsverfahrens ist das Ergebnis einer kritischen Auseinandersetzung mit den Annahmen, welche einerseits mit dem arithmetischen, andererseits mit dem geometrischen Mittelwert verbunden sind.

Kapitel 5 widmet sich der Rendite der risikolosen Anlage. Nach der Definition der risikolosen Anlage, der Erläuterung allgemeiner Merkmale von Anleihen und der Erörterung der relevanten Marktdaten zeigt die Untersuchung auf, warum die Stichtagsverzinsung anhand der Effektivverzinsung von Nullkuponanleihen zu bestimmen respektive hierfür auf die Zinsstrukturkurve abzustellen ist. Entscheidende Bedeutung kommt in diesem Zusammenhang dem Prinzip der Laufzeitäquivalenz zu. Anschließend gilt es, die Zinsstruktur zu operationalisieren. Es wird begründet, warum für die Ableitung der Zinsstruktur der an sich naheliegende Rückgriff auf Nullkuponanleihen dennoch nicht in Frage kommt und stattdessen die Zinsstruktur zumindest vorläufig rekursiv anhand der empirischen Renditestruktur abzuleiten ist. Als Beispiel für die praktische Operationalisierung der Zinsanhand der empirischen Renditestruktur werden das Modell von *Nelson / Siegel* und die Erweiterung von *Svensson* eingehend dargelegt. Der zeitliche Horizont, welchen die mithilfe des Modells von *Nelson / Siegel / Svensson* explizit geschätzte Zinsstruktur umspannt, ist begrenzt mit der Kuponanleihe mit der längsten verfügbaren Restlaufzeit. Im hier betrachteten Fall der Bewertung eines Unternehmens von unendlichem Fortbestand ist daher aus Gründen der Laufzeitäquivalenz im Weiteren der Frage nachzugehen, welche Anschlussverzinsung jenseits des explizit geschätzten Kassazinssatzes mit der längsten Restlaufzeit anzusetzen ist. Den Komplex der Rendite der risikolosen Anlage beschließt die Darlegung der Auffassung des *IDW* zur Rendite der risikolosen Anlage im Allgemeinen und zum Verfahren von *Nelson / Siegel / Svensson* im Besonderen.

Kapitel 6 beschäftigt sich mit den Sonderfragen der Marktrisikoprämie im Rahmen der objektivierten Unternehmensbewertung. Diese beziehen sich zum einen auf die Berücksichtigung von persönlichen Einkommensteuern im Unternehmensbewertungskalkül und bei der Marktrisikoprämie, zum anderen auf Anpassungen der empirisch ermittelten historischen Marktrisikoprämie in Form von pauschalen Ab- und Zuschlägen. Der Darstellung der Entwicklungslinie der Auffassung des *IDW* schließt sich eine kritische Auseinandersetzung mit der Thematik an.

Kapitel 7 unterbreitet und exemplifiziert einen konzeptionellen Vorschlag zur Schätzung der Marktrisikoprämie nach den Verhältnissen am Bewertungsstichtag. In Kapitel 8 schließt die Untersuchung mit einer Zusammenfassung der Ergebnisse.

## 2 Bewertungstheoretische Grundlagen

### 2.1 Gegenstand, Anlass und Zweck der Unternehmensbewertung

Gegenstand der Unternehmensbewertung ist die zweckadäquate, zeitpunktbezogene, kontinuierliche oder diskontinuierliche Bestimmung des quantitativen Werts des Kapitals ganzer Unternehmen oder von Anteilen hieran.[8] Die Lehre von der Unternehmensbewertung selbst ist ein Anwendungsgebiet der betriebswirtschaftlichen Investitions- und Finanzierungstheorie, wobei Anleihen bei benachbarten Disziplinen, etwa der Volkswirtschaftslehre und den Rechtswissenschaften, bestehen.[9] Das Kriterium der Bewertung ganzer Unternehmen ist nicht zwangsläufig rechtlich auszulegen und als die Bewertung sämtlicher Anteile an einer Gesellschaft zu verstehen.[10] Denkbar ist vielmehr auch die Bewertung isolierbarer Bestandteile eines Unternehmens oder eines Unternehmensverbundes, die zusammen – jedenfalls für Zwecke der Unternehmensbewertung – eine betriebliche Einheit darstellen. Für die Definition des Bewertungsobjekts sind somit wirtschaftliche Merkmale entscheidend.[11]

Allgemein versteht man unter dem Begriff ‚Kapital' die Gesamtheit aller Finanzierungsmittel, welche einem Unternehmen zur Verfügung gestellt sind.[12] Bilanziell korrespondiert mit dem Zufluss nominellen Kapitals an das Unternehmen die Ausgabe eines Finanzierungstitels an den Kapitalgeber.[13] Juristische Grundlage ist ein Finanzkontrakt. Finanzkontrakte verbriefen die mit ihrer Inhaberschaft verbundenen Rechte und Pflichten, welche je nach Ausgestaltung unterschiedlich weit reichen.[14] Allen Formen von Finanzkontrakten ist gemein, ihrem Inhaber eine Anwartschaft auf mehr oder weniger sichere Zahlungen des Emittenten zu vermitteln. Die wichtigsten und zugleich diametralen Finanzierungsformen bestehen in der Kreditfinanzie-

---

[8] Vgl. Moxter, A., Grundsätze, 1983, S. 168 – 173; Siegert, T., Unternehmensbewertung, 1998, S. 324; Ballwieser, W. / Coenenberg, A. G. / Schultze, W., Unternehmensbewertung, 2002, Sp. 2412; Böcking, H.-J., Barabfindung, 2003, S. 62; IDW (Hrsg.), IDW S 1 i. d. F. 2008, Tz. 13.
[9] Vgl. Matschke, M. J., Arbitriumwert, 1976, S. 26; Ballwieser, W., WPg 2008, Sonderheft, S. 102.
[10] Vgl. IDW (Hrsg.), IDW S 1 i. d. F. 2008, Tz. 13.
[11] Vgl. Nölle, J.-U., Unternehmensbewertung, 2009, S. 27.
[12] Eingehend mit dem Kapitalbegriff sowohl im betriebswirtschaftlichen als auch im volkswirtschaftlichen Wortsinn beschäftigt sich *Preiser*. Vgl. hierzu Preiser, E., Verteilung, 1970, S. 99 – 107.
[13] Vgl. Mellerowicz, K., Wert, 1952, S. 19.
[14] Vgl. Loistl, O., Kapitalmarkttheorie, 1994, S. 6.

## Kapitel 2: Bewertungstheoretische Grundlagen

rung einerseits und der Beteiligungsfinanzierung andererseits.[15] Bei Kreditfinanzierung begibt das Unternehmen einen Schuldtitel. Das Unternehmen vergütet dem Kapitalgeber die Kapitalüberlassung in Form von Zinszahlungen, welche vom Unternehmenserfolg unabhängig sind. Höhe und Zeitpunkt der Zinszahlungen sowie Zeitpunkt der Kapitalrückgewähr sind im Kreditvertrag festgelegt. Die Ausgabe eines Beteiligungstitels erfolgt auf der Grundlage des Gesellschaftsvertrags. Dem Titelinhaber erwächst die rechtliche Position eines Eigentümers des Unternehmens.[16] Der Emissionserlös steht der Gesellschaft unbefristet als Eigenkapital zur Verfügung. Eigenkapitaltitel verleihen ihrem Inhaber besondere Entscheidungs- und Kontrollrechte in Bezug auf die Unternehmenspolitik. Insbesondere ist hierbei das Recht inkludiert, in Form von Ausschüttungen am Erfolg des Unternehmens zu partizipieren. Die finanziellen Ansprüche der Eigenkapitalgeber sind gegenüber jenen der Fremdkapitalgeber nachrangig, sodass mit der Inhaberschaft eines Eigenkapitaltitels das unternehmerische Risiko verknüpft ist.[17]

Unternehmensbewertungen dienen verschiedenen Zwecken. Der Zweck, welchen die Unternehmensbewertung im Einzelfall erfüllt, ergibt sich aus dem jeweiligen Bewertungsanlass[18] und materialisiert sich in dem jeweils maßgeblichen Wertbegriff.[19] In engem Zusammenhang mit dem Anlass und dem Zweck der Unternehmensbewertung steht die Funktion, in welcher der Bewertende auftritt.[20] In Abhängigkeit davon, ob die Unternehmensbewertung im Zusammenhang mit einer außerbörslichen Übertragung des Eigentums an dem Unternehmen oder eines Bestandteils hieran steht, unterscheidet man entscheidungsabhängige und entscheidungsunabhängige Bewertungsanlässe.[21] In einer weiteren Dimension ist danach zu differenzie-

---

[15] Vgl. Hax, H., Unternehmen, 2005, S. 100 – 101; Franke, G. / Hax, H., Finanzwirtschaft, 2009, S. 32. Eingehend und für die nachfolgenden Autoren grundlegend beschäftigt sich *Schmalenbach* mit der Unterscheidung zwischen den verschiedenen Finanzierungsformen. Vgl. hierzu Schmalenbach, E. / Bauer, R., Finanzierung, 1966, S. 10 – 22. Von der Darstellung der vielfältigen Zwischenformen wird an dieser Stelle abgesehen.
[16] Die gesellschaftsrechtliche Bezeichnung des Eigenkapitalgebers ist abhängig von der Rechtsform des Emittenten. Auf die Darstellung rechtsformspezifischer Besonderheiten sei an dieser Stelle, da im Weiteren nicht von Belang, verzichtet.
[17] Vgl. Breuer, W., Finanzierung, 2008, S. 10 – 12; Gröger, H.-C., Unternehmensbewertung, 2009, S. 10 – 11.
[18] Vgl. Peemöller, V. H., Anlässe, 2015, S. 19.
[19] Vgl. Sieben, G. / Schildbach, T., DStR 1979, S. 459.
[20] Vgl. Mandl, G. / Rabel, K., Unternehmensbewertung, 1997, S. 15. Allgemein unterscheidet man zwischen der Beratungs-, der Vermittlungs- und der Argumentationsfunktion. Vgl. hierzu Matschke, M. J., BFuP 1971, S. 508 – 515; Coenenberg, A. G. / Sieben, G., Unternehmensbewertung, 1976, Sp. 4063; Matschke, M. J., Arbitriumwert, 1976, S. 13 – 15.
[21] Vgl. Matschke, M. J., Entscheidungswert, 1975, S. 30. Die Darstellung der Vielzahl der Bewertungsanlässe ist an dieser Stelle, da für die weitere Untersuchung irrelevant, nicht zielführend. Vgl. hierzu z. B. Schultze, W., Unternehmensbewertung, 2003, S. 6.

ren, inwieweit die Unternehmensbewertung die Zustimmung der Eigentümer voraussetzt oder hiervon unabhängig von dritter Seite begehrt werden kann. Somit ist weiter in nicht-beherrschte (nicht-dominierte) und beherrschte (dominierte) Bewertungsanlässe zu unterscheiden.[22]

Finanzierungstiteln können individuelle Werte beigemessen werden. Die Summe der mit den Beteiligungstiteln verbundenen Werte ergibt den Wert des Eigenkapitals (engl. equity value). Der Wert des Fremdkapitals bestimmt sich analog aus der Summe der mit den Schuldtiteln verbundenen Werte. Die Summe aus dem Wert des Eigenkapitals und dem Wert des Fremdkapitals bildet den Wert des Gesamtkapitals (engl. enterprise value).[23] Ob seiner Vieldeutigkeit bedarf der Begriff ‚Wert' einer näheren Erläuterung. Die Werttheorie unterscheidet in das Wertseiende und das Werthabende.[24] Der wirtschaftliche Wertbegriff im Besonderen knüpft an der werthabenden Dimension an. Vom Wert eines Guts ist dessen Preis abzugrenzen.[25] Etymologisch wurzeln die Begriffe ‚Wert' und ‚Preis' gleichermaßen im Indogermanischen. So ist der Begriff ‚Wert' mittelbar dem Wort ‚u̯er-t' entlehnt. Dessen Grundbedeutung lässt sich etwa mit ‚drehen' oder ‚wenden' wiedergeben. Im lateinischen Wort ‚vertere' erfährt es sodann die Bedeutung ‚tauschen'. Der Begriff ‚Preis' leitet sich aus dem Wort ‚preti-os' ab, welches sich etwa mit ‚gleichwertig' übersetzen lässt.[26] Wert und Preis unterscheiden sich somit in ihrer Semantik ganz erheblich: Der Begriff ‚Wert' impliziert den bloßen Vergleich mindestens zweier Handlungsmöglichkeiten anhand des ihnen beigemessenen zukünftigen Nutzens. Demgegenüber bezieht sich der Begriff ‚Preis' auf die Leistungen, welche zu erbringen sind, um zukünftig in den tatsächlichen Genuss des mit einer bestimmten Handlungsmöglichkeit assoziierten Nutzens zu kommen. Der Preis ergibt sich auf dem Markt durch tatsächliche oder potentielle Interaktionen von Käufern und Verkäufern.[27] Der einer Sache beigemessene Wert hingegen ist durch Normen, Gesetze und vor allen Dingen das Entscheidungsfeld des Bewertungssubjekts festgelegt.[28] Insofern versteht sich der Wert einer Sache als dessen theoretisch gerechtfertigter Preis.

Die Operationalisierung des wirtschaftlichen Wertbegriffs ist eine konstituierende Fragestellung der Unternehmensbewertung. Erklärungsversuche

---

[22] Vgl. Engeleiter, H.-J., Unternehmensbewertung, 1970, S. 10 – 11.
[23] Vgl. Breuer, W., Finanzierung, 2008, S. 60.
[24] Vgl. Heyde, J. E., Wert, 1926, S. 22 – 23.
[25] Vgl. Mellerowicz, K., Wert, 1952, S. 12 – 14; Jaensch, G., Wert, 1966, S. 17 – 19; Münstermann, H., Wert, 1970, S. 11 – 13.
[26] Vgl. Pokorny, J., Wörterbuch, 1959, S. 815 – 816 (Stichwort ‚pretj-os'); S. 1156 – 1158 (Stichwort ‚u̯er-t').
[27] Vgl. Pindyck, R. S. / Rubinfeld, D. L., Mikroökonomie, 2013, S. 32 – 34.
[28] Vgl. Peemöller, V. H., Wert, 2015, S. 3.

unternehmen die objektive, die subjektive und die funktionale Werttheorie. Nach der objektiven Werttheorie haftet der wirtschaftliche Wert eines Unternehmens diesem gleich einer Eigenschaft an. Er wird als von jedermann in gleicher Höhe realisierbar angenommen. Auf die persönlichen Umstände des Bewertenden ist daher ebenso wenig Rücksicht zu nehmen wie auf im Bewertungsobjekt liegende besondere Eigenschaften.[29] Der wirtschaftliche Wert eines Unternehmens bestimmt sich anhand des zukünftigen Reinertrags, der bei unveränderter Fortführung des Geschäftsbetriebs von einer durchschnittlich befähigten Geschäftsführung erzielbar ist.[30] Bewertet wird somit das Unternehmen, wie es steht und liegt.[31]

Angesichts ihrer restriktiven Annahmen kommt der objektiven Werttheorie heute praktisch keine Bedeutung mehr bei. Wohl aber leben Teile ihres Gedankenguts im objektivierten Unternehmenswert fort. Wie nach der objektiven Werttheorie abstrahiert der objektivierte Unternehmenswert von den individuellen Wertvorstellungen der Parteien. An deren Stelle treten typisierende Annahmen. Insofern handelt es sich beim objektivierten Unternehmenswert um einen typisierten Zukunftserfolgswert, welcher sich bei Fortführung des zu bewertenden Unternehmens bei unverändertem Konzept und mit allen realistischen Zukunftserwartungen im Rahmen seiner Marktchancen und -risiken, finanziellen Möglichkeiten und sonstigen Einflussfaktoren ergibt.[32] Der Zukunftserfolgswert versteht sich als Gegenwartswert des unter den typisierenden Annahmen in Zukunft zu erwartenden Einkommensstroms.[33] Als innerer Wert des Bewertungsobjekts ist der objektivierte Wert für jedermann gültig. Er dient als Ausgangsbasis für Preisverhandlungen zwischen Käufer und Verkäufer.[34]

Die subjektive Werttheorie ergänzt die Prämissen der objektiven Werttheorie um eine subjektiv-psychologische Komponente. Die Existenz des wirtschaftlichen Werts beruhe demnach auf einer intakten Wertbeziehung zwischen Bewertungssubjekt und Bewertungsobjekt.[35] Das Bewertungsobjekt wirke dabei einseitig auf das Bewertungssubjekt.[36] Ohne Bewertungssub-

---

[29] Vgl. Mellerowicz, K., Wert, 1952, S. 60. Auf eine abschließende argumentative Begründung seines Standpunkts verzichtet *Mellerowicz* jedoch. Vgl. hierzu auch Jakob, H., ZfB 1961, S. 232 – 233; Moxter, A., Grundsätze, 1983, S. 26 – 27.
[30] Vgl. Jonas, H., ZfB 1954, S. 20 – 26; Bartke, G., BFuP 1960, S. 555 – 556; Bartels, R., Unternehmenswertermittlung, 1961, S. 33; Bodarwé, E., WPg 1962, S. 281 – 282.
[31] Vgl. Schildbach, T., ZfbF 1995, S. 621.
[32] Vgl. IDW (Hrsg.), IDW S 1 i. d. F. 2000, Tz. 12.
[33] Vgl. Busse von Colbe, W., Zukunftserfolg, 1957, S. 11; Hering, T., Unternehmensbewertung, 2006, S. 19.
[34] Vgl. Schultze, W., Unternehmensbewertung, 2003, S. 12 – 13.
[35] Vgl. Jaensch, G., Wert, 1966, S. 5.
[36] Vgl. Heyde, J. E., Wert, 1926, S. 92 – 93; Stackelberg, H. v., SJES 1947, S. 3 – 4; Bretzke, W.-R., WPg 1975, S. 126.

jekt sei das Bewertungsobjekt wertneutral. Nach der subjektiven Werttheorie versteht sich der wirtschaftliche Wert als subjektiver, zukunftsbezogener Wirkungswert, welcher dem Bewertungsobjekt für außerhalb seiner selbst liegende Zwecke beigemessen wird.[37] Er lässt sich als Maß seiner zukünftigen Beiträge zur Erfüllung der Ziele des Bewertungssubjekts begreifen, ist somit interpersonal unterschiedlich und keine absolute,[38] sondern eine relative Größe. Maßgeblich für den wirtschaftlichen Wert der Beziehung zwischen Bewertungssubjekt und Bewertungsobjekt ist das in dem Bewertungsobjekt ruhende Nutzenpotential.[39] Das mit dem Bewertungsobjekt assoziierte Nutzenniveau bestimmt sich anhand seiner Eignung, innerhalb eines präsumtiv stabilen Ziel- und Präferenzsystems des Bewertungssubjekts einen bestimmten Zielerreichungsgrad zu erreichen.[40] Das Ziel- und Präferenzsystem selbst ist von der Person des Bewertenden, der Bewertungssituation und den ihr zur Verfügung stehenden Informationen abhängig.[41]

Die funktionale Werttheorie versucht, im Richtungsstreit zwischen der objektiven und der subjektiven Werttheorie zu vermitteln, indem sie beide Standpunkte miteinander integriert. In ihr kommt die Erkenntnis der Kölner Schule um *Busse von Colbe*, *Matschke*, *Münstermann* und *Sieben* zum Ausdruck, dass der wirtschaftliche Wertbegriff in Abhängigkeit vom Bewertungszweck zu sehen ist. In der jeweiligen Bewertungssituation sei bei gegebener Zielsetzung das Entscheidungsfeld des Bewertenden mit allen hierzu umfassten Handlungsmöglichkeiten in das Bewertungskalkül einzubeziehen. Folglich sei darauf abzustellen, welchem Zweck die Unternehmensbewertung im konkreten Einzelfall diene.[42] Hierzu entwickelt die funktionale Werttheorie mit dem Entscheidungswert, dem fairen Einigungswert (Arbitriumwert), dem Entschädigungswert und dem Argumentationswert verschiedene, der jeweiligen Bewertungssituation angemessene Wertbegriffe. Vorliegende Untersuchung baut auf dem objektivierten Unternehmenswert auf.[43]

---

[37] Vgl. Münstermann, H., Wert, 1970, S. 12.
[38] Vgl. Bretzke, W.-R., Prognoseproblem, 1975, S. 17.
[39] Vgl. Kromschröder, B., Unternehmensbewertung, 1979, S. 2 – 3.
[40] Vgl. Wittmann, W., Wertbegriff, 1956, S. 32 – 33.
[41] Eine ausführliche Darstellung der Nutzentheorie findet sich z. B. bei *Debreu*. Vgl. hierzu Debreu, G., Werttheorie, 1976, S. 66 – 76.
[42] Vgl. Sieben, G. / Schildbach, T., DStR 1979, S. 455 – 458.
[43] Aus Gründen der Darstellung sei an dieser Stelle auf eine eingehendere Erörterung der Wertbegriffe der funktionalen Werttheorie verzichtet. Vgl. zum Entscheidungswert Jaensch, G., Wert, 1966, S. 129 – 131; Matschke, J. M., Entscheidungswert, 1975, S. 23 – 27; zum fairen Einigungswert Matschke, M. J., Arbitriumwert, 1976, S. 17 – 19; zum Entschädigungswert Sieben, G., Unternehmensbewertung, 1993, Sp. 4319; zum Argumentationswert Matschke, M. J., Entscheidungswert, 1975, S. 60 – 67.

## 2.2 Systematisierung der Bewertungsverfahren

Als wesentliche Neuerung der funktionalen Werttheorie finden je nach Zweck der Bewertung unterschiedliche Wertbegriffe Anwendung.[44] Diese bedingen eine konzeptionell differenzierende Form der Wertermittlung. Eine detaillierte Erläuterung der schieren Vielzahl an Bewertungsverfahren ist an dieser Stelle weder möglich noch nötig.[45] Vielmehr lassen sich die einzelnen Bewertungsverfahren übergeordneten Gruppen zuordnen, deren Erörterung für die weitere Darstellung ausreichend ist. Entscheidend ist hierbei die Verdeutlichung des den einzelnen Bewertungsverfahren zugrundeliegenden methodischen Prinzips. Die Literatur unterscheidet zwischen Einzel-, Gesamt- und Mischbewertungsverfahren.[46]

Den Einzelbewertungsverfahren liegt die Idee zugrunde, das zu bewertende Unternehmen in seiner am Bewertungsstichtag vorhandenen bilanziellen Struktur nachzubauen.[47] Der Unternehmenswert bestimmt sich als Differenz der einzeln bewerteten Vermögensgegenstände und Schulden. Das in ihnen ruhende Ertragspotential bleibt hierbei unberücksichtigt.[48] Ungeachtet der Vorgaben des Handelsrechts ist vielmehr auf den Marktwert der einzelnen Vermögens- oder Schuldpositionen abzustellen. Gängige Wertmaßstäbe sind der Voll- und der Teilrekonstruktionswert, deren wesentlicher Unterschied in der Berücksichtigung selbstgeschaffener immaterieller Vermögenswerte liegt.[49] Ebenfalls dieser Gattung zuzurechnen ist der Liquidationswert.[50]

Die Gesamtbewertungsverfahren stehen in konzeptionellem Gegensatz zu den Einzelbewertungsverfahren. Sie betrachten das Bewertungsobjekt in all seinen materiellen und immateriellen Komponenten als zu bewertende Einheit.[51] Maßgeblich für die Wertfindung ist bei den Gesamtbewertungsverfahren somit das in der Kombination der Vermögensgegenstände und Schulden angelegte Ertragspotential. Nicht bilanzierte immaterielle Faktoren wie z. B. die Güte des Geschäftsmodells oder Verbundeffekte finden hierbei Berücksichtigung. Die Bewertung der nachhaltigen Ertragsfähigkeit gebietet die Beurteilung der Annahme der Unternehmensfortführung.[52] Je

---

[44] Vgl. Seppelfricke, P., Handbuch, 2012, S. 13.
[45] Grundlagenforschung zur Systematisierung der Bewertungsverfahren leistet *Haymoz*. Vgl. hierzu Haymoz, F., Entreprises, 1943, S. 39 – 64.
[46] Vgl. z. B. Mandl, G. / Rabel, K., Unternehmensbewertung, 1997, S. 30; Ballwieser, W. / Hachmeister, D., Unternehmensbewertung, 2013, S. 8.
[47] Vgl. Schultze, W., Unternehmensbewertung, 2003, S. 152.
[48] Vgl. Moxter, A., Grundsätze, 1976, S. 48.
[49] Vgl. Mandl, G. / Rabel, K., Unternehmensbewertung, 1997, S. 47 – 48.
[50] Vgl. Helbling, C., Unternehmensbewertung, 1998, S. 216 – 218.
[51] Vgl. Mandl, G. / Rabel, K., Unternehmensbewertung, 1997, S. 29.
[52] Vgl. Nölle, J.-U., Unternehmensbewertung, 2009, S. 22.

nach methodischem Ansatz ist weiter in vergleichsorientierte und zukunftserfolgswertorientierte Gesamtbewertungsverfahren zu unterscheiden. Beiden Verfahrensgruppen ist gemein, dass sie für Zwecke der Wertfindung einen mehr oder weniger expliziten Vergleich mit anderen Anlagemöglichkeiten anstellen.[53]

Die Vergleichsverfahren[54] leiten den Unternehmenswert des Bewertungsobjekts aus tatsächlich realisierten Marktpreisen vergleichbarer Unternehmen ab.[55] Zugrundeliegende Annahme ist die arbitragefreie Bewertung gleicher Güter.[56] Methodisch ergibt sich der Unternehmenswert aus dem Produkt aus einer Bezugsgröße des Bewertungsobjekts und einem Vervielfältiger.[57]

Die Zukunftserfolgswertverfahren beruhen auf der Überlegung, dass es sich bei dem zu bewertenden Unternehmen um eine von mehreren Investitionsmöglichkeiten handelt, welche seinem Eigentümer Mittel zufließen lässt. Nach der neoklassischen Theorie des Zinses ordnet diese ein rational handelnder Investor absteigend nach ihrem Kapitalwert. Allgemein ergibt sich der Kapitalwert eines Guts aus dem um den Preis für den Erwerb des Guts reduzierten Barwert.[58] Der mit dem Zukunftserfolgswert ausgelegte Unternehmenswert kann nach dem Ertragswert- oder mithilfe eines Discounted Cash Flow-Verfahrens ermittelt werden.[59]

Die erheblichen methodischen Unterschiede zwischen den Einzel- und den Gesamtbewertungsverfahren führen zu mitunter stark voneinander abweichenden Bewertungsergebnissen.[60] Um die Diskrepanz zwischen den Bewertungsergebnissen abzumildern, haben sich daher in der Bewertungspraxis verschiedene Mischverfahren entwickelt. Diese verzichten im Kern

---

[53] Vgl. z. B. Barthel, C. W., DB 1996, S. 151; Stober, K. L., Multiplikatoren, 2008, S. 25.
[54] Synonym verwendet die Literatur den Begriff ‚Multiplikatorverfahren' oder auch ‚Market Approach'. Vgl. hierzu z. B. Moser, U. / Auge-Dickhut, S., FB 2003, S. 10.
[55] Vgl. Nowak, K., Unternehmensbewertung, 2003, S. 159.
[56] Vgl. Schmidbauer, R., BB 2004, S. 150.
[57] Vgl. z. B. Seppelfricke, P., FB 1999, S. 301; Aders, C. / Galli, A. / Wiedemann, F., FB 2000, S. 200 - 201. Neben der tatsächlichen Vergleichbarkeit von Bewertungsobjekt und Referenzgruppe setzen die Vergleichsverfahren eine hinreichende Transparenz der jeweils erforderlichen Daten voraus. Vgl. hierzu Ballwieser, W., Multiplikatoren, 1991, S. 49. Von tatsächlicher Vergleichbarkeit von Bewertungsobjekt und Referenzgruppe ist auszugehen, sofern Ähnlichkeit und Relevanz gegeben sind. Ähnlichkeit bezieht sich etwa auf die Art der Branche, die Größe des Unternehmens oder die Bilanzstruktur. Demgegenüber meint Relevanz vor allen Dingen die statistische Signifikanz des zu verwendenden mathematischen Algorithmus sowie die Qualität der in diesen einfließenden Basisgrößen des Bewertungsobjekts. Vgl. hierzu Barthel, C. W., DB 1996, S. 151.
[58] Vgl. Löhr, D., BB 2001, S. 356; Ballwieser, W. / Hachmeister, D., Unternehmensbewertung, 2013, S. 9.
[59] Vgl. IDW (Hrsg.), IDW S 1 i. d. F. 2008, Tz. 7.
[60] Vgl. Mandl, G. / Rabel, K., Unternehmensbewertung, 1997, S. 30.

auf die isolierte Anwendung nur eines Bewertungsverfahrens und kombinieren stattdessen Einzel- und Gesamtbewertungsverfahren miteinander.[61]

## 2.3 Zukunftserfolgswert

### 2.3.1 Grundlagen

Beim objektivierten Unternehmenswert handelt es sich um einen typisierten Zukunftserfolgswert. Der Zukunftserfolgswert beruht auf dem Barwertkonzept.[62] Unter dem Barwert (engl. present value) versteht man die gewogene Summe der im Zusammenhang mit einer Investition erwarteten zukünftigen Zahlungen.[63] Als Gewichte finden zinssatz- und damit zeitpunktabhängige Diskontierungsfaktoren Anwendung.[64] Mithin stellt der Barwert den kumulierten Gegenwartswert der über die Laufzeit der Investition periodenspezifisch prognostizierten Zahlungen $X_t$ der $t$-ten Periode, der Kapitalisierungsgröße, dar.[65] Die Kapitalisierung selbst erfolgt auf einen gemeinsamen Bezugszeitpunkt. Dies erlaubt, Zahlungen unterschiedlichen zeitlichen Anfalls miteinander vergleichbar zu machen und zu addieren.[66] In das Kalkül finden ausschließlich monetäre Zielbeiträge Eingang. Nonmonetäre Zielbeiträge bleiben hingegen zum Preis eines gewissen Informationsverlusts unberücksichtigt.[67] Insofern idealisierend erfährt beim Zukunftserfolgswert das das Unternehmen konstituierende Geflecht aus rechtlichen, ökonomischen und organisatorischen Beziehungen eine komplexitätsreduzierende Abbildung in Form einer Reihe diskreter, präsumtiv äquidistant nachschüssiger Zahlungen,[68] welche der Bewertende in die Zukunft projiziert.[69]

Der Barwert beruht auf dem finanzmathematischen Konzept der geometrischen Verzinsung. Im Konzept der geometrischen Verzinsung erhöht die an einem Zinstermin entstehende Zinsverbindlichkeit gegenüber dem Kapitalgeber das zinstragende Kapital. Somit sind die über den Investitionszeit-

---

[61] Vgl. Matschke, M. J. / Brösel, G., Unternehmensbewertung, 2013, S. 123.
[62] Vgl. Moxter, A., Grundsätze, 1983, S. 115 – 117; Stehle, R., WPg 2004, S. 913.
[63] Vgl. Drukarczyk, J. / Schüler, J., Unternehmensbewertung, 2009, S. 8; Kruschwitz, L., Investitionsrechnung, 2011, S. 79; Blohm, H. / Lüder, K. / Schaefer, C., Investition, 2012, S. 45 – 46.
[64] Vgl. z. B. Gerke, W. / Bank, M., Finanzierung, 2003, S. 16 – 19; Kruschwitz, L. / Husmann, S., Investition, 2012, S. 160 – 161.
[65] Vgl. z. B. Barthel, C. W., DB 1995, S. 344 – 345; Franke, G. / Hax, H., Finanzierung, 2009, S. 169; Perridon, L. / Steiner, M. / Rathgeber, A., Finanzwirtschaft, 2012, S. 221 – 223.
[66] Vgl. z. B. Spremann, K., Finance, 2010, S. 16 – 18; Zantow, R. / Dinauer, J., Finanzwirtschaft, 2011, S. 450 – 452.
[67] Vgl. Ballwieser, W. / Leuthier, R., DStR 1986, S. 549; Börner, D., Unternehmensbewertung, 1988, S. 119; Hachmeister, D., Unternehmenswertsteigerung, 2000, S. 8; Heusinger von Waldegge, S., 2009, Steigerung, S. 63.
[68] Vgl. Ballwieser, W. / Hachmeister, D., Unternehmensbewertung, 2013, S. 15.
[69] Vgl. Busse von Colbe, W., Zukunftserfolg, 1957, S. 39 – 41; Gebhardt, G. / Daske, H., WPg 2005, S. 649.

raum auflaufenden Zinsverbindlichkeiten endfällig. Unter diesen Annahmen inhäriert dem Barwertkalkül eine Zinseszinsrechnung.[70] Mit $r$ als Kapitalisierungszinssatz stellt sich der Barwert $PV(X)$ eines Unternehmens damit allgemein in der Form[71]

$$PV(X) = \sum_{t=1}^{T} \frac{X_t}{(1+r)^t} \qquad (1)$$

dar. „Risk aside, [stocks, land, buildings, machinery, or anything whatsoever; Ergänzung durch den Verfasser] each ha[ve] a market value dependent solely on the same two factors, the benefits, or returns, expected by the investor and the market rate of interest by which those benefits are discounted."[72] Barwert und Kapitalisierungszinssatz stehen in einem non-linearen reziproken Verhältnis.

Der Vergleich von Barwert und Marktpreis einer Unternehmensbeteiligung zeigt dem Bewertenden eine unmittelbare Handlungsempfehlung auf:[73] Übersteigt der Barwert den Marktpreis, ist der Kapitalwert also positiv, steigt mit dem Erwerb der Unternehmensbeteiligung das Vermögen des Bewertenden et vice versa.

Der Barwert steht in engem finanzmathematischen Zusammenhang mit dem Endwert (engl. terminal value). Grundsätzlich gelten die eingangs getroffenen Aussagen für den Endwert entsprechend. Im wesentlichen Unterschied zum Barwert liegt der Bezugszeitpunkt beim Endwert jedoch am Ende des Investitionszeitraums $T$. Dementsprechend werden die periodenspezifischen Zahlungen $X_t$ beim Endwert $TV(X)$ mithilfe der Aufzinsungsfaktoren $(1+r)^{T-t}$ aufgezinst, sodass formal

$$TV(X) = \sum_{t=1}^{T} X_t \cdot (1+r)^{T-t} \qquad (2)$$

gilt. Bar- und Endwert lassen sich mithilfe des Faktors $(1+r)^T = R^T$ ineinander überleiten. Bei Überleitung vom Barwert auf den Endwert heißt $R$ Aufzinsungsfaktor, bei Überleitung vom Endwert auf den Barwert entsprechend Abzinsungsfaktor.

---

[70] Vgl. Herzberger, J., Finanzmathematik, 1999, S. 22 – 26; Perridon, L. / Steiner, M. / Rathgeber, A., Finanzwirtschaft, 2012, S. 49 – 54; Spremann, K., Finance, 2010, S. 16 – 17.
[71] Zur Vermeidung von Missverständnissen werden im Rahmen der vorliegenden Untersuchung die orthographischen Regeln der deutschen Sprache nicht auf formale Zusammenhänge angewendet. Quellenverweise finden sich gegebenenfalls unmittelbar vor dem jeweiligen formalen Zusammenhang im Fließtext.
[72] Fisher, I., Interest, 1930, S. 17 – 18.
[73] Vgl. Hering, T., Unternehmensbewertung, 2006, S. 37.

## 2.3.2 Kapitalisierungsgröße

Die Prognose der Kapitalisierungsgröße[74] stellt einen zentralen Problemkreis der Unternehmensbewertung dar.[75] Eine eingehende Erörterung der damit verbundenen Fragen übersteigt den Rahmen der vorliegenden Untersuchung. Daher seien hier nur diejenigen Aspekte herausgegriffen und in ihren wesentlichen Zügen skizziert, welche für die weitere Darstellung von Relevanz sind.

Die Zukunft eines Unternehmens ist das Kind seiner Gegenwart und das Kindeskind seiner Vergangenheit,[76] sodass die in der Vergangenheit getroffenen Entscheidungen stets die Gegenwart und durch diese die Zukunft beeinflussen.[77] Zutreffend charakterisiert *Käfer* das Wesen der Prognose mit der Aussage, dass hierbei der Bewertende zunächst retrospektiv einen Erfahrungswert der Kapitalisierungsgröße bildet, um auf dieser Grundlage eine Aussage über den zukünftigen Erwartungswert zu treffen.[78] Zukünftige Entwicklungen lassen sich nicht mit Gewissheit vorhersagen. Diesem Umstand ist es geschuldet, dass für die periodenspezifische Planung der zukünftigen Zahlungsströme zwischen Bewertungsobjekt und Anteilseigner zum einen Modelle gebräuchlich sind, die eine Detail- und mindestens eine Pauschalplanungsphase unterscheiden.[79] Hierbei fließt der über die Pauschalplanungsphase hinausgehende Zeithorizont dem Grad an Planungsunsicherheit entsprechend als aggregierter Restwert in das Bewertungsmodell

---

[74] Das Ertragswert- und die Discounted Cash Flow-Verfahren basieren auf derselben konzeptionellen Grundlage. In beiden Fällen werden zukünftige finanzielle Überschüsse kapitalisiert. Ein wesentlicher Unterschied besteht in der Definition der Kapitalisierungsgröße: Während beim Ertragswertverfahren die finanziellen Überschüsse aus den prognostizierten handelsrechtlichen Erfolgen abgeleitet werden, kapitalisieren die Discounted Cash Flow-Verfahren die tatsächlichen Zahlungsströme an die Kapitalgeber. Vgl. z. B. IDW (Hrsg.), IDW S 1 i. d. F. 2000, Tz. 7, Tz. 106 – 107, Tz. 124. Vorliegende Untersuchung streift die Kapitalisierungsgröße nur am Rande. Auf eine Unterscheidung der finanziellen Überschüsse nach dem zugrundeliegenden Bewertungsverfahren sei daher hier und im Folgenden aus Gründen der Lesbarkeit verzichtet.
[75] Vgl. Ballwieser, W., Komplexitätsreduktion, 1993, S. 9 – 10; Barthel, C. W., DB 1996, S. 149; Schwetzler, B., ZfbF 2000, S. 469.
[76] Vgl. Münstermann, H., Wert, 1970, S. 49.
[77] Vgl. Wiese, L. v., SJb 1962, S. 641.
[78] Vgl. Käfer, K., Ertrag, 1969, S. 300; einschränkend Käfer, K., Ertrag, 1969, S. 316.
[79] Vgl. zu den einzelnen Bestandteilen der Unternehmensplanung z. B. ausführlich Mag, W., Unternehmensplanung, 1995. Für gewöhnlich beträgt die Dauer der Detailplanungsphase drei bis fünf, die Dauer der Pauschalplanungsphase zumeist zehn Jahre. Vgl. hierzu IDW (Hrsg.), IDW S 1 i. d. F. 2008, Tz. 76 – 78; Bassemir, M. / Gebhardt, G. / Leyh, S., ZfbF 2012, S. 663.

ein.[80] Der Restwert sei im Weiteren ausgeblendet. Zum anderen sind weder die periodenspezifischen Zukunftserfolge noch der Restwert einwertig zu planen. Vielmehr ist ausgehend vom Bewertungsstichtag ein diskretes Bündel denkbarer Szenarien der weiteren Unternehmensentwicklung zu betrachten. Die differenzierende Betrachtung von Szenarien über den gesamten Planungszeitraum hinweg ermöglicht eine Aussage darüber, welche Bandbreite der zustandsabhängige Wert der Kapitalisierungsgröße in einer Planungsperiode erwartungsgemäß annimmt.[81] Lässt sich zudem die Wahrscheinlichkeit abschätzen, mit welcher die einzelnen Szenarien eintreten, erlaubt dies die Berechnung periodenspezifischer Erwartungswerte des Zukunftserfolgs.[82] Die Ungewissheits- wandelt sich in eine Risikosituation.[83] Allgemein beschreibt der Begriff ‚Risiko' die Möglichkeit, dass sich ex ante unterstellte und ex post gemessene Daten nicht decken.[84] Somit umfasst der Risikobegriff positive in gleicher Weise wie negative Abweichungen von den Erwartungen.

### 2.3.3 Kapitalisierungszinssatz

#### 2.3.3.1 Aufgabe

Der Kapitalisierungszinssatz nimmt innerhalb des Kapitalisierungsvorgangs eine Doppelfunktion ein: Zum einen dient er der finanzmathematischen Übersetzung der investitionstheoretischen Erkenntnis, dass der Gegenwartswert einer zukünftigen Zahlung streng monoton in der Zeit fällt, mit anderen Worten cet. par. umso höher ist, je näher die Zahlung am Bezugszeitpunkt liegt (Zeitpräferenz des Geldes).[85] Zum anderen kommt im Kapita-

---

[80] Vgl. zum gesamten Planungsprozess sowie zum Restwert Henselmann, K., Unternehmenswert, 1999, S. 112 – 127; zum Restwert ausführlich z. B. Kreyer, F., Restwertbestimmung, 2009; Stellbrink, J., Restwert, 2005, welcher sich gleichzeitig eingehend zum Phasenmodell äußert; Weiler, A., Prognosegüte, 2005.
[81] Vgl. hierzu z. B. grundlegend Reibnitz, U. v., Szenarien, 1987; Gausemeier, J. / Fink, A. / Schlake, O., Szenario-Management, 1996; Mietzner, D., Szenarioanalysen, 2009.
[82] Hierbei handelt es sich um subjektive Wahrscheinlichkeiten, welche der Bewertende den Szenarien zuweist. Auch aus diesem Grunde findet zunehmend die Monte Carlo-Simulation Anwendung, welche computergestützt eine derart große Anzahl von Szenarien betrachtet, dass die weiterhin diskreten Szenarien in ein Quasikontinuum übergehen. Vgl. zum Komplex der Wahrscheinlichkeitsgewichtung unterschiedlicher Szenarien Mißler-Behr, M., Szenarioanalyse, 1993, S. 39 – 47.
[83] Eine Ungewissheitssituation liegt vor, wenn lediglich bekannt ist oder als Hypothese unterstellt wird, dass irgendeiner aus mehreren möglichen Zuständen eintreten wird. Lassen sich den Zuständen hingegen subjektive oder gar objektive Eintrittswahrscheinlichkeiten zuordnen, so liegt eine Risikosituation vor. Vgl. hierzu Bamberg, G. / Coenenberg, A. G. / Krapp, M., Entscheidungslehre, 2012, S. 19, S. 67 – 69, S. 109 – 110.
[84] Vgl. Bretzke, W.-R., Prognoseproblem, 1975, S. 94.
[85] Vgl. z. B. Fisher, I., Interest, 1930, S. 61 – 62; Schredelseker, K., Finanzwirtschaft, 2002, S. 41 – 43; Gerke, W. / Bank, M., Finanzierung, 2003, S. 16; Götze, U. / Northcott, D. / Schuster, P., Investment, 2008, S. 51 – 52.

lisierungszinsfuß das ökonomische Prinzip der Opportunitätskosten zum Ausdruck. Denn die Höhe des Kapitalisierungszinsfußes orientiert sich an der Höhe der erwarteten internen Rendite der nächstbesten Alternativanlage, auf deren Durchführung ein in seinen finanziellen Ressourcen beschränkter Investor zugunsten des Investitionsobjekts verzichten muss.[86] Mithin bringt der Kapitalisierungszinsfuß die geforderte Mindestverzinsung des Investitionsprojekts zum Ausdruck.[87] Eine wesentliche Annahme des Barwertkalküls ist also das Vorliegen eines Investitionsprogramms.[88] Somit versteht sich der Barwert einer Investition nicht als absolutes, sondern als relatives Maß für die Vorteilhaftigkeit.[89] Entscheidet sich das wählende Individuum für die jeweils beste Handlungsmöglichkeit, handelt es nach dem Rationalprinzip.[90]

### 2.3.3.2 Definition

Die Höhe der Rendite der Alternativanlage bemisst sich anhand der zu vergütenden Kapitalkosten. Insbesondere muss sich in den Kapitalkosten widerspiegeln, ob die Kapitalisierungsgröße allein den Eigenkapitalgebern oder in Höhe der Verzinsungsansprüche auch anteilig den Fremdkapitalgebern zusteht. Steht die Kapitalisierungsgröße nur den Eigenkapitalgebern zu, ist diese allein mit den Eigenkapitalkosten $r_{EK}$ zu diskontieren. Andernfalls, wenn also die Kapitalisierungsgröße auch die Verzinsungsansprüche der Fremdkapitalgeber umfasst, ist der Kapitalisierungszinsfuß korrespondierend um die Kosten des Fremdkapitals $r_{FK}$ zu erweitern. In diesem Fall ist die Kapitalisierungsgröße mit den gewichteten Kapitalkosten (engl. weighted average cost of capital) zu diskontieren. Hierbei ist sowohl in der Kapitalisierungsgröße als auch im Kapitalisierungszinssatz der allgemeinen steuerlichen Abzugsfähigkeit von Fremdkapitalzinsen als Betriebsausgaben (engl. tax shield) im Umfang des Grenzsteuersatzes $st$ Rechnung zu tragen.[91] Aufgrund der allgemein fehlenden Finanzierungsneutralität der Unterneh-

---

[86] Vgl. z. B. Baetge, J. / Krause, C., BFuP 1994, S. 434; Freiberg, J. / Lüdenbach, N., KoR 2005, S. 480; Daske, H. / Gebhardt, G. / Klein, S., SBR 2006, S. 4.

[87] Teile der Literatur vertreten andere Auffassungen. Beispielsweise sei hier *Siegel* genannt, der im Kapitalisierungszinsfuß die erwartete Wiederanlagerendite durch das Investitionsprojekt erwirtschafteter Zahlungsströme sieht. Vgl. hierzu Siegel, T., Unsicherheit, 2010, S. 613.

[88] Vgl. z. B. Ballwieser, W., WPg 2002, S. 737, welcher jedoch stark in Frage stellt, inwieweit die Bewertungspraxis dieser Anforderung folgt.

[89] Vgl. Schneider, D., Investition, 1992, S. 248.

[90] Vgl. z. B. Wöhe, G., Betriebswirtschaftslehre, 2010, S. 33.

[91] Von den Besonderheiten hinsichtlich der steuerlichen Behandlung von Fremdkapitalzinsen, vor allem Dingen der Implikationen der so bezeichneten Zinsschrankenregelung (§ 4 h EStG i. d. F. 2008), sei an dieser Stelle abstrahiert. Der Frage nach der Einbeziehung der persönlichen Besteuerung auf Ebene der Anteilseigner widmet sich ausführlich 6.1 dieser Abhandlung. Vorläufig sei dieser Aspekt hier zurückgestellt.

mensbesteuerung hängen die gewogenen Kapitalkosten $r_{WACC}$ nicht nur von der Höhe der Eigen- und der Fremdkapitalkosten, sondern auch vom Verschuldungsgrad ab. Der Verschuldungsgrad bestimmt sich als das Verhältnis aus dem Marktwert des Fremdkapitals $V_{FK}$ zum Marktwert des Eigenkapitals $V_{EK}$. Konkret berechnen sich die Kapitalkosten mit

$$r_{WACC} = r_{EK} \cdot \frac{V_{EK}}{V_{EK} + V_{FK}} + r_{FK} \cdot (1 - st) \cdot \frac{V_{FK}}{V_{EK} + V_{FK}} \quad (1)$$

In den gewichteten Kapitalkosten findet die aus der Finanzierungsstruktur des Bewertungsobjekts resultierende Risikokomponente Berücksichtigung.[92] Die Berechnung der gewichteten Kapitalkosten macht die Kenntnis des Marktwerts des Eigenkapitals erforderlich. Gleichzeitig ist der Marktwert des Eigenkapitals die Resultante der Unternehmensbewertung. Hieraus ergibt sich eine Zirkularitätsproblematik.[93] Die weitere Betrachtung unterstellt ein fiktiv vollständig eigenkapitalfinanziertes Unternehmen, sodass der Zirkularitätsproblematik im Weiteren keine effektive Bedeutung beikommt.

### 2.3.3.3 Verzinsungskonzept

Um den relativen monetären Wertzuwachs oder Wertverlust einer Kapitalforderung innerhalb eines bestimmten Zeitraums zu messen, bedient sich die Finanzmathematik des Konzepts der Rendite. Die relative monetäre Wertänderung innerhalb eines Zeitraums lässt sich auf zwei Wegen berechnen, zum einen diskret als prozentualer Zuwachs von einem Zeitpunkt zum nächsten, zum anderen stetig als natürlicher Logarithmus des Zuwachsverhältnisses.[94] Die strikte Trennung zwischen diskreten und stetigen Renditen ist für die weitere Darstellung von wesentlicher Bedeutung und sei daher an dieser Stelle verdeutlicht.

Beschreibe $K_0$ allgemein die Höhe eines Kapitalbetrags, welcher zu Beginn eines $T$ Perioden umspannenden Investitionszeitraums im Zeitpunkt $t = 0$ verzinslich angelegt wird, und $K_t$ entsprechend die Höhe des Kapitalbetrags zu einem beliebigen Zeitpunkt $t \in \{1; 2; 3; ...; T - 1; T\}\}$ innerhalb des Investitionszeitraums. Abbildung 1 verdeutlicht den Investitionszeitraum.

```
├────┼────┼────┼────\/────┼────┤
0    1    2    3         T-1   T
Beginn des                Ende des
Investitionszeitraums     Investitionszeitraums
```

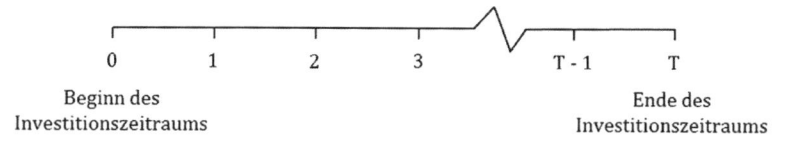

**Abbildung 1: Modellierung des Investitionszeitraums**

---
[92] Vgl. Perridon, L. / Steiner, M. / Rathgeber, A., Finanzwirtschaft, 2012, S. 23.
[93] Vgl. z. B. Böcking, H.-J. / Nowak, K., DB 1998, S. 686 – 687.
[94] Vgl. Dorfleitner, G., KuK 2002, S. 216.

## Kapitel 2: Bewertungstheoretische Grundlagen

Während des gesamten Investitionszeitraums seien weder Kapitalzu- noch -abflüsse vorgesehen. Sei $K_0$ bekannt und $K_t$ gesucht, so besteht zwischen $K_0$, $K_t$ und der nominellen Periodenrendite $r$ der Zusammenhang

$$\frac{K_t}{K_0} = \left(1 + \frac{1}{p} \cdot r\right)^{p \cdot t} \tag{1}$$

Hierbei bezeichnet $p$ die Anzahl äquidistanter Zinszahlungstermine innerhalb einer jeden einzelnen Periode.[95] Beziehung (1) bringt das dem Barwert innewohnende Prinzip der geometrischen Verzinsung zum Ausdruck: Am jeweiligen Zinstermin entsteht zwar eine Zinsverbindlichkeit gegenüber dem Kapitalgeber. Allein ist diese endfällig und erhöht daher das zinstragende Kapital.[96] Bei geometrischer Verzinsung erfüllt die nominelle Periodenrendite $r$ somit die Funktion einer geometrischen Zinsrate. Bei Anwendung der Substitution $v := \frac{p}{r}$ folgt für Beziehung (1) zunächst die äquivalente Schreibweise

$$\frac{K_t}{K_0} = \left[\left(1 + \frac{1}{v}\right)^v\right]^{r \cdot t} \tag{2}$$

Bei einer gegen positiv Unendlich konvergierenden Anzahl von Zinszahlungsterminen resultiert hieraus:

$$\frac{K_t}{K_0} = \lim_{v \to +\infty} \left[\left(1 + \frac{1}{v}\right)^v\right]^{r \cdot t} = e^{r \cdot t} \tag{3}$$

Die Betrachtung beschränkt sich auf eine einzige Periode, sohin auf den Fall $t = 1$. Weiterhin sei der Zusammenhang zwischen dem konformen Zinssatz $r^*$ und dem nominellen Zinssatz $r$ herausgestellt. Als konformen Zinssatz bezeichnet man den Zinssatz, welcher dem relativen Zinssatz in einer reinen Zinseszinsrechnung entspricht.[97] Allgemein gilt:

$$1 + r^* = (1 + r)^{\frac{1}{p}} \tag{4}$$

Die hier beabsichtigte Verdeutlichung der finanzmathematischen Unterschiede zwischen diskreten und stetigen Renditen erlaubt, sich im Folgenden auf die beiden Fälle zurückzuziehen, wo innerhalb der betrachteten Periode einerseits nur ein, andererseits eine gegen positiv Unendlich konvergierende Anzahl von Zinszahlungsterminen bestehen. Bei nur einem Zinszahlungstermin stimmen der konforme und der nominelle Periodenzinssatz überein, sodass

---

[95] Vgl. Bosch, K., Finanzmathematik, 2007, S. 21 – 25.
[96] Vgl. Bruns, C. / Meyer-Bullerdiek, F., Professionelles Portfoliomanagement, 2013, S. 718.
[97] Vgl. Kruschwitz, L., Finanzmathematik, 2010, S. 28 – 33.

$1 + r^* = 1 + r$ (5)

gilt. Im Fall einer gegen positiv Unendlich konvergierenden Anzahl von Zinszahlungsterminen hingegen resultiert unter Hinweis auf Beziehung (3)

$1 + r^* = e^r$ (6)

Aufgrund der mathematischen Eigenschaften der Exponentialfunktion übersteigt der konforme Periodenzinssatz in Beziehung (6) jenen in Beziehung (5). Diese Aussage gilt in gleicher Weise für jede von $p = 1$ verschiedene Anzahl von Zinszahlungsterminen.

Bei einer endlichen Anzahl von Zinszahlungsterminen bezeichnet man den konformen Periodenzinssatz als diskret (diskontinuierlich), bei einer gegen positiv Unendlich konvergierenden Anzahl von Zinszahlungsterminen als stetig (kontinuierlich). Das anfängliche Kapital heißt entsprechend diskret (diskontinuierlich) respektive stetig (kontinuierlich) verzinslich. Insofern versteht sich die stetige Verzinsung als Sonderform der diskreten Verzinsung, nämlich als der Fall, wenn das Zeitintervall der aufeinanderfolgenden äquidistanten Zinszahlungstermine infinitesimal klein wird und gegen Null konvergiert.[98] Im Weiteren symbolisiere $r_d$ diskrete und $r_s$ stetige Renditen. Die diskrete und die stetige Rendite stehen in der Beziehung[99]

$r_d = e^{r_s} - 1$ (7)

respektive

$r_s = \ln(1 + r_d)$ (8)

Äquivalentes Umformen von Beziehung (7) und Einsetzen der linken Seite von Beziehung (1) liefert:[100]

$$e^{r_s} = \frac{K_1}{K_0} \Leftrightarrow r_s = \ln K_1 - \ln K_0$$ (9)

Damit berechnet sich die stetige Rendite auf das Periodenanfangsvermögen als die Differenz zwischen dem natürlichen Logarithmus des Periodenendvermögens einerseits und des Periodenanfangsvermögens andererseits. Die Unternehmensbewertung rechnet im Allgemeinen mit diskreten Renditen. Sofern im Folgenden das Renditekonzept nicht explizit thematisiert wird, ist somit von diskreten Renditen auszugehen.

### 2.3.4 Zwischenergebnis

Als Zwischenergebnis ist festzuhalten, dass der Zukunftserfolgswert als Anwendung des investitionstheoretischen Barwertkalküls einen ökonomi-

---
[98] Vgl. Herzberger, J., Finanzmathematik, 1999, S. 40 – 43.
[99] Vgl. Bruns, C. / Meyer-Bullerdiek, F., Professionelles Portfoliomanagement, 2013, S. 720.
[100] Vgl. z. B. Steiner, M. / Bruns, C. / Stöckl, S., Wertpapiermanagement, 2012, S. 51 – 52.

schen Alternativenvergleich zwischen Bewertungsobjekt und der nächstbesten Investitionsalternative anstellt. Hierfür werden die periodenspezifisch prognostizierten Zahlungsströme zwischen Bewertungsobjekt und Anteilseigner mit der in diskreter Konnotation formulierten Rendite der Alternativanlage kapitalisiert. Bei den Zahlungsströmen zwischen Bewertungsobjekt und Anteilseigner handelt es sich um den Erwartungswert der mit einem diskreten Bündel unterschiedlich wahrscheinlicher Szenarien verbundenen finanziellen Implikationen. Der Barwert beruht auf dem Konzept der geometrischen Verzinsung.

## 2.4 Äquivalenzgrundsätze ordnungsmäßiger Unternehmensbewertung

### 2.4.1 Auslegung des Äquivalenzbegriffs

Bewertungsobjekt und Alternativanlage müssen miteinander vergleichbar sein.[101] Dies gilt für die zeitliche Struktur und das Risikoprofil der mit ihnen verbundenen Zahlungsströme in gleicher Weise wie für die zu ihrer Abgrenzung zur Anwendung kommenden Bewertungsgrundsätze. Mithilfe des Vergleichs zwischen Bewertungsobjekt und Alternativanlage ermittelt der Bewertende den Geldbetrag, den ein Investor maximal aufbringen darf, um mit dem Erwerb des Bewertungsobjekts denselben Zahlungsstrom wie mit der Alternativanlage zu erzielen.[102] Insofern spiegelt sich in der zeitlichen Struktur der Zahlungen der Alternativanlage die Konsumentnahmepräferenz des Investors wider. Dies sei anhand des folgenden Beispiels demonstriert.

Betrachtet werde ein Bewertungsobjekt, welches auf einen zeitlichen Horizont von vier Perioden angelegt sei[103] und schwankende Zahlungsströme generiere. Die annahmegemäß beliebig teilbare Alternativanlage zahle über den gesamten Investitionszeitraum hinweg stabil 10,00 [GE] pro Periode. Die Rendite der Alternativanlage betrage 10,00 %.[104] Unter diesen Annahmen resultiert als Barwert der Alternativanlage 31,69 [GE]. Tabelle 1 gibt einen zusammenfassenden Überblick:

---

[101] Vgl. Wiese, J., WPg 2007, S. 373; IDW (Hrsg.), IDW S 1 i. d. F. 2005, Tz. 124; IDW (Hrsg.), IDW S 1 i. d. F. 2008, Tz. 114; Pratt, S. P. / Grabowski, R. J., Cost of Capital, 2010, S. 6 – 7; Penman, S. H., Security Valuation, 2013, S. 112.
[102] Vgl. Gorny, C. / Rosenbaum, D., WPg 2004, S. 862.
[103] Die Betrachtung eines Bewertungsobjekts mit begrenztem Investitionshorizont hat allein darstellerische Gründe. Die anhand des Beispiels getroffenen Aussagen gelten im Grundsatz auch in dem hier betrachteten Fall eines Bewertungsobjekts von unendlicher Fortbestehensdauer.
[104] An dieser Stelle steht die Duplikation der Zahlungsreihe des Bewertungsobjekts mithilfe der Alternativanlage im Vordergrund. Von der Einbeziehung der Effekte einer im Zeitablauf schwankenden Rendite der Alternativanlage sei vorerst noch abstrahiert. Alle Prozentangaben beziehen sich hier und im Weiteren auf ein Jahr. Ein gesonderter Zusatz, etwa p. a., unterbleibt aus Gründen der Lesbarkeit.

| Zeitpunkt | 0 | 1 | 2 | 3 | 4 |
|---|---|---|---|---|---|
| *Alternativanlage* | | | | | |
| Interne Rendite | 10,00 % | | | | |
| Zahlungsreihe | - | 10,00 | 10,00 | 10,00 | 10,00 |
| Barwert | 31,69 | 9,09 | 8,26 | 7,51 | 6,83 |
| Zahlungsstrom | - | 10,00 | 10,00 | 10,00 | 10,00 |
| Entwicklung | | | | | -10,00 |
| | | | | -10,00 | 10,00 |
| | | | -10,00 | 19,09 | |
| | | -10,00 | 27,35 | | |
| | -31,69 | 34,86 | | | |
| *Bewertungsobjekt* | | | | | |
| Zahlungsreihe | - | 20,00 | 5,00 | 15,00 | 35,00 |
| Barwert | 57,49 | 18,18 | 4,13 | 11,27 | 23,91 |
| *Das Bewertungsobjekt duplizierende Alternativanlage* | | | | | |
| Zahlungsstrom | - | 20,00 | 5,00 | 15,00 | 35,00 |
| Entwicklung | | | | | -35,00 |
| | | | | -15,00 | 35,00 |
| | | | -5,00 | 46,82 | |
| | | -20,00 | 47,56 | | |
| | -57,49 | 63,24 | | | |
| *Differenzinvestition zur Alternativanlage* | | | | | |
| Zahlungsreihe | - | 10,00 | -5,00 | 5,00 | 25,00 |
| Barwert | 25,80 | 9,09 | -4,13 | 3,76 | 17,08 |
| *Die Differenzinvestition duplizierende Alternativanlage* | | | | | |
| Zahlungsstrom | - | 10,00 | -5,00 | 5,00 | 25,00 |
| Entwicklung | | | | | -25,00 |
| | | | | -5,00 | 25,00 |
| | | | 5,00 | 27,73 | |
| | | -10,00 | 20,21 | | |
| | -25,80 | 28,37 | | | |

Sofern nicht anders angegeben, alle Angaben in [GE]. Geringfügige Abweichungen sind rundungsbedingt. Quelle: Eigene Darstellung.

**Tabelle 1: Duplikation der Zahlungsströme des Bewertungsobjekts**

Bei Anlage von 31,69 [GE] zu Beginn des Investitionszeitraums erzeugt die Alternativanlage über den gesamten Investitionszeitraum hinweg einen Zahlungsstrom von 10,00 [GE] pro Periode. Der Barwert des Bewertungsobjekts beträgt 57,49 [GE]. Bei Anlage dieses Betrags in die Alternativanlage lässt sich der Zahlungsstrom des Bewertungsobjekts perfekt duplizieren. Das Kapital der Alternativanlage wird hierbei bis zum Ende des Investitionszeitraums vollständig aufgezehrt.

Eine alternative Vorgehensweise zur Duplikation des Zahlungsstroms des Bewertungsobjekts besteht in der Duplikation der Differenzinvestition von Bewertungsobjekt und Alternativanlage zusätzlich zum Erwerb derselben. Der Barwert der Differenzinvestition beträgt 25,80 [GE]. Im Barwert der Differenzinvestition kommt die Differenz des Werts des Zahlungsstroms einerseits des Bewertungsobjekts und andererseits der Alternativanlage zum Ausdruck.

Wie vorstehendes Beispiel zeigt, lässt sich die Zahlungsreihe des Bewertungsobjekts mithilfe der Alternativanlage duplizieren. Voraussetzung hierfür ist allerdings die vollständige Äquivalenz von Bewertungsobjekt und Alternativanlage. Die verschiedenen Ausprägungen der Äquivalenz von Bewertungsobjekt und Alternativanlage wirken hierbei integrativ. Vollkommene Äquivalenz herrscht somit nur dann, wenn hinsichtlich jeder einzelnen Ausprägung Äquivalenz zwischen Bewertungsobjekt und Alternativanlage hergestellt ist.

Eine ausführliche Erläuterung der von *Moxter* formulierten Anforderungen an die Alternativanlage bezüglich deren Äquivalenz mit dem Bewertungsobjekt sprengt den Rahmen der vorliegenden Untersuchung. Daher seien hier nur die im Weiteren besonders relevanten Äquivalenzprinzipien, namentlich das Laufzeitäquivalenzprinzip, das Stichtagsprinzip respektive das Prinzip der Zukunftsbezogenheit der Bewertung und das Prinzip der Risikoäquivalenz, eingehend ausgeführt. Innere und äußere Kaufkraftäquivalenz[105] ebenso wie Verfügbarkeitsäquivalenz seien, sofern nicht ausdrücklich anders vermerkt, stets als gegeben unterstellt.[106]

---

[105] Die Kapitalisierungsgröße lässt sich grundsätzlich sowohl real als auch nominal planen, doch bleibt dies ohne jede Auswirkung auf das Bewertungsergebnis, solange die Rendite der Alternativanlage korrespondierend real respektive nominal bestimmt ist (Homogenitätsprinzip). Vgl. hierzu Ballwieser, W., Geldentwertung, 1986, S. 2 – 6. Die Praxis der Unternehmensbewertung zieht die Nominalrechnung der Realrechnung vor, um auf diese Weise die Komplexität hinsichtlich der Berücksichtigung der Unsicherheit zukünftiger Geldentwertungsprämien beherrschbar zu machen. Vgl. hierzu Ballwieser, W., Unternehmensbewertung, 2003, S. 23; Freiberg, J. / Lüdenbach, N., KoR 2005, S. 481.

[106] Vgl. zu den Äquivalenzprinzipien eingehend Moxter, A., Grundsätze, 1983, S. 155 – 202; Schultze, W., Unternehmensbewertung, 2003, S. 248; Gebhardt, G. / Daske, H., WPg 2005, S. 650.

## 2.4.2 Prinzip der Laufzeitäquivalenz

Das Prinzip der Laufzeitäquivalenz gebietet die Wahl einer Alternativanlage, deren Zahlungsströme sich über denselben Zeitraum wie jene des Bewertungsobjekts erstrecken und hinsichtlich ihres zeitlichen Anfalls eine vergleichbare Struktur aufweisen.[107] Zudem besteht die Notwendigkeit, dass in den Zahlungsströmen der Alternativanlage die Zinsstruktur am Kapitalmarkt adäquate Berücksichtigung findet.[108] Das Kriterium der Laufzeitäquivalenz dient der Immunisierung der Zahlungsströme des Bewertungsobjekts gegen Änderungen des Zinsumfelds.[109] Zinsänderungen schlagen sich in einer veränderten Rendite der Alternativanlage nieder. Die Immunisierung der Zahlungsströme des Bewertungsobjekts gegen Zinsänderungen setzt voraus, dass die zeitliche Struktur der Zahlungsströme des Bewertungsobjekts und der Konsumentnahme des Investors einander genau entsprechen. Herrscht nur schwerpunktmäßige, nicht jedoch durchgängige Übereinstimmung, sind zusätzlich Annahmen über die Aufnahme temporär fehlender respektive die Anlage temporär freier finanzieller Mittel, die Gestalt der Zinsstruktur sowie über den Prozess der interperiodischen Zinsänderung erforderlich.[110]

## 2.4.3 Stichtagsprinzip und Prinzip der Zukunftsbezogenheit der Bewertung

Werte unterliegen einem zeitlichen Wandel. So bezieht sich auch der Wert einer Unternehmung auf einen bestimmten Stichtag, etwa den Zeitpunkt des Ausscheidens (§ 738 Abs. 1 BGB i. d. F. 2015), der Beschlussfassung der Hauptversammlung (§ 305 Abs. 3 Satz 2 i. V. m. § 320 b Abs. 1 Satz 5, § 327 b Abs. 1 Satz 1 AktG) oder des Verschmelzungsbeschlusses (§ 30 UmwG).[111] Der Ertragswert im Besonderen bestimmt sich sowohl aus der Sicht des Erwerbers wie auch aus der Sicht der Veräußerers anhand der zukünftigen Erträge. Der Käufer beurteilt das Bewertungsobjekt allein anhand der voraussichtlichen Erfolge, welche ihm vom Zeitpunkt der Übernahme an zufließen. Denn „[f]ür das Gewesene gibt der Kaufmann nichts .."[112]. Gleichzeitig ver-

---

[107] Vgl. Großfeld, B., Anteilsbewertung, 2002, S. 118; Ballwieser, W., Unternehmensbewertung, 2003, S. 21 – 22; Wiese, J. / Gampenrieder, P., BB 2008, S. 1724; aA wohl Siepe, G., WPg 1998, S. 326, welcher die höhere Schwankungsanfälligkeit rentierlicher Anlagen auszublenden scheint.
[108] Vgl. Obermaier, R., Basiszinssatz, 2005, S. 3.
[109] Vgl. Schwetzler, B., DB 1996, S. 1962; Obermaier, R., FB 2008, S. 493.
[110] Vgl. Schwetzler, B., ZfB 1996, S. 1084 – 1085.
[111] Vgl. Großfeld, B., Recht, 2012, S. 82 – 83.
[112] Münstermann, H., Wert, 1970, S. 21.

mindert sich mit der Übergabe die Vermögensposition des Verkäufers um die Anwartschaft auf genau diese voraussichtlichen Erfolge.[113] Im Zukunftserfolgswert manifestiert sich das Prinzip der Zukunftsbezogenheit der Bewertung.[114] Das Stichtagsprinzip setzt das Prinzip der Zukunftsbezogenheit der Bewertung um, indem es den Umfang und den Konkretisierungsgrad der Informationen definiert, welche bei der Prognose der zukünftigen Erträge zu berücksichtigen sind.[115] Mithin definiert das Stichtagsprinzip die Zukunft selbst.[116] Nach ständiger Rechtsprechung sind hierbei alle Faktoren zu berücksichtigen, die am Bewertungsstichtag schon „in der Wurzel angelegt"[117] sind (Wurzeltheorie). Bei weiter Auslegung des Stichtagsprinzips gehen all diejenigen Informationen über die zukünftigen Erträge in die Bewertung ein, welche am Stichtag bereits verfügbar sind und in deren Kenntnis der Bewertende bei angemessener Sorgfalt und Mühewaltung gelangen kann.[118] Nicht hingegen verlangt die weite Auslegung des Stichtagsprinzips, dass sich die Informationen im Hinblick auf ihre Bewertungsrelevanz am Stichtag bereits hinreichend konkretisiert haben. Genau diesen Maßstab legt zusätzlich das eng ausgelegte Stichtagsprinzip an.[119] Die enge Auslegung des Stichtagsprinzips bewirkt eine Objektivierung der Bewertung, indem es an die Stelle des weiten Spektrums subjektiver Erwartungen einen schmalen Korridor mit hinreichender Wahrscheinlichkeit eintretender Entwicklungen setzt.[120]

### 2.4.3.1 Auslegung im Zusammenhang mit der Rendite der Alternativanlage

#### 2.4.3.1.1 Vorbemerkung

Vor dem Hintergrund der geforderten Äquivalenz von Bewertungsobjekt und Alternativanlage beziehen sich das Stichtagsprinzip und das Prinzip der Zukunftsbezogenheit der Bewertung gleichermaßen auf die Kapitalisierungsgröße wie auf die hier interessierende Rendite der Alternativanlage.[121] Hinsichtlich der Rendite der Alternativanlage bestehen drei unter-

---

[113] Vgl. Schwetzler, B., ZfB 1996, S. 1085.
[114] Vgl. Moxter, A., Grundsätze, 1983, S. 97.
[115] Vgl. Riegger, B. / Wasmann, D., Stichtagsprinzip, 2011, S. 434.
[116] Vgl. Moxter, A., Grundsätze, 1983, S. 171.
[117] Vgl. z. B. BGH vom 4. März 1998, NZG 1998, S. 379 (S. 380); OLG Stuttgart vom 19. März 2008, AG 2008, S. 510 (S. 514); zur Wurzeltheorie eingehend Hackmann, A., Unternehmensbewertung, 1987, S. 110 – 113; Peemöller, V. H., DStR 2001, S. 1402; Schwetzler, B., WPg 2008, S. 895.
[118] Vgl. IDW (Hrsg.), IDW S 1 i. d. F. 2008, Tz. 22 – 23; eingehend Ruthardt, F. / Hachmeister, D., WPg 2012, S. 452 – 457.
[119] Vgl. Moxter, A., Grundsätze, 1983, S. 171.
[120] Vgl. Hackmann, A., Unternehmensbewertung, 1987, S. 113 – 115.
[121] Vgl. Moxter, A., Grundsätze, 1983, S. 172.

schiedliche Auffassungen, wie das Prinzip der Zukunftsbezogenheit der Bewertung zu konkretisieren ist. Je nach Auffassung sei hierfür auf die Verhältnisse nach, am oder vor dem Bewertungsstichtag abzustellen, wobei die Vergangenheits- und die Zukunftsbetrachtung in engem Zusammenhang stehen.[122]

#### 2.4.3.1.2 Verhältnisse nach dem Bewertungsstichtag

Der überwiegende Teil der Rechtsprechung, aber auch manche Stimmen in der betriebswirtschaftlichen Literatur sprechen sich dafür aus, den zukünftigen Erfolgen des Bewertungsobjekts korrespondierend die zukünftige Rendite der Alternativanlage gegenüberzustellen, zumindest aber die Verhältnisse nach dem Bewertungsstichtag zu berücksichtigen.[123] Hierfür werden unterschiedliche Gründe genannt.

Seitens der Betriebswirtschaft wird vorgebracht, ein sinnvoller Vergleich zwischen Bewertungsobjekt und Alternativanlage mache erforderlich, dem zukünftigen Nutzen des Bewertungsobjekts den zukünftigen Nutzen der Alternativanlage gegenüberzustellen.[124] Daher sei auf die zukünftigen Zinsen zurückzugreifen.[125] Nach Meinung der Rechtsprechung sollte die angemessene Abfindung für einen ausscheidenden Aktionär diesem langfristig einen Ausgleich für die Aufgabe seiner Gesellschaftsrechte am Bewertungsobjekt bieten. Hierbei sei der Tatsache Rechnung zu tragen, dass bei gerichtlicher Feststellung der Abfindung in vielen Fällen die Wiederanlage derselben erst mit einigem zeitlichen Abstand zum Bewertungsstichtag erfolgen könne.[126]

---

[122] Vgl. z. B. BayObLG vom 28. Oktober 2005, NZG 2006, S. 156 (S. 158); LG Frankfurt am Main vom 13. Juni 2006, NZG 2006, S. 868 (S. 870); OLG Stuttgart vom 19. März 2008, AG 2008, S. 510 (S. 514).

[123] Vgl. Schnettler, A., Zins, 1931, S. 54; Hetzel, H., BB 1988, S. 727; Baetge, J. / Krause, C., BFuP 1994, S. 450; Piltz, D. J., Rechtsprechung, 1994, S. 173 – 174; OLG Düsseldorf vom 27. Mai 2009, WM 2009, S. 2220 (S. 2225). In einzelnen Fällen vertritt die Rechtsprechung allerdings auch die Stichtagsverzinsung. Vgl. hierzu z. B. BGH vom 30. September 1981, ZIP 1981, S. 1330 (S. 1331).

[124] Vgl. Piltz, D. J., Rechtsprechung, 1994, S. 173.

[125] Für offensichtliche Verwirrung sorgt die Frage, wie für die Schätzung der zukünftigen Zinsen konkret vorzugehen ist. Manche Stimmen fordern, sich hierzu am Phasenmodell der Unternehmensbewertung zu orientieren. Dies ergebe sich aus der Stellungnahme HFA 2 / 1983. Vgl. hierzu Piltz, D. J., Rechtsprechung, 1994, S. 173 – 174; Baetge, J. / Krause, C., BFuP 1994, S. 449; Aha, C., AG 1997, S. 32. Allein widerspricht diese Auslegung dem expliziten Wortlaut der Stellungnahme HFA 2 / 1983, wonach die Summe der Diskontierungsfaktoren gerade dem inversen Kapitalisierungszinssatz zu entsprechen habe. Vgl. IDW (Hrsg.), Stellungnahme HFA 2 / 1983, WPg 1983, C. 2. c). Finanzmathematisch ist diese Bedingung nur mit einem über alle Perioden hinweg einheitlichen Kapitalisierungszinssatz zu erfüllen. Vgl. aber IDW (Hrsg.), Wirtschaftsprüfer-Handbuch, 1992, lit. A, Tz. 203. Dies entspricht dem Vorgehen der Rechtsprechung. Vgl. hierzu z. B. OLG Düsseldorf vom 27. Mai 2009, WM 2009, S. 2220 (S. 2225); OLG Stuttgart vom 4. Februar 2000, NZG 2000, S. 744 (S. 747).

[126] Vgl. eingehend Meilicke, W., Barabfindung, 1975, S. 95 – 96.

Daher komme es im Hinblick auf die Rendite der Alternativanlage allein auf die aus Sicht des Bewertungsstichtags auf Dauer zu erzielende Verzinsung an.[127] Hierunter sei der von kurzfristigen Einflüssen am Bewertungsstichtag befreite Nominalzinssatz zu verstehen.[128] Als Orientierung für die aus Sicht des Bewertungsstichtags auf Dauer zu erzielende Verzinsung dient der Rechtsprechung der Durchschnitt der Renditen eines bestimmten Vergangenheitszeitraums, wobei eine am Bewertungsstichtag bestehende Tendenz zu höheren oder niedrigeren Renditen gegebenenfalls als Korrektiv zu berücksichtigen sei.[129] Eine gesonderte Beurteilung der Phase der ewigen Rente sei zulässig.[130] Einen Ansatzpunkt für die Plausibilisierung der aus Sicht des Bewertungsstichtags geschätzten zukünftigen Zinsen sieht die Gerichtsbarkeit in der nach dem Bewertungsstichtag tatsächlich eingetretenen Zinsentwicklung.[131]

### 2.4.3.1.3 Verhältnisse am Bewertungsstichtag

Die Vertreter der Stichtagsverzinsung begründen ihren Standpunkt mit dem eng ausgelegten Stichtagsprinzip und dem Prinzip der Zukunftsbezogenheit der Bewertung. Aus dem eng ausgelegten Stichtagsprinzip folge, dass im Hinblick auf die Bestimmung der Rendite der Alternativanlage allein die Kapitalmarktverhältnisse am Bewertungsstichtag maßgeblich seien. Die Zugrundelegung der Stichtagsverhältnisse für Zwecke der Bestimmung der Rendite der Alternativanlage korrespondiere mit der Planung der Kapitalisierungsgröße. In der Planung der Kapitalisierungsgröße spiegle sich gleichermaßen der Informationsstand wider, welcher vom Bewertenden bei angemessener Sorgfalt am Bewertungsstichtag erlangt werden könne.[132] Im Hinblick auf die Bestimmung der gewichteten Kapitalkosten ergibt sich hieraus die Notwendigkeit, am Bewertungsstichtag absehbare Änderungen der Eigen- respektive der Fremdkapitalkostensätze ebenso wie des Marktwerts des Eigenkapitals und des Marktwerts des Fremdkapitals zu berücksichtigen[133] und die gewichteten Kapitalkosten periodenspezifisch zu planen.[134] Am Bewertungsstichtag liegen die zukünftig ex post tatsächlich erzielbaren

---

[127] Vgl. Piltz, D. J., Rechtsprechung, 1994, S. 173. *Schwetzler* stellt hingegen auf den Zeitpunkt der Beendigung des Spruchverfahrens ab. Vgl. hierzu Schwetzler, B., DB 1996, S. 1964; ständige Rechtsprechung z. B. OLG Düsseldorf vom 27. Mai 2009, WM 2009, S. 2220 (S. 2225).
[128] Vgl. Goette, W. / Habersack, M. (Hrsg.), Münchener Kommentar zum Aktiengesetz, 2010, § 305 AktG, Rn. 108.
[129] Vgl. z. B. BGH vom 21. Juli 2003, NJW 2003, S. 3272 – 3274; BayObLG vom 28. Oktober 2005, NZG 2006, S. 156 (S. 159).
[130] Vgl. z. B. BayObLG vom 28. Oktober 2005, NZG 2006, S. 156 (S. 158).
[131] Vgl. Großfeld, B., Recht, 2012, S. 164.
[132] Vgl. IDW (Hrsg.), IDW S 1 i. d. F. 2000, Tz. 22 – 23; IDW (Hrsg.); IDW S 1 i. d. F. 2005, Tz. 22 – 23; IDW (Hrsg.), IDW S 1 i. d. F. 2008, Tz. 22 – 23.
[133] Vgl. IDW (Hrsg.), Wirtschaftsprüfer-Handbuch, 2002, lit. A, Tz. 308.
[134] Vgl. IDW (Hrsg.), IDW S 1 i. d. F. 2008, Tz. 133 – 135.

Renditen im Dunkeln. Jedoch schlagen sich die Erwartungen, welche der Kapitalmarkt am Bewertungsstichtag an die zukünftigen Renditen lege, implizit im Niveau der Stichtagsverzinsung nieder, zumal diese auf effizienten Märkten das Ergebnis der Marktkräfte von Angebot und Nachfrage sei.[135] Somit komme in der Stichtagsverzinsung das Prinzip der Zukunftsbezogenheit der Bewertung zum Ausdruck.

#### 2.4.3.1.4 Verhältnisse vor dem Bewertungsstichtag

Die Verwendung historischer Durchschnittszinsen für die am Bewertungsstichtag erwartete auf Dauer erzielbare Verzinsung biete den Vorteil einer vergleichsweise objektiven, da bereits feststehenden Datenbasis.[136] Die Vergangenheit sei hierbei Maßstab für die Zukunft.[137] Ein vielfach ins Feld geführtes Argument besteht zudem darin, dass im Wege der Durchschnittsbildung Hoch- und Niedrigzinsphasen angemessen zum Ausgleich kommen.[138]

### 2.4.3.2 Würdigung

Das *IDW* fordert in der Stellungnahme HFA 2 / 1983, dass die währungs- und konjunkturpolitischen Einflüsse auf den Kapitalisierungszinssatz und die Unternehmensergebnisse miteinander in Einklang zu bringen sind.[139] Gemeinhin wird dies so ausgelegt, dass der Kapitalisierungsgröße die am Bewertungsstichtag geschätzten zukünftigen Zinsen gegenüberzustellen sind.[140] Dies wird hier bezweifelt, wobei eine dahingehende Diskussion nicht erforderlich ist. Denn mit dem Bekenntnis zur Ermittlung des risikolosen Zinsfußes anhand der Informationen der Zinsstrukturkurve nach den Verhältnissen am Bewertungsstichtag hat sich das *IDW* mittlerweile klar von den in Stellungnahme HFA 2 / 1983 vermeintlich geforderten zukünftigen Zinssätzen distanziert.[141]

Die Gerichtsbarkeit wird nicht müde, die Verwendung zukünftiger Zinsen anstelle der Stichtagsverzinsung damit zu begründen, dass die Kapitalmarktverhältnisse am jeweiligen Bewertungsstichtag allenfalls als ungewöhnlich und vorübergehend anzusehen seien.[142] Die Stichtagsverzinsung

---

[135] Vgl. Jaeckel, U., BFuP 1988, S. 562.
[136] Vgl. z. B. OLG Düsseldorf vom 11. April 1988, WM 1988, S. 1052 (S. 1059); OLG Düsseldorf vom 2. August 1994, WM 1995, S. 756 (S. 761); LG Dortmund vom 1. Juli 1996, AG 1996, S. 427 (S. 429); OLG Düsseldorf vom 19. Oktober 1999, DB 2000, S. 81 (S. 82).
[137] Vgl. Schmalenbach, E. / Bethmann, R., Finanzierungen, 1937, S. 2.
[138] Vgl. hierzu kritisch Wenger, E., Basiszins, 2003, S. 482 – 483.
[139] Vgl. IDW (Hrsg.), Stellungnahme HFA 2 / 1983, B. 3.
[140] Vgl. IDW (Hrsg.), Wirtschaftsprüfer-Handbuch, 1992, lit. A, Tz. 202.
[141] Vgl. IDW (Hrsg.), IDW S 1 i. d. F. 2005, Tz. 127; IDW (Hrsg.), IDW S 1 i. d. F. 2008, Tz. 117.
[142] Vgl. z. B. OLG Düsseldorf vom 11. April 1988, WM 1988, S. 1052 (S. 1059); LG Dortmund vom 1. Juli 1996, AG 1996, S. 427 (S. 429); hierzu kritisch Wenger, E., Basiszins, 2003, S. 482 – 483.

## Kapitel 2: Bewertungstheoretische Grundlagen

am jeweiligen Bewertungsstichtag sei daher wenig repräsentativ für die bei Normalisierung der Kapitalmarktverhältnisse auf Dauer erzielbare Verzinsung.[143] Die Zugrundelegung der Stichtagsverzinsung und damit die Berücksichtigung der temporären Kapitalmarktverhältnisse am Bewertungsstichtag seien nur dann zulässig, wenn berechtigter Grund zu der Annahme bestehe, dass der Stichtagszins die auf Dauer erzielbare Verzinsung angemessen widerspiegle.[144]

Die für Zwecke der auf Dauer erzielbaren Verzinsung herangezogene Datenbasis historischer Durchschnittsrenditen ist nur vordergründig objektiv und tatsächlich nicht frei von subjektiven Einflüssen. Dies gilt insbesondere im Hinblick auf die Methodik der Durchschnittsbildung, die Definition und Behandlung atypischer Vorkommnisse am Kapitalmarkt sowie die Wahl des Beobachtungszeitraums.[145] So könne der Beobachtungszeitraum nach Meinung des Schrifttums etwa die „letzten zehn oder 20 Jahre …"[146] umfassen.[147] Die Bewertungspraxis entscheidet sich mitunter auch für längere Zeiträume. Beinahe zwangsläufig geht mit den unverbindlichen Vorgaben hinsichtlich des Vergangenheitszeitraums eine gewisse Entobjektivierung einher, was jedoch dem erklärten Ziel des objektivierten Unternehmenswerts entgegensteht.[148]

Ungemein schwerer wiegt freilich der vielfach vorgebrachte Einwand, dass die Verwendung historischer Durchschnittsrenditen in konzeptionellem Widerspruch zum eng ausgelegten Stichtagsprinzip steht, zumal die Orientierung an der Vergangenheit die Verhältnisse am Bewertungsstichtag systematisch ausblendet. Dass der Durchschnitt historischer Renditen mit den nach dem Bewertungsstichtag tatsächlich eintretenden Renditen übereinstimmt, ist allenfalls zufällig.[149] Insgesamt betrachtet ist daher die Verwendung historischer Durchschnittsrenditen zur Schätzung der auf Dauer er-

---

[143] Vgl. z. B. OLG Stuttgart vom 4. Februar 2000, NZG 2000, S. 744 (S. 747); Großfeld, B., Anteilsbewertung, 2002, S. 119; hierzu kritisch Wenger, E., Basiszins, 2003, S. 482 – 483.

[144] Vgl. z. B. OLG Stuttgart vom 1. Oktober 2003, ZIP 2004, S. 712 (S. 716); BayObLG vom 28. Oktober 2005, NZG 2006, S. 156 (S. 158).

[145] Vgl. Hackmann, A., Unternehmensbewertung, 1987, S. 115 – 121; Hachmeister, D. / Ruthardt, F. / Lampenius, N., WPg 2011, S. 524.

[146] Emmerich, V., Konzernrecht, 2013, § 305 AktG, Rn. 66.

[147] Vgl. z. B. für einen Zeitraum von 20 Jahren vor dem Bewertungsstichtag OLG Düsseldorf vom 2. August 1994, WM 1995, S. 756 (S. 761); für einen Zeitraum von 15 Jahren LG Dortmund vom 1. Juli 1996, AG 1996, S. 427 (S. 429); OLG Düsseldorf vom 19. Oktober 1999, DB 2000, S. 81 (S. 82); für einen Zeitraum von drei Jahren OLG Düsseldorf vom 11. April 1988, WM 1988, S. 1052 (S. 1059).

[148] Vgl. Hackmann, A., Unternehmensbewertung, 1987, S. 115 – 121; Hachmeister, D. / Ruthardt, F. / Lampenius, N., WPg 2011, S. 524.

[149] Vgl. Ballwieser, W., BFuP 1981, S. 113.

zielbaren Verzinsung abzulehnen.[150] Doch auch die Verwendung isoliert von der Vergangenheit geschätzter zukünftiger Zinsen widerspricht dem eng ausgelegten Stichtagsprinzip. Insbesondere der Vorstoß, die nach dem Bewertungsstichtag tatsächlich eingetretene Entwicklung zum Zwecke der Plausibilisierung zu verwenden, stellt eine ex-post-Betrachtung und damit eine klare Verletzung des Stichtagsprinzips dar.[151]

Weiterhin kommt aus dem Lager der zukünftigen Zinsen der Einwand, die Bestimmung der Stichtagsverzinsung der Alternativanlage erweise sich im hier betrachteten Fall einer unendlichen Zahlungsreihe als praktisch unmöglich, da am Kapitalmarkt festverzinsliche Wertpapiere mit ebenfalls unendlicher Restlaufzeit nicht umgehen.[152] Doch gerade auf dieser realitätsfremden Annahme baue die Argumentationslinie der Vertreter der Stichtagsverzinsung auf, was diese jedoch ihrer praktischen Unbrauchbarkeit überführe. Die Vertreter der Stichtagsverzinsung unterstellen somit Gegebenheiten, welche in der Realität nicht vorzufinden seien. Ihr Standpunkt halte einer kritischen Beurteilung nicht stand und lasse sich daher nicht aufrechterhalten. Die Position der Stichtagsverzinsung sei in sich widersprüchlich und daher aufzugeben. Vielmehr sei auf die Verhältnisse nach dem Bewertungsstichtag und damit auf die zukünftigen Zinsen abzustellen.[153]

In der Tat wirft das Fehlen ewig laufender Anleihen die Frage auf, welche Annahmen im Hinblick auf die erzielbare Verzinsung bei der Wiederanlage fällig werdender respektive veräußerter Anleihen gelten.[154] Keineswegs also macht die Zugrundelegung der Stichtagsverhältnisse für die Rendite der Alternativanlage Annahmen hinsichtlich zukünftiger Zinssätze gänzlich ob-

---

[150] Vgl. Wiese, J. / Gampenrieder, P., DST 2007, S. 443.
[151] Vgl. z. B. LG Dortmund vom 10. Juni 1997, AG 1998, S. 142 (S. 143); OLG Karlsruhe vom 13. Juni 1997, AG 1998, S. 96 (S. 97); IDW (Hrsg.), IDW S 1 i. d. F. 2000, Tz. 22 – 23; IDW (Hrsg.), IDW S 1 i. d. F. 2005, Tz. 22 – 23; IDW (Hrsg.), IDW S 1 i. d. F. 2008, Tz. 22 – 23.
[152] Vgl. Hetzel, H., BB 1988, S. 727; Baetge, J. / Krause, C., BFuP 1994, S. 449.
[153] Vgl. so z. B. Matschke, M. J., Funktionale Unternehmensbewertung, 1979, S. 216 – 217. Allerdings betont *Matschke* ausdrücklich, dass die Annahme unendlich laufender Anleihen nur im Rahmen seines Modells gelte. Angesichts realiter fehlender unendlich laufender Anleihen seien letztlich weder die Effektivverzinsung am Bewertungsstichtag noch die zukünftigen Zinssätze für die Kapitalisierung der aus der Sicht des Bewertungsstichtags in der Zukunft erwarteten Zahlungsströme des Bewertungsobjekts geeignet. Vielmehr sei auf die interne Verzinsung der günstigsten Anlagestrategie am Bewertungsstichtag abzustellen. Vgl. hierzu Matschke, M. J., Funktionale Unternehmensbewertung, 1979, S. 217 – 218; hierzu kritisch Hetzel, H., BB 1988, S. 727, welcher für die Phase der ewigen Rente jedoch selbst Anleihen mit unendlicher Restlaufzeit unterstellt.
[154] Vgl. Ballwieser, W., BFuP 1981, S. 113; Matschke, M. J., Funktionale Unternehmensbewertung, 1979, S. 218; Moxter, A., Grundsätze, 1983, S. 172; aA Schwetzler, B., ZfB 1996, S. 1088.

## Kapitel 2: Bewertungstheoretische Grundlagen

solet.[155] Allerdings gilt dieser Einwand umso mehr, wenn die am Bewertungsstichtag geschätzten zukünftigen Zahlungsströme mit den am Bewertungsstichtag geschätzten zukünftigen Zinssätzen kapitalisiert werden. Denn die Verwendung der am Bewertungsstichtag geschätzten Zinssätze unterstellt systemimmanent revolvierende Wertpapierverkäufe und Wiederanlagen, nicht nur ab einer bestimmten Periode, wie dies bei Zugrundelegung der Effektivverzinsung am Bewertungsstichtag der Fall sein mag, sondern in allen zukünftigen Perioden.[156]

Die Bewertungspraxis versucht, der Frage nach der Anschlussverzinsung auszuweichen, indem hierfür auf das Urteil des Bewertenden zurückgegriffen oder erneut die Entwicklung der Vergangenheit fortgeschrieben wird. Beide Ansätze lassen einen gewissen Spielraum für subjektive Einflüsse, was jedoch dem erklärten Ziel des hier gegenständlichen objektivierten Unternehmenswerts entgegensteht. Zugleich stimmt in beiden Fällen die in Ansatz gebrachte Anschlussverzinsung allenfalls zufällig mit der theoretisch richtigen Lösung überein.[157]

Die Verwendung zukünftiger Zinssätze für Zwecke der Rendite der Alternativanlage bedeutet im Ergebnis einen Bruch mit dem eng ausgelegten Stichtagsprinzip und steht angesichts mehrerer subjektiver Stellschrauben dem objektivierten Unternehmenswert entgegen. Die Verwendung zukünftiger Zinssätze für Zwecke der Rendite der Alternativanlage ist daher abzulehnen. Vielmehr ist auf die Verhältnisse am Bewertungsstichtag abzustellen. In der Stichtagsverzinsung finden sowohl das eng ausgelegte Stichtagsprinzip als auch das Prinzip der Zukunftsbezogenheit der Bewertung Berücksichtigung. Zugleich bleibt das Laufzeitäquivalenzprinzip gewahrt. Dies ist bei Zugrundelegung der am Bewertungsstichtag geschätzten zukünftigen Zinssätze nicht der Fall, wie folgendes Beispiel belegt.

---

[155] Vgl. IDW (Hrsg.), Wirtschaftsprüfer-Handbuch, 2002, lit. A, Tz. 292; aA Schwetzler, B., ZfB 1996, S. 1088.

[156] Welcher Laufzeitstruktur und welchem Wiederanlageschema die Anleihen folgen, die der Schätzung der zukünftigen Zinssätze zugrunde liegen, bleibt indes ohne nähere Erläuterung. Einzig die Überlegungen von *Hetzel* lassen erkennen, dass die Wiederanlage synchron zum zeitlichen Anfall der Kapitalisierungsgröße zu erfolgen habe und daher regelmäßig jährlich vorzunehmen sei. Vgl. hierzu Hetzel, H., BB 1988, S. 727. Dass die Anleihen aus diesem Grunde über kurze Restlaufzeiten verfügen, wie dies etwa *Schwetzler* vermutet, lässt sich hieraus jedoch nicht ableiten, zumal hiergegen der in diesem Zusammenhang verwendete Begriff des landesüblichen Zinsfußes spricht. Vgl. hierzu Schwetzler, B., ZfB 1996, S. 1089; Hetzel, H., BB 1988, S. 727; Piltz, D. J., Rechtsprechung, 1994, S. 172 – 174. Denn der landesübliche Zinsfuß beruht auf öffentlichen Anleihen aller verfügbaren Restlaufzeiten. Vgl. hierzu Münstermann, H., Wert, 1970, S. 68.

[157] Vgl. Ballwieser, W., BFuP 1981, S. 113; Schwetzler, B., ZfB 1996, S. 1089.

An dieser Stelle ist die Frage zu beurteilen, ob der Unternehmenswert auf Grundlage der Stichtagsverzinsung oder aber der am Bewertungsstichtag geschätzten zukünftigen Zinssätze zu bestimmen ist. Dies erlaubt, die hier nicht relevanten Aspekte der Äquivalenz von Bewertungsobjekt und Alternativanlage auszublenden und im Sinne der Komplexitätsreduktion die vereinfachende Annahme zu treffen, dass das Bewertungsobjekt eine ewige Rente in ihrer Höhe gleichbleibender sicherer Zahlungen generiere. An späterer Stelle, nämlich im Zusammenhang mit der Operationalisierung des hier zu identifizierenden Verzinsungskonzepts, wird diese zugunsten der realitätsnäheren Annahme schwankender Zahlungen des Bewertungsobjekts aufgehoben. Ebenfalls bekannt seien einerseits die Stichtagsverzinsung der laufzeitäquivalenten, mithin ihrerseits unendlich laufenden Alternativanlage, andererseits die Konsensusschätzungen am Bewertungsstichtag über die künftige Entwicklung der Zinsen.[158]

Das Bewertungsobjekt generiere eine ewige Rente sicherer Zahlungen in Höhe von 10,00 [GE]. Bei Zugrundelegung der Stichtagsverzinsung ist am Bewertungsstichtag in die Alternativanlage ein Betrag in Höhe von 100,00 [GE] zu investieren. Die Alternativanlage rentiert am Bewertungsstichtag mit 10,00 %. Unter dieser Annahme generiert die Alternativanlage ihrerseits genau die zu duplizierende Zahlung in Höhe von 10,00 [GE]. Dies gilt auch in Periode 1, wo Veränderungen des allgemeinen Kapitalmarktumfelds annahmegemäß zu einer Reduzierung der Rendite vergleichbarer Risiken auf nunmehr 8,00 % führen. Der Preis des am Bewertungsstichtag erworbenen und zu 10,00 % rentierenden Rentenpapiers steigt auf $\frac{10,00}{0,08} = 125,00$ [GE].

Der Anleger steht vor der Wahl, das am Bewertungsstichtag erworbene und zu 10,00 % rentierende Rentenpapier zu behalten oder am Kapitalmarkt zum Preis von 125,00 [GE] zu veräußern und den Veräußerungserlös in Rentenpapiere mit einer Nominalen in Höhe von 125,00 [GE] zu 8,00 % Verzinsung zu investieren. Hierbei gilt die Annahme, dass der Veräußerungsgewinn nicht steuerverhaftet ist und bei der Transaktion auch sonst keine wie auch immer gearteten Kosten entstehen. Entscheidet sich der Investor für den Erwerb des zu 8,00 % rentierenden Wertpapiers, so generiert dieses weiterhin die zu duplizierende Zahlung in Höhe von 10,00 [GE].

---

[158] Unter Vorgriff auf die weiteren Ausführungen setzt die Bestimmung der Rendite der Alternativanlage auf einem Rentenpapier eines Emittenten bester Bonität auf. Tatsächlich gehen auf dem Kapitalmarkt derartige Rentenpapiere, welche zugleich eine unendliche Restlaufzeit aufweisen, kaum um. Dies wirft die Frage auf, welche Verzinsung für die Phase anzusetzen ist, welche sich der sohin endlichen Restlaufzeit des zu wählenden Rentenpapiers anschließt. Es sei hier mitgeteilt, dass sich die Problematik der Anschlussverzinsung eindeutig auflösen lässt, wie die weitere Darstellung zeigen wird.

Kapitel 2: Bewertungstheoretische Grundlagen

Für die Perioden 2 und 3, wo die Rendite der Alternativanlage annahmegemäß auf 6,00 % fällt, gilt das Gesagte analog. Tabelle 2 gibt einen zusammenfassenden Überblick.

| Zeitpunkt | 0 | 1 | 2 | 3 | ab 4 |
|---|---|---|---|---|---|
| Kapitalisierungsgröße | - | 10,00 | 10,00 | 10,00 | 10,00 |
| Rendite der Alternativanlage | 10,00 % | 8,00 % | 6,00 % | 6,00 % | 6,00 % |
| Entwicklung des Duplikationsportfolios | | | | | |
| Eröffnungswert | 0,00 | 100,00 | 125,00 | 166,67 | 166,67 |
| Nettozugang | 100,00 | 25,00 | 41,67 | 0,00 | 0,00 |
| Nettoabgang | 0,00 | 0,00 | 0,00 | 0,00 | 0,00 |
| Schlusswert | 100,00 | 125,00 | 166,67 | 166,67 | 166,67 |
| Zahlung | - | 10,00 | 10,00 | 10,00 | 10,00 |

Sofern nicht anders angegeben, alle Angaben in [GE]. Geringfügige Abweichungen sind rundungsbedingt. Quelle: In enger Anlehnung an Matschke, J., Funktionale Unternehmensbewertung, 1979, S. 217.

**Tabelle 2: Duplikation der Kapitalisierungsgröße bei Zugrundelegung der Stichtagsverzinsung**

Somit ist festzuhalten, dass sich mithilfe der Stichtagsverzinsung die Zahlungsreihe des Bewertungsobjekts vollständig duplizieren lässt. Die ex post eintretende Entwicklung der Rendite der Alternativanlage ist hierbei ohne Belang. Voraussetzung hierfür ist, dass Bewertungsobjekt und Alternativanlage dieselbe Laufzeit aufweisen.

Bei Zugrundelegung der Konsensusschätzungen am Bewertungsstichtag hinsichtlich der zukünftigen Rendite der Alternativanlage geht die Argumentation dahin, dass am Bewertungsstichtag der Barwert der Zahlungsreihe des Bewertungsobjekts in die Alternativanlage zu investieren sei. Diese rentiert am Bewertungsstichtag zu 10,00 %. Für die erste Periode wird ein Rückgang auf 8,00 % erwartet. In der zweiten Periode pendelt sich das Zinsniveau erwartungsgemäß bei 6,00 % ein. Der Barwert der Zahlungsreihe des Bewertungsobjekts am Bewertungsstichtag beträgt $10 \cdot \frac{1}{1{,}08} + 10 \cdot \frac{1}{1{,}08 \cdot 1{,}06} + 10 \cdot \ldots$

$\ldots \cdot \frac{1}{1{,}08 \cdot 1{,}06^2} + 10 \cdot \frac{1}{0{,}06 \cdot 1{,}08 \cdot 1{,}06^2} = 163{,}58$ [GE].

Am Ende der ersten Periode sinkt die Verzinsung tatsächlich auf ein Niveau von 8,00 %. Die Zinserwartungen selbst bleiben unverändert. Der Barwert der Zahlungsreihe des Bewertungsobjekts erhöht sich entsprechend auf $10 \cdot \frac{1}{1{,}06} + 10 \cdot \frac{1}{1{,}06^2} + 10 \cdot \frac{1}{0{,}06 \cdot 1{,}06^2} + \ldots = 166{,}67$ [GE]. Das Investment in die Alternativanlage ist um einen Betrag in Höhe von 3,09 [GE] zu erhöhen. Das Vorgehen unterstellt somit eine periodische Anpassung des in die Alternativanlage investierten Betrags. Die Alternativanlage generiert in Periode 1 einen Zahlungsstrom in Höhe von 16,36 [GE], in Periode 2 in Höhe von 13,33 [GE]. In Periode 2 fällt die Rendite der Alternativanlage auf 6,00 %. Weitere Anpassungen des in die Alternativanlage investierten Betrags sind nicht erforderlich. Erst ab Periode 3 generiert die Alternativanlage den zur Herstellung der Laufzeitäquivalenz mit den Zahlungsströmen des Bewertungsobjekts erforderlichen Betrag in Höhe von 10,00 [GE]. Demgegenüber ist die Laufzeitäquivalenz zwischen Bewertungsobjekt und Alternativanlage in den Perioden 1 und 2 gestört.[159] Tabelle 3 gibt einen zusammenfassenden Überblick.

| Zeitpunkt | 0 | 1 | 2 | 3 | ab 4 |
|---|---|---|---|---|---|
| Kapitalisierungsgröße | - | 10,00 | 10,00 | 10,00 | 10,00 |
| Rendite der Alternativanlage | 10,00 % | 8,00 % | 6,00 % | 6,00 % | 6,00 % |
| Entwicklung des Duplikationsportfolios | | | | | |
| Eröffnungswert | 0,00 | 163,58 | 166,67 | 166,67 | 166,67 |
| Nettozugang | 163,58 | 3,09 | 0,00 | 0,00 | 0,00 |
| Nettoabgang | 0,00 | 0,00 | 0,00 | 0,00 | 0,00 |
| Schlusswert | 163,58 | 166,67 | 166,67 | 166,67 | 166,67 |
| Zahlung | - | 16,36 | 13,33 | 10,00 | 10,00 |
| Sofern nicht anders angegeben, alle Angaben in [GE]. Geringfügige Abweichungen sind rundungsbedingt. Quelle: In enger Anlehnung an Hetzel, H., BB 1988, S. 726 – 727. | | | | | |

**Tabelle 3: Duplikation der Kapitalisierungsgröße bei Zugrundelegung der zukünftigen Zinsen**

Zusammenfassend lässt sich festhalten, dass bei Zugrundelegung der Stichtagsverzinsung für Zwecke der Rendite der Alternativanlage die Laufzeitäquivalenz der Zahlungsströme von Bewertungsobjekt und Alternativanlage gewahrt bleiben. Dies ist bei Zugrundelegung der am Bewertungsstichtag geschätzten zukünftigen Zinsen nicht der Fall. Bezüglich der am Bewertungsstichtag geschätzten zukünftigen Zinsen selbst besteht im Hinblick auf die Bestimmung des Umfangs des Investments in die Alternativanlage zudem die Problematik, dass diese am Bewertungsstichtag nicht mit Sicherheit feststehen.

---

[159] Angesichts des divergierenden zeitlichen Horizonts der Alternativanlage einerseits bei Zugrundelegung der Stichtagsverzinsung, andererseits der am Bewertungsstichtag geschätzten zukünftigen Zinsen ist ein sinnvoller Vergleich der jeweils resultierenden Barwerte der Zahlungsreihe nicht möglich. Vgl. aber Jaeckel, U., BFuP 1988, S. 556 – 560, welcher seinerseits übersieht, dass ein rationaler Investor bei einer Veränderung des Zinsniveaus keineswegs die Ausschüttung der Alternativanlage fremdfinanzieren, sondern stattdessen einmalig das Investment in die Alternativanlage anpassen würde.

Gleichwohl ist selbst die Verwendung der Stichtagsverzinsung nicht frei von Einwänden. Allerdings beziehen sich diese weniger auf die Anschlussverzinsung. Vielmehr bestehen Bedenken rechtssystematischer Natur. So wird bisweilen gegen die Stichtagsverzinsung eingewandt, der Gesetzgeber räume auf diese Weise jenen Gesellschaftern, in deren wirtschaftlichem Eigentum eine hinreichend große Beteiligung stehe, einseitig die Möglichkeit ein, den Bewertungsanlass in einem für sie günstigen Kapitalmarktumfeld herbeizuführen.[160] Die Kapitalisierung mit den zukünftigen Zinssätzen sei daher ein probates Mittel, einer so gearteten legalen Manipulation des Bewertungsergebnisses entgegenzuwirken. Insbesondere im Hinblick auf den grundgesetzlich verankerten Gleichheitsgrundsatz (Art. 3 GG) erscheint das Vorbringen nicht unberechtigt. Erhebliche Bedenken bestehen daneben bezüglich des Rechts am Eigentum (Art. 14 GG).[161] Es lässt sich nicht leugnen, dass an dieser Stelle zwischen Verfassungs- und Gesellschaftsrecht ein Konflikt besteht,[162] welcher jedoch hier nicht zu würdigen steht. Allein steht fest, dass der offensichtlich bestehende Konflikt zwischen Verfassungs- und Gesellschaftsrecht nicht mit einem Bruch mit grundlegenden Prinzipien der Unternehmensbewertung zu heilen, sondern rechtssystematisch aufzulösen ist.

### 2.4.4 Prinzip der Risikoäquivalenz

Der Grundsatz der Risikoäquivalenz gebietet die Vergleichbarkeit der Risikostruktur der Zahlungsströme von Bewertungsobjekt und Alternativanlage.[163] Je nachdem ob die Ursachen für das Risiko in den besonderen Gegebenheiten des zu bewertenden Unternehmens (z. B. Abhängigkeit von einigen wenigen Kunden) oder aber in der Unternehmensumwelt (z. B. höhere Gewalt) zu suchen sind, ist weiter in unsystematische und systematische Unternehmensrisiken zu differenzieren.[164] Die Rendite der Alternativanlage berücksichtigt ausschließlich das systematische Unternehmensrisiko. Das unsystematische Unternehmensrisiko findet hingegen in der periodenspezifisch geplanten Kapitalisierungsgröße Berücksichtigung. Die weitere Betrachtung beschränkt sich auf das systematische Unternehmensrisiko.[165]

---

[160] Vgl. Schwetzler, B., DB 1996, S. 1964 – 1965.
[161] Vgl. eingehend Meilicke, W., Barabfindung, 1975, S. 99, S. 142 – 144.
[162] Vgl. so auch OLG Stuttgart vom 4. Februar 2000, NZG 2000, S. 744 (S. 747); OLG Celle vom 19. April 2007, ZIP 2007, S. 2025 (S. 2026).
[163] Vgl. Jonas, M. / Wieland-Blöse, H. / Schiffarth, S., FB 2005, S. 647.
[164] Synonym verwendet die Literatur für das unsystematische Risiko die Bezeichnungen ‚unternehmensspezifisches', ‚unternehmensindividuelles' Risiko oder ‚Nicht-Marktrisiko', für das systematische Risiko ferner die Bezeichnung ‚Marktrisiko'. Vgl. hierzu z. B. Drukarczyk, J., Finanzierung, 1993, S. 246; Vernimmen, P. / Quiry, P. / Dallacchio, M. u. a., Corporate Finance, 2014, S. 308. Das Marktrisiko spiegelt die Zyklik der allgemeinen wirtschaftlichen Entwicklung wider. Vgl. Sharpe, W. F., JOF 1964, S. 441.
[165] Vgl. Baetge, J. / Krause, C., BFuP 1994, S. 435; kritisch Barthel, C. W., DStR 1995, S. 346.

Die Bestimmung der Rendite der Alternativanlage nimmt ihren Ausgangspunkt im risikolosen Zins. Als grundsätzliche Möglichkeiten zur Herstellung der Risikoäquivalenz von Bewertungsobjekt und Alternativanlage diskutiert das Schrifttum die Sicherheitsäquivalent- und die Risikozuschlagsmethode. Diese werden im Folgenden erörtert. Zunächst jedoch werden mit dem Erwartungswert, dem $(\sigma - \mu)$-Prinzip und der *von Neumann-Morgenstern*-Nutzenfunktion die hierzu benötigten entscheidungstheoretischen Methoden vorgestellt.

### 2.4.4.1 Entscheidungstheoretische Grundlagen

#### 2.4.4.1.1 Erwartungswert

Bei der Kapitalisierungsgröße handelt es sich statistisch betrachtet um den Erwartungswert zustandsabhängiger Zukunftserfolge.[166] Mithin ist die Kapitalisierungsgröße unsicherheitsbehaftet. Mit $X_{Sz}$ als dem mit dem $Sz$-ten Szenario verbundenen Zukunftserfolg, $p_{Sz}$ als Wahrscheinlichkeit für den Eintritt des $Sz$-ten Szenarios und $\Phi(\tilde{X})$ als Präferenzfunktional des Entscheidungsträgers lässt sich der Erwartungswert $E(\tilde{X})$ der Zufallsvariablen $\tilde{X}$ des Zukunftserfolgs bei insgesamt $Sz$ Szenarien formal mit

$$\Phi(\tilde{X}) = \mu = E(\tilde{X}) = \sum_{1}^{Sz} X_{Sz} \cdot p_{Sz} \qquad (1)$$

darstellen.[167]

Der Erwartungswert ist isoliert nicht geeignet, die Einstellung des Investors zur Unsicherheit des Zukunftserfolgs zum Ausdruck zu bringen.[168] Weder informiert er über die Chancen noch über die Risiken einer Handlungsalternative.[169] Das Präferenzfunktional blendet die Streuung des Zukunftserfolges aus. Vielmehr liegt dem Erwartungswert die implizite Annahme zugrunde, dass der Entscheidungsträger risikoneutrales Verhalten an den Tag legt.[170] Regelmäßig widerspricht dies den tatsächlichen Gegebenheiten.

---

[166] Synonym werden für den Erwartungswert die Begriffe ‚$\mu$-Prinzip' und ‚*Bayes*-Regel' verwendet. Vgl. hierzu sowie zu den terminologischen Feinheiten Bamberg, G. / Coenenberg, A. G. / Krapp, M., Entscheidungslehre, 2012, S. 92.
[167] Vgl. Markowitz, H. M., Portfolio Selection, 2008, S. 58; Kruschwitz, L., Investitionsrechnung, 2011, S. 283.
[168] Vgl. Bieg, H. / Kußmaul, H., Investition, 2009, S. 187.
[169] Vgl. Hering, T., Investitionstheorie, 2008, S. 266.
[170] Vgl. Sieben, G. / Schildbach, T., Entscheidungstheorie, 1994, S. 60; Laux, H., Entscheidungstheorie, 2007, S. 146 – 147; Perridon, L. / Steiner, M. / Rathgeber, A., Finanzwirtschaft, 2012, S. 115.

## 2.4.4.1.2 $(\sigma - \mu)$-Prinzip

Das $(\sigma - \mu)$-Prinzip heilt den systematischen Mangel des Erwartungswertkriteriums, indem das Präferenzfunktional $\Phi(\tilde{X})$ hier neben dem Erwartungswert $E(\tilde{X})$ zusätzlich die Information über die Streuung der szenariospezifischen Zukunftserfolge verarbeitet.[171] Als Maß für die Streuung dient die Standardabweichung $SD(\tilde{X})$, die Quadratwurzel der Varianz $VAR(\tilde{X})$ der Zufallsvariablen $\tilde{X}$ des Zukunftserfolgs,

$$\sigma = SD(\tilde{X}) = \sqrt{VAR(\tilde{X})} = \sqrt{\sum_{1}^{Sz} p_{Sz} \cdot [X_{Sz} - E(\tilde{X})]^2} \qquad (1)$$

An die Stelle der unterstellten Risikoneutralität nach dem Erwartungswertkriterium tritt die Berücksichtigung der tatsächlichen Risikoneigung des Entscheidungsträgers.[172] Das Präferenzfunktional erfährt dementsprechend eine Erweiterung auf

$$\Phi[E(\tilde{X}); SD(\tilde{X})] \qquad (2)$$

Die Festlegung des Präferenzfunktionals $\Phi(\tilde{X})$ definiert eine $(\sigma - \mu)$-Regel, welche sich im $(\sigma - \mu)$-Raum grafisch als Isopräferenzkurve[173] darstellen lässt.[174] Die Isopräferenzkurve beschreibt die Verbindung aller $(\sigma - \mu)$-Kombinationen, welche dem Entscheidungsträger denselben Nutzen stiften. Im $(\sigma - \mu)$-Raum weiter östlich gelegene Isopräferenzkurven zeigen dabei ein höheres Präferenzniveau an.

Die weiteren Ausführungen beruhen auf der Annahme, dass sich die individuellen Risikopräferenzen des typisierten Anlegers mithilfe einer quadratischen Nutzenfunktion der Form

$$\Phi[E(\tilde{X}); SD(\tilde{X})] = E(\tilde{X}) - \frac{\alpha}{2} \cdot VAR(\tilde{X}) = \mu - \frac{\alpha}{2} \cdot \sigma^2 \qquad (3)$$

abbilden lassen.[175]

---

[171] Vgl. Kruschwitz, L. / Husmann, S., Investition, 2012, S. 103 – 104; Perridon, L. / Steiner, M. / Rathgeber, A., Finanzwirtschaft, 2012, S. 116.
[172] Vgl. Sieben, G. / Schildbach, T., Entscheidungstheorie, 1994, S. 61; Götze, U. / Northcott, D. / Schuster, P., Investment, 2008, S. 266; Bieg, H. / Kußmaul, H., Investition, 2009, S. 188.
[173] In der Literatur findet sich auch die synonyme Bezeichnung ‚Risikoindifferenzkurve'.
[174] Vgl. Laux, H., Entscheidungstheorie, 2007, S. 156.
[175] Vgl. Markowitz, H. M., Portfolio Selection, 1959, S. 252; Markowitz, H. M., Mean-Variance Analysis, 2000, S. 52 – 53; Spremann, K., Portfoliomanagement, 2008, S. 256 – 257.

### 2.4.4.1.3 von Neumann-Morgenstern-Nutzenfunktion

Eine Alternative zum $(\sigma - \mu)$-Prinzip und eine Fortentwicklung zugleich bietet die *von Neumann-Morgenstern*-Nutzenfunktion. Aufbauend auf der Theorie des kardinalen Nutzens[176] bewertet die Nutzenfunktion[177] $U(\tilde{X})$ neben der Verteilung der zustandsabhängigen Zukunftserfolge die subjektive Risikoeinstellung des Entscheidungsträgers.[178] Im Unterschied zum $(\sigma - \mu)$-Prinzip werden hier nicht bereits die zustandsabhängigen Ausprägungen $\tilde{X}_{Sz}$ des Zukunftserfolgs wahrscheinlichkeitsgewichtet, sondern erst die ihnen von der Nutzenfunktion $U(\tilde{X})$ zugewiesenen Nutzenwerte.[179] Für den Erwartungswert des Nutzens gilt daher:[180]

$$E[U(\tilde{X})] = \sum_{1}^{Sz} p_{Sz} \cdot U(\tilde{X}_{Sz}) \qquad (1)$$

Da der Erwartungswert die Streuung der zustandsabhängigen Ausprägungen ausblendet, beschreibt der Nutzen des Erwartungswerts den Nutzen einer Handlungsmöglichkeit, welche einen sicheren Rückfluss in Höhe des Erwartungswerts garantiert. Aus diesem Grunde gibt der Vergleich zwischen dem Nutzen des Erwartungswerts und dem Erwartungswert des Nutzens Aufschluss über die Risikoeinstellung des Entscheidungsträgers: Übersteigt der Nutzen des Erwartungswerts den Erwartungswert des Nutzens, liegt risikoscheues, andernfalls risikosuchendes, bei Übereinstimmung risikoneutrales Entscheidungsverhalten vor.[181] Insbesondere determinieren das Lageverhältnis des Nutzens des Erwartungswerts und des Erwartungswerts des Nutzens die Risikoeinstellung des Individuums und damit den Verlauf

---

[176] Vgl. hierzu ausführlich Kürsten, W., ZfB 1992, S. 461 – 467; Kruschwitz, L. / Husmann, S., Investition, 2012, S. 48 – 50.

[177] Die *Bernoulli*-Nutzentheorie beruht auf einem Axiomensystem bestehend aus den Axiomen der Ordnung, der Transitivität, der Stetigkeit, der Substitution, der Reduktion, der Monotonie und der Transitivität. Vgl. hierzu z. B. Schneeweiß, H., Risiko, 1967, S. 74 – 77; kritisch Laux, H., Entscheidungstheorie, 2007, S. 194 – 199. Das wesentliche Problem im Zusammenhang mit dem Konzept des Risikonutzens besteht in der nachvollziehbaren Ermittlung individueller Nutzenfunktionen. Vgl. hierzu Franke, G. / Hax, H., Finanzwirtschaft, 2009, S. 303 – 307.

[178] Vgl. Bamberg, G. / Coenenberg, A. G. / Krapp, M., Entscheidungslehre, 2012, S. 75; Perridon, L. / Steiner, M. / Rathgeber, A., Finanzwirtschaft 2012, S. 119.

[179] Vgl. Götze, U. / Northcott, D. / Schuster, P., Investment, 2008, S. 267; Bieg, H. / Kußmaul, H., Investition, 2009, S. 189.

[180] Hintergrund ist die experimentell gewonnene Erkenntnis *Bernoullis*, dass ein Individuum seine Entscheidung nicht am Erwartungswert einer Handlungsalternative, sondern am Erwartungswert des Nutzens ihrer zustandsspezifischen Ausprägungen orientiert, somit der Nutzen des Erwartungswerts vom Erwartungswert des Nutzens abweicht. Bei dem Experiment handelt es sich um das vieldiskutierte Sankt-Petersburg-Paradoxon. Vgl. hierzu Bernoulli, D., DBW 1996, S. 740 – 741; eingehend zu der *Bernoulli*-Theorie, der Risikoaversion und deren Messung Wilhelm, J., Risikoaversion, 2008, S. 451 – 486.

[181] Vgl. Neumann, K. / Morlock, M., Research, 2002, S. 738.

der Risikonutzenfunktion. So signalisieren Konkavität Risikoaversion, Linearität Risikoneutralität und Konvexität Risikoaffinität.[182] Die weitere Betrachtung geht von einem risikoaversen Individuum aus.

### 2.4.4.2 Sicherheitsäquivalentmethode

Mit dem Erwartungswert des Nutzens korrespondiert genau ein bestimmter Zukunftserfolg, der dem Entscheidungsträger denselben Nutzen stiftet wie die Lotterie der zustandsabhängigen Verteilung des Zukunftserfolgs.[183] Hierbei handelt es sich um das sogenannte Sicherheitsäquivalent.[184] Im Sicherheitsäquivalent kommen das Risiko einer negativen und die Chance einer positiven Abweichung des tatsächlich realisierten zustandsabhängigen Zukunftserfolgs vom Erwartungswert gerade zum Ausgleich.[185] Die Differenz zwischen Erwartungswert $E(\tilde{X})$ und Sicherheitsäquivalent $S(\tilde{X})$ des unsicheren Zukunftserfolgs $\tilde{X}$ lässt sich bei risikoscheuem Verhalten als Sicherheitsabschlag $SA$ auf den Erwartungswert der Lotterie des Zukunftserfolgs deuten, den das Individuum in Kauf zu nehmen bereit ist, um sich der Lotterie zu entziehen.[186] Formal gilt:

$$S(\tilde{X}) = E(\tilde{X}) - SA \qquad (1)$$

Der Sicherheitsabschlag[187] bewirkt, dass im Sicherheitsäquivalent das Unsicherheitsmoment vollständig eingepreist ist. Somit ist das Sicherheitsäquivalent wie ein sicherer Zahlungsstrom zu behandeln. Bei der Bestimmung des Barwerts $PV(\tilde{X})$ ausgehend von den periodenspezifischen Sicherheits-

---

[182] Vgl. Sieben, G. / Schildbach, Entscheidungstheorie, 1994, S. 66; Kruschwitz, L., DB 2001, S. 2409 – 2410.
[183] Vgl. Ballwieser, W. / Leuthier, R., DStR 1986, S. 609; Schwetzler, B., BFuP 2000, S. 478 – 479.
[184] Vgl. Siegel, T., BFuP 1994, S. 467. Mathematisch bestimmt sich das Sicherheitsäquivalent $S(\tilde{X})$ der Verteilung des Zukunftserfolgs, indem die Umkehrfunktion der Nutzenfunktion $U^{-1}$ auf den Erwartungswert des Nutzens $E[(U(\tilde{X}))]$ angewendet wird, sodass $S(\tilde{X}) = U^{-1}\left[E\left(U(\tilde{X})\right)\right]$ gilt. Vgl. hierzu Schneeweiß, H., Risiko, 1967, S. 62; Reichling, P. / Spengler, T. / Vogt, B., ZfB 2006, S. 760.
[185] Vgl. Langenkämper, C., Unternehmensbewertung, 2000, S. 41.
[186] Vgl. Blohm, H. / Lüder, K. / Schäfer, C., Investition, 2012, S. 239. Sofern mehrperiodische Zahlungsstromverteilungen vorliegen, ist für die Ermittlung des Sicherheitsäquivalents deren Aggregationsfolge zu definieren. Hierbei sind horizontale und vertikale Aggregationen zu unterscheiden. Die horizontale Aggregation weist aus der Zahlungsstromverteilung zunächst jeder einzelnen Periode ein periodenspezifisches Sicherheitsäquivalent zu. Sodann werden die periodenspezifischen Sicherheitsäquivalente diskontiert und deren Barwerte zum Sicherheitsäquivalent der Zahlungsreihe addiert. Demgegenüber diskontiert die vertikale Aggregation zunächst die einzelnen zeitlichen Folgen der unsicheren Zahlungsstromverteilung mit dem risikolosen Zinssatz. Im Anschluss wird die Summe der Barwerte zum Sicherheitsäquivalent der Zahlungsreihe transformiert. Vgl. hierzu Kirsch, H., BB 2003, S. 1776 – 1777.
[187] Bei risikosuchendem Verhalten ist entsprechend ein Zuschlag auf den Erwartungswert anzusetzen. Vgl. hierzu Franke, G. / Hax, H., Finanzwirtschaft, 2009, S. 305.

äquivalenten $S(\tilde{X}_t)$ ist dem Grundsatz der Risikoäquivalenz daher Genüge getan, wenn bei der Diskontierung die Rendite der risikolosen Anlage $r_f$ zur Anwendung kommt.[188] Somit gilt:

$$PV(\tilde{X}) = \sum_{t=1}^{T} \frac{S(\tilde{X}_t)}{(1+r_f)^t} \qquad (2)$$

Abbildung 2 veranschaulicht den Zusammenhang zwischen dem Sicherheitsäquivalent und dem Erwartungswert einer Lotterie.

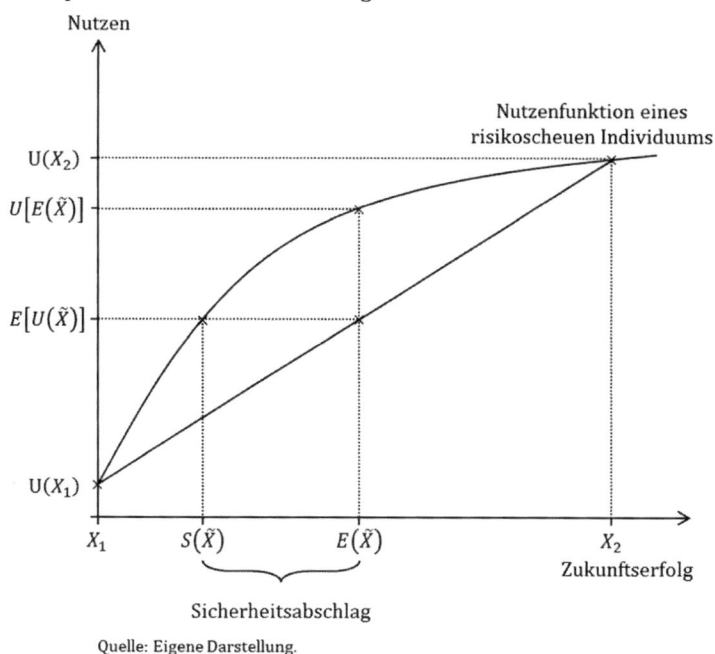

Quelle: Eigene Darstellung.

**Abbildung 2: Sicherheitsäquivalent und Erwartungswert einer Lotterie**

Mit dem individualistischen Ansatz einerseits und dem marktmäßig-objektivierten Ansatz andererseits bestehen zwei Wege zur Bestimmung der periodenspezifischen Sicherheitsäquivalente. Der individualistische Ansatz nimmt in besonderer Weise auf die individuellen Vorstellungen des Investors Rücksicht, indem dieser bestenfalls die periodenspezifischen Sicherheitsäquivalente selbst, zumindest jedoch seine Nutzenfunktion preisgibt. Über die Umkehrung der Nutzenfunktion lässt sich auf die perioden-

---
[188] Vgl. Ballwieser, W., BFuP 1981, S. 101 – 102.

spezifischen Sicherheitsäquivalente schließen.[189] Demgegenüber stehen für den marktmäßig-objektivierten Ansatz verschiedene Kapitalmarktmodelle zur Auswahl.[190] Unabhängig von der Wahl des Ansatzes stellt die Bestimmung individueller Nutzenfunktionen den Bewertenden vor erhebliche Schwierigkeiten.[191] Dies gilt besonders, wenn nicht nur ein, sondern mehrere, möglicherweise sogar anonyme Bewertungssubjekte in die Betrachtung einzubeziehen sind, wie dies etwa bei Squeeze Out-Verfahren der Fall ist. Zudem wenden Teile der Literatur ein, der von der Erwartungsnutzentheorie umfasste Zeithorizont von einer einzigen Periode erlaube per se keine intertemporalen Vergleiche, weshalb hier der Zeitpräferenz des Geldes keine Bedeutung beikomme. Die Sicherheitsäquivalentmethode erweist sich daher für die Herstellung der Risikoäquivalenz in praktischer Hinsicht als ungeeignet.[192]

### 2.4.4.3 Risikozuschlagsmethode

#### 2.4.4.3.1 Vorbemerkung

Im Unterschied zur Sicherheitsäquivalentmethode verzichtet die Risikozuschlagsmethode auf die Transformation der zustandsabhängigen Verteilung der Zukunftserfolge in periodenspezifische Sicherheitsäquivalente. Vielmehr werden diese hier zu periodenspezifischen Erwartungswerten verdichtet.[193] Bei risikoaversem Entscheidungsverhalten übersteigt der Erwartungswert der zustandsabhängigen Zukunftserfolge das korrespondierende Sicherheitsäquivalent um einen Sicherheitsabschlag, dessen Höhe vom Grad

---

[189] Vgl. Siegel, T., Sicherheitsäquivalentmethode, 1998, S. 111.
[190] Vgl. Drukarczyk, J., Finanzierung, 1993, S. 261 – 262; Schwetzler, B., ZfbF 2000, S. 470; Kruschwitz, L. / Husmann, S., Investition, 2012, S. 214 – 215.
[191] Vgl. Ballwieser, W. / Leuthier, R., DStR 1986, S. 609. Einen subjektiv-intuitiven Weg zur Bestimmung der Sicherheitsäquivalente bietet die Risikoprofilmethode. Diese kombiniert die Sicherheitsäquivalentmethode mit Methoden der flexiblen Investitionsplanung. Zentrales Instrumentarium ist hierbei der Zustandsbaum. Der Einsatz von Zustandsbäumen bei der Investitionsplanung erlaubt, Abfolgen denkbarer Ereignisse im Zusammenhang mit einer Investition sowie die damit verbundenen erwarteten Zahlungsströme zu visualisieren. Den einzelnen Ereignissen selbst werden subjektive Eintrittswahrscheinlichkeiten zugeordnet. Auf diese Weise lässt sich jeder Ereigniskette ein bestimmter wahrscheinlichkeitsgewichteter Barwert zuweisen. Das Sicherheitsäquivalent bestimmt sich schließlich anhand des Betrags, den der Bewertende für die Wahrscheinlichkeitsverteilung der Barwerte intuitiv zu zahlen bereit ist. Vgl. hierzu Hertz, D. B., HBR 1964, S. 97 – 99, S. 104 – 105; Laux, H., ZfB 1971, S. 527; Siegel, T., Risikoprofil, 1991, S. 627 – 633; Siegel, T., Unsicherheit, 2010, S. 614 – 620.
[192] Vgl. Kürsten, W., ZfbF 2002, S. 137 – 138, welcher der Sicherheitsäquivalentmethode selbst die Eignung zur Plausibilisierung von Präferenzen abspricht; Reichling, P. / Spengler, T. / Vogt, B., ZfB 2006, S. 762; aA Schwetzler, B., ZfbF 2002, S. 146 – 149; Obermaier, R., Sicherheitsäquivalentmethode, 2003, S. 6 – 12; Ballwieser, W. / Hachmeister, D., Unternehmensbewertung, 2013, S. 81 – 83.
[193] Vgl. Schwetzler, B., ZfbF 2000, S. 469 – 470; Drukarczyk, J. / Schüler, A., Unternehmensbewertung, 2009, S. 40; Robichek, A. A. / van Horne, J. C., JOF 1967, S. 580 – 582.

der Risikoaversion abhängt. Die undifferenzierte Kapitalisierung der periodenspezifischen Erwartungswerte mit dem risikolosen Zinssatz unterstellt risikoneutrales Verhalten und führt daher im hier betrachteten Fall der Risikoaversion zu einer systematischen Überschätzung des Unternehmenswerts. Weniger um die Identität mit dem Bewertungsergebnis nach der Sicherheitsäquivalentmethode herzustellen,[194] sondern mehr um auf diese Weise der Risikoposition der Kapitalisierungsgröße Rechnung zu tragen, ist bei der Risikozuschlagsmethode die Rendite der risikolosen Anlage daher um einen Risikozuschlag zu erhöhen.[195] Denn im Unterschied zum Sicherheitsäquivalent lässt sich der Erwartungswert keineswegs als sicherer Zahlungsstrom auffassen. Das Prinzip der Risikoäquivalenz fordert, dass sich das höhere Risiko der Kapitalisierungsgröße in einem entsprechenden Risikoprofil der Zahlungsströme der Alternativanlage widerspiegelt, welches die Rendite der risikolosen Anlage jedoch nicht in ausreichendem Maße vergütet. Mithin quantifiziert der Risikozuschlag $zs$ den Preis für die Übernahme der mit dem Erwartungswert verbundenen höheren Risikoposition. Für den Kapitalisierungszinsfuß gilt bei präsumtiv vollständiger Eigenkapitalfinanzierung daher allgemein:

$$r = r_f + zs \qquad (1)$$

In ähnlicher Weise wie für die Bestimmung des Sicherheitsäquivalents bestehen für die Bestimmung des Risikozuschlags ein individualistischer und ein marktmäßig-objektivierter Ansatz.[196]

### 2.4.4.3.2 Individualistische Bestimmung des Risikozuschlags

Die individualistische Bestimmung des Risikozuschlags beruht auf der Überlegung, dass die Sicherheitsäquivalent- und die Risikozuschlagsmethode auf unterschiedlichem Wege zum gleichen Bewertungsergebnis ein und derselben Überschussverteilung einer beliebigen Periode $t$ führen, sodass

$$\frac{S(\tilde{X}_t)}{(1+r_f)^t} = \frac{E(\tilde{X}_t)}{(1+r_f+zs_t)^t} \qquad (1)$$

gilt. Hierbei steht $zs_t$ für den periodenspezifischen Risikozuschlag. Da der Barwert des Sicherheitsäquivalents mit dem Barwert des Erwartungswerts der Überschussverteilung jeder einzelnen Periode übereinstimmt, gilt dies

---

[194] Vgl. z. B. Ballwieser, W., BFuP 1981, S. 102; wohl auch Baetge, J. / Krause, C., BFuP 1994, S. 435.
[195] Im hier nicht gegenständlichen Fall eines risikosuchenden Investors handelt es sich um einen Risikoabschlag.
[196] Vgl. Schwetzler, B., FB 2008, S. 32.

## Kapitel 2: Bewertungstheoretische Grundlagen

auch für die Summe der Barwerte der periodenspezifischen Sicherheitsäquivalente respektive Erwartungswerte über die Totalperiode $T$ hinweg.[197] Das Kernproblem des individualistischen Ansatzes offenbart sich bereits im einfachen Fall einer einperiodischen Überschussverteilung.[198] Nachdem sich hier der Barwert nach der Sicherheitsäquivalentmethode als

$$PV[S(\tilde{X}_1)] = \frac{S(\tilde{X}_1)}{1 + r_f} \qquad (2)$$

respektive nach der Risikozuschlagsmethode als

$$PV[E(\tilde{X}_1)] = \frac{E(\tilde{X}_1)}{1 + r_f + zs_1} \qquad (3)$$

darstellt, gilt

$$\frac{S(\tilde{X}_1)}{1 + r_f} = \frac{E(\tilde{X}_1)}{1 + r_f + zs_1} \qquad (4)$$

woraus sich auf einfachem Wege der implizite Risikozuschlag $zs_1^*$ mit

$$zs_1^* = \left[\frac{E(\tilde{X}_1)}{S(\tilde{X}_1)} - 1\right] \cdot (1 + r_f) \qquad (5)$$

ableiten lässt.

Unmittelbar ersichtlich besteht also zwischen dem impliziten Risikozuschlag $zs_1^*$ und dem Sicherheitsäquivalent der Überschussverteilung in der betrachteten ersten Periode ein funktionaler Zusammenhang, indem unter anderem das Sicherheitsäquivalent als unabhängige Variable dient.[199] Mithin macht die Ermittlung des impliziten Risikozuschlags $zs_1^*$ die Kenntnis des Sicherheitsäquivalents erforderlich.[200] Sofern jedoch das Sicherheitsäquivalent einer Überschussverteilung bekannt ist, erübrigt sich die Frage

---

[197] Vgl. Kruschwitz, L., DB 2001, S. 2410 – 2411. Die Analyse des Mehrperiodenkontextes ist ohne einschränkende Annahmen nicht möglich. Insbesondere wäre hierbei jedoch zu differenzieren, ob und inwieweit die interperiodischen Überschussverteilungen interdependent sind. Nachdem die Betrachtung des Mehrperiodenkontextes zudem keine wesentlichen neuen Erkenntnisse liefert, welche für die weitere Untersuchung von Bedeutung wären, sei hiervon aus Gründen der Darstellung abgesehen. Vgl. hierzu z. B. Ballwieser, W. / Leuthier, R., DStR 1986, S. 609 – 610; Ballwieser, W., Methoden, 1993, S. 158; Schwetzler, B., ZfbF 2000, S. 472 – 483.
[198] Vgl. Schwetzler, B., BFuP 2000, S. 480.
[199] Vgl. Robichek, A. A. / Myers, S. C., Financing Decisions, 1965, S. 79 – 83.
[200] So erstaunt nicht, dass sich die Sicherheitsäquivalent- und die Risikozuschlagsmethode im Barwertkalkül ineinander überführen lassen. Vgl. hierzu z. B. Ballwieser, W., DB 1997, S. 2393 – 2395.

nach der Kapitalisierung derselben mithilfe der Risikozuschlagsmethode, zumal die Sicherheitsäquivalentmethode nutzentheoretisch gegenüber der Risikozuschlagsmethode superior ist.[201]

### 2.4.4.3.3 Marktmäßig-objektivierte Bestimmung des Risikozuschlags

Obgleich die individualistische Bestimmung des Risikozuschlags zu subjektiven Kapitalkosten führt, indem die Vorgehensweise die individuellen Risikopräferenzen explizit berücksichtigt, treten gerade hierdurch die eigentlich zu umgehenden Probleme bei der Bestimmung von Sicherheitsäquivalenten erneut zutage. Vor diesem Hintergrund haben sich verschiedene Ansätze entwickelt, welche von der Berücksichtigung subjektiver Risikopräferenzen abstrahieren und stattdessen den Risikozuschlag objektiviert mithilfe von Kapitalmarktmodellen ermitteln. Gleichsam treten an die Stelle subjektiver marktmäßig-objektivierte Kapitalkosten. Besonderen Stellenwert innerhalb der Kapitalmarktmodelle hat die Standardform des Capital Asset Pricing Model (CAPM) erlangt. Angesichts seiner vergleichsweise einfachen Anwendbarkeit erfreut sich dieses allgemein großer Beliebtheit. Daneben besteht eine Reihe theoretisch anspruchsvollerer Modellalternativen zur Ermittlung des marktmäßig-objektivierten Risikozuschlags, etwa die Arbitrage Pricing Theory von *Ross* (1976)[202], der Ansatz von *Fama / French* (1992)[203] oder das Vierfaktorenmodell von *Carhart* (1997)[204].[205] Bei der Arbitrage Pricing Theory etwa handelt es sich um ein Multifaktorenmodell, welches den marktmäßig-objektivierten Risikozuschlag im Unterschied zum CAPM nicht nur anhand eines, sondern anhand mehrerer Risikofaktoren (z. B. Realzins, Inflation, Index der Industrieproduktion) erklärt.

Allgemein erfordern die Alternativen zum CAPM Spezialkenntnisse, über welche selbst kundige Anwender oftmals nicht verfügen. Dementsprechend schwierig gestaltet sich die Kommunikation derartiger Modelle. Dies erklärt, warum die Modellalternativen bislang in der Bewertungspraxis nur ein Schattendasein führen.[206] Insbesondere empfiehlt auch das *IDW* die Verwendung des CAPM zur Ermittlung des adäquaten Risikozuschlags.[207] In der weiteren Darstellung bleiben die Modellalternativen zum CAPM daher ausgeblendet.

---

[201] Vgl. Ballwieser, W., Komplexitätsreduktion, 1993, S. 172; Siegel, T., BFuP 1994, S. 464.
[202] Vgl. Ross, S. A., JET 1976, S. 341 – 360.
[203] Vgl. Fama, E. F. / French, K. R., JOF 1992, S. 427 – 465; Vogler, O., FB 2009, S. 383 – 388.
[204] Vgl. Carhart, M. M., JOF 1997, S. 57 – 82.
[205] Vgl. Baetge, J. / Krause, C., BFuP 1994, S. 437.
[206] Vgl. Peemöller, V. H. / Beckmann, C. / Meitner, M., BB 2005, S. 92.
[207] Vgl. IDW (Hrsg.), IDW S 1 i. d. F. 2000, Tz. 98; IDW (Hrsg.), IDW S 1 i. d. F. 2005, Tz. 100; IDW (Hrsg.), IDW S 1 i. d. F. 2008, Tz. 92.

## 2.4.5 Zwischenergebnis

Bewertungsobjekt und Alternativanlage müssen miteinander vergleichbar sein, wobei die verschiedenen Ausprägungen der Äquivalenz integrativ wirken. Nur bei vollständiger Äquivalenz von Bewertungsobjekt und Alternativanlage lässt sich die Zahlungsreihe des Bewertungsobjekts mithilfe der Alternativanlage duplizieren.

Das Prinzip der Laufzeitäquivalenz erfordert die Wahl einer Alternativanlage, deren Zahlungsströme denselben Zeitraum wie die Zahlungsströme des Bewertungsobjekts umfassen. Weitere Anforderung ist ein vergleichbarer zeitlicher Anfall der Zahlungsströme. Das Stichtagsprinzip operationalisiert das Prinzip der Zukunftsbezogenheit der Bewertung, indem es den Informationsstand definiert, welcher einerseits der Prognose der Kapitalisierungsgröße, andererseits der Rendite der Alternativanlage zugrunde zu legen ist. Im Hinblick auf die Rendite der Alternativanlage ist das Stichtagsprinzip mit den Verhältnissen am Bewertungsstichtag auszulegen.

Der Grundsatz der Risikoäquivalenz meint die Vergleichbarkeit der Risikostruktur der Zahlungsströme von Bewertungsobjekt und Alternativanlage. Das systematische Risiko findet in der Rendite der Alternativanlage Berücksichtigung. Risikoäquivalenz zwischen Bewertungsobjekt und Alternativanlage lässt sich entweder mithilfe der Sicherheitsäquivalent- oder mithilfe der Risikozuschlagsmethode herstellen. Wenngleich die Sicherheitsäquivalent- und die Risikozuschlagsmethode grundsätzlich zum selben Bewertungsergebnis führen, ist die Sicherheitsäquivalent- gegenüber der Risikozuschlagsmethode nutzentheoretisch superior. Im Hinblick auf das Barwertkalkül besticht das Konzept der Sicherheitsäquivalentmethode, für Zwecke des Kapitalisierungszinssatzes unmittelbar auf die Rendite der risikolosen Anlage zugreifen zu können. Allein mangelt es der Sicherheitsäquivalentmethode an hinreichender Praktikabilität, zumal ihre Anwendung die Kenntnis der Nutzenfunktion des Bewertenden respektive des anonymen Gesamtmarkts erforderlich macht. Vor diesem Hintergrund ist auf die Risikozuschlagsmethode zurückzugreifen, wenngleich diese nur eine nutzentheoretisch zweitbeste Lösung bietet. Die Risikozuschlagsmethode geht von der Kapitalisierung des Erwartungswerts der zustandsabhängigen Zukunftserfolge aus. Im Gegenzug ist ein Risikozuschlag zu bestimmen, welcher auf die Rendite der risikolosen Anlage anzulegen ist. Für die marktmäßig-objektivierte Bestimmung des Risikozuschlags bestehen mehrere Methoden, wobei sich das *IDW* im Zusammenhang mit der Unternehmensbewertung für das CAPM ausspricht.

## 2.5 Marktmäßig-objektivierte Bestimmung des Risikozuschlags mithilfe des CAPM

### 2.5.1 Vorbemerkung

Die marktmäßig-objektivierte Bestimmung des Risikozuschlags gründet auf den Erkenntnissen der Kapitalmarkttheorie. Hintergrund ist der Gedanke, dass eine konkrete Alternative zum Erwerb des Bewertungsobjekts im Erwerb eines vergleichbaren Unternehmens am Kapitalmarkt besteht, dessen Anteile dort einander fremde Marktakteure ohne signifikante Preissetzungsmacht kontinuierlich handeln. Der im Verhandlungswege festgestellte Transaktionspreis gibt folglich den objektiven Marktwert des gehandelten Unternehmens im Zeitpunkt der Auktion wieder.[208] Sofern der Kapitalmarkt keine unmittelbar vergleichbare Alternativanlage bietet, was zumeist der Fall ist, ist eine solche zu konstruieren, um auf diese Weise den Risikozuschlag der fiktiven Alternativanlage bestimmen zu können. Dabei beziehen sich die marktmäßig-objektivierten Methoden zur Bestimmung des Risikozuschlags ausschließlich auf die leistungswirtschaftliche Sphäre des Bewertungsobjekts. Die aus der Finanzierungsstruktur resultierende Risikokomponente findet dagegen in dem bereits vorgestellten Konzept der gewichteten Kapitalkosten Berücksichtigung.

Aufbauend auf der Portfoliotheorie von *Markowitz* (1952)[209] und dem Separationstheorem von *Tobin* (1958)[210] entwerfen *Treynor* (um 1962)[211], *Sharpe* (1964)[212], *Lintner* (1965)[213] und *Mossin* (1966)[214] mit dem CAPM voneinander unabhängig ein Gleichgewichtsmodell, welches geeignet ist, die Preisbildung risikobehafteter Finanzierungstitel auf dem Kapitalmarkt zu erklären.[215]

### 2.5.2 Portfoliotheorie

Die Portfoliotheorie bildet in Form von normativen Aussagen das Fundament für die nutzentheoretische Mischung mehrerer zur Auswahl stehender Wertpapiere bei stabilen Risikopräferenzen risikoscheuer Entscheidungs-

---

[208] Vgl. Schultze, W., Unternehmensbewertung, 2003, S. 266.
[209] Vgl. Markowitz, H., JOF 1952, S. 77 – 91.
[210] Vgl. Tobin, J., RES 1958, S. 65 – 86.
[211] Vgl. Treynor, R. L., Risky Assets, o. J., S. 1 – 19. *Treynor* hat seinen Beitrag zum CAPM nie veröffentlicht. Als vermutliche Entstehungszeit wird 1962 genannt.
[212] Vgl. Sharpe, W. F., JOF 1964, S. 425 – 442.
[213] Vgl. Lintner, J., REStat 1965, S. 13 – 37.
[214] Vgl. Mossin, J., Econometrica 1966, S. 768 – 783. Eine ähnliche Überlegung wie *Sharpe*, *Lintner* und *Mossin*, allerdings rein qualitativer Art, stellt etwa zeitgleich *Sondermann* an. Vgl. hierzu Sondermann, D., Kapitalisierungs-Zinsfuß, 1961, S. 96 – 134.
[215] Vgl. Linnenbrink, K., CAPM, 1998, S. 7; Hachmeister, D., Unternehmenswertsteigerung, 2000, S. 160; Franke, G. / Hax, H., Finanzwirtschaft, 2009, S. 354.

träger. Als normative Theorie spricht die Portfoliotheorie konkrete Empfehlungen aus, wie sich das einzelne Wirtschaftssubjekt verhalten sollte.[216] Dies bedingt einen Zusammenhang zwischen der zukünftig zu erwartenden Rendite und dem hierfür in Kauf zu nehmenden Risiko.[217] Zusätzlich zu den Annahmen der neoklassischen Theorie gelten folgende Prämissen:[218]

(1) Alle Investoren legen risikoscheues Entscheidungsverhalten an den Tag, haben einen Anlagehorizont von einer Periode und streben nach Maximierung des Nutzens ihres Endvermögens.[219] Sohin handelt es sich beim *Markowitz*-Modell und allen hierauf aufbauenden Weiterentwicklungen um Einperiodenmodelle.

(2) Alle Investoren treffen ihre Anlageentscheidungen ausschließlich anhand der Wahrscheinlichkeitsverteilung, konkret anhand des Erwartungswerts und der Varianz der Rendite des jeweiligen Portfolios.[220]

(3) Das Spektrum der verfügbaren Anlagemöglichkeiten ist exogen vorgegeben.

(4) Alle Anleger schätzen die Entwicklung der Erwartungswerte, der Varianzen und der Kovarianzen der Renditen aller Anlagemöglichkeiten gleich ein.[221]

(5) Die Renditen der Wertpapiere sind Zufallsvariablen.[222]

Aus Annahme (2) folgt weiterhin, dass sich die Risikopräferenzen der Anleger durch quadratische Nutzenfunktionen abbilden lassen,[223] die Renditen der Anlagemöglichkeiten einer Normalverteilung folgen[224] und der zur Verfügung stehende Anlagebetrag vollständig in das Portfolio risikobehafteter Wertpapiere investiert ist.[225] Annahme (4) impliziert homogene Erwartun-

---

[216] Vgl. Pfister, C., Kapitalkosten, 2003, S. 35.
[217] Vgl. Fama, E. F. / MacBeth, J. D., JPE 1973, S. 618.
[218] Vgl. Markowitz, H., JOF 1952, S. 77, S. 79.
[219] Vgl. Stoklossa, H., Zinsstrukturtheorie, 2010, S. 131.
[220] Vgl. zur Begründung der Wahl gerade dieser Parameter Markowitz, H. M., Portfolio Selection, 1959, S. 49 – 55; Markowitz, H. M., Mean-Variance Analysis, 2000, S. 52 – 56.
[221] Vgl. Lintner, J., REStat 1965, S. 25.
[222] Vgl. Markowitz, H., JOF 1952, S. 80; Markowitz, H. M., Portfolio Selection, 1959, S. 106; Treynor J. L., Risky Assets, o. J., S. 2; Mossin, J., Econometrica 1966, S. 770; Read, C., Portfolio Theorists, 2012, S. 186.
[223] Vgl. Markowitz, H. M., Portfolio Selection, 1959, S. 252; Markowitz, H. M., Mean-Variance Analysis, 2000, S. 52 – 53.
[224] Bei der Prämisse normalverteilter Renditen handelt es sich um ein schwaches Kriterium. Vgl. hierzu Chamberlain, G., JET 1983, S. 189.
[225] Vgl. Linnenbrink, K., CAPM, 1998, S. 11. *Tobin* prägt im Zusammenhang mit der Investition ausschließlich in das Portfolio mehr oder weniger riskanter Anlagen den Begriff ‚*Keynes*'sche Theorie'. Vgl. hierzu Tobin, J., RES 1958, S. 85.

Kapitel 2: Bewertungstheoretische Grundlagen

gen aller Kapitalmarktteilnehmer.[226] Bei den im Folgenden betrachteten risikobehafteten Wertpapieren handelt es sich um Aktien.

Der Erwartungswert $E(\tilde{r}_{PF})$ der Rendite eines Portfolios ergibt sich aus dem mit den Wertpapiergewichtungen $w_i$ gewichteten Mittel der Erwartungswerte der Renditen der hierin enthaltenen $n$ Wertpapiere

$$E(\tilde{r}_{PF}) = \sum_{i=1}^{n} w_i \cdot E(\tilde{r}_i) \qquad (1)$$

wobei sich die Wertpapiergewichte zu Eins ergänzen. Die Rendite $r_i$ des $i$-ten Wertpapiers berechnet sich allgemein als die Differenz zwischen dem Wert am Periodenende $V_{i,1}$ und dem Wert am Periodenanfang $V_{i,0}$ im Verhältnis zum Wert am Periodenanfang.

Am Ende der Periode ausgeschüttete Dividenden und Erlöse aus dem Verkauf von Bezugsrechten $V_{i,1}$ erhöhen das Periodenendvermögen. Für innerhalb der Periode erhaltene Dividenden und Bezugsrechtserlöse gilt die Annahme der sofortigen Reinvestition in den ausschüttenden Titel.[227] Somit liegt der Berechnung der Wertpapierrenditen das Konzept des Total Return zugrunde.[228] Es gilt:

$$r_i = \frac{V_{i,1} - V_{i,0} + D_{i,1}}{V_{i,0}} = \frac{V_{i,1}}{V_{i,0}} + \frac{D_{i,1}}{V_{i,0}} - 1 \qquad (2)$$

Beziehung (2) lässt erkennen, dass der Total Return die Performance des Portfolios, mithin die relative monetäre Wertveränderung zwischen zwei Zeitpunkten, misst. Somit beruhen die Portfoliotheorie und alle hierauf aufbauenden Anwendungen auf diskreten Renditen.[229]

Die Varianz des Portfolios $VAR(\tilde{r}_{PF})$ berechnet sich als die Summe der gewichteten Kovarianzen der Renditen der in das Portfolio einbezogenen Wertpapiere. Die Kovarianz $COV(\tilde{r}_i; \tilde{r}_j)$ des $i$-ten und $j$-ten Wertpapiers

---

[226] Vgl. eingehend Lintner, J., JFQA 1969, S. 366 – 371; Jensen, M. C., Capital Market Theory, 1972, S. 5; Gallati, R. R., Multifaktor-Modell, 1994, S. 39; Richter, F., Konzeption, 1999, S. 57; Hachmeister, D., Unternehmenswertsteigerung, 2000, S. 163; Pfister, C., Kapitalkosten, 2003, S. 36; Read, C., Portfolio Theorists, 2012, S. 186 – 187.
[227] Vgl. Lintner, J., REStat 1965, S. 19, S. 25; Mossin, J., Econometrica 1966, S. 770, S. 774; Wallace, N., JOF 1967, S. 302; Baetge, J. / Krause, C., BFuP 1994, S. 436; Rudolph, B. / Schäfer, K., Derivative Finanzinstrumente, 2010, S. 86. Von den formalen Berücksichtigung möglicher Erlöse aus dem Verkauf von Bezugsrechten sei hier und im Weiteren abstrahiert. Vereinfachend sei angenommen, dass diese in den Dividenden enthalten seien.
[228] Vgl. Bruns, C. / Meyer-Bullerdiek, F., Professionelles Portfoliomanagement, 2013, S. 716 – 717.
[229] Vgl. Dorfleitner, G., KuK 2002, S. 237.

## Kapitel 2: Bewertungstheoretische Grundlagen

selbst berechnet sich als das Produkt aus den Standardabweichungen ihrer Renditen $\sigma_i$ und $\sigma_j$ und ihrem Korrelationskoeffizienten $\varrho_{ij}$:[230]

$$\sigma_{PF}^2 = VAR(\tilde{r}_{PF}) = \sum_{i=1}^{n}\sum_{j=1}^{n} w_i \cdot \sigma_i \cdot w_j \cdot \sigma_j \cdot \varrho_{ij} \qquad (3)$$

$$\sigma_{ij} = COV(\tilde{r}_i; \tilde{r}_j) = \sigma_i \cdot \sigma_j \cdot \varrho_{ij} \qquad (4)$$

Für die Standardabweichung des Portfolios gilt daher:

$$\sigma_{PF} = SD(\tilde{r}_{PF}) = \sqrt{\left(\sum_{i=1}^{n}\sum_{j=1}^{n} w_i \cdot \sigma_i \cdot w_j \cdot \sigma_j \cdot \varrho_{ij}\right)} \qquad (5)$$

Hierbei beschreibt der Korrelationskoeffizient[231] Art und Stärke der stochastischen Abhängigkeit der Renditen des $i$-ten und des $j$-ten Wertpapiers zu einem bestimmten Zeitpunkt. Alternativ lässt sich Beziehung (3) in der Form

$$\sigma_{PF}^2 = VAR(\tilde{r}_{PF}) = \sum_{i=1}^{n} w_i^2 \cdot \sigma_i^2 + 2 \cdot \sum_{i=1}^{n-1}\sum_{j>i}^{n} w_i \cdot w_j \cdot COV(\tilde{r}_i; \tilde{r}_j) \qquad (6)$$

darstellen. Unter der zusätzlichen Annahme, dass sämtliche Wertpapiere mit demselben Gewicht in das Portfolio eingehen, reduziert sich der Ausdruck auf

$$\sigma_{PF}^2 = VAR(\tilde{r}_{PF}) = \left(\frac{1}{n}\right) \cdot \sigma_s^2 + \left(\frac{n-1}{n}\right) \cdot COV_s \qquad (7)$$

wobei $\sigma_s^2$ und $COV_s$ die dann relevante durchschnittliche Varianz respektive Kovarianz der im Portfolio enthaltenen Wertpapiere zum Ausdruck bringen.[232]

Aus Beziehung (3) folgt, dass für $\varrho_{ij} \neq +1,00$ die Varianz eines Portfolios von $n$ Wertpapieren stets kleiner als die Summe der gewichteten Einzelvarianzen ist. Damit lässt sich durch Mischung nicht perfekt positiv korrelier-

---

[230] Vgl. Markowitz, H. M., Portfolio Selection, 1959, S. 19, S. 85. Allgemein beschreibt die Kovarianz bezogen auf den vorliegenden Kontext die wechselseitige Interdependenz der Schwankungsanfälligkeit der Renditen zweier Wertpapiere $i$ und $j$. Formal gilt $COV(\tilde{r}_i; \tilde{r}_j) = \frac{1}{t-1} \cdot$ ...
... $\cdot COV(\tilde{r}_i; \tilde{r}_j) = \frac{1}{t-1} \cdot \sum_{t=1}^{t}[(r_{t,i} - \overline{r}_i) \cdot (r_{t,j} - \overline{r}_j)]$, wobei die Indexvariable $t$ die Anzahl der Zeitpunkte für die Untersuchung der wechselseitigen Reagibilität der Renditen bezeichnet.
[231] Der Korrelationskoeffizient liegt auf der Bandbreite $-1,00 \leq \varrho_{ij} \leq +1,00$. Bei einem Korrelationskoeffizienten von $\varrho_{ij} = -1,00$ spricht man von perfekt negativer, bei $\varrho_{ij} = +1,00$ von perfekt positiver Korrelation. Der Fall perfekt positiver Korrelation bleibe im Weiteren ausgeblendet.
[232] Vgl. zur formalen Darstellung Gallati, R. R., Multifaktor-Modell, 1994, S. 18 – 21.

ter Wertpapiere das Investitionsrisiko reduzieren. Der so beschriebene Diversifikationseffekt liegt in der wechselseitigen Kompensation der unsystematischen Risikokomponenten begründet. Bei hinreichender Anzahl der in das Portfolio einbezogenen Wertpapiere eliminiert sich das unsystematische Risiko beinahe vollends, sodass der einzelne Investor im Prinzip nur mehr dem systematischen Risiko ausgesetzt ist.[233] Aus Beziehung (7) folgt, dass das systematische Risiko in der durchschnittlichen Kovarianz der in das Portfolio einbezogenen Wertpapiere besteht. Abbildung 3 veranschaulicht den Prozess der Diversifizierung unsystematischer Risiken bei stetiger Beimischung nicht perfekt positiv korrelierter Wertpapiere.

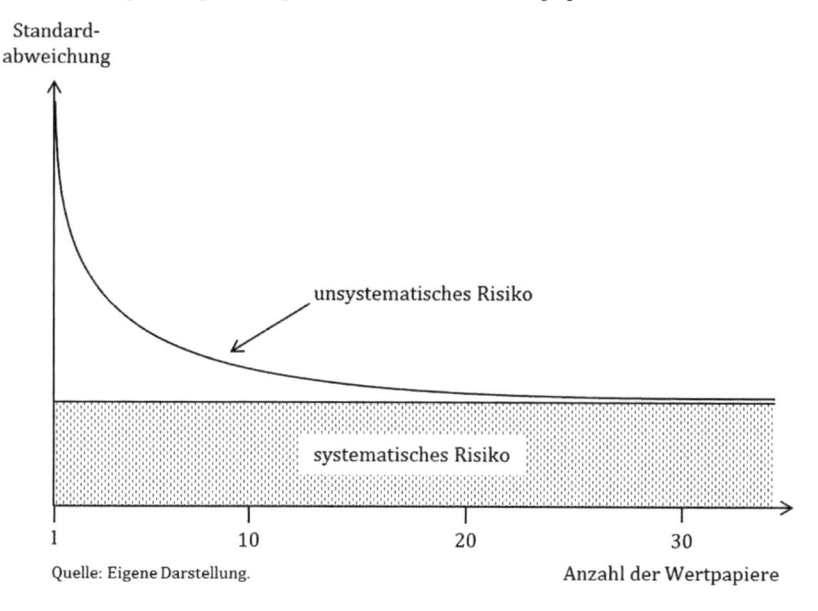

**Abbildung 3: Diversifizierung unsystematischer Risiken**

Im einfachen Fall eines Portfolios mit nur zwei Wertpapieren liefern die beiden Beziehungen (1) und (3) in Abhängigkeit von der Wertpapiermi-

---

[233] Vgl. Sharpe, W. F., JOF 1964, S. 436, S. 439. Untersuchungen belegen eine praktisch vollständige Diversifizierung unsystematischer Risiken, sobald das Portfolio mindestens 30 nicht perfekt positiv korrelierte Wertpapiere enthält. Vgl. hierzu Markowitz, H. M., Portfolio Selection, 1959, S. 112; Elton, E. J. / Gruber, M. J. / Brown, S. J. u. a., Portfolio Theory, 2010, S. 51 – 61. Einer eingehenden Analyse unterziehen *Callahan / Mohr* das systematische Risiko. Vgl. hierzu Callahan, C. M. / Mohr, R. M., TFR 1989, S. 157 – 181.

schung Risiko-Rendite-Kombinationen, deren Verbindung im $(\sigma - \mu)$-Raum die Gestalt ähnlich einer nach rechts gekippten Parabel annimmt.[234] Dasjenige Portfolio, welchem das geringste Risiko inhäriert und welches zugleich die geringste Rendite abwirft, heißt globales Minimum-Varianz-Portfolio. Entlang des Parabelastes oberhalb des globalen Minimum-Varianz-Portfolios liegen alle effizienten $(\sigma - \mu)$-Kombinationen.[235] Die Effizienzkurve resultiert aus der Variation des Risikoaversionsparameters $\alpha$ der quadratischen Nutzenfunktion im Bereich $\alpha \in [0; +\infty[$.[236] Abbildung 4 veranschaulicht den Zusammenhang.

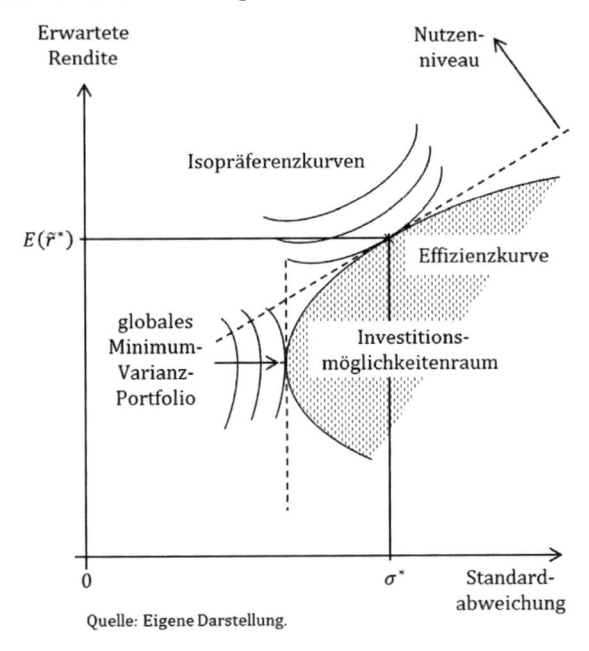

**Abbildung 4: Investitionsmöglichkeitenkurve**

Eine $(\sigma - \mu)$-Kombination genügt dem Effizienzkriterium, wenn keine andere Wertpapiermischung dieselbe Rendite bei geringerem Risiko oder eine höhere Rendite bei gleichem Risiko verspricht, wenn also keine andere Wertpapiermischung die $(\sigma - \mu)$-Kombination dominiert.[237] Die Lage des

---

[234] Vgl. Sharpe, W. F., JOF 1964, S. 429.
[235] Vgl. Hayn, M., Bewertung, 2000, S. 424 – 425; Markowitz, H. M., Portfolio Selection, 2008, S. 171 – 177.
[236] Vgl. Spremann, K., Portfoliomanagement, 2008, S. 257.
[237] Vgl. Markowitz, H. M., Portfolio Selection, 1959, S. 129, S. 140.

nutzenmaximierenden Portfolios auf der Effizienzkurve ist durch die individuellen Risikopräferenzen des jeweiligen Investors determiniert.[238] Dasjenige Portfolio, welches dem Investor den maximalen Nutzen stiftet, liegt in dem Punkt, wo die Grenzrate der Substitution seiner Isopräferenzkurve der Grenzrate der Transformation der Effizienzlinie entspricht.[239]

### 2.5.3 Tobin'sches Separationstheorem

Unter den Prämissen der Portfoliotheorie legt der einzelne Investor die ihm zur Verfügung stehenden Mittel vollumfänglich in ein Portfolio riskanter Wertpapiere an, dessen Risiko-Rendite-Profil seinen individuellen Risikopräferenzen entspricht.[240] Ohne Bedeutung ist hierbei der individuelle Grad der Risikoaversion. *Tobin* ergänzt und modifiziert das Modell von *Markowitz* um die Annahme, dass eine risikolose Anlagemöglichkeit besteht, in welcher auch Leerverkäufe getätigt werden können.[241] Die Einführung einer risikolosen Anlage determiniert genau ein effizientes Portfolio, wo die Gerade aller Linearkombinationen aus der risikolosen Anlage und eben diesem Portfolio die effiziente obere Randbegrenzung des Investitionsmöglichkeitenraums gerade berührt. An dieser Stelle stimmen die Grenzrate der Substitution und die Grenzrate der Transformation überein. Dieses Portfolio heißt Tangentialportfolio.[242]

Alle Kapitalmarktteilnehmer investieren in ein und dasselbe Tangentialportfolio.[243] Im Marktgleichgewicht enthält es zu unterschiedlichen Gewichtungen $w_i^M$ alle am Markt gehandelten riskanten Wertpapiere. Synonym spricht man in diesem Fall daher auch vom Marktportfolio.[244] Hintergrund ist die Annahme übereinstimmender Erwartungen aller Investoren an die Entwicklung der Renditen der am Kapitalmarkt gehandelten Wertpapiere.

---

[238] Vgl. Denzler, M., Arbitrage-Preis-Theorie, 1988, S. 18.
[239] Vgl. eingehend Tobin, J., RES 1958, S. 83; Markowitz, H., FMPM 1991, S. 206 – 210; Langenkämper, C., Unternehmensbewertung, 2000, S. 133 – 134.
[240] *Tobin* betrachtet ein Portfolio riskanter *Consols*. Vgl. hierzu Tobin, J., RES 1958, S. 67. Hierbei handelt es sich um Anleihen von unendlicher Restlaufzeit. Vgl. hierzu Haugen, R. A., Modern Investment Theory, 2001, S. 326 – 328. *Sharpe*, *Lintner* und *Mossin*, welche ihre Arbeit auf *Tobin* stützen, hingegen sprechen verallgemeinernd von „risky assets" bzw. „risky securities". Vgl. hierzu Sharpe, W. F., JOF 1964, S. 426; Lintner, J., REStat 1965, S. 15; Mossin, J., Econometrica 1966, S. 769.
[241] Vgl. Tobin, J., RES 1958, S. 67; Lintner, J., REStat 1965, S. 28; Jensen, M. C., Capital Market Theory, 1972, S. 5; Merton, R. C., Econometrica 1973, S. 869. Unter Risikolosigkeit versteht *Tobin* hierbei die Freiheit von Ausfallrisiken und Finanzmarktrisiken, nicht hingegen die Freiheit von Geldentwertungsrisiken. Vgl. hierzu Tobin, J., RES 1958, S. 85.
[242] Vgl. Tobin, J., RES 1958, S. 83; ausführlich auch Merton, R. C., JFQA 1972, S. 1863 – 1871.
[243] Vgl. Lintner, J., REStat 1965, S. 28; Jensen, M. C., Capital Market Theory, 1972, S. 5; Merton, R. C., Econometrica 1973, S. 869.
[244] Vgl. hierzu Lintner, J., JFQA 1969, S. 364, S. 384; weiterhin Weber, M. / Schiereck, D., Kapitalkosten, 1993, S. 136; Pfister, C., Kapitalkosten, 2003, S. 37.

Die Zusammensetzung des nutzenoptimalen Portfolios riskanter Wertpapiere ist damit im wesentlichen Unterschied zur Portfoliotheorie zunächst unabhängig von den Risikopräferenzen des einzelnen Investors.[245] Diese kommen erst in einem zweiten Schritt ins Spiel, und zwar in Gestalt der Gewichtungen, welche der einzelne Investor bei der Konstruktion seines nutzenoptimalen Portfolios bestehend einerseits aus der risikolosen Anlage, andererseits aus dem für alle Investoren identisch zusammengesetzten Marktportfolio zuteilt (*Tobin'*sches Separationstheorem).[246] Die Gewichtungen der einzelnen Wertpapiere bestimmen sich nach dem Verhältnis ihrer Marktwerte,[247] wobei mögliche Aktiensplits unbeachtlich sind.[248] Die Rendite des Marktportfolios berechnet sich mit

$$E(\tilde{r}_M) = \sum_{i=1}^{n} w_i^M \cdot E(\tilde{r}_i) \qquad (1)$$

Ausgehend von einer Investition ausschließlich in die risikolose Anlage signalisieren Portfolios entlang der Gerade durch das Marktportfolio eine steigende Risikobereitschaft.[249] Dabei teilen Investoren in den Portfolios links vom Marktportfolio den ihnen zur Verfügung stehenden Anlagebetrag auf die risikolose Anlage und das Marktportfolio auf, während Anleger mit Asset-Allokationen rechts vom Marktportfolio die risikolose Anlage leerverkaufen, um den Erlös zusammen mit dem ihnen originär zur Verfügung stehenden Anlagebetrag in das Marktportfolio fließen zu lassen.[250] Links vom Marktportfolio liegende Portfolios zeichnen sich damit durch vollständige Eigenkapitalfinanzierung, rechts vom Marktportfolio liegende Portfolios hingegen durch teilweise Fremdkapitalfinanzierung aus.[251] Im Ergebnis lässt sich also durch unterschiedliche Gewichtung der risikolosen Anlage und des Marktportfolios jede beliebige und einzigartige effiziente Risiko-Rendite-Kombination abbilden.[252] Im Vergleich zu der Ausgangssituation ohne risikolose Anlagemöglichkeit stiftet jede Risiko-Rendite-Kombination dem Investor ein höheres Nutzenniveau. Nur der Nutzen der Risiko-Rendite-Kombination, welchen der Anleger aus dem Marktportfolio zieht,

---

[245] Vgl. Lintner, J., REStat 1965, S. 16; Mossin, J., Ecomometrica 1966, S. 778; Stoklossa, H., Zinsstrukturtheorie, 2010, S. 134.
[246] Vgl. Tobin, J., RES 1958, S. 68, S. 74; Sharpe, W. F., JOF 1964, S. 426 – 427.
[247] Vgl. Lintner, J., JOF 1965, S. 597 – 598; Mayers, D., JOB 1973, S. 259; Steiner, M. / Bruns, C. / Stöckl, S., Wertpapiermanagement, 2012, S. 23.
[248] Vgl. Lintner, J., JFQA 1969, S. 362.
[249] Vgl. Denzler, M., Arbitrage-Preis-Theorie, 1988, S. 20.
[250] Vgl. Tobin, J., RES 1958, S. 78; Lintner, J., JOF 1965, S. 593; Copeland, T. E. / Weston, J. F. / Shastri, K., Finanzierungstheorie, 2008, S. 190 – 191.
[251] Vgl. Sharpe, W. F., JOF 1964, S. 432 – 433; Read, C., Portfolio Theorists, 2012, S. 188.
[252] Vgl. Tobin, J., RES 1958, S. 74; Sharpe, W. F., JOF 1964, S. 426 – 427; Hayn, M., Bewertung, 2000, S. 426.

bleibt gleich.²⁵³ Alle anderen Risiko-Rendite-Kombinationen sind entweder nicht erreichbar oder signalisieren eine suboptimale Diversifikation unsystematischer Risiken.²⁵⁴ Abbildung 5 illustriert die Ergebnisse *Tobins*.

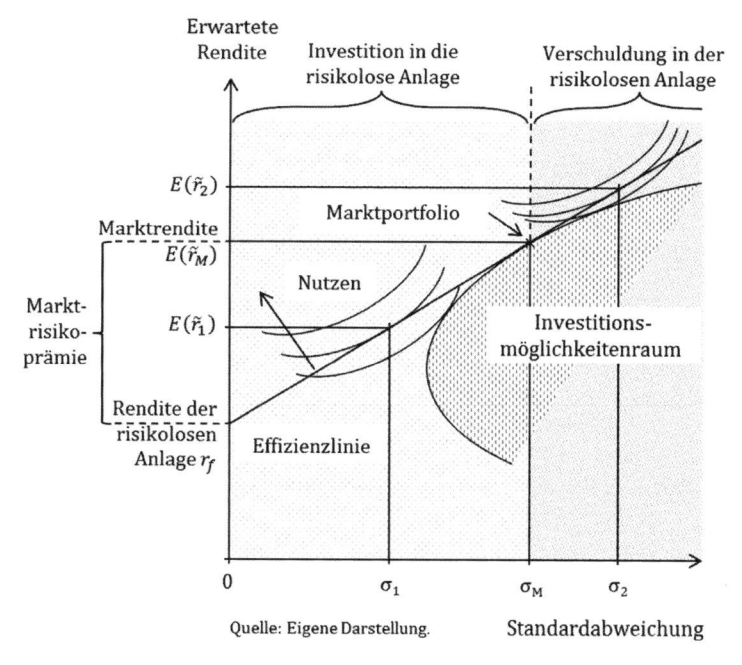

**Abbildung 5: Tobin'sches Separationstheorem**

### 2.5.4 Kapitalmarktlinie

Bei der Kapitalmarkttheorie handelt es sich um eine positive Theorie zur Preisbildung auf Kapitalmärkten. Wenngleich die Kapitalmarkttheorie auf der normativen Portfoliotheorie beruht, trifft sie Aussagen über reale Sachverhalte und Regelmäßigkeiten. Sie unterstellt hierbei, dass sich die Kapitalmarktakteure entsprechend den Empfehlungen der Portfoliotheorie verhalten und am Kapitalmarkt Gleichgewicht herrscht.²⁵⁵

Auf einem vollkommenen Kapitalmarkt verlagert die Einführung einer risikolosen Anlagemöglichkeit die Menge der effizienten Portfolios vom oberen Parabelast auf eine Gerade, welche durch die risikolose Anlage und das

---

²⁵³ Vgl. Elton, E. J. / Gruber, M. J. / Brown, S. J. u. a., Portfolio Theory, 2010, S. 84 – 88.
²⁵⁴ Vgl. Weber, M. / Schiereck, D., Kapitalkosten, 1993, S. 135; Gerke, W. / Bank, M., Finanzierung, 2003, S. 207; Pfister, C., Kapitalkosten, 2003, S. 35 – 36.
²⁵⁵ Vgl. Pfister, C., Kapitalkosten, 2003, S. 35.

Marktportfolio verläuft.[256] Zudem gelten auf einem vollkommenen Kapitalmarkt neben den bereits getroffenen Annahmen[257] folgende Bedingungen:

(1) Alle auf dem Kapitalmarkt gehandelten riskanten Wertpapiere verbriefen haftungsbeschränkte Eigentumsrechte an Vermögensgegenständen.
(2) Weder behindern Transaktionskosten noch Steuern, zumal solche auf Ebene des Anteilseigners, noch sonstige Friktionen den Wertpapierhandel.[258] Nicht gilt dies für die Steuern auf Unternehmensebene.
(3) Der Zugang zum Kapitalmarkt steht jedermann uneingeschränkt offen.
(4) Alle Wertpapiere sind beliebig teilbar.[259] Leerverkäufe in den risikobehafteten Wertpapieren sind möglich.[260]
(5) Auf dem Kapitalmarkt findet kontinuierlicher Handel statt.
(6) Es herrscht halbstrenge Informationseffizienz. Mithin sind sämtliche öffentlichen Informationen den Anlegern kostenlos zugänglich und bekannt und auf dem Wertpapiermarkt zu jedem Zeitpunkt vollständig eingepreist.
(7) Sämtliche Marktteilnehmer stehen in vollständiger Konkurrenz und verfügen über ein vergleichbares Periodenanfangsvermögen, sodass kein einzelner Investor Preissetzungsmacht besitzt.[261] Dies bedingt eine hinreichende Anzahl von Investoren.[262]

Indirekt folgt aus den Annahmen (1) bis (5), dass sich der Kapitalmarkt im Gleichgewicht befindet, indem sich jeweils zu Beginn und am Ende einer Planperiode für jedes Wertpapier ein bestimmter Preis einstellt, welcher Angebot und Nachfrage gerade zum Ausgleich bringt.[263] Die Gerade durch die risikolose Anlage und das Tangentialportfolio determiniert die Lage der nutzenoptimalen Portfolios und bringt als so bezeichnete Kapitalmarktlinie den Zusammenhang zwischen dem Portfoliorisiko $\sigma_{PF}$ und dem Erwartungswert der Portfoliorendite $E(\tilde{r}_{PF})$ zum Ausdruck:[264]

---

[256] Vgl. Sharpe, W. F., JOF 1964, S. 435 – 436; Mossin, J., Econometrica 1966, S. 771.
[257] Vgl. Lintner, J., REStat 1965, S. 15. Vor allen Dingen das Vorliegen einer homogenen finanziellen Sphäre mit einem einheitlichen Soll- und Habenzinssatz, welche Annahme bereits für das Tobin'sche Separationstheorem getroffen wurde, zählt streng zu den Eigenschaften eines vollkommenen Kapitalmarkts.
[258] Vgl. Lintner, J., REStat 1965, S. 28.
[259] Vgl. Mossin, J., Econometrica 1966, S. 776.
[260] Vgl. Sharpe, W. F., JOF 1964, S. 433; Lintner, J., REStat 1965, S. 20.
[261] Vgl. Jensen, M. C., Capital Market Theory, 1972, S. 5; Merton, R. C., Econometrica 1973, S. 868 – 869; kritisch Gallati, R. R., Multifaktor-Modell, 1994, S. 47 – 49.
[262] Vgl. Lintner, J., JFQA 1969, S. 348, S. 352; Merton, R. C., Econometrica 1973, S. 868 – 869; zur Annahme eines einheitlichen Soll- und Habenzinssatzes Lintner, J., REStat 1965, S. 34, S. 36 – 37.
[263] Vgl. Fama, E. F. / French, K. R., CAPM, 2003, S. 3.
[264] Vgl. Sharpe, W. F., JOF 1964, S. 437; Lintner, J., REStat 1965, S. 14.

$$E(\tilde{r}_{PF}) = r_f + \frac{\left[E(\tilde{r}_M) - r_f\right]}{\sigma_M} \cdot \sigma_{PF} \tag{1}$$

Basis der Portfoliorendite ist die Rendite der risikolosen Anlage $r_f$.[265] Ausgehend von dem Fall der vollständigen Investition in die risikolose Anlage fordern die Kapitalmarktteilnehmer für die Beimischung des Marktportfolios und die dadurch in Kauf genommene Schwankungsanfälligkeit der Portfoliorendite eine Prämie, deren Höhe sich nach dem Umfang des übernommenen Portfoliorisikos richtet.[266]

Referenz für die Bemessung der Vergütung für die Übernahme des Risikos ist die zusätzliche Rendite, welche das Marktportfolio gegenüber der risikolosen Anlage verspricht. Diese trägt die Bezeichnung ‚Marktrisikoprämie'. Die Marktrisikoprämie kommt durch den Faktor $\left[E(\tilde{r}_M) - r_f\right]$ zum Ausdruck. Hierbei beschreibt $E(\tilde{r}_M)$ den Erwartungswert der Rendite des Marktportfolios. Die Rendite des Marktportfolios hängt von dessen Zusammensetzung ab. Die Zusammensetzung des Marktportfolios unterliegt ebenso wie der Preis der risikolosen Anlage den Gleichgewichtskräften des Kapitalmarkts, sodass die Marktrisikoprämie marktdeterminiert ist. Die Marktrisikoprämie versteht sich als normierter Preis für die Übernahme des Marktrisikos.[267] Hierauf aufbauend bestimmt sich die marktgerechte Vergütung für die Übernahme des Risikos des einzelnen nutzenoptimalen Portfolios, indem auf die Marktrisikoprämie ein Faktor entsprechend dem Verhältnis des Risikos, welches dem individuell gewählten Portfolio inhäriert, zum Risiko des Marktportfolios angelegt wird.[268]

Die Bestimmung der Zusammensetzung des Marktportfolios nimmt ihren Ausgangspunkt in einem beliebigen Punkt auf der Kapitalmarktlinie. Die Wahl dieses Punktes ist determiniert durch den Risikoaversionsparameter $\alpha$ der quadratischen Nutzenfunktion

$$u(w_0, w_1, w_2, \ldots, w_{n-1}, w_n) = \mu - \frac{\alpha}{2} \cdot \sigma^2 \tag{2}$$

worin die individuellen Risikopräferenzen des jeweiligen Anlegers zum Ausdruck kommen. Hierbei gibt der Parameter $w_i$ Auskunft über die Gewichtung des $i$-ten Wertpapiers. Ausgehend hiervon bestimmt sich die Gewichtung des $i$-ten Wertpapiers im Marktportfolio $w_i^M$, indem die Wertpapiergewichte des Tangentialportfolios mithilfe der Beziehung

---

[265] Vgl. Weber, M. / Schiereck, D., Kapitalkosten, 1993, S. 136.
[266] Vgl. Sharpe, W. J., JOF 1964, S. 432; Pfister, C., Kapitalkosten, 2003, S. 38.
[267] Vgl. Elton, E. J. / Gruber, M. J. / Brown, S. J. u. a., Portfolio Theory, 2010, S. 282 – 283.
[268] Vgl. Mossin, J., Econometrica 1966, S. 776 – 781; Hayn, M., Bewertung, 2000, S. 425 – 426; Copeland, T. E. / Weston, J. F. / Shastri, K., Finanzierungstheorie, 2008, S. 190 – 194; Read, C., Portfolio Theorists, 2012, S. 189 – 190.

## Kapitel 2: Bewertungstheoretische Grundlagen

$$w_i^M = \frac{w_i}{\sum_{i=1}^n w_i} \tag{3}$$

mit $i = 1, 2, 3, \ldots, n - 1, n$ normiert werden. Die Gewinnung der Wertpapiergewichte des Marktportfolios verlangt somit die Kenntnis der Wertpapiergewichte des Tangentialportfolios. Ein möglicher Ansatz besteht in der Maximierung der Nutzenfunktion unter der Nebenbedingung,[269] dass sich die Gewichte aller Anlagemöglichkeiten einschließlich der risikolosen Anlage zu Eins ergänzen. Vor diesem Hintergrund lässt sich die Gewichtung der risikolosen Anlagemöglichkeit $w_0$ als Residuum der Gewichtungen der risikobehafteten Wertpapiere ausdrücken. Für den Erwartungswert der Rendite des Portfolios $\mu$ respektive für die Varianz der Rendite des Portfolios $\sigma^2$ gilt daher der formale Zusammenhang

$$\mu = w_0 \cdot r_f + \sum_{i=1}^n w_i \cdot r_i \tag{4}$$

respektive[270]

$$\sigma^2 = \sum_{i=1}^n \sum_{j=1}^n w_i \cdot w_j \cdot \sigma_i \cdot \sigma_j \cdot \varrho_{i,j} \tag{5}$$

Damit stellt sich die zu maximierende Nutzenfunktion in der Gestalt

$$u\left(1 - \sum_{i=1}^n w_i\right) = \left(1 - \sum_{i=1}^n w_i\right) \cdot r_f + \sum_{i=1}^n w_i \cdot r_i - \ldots$$

$$\ldots - \frac{\alpha}{2} \cdot \sum_{i=1}^n \sum_{j=1}^n w_i \cdot w_j \cdot \sigma_i \cdot \sigma_j \cdot \varrho_{i,j} \tag{6}$$

dar. Das Vorliegen eines Maximums bedingt, dass die partiellen Ableitungen der Zielfunktion nach der individuellen Gewichtung jedes einzelnen Wertpapiers

$$\frac{\partial u}{\partial w_i} = -r_f + r_i - \frac{\alpha}{2} \cdot \sum_{i=1}^n \sum_{j=1}^n w_j \cdot \sigma_i \cdot \sigma_j \cdot \varrho_{i,j} \tag{7}$$

den Wert Null annehmen. Hieraus resultiert nach einfacher äquivalenter Umformung ein lineares Gleichungssystem der Form

---
[269] Vgl. Göppl, H. / Schütz, H., DAFOX, 1995, S. 4.
[270] Vgl. Markowitz, H. M., Portfolio Selection, 1959, S. 19, S. 85.

$$\frac{\alpha}{2} \cdot \sum_{i=1}^{n} \sum_{j=1}^{n} w_j \cdot \sigma_i \cdot \sigma_j \cdot \varrho_{i,j} = -r_f + r_i \qquad (8)$$

Die Multiplikation des individuellen Risikoaversionsparameters mit der Varianz-Kovarianz-Matrix[271] und dem Vektor der Wertpapiergewichte des Tangentialportfolios hat den Vektor der wertpapierspezifischen Überrenditen zum Ergebnis. Aus dem so gefundenen Vektor der Wertpapiergewichte des Tangentialportfolios lassen sich mithilfe von Beziehung (3) in einem weiteren Schritt die theoretisch gebotenen Wertpapiergewichte des Marktportfolios bestimmen.[272]

### 2.5.5 Wertpapiermarktlinie

Das Konzept der Kapitalmarktlinie dient der Ermittlung der marktgerechten Vergütung von Portfoliorisiken. Hierzu beschreibt es den Zusammenhang zwischen Risiko und Rendite effizienter Portfolios.[273] Das Modell der Wertpapiermarktlinie modifiziert das Konzept der Kapitalmarktlinie und bietet einen Erklärungsansatz für den Zusammenhang zwischen Risiko und Rendite der einzelnen in das Marktportfolio einbezogenen Kapitalmarktanlagen.[274] Zudem erweitert das CAPM das Spektrum der Anlagemöglichkeiten auf alle denkbaren Anlageklassen materieller und immaterieller Natur, so z. B. Immobilien, Rohstoffe und Rechte, sofern diese Ansprüche risikobehaftet und in Form von Wertpapieren verbrieft sind und als solche am Kapitalmarkt umgehen.[275] Eingang in die Unternehmensbewertung findet das CAPM erstmalig mit *Hamada* (1969).[276] Im Schrifttum wird das Konzept der

---

[271] Auf die Ausführung in Vektorschreibweise wird hier aus Gründen der Darstellung verzichtet. Die Analyse liefert streng zunächst die transponierte Varianz-Kovarianz-Matrix. Angesichts der Symmetrie der Varianz-Kovarianz-Matrix ist eine dahingehende Unterscheidung jedoch obsolet.
[272] Vgl. Spremann, K., Portfoliomanagement, 2008, S. 255 – 259.
[273] Vgl. Hayn, M., Bewertung, 2000, S. 428.
[274] Vgl. Pfister, C., Kapitalkosten, 2003, S. 38.
[275] Vgl. Lintner, J., REStat 1965, S. 28; uneindeutig Sharpe, W. F., JOF 1964, S. 435; Mossin, J., Econometrica 1966, S. 769; Merton, R. C., Econometrica 1973, S. 870. *Mayers* erweitert das Marktportfolio um nicht am Kapitalmarkt gehandelte Güter und findet für die insoweit modifizierte Marktrisikoprämie den Zusammenhang $\frac{[E(\tilde{r}_M)-r_f]}{V_M \cdot \sigma_M^2 + COV(\tilde{r}_M; \tilde{r}_h)}$, wobei $V_M$ für den Marktwert der am Kapitalmarkt gehandelten Finanzierungstitel und $\tilde{r}_h$ für die Rendite der nicht am Kapitalmarkt gehandelten Güter steht. Vgl. hierzu Mayers, D., JOB 1973, S. 262. Voraussetzung für die Einbeziehung eines nicht am Kapitalmarkt gehandelten materiellen oder immateriellen Guts in das Marktportfolio ist, dass von diesem ein zukünftiger Einkommensstrom zu erwarten ist. Als Beispiele nennt *Mayers* Humankapital, soweit dieses zukünftige Bezüge aus einem Beschäftigungsverhältnis betrifft, Transferzahlungen sowie Pensionsansprüche. Vgl. hierzu Mayers, D., Nonmarketable Assets, 1972, S. 224; ferner Fama, E. F., AER 1970, S. 169; Ibbotson, R. G. / Fall, C. L., JPortM 1979, Nr. 1, S. 83; aA Merton, R. C., Econometrica 1973, S. 870.
[276] Vgl. Hamada, R. S., JOF 1969, S. 15 – 16.

## Kapitel 2: Bewertungstheoretische Grundlagen

Wertpapiermarktlinie zumeist als Capital Asset Pricing Model (CAPM) oder auch als Security Market Line bezeichnet. Das Konzept der Wertpapiermarktlinie macht sich die Erkenntnis zunutze, dass sich effiziente Portfolios stets als Linearkombinationen aus der risikolosen Anlage und dem Marktportfolio darstellen lassen.[277] Nicht weniger bedeutsam für die Formulierung des funktionalen Zusammenhangs zwischen Risiko und Rendite des einzelnen Wertpapiers ist jedoch die Marginalanalyse der nutzenoptimierenden Portfoliogewichte der Wertpapiere des Marktportfolios.[278]

Ein effizientes Portfolio, welches zu $w_i$ Teilen aus der Anlagemöglichkeit $i$ und zu $1 - w_i$ Teilen aus dem Marktportfolio besteht, ist durch den Erwartungswert der Rendite $E(\tilde{r}_{PF})$

$$E(\tilde{r}_{PF}) = w_i \cdot E(\tilde{r}_i) + (1 - w_i) \cdot E(\tilde{r}_M) \tag{1}$$

und die Standardabweichung $\sigma_{PF}$

$$\sigma_{PF} = \sqrt{w_i^2 \cdot \sigma_i^2 + (1 - w_i)^2 \cdot \sigma_M^2 + 2 \cdot w_i \cdot (1 - w_i) \cdot \sigma_{iM}} \tag{2}$$

charakterisiert. Hierbei handelt es sich bei $\sigma_{iM}$ um die Kovarianz zwischen der Rendite des zu bewertenden Wertpapiers und des Marktportfolios.

Die partiellen Ableitungen der erwarteten Rendite und der Standardabweichung der Rendite des Portfolios $\frac{\partial E(\tilde{r}_{PF})}{\partial w_i}$ und $\frac{\partial \sigma_{PF}}{\partial w_i}$ machen die Auswirkung einer marginalen Veränderung des Gewichtungsfaktors $w_i$ deutlich. Es gilt:

$$\frac{\partial E(\tilde{r}_{PF})}{\partial w_i} = E(\tilde{r}_i) - E(\tilde{r}_M) \tag{3}$$

$$\frac{\partial \sigma_{PF}}{\partial w_i} = \frac{w_i \cdot \sigma_i^2 - \sigma_M^2 + w_i \cdot \sigma_M^2 + \sigma_{iM} - 2 \cdot w_i \cdot \sigma_{iM}}{\sqrt{w_i^2 \cdot \sigma_i^2 + (1 - w_i)^2 \cdot \sigma_M^2 + 2 \cdot w_i \cdot (1 - w_i) \cdot \sigma_{iM}}} \tag{4}$$

Annahmegemäß herrscht zu Beginn einer Periode Marktgleichgewicht, sodass das Wertpapier $i$ mit dem Anteil $w_i$ bereits im Marktportfolio enthalten ist.[279]

Veränderungen der Wertpapiergewichtungen stören das Marktgleichgewicht. Dies äußert sich in Form von Überschussangebot respektive -nachfrage. Da jedoch auf einem axiomatisch im Gleichgewicht befindlichen Kapi-

---

[277] Vgl. Roll, R., JOF 1978, S. 1051 – 1052.
[278] Vgl. Copeland, T. E. / Weston, J. F. / Shastri, K., Finanzierungstheorie, 2008, S. 206 – 207.
[279] Vgl. Lintner, J., JFQA 1969, S. 350; Denzler, M., Arbitrage-Preis-Theorie, 1988, S. 21; Elton, E. J. / Gruber, M. J. / Brown, S. J., Portfolio Theory, 2010, S. 280 – 294.

talmarkt weder ein Nachfrage- noch ein Angebotsüberschuss dauerhaft Bestand haben kann, ist die ungleichgewichtige Angebots- und Nachfragesituation jedoch nur temporär, sodass erneut Markträumung eintritt und daher $w_i = 0$ zu setzen ist.[280] Daher gilt:

$$\left.\frac{\partial E(\tilde{r}_{PF})}{\partial w_i}\right|_{w_i=0} = E(\tilde{r}_i) - E(\tilde{r}_M) \tag{5}$$

$$\left.\frac{\partial \sigma_{PF}}{\partial w_i}\right|_{w_i=0} = \frac{\sigma_{iM} - \sigma_M^2}{\sigma_M} \tag{6}$$

Mit $w_i = 0$ folgt daher für das marginale Austauschverhältnis, d. h. für die Grenzrate der Substitution von Risiko und Rendite:

$$\left.\frac{\partial E(\tilde{r}_M)/\partial w_i}{\partial \sigma_{PF}/\partial w_i}\right|_{w_i=0} = \frac{E(\tilde{r}_i) - E(\tilde{r}_M)}{(\sigma_{iM} - \sigma_M^2)/\sigma_M} \tag{7}$$

Im Kapitalmarktgleichgewicht ist die Grenzrate der Substitution von Risiko und Rendite für alle Wertpapiere gleich groß. Ferner stimmt das Marktportfolio in diesem Fall mit dem Tangentialportfolio überein. Daher gilt:

$$\frac{E(\tilde{r}_M) - r_f}{\sigma_M} = \frac{E(\tilde{r}_i) - E(\tilde{r}_M)}{(\sigma_{iM} - \sigma_M^2)/\sigma_M} \tag{8}$$

Die Auflösung der Beziehung (8) nach dem Erwartungswert der Rendite des $i$-ten Wertpapiers liefert schließlich den funktionalen Zusammenhang des CAPM zur Bewertung von risikobehafteten Kapitalmarktanlagen:[281]

$$E(\tilde{r}_i) = r_f + [E(\tilde{r}_M) - r_f] \cdot \frac{\sigma_{iM}}{\sigma_M^2} \tag{9}$$

Alternativ lässt sich der Faktor $\frac{\sigma_{iM}}{\sigma_M^2}$ als $\varrho_{iM} \cdot \frac{\sigma_i}{\sigma_M}$ darstellen.[282] Üblicherweise wird der Faktor $\frac{\sigma_{iM}}{\sigma_M^2}$ als $\beta$-Faktor bezeichnet. Damit lässt sich Beziehung (9) in der Form

$$E(\tilde{r}_i) = r_f + \beta \cdot [E(\tilde{r}_M) - r_f] \tag{10}$$

ausdrücken.[283] Abbildung 6 zeigt den Zusammenhang.

---

[280] Vgl. Read, C., Portfolio Theorists, 2012, S. 190 – 192.
[281] Vgl. Merton, R. C., JFQA 1972, S. 1871.
[282] Vgl. Lintner, J., REStat 1965, S. 32; Richter, F., Konzeption, 1999, S. 57 – 58; Pfister, C., Kapitalkosten, 2003, S. 38 – 41.
[283] Vgl. Merton, R. C., JFE 1980, S. 323 – 324; Copeland, T. E. / Weston, J. F. / Shastri, K., Finanzierungstheorie, 2008, S. 208 – 211.

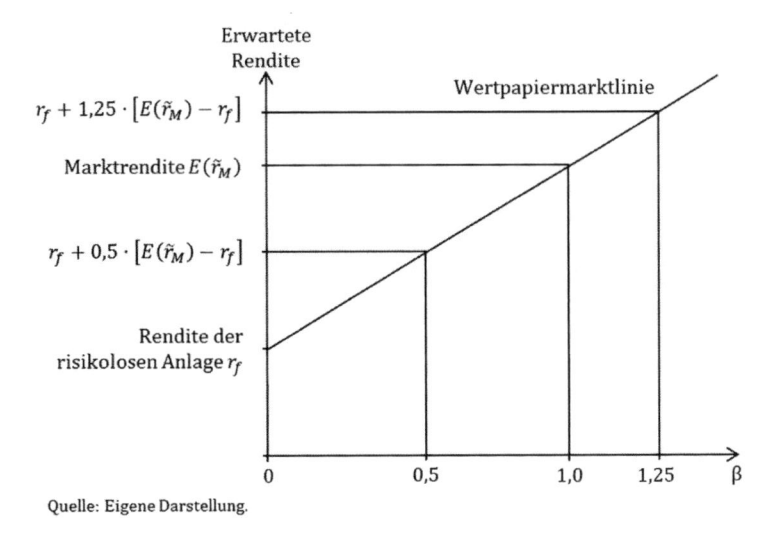

## Kapitel 2: Bewertungstheoretische Grundlagen

**Abbildung 6: Wertpapiermarktlinie**

Quelle: Eigene Darstellung.

Der $\beta$-Faktor beschreibt das Ausmaß der kapitalmarktinduzierten Schwankung der Rendite der einzelnen Kapitalmarktanlage im Verhältnis zur Schwankung der Rendite des Marktportfolios.[284] Somit handelt es sich beim $\beta$-Faktor um ein relatives Risikomaß.[285] Als Gleichgewichtspreis der jeweils zu bewertenden riskanten Anlage vergütet der Kapitalmarkt die Rendite der risikolosen Anlage zuzüglich einer Risikoprämie.[286] Deren Höhe bestimmt sich als die im Verhältnis des Risikos der betrachteten Anlage zum Risiko des Gesamtmarkts proportional angepasste Marktrisikoprämie.[287]

Die Marktrisikoprämie lässt sich empirisch nicht unmittelbar beobachten. Vielmehr ergibt sich diese mittelbar aus der Gegenüberstellung der Rendite des Marktportfolios $r_M$ einerseits und der Rendite der risikolosen Anlagemöglichkeit $r_f$ andererseits.[288] Wenngleich die Berechnung der Marktrisikoprämie somit eindeutig definiert zu sein scheint, bestehen für die Berechnung der Marktrisikoprämie mit der arithmetischen respektive geometri-

---

[284] Vgl. Hachmeister, D., Unternehmenswertsteigerung, 2000, S. 164 – 165.
[285] Vgl. Markowitz, H. M., Mean Variance Analysis, 2000, S. 286.
[286] Vgl. Carleton, W. T., CAPM, 1979, S. 126 – 128.
[287] Vgl. Lintner, J., REStat 1965, S. 31; Miller, M. H. / Scholes, M., Rates of Return, 1972, S. 48 – 51; Weber, M. / Schiereck, D., Kapitalkosten, 1993, S. 137; Richter, F., Konzeption, 1999, S. 57 – 60.
[288] Vgl. z. B. Siegel, J. J., FAJ 2005, Nr. 6, S. 61; Bodie, Z. / Kane, A. / Marcus, A. J., Investments, 2011, S. 129; Drukarczyk, J. / Schüler, A., Unternehmensbewertung, 2009, S. 218.

## Kapitel 2: Bewertungstheoretische Grundlagen

schen Berechnungsweise zwei unterschiedliche Ansätze, welche zu abweichenden Ergebnissen führen. Arithmetisch berechnet sich die Marktrisikoprämie $MRP^A$ als Differenz zwischen der Rendite des Marktportfolios $r_M$ und Rendite der risikolosen Anlage $r_f$ in der Form

$$MRP^A = r_M - r_f \qquad (11)$$

Die geometrische Berechnungsweise für die Marktrisikoprämie $MRP^G$ setzt den Endwert des Marktportfolios $1 + r_M$ in das Verhältnis zum Endwert der risikolosen Anlage $1 + r_f$. Es gilt daher:[289]

$$MRP^G = \frac{1 + r_M}{1 + r_f} - 1 \qquad (12)$$

Allgemein bringt die Marktrisikoprämie die Überrendite zum Ausdruck, welche bei Investition in das Marktportfolio im Vergleich zur risikolosen Anlage erzielbar ist.[290] Die Frage nach der Methode der Berechnung der Marktrisikoprämie lässt sich insofern auch in die Frage umformulieren, anhand welcher Benchmark sich die Performance des Marktportfolios bemisst.[291] In diesem Zusammenhang ist entscheidend, welchen Betrachtungszeitpunkt die beiden Berechnungsmethoden innerhalb einer fiktiven Periode einnehmen, insbesondere, ob die jeweilige Berechnungsweise in Bezug auf die risikolose Anlagemöglichkeit eine ex-ante- oder eine ex-post-Betrachtung anstellt.

Betrachtet sei der Fall, in dem ein Anleger vor der Entscheidung steht, einen bestimmten Geldbetrag für die Dauer einer Periode anzulegen. Während sich die arithmetische Berechnungsweise auf den Periodenanfang, d. h. den Zeitpunkt unmittelbar vor Investition des Kapitals, bezieht, stellt die geometrische Berechnungsform auf das Ende des Investitionszeitraums, d. h. auf den Zeitpunkt ab, zu dem das Kapital an den Investor zurückfließt. Referenz für die Ermittlung der Marktrisikoprämie ist daher bei arithmetischer Berechnung der Anfangswert, bei geometrischer Berechnung hingegen der Endwert des in die risikolose Anlagemöglichkeit investierten Kapitals, wobei der Endwert den Anfangswert um die innerhalb der Periode aufgelaufenen Zinsen übersteigt.[292] Die Inkongruenz zwischen Anfangs- und Endwert

---

[289] Vgl. Menchero, J., FAJ 2004, Nr. 4, S. 77.
[290] Vgl. Brinson, G. P. / Fachler, N., JPortM 1985, Nr. 3, S. 75.
[291] Vgl. Bacon, C. R., Portfolio Performance Measurement, 2008, S. 51 – 52.
[292] Vgl. Spaulding, D., Investment Performance Attribution, 2003, S. 105 – 106; Shestopaloff, Y., JPM 2008, Nr. 4, S. 30 – 31.

des Kapitals erklärt den Unterschied zwischen der arithmetisch und der geometrisch berechneten Marktrisikoprämie einer Periode.[293] Das CAPM beruht konzeptionell auf der arithmetisch berechneten Marktrisikoprämie.[294] Überwiegend bedient sich die Literatur dieser Berechnungsform.[295] Daher beschränken sich die weiteren Ausführungen auf die arithmetische Berechnungsmethode.[296]

### 2.5.6 Würdigung

Empirische Untersuchungen können die Validität des CAPM nicht uneingeschränkt bestätigen.[297] Hintergrund sind die diesem zugrundeliegenden vereinfachenden und idealisierenden Annahmen. Die wissenschaftliche Diskussion hat daher in der Folge eine Reihe von realitätsnäheren Modellerweiterungen hervorgebracht. Als wichtigste Verfeinerungen seien das Nachsteuer-CAPM von *Brennan* (1970)[298], das auf die Annahme eines einheitlichen Soll- und Habenzinssatzes verzichtende Modell von *Black* (1972)[299], das Multiperiodenmodell von *Merton* (1973)[300] sowie das um internationale Aspekte erweiterte I-CAPM von *Solnik* (1974)[301] genannt.[302] Sofern nicht ausdrücklich anderweitig vermerkt, beziehen sich die weiteren Ausführungen auf die klassische Form des CAPM. Die Frage, ob das CAPM per se gültig ist, steht hierbei nicht zu beantworten.[303]

---

[293] Vgl. Bacon, C. R., Portfolio Performance Measurement, 2008, S. 52. Auf arithmetischem respektive geometrischem Wege gewonnene Marktrisikoprämien lassen sich ineinander überführen.
[294] Vgl. Merton, R. C., Econometrica 1973, S. 878.
[295] Vgl. z. B. Stehle, R., WPg 2004, S. 921; Stehle, R., Renditevergleich von Aktien und festverzinslichen Anlagen, 1999, S. 4.
[296] Gleichwohl sei angemerkt, dass insbesondere im angloamerikanischen Schrifttum auch die geometrische Berechnungsweise Anwendung findet. Vgl. hierzu z. B. Koller, T. / Goedhart, M. / Wessels, D., Valuation, 2005, S. 299; Dimson, E. / Marsh, P. / Staunton, M., JACF 2003, S. 29; aA Ruiz de Vargas, S., DB 2012, S. 814.
[297] Vgl. Fama, E. F., AER 1970, S. 163; Weber, M. / Schiereck, D., Kapitalkosten, 1993, S. 132; Kasperzak, R., BFuP 2000, S. 467 – 469.
[298] Vgl. Brennan, M. J., NTJ 1970, S. 417 – 427.
[299] Vgl. Black, F., JOB 1972, S. 444 – 455.
[300] Vgl. Merton, R. C., Econometrica 1973, S. 867 – 887.
[301] Vgl. Solnik, B. H., JET 1974, S. 500 – 524.
[302] Einen guten Überblick über die Vielzahl der Modellvarianten des CAPM geben *Favero / Pagano / von Thadden*. Vgl. hierzu Favero, C. / Pagano, M. / Thadden, E.-L. v., JFQA 2010, S. 109 – 110.
[303] Vgl. Göppl, H. / Schütz, H., DAFOX, 1995, S. 3 – 5; Elton, E. J. / Gruber, M. J. / Brown, S. J. u. a., Portfolio Theory, 2010, S. 294 – 299.

Kapitel 2: Bewertungstheoretische Grundlagen

## 2.6 $\beta$-Faktor

### 2.6.1 Funktion

Die Marktrisikoprämie entspricht der zusätzlichen Rendite, mit welcher der Kapitalmarkt die Übernahme des Marktrisikos im Vergleich zur risikolosen Anlage vergütet.[304] In der Regel unterscheiden sich das Bewertungsobjekt und das Marktportfolio hinsichtlich des Grads des systematischen Risikos, welchem die Zahlungsströme einerseits des Bewertungsobjekts, andererseits des Marktportfolios ausgesetzt sind. Die Zahlungsströme des Bewertungsobjekts sind mit der Rendite der nächstbesten Alternativanlage zu kapitalisieren. Unmittelbare Anforderung an die Alternativanlage ist deren Risikoäquivalenz mit dem Bewertungsobjekt.[305] Der Risikozuschlag ist daher dem jeweiligen Bewertungsobjekt entsprechend zu wählen. Im CAPM geschieht dies, indem der $\beta$-Faktor an die Marktrisikoprämie angelegt wird. Auf diese Weise wird die Marktrisikoprämie entsprechend dem Risiko der Zahlungsströme des zu bewertenden Wertpapiers proportional angepasst, wenn dies auch freilich nur rechnerisch erfolgt.

### 2.6.2 Definition

Allgemein misst der $\beta$-Faktor die Kovarianz zwischen der Rendite des zu bewertenden Wertpapiers und der Marktrendite $\sigma_{iM}$ im Verhältnis zur Schwankung der Rendite des Gesamtmarkts $\sigma_M^2$, sodass formal

$$\beta = \frac{\sigma_{iM}}{\sigma_M^2} \qquad (1)$$

gilt. Insofern handelt es sich beim $\beta$-Faktor um ein relatives Risikomaß.[306] Eine alternative Schreibweise lautet $\varrho_{iM} \cdot \frac{\sigma_i}{\sigma_M}$.[307] Hierbei stehen $\varrho_{iM}$ für den Korrelationskoeffizienten bezüglich der Rendite des zu bewertenden $i$-ten Wertpapiers und der Rendite des Marktportfolios bzw. $\sigma_i$ und $\sigma_M$ für die Standardabweichung der Rendite des $i$-ten Wertpapiers respektive des Marktportfolios. Das Marktportfolio selbst weist einen $\beta$-Faktor von 1,0 auf.[308]

### 2.6.3 Bewertungspraktische Aspekte

Vor dem Hintergrund des Stichtagsprinzips ist der $\beta$-Faktor grundsätzlich prospektiv nach den Verhältnissen am Bewertungsstichtag zu schätzen. Praktisch sind der zukunftsorientierten Schätzung des $\beta$-Faktors jedoch enge Grenzen gesetzt. Gleichwohl bestehen mit der expliziten Prognose, der Ablei-

---

[304] Vgl. Großfeld, B., Recht, 2012, S. 226.
[305] Vgl. Moxter, A., Grundsätze, 1983, S. 155 – 157.
[306] Vgl. Markowitz, H. M., Mean Variance Analysis, 2000, S. 286.
[307] Vgl. Hachmeister, D., Unternehmenswertsteigerung, 2000, S. 164 – 165.
[308] Vgl. Meitner, M. / Streitferdt, F., Bestimmung des Betafaktors, 2015, S. 528.

tung aus Analystenschätzungen sowie der Ableitung aus Optionspreisen dahingehende Ansätze, welche allerdings in der wissenschaftlichen Diskussion nur ein vergleichsweises Schattendasein führen. Tatsächlich herrscht in der Praxis die vergangenheitsorientierte Bestimmung des $\beta$-Faktors vor.[309]

Bei der vergangenheitsorientierten Bestimmung des $\beta$-Faktors wird die Rendite des zu bewertenden Wertpapiers über die Rendite des Marktportfolios regressiert,[310] zumeist mithilfe der Methode der kleinsten quadrierten Abweichungen (engl. ordinary least squares method).[311] Je nach Datenlage kommen hierfür Renditeintervalle respektive Beobachtungsfrequenzen von einem Tag, einer Woche oder einem Monat in Frage.[312] Die Wahl des Renditeintervalls ist hierbei nicht beliebig, sondern steht in engem Zusammenhang mit der Qualität des Ergebnisses unter der Nebenbedingung eines bestimmten Stichprobenumfangs.[313] Die Wahl des Beobachtungszeitraums steht unter dem Postulat, dass hierin die Stichtagsverhältnisse angemessen zum Ausdruck kommen sollen. Strukturbrüche in der Renditezeitreihe, hervorgerufen etwa durch Restrukturierungsmaßnahmen, sind daher auszugrenzen. Allgemein geht die Empfehlung dahin, für Zwecke der Bestimmung des $\beta$-Faktors einen möglichst kurzen Beobachtungszeitraum zu wählen, zumal sich der $\beta$-Faktor als in der Zeit instabil erweist.[314] Der zeitlichen Instabilität von $\beta$-Faktoren tragen dahingehende Modellanpassungen Rechnung.[315]

Einen vorläufigen Eindruck vom Erklärungsgehalt des $\beta$-Faktors in der Funktion als Regressionsvariable vermittelt das Bestimmtheitsmaß $R^2$. Das Bestimmtheitsmaß beschreibt denjenigen Anteil an der endogenen Variablen ‚Varianz der Rendite des zu bewertenden Wertpapiers', welcher durch eine Veränderung der exogenen Variablen ‚Varianz der Marktrendite' bedingt ist.[316] Ungemein dezidiertere Aussagen über die Güte des Stichprobenbetas liefern die Ergebnisse statistischer Testverfahren, wobei im Zusammenhang mit der Bestimmung des $\beta$-Faktors in der Regel der $t$-Test zur Anwendung kommt.[317] Diese erlauben zudem die Definition von Konfidenzintervallen.[318]

---

[309] Vgl. z. B. Gebhardt, G. / Ruffing, P., Beta-Faktoren, 2014, S. 208 – 214.
[310] Vgl. Daske, H. / Gebhardt, G., ZfbF 2006, S. 534.
[311] Vgl. Schmitt, D. / Dausend, F., FB 2006, S. 240.
[312] Vgl. Meitner, M. / Streitferdt, F., Bestimmung des Betafaktors, 2015, S. 538.
[313] Vgl. Zimmermann, P., Schätzung und Prognose, 1997, S. 98.
[314] Vgl. Meitner, M. / Streitferdt, F., Bestimmung des Betafaktors, 2015, S. 537.
[315] Praktische Bedeutung hat hierbei die von *Blume* vorgeschlagene Anpassung des sich nach den Verhältnissen am Bewertungsstichtag ergebenden $\beta$-Faktors an den langfristigen Mittelwert erlangt. Vgl. hierzu Blume, M. E., JOF 1971, S. 4 – 9.
[316] Vgl. Schira, J., Statistische Methoden, 2012, S. 555.
[317] Vgl. z. B. Bohley, P., Statistik, 2000, S. 589 – 650.
[318] Vgl. Dörschell, A. / Franken, L. / Schulte, J. u. a., WPg 2008, S. 1159 – 1160; Franken, L. / Schulte, J. / Dörschell, A., Kapitalkosten, 2014, S. 56 – 59.

Kapitel 2: Bewertungstheoretische Grundlagen

In der weit überwiegenden Anzahl der Bewertungsfälle ist das Bewertungsobjekt selbst nicht börsennotiert, sodass die zur Schätzung des $\beta$-Faktors im hier beschriebenen Sinne erforderlichen Daten fehlen. Gleichwohl besteht eine Reihe von konzeptionellen Vorschlägen, wie der bewertungsobjektspezifische $\beta$-Faktor in diesem Fall hilfsweise zu approximieren ist. Zu diesen zählt

(1) die Pure Play $\beta$-Methode
(2) die Bottom Up $\beta$-Methode
(3) die Residual $\beta$-Methode
(4) die Instrumental $\beta$-Methode
(5) die Full Information $\beta$-Methode
(6) die Accounting $\beta$-Methode.

Abgesehen vom Accounting $\beta$-Ansatz, wo die fundamentalen Daten des zu bewertenden Unternehmens im Vordergrund stehen, orientieren sich die genannten Verfahren an einem oder mehreren Vergleichsunternehmen (engl. peer group). Die in die Peer Group einbezogenen Unternehmen sollten dem Bewertungsobjekt möglichst ähnlich sein.[319] Denn die Peer Group repräsentiert das zu bewertende Unternehmen.[320] Allerdings ist das Kriterium der Vergleichbarkeit je nach Verfahren unterschiedlich auszulegen.

Beim Pure Play $\beta$-Ansatz etwa gilt es, zunächst ein oder mehrere vergleichbare börsennotierte Unternehmen zu finden, um sodann deren jeweilige $\beta$-Faktoren zum $\beta$-Faktor des zu bewertenden Unternehmens zu aggregieren. Dies bedingt, dass zwischen dem Bewertungsobjekt und den Unternehmen der Peer Group hinreichende Vergleichbarkeit herrscht. Vergleichbarkeit bezieht sich hierbei zum einen auf das operative Geschäft, zum anderen auf die Kapitalstruktur. Das Kriterium der operativen Vergleichbarkeit beurteilt sich üblicherweise anhand von Merkmalen wie der Branchenidentität, der Unternehmensgröße und des operativen Diversifikationsgrads, insbesondere aber anhand des Merkmals der operativen Rentabilität.

Im Allgemeinen nimmt sich die Herstellung der Vergleichbarkeit zwischen dem Bewertungsobjekt und den Vergleichsunternehmen hinsichtlich der Kapitalstruktur gegenüber dem Kriterium der operativen Vergleichbarkeit als vergleichsweise unproblematisch aus. Hierzu sind in einem ersten Schritt die $\beta$-Faktoren der Vergleichsunternehmen um die Einflüsse ihrer Kapitalstruktur zu bereinigen, indem der $\beta$-Faktor des jeweiligen verschuldeten Unternehmens $\beta^L$ in den $\beta$-Faktor des fiktiv unverschuldeten Unternehmens $\beta^U$ transformiert wird (engl. unlevering).[321] Der steuerlichen Ab-

---

[319] Vgl. Gebhardt, G. / Ruffing, P., Beta-Faktoren, 2014, S. 209.
[320] Vgl. Wollny, C., Unternehmenswert, 2013, S. 373 – 374.
[321] Vgl. Meitner, M. / Streitferdt, F., Bestimmung des Betafaktors, 2015, S. 565.

Kapitel 2: Bewertungstheoretische Grundlagen

zugsfähigkeit von Fremdkapitalzinsen ist hierbei Rechnung zu tragen.[322] Bestehe für das Eigenkapital keinerlei Ausfallrisiko und beschreibe $MV^{EK}$ den Marktwert des Eigenkapitals, $MV^{FK}$ den Marktwert des Fremdkapitals und $st$ den Grenzsteuersatz, welchem das steuerliche Einkommen des Bewertungsobjekts unterliegt,[323] so gilt für den $\beta$-Faktor des fiktiv unverschuldeten Unternehmens:

$$\beta^U = \frac{\beta^L}{1 + (1 - st) \cdot \frac{MV^{FK}}{MV^{EK}}} \quad (1)$$

Die so ermittelten $\beta$-Faktoren der fiktiv unverschuldeten Vergleichsunternehmen sind sodann zum $\beta$-Faktor des fiktiv unverschuldeten Unternehmens zu aggregieren,[324] wobei hierfür mit der Gleichgewichtung und der Marktwertgewichtung erneut mehrere Wege offenstehen.[325] Schließlich ist der $\beta$-Faktor des fiktiv unverschuldeten Unternehmens an die Kapitalstruktur des Bewertungsobjekts anzupassen (engl. relevering), sodass aus der Beziehung

$$\beta^L = \beta^U \cdot \left[1 + (1 - st) \cdot \frac{MV^{FK}}{MV^{EK}}\right] \quad (2)$$

der $\beta$-Faktor des verschuldeten Bewertungsobjekts resultiert. Multiplizieren des so gefundenen $\beta$-Faktors des verschuldeten Bewertungsobjekts mit der Marktrisikoprämie liefert schließlich den risikoäquivalenten Zuschlag, um welchen die risikolose Anlage zur Bestimmung der bewertungsobjektspezifischen Kapitalkosten zu erhöhen ist. Die Erläuterung der übrigen oben genannten Verfahren sprengt den Rahmen der vorliegenden Untersuchung. Diesbezüglich sowie hinsichtlich weiterer Einzelheiten zur Bestimmung des $\beta$-Faktors sei auf die weiterführende Literatur verwiesen.[326]

---

[322] Auf Einzelheiten kann hier aus Gründen der Darstellung nicht eingegangen werden.
[323] Vgl. Rowoldt, M. / Pillen, C., CF 2015, S. 117 – 118. Von einer Unterscheidung nach der Rechtsform des Bewertungsobjekts sei an dieser Stelle abgesehen.
[324] Vgl. Dörschell, A. / Franken, L. / Schulte, J. u. a., WPg 2008, S. 1154.
[325] Vgl. Kaplan, P. D. / Peterson, J. D., FM 1998, Nr. 2, S. 86; Kruschwitz, L. / Löffler, A. / Lorenz, D., WPg 2011, S. 673. In Abhängigkeit davon, ob das Fremdkapital ausfallgefährdet ist und welche Annahmen hinsichtlich der Finanzierungspolitik des Bewertungsobjekts gelten, ergeben sich weitere Varianten für die Berechnung. Auf deren Darstellung sei an dieser Stelle, da für die weitere Darstellung ohne Bedeutung, verzichtet. Vgl. hierzu z. B. Meitner, M. / Streitferdt, F., WPg 2012, S. 1038 – 1043.
[326] Vgl. z. B. Zimmermann, P., Schätzung und Prognose, 1997; Dörschell, A. / Franken, L. / Schulte, J., WPg 2008, S. 1152 – 1162; Dörschell, A. / Franken, L. / Schulte, J., Kapitalisierungszinssatz, 2012, S. 130 – 290; Meitner, M. / Streitferdt, F., Bestimmung des Betafaktors, 2015, S. 525 – 585.

## 2.7 Ansätze zur Bestimmung der Marktrisikoprämie

### 2.7.1 Überblick

In der Literatur herrscht Einigkeit, dass die Marktrisikoprämie im Rahmen des CAPM grundsätzlich zukunftsorientiert zu schätzen ist, wobei hierfür auf die am Bewertungsstichtag vorliegenden Informationen abzustellen ist.[327] „As a normative theory the [CAPM; Ergänzung durch den Verfasser] only has content if there is some relationship between future returns and estimates of risk that can be made on the basis of current information."[328] Die zukunftsorientierte Schätzung der Marktrisikoprämie für Zwecke der CAPM harmoniert mit dem Stichtagsprinzip und dem Prinzip der Zukunftsbezogenheit der Unternehmensbewertung. Nach dem Stichtagsprinzip und dem Prinzip der Zukunftsbezogenheit der Unternehmensbewertung ist den am Bewertungsstichtag erwarteten Zukunftserfolgen des Bewertungsobjekts korrespondierend die am Bewertungsstichtag erzielbare Rendite der Alternativanlage gegenüberzustellen.

Künftige Entwicklungen sind nicht bekannt. Gleichzeitig lassen sich subjektive Erwartungen des Bewertenden seriös nicht überprüfen. Zur Ermittlung eines objektivierten Unternehmenswerts bedarf es daher eines geeigneten Ansatzes zur zukunftsorientierten Schätzung der am Bewertungsstichtag erwarteten Marktrisikoprämie respektive ihrer Komponenten. Wenngleich diese Problematik allgemein besteht, reicht diese unterschiedlich weit, je nachdem welche Komponente der Marktrisikoprämie betroffen ist. So finden für die zukunftsorientierte Bestimmung der Rendite der risikolosen Anlage in der Unternehmensbewertung mittlerweile volkswirtschaftliche Modelle Anwendung, welche in der Lage sind, die Rendite der risikolosen Anlage unter expliziter Berücksichtigung der Kapitalmarktverhältnisse am Bewertungsstichtag objektiviert zu bestimmen. Diesen widmet sich ausführlich Kapitel 5. Anders verhält es sich mit der am Bewertungsstichtag in der Zukunft erwarteten Marktrendite. Diese ist ex ante explizit nicht beobachtbar und muss daher geschätzt werden. Hierfür haben sich mit

(1) der Schätzung auf Basis historischer Renditezeitreihen
(2) der Schätzung auf Basis barwertbasierter Bewertungsmodelle
(3) der Schätzung auf Basis volkswirtschaftlicher Modelle
(4) der Schätzung auf Basis von Expertenbefragungen

---

[327] Vgl. Stehle, R., WPg 2004, S. 910, S. 916; Casey, C. / Loistl, O., Risikoadjustierte Kapitalkosten, 2008, S. 330.
[328] Fama, E. F. / MacBeth, J. D., JPE 1973, S. 618.

vier verschiedene Ansätze entwickelt, welche sich durch einen unterschiedlichen Grad einerseits an Wissenschaftlichkeit, andererseits an echter Zukunftsbezogenheit auszeichnen. Die wissenschaftliche Diskussion beschränkt sich im Wesentlichen auf die beiden erstgenannten Verfahren.

Bei der Schätzung der Marktrendite auf Basis historischer Renditezeitreihen werden die über einen bestimmten Vergangenheitszeitraum realisierten Renditen in die Zukunft fortgeschrieben.[329] Die Verwendung historischer Renditen geht mit der Annahme einher, dass die Häufigkeitsverteilung der historischen Renditen die Erwartungen des Kapitalmarkts am Bewertungsstichtag zutreffend widerspiegelt.[330] In Abhängigkeit davon, ob die historische Renditezeitreihe um den nachfrageseitigen Einfluss auf die Marktrendite bereinigt ist, unterscheidet man weiter in unbereinigte und in angebotsseitige Marktrenditen. Die angebotsseitige Marktrendite spiegelt nur denjenigen Anteil an der Marktrendite wider, welcher auf den Jahreserfolgen der in das Indexportfolio einbezogenen Unternehmen zurückzuführen ist. Ziel ist die Bereinigung der Marktrendite um diejenigen Bestandteile, welche dem Handelsgebaren der Marktteilnehmer und nicht den fundamentalen Daten der in das Indexportfolio einbezogenen Unternehmen zuzuschreiben sind. Die angebotsseitige Bestimmung der Marktrendite bestehend aus der Rendite der periodischen Zahlungen (engl. income return), der Rendite der Kursänderungen (engl. capital appreciation) und der Rendite der Wiederanlage (engl. reinvestment return) wird in erster Linie in den USA diskutiert und sei daher nicht näher erörtert.[331]

Eine Alternative zur vergangenheitsorientierten Schätzung der Marktrendite besteht in der Schätzung der impliziten Marktrendite am Bewertungsstichtag mithilfe barwertbasierter Bewertungsmodelle. Diese erlangen in der Bewertungspraxis einen immer höheren Stellenwert.[332] Wichtige Beiträge hierzu stammen von *Claus / Thomas* (2001)[333], *Gebhardt / Lee / Swaminathan* (2001)[334] sowie von *Easton / Taylor / Shroff u. a.* (2002)[335]. Ohne größere Beachtung, jedenfalls in der Bewertungspraxis, ist demgegenüber der konzeptionelle Vorschlag geblieben, die zukünftige Marktrendite mithilfe volkswirtschaftlicher Modelle zu schätzen. Einen dahingehenden Vorschlag unterbreiten etwa *Mehra / Prescott* (1985).[336] Eine pragmatische Herangehensweise besteht schließlich in der Befragung von als solchen an-

---

[329] Vgl. z. B. Stehle, R., WPg 2004, S. 906 – 927; Wenger, E., AG 2005, Sonderheft, S. 9 – 22.
[330] Vgl. Bassemir, M. / Gebhardt, G. / Ruffing, P., WPg 2012, S. 886.
[331] Vgl. hierzu Hachmeister, D. / Ruthardt, F. / Autenrieth, M., DBW 2015, S. 150 – 157.
[332] Vgl. IDW (Hrsg.), FN-IDW 2012, S. 569; IDW (Hrsg.), WP-Handbuch, 2014, lit. A, Tz. 360.
[333] Vgl. Claus, J. / Thomas, J., JOF 2001, S. 1629 – 1666.
[334] Vgl. Gebhardt, W. R. / Lee, C. M. C. / Swaminathan, B., JAR 2001, S. 135 – 176.
[335] Vgl. Easton, P. / Taylor, G. / Shroff, P. u. a., JAR 2002, S. 657 – 676.
[336] Vgl. Mehra, R. / Prescott, E. C., JME 1985, S. 145 – 161.

erkannten Experten. Allerdings erweisen sich die Ergebnisse bei diesem Vorgehen ex post als wenig valide, zumal die Charakteristika eines Experten intersubjektiv nicht eindeutig festgelegt werden können.[337] Zuletzt wurde schließlich vorgeschlagen, die Marktrisikoprämie unter Rückgriff auf Beobachtungen am Markt für Fremdkapital abzuleiten.[338]

Als wissenschaftlich fundiert und gleichzeitig praktisch bedeutsam sind nur die Schätzung auf Basis historischer Renditezeitreihen respektive die Schätzung auf Basis barwertbasierter Bewertungsmodelle zu bezeichnen. Daher beschränkt sich die weitere Diskussion hierauf. Die Schätzung der Marktrendite auf Basis volkswirtschaftlicher Modelle hingegen bleibt in gleicher Weise wie die Schätzung auf Basis von Expertenprognosen und die Schätzung anhand von Fremdkapitaltiteln ausgeblendet. Diesbezüglich sei auf die angeführte Literatur verwiesen.

### 2.7.2 Vergangenheitsorientierter Ansatz

#### 2.7.2.1 Vorgehensweise

Theoretische Grundlage für die Ableitung der am Bewertungsstichtag erwarteten Renditen aus Vergangenheitsdaten ist die von *Muth* formulierte Hypothese rationaler Erwartungen.[339] Hierbei handelt es sich um ein Konzept der neoklassischen Makroökonomie.[340] Die Hypothese rationaler Erwartungen besagt, dass die ex ante geäußerten Erwartungen jedes einzelnen Akteurs eines Markts üblicherweise nicht mit den später tatsächlich eintretenden Realisationen übereinstimmen. Wohl aber gelte dies für die Gesamtheit aller Akteure. Somit stimme der Durchschnitt der Erwartungen aller Marktteilnehmer mit der Vorhersage nach der relevanten ökonomischen Theorie überein.[341] Systematische Abweichungen von den sich ex post als richtig erweisenden ex-ante-Erwartungen haben langfristig keinen Bestand. Ohne Bedeutung sei hierbei die relevante ökonomische Theorie selbst.[342] Dies gelte aufgrund folgender Überlegung. Auf dem Markt herrsche ein Wettbewerb der Erwartungen.[343] Alle Marktteilnehmer nutzen die ihnen zur Verfügung stehenden Informationen, lernen aus vergangenen Fehleinschätzungen und formulieren hierauf aufbauend ihre weiteren Erwar-

---

[337] Vgl. z. B. Fernandez, P. / Aguirreamalloa, J. / Corres, J., Market Risk Premium, 2011; Graham, J. R. / Harvey, C. R., Equity Risk Premium, 2015.
[338] Vgl. Berg, T. / Kaserer, C., CDS Spreads, 2008; Ruiz de Vargas, S. / Zollner, T., BP 2010, Nr. 2, S. 5.
[339] Vgl. Muth, J. F., Econometrica 1961, S. 315 – 335.
[340] Vgl. Lucas, R. E., AER 1973, S. 328 – 330.
[341] Vgl. Huschens, S., Rationale Erwartung, 1992, S. 2.
[342] Vgl. Muth, J. F., Econometrica 1961, S. 316.
[343] Vgl. Strassl, W., Rationale Erwartungen, 1989, S. 4.

tungen. Insofern beschreibt die Hypothese rationaler Erwartungen einen adaptiven Prozess auf der Grundlage *Bayes'*schen Lernens.[344] Diejenigen Akteure, welche die Zukunft systematisch falsch einschätzen und auf Fehleinschätzungen in der Vergangenheit anhaltend falsch reagieren, scheiden langfristig aus dem Markt aus. Letztlich verbleiben somit nur diejenigen Marktteilnehmer, deren Prognosen sich ex post als richtig erweisen respektive welche aus Fehleinschätzungen in der Vergangenheit die richtigen Schlüsse ziehen und ihre weiteren Erwartungen entsprechend anpassen. Somit oszillieren die Erwartungen bei idealtypisch in der Zeit abnehmender Amplitude um einen Gleichgewichtszustand, welcher, das Ausbleiben exogener Schocks vorausgesetzt, langfristig erreicht werde.[345] Die Erwartungen der am Ende verbleibenden Entscheidungsträger stimmen mit der Vorhersage der relevanten ökonomischen Theorie überein, ohne dass diese die Akteure notwendigerweise kennen müssten.[346] Langfristig decken sich folglich die ex ante bestehenden Erwartungen im Durchschnitt mit den später tatsächlich eintretenden Realisationen.[347] Hieraus lässt sich der Umkehrschluss ziehen, dass die später tatsächlich eintretenden Realisationen langfristig im Durchschnitt mit den ex ante bestehenden, jedoch nicht beobachtbaren individuellen Erwartungen der Marktteilnehmer übereinstimmen.[348] Zugleich werden die individuellen Erwartungen durch die Durchschnittsbildung objektiviert.

### 2.7.2.2 Würdigung

Die Verwendung von Vergangenheitsdaten für die am Bewertungsstichtag erwartete Rendite des Marktportfolios als vergangenheitsorientierten Ansatz zu bezeichnen ist nur vordergründig richtig. Eingedenk der Hypothese rationaler Erwartungen ist der Ansatz vielmehr zutreffender als pseudozukunftsorientiert zu werten. Allein vermag die Orientierung an Vergangenheitsdaten unter bewertungstheoretischen Gesichtspunkten weder dem Stichtagsprinzip noch dem Grundsatz der Zukunftsorientierung zu genügen. Zudem lassen empirische Untersuchungen zum CAPM auf Basis historischer Renditen Zweifel aufkommen, ob der vergangenheitsorientierte Ansatz tatsächlich hinreichend verlässliche Ergebnisse für die am Bewertungsstichtag

---

[344] Vgl. Cyert, R. M. / DeGroot, M. H., JPE 1974, S. 523 – 524, S. 530; Karmann, A., Theorie rationaler Erwartungen, 1990, S. 4 – 5.
[345] Vgl. Guesnerie, R., Rational Expectations, 2005, S. 386; Muth, J. F., Econometrica 1961, S. 317, S. 325.
[346] Vgl. Pesaran, M. H., Rational Expectations, 1987, S. 21 – 23.
[347] Vgl. Muth, J. F., Econometrica 1961, S. 332; Cyert, R. M. / DeGroot, M. H., JPE 1974, S. 522; im Kontext des CAPM Sharpe, W. F. / Gordon, J. A. / Bailey, J. V., Investments, 1999, S. 247.
[348] Vgl. Winkelmann, M., Aktienbewertung, 1984, S. 18 – 19; Huschens, S., Rationale Erwartung, 1992, S. 2.

erwartete zukünftige Marktrendite liefert.[349] Methodisch ist daher die echte Schätzung der Marktrendite auf der Grundlage barwertbasierter Bewertungsmodelle der bloßen Fortschreibung von Vergangenheitsdaten vorzuziehen. Im Folgenden gilt es, die barwertbasierten Bewertungsmodelle näher zu beleuchten.

### 2.7.3 Barwertbasierter Ansatz

#### 2.7.3.1 Vorgehensweise

Bei Zuhilfenahme barwertbasierter Bewertungsverfahren ergibt sich die Marktrendite aus den Renditeerwartungen, welche am Bewertungsstichtag in das Marktportfolio eingepreist sind.[350] Systeminhärent bleiben hier auf diese Weise sowohl das Stichtagsprinzip als auch der Grundsatz der Zukunftsorientierung der Unternehmensbewertung gewahrt.[351] Die allgemeine Annahme des CAPM, dass sich der Kapitalmarkt im Gleichgewicht befindet,[352] ist hierzu dahingehend zu konkretisieren, dass der am Bewertungsstichtag am Kapitalmarkt beobachtbare Preis dem Wert des jeweils zu bewertenden Risikos entspricht. Die barwertbasierten Verfahren invertieren zur Bestimmung der Marktrendite den Barwert des Bewertungsobjekts.[353] Gesucht ist nicht die Marktkapitalisierung am Bewertungsstichtag selbst. Tatsächlich ist diese bekannt, sodass es sich hierbei um einen exogenen Parameter handelt. Gesucht ist vielmehr die in der Marktkapitalisierung implizit zum Ausdruck kommende Renditeforderung, welche der Kapitalmarkt an das Marktportfolio legt. Die Renditeforderung des Kapitalmarkts ergibt sich bei dem Vorgehen nur indirekt, indem der Kapitalisierungszinssatz innerhalb des Bewertungsmodells solange cet. par. angepasst wird, bis der Barwert mit der Marktkapitalisierung des Marktportfolios übereinstimmt.[354] Dies ist dann der Fall, wenn der Kapitalisierungszinssatz gerade dem internen Zinsfuß der Zahlungsreihe entspricht.

Bei den barwertbasierten Bewertungsmodellen zur Bestimmung der impliziten Kapitalkosten handelt es sich im Kern um Varianten des Dividendendiskontierungsmodells.[355] Offenkundig gilt dies für das Modell von *Gebhardt / Lee / Swaminathan* (2001)[356] und für das Modell von *Claus / Thomas*

---

[349] Vgl. z. B. Kasperzak, R., BFuP 2000, S. 467 – 469; Fama, E. F. / French, K. R., CAPM, 2003, S. 35 – 37.
[350] Vgl. Daske, H. / Wiesenbach, K., FB 2005, S. 410.
[351] Vgl. Moxter, A., Grundsätze, 1983, S. 97, S. 168 – 175.
[352] Vgl. Zimmermann, J. / Meser, M., CF biz 2013, S. 5.
[353] Vgl. Daske, H. / Gebhardt, G. / Klein, S., SBR 2006, S. 4 – 10.
[354] Vgl. Wallmeier, M., BFuP 2007, S. 562.
[355] Vgl. Zimmermann, J. / Meser, M., CF biz 2013, S. 4.
[356] Vgl. Gebhardt, W. R. / Lee, C. M. C. / Swaminathan, B., JAR 2001, S. 141.

## Kapitel 2: Bewertungstheoretische Grundlagen

(2001)[357]. Das Dividendendiskontierungsmodell erklärt den Wert $V_0$ einer Aktie oder ganzer Wertpapierportfolios allgemein als Barwert der in den einzelnen Perioden $t \in \{1; 2; 3; ...; T-1; T\}$ eines Investitionszeitraums $T$ erwarteten Dividenden. Die periodenspezifischen Dividenden berechnen sich als der Anteil $\Lambda$ am handelsrechtlichen Erfolg $E_t$ der jeweiligen Periode. Somit gilt allgemein:

$$V_0 = \sum_{t=1}^{T} \frac{E_t \cdot (1 - \Lambda)}{(1 + r_{EK})^t} \tag{1}$$

Hierbei steht $r_{EK}$ für die gesuchten risikoadjustierten Eigenkapitalkosten.

Für die weiteren Ausführungen reicht es aus, das Prinzip der Bestimmung der impliziten Kapitalkosten respektive des Dividendendiskontierungsmodells anhand des *Gordon*'schen Wachstumsmodells zu verdeutlichen. Ausgehend vom Dividendendiskontierungsmodell beschränkt sich das *Gordon*'sche Wachstumsmodell auf diejenige Phase im Leben eines Unternehmens, in welcher dieses nach einer Phase überdurchschnittlichen Wachstums nur noch in demselben Umfang $g$ wie die Gesamtwirtschaft wächst und auf eben diesem Wachstumsniveau verharrt. In diesem Fall vereinfacht sich Beziehung (1) zu[358]

$$V_0 = \frac{E_0 \cdot (1 + g) \cdot (1 - \Lambda)}{r_{EK} - g} \tag{2}$$

Nach äquivalenter Umformung von Beziehung (2) folgt für die Höhe der risikoadjustierten Eigenkapitalkosten

$$r_{EK} = \frac{E_0 \cdot (1 + g) \cdot (1 - \Lambda)}{V_0} + g \tag{3}$$

Das *Gordon*'sche Wachstumsmodell erklärt somit die risikoadjustierten Eigenkapitalkosten reifer Unternehmen im Gleichgewichtszustand als die Summe der im Bewertungszeitpunkt für die nächste Periode erwarteten Dividendenrendite und der Rate des allgemeinen Wirtschafts- bzw. Branchenwachstums.[359] Subtrahieren der Rendite der risikolosen Anlage von den so gefundenen Eigenkapitalkosten liefert schließlich die am Bewertungsstichtag in die Marktkapitalisierung des jeweils betrachteten Titels eingepreiste Risikoprämie. Das Dividendendiskontierungsmodell lässt sich als Erweiterung des *Gordon*'schen Wachstumsmodells auf mehrere Phasen verstehen. Die impliziten Kapitalkosten ergeben sich hier im Wege der Zielwertsuche.

---

[357] Vgl. Claus, J. / Thomas, J., JOF 2001, S. 1629 – 1666.
[358] Nachdem der Beziehung im Weiteren keine Bedeutung beikommt, sei auf deren Herleitung verzichtet.
[359] Vgl. grundlegend Gordon, M. J., REStat 1959, S. 99 – 105.

Das Modell von *Gebhardt / Lee / Swaminathan* (2001) unterscheidet zwischen einer Detail-, einer Übergangs- und einer Endwertphase. Die Detailplanungsphase umfasst annahmegemäß drei Perioden, in welche die am Bewertungsstichtag explizit prognostizierten Unternehmensgewinne einfließen. Es wird unterstellt, dass es einem Unternehmen mittelfristig nicht gelingt, eine höhere Rentabilität auf das eingesetzte Eigenkapital als der Branchendurchschnitt zu erzielen. Das Modell simuliert daher die sukzessive Anpassung der Eigenkapitalrentabilität an den Branchendurchschnitt innerhalb eines Zeitraums von acht Jahren. In der Phase der ewigen Rente schließlich erwirtschaftet das zu bewertende Unternehmen gerade die Eigenkapitalkosten. Unter dieser Annahme ergeben sich in der Phase der ewigen Rente konstante Residualgewinne, welche wertneutral sind.[360]

Hinsichtlich ihrer Grundkonzeption ähneln die weiteren in der Literatur diskutierten barwertbasierten Bewertungsmodelle zur Schätzung der impliziten Kapitalkosten dem Modell von *Gebhardt / Lee / Swaminathan* (2001). Am häufigsten finden für die Bestimmung der impliziten Kapitalkosten neben dem Dividendendiskontierungsmodell Varianten des Residualgewinn-[361] und des Gewinnkapitalisierungsmodells[362] Anwendung. In gleicher Weise wie beim Dividendendiskontierungsmodell fließen in das Residualgewinn- respektive Gewinnkapitalisierungsmodell Informationen des Rechnungswesens ein. Unterschiede ergeben sich bezüglich der jeweiligen Bewertungsannahmen und Modellparameter. Unter der Annahme, dass das Kongruenzprinzip Bestand hat, lassen sich alle drei Ansätze ineinander überführen. Diesbezüglich sowie hinsichtlich des jeweiligen konkreten Modellaufbaus sei auf die angegebene Literatur verwiesen.

### 2.7.3.2 Würdigung

Die Anwendung der barwertbasierten Bewertungsmodelle zur Schätzung der impliziten Kapitalkosten am Bewertungsstichtag setzt voraus, dass die am Bewertungsstichtag in der Zukunft erwarteten Gewinne des Marktportfolios mit hinreichender Sicherheit feststehen und öffentlich bekannt sind.[363] Exogene Größe innerhalb des Bewertungsmodells sind damit neben der Marktkapitalisierung des Marktportfolios die Gewinnerwartungen, welche der Kapitalmarkt am Bewertungsstichtag an das Marktportfolio legt.[364] Hierin liegt gewissermaßen die Achillesferse des Vorgehens. Ähnlich wie bei

---

[360] Vgl. Gebhardt, W. R. / Lee, C. M. C. / Swaminathan, B., JAR 2001, S. 141 – 143.
[361] Vgl. Claus, J. / Thomas, J., JOF 2001, S. 1632; Gebhardt, W. R. / Lee, C. M. C. / Swaminathan, B., JAR 2001, S. 141; Easton, P. / Taylor, G. / Shroff, P. u. a., JAR 2002, S. 660 – 662.
[362] Vgl. Easton, P., TAR 2004, S. 78.
[363] Vgl. Daske, H. / Gebhardt, G., ZfbF 2006, S. 536.
[364] Vgl. Gebhardt, W. R. / Lee, C. M. C. / Swaminathan, B., JAR 2001, S. 143; Easton, P. / Taylor, G. / Shroff, P. u. a., JAR 2002, S. 663.

Kapitel 2: Bewertungstheoretische Grundlagen

der Schätzung der Marktrendite auf Basis von Expertenprognosen gehen bei der Schätzung der künftigen Marktrendite auf Basis von barwertbasierten Bewertungsverfahren als Inputdaten die Gewinnprognosen von Finanzanalysten und institutionellen Anlegern ein.[365] Diese Daten werden von Thomson Reuters in einer eigens zu diesem Zweck eingerichteten Datenbank, dem Institutional Brokers Estimate System, veröffentlicht.[366] Üblicherweise reichen die in der Datenbank hinterlegten Prognosen nicht über zwei Jahre hinaus.[367] Gewinnprognosen erweisen sich retrospektiv nur im Ausnahmefall als zutreffend.[368] Zudem besteht im Hinblick auf die Qualität von Analystenschätzungen die Problematik eines ausgeprägten Herdenverhaltens. Im Übrigen steht zu bezweifeln, inwiefern diese tatsächlich die Einschätzung des anonymen Gesamtmarkts zutreffend widerspiegeln können,[369] zumal die absolute Anzahl der hinterlegten Datensätze gering ist.[370] Insgesamt ist daher den mithilfe von Analystenschätzungen gewonnenen Ergebnissen hinsichtlich der impliziten Marktrendite grundsätzlich mit einer gesunden Skepsis zu begegnen. Unter dem Aspekt der objektivierten Unternehmensbewertung kommt hinzu, dass die Verwertung des subjektiven Urteils einiger weniger Marktteilnehmer zur Bestimmung der impliziten Marktrendite dem erklärten Ziel entgegensteht, selbst wenn es sich hierbei um das Urteil Fachkundiger handelt.[371] Umso mehr gilt dies für die in der Literatur bisweilen vorgeschlagene Korrektur der Gewinnprognosen durch den Bewertenden.[372] Das Kernproblem ist darin zusehen, dass das Vorgehen den als solchen anerkannten Experten eine bessere Marktkenntnis als dem Gesamtmarkt zugesteht. Ein möglicher Ansatz zur Umgehung der mit Analystenschätzungen unweigerlich verbundenen Subjektivität besteht grundsätzlich im Rückgriff auf standardisierte Indexterminkontrakte (engl. futures). Allerdings mangelt es diesen zumindest bislang an einer hinreichend langen Laufzeit. So verfügt ein Future etwa auf den DAX® 30 über eine Laufzeit von maximal neun Monaten.[373] Individualvertraglich lassen sich zwar

---

[365] Vgl. Claus, J. / Thomas, J., JOF 2001, S. 1645.
[366] Vgl. Gebhardt, G. / Daske, H., Kapitalkosten, 2004, S. 14.
[367] Vgl. Zimmermann, J. / Meser, M., CF biz 2013, S. 6.
[368] Vgl. Henze, J., Finanzanalysten, 2004, S. 211 – 218; Albrecht, T., Zinsprognosen, 2000, S. 12 – 25.
[369] Vgl. Schmitt, D. / Dausend, F., FB 2006, S. 236 – 238.
[370] Vgl. Ballwieser, W., Ermittlung impliziter Eigenkapitalkosten, 2005, S. 329 – 332; Daske, H. / Wiesenbach, K., FB 2005, S. 416.
[371] Vgl. Jonas, M., FB 2009, S. 544.
[372] Vgl. Gebhardt, G. / Daske, H., Kapitalkosten, 2004, S. 23 – 24.
[373] Allgemein handelt es sich bei einem Terminkontrakt um eine unbedingte vertragliche Verpflichtung, zu einem bestimmten Zeitpunkt einen genau definierten Vermögensgegenstand zu kaufen oder zu verkaufen. Die Konditionen werden in dem Zeitpunkt festgelegt, in welchem die partizipierenden Parteien den Terminkontrakt schließen. Vgl. hierzu Steiner, M. / Bruns, C. / Stöckl, S., Wertpapiermanagement, 2012, S. 442 – 445, S. 474.

längere Laufzeiten vereinbaren. Doch liegen für derartige OTC-Geschäfte (engl. forwards) keinerlei Daten vor, nachdem Forwards nicht im amtlichen Börsenhandel, sondern ausschließlich im freien Handel außerhalb der Börse ‚über den Tresen'[374] (engl. over the counter) umgehen und daher nicht den börsenaufsichtsrechtlichen Bestimmungen unterliegen.

Bei der Ableitung der Marktrendite anhand von barwertbasierten Bewertungsmodellen kommt es somit nur zu einer Verlagerung des Ausgangsproblems: In gleicher Weise wie die zukünftig tatsächlich realisierbare Marktrendite liegen die zukünftig tatsächlich eintretenden Gewinne des Marktportfolios am Bewertungsstichtag im Dunkeln. Trotz dieser nicht auszuräumenden Schwachstelle wurden in der jüngeren Vergangenheit – nicht zuletzt aufgrund einer gestiegenen Aufmerksamkeit seitens der Bewertungspraxis[375] – vermehrt Studien zur impliziten Marktrendite respektive Marktrisikoprämie durchgeführt, wobei die hierbei zutage kommenden Ergebnisse teils erheblich von jenen des vergangenheitsorientierten Ansatzes abweichen.[376]

### 2.7.4 Zwischenergebnis

Die Marktrisikoprämie ist im Zusammenhang mit dem CAPM zukunftsorientiert zu schätzen. Daher bedarf es eines geeigneten Ansatzes zur zukunftsorientierten Schätzung der am Bewertungsstichtag erwarteten Marktrisikoprämie respektive ihrer Komponenten. Im Hinblick auf die Stichtagsverzinsung der risikolosen Anlage finden mittlerweile volkswirtschaftliche Modelle Anwendung, welche belastbare Ergebnisse liefern und somit ein verlässliches Urteil abzugeben vermögen. Damit reduziert sich die Problematik auf die zukunftsorientierte Schätzung der Marktrendite. Hierfür bestehen mit der Fortschreibung historischer Renditezeitreihen, barwertbasierten Verfahren, volkswirtschaftlichen Modellen und Expertenprognosen vier verschiedene Ansätze, wobei sich die wissenschaftliche Diskussion in Deutschland in erster Linie auf die Ableitung der Marktrendite aus historischen Renditezeitreihen einerseits und die barwertbasierten Modelle andererseits beschränkt.

Methodisch ist der barwertbasierte Ansatz zur zukunftsorientierten Schätzung der Marktrendite der bloßen Fortschreibung in der Vergangenheit erzielter Marktrenditen unumstritten überlegen. Allein scheitert die zukunftsorientierte Schätzung der Marktrendite auf Basis barwertbasierter Bewer-

---

[374] Vgl. hierzu ausführlich Fabozzi, F. J. / Mann, S. V. / Pitts, M., Interest-Rate Futures, 2005, S. 1178 – 1185; Breuer, W. / Schweizer, T. / Breuer, C. (Hrsg.), Corporate Finance, 2012, S. 410 (Stichwort ‚Over-the-Counter-Handel').
[375] Vgl. IDW (Hrsg.), FN-IDW 2012, S. 569; IDW (Hrsg.), WP-Handbuch, 2014, lit. A, Tz. 360.
[376] Vgl. z. B. Dausend, F. / Lenz, H., WPg 2006, S. 719 – 729; Reese, R., Eigenkapitalkosten, 2007; Dausend, F. / Schmitt, D., CF biz 2011, S. 459 – 469.

tungsmodelle an dem ungelösten und wohl weiterhin unlösbaren Problem, dass sich ebenso wenig wie die zukünftige Marktrendite selbst die zukünftigen buchhalterischen Gewinne des Marktportfolios nicht mit hinreichender Genauigkeit vorhersagen lassen. Das subjektive Element von Expertenprognosen sowie deren allfällige Anpassung durch den Bewertenden lassen sich mit dem Konzept des objektivierten Unternehmenswerts nicht vereinbaren. Die Übereinstimmung der am Bewertungsstichtag prognostizierten mit der über den Investitionszeitraum hinweg tatsächlich realisierbaren Marktrendite ist allenfalls zufällig. Als zweitbeste Lösung ist daher für Zwecke der Unternehmensbewertung auf die Schätzung der am Bewertungsstichtag erwarteten zukünftigen Marktrendite auf Basis historischer Renditezeitreihen zurückzugreifen,[377] zumal historische Renditerealisationen mit größerer Eindeutigkeit feststehen.[378] Die vergangenheitsbasierte Ableitung der Marktrendite beruht auf der Theorie rationaler Erwartungen. Vor dem Hintergrund der Theorie rationaler Erwartungen ist die Ableitung der Marktrendite aus historischen Renditezeitreihen bei näherer Betrachtung als pseudozukunftsorientiert zu bezeichnen.

Das *IDW* wie auch die Rechtsprechung favorisieren klar den vergangenheitsorientierten Ansatz.[379] Aus diesem Grunde beschränkt sich vorliegende Untersuchung auf die Erörterung des vergangenheitsorientierten Ansatzes zur Schätzung der am Bewertungsstichtag erwarteten zukünftigen Marktrendite.

## 2.8 Zusammenfassung

Beim objektivierten Unternehmenswert handelt es sich um einen typisierten Zukunftserfolgswert, welcher seinerseits auf dem Barwertkonzept beruht. Der Barwert stellt einen Alternativenvergleich zwischen dem Bewertungsobjekt und der nächstbesten Alternativanlage an. Dies setzt voraus, dass das Bewertungsobjekt und die Alternativanlage tatsächlich vergleichbar sind, insbesondere was die Laufzeit, die Struktur und die Risikoposition der mit ihnen verbundenen Zahlungsströme angeht. Das Stichtagsprinzip ist mit den Verhältnissen am Bewertungsstichtag auszulegen. Die Risikoäquivalenz der Zahlungsströme von Bewertungsobjekt und Alternativanlage lässt sich zum einen mithilfe der Sicherheitsäquivalent-, zum anderen mithilfe der Risikozuschlagsmethode herstellen, wobei jeweils ein individualistischer und ein marktmäßig-objektivierter Ansatz besteht. Wissenschaft und Praxis, so auch das *IDW*, sprechen sich für die marktmäßig-objekti-

---

[377] Vgl. Zeidler, G. W. / Tschöpel, A. / Bertram, I., CF biz 2012, S. 73.
[378] Vgl. Stehle, R. / Wulff, C. / Richter, Y., Rückberechnung des DAX, 1999, S. 2 – 3.
[379] Vgl. Wagner, W. / Jonas, M. / Ballwieser, W. u. a., WPg 2006, S. 1017; aber z. B. OLG Frankfurt am Main vom 20. Dezember 2011, AG 2012, S. 330 (S. 333 – 334); OLG Düsseldorf vom 4. Juli 2012, AG 2012, S. 797 (S. 799 – 800).

## Kapitel 2: Bewertungstheoretische Grundlagen

vierte Bestimmung des Risikozuschlags mithilfe des CAPM aus. Das CAPM bestimmt den Gleichgewichtspreis riskanter Kapitalmarktanlagen als Rendite der risikolosen Anlage zuzüglich einer Risikoprämie, welche der Risikoposition der jeweils zu bewertenden Kapitalmarktanlage Rechnung trägt. Die Risikoprämie selbst ergibt sich als Produkt aus dem $\beta$-Faktor und der Marktrisikoprämie. Die Berücksichtigung der bewertungsobjektspezifischen Risikoposition erfolgt im $\beta$-Faktor. Die Marktrisikoprämie versteht sich als das Renditepremium, welches der Kapitalmarkt für die Übernahme des Marktrisikos zusätzlich zur Rendite der risikolosen Anlage vergütet. Das Marktrisiko erwächst aus der Investition in das Marktportfolio. Das Marktportfolio ist dasjenige Portfolio auf dem effizienten Ast der Investitionsmöglichkeitenkurve, welches bei Einführung einer risikolosen Anlage verbleibt. Es enthält sämtliche am Kapitalmarkt umgehenden risikobehafteten Anlagen im Verhältnis ihrer Marktkapitalisierung. Das Marktportfolio ist für alle Akteure unabhängig von ihren individuellen Risikopräferenzen identisch. Die Marktrisikoprämie im Rahmen des CAPM ist grundsätzlich zukunftsorientiert zu schätzen. Die praktische Umsetzung dieser Anforderung anhand der vorrangig zu bemühenden barwertbasierten Bewertungsmodelle erweist sich als problembehaftet. Als zweitbeste Lösung ist daher die Marktrendite aus Vergangenheitsdaten abzuleiten, zumal das Vorgehen vor dem Hintergrund der Theorie rationaler Erwartungen als pseudozukunftsorientiert zu würdigen ist.

# 3 Empirische Studien und ihre Bedeutung in der Bewertungspraxis

## 3.1 Vorbemerkung

Ihrem Stellenwert in der Unternehmensbewertung, aber auch in weiteren ökonomischen Anwendungsfeldern, etwa der Versicherungswirtschaft und der externen Rechnungslegung, entsprechend ist die Marktrisikoprämie früh in das Interesse der empirischen Kapitalmarktforschung gerückt. Dies zeigt sich in der großen Anzahl der für den deutschen, insbesondere jedoch der für den angloamerikanischen Kapitalmarkt durchgeführten Studien, welche für gewöhnlich im Zusammenhang mit der Marktrisikoprämie genannt werden. Unabhängig von den im Detail bestehenden erheblichen Unterschieden hinsichtlich des Untersuchungsgegenstands beziehen sich diese Studien weit überwiegend nicht ausdrücklich auf die Marktrisikoprämie. Vielmehr werden darin zumeist allgemeine Aussagen zur Höhe der Überrendite getroffen, welche sich mit Aktien im Vergleich zur risikolosen Anlage erzielen lässt. Hierin äußert sich die allgemeine praktische Übung, die breite Definition des Marktportfolios eng mit einem Portfolio börsennotierter Aktiengesellschaften auszulegen.

Es folgt eine Darstellung der bedeutsamsten Studien zur Marktrisikoprämie auf dem deutschen Kapitalmarkt.[380] Diesem schließt sich ein vergleichender Überblick über die Marktrisikoprämie auf ausgewählten internationalen Kapitalmärkten an. Eine detaillierte Darstellung der einzelnen Studien ist an dieser Stelle weder möglich noch nötig. Vielmehr ist es für die weitere Betrachtung ausreichend, diese in ihren wesentlichen Zügen wiederzugeben. Sämtliche Studien bedienen sich für die Bemessung der Marktrendite eines Portfolios von börsennotierten Aktiengesellschaften. Sofern nicht anders vermerkt, handelt es sich bei allen Renditeangaben um Nominalwerte nach Steuern auf Ebene der Gesellschaft und vor persönlichen Einkommensteuern auf Ebene der Anleger. Die Behandlung der Körperschaftsteuergutschrift unter dem Regime des körperschaftsteuerlichen Anrechnungsverfahrens im Rahmen der Berechnung der Aktienrendite erfolgt uneinheitlich und wird daher gesondert angegeben.

---

[380] Einen guten Überblick über die vor 1992 für den deutschen Kapitalmarkt durchgeführten Untersuchungen gibt *Morawietz*. Vgl. hierzu Morawietz, M., Rentabilität und Risiko, 1994, S. 13 – 16.

## 3.2 Deutscher Kapitalmarkt

| Verfasser | Referenz-zeitraum | Untersuchungsgegenstand<br>a) Aktienportfolio<br>b) Risikolose Anlage (gegebenenfalls Laufzeit) | | Körperschaft-steuer-gutschrift | Rendite | | | Risikoprämie | |
|---|---|---|---|---|---|---|---|---|---|
| | | | | | AM | GM | σ | AM | GM |
| Schlag (1959) | 1913 bis 1958 | a) | Aktien von 8 deutschen Großunternehmen (dividendenbereinigt). | - | 7,39 % | k. A. | k. A. | 3,29 % | - |
| | | b) | Langlaufende Staatsanleihen, Pfandbriefe und Spareinlagen. | - | 4,10 % | k. A. | k. A. | | |
| Sarnat / Engelhardt (1978) | 1871 bis 1976 (mit Lücken) | a) | Aktienindizes der Deutschen Bundesbank und des Statistischen Bundesamts. | - | k. A. | 8,64 % | 19,11 % | - | - |
| | | b) | Festverzinsliche Wertpapiere, Spareinlagen mit gesetzlicher Kündigungsfrist. | - | k. A. | k. A. | k. A. | | |
| Barlage (1980) | 1961 bis 1972 | a) | Aktien von 45 deutschen Großunternehmen (dividendenbereinigt). | - | k. A. | 6,04 % | k. A. | - | 1,54 % |
| | | b) | Schatzanweisungen des Bundes, der Bundesbahn und der Bundespost (6 Monate). | - | k. A. | 4,50 % | k. A. | | |
| Uhlir / Steiner (1986 / 1991) | 1953 bis 1978 | a) | Aktienindex des Statistischen Bundesamts. | inkludiert | 14,70 % | ~ 12 % | 24,90 % | 10,30 % | - |
| | | b) | Schatzanweisungen des Bundes, der Bundesbahn und der Bundespost (6 Monate). | - | 4,40 % | k. A. | 1,50 % | | |
| | 1953 bis 1988 | a) | Aktienindex des Statistischen Bundesamts / F. A. Z.-Index (dividendenbereinigt). | inkludiert | 14,40 % | k. A. | 27,20 % | 9,80 % | - |
| | | ba) | Langlaufende Obligationen. | - | 4,60 % | k. A. | 5,60 % | | |
| | | bb) | Schatzanweisungen des Bundes, der Bundesbahn und der Bundespost (6 Monate), kurzfristige Geldmarktpapiere (3 Monate). | - | 7,90 % | k. A. | 1,60 % | 6,50 % | - |
| Stehle / Hartmond (1991) | 1954 bis 1988 | a) | Sämtliche im amtlichen Handel der Börse Frankfurt am Main notierten Stamm- und Vorzugsaktien (dividendenbereinigt). | inkludiert | k. A. | 12,10 % | k. A. | | 8,50 % |
| | | ba) | Sparbuch. | - | k. A. | 3,60 % | k. A. | - | |
| | | bb) | Monatsgeld. | - | k. A. | 5,30 % | k. A. | - | 6,80 % |
| | 1960 bis 1988 | a) | Sämtliche im amtlichen Handel der Börse Frankfurt am Main notierten Stamm- und Vorzugsaktien (dividendenbereinigt). | inkludiert | k. A. | 7,80 % | k. A. | | |
| | | b) | Monatsgeld. | - | k. A. | 5,70 % | k. A. | - | 2,10 % |

Fortsetzung siehe nächste Seite.

# Kapitel 3: Empirische Studien und ihre Bedeutung in der Bewertungspraxis

| Verfasser | Referenz-zeitraum | Untersuchungsgegenstand a) Aktienportfolio b) Risikolose Anlage (gegebenenfalls Laufzeit) | | Körperschaft-steuer-gutschrift | Rendite | | | Risikoprämie | |
|---|---|---|---|---|---|---|---|---|---|
| | | | Proxies | | AM | GM | σ | AM | GM |
| Bimberg (1991) | 1954 bis 1988 | a) | Aktienindex des Statistischen Bundesamts. | inkludiert | k. A. | 11,89 % | 27,87 % | | |
| | | ba) | Langlaufende Anleihen des Bundes, der Bundesbahn und der Bundespost. | - | k. A. | 6,63 % | 5,33 % | - | 5,26 % |
| | | bb) | Tagesgeld. | - | k. A. | 5,09 % | 2,45 % | - | 6,80 % |
| Wiek (1992) | 1967 bis 1992 | a) | Hardy-Index / BZ-Index / DAX® 30. | inkludiert | k. A. | 5,32 % | 20,20 % | -2,04 % | |
| | | b) | Langlaufende Bundeswertpapiere (REXP®). | - | k. A. | 7,36 % | 5,49 % | | |
| Conen / Väth (1993) | 1876 bis 1992 (mit Lücken) | a) | Aktienindex des Instituts für Konjunkturforschung / Aktienindex des Statistischen Reichsamts / Aktienindex des Statistischen Bundesamts / F. A. Z.-Index / Hardy-Index / BZ-Index / MSCI World Index (dividendenbereinigt). | inkludiert | 12,03 % | k. A. | 23,13 % | 6,75 % | - |
| | | b) | Index der festverzinslichen Wertpapiere des Statistischen Reichsamts / Index der Schatzanweisungen des Bundes, der Bundesbahn und der Bundespost / REXP®. | - | 5,28 % | k. A. | 2,94 % | | |
| Morawietz (1993) | 1870 bis 1992 (mit Lücken) | a) | Aktienindex des Instituts für Konjunkturforschung / Aktienindex des Statistischen Reichsamts / Aktienindex des Statistischen Bundesamts (dividendenbereinigt). | inkludiert | k. A. | 9,30 % | 24,10 % | | |
| | | ba) | Langlaufende Wertpapiere (Umlaufsrendite). | - | k. A. | 5,80 % | 2,09 % | - | 3,50 % |
| | | bb) | Privatdiskont- und Tagesgeld. | - | k. A. | 4,40 % | 2,19 % | - | 4,90 % |
| Baetge / Krause (1994) | 1977 bis 1991 | a) | F. A. Z.-Index (dividendenbereinigt). | exkludiert | k. A. | 11,67 % | k. A. | | |
| | | b) | Langlaufende festverzinsliche Wertpapiere. | - | k. A. | 7,46 % | k. A. | - | 4,21 % |
| Gielen (1994) | 1960 bis 1993 | a) | Hardy-Index / BZ-Index / DAX® 30 (dividendenbereinigt). | inkludiert | k. A. | 8,20 % | k. A. | | |
| | | b) | Nicht in die Betrachtung einbezogen. | - | k. A. | k. A. | k. A. | - | - |

Fortsetzung siehe nächste Seite.

| Verfasser | Referenz-zeitraum | Untersuchungsgegenstand Proxies a) Aktienportfolio b) Risikolose Anlage (gegebenenfalls Laufzeit) | | Körperschaft-steuer-gutschrift | Rendite | | | Risikoprämie | |
|---|---|---|---|---|---|---|---|---|---|
| | | | | | AM | GM | σ | AM | GM |
| Göppl / Herrmann / Kirchner u. a. (1996) | 1976 bis 1995 | a) | DAFOX. | exkludiert | 11,39 % | 8,98 % | k. A. | 4,87 % | 2,41 % |
| | | b) | Dreimonats-FIBOR. | - | 6,52 % | 6,50 % | k. A. | | |
| Stehle / Huber / Maier (1996) | 1955 bis 1991 | a) | Sämtliche im amtlichen Handel der Börse Frankfurt am Main notierten Stamm- und Vorzugsaktien (dividendenbereinigt). | inkludiert | 13,36 % | k. A. | k. A. | - | - |
| | | b) | Nicht in die Betrachtung einbezogen. | - | k. A. | k. A. | k. A. | | |
| Stehle (1999) | 1969 bis 1998 | a) | Hardy-Index (modifiziert) / BZ-Index (modifiziert) / DAX® 30 (dividendenbereinigt). | inkludiert | 13,52 % | 10,77 % | k. A. | 5,84 % | 3,22 % |
| | | b) | Langlaufende Bundeswertpapiere (REXP®). | - | 7,68 % | 7,55 % | k. A. | | |
| | 1988 bis 1997 | a) | DAX® 30. | inkludiert | k. A. | 16,93 % | k. A. | - | 9,55 % |
| | | b) | Langlaufende Bundeswertpapiere (REXP®). | - | k. A. | 7,38 % | k. A. | | |
| Stehle (2004) | 1955 bis 2003 | aa) | Sämtliche im amtlichen Handel der Börse Frankfurt am Main notierten Aktien (CDAX®), dividendenbereinigt. | inkludiert | 12,40 % | 9,50 % | k. A. | 5,46 % | 2,66 % |
| | | ab) | Langlaufende Bundeswertpapiere (REXP®). | - | 6,94 % | 6,84 % | k. A. | | |
| | | ba) | Deutsche Blue Chip-Aktien (DAX® 30). | inkludiert | 12,94 % | 9,60 % | k. A. | 6,02 % | 2,76 % |
| | | bb) | Langlaufende Bundeswertpapiere (REXP®). | - | 6,94 % | 6,84 % | k. A. | | |
| Wenger (2005) | 1960 bis 2004 | a) | Deutsche Blue Chip-Aktien (DAX® 30). | inkludiert | 10,80 % | 7,78 % | k. A. | 2,79 % | 0,13 % |
| | | b) | Jeweils längstlaufende Anleihen. | - | 8,01 % | 7,65 % | k. A. | | |
| Ehrhardt (2011) | 1960 bis 2009 | a) | DAX® 30. | inkludiert | 10,81 % | 7,69 % | k. A. | 2,96 % | 0,24 % |
| | | b) | Jeweils längstlaufende Bundesanleihen. | - | 7,84 % | 7,45 % | k. A. | | |

Fortsetzung siehe nächste Seite.

# Kapitel 3: Empirische Studien und ihre Bedeutung in der Bewertungspraxis

| Verfasser | Referenz-zeitraum | Untersuchungsgegenstand a) Aktienportfolio b) Risikolose Anlage (gegebenenfalls Laufzeit) | | Körperschaft-steuergutschrift | Rendite | | | Risikoprämie | |
|---|---|---|---|---|---|---|---|---|---|
| | | | | | AM | GM | σ | AM | GM |
| Stehle / Schmidt (2014) | 1954 bis 2013 | a) | Sämtliche im amtlichen (regulierten) Handel der Börse Frankfurt am Main notierten Stamm- und Vorzugsaktien (dividendenbereinigt). | inkludiert | 13,77 % | 10,80 % | 26,32 % | - | 6,08 % |
| | | b) | Monatsgeld / Einmonats-EURIBOR. | - | k. A. | 4,72 % | k. A. | | |

Quelle: Eigene Darstellung. *Schlag* bezieht in seine Untersuchung ausschließlich Aktien von deutschen Unternehmen mit gutem Leumund ein, welche den Zeitraum von 1913 bis 1958 lückenlos überdauert haben. Vgl. hierzu Schlag, H. W., Aktien als Vermögensanlage, 1959, S. 39. Im Übrigen trifft *Schlag* pauschalisierende Annahmen bezüglich der Rendite der Spareinlagen. Vgl. hierzu Schlag, H. W., Aktien als Vermögensanlage, 1959, S. 144. Die hier angeführte Überrendite von Aktien gegenüber festverzinslichen Wertpapieren nennt *Schlag* nicht explizit. Die von *Sarnat / Engelhardt* untersuchte Datenreihe weist dokumentationsbedingte Lücken auf. Konkret betrachtet die Studie die Zeiträume von 1871 bis 1913, von 1926 bis 1943 sowie von 1951 bis 1976. Vgl. hierzu Sarnat, M. / Engelhardt, A. Deutsche Aktien, 1978, S. 13. Ungenannt bleiben die mittlere Rendite des risikolosen Anlage. Ebenso wie *Schlag* bezieht *Barlage* nur Aktien von Unternehmen in die Betrachtung mit ein, für welche durchgängig Renditedaten verfügbar sind. Vgl. hierzu Barlage, T., Risikoprämie, 1980, S. 78. Die in der Tabelle angeführte nominale Rendite des analysierten Aktienportfolios selbst ist in der Studie nicht genannt. Vielmehr ergibt sich diese aus der multiplikativen Kombination der Angaben für die Realrendite und der Inflationsrate. Vgl. hierzu Barlage, T., Risikoprämie, 1980, S. 88, S. 91. Ein expliziter Hinweis auf die hier interessierende Risikoprämie unterbleibt. *Uhlir / Steiner* betrachten allein Schatzanweisungen und Geldmarktpapiere als risikolos. Vgl. hierzu Uhlir, H. / Steiner, P., Wertpapieranalyse, 1991, S. 160. Warum es hierbei zu einer Mischung unterschiedlicher Restlaufzeiten kommt, bleibt offen. *Bimberg* unterteilt den Beobachtungszeitraum in Siebenjahresabschnitte. Vgl. hierzu Bimberg, L. H., Langfristige Renditeberechnung, 1991, S. 136. *Stehle / Hartmond* beziehen mit der Umlaufsrendite auch die Rendite langlaufender Wertpapiere in die Betrachtung ein. Vgl. hierzu Stehle, R. / Hartmond, A., KuK 1991, S. 403. Ein sinnvoller Renditevergleich zwischen Aktien und langlaufenden Anleihen ist somit nicht möglich. Die Risikoprämie selbst ist nicht ausdrücklich genannt. *Wiek* trifft keine Aussage zur Art der verwendeten Mittelungsverfahrens. Offen bleibt weiterhin die Höhe der Risikoprämie. Vgl. hierzu Wiek, E. J., DBa 1992, S. 720. Die Untersuchung von *Morawietz* adressiert explizit das CAPM. Vgl. hierzu Morawietz, M., Rentabilität und Risiko, 1994, S. 75 – 79. In ihrem Sinne der Vergleichbarkeit beziehen sich hier die Angaben einheitlich auf einen Anlagezeitraum von einem Jahr. *Baetge / Krause* stellen ihre Aussagen ausdrücklich in den Kontext des CAPM. Vgl. hierzu Baetge, J. / Krause, C., BFuP 1994, S. 453. *Gielen* steht das langfristige Wachstum von Aktienvermögen im Vordergrund. Vgl. hierzu Gielen, G., Aktienkurse, 1994, S. 85. Dies ist wohl so zu deuten, dass sich *Gielen* des geometrischen Mittelungsverfahrens bedient. Eine eindeutige Äußerung zur Art des angewendeten Mittelungsverfahrens findet sich jedoch nicht. *Göppl / Herrmann / Kirchner* beziehen sich auf einen Anlagezeitraum von fünf Jahren. Vgl. hierzu Göppl, H. / Herrmann, R. / Kirchner, T., Risk Book, 1996, S. 23. *Stehle* (2004) bezieht seine Aussagen explizit auf das CAPM. Vgl. hierzu Stehle, R., WPg 2004, S. 907 – 908. *Ehrhardt* baut hinsichtlich der Zeitreihe des DAX® 30 auf der Arbeit von *Stehle / Huber / Maier* auf. Vgl. hierzu Ehrhardt, J., Schätzung der Risikoprämie, 2011, S. 147.

**Abbildung 7: Ausgewählte empirische Untersuchungen zur Überrendite von Aktien gegenüber festverzinslichen Anlagen auf dem deutschen Kapitalmarkt**[381]

---

[381] Der Schwerpunkt der Darstellung liegt auf den jüngeren und besonders prominenten Studien.

# Kapitel 3: Empirische Studien und ihre Bedeutung in der Bewertungspraxis

## 3.3 Internationale Kapitalmärkte

| | Historische Durchschnittsrendite | | | | | | Risikoprämie | | | |
|---|---|---|---|---|---|---|---|---|---|---|
| | Aktien | | kurzlaufende Anleihen | | langlaufende Anleihen | | Aktien vs kurzlaufende Anleihen | | Aktien vs langlaufende Anleihen | |
| | AM | GM | AM | GM | AM | GM | AM | GM | AM | GM |
| Australien | 13,00 % | 11,50 % | 4,60 % | 4,50 % | 6,00 % | 5,40 % | 8,40 % | 7,00 % | 7,00 % | 6,10 % |
| Dänemark | 11,20 % | 9,20 % | 6,10 % | 6,00 % | 7,50 % | 7,00 % | 5,10 % | 3,20 % | 3,70 % | 2,20 % |
| Deutschland | 13,60 % | 8,40 % | 3,60 % | 2,20 % | 5,20 % | 3,00 % | 10,00 % | 6,20 % | 8,40 % | 5,40 % |
| Frankreich | 13,10 % | 10,40 % | 4,10 % | 4,10 % | 7,40 % | 7,00 % | 9,00 % | 6,30 % | 5,70 % | 3,40 % |
| Großbritannien | 11,30 % | 9,50 % | 4,90 % | 4,90 % | 6,00 % | 5,40 % | 6,40 % | 4,60 % | 5,30 % | 4,10 % |
| Irland | 10,90 % | 8,40 % | 5,00 % | 4,90 % | 6,40 % | 5,60 % | 5,90 % | 3,50 % | 4,50 % | 2,80 % |
| Italien | 14,40 % | 10,30 % | 4,40 % | 4,40 % | 7,10 % | 6,70 % | 10,00 % | 5,90 % | 7,30 % | 3,60 % |
| Japan | 14,60 % | 11,20 % | 4,90 % | 4,80 % | 6,70 % | 5,80 % | 9,70 % | 6,40 % | 7,90 % | 5,40 % |
| Kanada | 10,30 % | 8,90 % | 4,60 % | 4,60 % | 5,60 % | 5,20 % | 5,70 % | 4,30 % | 4,70 % | 3,70 % |
| Niederlande | 10,20 % | 8,00 % | 3,60 % | 3,50 % | 4,80 % | 4,50 % | 6,60 % | 4,50 % | 5,40 % | 3,50 % |
| Norwegen | 11,00 % | 8,10 % | 4,90 % | 4,90 % | 5,90 % | 5,50 % | 6,10 % | 3,20 % | 5,10 % | 2,60 % |
| Schweden | 11,60 % | 9,40 % | 5,40 % | 5,40 % | 6,50 % | 6,10 % | 6,20 % | 4,00 % | 5,10 % | 3,30 % |
| Schweiz | 8,40 % | 6,70 % | 3,10 % | 3,00 % | 4,70 % | 4,50 % | 5,30 % | 3,70 % | 3,70 % | 2,20 % |
| Spanien | 11,70 % | 9,50 % | 6,10 % | 6,00 % | 7,70 % | 7,20 % | 5,60 % | 3,50 % | 4,00 % | 2,30 % |
| Südafrika | 14,80 % | 12,70 % | 6,10 % | 6,00 % | 7,30 % | 6,90 % | 8,70 % | 6,70 % | 7,50 % | 5,80 % |
| USA | 11,50 % | 9,60 % | 3,90 % | 3,80 % | 5,20 % | 3,90 % | 7,60 % | 5,80 % | 6,30 % | 5,70 % |

Quelle: Eigene Darstellung in Anlehnung an Dimson, E. / Marsh, P. / Staunton, M., Global Investment Returns, 2014, S. 61 – 194.

**Abbildung 8: Überrendite von Aktien gegenüber festverzinslichen Anlagen im internationalen Vergleich**[382]

[382] Abweichend von den übrigen hier angeführten Untersuchungen bedienen sich Dimson / Marsh / Staunton der geometrischen Berechnung der Marktrisikoprämie. Vgl. hierzu auch Dimson, E. / Marsh, P. / Staunton, M., Worldwide Equity Premium, 2008, S. 488.

## 3.4 Auffassung der Bewertungspraxis
### 3.4.1 IDW
#### 3.4.1.1 Grundlagen

Die Frage, welche Auffassung das *IDW* hinsichtlich der Höhe der Marktrisikoprämie vertritt, hat sich in der Vergangenheit gewandelt. Dies ist zum einen einer Umorientierung hinsichtlich der Quelle geschuldet, auf die sich das *IDW* bezüglich der Höhe der deutschen Marktrisikoprämie stützt. So stützte sich das *IDW* zunächst auf *Copeland / Koller / Murrin* (1994), ehe die Ergebnisse der wissenschaftlichen Studie zur Risikoprämie von Aktien am deutschen Kapitalmarkt von *Stehle* (2004) vorlagen.[381] Zum anderen stehen die Änderungen der Empfehlungen des *IDW* bezüglich der Höhe der deutschen Marktrisikoprämie im Zusammenhang mit der Fortentwicklung der Grundsätze zur Durchführung von Unternehmensbewertungen. Anlass für die Novellierung des *IDW*-Standards zur Unternehmensbewertung in den Jahren 2000, 2005 und 2008 gaben mehrere grundlegende Änderungen des Unternehmenssteuerrechts[382] sowie neuere methodische Erkenntnisse. Hierbei sind die Bestimmung der Rendite der Alternativanlage mithilfe des CAPM und die Einbeziehung persönlicher Steuern in die Ermittlung objektivierter Unternehmenswerte zu nennen.[383] Die Einbeziehung persönlicher Ertragsteuern in die Unternehmensbewertung erklärt, warum das *IDW* hinsichtlich der Höhe der Marktrisikoprämie zwischenzeitlich in eine Angabe vor respektive nach persönlichen Einkommensteuern unterscheidet.

Es sei angemerkt, dass die Frage, ob unabhängig vom Bewertungsstichtag stets auf den jeweils neuesten Bewertungsstandard abzustellen ist, nicht abschließend geklärt ist. Die Beurteilung dieser Frage ist nicht Gegenstand der vorliegenden Untersuchung. An dieser Stelle reicht es aus festzuhalten, dass Novellen der Bewertungsstandards nur insoweit rückwirkend anzuwenden sind, als diese nicht Änderungen normativer Art betreffen, welche sich erst nach dem jeweiligen Bewertungsstichtag entwickelt haben. Steuerrechtliche Änderungen sind hiervon umfasst und daher nur ex nunc zu berücksichtigen.[384] Neuere wissenschaftliche Erkenntnisse hinsichtlich der Behandlung von Ertragsteuern im Rahmen der Unternehmensbewertung per se sind hingegen ex tunc einzubeziehen.

---

[381] Vgl. Copeland, T. / Koller, T. / Murrin, J., Valuation, 1994, S. 260; IDW (Hrsg.), Wirtschaftsprüfer-Handbuch, 2002, lit. A, Tz. 213.
[382] Vgl. IDW (Hrsg.), IDW S 1 i. d. F. 2000, Tz. 32 – 40, Tz. 51, Tz. 99 – 100.
[383] Vgl. IDW (Hrsg.), FN-IDW 1997, S. 33; IDW (Hrsg.), IDW S 1 i. d. F. 2005, Tz. 101.
[384] Vgl. Riegger, B. / Wasmann, D., Stichtagsprinzip, 2011, S. 440; Dörschell, A. / Franken, L., DB 2005, S. 2257 – 2258.

Das gesellschaftliche Trennungsprinzip gebietet, im Zusammenhang mit Kapitalgesellschaften strikt zwischen der Ebene der Gesellschaft und der Ebene der Gesellschafter zu unterscheiden.[385] Um den Wandel der Auffassung des *IDW* hinsichtlich der Marktrisikoprämie im Zeitablauf besser nachvollziehen zu können, ist es erforderlich, an dieser Stelle die Besteuerung im Inland ansässiger Anteilseigner von Kapitalgesellschaften in den wesentlichen Zügen zu skizzieren. Von einer breiteren Darstellung der Besteuerung von Kapitalgesellschaften kann hingegen vorläufig abgesehen werden, nachdem die hier in Rede stehenden Nominalrenditen vor persönlichen Steuern die Steuerbelastung auf Ebene der Gesellschaft bereits inkludieren.

Im Jahr 2000 trat an die Stelle des körperschaftsteuerlichen Anrechnungsverfahrens das Halbeinkünfteverfahren. Zum 1. Januar 2009 wurde das Halbeinkünfteverfahren seinerseits durch ein Abgeltungssteuersystem ersetzt. Im Halbeinkünfteverfahren sind Ausschüttungen einer Kapitalgesellschaft auf Ebene des Gesellschafters zur Hälfte von der Einkommensteuer ausgenommen (§ 3 Nr. 40 lit. d EStG i. d. F. 2000),[386] sofern es sich bei diesem um eine im Inland ansässige natürliche Person handelt. Hinsichtlich des Einkommensteuersatzes trifft das *IDW* die typisierende Annahme, dass dieser 35 % beträgt.[387] Gewinne aus der Veräußerung von im Privatvermögen gehaltenen Anteilen an Kapitalgesellschaften sind gänzlich steuerbefreit (§ 23 Abs. 1 Satz 1 Nr. 2 EStG i. d. F. 2000). Demgegenüber unterliegen im Abgeltungssteuersystem sämtliche Erträge aus im Privatvermögen gehaltenen Beteiligungen an Kapitalgesellschaften einer einheitlichen Besteuerung in Höhe von 25 % (§ 32 d Abs. 1 Satz 1 EStG i. d. F. 2008) zuzüglich des Solidaritätszuschlags in Höhe von 5,50 %. Per Saldo beträgt die Steuerbelastung von Erträgen aus Beteiligungen an Kapitalgesellschaften im Abgeltungssteuersystem somit 26,38 %.[388] Mit dem Themenkomplex der Einbeziehung von Ertragsteuern in die Unternehmensbewertung beschäftigt sich eingehend Kapitel 6.1 der vorliegenden Untersuchung.

### 3.4.1.2 Bewertungsstichtag vor dem 1. Januar 2001

Für Bewertungsstichtage vor dem 1. Januar 2001 empfiehlt das *IDW*, sich hinsichtlich der Marktrisikoprämie an einer Bandbreite von 5,00 % bis 6,00 % zu orientieren. Diesen Schluss lägen zum einen die Ergebnisse der in

---

[385] Vgl. Hamann, H. / Sigle, A. (Hrsg.), Vertragsbuch Gesellschaftsrecht, 2012, § 13, Rn. 2.
[386] Vgl. IDW (Hrsg.), IDW S 1 i. d. F. 2000, Tz. 99.
[387] Vgl. Helbling, C., Unternehmensbewertung, 1998, S. 657; zur vormaligen Verwendung eines Steuersatzes in Höhe von 45 % in der Bewertungspraxis König, W. / Zeidler, G. W., DStR 1996, S. 1101.
[388] Vgl. Dausend, F. / Schmitt, D., FB 2007, S. 287; BR-Drucks. 384 / 07 vom 15. Juni 2007.

3.2 angeführten empirischen Untersuchungen nahe. Zum anderen sei auch bei US-amerikanischen Unternehmen von einer Marktrisikoprämie in dieser Größenordnung auszugehen.[389]

### 3.4.1.3 Bewertungsstichtag zwischen dem 31. Dezember 2000 und dem 1. Januar 2009

Für Bewertungsstichtage zwischen dem 31. Dezember 2000 und dem 1. Januar 2009 nennt das *IDW* für die Marktrisikoprämie eine Bandbreite von 4,00 % bis 5,00 % vor bzw. 5,00 % bis 6,00 % nach persönlichen Steuern.[390] Diese Angabe bezieht sich auf ein stabiles Marktumfeld.[391] Hierbei orientiert sich das *IDW* an den Ergebnissen der eingangs genannten wissenschaftlichen Studie von *Stehle* (2004) zur Festlegung der Risikoprämie von Aktien im Rahmen der Schätzung des Werts von börsennotierten Kapitalgesellschaften.[392]

*Stehle* untersucht, welche Renditen auf Jahresbasis im Zeitraum von 1955 bis 2003 am deutschen Kapitalmarkt zu erzielen waren.[393] Als Referenz zum einen für das Marktportfolio, zum anderen für die risikolose Anlage dienen der DAX® 30 und der CDAX® respektive der Renten-Performance-Index REXP® der Deutschen Börse AG.[394] Vor dem Hintergrund des breiteren Indexportfolios zollt *Stehle* dem CDAX® im Vergleich zum DAX® 30 die größere Bedeutung bei, was die Belastbarkeit der jeweiligen Aussage hinsichtlich der Marktrendite angeht.[395] Im Zusammenhang mit der Frage, wie die historischen Renditen auf Jahresbasis zu mitteln seien, unterstellt *Stehle* an dieser Stelle deren stochastische Unabhängigkeit.[396] Vor dem Hintergrund des Einsatzes der gefundenen Ergebnisse zum Zwecke der Barwertermittlung im Rahmen der Unternehmensbewertung seien die Jahresrenditen daher arithmetisch zu mitteln.[397] Auf Basis dieser Annahmen findet *Stehle* die in Tabelle 4 für die Wertpapierrenditen respektive für die Risikoprämien angeführten Ergebnisse, wobei er hierfür jeweils eine Betrachtung vor und nach persönlichen Steuern anstellt und die Risikoprämie des Marktportfo-

---

[389] Vgl. Copeland, T. / Koller, T. / Murrin, J., Valuation, 1994, S. 260; IDW (Hrsg.), Wirtschaftsprüfer-Handbuch, 2002, lit. A, Tz. 213.
[390] Vgl. IDW (Hrsg.), WP-Handbuch, 2007, lit. A, Tz. 299.
[391] Was den Arbeitskreis Unternehmensbewertung des *IDW* dazu veranlasst hat, diese Auffassung 2005 erneut zu wiederholen, bleibt indes offen. Es ist davon auszugehen, dass es sich insofern nur um eine Bestätigung handelt. Vgl. hierzu IDW (Hrsg.), FN-IDW 2005, S. 71; Kohl, T. / König, J., BB 2012, S. 608.
[392] Vgl. Wagner, W. / Jonas, M. / Ballwieser, W. u. a., WPg 2006, S. 1016 – 1019; IDW (Hrsg.), WP-Handbuch, 2007, lit. A, Tz. 298 – 299; IDW (Hrsg.), WP-Handbuch, 2014, lit. A, Tz. 360.
[393] Vgl. Stehle, R., WPg 2004, S. 921.
[394] Vgl. Stehle, R., WPg 2004, S. 921.
[395] Vgl. Stehle, R., WPg 2004, S. 921.
[396] Vgl. Stehle, R., WPg 2004, S. 913, S. 917 – 919.
[397] Vgl. Wagner, W. / Jonas, M. / Ballwieser, W., WPg 2006, S. 1019.

Kapitel 3: Empirische Studien und ihre Bedeutung in der Bewertungspraxis

lios gegenüber der risikolosen Anlage auf arithmetischem Wege berechnet. Im Übrigen zeigt *Stehle* die Ergebnisse bei geometrischer Mittelung der Jahresrenditen auf, was angesichts seiner eindeutigen Präferenz für das arithmetische Mittelungsverfahren an dieser Stelle wohl aus Gründen der Vollständigkeit geschieht. Ausgehend hiervon hält es *Stehle* für vertretbar, bei Zugrundelegung des von ihm favorisierten CDAX® als Referenz für das Marktportfolio auf den arithmetisch ermittelten Schätzwert der historischen Marktrisikoprämie einen „Abzug von 1 bis 1,5 %"[398] vorzunehmen. Bei Zugrundelegung des CDAX® sei daher hinsichtlich der Risikoprämie nach persönlichen Steuern von einem Schätzwert von „ca. 5,5 %"[399] auszugehen.

| | Arithmetischer Mittelwert | |
|---|---|---|
| | vor persönlichen Steuern | nach persönlichen Steuern |
| CDAX® | 12,40 % | 11,16 % |
| REXP® | 6,94 % | 4,50 % |
| Risikoprämie | 5,46 % | 6,66 % |
| DAX® 30 | 12,96 % | 11,54 % |
| REXP® | 6,94 % | 4,50 % |
| Risikoprämie | 6,02 % | 7,04 % |
| | Geometrischer Mittelwert | |
| | vor persönlichen Steuern | nach persönlichen Steuern |
| CDAX® | 9,50 % | 8,24 % |
| REXP® | 6,84 % | 4,41 % |
| Risikoprämie | 2,66 % | 3,83 % |
| DAX® 30 | 9,60 % | 8,22 % |
| REXP® | 6,84 % | 4,41 % |
| Risikoprämie | 2,76 % | 3,81 % |
| Quelle: Eigene Darstellung in Anlehnung an Stehle, R., WPg 2004, S. 921. | | |

**Tabelle 4: Ergebnisse der wissenschaftlichen Studie von Stehle (2004) zur Schätzung der Risikoprämie auf dem deutschen Kapitalmarkt für den Zeitraum von 1955 bis 2003**[400]

---

[398] Stehle, R., WPg 2004, S. 911.
[399] Stehle, R., WPg 2004, S. 921.
[400] Für den bis 2011 erweiterten Untersuchungszeitraum findet *Stehle* bei Zugrundelegung des CDAX® eine arithmetisch gemittelte Aktienrendite in Höhe von 11,84 %. Vgl. hierzu Stehle, R., Stehle / Hartmond-Reihe (11. Januar 2016).

Kapitel 3: Empirische Studien und ihre Bedeutung in der Bewertungspraxis

Das *IDW* hält seinerseits einen pauschalen Abschlag von „1 bis 2 Prozentpunkten"[401] auf das empirisch ermittelte arithmetische Mittel der Marktrisikoprämie für sachgerecht. Damit geht das *IDW* über die Forderung *Stehles* hinaus. Im Übrigen macht das *IDW* anders als *Stehle* die Vornahme des pauschalen Abschlags nicht von der Wahl des Referenzindexes abhängig.[402] Mit den im Zusammenhang mit dem geforderten Abschlag ins Feld geführten Argumenten beschäftigt sich eingehend 6.2.2 der vorliegenden Untersuchung. Insoweit sei hierauf verwiesen. Die um den genannten Abschlag korrigierte arithmetisch gemittelte historische Marktrisikoprämie sei nach Auffassung des Fachausschusses Unternehmensbewertung und Betriebswirtschaft des *IDW* (FAUB) ein guter Schätzer für die in der Zukunft zu erwartende Marktrisikoprämie.[403] Für Zwecke der Unternehmensbewertung hält das *IDW* somit eine Marktrisikoprämie in Höhe von 5,00 % bis 6,00 % nach persönlichen Steuern für sachgerecht. Diese Größenordnung liege etwa in der Mitte der Ergebnisse von *Stehle* für das arithmetische Mittel (6,66 % bei Zugrundelegung des CDAX® bzw. 7,04 % bei Zugrundelegung des DAX® 30) und das geometrische Mittel (3,83 % bei Zugrundelegung des CDAX® bzw. 3,81 % bei Zugrundelegung des DAX® 30). Die Marktrisikoprämie sei entsprechend auf einer Bandbreite von 4,00 % bis 5,00 % vor persönlichen Steuern anzusetzen.[404] Die angegebenen Werte für die Marktrisikoprämie und alle späteren steuersystembedingten Modifikationen der vom *IDW* genannten Bandbreite berücksichtigen also bereits den geforderten Abschlag. Die Praxis setzt bei einem Bewertungssachverhalt, dessen Stichtag in den zeitlichen Geltungsbereich des Halbeinkünfteverfahrens fällt, für die Marktrisikoprämie pragmatisch das Mittel der jeweiligen Spannen an, mithin 4,50 % vor bzw. 5,50 % nach persönlichen Steuern.[405] Dies entspricht der Handhabung im hier nicht näher betrachteten Bewertungsrecht (§ 203 Abs. 1 BewG). Auch *Stehle* hält eine Marktrisikoprämie nach persönlichen Steuern in dieser Höhe für vertretbar.[406]

Zu der Annahme einer mittleren Marktrisikoprämie in Höhe von 4,50 % vor bzw. 5,50 % nach persönlichen Steuern führen konkret folgende Überlegungen: Unter der Annahme einer Ausschüttungsquote von 50 % und einer unbeschränkt steuerpflichtigen natürlichen Person als typisierten Anteilseigner unterliegt die Marktrendite einer effektiven Ertragsteuerbelastung in

---

[401] Wagner, W. / Jonas, M. / Ballwieser, W. u. a., WPg 2006, S. 1019.
[402] Vgl. Wagner, W. / Jonas, M. / Ballwieser, W. u. a., WPg 2006, S. 1016 – 1019; IDW (Hrsg.), WP-Handbuch, 2007, lit. A, Tz. 299.
[403] Vgl. IDW (Hrsg.), FN-IDW 2012, S. 568.
[404] Vgl. Wagner, W. / Jonas, M. / Ballwieser, W. u. a., WPg 2006, S. 1019; IDW (Hrsg.), WP-Handbuch, 2007, lit. A, Tz. 299.
[405] Vgl. IDW (Hrsg.), FN-IDW 2005, S. 71.
[406] Vgl. Stehle, R., WPg 2004, S. 921.

Höhe von 50 % · $\left(1 - \frac{50}{100}\right)$ · 35 % + 50 % · 0 % = 8,75 %. Der Basiszinssatz wird in einer Höhe von 4,75 % vor respektive 4,75 % · $(1 - 35\,\%)$ = 3,09 % nach persönlichen Steuern angenommen. Zielmarktrisikoprämie ist der bisherige mittlere Wert in Höhe von 5,50 % nach persönlichen Steuern. Mit der mittleren Marktrisikoprämie vor persönlichen Steuern in Höhe von 4,50 % korrespondiert eine Marktrendite in Höhe von 4,50 % + 4,75 % = 9,25 %. Bei Anlegung der effektiven Ertragsteuerbelastung in Höhe von 8,75 % resultiert hieraus eine Marktrendite nach persönlichen Steuern in Höhe von 9,25 % · $(1 - 8,75\,\%)$ = 8,44 %. Stellt man dieser die Rendite der risikolosen Anlage nach persönlichen Steuern in Höhe von 3,09 % gegenüber, so ergibt sich für die Marktrisikoprämie nach persönlichen Steuern ein Wert in Höhe von 5,35 % respektive nach Rundung auf volle halbe Prozentpunkte der Zielwert in Höhe von 5,50 %.[407] Der Anstieg der Marktrisikoprämie nach gegenüber der Marktrisikoprämie vor persönlichen Steuern wirkt zunächst befremdlich. Die Entwicklung ist dem Umstand geschuldet, dass die Marktrendite unter der typisierenden Annahme einer Thesaurierungsquote von 50 % im Halbeinkünfteverfahren effektiv einer niedrigeren steuerlichen Belastung unterliegt als die Erträge eines festverzinslichen Wertpapiers.[408]

### 3.4.1.4 Bewertungsstichtag nach dem 31. Dezember 2008

Für Bewertungsstichtage, welche in den zeitlichen Geltungsbereich der Abgeltungssteuer fallen, geht das *IDW* für die Marktrisikoprämie von einer Bandbreite von 4,50 % bis 5,50 % vor bzw. von 4,00 % bis 5,00 % nach persönlichen Steuern aus.[409] Diese spiegelt die in der Praxis mehrheitlich verwendeten Marktrisikoprämien für entwickelte Märkte wider.[410]

Die Transformation der Steuersysteme vom Halbeinkünfteverfahren auf das System der Abgeltungssteuer macht Annahmen hinsichtlich der Auswirkungen auf die Marktrisikoprämie vor respektive nach persönlichen Steuern erforderlich.[411] Hintergrund ist der Wegfall der Steuerbefreiung von Gewinnen aus der Veräußerung von im Privatvermögen gehaltenen Anteilen an Kapitalgesellschaften im Zuge der Einführung der Abgeltungssteuer. Im Zusammenhang mit der Aufhebung des Steuerprivilegs des § 23 Abs. 1 Satz 1 Nr. 2 EStG i. d. F. 2000 stellt sich nunmehr die Frage, von welcher typisier-

---

[407] Vgl. eingehend Wagner, W. / Saur, G. / Willershausen, T., WPg 2008, S. 740 – 741.
[408] Vgl. eingehend Wagner, W. / Saur, G. / Willershausen, T., WPg 2008, S. 739 – 740.
[409] Vgl. Wagner, W. / Saur, G. / Willershausen, T., WPg 2008, S. 737 – 745; eingehend Zeidler, G. W. / Schöniger, S. / Tschöpel, A., FB 2008, S. 276 – 285; IDW (Hrsg.), FN-IDW 2009, S. 696 – 697; IDW (Hrsg.), WP-Handbuch, 2014, lit. A, Tz. 360.
[410] Vgl. Koller, T. / Goedhart, M. / Wessels, D., Valuation, 2005, S. 312; Damodaran, A., Equity Risk Premium, 2010, S. 68.
[411] Vgl. Ballwieser, W. / Kruschwitz, L. / Löffler, A., WPg 2007, S. 768 – 769; IDW (Hrsg.), WP-Handbuch, 2007, lit. A, Tz. 299.

ten Haltedauer für im Privatvermögen gehaltene Anteile an Kapitalgesellschaften auszugehen ist. Dies ist gleichbedeutend mit der Frage, welchem effektiven Steuersatz der Gewinn aus der Veräußerung von im Privatvermögen gehaltenen Anteilen an Kapitalgesellschaften zu unterwerfen ist. Die Literatur spricht sich dafür aus, den effektiven Steuersatz auf Veräußerungsgewinne typisierend mit 13,19 % anzunehmen. Diesem entspricht die Annahme einer typisierten Haltedauer von mehr als 40 Jahren. Die übrigen, im Zusammenhang mit dem Halbeinkünfteverfahren getroffenen Annahmen bleiben unverändert. Dies gilt besonders für die Ausschüttungsquote sowie die Höhe der Rendite der risikolosen Anlage. Effektiv unterliegt die Marktrendite somit unter dem Regime der Abgeltungssteuer einer typisierten Besteuerung in Höhe von 50 % · 26,38 % + 50 % · 13,19 % = 19,79 %.

Als Zielmarktrisikoprämie nach persönlichen Steuern wird nunmehr ein Wert in Höhe von 5,00 % angegeben. Als Orientierung dient hierfür die Marktrisikoprämie nach persönlichen Steuern, welche sich für die Phase der Transformation des Steuersystems vom Halbeinkünfteverfahren auf das System der Abgeltungssteuer, mithin für die Zeit zwischen dem entsprechenden Bundesratsbeschluss am 6. Juli 2007 und dem 1. Januar 2009, ergibt. Mit der Einleitung der Transformation des Steuersystems vom Halbeinkünfteverfahren auf das System der Abgeltungssteuer verändert sich zunächst allein die Besteuerung der laufenden Erträge des Marktportfolios und der Rendite der risikolosen Anlage. Diese unterliegen nunmehr jeweils vollumfänglich der Abgeltungssteuer. Das Steuerprivileg des § 23 Abs. 1 Satz 1 Nr. 2 EStG i. d. F. 2000 hingegen bleibt zunächst bis zum 31. Dezember 2008 aufrecht. Damit unterliegt die Marktrendite unter den bisherigen Annahmen im genannten Zeitraum übergangsweise einer effektiven Steuerbelastung in Höhe von 50 % · 26,38 % + 50 % · 0 % = 13,19 %. Diesem steht eine effektive Steuerbelastung der Marktrendite unter dem Regime des Halbeinkünfteverfahrens in Höhe von 8,75 % gegenüber. Folglich kommt es in der Phase der Transformation der Steuersysteme gegenüber dem Halbeinkünfteverfahren zu einer Erhöhung der effektiven Steuerbelastung der Marktrendite um 4,44 Prozentpunkte.

Naheliegend ist, dass die von der Transformation der Steuersysteme betroffenen Anlegerkreise zur Kompensation der Erhöhung der effektiven Steuerbelastung cet. par. eine höhere Vorsteuerrendite des Marktportfolios erwarten. Zentrale Bedeutung kommt hierbei der Frage zu, ob und gegebenenfalls inwieweit sich die steuerbedingt erhöhten Vorsteuerrenditen am Kapitalmarkt in der Realität tatsächlich durchsetzen lassen. Idealiter bleibt die realisierbare Marktrendite nach persönlichen Steuern bei der Transformation der Steuersysteme unverändert.[412] Die Marktrisikoprämie nach persönlichen Steuern läge in diesem Fall wie unter dem Regime des Halbeinkünfteverfahrens weiterhin bei 5,50 %. Der Basiszinssatz nach Abgeltungssteuer beträgt $4{,}75\,\% \cdot (1 - 26{,}38\,\%) = 3{,}50\,\%$. Als Marktrendite nach persönlichen Steuern resultiert dementsprechend 5,50 % + 3,50 % = 9,00 %. Unter Berücksichtigung der effektiven Steuerbelastung in Höhe von 13,19 % ergibt sich für die geforderte Marktrendite vor persönlichen Steuern damit ein Wert in Höhe von 10,37 %. Allerdings unterstellt dieses Ergebnis vollständige Preissetzungsmacht der von der Transformation der Steuersysteme betroffenen Anleger gegenüber dem Marktportfolio und damit vollständige Überwälzbarkeit der effektiven Steuererhöhung. Diese Annahme steht zu bezweifeln, zumal von den steuerrechtlichen Änderungen weder institutionelle noch internationale Anleger betroffen sind, welche jedoch im Vergleich zu privaten Kleinanlegern am Kapitalmarkt einen deutlich höheren Stellenwert einnehmen.[413] Im Übrigen widerspricht die den Anlegern zugestandene Preissetzungsmacht der zentralen Annahme des CAPM eines vollständigen Kapitalmarkts.

Im Ergebnis gesteht die Literatur dem Kreis der privaten Kleinanleger nur bedingte Preissetzungsmacht zu. Allenfalls sei vor persönlichen Steuern eine Marktrisikoprämie in Höhe von 5,00 % realisierbar.[414] Mit dieser korrespondiert eine Marktrendite vor persönlichen Steuern in Höhe von 9,75 %. Legt man hierauf die effektive Steuerbelastung in Höhe von 13,19 % an und rundet das Ergebnis auf volle halbe Prozentpunkte, ergibt sich für die Marktrisikoprämie nach persönlichen Einkommensteuern ein Wert in Höhe von $9{,}75\,\% \cdot (1 - 13{,}19\,\%) - 4{,}75\,\% \cdot (1 - 26{,}38\,\%) \approx 5{,}00\,\%$. Unter den getroffenen Annahmen herrscht somit in der Phase der Transformation der Steuersysteme Übereinstimmung zwischen der Marktrisikoprämie vor und der Marktrisikoprämie nach persönlichen Steuern.[415] Das bei Einbeziehung ertragsteuerlicher Aspekte in etwa gleichbleibende Ergebnis in Höhe von etwa 5,00 % erklärt sich damit, dass zum einen die effektive Steuerbelastung der Marktrendite in Höhe von 13,19 % gerade der halben effektiven Steuerbelastung der Rendite der risikolosen Anlage in Höhe von 26,38 % entspricht, zum anderen die Rendite der risikolosen Anlage im Modell etwa bei der Hälfte der Marktrendite liegt. Die beiden Effekte wirken gegenläufig und kompensieren einander beinahe.

Für die Zeit nach dem 31. Dezember 2008 orientiert sich die Literatur hinsichtlich der Marktrisikoprämie nach persönlichen Steuern an der Phase der

---

[412] Vgl. Wagner, W. / Saur, G. / Willershausen, T., WPg 2008, S. 737 – 738.
[413] Vgl. Zeidler, G. W. / Schöniger, S. / Tschöpel, A., FB 2008, S. 285.
[414] Wie es zu diesem Wert kommt, lassen *Wagner / Saur / Willershausen* allerdings offen.
[415] Vgl. Wagner, W. / Saur, G. / Willershausen, T., WPg 2008, S. 740 – 741.

Transformation der Steuersysteme. Zielwert ist somit weiterhin eine Marktrisikoprämie in Höhe von 5,00 %. Effektiv unterliegt die Marktrendite im Abgeltungssteuersystem einer Belastung in Höhe von 19,79 %. Im Vergleich zum Halbeinkünfteverfahren, wo auf der Marktrendite eine effektive Steuerbelastung in Höhe von 8,75 % ruht, kommt es somit zu einer Erhöhung der effektiven Steuerbelastung der Marktrendite um 11,04 Prozentpunkte. Hieraus resultiert für die Zielmarktrendite nach persönlichen Steuern ein Wert in Höhe von 8,50 %. Vor persönlichen Steuern ergibt sich für die Zielmarktrendite ein Wert in Höhe von 10,60 %. Der Basiszinssatz vor persönlichen Steuern beträgt annahmegemäß weiterhin 4,75 %. Für die Marktrisikoprämie vor persönlichen Steuern ergibt sich damit ein Wert in Höhe von 10,60 % - 4,75 % = 5,85 %.

Hinsichtlich der Preissetzungsmacht der privaten Anleger auf dem Kapitalmarkt gelten obige Ausführungen im Prinzip analog. Es sei davon auszugehen, dass sich die transformationsbedingte Erhöhung der effektiven Steuerbelastung der Marktrendite wiederum nur teilweise in Form von entsprechend höheren Renditeerwartungen an das Marktportfolio überwälzen lässt. So sieht die Literatur die Grenze für die allenfalls vor persönlichen Steuern zu fordernde Marktrendite bei 9,75 %. Legt man hieran die effektive Steuerbelastung in Höhe von 19,79 % an, ergibt sich nach Abzug der Rendite der risikolosen Anlage nach persönlichen Steuern für die Marktrisikoprämie ein Wert in Höhe von $9,75\ \% \cdot (1 - 19,79\ \%) - 4,75\ \% \cdot (1 - ...$
$... - 26,38\ \%) = 4,32\ \%$. Nach Rundung auf den nächsten halben Prozentpunkt resultiert für die Höhe der Marktrisikoprämie ein Wert in Höhe von 4,50 %. Die Marktrisikoprämie vor persönlichen Steuern hingegen errechnet sich mit 9,75 % – 4,75 % = 5,00 %. Als zugehörige Bandbreite nennt das *IDW* 4,50 % bis 5,50 % im Vorsteuer- und 4,00 % bis 5,00 % im Nachsteuerfall.[416]

### 3.4.1.5 Zwischenergebnis

Der Wandel der Empfehlung des *IDW* hinsichtlich der Höhe der Marktrisikoprämie steht in engem Zusammenhang mit den grundlegenden Veränderungen des deutschen Körperschaftsteuersteuersystems in den vergangenen Jahren.

Für Bewertungsstichtage vor dem 1. Januar 2001 vertritt das *IDW* eine Bandbreite von 5,00 % bis 6,00 %. Im Zuge der Einführung des Halbeinkünfteverfahrens verschiebt sich die Bandbreite für Bewertungsstichtage nach dem 31. Dezember 2000 grundsätzlich in den Bereich von 4,00 % bis

---

[416] Vgl. Wagner, W. / Saur, G. / Willershausen, T., WPg 2008, S. 737 – 745; IDW (Hrsg.), FN-IDW 2009, S. 696 – 697; IDW (Hrsg.), WP-Handbuch, 2014, lit. A, Tz. 360; Baetge, J. / Niemeyer, K. / Kümmel, J. u. a., DCF-Verfahren, 2015, S. 395 – 396.

Kapitel 3: Empirische Studien und ihre Bedeutung in der Bewertungspraxis

5,00 % vor und 5,00 % bis 6,00 % nach persönlichen Einkommensteuern. Am 6. Juli 2007 hat der Bundesrat der Unternehmensteuerreform 2008 und damit verbunden der schrittweisen Ablösung des Halbeinkünfteverfahrens durch ein Abgeltungssteuersystem zugestimmt. Die vollständige Umsetzung des Abgeltungssteuersystems erfolgte zum 1. Januar 2009. Die sukzessive Transformation des Körperschaftsteuersystems vom Halbeinkünfteverfahren auf das Abgeltungssteuersystem hat zur Folge, dass für Bewertungsstichtage in der Phase der Transformation vom 7. Juli 2007 bis zum 31. Dezember 2008 eine Marktrisikoprämie in Höhe von 5,00 % vorgesehen ist, wobei hier zwischen Vor- und Nachsteuerwert zufälligerweise Übereinstimmung herrscht. Für Bewertungsstichtage nach dem 31. Dezember 2008 nennt das *IDW* als Bandbreite für die Marktrisikoprämie 4,50 % bis 5,50 % vor respektive 4,00 % bis 5,00 % nach persönlichen Einkommensteuern. Abbildung 9 gibt einen zusammenfassenden Überblick.

| Bewertungsstichtag | | | |
|---|---|---|---|
| vor dem 1. Januar 2001 | nach dem 31. Dezember 2000 und vor dem 7. Juli 2007 | nach dem 6. Juli 2007 und vor dem 1. Januar 2009 | nach dem 31. Dezember 2008 |
| Marktrisikoprämie vor persönlichen Einkommensteuern | | | |
| 5,00 % bis 6,00 % | 4,00 % bis 5,00 % | 5,00 % | 4,50 % bis 5,50 % |
| Marktrisikoprämie nach persönlichen Einkommensteuern | | | |
| - | 5,00 % bis 6,00 % | 5,00 % | 4,00 % bis 5,00 % |
| Körperschaftsteuersystem | | | |
| Anrechnungsverfahren | Halbeinkünfteverfahren | Transformation vom Halbeinkünfteverfahren zum Abgeltungssteuersystem | Abgeltungssteuersystem |

Quelle: Eigene Darstellung.

**Abbildung 9: Empfehlungen des IDW zur Höhe der Marktrisikoprämie**

Kritisch ist zu sehen, dass im Zusammenhang mit der Herleitung der Bandbreiten für die Marktrisikoprämie im Zuge der Transformation vom Halbeinkünfteverfahren auf das Abgeltungssteuersystem dem typisierten

Anleger Preissetzungsmacht zugestanden und damit eine zentrale Annahme des CAPM verletzt wird.

### 3.4.2 Auffassung der Rechtsprechung

Nicht weniger umstritten als in Bewertungstheorie und Bewertungspraxis ist die Marktrisikoprämie in der Rechtsprechung. Dies geht so weit, dass manches Gericht selbst in Frage stellt, ob Aktien gegenüber festverzinslichen Wertpapieren langfristig eine höhere Rendite versprechen.[417] Dieser Annahme widerspreche das Anlageverhalten institutioneller Investoren, etwa von Lebensversicherungsunternehmen.[418] Allgemein wird jedoch Risikoaversion der Kapitalmarktteilnehmer unterstellt, sodass ein Risikozuschlag auf die Rendite der risikolosen Anlage zu bestimmen ist.[419]

Wenngleich die Gerichtsbarkeit mittlerweile anerkennt, dass sich die Verwendung des CAPM respektive des Nachsteuer-CAPM zur Bestimmung des Risikozuschlags durchgesetzt hat,[420] wird allerorts deutlich, dass man diesem nach wie vor misstrauisch gegenübersteht. Eine mögliche Erklärung hierfür liegt in der offenkundigen Orientierungslosigkeit, was die Wahl der einzelnen Parameter angeht. Die Beurteilung der mit dem CAPM verbundenen Einzelfragen erweckt bestenfalls den Eindruck einer gewissen Beliebigkeit. Eine einheitliche Leitlinie ist nicht erkennbar. Einigkeit herrscht allein darin, dass es sich bei der Marktrisikoprämie um die Differenz zwischen der Marktrendite und der Rendite der risikolosen Anlage handelt.[421]

Einen gewissen Rahmen setzen die Bewertungsstandards des *IDW*. Auch wenn diese keinen Rechtsnormcharakter besitzen, so kommen diese in der praktischen Unternehmensbewertung dennoch ganz überwiegend zum Einsatz.[422] So teilt die Rechtsprechung die Auffassung des *IDW*, dass die Markt-

---

[417] Vgl. OLG Stuttgart vom 18. Dezember 2009, 20 W 2 / 08, Rn. 224. Zu diesem Ergebnis kommen etwa *Häuser / Rosenstock / Vorwerk u. a.* für den Zeitraum von 1964 bis 1983. Vgl. hierzu Häuser, K. / Rosenstock, A. / Vorwerk, T. u. a., Aktienrendite, 1985, S. 62 – 64.
[418] Vgl. Großfeld, B., Recht, 2012, S. 252; aA z. B. OLG Frankfurt am Main vom 30. August 2012, GWR 2012, S. 490 (S. 490). Nach hier vertretener Auffassung lässt die Argumentation den Hinweis vermissen, dass die Assekuranz festverzinsliche Wertpapiere gegenüber Dividendenpapiere unter anderem auch deshalb bevorzugt, weil sich durch die Zahlungsströme festverzinslicher Wertpapiere die aktuarisch zu erwartenden Zahlungsverpflichtungen besser immunisieren lassen. Im Übrigen gelten für festverzinsliche Wertpapiere unter Solvency II deutlich weniger restriktive Anforderungen hinsichtlich der Unterlegung mit Eigenkapital als für Dividendenpapiere.
[419] Vgl. z. B. OLG Frankfurt am Main vom 24. November 2011, 21 W / 11, Rn. 199.
[420] Vgl. OLG Düsseldorf vom 27. Mai 2009, WM 2009, S. 2220 (S. 2225 – 2226); zum Nachsteuer-CAPM z. B. OLG Frankfurt am Main vom 29. März 2011, AG 2011, S. 629 (S. 630); OLG München vom 18. Februar 2014, AG 2014, S. 453 (S. 455).
[421] Vgl. Großfeld, B., Recht, 2012, S. 223 – 224.
[422] Vgl. OLG Stuttgart vom 18. Dezember 2009, 20 W 2 / 08, Rn. 189.

risikoprämie auf der Basis historischer Renditen zu bestimmen sei.[423] Auch dem Vorstoß, im Rahmen des CAPM die persönlichen Einkommensteuern der Anteilseigner zu berücksichtigen, ist die Rechtsprechung mittlerweile weitestgehend gefolgt.[424] Weniger eindeutig ist bereits der Tenor hinsichtlich der Länge des Referenzzeitraums: Während etwa das Oberlandesgericht Stuttgart weder richtig noch falsch bemessene Referenzzeiträume sieht und damit die Frage nach der Länge des Referenzzeitraums im Ergebnis offenlässt,[425] befürwortet das Oberlandesgericht Frankfurt lange Erhebungszeiträume.[426]

Unklar ist die Frage, ob die historischen Renditen arithmetisch oder geometrisch zu mitteln sind. Die Rechtsprechung der jüngeren Vergangenheit neigt dazu, das einfache Mittel aus arithmetischem und geometrischem Mittel zu bilden. Wenngleich ein derartiger Ansatz in den Wirtschaftswissenschaften tatsächlich diskutiert wird,[427] ist die Handhabung der Rechtsprechung keineswegs so zu verstehen, dass sie diesen favorisiert. Vielmehr geschieht dies mehr aus Unschlüssigkeit,[428] um so eine Festlegung zu umgehen.[429] Diese und weitere Fragen geben den Richtern bisweilen Anlass, grundsätzliche Bedenken an der vergangenheitsbasierten Ermittlung der Marktrisikoprämie anzumelden.[430]

Hinsichtlich der Höhe der Marktrisikoprämie selbst bedient sich die Jurisprudenz der Erkenntnisse der Wirtschaftswissenschaften. Gleichsam übernimmt sie die Empfehlungen bezüglich der Wahl des Marktportfolios und der Rendite der risikolosen Anlage im Rahmen der Marktrisikoprämie.[431] Dementsprechend weit reicht die Bandbreite der fallweise angesetzten Marktrisikoprämien. Diese unterscheiden sich nicht nur von Gericht zu Gericht, sondern verändern sich auch im Zeitablauf.

---

[423] Vgl. z. B. OLG Frankfurt am Main vom 7. Dezember 2010, AG 2011, S. 173 (S. 176).
[424] Vgl. z. B. OLG Stuttgart vom 19. März 2008, AG 2008, S. 510 (S. 513); OLG Stuttgart vom 6. Juli 2007, AG 2007, S. 705 (S. 707); OLG Stuttgart vom 26. Oktober 2006, NZG 2007, S. 112 (S. 117 - 118); OLG München vom 17. Juli 2007, AG 2008, S. 28 (S. 31); weiterhin gegen die Berücksichtigung persönlicher Einkommensteuern z. B. BayObLG vom 28. Oktober 2005, NZG 2006, S. 156 (S. 158); für einen Überblick über die jüngere Rechtsprechung Hachmeister, D. / Ruthardt, F. / Lampenius, N., WPg 2015, S. 835 – 837.
[425] Vgl. OLG Stuttgart vom 17. Oktober 2011, 20 W 7 / 11, Rn. 337.
[426] Vgl. OLG Frankfurt am Main vom 20. Februar 2012, 21 W 17 / 11, Rn. 65; OLG Frankfurt am Main vom 7. Dezember 2010, AG 2011, S. 173 (S. 176).
[427] Vgl. Blume, M. E., JASA 1974, S. 634 – 638.
[428] Vgl. z. B. OLG Frankfurt am Main vom 24. November 2011, 21 W 7 / 11, Rn. 123; OLG Frankfurt am Main vom 20. Februar 2012, 21 W 17 / 11, Rn. 67.
[429] Vgl. z. B. OLG Düsseldorf vom 4. Juli 2012, AG 2012, S. 797 (S. 800); OLG Stuttgart vom 5. Juni 2013, 20 W 6 / 10, Rn. 205.
[430] Vgl. z. B. OLG Frankfurt am Main vom 20. Dezember 2011, AG 2012, S. 330 (S. 333 – 334); OLG Düsseldorf vom 4. Juli 2012, AG 2012, S. 797 (S. 799 – 800).
[431] Vgl. OLG Stuttgart vom 18. Dezember 2009, 20 W 2 / 08, Rn. 226.

Das Oberlandesgericht Stuttgart etwa hält für einen Bewertungssachverhalt, dessen Stichtag im Jahr 2001 liegt, eine Marktrisikoprämie von 2 % vor persönlichen Steuern zumindest nicht für ausgeschlossen.[432] Das Oberlandesgericht München geht dagegen in einem Fall mit Bewertungsstichtag im Jahr 2002 von einer Marktrisikoprämie vor persönlichen Steuern in Höhe von 4 % aus.[433] Ebenfalls für das Jahr 2002 spricht sich das Kammergericht Berlin für eine Marktrisikoprämie in Höhe von 3 % vor persönlichen Steuern aus.[434] Das Oberlandesgericht Düsseldorf ortet für einen Sachverhalt mit Bewertungsstichtag im Jahr 1996 die Marktrisikoprämie auf einer Bandbreite von 3 % bis 6 % vor Steuern.[435] In einem anderen Fall, hier mit Bewertungsstichtag im Jahr 2004, befindet das Oberlandesgericht Stuttgart eine Marktrisikoprämie von 4,5 % vor persönlichen Steuern für angemessen.[436] Zu diesem Zeitpunkt sei eine Marktrisikoprämie in dieser Größenordnung bereits ständige Rechtsprechung gewesen,[437] zumal sich dieser Wert mit den Empfehlungen des *IDW* vereinbaren lasse.[438] In einem Bewertungsfall ebenfalls mit Stichtag im Jahr 2004 setzte das Oberlandesgericht Stuttgart die Marktrisikoprämie nach Steuern mit 5,5 % an.[439]

Die allgemeine Unschlüssigkeit der Gerichtsbarkeit zeigt sich daran, dass mancherorts die Marktrisikoprämie offen in einer Höhe gewählt wird, welche dem Mittelwert der Ergebnisse der wichtigsten empirischen Studien entspricht.[440] Fallweise machen die Gerichte zudem von der Möglichkeit des § 278 Abs. 2 ZPO Gebrauch und schätzen die Marktrisikoprämie eigenständig.[441] Eine gewisse Orientierungshilfe bietet im Übrigen der im Bewertungsrecht vorgesehene Risikozuschlag in Höhe von 4,50 % (§ 203 Abs. 1 BewG).[442] *Hachmeister / Ruthardt / Lampenius* kommen zu dem Ergebnis, dass in dem von ihnen untersuchten Zeitraum von 2000 bis 2010 die durch-

---

[432] Vgl. OLG Stuttgart vom 6. Juli 2007, AG 2007, S. 705 (S. 707).
[433] Vgl. OLG München vom 31. März 2008, 31 Wx 88 / 06, Rn. 53.
[434] Vgl. KG Berlin vom 19. Mai 2011, 2 W 154 / 08, Rn. 36.
[435] Vgl. OLG Düsseldorf vom 31. März 2006, I-26 W 5 / 06, Rn. 36.
[436] Vgl. OLG Stuttgart vom 14. Februar 2008, 20 W 9 / 06, Rn. 80.
[437] Vgl. OLG Stuttgart vom 26. Oktober 2006, NZG 2007, S. 112 (S. 117).
[438] Vgl. OLG Stuttgart vom 17. Oktober 2011, 20 W 7 / 11, Rn. 56.
[439] Vgl. OLG Stuttgart vom 18. Dezember 2009, 20 W 2 / 08, Rn. 231; OLG Frankfurt am Main vom 24. November 2011, 21 W 7 / 11, Rn. 117; OLG Stuttgart vom 3. April 2012, 20 W 7 / 09, Rn. 110.
[440] Vgl. OLG Stuttgart vom 18. Dezember 2009, 20 W 2 / 08, Rn. 226; OLG Stuttgart vom 3. April 2012, 20 W 7 / 09, Rn. 113.
[441] Vgl. OLG Stuttgart vom 26. Oktober 2006, NZG 2007, S. 112 (S. 117); OLG Stuttgart vom 17. Oktober 2011, 20 W 7 / 09, Rn. 351; Großfeld, B., Recht, 2012, S. 223 – 226; eingehend Bürgers, T. / Körber, T., 2014, Anh § 305 AktG, Rn. 42 – 44.
[442] Vgl. OLG München vom 18. Februar 2014, AG 2014, S. 453 (S. 455).

schnittliche von den Gerichten angesetzte Marktrisikoprämie 4,38 % betragen habe.[443]

In der jüngeren Vergangenheit akzeptieren die Gerichte tendenziell höhere Marktrisikoprämien.[444] Dieser Trend hat sich im Nachgang zur Veröffentlichung der wissenschaftlichen Studie von *Stehle* (2004) verstärkt. Gleichwohl werden teils Marktrisikoprämien von mehr als 2 % weiterhin als besonders begründungsbedürftig angesehen.[445] Eine breitere Darlegung der Marktrisikoprämie im Lichte der Rechtsprechung sprengt den Rahmen der vorliegenden Untersuchung. Dennoch dürften die Ausführungen ein Gefühl für die willkürliche Handhabung geben, was jedoch angesichts ihrer Bedeutung für das Grundrecht am Eigentum gemäß Art. 14 GG nicht zufriedenstellen kann. Eine Annäherung zumindest der Extrempositionen ist unter den Gesichtspunkten des Anlegerschutzes und der Reputation des Investitionsstandortes Deutschland dringend zu empfehlen.

## 3.5 Zusammenfassung

Ein Vergleich des Untersuchungsgegenstands der eingangs genannten Studien, vor allen Dingen jedoch ihrer Ergebnisse macht deutlich, dass die Frage nach der Höhe der historischen Marktrisikoprämie keineswegs eindeutig zu beantworten ist, sondern offensichtlich im Vorfeld weitere Fragen quantitativer, aber auch qualitativer Natur aufwirft. Hierzu zählen

(1) die Wahl des Referenzzeitraums
(2) die Mittelung der Marktrisikoprämie auf arithmetischem oder geometrischem Wege
(3) die Berücksichtigung von persönlichen Steuern auf Ebene des Anlegers.

Speziell im Hinblick auf die Verwendung im Kontext der Unternehmensbewertung treten daneben Teile der Literatur für pauschale Zu- und Abschläge ein.[446] Das CAPM selbst gibt nur vereinzelt konkrete Hinweise zu diesen Fragen. Die weitere Untersuchung beschäftigt sich eingehend mit den verschiedenen Determinanten der aus historischen Daten gewonnenen Marktrisikoprämie. Die unmittelbare Fortschreibung der Vergangenheit in die Zukunft zur Schätzung der zukünftigen Marktrendite ist nur dann zulässig, wenn die damit unterstellte statische Erwartungsbildung der Kapitalmarktteilnehmer und die hieran geknüpfte Annahme der Stabilität der Marktrendite im Zeitablauf, mit anderen Worten die Annahme der Stationarität der

---

[443] Vgl. Hachmeister, D. / Ruthardt, F. / Lampenius, N., WPg 2011, S. 832.
[444] Vgl. hierzu Hachmeister, D. / Ruthardt, F. / Lampenius, N., WPg 2011, S. 835 – 836.
[445] Vgl. z. B. OLG München vom 26. Oktober 2006, ZIP 2007, S. 375 (S. 378); BayObLG vom 28. Oktober 2005, NZG 2006, S. 156 (S. 159).
[446] Vgl. Stehle, R. WPg 2004, S. 910 – 911.

## Kapitel 3: Empirische Studien und ihre Bedeutung in der Bewertungspraxis

Verteilungsparameter, keinen systematischen Erwartungsfehler hervorruft. Eine gewisse Schwankung der ex ante erwarteten Marktrendite lässt sich nicht vermeiden. Jedoch ist die Schätzmethode so zu wählen, dass der Erwartungsfehler allenfalls zufälliger und nicht systematischer Natur ist.[447] Demgemäß stehen im Weiteren methodische Aspekte im Vordergrund.

---

[447] Vgl. Schmitt, D. / Dausend, F., FB 2006, S. 238.

# 4 Marktrendite

## 4.1 Vorbemerkung

Die Höhe der aus Vergangenheitsdaten gewonnenen Marktrendite ist das Ergebnis einer Reihe von Entscheidungen quantitativer und qualitativer Art. Quantitative Determinante der Höhe der Marktrendite ist das Mittelungsverfahren, welches auf die Zeitreihe der Rendite des Marktportfolios angewendet wird. In qualitativer Hinsicht stellt sich im Vorfeld die Frage, wie zum einen das theoretisch gebotene Marktportfolio praktisch zu operationalisieren ist, zum anderen welcher Ausschnitt aus der Zeitreihe der Rendite des Marktportfolios in die Betrachtung eingeht.

Im Folgenden gilt es, die qualitativen und die quantitativen Determinanten der Marktrendite zu diskutieren und eine dahingehende Handlungsempfehlung auszusprechen. Die Ausführungen sind so aufgebaut, dass zunächst die theoretische Definition und die praktische Operationalisierung des Marktportfolios diskutiert werden, ehe sich die Untersuchung der Wahl des Referenzzeitraums respektive der Wahl des adäquaten Mittelungsverfahrens zuwendet.

## 4.2 Operationalisierung des Marktportfolios

### 4.2.1 Theoretische Anforderungen und ihre praktische Operationalisierung

Allgemein handelt es sich beim Marktportfolio um dasjenige Portfolio risikobehafteter Wertpapiere auf dem effizienten Ast der äußeren Begrenzung des Investitionsmöglichkeitenraums, wo die Grenzrate der Substitution der Isopräferenzkurve gerade der Grenzrate der Transformation des effizienten Asts der äußeren Begrenzung des Investitionsmöglichkeitenraums entspricht.[448] Die Einführung einer risikolosen Anlage führt dazu, dass das Marktportfolio im Hinblick auf die Gewichtung der einzelnen Wertpapiere für alle Investoren gleich ist, und zwar unabhängig von deren tatsächlichen Risikopräferenzen.[449] Die Risiko-Rendite-Beziehung ist linearer Natur, wobei dies für jedes effiziente Portfolio gilt. Damit verlagert sich die zu klärende Frage darauf, ob die Zusammensetzung der risikobehafteten Wertpapiere im Marktportfolio selbst effizient ist.

Unter den Annahmen des CAPM enthält das Marktportfolio alle am Kapitalmarkt umgehenden risikobehafteten Finanzierungstitel entsprechend dem

---

[448] Vgl. Tobin, J., RES 1958, S. 83.
[449] Vgl. Lintner, J., REStat 1965, S. 28; Jensen, M. C., Capital Market Theory, 1972, S. 5; Merton, R. C., Econometrica 1973, S. 869.

Verhältnis ihrer Marktwerte.[450] Das für die Konstruktion des Marktportfolios in Betracht zu ziehende Anlagespektrum beschränkt sich hierbei keineswegs nur auf Aktien. Vielmehr zählen hierzu zunächst sämtliche Anlageklassen materieller und immaterieller Art wie z. B. Anleihen, Immobilien und Rohstoffe.[451] In diesem Zusammenhang verwundert nur zu sehr, dass die zum CAPM ergangene Sekundärliteratur vor allen Dingen der jüngeren Vergangenheit von den theoretischen Modellannahmen abweicht und im Allgemeinen das Markt- mit einem reinen Aktienportfolio gleichsetzt, ohne die vom Modell geforderte Breite des Marktportfolios auch nur zu thematisieren oder diese Handhabung gar zu begründen.[452] Dies gilt in gleicher Weise für das *IDW*.[453] Offensichtlich herrscht im Schrifttum der breite, wenngleich überwiegend unausgesprochene Konsens, aus Gründen der Komplexitätsreduktion die Marktrisikoprämie mit der Überrendite gleichzusetzen, welche mit Aktien im Vergleich zur risikolosen Anlage zu erzielen ist. Der durch die unzureichende Diversifikation in alternative Anlageklassen in Kauf genommene Schätzfehler scheint hierbei kaum eine Rolle zu spielen.[454] Umso bemerkenswerter erscheint vor diesem Hintergrund die selbst hierüber hinausgehende Empfehlung an die Bewertungspraxis, das Marktportfolio noch enger zu definieren und als bestmögliche Annäherung

---

[450] Vgl. z. B. Mayers, D., JOB 1973, S. 259; Fama, E. F. / Schwert, G. W., JFE 1977, S. 96; Spremann, K., Portfoliomanagement, 2008, S. 235.

[451] Vgl. Lintner, J., REStat 1965, S. 28; Mossin, J., Econometrica 1966, S. 769; Mayers, D., JOB 1973, S. 259; Merton, R. C., Econometrica 1973, S. 87; Fama, E. F. / Schwert, G. W., JFE 1977, S. 9; uneindeutig Sharpe, W. F., JOF 1964, S. 435.

[452] Vgl. statt Vieler z. B. Koller, T. / Goedhart, M. / Wessels, D., Valuation, 2005, S. 310; Vernimmen, P. / Quiry, P. / Dallacchio, M., Corporate Finance, 2014, S. 330 – 332; Berk, J. / DeMarzo, P., Corporate Finance, 2014, S. 402 – 404; als Vertreter der wenigen Autoren, welche die Thematik zumindest aufgreifen, Black, M. / Scholes, M., JFE 1974, S. 7, S. 13; Ibbotson, R. G. / Fall, C. L., JPortM 1979, Nr. 1, S. 82 – 84; Haugen, R. A., Modern Investment Theory, 2001, S. 44; kritisch gegenüber der bloßen Beschränkung auf einen Aktienindex, da die Marktrisikoprämie tendenziell unterschätzend, Steiner, M. / Kleeberg, J., DBW 1991, S. 176 – 179; Canner, N. / Mankiw, N. G. / Weil, D. N., AER 1997, S. 185 – 186. *Ibbotson / Siegel / Love* äußern die Idee eines Weltportfolios und entwickeln hierzu einen Index, welcher Idee die Literatur jedoch kaum Beachtung schenkt. Vgl. hierzu Ibbotson, R. G. / Siegel, L. B. / Love, K. S., JPortM 1985, Nr. 1, S. 4 – 23. Diesbezüglich wendet *Stambaugh* zutreffend ein, dass die Konstruktion eines Weltportfolios freilich mit der Gefahr einer möglichen Doppelerfassung riskanter Vermögenswerte einhergeht. Vgl. hierzu Stambaugh, R. F., JFE 1982, S. 240 – 241.

[453] Vgl. IDW (Hrsg.), IDW S 1 i. d. F. 2005, Tz. 101; IDW (Hrsg.), IDW S 1 i. d. F. 2008, Tz. 93.

[454] Vgl. Zimmermann, J. / Meser, M., CF biz 2013, S. 4.

(engl. market proxy)[455] einen – wohlgemerkt möglichst breit diversifizierten – Aktienindex zu wählen.[456] Wenngleich dahingehende Untersuchungen Zweifel an der Richtigkeit der Handhabung aufkommen lassen,[457] sprechen vor allen Dingen praktische Erwägungen dafür, sich dieser Auffassung anzuschließen. Unbestreitbar stellt die Operationalisierung des theoretisch gebotenen Marktportfolios den Anwender vor große Herausforderungen, insbesondere was die Beobachtbarkeit der Vielzahl risikobehafteter Investitionsmöglichkeiten, notwendig werdende Umrechnungen und mitunter bestehende Investitionsbeschränkungen angeht. Der Identifizierung und Konstruktion des theoretisch gebotenen Marktportfolios sind in der Realität daher enge Grenzen gesetzt.[458] Am ehesten genügen börsengehandelte Aktien sowie hochliquide Staatsanleihen bester Bonität dem Kriterium eines vollkommenen Kapitalmarkts. Im Vergleich zu börsengehandelten Aktien ist der Markt für Anleihen, Immobilien und Rohstoffe weit weniger transparent, nachdem diese überwiegend außerbörslich auf dem grauen Kapitalmarkt gehandelt werden. Mangels unendlich laufender Anleihen besteht die Problematik, dass sich Anleihen und Aktien hinsichtlich der Fristigkeit ihrer jeweiligen Zahlungsstruktur nicht ohne Weiteres vergleichen lassen. Zudem kennzeichnet diese Vermögensklassen im Allgemeinen eine geringere Liquidität. Die Operationalisierung des Marktportfolios entsprechend den theoretischen Vorgaben vermittelt daher einen falschen Eindruck von der Höhe der Marktrendite, indem ein Teil hiervon in Wirklichkeit eine Vergütung für die geringere Liquidität darstellt. Der Grund für die pragmatische Operationalisierung des Marktportfolios allein anhand von Aktien im Allgemeinen ist somit in der Diskrepanz zwischen den theoretischen Anforderungen und den tatsächlichen Gegebenheiten auf dem Kapitalmarkt zu suchen. Die Beschränkung auf einen Aktienindex im Besonderen erklärt sich zum einen mit der im Vergleich zur Zusammenstellung von Einzeltiteln deutlich höheren Effizienz, zumal ein entsprechend gewählter Index die Entwicklung des Gesamtmarkts bei gleichzeitig weitgehender Diversifikation abbildet und zugleich als Erfolgsmaßstab für eine bestimmte Anlagestrategie fungieren kann. Zum anderen besteht die Problematik, dass sich die Gesamtheit der

---

[455] Vgl. Kolbe, A. L. / Read, J. A. / Hall, G. R., Cost of Capital, 1984, S. 73; Viebig, J. / Poddig, T. / Varmaz, A. (Hrsg.), Equity Valuation, 2008, S. 388; Berk, J. / DeMarzo, P., Corporate Finance, 2014, S. 402 – 404.
[456] Vgl. anstelle Vieler z. B. Koller, T. / Goedhart, M. / Wessels, D., Valuation, 2005, S. 310; Knoll, L., Mittelungsproblematik historischer Marktrisikoprämien, 2010, S. 327 – 328; Berk, J. / DeMarzo, P., Corporate Finance, 2014, S. 402 – 404; zu den damit verbundenen Problemen Stehle, R., Renditevergleich von Aktien und festverzinslichen Wertpapieren, 1999, S. 7.
[457] Vgl. Banz, R. W., JFE 1981, S. 7 – 8.
[458] Vgl. Koller, T. / Goedhart, M. / Wessels, D., Valuation, 2005, S. 310.

am Kapitalmarkt umgehenden Aktien nicht beobachten lässt. Allerdings lässt sich diese bei Kombination geeigneter Branchenindizes entsprechend dem Verhältnis ihrer Marktkapitalisierung zumindest approximieren. Ein so konstruiertes Portfolio spiegelt zu jedem Zeitpunkt die Entwicklung des Gesamtmarkts wider und macht Umschichtungen obsolet.[459] Jedoch ist das Vorgehen mit der weitreichenden Annahme verbunden, dass die Liquidität der in den Index einbezogenen Finanzierungstitel die Liquidität des Gesamtmarkts widerspiegelt. In der Realität hingegen ist das Gegenteil der Fall, sodass die auf dieser Grundlage bestimmte Marktrendite ein allzu optimistisches Bild der tatsächlichen Gegebenheiten zeichnet (engl. upward bias).

In der Gesamtschau erscheint die praktische Übung, das grundsätzlich in Betracht zu ziehende Spektrum aller in Frage kommenden Anlagemöglichkeiten auf Aktien zu reduzieren, somit durchaus zweckmäßig. Gleichwohl möge der Bewertungspraktiker stets in Erinnerung behalten, dass es sich hierbei allenfalls um eine stark vereinfachende zweitbeste Lösung handelt, welche in Abhängigkeit von Integrationsgrad, Tiefe und Breite des Kapitalmarkts das theoretisch gebotene Marktportfolio nur mehr oder weniger zutreffend zu beschreiben vermag.

Konstituierendes Merkmal eines Indexes ist die diesem zugrundeliegende Indexformel. Vor der eigentlichen Erörterung des als Marktportfolio zu wählenden Aktienindexes sind daher im Weiteren zunächst die gängigen Indexformeln zu definieren.

### 4.2.2 Aktienindizes

#### 4.2.2.1 Allgemeine Eigenschaften von Indizes

Allgemein beschreibt ein Index eine Zeitreihe reeller Messzahlen, welche eine dem Index zugrundeliegende mathematische Funktion, die so bezeichnete Indexformel, dem Vergleich zweier inhaltlich identischer, jedoch zu unterschiedlichen Zeitpunkten oder über unterschiedliche Zeiträume hinweg gemessener Bestands- oder Bewegungsgrößen zuordnet. Somit handelt es sich bei einer Messzahl um einen Koeffizienten, welcher über die Veränderung der betrachteten Größe innerhalb zweier Perioden Aufschluss gibt.[460] Die Berechnung der Indexzahl bedingt die Festlegung einer Basis, zu welcher die Entwicklung der Bestands- oder Bewegungsgröße innerhalb einer Be-

---

[459] Vgl. Spremann, K., Portfoliomanagement, 2008, S. 230 – 232.
[460] Vgl. Eichhorn, W., Economic Index, 1978, S. 3; Lippe, P. v. d., Index Theory, 2007, S. 5. In der Wirtschaftsstatistik haben sich um *Haberler* einerseits und *Fisher* andererseits zwei Denkschulen entwickelt, deren Aussagen zum Teil miteinander konfligieren. Auf eine ausführliche Auseinandersetzung sei an dieser Stelle verzichtet und stattdessen auf die weiterführende Literatur verwiesen. Vgl. hierzu einführend mit weiteren Literaturnachweisen Neubauer, W., Preisstatistik, 1996, S. 36 – 37.

richtsperiode in Beziehung gesetzt wird. Dies geschieht mithilfe einer reellen Indexzahl, zumeist des Ultimos des Basisjahres, oder eines arbiträren, regelmäßig runden Startwerts.[461] Art und Zusammensetzung der zu vergleichenden Größen sind durch einen Indexkorb determiniert.[462] Die Auswahl erfolgt entweder bewusst oder nach dem Zufallsprinzip.[463] Je nach Definition erlaubt der Indexkorb, die mitunter mehrdimensionalen Einflussfaktoren auf die zu vergleichenden Größen numerisch aggregiert auszudrücken.[464] Hinsichtlich ihrer Art lassen sich Indizes multidimensional nach einer Reihe von Kriterien klassifizieren, so z. B. nach dem Vermögenswert, welcher dem Index zugrunde liegt, oder ihrem geographischen Schwerpunkt.[465]

Der Relevanz für die weitere Darstellung entsprechend beziehen sich die folgenden Darlegungen in erster Linie auf Aktienindizes, gelten jedoch in ihren wesentlichen Aussagen unabhängig vom zugrundeliegenden Vermögenswert und damit auch etwa für die an späterer Stelle relevanten Rentenindizes.[466]

### 4.2.2.2 Konstruktionsmerkmale

Ein Aktienindex gibt die Entwicklung eines Portfolios von Aktien wieder, welche gewissen Selektionskriterien genügen, etwa einer speziellen Branche zugehören oder eine bestimmte Marktkapitalisierung aufweisen.[467] Als Referenzportfolio erfüllt ein Aktienindex vier verschiedene Funktionen, nämlich eine Messlatten-, eine Anlage-, eine Handels- und eine Informationsfunktion.[468] In vorliegendem Zusammenhang ist ausschließlich die Informationsfunktion relevant. Konkret besteht die Informationsfunktion eines Aktienindexes darin, die durchschnittliche Kursentwicklung der Grundgesamtheit der einbezogenen Aktien darzustellen.[469] Neben den eingangs dargelegten formalen Anforderungen bestehen an einen Aktienindex Ansprüche technischer und inhaltlicher Natur. Hierzu zählen zum einen Eigen-

---

[461] Vgl. zur Bedeutung der Wahl der Basis eingehend Anderson, O., Probleme der statistischen Methodenlehre, 1962, S. 45 – 50; Bohley, P., Statistik, 2000, S. 29 – 30.
[462] Vgl. Hartung, J., Statistik, 2009, S. 62; Schira, J., Statistische Methoden, 2012, S. 172.
[463] Vgl. Schulze, P. M. / Spieker, U., Deutsche Aktienindizes, 1994, S. 4 – 6.
[464] Vgl. Schulze, P. M. / Porath, D., Statistik, 2012, S. 263 – 264.
[465] Vgl. Grote, J. F., Indexkonstruktion, 2006, S. 13 – 14.
[466] Vgl. Kielkopf, K., Performance von Anleiheportefeuilles, 1995, S. 73 – 75.
[467] Vgl. Feibel, B. J., Investment Performance Measurement, 2003, S. 107.
[468] Vgl. Janßen, B. / Rudolph, B., DAX, 1992, S. 3 – 4; Grote, J. F., Indexkonstruktion, 2006, S. 18 – 21.
[469] In der Funktion einer Messlatte dient ein Aktienindex als Vergleichsmaßstab zur Beurteilung des Erfolgs einer aktiven Anlagestrategie. In der Anlagefunktion bildet der Aktienindex das Referenzportfolio, welches im Rahmen einer passiven Handelsstrategie zu rekonstruieren ist. In der Handelsfunktion stellt der Aktienindex den Basiswert derivativer Finanzgeschäfte dar. Vgl. Janßen, B. / Rudolph, B., DAX, 1992, S. 3 – 4; Richard, H.–J., Aktienindizes, 1992, S. 20 – 22.

schaften wie Zuverlässigkeit, Transparenz und Verfügbarkeit, zum anderen ein hinreichender Grad an Erwartungstreue, Risikostreuung und Makrokonsistenz.[470] Determinanten der Indexformel sind neben den Kursen die Volumina, zu welchen die Aktien in den Indexkorb eingehen.[471] Die Indexformel selbst bestimmt, welchem Schema die Gewichtung der Aktien innerhalb des Indexkorbs folgt und nach welcher Methode die Kursbewegungen zu mitteln sind, zunächst jedoch auf welcher Arithmetik der Index beruht.[472] Als grundsätzliche Möglichkeiten bestehen hierbei die Berechnung eines Durchschnitts aus Kursmesszahlen oder die Berechnung einer Messzahl aus Kurssummen.[473] Im Folgenden steht der Parameter $B$ für den Startwert des Indexes, $i$ mit $i \in \{1; 2; 3; ...; n-1; n\}$ für die $i$-te Aktie des Indexportfolios. Daneben steht $t$ mit $t \in \{0; 1; 2; ...; T-1; T\}$ für den jeweiligen Zeitpunkt. Im Übrigen liege der Basiszeitpunkt, sofern nicht anders vermerkt, stets in $t = 0$.

#### 4.2.2.2.1 Kursmesszahl

Die Kursmesszahl der $i$-ten Aktie eines Aktienindexes berechnet sich als Quotient aus dem Kurs $P_{t,i}$ der $i$-ten Aktie in der Berichtsperiode $t$ und dem Kurs $P_{0,i}$ der $i$-ten Aktie in der Basisperiode.[474] Ein Durchschnitt aus Kursmesszahlen gibt dementsprechend Auskunft über die durchschnittliche Veränderung des Kurses der im Index enthaltenen Aktien, sodass bei $n$ Aktien für den Stand des Indexes in der Berichtsperiode $t$ formal

$$I_{0,t}^{KM} = \frac{1}{n} \cdot \sum_{i=1}^{n} \frac{P_{t,i}}{P_{0,i}} \cdot B \qquad (1)$$

gilt.[475]

#### 4.2.2.2.2 Messzahl der Kurssummen

Die Messzahl der Kurssummen ergibt sich als Quotient der Summe der Aktienkurse $\sum_{i=1}^{n} P_{t,i}$ in der Berichtsperiode $t$ und der Summe der Aktienkurse $\sum_{i=1}^{n} P_{0,i}$ in der Basisperiode, wobei weiter danach zu differenzieren ist, ob und gegebenenfalls wie die Aktienkurse gewichtet werden.[476] Im Fall der

---

[470] Makrokonsistenz meint die unbedingte Replizierbarkeit des Indexportfolios. Vgl. hierzu Lorie, J. H. / Hamilton, M. T., Stock Market Indexes, 1978, S. 81; ausführlich Richard, H.-J., Aktienindizes, 1992, S. 27 – 30.
[471] Vgl. Feibel, B. J., Investment Performance Measurement, 2003, S. 109.
[472] Vgl. Lorie, J. H. / Hamilton, M. T., Stock Market Indexes, 1978, S. 83 – 85.
[473] Vgl. Anderson, O., Probleme der statistischen Methodenlehre, 1962, S. 38 – 39.
[474] Vgl. Bohley, P., Statistik, 2000, S. 30 – 31.
[475] Vgl. Lippe, P. v. d., Index Theory, 2007, S. 21.
[476] Vgl. Neubauer, W., Preisstatistik, 1996, S. 35 – 36; Bohley, P., Statistik, 2000, S. 32.

paritätischen Behandlung der Kurse aller im Index enthaltenen Aktien errechnet sich die Indexzahl der Kurssummen $I_{0,t}^{KS}$ mit[477]

$$I_{0,t}^{KS} = \frac{\sum_{i=1}^{n} P_{t,i}}{\sum_{i=1}^{n} P_{0,i}} \cdot B \tag{1}$$

#### 4.2.2.2.3 Wertindexformel

Finden in den Kurssummen neben den Kursen auch die zugehörigen Stückzahlen $Q_{t,i}$ Berücksichtigung, mit welchen jede einzelne Aktie $i$ zum jeweiligen Zeitpunkt $t$ im Index repräsentiert ist, folgt für die Indexzahl mit der Basisperiode $t = 0$ der Zusammenhang

$$I_{0,t}^{WI} = \frac{\sum_{i=1}^{n} P_{t,i} \cdot Q_{t,i}}{\sum_{i=1}^{n} P_{0,i} \cdot Q_{0,i}} \cdot B \tag{1}$$

$I_{0,t}^{WI}$ beschreibt die so bezeichnete Wertindexformel.[478] Die Wertindexformel misst die Veränderung der Börsenkapitalisierung des Indexportfolios im Zeitraum zwischen dem Berichts- und dem Basiszeitpunkt.[479]

#### 4.2.2.2.4 Rundprobe

Ob und welche der unterschiedlichen Formen von Aktienindizes geeignet sind, das Marktportfolio hinreichend zu approximieren, geht unter anderem mit der Frage einher, inwiefern alle Indexzahlen miteinander vergleichbar sind, mit anderen Worten ob also bei Zeitreihen mit mehr als zwei Datenpunkten grundsätzlich jede Periode als Basisperiode in Betracht kommen kann. Die Diskussion dieser Problematik scheint in der Literatur unter dem Begriff ‚Rundprobe' auf.[480]

Eine Indexformel hält der Rundprobe stand, wenn sich die im Verhältnis zur Basisperiode berechnete Indexzahl gleichsam als Produkt einperiodischer Indizes ermitteln lässt, welche auf der ihnen jeweils unmittelbar vorangehenden Periode basieren. Formal muss somit die Bedingung

$$I_{0,T} = \prod_{t=1}^{T} I_{t-1,t} \tag{1}$$

erfüllt sein.[481]

---

[477] Vgl. Lippe, P. v. d., Index Theory, 2007, S. 18.
[478] Vgl. Richard, H.-J., Aktienindizes, 1992, S. 35 – 37.
[479] Vgl. McIntyre, F., JASA 1938, S. 559 – 560; Bohley, P., Statistik, 2000, S. 44.
[480] Vgl. zur Methodik Westergaard, H. / Nybølle, H. C., Theorie der Statistik, 1928, S. 572.
[481] Vgl. Walsh, C. M., Measurement, 1901, S. 205, S. 400; Bleymüller, J., Aktienkursindizes, 1966, S. 125; Neubauer, W., Preisstatistik, 1966, S. 60 – 70.

Die Anwendung des Kriteriums der Rundprobe führt zu einer Differenzierung in Aktienindizes mit fixer Basis und so bezeichnete Kettenindizes.[482] Charakteristisch für einen Index mit fixer Basis ist, dass dieser jede einzelne Berichts- auf ein und dieselbe Basisperiode bezieht. Hieraus resultieren rundprobenkonforme Datenpunkte der Art $I_{0,1}, I_{0,2}, I_{0,3}, \ldots, I_{0,T-1}, I_{0,T}$.[483] Die Indexzahlen eines Kettenindexes hingegen ergeben sich aus dem Vergleich zweier unmittelbar aufeinanderfolgender Perioden, sodass jeder Datenpunkt auf einer anderen Basisperiode beruht.[484] Dennoch sind hier die der Basisperiode vorangehenden Perioden nicht gänzlich unbeachtlich. Tatsächlich fließen diese mittelbar in die Betrachtung mit ein, indem sich der der jeweiligen Basisperiode zugewiesene Indexwert, mithin die Basis bei der Bestimmung der Indexzahl der Berichtsperiode, als Produkt der Indexzahlen der vorangehenden Perioden berechnet.[485] Ähnlich den Gliedern einer Kette erfüllt jede Indexzahl eines Kettenindexes somit eine janusköpfige Funktion: Zum einen ist die jeweilige Indexzahl rückwärtsgewandt als Verhältniszahl mit der unmittelbar vor ihr liegenden Indexzahl als Basis, zum anderen vorwärtsgewandt als Basis für die Bestimmung der Indexzahl der jeweiligen Berichtsperiode. Die Datenpunkte eines Kettenindexes ergeben sich daher mit $I_{0,1}, I_{0,1} \cdot I_{1,2}, I_{0,1} \cdot I_{1,2} \cdot I_{2,3}, \ldots, I_{0,1} \cdot I_{1,2} \cdot I_{2,3} \cdot \ldots \cdot I_{T-2,T-1}, I_{0,1} \cdot \ldots$
$\ldots \cdot I_{1,2} \cdot I_{2,3} \cdot \ldots \cdot I_{T-2,T-1} \cdot I_{T-1,T}$.[486] Wie aus dem Vergleich mit Beziehung (1) ersichtlich ist, lässt sich ein Index mit fester Basis als Sonderfall eines Kettenindexes interpretieren, nämlich dann wenn die Wägungen über alle untersuchten Perioden hinweg gleich bleiben.[487]

Folgendes Beispiel illustriert den Unterschied zwischen einem Aktienindex mit fixer Basis und einem Kettenindex.[488] Sämtliche Indexzahlen mit Ausnahme derjenigen des Kettenindexes sind hierbei willkürlich gewählt.[489]

---

[482] Vgl. Anderson, O., Probleme der statistischen Methodenlehre, 1962, S. 50.
[483] Vgl. Schmitz-Esser, V., Aktienindizes im Portfoliomanagement, 2001, S. 146.
[484] Vgl. Schira, J., Statistische Methoden, 2012, S. 181 – 183.
[485] Vgl. Litz, H. P., Statistische Methoden, 2003, S. 195 – 196; Lippe, P. v. d., Index Theory, 2007, S. 132 – 138.
[486] Vgl. Bleymüller, J., Aktienkursindizes, 1966, S. 53 – 54.
[487] Vgl. Haberler, G., Indexzahlen, 1927, S. 48 – 54; ausführlich Neubauer, W., Preisstatistik, 1996, S. 59 – 70.
[488] Ausführliche Beispiele finden sich auch bei *Fisher* und *Haberler*. Vgl. hierzu Fisher, I., Index Numbers, 1922, S. 11 – 27; Haberler, G., Indexzahlen, 1927, S. 52 – 53.
[489] Auf eine dezidierte Darstellung der Entwicklung des Indexkorbs sowie der relativen Preise der von diesem umfassten Wertpapiere, woraus sich die Indexzahlen ableiten, sei an dieser Stelle, da für die Erläuterung der Unterschiede zwischen einem Index mit fester Basis und einem Kettenindex ohne Bedeutung, verzichtet.

| Zeitpunkt | 0 | 1 | 2 | 3 |
|---|---|---|---|---|
| Indexzahlen mit Zeitpunkt 0 als fester Basis | 100,000 | 97,130 | 98,740 | 124,010 |
| *tatsächliches Verhältnis der Kurssummen* | - | 97,130 | - | - |
| Indexzahlen mit Zeitpunkt 1 als fester Basis | - | 100,000 | 101,658 | 127,674 |
| *tatsächliches Verhältnis der Kurssummen* | - | - | 102,854 | - |
| Indexzahlen mit Zeitpunkt 2 als fester Basis | - | - | 100,000 | 124,132 |
| *tatsächliches Verhältnis der Kurssummen* | - | - | - | 122,569 |
| Kettenindex | 100,000 | 97,130 | 99,902 | 122,449 |

Geringfügige Abweichungen sind rundungsbedingt. Quelle: Eigene Darstellung in weiter Anlehnung an Haberler, G., Indexzahlen, 1927, S. 52 – 53.

**Tabelle 5: Aktienindex mit fester Basis und Kettenindex**

Die Zeitreihe der Datenpunkte eines Indexes mit Zeitpunkt 0 als fester Basis nehme den in Zeile 2 der Tabelle 5 skizzierten Verlauf. Als solcher vermittelt dieser allein dann ein den tatsächlichen Verhältnissen entsprechendes Bild, wenn die Zusammensetzung des Indexkorbs über die gesamte Laufzeit hinweg keinen Veränderungen unterliegt. Andernfalls, wenn also eine Veränderung des Indexkorbs eintritt, ist es notwendig, die Kurssumme der hierauf folgenden Berichtsperioden auf eine neue Basis zu stellen, da ansonsten die interperiodische Vergleichbarkeit der Indexzahlen leidet.

Ob und inwiefern sich die Basis ausgehend von Zeitpunkt 0 im Zeitablauf verändert, zeigt der Vergleich der sukzessive auf die Basis des jeweiligen Berichtszeitpunkts umzurechnenden Indexzahlen mit der tatsächlichen Entwicklung des Verhältnisses der Kurssummen. Da die Kurssummen der Berichtszeitpunkte 1 bis 3 für die Berechnung der Indexzahlen mit Zeitpunkt 0 als fester Basis maßgeblich sind, scheidet für Zeitpunkt 1 eine Diskrepanz zwischen der auf Basis von Zeitpunkt 0 ermittelten Indexzahl und dem Verhältnis der Kurssummen aus, nachdem die nach dem Verhältnis der Kurssummen für Zeitpunkt 1 gerechtfertigte Indexzahl mit der auf Basis von Zeitpunkt 0 ermittelten Indexzahl zwangsläufig übereinstimmt. Für die Analyse der Indexzahlen der Zeitpunkte 2 und 3 sind die auf Basis von Zeitpunkt 0 ermittelten Indexzahlen der Zeitpunkte 1 bis 3 auf Zeitpunkt 1 als neue Basis umzurechnen. Dies erfolgt in zwei Schritten: Zunächst wird die Indexzahl des neuen Basiszeitpunkts 1 auf den ursprünglichen Startwert des Indexes, hier 100,000, genormt, indem dieser durch die auf Basis von Zeitpunkt 0 ermittelten Indexzahl des neuen Basiszeitpunkts 1 dividiert wird. Im

Anschluss sind die auf Basis von Zeitpunkt 0 ermittelten Indexzahlen der späteren Zeitpunkte auf den neuen Basiszeitpunkt 1 zu beziehen. Dies geschieht durch Multiplikation mit dem Quotienten $(100{,}000\,/\,97{,}130)$. So resultiert etwa aus $98{,}740 \cdot (100{,}000\,/\,97{,}130)$ die auf Zeitpunkt 1 umgerechnete Indexzahl 101,658.

Die Gegenüberstellung der auf Basis von Zeitpunkt 0 respektive 1 ermittelten Indexzahlen macht deutlich, dass sich die Zusammensetzung des Indexkorbs im Zeitpunkt 1 gegenüber Zeitpunkt 0 offensichtlich zugunsten derjenigen Güter verschoben hat, deren relative Preise eine überdurchschnittliche Entwicklung genommen haben. Denn in Zeitpunkt 2 übersteigt mit 102,854 das tatsächliche Verhältnis der Kurssummen die auf Zeitpunkt 1 umbasierte Indexzahl 101,658. Die Umrechnung der auf Basis von Zeitpunkt 1 ermittelten Indexzahlen auf Zeitpunkt 2 als neue Basis hat dementsprechend der veränderten Zusammensetzung des Indexkorbs Rechnung zu tragen und daher im Umrechnungsfaktor die nach dem tatsächlichen Verhältnis der Kurssummen gerechtfertigte Indexzahl 102,854 zu berücksichtigen. Der Umrechnungsfaktor mit Zeitpunkt 2 als neuer Basis lautet somit $(100{,}000\,/\,102{,}854)$.

Die Indexzahlen des Kettenindexes selbst resultieren schließlich durch Multiplikation der umbasierten Indexzahl des jeweiligen Berichtszeitpunkts mit der Indexzahl des Kettenindexes des diesem vorangehenden Berichtszeitpunkts. Hierbei liegt der Startwert des Kettenindexes wiederum bei 100,000. Unter Übertragung der voranstehenden Erläuterungen ergeben sich die Indexzahlen des Kettenindexes für den zweiten respektive dritten Berichtszeitpunkt mit $99{,}902 = 97{,}130 \cdot 102{,}854$ bzw. $122{,}449 = 99{,}902 \cdot 122{,}569$.

#### 4.2.2.3 Klassifizierungsansätze

#### 4.2.2.3.1 Vorbemerkung

Ansätze zur Klassifizierung von Aktienindizes bestehen einerseits in der Art der Gewichtung der in sie einbezogenen Aktien, andererseits in der ihnen zugrundeliegenden Annahme über die Verwendung laufender Dividenden. Die beiden Klassifizierungsansätze schließen einander nicht aus. Vielmehr lassen sie sich miteinander kombinieren und erlauben so eine mehrdimensionale Betrachtungsweise. Nach der Art der Gewichtung der in den Index einbezogenen Aktien unterscheidet man Preis-, Gleich- und Kapitalisierungsgewichtungsindizes, nach der Art der Berücksichtigung der laufenden

Portfolioerträge Kurs- und Performanceindizes.[490] Aufbauend auf den Grundlagen der Indexbildung werden im Folgenden die unterschiedlichen Formen von Aktienindizes in ihren wesentlichen Zügen dargestellt.

#### 4.2.2.3.2 Klassifizierung nach dem Wägungsschema des Indexportfolios

##### 4.2.2.3.2.1 Preisgewichtungsindex

Ein als Preisgewichtungsindex ausgestalteter Aktienindex versteht sich als Summe der Kurse $P_{it}$ je eines Anteilsscheins am Grundkapital der in den Aktienindex einbezogenen Emittenten zum Zeitpunkt $t$, dividiert durch deren Gesamtzahl $n$, sodass formal für den arithmetischen Kursdurchschnitt $A_t$ im Zeitpunkt $t$

$$A_t = \frac{1}{n} \cdot \sum_{i=1}^{n} P_{i,t} \tag{1}$$

gilt.[491] Insofern handelt es sich bei einem Preisgewichtungsindex um das arithmetische Mittel der Kurse der in den Index einbezogenen Aktien zu einem bestimmten Zeitpunkt. In seiner einfachen Form unterfällt ein Preisgewichtungsindex somit nicht der formalen Definition eines Indexes.[492] Hierfür ist zusätzlich notwendig, den Kursdurchschnitt der Berichtsperiode in das Verhältnis zum Kursdurchschnitt der Basisperiode zu setzen. Ein Preisgewichtungsindex im eigentlichen Sinn stellt sich erst in der Form

$$I_{0,t}^P = \frac{\sum_{i=1}^{n} P_{i,t}}{\sum_{i=1}^{n} P_{i,0}} \cdot B \tag{2}$$

dar.[493]

Ein als Preisgewichtungsindex strukturierter Aktienindex simuliert eine einfache Kaufen-und-Halten-Strategie. Entscheidend für die Gewichtung des einzelnen Wertpapiers ist einzig dessen Kurs. Ohne Bedeutung ist demgegenüber die Marktkapitalisierung der ausstehenden Aktien des einbezogenen Emittenten. In Abhängigkeit von der Kursentwicklung kommt es dementsprechend im Zeitablauf zu einer Verschiebung der Kursgewichte.[494] Vor

---

[490] Zahlreiche weitere Ansätze bestehen, etwa eine Gewichtung nach dem Grundkapital der in den Index einbezogenen Aktien, welche jedoch allenfalls theoretische Bedeutung haben und daher an dieser Stelle nicht näher erläutert seien. Vgl. hierzu ausführlich Bleymüller, J., Aktienkursindizes, 1966, S. 60 – 71.
[491] Vgl. Lorie, J. H. / Hamilton, M. T., Stock Market Indexes, 1978, S. 82.
[492] Vgl. Neubauer, W., Preisstatistik, 1996, S. 37 – 38.
[493] Vgl. Haberler, G., Indexzahlen, 1927, S. 4; Richard, H.-J., Aktienindizes, 1992, S. 28. Der Faktor $\frac{1}{n}$ ist hierbei bereits eliminiert.
[494] Vgl. Bohley, P., Statistik, 2000, S. 33; Lippe, P. v. d., Index Theory, 2007, S. 18.

diesem Hintergrund vermag ein Preisgewichtungsindex der Rundprobe nicht standzuhalten.[495]

#### 4.2.2.3.2.2 Gleichgewichtungsindex

##### 4.2.2.3.2.2.1 Grundlagen

Ein Gleichgewichtungsindex spiegelt das Verhalten eines Anlegers wider, welcher über den gesamten Anlagezeitraum hinweg in jeder in dem Index abgebildeten Aktie mit demselben Betrag investiert ist.[496] Als Möglichkeiten, die Aktien eines Indexes gleich zu gewichten, unterscheidet man die Bildung entweder eines arithmetischen oder eines geometrischen Kursdurchschnitts.[497]

##### 4.2.2.3.2.2.2 Arithmetische Wägung

Hinsichtlich der Berechnung des arithmetischen Kursdurchschnitts sei auf Beziehung (1) in 4.2.2.3.2.1 verwiesen. Die Indexformel eines arithmetisch gleichgewichteten Aktienindexes ist eine Erweiterung des arithmetischen Kursdurchschnitts und lautet:

$$I_{o,t}^{aGl} = \frac{1}{n} \cdot \sum_{i=1}^{n} \frac{P_{i,t}}{P_{i,0}} \cdot B \qquad (1)$$

##### 4.2.2.3.2.2.3 Geometrische Wägung

Der geometrische Kursdurchschnitt $G_t$ im Zeitpunkt $t$ bestimmt sich mit

$$G_t = \sqrt[n]{\prod_{i=1}^{n} P_{i,t}} \qquad (1)$$

Die Indexformel des geometrisch gleichgewichteten Indexes $I_{o,t}^{gGl}$ lautet entsprechend:

$$I_{o,t}^{gGl} = \frac{\sqrt[n]{\prod_{i=1}^{n} P_{i,t}}}{\sqrt[n]{\prod_{i=1}^{n} P_{i,0}}} \cdot B = \sqrt[n]{\prod_{i=1}^{n} \frac{P_{i,t}}{P_{i,0}}} \cdot B = \prod_{t=1}^{T} \sqrt[n]{\prod_{i=1}^{n} \frac{P_{i,t}}{P_{i,t-1}}} \cdot B \qquad (2)$$

Nehmen die Kurse der in den Index einbezogenen Aktien im Zeitablauf eine unterschiedliche Entwicklung, was zu erwarten ist, kommt es zu einer Verschiebung der Wertpapiergewichtungen, und zwar unabhängig von der Mittelungsmethode. Ein arithmetisch gleichgewichteter Index bedingt daher

---

[495] Vgl. Haberler, G., Indexzahlen, 1927, S. 49.
[496] Vgl. Feibel, B. J., Investment Performance Measurement, 2003, S. 109.
[497] Vgl. Lorie, J. H. / Hamilton, M. T., Stock Market Indexes, 1978, S. 83 – 85.

fortlaufende Neuverkettungen, wohingegen die geometrische Variante ob ihrer Systematik neben dem Wertindex als einziger Indextypus der Rundprobe standhält. Dem Kriterium der Rundprobe vermögen daneben nur Wertindizes zu genügen. Ein arithmetisch gleichgewichteter Index bedingt daher fortlaufende Neuverkettungen.[498] Dennoch verursachen auch hier die periodisch zu tätigenden Portfolioumschichtungen vergleichsweise hohe Transaktionskosten, weshalb Gleichgewichtungsindizes in der Praxis eine nur untergeordnete Rolle spielen.[499]

### 4.2.2.3.2.3 Kapitalisierungsgewichtungsindex

#### 4.2.2.3.2.3.1 Grundlagen

Charakteristisch für einen Kapitalisierungsgewichtungsindex[500] ist die Gewichtung der von dem Index umfassten Finanzierungstitel im Verhältnis der Marktkapitalisierung des jeweiligen Emittenten zur Marktkapitalisierung der ausstehenden Aktien aller in den Index einbezogenen Emittenten. Im Hinblick auf die Bestimmung der Wertpapiergewichtungen bei Kapitalisierungsgewichtungsindizes ist die Frage bedeutsam, auf welcher Basis sich die Marktkapitalisierung berechnet, insbesondere ob in diese alle Aktien oder ausschließlich jene eingehen, in welchen auch tatsächlich freier Handel (engl. free float) stattfinden kann. Eine insoweit modifizierte Berechnungsbasis kommt bei so bezeichneten streubesitzadjustierten Kapitalisierungsgewichtungsindexes zur Anwendung, indem diese etwa strategische Beteiligungen an den in den Index einbezogenen Gesellschaften von der Berechnung der Wertpapiergewichtungen ausnehmen. Die Festlegung von Kriterien, anhand derer über den allfälligen Ausschluss aus der Berechnung zu urteilen ist, ist indes nicht frei von subjektiven Einflüssen.[501] Weiterhin tragen streubesitzadjustierte Kapitalisierungsgewichtungsindexes dem besonderen Umstand wechselseitiger Beteiligungen der in den Index einbezogenen Gesellschaften Rechnung und kürzen die Marktkapitalisierung der verflochtenen Gesellschaften um den Börsenwert bestehender Überkreuzbeteiligungen.[502] In eine ähnliche Richtung wie die Beschränkung auf das frei handelbare Kapital zielt die Kappung der Wertpapiergewichtungen derjenigen Gesellschaften innerhalb eines Aktienindexes, welche einen weit überdurchschnittlichen Anteil der gesamten von dem Index repräsentierten Marktkapitalisierung auf sich vereinen.[503]

---

[498] Vgl. Haberler, G., Indexzahlen, 1927, S. 49.
[499] Vgl. Schmitz-Esser, V., Aktienindizes im Portfoliomanagement, 2001, S. 146 – 151.
[500] Auch die Bezeichnung ‚Wertgewichtungsindex' ist gängig.
[501] Vgl. Janßen, B. / Rudolph, B., DAX, 1992, S. 15 – 16.
[502] Vgl. kritisch Richard, H.-J., Aktienindizes, 1992, S. 59.
[503] Vgl. Schmitz-Esser, V., Aktienindizes im Portfoliomanagement, 2001, S. 156.

In Abhängigkeit davon, ob für die Berechnung der Wertpapiergewichtungen die Verhältnisse zu Beginn oder zum Ende einer Periode maßgeblich sind, ist weiter danach zu unterscheiden, ob der jeweilige Wertgewichtungsindex auf einem Wägungsschema vom Typ *Laspeyres* oder vom Typ *Paasche* beruht.[504] Kapitalisierungsgewichtungsindizes vermögen der Rundprobe nicht standzuhalten und bedürfen daher fortlaufender Neuverkettungen.[505]

### 4.2.2.3.2.3.2 Wägungsschema vom Typ Laspeyres

Ein Kapitalisierungsgewichtungsindex vom Typ *Laspeyres* misst die Veränderung eines Portfolios, welches eine Kaufen-und-Halten-Strategie simuliert, welches also ein gedachter Anleger in der Basisperiode kauft und in der Berichtsperiode liquidiert, ohne in der Zwischenzeit Umschichtungen zu tätigen.[506] Maßgeblich für den Faktor der Wertpapiervolumina ist daher die Anzahl der zirkulierenden Aktien der in den Index einbezogenen Emittenten zu Beginn der Basisperiode.[507] Formal gilt in Anlehnung an die Aggregatformel[508] für Preisindizes vom Typ *Laspeyres* $I_{o,t}^{La}$

$$I_{o,t}^{La} = \sum_{i=1}^{n} \frac{P_{i,0} \cdot Q_{i,0}}{\sum_{i=1}^{n} P_{i,0} \cdot Q_{i,0}} \cdot \frac{P_{i,t}}{P_{i,0}} \cdot B = \frac{\sum_{i=1}^{n} P_{i,t} \cdot Q_{i,0}}{\sum_{i=1}^{n} P_{i,0} \cdot Q_{i,0}} \cdot B \qquad (1)$$

### 4.2.2.3.2.3.3 Wägungsschema vom Typ Paasche

Diametral zum Wägungsschema vom Typ *Laspeyres* stellt ein Kapitalisierungsgewichtungsindex vom Typ *Paasche* $I_{o,t}^{Pa}$ auf die Verhältnisse am Ende der Berichtsperiode ab.[509] Es gilt:

$$I_{o,t}^{Pa} = \sum_{i=1}^{n} \frac{P_{i,0} \cdot Q_{i,t}}{\sum_{i=1}^{n} P_{i,0} \cdot Q_{i,t}} \cdot \frac{P_{i,t}}{P_{i,0}} \cdot B = \frac{\sum_{i=1}^{n} P_{i,t} \cdot Q_{i,t}}{\sum_{i=1}^{n} P_{i,0} \cdot Q_{i,t}} \cdot B \qquad (1)$$

Angesichts der unterschiedlichen Referenzzeitpunkte tragen die beiden Wägungsschemata etwaigen Veränderungen der im Index abzubildenden Grundgesamtheit in unterschiedlicher Weise Rechnung. So kommen beim Wägungsschema nach *Paasche* Veränderungen der Grundgesamtheit unmittelbar zum Tragen, während beim Wägungsschema nach *Laspeyres* nach der Art der Veränderung zu unterscheiden ist: Ein Delisting schlägt sich hier

---

[504] Vgl. Richard, H.-J., Aktienindizes, 1992, S. 32 – 35; Lippe, P. v. d., Index Theory, 2007, S. 29.
[505] Vgl. Schmitz-Esser, V., Aktienindizes im Portfoliomanagement, 2001, S. 146.
[506] Vgl. hierzu ausführlich Neubauer, W., Preisstatistik, 1996, S. 41 – 44; Grote, J. F., Indexkonstruktion, 2006, S. 16 – 17.
[507] Vgl. Schulze, P. M. / Porath, D., Statistik, 2012, S. 268 – 270.
[508] Vgl. Richard, H.-J., Aktienindizes, 1992, S. 32 – 35. Von der hier zur Anwendung kommenden Aggregatformel für Preisindizes ist die Aggregatformel für Mengenindizes zu unterscheiden. Vgl. hierzu Fahrmeir, L. / Künstler, R. / Pigeot, I. u. a., Statistik, 2010, S. 550 – 552.
[509] Vgl. hierzu ausführlich Hartung, J., Statistik, 2009, S. 62 – 65.

ebenfalls unmittelbar nieder, wohingegen ein Listing eine entsprechende Anpassung des Indexkorbs erforderlich macht. Je nachdem wie schnell sich die abzubildende Grundgesamtheit verändert, vermittelt das Gewichtungsschema vom Typ *Laspeyres* ein mehr oder weniger überholtes Bild von der tatsächlichen Zusammensetzung der Grundgesamtheit. Da ein Index vom Typ *Laspeyres* der im Schrifttum so bezeichneten Zeitumkehrprobe nicht standhält, verbietet sich streng eine Indexverkettung.[510] Doch auch bei einem Aktienindex vom Typ *Paasche* stehen die permanenten Änderungen des Gewichtungsschemas sinnvollen intertemporalen Vergleichen entgegen.[511]

### 4.2.2.3.3 Klassifizierung nach der Einbeziehung der laufenden Portfolioerträge

Nach der Annahme über die Verwendung laufender Dividenden lassen sich Aktienindexes daneben als Kurs- oder als Performance-Indizes einordnen. Während ein Kursindex[512] ausschließlich die Entwicklung der Aktienkurse widerspiegelt, berechnet sich ein Performance-Index auf Grundlage der Annahme, dass Dividenden im Zeitpunkt ihres Zuflusses für den Erwerb weiterer Anteile am Indexportfolio verwendet werden.[513] Hintergrund ist das Renditekonzept des Total Return, weshalb auch die synonyme Bezeichnung ‚Total Return-Index' gängig ist.[514] Zahlreiche Aktienindexes werden sowohl als Kurs- als auch als Performance-Index berechnet.

### 4.2.2.3.4 Berücksichtigung gesellschaftsrechtlich bedingter Indexkorrekturen

Eingedenk der Tatsache, dass Preisindexformeln das allgemeine Kursniveau messen, geht die undifferenzierte Anwendung der oben vorgestellten Indexformeln mit der Gefahr einher, einen unzutreffenden Eindruck von der Indexperformance zu vermitteln.[515] Denn in ihrer rudimentären Form treffen die Indexformeln keine Unterscheidung zwischen marktbedingten und gesellschaftsrechtlich veranlassten Kurseinflüssen, was jedoch für die Beurteilung des Anlageerfolgs zwingend notwendig ist. Als marktbedingt sind all diejenigen Einflüsse auf den Kurs einer Aktie zu verstehen, welche aus einer Veränderung der Marktkräfte von Angebot und Nachfrage herrühren. Gesellschaftsrechtlich veranlasste Kurseinflüsse, etwa Ausschüttungen oder

---

[510] Vgl. Morawietz, M., Rentabilität und Risiko, 1994, S. 46.
[511] Vgl. Lützel, H. / Jung, W., WiSta 1984, S. 43.
[512] Auch die Bezeichnung ‚Preisindex' ist gängig. Keinesfalls ist ein Preisindex mit einem Preisgewichtungsindex zu verwechseln.
[513] Vgl. Stehle, R. / Hartmond, A., KuK 1991, S. 377; Göppl, T. / Herrmann, R. / Kirchner, T. u. a., Risk Book, 1996, S. 14.
[514] Vgl. z. B. Zantow, R. / Dinauer, J., Finanzwirtschaft, 2011, S. 238.
[515] Vgl. Feibel, B. J., Investment Performance Measurement, 2003, S. 111 – 115.

Eigenkapitalmaßnahmen, hingegen beruhen auf Beschlüssen der Hauptversammlung. Im Unterschied zu marktbedingten Kurseinflüssen führen diese zu keiner Veränderung der Nettovermögensposition der Anteilseigner und sind daher von der Berechnung der Indexperformance auszunehmen.[516] Unabhängig hiervon gebietet sich die Eliminierung gesellschaftsrechtlich bedingter Kurseinflüsse auch im Hinblick auf das CAPM. Andernfalls nämlich würden zusammen mit der Indexperformance die tatsächliche Höhe der Marktrisikoprämie sowie die Steigung der Wertpapiermarktlinie unterschätzt und die Überrenditen dementsprechend zu hoch respektive Unterrenditen zu niedrig ausgewiesen. Ferner ergäben sich Fehler bei der Berechnung der Korrelationskoeffizienten und damit der $\beta$-Faktoren, da jeder Abschlag den wahren Verlauf des Indexes negativ verzerrte.[517] Technisch erfolgt die Bereinigung der Indexperformance um gesellschaftsrechtlich veranlasste Kurseinflüsse mithilfe von Korrekturfaktoren.[518] Abbildung 10 gibt einen Überblick über bedeutsame Aktienindizes.

---

[516] Vgl. Bleymüller, J., Aktienkursindizes, 1966, S. 38 – 39; zum Verfahren Richard, H.-J., Aktienindizes, 1992, S. 103 – 105. Zu den wichtigsten gesellschaftsrechtlich veranlassten Kurseinflüssen zählen neben Bar- und Portfolioausschüttungen die Ausgabe von Bezugsrechten im Zusammenhang mit Kapitalerhöhungen gegen Einlage (§ 186 Abs. 1 AktG) sowie genehmigtem Kapital (§ 203 Abs. 1 AktG), Spaltungen und Zusammenlegungen sowie Ausgabe und Rückkauf von Aktien. Die Darstellung der jeweiligen Besonderheiten sprengt den Rahmen der vorliegenden Untersuchung. Vgl. hierzu eingehend Schmitz-Esser, V., Aktienindizes im Portfoliomanagement, 2001, S. 158 – 165.
[517] Vgl. Steiner, M. / Kleeberg, J., DBW 1991, S. 179.
[518] Vgl. eingehend Bleymüller, J., Aktienkursindizes, 1966, S. 73 – 94; Lorie, J. H. / Hamilton, M. T., Stock Market Indexes, 1978, S. 86; Richard, H.-J., Aktienindizes, 1992, S. 80 – 105; eingehend für das Beispiel des Deutschen Aktienindexes (DAX®) Dartsch, A., Implizite Volatilitäten, 1999, S. 89 – 96; Fahrmeir, L. / Künstler, R. / Pigeot, I. u. a., Statistik, 2010, S. 553.

| Aktienindex | Wesentliches Auswahlkriterium | Aktuelle Größe des Indexkorbs | Wägungsschema | Verfügbare Indextypen |
|---|---|---|---|---|
| Dow Jones Industrial Average | US-amerikanische Blue Chips | 30 | Preisgewichtung | Kursindex Performance-Index |
| Nikkei 225 | japanische Blue Chips | 225 | modifizierte Preisgewichtung | Kursindex |
| Russell 1000® Equal Weight Index | Marktkapitalisierung Listing in den USA | rund 1.000 | Gleichgewichtung | Performance |
| DAX® 30 | deutsche Blue Chips | 30 | streubesitzadjustierte Kapitalisierungsgewichtung | Kursindex Performance-Index |
| Composite-DAX® | Listing im Prime Standard oder im General Standard der Frankfurter Wertpapierbörse | rund 470 | Kapitalisierungsgewichtungsindex | Kursindex Performance-Index |
| S & P 500® | Marktkapitalisierung Listing an einer US-amerikanischen Börse | rund 500 | streubesitzadjustierte Kapitalisierungsgewichtung | Kursindex Performance-Index |
| Shanghai Composite Index | Listing an der Shanghai Stock Exchange | rund 2.700 | Kapitalisierungsgewichtung | Kursindex |
| MSCI World | Unternehmensgröße Sitz in einem von 23 ausgewählten Ländern | rund 1.600 | streubesitzadjustierte Kapitalisierungsgewichtung | Kursindex Performance-Indizes |
| Hangseng Index | Marktkapitalisierung Listing an Hongkong Stock Exchange | 45 | streubesitzadjustierte Kapitalisierungsgewichtung | Kursindex |

Quelle: Eigene Darstellung.

**Abbildung 10: Vergleichende Gegenüberstellung bedeutsamer Aktienindizes**

### 4.2.2.4 Zwischenergebnis

Zwischen den Indexformeln der verschiedenen Wägungsschemata bestehen erhebliche Unterschiede. In Abhängigkeit davon, welches Wägungsschema auf einen Aktienkorb Anwendung findet, kommt es daher in der Regel zu erheblichen Abweichungen der Datenpunkte einer Zeitreihe. Im Hinblick auf die unmittelbare intertemporale Vergleichbarkeit der Datenpunkte einer Zeitreihe ist entscheidend, inwieweit die zugrundeliegende Indexformel der Rundprobe standhält. Das Kriterium der Rundprobe erlaubt die Kategorisierung der verschiedenen Indexformeln in Indizes mit fixer Basis und Kettenindizes. Allein Indizes mit fester Basis erlauben eine durchgängige Vergleichbarkeit der Datenpunkte der Zeitreihe. Kettenindizes dagegen erfordern laufende Neuverkettungen.

Aktienindizes lassen sich nach der Art der Gewichtung oder nach der Annahme über die Verwendung der laufenden Erträge der in das Indexportfolio einbezogenen Aktien klassifizieren. Nach dem Kriterium der Verwendung der laufenden Erträge der in das Indexportfolio einbezogenen Aktien ist zwischen Kurs- und Performanceindizes zu unterscheiden. Bei Anknüpfung an das Kriterium der Gewichtung liegt Aktienindizes zumeist das Wägungsschema eines Preis-, eines Gleich- oder eines Kapitalisierungsgewichtungsindexes zugrunde. Als Unterformen sind hierbei weiterhin arithmetisch respektive geometrisch gleichgewichtete Indizes zum einen und Kapitalisierungsgewichtungsindizes vom Typ *Laspeyres* respektive vom Typ *Paasche* zum anderen zu unterscheiden. Eine Sonderstellung nehmen Free Float-adjustierte Kapitalisierungsgewichtungsindizes ein. Eine weitere, allerdings im Zusammenhang mit Aktienindizes wenig relevante Indexform stellt die Berechnungsformel des Wertindexes dar. Dem Kriterium der Rundprobe hält neben diesem allein ein geometrisch gleichgewichteter Index stand. Die übrigen Fälle bedingen somit laufende Neuverkettungen. Gesellschaftsrechtlich bedingte Veränderungen des Indexkorbs machen daneben den Einsatz von Korrekturfaktoren erforderlich.

### 4.2.3 Wahl des Aktienindexes

#### 4.2.3.1 Grundlagen

Unter den Annahmen des CAPM umfasst das Marktportfolio sämtliche risikobehafteten Anlagemöglichkeiten materieller und immaterieller Art, welche als Wertpapiere verbrieft sind und am Kapitalmarkt umgehen.[519] Die praktische Umsetzung dieser Modellvorgabe stellt den Anwender vor große

---

[519] Vgl. Lintner, J., REStat 1965, S. 28; uneindeutig Sharpe, W. F., JOF 1964, S. 435; Mossin, J., Econometrica 1966, S. 769; Merton, R. C., Econometrica 1973, S. 870; zum Humankapital als Anlagemöglichkeit Mayers, D., Nonmarketable Assets, 1972, S. 224; ferner Fama, E. F., AER 1970, S. 169.

Herausforderungen. Daher spricht sich die Literatur dafür aus, als Annäherung an das theoretisch gebotene Marktportfolio hilfsweise auf einen möglichst breit diversifizierten Aktienindex zurückzugreifen.[520] Die Wahl eines geeigneten Aktienindexes ist mit einer Reihe von Fragen verbunden. Entscheidungskriterien sind neben der Art, der Anzahl und der Ansässigkeit der Branchen- und der Länderschwerpunkt der in den Index einbezogenen Unternehmen, das Wägungsschema sowie die Regelmäßigkeit, mit welcher die Zusammensetzung des Indexes überprüft wird.

Die Wägungen der risikobehafteten Anlagemöglichkeiten im Marktportfolio bestimmen sich nach dem Verhältnis ihrer Marktwerte.[521] Gleichzeitig beruht das CAPM auf dem Konzept des Total Return,[522] mit welchem implizit die Annahme eines auf eine Periode begrenzten Anlagehorizonts verknüpft ist.[523] Somit reduziert sich das in 4.2.2.3 vorgestellte Spektrum der grundsätzlich in Frage kommenden Indexarten auf einen als Performance-Index ausgestalteten Kapitalisierungsgewichtungsindex vom Typ *Laspeyres*. Die Wahl eines Gleichgewichtungs- oder gar eines Preisindexes zur praktischen Operationalisierung des Marktportfolios kommt demgegenüber nicht in Betracht. Diese vergleichen nur die Preise, nicht jedoch, wie modelltheoretisch geboten, die Marktkapitalisierung des Indexportfolios der Berichts- und der Basisperiode.[524] Zwar ist ein Kapitalisierungsgewichtungsindex mit dem konzeptionellen Nachteil laufender Neuverkettungen verbunden. Mangels Alternativen ist dieser jedoch in Kauf zu nehmen respektive kommt diesem keine effektive Entscheidungserheblichkeit zu.[525]

Ähnlich eindeutig wie mit der Wahl des Indextyps verhält es sich mit der konkreten Ausgestaltung als Kurs- respektive Performance-Index. Allein ein Performance-Index simuliert die sofortige Reinvestition der laufenden Portfolioerträge in das Marktportfolio,[526] welche Prämisse dem Total Return und seiner finanzmathematischen Anwendung, dem Rechnen mit diskreten Renditen, inhäriert.

Streng genügt selbst ein Performance-Index nicht den restriktiven Anforderungen des CAPM, nachdem es sich bei diesem um ein Gleichgewichtsmodell

---

[520] Vgl. nochmals z. B. Koller, T. / Goedhart, M. / Wessels, D., Valuation, 2005, S. 310; Knoll, L., Mittelungsproblematik historischer Marktrisikoprämien, 2010, S. 327 – 328; Berk, J. / DeMarzo, P., Corporate Finance, 2014, S. 402 – 404.
[521] Vgl. Lintner, J., JOF 1965, S. 597 – 598; Mayers, D., JOB 1973, S. 259; Berk, J. / DeMarzo, P., Corporate Finance, 2014, S. 402.
[522] Vgl. Lintner, J., REStat 1965, S. 19, S. 25; Mossin, J., Econometrica 1966, S. 770, S. 774; Wallace, N., JOF 1967, S. 302.
[523] Vgl. Treynor, J. L., Risky Assets, o. J., S. 5; Black, F., JOB 1970, S. 444.
[524] Vgl. Schmitz-Esser, V., Aktienindizes im Portfoliomanagement, 2001, S. 148 – 151.
[525] Vgl. Bleymüller, J., Aktienkursindizes, 1966, S. 125.
[526] Vgl. Stehle, R. / Hartmond, A., KuK 1991, S. 377.

handelt.[527] Im Kapitalmarktgleichgewicht herrscht ein statisches Angebot an Wertpapieren vergleichbaren systematischen Risikos, sodass sich die laufenden Dividenden und Bezugsrechtserlöse nicht in Form weiterer Anteile am Marktportfolio veranlagen lassen. Vielmehr verbleiben unter den Annahmen des CAPM einzig risikolose Wertpapiere als Anlagemöglichkeit. Unabhängig von dem damit verbundenen erheblichen Rechenaufwand vermag jedoch ein so konstruierter Wertpapierindex den Markt im Laufe der Zeit immer schlechter abzubilden, da derjenige Anteil, welcher auf die auflaufenden Zinsen und Zinseszinsen entfällt, überproportional wächst.[528] Offensichtlich besteht also ein Konflikt zwischen der Modellannahme des Kapitalmarktgleichgewichts und der Wiederanlageprämisse. Aus praktischen Erwägungen empfiehlt es sich dennoch, auf einen klassischen Performance-Index abzustellen, zumal dies der allgemeinen Übung entspricht.

Zusammenfassend lässt sich festhalten, dass die Prämissen des CAPM im Hinblick auf die qualitativen Anforderungen an den Referenzindex keinen Auslegungsspielraum offen lassen. Die bestmögliche Annäherung an das theoretische Marktportfolio bietet ein als Performance-Index ausgestalteter Kapitalisierungsgewichtungsindex vom Typ *Laspeyres*. Angesichts der Reduzierung des theoretischen Marktportfolios auf einen reinen Aktienindex in der Bewertungspraxis sollte dieser zumindest eine möglichst breite Diversifikation aufweisen.

Die vergleichende Gegenüberstellung über die Höhe der Marktrisikoprämie zeigt, dass sich die empirischen Studien zum deutschen Kapitalmarkt überwiegend auf den Aktienindex des Statistischen Bundesamts, den DAX® 30 oder den CDAX® bzw. die jeweiligen Vorgängern stützen. Grundlage der wissenschaftlichen Studie von *Stehle* (2004) zur Marktrisikoprämie am deutschen Kapitalmarkt etwa bilden die Renditezeitreihen des DAX® 30 respektive des CDAX®.[529] Die folgenden Ausführungen widmen sich der Frage, ob und inwiefern der Aktienindex des Statistischen Reichs- bzw. Bundesamts, der DAX® 30, der CDAX® bzw. die jeweiligen Vorgänger den Anforderungen an das Marktportfolio genügen. Im Anschluss werden in Frage kommende Indexalternativen diskutiert.

### 4.2.3.2 Aktienindex des Statistischen Reichs- bzw. Bundesamts

#### 4.2.3.2.1 Merkmale

Der Aktienindex des Statistischen Reichs- bzw. Bundesamts wurde mit dem Ziel aufgelegt, eine Aussage über die Wertentwicklung eines Aktienportfolios zu treffen, dessen Zusammensetzung möglichst umfassend den deut-

---

[527] Vgl. Lintner, J., JFQA 1969, S. 350; Fama, E. F. / French, K. R., CAPM, 2003, S. 3.
[528] Vgl. ausführlich Bleymüller, J., Aktienindizes, 1966, S. 80 – 81.
[529] Vgl. Stehle, R., WPg 2004, S. 921.

schen Gesamtmarkt repräsentiert. Die Berechnung erfolgt nach dem Schema eines Kursindexes. Für die Erfassung der laufenden Erträge des Indexportfolios bestehen zwei separate Dividendenindizes. Der wesentliche Unterschied zwischen den beiden Varianten liegt in der Berücksichtigung der Körperschaftsteuergutschrift im Zusammenhang mit dem 1977 eingeführten körperschaftsteuerlichen Anrechnungsverfahren.[530] Der Aktienindex des Statistischen Reichs- bzw. Bundesamts bezieht eine ausgewählte Anzahl von Gesellschaften ein, welche in summa mindestens 90 % des Nominalkapitals aller börsennotierten Stammaktien in den zuletzt vorgesehenen 41 Wirtschaftsbereichen abbilden.[531] Voraussetzung für die Einbeziehung in das Indexportfolio ist die Ansässigkeit des Emittenten in der Bundesrepublik Deutschland.[532] Weiterhin müssen die Stammaktien auf Deutsche Mark lauten und an mindestens einer deutschen Wertpapierbörse zum amtlichen Handel zugelassen sein.[533] Die Auswahl selbst erfolgt nach dem Konzentrationsprinzip, d. h. abgestuft nach dem Beitrag der einzelnen Stammaktie zur Repräsentationsquote.[534]

Ursprünglich blieben bei der Indexberechnung Wirtschaftsbereiche unberücksichtigt, deren Aktien im Hinblick auf den Gesamtmarkt von untergeordneter Bedeutung sind oder anderen Bewertungsmaßstäben unterliegen.[535] Hierbei handelte es sich bis zum 30. Dezember 1980 um die Segmente ‚Handel ohne Warenhausunternehmen', ‚Übriger Verkehr', ‚Sonstige' und ‚Versicherungsunternehmen', nach 1980 nur noch um das Segment ‚Sonstige'. Zeitgleich nahm das Statistische Bundesamt eine Änderung des Wägungsschemas vor, indem es zur besseren Abbildung des Gesamtmarkts an die Stelle der bis dahin verwendeten *Laspeyres*-Formel[536] die Wägung mit der jeweils aktuellen Gewichtung (Portfoliomethode) setzte.[537] In beiden Fällen ist der Nominalwert des eingezahlten Kapitals für die Wägung maßgeblich. Technisch macht die Portfoliomethode eine laufende Neuverkettung des Indexes erforderlich. Die Bereinigung von gesellschaftsrechtlich

---

[530] Unter dem Regime des körperschaftsteuerlichen Anrechnungsverfahrens wirkt die auf Ebene der Kapitalgesellschaft erhobene Körperschaftsteuersteuer bei wirtschaftlicher Betrachtungsweise wie eine Vorauszahlung auf die Einkommensteuer der Anteilseigner.
[531] Vorzugsaktien hingegen bleiben außer Ansatz, nachdem diese einer abweichenden Bewertungssystematik folgen und nur zum Teil an der Börse umgehen. Vgl. hierzu Silbermann, H., WiSta 1974, S. 836; kritisch Morawietz, M., Rentabilität und Risiko, 1994, S. 103; Angele, J., WiSta 1996, S. 25.
[532] Vgl. Schulze, P. M. / Spieker, U., Deutsche Aktienindizes, 1994, S. 24.
[533] Vgl. Statistisches Bundesamt (Hrsg.), Geld und Kredit, 1992, S. 5.
[534] Vgl. Bleymüller, J., Aktienkursindizes, 1966, S. 188; Stehle, R. / Schmidt, M. H., German Stocks 1954 – 2013, 2014, S. 27 – 28.
[535] Vgl. Spellerberg, B. / Schneider, R., WiSta 1967, S. 343.
[536] Vgl. Herrmann, K., WiSta 1956, S. 195.
[537] Vgl. Lützel, H. / Jung, W., WiSta 1984, S. 43, S. 47 – 48.

bedingten Veränderungen des Gewichtungsschemas mithilfe eines Korrekturfaktors gewährleistet die intertemporale Vergleichbarkeit der Indexdaten.[538]

#### 4.2.3.2.2 Zeitreihe

Die Zeitreihe des Aktienindexes des Statistischen Reichs- bzw. Bundesamts umspannt den Zeitraum von 31. Dezember 1913 bis 30. Juni 1995,[539] wobei für die Jahre 1915 und 1916 sowie 1944 bis 1947 kriegsbedingt keine Daten vorliegen.[540] Eine zusätzliche, wenn auch nur rudimentäre Verlängerung der Zeitreihe bis 1856 erlaubt zudem der Index des Instituts für Konjunkturforschung. Ebenso wie beim Aktienindex des Statistischen Reichs- bzw. Bundesamts handelt es sich hierbei um einen Kursindex, sodass für Zwecke der Ermittlung der langfristigen Aktienrendite jeweils die gesonderte Berücksichtigung der laufenden Erträge erforderlich ist. Dennoch sind die beiden Zeitreihen nur bedingt kompatibel. Dies gilt besonders für die Zeit vor 1890, da erst ab diesem Zeitpunkt die Daten des Indexes des Instituts für Konjunkturforschung um gesellschaftsrechtliche Einflüsse bereinigt sind und die Wägungsschemata einander entsprechen. Zudem ist der Index des Instituts für Konjunkturforschung weniger breit angelegt als der Aktienindex des Statistischen Reichs- bzw. Bundesamts.[541]

Eine Alternative zum Index des Instituts für Konjunkturforschung stellt der von *Donner* 1934 entwickelte Kursindex dar. Dieser umfasst den Zeitraum von 1870 bis 1913, wobei die Basis bei 1913 = 100,00 liegt. Unter Rückgriff auf die von *Däbritz* entwickelte Kursindexziffer lässt sich die *Donner*-Zeitreihe grundsätzlich ebenfalls bis 1856 verlängern.[542] Allein scheitert dies praktisch an der nur bedingt vergleichbaren Datengrundlage der Zeit-

---

[538] Vgl. Statistisches Bundesamt (Hrsg.), Geld und Kredit, 1992, S. 5.
[539] Vgl. Angele, J., WiSta 1996, S. 25.
[540] Vgl. zu den Daten Statistisches Bundesamt (Hrsg.), Geld und Kredit, 1985; Conen, R. / Väth, H., DBa 1993, S. 643. Dies ist gleichwohl nicht so zu verstehen, dass während der Zeit des Ersten respektive des Zweiten Weltkriegs keinerlei Effektenhandel stattfand. Vielmehr ist davon auszugehen, dass sich dieser während der Kriegsjahre nur dem Rahmen staatlich regulierter Wertpapierbörsen entzog. Vgl. hierzu Henning, F.-W., Börsenkrisen und Börsengesetzgebung, 1992, S. 220 – 226. Ungeachtet dessen besteht freilich die Problematik einer unzureichenden Datendokumentation. Ob sich diese jedoch so gravierend ausnimmt, dass diese Zeiträume letztlich aus der Betrachtung ausgespart bleiben müssen, wofür etwa *Morawietz* eintritt, darf zumindest bezweifelt werden. Vgl. hierzu Morawietz, M., Rentabilität und Risiko, 1994, S. 75 – 79. Hier wird die Auffassung vertreten, dass die bestehenden Datenlücken finanzarchäologisch zu schließen sind.
[541] Vgl. Conen, R. / Väth, H., DBa 1993, S. 643.
[542] Vgl. zu den Rohdaten für den Zeitraum von 1856 bis 1913 bzw. von 1924 bis 1934 Donner, O., VjKf 1934, Sonderheft Nr. 36, S. 97 – 99; zu den Daten mit der Basis 1913 = 100,00 für den Zeitraum von 1856 bis 1914 und von 1918 bis 1924 sowie mit der Basis 1924 / 1926 = 100,00 für den Zeitraum von 1924 bis 1943 Statistisches Bundesamt (Hrsg.), Geld und Kredit, 1985, S. 189, S. 193 – 194.

abschnitte vor und nach 1870. Doch gilt dies auch für die originäre *Donner*-Zeitreihe selbst, nachdem hier ähnlich wie beim Index des Instituts für Konjunkturforschung ab 1890 ein anderes Wägungsschema zur Anwendung kommt.[543] Neben dem Kurs- besteht ein separater Dividenden-*Donner*-Index. Die Feststellung des Kursindexes erfolgt monatlich, die Berechnung des Dividendenindexes jährlich. Die Aktienrendite berechnet sich abweichend von der gängigen Definition als Verhältnis der Dividende zum Jahresdurchschnitt des Kursindexes. Somit ist die Entwicklung des Kursindexes für Zwecke des hier gegenständlichen Total Return gesondert zu berücksichtigen. Der Kursindex berücksichtigt Bezugsrechtsabschläge und Veränderungen in der Zusammensetzung des Indexportfolios. Demgegenüber unterbleibt aus Gründen der Wesentlichkeit die Bereinigung um Dividendenabschläge.[544] In Abhängigkeit von der jeweiligen Periode umfasst das Indexportfolio bis zu 71 Gesellschaften.

### 4.2.3.2.3 Würdigung

Im Hinblick auf die intertemporale Vergleichbarkeit markiert die Veränderung der Indexformel eine Bruchstelle innerhalb der Zeitreihe. Die Indexdaten wurden erst ab dem Jahr 1976 rückwirkend an das neue Wägungsschema angepasst. Tatsächlich liegt in der Art des Wägungsschemas die größte Schwäche des Aktienindexes des Statistischen Reichs- bzw. Bundesamts. So wurde der Index nur drei Mal, nämlich 1965, 1972 und 1984,[545] an die zwischenzeitlichen Veränderungen auf dem Aktienmarkt angepasst, sodass sich hier der mit dem Wägungsschema vom Typ *Laspeyres* verbundene Nachteil einer sukzessive veraltenden Indexzusammensetzung manifestiert.[546] Zudem lag dem Index anfänglich das Wägungsschema eines Preisindexes zugrunde.[547] Hinzukommt die Ausgestaltung als Kursindex. Gerade diese Eigenschaft macht es für den Anwender des Aktienindexes des Statistischen Reichs- bzw. Bundesamts erforderlich, den Total Return eigenhändig zu berechnen, was eine gewisse Anfälligkeit für Fehler birgt, Auslegungsspielraum eröffnet und zudem die Nachvollziehbarkeit für den Kreis der interessierten Anleger erschwert. Diesem ist freilich entgegenzuhalten, dass sich unter Verwendung der Daten der separat geführten Dividendenindizes modellkonform die Wiederanlage in das Indexportfolio simulieren lässt. Zudem besticht der Index durch seine vergleichsweise lange Zeitreihe. Allerdings bleibt diesbezüglich die Frage offen, wie die kriegsbedingten Lücken adä-

---

[543] Vgl. Bittlingmayer, G., JOF 1998, S. 2255.
[544] Vgl. Donner, O., VjKf 1934, Sonderheft Nr. 36, S. 96 – 97.
[545] Vgl. Stehle, R. / Schmidt, M. H., German Stocks, 1954 – 2013, 2014, S. 27.
[546] Vgl. Stehle, R. / Wulff, C. / Richter, Y., Rückberechnung des DAX, 1999, S. 10. Demgegenüber hält *Mella* die Änderung des Wägungsschemas für unschädlich. Vgl. hierzu Mella, F., Trend, 1988, S. 3.
[547] Vgl. Stehle, R. / Schmidt, M. H., German Stocks 1954 – 2013, 2014, S. 27.

quat zu schließen sind.[548] Ähnlich verhält es sich mit dem Zeitraum ab 1. Juli 1995, für welchen keine Daten mehr vorliegen, sodass die Zugrundelegung des Aktienindexes des Statistischen Reichs- bzw. Bundesamts allein aus technischen Gründen allenfalls bei hinreichend weit in der Vergangenheit liegenden Bewertungsstichtagen in Betracht kommen kann.

#### 4.2.3.3  DAX® 30

##### 4.2.3.3.1  Merkmale

Der DAX® 30 wurde zum 1. Juli 1988 als Ergebnis eines Gemeinschaftsprojekts der Arbeitsgemeinschaft der Deutschen Wertpapierbörsen, der Frankfurter Wertpapierbörse AG sowie der Börsen-Zeitung aufgelegt. Er umfasst 30 im Prime Standard[549] der Frankfurter Wertpapierbörse gelistete Aktien

---

[548] Vgl. so auch Sarnat, M. / Engelhardt, A., Deutsche Aktien, 1978, S. 3; Bittlingmayer, G., JOF 1998, S. 2251 – 2254.

[549] Der Wertpapierhandel an der Deutschen Börse untergliederte sich ursprünglich in drei abstufend streng regulierte Segmente, nämlich den amtlichen Handel (nachrichtlich amtlicher Markt), den geregelten Freiverkehr (nachrichtlich geregelter Markt) und den ungeregelten Freiverkehr (nachrichtlich Freiverkehr). Der amtliche Handel als Börsensegment mit den traditionell höchsten Transparenzanforderungen unterlag ab 1896 den Vorgaben des Börsengesetzes sowie der Überwachung durch die Börsenaufsicht. Demgegenüber galten für den geregelten ebenso wie den ungeregelten Freiverkehr allein die Aufnahmekriterien des jeweiligen Börsenplatzes. 2005 wurde die Bezeichnung für den ungeregelten Freiverkehr in ‚Open Market' geändert. Zudem erfolgte zunächst eine weitere Untergliederung des Segments in den Entry Standard, das First Quotation Board und das Second Quotation Board. Ende 2012 gingen das First Quotation Board und das Second Quotation Board schließlich im Quotation Board auf. Vgl. hierzu Stehle, R. / Schmidt, M. H., German Stocks 1954 – 2013, 2014, S. 7.

Seit Inkrafttreten des Gesetzes zur Umsetzung der Richtlinie über Märkte für Finanzinstrumente und der Durchführungsrichtlinie der Kommission (Finanzmarktrichtlinie-Umsetzungsgesetz) am 1. November 2007 ist der Wertpapierhandel nach dem Kriterium des Zugangs zum Kapitalmarkt in die beiden Bereiche EU-regulierter und börsenregulierter Markt organisiert. Die bis dahin geltende Unterscheidung in den amtlichen und den geregelten Markt wurde in diesem Zuge aufgehoben. Beim EU-regulierten Markt handelt es sich um einen organisierten Markt im Sinne von § 2 Abs. 5 WpHG. Vor Aufnahme des Handels ist vom Emittenten der Wertpapiere zusammen mit einem Kredit-, einem Finanzdienstleistungsinstitut oder einem nach den § 53 Abs. 1 Satz 1 und § 53 b Abs. 1 Satz 1 KWG tätigen Unternehmen bei der Geschäftsführung der Frankfurter Wertpapierbörse die Zulassung zum EU-regulierten Markt zu beantragen. Der Antrag auf Zulassung sowie die Zulassung selbst sind an bestimmte Voraussetzungen gebunden, welche im Börsengesetz, in der Börsenzulassungsverordnung, im Wertpapierprospektgesetz sowie in der Börsenordnung geregelt sind. Der EU-regulierte Markt untergliedert sich in die Segmente ‚Prime Standard' und ‚General Standard'. Die Voraussetzungen für die Zulassung zum General Standard decken sich mit den gesetzlichen Mindestanforderungen des EU-regulierten Markts. Unternehmen, welche die Aufnahme in den Prime Standard anstreben, müssen strengere Transparenzanforderungen erfüllen.

Anders als beim EU-regulierten Markt handelt es sich beim börsenregulierten Markt, dem so bezeichneten Freiverkehr (engl. open market), um keinen organisierten Markt im Sinne des Wertpapierhandelsgesetzes, sondern um ein privatrechtliches Marktsegment. Der Zugang

in Deutschland ansässiger Unternehmen, wobei die Auswahl nach der Höhe des Börsenumsatzes, der Marktkapitalisierung des Free Float sowie der zeitlichen Verfügbarkeit der Eröffnungskurse erfolgt.[550] Zudem ist bezogen auf das einzelne Wertpapier seit 2006 eine Kappungsgrenze von 10,0 % vorgesehen.[551]

Der DAX® 30 ersetzt den seit 1987 verwendeten KISS-Index.[552] Der Berechnung liegt die Indexformel nach *Laspeyres* zugrunde.[553] Die Wägung der in den Index einbezogenen Aktien erfolgt nach dem Verhältnis ihrer Marktkapitalisierung.[554] Zirkulieren von ein und derselben Gesellschaft mehrere Aktiengattungen, so berücksichtigt der Index jene mit der höchsten Liquidität. Wenngleich für den DAX® 30 eine Kurs- wie auch eine Performance-Variante berechnet werden, führt der Kursindex ein vergleichsweises Schattendasein. Bei der Performance-Variante erfolgt die Wiederanlage der laufenden Erträge in den jeweiligen Titel.[555] Die Marktkapitalisierung des DAX® 30-Performance-Index beträgt im Moment rund USD 1,0 Bio. Die Gewichtung eines Aktienwerts im DAX® 30 ebenso wie die Repräsentativität des Indexportfolios wird regelmäßigen Kontrollen unterzogen. Per 30. Juni 2015 bildet der DAX® 30 rund 60 % des gesamten Grundkapitals aller in Deutschland ansässigen börsennotierten Gesellschaften und rund 80 % des gesamten Börsenumsatzes ab.[556]

---

zum Freiverkehr steht denjenigen Emittenten offen, deren Finanzierungstitel zum EU-regulierten Markt nicht zugelassen oder zwar zugelassen, jedoch nicht in den Handel des regulierten Markts einbezogen sind. Im Vergleich zum EU-regulierten Markt herrschen im Freiverkehr geringere Transparenzanforderungen vor. Der börsenregulierte Markt unterteilt sich in das Quotation Board und in den Entry Standard. Das Quotation Board bezieht alle Gesellschaften ein, welche die Aufnahme in den börsenregulierten Markt beantragen und deren Aktien bereits an einem anderen internationalen oder von der Deutschen Börse AG anerkannten, börsenmäßig organisierten innerdeutschen Handelsplatz zugelassen sind. In allen übrigen Fällen erfolgt die Aufnahme in den Entry Standard. Vgl. hierzu Deutsche Börse AG, Transparenzstandards (11. Januar 2016).

[550] Vgl. Schulze, P. M. / Spieker, U., Deutsche Aktienindizes, 1994, S. 21; eingehend Steiner, M. / Bruns, C. / Stöckl, S., Wertpapiermanagement, 2012, S. 218 – 219; Deutsche Börse AG (Hrsg.), Aktienindizes der Deutschen Börse, 2013, S. 8.
[551] Vgl. Deutsche Börse (Hrsg.), Aktienindizes der Deutschen Börse, 2013, S. 6.
[552] Das Akronym ‚KISS' steht für ‚Kursinformations-Service-System'. Vgl. hierzu Rudolph, B., Effekten- und Wertpapierbörsen, 1992, S. 353.
[553] Vgl. Mella, F., Trend, 1988, S. 2.
[554] Vgl. Janßen, B. / Rudolph, B., DAX, 1992, S. 7; Stehle, R. / Huber, R. / Maier, J., KuK 1996, S. 281.
[555] Vgl. Gielen, G., Aktienkurse, 1994, S. 81; Stehle, R., Renditevergleich von Aktien und festverzinslichen Wertpapieren, 1999, S. 9.
[556] Vgl. Steiner, M. / Bruns, C. / Stöckl, S., Wertpapiermanagement, 2012, S. 218.

#### 4.2.3.3.2 Zeitreihe

Im Unterschied zum Aktienindex des Statistischen Reichs- bzw. Bundesamts wird der DAX® 30 fortlaufend festgestellt. Damit in engem Zusammenhang steht die Eigenschaft der tatsächlichen Handelbarkeit.[557] Basis der Indexberechnung sind die Schlusskurse des Jahres 1987 mit dem Basispunktestand 1.000,00.[558] Gleichwohl lässt sich auch hier die Datenreihe bis September 1959 verlängern. Hintergrund ist die Verknüpfung des DAX® 30 mit dem 1981 aufgelegten Index der Börsen-Zeitung.[559] Der Börsen-Zeitung-Index ist seinerseits aus dem Hardy-Index hervorgegangen.[560] Zudem rekonstruieren *Stehle / Wulff / Richter* und *Stehle / Huber / Maier* den Indexverlauf für den Zeitraum zwischen 1948 und 1959.[561] Somit lässt sich die Zeitreihe des DAX® 30 mittelbar bis 1948 zurückverfolgen.

#### 4.2.3.3.3 Würdigung

Im Hinblick auf die durchgängige Vergleichbarkeit der Datenreihe des DAX® 30 sind erhebliche Zweifel angebracht. Die Zeitreihe des DAX® 30 geht für den Zeitraum von 1948 bis 1959 aus nachträglichen Schätzungen respektive für den Zeitraum ab 1959 aus der Verkettung dreier technisch voneinander unabhängiger Datenreihen hervor. Diesen liegen jeweils unterschiedliche Berechnungs- und Wägungsschemata zugrunde, weshalb sich eine Verkettung methodisch verbietet, zumal *Stehle / Huber / Maier* respektive *Stehle / Wulff / Richter* bezüglich der von ihnen rekonstruierten Datenreihe für den Zeitraum von 1948 bis 1959 selbst unter Hinweis auf die nachträgliche Auswahl der Aktien eine mögliche Verzerrung der von ihnen gefundenen Ergebnisse (engl. ex post selection bias) nicht ausschließen.[562]

Der Börsen-Zeitung-Index beruht auf einem Gleichgewichtungsschema.[563] Damit unterliegt die Zusammensetzung des Indexportfolios einem permanenten Wandel.[564] In Abhängigkeit vom Ausmaß der Verschiebungen sind im Einzelfall Subperioden nur eingeschränkt miteinander vergleichbar.

---

[557] Vgl. Mella, F., Trend, 1988, S. 3; Janßen, B. / Rudolph, B., DAX, 1992, S. 6; Rudolph, B., Effekten- und Wertpapierbörsen, 1992, S. 347.
[558] Vgl. Janßen, B. / Rudolph, B., DAX, 1992, S. 6; Schulze, P. M. / Spieker, U., Deutsche Aktienindizes, 1994, S. 22.
[559] Vgl. Stehle, R., Aktien versus Renten, 1998, S. 818.
[560] Vgl. Janßen, B. / Rudolph, B., DAX, 1992, S. 7; Wiek, E. J., DBa 1992, S. 719; Gielen, G., Aktienkurse, 1994, S. 80.
[561] Vgl. Stehle, R. / Huber, R. / Maier, J., KuK 1996, S. 293; Stehle, R. / Wulff, C. / Richter, Y., Rückberechnung des DAX, 1999, S. 5.
[562] Vgl. Stehle, R. / Huber, R. / Maier, J., KuK 1996, S. 285 – 287; Stehle, R. / Wulff, C. / Richter, Y., Rückberechnung des DAX, 1999, S. 11; zu weiteren Einzelheiten zum DAX® 30 Stankov, D., Kapitalverflechtungen, 2010, S. 28 – 67.
[563] Vgl. Stehle, R. / Hartmond, A., KuK 1991, S. 378.
[564] Vgl. Mella, F., Trend, 1988, S. 5; Stehle, R. / Hartmond, A., KuK 1991, S. 378.

Zwar sieht das Indexkonzept die Bereinigung um gesellschaftsrechtlich induzierte Kursbewegungen vor.[565] Doch lässt sich die durchgängige Vergleichbarkeit nur mit laufenden Neuverkettungen herstellen, dies allerdings zum Preis hoher Transaktionskosten.[566] Angesichts der abweichenden Wägungsschemata ist die von *Mella* anhand der fünf ersten Monate des Jahres 1988 nachgewiesene kongruente Entwicklung von DAX® 30 und Börsen-Zeitung-Index allenfalls als zufällig zu werten.[567]

Der Hardy- vermag im Vergleich zum Börsen-Zeitung-Index aufgrund seiner Ausgestaltung als Preisgewichtungsindex die rigiden Vorgaben des Marktportfolios noch weniger zu erfüllen.[568] Das Indexportfolio spiegelt hier über die gesamte Laufzeit hinweg das Verhältnis der Wertpapierkurse im Basiszeitpunkt wider. Referenz ist somit das Verhalten eines Anlegers, welcher im Basiszeitpunkt von jeder Gesellschaft die gleiche Anzahl an Aktien erwirbt und das Portfolio unabhängig von der weiteren Entwicklung auf dem Kapitalmarkt in dieser Zusammensetzung beibehält. Keine Bedeutung hingegen kommt der Marktkapitalisierung des jeweiligen Emittenten zu, was jedoch der Definition des Marktportfolios entgegensteht. Zudem beschränkt sich die Bereinigung der gesellschaftsrechtlich veranlassten Kursbewegungen auf reine Kapitalmaßnahmen. Die Kurseffekte von Dividendenzahlungen bleiben demgegenüber unberücksichtigt.[569] Überhaupt ist der Hardy- in gleicher Weise wie der Börsen-Zeitung-Index als Kursindex konstruiert.

Zusammenfassend lässt sich festhalten, dass der Hardy-Index, der Börsen-Zeitung-Index und der DAX® 30 auf voneinander abweichenden Wägungsschemata beruhen. Weder die mit dem Wägungsschema des Hardy- noch die mit dem Wägungsschema des Börsen-Zeitung-Index implizierte Anlagestrategie sind ökonomisch sinnvoll und mit dem CAPM vereinbar.[570] Die systematischen Abweichungen ziehen bei kurzfristiger Betrachtung zufällige Unterschiede in den Zeitreihen nach sich, welche mehrere Prozentpunkte betragen können. Zudem können sich bei Vorliegen bestimmter Renditeanomalien langfristige Unterschiede ergeben. Beim Size Effect[571] etwa resultiert bei Gleichgewichtung aller in den Index einbezogenen Finanzierungstitel cet. par. eine höhere Rendite als bei Kapitalisierungsgewichtung, da

---

[565] Vgl. Mella, F., Trend, 1988, S. 3.
[566] Vgl. Schulze, P. M. / Spieker, U., Deutsche Aktienindizes, 1994, S. 23; Stehle, R. / Huber, R. / Maier, J., KuK 1996, S. 281.
[567] Vgl. Mella, F., Trend, 1988, S. 3; hierzu kritisch Gielen, G., Aktienkurse, 1994, S. 81.
[568] Vgl. Stehle, R. / Huber, R. / Maier, J., KuK 1996, S. 281; aA Gielen, G., Aktienkurse, 1994, S. 81.
[569] Vgl. Stehle, R. / Huber, R. / Maier, J., KuK 1996, S. 281.
[570] Vgl. Stehle, R. / Wulff, C. / Richter, Y., Rückberechnung des DAX, 1999, S. 8 – 9.
[571] Vgl. Stehle, R. / Hartmond, A., KuK 1991, S. 379 – 380; eingehend Stehle, R., ZBB 1997, S. 242 – 256.

hier die Renditen der Aktien mit hoher Marktkapitalisierung mit einem vergleichsweise höheren Gewicht in die Berechnung der Rendite des Indexportfolios eingehen.[572] *Stehle / Huber / Maier* kommen zu dem Ergebnis, dass die *Mella*-Rückrechnung angesichts der vom Hardy-Index unberücksichtigten Dividenden die Rendite deutscher Standardwerte um 2,5 bis 4,5 Prozentpunkte pro Jahr unterschätzt, berücksichtigt man gleichzeitig, dass das CAPM eine Kaufen-und-Halten-Strategie unterstellt.[573] Korrespondierend bestehen innerhalb der Zeitreihe Systembruchstellen beim Übergang zwischen den einzelnen Indexabschnitten. Um diese zu schließen und so die durchgängige Vergleichbarkeit der Zeitreihe herzustellen, legen die Konstrukteure des DAX® 30 auf die Daten des Hardy- respektive des Börsen-Zeitung-Indexes jeweils einen konstanten Faktor an.[574] Allerdings steht zu bezweifeln, ob diese pragmatische Lösung der Komplexität der Problematik und der hiervon ausgehenden Implikationen gerecht werden kann.

Weitere Bedenken im Hinblick auf die durchgängige Vergleichbarkeit der Datenreihe des DAX® 30 bestehen. So umfasst der Hardy-Index im Unterschied zum DAX® 30 und zum Börsen-Zeitung-Index nur 24 statt 30 der umsatzstärksten börsennotierten Unternehmen.[575] Zudem ist seit 2002 die in das Indexportfolio des DAX® 30 eingehende Marktkapitalisierung auf den Free Float eines jeden Einzeltitels begrenzt.[576] Einschließlich der Rekonstruktion des DAX® 30 für den Zeitraum von 1948 bis 1959 lassen sich also bis zu sechs Abschnitte innerhalb der Zeitreihe von 1948 bis dato unterscheiden, welche nur bedingt miteinander vergleichbar sind.

Unabhängig von der fraglichen durchgängigen Vergleichbarkeit besteht die Problematik, dass bei der Berechnung des DAX® 30 gesellschaftsrechtlich bedingte Kurseinflüsse nicht einheitlich behandelt werden. Insbesondere jedoch bleibt die Körperschaftsteuergutschrift im Zusammenhang mit dem körperschaftsteuerlichen Anrechnungsverfahren unberücksichtigt. Dies wiegt umso schwerer, als es sich hierbei effektiv um einen Bestandteil der Dividende handelt. Beim Anrechnungsverfahren hatte die auf Ebene der Kapitalgesellschaft erhobene Körperschaftsteuer wirtschaftlich betrachtet die Funktion einer Vorauszahlung auf die persönliche Einkommensteuer der Anteilseigner.[577] Zusätzlich zur sogenannten Bardividende erhielten die Anteilseigner von Kapitalgesellschaften eine Körperschaftsteuergutschrift. Effektiv setzte sich die Dividende damit aus der

---

[572] Vgl. Stehle, R. / Huber, R. / Maier, J., KuK 1996, S. 282.
[573] Vgl. Gielen, G., Aktienkurse, 1994, S. 81; Stehle, R. / Huber, R. / Maier, J., KuK 1996, S. 285.
[574] Vgl. hierzu kritisch Gielen, G., Aktienkurse, 1994, S. 81.
[575] Vgl. Stehle, R. / Huber, R. / Maier, J., KuK 1996, S. 285.
[576] Vgl. Deutsche Börse AG (Hrsg.), Aktienindizes der Deutschen Börse, 2013, S. 6.
[577] Eingehende Erläuterungen zum körperschaftsteuerlichen Anrechnungsverfahren finden sich in 6.1.3.3.3.

Bruttobardividende und der Körperschaftsteuergutschrift im Zuge des Einkommensteuerjahresausgleichs zusammen. Die Körperschaftsteuergutschrift betrug von 1977 bis 1993 $\frac{9}{16}$ der Bardividende. Somit entfielen $\frac{9}{9+16} = 36{,}00\,\%$ der Gesamtdividende auf die Körperschaftsteuergutschrift. Ab 1994 betrug die Körperschaftsteuergutschrift $\frac{3}{7}$ der Bardividende, was einem Anteil an der Gesamtdividende in Höhe von $\frac{3}{3+7} = 30{,}00\,\%$ entspricht. Allerdings kamen nur im Inland ansässige, einkommensteuerpflichtige Anleger in den Genuss der Körperschaftsteuergutschrift (§ 50 bis § 52 KStG i. d. F. 1977). Kapitalgewinne hingegen wurden bei der Berechnung des Indexes als nicht einkommensteuerpflichtig behandelt.[578] Für einkommensteuerbefreite Inländer und einkommensteuerpflichtige Ausländer lief die Regelung hinsichtlich der Körperschaftsteuergutschrift mangels hierzu erforderlichen inländischen Einkommensteuersubstrats effektiv ins Leere. Unter dem Regime des körperschaftsteuerlichen Anrechnungsverfahrens befand sich der DAX® 30 daher fiktiv in den Händen eines einkommensteuerpflichtigen Inländers, dessen Einkommen einer Steuerbelastung in Höhe von 36 % unterlag, respektive eines einkommensteuerbefreiten Inländers oder eines einkommensteuerpflichtigen Ausländers, dessen Einkommen im Inland von der Besteuerung ausgenommen war.[579] Die originäre Zeitreihe berücksichtigt nicht die periodische Körperschaftsteuergutschrift. Hierdurch kommt es zu einer systematischen Unterschätzung der Performance des DAX® 30 für den zeitlichen Geltungsbereich des körperschaftsteuerlichen Anrechnungsverfahrens.

### 4.2.3.4 Composite-DAX® (CDAX®)

#### 4.2.3.4.1 Merkmale

Wesentlich breiter als der DAX® 30 ist der Composite-DAX® (CDAX®) angelegt. Dieser umfasst alle im Prime und General Standard der Frankfurter Wertpapierbörse gelisteten Unternehmen. Dementsprechend variiert die Anzahl der in den Index einbezogenen Unternehmen. Aktuell umfasst der CDAX® rund 470 Gesellschaften mit einer Gesamtmarktkapitalisierung von rund USD 1,25 Bio. Die Unternehmensgröße ist für die Aufnahme in den Index ohne Belang.[580] In gleicher Weise wie beim DAX® 30 gibt es für den CDAX® eine Kurs- und eine Performance-Variante. Die Berechnung erfolgt börsentäglich. Grundlage ist das Kapitalisierungsgewichtungsschema vom Typ *Laspeyres*.[581]

---

[578] Vgl. Maier, J. / Stehle, R., KuK 1999, S. 126.
[579] Vgl. Stehle, R., Renditevergleich von Aktien und festverzinslichen Wertpapieren, 1999, S. 9.
[580] Vgl. Deutsche Börse AG (Hrsg.), Aktienindizes der Deutschen Börse, 2009, S. 13.
[581] Vgl. Steiner, M. / Bruns, C. / Stöckl, S., Wertpapiermanagement, 2012, S. 224.

#### 4.2.3.4.2 Zeitreihe

Der CDAX® wird seit dem 17. September 1993 mit der Punktebasis 30. Dezember 1987 = 1.000,00 berechnet.[582] Ähnlich wie beim DAX® 30 lässt sich die Zeitreihe des CDAX® verlängern, allerdings nur bis 1970.[583] Anknüpfungspunkt ist hierbei der Gesamtindex der Frankfurter Wertpapierbörse. Ebenso wie der CDAX® umfasst der Gesamtindex der Frankfurter Wertpapierbörse alle an der Frankfurter Wertpapierbörse amtlich notierten deutschen Aktien. Damit ist der Gesamtindex der Frankfurter Wertpapierbörse als echter Vorläufer des CDAX® anzusehen. Die Berechnung setzt am bezogen auf die einzelne Aktie über alle Transaktionen eines Börsentages hinweg erzielten Durchschnittskurs an. Als Gewichtungsfaktor dient das am Jahresultimo 1968 zugelassene Nominalkapital. Die Indexbasis liegt hier bei 100,00.[584] Die Bereinigung um gesellschaftsrechtlich bedingte Kurseinflüsse geschieht mithilfe aktiengattungsspezifischer Korrekturfaktoren.[585]

#### 4.2.3.4.3 Würdigung

Der CDAX® ist im Vergleich zum DAX® 30 hinsichtlich Anzahl, Größe und Branchenzugehörigkeit der in das Indexportfolio einbezogenen Unternehmen deutlich breiter angelegt. Dementsprechend übersteigt die Marktkapitalisierung des CDAX® jene des DAX® 30. Mit Blick auf die bestmögliche Annäherung an das Marktportfolio ist somit der CDAX® dem DAX® 30 vorzuziehen. Allerdings ist nach hier vertretener Auffassung in beiden Fällen die Datenreihe deutlich zu kurz, um die anhand der Datenreihe aufgezeigte Entwicklung des Indexportfolios als repräsentativ für den Kapitalmarkt annehmen zu können.

### 4.2.3.5 Sonstige in empirischen Studien verwendete deutsche Aktienindizes

#### 4.2.3.5.1 Vorbemerkung

Neben dem Aktienindex des Statistischen Reichs- bzw. Bundesamts, dem DAX® 30 sowie dem CDAX® finden in empirischen Studien zur in Deutschland erzielbaren Marktrendite bisweilen auch dritte Aktienindizes Verwendung, so insbesondere der Commerzbank-, der F. A. Z.- sowie der Deutsche Aktien-Forschungsindex (DAFOX). Angesichts ihres zwischenzeitlichen Bedeutungsverlusts ist es für die weitere Darstellung ausreichend, die diesbe-

---

[582] Vgl. Stehle, R. / Schmidt, M. H., German Stocks 1954 – 2013, 2014, S. 25.
[583] Vgl. Gramlich, L. / Gluchowski, P. / Horsch, A. (Hrsg.), Gabler Banklexikon, 2012, S. 319 (Stichwort ‚Composite-DAX (CDAX)').
[584] Vgl. Richard, H.-J., Aktienindizes, 1992, S. 153.
[585] Vgl. Deutsche Börse (Hrsg.), Aktienindizes der Deutschen Börse, 2013, S. 11.

züglichen Darlegungen auf die wesentlichen Merkmale zu beschränken.[586] Dasselbe gilt für den in internationalen Studien zumeist verwendeten MSCI Germany respektive den Datastream-Germany Market. Die folgenden Ausführungen erheben daher nicht den Anspruch auf Vollständigkeit. Eine eingehendere Darstellung findet der interessierte Leser in den angeführten Quellen.

#### 4.2.3.5.2 Commerzbank-Index

Der Aktienindex der Commerzbank bildet den ältesten börsentäglich berechneten deutschen Aktienindex.[587] Er umfasst 60 börsengehandelte deutsche Standardaktien. Nach der zugrundeliegenden Indexformel handelt es sich um einen Kapitalisierungsgewichtungsindex vom Typ *Laspeyres*.[588] Basis für die Berechnung ist der Jahresultimo 1953 = 100,00. Gesellschaftsrechtlich bedingte Kurseinflüsse werden zwar korrigiert, jedoch beschränkt sich deren Eliminierung auf die Effekte von Kapitalmaßnahmen.[589]

#### 4.2.3.5.3    F. A. Z.-Index

Der F. A. Z.-Index wurde im September 1961 vom Verlag der Frankfurter Allgemeinen Zeitung aufgelegt. Er bildet die Kursentwicklung von 100 ausgewählten Aktien ab, welche im amtlichen Handel der Frankfurter Wertpapierbörse notiert sind. Die Berechnung erfolgt börsentäglich auf der Grundlage der Kassakurse. Der Basispunktestand des F. A. Z.-Indexes beträgt ebenfalls 100,00, wobei sich dieser auf den Ultimo des Jahres 1958 bezieht. Neben einer Kurs- besteht eine Performance-Variante. Auch der F. A. Z.-Index ist als Kapitalisierungsgewichtungsindex strukturiert, allerdings als einer vom Typ *Paasche*.[590] Dies macht den F. A. Z.-Index latent anfällig, ein zu optimistisches Bild von der Indexrendite zu zeichnen. Angesichts der Gewichtung der in den Index einbezogenen Titel nach dem *Paasche*-Schema finden bei der Berechnung der Rendite nur diejenigen Titel Berücksichtigung, die in der Berichtsperiode in gleicher Weise wie in der Basisperiode umgehen. Die Entwicklung in der Basisperiode bereits umlaufender oder später emittierter, zwischenzeitlich jedoch nicht mehr umlaufender Titel bleibt hingegen unberücksichtigt. Hierdurch kommt es zu einer Überschätzung der Indexrendite, die im Betrachtungszeitraum tatsächlich realisierbar war (engl.

---

[586] Einen guten Überblick über diese und weitere, aus Gründen der Darstellung hier nicht aufgegriffene Indizes gibt *Rühle*. Vgl. hierzu Rühle, A.–S., Aktienindizes, 1991, S. 170 – 189.
[587] Vgl. Göppl, H. / Schütz, H., DAFOX, 1993, S. 513.
[588] Vgl. Richard, H.–J., Aktienindizes, 1992, S. 162 – 164.
[589] Vgl. Gielen, G., Aktienkurse, 1994, S. 55; eingehend Schulze, P. M. / Spieker, U., Deutsche Aktienindizes, 1994, S. 25 – 27.
[590] Vgl. Schulze, P. M. / Spieker, U., Deutsche Aktienindizes, 1994, S. 19 – 21; aA Stehle, R. / Schmidt, M. H., German Stocks 1954 – 2013, 2014, S. 26.

survivorship bias). Gesellschaftsrechtlich bedingte Kurseinflüsse werden über aktiengattungsspezifische Korrekturfaktoren eliminiert.[591]

#### 4.2.3.5.4 Deutscher Aktienforschungsindex (DAFOX)

Der DAFOX wurde am Karlsruher Institut für Technologie speziell für Zwecke der empirischen Finanzmarktforschung konzipiert.[592] Hinsichtlich der Konstruktionsmerkmale ähnelt er in seinen wesentlichen Zügen dem C-DAX®, weshalb hier nur die Unterschiede herausgestellt seien.[593] Motiv für die Auflegung des DAFOX ist die Formung eines Aktienindexes, welcher den deutschen Gesamtmarkt abbildet, jedoch im Unterschied zum CDAX® über eine konsistente Datenbasis verfügt. Der Index basiert auf dem 2. Januar 1974 = 100,00, wobei die Datenreihe in reduzierter Form bereits ab 1960 zur Verfügung steht. Die Berechnung des DAFOX wurde Ende 2004 eingestellt.[594]

#### 4.2.3.5.5 MSCI Germany

Der MSCI Germany wurde am 31. März 1986 aufgelegt. Die Zeitreihe beginnt am 1. Januar 1970. Die Daten für den Zeitraum von 1970 bis 1986 wurden nachträglich im Wege des Back Testing gewonnen. Nähere Einzelheiten hierzu sind nicht bekannt. Fest steht, dass in den Indexkorb der Free Float der 54 hinsichtlich der Marktkapitalisierung größten börsennotierten deutschen Aktiengesellschaften eingeht.[595]

#### 4.2.3.5.6 Datastream-Germany Market

Thomson Reuters veröffentlicht für Deutschland den Datastream-Germany Market. Die Zeitreihe beginnt 1973, wobei eine Kurs- und eine Performance-Variante bestehen. Das Indexportfolio beinhaltet rund 250 Aktien, welche den deutschen Gesamtmarkt repräsentieren sollen. Aktuell bildet das Indexportfolio rund 80 % der Marktkapitalisierung aller deutschen börsennotierten Gesellschaften ab. Seit 1999 unterzieht Thomson Reuters das Indexportfolio vierteljährlich einer Überprüfung.[596]

---

[591] Vgl. eingehend Frankfurter Allgemeine Zeitung GmbH / Structured Solutions AG (Hrsg.), F. A. Z.-Indexfamilie, 2011, S. 5 – 12.
[592] Vgl. Göppl, H. / Schütz, H., DAFOX, 1993, S. 507 – 508; Artmann, S. / Finter, P. / Kempf, A. u. a., SBR 2012, S. 23 – 25.
[593] Vgl. eingehend zum DAFOX Sauer, A., Bereinigung von Aktienkursen, 1991, S. 5 – 11; Göppl, H. / Schütz, H., DAFOX, 1995, S. 6 – 22.
[594] Vgl. Karlsruher Institut für Technologie, DAFOX (11. Januar 2016).
[595] Vgl. zu weiteren Einzelheiten MSCI Inc., MSCI Germany Index (11. Januar 2016); Richard, H.-J., Aktienindizes, 1991, S. 168 – 170.
[596] Vgl. eingehend Thomson Reuters, Datastream Global Equity Indices (11. Januar 2016); Stehle, R. / Schmidt, M. H., German Stocks 1954 – 2013, 2014, S. 28 – 29.

## 4.2.3.6 Würdigung

Das Marktportfolio enthält alle Vermögenswerte materieller und immaterieller Art. Praktisch wird dieser Modellvorgabe jedoch kaum gefolgt.[597] Als bestmögliche Annäherung an das theoretische Marktportfolio kommen stattdessen Aktienindizes zur Anwendung. Unmittelbare Anforderung an den zu wählenden Aktienindex ist, dass das Indexportfolio eine möglichst hohe Marktkapitalisierung bei gleichzeitig bestmöglicher Diversifikation aufweist. Ein nicht minder gewichtiges Kriterium ist die Länge der Zeitreihe. Unter allen deutschen Aktienindizes ist der Index des Statistischen Reichs- bzw. Bundesamts als bestes Market Proxy anzusehen.[598] Für diesen spricht im Vergleich zum DAX® 30 respektive CDAX® zum einen die hohe Marktkapitalisierung des Indexportfolios, zum anderen die Datenbasis, die angesichts der zumindest ab 1890 verwendbaren Zeitreihe durchaus als umfänglich zu werten ist. Dennoch ist der Aktienindex des Statistischen Reichs- bzw. Bundesamts mit Blick auf die Verwendung im Rahmen des CAPM nicht frei von methodischen Schwächen. Diese liegen vor allem in der zusammen mit der Länge der einzelnen Zeitreihenabschnitte sukzessive veraltenden Indexzusammensetzung, in dem von den Modellvorgaben abweichenden Wägungsschema sowie allgemein in der Ausgestaltung als Kursindex. Hinzukommt die Problematik kriegsbedingter Datenlücken. Vor dem Hintergrund der 1995 endenden Zeitreihe kommt die Verwendung des Aktienindexes des Statistischen Reichs- bzw. Bundesamts im Übrigen nur bei hinreichend weit in der Vergangenheit liegenden Bewertungsstichtagen in Frage. Gegenüber dem Aktienindex des Statistischen Reichs- bzw. Bundesamts zeichnen sich der DAX® 30 bzw. der CDAX® durch die Lückenlosigkeit ihrer Datenreihen aus. Dennoch sind hinsichtlich ihrer Aussagekraft erhebliche Zweifel angebracht. Die intertemporale Vergleichbarkeit ist aufgrund von Strukturbrüchen stark eingeschränkt. Dies gilt besonders für die Datenreihe des DAX® 30. Vor diesem Hintergrund relativiert sich die allgemein hohe Korrelation zwischen dem DAX® 30 und der Gesamtheit aller an der Frankfurter Börse gehandelten Aktien.[599] Unabhängig hiervon sind nach hier vertretener Auffassung die verwertbaren Abschnitte der Datenreihen des DAX® 30 bzw. des CDAX® zu kurz und die hiervon umfassten Vorkommnisse zu atypisch, um auf dieser Basis eine Aussage über das Marktportfolio treffen zu können, in dem sich idealiter die Weltökonomie widerspiegeln soll. Indes gilt dies in gleicher Weise für den Aktienindex des Statistischen Reichs- bzw. Bundesamts. Mit den Einzelheiten hinsichtlich der Wahl des Referenzzeitraums beschäftigt sich 4.3 der vorliegenden Untersuchung.

---

[597] Vgl. Black, M. / Scholes, M., JFE 1974, S. 7, S. 13; Ibbotson, R. G. / Fall, C. L., JPortM 1979, Nr. 1, S. 82 – 84; Haugen, R. A., Modern Investment Theory, 2001, S. 44.
[598] Vgl. Stehle, R. / Hartmond, A., KuK 1991, S. 377, S. 394 – 395.
[599] Vgl. Stehle, R., ZBB 1997, S. 247.

Mag der Aktienindex des Statistischen Reichs- bzw. Bundesamts hinsichtlich der Länge und der durchgängigen Vergleichbarkeit dem DAX® 30 ebenso wie dem CDAX® überlegen sein, so ist nach hier vertretener Auffassung selbst dieser nicht geeignet, mehr als nur einen Bruchteil der Marktkapitalisierung aller an den internationalen Börsen gehandelten Aktien von zuletzt rund USD 67 Bio. abzubilden.[600] Zudem besteht die Problematik einer nur einseitigen Beschränkung auf deutsche Werte. Im Ergebnis kann keiner der hier diskutierten deutschen Aktienindizes als Market Proxy überzeugen. Daher ist nach Alternativen zu suchen. Eine mit aktuell rund USD 18,8 Bio. wesentlich höhere Marktkapitalisierung weist im Vergleich zum DAX® 30 und zum CDAX® etwa der S & P 500® auf. Hierbei handelt es sich neben dem Dow Jones Industrial Average um den bedeutsamsten US-amerikanischen Aktienindex. Das Indexportfolio des S & P 500® umfasst im Moment 504 Aktiengesellschaften, deren Anteile an der NYSE (New York Stock Exchange), der NYSE AMEX (NYSE American Stock Exchange) oder der NASDAQ (National Association of Securities Dealers Automated Quotations) umgehen.[601] Berechnung und Wägung erfolgen nach dem Schema eines Kapitalisierungsgewichtungsindexes auf Basis der Wertindexformel. Sowohl eine Kurs- als auch eine Performance-Variante liegen vor. Neben der vergleichsweise hohen Marktkapitalisierung wird zumeist die Länge der Zeitreihe des S & P 500® betont. Zwar setze die Zeitreihe des S & P 500® bei Berechnung auf Tagesbasis ebenfalls erst im März 1957 ein. Gleichwohl lasse sich diese auf Monatsbasis bis 1926 zurückverfolgen, bediene man sich hierzu der Daten des Chicagoer Center for Research in Security Prices (CRSP), welche sich durch eine beispielhafte Qualität und Lückenlosigkeit der jeweils vorhandenen börsennotierten Aktien auszeichne.[602] Unter Anknüpfung an die Arbeiten von *Cowles* lasse sich darüber hinaus ein dem S & P 500® vergleichbarer Performance-Index auf Monatsbasis rekonstruieren,[603] welcher 1802,[604] zumindest jedoch 1871 beginne.[605]

Die Datensituation des S & P 500® erweist sich nach hier vertretener Auffassung nur vordergründig als komfortabel. Tatsächlich kommen bei näherer Betrachtung erhebliche Zweifel an der Qualität der Daten auf, wobei die im Hinblick auf einzelne Finanzierungstitel bestehenden Lücken nur eine

---

[600] Diese Angabe bezieht sich auf den 31. Dezember 2014. Vgl. Statista, Wertentwicklung (11. Januar 2016).
[601] Vgl. S & P Dow Jones Indices LLC, S & P 500® (11. Januar 2016).
[602] Vgl. Stehle, R. / Hausladen, J., WPg 2004, S. 929; Ehrhardt, O., ZBB 2012, S. 212 – 213.
[603] Vgl. hierzu Cowles, A., Common-Stock Indexes, 1939; Morawietz, M., Rentabilität und Risiko, 1994, S. 12.
[604] Vgl. Schwert, G. W., JOB 1990, S. 400; kritisch Siegel, J. J., FAJ 1992, Nr. 1, S. 28 – 29.
[605] Vgl. Wilson, J. W. / Jones, C. P., JOB 1987, S. 240.

Nebenrolle spielen.[606] Das Kernproblem besteht vielmehr darin, dass die von *Cowles* zusammengestellte originäre Datenbasis bedauerlicherweise unwiederbringlich verloren gegangen ist und an ihre Stelle als solche bezeichnete korrigierende Schätzungen getreten sind.[607] Art und Reichweite, vor allen Dingen aber der Grund für die Korrekturen bleiben indes unklar.[608] Zudem spiegelt sich im Umfang und in der Zusammensetzung des Indexportfolios sowie in der Häufigkeit der Indexfeststellung der Wandel der USA von einem Entwicklungsland zu einer der führenden Industrienationen mit dem am höchsten entwickelten und liquidesten Kapitalmarkt wider.[609] So umfasste der Index noch 1900 nur 113 Einzeltitel, wovon allein 61 auf Unternehmen der Eisenbahn- bzw. der Versorgungsindustrie entfielen.[610] Hinzukommt, dass insbesondere in der Zeit vor 1926 über die laufenden Erträge des Indexportfolios keine zuverlässigen Aufzeichnungen geführt wurden. An deren Stelle treten nachträgliche Schätzungen.[611] Selbst wenn ähnlich wie beim Aktienindex des Statistischen Reichs- bzw. Bundesamts hierzu lange Zeit mangels effektiver Dividendenzahlungen keine echte Notwendigkeit bestand, so bewegt sich dies im Bereich des Mutmaßlichen, was jedoch keine wissenschaftlich befriedigende Antwort sein kann. Letztlich lässt sich die hieraus abgeleitete Schlussfolgerung, der Aktienindex unterschätze die in diesem Zeitraum erzielbare Rendite des Indexportfolios,[612] nicht verifizieren. Im Übrigen erweist sich die eigenhändige Berechnung des Total Return als latent fehleranfällig. Unter dem Aspekt der Unternehmensbewertung steht die Zugrundelegung des S & P 500® schließlich selbst dem weit ausgelegten Sitzlandprinzip entgegen. Es erscheint nicht schlüssig, warum der typisierte Anleger gerade und ausschließlich in US-amerikanischen Aktien investiert sein sollte. Allgemein gilt dies für die Zugrundelegung jedes beliebigen nationalen Aktienindexes.

#### 4.2.3.7 Konzeptioneller Vorschlag

Diversifikation im Allgemeinen meint die Mischung nicht perfekt positiv korrelierter Wertpapiere. Die Aktienrendite der jeweiligen Gesellschaft im Besonderen unterliegt mehreren fundamentalen Einflussfaktoren, etwa auf

---

[606] Vgl. Center for Research in Security Prices, S & P 500® (11. Januar 2016).
[607] Vgl. Wilson, J. W. / Jones, C. P., JOB 1987, S. 243 – 249; Goetzmann, W. N. / Ibbotson, R. G. / Peng, L., JFM 2001, S. 2.
[608] Vgl. Wilson, J. W. / Jones, C. P., JOB 2002, S. 523.
[609] Vgl. Siegel, J. T. / Thaler, R. H., JEP 1997, Nr. 1, S. 193; Stehle, R., Aktien versus Renten, 1998, S. 828 – 829.
[610] Vgl. Wilson, J. W. / Jones, C. P., JOB 1987, S. 242, S. 251. In ähnlicher Weise wird der Zeitraum von 1802 bis 1834 von einigen wenigen Finanzdienstleistungsunternehmen repräsentiert. Vgl. hierzu Siegel, J. J., FAJ 1992, Nr. 1, S. 29.
[611] Vgl. Goetzmann, W. N. / Ibbotson, R. G. / Peng, L., JFM 2001, S. 7 – 9.
[612] Vgl. Stehle, R., Aktien versus Renten, 1998, S. 828.

welcher Branche und in welchen Wirtschafts- und Währungsräumen der Schwerpunkt ihrer Geschäftstätigkeit liegt. Abstrakter treten Determinanten wie die geografische Verteilung, die Größe und – was damit in engem Zusammenhang steht – die Lebensphase der in den Index einbezogenen Unternehmen hinzu. Unter diesem Blickwinkel vermag ein Aktienindex der Anforderung einer möglichst breiten Diversifikation nur dann zu genügen, wenn die in den Index einbezogenen Unternehmen ein möglichst detailgetreues Abbild der Weltökonomie in all ihren Facetten widerspiegeln. Besondere Aufmerksamkeit ist bei der Wahl des geeigneten Market Proxy daher der Frage zu widmen, inwiefern der hierfür jeweils in Betracht gezogene Aktienindex die Performance des Weltaktienmarkts zutreffend wiederzugeben vermag. Abbildung 11 vermittelt einen Überblick über die Korrelation der Performance der wichtigsten Aktienmärkte im Zeitraum von 1997 bis 2007.[613] Hierbei werden die beiden Fälle betrachtet, wo einerseits die Fremdwährungsrisikoposition offen, andererseits vollständig gesichert ist. Rechnungswährung ist jeweils der US-Dollar.

| | | Vollständig gesicherte Fremdwährungsposition | | | | | | | | |
|---|---|---|---|---|---|---|---|---|---|---|
| | | US | CA | UK | FR | DE | IT | CH | JP | HK | Welt |
| Offene Fremdwährungsposition | US | 1,00 | 0,73 | 0,74 | 0,71 | 0,73 | 0,55 | 0,66 | 0,41 | 0,51 | 0,91 |
| | CA | 0,72 | 1,00 | 0,60 | 0,65 | 0,61 | 0,51 | 0,56 | 0,47 | 0,54 | 0,77 |
| | UK | 0,73 | 0,62 | 1,00 | 0,76 | 0,72 | 0,66 | 0,73 | 0,40 | 0,46 | 0,82 |
| | FR | 0,70 | 0,66 | 0,77 | 1,00 | 0,87 | 0,78 | 0,77 | 0,45 | 0,39 | 0,83 |
| | DE | 0,73 | 0,63 | 0,73 | 0,86 | 1,00 | 0,72 | 0,71 | 0,42 | 0,39 | 0,83 |
| | IT | 0,52 | 0,51 | 0,62 | 0,78 | 0,71 | 1,00 | 0,65 | 0,36 | 0,26 | 0,68 |
| | CH | 0,57 | 0,51 | 0,70 | 0,72 | 0,64 | 0,62 | 1,00 | 0,45 | 0,37 | 0,76 |
| | JP | 0,43 | 0,50 | 0,40 | 0,35 | 0,30 | 0,23 | 0,40 | 1,00 | 0,31 | 0,56 |
| | HK | 0,51 | 0,55 | 0,48 | 0,41 | 0,41 | 0,28 | 0,37 | 0,43 | 1,00 | 0,54 |
| | Welt | 0,91 | 0,78 | 0,81 | 0,81 | 0,81 | 0,64 | 0,69 | 0,56 | 0,57 | 1,00 |

Quelle: Solnik, B. / McLeavey, D., Global Investments, 2009, S. 394. Erläuterung der Abkürzungen: US = USA; CA = Kanada; UK = Großbritannien; FR = Frankreich; DE = Deutschland; IT = Italien; CH = Schweiz; JP = Japan; HK = Hongkong.

**Abbildung 11: Korrelation zwischen ausgewählten Kapitalmärkten**

Offensichtlich sind alle aufgeführten Aktienmärkte hinsichtlich ihrer Performance positiv miteinander korreliert, wenn auch in unterschiedlich star-

---

[613] Auf die Einbeziehung des Zeitraums ab 2008 wurde bewusst verzichtet, um die Auswirkungen der seit 2008 schwelenden globalen Finanz- und Staatsschuldenkrise, welche nicht Gegenstand der vorliegenden Untersuchung sind, auszublenden.

ker Ausprägung. Eine nahezu perfekte positive Korrelation besteht zwischen dem US-amerikanischen und dem globalen Aktienmarkt. Im Vergleich hierzu schwächer, jedoch ebenfalls verhältnismäßig stark ausgeprägt ist der statistische Zusammenhang zwischen dem deutschen und dem globalen Aktienmarkt. Die übrigen lokalen Aktienmärkte sind für die weitere Darstellung ohne Belang, weshalb auf deren eingehendere Erörterung verzichtet sei.

Einen allgemein besseren Eindruck vom Ausmaß des statistischen Zusammenhangs zwischen den einzelnen Aktienmärkten vermittelt das Bestimmtheitsmaß $R^2$. Abbildung 12 stellt korrespondierend zu Abbildung 11 das jeweils zugehörige Bestimmtheitsmaß $R^2$ dar.

| | | Vollständig gesicherte Fremdwährungsposition | | | | | | | | |
|---|---|---|---|---|---|---|---|---|---|---|
| | | US | CA | UK | FR | DE | IT | CH | JP | HK | Welt |
| Offene Fremdwährungsposition | US | 1,00 | 0,53 | 0,55 | 0,50 | 0,53 | 0,30 | 0,44 | 0,17 | 0,26 | 0,83 |
| | CA | 0,52 | 1,00 | 0,36 | 0,42 | 0,37 | 0,26 | 0,31 | 0,22 | 0,29 | 0,59 |
| | UK | 0,53 | 0,38 | 1,00 | 0,58 | 0,52 | 0,44 | 0,53 | 0,16 | 0,21 | 0,67 |
| | FR | 0,49 | 0,44 | 0,59 | 1,00 | 0,76 | 0,61 | 0,59 | 0,20 | 0,15 | 0,69 |
| | DE | 0,53 | 0,40 | 0,53 | 0,74 | 1,00 | 0,52 | 0,50 | 0,18 | 0,15 | 0,69 |
| | IT | 0,27 | 0,26 | 0,38 | 0,61 | 0,50 | 1,00 | 0,42 | 0,13 | 0,07 | 0,46 |
| | CH | 0,32 | 0,26 | 0,49 | 0,52 | 0,41 | 0,38 | 1,00 | 0,20 | 0,14 | 0,58 |
| | JP | 0,18 | 0,25 | 0,16 | 0,12 | 0,09 | 0,05 | 0,16 | 1,00 | 0,10 | 0,31 |
| | HK | 0,26 | 0,30 | 0,23 | 0,17 | 0,17 | 0,08 | 0,14 | 0,18 | 1,00 | 0,29 |
| | Welt | 0,83 | 0,61 | 0,66 | 0,66 | 0,66 | 0,41 | 0,48 | 0,31 | 0,32 | 1,00 |

Geringfügige Abweichungen sind rundungsbedingt. Quelle: Eigene Darstellung in Anlehnung an Solnik, B. / McLeavey, D., Global Investments, 2009, S. 394. Erläuterung der Abkürzungen: US = USA; CA = Kanada; UK = Großbritannien; FR = Frankreich; DE = Deutschland; IT = Italien; CH = Schweiz; JP = Japan; HK = Hongkong.

**Abbildung 12: Bestimmtheitsmaß ausgewählter Kapitalmärkte**

Der Vergleich des Bestimmtheitsmaßes verdeutlicht die unterschiedliche Ausprägung des statistischen Zusammenhangs. Während sich rund 83 % der Varianz des US-amerikanischen Aktienmarkts aus der Varianz des globalen Aktienmarkts erklären lassen, reduziert sich der erklärbare Anteil im Fall des deutschen Aktienmarkts bei vollständig gesichertem Fremdwährungsrisiko auf rund 66 %. Mit anderen Worten ist ein Anteil von 34 % des deutschen Aktienmarkts nicht aus der Varianz des globalen Aktienmarkts erklärbar. Dieser Anteil beträgt beim US-amerikanischen Aktienmarkt nur

17 %. Damit verläuft die Entwicklung des deutschen im Vergleich zum US-amerikanischen Aktienmarkt deutlich autarker von der Entwicklung des Weltaktienmarkts. Zugleich wird bei umgekehrter Lesart die hohe Bedeutung der US-amerikanischen Volkswirtschaft für die Weltwirtschaft deutlich. Dennoch bestehen mit dem nicht erklärbaren Anteil an der Gesamtvarianz offensichtlich Einflüsse, welche geographisch auf die USA begrenzt sind. Der nicht erklärbare Anteil an der Varianz zeigt eine fallende Tendenz, indem dieser noch 1974 in Bezug auf die USA 27 % und in Bezug auf Deutschland 44 % betrug.[614]

Unter Anlegung des Maßstabs der Korrelation sind im Ergebnis weder der US-amerikanische noch gar der deutsche Aktienmarkt geeignet, die Performance des fiktiven Portfolios aller an den internationalen Börsen gehandelten Aktien zu approximieren.

Tatsächlich handelt es beim S & P 500® wie auch beim Aktienindex des Statistischen Reichs- bzw. Bundesamts, dem DAX® 30 und dem CDAX® um lokale Aktienindizes. Hiervon geben die jeweiligen Branchenschwerpunkte beredtes Zeugnis. So lässt die Zusammensetzung beispielsweise der hier diskutierten deutschen Aktienindizes den Stellenwert erkennen, welcher dem Automobil- und Maschinenbau sowie der chemischen Industrie innerhalb der deutschen Volkswirtschaft zukommt. Selbiges gilt grundsätzlich auch für den S & P 500®, wenn auch angesichts seiner deutlich höheren Grundgesamtheit und Marktkapitalisierung freilich in abgeschwächter Form. Die Zugrundelegung eines lokalen Aktienindexes kommt der Annahme gleich, die lokale Branchenzusammensetzung undifferenziert auf den Rest der Welt übertragen zu können, was jedoch regelmäßig nicht der Fall ist. Die unzureichende Berücksichtigung der Effekte internationaler Diversifikation verursacht Schätzfehler.[615] In der Tat ist daher *Koller / Goedhart / Wessels* zuzustimmen, wenn diese vor der Verwendung lokaler Aktienindizes als Market Proxy eindringlich warnen: „Do not however, use a local market index. Most countries are heavily weighted in only a few industries and, in some cases, a few companies."[616]

Zusammenfassend lässt sich festhalten, dass die Verwendung eines lokalen Aktienindexes je nach Ausprägung der lokalen Besonderheiten mit einer

---

[614] Vgl. Solnik, B. H., FAJ 1974, Nr. 4, S. 49.
[615] Vgl. Zimmermann, J. / Meser, M., CF biz 2013, S. 4.
[616] Koller, T. / Goedhart, M. / Wessels, D., Valuation, 2010, S. 253. Drastisch hat sich die von *Koller / Goedhart / Wessels* identifizierte Gefahr einer einseitigen Abhängigkeit der Indexentwicklung von einzelnen Unternehmen beispielsweise 2008 beim DAX® 30 im Zusammenhang mit der letztlich gescheiterten Übernahme der Volkswagen AG durch die Porsche Automobil Holding SE gezeigt. Bedingt durch den seinerzeitigen massiven Kursanstieg der Stammaktien der Volkswagen AG kam es zu einer Neugewichtung des Indexportfolios, welche nicht nur vorübergehend war. Vgl. hierzu Kalbhenn, C., BZ 2009, Nr. 35, S. 17.

weiteren Entfernung vom theoretisch gebotenen Marktportfolio einhergeht. Dies ist insofern bedenklich, als die Operationalisierung des Marktportfolios mit einem Aktienindex ohnehin eine starke Abweichung von den Modellvorgaben darstellt. Umso mehr erstaunt, dass den eingangs genannten Studien ausschließlich lokale Indizes zugrunde liegen. Beschwichtigend ist freilich einzuräumen, dass die Mehrzahl der hier diskutierten empirischen Studien nicht in erster Linie auf das CAPM abzielt,[617] sondern einen bloßen Renditevergleich zwischen Aktien und Rentenpapieren anstellt, ohne dass jedoch die Sekundärliteratur eine dahingehende Unterscheidung treffen würde.[618]

Nach hier vertretener Auffassung empfiehlt sich angesichts der Vielschichtigkeit des Diversifikationsbegriffs als beste Annäherung an das theoretische Marktportfolio ein globaler Aktienindex, etwa der MSCI ACWI (MSCI All Country World Index). Der MSCI ACWI umfasst bei einer aggregierten Marktkapitalisierung von aktuell rund USD 36 Bio. rund 2.500 Unternehmen, wobei die Bandbreite der Marktkapitalisierung von rund USD 380 Mio. bis USD 600 Mrd. reicht. Gemessen an der Marktkapitalisierung aller an den internationalen Börsen gehandelten Aktien gelingt es dem MSCI ACWI, den Weltaktienmarkt mit rund 60 % vergleichsweise gut abzudecken. Vor diesem Hintergrund relativiert sich seine geografische Beschränkung auf je nur 23 Industrie- und Schwellenländer. Allein erweist sich die Zeitreihe des MSCI ACWI als zu kurz, um auf dieser Basis belastbare Aussagen zu treffen,[619] zumal der Index mit einem Auflagedatum am 31. Mai 1990 noch sehr jung ist.[620]

Ähnlich verhält es sich mit dem MSCI World Index (MSCI WI) und dem S & P 1200 Global. Effektives Auflagedatum des MSCI WI ist der 31. März 1968.[621] Der MSCI WI umfasst ca. 1.650 Unternehmen mit einer Gesamtmarktkapitalisierung von rund USD 32 Bio. Die Schwelle für die Einbeziehung in das Indexportfolio liegt im Moment bei einer Marktkapitalisierung von rund USD 900 Mio. Der S & P Global 1200 bildet zwar rund 70 % der Marktkapitalisierung des fiktiven Weltaktienportfolios ab, wurde jedoch

---

[617] Vgl. z. B. Stehle, R. / Hartmond, A., KuK 1991, S. 377; Stehle, R., Renditevergleich von Aktien und festverzinslichen Wertpapieren, 1999, S. 2; Stehle, R. / Wulff, C. / Richter, Y., Rückberechnung des DAX, 1999, S. 8; so aber Morawietz, M., Rentabilität und Risiko, 1994, S. 255.
[618] Vgl. z. B. Drukarczyk, J. / Schüler, A., Unternehmensbewertung, 2009, S. 222; Ballwieser, W. / Hachmeister, D., Unternehmensbewertung, 2013, S. 102; Wollny, C., Unternehmenswert, 2013, S. 369.
[619] Vgl. Copeland, T. E. / Weston, J. F. / Shastri, K., Financial Theory, 2014, S. 817.
[620] Vgl. MSCI Inc., MSCI ACWI (11. Januar 2016).
[621] Der MSCI World wurde zum 31. März 1986 aufgelegt. Gleichwohl liegen für die Zeit ab 31. März 1968 im Wege des Back Testing-Verfahrens gewonnenen Indexdaten vor, sodass zumindest in vorliegendem Zusammenhang von einer effektiven Auflage am 31. März 1968 gesprochen werden kann. Vgl. hierzu MSCI Inc., MSCI World Index (11. Januar 2016).

selbst erst 1999 aufgelegt.[622] Weitere globale Aktienindexes bestehen, so z. B. der FTSE-100- oder der Dow Jones Wilshire Global Index, jedoch eignen sich diese aus ähnlichen Gründen noch weniger.[623]

Die Forderung, mangels eines geeigneten globalen Aktienindexes allein aus Gründen der Kosten und der Übersichtlichkeit auf die risikoreduzierende Wirkung der internationalen Diversifikation zu verzichten,[624] kann jedenfalls nicht überzeugen. Ein auf die Aktien eines einzelnen Landes begrenztes Marktportfolio ist unzureichend diversifiziert (engl. home bias),[625] was jedoch den Annahmen des CAPM widerspricht. Ein Lösungsansatz könnte nach hier vertretener Auffassung darin bestehen, die Daten möglichst repräsentativer und zugleich hinreichend weit in die Vergangenheit reichender Aktienindizes zumindest der hinsichtlich ihrer Marktkapitalisierung wichtigsten Volkswirtschaften[626] zu aggregieren und auf eine gemeinsame Basis zu bringen, um auf diese Weise einen synthetischen globalen Aktienindex zu konstruieren. Der Vorschlag zielt also in die Richtung des I-CAPM, wobei korrespondierend zur Marktrendite die Rendite der risikolosen Anlage sowie der $\beta$-Faktor auf eine internationale Basis zu stellen wäre. Ausgangspunkt wäre ein gedachter Anleger, welcher in allen in den Index einzubeziehenden Volkswirtschaften zu Beginn einer jeden Periode entsprechend dem Verhältnis der Marktkapitalisierung des jeweiligen lokalen Aktienmarkts investiert ist. Denkbar wäre alternativ eine Gewichtung entsprechend dem Verhältnis des Bruttoinlandsprodukts, was dem theoretisch gebotenen Marktportfolio allgemein besser Rechnung trüge. Am Ende einer jeden Periode wäre zunächst die nominale Rendite der lokalen Aktienmärkte in die Währung des Sitzlandes umzurechnen. Hierfür wäre die nominale Rendite des jeweiligen lokalen Aktienmarkts mit der in der Periode per Saldo eingetretenen relativen Veränderung des Wechselkurses zu multiplizieren. Dies käme einer vollständigen Liquidation des Portfolios am Ende einer jeden Periode und der sofortigen Wiederanlage des hierbei in der Währung des Sitzlandes erlösten Betrags zu Beginn der dieser folgenden Periode in der Währung des jeweiligen lokalen Aktienmarkts gleich. Der auf den einzelnen lokalen Aktienmärkten realisierte Anlageerfolg bliebe somit unberührt und würde in der Folgeperiode fortgeschrieben. In einem weiteren Schritt wären die in die Währung des Sitzlandes konvertierten Periodenrenditen entsprechend dem Verhältnis der Gewichtungen in den synthetischen globalen Aktienindex einbezogenen Volkswirtschaften zu summieren.

---

[622] Vgl. S & P Dow Jones Indices LLC, S & P Global 1200 (11. Januar 2016).
[623] Vgl. Solnik, B. / McLeavey, D., Global Investments, 2009, S. 174 – 175.
[624] Vgl. so aber Stehle, R. / Hartmond, A., KuK 1991, S. 379.
[625] Vgl. z. B. Solnik, B. H., FAJ 1974, Nr. 4, S. 49 – 54; Ahearne, A. G. / Griever, W. L. / Warnock, F. E., JIE 2004, S. 316 – 320.
[626] Vgl. hierfür z. B. Dimson, E. / Marsh, P. / Staunton, M., Optimists, 2002, S. 229 – 310.

Als Ergebnis resultierte die nominale Rendite des synthetischen globalen Aktienindexes in der Währung des Sitzlandes.[627] Mit $r_M^{global}$ als Rendite des globalen Marktportfolios, $r_f^{global}$ als Rendite der globalen risikolosen Anlage[628] und $\beta_i^{global}$ als globalen $\beta$-Faktor berechnen sich die globalen Kapitalkosten $r_i^{global}$ des $i$-ten Wertpapiers bei der beschriebenen Vorgehensweise mit[629]

$$r_i^{global} = r_f^{global} + \beta_i^{global} \cdot (r_M^{global} - r_f^{global}) \qquad (1)$$

Maßgeblich für die Aussagekraft des synthetischen globalen Aktienindexes wäre die Qualität der in diesen einfließenden Daten. Besonderes Augenmerk wäre daher auf die Wahl der lokalen Aktienindizes zu richten. Besonders relevante Kriterien wären hierbei neben der Marktkapitalisierung des Indexportfolios die Länge sowie die durchgängige Vergleichbarkeit der Zeitreihe. Voraussetzung für eine sinnvolle Kombination der lokalen Aktienindizes wäre weiterhin, dass hinsichtlich der Berechnungs- und Wägungsschemata sowie der übrigen Konstruktionsmerkmale Vergleichbarkeit herrschte. Referenz wären hierbei die restriktiven Anforderungen des CAPM.

Die Vorzüge des hier beschriebenen Vorgehens liegen unmittelbar auf der Hand: Bei Auslegung des theoretisch gebotenen Marktportfolios mit einem synthetisch konstruierten globalen Aktienindex resultiert das unter Kosten- und Nutzenerwägungen breitestmögliche Market Proxy. Die Abhängigkeit von den Besonderheiten eines einzelnen lokalen Aktienmarkts[630] und vom wachstums- und entwicklungsökonomischen Stand der hinter diesem stehenden Volkswirtschaft im Vergleich zur übrigen Welt schwindet mit der Anzahl der in das Market Proxy einbezogenen lokalen Aktienindizes. In gleicher Weise gilt dies für die Erheblichkeit abschnittsweiser Datenlücken bezüglich einzelner Finanzierungstitel oder des gesamten Indexportfolios eines lokalen Aktienindexes. Tatsächlich ergänzt die Synthese der lokalen Aktienindizes mehrerer Volkswirtschaften die oben eröffnete Diskussion des Diversifikationsbegriffs um eine qualitative Dimension. So relativieren sich die von den Verfassern der hier beleuchteten empirischen Studien teils

---

[627] Vgl. Dimson, E. / Marsh, P. / Staunton, M., Optimists, 2002, S. 40.
[628] Vorgreifend auf die dahingehenden Ausführungen in 5.2 wäre die Rendite der globalen risikolosen Anlage aus den Anleihen desjenigen öffentlichen Schuldners abzuleiten, welcher im internationalen Vergleich die beste Bonität vorweisen kann.
[629] Vgl. Ernst, D. / Gleißner, W., WPg 2012, S. 1256.
[630] Vgl. Stehle, R. / Hartmond, A., KuK 1991, S. 375; Stehle, R. / Huber, R. / Maier, J., KuK 1996, S. 295.

selbst offen angemeldeten[631] und bisweilen durch spätere Korrekturen[632] genährten Zweifel[633] an der Richtigkeit der eigenen Ergebnisse umso mehr, je breiter die Basis des Indexportfolios des synthetischen globalen Aktienindexes ist, zumal Aktienindizes keiner externen Prüfung durch eine unabhängige Stelle unterliegen.[634] Insbesondere jedoch können Unternehmensrisiken zwar aus der Sicht der einzelnen Volkswirtschaft, nicht jedoch aus der Makroperspektive der Weltwirtschaft als systematisch zu würdigen sein (z. B. Bürgerkriege). In ähnlicher Weise verliert die Frage nach Art und Umfang der Eliminierung der Implikationen von Sonderereignissen auf einen lokalen Aktienmarkt an Gewicht. Die Funktion des Sitzlandes kann grundsätzlich jede einzelne der in das Indexportfolio einbezogenen Volkswirtschaften übernehmen, sodass der so konstruierte globale Aktienindex schließlich einen wertvollen Beitrag für die Harmonisierung der internationalen Unternehmensbewertung leisten kann.

Den genannten Vorzügen stehen freilich auch einige Nachteile gegenüber, so der zweifelsfrei nicht unerhebliche Ersterfassungs- und Berechnungsaufwand. Allerdings wäre dieser den Modellannahmen geschuldet und daher in Kauf zu nehmen. Ähnlich verhält es sich mit den in der Praxis zu erwartenden direkten und indirekten Transaktionskosten.[635] Entscheidend jedoch ist, ob und inwiefern die Zeitreihen der lokalen Aktienindizes hinsichtlich der Qualität der Daten, aber auch hinsichtlich ihrer Ermittlung tatsächlich in einer Art und Weise miteinander vergleich- respektive kombinierbar sind, dass sie für Zwecke des CAPM Verwendung finden können. Eine gesonderte, hier nicht näher beleuchtete Problematik besteht daneben in der Behandlung international divergierender effektiver Körperschaftsteuersätze. Nicht weniger bedeutsam ist schließlich die Frage, wie asynchron einsetzende Zeitreihen zu behandeln wären, zumal die Orientierung an der kürzesten Zeitreihe den Startpunkt des synthetischen globalen Aktienindexes determiniert. Bei sukzessiver Integration lokaler Aktienindizes entsteht nur all-

---

[631] Vgl. Stehle, R. / Huber, R. / Maier, J., KuK 1996, S. 290; Stehle, R., Renditevergleich von Aktien und festverzinslichen Wertpapieren, 1999, S. 11, S. 14; Stehle, R. / Wulff, C. / Richter, Y., Rückberechnung des DAX, 1999, S. 2.
[632] Vgl. die Studie von *Stehle / Hartmond* (1991) berichtigend Stehle, R. / Schmidt, M. H., German Stocks 1954 – 2013, 2014, S. 14, S. 16; die Studie von *Stehle / Huber / Maier* (1996) berichtigend Stehle, R. / Wulff, C. / Richter, Y., Rückberechnung des DAX, 1999, S. 13.
[633] Vgl. zu den Studien von *Gielen* (1994) und *Morawietz* (1994) kritisch Stehle, R. / Wulff, C. / Richter, Y., Rückberechnung des DAX, 1999, S. 2; über die frühere kritische Haltung gegenüber der Studie von *Gielen* (1994) zuletzt hinwegsehend Stehle, R. / Schmidt, M. H., German Stocks 1954 – 2013, 2014, S. 28; für den S & P 500® Wilson, J. W. / Jones, C. P., JOB 2002, S. 514.
[634] Vgl. Stehle, R. / Schmidt, M. H., German Stocks 1954 – 2013, 2014, S. 3.
[635] Vgl. Ahearne, A. G./ Griever, W. L. / Warnock, F. E., JIE 2004, S. 321 – 322.

mählich ein globaler Aktienindex im hier beschriebenen Sinne, wodurch abermals die intendierte durchgängige Vergleichbarkeit leidet.

### 4.2.4 Zwischenergebnis

Zusammenfassend ist festzuhalten, dass bei der vereinfachenden Approximation des Marktportfolios mit einem reinen Aktienportfolio auf einen Kapitalisierungsgewichtungsindex vom Typ *Laspeyres* abzustellen ist. Im Sinne der bestmöglichen Operationalisierung der theoretischen Anforderungen an das Marktportfolio sollte das Indexportfolio eine möglichst breite Diversifikation aufweisen, und zwar nicht nur hinsichtlich der im Index repräsentierten Branchen, sondern multidimensional hinsichtlich jedes erdenklichen Gesichtspunkts, insbesondere aber hinsichtlich des Ansässigkeitslandes und des Reifegrads der in das Indexportfolio einbezogenen Unternehmen. Dahingehende Untersuchungen zeigen, dass die Indexportfolios lokaler Aktienindizes ein nur unvollständiges Abbild der Weltökonomie zu geben vermögen. Grundsätzlich verbietet sich daher der in der Praxis für gewöhnlich beschrittene Weg, das Marktportfolio mit einem lokalen Aktienindex zu operationalisieren. Vielmehr ist auf die Zeitreihe eines Aktienindexes abzustellen, welches die Weltökonomie bestmöglich repräsentiert. Allein stellt dies den praktischen Anwender vor die Problematik, dass für globale Aktienindizes keine hinreichend langen Zeitreihen bestehen, auf deren Basis verlässliche Aussagen über die in der Vergangenheit erzielbare Rendite des globalen Aktienmarkts möglich sind. Demgegenüber können einige lokale Aktienindizes auf vergleichsweise weit zurückreichende Datenreihen verweisen. Dies gilt besonders für die Zeitreihe des S & P 500®. Allerdings sind hinsichtlich der durchgängigen Vergleichbarkeit durchaus Zweifel angebracht. Hieraus leiten sich zwei Handlungsempfehlungen an die Bewertungspraxis ab. Zum einen sollte diese das bislang bemerkenswert wenig beachtete Gebiet der Finanzmarktarchäologie forcieren, wobei sich dieser Aufgabe bestenfalls eine suprainstitutionelle Instanz verschreiben sollte, bei welcher die Unabhängigkeit von jedweden Partikularinteressen sichergestellt ist. Zum anderen wäre – zumindest vorübergehend, bis das Datenvolumen originärer globaler Aktienindizes hierzu ausreicht – die Kreierung eines synthetischen globalen Aktienindexes zu überlegen, in welchen die Daten der wichtigsten lokalen Aktienindizes einfließen.

Kapitel 4: Marktrendite

## 4.3 Wahl des Referenzzeitraums
### 4.3.1 Vorbemerkung

Allgemein stimmt das Schrifttum darin überein, dass der Vergangenheitszeitraum möglichst umfänglich zu wählen ist, zumeist allerdings ohne dies näher zu begründen.[636] Der dahingehende Konsens ist jedoch nur ein vordergründiger und kann darüber nicht hinwegtäuschen, dass die Meinungen erheblich auseinandergehen, wie das Kriterium des möglichst langen Referenzzeitraums im Einzelfall auszulegen ist. Die Empfehlungen reichen von einigen wenigen Jahren[637] bis hin zu einem tatsächlich möglichst langen Zeitraum.[638] Anders als bei der Wahl des Referenzindexes ist bei der Wahl des untersuchten Zeitraums die Motivation der jeweiligen Untersuchung ohne Belang. Überhaupt fällt auf, dass sich die Aussagen bezüglich des Referenzzeitraums im Bereich des Qualitativen bewegen, ganz so als handelte es sich hierbei um ein nicht zu diskutierendes Datum.[639]

Das *IDW* orientiert sich hinsichtlich seiner Empfehlungen für die Marktrisikoprämie an den Ergebnissen der wissenschaftlichen Studie zur Marktrisikoprämie in Deutschland von *Stehle* (2004). Dies gilt auch für den darin untersuchten Referenzzeitraum von 1955 bis 2003. Die Jahre 1948 bis 1954 werden als nicht repräsentativ aus der Betrachtung ausgeblendet.[640] Explizit schenkt das *IDW* der Frage nach der Länge und der Lage des Referenzzeitraums keine größere Beachtung.[641] Allein im Zusammenhang mit der Übernahme der Ergebnisse der wissenschaftlichen Studie von *Stehle* (2004) empfiehlt es die Vornahme eines Abschlags. Einer der in diesem Zusammenhang genannten Gründe zielt auf die Wahl des Referenzzeitraums ab.[642] Zuletzt spricht sich das *IDW* für einen Zuschlag auf die Marktrisikoprämie aus.[643] Wenngleich dies mit den jüngeren Entwicklungen auf dem Kapitalmarkt begründet wird, ist nach hier vertretener Auffassung der wahre Grund in der Wahl des Referenzzeitraums zu suchen. Mit der Frage nach Zu-

---

[636] Vgl. z. B. Conen, R. / Väth, H., DBa 1993, S. 647; Stehle, R. / Wulff, C. / Richter, Y., Rückberechnung des DAX, 1999, S. 3; Koller, T. / Goedhart, M. / Wessels, D., Valuation, 2005, S. 298; Ihlau, S. / Gödecke, S., BB 2012, S. 890.
[637] Vgl. z. B. für einen Referenzzeitraum von sechs bis sieben Jahren Barlage, T., Risikoprämie, 1980, S. 72; für einen Referenzzeitraum von 15 Jahren Baetge, J. / Krause, C., BFuP 1994, S. 453.
[638] Vgl. z. B. Stehle, R., Aktien versus Renten, 1998, S. 816; Brealey, R. A. / Myers, S. C. / Allen, F., Principles of Corporate Finance, 2014, S. 162.
[639] Vgl. hierzu z. B. Stehle, R. / Schmidt, M. H., German Stocks 1954 – 2013, 2014, S. 32.
[640] Vgl. Stehle, R., WPg 2004, S. 920.
[641] Vgl. Stehle, R., WPg 2004, S. 921; IDW (Hrsg.), WP-Handbuch, 2007, lit. A, Tz. 298; IDW (Hrsg.), WP-Handbuch, 2014, lit. A, Tz. 360.
[642] Vgl. Wagner, W. / Jonas, M. / Ballwieser, W. u. a., WPg 2006, S. 1017.
[643] Vgl. Stehle, R., WPg 2004, S. 921; IDW (Hrsg.), WP-Handbuch, 2007, lit. A, Tz. 298; IDW (Hrsg.), WP-Handbuch, 2014, lit. A, Tz. 360.

und Abschlägen auf die Marktrisikoprämie beschäftigt sich eingehend 6.2 der vorliegenden Abhandlung.

### 4.3.2 Art der Festlegung

Für die Wahl des Referenzzeitraums im engeren Sinne bestehen zwei unterschiedliche Ansätze, nämlich Anfang und Ende des Referenzzeitraums zufällig oder aber nach bestimmten Kriterien festzulegen. Die zufällige Auswahl besticht durch den Vorteil, dass ob der Zufälligkeit der Wahl des Referenzzeitraums mit Blick auf das Untersuchungsziel eine a-priori-Verzerrung auszuschließen ist. Diesem steht der Nachteil einer eventuell unzureichenden Repräsentativität gegenüber, wobei sich dieser je nach Länge und Lage des Referenzzeitraums als mehr oder weniger gravierend manifestieren kann. Für die bewusste Auswahl gelten die Aussagen mit umgekehrtem Vorzeichen entsprechend.[644] Unter Hinweis auf die Anmerkungen zur Hypothese rationaler Erwartungen endet der Referenzzeitraum idealiter am Bewertungsstichtag. Somit stellt sich die Frage nach der zufälligen oder bewussten Wahl des Referenzzeitraums in erster Linie für den Startzeitpunkt.

Zahlreiche empirische Untersuchungen zur Marktrendite bedienen sich der bewussten Festlegung des Referenzzeitraums, so auch die wissenschaftliche Studie von *Stehle* (2004).[645] Der Untersuchungszeitraum ist zumeist so gewählt, dass augenscheinlich, bisweilen aber auch offen eingeräumt, die Einflüsse von Sonderfaktoren ausgeblendet bleiben. In diesem Zusammenhang hat die Literatur den Begriff ‚Pesoeffekt' geprägt.[646] *Stehle* (2004) lässt bewusst die unmittelbaren Nachkriegsjahre von 1948 bis 1954 außer Betracht.[647] Dies wirft freilich die Frage auf, was unter einem Sonderfaktor zu verstehen ist respektive was einen Sonderfaktor von den übrigen Faktoren abhebt, welche auf die Entwicklung des Referenzportfolios Einfluss nehmen.[648]

Die Unterscheidung in mehr oder weniger repräsentative Zeiträume lässt sich wissenschaftlich nicht begründen, sondern liegt im subjektiven Ermes-

---

[644] Vgl. Bohley, P., Statistik, 2000, S. 497 – 511.
[645] Vgl. Stehle, R., WPg 2004, S. 921.
[646] Vgl. Bittlingmayer, G., JOF 1998, S. 2245; Campbell, J. Y., JOF 2000, S. 1522.
[647] Vgl. Stehle, R., WPg 2004, S. 920.
[648] Vgl. z. B. Stehle, R. / Hartmond, A., KuK 1991, S. 380 – 381; Stehle, R., WPg 2004, S. 920; kritisch Siegel, J. J., FAJ 1992, Nr. 1, S. 35. *Siegel* gibt zu bedenken, dass bei Zugrundelegung eines Anlagezeitraums von 30 Jahren in den frühen Jahren nach dem Ende des Zweiten Weltkriegs auf Sicht des von ihm untersuchten Zeitraums von 188 Jahren die höchsten realen Aktienrenditen zu erzielen waren. Untersuchungsgegenstand ist hierbei wohlgemerkt der US-amerikanische Kapitalmarkt. Als Beispiel für einen zufällig gewählten Referenzzeitraum Dimson, E. / Marsh, P. / Staunton, M., Worldwide Equity Premium, 2008, S. 479.

sen des Einzelnen.[649] Zudem ist denkbar, dass sich als solche identifizierte Sonderfaktoren im Laufe der Zeit angesichts nachrichtlicher Entwicklungen relativieren. Weiterhin übersehen diejenigen Stimmen, welche für die Eliminierung von Sondereinflüssen eintreten, dass sich in der Entwicklung des Referenzportfolios stets die Gesamtheit aller, sohin nicht nur einzelner Faktoren niederschlägt. Angesichts der hierdurch eröffneten Manipulationsspielräume[650] ist der Eliminierung bestimmter Zeiträume oder, was diesem gleichkommt, der bewussten Verlegung des Startzeitpunkts in eine von Sondereinflüssen vermeintlich freie Phase der verfügbaren Zeitreihe[651] zu widersprechen. Diese Einschätzung vermag auch nicht der bisweilen vorgebrachte Einwand ins Gegenteil zu verkehren, die Informationseffizienz der Kapitalmärkte habe sich im Laufe der Zeit erheblich erhöht, weswegen insbesondere die Anfangs- und Endbereiche langer Referenzzeiträume kaum miteinander vergleichbar seien.[652] Denn in ähnlicher Weise wie bei der Behandlung von Sonderfaktoren bedingt die Eliminierung bestimmter Zeiträume mit dem Hinweis auf die unzureichende Vergleichbarkeit der Informationseffizienz das subjektive Urteil des Bewertenden. Zudem ist davon auszugehen, dass der Trend anhält und sich die Informationseffizienz des Kapitalmarkts weiterhin erhöht. Bei Fortführung der Argumentation wäre somit zukünftig selbst die dann umso längere Zeitreihe nur abschnittsweise verwertbar, was den Bewertenden erneut vor die Frage stellte, wo die Trennlinie zwischen gewöhnlichen und ungewöhnlichen Kapitalmarkteinflüssen zu ziehen wäre. Die Identifizierung von Sonderfaktoren und die Eliminierung des von diesen ausgehenden Einflusses auf die Entwicklung des Referenzportfolios ist damit im Ergebnis als willkürlich abzulehnen.[653] Vielmehr ist der Untersuchungszeitraum zufällig zu wählen.

### 4.3.3 Länge des Referenzzeitraums

#### 4.3.3.1 Vorbemerkung

Der Kapitalmarkt antizipiert kurz- und mittelfristige makroökonomische Entwicklungen.[654] Die makroökonomische Entwicklung einer Volkswirtschaft bewegt sich idealtypisch in einem mehr oder weniger stark ausgeprägten Zyklus um einen langfristigen Wachstumspfad. Allgemein versteht

---

[649] Vgl. Stehle, R. / Hartmond, A., KuK 1991, S. 380 – 381; Stehle, R. / Huber, R. / Maier, J., KuK 1996, S. 300 – 301.
[650] Vgl. Wiek, E. J., DBa 1992, S. 718.
[651] Vgl. so. z. B. Wenger, E., AG 2005, Sonderheft, S. 16; Stehle, R. / Schmidt, M. H., German Stocks 1954 – 2013, 2014, S. 39.
[652] Vgl. Stehle, R. / Wulff, C. / Richter, Y., Rückberechnung des DAX, 1999, S. 4.
[653] Vgl. so auch Copeland, T. / Koller, T. / Murrin, J., Valuation, 1990, S. 196.
[654] Vgl. Arbeitskreis Finanzierung der Schmalenbach-Gesellschaft Deutsche Gesellschaft für Betriebswirtschaft e. V. (Hrsg.), ZfbF 1996, S. 549; Steiner, P. / Uhlir, H., Wertpapieranalyse, 2001, S. 162.

man unter einem Zyklus die geordnete und revolvierende Aufeinanderfolge verschiedener Stadien eines Prozesses, wobei sowohl die Länge als auch die Amplitude dieses Prozesses in gewissem Umfang stabil sind. Häufig oszilliert der Zyklus um einen langfristigen Trend.[655] In einem ökonomischen Zyklus folgt einer Phase der Hochkonjunktur ein konjunktureller Abschwung, welcher in einen Zustand der Depression mündet. Der Phase der Depression schließt sich ein konjunktureller Aufschwung an. Dieser hält bis zum neuerlichen Erreichen der Hochkonjunktur an. Eine eingehendere Darstellung der mit dem konjunkturellen Zyklus verbundenen Anpassungsprozesse auf den Faktormärkten ist an dieser Stelle weder möglich noch nötig.[656] Vielmehr ist es ausreichend festzuhalten, dass sich der Übergang zwischen den einzelnen konjunkturellen Phasen innerhalb eines längeren Zeitraums vollzieht. Hierbei lässt sich für die Dauer der einzelnen Phasen und damit des konjunkturellen Zyklus selbst nur eine Bandbreite auf Basis von Erfahrungswerten angeben, zumal die Intensität aufeinanderfolgender Konjunkturzyklen üblicherweise unterschiedlich stark ausgeprägt ist.

### 4.3.3.2 Theorie der langen Wellen

Eine mögliche Erklärung für die unterschiedlich starke Ausprägung aufeinanderfolgender Konjunkturzyklen bietet die von *Kondratieff* begründete Theorie der langen Wellen der Konjunktur.[657] Ein technologischer Paradigmenwechsel, welcher sich auf alle Bereiche der Volkswirtschaft auswirke, induziere zu Beginn des Zyklus der langen Wellen der Konjunktur erhebliche Investitionen in eine neue Technologie. Hierdurch komme es zu deutlichen Produktivitätszuwächsen beim Einsatz der volkswirtschaftlichen Produktionsfaktoren, wovon ein langanhaltender Wachstumsschub ausgehe.

Nach der neoklassischen Konjunkturtheorie übersteige die Güternachfrage die Kapazitäten der Volkswirtschaft, sodass eine inflatorische Lücke entstehe. Kennzeichnend für eine inflatorische Lücke ist ein sukzessiver Abbau der Lagerbestände bei gleichzeitig allgemein steigenden Güter- und Faktorpreisen und Unternehmensgewinnen.[658] Ausgehend von einem im Gleichgewicht befindlichen Kapitalmarkt lösen die verbesserten Gewinnaussichten des Unternehmenssektors eine allmähliche Umschichtung des volkswirtschaftlichen Finanzvermögens von festverzinslichen Wertpapieren hin zu Aktien aus, zumal nunmehr die zu erwartende Aktienrendite die mit der Inhaberschaft von Zinspapieren zu erwirtschaftende Rendite übersteige (*Kondratieff*-Frühling).

---

[655] Vgl. Mager, N. H., Kondratieff Waves, 1987, S. 3, S. 17.
[656] Vgl. z. B. einführend Assenmacher, W., Konjunkturtheorie, 1998, S. 6 – 20.
[657] Vgl. hierzu grundlegend Kondratieff, N. D., ASS 1926, S. 573 – 609.
[658] Vgl. zu den Einzelheiten Assenmacher, W., Konjunkturtheorie, 1998, S. 72 – 74.

Die Umschichtung des volkswirtschaftlichen Finanzvermögens von festverzinslichen Wertpapieren in Aktien halte solange an, bis das Gleichgewicht am Kapitalmarkt wieder hergestellt sei. Sobald die technologische Innovation in allen hierfür in Frage kommenden Anwendungsfeldern zum Einsatz komme, schwächen sich aufgrund der abnehmenden Grenzproduktivität des Kapitals die Investitionen und mit diesen die Wachstumsraten der volkswirtschaftlichen Gesamtleistung zunehmend ab. Indes erfolge die Anpassung der Investitionen mit einer gewissen zeitlichen Verzögerung, sodass am Markt Überkapazitäten auftreten. Hierdurch tue sich eine deflatorische Lücke auf (*Kondratieff*-Sommer).

Bei einer deflatorischen Lücke übersteigt das Güterangebot die Güternachfrage. Bedingt durch den sukzessiven Lageraufbau erodieren die Güter- und Faktorpreise und zusammen mit diesen die Unternehmensgewinne. Die damit einhergehenden Anpassungsprozesse auf den Faktormärkten äußern sich in einer Kontrahierung der volkswirtschaftlichen Gesamtleistung. Spiegelverkehrt zur inflatorischen Lücke im Zuge der Verbreitung der technologischen Innovation komme es zunächst zu einer Vergrößerung der deflatorischen Lücke (*Kondratieff*-Herbst). Diese schließe sich erst, nachdem ein intensiver Verdrängungswettbewerb die bestehenden Überkapazitäten beseitigt habe.

Die deflatorische Lücke setze auf dem Kapitalmarkt neuerlich einen Reallokationsprozess in Gang. Wieder sei das Kapitalmarktgleichgewicht gestört, nunmehr indem die Rendite der festverzinslichen Wertpapiere die Aktienrendite übersteige. Somit erfolge die Umschichtung des volkswirtschaftlichen Finanzvermögens von Aktien hin zu festverzinslichen Wertpapieren. Die Reallokation des volkswirtschaftlichen Finanzvermögens dauere an, bis der Kapitalmarkt wieder ins Gleichgewicht gefunden habe (*Kondratieff*-Winter).[659]

Simultan zu den langen Wellen verlaufen mittlere und kurze Wellen der Konjunktur. Prinzipiell gilt für diese dasselbe wie für die langen Wellen der Konjunktur. Dies trifft besonders für die Beschreibung der von der inflatorischen respektive deflatorischen Lücke ausgelösten mittel- und kurzfristigen Anpassungsprozesse auf den Faktormärkten zu, wenngleich natürlich hinsichtlich ihrer Ausprägung Unterschiede bestehen. Allein zeichnen sich die langen Wellen der Konjunktur durch die Besonderheit aus, dass diese den langfristigen Wachstumspfad der Ökonomie markieren. Demgegenüber definieren die mittleren Wellen der Konjunktur den Korridor, innerhalb welchem sich die langfristigen Wellen bewegen. Ähnlich verhält es sich mit

---

[659] Vgl. zu den Einzelheiten im Zusammenhang mit der inflatorischen und der deflatorischen Lücke Assenmacher, W., Konjunkturtheorie, 1998, S. 72 – 74.

der Beziehung zwischen den mittleren und kurzen Wellen der Konjunktur. *Kondratieff* zufolge umfassen die langen Wellen der Konjunktur einen Zeitraum von 48 bis 60 Jahren, die mittleren Wellen einen Zeitraum von sieben bis elf, die kurzen Wellen einen Zeitraum von drei bis vier Jahren.[660] Vor diesem Hintergrund liegt eine Erklärung für die unterschiedliche Ausprägung aufeinanderfolgender Konjunkturzyklen darin, dass sich die Effekte der langen, der mittleren und der kurzen Wellen der Konjunktur gegenseitig aufheben respektive verstärken. Unabhängig hiervon ist der Konjunkturzyklus den Einflüssen exogener Schocks ausgesetzt.[661]

### 4.3.3.3 Intertemporale Diversifikation

Aufgrund des simultanen Verlaufs der kurzen, mittleren und langen Wellen der Konjunktur spricht Vieles dafür, dass Konjunkturzyklen realiter keinem idealtypischen Verlauf folgen, jedenfalls aber, dass sich Anfang und Ende eines solchen nur schwer von vorangehenden respektive nachfolgenden Konjunkturzyklen abgrenzen lassen. Dies ist ein wichtiger Grund, warum sich selbst bei nur marginalen Abweichungen hinsichtlich des Untersuchungszeitraums für ein und dasselbe Marktportfolio erheblich divergierende Marktrenditen ergeben können.[662] Indes relativiert sich die Frage nach der Richtigkeit des Ein- und Ausstiegszeitpunkts entlang eines Konjunktur- respektive Börsenzyklus umso mehr, je länger der Untersuchungszeitraum ist.[663] Denn mit dem Umfang des Untersuchungszeitraums steigt die Anzahl der von diesem umfassten vollständigen langen, mittleren und kurzen Börsen- respektive Konjunkturzyklen. Auf diese Weise verlieren mögliche Ungenauigkeiten im Hinblick auf die Vollständigkeit des von der Anfangs- und der Schlussphase in zwei Fragmenten abgebildeten Konjunktur- respektive Börsenzyklus an Bedeutung und diversifizieren sich intertemporal.[664] Gleichsam gilt dies für am Kapitalmarkt beobachtbare Saisonalitäten,[665] mögliche Fehler bei der Erfassung und Schätzung der Daten[666] sowie das weite Spektrum politischer, sozialer, wirtschaftlicher sowie fiskal- und geldpolitischer Entwicklungen einer Volkswirtschaft.[667] Unter dem

---

[660] Vgl. Kondratieff, N. D., ASS 1926, S. 573, S. 592; Barlage, T., Risikoprämie, 1980, S. 72.
[661] Vgl. Mager, N. H., Kondratieff Waves, 1987, S. 24 – 46.
[662] Vgl. z. B. Stehle, R. / Hartmond, A., KuK 1991, S. 390 – 392; Wiek, E. J., DBa 1992, S. 720; Steiner, P. / Uhlir, H., Wertpapieranalyse, 2001, S. 162; Wenger, E., AG 2005, Sonderheft, S. 17.
[663] Vgl. Schmitt, D. / Dausend, F., FB 2006, S. 239. Den Versuch, einen von Sondereinflüssen möglichst befreiten Börsenzyklus festzulegen, unternehmen etwa *Baetge / Krause*, welche jedoch selbst damit einhergehende latente Ermessensspielräume einräumen. Vgl. hierzu Baetge, J. / Krause, C., BFuP 1994, S. 453.
[664] Vgl. Ehrhardt, O., ZBB 2012, S. 211.
[665] Vgl. hierzu z. B. Keim, D. B., JFE 1983, S. 19 – 31; Heston, S. L. / Sadka, R., JFE 2008, S. 429 – 443.
[666] Vgl. Koller, T. / Goedhart, M. / Wessels, D., Valuation, 2005, S. 298.
[667] Vgl. Stehle, R. / Wulff, C. / Richter, Y., Rückberechnung des DAX, 1999, S. 3.

Gesichtspunkt der Grundgesamtheit ist der Referenzzeitraum daher möglichst umfänglich zu wählen.[668]

#### 4.3.3.4 Schwankungen der Marktrendite

Die Ausführungen haben gezeigt, dass die Aktienrendite und die Rendite festverzinslicher Wertpapiere im Laufe eines *Kondratieff*-Jahres theoretisch einem permanenten Wandel unterworfen sind. Wenngleich kapitalmarkttheoretisch zu erwarten ist, dass die Marktrendite aufgrund der in 2.4.4.3 aufgezeigten Risiko-Rendite-Erwägungen stets über der Rendite risikoloser Rentenpapiere liegt, zeigen dahingehende empirische Untersuchungen, dass es bei sehr langfristigen Untersuchungszeiträumen durchaus Phasen geben kann, in welchem die Rendite risikoloser Rentenpapiere die Marktrendite übersteigt. Eine mögliche Erklärung hierfür könnten die mit den langen, mittleren und kurzen Wellen der Konjunktur einhergehenden Anpassungsprozesse am Kapitalmarkt sein, welche realiter nicht idealtypisch, sondern mit einer gewissen zeitlichen Verzögerung ablaufen.

In diese Richtung lassen sich die Ergebnisse zweier von *Siegel* durchgeführten Untersuchungen zu den historischen Renditen börsennotierter Aktien sowie festverzinslicher Rentenpapiere am US-amerikanischen Kapitalmarkt deuten. Hinsichtlich der risikolosen Anlage differenziert *Siegel* jeweils in kurz- und langlaufende Rentenpapiere.[669] Die Frage nach der Fristigkeit der dem Marktportfolio gegenüberzustellenden Rentenpapiere bedarf einer gesonderten Erörterung, welcher sich Kapitel 5 der vorliegenden Untersuchung eingehend widmet. Insofern dient die Betrachtung von Kurz- und Langläufern an dieser Stelle nur der vergleichenden Gegenüberstellung. Vergleichbare Auswertungen für den deutschen Kapitalmarkt scheitern an der Länge der verfügbaren Zeitreihe. Weiterhin kommt *Siegel* zu dem Ergebnis, dass bei einer Haltedauer von 30 Jahren die reale Marktrendite über den gesamten Untersuchungszeitraum hinweg bemerkenswert stabil ist. Schwankungen der aus der Gegenüberstellung historischer Werte einerseits hinsichtlich der Marktrendite, andererseits hinsichtlich der Rendite der risikolosen Anlage gewonnenen Marktrisikoprämie seien demzufolge in erster Linie mit den erheblichen Schwankungen der Rendite der risikolosen Anlage im Zeitablauf zu erklären.[670] Weniger handle es sich daher um ein Equity Premium Puzzle als vielmehr um ein Risk-Free Rate Puzzle.[671] Für den Zeitraum von 1802 bis 2006 findet *Siegel* die in Abbildung 13 wiedergegebenen Ergebnisse.

---

[668] Vgl. Zeidler, G. W. / Tschöpel, A. / Bertram, I., CF biz 2012, S. 73.
[669] Hierbei orientiert sich die Auswahl am geringsten Ausfallrisiko und nicht nach dem Emittenten der Anleihe.
[670] Vgl. Siegel, J. J., FAJ 1992, Nr. 1, S. 37; Siegel, J. J., Stocks, 2008, S. 12 – 15.
[671] Dieser Begriff wurde von *Mehra / Prescott* geprägt. Vgl. hierzu Mehra, R. / Prescott, E. C., JME 1985, S. 158.

| Anlagedauer in Jahren | Untersuchungs-zeitraum | Anteil der Fälle ‚Aktienrendite > Rendite langlaufender risikoloser US-Rentenpapiere' | Anteil der Fälle ‚Aktienrendite > Rendite kurzlaufender risikoloser US-Rentenpapiere' |
|---|---|---|---|
| 1 | 1802 – 2006 | 61,0 % | 62,0 % |
| | 1871 – 2006 | 60,3 % | 64,7 % |
| 2 | 1802 – 2006 | 65,2 % | 65,7 % |
| | 1871 – 2006 | 65,4 % | 69,9 % |
| 3 | 1802 – 2006 | 67,2 % | 70,2 % |
| | 1871 – 2006 | 68,7 % | 73,3 % |
| 5 | 1802 – 2006 | 69,2 % | 72,6 % |
| | 1871 – 2006 | 71,3 % | 75,0 % |
| 10 | 1802 – 2006 | 80,1 % | 80,6 % |
| | 1871 – 2006 | 82,4 % | 85,3 % |
| 20 | 1802 – 2006 | 91,9 % | 94,6 % |
| | 1871 – 2006 | 95,6 % | 99,3 % |
| 30 | 1802 – 2006 | 99,4 % | 97,2 % |
| | 1871 – 2006 | 100,0 % | 100,0 % |
| Quelle: In enger Anlehnung an Siegel, J. J., Stocks, 2008, S. 26. | | | |

**Abbildung 13: Schwankungen der US-Marktrendite im Zeitraum von 1802 bis 2006**

Für den Zeitraum von 1802 bis 1990 differenziert *Siegel* noch weiter:

| Anlagedauer in Jahren | Untersuchungs-zeitraum | Anteil der Fälle ‚Aktienrendite > Rendite langlaufender risikoloser US-Rentenpapiere' | Anteil der Fälle ‚Aktienrendite > Rendite kurzlaufender risikoloser US-Rentenpapiere' |
|---|---|---|---|
| 1 | 1802 – 1870 | 49,3 % | 49,3 % |
| | 1871 – 1925 | 56,4 % | 60,0 % |
| | 1926 – 1990 | 67,7 % | 69,2 % |
| | 1802 – 1990 | 57,7 % | 59,3 % |
| | 1871 – 1990 | 62,5 % | 64,7 % |
| Fortsetzung siehe nächste Seite. | | | |

Kapitel 4: Marktrendite

| Anlagedauer in Jahren | Untersuchungs- zeitraum | Anteil der Fälle ‚Aktienrendite > Rendite langlaufender risikoloser US-Rentenpapiere' | Anteil der Fälle ‚Aktienrendite > Rendite kurzlaufender risikoloser US-Rentenpapiere' |
|---|---|---|---|
| 2 | 1802 – 1870 | 52,9 % | 48,5 % |
| | 1871 – 1925 | 58,2 % | 61,8 % |
| | 1926 – 1990 | 75,4 % | 69,2 % |
| | 1802 – 1990 | 62,2 % | 59,6 % |
| | 1871 – 1990 | 67,5 % | 65,8 % |
| 5 | 1802 – 1870 | 47,7 % | 49,2 % |
| | 1871 – 1925 | 67,3 % | 67,3 % |
| | 1926 – 1990 | 78,5 % | 80,0 % |
| | 1802 – 1990 | 64,3 % | 65,4 % |
| | 1871 – 1990 | 73,3 % | 74,2 % |
| 10 | 1802 – 1870 | 46,7 % | 43,3 % |
| | 1871 – 1925 | 83,6 % | 83,6 % |
| | 1926 – 1990 | 83,1 % | 83,1 % |
| | 1802 – 1990 | 71,1 % | 70,0 % |
| | 1871 – 1990 | 83,3 % | 83,3 % |
| 20 | 1802 – 1870 | 54,0 % | 60,0 % |
| | 1871 – 1925 | 94,5 % | 100,0 % |
| | 1926 – 1990 | 95,4 % | 98,5 % |
| | 1802 – 1990 | 82,9 % | 87,6 % |
| | 1871 – 1990 | 95,0 % | 99,2 % |
| 30 | 1802 – 1870 | 55,0 % | 52,5 % |
| | 1871 – 1925 | 100,0 % | 100,0 % |
| | 1926 – 1990 | 100,0 % | 100,0 % |
| | 1802 – 1990 | 88,8 % | 88,1 % |
| | 1871 – 1990 | 100,0 % | 100,0 % |

Quelle: In enger Anlehnung an Siegel, J., FAJ 1992, Nr. 1, S. 35.

**Abbildung 14: Schwankungen der US-Marktrendite im Zeitraum von 1802 bis 1990**[672]

---

[672] Die Unterteilung des Untersuchungszeitraums in drei bzw. zwei Abschnitte folgt dem Vorgehen von *Schwert*. Dieser untergliedert den Untersuchungszeitraum nach Herkunft und Qualität der verwertbaren Daten. Vgl. hierzu Schwert, G. W., JOB 1990, S. 400 – 401. Kritisch zu den Ergebnissen von *Siegel* Mehra, R. / Prescott, E. C., Equity Premium, 2003, S. 892 – 894.

Kapitel 4: Marktrendite

Die zentrale Aussage der beiden vorstehenden Abbildungen ist, dass auf Sicht eines Anlagezeitraums von 20 Jahren zwischen 1802 bis 1870 nur in 54 % aller Fälle die Rendite des Marktportfolios die Rendite von langlaufenden Rentenpapieren, im Zeitraum von 1871 bis 1925 hingegen in 94,5 % aller Fälle, übertroffen hat. Ein mit 95,4 % aller Fälle ähnliches Ergebnis resultiert für den Zeitraum von 1926 bis 1990. Für den bis 2006 verlängerten Untersuchungszeitraum beträgt die Quote global 91,9 % bzw. für die Zeit ab 1871 95,6 %. Noch eindrücklicher zeigt sich die Anomalie einer die Rendite des Marktportfolios übersteigenden Rendite der risikolosen Anlage bei kürzeren Anlagehorizonten. Dies zeigt, dass die Marktrisikoprämie im Zeitraum erheblichen Schwankungen unterliegt. Insbesondere ist die Frage nach einer grundsätzlichen Überrendite von Aktien gegenüber festverzinslichen Anlagen keineswegs pauschal zu bejahen. Die zitierten Forschungsergebnisse von *Siegel* zeigen, dass diese Annahme umso eher den tatsächlichen Gegebenheiten entspricht, je länger die unterstellte Anlagedauer ist.[673] Ein uneindeutiges Bild zeichnet sich hingegen bei kurzen Anlagezeiträumen.[674]

---

[673] Die Gegebenheiten auf dem deutschen Kapitalmarkt untersuchen, allerdings nicht in derselben Tiefe, z. B. *Wiek*, *Baetge / Krause* und *Wenger*. Vgl. hierzu Wiek, E. J., DBa 1992, S. 720; Baetge, J. / Krause, C., BFuP 1994, S. 453; Wenger, E., AG 2005, Sonderheft, S. 17.

Wohlgemerkt ist bei der Interpretation der von *Siegel* gefundenen Ergebnisse im Hinblick auf die Vollständigkeit der US-amerikanischen Kapitalmarktdaten eine gewisse Skepsis angebracht, vor allen Dingen was die Berücksichtigung von Dividenden, Erlösen aus dem Verkauf von Bezugsrechten und die Ausgabe von Gratisaktien angeht. Diese finden nachweislich erstmalig in den bereits erwähnten *Cowles*-Daten Berücksichtigung. Vgl. hierzu Siegel, J. J., FAJ 1992, Nr. 1, S. 29. Im Übrigen stehen für die Zeit vor 1926 nur Durchschnittskurse zur Verfügung. Vgl. hierzu Stehle, R., Aktien versus Renten, 1998, S. 818. Auch die Zeitreihe der Rendite risikoloser Rentenpapiere ist allenfalls nur bedingt durchgängig vergleichbar. Weniger liegt dies daran, dass die betrachteten Schuldtitel nicht von ein und demselben Schuldner stammen. Vgl. hierzu Siegel, J. J., FAJ 1992, Nr. 1, S. 30. Im zeitlichen Wechsel sind hiervon Anleihen der USA, von Gebietskörperschaften der USA sowie ab dem Ende des 19. Jahrhunderts auch Anleihen von Eisenbahnunternehmen umfasst. Vgl. hierzu Homer, S., Interest Rates, 1963, S. 285. Vielmehr bestehen für den Zeitraum von 1833 bis 1842 mangels zu jener Zeit ausstehender langfristiger öffentlicher Anleihen nicht zu füllende Datenlücken. Vgl. hierzu im Ergebnis wohl Homer, S., Interest Rates, 1963, S. 287, S. 302. *Garber* spricht hingegen von einem Zeitraum von 1834 bis 1841. Vgl. hierzu Garber, P. M., AER 1986, S. 1021.

Im Übrigen wurden seinerzeit abgesehen von einigen wenigen Rentenpapieren ohne feste Restlaufzeit langlaufende Schuldtitel mit einer Laufzeit von maximal 20 Jahren begeben. Vgl. hierzu Siegel, J. J., FAJ 1992, Nr. 1, S. 30. Zudem erfolgte die Ausgabe öffentlicher Anleihen mit einer Laufzeit von 20 Jahren erstmals 1847. Vgl. hierzu Homer, S., Interest Rates, 1963, S. 303. Somit ist die Aussagekraft der Ergebnisse für eine Haltedauer von 30 Jahren begrenzt. Ferner waren die damals umlaufenden öffentlichen Schuldtitel großenteils mit einem oder mehreren Optionsrechten ausgestattet, welche für den Emittenten die Möglichkeit vorsahen, die Anleihen bereits vor Fälligkeit bzw. in Form von Edelmetallwährungen zurückzuzahlen. Vgl. hierzu z. B. Homer, S., Interest Rates, 1963, S. 311, S. 314. Cet. par. liegt der Wert von mit Optionsrechten dieser Art ausgestatteten Anleihen unter dem Wert ansonsten identischer klassischer Kuponanleihen, wobei der Unterschiedsbetrag gerade dem Wert der implementierten Op-

### 4.3.4 Zwischenergebnis

Die Darlegungen kommen zu dem Ergebnis, dass der Untersuchungszeitraum möglichst umfänglich zu wählen ist. Dies gilt besonders für den Fall, wenn die Risikoaversion des typisierten Anlegers konstant ist. Die Festlegung des Untersuchungszeitraums selbst sollte zufällig erfolgen. Allfällige Sonderfaktoren sind hierbei im Sinne der Objektivität nicht zu eliminieren.

Für einen möglichst langen Referenzzeitraum spricht, dass Renditen im Zeitablauf Schwankungen unterliegen, die Schwankungen selbst jedoch sich im Laufe der Zeit verändern. Die Wahl eines möglichst langen Referenzzeitraums jedenfalls im hier betrachteten Fall der Bewertung eines Unternehmens von unendlicher Fortbestehensdauer legen im Übrigen die Annahmen des CAPM nahe. Originär handelt es sich beim CAPM um ein Einperiodenmodell, wobei das Einperiodenkriterium keineswegs mit einem Jahr auszulegen ist, auch wenn dies der allgemeinen Übung entspricht.[675]

Indes sind der praktischen Umsetzung dieser Handlungsempfehlung enge Grenzen gesetzt. Zum einen liegen nur für einen verhältnismäßig kurzen Zeitraum verlässliche Renditedaten vor. Zum anderen ergeben sich selbst diese zumeist nur bei Kombination verschiedener Indizes, welche sich schon allein aus rein technischen Gründen verbietet. Die Aussagekraft der wenigen vorliegenden langen Zeitreihen ist daher fraglich und kritisch zu hinterfragen. Als ebenso wenig repräsentativ erweisen sich allerdings allzu kurze Untersuchungszeiträume. Der Relativierung des Einwands einer fraglichen Datenqualität bei langen Untersuchungszeiträumen stehen hier die verzerrenden Einflüsse möglicher Sonderfaktoren gegenüber. Die verzerrenden Einflüsse von Sonderfaktoren manifestieren sich in Form eines hohen Standardfehlers, sodass die statistische Aussagekraft kurzer Zeitreihen, vor allen Dingen solcher, welche weniger als 50 Jahre umfassen, zumeist begrenzt ist.[676]

Dies rückt auch die Empfehlungen des *IDW* hinsichtlich der Höhe der Marktrisikoprämie in ein fahles Licht, zumal sich das *IDW* im Hinblick auf das Marktportfolio auf die Zeitreihe des DAX® 30 bzw. CDAX® im Zeitraum

---

tionsrechte entspricht. Vgl. hierzu Garber, P. M., AER 1986, S. 1016, S. 1025, S. 1027. Mithin rentieren mit Optionsrechten der beschriebenen Art ausgestattete Anleihen über vergleichbaren klassischen Kuponanleihen. Vgl. hierzu Siegel, J. J., FAJ 1992, Nr. 1, S. 31. Hinzukommen die Einflüsse fiskalpolitischer Lenkungsmaßnahmen im Zusammenhang mit der Finanzierung des Amerikanischen Bürgerkriegs sowie paradigmatischer Änderungen im Währungssystem. Vgl. hierzu Siegel, J. J., FAJ 1992, Nr. 1, S. 31. Doch handelt es sich hierbei um Pesoeffekte, welche, wie oben festgestellt, gerade nicht zu eliminieren sind.

[674] Vgl. hierzu auch eingehend Blanchard, O., BPEA 1993, Nr. 2, S. 75 – 136.
[675] Vgl. Copeland, T. / Koller, T. / Murrin, J., Valuation, 2000, S. 220; Ritter, J. R., JFR 2002, S. 159.
[676] Vgl. Schneller, T. / Schwedener, P. / Elsaesser, P., DST 2010, S. 659.

von 1955 bis 2003 und damit insgesamt betrachtet auf eine konjunkturelle Schönwetterperiode der jüngeren deutschen Wirtschaftsgeschichte stützt. Die wirtschaftlichen Implikationen der vorangegangenen Vorkommnisse, welche diese begünstigt haben, bleiben hierbei ausgeblendet. Wenngleich die empirische Höhe der Marktrisikoprämie im Rahmen der vorliegenden Untersuchung nicht im Vordergrund steht, ist denkbar, dass sich somit bei Erweiterung des Untersuchungszeitraums ein gänzlich anderes Bild zeichnete und die langfristig gemittelte Marktrendite bislang zu hoch angenommen wird. Hierauf deuten bereits die Arbeiten hin, welche einen deutlich längeren Untersuchungszeitraum wählen, obwohl auch bei diesen kriegsbedingt gewisse Jahre ausgeblendet bleiben respektive bislang ausgeblendet bleiben müssen.[677] Die eigentliche Problematik im Zusammenhang mit der Wahl der Länge und der Lage des Referenzzeitraums ist nämlich darin zu sehen, dass belastbare Aussagen zur langfristig erzielbaren Aktienrendite zunächst erforderlich machten, deutlich stärker als bislang das trotz seiner großen Bedeutung bemerkenswert unerforschte Gebiet der Finanzmarktarchäologie zu bearbeiten.[678] Unabhängig hiervon lässt die wissenschaftliche Diskussion um die Länge des Untersuchungszeitraums eine angemessene Auseinandersetzung mit der Frage vermissen, welche Implikationen von der Geldpolitik respektive – abstrakter formuliert – vom Währungssystem auf die Wertpapiermärkte ausgehen. Der dahingehende Hinweis zielt auf die mögliche Asset Inflation im Zuge der vollständigen Abkehr vom Goldstandard zugunsten eines reinen Fiat-Geldsystems sowie insbesondere auf die konzertierte Reaktion der Zentralbanken auf die seit 2008 schwelende globale Finanz- und Staatsschuldenkrise in Form von Eingriffen an den Anleihen- und Aktienmärkten.

---

[677] Vgl. z. B. Morawietz, M., Rentabilität und Risiko, 1994, S. 75 – 79.
[678] Einen wichtigen Beitrag zur Finanzmarktarchäologie liefert *Eube*. Vgl. hierzu Eube, S., Aktienmarkt, 1998.

## 4.4 Bestimmung des Mittelwerts historischer Marktrenditen

### 4.4.1 Vorbemerkung

Die Bestimmung des Mittelwerts der Marktrisikoprämie aus Vergangenheitsdaten für Zwecke der Unternehmensbewertung ist in induktiv-statistischer Hinsicht das Ergebnis einer Punktschätzung über einen Parameter $\theta$ aus der Grundgesamtheit. Eine Punktschätzung wird erforderlich, nachdem die Grundgesamtheit unbekannt ist und somit eine Totalerhebung ausscheidet. Konkret wird die unbekannte Grundgesamtheit mithilfe einer Schätzfunktion zu einem numerischen Schätzwert verdichtet,[679] welcher möglichst nah an dem wahren, jedoch unbekannten Parameter $\theta$ liegt.[680] An die Stelle der praktisch nicht durchführbaren Totalerhebung tritt eine reine Zufallsauswahl. Das stochastische Experiment folgt hierbei der Form ‚Ziehen mit Zurücklegen'.[681]

Eine Stichprobenfunktion der Gestalt $\hat{\theta}(X_1; X_2; X_3; \ldots; X_{T-1}; X_T)$, deren Schätzwert $\hat{\theta}(x_1; x_2; x_3; \ldots; x_{T-1}; x_T)$ möglichst dicht an dem wahren, jedoch unbekannten Parameter $\theta$ liegt, heißt Schätzfunktion oder kurz Schätzer für den Parameter $\theta$.[682] Hierbei handelt es sich bei $\{X_1; X_2; X_3; \ldots; X_{T-1}; X_T\}$ um eine Stichprobe von $T$ unabhängigen, identisch verteilten Zufallsvariablen aus der Grundgesamtheit $\{x_1; x_2; x_3; \ldots; x_{T-1}; x_T\}$. Der Schätzwert $\hat{\theta}(x_1; x_2; x_3; \ldots; x_{T-1}; x_T)$ selbst ist eine Zufallsvariable.[683]

Allgemein versteht man unter einer Zufallsvariablen $\tilde{X}$ eine veränderliche numerische Größe, deren Ausprägungen $\{x_1; x_2; x_3; \ldots; x_{T-1}; x_T\}$ mit einer bestimmten Wahrscheinlichkeit $f(x)$ eintreten. Hierbei bezeichnet man $f(x)$ als Wahrscheinlichkeitsdichtefunktion. Die Zufallsvariable $\tilde{X}$ stellt eine eindeutige Abbildung des Ereignisraums in die Menge der reellen Zahlen dar, wobei jedem Ereignis des Ereignisraums genau eine Zufallsvariable zugeordnet ist. Der Ereignisraum bildet den Definitionsbereich der Zufallsvariablen. Der Wertebereich der Zufallsvariablen ist eine Teilmenge der reellen Zahlen. Sowohl der Definitions- als auch der Wertebereich können begrenzt wie auch unbegrenzt sein.[684] Die Wahrscheinlichkeitsverteilung der Zufallsvariablen ist durch die Häufigkeitsverteilung des Merkmals $X$ in der Grundgesamtheit charakterisiert. Anhand der in der Stichprobe beobachtbaren Ausprägungen $\{X_1; X_2; X_3; \ldots; X_{T-1}; X_T\}$ wird versucht, diese Vertei-

---

[679] Vgl. Auer, L. v., Ökonometrie, 2013, S. 53; Hackl, P., Ökonometrie, 2013, S. 431.
[680] Vgl. Schlittgen, R., Statistik, 2012, S. 286 – 287; Auer, L. v., Ökonometrie, 2013, S. 53, S. 171 – 173.
[681] Vgl. Fama, E. F., JOB 1996, S. 417; Drukarczyk, J. / Schüler, A., Unternehmensbewertung, 2009, S. 221.
[682] Vgl. Hartung, J., Statistik, 2009, S. 124 – 125; Schlittgen, R., Statistik, 2012, S. 286 – 287.
[683] Vgl. Schira, J., Statistische Methoden, 2012, S. 425 – 427.
[684] Vgl. Litz, H. P., Statistische Methoden, 2003, S. 243.

lung oder zumindest deren Lageparameter, mithin Mittelwert und Varianz, zu schätzen.[685] Die Stichprobe erlaubt also einen Rückschluss auf den gesuchten wahren, jedoch unbekannten Parameter $\theta$ der Grundgesamtheit.[686]

Vorliegend umfasst die unbekannte Grundgesamtheit die in der Vergangenheit realisierten Marktrisikoprämien. Gesucht ist der Mittelwert der Grundgesamtheit $\hat{\mu}$. Hierbei handelt es sich um eine Realisation der Grundgesamtheit. Als Stichprobe dient eine Zeitreihe bekannter historischer Marktrisikoprämien $\{MRP_1;\ MRP_2;\ MRP_3;\ ...;\ MRP_{T-1};\ MRP_T\}$. Aus der Art des stochastischen Experiments ‚Ziehen mit Zurücklegen' folgt, dass alle Zufallsvariablen $MRP$ identisch verteilt und interseriell voneinander unabhängig sind.[687] Die Schätzfunktion ist definiert als Mittelwert. Allgemein gilt für die Schätzfunktion somit:

$$\{MRP_1;\ MRP_2;\ MRP_3;\ ...;\ MRP_{T-1};\ MRP_T\} \Rightarrow \overline{MRP} \qquad (1)$$

Die Güte der Schätzfunktion lässt sich anhand der Kriterien Erwartungstreue und Konsistenz beurteilen. Eine Schätzfunktion ist erwartungstreu oder unverzerrt, wenn ihr Erwartungswert gleich dem Parameter $\theta$ ist, sodass

$$E(\hat{\theta}) = \theta \qquad (2)$$

gilt. Eine Verzerrung, der Schätzfehler (engl. bias), ist entsprechend definiert als[688]

$$Bias\{\hat{\theta}|\theta\} = E\{\hat{\theta} - \theta\} \qquad (3)$$

Nach dem Kriterium der Konsistenz ist die Genauigkeit einer Schätzung umso höher, je größer der Umfang der Stichprobe ist.

Es bestehen verschiedene Ansätze zur Bestimmung des wahren, jedoch unbekannten Mittelwerts einer Grundgesamtheit $\hat{\mu}$, etwa das arithmetische Mittel, das geometrische Mittel oder der Median.[689] Die weitere Betrachtung beschränkt sich auf den arithmetischen bzw. den geometrischen Mittelwert als Schätzfunktion,[690] wobei zunächst die Grundformen und anschließend Erweiterungen diskutiert werden. Im Anschluss wendet sich die Untersuchung eingehend der Frage zu, welche dieser Schätzfunktionen unter besonderer Berücksichtigung der theoretischen Anforderungen des CAPM zur

---

[685] Vgl. Schira, J., Statistik, 2012, S. 425 – 426.
[686] Vgl. Bohley, P., Statistik, 2000, S. 527 – 528.
[687] Vgl. Schira, J., Statistische Methoden, 2012, S. 427.
[688] Vgl. Fahrmeir, L. / Künstler, R. / Pigeot, I. u. a., Statistik, 2010, S. 369; Bohley, P., Statistik, 2000, S. 530 – 534.
[689] Vgl. zu den verschiedenen Mittelungsverfahren z. B. Hartung, J., Statistik, 2009, S. 31 – 37.
[690] Vgl. Blume, M. E., JASA 1974, S. 634; Cooper, I., EFM 1996, S. 160.

Bestimmung des wahren, jedoch unbekannten Mittelwerts der Grundgesamtheit $\hat{\mu}$ zu wählen ist.

### 4.4.2 Formulierung der in Frage kommenden Schätzfunktionen

#### 4.4.2.1 Grundformen

##### 4.4.2.1.1 Definitionen

###### 4.4.2.1.1.1 Arithmetischer Mittelwert

Das arithmetische Mittel der historischen Marktrisikoprämie $MRP_{AM}$ berechnet den ungewichteten Durchschnitt der Marktrisikoprämien $MRP_t$ mit $t \in \{1; 2; 3; ...; T-1; T\}$, welche in den einzelnen Perioden eines insgesamt $T$ Perioden umfassenden Betrachtungszeitraums realisiert werden.[691] Allgemein gilt für die Schätzfunktion bei Zugrundelegung des arithmetischen Mittelwerts $E(\widehat{MRP}_{AM})$:

$$E(\widehat{MRP}_{AM}) = \frac{1}{T} \cdot \sum_{t=1}^{T} MRP_t \tag{1}$$

###### 4.4.2.1.1.2 Geometrischer Mittelwert

Gemeinhin deutet die Literatur das geometrische Mittel $MRP_{GM}$ als $T$-te Wurzel des Produkts der in der Vergangenheit realisierten Marktrisikoprämien.[692] Für die Schätzfunktion bei Zugrundelegung des geometrischen Mittelwerts $E(\widehat{MRP}_{GM})$ gilt entsprechend:

$$E(\widehat{MRP}_{GM}) = \sqrt[T]{\prod_{t=1}^{T}(1 + MRP_t)} - 1 \tag{1}$$

Äquivalent lässt sich Beziehung (1) in der Form

$$E(\widehat{MRP}_{GM}) = exp\left[\frac{1}{T} \cdot \sum_{t=1}^{T} \ln(1 + MRP_t)\right] - 1 \tag{2}$$

ausdrücken.[693]

---

[691] Vgl. z. B. Rasch, D., Mathematische Statistik, 1995, S. 35; Mindlin, D., Arithmetic and Geometric Returns, 2011, S. 3.
[692] Vgl. z. B. Baetge, J. / Krause, C., BFuP 1994, S. 450 – 451; Benninga, S. Z. / Sarig, O. H., Corporate Finance, 1997, S. 281; Bohley, P., Statistik, 2000, S. 132; Spremann, K., Unternehmensbewertung, 2002, S. 478; Fahrmeir, L. / Künstler, R. / Pigeot, I. u. a., Statistik, 2010, S. 62.
[693] Die formale Überleitung findet sich in A 2 des Anhangs.

### 4.4.2.1.1.3 Formaler Zusammenhang

Bei Anwendung auf dieselbe Zeitreihe liefern das arithmetische und das geometrische Mittelungsverfahren voneinander abweichende Ergebnisse. Das arithmetische Mittel übersteigt in der Regel das geometrische Mittel,[694] sodass allgemein

$$E(\overline{MRP}_{GM}) < E(\overline{MRP}_{AM}) \tag{1}$$

gilt.[695] Der Grund hierfür ist in der *Jensen*'schen Ungleichung zu suchen.[696] Für stetige Renditen approximiert *Sheppard* die Abweichung zwischen arithmetischem und geometrischem Mittelwert allgemein mit

$$\overline{MRP}_{GM} \approx \overline{MRP}_{AM} - \frac{1}{2} \cdot VAR(MRP_1; MRP_2; MRP_3; \ldots; MRP_{T-1}; MRP_T) \tag{2}$$

(*Sheppard*'sche Korrektur).[697] Der Unterschied zwischen den beiden Mittelwerten ist umso ausgeprägter, je stärkere Schwankungen die periodenspezifischen Marktrisikoprämien um den arithmetischen Mittelwert der

---

[694] Die Aussage gilt unter der Einschränkung, dass die durchschnittliche Marktrisikoprämie der Stichprobe positiv ist. Vgl. hierzu Bacon, C. R., Portfolio Performance Measurement, 2008, S. 53.
[695] Vgl. Feibel, B. J., Investment Performance Measurement, 2003, S. 135.
[696] Die *Jensen*'sche Ungleichung gilt für Zufallsvariablen $\tilde{X}$ mit endlichem Erwartungswert $E(\tilde{X})$. Bei der Zufallsvariablen handelt es sich vorliegend um die wahre, jedoch unbekannte Marktrisikoprämie. Sei $g(x)$ eine im Variationsbereich $V$ der Zufallsvariablen $\tilde{X}$ definierte Funktion mit einer eindeutigen Umkehrfunktion $x = h(y)$, welche in $V$ monoton und zweimal differenzierbar ist. $\frac{\partial g(x)}{\partial x}$ und $\frac{\partial^2 g(x)}{\partial x^2}$ seien jeweils entweder stets nichtnegativ oder stets nichtpositiv, sodass grundsätzlich vier Fälle zu unterscheiden sind. Die Barwertfunktion fällt streng monoton in der Zeit. Daher kann sich hier die Betrachtung auf den Fall $\frac{\partial g(x)}{\partial x} \leq 0$, $\frac{\partial^2 g(x)}{\partial x^2} \geq 0$ beschränken. Für $\frac{\partial^2 g(x)}{\partial x^2} \geq 0$ liegen alle Kurvenpunkte oberhalb der Tangente durch den Erwartungswert $E(\tilde{X})$. Im hier betrachteten Fall $\frac{\partial g(x)}{\partial x} \leq 0$ gilt $h\{E[f(\tilde{X})]\} \leq E(\tilde{X})$ mit $h\{E[f(\tilde{X})]\} = E_g(\tilde{X})$, wobei es sich bei $E_g(\tilde{X})$ um den $g$-funktionalen Erwartungswert der Zufallsvariablen handelt. Übertragen auf den vorliegenden Sachverhalt handelt es sich bei $E(\tilde{X})$ um das arithmetische Mittel. Logarithmieren des geometrischen Mittels liefert $\ln \bar{x}_{GM} = \frac{1}{T} \cdot (\ln x_1 + \ln x_2 + \ln x_3 + \ldots + \ln x_{T-1} + \ln x_T)$. Vgl. hierzu Menchero, J., FAJ 2004, Nr. 4, S. 88. Aufgrund der funktionalen Eigenschaften des Logarithmus gilt allgemein $E[ln(\tilde{X})] \leq ln[E(\tilde{X})]$. Damit ist die Behauptung bewiesen, dass das geometrische Mittel unter keinen Umständen das arithmetische Mittel übersteigt. Vgl. hierzu Rasch, D., Mathematische Statistik, 1995, S. 150 – 151; Hartung, J., Statistik, 2009, S. 36.
[697] Von der Beweisführung sei an dieser Stelle abstrahiert, nachdem der *Sheppard*'schen Korrektur im Weiteren keine größere Bedeutung beikommt. Vgl. hierzu Hald, A., SJS 2001, S. 420 – 422; Spremann, K., Portfoliomanagement, 2008, S. 78 – 79, S. 425 – 426; bei normalverteilten Renditen selbst einen festen Zusammenhang vertretend Bodie, Z. / Kane, A. / Marcus, A. J., Investments, 2014, S. 132; Alternativen zur *Sheppard*'schen Korrektur La Grandville, O. d., FAJ 1998, Nr. 6, S. 75; Mindlin, D., Arithmetic and Geometric Returns, 2011, S. 5 – 8.

Stichprobe zeigen.[698] Übereinstimmende Ergebnisse resultieren ausschließlich in dem praktisch nicht relevanten und daher im Weiteren ausgeblendeten Fall, dass in allen Perioden des Beobachtungszeitraums konstante Marktrisikoprämien realisiert werden.[699]

#### 4.4.2.1.2 Eigenschaften und Annahmen

#### 4.4.2.1.2.1 Arithmetischer Mittelwert

Die arithmetische Mittelung in der Vergangenheit realisierter Marktrenditen beruht auf der impliziten Annahme eines auf eine einzige Periode begrenzten Investitionszeitraums. Ein tatsächlich über diese eine Periode hinausgehender Investitionshorizont versteht sich insofern als Aneinanderreihung von isolierten Einzelperioden.[700] Für die Anlage eines bestimmten Geldbetrags über den Investitionshorizont bedeutet dies, dass ein gedachter Investor das zur Verfügung stehende Kapital jeweils nur für eine Periode anlegt, das Kapital also zu Beginn einer jeden Periode investiert, um die getätigte Anlage am Ende derselben Periode wieder zu veräußern. Hierbei werden positive Renditerealisationen einbehalten respektive negative Renditerealisationen ausgeglichen.[701] Die Renditerealisationen selbst umfassen die Veräußerungserfolge, Dividenden sowie Erlöse aus Verkäufen von Bezugsrechten einer jeden einzelnen Periode.[702] Das arithmetische Mittelungsverfahren unterstellt somit periodisch revolvierende Veranlagungen und Veräußerungen, sodass zu Beginn einer jeden Periode unabhängig vom bisherigen Anlageerfolg stets ein Geldbetrag in der anfänglichen Höhe investiert wird. Dies bedingt die weitere Annahme, dass die zur Verfügung stehenden Anlagemöglichkeiten beliebig teilbar sind.[703]

#### 4.4.2.1.2.2 Geometrischer Mittelwert

Der geometrische Mittelwert spiegelt das Verhalten eines Investors wider, welcher eine Kaufen-und-Halten-Strategie verfolgt, das anfänglich zur Verfügung stehende Kapital also zu Beginn des Investitionszeitraums anlegt und den gesamten Anlageerfolg erst am Ende der Totalperiode realisiert.[704] Im Hinblick auf die Verwendung allfälliger Dividenden und Erlöse aus Verkäufen

---

[698] Vgl. Cornell, B., Equity Risk Premium, 1999, S. 38; Spremann, K., Portfoliomanagement, 2008, S. 78.
[699] Vgl. Zeidler, G. W. / Tschöpel, A. / Bertram, I., BP 2012, Nr. 1, S. 3.
[700] Vgl. Ballwieser, W., WPg 1995, S. 125.
[701] Vgl. Siegel, J. J., FAJ 1992, Nr. 1, S. 29; Mandl, G. / Rabel, K., Unternehmensbewertung, 1997, S. 292; Knoll, L., Mittelungsproblematik historischer Marktrisikoprämien, 2010, S. 329.
[702] Vgl. Steiner, P. / Uhlir, H., Wertpapieranalyse, 2001, S. 124; Feibel, B. J., Investment Performance Measurement, 2003, S. 135.
[703] Vgl. Haugen, R. A., Modern Investment Theory, 2001, S. 369 – 370.
[704] Vgl. Haugen, R. A., Modern Investment Theory, 2001, S. 370 – 371; Mandl, G. / Rabel, K., Unternehmensbewertung, 1997, S. 292.

von Bezugsrechten simuliert das Verfahren das Verhalten des homo oeconomicus, welcher diese aus Opportunitätskostenerwägungen unmittelbar nach Erhalt für den Erwerb weiterer Anteile an dem eingegangenen Investment zum jeweils aktuellen Kursniveau einsetzt (franz. opération blanche).[705] Finanzmathematisch versteht sich der geometrische Mittelwert der in den einzelnen Perioden eines Vergangenheitszeitraums realisierten Renditen als die über den Investitionszeitraum erzielte annualisierte Effektivverzinsung.[706]

#### 4.4.2.1.3 Exemplifizierende Gegenüberstellung von arithmetischem und geometrischem Mittelwert

Arithmetisches und geometrisches Mittelungsverfahren führen zu voneinander abweichenden Ergebnissen. Die Diskrepanz erklärt sich mit den unterschiedlichen Eigenschaften und Annahmen, welchen den beiden Verfahren zugrunde liegen. Die grundlegenden Unterschiede zwischen arithmetischem und geometrischem Mittelungsverfahren seien anhand des folgenden einfachen Beispiels verdeutlicht.

Betrachtet sei die Aktie einer börsennotierten Gesellschaft, deren Kurs ausgehend von dem anfänglichen Niveau in Höhe von 100,00 [GE] bis zum 31. Dezember 01 um + 100,00 % auf 200,00 [GE] steige, um im Verlauf der zweiten Periode Kursverluste in Höhe von – 50,00 % zu erleiden und auf das anfängliche Kursniveau in Höhe von 100,00 [GE] zurückzufallen. Von der Berücksichtigung allfälliger Dividendenzahlungen, Erlöse aus Verkäufen von Bezugsrechten und Eigenkapitalmaßnahmen sei aus Gründen der Komplexitätsreduktion hier noch abgesehen. Einen Überblick über den Kursverlauf sowie die periodenspezifische Aktienrendite gibt Tabelle 6.

| Zeitpunkt | 31.12.00 | 1.1.01 | 31.12.01 | 1.1.01 | 31.12.02 |
|---|---|---|---|---|---|
| Kurs in [GE] | 100,00 | 100,00 | 200,00 | 200,00 | 100,00 |
| Diskrete Rendite | - | - | + 100,00 % | - | - 50,00 % |
| Quelle: Eigene Darstellung. | | | | | |

**Tabelle 6: Entwicklung von Aktienkurs und Periodenrendite im Zweiperiodenmodell**

---

[705] Die Opération Blanche unterstellt eine Aktienanlage, bei welcher während des gesamten Anlagezeitraums dem Portfolio weder Mittel hinzugefügt noch entnommen werden. Im Hinblick auf den Fall ordentlicher Kapitalerhöhungen bedeutet dies, dass gerade so viele Bezugsrechte verkauft werden, dass der Erlös für die Ausübung der restlichen Bezugsrechte ausreicht. Vgl. hierzu ausführlich Morawietz, M., Rentabilität und Risiko, 1994, S. 126 – 128; Meyer, F., Zins- und Aktienindex-Futures, 1994, S. 10.
[706] Vgl. Benninga, S. Z. / Sarig, O. H., Corporate Finance, 1997, S. 281; Dorfleitner, G., Stetige versus diskrete Renditen, 1999, S. 6; Spremann, K., Unternehmensbewertung, 2002, S. 477 – 478; Siegel, J. J., Stocks, 2008, S. 22.

Nachdem der Kurs der Aktie am 31. Dezember 02 gerade dem anfänglichen Niveau entspricht, beträgt die effektive Periodenrendite auf der Basis des betrachteten Zeitraums von zwei Perioden unmittelbar ersichtlich 0,00 %. Das arithmetische Mittelungsverfahren liefert als durchschnittliche Periodenrendite $\frac{1}{2} \cdot (100{,}00\ \% - 50{,}00\ \%) = 25{,}00\ \%$, das geometrische Mittelungsverfahren hingegen $\sqrt{(1 + 100{,}00\ \%) \cdot (1 - 50{,}00\ \%)} - 1 = 0{,}00\ \%$. Während also der geometrische Mittelwert der periodenspezifischen Aktienrendite mit der effektiven Periodenrendite übereinstimmt, weicht das arithmetische Mittel sowohl von dieser als auch von jenem in eklatanter Weise ab. Zwar ist das Ausmaß der Abweichung der beiden Mittelwerte in vorliegendem Beispiel dem hierin angenommenen volatilen Verlauf des Aktienkurses geschuldet. Doch führen auch weniger starke Schwankungen des Aktienkurses nicht zu grundsätzlich anderen Ergebnissen.

Das Beispiel macht deutlich, dass das arithmetische und das geometrische Mittelungsverfahren für ein und dieselbe Zeitreihe in Abhängigkeit von der Volatilität der Datenpunkte erheblich voneinander abweichende divergierende Ergebnisse liefern können. Dies wiegt umso schwerer, als selbst nur geringfügige Abweichungen bei dem in Ansatz zu bringenden Kapitalisierungszinssatz weitreichende Auswirkungen auf die Höhe des zu bestimmenden Barwerts haben.[707]

---

[707] Vgl. Siegel, J. J., Stocks, 2008, S. 22. *Copeland / Koller / Murrin* kommen in einem ähnlich gelagerten Beispiel, wo der Wert einer Aktie innerhalb einer Periode um + 100,00 % steigen oder um – 50,00 % fallen kann, zunächst zu dem Schluss, dass unter der Annahme stationärer, interseriell independenter Aktienrenditen wohl („believe") der geometrische Mittelwert das adäquate Verfahren für die Schätzfunktion sei. Vgl. hierzu Copeland, T. / Koller, T. / Murrin, J., Valuation, 1990, S. 194; ebenso noch Copeland, T. / Koller, T. / Murrin, J., Valuation, 1994, S. 263. Wenig später jedoch revidieren sie diese Auffassung mit der Begründung, dass allein der arithmetische Mittelwert den Anfangs- auf den Endwert einer Aktie überzuleiten vermöge, nachdem dieser als Erwartungswert der einzelnen zustandsabhängig realisierbaren Aktienrenditen aufzufassen sei und hierbei allen Ästen des Binomialbaums dieselbe Eintrittswahrscheinlichkeit zuteilwerde. Vgl. hierzu Copeland, T. / Koller, T. / Murrin, J., Valuation, 2000, S. 218 – 219. *Koller / Goedhart / Wessels* wiederum relativieren auch diesen Standpunkt, indem diese selbst auf die oben genannten Schwächen des arithmetischen Mittelwerts hinweisen. Dennoch scheinen auch *Koller / Goedhart / Wessels* das arithmetische Mittel dem geometrischen Mittelwert vorzuziehen. Vgl. hierzu Koller, T. / Goedhart, M. / Wessels, D., Valuation, 2010, S. 244 – 245.

Insbesondere vermag auch das Argument, mithilfe des arithmetischen Mittelwerts der Zeitreihe zweier vergangener Perioden den Anfangs- auf den Endwert des Vermögens überleiten zu können, nicht zu überzeugen. Keineswegs ist nämlich der Grund für dieses Ergebnis darin zu suchen, dass allen Ästen des Binomialbaums die gleiche Wahrscheinlichkeit zugewiesen ist. Vgl. so aber Copeland, T. / Koller, T. / Murrin, J., Valuation, 1990, S. 194; Copeland, T. / Koller, T. / Murrin, J., Valuation, 1994, S. 262; Copeland, T. / Koller, T. / Murrin, J., Valu-

## 4.4.2.2 Erweiterungen

Die Mittelung in der Vergangenheit realisierter Marktrisikoprämien ist weiterhin nach der Art ihrer Berechnung zu differenzieren.[708] Für arithmetisch berechnete Marktrisikoprämien gilt bei arithmetischer Mittelung $E\left(\overline{MRP}_{AM}^{A}\right)$

---

ation, 2000, S. 218. Vielmehr stellt sich dieses Ergebnis auch bei asymmetrisch verteilten Eintrittswahrscheinlichkeiten ein. Tatsächlich ist angesichts der Prämisse interserieller Independenz der Ereignisse kein anderes Ergebnis zu erwarten. Jedoch ziehen *Copeland / Koller / Murrin* respektive *Koller / Goedhart / Wessels* die Annahme interserieller Independenz selbst in Zweifel. Vgl. Copeland, T. / Koller, T. / Murrin, J., Valuation, 1990, S. 196; Copeland, T. / Koller, T. / Murrin, J., Valuation, 1994, S. 263; Copeland, T. / Koller, T. / Murrin, J., Valuation, 2000, S. 220 – 221; Koller, T. / Goedhart, M. / Wessels, D., Valuation, 2005, S. 300 – 301; Koller, T. / Goedhart, M. / Wessels, D., Valuation, 2010, S. 244.

Weiterhin wenden *Copeland / Koller / Murrin* ein, bei alternativer Anwendung des geometrischen Mittelungsverfahrens resultiere ein Wert von 0,00 %, was zwar der effektiven Rendite der beiden betrachteten Perioden des Vergangenheitszeitraums entspreche. Vgl. hierzu Copeland, T. / Koller, T. / Murrin, J., Valuation, 2000, S. 219. Jedoch liegt die mangelnde Vergleichbarkeit der beiden Fälle auf der Hand, nachdem *Copeland / Koller / Murrin* bei der Berechnung des geometrischen Mittelwerts abweichend von der Datenbasis des arithmetischen Mittelwerts nur einen der vier Zufallspfade betrachten. Vgl. hierzu auch Berk, J. / DeMarzo, P., Corporate Finance, 2014, S. 326, welche einen ähnlich unvollständigen Vergleich wie *Copeland / Koller / Murrin* anstellen. Im Übrigen gelten obige Anmerkungen zur Verwendung von Dichtefunktionen für die Schätzung zukünftiger Aktienrenditen prinzipiell entsprechend.

Eine ähnliche Argumentationslinie wie *Copeland / Koller / Murrin* respektive *Koller / Goedhart / Wessels* ziehen *Brealey / Myers / Allen*. Der wesentliche Unterschied besteht darin, dass bei *Brealey / Myers / Allen* der Aktienkurs drei verschiedene Entwicklungen annehmen, nämlich um + 30,00 % oder + 10,00 % steigen oder um – 10,00 % fallen kann, wobei die Renditerealisationen aufeinanderfolgender Ereignisse wie bei *Copeland / Koller / Murrin* respektive *Koller / Goedhart / Wessels* annahmegemäß interseriell independent sind. Die zu erwartende Aktienrendite betrage bei Anwendung des arithmetischen Mittelwerts demnach $\frac{30,00\% + 10,00\% - 10,00\%}{3} = 10,00\%$. Bei Anwendung des geometrischen Mittelwerts resultiere hingegen abweichend vom arithmetischen Mittelwert als Erwartungswert der Aktienrendite $\sqrt[3]{(1 + 30,00\%) \cdot (1 + 10,00\%) \cdot (1 - 10,00\%)} - 1 = 8,77\%$. Ebenso wie *Copeland / Koller / Murrin* respektive *Koller / Goedhart / Wessels* scheinen auch *Brealey / Myers / Allen* zwei nicht vergleichbare Konstellationen miteinander zu vergleichen, indem sie für die Berechnung des geometrischen Mittelwerts den betrachteten zeitlichen Horizont offenbar auf drei Perioden erweitern und hierbei einen Zustandspfad der Folge von Aktienrenditen – 10,00 %, + 10,00 % und + 30,00 % unterstellen. Vgl. hierzu Brealey, R. A. / Myers, S. C. / Allen, F., Principles of Corporate Finance, 2014, S. 162 – 163. Zudem übersehen auch *Brealey / Myers / Allen*, dass sich die Anwendung des geometrischen Mittelwerts im Kontext diskreter Kursprozesse konzeptionell verbietet, nachdem diskrete Trajektorienmodelle wie in dem hier diskutierten Fall mit diskreten Renditen rechnen. Vgl. hierzu Cox, J. C. / Ross, S. A. / Rubinstein, M., JFE 1979, S. 248; hingegen Sandmann, K., Stochastik der Finanzmärkte, 2010, S. 301 – 303.

[708] Bisweilen trennt die Literatur unsauber zwischen Berechnung und Mittelung der Marktrisikoprämie. Vgl. hierzu z. B. Cornell, B., Equity Risk Premium, 1999, S. 38.

$$E\left(\overline{MRP}_{AM}^{A}\right) = \frac{1}{T} \cdot \sum_{t=1}^{T}\left(r_{M,t} - r_{f,t}\right) \qquad (1)$$

respektive bei geometrischer Mittelung $E\left(\overline{MRP}_{GM}^{A}\right)$

$$E\left(\overline{MRP}_{GM}^{A}\right) = \sqrt[T]{\prod_{t=1}^{T}\left(1 + r_{M,t} - r_{f,t}\right)} - 1 \qquad (2)$$

Für geometrisch berechnete Marktrisikoprämien folgt für die durchschnittliche Marktrisikoprämie bei arithmetischer Mittelung $E\left(\overline{MRP}_{AM}^{G}\right)$

$$E\left(\overline{MRP}_{AM}^{G}\right) = \frac{1}{T} \cdot \sum_{t=1}^{T}\left(\frac{1 + r_{M,t}}{1 + r_{f,t}} - 1\right) \qquad (3)$$

bzw. bei geometrischer Mittelung $E\left(\overline{MRP}_{GM}^{G}\right)$

$$E\left(\overline{MRP}_{GM}^{G}\right) = \sqrt[T]{\prod_{t=1}^{T}\left(\frac{1 + r_{M,t}}{1 + r_{f,t}}\right)} - 1 \qquad (4)$$

Hierbei steht $r_{M,t}$ für die Marktrendite und $r_{f,t}$ für die Rendite der risikolosen Anlage in der $t$-ten Periode. Insgesamt lassen sich somit vier verschiedene Ansätze unterscheiden, wie sich die durchschnittliche Marktrisikoprämie berechnen lässt. Einen Sonderweg schlägt *Stehle* (2004) im Rahmen seiner wissenschaftlichen Studie zur Risikoprämie auf dem deutschen Kapitalmarkt ein, indem er dort dem geometrischen Mittelwert der Marktrendite den geometrischen Mittelwert der Rendite der risikolosen Anlage des Referenzzeitraums gegenüberstellt. Für den so definierten geometrischen Mittelwert vom Typ *Stehle* $\overline{MRP}_{GM}^{A,Stehle}$ gilt:

$$E\left(\overline{MRP}_{GM}^{A,Stehle}\right) = \sqrt[T]{\prod_{t=1}^{T}(1 + r_{M,t})} - \sqrt[T]{\prod_{t=1}^{T}(1 + r_{f,t})} \qquad (5)$$

Bei der Vorgehensweise handelt es sich um eine Variante der arithmetischen Berechnungsform. Cet. par. liefert Beziehung (2) einen niedrigeren Wert als Beziehung (5). Der Unterschied ist umso ausgeprägter, je länger die Renditezeitreihe ist.[709] Die geometrische Mittelung arithmetisch berechneter Marktrisikoprämien unterstellt jährliche Renditerealisationen. Dies konfligiert mit den Annahmen des CAPM. Insoweit schließt sich vorliegende

---

[709] Vgl. Stehle, R., WPg 2004, S. 921; Stehle, R. / Hausladen, J., WPg 2004, S. 930.

Untersuchung der Auffassung *Stehles* (2004) an und berechnet den geometrischen Mittelwert der arithmetisch berechneten Marktrisikoprämie in der abgewandelten Form von Beziehung (5).

Üblicherweise bedienen sich empirische Untersuchungen zur Überrendite von Aktien gegenüber festverzinslichen Anlagen einer der in Beziehungen (1) bis (4) dargestellten Berechnungsformen. Über diese gibt Abbildung 15 einen zusammenfassenden Überblick.

| | | Berechnungsmethode | |
|---|---|---|---|
| | | arithmetisch | geometrisch |
| Mittelungsmethode | arithmetisch | $E(\overline{MRP}_{AM}^A) = \frac{1}{T} \cdot \sum_{t=1}^{T}(r_{M,t} - r_{f,t})$ | $E(\overline{MRP}_{AM}^G) = \frac{1}{T} \cdot \sum_{t=1}^{T}\left(\frac{1 + r_{M,t}}{1 + r_{f,t}} - 1\right)$ |
| | geometrisch | $E(\overline{MRP}_{GM}^A) = \sqrt[T]{\prod_{t=1}^{T}(1 + r_{M,t} - r_{f,t})} - 1$ | $E(\overline{MRP}_{GM}^G) = \sqrt[T]{\prod_{t=1}^{T}\frac{1 + r_{M,t}}{1 + r_{f,t}}} - 1$ |

Quelle: Eigene Darstellung.

**Abbildung 15: Schätzfunktionen**

### 4.4.3 Wahl der Schätzfunktion

#### 4.4.3.1 Modelltheoretischer Rahmen

Das CAPM trifft keine explizite Aussage zur Mittelung historischer Marktrisikoprämien.[710] Dies ist nicht erforderlich, nachdem eine grundlegende Modellannahme in der Betrachtung eines zeitlichen Horizonts von ausschließlich einer Periode besteht. Auch spätere Modellerweiterungen auf mehrere Perioden äußern sich nicht zu der Frage.[711] Angesichts der unterschiedli-

---

[710] Vgl. Indro, D. C. / Lee, W. Y., FM 1997, Nr. 4, S. 81; Welch, I., JOB 2000, S. 503; Siegel, J. J., FAJ 2005, Nr. 6, S. 62; aA Cooper, I., EFM 1996, S. 158 – 159, nach dessen Auffassung die formale Basis des CAPM eindeutig das arithmetische Mittelungsverfahren nahelege, ohne dies jedoch näher zu belegen. Offensichtlich sieht *Cooper* den Grund für seine Auffassung in der arithmetischen Mittelung der zu diskontierenden Zukunftserfolge. Die Argumentation ist nicht zielführend. Im Übrigen bleibt unklar, warum *Cooper* die Frage nach dem Mittelungsverfahren überhaupt diskussionswürdig erscheint, wenn doch das zu wählende Mittelungsverfahren seiner Meinung nach bereits eindeutig feststehe.

[711] Vgl. Mossin, J., JOB 1968, S. 220 – 223; Fama, E. F., AER 1970, S. 166.

chen Ergebnisse, zu welchen die beiden Mittelungsverfahren führen, ist eine Auseinandersetzung mit der Thematik von weitreichender Bedeutung. Im Unterschied zur Mittelungs- legt das CAPM die Berechnungsmethode mit dem arithmetischen Verfahren eindeutig fest. Damit reduziert sich die Anzahl der als Schätzfunktionen für den wahren, jedoch unbekannten Mittelwert der Grundgesamtheit $\hat{\mu}$ in Frage kommenden Mittelungsverfahren auf den arithmetischen Mittelwert respektive den geometrischen Mittelwert arithmetisch berechneter Marktrisikoprämien. Für das geometrische Mittelungsverfahren kommt hierbei die modifizierte Form nach *Stehle* (2004) zur Anwendung.

Die arithmetisch berechnete Marktrisikoprämie versteht sich als Gegenüberstellung der Marktrendite und der Rendite der risikolosen Anlage. Die Literatur abstrahiert zumeist hiervon und zieht sich auf die Diskussion der Marktrisikoprämie als solcher zurück. Diesem wird hier nicht gefolgt. Vielmehr zielt vorliegende Untersuchung darauf ab, die Komponenten der Marktrisikoprämie gesondert zu beurteilen. Im Hinblick auf die Schätzfunktion zur Bestimmung des wahren, jedoch unbekannten Mittelwerts der Grundgesamtheit der historischen Marktrisikoprämien $\hat{\mu}$ ist diese Vorgehensweise erlaubt. Es wurde festgestellt, dass unabhängig von der Art des Mittelungsverfahrens die Schätzfunktion formal so zu wählen ist, dass hierbei die arithmetische Berechnungsweise zum Tragen kommt. Das Spektrum der grundsätzlich in Frage kommenden Schätzfunktionen wurde weiterhin dahingehend eingeschränkt, dass für Zwecke der geometrischen Mittelung ausschließlich die von *Stehle* (2004) verwendete Formel relevant ist. Somit sind im Weiteren ausschließlich die beiden Beziehungen (1) und (5) in 4.4.2.2 relevant, wobei für Beziehung (1) leicht modifiziert

$$E\left(\overline{MRP_{AM}^A}\right) = \frac{1}{T} \cdot \sum_{t=1}^{T}(r_{M,t} - r_{f,t}) = \frac{1}{T} \cdot \sum_{t=1}^{T} r_{M,t} - \frac{1}{T} \cdot \sum_{t=1}^{T} r_{f,t} \qquad (1)$$

gilt. Diese Darstellungsform ist mathematisch zulässig. Die weiteren Ausführungen beziehen sich zunächst auf die Marktrendite. Aussagen, welche im Zusammenhang mit der Marktrisikoprämie stehen, werden als solche gekennzeichnet. In einem zweiten Schritt wird sodann geprüft, ob und inwiefern die hierbei gefundenen Ergebnisse auf die Rendite der risikolosen Anlage zu übertragen sind.

### 4.4.3.2 Überblick über die Literaturmeinung
#### 4.4.3.2.1 Vorbemerkung

Bestehen Auffassungsunterschiede hinsichtlich der Operationalisierung der Marktrisikoprämie und ihrer Komponenten im Allgemeinen, so gilt dies für die Frage nach der Wahl der Schätzfunktion für die Mittelung der Marktrenditen im Besonderen. Es lassen sich vier Meinungslager erkennen, welche sich jeweils für die Anwendung entweder des arithmetischen Mittelwerts[712], des geometrischen Mittelwerts[713] oder einer Kombination respektive Modifikation der beiden Verfahren[714] aussprechen oder aber auf eine konkrete Empfehlung verzichten.[715] In einer weiteren Dimension differenzieren einige Quellen zudem nach der Länge des betrachteten Investitionszeitraums[716] sowie nach dem Kontext[717], welcher die Kenntnis der durchschnittlichen historischen Marktrendite erforderlich macht. Die für die jeweilige Position ins Feld geführten Argumente weichen vielfach hinsichtlich Umfang und Tiefe stark voneinander ab.

Die Vielzahl unterschiedlicher Auffassungen erweckt den Eindruck einer allgemeinen Konfusion, zumal manche Meinung im Laufe der Zeit offensichtlich einen, mitunter auch mehrfachen Wandel durchlebt.[718] Die dahingehende allgemeine Verunsicherung kommt auch darin zum Ausdruck, dass zahlreiche empirische Studien zur Marktrisikoprämie das arithmetische und das geometrische Mittel der analysierten Zeitreihen angeben.

### 4.4.3.2.2 Arithmetischer Mittelwert

Die Vertreter der arithmetischen Mittelung stützen ihre Auffassung auf die Behauptung, historische Marktrenditen folgen einer Normalverteilung respektive seien als identisch verteilte und interseriell voneinander unabhän-

---

[712] Der überwiegende Teil der Literatur zieht momentan das arithmetische dem geometrischen Mittelungsverfahren vor. Vgl. hierzu z. B. Kolbe, A. L. / Read, J. A. / Hall, G. R., Cost of Capital, 1984, S. 73 – 74; Franks, J. R. / Broyles, J. E. / Carleton, W. T., Corporate Finance, 1985, S. 225; Benninga, S. Z. / Sarig, O. H., Corporate Finance, 1997, S. 281 – 282; Copeland, T. / Koller, T. / Murrin, J., Valuation, 2000, S. 218 – 219; Stehle, R., WPg 2004, S. 910 – 911; Ross, S. A. / Westerfield, R. W. / Jaffe, J., Corporate Finance, 2005, S. 245; Berk, J. / DeMarzo, P., Corporate Finance, 2014, S. 326; Bodie, Z. / Kane, A. / Marcus, A. J., Investments, 2014, S. 131; Brealey, R. A. / Myers, S. C. / Allen, F., Principles of Corporate Finance, 2014, S. 162 – 163.
[713] Vgl. z. B. Copeland, T. / Koller, T. / Murrin, J., Valuation, 1990, S. 193; ebenso noch Copeland, T. / Koller, T. / Murrin, J., Valuation, 1994, S. 263; Baetge, J. / Krause, C., BFuP 1994, S. 453; Levy, H. / Sarnat, M., Financial Decisions, 1994, S. 495; Ballwieser, W., WPg 1995, S. 125; Stewart, G. B., Value, 1999, S. 438; Damodaran, A., Valuation, 2006, S. 40; Knoll, L., Mittelungsproblematik historischer Marktrisikoprämien, 2010, S. 340.
[714] Vgl. z. B. Blume, M. E., JASA 1974, S. 637; Cooper, I., EFM 1996, S. 161 – 162.
[715] Vgl. Monopolies and Mergers Commission (Hrsg.), Scottish Hydro-Electric Plc, 1995, S. 96; im Ergebnis auch Cornell, B., Equity Risk Premium, 1999, S. 39.
[716] Vgl. z. B. Copeland, T. / Koller, T. / Murrin, J., Valuation, 2000, S. 219; Cornell, B., Equity Risk Premium, 1999, S. 39.
[717] Vgl. MacBeth, J. D., FAJ 1995, Nr. 5, 6; Stehle, R., WPg 2004, S. 911; Berk, J. / DeMarzo, P., Corporate Finance, 2014, S. 326.
[718] Vgl. so z. B. Ballwieser, W., WPg 1995, S. 125; hingegen Ballwieser, W., WPg 2002, S. 740; Copeland, T. / Koller, T. / Murrin, J., Valuation, 1990, S. 193; hingegen Copeland, T. / Koller, T. / Murrin, J., Valuation, 2000, S. 218 – 219; die zuletzt vertretene Auffassung scheinbar erneut relativierend Koller, T. / Goedhart, M. / Wessels, D., Valuation, 2010, S. 244 – 245.

gige Zufallsvariablen anzusehen.[719] Hintergrund ist die Überlegung, dass ausgehend von dem hier unterstellten Betrachtungszeitpunkt $t = 0$ zwischen dem Barwert $PV(\tilde{X})$ des in der Periode $t$ mit $t \in \{1; 2; 3; ...; T-1; T\}$ erwarteten Cash Flow $E(\tilde{X}_t)$ und der Rendite der Alternativanlage $E(\hat{r})$ der allgemeine Zusammenhang

$$PV(\tilde{X}) = \frac{E(\tilde{X}_t)}{[1 + E(\hat{r})]^t} \qquad (1)$$

bestehe. Hierbei handelt es sich bei $E(\hat{r})$ um eine Punktschätzung für die Rendite der Alternativanlage zum Zwecke der Diskontierung des Erwartungswerts des Cash Flow $E(\tilde{X}_1)$ der ersten Periode. Als Schätzfunktion dient hierbei der arithmetische Mittelwert.[720] Allgemein ist der Erwartungswert des Cash Flow $E(\tilde{X}_t)$ der $t$-ten Periode mit der erwarteten Rendite $E(r_1; r_2; r_3; ...; r_{t-1}; r_t)$ zu diskontieren.[721] Unter der Voraussetzung, dass die periodenspezifischen Renditen voneinander unabhängig sind und denselben Mittelwert aufweisen, ist der Erwartungswert des Cash Flow der $t$-ten Periode $E(\tilde{X}_t)$ somit mit $(1 + \bar{r})^t$ zu diskontieren,[722] wobei $\bar{r}$ für das arithmetische Mittel der periodenspezifischen Renditen der Perioden $t \in \{1; 2; 3; ...; t-1; t\}$ steht. Unter diesen Bedingungen ist $\bar{r}$ ident mit der Punktschätzung für die Rendite der Alternativanlage für die erste Periode $E(\hat{r})$.[723]

Das Vorgehen unterstellt, dass die Renditen der Grundgesamtheit interseriell independent sind. Die Punktschätzung für die Rendite der Alternativanlage sei für alle Perioden gleich und konstant, wobei an diese Stelle die abgeschwächte Annahme einer konstanten Risikoprämie treten könne. Nicht vorausgesetzt werden könne hingegen, dass das wahre Mittel der zu erwartenden Renditen bekannt sei. Aus diesem Grunde sei die Schätzfunktion als Mittelwert zu formulieren.[724] Gegenüber dem arithmetischen Mittelungs-

---

[719] Vgl. Merton, R. C., JFE 1980, S. 333; Indro, D. C. / Lee, W. Y., FM 1997, Nr. 4, S. 81; Berk, J. / DeMarzo, P., Corporate Finance, 2014, S. 326.
[720] Vgl. Brealey, R. / Myers, S., Principles of Corporate Finance, 1985, S. 101.
[721] Vorliegende Untersuchung betrachtet die Mittelung periodenspezifischer Renditen. *Coopers* Aussagen hingegen beziehen sich allgemein auf die Mittelung periodenspezifischer Diskontierungsfaktoren. An dieser Stelle jedoch betrachtet *Cooper* ausschließlich das arithmetische Mittelungsverfahren. In Bezug auf das arithmetische Mittelungsverfahren ist die Unterscheidung zwischen der Mittelung periodenspezifischer Renditen bzw. periodenspezifischer Diskontierungsfaktoren ohne praktische Bedeutung, da die Beziehung $\frac{1}{T} \cdot \sum_{t=1}^{T}(1 + r_t) = 1 + \frac{1}{T} \cdot \sum_{t=1}^{T} r_t$ gilt.
[722] Vgl. Blume, M. E., JASA 1974, S. 634.
[723] Vgl. Brealey, R. / Myers, S., Principles of Corporate Finance, 1985, S. 101; Breuer, W. / Fuchs, D. / Mark, K., Cost of Capital, 2011, S. 4 – 5.
[724] Vgl. Cooper, I., EFM 1996, S. 159.

verfahren sei das geometrische Mittel zwar geeignet, die durchschnittliche Marktrendite eines vergangenen Zeitraums wiederzugeben.[725] Jedoch mangele es dem Konzept an Zukunftsbezogenheit und unterschätze dieses den wahren, jedoch unbekannten Mittelwert.[726] Ferner vermöge allein das arithmetische Mittel die Rendite der risikoadäquaten Alternativanlage zutreffend widerzuspiegeln,[727] nachdem das arithmetische Mittel alle zustandsabhängigen Aktienkurse mit derselben Eintrittswahrscheinlichkeit gewichte.[728]

### 4.4.3.2.3 Geometrischer Mittelwert

Allgemein lässt sich festhalten, dass die Befürworter des geometrischen Mittelungsverfahrens ihren Standpunkt weniger mit den Eigenschaften des geometrischen Mittelwerts selbst, sondern mehr im Stile einer argumentatio e contrario mit den sich als unzutreffend erweisenden Eigenschaften des arithmetischen Mittels begründen.[729] Dementsprechend rar sind die tatsächlich für das geometrische Mittelungsverfahren vorgebrachten Argumente.

Der arithmetische Mittelwert zeichne aufgrund seiner mathematischen Eigenschaften ein allzu optimistisches Bild von der in der Zukunft erzielbaren Marktrendite,[730] zumal die dem arithmetischen Mittelwert zugeschriebenen statistischen Eigenschaften empirischen Tests nicht standhalten.[731] Vor diesem Hintergrund sei der arithmetische Mittelwert nicht in der Lage, den anfänglichen Wert des Marktportfolios auf den Wert am Ende des jeweiligen Investitionszeitraums überzuleiten.[732] Die auftretenden Diskrepanzen seien umso ausgeprägter, je größer die Renditerealisationen während der Totalperiode seien und je mehr Einzelperioden diese umfasse. Der geometrische Mittelwert hingegen erfülle diese Bedingung unabhängig von der Länge der Totalperiode und sei daher dem arithmetischen Mittelwert vorzuziehen.[733] Wenig realitätsnah erscheinen daneben die dem arithmetischen Mittelungsverfahren zugrunde liegenden Annahmen, dass der Erwartungswert der Rendite der jeweiligen laufzeitäquivalenten Alternativanlage bekannt und

---

[725] Vgl. Casey, C. / Loistl, O., Risikoadjustierte Kapitalkosten, 2008, S. 330 – 332.
[726] Vgl. Benninga, S. Z. / Sarig, O. H., Corporate Finance, 1997, S. 281.
[727] Vgl. Brealey, R. A. / Myers, S. C. / Allen, F., Principles of Corporate Finance, 2014, S. 163.
[728] Vgl. Copeland, T. / Koller, T. / Murrin, J., Valuation, 2000, S. 218 – 219.
[729] Vgl. Knoll, L., Mittelungsproblematik historischer Marktrisikoprämien, 2010, S. 327 – 340.
[730] Vgl. Copeland, T. / Koller, T. / Murrin, J., Valuation, 1990, S. 193; Damodaran, A., Valuation, 2006, S. 40; aA Cooper, I., EFM 1996, S. 160.
[731] Vgl. Knoll, L., Mittelungsproblematik historischer Marktrisikoprämien, 2010, S. 333 – 340.
[732] Vgl. Shestopaloff, Y. / Shestopaloff, A., JPM 2007, Nr. 1, S. 45 – 46.
[733] Vgl. Siegel, J. J., FAJ 1992, Nr. 1, S. 29; Cornell, B., Equity Risk Premium, 1999, S. 38; Feibel, B. J., Investment Performance Measurement, 2003, S. 134 – 135; Bacon, C. R., Portfolio Performance Measurement, 2008, S. 53.

konstant sei. Dies räumen selbst manche Befürworter des arithmetischen Mittelwerts ein.[734]

#### 4.4.3.2.4 Kombination von arithmetischem und geometrischem Mittelwert

In eine ähnliche Richtung verläuft die Argumentation derjenigen Stimmen, welche für eine Mischung der beiden Mittelwerte eintreten. Jedoch liefere ihrer Meinung nach der geometrische Mittelwert in gleicher Weise ein verzerrtes Ergebnis, indem dieser die wahre, jedoch unbekannte durchschnittliche Marktrendite systematisch unterschätze, wobei die auftretende Abweichung jene übersteige, welche sich bei Anwendung des arithmetischen Mittelwerts ergebe.[735] Der Grund für die Verzerrung des Ergebnisses sei wiederum in den statistischen Eigenschaften der zu mittelnden historischen Marktrenditen zu suchen.

Im Rahmen seiner wissenschaftlichen Studie zur Risikoprämie auf dem deutschen Kapitalmarkt tritt *Stehle* (2004) für das arithmetische Mittelungsverfahren ein.[736] Grund hierfür seien die stochastischen Eigenschaften historischer Kapitalmarktrenditen. Diese seien zum einen durch stationäre Verteilung, zum anderen durch interserielle Independenz gekennzeichnet.[737] Grundsätzlich schließt sich das *IDW* der an dieser Stelle vertretenen Auffassung *Stehles* an. Dies gilt zumindest dem Grunde nach auch für den von *Stehle* geforderten Abschlag auf das arithmetische Mittel. Diesem widmet sich eingehend 6.2.2. Allerdings begründet das *IDW* die empfohlene Bandbreite für die Marktrisikoprämie nach Steuern hiervon leicht abweichend damit, dass diese Größenordnung in der Mitte der Nachsteuerergebnisse von *Stehle* für das arithmetische und das geometrische Mittel liege.[738] Damit ist das *IDW* letztlich dem Lager zuzuordnen, in welchem sich die Vertreter der Mischverfahren sammeln. Das *IDW* begründet seine Haltung mit verschiedenen Unwägbarkeiten im Zusammenhang mit der Bestimmung der Marktrisikoprämie, insbesondere was die Wahl des Referenzindexes, des Referenzzeitraums, der risikolosen Anlage und des richtigerweise anzuwendenden Mittelungsverfahrens angeht.[739]

#### 4.4.3.2.5 Zwischenergebnis

Als Zwischenergebnis ist festzuhalten, dass sich die Auffassungsunterschiede hinsichtlich der Formulierung der adäquaten Schätzfunktion zur Mit-

---
[734] Vgl. Cooper, I., EFM 1996, S. 159.
[735] Vgl. Blume, M. E., JASA 1974, S. 635 – 636; Cooper, I., EFM 1996, S. 160.
[736] Vgl. Stehle, R., WPg 2004, S. 921.
[737] Vgl. Stehle, R., WPg 2004, S. 913, S. 917 – 919.
[738] Vgl. Wagner, W. / Jonas, M. / Ballwieser, W. u. a., WPg 2006, S. 1019; IDW (Hrsg.), WP-Handbuch, 2007, lit. A, Tz. 299; IDW (Hrsg.), WP-Handbuch, 2014, lit. A, Tz. 360.
[739] Vgl. Wagner, W. / Jonas, M. / Ballwieser, W. u. a., WPg 2006, S. 1017.

telung historischer Marktrenditen auf eine statistische und auf eine finanzmathematische Sphäre erstrecken. Die folgenden Ausführungen beabsichtigen, die ins Feld geführten Argumente näher zu beleuchten und gegeneinander abzuwägen, um mit einem konzeptionellen Vorschlag zur Beilegung des anhaltenden Meinungsstreits hinsichtlich der Mittelungsproblematik zu schließen. Wesentliche Bedeutung kommt hierbei den finanzmathematischen Eigenschaften diskreter und stetiger Wertpapierrenditen bei. Daher sind, der eigentlichen Erörterung vorangestellt, die in 2.3.3.3 entwickelten Grundsätze auf den Kontext von Wertpapieren zu übertragen und die für die weitere Betrachtung relevanten Besonderheiten aufzuzeigen.

### 4.4.3.3 Begründung der Ausschließlichkeit des geometrischen Mittelungsverfahrens

### 4.4.3.3.1 Vorbemerkung zu den finanzmathematischen Merkmalen diskreter und stetiger Wertpapierrenditen

#### 4.4.3.3.1.1 Formale Definition

Allgemein beschreibt

$$\frac{K_t}{K_0} = \left(1 + \frac{1}{p} \cdot r\right)^{p \cdot t} \qquad (1)$$

mit $K_0$ als Höhe eines in $t = 0$ zum Zinssatz $r$ zu veranlagenden Kapitalbetrags und $K_t$ die Höhe des verzinsten Kapitalbetrags am Ende der Periode $t$ mit $t \in \{1; 2; 3; ...; T\text{-}1; T\}$. Hierbei steht $p$ für die Anzahl äquidistanter Zinszahlungstermine einer Periode. Bei einer endlichen Anzahl von Zinszahlungsterminen wird das anfängliche Kapital mit dem diskreten Zinssatz $r_d$ verzinst. Der diskrete konforme Zinssatz $r^*$ berechnet sich mit

$$1 + r^* = (1 + r_d)^{\frac{1}{p}} \qquad (2)$$

Bei einer gegen positiv Unendlich konvergierenden Anzahl von Zinszahlungsterminen ist der konforme Zinssatz stetig. In diesem Fall gilt

$$r^* = r_s = \ln K_1 - \ln K_0 \qquad (3)$$

wobei $r_s$ den stetigen konformen Zinssatz symbolisiert.[740] Stehe im Besonderen $S_0$ für den Aktienkurs einer börsennotierten Gesellschaft zu Beginn und $S_t$ für den Aktienkurs am Ende der betrachteten Periode, so gilt für die Funktion der diskreten Aktienrenditen $r_d(S_t)$

$$r_d(S_t) = \frac{S_t - S_0}{S_0} = \frac{S_t}{S_0} - 1 \qquad (4)$$

mit

---
[740] Vgl. z. B. Steiner, M. / Bruns, C. / Stöckl, S., Wertpapiermanagement, 2012, S. 51 – 52.

Kapitel 4: Marktrendite

$$\frac{\partial r_d(S_t)}{\partial S_t} = \frac{1}{S_0} \tag{5}$$

sowie

$$\frac{\partial^2 r_d(S_t)}{\partial S_t^2} = 0 \tag{6}$$

Unter Hinweis auf Beziehung (3) gilt für die Funktion der stetigen Aktienrenditen[741] $r_s(S_t)$

$$r_s(S_t) = \ln\frac{S_t}{S_0} = \ln S_t - \ln S_0 \tag{7}$$

mit

$$\frac{\partial r_s(S_t)}{\partial S_t} = \frac{1}{S_t} \tag{8}$$

sowie

$$\frac{\partial^2 r_s(S_t)}{\partial S_t^2} = -\frac{1}{S_t^2} \tag{9}$$

Hierbei spiegle $S_t$ die Kursverhältnisse unmittelbar vor Zahlung einer möglichen Dividende bzw. vor einer gesellschaftsrechtlich bedingten Ausgabe von Bezugsrechten wider respektive werden laufende Erträge aus dem Besitz der Aktie annahmegemäß unmittelbar nach Erhalt in die ausschüttende Aktie zum ihrem Kurs ex Dividende reinvestiert, wobei die Dividendenthese[742] perfekt erfüllt sei.

### 4.4.3.3.1.2 Kurvendiskussion

Die nähere Beschäftigung mit den beiden Renditefunktionen, hier exemplifiziert anhand von Aktienvermögen, bringt einige wichtige Eigenschaften von diskreten und stetigen Renditen zutage. Vor dem Hintergrund des gesellschaftsrechtlichen Trennungsprinzips ist die Haftung der Anteilseigner der hier betrachteten börsennotierten Kapitalgesellschaften begrenzt. Das maximale Vermögensrisiko liegt in einem potentiellen Totalverlust in Höhe der Anschaffungskosten der Beteiligung.

Diesem stehen zumindest theoretisch unbegrenzte Wertsteigerungschancen gegenüber. Damit ist der relevante Kursbereich auf $S_t \in [0; +\infty[$ festgelegt. Aufgrund ihrer mathematischen Definition ist das Spektrum der möglichen stetigen Aktienrenditen $r_s$ beiderseits unbegrenzt, wohingegen das Spektrum der möglichen diskreten Aktienrenditen $r_d$ linksseitig minimal den

---

[741] Vgl. z. B. Steiner, M. / Bruns, C. / Stöckl, S., Wertpapiermanagement, 2012, S. 51 – 52.
[742] Vgl. Perridon, L. / Steiner, M. / Rathgeber, A., Finanzwirtschaft, 2012, S. 561.

Wert $r_d = -100\,\%$ annimmt. Somit gilt für $r_s \in \mathbb{R}$ bzw. für $r_d \in [-100\,\%; +\infty[$.[743]

Während die Funktion der diskreten Aktienrenditen linear verläuft, d. h. die diskreten Aktienrenditen ausgehend vom anfänglichen Kursniveau $S_0$ in einem proportionalen Verhältnis zur Entwicklung der späteren Kursfeststellungen stehen, resultiert für die Funktion der stetigen Aktienrenditen als erste Ableitung eine Potenzfunktion vom Grade – 1 mit den Grenzwerten

$$\lim_{S_t \to 0} \frac{1}{S_t} = +\infty \tag{1}$$

und

$$\lim_{S_t \to +\infty} \frac{1}{S_t} = 0 \tag{2}$$

Somit nimmt die Steigung der Funktion der stetigen Rendite zwar ebenso wie die Funktion der diskreten Aktienrenditen für alle $S_t$ positive Werte an. Doch nehmen diese mit zunehmendem $S_t$ zusehends ab. Einzig für den freilich wenig relevanten Fall, wo $S_t$ und $S_0$ übereinstimmen, tangiert die Funktion der diskreten die Funktion der stetigen Aktienrenditen. Für alle übrigen Kursfeststellungen $S_t$ übersteigt die diskrete die stetige Aktienrendite, wobei die Diskrepanz zwischen beiden Werten umso ausgeprägter ist, je weiter sich der Wertpapierkurs ausgehend vom anfänglichen Niveau $S_0$ in die Randbereiche des möglichen Kursspektrums bewegt.[744]

Weitere Unterschiede ergeben sich im Hinblick auf die Gestalt der Renditefunktion, indem bei betragsmäßig identischen aufeinanderfolgenden Kursbewegungen stetige Aktienrenditen im Unterschied zu diskreten Aktienrenditen symmetrisch verlaufen, wie folgendes Beispiel zeigt.

| Zeitpunkt | 0 | 1 | 2 |
|---|---|---|---|
| Aktienkurs $S_t$ | 100,00 | 110,00 | 100,00 |
| Diskrete Rendite $r_d(S_t)$ | - | 10,00 % | -9,09 % |
| Stetige Rendite $r_s(S_t)$ | - | 9,53 % | -9,53 % |
| Quelle: Eigene Darstellung. | | | |

**Tabelle 7: Diskrete und stetige Rendite im Zweiperiodenmodell**

---

[743] Vgl. Dorfleitner, G., Index-Futures, 1999, S. 32.
[744] Formal besteht zwischen der diskreten und der stetigen Rendite insofern ein Zusammenhang, als sich beide aus ein und derselben *Taylor*-Reihe ableiten lassen und sich allein darin unterscheiden, dass die stetige Rendite die gesamte *Taylor*-Reihe umfasst, während die diskrete Rendite nach dem linearen Element abbricht. Vgl. hierzu Dorfleitner, G., Stetige versus diskrete Renditen, 1999, S. 3 – 4. Selbiges Ergebnis ergibt sich aus der dahingehenden Betrachtung der Entwicklung der *Euler'*schen Zahl.

Der Grund für dieses Verhalten ist darin zu sehen, dass im Hinblick auf die Funktion der diskreten Aktienrenditen Quotient und Umkehrquotient abgesehen von dem eingangs ausgeblendeten Fall, wo $S_t$ und $S_0$ übereinstimmen, stets voneinander abweichen. Demgegenüber gilt für die Funktion der stetigen Aktienrenditen:

$$|\ln S_t - \ln S_0| = |\ln S_0 - \ln S_t| \tag{3}$$

Die Symmetrie stetiger Renditen folgt somit aus dem natürlichen Logarithmus. Abbildung 16 verdeutlicht den unterschiedlichen Verlauf der Funktion der diskreten respektive der stetigen Rendite. Referenz ist hierbei der Aktienkurs $S_0 = 100{,}00$ im Zeitpunkt $t = 0$.

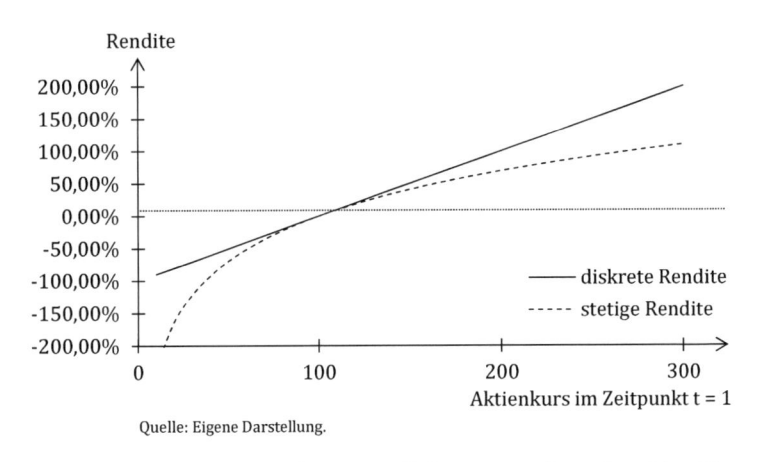

Quelle: Eigene Darstellung.

**Abbildung 16: Reagibilität von diskreter und stetiger Rendite in Abhängigkeit von der Entwicklung des Aktienkurses**

### 4.4.3.3.1.3 Intertemporale Verknüpfung

Vor dem Hintergrund ihrer jeweiligen finanzmathematischen Eigenschaften sind diskrete Renditen interperiodisch multiplikativ, stetige Renditen hingegen interperiodisch additiv,[745] sodass für $r_d^{0,T}$ und $r_s^{0,T}$ formal

$$r_d^{0,T} = \prod_{t=1}^{T}(1 + r_d^t) - 1 \tag{1}$$

---

[745] Vgl. Kerling, M., Finanzanalyse, 1998, S. 30; Bamberg, G. / Dorfleitner, G., ZfB 2002, S. 866 – 867.

respektive

$$r_s^{0,T} = \sum_{t=1}^{T} r_s^t \qquad (2)$$

gilt.[746] Hierbei stehen $r_d^t$ für die diskrete und $r_s^t$ für die stetige Rendite in der $t$-ten Periode. Die diskrete Rendite eines Portfolios von $n$ Wertpapieren $r_d^{PF}$ berechnet sich intraperiodisch als kapitalisierungsgewichtetes Mittel der diskreten Renditen der Wertpapiere

$$r_d^{PF} = \sum_{i=1}^{n} w_i \cdot r_d^i \qquad (3)$$

Hieraus folgt für die stetige Portfoliorendite $r_s^{PF}$:

$$r_s^{PF} = \ln\left(1 + \sum_{i=1}^{n} w_i \cdot r_d^i\right) \qquad (4)$$

Hierbei steht $w_i$ für die Gewichtung und $r_d^i$ für die diskrete Rendite des $i$-ten Wertpapiers im Portfolio mit $i \in \{1; 2; 3; ...; n - 1; n\}$.

In den Beziehungen (3) und (7) in 4.4.3.3.1.1 und in Beziehung (4) kommt die Non-Linearität stetiger Renditen zum Ausdruck.[747] Die Non-Linearität stetiger Renditen ist der wesentliche Grund, warum in der klassischen Kapitalmarkttheorie in erster Linie diskrete Renditen Anwendung finden.[748]

---

[746] Vgl. Kähler, J. / Pasternak, C., WiSt 2002, S. 168.
[747] Vgl. Bruns, C. / Meyer-Bullerdiek, F., Professionelles Wertpapiermanagement, 2013, S. 723 – 725.
[748] Vgl. Bamberg, G. / Dorfleitner, G., ZfB 2002, S. 866.

### 4.4.3.3.2 Stochastische Eigenschaften diskreter und stetiger Wertpapierrenditen

#### 4.4.3.3.2.1 Originäre Verteilung

Die Beurteilung der Gestalt der Dichtefunktion von Renditen, mithin die Schiefe und die Wölbung der Verteilung,[749] ist untrennbar mit der Frage verbunden, welches zeitliche Konzept deren Berechnung zugrunde liegt, ob es sich also um diskrete oder um stetige Renditen handelt. Die dahingehende Unterscheidung ist weniger ein Gebot der Finanzmathematik, nachdem sich diskrete und stetige Renditen ineinander überführen lassen. Vielmehr zeichnen sich die beiden Renditekonzepte durch eine unterschiedliche Eignung im Hinblick auf die Verwendung in statistischen Verfahren und Modellen aus, welche vielfach normalverteilte Daten voraussetzen.[750]

Das Konzept des CAPM beruht auf diskreten Renditen.[751] Gleichzeitig postuliert die Portfoliotheorie normalverteilte Wertpapierrenditen.[752] Allenfalls kommen anstelle hiervon identisch verteilte Renditen in Frage.[753] Um beiden Modellen zu genügen, sollten also diskrete Renditen bestenfalls einer Normalverteilung folgen. Die Bestätigung der Hypothese normalverteilter diskreter Renditen hätte zur Konsequenz, dass die Dichtefunktion der Vermögensendwerte einen lognormalverteilten Verlauf annimmt.[754] Tatsächlich entbehren jedoch diskrete Wertpapierrenditen der Normalverteilungseigenschaft. Zum einen ist die Dichtefunktion diskreter Renditen aufgrund

---

[749] Auskunft über die Lage einer Dichtefunktion im Vergleich zur Normalverteilung gibt die simultane Betrachtung der Schiefe und der Kurtosis der Verteilung. Die Schiefe $v$ der Verteilung gibt Aufschluss über den Grad der Symmetrie. Sie ist formal definiert mit $v = \left[\frac{x_i - \bar{x}}{\sigma}\right]^3$. Bei symmetrischer Verteilung stimmen Median und Erwartungswert überein. Es gilt $v = 0$. Bei rechtsschiefer (linkssteiler) Verteilung übersteigt der Erwartungswert den Median et vice versa. Die Kurtosis $\kappa$ der Verteilung gibt Aufschluss über die Wölbung der Verteilungsfunktion. Ihre formale Definition lautet $\kappa = \left[\frac{x_i - \bar{x}}{\sigma}\right]^4$. Trägt die Dichtefunktion die Gestalt einer Normalverteilung, gilt $\kappa = 3{,}00$. Eine im Vergleich zur Normalverteilung spitzer gipfelnde Verteilungsfunktion bezeichnet man als leptokurtisch, bei flacherem Verlauf als platykurtisch. Im Vergleich zur Normalverteilung konzentriert sich bei leptokurtischem Verlauf der Verteilungsfunktion die Wahrscheinlichkeitsmasse im Randbereich, bei platykurtischem Verlauf um den Erwartungswert der Verteilung. Vgl. hierzu Schira, J., Statistische Methoden, 2012, S. 292 – 293.

[750] Vgl. Dorfleitner, G., KuK 2002, S. 221 – 222; Spremann, K., Portfoliomanagement, 2008, S. 89 – 90.

[751] Vgl. Dorfleitner, G., KuK 2002, S. 237; Spremann, K., Finance, 2010, S. 12.

[752] Vgl. Markowitz, H., JOF 1952, S. 80; Markowitz, H. M., Portfolio Selection, 1959, S. 106; Treynor J. L., Risky Assets, o. J., S. 2; Mossin, J., Econometrica 1966, S. 770.

[753] Vgl. Dorfleitner, G., KuK 2002, S. 237.

[754] Vgl. Dorfleitner, G., KuK 2002, S. 222; Bodie, Z. / Kane, A. / Marcus, A. J., Investments, 2014, S. 153 – 154; zur Lognormalverteilung eingehend Albrecht, P. / Maurer, R., Risikomanagement, 2008, S. 109 – 111.

des mit $r_d \in [-100\,\%; +\infty[$ einseitig nach links begrenzten Spektrums rechtsschief (linkssteil) geneigt. Hierbei stellt der Definitionsbereich für sich genommen einen konzeptionellen Nachteil gegenüber stetigen Renditen dar. Zum anderen bestehen Abweichungen bezüglich der Kurtosis, indem die Dichtefunktion diskreter Wertpapierrenditen bei einer Periodenlänge von bis zu einem Jahr leptokurtisch und bei einer Periodenlänge von über einem Jahr platykurtisch verläuft.[755] Vor diesem Hintergrund sind der praktischen Umsetzung der Modellvorgaben zumindest bei Zugrundelegung diskreter Renditen enge Grenzen gesetzt.[756] Gewissermaßen als Kompromiss ist daher anstelle von diskreten auf stetige Renditen zurückzugreifen. Diese sind hinsichtlich der modelltheoretisch geforderten statistischen Eigenschaften im Vergleich zu diskreten Renditen allgemein besser geeignet. Im Übrigen indizieren normalverteilte stetige Renditen zugleich lognormalverteilte diskrete Renditen. Hintergrund ist, dass sich diskrete und stetige Renditen über den natürlichen Logarithmus ineinander überführen lassen.[757]

Allerdings zeigt selbst die Dichtefunktion stetiger Wertpapierrenditen keine idealtypische Übereinstimmung mit einer Normalverteilung. Tatsächlich kommen beginnend mit *Mandelbrot* (1963)[758] und *Fama* (1965)[759] zahlreiche empirische Untersuchungen zu dem Ergebnis, dass die vielfach in Lehrwerken[760] ohne nähere Erörterung als Datum unterstellte Normalverteilung stetiger Wertpapierrenditen nicht aufrechtzuerhalten ist,[761] bezieht man die Schiefe und die Wölbung der Verteilung in die Betrachtung mit ein.[762] So lässt die Dichtefunktion stetiger Wertpapierrenditen gleichermaßen einen leptokurtischen Verlauf mit den hierfür eigentümlichen schweren Rändern (engl. fat tails) erkennen.[763] Allerdings sind diese im Vergleich zu jenen bei

---

[755] Vgl. Poddig, T. / Dichtl, H. / Petersmeier, K., Statistik, 2008, S. 141 – 144.
[756] Ein weiterer Grund für die methodische Unterlegenheit liegt im Definitionsbereich diskreter Renditen.
[757] Vgl. Dobretz, W., Finanzmarkt-Zeitreihen, 2003, S. 4 – 5.
[758] Vgl. Mandelbrot, B., JOB 1963, S. 395.
[759] Vgl. Fama, E. F., JOB 1965, S. 48.
[760] Vgl. z. B. Gerke, W. / Bank, M., Finanzierung, 2005, S. 149; Spremann, K., Portfoliomanagement, 2008, S. 423; Steiner, M. / Bruns, C. / Stöckl, S., Wertpapiermanagement, 2012, S. 55; Bodie, Z. / Kane, A. / Marcus, A. J., Investments, 2014, S. 136.
[761] Vgl. Rathgeber, A., KuK 2007, S. 451.
[762] Vgl. statt Vieler z. B. Krämer, W. / Runde, R., SP 1991, S. 319; Ding, Z. / Granger, C. W. J. / Engle, R. F., JEF 1993, S. 84 – 85; Mittnik, S. / Paolella, M. S., JF 2000, S. 314; erneut bestätigend Krämer, W. / Runde, R., EE 2000, S. 669.
[763] Vgl. Krämer, W., JNS 2002, S. 216 – 219; Focardi, S. M. / Fabozzi, F. J., JRF 2003, Nr. 1, S. 7 – 19. Einen guten Überblick über die wesentlichen Ergebnisse zahlreicher empirischer Tests der Normalverteilungshypothese stetiger Renditen und dem jeweils zur Anwendung kommenden statistischen Testverfahren geben weiterhin *Runde / Scheffner.* Vgl. hierzu Runde, R. / Scheffner, A., Moments, 1998, S. 2 – 6.

Kapitel 4: Marktrendite

diskreten Renditen[764] weniger stark ausgeprägt. Weitere Besonderheiten ergeben sich in Abhängigkeit von der Länge des untersuchten Renditeintervalls.[765]

---

[764] *Bamberg / Dorfleitner* zeigen formal, dass das Vorliegen von schweren Rändern einem finiten Erwartungswert der Rendite entgegensteht, welcher jedoch für die an sich methodisch gebotenen diskreten Renditen zwingend erforderlich ist. Vgl. hierzu Bamberg, G. / Dorfleitner, G., ZfB 2002, S. 867 - 874.

[765] *Kerling* etwa kommt anhand einer Analyse der statistischen Verteilungsparameter zu dem Ergebnis, dass sich die Häufigkeitsverteilungen stetiger Wertpapierrenditen mit zunehmendem Renditeintervall die Gestalt einer Normalverteilung annehmen. Stetige Wertpapierrenditen sehr kurzer Zeiträume von bis zu einer Woche hingegen zeigen keinen normalverteilten Verlauf. Normal Q-Q-Plots können zwar im Prinzip die Ergebnisse bestätigen, allerdings nicht eindeutig. Dies gilt besonders bei Betrachtung von längeren Renditeintervallen von vier Wochen. Vgl. hierzu Kerling, M., Finanzanalyse, 1998, S. 30 - 32; Hartung, J. / Elpelt, B., Multivariate Statistik, 2007, S. 70. *Krämer* verweist daneben auf das empirisch beobachtbare Klumpen großer absoluter Kursausschläge (bedingte Heteroskedastizität). Vgl. hierzu Krämer, W., JNS 2002, S. 219 - 223. Heteroskedastizität versteht sich allgemein als der Zustand, wo sich die Varianzen der Störterme der verschiedenen Beobachtungspunkte einer Stichprobe voneinander unterscheiden. Bei Übereinstimmung spricht man korrespondierend von Homoskedastizität. Vgl. hierzu eingehend Auer, L. v., Ökonometrie, 2013, S. 393 - 423. Eindrucksvoll hat sich dieses Phänomen am Höhepunkt der Finanzkrise 2008 gezeigt. Die Häufung der hier zu sehenden Renditeausschläge ist mit der Normalverteilungshypothese nicht zu erklären. In der Gesamtschau ist stetigen Wertpapierrenditen die originäre Eigenschaft einer idealtypischen Normalverteilung daher abzusprechen. Vgl. Peters, E. E., Fractal Market Analysis, 1994, S. 18 - 38; im Ergebnis unentschlossen Kerling, M., Finanzanalyse, 1998, S. 28 - 45; Stehle, R. / Schmidt, M. H., German Stocks 1954 - 2013, 2014, S. 19.

Die Überlegungen zum Verlauf der Dichtefunktion diskreter respektive stetiger Renditen lassen bislang die Berücksichtigung der mathematischen Eigenschaften der jeweiligen Renditefunktion vermissen. Aufgrund des gesellschaftsrechtlichen Trennungsprinzips ist die Haftung der Anteilseigner von Aktiengesellschaften begrenzt. Das maximale Vermögensrisiko besteht in einem Totalverlust in Höhe der Anschaffungskosten der Beteiligung. Dies begrenzt den relevanten Kursbereich auf $S_t \in [0; +\infty[$. Vor dem Hintergrund ihrer mathematischen Definition ist das Spektrum der möglichen stetigen Renditen beiderseits unbegrenzt, wohingegen das Spektrum der möglichen diskreten Renditen linksseitig minimal den Wert $r_d = -100\,\%$ annimmt. Diskrete und stetige Renditen unterscheiden sich hinsichtlich des Definitionsbereichs somit im Bereich ihrer linksseitigen Abszisse.

Die Dichtefunktion der für die Berechnung der Renditen ursächlichen Kursbewegung ist von der Wahl des Renditekonzepts unabhängig. Die rechtsschiefe (linkssteile) Gestalt der Dichtefunktion diskreter Renditen ist naheliegend, nachdem sich bei diskreten Renditen dieselbe Wahrscheinlichkeitsmasse auf einem kürzeren Bereich der linksseitigen Abszisse konzentriert. Es ist daher festzuhalten, dass allein aufgrund der formalen Charakteristika von diskreten Renditen eine rechtsschiefe (linkssteile) Gestalt der Dichtefunktion diskreter Renditen zu erwarten ist.

Dass stetige Renditen dennoch keiner idealtypischen Normalverteilung folgen, sondern die zugehörige Dichtefunktion in Abhängigkeit vom Renditeintervall mehr oder weniger ausgeprägt linksschief (rechtssteil) geneigt ist, lässt sich ebenfalls anhand der mathematischen Eigenschaften der Funktion stetiger Renditen zeigen. Die Abszisse stetiger Renditen ist beiderseits unbegrenzt. Diesem stehen linksseitig in der Höhe eines Totalausfalls des anfäng-

## 4.4.3.3.2.2 Prüfung der Anwendbarkeit des zentralen Grenzwertsatzes der induktiven Statistik nach Lindeberg / Lévy auf stetige Renditen

### 4.4.3.3.2.2.1 Vorbemerkung

Hilfsweise lässt sich die Hypothese normalverteilter stetiger Kapitalmarktrenditen dennoch aufrechterhalten, sofern stetige Wertpapierrenditen die Bedingungen des zentralen Grenzwertsatzes nach *Lindeberg / Lévy* erfüllen.[766] Allgemein eint die unterschiedlichen Varianten der zentralen Grenzwertsätze die Aussage, dass sich die Grundgesamtheit einer großen Zahl voneinander unabhängiger Zufallsvariablen mit steigendem Umfang asymptotisch einer stabilen Verteilung nähert. Der zentrale Grenzwertsatz nach *Lindeberg / Lévy* im Besonderen betrachtet den Fall voneinander unabhängiger Zufallsvariablen mit endlicher und positiver Varianz, welche einer stabilen Verteilung folgen.[767] Die Art der tatsächlichen Verteilung hingegen ist ohne Bedeutung. In dieser Konstellation nimmt die Dichtefunktion mit zunehmendem Stichprobenumfang approximativ[768] die Gestalt einer Normalverteilung an, sofern die Stichprobe mindestens 30 Elemente enthält.[769] Diese Anforderung bereitet gerade im Zusammenhang mit ökonometrischen Zeitreihen im Allgemeinen keine Schwierigkeiten. Das Kriterium der identischen Verteilung wird zumeist vorausgesetzt.[770]

Als vorläufiges Zwischenergebnis ist an dieser Stelle festzuhalten, dass stetigen Wertpapierrenditen eine originäre Normalverteilungseigenschaft nicht zugesprochen werden kann. Gleichwohl sind stetige Wertpapierrenditen dann als normalverteilt anzusehen, wenn der zentrale Grenzwertsatz der induktiven Statistik von *Lindeberg / Lévy* erfüllt ist. Dieser betrachtet voneinander unabhängige Zufallsvariablen mit endlicher und positiver Varianz, welche einer stabilen Verteilung folgen. Das Kriterium der identischen Verteilung kann vorausgesetzt werden. Einer näheren Betrachtung

---

lichen Investments begrenzte Kursrealisationen gegenüber. Rechtsseitig bestehen hingegen keine Begrenzungen. Dementsprechend ist rechtsseitig mehr Wahrscheinlichkeitsmasse als linksseitig zu vermuten. Im Übrigen zeigt die Funktion der stetigen Renditen keine Symmetrie um $S_0$, dem potentiellen Zentrum der Verteilung. Der natürliche Logarithmus weist keine Symmetrie auf.
[766] Vgl. Fama, E. F., JOF 1970, S. 399.
[767] Vgl. Runde, R. / Scheffner, A., Moments, 1998, S. 2. Unter der hier nicht näher zu erläuternden *Ljapunov*-Bedingung ist das Vorliegen einer stabilen Verteilung nicht zwingend. Vielmehr ist hier ausreichend, dass keine der Variablen übermäßigen Einfluss auf das Ergebnis nimmt. Insofern handelt es sich bei der identischen Verteilung um ein schwaches Kriterium. Vgl. hierzu eingehend Fisz, M., Wahrscheinlichkeitsrechnung, 1989, S. 241 – 251.
[768] Vgl. Spremann, K., Portfoliomanagement, 2008, S. 423.
[769] Vgl. Bohley, P., Statistik, 2000, S. 474 – 477; Litz, H. P., Statistische Methoden, 2003, S. 310.
[770] Vgl. Dorfleitner, G., Index-Futures, 1999, S. 32.

hingegen bedarf die Frage, ob und inwieweit sich stetige Wertpapierrenditen als interseriell independent erweisen.

#### 4.4.3.3.2.2.2 Theoretische Grundlagen

Wesentliche Bedeutung für die Begründung der Normalverteilung stetiger Wertpapierrenditen mit dem zentralen Grenzwertsatz nach *Lindeberg / Lévy* nimmt die Beantwortung der Frage ein, ob und inwieweit zeitlich aufeinanderfolgende Kursfeststellungen einer zufälligen Bewegung (engl. random walk) folgen. Dies ist gleichbedeutend mit der Frage nach dem Grad der interseriellen Korrelation.[771] Das Forschungsfeld zufälliger Aktienkursbewegungen steht in engem Zusammenhang mit der von *Fama* begründeten Theorie informationseffizienter Kapitalmärkte,[772] wonach sich künftige Kursfeststellungen nicht vorhersagen lassen.[773] Als grundsätzliche Positionen stehen die technische Analyse und die Random Walk-Hypothese einander gegenüber.[774] Während die technische Analyse die Hypothese zufälliger Kursbewegungen verneint, diese vielmehr mit Wellen ähnlichen kurz-, mittel- und langfristigen Trends des Gesamtmarkts respektive der einzelnen Wertpapiere begründet, stellen sich die Vertreter der Random Walk-Hypothese auf den Standpunkt, dass die zeitlich aufeinanderfolgenden Kursfeststellungen das Ergebnis eines Zufallsprozesses sind. Nach der Annahme hinsichtlich der Art der zugrundeliegenden Wahrscheinlichkeitsverteilung lassen sich drei unterschiedliche Ausprägungen des Random Walk-Modells unterscheiden, nämlich die klassische Random Walk-Hypothese, das Martingal- und das Submartingal-Modell.

Unter der Annahme interserieller Unabhängigkeit nehmen bei der klassischen Random Walk-Hypothese aufeinanderfolgende Kursfeststellungen von Aktien eine rein zufällige Bewegung. Hintergrund ist die *Markov-*

---

[771] Vgl. grundlegend Bachelier, L., Spéculation, 1900; Samuelson, P. A., IMR 1964 / 1965, Nr. 2, S. 41 – 49.

[772] Nach dem Kriterium der in den Kursen eingepreisten Informationen unterscheidet *Fama* abstufend streng, halbstreng und schwach informationseffiziente Kapitalmärkte. Auf einem schwach informationseffizienten Kapitalmarkt spiegeln die Wertpapierkurse allein die Informationen der vergangenen Marktentwicklung wider. Halbstrenge Informationseffizienz berücksichtigt zusätzlich alle öffentlich verfügbaren, strenge Informationseffizienz neben diesen auch alle privaten Informationen. Einzig zukünftige Informationen nehmen Einfluss auf den inneren Wert eines Wertpapiers. Jedoch sind diese im Zeitpunkt der Bewertung noch unbekannt und schlagen sich erst nach ihrem Bekanntwerden in den Wertpapierkursen nieder. Vgl. hierzu grundlegend Fama, E. F., JOF 1970, S. 383 – 417; Fama, E. F., JOF 1991, S. 1575 – 1617.

[773] Vgl. Lo, A. W. / MacKinlay, A. C., Non-Random Walk, 2002, S. 3.

[774] Weitere Ansätze zur Erklärung von Aktienkursen bestehen, so z. B. die Fair Game-Modelle, welche nur einen Ausschnitt aus der Wahrscheinlichkeitsverteilung betrachten. Vgl. hierzu einführend z. B. Perridon, L. / Steiner, M. / Rathgeber, A., Finanzwirtschaft, 2012, S. 218; Copeland, T. E. / Weston, J. F. / Shastri, K., Financial Theory, 2014, S. 364 – 367.

## Kapitel 4: Marktrendite

Eigenschaft. Demnach ist für die zukünftige Verteilung allein der Stand des stochastischen Prozesses im Zeitpunkt der Betrachtung maßgeblich. Ein stochastischer Prozess ist ein $T$-dimensionaler Vektor von Zufallsvariablen $\{x_1; x_2; x_3; ...; x_{T-1}; x_T\} = \{x_t\}_{t=1}^T$ mit einer zugehörigen multivariaten Verteilung.[775] In einer Stichprobe sind die darin enthaltenen $T$ reellen Zahlen $\{x_1^{(1)}; x_2^{(1)}; x_3^{(1)}; ...; x_{T-1}^{(1)}; x_T^{(1)}\} = \{x_t^{(1)}\}_{t=1}^T$ nur eine einzige mögliche Realisation des stochastischen Prozesses. Im Allgemeinen verfügt ein stochastischer Prozess über beliebig viele Realisationen, welche durch übereinstimmende stochastische Eigenschaften gekennzeichnet sind.[776] Die einzelne Realisation eines stochastischen Prozesses bezeichnet man als Zeitreihe.[777] Insofern versteht sich ein stochastischer Prozess als Gesamtheit der möglichen Realisationen.

Die *Markov*-Eigenschaft beruht auf der schwachen Markteffizienz nach *Fama*.[778] In einem derartigen Umfeld ergibt sich der zukünftige Kurs eines Wertpapiers $K_{t+1}$ aus dessen Kurs im Zeitpunkt der Bewertung $K_t$ und der Zufallsvariablen der intertemporalen Kursänderung (Innovation) $\varepsilon_t$. Mithin gilt:

$$K_{t+1} = K_t + \varepsilon_t \qquad (1)$$

Der zukünftige Kurs eines Wertpapiers ist nach der Random Walk-Hypothese somit das Ergebnis eines Zufallsprozesses. Die Zufallsvariable $\varepsilon_t$ zeichnet sich durch folgende Eigenschaften aus:

(1) Für den Erwartungswert der zufälligen Kursänderungen $E(\varepsilon_t)$ gilt $E(\varepsilon_t) = 0$.
(2) Die intertemporalen Kursänderungen aufeinanderfolgender Perioden sind ihrerseits stochastisch voneinander unabhängig.
(3) Die Kursänderungen unterliegen einer zeitlich stabilen Normalverteilung mit finiter Varianz.[779]

Übersteigt der Erwartungswert der Innovationen den Wert Null, so nimmt der Renditeprozess eine so bezeichnete Drift.

Zunächst bezieht sich die Random Walk-Hypothese ausschließlich auf diskrete Zeitpunkte, doch lässt sie sich nur geringfügig modifiziert auch auf das

---

[775] Vgl. Hackl, P., Ökonometrie, 2013, S. 230.
[776] Vgl. Franke, J. / Härdle, W. / Hafner, C., Statistik der Finanzmärkte, 2004, S. 45 – 50.
[777] Vgl. Schira, J., Statistische Methoden, 2012, S. 132.
[778] Der Begriff wurde bereits vor *Fama* von *Roberts* geprägt. Vgl. hierzu Sewell, M., Efficient Market Hypothesis, 2011, S. 4.
[779] Vgl. Mandelbrot, B. / Taylor, H. M., OR 1967, S. 1057; Steiner, M. / Bruns, C. / Stöckl, S., Wertpapiermanagement, 2012, S. 40 – 41; Poddig, T. / Dichtl, H. / Petersmeier, K., Statistik, 2008, S. 109.

Zeitkontinuum und damit auf stetige Wertpapierrenditen übertragen (Wiener Prozess[780]). Nach der Bewegungsgleichung des Wiener Prozesses gilt für die über einen bestimmten Zeitraum $T$ realisierte stetige Rendite $r_{0,T}$ mit $t \in \{1; 2; 3; ...; T - 1; T\}$

$$r_{0,T} = r_1 + r_2 + r_3 + ... + r_{T-1} + r_T = r_{0,T-1} + r_T \qquad (2)$$

wobei nach allgemeiner Konvention die Zufallsgröße $r_t$ in der Form

$$r_t = \mu \cdot dt + \sigma \cdot dz \qquad (3)$$

dargestellt wird, sofern die Bewegung der Rendite in der Zeit durch die stochastische Differentialgleichung

$$r_{0,t+dt} = r_1 + r_2 + ... + r_t = r_{0,t} + \mu \cdot dt + \sigma \cdot dz \qquad (4)$$

beschrieben wird. Hierbei steht $dt$ für eine infinitesimale Änderung der Zeit und $dz$ für eine normalverteilte, interseriell unabhängige Zufallsvariable mit einem Erwartungswert von Null.[781] Aufgrund vorstehender Annahmen handelt es sich beim Wiener Prozess um einen einfachen Diffusionsprozess. Die Renditedifferenz zwischen zwei Zeitpunkten ist normalverteilt. Besonderes Charakteristikum des Wiener Prozesses mit Drift ist die lineare Abhängigkeit des Erwartungswerts und der Varianz von der Zeit.[782]

---

[780] Gängig ist auch die Bezeichnung ‚*Brown*'sche Bewegung' oder ‚*Itô*-Prozess'. Vgl. zum Wiener Prozess eingehend Dartsch, A., Implizite Volatilitäten, 1999, S. 27 – 42. Der Wiener Prozess lässt sich als Sonderfall eines sogenannten *Lévy*-Prozesses auffassen. Hintergrund der Entwicklung des *Lévy*-Prozesses ist die Beobachtung des viel zitierten Volatility Smile bei der Bewertung von derivativen Finanzinstrumenten. *Lévy*-Prozesse können unter Zuhilfenahme eines Bewertungsmodells auf die umstrittene Normalverteilungshypothese verzichten. Diesem inhäriert jedoch der Nachteil einer unzureichenden Vollständigkeit. Vgl. hierzu León, J. A. / Solé, J. L. / Utzet, F. u. a., FaS 2002, S. 208 – 214; Rathgeber, A., KuK 2007, S. 452 – 462.

[781] Vgl. Merton, R. C., Econometrica 1973, S. 873; Spremann, K., Portfoliotheorie, 2008, S. 429 – 431.

[782] Vgl. Dorfleitner, G., Index-Futures, 1999, S. 33. Eine eingehende Auseinandersetzung mit der Random Walk-Hypothese findet sich bei *Cootner* (1964). Vgl. hierzu Cootner, P. H., Random Character, 1964. Die Annahmen der Random Walk-Theorie erweisen sich in der empirischen Überprüfung als sehr restriktiv. Einen wesentlichen Einwand gegen die Random Walk-Hypothese bringt etwa *Shiller* mit dem Hinweis auf das empirisch beobachtbare Phänomen der Excess Volatility vor, wonach die tatsächlichen Schwankungen der Wertpapierkurse bei weitem größer sind, als dies die fundamentalen Daten erwarten ließen. Vgl. hierzu Shiller, R. J., Market Volatility, 2001, S. 192 – 193. Ähnlich erklärt sich der bereits genannte Volatility Smile. Vgl. hierzu z. B. Bruns, C., Bubbles, 1994, S. 59 – 92; Rathgeber, A., KuK 2007, S. 451. Diesem Mangel begegnet das Martingal-Modell, indem es die erste Bedingung der Random Walk-Hypothese beibehält und an die Stelle der beiden übrigen Voraussetzungen die schwächere Annahme setzt, dass zeitlich aufeinanderfolgende Kursbewegungen einer stabilen Verteilung mit infiniter Varianz folgen und interseriell unabhängig sind. Vgl. hierzu Mandelbrot, B. / Taylor, H. M., OR 1967, S. 1057; Fama, E. F., JOF 1991, S. 386 – 387. Unter einem Martingal versteht man allgemein einen stochastischen Prozess, bei welchem der bedingte Erwartungswert einer Beobachtung dem Wert der vorangehenden Beobachtung entspricht. Vgl. zur

### 4.4.3.3.2.2.3 Beurteilung stochastischer Prozesse

Stochastische Prozesse der Dimension $T$ lassen sich durch eine $T$-dimensionale Verteilungsfunktion vollständig beschreiben. Jede einzelne der $T$ Zufallsvariablen besitzt eine eigene Wahrscheinlichkeitsverteilung mit eigenem Erwartungswert und eigener Varianz. Ferner besteht zwischen je zwei dieser Zufallsvariablen eine Kovarianz $COV[\tilde{X}_t; \tilde{X}_{t-k}]$. Hierbei steht $k$ für den zeitlichen Abstand zwischen den beiden Zufallsvariablen.[783] Für die intertemporalen Kovarianzen gilt formal:[784]

$$COV[\tilde{X}_t; \tilde{X}_{t-k}] = E[(\tilde{X}_t - \hat{\mu}_t) \cdot (\tilde{X}_{t-k} - \hat{\mu}_{t-k})] \quad (1)$$

Nachdem die Kovarianzen auf demselben stochastischen Prozess beruhen, bezeichnet man diese im Kontext der hier gegenständlichen Zeitreihe auch als Autokovarianzen.[785] Allgemein misst die Autokovarianz die Stärke des statistischen Zusammenhangs von Beobachtungsdaten eines bestimmten zeitlichen Abstands respektive den Grad der interseriellen Unabhängigkeit der Beobachtungspunkte einer Zeitreihe.[786]

Für die Schätzung des Erwartungswerts und der Varianz des stochastischen Prozesses bedarf es grundsätzlich der Kenntnis mehrerer Zeitreihen. Tatsächlich jedoch liegt für einen stochastischen Prozess zumeist nur eine einzige mögliche Realisation vor.[787] Hilfsweise bedient man sich daher des Verschiebungsoperators $L^k$. Die Anwendung des Verschiebungsoperators auf die Zeitreihe bewirkt deren Verschiebung in der Zeit, indem der Zusammenhang

$$L^k \cdot X_t = X_{t-k} \quad (2)$$

jedem Datenpunkt der originären Zeitreihe $X_t$ einen korrespondierenden Datenpunkt $X_{t-k}$ zuweist.[788] Hierbei beschreibt die Potenz des Verschiebungsoperators den Umfang der zeitlichen Verschiebung der einzelnen Da-

---

Theorie der Martingale Lipster, R. S. / Shiryayev, A. N., Theory of Martingales, 1989. Angesichts der im Vergleich zur klassischen Random Walk-Hypothese unveränderten Annahme, dass der Erwartungswert der zufälligen Kursbewegungen gerade den Wert Null annimmt, vermag jedoch das Martingal-Modell gleichsam keine Erklärung für die in der Realität beobachtbaren Zinsansprüche zu liefern, welche Anleger an Wertpapiere stellen. Zusätzlich zu den Modifikationen des Martingal-Modells wird daher im Submartingal-Modell die erste Bedingung der Random Walk-Hypothese zugunsten der realitätsnäheren Annahme einer adäquaten Gleichgewichtsrendite aufgegeben. Vgl. hierzu Poddig, T. / Dichtl, H. / Petersmeier, K., Statistik, 2008, S. 110.
[783] Vgl. Auer, L. v., Ökonometrie, 2013, S. 552 – 555.
[784] Vgl. Eckey, H.-F. / Kosfeld, R. / Dreger, C., Ökonometrie, 2014, S. 20 – 21.
[785] Vgl. Schira, J., Statistische Methoden, 2012, S. 571 – 572.
[786] Vgl. Hartung, J., Statistik, 2009, S. 675.
[787] Vgl. Schlittgen, R. / Streitberg, B. H. J., Zeitreihenanalyse, 2001, S. 100.
[788] Vgl. Hackl, P., Ökonometrie, 2013, S. 288.

tenpunkte der originären Zeitreihe. Das Vorgehen bewirkt eine Transformation der originären Zeitreihe um $k$ Perioden. Neben die originäre tritt eine um $k$ Perioden verschobene Zeitreihe.

Die Anwendung des Verschiebungsoperators auf die Datenreihe schafft die Voraussetzungen für die Anwendung des Konzepts der Autokovarianz. Die Autokovarianz trifft eine Aussage über die Art, nicht jedoch über die Stärke des statistischen Zusammenhangs der untersuchten Zufallsvariablen.[789] Ähnlich wie im Fall der Kovarianz ist es hierfür erforderlich, die Autokovarianz zu normen.[790] Referenz ist hierbei die Varianz der Zufallsvariablen der originären Realisation des stochastischen Prozesses.[791] Der sich so ergebende Autokorrelationskoeffizient P($k$) berechnet sich mit

$$P(k) = \frac{E\left[(\tilde{X}_t - \hat{\mu}_t) \cdot (\tilde{X}_{t-k} - \hat{\mu}_{t-k})\right]}{E\left[(\tilde{X}_t - \hat{\mu}_t)^2\right]} \quad (3)$$

wobei der Wertebereich in der Bandbreite $-1 \leq P(k) \leq +1$ definiert ist. Die Darstellung des Autokorrelationskoeffizienten in Abhängigkeit von der Wahl des Verschiebungsoperators erfolgt in einem Autokorrelogramm.[792] Ein positiver Autokorrelationskoeffizient besagt, dass sich die Zufallsvariablen eines stochastischen Prozesses im Zeitablauf zumindest der Tendenz nach in dieselbe Richtung bewegen. Insofern zeigt eine positive serielle Korrelation an, dass der stochastische Prozess einem bestimmten Trend folgt. Diametral verhält es sich mit einem negativen Autokorrelationskoeffizienten. Hier tendieren zeitlich aufeinanderfolgende Zufallsvariablen in entgegengesetzte Richtungen. Negative serielle Korrelation deutet somit darauf hin, dass in dem jeweiligen stochastischen Prozess technische Reaktionen überwiegen. Ein Autokorrelationskoeffizient von Null schließlich indiziert intertemporale Independenz.[793] Zur Überprüfung der Signifikanz der Autokorrelation bestehen verschiedene Testverfahren, z. B. der *Durbin-Watson-Test*.[794]

Statistische Inferenz bedingt die Annahme der Ergodizität. Diese besagt, dass die Stichprobenmomente der einzelnen vorliegenden Realisation des stochastischen Prozesses gegen die Momente der Grundgesamtheit konvergieren. Mit anderen Worten stimmen die Erwartungswerte $E[\tilde{X}_t] = \hat{\mu}$ und Varianzen $VAR[\tilde{X}_t] = \hat{\sigma}^2$ für alle möglichen Realisationen des stochasti-

---

[789] Vgl. Hartung, J., Statistik, 2009, S. 675 – 676.
[790] Vgl. Schira, J., Statistische Methoden, 2012, S. 571 – 572.
[791] Vgl. Hackl, P., Ökonometrie, 2013, S. 209.
[792] Vgl. Harvey, A. C., Zeitreihenmodelle, 1995, S. 16.
[793] Vgl. Spremann, K., Portfoliomanagement, 2008, S. 82.
[794] Vgl. Auer, L. v., Ökonometrie, 2013, S. 440 – 442.

schen Prozesses überein.[795] Die Annahme der Ergodizität impliziert somit, dass dem stochastischen Prozess hinsichtlich der statistischen Momente ein natürliches Gleichgewicht innewohnt.[796] Mittelwertergodizität ist gegeben, wenn die Bedingung

$$\lim_{T \to +\infty} E\left[\left(\frac{1}{T} \cdot \sum_{t=1}^{T} x_t - \hat{\mu}\right)^2\right] = 0 \qquad (4)$$

erfüllt ist. Für Varianzergodizität gilt analog:

$$\lim_{T \to +\infty} E\left[\left(\frac{1}{T} \cdot \sum_{t=1}^{T} (X_t - \hat{\mu})^2 - \hat{\sigma}^2\right)^2\right] = 0 \qquad (5)$$

In Abhängigkeit davon, ob sich die Verteilungsfunktionen des stochastischen Prozesses im Zeitablauf verschieben, insbesondere deren Schiefe und Kurtosis einem Wandel unterliegen,[797] unterscheidet man streng und schwach stationäre stochastische Prozesse.[798] Anders als bei streng ist bei schwach stationären stochastischen Prozessen eine Verschiebung der Verteilungsfunktionen im Zeitablauf zulässig.[799] Im Folgenden sind ausschließlich schwach stationäre stochastische Prozesse relevant.

Merkmale eines schwach stationären stochastischen Prozesses sind Mittelwert- und Kovarianzstationarität. Kovarianz- schließt Varianzstationarität mit ein.[800] Ein stochastischer Prozess ist mittelwert- respektive varianzstationär, wenn die Erwartungswerte respektive Varianzen für alle $t \in \{1; \ldots \ldots 2; 3; \ldots; T - 1; T\}$ konstant und endlich sind. Insbesondere liegt Kovarianzstationarität vor, wenn die Kovarianz nur eine Funktion des zeitlichen Abstands zwischen den beiden Zufallsvariablen ist und keine Abhängigkeit von der Wahl des aktuellen Zeitpunkts besteht.[801]

#### 4.4.3.3.2.2.4 Ergebnisse empirischer Untersuchungen

Die Wissenschaft trägt einen anhaltenden Meinungsstreit darüber aus, ob und inwiefern die Random Walk-Hypothese mit den tatsächlichen Gegebenheiten auf dem Kapitalmarkt vereinbar ist. Empirische Studien zur Autokorrelation historischer Wertpapierrenditen oder, was wohlgemerkt mehr in die Richtung der angebotsseitigen Marktrisikoprämie zielt, zur Theorie

---

[795] Vgl. Schlittgen, R. / Streitberg, B. H. J., Zeitreihenanalyse, 2001, S. 100.
[796] Vgl. Schira, J., Statistische Methoden, 2012, S. 576.
[797] Vgl. Ruiz de Vargas, S., DB 2012, S. 815.
[798] Vgl. Schlittgen, R. / Streitberg, B. H. J., Zeitreihenanalyse, 2001, S. 100 – 104.
[799] Vgl. Harvey, A. C., Zeitreihenmodelle, 1995, S. 16.
[800] Vgl. Leiner, B., Zeitreihenanalyse, 1998, S. 77.
[801] Vgl. Kirchgässner, G. / Wolters, J., Zeitreihenanalyse, 2006, S. 10 – 15.

langfristig zu ihrem historischen Mittelwert zurückkehrender fundamentaler Bewertungsmultiplikatoren (engl. mean reversion effect) wie z. B. des Kurs-Gewinn-Verhältnisses kommen zu keinem eindeutigen Ergebnis. Zudem zeigt ein historischer Vergleich, dass sich im Laufe der Zeit das Meinungsbild wandelt. Dennoch lässt sich in allen Phasen die übereinstimmende Kernaussage erkennen, dass die Autokorrelation in Abhängigkeit einerseits von der Länge des Renditeintervalls, andererseits von der Lage des analysierten Investitionszeitraums erheblichen Schwankungen unterliegt.

Frühe Untersuchungen zur Effizienz des Kapitalmarkts betrachten die Autokorrelation von Tages- und Wochenrenditen bei entsprechend großem Stichprobenumfang. Wenngleich diese Arbeiten keine idealtypische interserielle Independenz feststellen können, liegen die ermittelten Werte für die Autokorrelationen nahe Null, was gemeinhin als Bestätigung für die Random Walk-Theorie gewertet wird.[802] Als viel zitierter Vertreter dieser Epoche sei *Samuelson* (1964 / 1965) genannt.[803]

Zweifel an der Richtigkeit der engen Auslegung der Autokorrelation werden erstmals mit *Summers* (1986) laut. Dieser formuliert die Hypothese, dass Wertpapierkurse die Tendenz zeigen, über lange Zeiträume hinweg zum historischen Mittelwert ihrer fundamentalen Bewertung zurückzukehren.[804] Dies deute auf langsam zerfallende stationäre Komponenten der Wertpapierpreise hin.[805] Diese Auffassung teilen grundsätzlich auch *Fama / French* (1988). Jedoch verkehren sie die von *Summers* aufgestellte Hypothese ins Gegenteil, indem sie im Unterschied zu jenem einen umgekehrten statistischen Zusammenhang vermuten. Demnach manifestieren sich die langsam zerfallenden Komponenten der Wertpapierpreise in schwach negativ autokorrelierten Wertpapierrenditen auf Tages- und Wochenbasis sowie in stark negativ autokorrelierten Wertpapierrenditen langer Anlagehorizonte.[806] Indes können *Fama / French* ihre Vermutung empirisch nur bedingt bestätigen. Zudem zeigen die Ergebnisse, dass danach zu unterscheiden ist, ob ein Portfolio oder die darin enthaltenen Einzeltitel betrachtet werden. Für Zwecke ihrer Analyse betrachten sie das Verhalten von an der NYSE gehandelten Aktien im Zeitraum von 1926 bis 1985. Zwar ergibt die Untersuchung von Einzeltiteln, dass die Autokorrelation ab einem Anlagehorizont von zwei Jahren tatsächlich negative Werte annimmt, deren Betrag sich zunächst für Anlagehorizonte von drei bis fünf Jahren erhöht. Doch kehrt sich

---

[802] Einen zusammenfassenden Überblick über die frühen Tests der Kapitalmarkteffizienz und deren Ergebnisse gibt *Fama*. Vgl. hierzu Fama, E. F., JOF 1970, S. 389 – 400 m. w. N.
[803] Vgl. Samuelson, P. A., IMR 1964 / 1965, Nr. 2, S. 41 – 49.
[804] Vgl. ähnlich auch bereits Keim, D. B. / Stambaugh, R. F., JFE 1986, S. 362 – 363.
[805] Vgl. Summers, L. H., JOF 1986, S. 598 – 600; ähnlich auch Poterba, J. M. / Summers, L. H., JFE 1988, S. 48 – 49.
[806] Vgl. Fama, E. F. / French, K. R., JPE 1988, S. 247.

die Entwicklung für darüber hinausgehende Investitionszeiträume um, sodass der Betrag der Autokorrelation anfangs sinkt, um für sehr lange Anlagehorizonte schließlich auf ein Niveau nahe Null zurückzukehren. Aus diesem Grunde zeigt das Autokorrelogramm einen U-förmigen Verlauf.[807]

*Fama / French* erklären den Zusammenhang mit einer sukzessiven Abschwächung des stationären Moments, welche mit der Verlängerung des Anlagehorizonts einhergehe und schließlich bewirke, dass das Zufallsmoment überhandnehme. Als weiteres Ergebnis zeigt sich, dass die Wertpapierrenditen im Zeitraum von 1926 bis 1940 deutlich stärker als im Zeitraum von 1941 bis 1985 interseriell korreliert sind.[808] Für die Betrachtung von Portfoliorenditen schließlich müssen *Fama / French* ihre Hypothese gar verwerfen, nachdem die Autokorrelation hier Werte im Bereich von Null annimmt.[809] Anders als bisweilen in der Literatur dargestellt,[810] können somit die Ergebnisse von *Fama / French* keineswegs als völlig eindeutiger Beleg für die negative Autokorrelation von Wertpapierrenditen gewertet werden.

Überhaupt zeichnet sich ein differenziertes Bild, stellt man die zur Autokorrelation historischer Wertpapierrenditen und zur Theorie langfristig zu ihrem historischen Mittelwert zurückkehrender fundamentaler Bewertungsmultiplikatoren durchgeführten Studien vergleichend einander gegenüber. Mögen sich deren Aussagen mitunter punktuell erheblich voneinander unterscheiden, so kommen diese nichtsdestotrotz weit überwiegend zu dem hier einzig interessierenden Ergebnis, dass die Hypothese interseriell independenter Wertpapierrenditen zu verwerfen ist.[811] Vielmehr

---

[807] Vgl. hierzu kritisch, insbesondere im Hinblick auf die Implikationen der Wahl des Beobachtungszeitraums, Richardson, M., JBES 1993, S. 201 – 202.
[808] Vgl. Fama, E. F. / French, K. R., JPE 1988, S. 257; ähnlich Kim, M. J. / Nelson, C. R. / Startz, C., RES 1991, S. 522; Ding, Z. / Granger, C. W. J. / Engle, R. F., JEF 1993, S. 93.
[809] Vgl. Fama, E. F. / French, K. R., JPE 1988, S. 251 – 265. Zu einem ähnlich widersprüchlichen Ergebnis kommen Lo / MacKinlay. Vgl. Lo, A. W. / MacKinlay, A. C., RFS 1988, S. 59 – 60. Eine mögliche Erklärung für die nahe Null liegende Autokorrelation von Portfoliorenditen könnte darin liegen, dass sich die Autokorrelationen der im Portfolio enthaltenen Wertpapiere wechselseitig kompensieren.
[810] Vgl. z. B. Knoll, L., Mittelungsproblematik historischer Marktrisikoprämien, 2010, S. 337.
[811] Vgl. z. B. positiv autokorrelierte Monatsrenditen Bhandari, L. C., JOF 1988, S. 526; positive Autokorrelationen bei Portfoliorenditen auf Wochenbasis sowie bei Aktien mit geringer Marktkapitalisierung, keine signifikant von Null abweichende Autokorrelation hingegen bei Portfoliorenditen auf Monatsbasis respektive bei Aktien mit hoher Marktkapitalisierung Lo, A. W. / MacKinlay, A. C., RFS 1988, S. 51 – 56; kurzfristig positiv, langfristig negativ autokorrelierte Aktienrenditen Poterba, J. M. / Summers, L. H., JFE 1988, S. 36 – 45; Jegadeesh, N., JOF 1990, S. 881 – 898; kurzfristig positiv, langfristig negativ autokorrelierte Renditen Cutler, D. M. / Poterba, J. M. / Summers, L. H., RES 1991, S. 532 – 537; negative Autokorrelation, jedoch deutlich stärker ausgeprägt in der Zeit vor als nach dem Zweiten Weltkrieg Kim, M. J. / Nelson, C. R. / Startz, R., RES 1991, S. 517 – 526; positiv, allerdings nur auf geringem Signi-

Kapitel 4: Marktrendite

sind historische Wertpapierrenditen als statistisch voneinander abhängig anzusehen. Doch nicht nur allein unter dem Aspekt der Autokorrelation ist die Random Walk-Hypothese in Frage zu stellen. Vielmehr kommen zahlreiche Untersuchungen zu dem Ergebnis, dass das Unternehmensrisiko und mit diesem die Volatilität der Wertpapierrendite im Zeitablauf selbst schwankt. Tatsächlich sind sogenannte ARCH[812]-Effekte zu beobachten,[813] wobei neben Volatilitätsclustern auch verhältnismäßig regelmäßige Intraday-Schwankungen auftreten.[814] Keineswegs ist daher von einer strengen Stationarität stochastischer Prozesse auszugehen.[815] Weiterhin findet selbst in hochliquiden Finanzierungstiteln kein echter kontinuierlicher Handel statt, sodass die Annahme stetiger Renditeprozesse per se wenig realitätsnah erscheint.[816] In engem Zusammenhang mit diesem Einwand steht die Frage, ob hinsichtlich der Referenz für das Zeitkontinuum auf die gesamte physikalische Zeit während eines bestimmten Zeitraums (engl. calendar time) oder nur auf denjenigen Teil abzustellen ist, an welchem der Wertpapierhandel auch tatsächlich möglich ist (engl. trading time). Sowohl die Kalender- als auch die Handelszeithypothese lassen sich widerlegen.[817] Unabhängig hiervon zeigen Aktienmärkte Wochentags- und Saisoneffekte.[818]

Insgesamt ist daher festzuhalten, dass weder die Random Walk-Theorie und ihre Erweiterungen im Allgemeinen noch die Annahme interseriell unkorrelierter Wertpapierrenditen im Besonderen den tatsächlichen Kapitalmarktverhältnissen entsprechen. Damit ist eine wesentliche Voraussetzung

---

fikanzniveau autokorrelierte Aktienrenditen Krämer, W. / Runde, R., SP 1991, S. 319 – 320; Stehle, R. / Hartmond, A., KuK 1991, S. 385 – 386; negativ, allerdings in der Zeit vor und nach dem Zweiten Weltkrieg unterschiedlich stark autokorrelierte Aktienrenditen Ding, Z. / Granger, C. W. J. / Engle, R. F., JEF 1993, S. 92 – 93; stark negativ autokorrelierte Wertpapierrenditen Campbell, J. Y. / Viceira, L. M., Strategic Asset Allocation, 2002, S. 108; negativ autokorrelierte relative Aktienkurse Balvers, R. / Wu, Y. / Gilliland, E., JOF 2000, S. 752 – 767; stark negativ autokorrelierte Wertpapierrenditen Fama, E. F. / French, K. R., JOF 2002, S. 642 m. w. N.; Mean Reversion-Effekt bei deutschen Blue Chips Albrecht, P. / Kantar, C. / Xiao, Y., DBa 2005, Nr. 4, S. 14 – 16; negativ autokorrelierte Cash Flows Giaccotto, C., TFR 2007, S. 258 – 259; die Random Walk-Hypothese hingegen bestätigend Richardson, M., JBES 1993, S. 202 – 206; Boudoukh, J. / Richardson, M. / Whitelaw, R. F., RFS 2008, S. 1577 – 1605.

[812] Das Akronym ‚ARCH' steht in der Statistik für autoregressive bedingte Heteroskedastizität (engl. autoregressive conditional heteroscedasticity).
[813] Vgl. z. B. Engle, R. F., FAJ 1993, Nr. 1, S. 72 – 77; Dankenbring, H. / Missong, M., ZfB 1997, S. 317 – 324.
[814] Vgl. z. B. Yadav, P. K. / Pope, P. F., JBF 1992, S. 244 – 260; Röder, K., FMPM 1996, S. 468 – 475.
[815] Vgl. Bassemir, M. / Gebhardt, G. / Ruffing, P., WPg 2012, S. 883.
[816] Vgl. Dorfleitner, G., Index-Futures, 1999, S. 34.
[817] Vgl. Krämer, W. / Runde, R., AStA 1992, S. 227 – 233.
[818] Vgl. Salm, C. / Sielkes, J., FB 2009, S. 414 – 418.

des zentralen Grenzwertsatzes nach *Lindeberg / Lévy* verletzt, sodass sich aus diesem auch nicht subsidiär die Normalverteilungseigenschaft stetiger Wertpapierrenditen ableiten lässt.

#### 4.4.3.3.2.3 Zwischenergebnis

Das CAPM beruht konzeptionell auf dem Rechnen mit diskreten Renditen. Gleichzeitig unterstellt die Portfoliotheorie normalverteilte Wertpapierrenditen. Hilfsweise kommt anstelle hiervon eine identische Wahrscheinlichkeitsverteilung in Betracht. Bestenfalls sollten somit diskrete Wertpapierrenditen einer Normalverteilung folgen. Subsidiär kommen auch identisch verteilte Wertpapierrenditen in Frage. Allein folgen weder diskrete noch stetige Wertpapierrenditen einer idealtypischen Normalverteilung.

Die Wahrscheinlichkeitsdichtefunktion diskreter Wertpapierrenditen ist rechtsschief (linkssteil) geneigt. Auch hinsichtlich der Kurtosis bestehen Abweichungen. Ein gesonderter konzeptioneller Nachteil diskreter Wertpapierrenditen besteht in der linksseitigen Begrenzung des Definitionsbereichs.

Allgemein zeigt der Verlauf der Wahrscheinlichkeitsdichtefunktion stetiger Wertpapierrenditen eine höhere Übereinstimmung mit der Normalverteilung. Im Hinblick auf die modelltheoretisch geforderten statistischen Eigenschaften sind stetige gegenüber diskreten Wertpapierrenditen grundsätzlich besser geeignet. Allerdings konzentriert sich bei stetigen Wertpapierrenditen die Wahrscheinlichkeitsmasse an den Rändern der Verteilung. Unabhängig hiervon sind stetige Wertpapierrenditen bedingt heteroskedastisch. Aus diesem Grunde ist stetigen Wertpapierrenditen die Eigenschaft einer originären Normalverteilung abzusprechen. Subsidiär ist gleichwohl von einem normalverteilten Verlauf der Wahrscheinlichkeitsdichtefunktion stetiger Wertpapierrenditen auszugehen, wenn die Voraussetzungen des zentralen Grenzwertsatzes nach *Lindeberg / Lévy* erfüllt sind. Das Kriterium der identischen Verteilung wird im Allgemeinen vorausgesetzt. Entscheidend für die subsidiäre Begründung der Normalverteilungseigenschaft stetiger Wertpapierrenditen ist somit das Kriterium der interseriellen Independenz. Empirische Untersuchungen kommen zu keinem eindeutigen Ergebnis, was die Art des intertemporalen statistischen Zusammenhangs von Wertpapierrenditen angeht. Gleichwohl können diese weit überwiegend die Annahme interseriell independenter Wertpapierrenditen nicht bestätigen. Im Ergebnis ist somit weder stetigen noch gar diskreten Renditen die Normalverteilungseigenschaft zuzuschreiben.[819]

---

[819] Somit kommt auch der Rückgriff auf die Monte Carlo-Simulation nicht in Betracht. Vgl. hierzu Kritzman, M. P., Puzzles of Finance, 2000, S. 67 – 70; zu den Grundlagen der Monte Carlo-Simulation z. B. Schierenbeck, H. / Lister, M. / Kirmße, S., Ertragsorientiertes Bankmanagement, 2008, S. 92 – 94.

## 4.4.3.3.3 Finanzmathematische Überlegenheit des geometrischen gegenüber dem arithmetischen Mittelungsverfahren

### 4.4.3.3.3.1 Vorbemerkung

Der folgende Abschnitt untersucht die Frage nach der richtigerweise zu wählenden Schätzfunktion für den wahren, jedoch unbekannten Mittelwert der Grundgesamtheit $\hat{\mu}$ unter dem Gesichtspunkt der Finanzmathematik. Der Schwerpunkt liegt dabei auf der Frage, ob und inwiefern das arithmetische respektive das geometrische Mittelungsverfahren geeignet ist, das Vermögen zu Beginn auf das Vermögen am Ende eines bestimmten Investitionszeitraums überzuleiten. Eine weitere Frage geht dahin, ob die arithmetische bzw. die geometrische Mittelung diskreter Renditen grundsätzlich zulässig sind.

### 4.4.3.3.3.2 Konsistenz des systeminhärenten Verzinsungskonzepts mit dem Barwertkalkül

Als wesentlichen Einwand gegen die Wahl des arithmetischen Mittelwerts historischer Marktrenditen als Schätzfunktion für den wahren, jedoch unbekannten Mittelwert der Grundgesamtheit $\hat{\mu}$ bringen die Vertreter des geometrischen Mittelungsverfahrens vor, der arithmetische Mittelwert gebe aufgrund seiner mathematischen Eigenschaften einen allzu optimistischen Eindruck von der in der Zukunft erzielbaren Aktienrendite. Insbesondere sei das arithmetische Mittel im Unterschied zum geometrischen Mittelwert nicht geeignet, den Wert des Marktportfolios am Ende des jeweiligen Investitionszeitraums aus dem Wert des anfänglichen Investments zu erklären.[820]

Dies sei anhand eines Beispiels überprüft. Da sich die hieraus abzuleitende Aussage in ihrem Kern nicht ändert, stellt die folgende Betrachtung aus Gründen der einfacheren Darstellung statt auf das bislang diskutierte Marktportfolio nur auf eine einzige Aktie ab. Betrage das am 31. Dezember 00 einem gedachten Anleger zur Verfügung stehende Kapital 100,00 [GE]. Als Verwendungsmöglichkeiten bestehen zum einen die Investition in die Aktien einer bestimmten börsennotierten Gesellschaft, zum anderen das Vorhalten von unverzinslicher Liquiditätskasse. Der Kurs der Aktie ex Dividende folge dem in Tabelle 8 angegebenen Verlauf.

---

[820] Vgl. hierzu nochmals z. B. Copeland, T. / Koller, T. / Murrin, J., Valuation, 1990, S. 193 – 195.

Kapitel 4: Marktrendite

| Zeitpunkt | 31.12.00 | 1.1.01 | 31.12.01 | 1.1.02 | 31.12.02 |
|---|---|---|---|---|---|
| Aktie | | | | | |
| Kurs (ex Dividende) | 100,00 | 100,00 | 149,57 | 149,57 | 85,01 |
| Dividende | 0,00 | 0,00 | 5,00 | 0,00 | 5,00 |
| Arithmetisches Mittelungsverfahren | | | | | |
| Barmittel | | | | | |
| Anfangsbestand | 100,00 | 100,00 | 0,00 | 154,57 | 54,57 |
| Auszahlungen | | | | | |
| Erwerb | 0,00 | 100,00 | 0,00 | 100,00 | 0,00 |
| Einzahlungen | | | | | |
| Veräußerung | 0,00 | 0,00 | 149,57 | 0,00 | 56,84 |
| Dividende | 0,00 | 0,00 | 5,00 | 0,00 | 3,34 |
| Endbestand | 100,00 | 0,00 | 154,57 | 54,57 | 114,75 |
| Portfolio | | | | | |
| Anfangsbestand | 0,000 | 0,000 | 1,000 | 0,000 | 0,669 |
| Erwerb | 0,000 | 1,000 | 0,000 | 0,669 | 0,000 |
| Veräußerung | 0,000 | 0,000 | 1,000 | 0,000 | 0,669 |
| Endbestand | 0,000 | 1,000 | 0,000 | 0,669 | 0,000 |
| Bewertung | 0,00 | 100,00 | 0,00 | 100,00 | 0,00 |
| Gesamtvermögen | 100,00 | 100,00 | 154,57 | 154,57 | 114,75 |
| Geometrisches Mittelungsverfahren | | | | | |
| Barmittel | | | | | |
| Anfangsbestand | 100,00 | 100,00 | 0,00 | 5,00 | 0,00 |
| Auszahlungen | | | | | |
| Erwerb | 0,00 | 100,00 | 0,00 | 5,00 | 0,00 |
| Einzahlungen | | | | | |
| Veräußerung | 0,00 | 0,00 | 0,00 | 0,00 | 87,85 |
| Dividende | 0,00 | 0,00 | 5,00 | 0,00 | 5,17 |
| Endbestand | 100,00 | 0,00 | 5,00 | 0,00 | 93,02 |
| Portfolio | | | | | |
| Anfangsbestand | 0,000 | 0,000 | 1,000 | 1,000 | 1,033 |
| Erwerb | 0,000 | 1,000 | 0,000 | 0,033 | 0,000 |
| Veräußerung | 0,000 | 0,000 | 0,000 | 0,000 | 1,033 |
| Endbestand | 0,000 | 1,000 | 1,000 | 1,033 | 0,000 |
| Bewertung | 0,00 | 100,00 | 149,57 | 154,57 | 0,00 |
| Gesamtvermögen | 100,00 | 100,00 | 154,57 | 154,57 | 93,02 |

Geringfügige Abweichungen sind rundungsbedingt. Quelle: Eigene Darstellung.

**Tabelle 8: Exemplifizierung der systeminhärenten Annahmen des arithmetischen und des geometrischen Mittelungsverfahrens**

Die Gesellschaft zahle am 31. Dezember 01 und am 31. Dezember 02 jeweils eine Dividende in Höhe von 5,00 [GE] je Anteilsschein. Die Ökonomie befinde sich im Zustand des vollkommenen Kapitalmarkts. Von der Berücksichtigung von Steuern und Transaktionskosten sei daher abgesehen. Geringfügige Abweichungen in den Ergebnissen sind rundungsbedingt.

Zunächst sei das arithmetische Mittelungsverfahren betrachtet. Der Anleger setze am 1. Januar 01 das gesamte ihm zur Verfügung stehende Kapital für den Erwerb von genau einer Aktie der Gesellschaft ein. Unter Berücksichtigung der Dividendenzahlung beträgt das Vermögen des Investors am Ende der ersten Periode 154,57 [GE]. Bezogen auf das anfängliche Vermögen von 100,00 [GE] entspricht dies einer Periodenrendite $r_{M,1}$ in Höhe von $r_{M,1} = \ldots$

$$\ldots = \frac{(149{,}57 - 100{,}00) \cdot 1{,}0 + 5{,}00 \cdot 1{,}0}{100{,}00} = 54{,}57\,\%.$$ Unter den Prämissen des arithmetischen Mittelungsverfahrens liquidiert der Anleger das Portfolio am 31. Dezember 01 und investiert von dem Veräußerungserlös am 1. Januar 02 neuerlich 100,00 [GE] in Aktien der Gesellschaft zum dann geltenden Kurs. Aufgrund des zwischenzeitlichen Kursanstiegs erhält der Anleger hierfür nur noch 0,669 Aktien. Die übrigen 54,57 [GE] hält der Anleger als unverzinsliche Barmittel. Am 31. Dezember 02 liquidiert der Anleger erneut das Portfolio. Die Periodenrendite $r_{M,2}$ beträgt nun $r_{M,2} = \frac{(85{,}01 - 149{,}57) \cdot 0{,}669 + 5{,}00 \cdot 0{,}669}{100{,}00} = \ldots$

$\ldots = -39{,}82\,\%$. Basis für die Berechnung ist das am 1. Januar 02 erneut investierte Kapital in Höhe von 100,00 [GE]. Somit bleibt die Kassenhaltung in Höhe von 54,57 [GE] bei der Berechnung der Rendite der zweiten Periode unberücksichtigt. Als durchschnittliche Periodenrendite $\bar{r}_{M,AM}$ resultiert damit $\bar{r}_{M,AM} = \frac{1}{2} \cdot (54{,}57\,\% - 39{,}82\,\%) = 7{,}38\,\%$.

Bei Anwendung des geometrischen Mittelungsverfahrens ergeben sich im Hinblick auf die Rendite in der ersten Periode keine Unterschiede. Der Anleger realisiert eine Periodenrendite $r_{M,1}$ ebenfalls in Höhe von $r_{M,1} = \ldots$

$$\ldots = \frac{(149{,}57 - 100{,}00) \cdot 1{,}0 + 5{,}00 \cdot 1{,}0}{100{,}00} = 54{,}57\,\%.$$ Im Unterschied zum arithmetischen Mittelungsverfahren hält der Anleger jedoch am 31. Dezember 01 an dem bereits bestehenden Portfolio fest und stockt dieses um Aktien mit einem Wertäquivalent in Höhe der Dividendenzahlung auf. Zum aktuellen Kursniveau entspricht dies dem Erwerb zusätzlicher 0,033 Aktien an der Gesellschaft.

Das Vermögen des Anlegers ist während des Investitionszeitraums $T$ stets vollständig in Aktien der börsennotierten Gesellschaft gebunden. Bei der Berechnung der Rendite der zweiten Periode ist daher neben der Erhöhung der Beteiligungsquote zu berücksichtigen, dass sich der Marktwert der be-

reits am 1. Januar 02 gehaltenen Aktie gegenüber dem 1. Januar 01 von 100,00 [GE] auf 149,57 [GE] erhöht hat. Als Rendite in der zweiten Periode $r_{M,2}$ resultiert daher nach dem geometrischen Mittelungsverfahren dieselbe Rendite wie bei arithmetischer Mittelung $r_{M,2} = \frac{(85,01 - 149,57) \cdot 1,033}{149,57 + 5,00} + ...$
$... + \frac{5,00 \cdot 1,033}{149,57 + 5,00} = -39,82\,\%$. Unterschiede ergeben sich jedoch hinsichtlich der Höhe des gebundenen Vermögens. Das arithmetische Mittelungsverfahren unterstellt ein in seiner Höhe stets gleichbleibendes Investment in Höhe von hier 100,00 [GE]. Demgegenüber ist beim geometrischen Mittelungsverfahren das Vermögen des Anlegers während des gesamten Investitionszeitraums durchgehend vollständig in Aktien der gegenständlichen Gesellschaft gebunden. Als durchschnittliche Periodenrendite $\bar{r}_{M,GM}$ ergibt sich beim geometrischen Mittelungsverfahren daher abweichend von der durchschnittlichen Periodenrendite beim arithmetischen Mittelungsverfahren

$$\bar{r}_{M,GM} = \sqrt[2]{(1 + 54,57\,\%) \cdot (1 - 39,82\,\%)} - 1 = -3,55\,\%.$$

Das Beispiel führt vor Augen, dass sich das arithmetische Mittel in finanzmathematischen Kontexten als einfacher ungewichteter Durchschnitt der in den einzelnen Perioden eines bestimmten Investitionszeitraums realisierten Renditen versteht, welche sich unabhängig vom tatsächlichen Anlageerfolg stets auf dieselbe anfängliche Kapitalbasis beziehen.[821] Demgegenüber gibt das geometrische Mittel Aufschluss über die annualisierte Effektivverzinsung.

Die vergleichende Gegenüberstellung von arithmetischem und geometrischem Mittelungsverfahren an ein und derselben Zeitreihe verdeutlicht die typischerweise auftretenden Abweichungen in den Vermögensendwerten. Bei arithmetischer Mittelung etwa beträgt das Gesamtvermögen am 31. Dezember 02 114,75 [GE], während beim geometrischen Mittelungsverfahren ein Endwert von 93,02 [GE] resultiert. Der Grund für die Diskrepanz liegt in den unterschiedlichen Annahmen hinsichtlich der Verwendung von Erlösen aus interperiodischen Realisationen. Im Allgemeinen partizipiert das Portfolio unter den Prämissen des geometrischen Mittelungsverfahrens cet. par. vergleichsweise stärker an der Entwicklung des Basiswerts. Korrespondierend mit den Vermögensendwerten weichen die arithmetisch respektive geometrisch gewonnenen Periodenrenditen – wie vorstehendes Beispiel belegt, in Abhängigkeit von der Kursentwicklung mitunter erheblich und selbst hinsichtlich des Vorzeichens – voneinander ab. So legt der hypothetische Anleger bei arithmetischer Mittelung gemäß den systeminhärenten Annahmen einen Teil des am 31. Dezember 01 realisierten Anlageerfolgs

---

[821] Vgl. Mandl, G. / Rabel, K., Unternehmensbewertung, 1997, S. 292.

## Kapitel 4: Marktrendite

am 1. Januar 02 nicht erneut an, sondern beschränkt den am 1. Januar 02 neuerlich investierten Betrag auf die Höhe des anfänglichen Kapitals in Höhe von 100,00 [GE]. Das Vorhalten von Liquiditätskasse in Periode 02 bewirkt, dass dieser Teil des Anlegervermögens nicht von der negativen Entwicklung des Aktienkurses in der zweiten Periode betroffen ist. Die konzeptionell bedingte Liquiditätskasse kappt somit die Portfoliorendite des Anlegers bei positiver ebenso wie hier bei negativer Entwicklung des Aktienkurses.

Demgegenüber ist beim geometrischen Mittelungsverfahren zu jedem Zeitpunkt das Vermögen des Anlegers in vollem Umfang in Aktien der hier betrachteten Gesellschaft investiert. Dementsprechend schlägt sich die Performance der Aktie auf das gesamte Anlegervermögen nieder. Vor diesem Hintergrund erscheint es konsequent, dass bei finanzmathematischer Verwendung des geometrischen Mittelwerts der periodenspezifischen Aktienrenditen am 31. Dezember 02 als Wert des Vermögens ebenfalls ein Betrag in Höhe von $100 \cdot (1 - 3{,}5536\,\%)^2 = 93{,}02$ [GE] zu erwarten ist. Der Vermögensendwert entfällt zu einem Wertäquivalent in Höhe 5,00 · ... ... $\cdot \left(\frac{85{,}01}{149{,}57}\right) \cdot 1{,}000 + 5{,}00 \cdot 1{,}033 = 8{,}01$ [GE] auf den Endwert der Dividenden, welche der Anleger am 31. Dezember 01 erhält und unmittelbar in die Aktie reinvestiert respektive welche dem Anleger am 31. Dezember 02 aus seinem Anteilsbesitz zufließen. Wie oben dargelegt, erhöht sich der Anteilsbesitz am 1. Januar 02 um die reinvestierten Dividenden aus Periode 01. Eliminiert man gedanklich das auf die Dividenden entfallende Wertäquivalent, so folgt als modifizierter Vermögensendwert 85,01 [GE], was gerade dem Kurs der Aktie am 31. Dezember 02 entspricht. Das Beispiel zeigt, dass der geometrische Mittelwert der periodenspezifischen Aktienrenditen den Endwert des Vermögens aus dem anfänglich zur Verfügung stehenden Kapital zu erklären vermag.

Ein anderes Bild ergibt sich für den arithmetischen Mittelwert der periodenspezifischen Aktienrenditen. Die finanzmathematisch zu erwartende Höhe des Vermögens am 31. Dezember 02 beträgt hier $100 \cdot (1 + 7{,}3746\,\%)^2 = \ldots$ ... $= 115{,}29$ [GE] und weicht damit von der tatsächlichen Höhe des Vermögens in diesem Zeitpunkt ab. Damit übersteigt am 31. Dezember 02 das finanzmathematisch zu erwartende Vermögen den sich tatsächlich ergebenden Vermögensendwert.

Die Diskrepanz zwischen finanzmathematisch zu erwartendem und sich tatsächlich einstellendem Vermögensendwert bei Zugrundelegung von arithmetisch gemittelten Marktrenditen räumen selbst manche Befürworter des arithmetischen Mittelungsverfahrens ein. Die systematische Überschätzung des arithmetischen Mittelwerts rühre aus der negativen Autokorrelation zeitlich aufeinanderfolgender Wertpapierrenditen her. Doch steht dieser Einwand im Widerspruch zu der gerade im Zusammenhang mit dem arithmetischen Mittelungsverfahren als Schätzfunktion für den wahren, jedoch unbekannten Mittelwert $\hat{\mu}$ zugrundeliegenden Annahme interseriell independenter Marktrenditen. Im Übrigen wurde gezeigt, dass sich die Annahme interseriell independenter Wertpapierrenditen nicht aufrechterhalten lässt.

Als weitere Begründung für die Abweichung wird der dem finiten Umfang der Stichprobe historischer Marktrenditen geschuldete Störterm $\varepsilon$ genannt, welcher bisweilen eine positive, bisweilen eine negative Abweichung vom wahren, jedoch unbekannten Mittelwert $\hat{\mu}$ induziere. Der Erwartungswert dieses Störterms betrage dabei gerade Null. Aus diesem Grunde mache sich bei einem Investitionszeitraum von nur einer Periode der Störterm $\varepsilon$ nicht bemerkbar. Bei Betrachtung eines Anlagehorizonts von zwei Perioden jedoch komme die Variabilität des Störterms $\varepsilon$ zum Tragen, nachdem hier

$$[1 + E(\widehat{MR}_{AM})]^2 = [E(\widehat{MR}_{AM}) + \varepsilon]^2 =$$
$$= [E(\widehat{MR}_{AM})]^2 + 2 \cdot E(\widehat{MR}_{AM}) \cdot \varepsilon + \varepsilon^2 \qquad (1)$$

mit

$$2 \cdot E(\widehat{MR}_{AM}) \cdot \varepsilon = 0 \qquad (2)$$

und

$$\varepsilon^2 > 0 \qquad (3)$$

und somit

$$[E(\widehat{MR}_{AM}) + \varepsilon]^2 > [E(\widehat{MR}_{AM})]^2 \qquad (4)$$

gelte.[822]

Die Richtigkeit dieser Überlegung ist zu bezweifeln. Allein in dem Fall, wo der Investitionszeitraum drei Perioden umfasst und der Störterm einen negativen Wert annimmt, vermag die ansonsten gleiche Argumentation eine systematische Unterschätzung des wahren, jedoch unbekannten Mittelwerts $\hat{\mu}$ zu begründen. In gleicher Weise gilt dies für alle Investitionszeiträume mit einer ungeraden Anzahl von Perioden. Unabhängig hiervon ist anzumerken,

---

[822] Vgl. zu den Gründen für das Auseinanderfallen des finanzmathematisch zu erwartenden und des tatsächlichen Endwerts des Vermögens Koller, T. / Goedhart, M. / Wessels, D., Valuation, 2005, S. 299 – 300; ähnlich, jedoch nur rein qualitativ argumentierend Koller, T. / Goedhart, M. / Wessels, D., Valuation, 2010, S. 244; hingegen selbst interserielle Independenz als notwendige Bedingung historischer Marktrenditen nennend Copeland, T. / Koller, T. / Murrin, J., Valuation, 2000, S. 218; ähnlich bereits Blume, M. E., JASA 1974, S. 634 – 635; Ruiz de Vargas, S., DB 2012, S. 816 – 817.

Kapitel 4: Marktrendite

dass *Copeland / Koller / Murrin* bzw. *Koller / Goedhart / Wessels* ihre Aussagen auf den Endwert beziehen,[823] welcher jedoch in der Unternehmensbewertung nicht im Vordergrund steht.

Hier wird die Auffassung vertreten, dass der wahre Grund für die Diskrepanz zwischen zu erwartender und tatsächlich eintretender Höhe des Vermögens am Ende des Investitionszeitaums in der unzulässigen Verwendung des arithmetischen Mittelungsverfahrens innerhalb des Barwerts zu suchen ist. Im Übrigen lässt sich zeigen, dass sich die arithmetische Mittelung diskreter Renditen aus Gründen der Finanzmathematik verbietet.

Das Barwertkonzept beruht auf der finanzmathematischen Methode der geometrischen Verzinsung.[824] Der arithmetische Mittelwert hingegen entbehrt des geometrischen Elements.[825] Vielmehr lässt das Vorgehen, die Elemente der Stichprobe zu addieren und die resultierende Summe durch die Anzahl der Elemente zu dividieren, von statistischen Erwägungen abstrahierend, eine bemerkenswerte Parallele zum finanzmathematischen Konzept der einfachen Verzinsung erkennen.[826] Dem Konzept der einfachen Verzinsung liegt das Prinzip zugrunde, dass die an einem Zinstermin gegenüber dem Kapitalgeber entstehende Zinsverbindlichkeit gerade nicht zu einer Erhöhung des zinstragenden Kapitals führt.[827] Die auflaufenden Zinsverbindlichkeiten selbst sind wie beim Konzept der geometrischen Verzinsung endfällig. Dies erklärt, warum der Methode der einfachen Verzinsung das Rechnen mit Zinseszinsen fremd ist. Formal ergibt sich bei einfacher Verzinsung der Endwert $K_t$ eines zu Beginn des Investitionszeitraums zum Zinssatz $r$ angelegten Kapitalbetrags $K_0$ im Zeitpunkt $t$ mit

$$K_t = K_0 \cdot (1 + t \cdot r) \tag{5}$$

Im hier gegenständlichen Sachverhalt kommt als Zinssatz $r$ der arithmetische Durchschnitt $\bar{r}$ der historischen Marktrenditen der einzelnen Perioden $r_{M,t}$ des Beobachtungszeitraums zur Anwendung. Dieser bestimmt sich mit

$$\bar{r}_{M,AM} = \frac{1}{T} \cdot \sum_{t=1}^{T} r_{M,t} \tag{6}$$

---

[823] Vgl. Copeland, T. / Koller, T. / Murrin, J., Valuation, 2000, S. 218; Koller, T. / Goedhart, M. / Wessels, D., Valuation, 2005, S. 299 – 300; Koller, T. / Goedhart, M. / Wessels, D., Valuation, 2010, S. 244.
[824] Vgl. Perridon, L. / Steiner, M. / Rathgeber, A., Finanzwirtschaft, 2012, S. 49 – 54; Spremann, K., Finance, 2010, S. 16 – 17.
[825] Eine andere Auffassung vertritt scheinbar *Kritzman*. Vgl. hierzu Kritzman, M. P., Puzzles of Finance, 2000, S. 69.
[826] Vgl. Herzberger, J., Finanzmathematik, 1999, S. 22 – 26.
[827] Vgl. Bosch, K., Finanzmathematik, 2007, S. 16 – 18; Kruschwitz, L., Finanzmathematik, 2010, S. 5.

Wie unmittelbar ersichtlich, liefert Einsetzen des arithmetischen Durchschnitts in Beziehung (5) als Endwert das um die Summe der historischen Aktienrenditen aufgezinste anfängliche Kapital $K_0$. Übertragen auf obiges Beispiel, ist bei der konzeptionell gebotenen einfachen Verzinsung finanzmathematisch ein Endwert in Höhe von $K_2 = 100{,}00 \cdot (1 + 2 \cdot 7{,}3746\,\%) = \ldots$
$\ldots = 114{,}75$ zu erwarten. Dies entspricht gerade der Höhe des tatsächlichen Vermögens am 31. Dezember 02. An die Stelle der Aufzinsung des anfänglichen Kapitals mit den periodenspezifischen Marktrenditen tritt beim Konzept der einfachen Verzinsung die Aufzinsung mit der Summe der periodenspezifischen Marktrenditen. Finanzmathematisch ist die dahingehende Unterscheidung ohne Belang. Beide Wege führen zum selben Ergebnis. Indes besteht zwischen den beiden Interpretationen insofern ein erheblicher Unterschied, als, freilich rein rechnerisch betrachtet, das Konzept der einfachen Verzinsung den Untersuchungszeitraum unabhängig von der Anzahl der hiervon umfassten Perioden wie eine einzige Periode erscheinen lässt. Als Zwischenergebnis ist daher festzuhalten, dass der arithmetische Mittelwert von Wertpapierrenditen sehr wohl geeignet ist, das Anfangs- auf das Endvermögen überzuleiten, allerdings nur, sofern bei der Berechnung des Endwerts zugleich das finanzmathematische Konzept der einfachen an die Stelle der geometrischen Verzinsung tritt. Unter dieser Bedingung führt das arithmetische Mittel trotz der impliziten Annahme eines auf eine Periode begrenzten Investitionszeitraums selbst im Mehrperiodenkontext[828] zu korrekten Ergebnissen.[829] Doch steht das Konzept der einfachen Verzinsung in unvereinbarem Widerspruch zur Barwertmethode, deren systemimmanenter Bestandteil gerade die geometrische Verzinsung ist.[830] Vor diesem Hin-

---

[828] Aus Darstellungsgründen wurde in vorliegendem Beispiel ein auf zwei Perioden begrenzter Investitionszeitraum gewählt. Eine Erweiterung des Investitionszeitraums auf mehr als zwei Perioden liefert keine grundsätzlich anderen Erkenntnisse.

[829] Vgl. zur impliziten Annahme eines auf eine Periode begrenzten Investitionszeitraums nochmals z. B. Siegel, J. J., FAJ 1992, Nr. 1, S. 29; Ballwieser, W., WPg 1995, S. 125; Mandl, G. / Rabel, K., Unternehmensbewertung, 1997, S. 292; Knoll, L., Mittelungsproblematik historischer Marktrisikoprämien, 2010, S. 329.

[830] Hierüber kann auch nicht hinwegtäuschen, dass am 31. Dezember 01 auf der Basis von einfacher Verzinsung derselbe Endwert wie bei geometrischer Verzinsung resultiert. Ersterer ergibt sich mit $K_1 = 100{,}00 \cdot (1 + 1 \cdot 54{,}5700\,\%) = 154{,}57$, letzterer mit $K_1 = 100{,}00 \cdot (1 + 54{,}5700\,\%)^1 = 154{,}57$. Dies rührt aus dem konvexen Verlauf der Kurve geometrisch ermittelter Endwerte her, welche in diesem und nur diesem einen Punkt die lineare Kurve einfach ermittelter Endwerte schneidet. Insofern ist die Identität der beiden Endwerte am 31. Dezember 01 allenfalls zufällig. Im Übrigen lässt sich aus dem linearen Verlauf der Kurve der mithilfe der einfachen Verzinsung respektive aus dem konvexen Verlauf der Kurve der mithilfe der geometrischen Verzinsung gewonnenen Endwerte erkennen, dass der im Wege der einfachen Verzinsung bestimmte Endwert bei Investitionszeiträumen von unter einer Periode den im Wege der geometrischen Verzinsung resultierenden Endwert systematisch über- und bei darüber hinausgehenden Investitionszeiträumen systematisch

tergrund verbietet sich die Anwendung arithmetisch gemittelter Marktrenditen bei der Ermittlung des hier gegenständlichen Zukunftserfolgswerts allein aus methodischen Gründen, nachdem es sich beim Zukunftserfolgswert um eine Anwendung des Barwertkalküls handelt.

#### 4.4.3.3.3.3 Technische Zulässigkeit

Keine Beachtung kommt in der Diskussion um das richtigerweise anzuwendende Mittelungsverfahren bislang der Frage zu, auf welcher finanzmathematischen Grundlage die zu mittelnden Marktrenditen beruhen, insbesondere ob diese diskreter oder stetiger Natur sind, ob also die Verwendung dieses oder jenes Mittelungsverfahrens als Schätzfunktion für den wahren, jedoch unbekannten Mittelwert $\mu$ finanzmathematisch überhaupt zulässig ist. Dies erstaunt, zumal die nähere Beschäftigung mit der Thematik zeigt, dass gerade hierin der Schlüssel zur Lösung der Mittelungsproblematik liegt. Für die weitere Betrachtung ist zunächst die Erkenntnis von Bedeutung, dass das arithmetische Mittel stetiger Marktrenditen $E(\hat{r}^s_{M,AM})$ mit dem in stetige Konnotation transformierten geometrischen Mittel diskreter Marktrenditen $E(\hat{r}^d_{M,GM})$ überstimmt. Formal gilt somit:[831]

$$E(\hat{r}^s_{M,AM}) = \ln[1 + E(\hat{r}^d_{M,GM})] \tag{1}$$

Unter Anwendung der in 4.4.2.1.1.1 entwickelten Grundsätze berechnet sich das arithmetische Mittel stetiger Marktrenditen $E(\hat{r}^s_{M,AM})$ mit

$$E(\hat{r}^s_{M,AM}) = \frac{1}{T} \cdot \sum_{t=1}^{T} r^s_{M,t} \tag{2}$$

Hierbei stellt die logarithmische Transformation des geometrischen Mittelwerts diskreter historischer Marktrenditen in stetige Konnotation einen von der Mittelung selbst isolierten finanzmathematischen Vorgang dar. Dieser ist der allgemeinen Beziehung zwischen stetigen und diskreten Renditen

$$r_s = \ln(1 + r_d) \tag{3}$$

geschuldet.

Der folgende Gedankengang beruht auf der vorläufigen Annahme, dass das arithmetische Mittelungsverfahren einerseits und das geometrische Mittelungsverfahren andererseits gleichermaßen auf diskrete und auf stetige Renditen angewendet werden kann. Es lässt sich zeigen, dass das arithmeti-

---

unterschätzt. Vgl. hierzu Kruschwitz, L. / Decker, R. O. A. / Röhrs, M., Finanzwirtschaft, 2007, S. 125 - 126.

[831] Die Herleitung dieses Zusammenhangs findet der interessierte Leser in A 3 im Anhang. Bei den hier im Folgenden diskutierten Mittelwerten handelt es sich weiterhin um Schätzer. Aus stilistischen Gründen wird hierauf nicht mehr gesondert hingewiesen.

Kapitel 4: Marktrendite

sche Mittel diskreter Marktrenditen $E\left(\hat{r}_{M,AM}^{d}\right)$ ebenso wie das geometrische Mittel diskreter Marktrenditen $E\left(\hat{r}_{M,GM}^{d}\right)$ unter den beiden folgenden Voraussetzungen gegen das arithmetische Mittel stetiger Marktrenditen $E\left(\hat{r}_{M,AM}^{s}\right)$ als gemeinsamen Grenzwert konvergieren:

(1) An die Stelle des zunächst betrachteten einen einzigen Zinszahlungstermins am Ende jeder einzelnen Periode des Investitionszeitraums tritt eine gegen positiv Unendlich konvergierende Anzahl äquidistanter Zinszahlungstermine $p$.

(2) Die periodenspezifische Effektivrendite in diskreter Konnotation bleibt von der Einführung der gegen positiv Unendlich konvergierenden Anzahl äquidistanter Zinszahlungstermine $p$ unberührt. Dies bedingt das Rechnen mit dem konformen Zinssatz.

Die Länge des Investitionszeitraums selbst ist für die anzustellende Grenzwertbetrachtung ohne Bedeutung, sodass dieser weiterhin $T$ Perioden umfasse.[832] Für das Grenzwertverhalten des arithmetischen Mittelwerts diskreter Marktrenditen $E\left(\hat{r}_{M,AM}^{d}\right)$ lautet die zu beweisende Behauptung somit

$$E\left(\hat{r}_{M,AM}^{d}\right) = \lim_{p \to +\infty} \frac{1}{T} \cdot \sum_{t=1}^{T} p \cdot \left(\sqrt[p]{1 + r_{M,t}^{d}} - 1\right) \overset{!}{=} \frac{1}{T} \cdot \sum_{t=1}^{T} r_{M,t}^{s} \qquad (4)$$

und für das Grenzwertverhalten des geometrischen Mittelwerts diskreter Marktrenditen $E\left(\hat{r}_{M,GM}^{d}\right)$ entsprechend

$$E\left(\hat{r}_{M,GM}^{d}\right) = \lim_{p \to +\infty} \prod_{t=1}^{T} \left[\sqrt[T]{\left(1 + \sqrt[p]{1 + r_{M,t}^{d}} - 1\right)^{p}}\right] - 1 \overset{!}{=} \frac{1}{T} \cdot \sum_{t=1}^{T} r_{M,t}^{s} \qquad (5)$$

Die erste Bedingung führt zu einer Verkürzung des Verzinsungsintervalls. Die damit einhergehende wachsende Anzahl von Zinszahlungsterminen äußert sich in einer sukzessiven Verstetigung der anfänglich diskreten Periodenrenditen. Die zweite Bedingung macht erforderlich, die diskrete Rendite zusammen mit der Unterteilung der einzelnen Perioden in Subperioden endwertäquivalent anzupassen. Somit ist auf die konforme Rendite abzustellen. Mithin ist die auf die einzelne Subperiode anzuwendende diskrete Rendite so zu wählen, dass die Effektivrendite über alle Subperioden ein und derselben Periode hinweg gerade der jeweiligen anfänglichen diskreten Periodenrendite entspricht. Die Voraussetzung der Endwertäquivalenz ist erfüllt, wenn für die diskrete Verzinsung der $p$-ten Subperiode formal

$$\sqrt[p]{1 + r_{M,t}^{d}} \qquad (6)$$

---

[832] Die Beweisführung findet der interessierte Leser in A 3 im Anhang.

mit

$$\left(\sqrt[p]{1+r_{M,t}^d}\right)^p = 1 + r_{M,t}^d \qquad (7)$$

gilt. Abbildung 17 veranschaulicht die Vorgehensweise für die Unterteilung einer Periode in zwei halbe Perioden sowie die anschließende Unterteilung derselben in je zwei Viertelperioden.

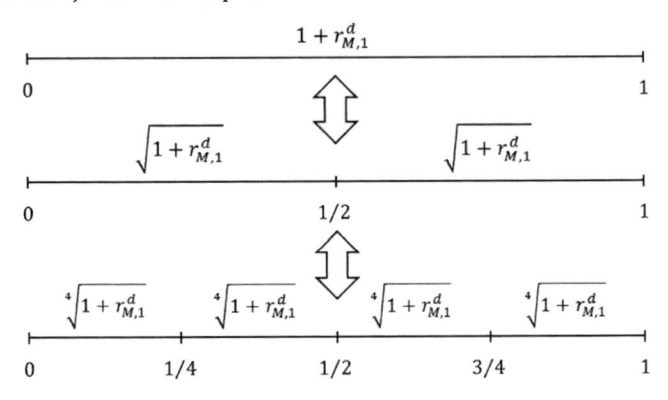

**Abbildung 17: Exemplarische Unterteilung einer Periode in Subperioden**

Im Allgemeinen übersteigt das arithmetische das geometrische Mittel ein und derselben Datenreihe. Vor diesem Hintergrund flacht die Funktion des arithmetischen Mittelwerts mit zunehmender Anzahl der Subperioden $p$ stärker ab als die Funktion des geometrischen Mittelwerts.

Die Untersuchung des Grenzwertverhaltens kann die oben aufgestellte Hypothese bestätigen. Entscheidende Bedeutung kommt hierbei der allgemeinen Beziehung[833]

$$\lim_{z \to +\infty} z \cdot \left(\sqrt[z]{o} - 1\right) = \ln o \qquad (8)$$

zu, wobei $z$ für die Anzahl der Iterationen steht und $o \in \mathbb{R}^+$ gilt. Allein erfährt beim geometrischen Mittelwert das zu untersuchende Argument aus algebraischen Gründen seinerseits eine Logarithmierung.[834] Die Beweisfüh-

---

[833] Die Gültigkeit des Zusammenhangs wurde numerisch überprüft.
[834] Vgl. hierzu Bohley, P., Statistik, 2000, S. 132; Fahrmeir, L. / Künstler, R. / Pigeot, I. u. a., Statistik, 2010, S. 62. Die asymptotische Logarithmierung des geometrischen Mittelwerts diskreter Renditen dient zugleich als Bestätigung der in A 3 im Anhang auf alternativem Wege gefundenen Beziehung zwischen geometrischem Mittelwert diskreter Renditen und arithmetischem Mittelwert stetiger Renditen.

rung, welche ausführlich im Anhang dargestellt ist, kann die Hypothese bestätigen, sodass in der Tat

$$E(\hat{r}_{M,AM}^d) = \lim_{p \to +\infty} \frac{1}{T} \cdot \sum_{t=1}^{T} p \cdot \left( \sqrt[p]{1 + r_{M,t}^d} - 1 \right) = \frac{1}{T} \cdot \sum_{t=1}^{T} r_{M,t}^s \quad (9)$$

respektive

$$E(\hat{r}_{M,GM}^d) = \lim_{p \to +\infty} \prod_{t=1}^{T} \left[ \sqrt[T]{\left(1 + \sqrt[p]{1 + r_{M,t}^d} - 1\right)^p} \right] - 1 = \ln[1 + E(\hat{r}_{M,GM}^d)] =$$

$$= \frac{1}{T} \cdot \sum_{t=1}^{T} r_{M,t}^s \quad (10)$$

gilt.[835] Wenngleich das arithmetische und das geometrische Mittel diskreter Marktrenditen grundsätzlich voneinander abweichen, konvergieren also bei Einführung einer zunehmenden Anzahl von Subperioden und endwertäquivalenter Anpassung der periodenspezifischen Marktrenditen beide gegen das arithmetische Mittel stetiger Marktrenditen. Der Grund für dieses Grenzwertverhalten liegt nicht in den mathematischen Eigenschaften des jeweiligen Mittelungsverfahrens, sondern in der Transformation diskreter zu stetigen Marktrenditen bei hinreichend kleinem zeitlichen Intervall zwischen zwei aufeinanderfolgenden Verzinsungsterminen. Aufgrund von Beziehung (1) entspricht das arithmetische Mittel stetiger Marktrenditen gerade dem natürlichen Logarithmus des geometrischen Mittelwerts diskreter Marktrenditen.

Die Richtigkeit der angestellten Überlegungen bedingt, dass die probeweise Transformation des gemeinsamen Grenzwerts $\frac{1}{T} \cdot \sum_{t=1}^{T} r_{M,t}^s$ in diskrete Konnotation wieder beide Argumente, somit einerseits das arithmetische, andererseits das geometrische Mittel diskreter Marktrenditen, liefert. Allgemein besteht zwischen diskreten Renditen $r_d$ und stetigen Renditen $r_s$ der Zusammenhang

$$r_d = e^{r_s} - 1 \quad (11)$$

Einsetzen des gemeinsamen Grenzwerts in Beziehung (11) liefert

$$r_d = e^{\ln\left[1 + E(\hat{r}_{M,GM}^d)\right]} - 1 = E(\hat{r}_{M,GM}^d) \quad (12)$$

Damit führt die probeweise Verifizierung der im Wege der Grenzwertanalyse gewonnenen Erkenntnisse mit dem geometrischen Mittelwert diskreter Marktrenditen zu einem einwertigen Ergebnis. Es wurde festgestellt, dass

---

[835] Die Beweisführung findet sich in A 3 im Anhang.

das arithmetische und das geometrische Mittel in der Regel voneinander abweichen. Angesichts der Inkongruenz zwischen arithmetischem und geometrischem Mittelwert vermag die Transformation somit insbesondere nicht das arithmetische Mittel diskreter Marktrenditen zu erklären. Dies liegt darin begründet, dass bei arithmetischer Mittelung diskreter Marktrenditen der gemeinsame Grenzwert im Prinzip zufällig resultiert, nämlich aus dem Zusammenspiel des Konzepts der einfachen Verzinsung und der Annahme der endwertäquivalenten Reduzierung der periodenspezifischen Marktrenditen, wobei die periodenspezifischen Marktrenditen äquidistant unterteilt werden. So kommt das finanzmathematische Konzept der einfachen Verzinsung in Beziehung (4) in Gestalt des Faktors $p$ zum Ausdruck. Aufgrund der Annahme äquidistanter Zinszahlungstermine bietet die Multiplikation mit dem Faktor $p$ eine Alternative für die ansonsten erforderliche Addition der diskreten Marktrenditen über alle Subperioden einer Periode hinweg. Insofern spricht die oben getroffene Annahme äquidistanter Zinszahlungstermine einen Sonderfall an, welcher jedoch eine Analogie zur Überleitung von diskreten auf stetige Marktrenditen erkennen lässt und insofern nicht unrealistisch erscheint. Erst das Nebeneinander des Faktors $p$ und die endwertäquivalent reduzierten diskreten Marktrenditen der Subperioden erlaubt die Anwendung der für die Ableitung des gemeinsamen Grenzwerts essentiellen Beziehung (8). Doch stehen die beiden Faktoren $p$ und $\sqrt[p]{1 + r_{M,t}^d} - 1$ in keinem unmittelbaren Zusammenhang. Anders hingegen verhält es sich mit dem geometrischen Mittelwert. Hier stammen die beiden Faktoren $p$ und $\sqrt[p]{1 + r_{M,t}^d} - 1$ aus demselben mathematischen Vorgang. Dies ist der Grund, warum die Verifizierung für den Fall der geometrischen Mittelung diskreter Marktrenditen das anfängliche Argument zu bestätigen vermag, für den Fall der arithmetischen Mittelung hingegen nicht. Denn dies würde erneut bedingen, von der geometrischen zugunsten der einfachen Verzinsung abweichen und hierfür einen Konflikt mit den Prämissen des Barwertkonzepts in Kauf nehmen zu müssen, ohne dass im Ergebnis mehr als nur eine Verlagerung der Problematik auf das geometrische Mittel diskreter Marktrenditen erreicht würde.

Als Zwischenergebnis lässt sich daher festhalten, dass bei Unterteilung der Perioden des Investitionszeitraums mit einer gegen positiv Unendlich konvergierenden Anzahl von Subperioden sowohl das arithmetische als auch das geometrische Mittel diskreter Marktrenditen gegen das arithmetische Mittel stetiger Marktrenditen konvergiert. Die Umkehrung dieses Satzes ist nicht zulässig. Ausgehend vom arithmetischen Mittel stetiger Marktrenditen führt der umgekehrte Weg, also die sukzessive Reduzierung der Zinszahlungstermine, vielmehr zu einem einwertigen Ergebnis, nämlich dem geometrischen Mittel diskreter Marktrenditen. Nicht zu erklären, jedenfalls nicht mithilfe des hier unterstellten Konzepts der geometrischen Verzinsung, vermag das Vorgehen hingegen das arithmetische Mittel diskreter Marktrenditen.

#### 4.4.3.3.3.4 Vereinbarkeit mit dem Grundsatz der intertemporalen multiplikativen Verknüpfung diskreter Renditen

Eine eindeutige Sprache im Zusammenhang mit der Frage nach der Formulierung der Schätzfunktion für den wahren, jedoch unbekannten Mittelwert sprechen daneben die Gesetze der Finanzmathematik. Unter diesem Blickwinkel erfährt die Notwendigkeit, streng danach zu differenzieren, ob die zu mittelnden Marktrenditen diskreter oder stetiger Natur sind, eine weitere Dimension. Denn die arithmetische Mittelung diskreter Renditen verbietet sich finanzmathematisch ebenso wie die geometrische Mittelung stetiger Renditen. Vielmehr sind diskrete Renditen intertemporal ausschließlich multiplikativ, stetige Renditen hingegen additiv zu verknüpfen.[836]

Allgemein beschreibt die Rendite die relative monetäre Wertveränderung einer Position innerhalb eines bestimmten Zeitraums. Um Vergleiche zwischen unterschiedlichen Investitionsmöglichkeiten ziehen zu können, empfiehlt sich eine Darstellung in annualisierter Form. Stehe übertragen auf den hier interessierenden Kontext von Aktienvermögen $S_0$ für den Aktienkurs einer börsennotierten Gesellschaft zu Beginn und $S_T$ für den Aktienkurs am Ende des Investitionszeitraums $T$, so gilt für die annualisierte diskrete Aktienrendite:

$$r_d = \sqrt[T]{\frac{S_T}{S_0}} - 1 \qquad (1)$$

Bei Betrachtung weiterer Zeitpunkte lässt sich die Äquivalenz zu Beziehung (1) nur dann aufrechterhalten, wenn die jeweiligen Raten der Veränderung des Aktienvermögens multiplikativ verknüpft werden, wie die entsprechende Erweiterung von Beziehung (1) zeigt:

$$r_d = \sqrt[T]{\frac{S_1}{S_0} \cdot \frac{S_2}{S_1} \cdot \frac{S_3}{S_2} \cdot \ldots \cdot \frac{S_T}{S_{T-1}}} - 1 \qquad (2)$$

Für die Darstellung in Gestalt der annualisierten stetigen Aktienrendite gilt:

$$r_d = \frac{1}{T} \cdot \ln \frac{S_T}{S_0} \qquad (3)$$

---

[836] Vgl. Dobretz, W., Finanzmarkt-Zeitreihen, 2003, S. 2.

Hier macht die Herstellung der Äquivalenz zu Beziehung (3) erforderlich, bei Einführung weiterer Zeitpunkte die jeweiligen Raten der Veränderung des Aktienvermögens additiv zu verknüpfen, sodass

$$r_s = \frac{1}{T} \cdot \ln\left(\frac{S_1}{S_0} \cdot \frac{S_2}{S_1} \cdot \ldots \cdot \frac{S_T}{S_{T-1}}\right) = \frac{1}{T} \cdot \ln\left(\frac{S_1}{S_0}\right) + \ln\left(\frac{S_2}{S_1}\right) + \ldots + \ln\left(\frac{S_T}{S_{T-1}}\right) \quad (4)$$

gilt. Somit sind stetige Renditen interperiodisch additiv, diskrete Renditen hingegen multiplikativ zu verketten. Hintergrund ist das Konzept der geometrischen Verzinsung, welches unterstellt, dass Kapitalflüsse während der Totalperiode zum geometrischen Zins angelegt werden.[837]

#### 4.4.3.3.3.5 Zwischenergebnis

Es wurde gezeigt, dass das arithmetische Mittel, dessen Wesen in der additiven Verbindung der Periodenrenditen besteht, nur unter der Prämisse der einfachen Verzinsung das Anfangs- auf das Endvermögen überzuleiten vermag. Doch lässt sich diese Annahme zumindest mit dem hier gegenständlichen Barwertkalkül nicht vereinbaren. Tatsächlich beruhen die zu verknüpfenden Renditen auf dem Konzept der geometrischen Verzinsung. Wie obige Darlegungen zeigen, gebietet dieses, diskrete Marktrenditen additiv respektive stetige Marktrenditen multiplikativ zu verknüpfen.

Die arithmetische Mittelung diskreter Marktrenditen ist finanzmathematisch unzulässig und daher abzulehnen. Als grundsätzliche Möglichkeiten verbleiben die geometrische Mittelung diskreter sowie die arithmetische Mittelung stetiger Marktrenditen. Jedoch konnten die hier angestellten Überlegungen weiterhin zeigen, dass das geometrische Mittel diskreter Renditen und das arithmetische Mittel stetiger Renditen effektiv zum selben Ergebnis führen. Der einzige Unterschied besteht in der finanzmathematischen Konnotation, welche aber in vorliegendem Kontext ohne Belang ist.

#### 4.4.3.3.4 Hinweise auf das geometrische Mittelungsverfahren in den Modellannahmen des CAPM

#### 4.4.3.3.4.1 Rechnen mit dem Total Return

Das CAPM beruht auf dem Total Return.[838] Vor diesem Hintergrund berechnet sich die Marktrendite für den betrachteten Einperiodenzeitraum durch die Gegenüberstellung des End- und Anfangswerts des Marktportfolios unter Berücksichtigung allfälliger laufender Portfolioerträge wie z. B. von Dividenden. Im Hinblick auf das Anlegerverhalten unterstellt das CAPM eine Kaufen- und-Halten-Strategie. Innerperiodische Portfolioumschichtungen sind hier-

---

[837] Vgl. z. B. Meyer, F., Zins- und Aktienindex-Futures, 1994, S. 10.
[838] Vgl. hierzu nochmals Lintner, J., REStat 1965, S. 19, S. 25; Mossin, J., Econometrica 1966, S. 770, S. 774; Wallace, N., JOF 1967, S. 302; Baetge, J. / Krause, C., BFuP 1994, S. 436; Rudolph, B. / Schäfer, K., Derivative Finanzinstrumente, 2010, S. 86.

bei nicht vorgesehen. Die Annahme einer Kaufen-und-Halten-Strategie lässt sich nur mit dem geometrischen Mittelungsverfahren vereinbaren, und zwar nur mit jener Form, derer sich *Stehle* (2004) bei der Bestimmung der Marktrisikoprämie für den deutschen Kapitalmarkt bedient.[839] Die gängige Formel zur Berechnung des geometrischen Mittelwerts der Marktrisikoprämie lautet

$$E(\widetilde{MRP}_{GM}^A) = \sqrt[T]{\prod_{t=1}^{T}(1 + r_{M,t} - r_{f,t})} - 1 \qquad (1)$$

Unmittelbar ersichtlich unterstellt Beziehung (1) mit der Gegenüberstellung der periodenspezifischen Rendite des Marktportfolios und der risikolosen Anlage gerade die periodische Realisation der Wertpapierrenditen. In der von *Stehle* (2004) verwendeten Form

$$E(\widetilde{MRP}_{GM}^A) = \sqrt[T]{\prod_{t=1}^{T}(1 + r_{M,t})} - \sqrt[T]{\prod_{t=1}^{T}(1 + r_{f,t})} \qquad (2)$$

hingegen ist vorgesehen, dass sich das Marktportfolio und die risikolose Anlage zunächst voneinander unabhängig entwickeln. Die Realisierung des Anlageerfolgs erfolgt am Ende des Investitionszeitraums. Als annualisierende Variante einer Kaufen-und-Halten-Strategie manifestiert sich das Prinzip des Total Return im Rechnen mit diskreten Renditen.[840] Doch sind diskrete Renditen aus den genannten Gründen ausschließlich geometrisch zu mitteln. Unabhängig hiervon unterstellt das Rechnen mit diskreten Renditen die Wiederanlage laufender Erträge zum geometrischen Zinssatz.[841]

### 4.4.3.3.4.2 Operationalisierung des Marktportfolios mit einem kapitalisierungsgewichteten Performance-Index vom Typ Laspeyres

In engem Zusammenhang mit dem Argument des Total Return steht die Wahl eines kapitalisierungsgewichteten Performance-Indexes vom Typ *Laspeyres* als bestmögliche praktische Annäherung an das theoretisch gebotene Marktportfolio. Ein derartig strukturierter Index harmoniert seinerseits mit dem geometrischen Mittelungsverfahren: Zum einen operationalisiert die Beibehaltung der Wertpapiergewichtungen nach den Verhältnissen der Basisperiode die dem geometrischen Mittelungsverfahren inhärierende

---
[839] Vgl. Stehle, R., WPg 2004, S. 921.
[840] Vgl. Dorfleitner, G., KuK 2002, S. 237; Spremann, K., Finance, 2010, S. 12.
[841] Vgl. Bruns, C. / Meyer-Bullerdiek, F., Professionelles Portfoliomanagement, 2013, S. 716 – 718.

Kapitel 4: Marktrendite

Kaufen-und-Halten-Strategie, zum anderen die sofortige Wiederanlage der laufenden Portfolioerträge die dort geforderte Opération Blanche.

#### 4.4.3.3.4.3 Modellannahme des Einperiodenhorizonts

Als weiterer Hinweis auf die Verwendung des geometrischen Mittelungsverfahrens ist schließlich die Prämisse eines auf eine Periode begrenzten Anlagehorizonts selbst zu deuten. Weite Teile der Literatur erliegen insofern einem Missverständnis, als sie diese Modellannahme mit einem Bankjahr gleichsetzen. Stellvertretend für Viele[842] sei *Cooper* zitiert, wenn dieser schreibt: „The capital asset pricing model is .. formally stated in terms of arithmetic expected returns over an unspecified investment horizon. A typical use of the CAPM assumes that the expected return over one year is estimated."[843] Wenngleich fest steht, dass diese Modellabweichung jeder theoretischen Grundlage entbehrt, lassen sich über den Grund für diese Auslegung nur Mutmaßungen treffen. Eine pragmatische Erklärung mag, wie bisweilen vermutet, in der Tat darin zu sehen sein, dass sich Renditen landläufig überwiegend auf eine Jahresbasis beziehen.[844] Daneben beruhen zahlreiche finanz- und investitionstheoretische Modelle und deren Anwendungen auf annualisierten Renditen.

Die methodisch korrekte Interpretation des Einperiodenzeitraums liegt in dem zeitlichen Horizont, auf welchen das jeweilige Modell angelegt ist. Die in Rede stehende eine Periode ist daher durch diesen Zeitraum definiert und somit, übertragen auf den hier gegenständlichen Barwert, in Abhängigkeit vom Investitionszeitraum des Bewertungsobjekts respektive seiner Alternativanlage fallweise mit einer unterschiedlichen kalendarischen Länge auszulegen. Insbesondere entspricht die in der so definierten Periode erzielbare Rendite dem Holding Period Return des jeweiligen Investitionszeitraums.

Wie eingangs dargelegt, erfolgt die Ermittlung der Periodenrendite dem Konzept des Total Return entsprechend unter Simulation einer Kaufen-und-Halten-Strategie sowie unter der Annahme, dass die laufenden Erträge des Portfolios stets vollumfänglich zu dieser Rendite wieder angelegt werden können. Anschließend ist die Rendite des Einperiodenzeitraums zu annualisieren. Hierfür bedarf es des geometrischen Mittelungsverfahrens, da es sich bei der zu annualisierenden Rendite des Einperiodenzeitraums um

---

[842] Vgl. z. B. Benninga, S. Z. / Sarig, O. H., Corporate Finance, 1997, S. 281; Fama, E. F. / French, K. R., JOF 2002, S. 640; Ross, S. A. / Westerfield, R. W. / Jaffe, J., Corporate Finance, 2005, S. 239; Wenger, E., AG 2005, Sonderheft, S. 13; Brealey, R. A. / Myers, S. C. / Allen, F., Principles of Corporate Finance, 2014, S. 162; Koller, T. / Goedhart, T. / Wessels, D., Valuation, 2010, S. 245.
[843] Cooper, I., EFM 1996, S. 158.
[844] Vgl. Copeland, T. / Koller, T. / Murrin, J., Valuation, 2000, S. 220; Ritter, J. R., JFR 2002, S. 159.

eine diskrete Rendite handelt. Im Übrigen lässt sich im hier relevanten Konzept der geometrischen Verzinsung der Anfangs- auf den Endwert des Marktportfolios nur dann überleiten, wenn die Annualisierung der Rendite des Einperiodenzeitraums korrespondierend unter Zuhilfenahme des geometrischen Mittelungsverfahrens erfolgt.[845] Diesbezüglich gelten die in 4.4.3.3.3.2 getroffenen Aussagen entsprechend.

In eine ähnliche Richtung zielt der Intervalling-Effekt. Mit diesem Begriff bezeichnet die Literatur die Beobachtung, dass sich das arithmetische Mittel einer Zeitreihe von Renditen bei zunehmender Verlängerung der Renditeintervalle dem geometrischen Mittel angleicht, während der geometrische Mittelwert von der Transformation unberührt bleibt. Voraussetzung ist eine mit der Verlängerung der Renditeintervalle einhergehende endwertäquivalente Umrechnung der jeweiligen Ausgangsbasis. Tabelle 9 veranschaulicht das Prinzip.

| Jahr | Rendite | Annualisierte Rendite bei Periodenlänge | | | |
|---|---|---|---|---|---|
| | | 1 Jahr | 3 Jahre | 5 Jahre | 15 Jahre |
| 1 | 6,25 % | 6,25 % | 1,28 % | 2,15 % | 3,78 % |
| 2 | -10,50 % | -10,50 % | | | |
| 3 | 9,25 % | 9,25 % | | | |
| 4 | 15,75 % | 15,75 % | -1,14 % | | |
| 5 | -7,50 % | -7,50 % | | | |
| 6 | -9,75 % | -9,75 % | 12,22 % | 5,76 % | |
| 7 | 19,25 % | 19,25 % | | | |
| 8 | -2,25 % | -2,25 % | | | |
| 9 | 21,25 % | 21,25 % | | | |
| 10 | 3,75 % | 3,75 % | -2,52 % | | |
| 11 | -7,25 % | -7,25 % | | | |
| 12 | -3,75 % | -3,75 % | | 3,45 % | |
| 13 | 5,50 % | 5,50 % | 9,90 % | | |
| 14 | 8,00 % | 8,00 % | | | |
| 15 | 16,50 % | 16,50 % | | | |
| Anzahl der Perioden | | 15 | 5 | 3 | 1 |
| Arithmetischer Mittelwert | | 4,30 % | 3,95 % | 3,79 % | 3,78 % |
| Geometrischer Mittelwert | | 3,78 % | 3,78 % | 3,78 % | 3,78 % |
| Geringfügige Abweichungen sind rundungsbedingt. Quelle: Eigene Darstellung in weiter Anlehnung an Copeland, T. / Koller, T. / Murrin, J., Valuation, 2000, S. 220. | | | | | |

**Tabelle 9: Intervalling-Effekt**

---

[845] Vgl. z. B. Zimmermann, H. / Rudolf, M. / Jaeger, S. u. a., Moderne Performance-Messung, 1996, S. 25 – 27; Herzberger, J., Finanzmathematik, 1999, S. 22.

Ausgehend von dem Fall, wo die hier betrachteten 15 Jahre für 15 aufeinanderfolgende Perioden stehen, berechnet sich die annualisierte Rendite der ersten Periode, wenn die 15 Jahre fünf aufeinanderfolgende Perioden darstellen, beispielsweise mit $\bar{r}_{GM} = \sqrt[3]{(1 + 6{,}25\,\%) \cdot (1 - 10{,}50\,\%) \cdot (1 + 9{,}25\,\%)} = \ldots$

$\ldots = 1{,}28\,\%$. Jede einzelne der fünf Perioden ist drei Jahre lang, sodass die Dauer des Investitionszeitraums unverändert 15 Jahre beträgt. Die Berechnung der Renditen der übrigen Perioden erfolgt analog.

Ein Vergleich zeigt, dass der arithmetische Mittelwert wie behauptet gegen den geometrischen Mittelwert konvergiert. Der Grund hierfür ist darin zu sehen, dass es bei der Vorgehensweise zu einer Kombination von arithmetischem und geometrischem Mittelungsverfahren kommt. Hierbei verliert mit zunehmender Verlängerung der Renditeintervalle und der damit einhergehenden endwertäquivalenten Berechnung der Renditen der einzelnen Perioden die dem arithmetischen Mittelungsverfahren inhärierende einfache gegenüber der geometrischen Verzinsung immer mehr an Gewicht. In dem Fall schließlich, wo der gesamte Investitionszeitraum eine einzige Periode bildet, entfaltet das einfache Verzinsungselement keine praktische Wirksamkeit mehr. Denn hier und nur hier haben die beiden Verzinsungskonzepte dieselbe annualisierte Rendite zum Ergebnis.[846] Hintergrund ist, dass die arithmetisch gemittelten Renditen, wie das Beispiel zeigt, im Vorfeld ihrerseits sukzessive endwertäquivalent transformiert werden, sodass das arithmetische und das geometrische Mittelungsverfahren zum selben Ergebnis führen. Die Endwertfunktionen der einfachen und der geometrischen Verzinsung schneiden sich an dieser Stelle. Somit wird in Gestalt des Intervalling-Effekts die Bedeutung der Auslegung des Einperiodenkriteriums für die Höhe des arithmetischen Mittelwerts offenkundig.

#### 4.4.3.3.4.4 Zwischenergebnis

Eine zentrale Annahme der Portfoliotheorie und aller hierauf aufbauenden Kapitalmarktmodelle besteht in der Betrachtung eines Investitionszeitraums von ausschließlich einer Periode.[847] Dies ist eine Erklärung, warum das CAPM in seiner ursprünglichen Form keine explizite Empfehlung für die Mittelung historischer Marktrenditen ausspricht. Doch auch spätere Modellerweiterungen auf mehrere Perioden äußern sich hierzu nicht.[848] Dennoch

---

[846] Vgl. hierzu nochmals Kruschwitz, L. / Decker, R. O. A. / Röhrs, M., Finanzwirtschaft, 2007, S. 125 – 126.
[847] Vgl. Treynor, J. L., Risky Assets, o. J., S. 5; Black, F., JOB 1970, S. 444.
[848] Vgl. für das originäre CAPM z. B. Indro, D. C. / Lee, W. Y., FM 1997, Nr. 4, S. 81; Welch, I., JOB 2000, S. 503; Siegel, J. J., FAJ 2005, Nr. 6, S. 62; aA Cooper, I., EFM 1996, S. 158 – 159; für spätere Modellerweiterungen auf mehrere Perioden z. B. Mossin, J., JOB 1968, S. 220 – 223; Fama, E. F., AER 1970, S. 166; Wiese, J., FB 2006, S. 243 – 244.

finden sich auch im CAPM selbst Hinweise, welche die geometrische Mittelung der Marktrenditen nahelegen. Diese bestehen im Rechnen mit dem Total Return, der Operationalisierung des theoretisch gebotenen Marktportfolios mit einem kapitalisierungsgewichteten Performance-Index vom Typ *Laspeyres* sowie in der Modellannahme eines Einperiodenhorizonts.

### 4.4.3.3.5 Zur Nivellierung des Schätzfehlers mithilfe der Kombination von arithmetischem und geometrischem Mittelungsverfahren

#### 4.4.3.3.5.1 Vorbemerkung

Der weit überwiegende Teil der Literatur spricht sich entweder für die arithmetische oder für die geometrische Mittelung historischer Marktrenditen aus, um auf dieser Basis die Funktion zur Schätzung des wahren, jedoch unbekannten Mittelwerts $\hat{\mu}$ der Grundgesamtheit der Marktrenditen zu formulieren. Ein dritter Vorschlag, obschon eine Mindermeinung, geht dahin, die beiden Mittelwerte zu kombinieren bzw. zu modifizieren. Die Kombination von arithmetischem und geometrischem Mittelungsverfahren findet in der Bewertungspraxis vor allem im Zusammenhang mit der Festlegung der angemessenen Nutzungsentgelte von Unternehmen der Versorgungs-, Post- und Telekommunikationsindustrie Anwendung.[849] Hintergrund ist die Auffassung, dass isoliert weder das arithmetische noch das geometrische Mittel tatsächlich geeignet seien, den Mittelwert zutreffend wiederzugeben. Vielmehr vermittle das arithmetische Mittel angesichts der statistischen Eigenschaften der zu mittelnden Marktrenditen einen allzu optimistischen Eindruck (engl. upward bias).[850] Umgekehrt zeichne das geometrische Mittel ein allzu pessimistisches Bild (engl. downward bias), wobei die hier auftretende Abweichung im Vergleich zum arithmetischen Mittelungsverfahren sogar noch ausgeprägter sei. Hintergrund ist die *Jensen'*sche Ungleichung sowie der konvexe Verlauf der Diskontierungsfunktion.[851]

Die Diskussion über die Notwendigkeit, das arithmetische und geometrische Mittel angesichts ihrer statistischen Schätzeigenschaften zu kombinieren, nimmt ihren Anfang mit *Blume* (1974).[852] Alle späteren Veröffentlichungen

---

[849] Vgl. Stehle, R., Wissenschaftliches Gutachten, 2010, S. 172.
[850] Vgl. eingehend Indro, D. C. / Lee, W. Y., FM 1997, Nr. 4, S. 81 – 90; Schneller, T. / Schwedener, P. / Elsaesser, P., DST 2010, S. 660; aA Cooper, I., EFM 1996, S. 160.
[851] Vgl. Blume, M. E., JASA 1974, S. 635 – 636; Cooper, I., EFM 1996, S. 160. *Cooper* findet sowohl beim arithmetischen als auch beim geometrischen Mittelwert einen negativen Schätzfehler, wobei die Verzerrung beim geometrischen Mittelungsverfahren ausgeprägter als beim arithmetischen Mittelungsverfahren sei.
[852] Vgl. Blume, M. E., JASA 1974, S. 634 – 638; Ballwieser, W. / Hachmeister, D., Unternehmensbewertung, 2013, S. 103.

zu der Thematik nehmen hierauf Bezug,[853] so auch der im Folgenden ebenfalls betrachtete Vorschlag von *Cooper* (1996).

#### 4.4.3.3.5.2 Blume (1974)

*Blume* stellt seine Aussagen ausdrücklich in den Kontext der Versicherungswirtschaft. Versicherungsunternehmen übernehmen und bündeln gegen Gebühr für einen zumeist zwar längeren, jedenfalls jedoch begrenzten Zeitraum potentielle Versicherungsrisiken. Die hieraus erwachsenden potentiellen finanziellen Verpflichtungen lassen sich in einem gewissen Rahmen aktuarisch abschätzen. Die Immunisierung der versicherungsmathematisch zu erwartenden Verpflichtungen erfolgt in Form von am Kapitalmarkt veranlagten Beträgen, welche bestenfalls genau dann fällig sind, wenn das versicherte Risiko eintritt. Die Anlage der Versicherungsprämien am Kapitalmarkt geschieht im Zeitpunkt des Abschlusses des jeweiligen Versicherungsgeschäfts. Im Hinblick auf die Höhe der dem einzelnen Versicherungsnehmer zu berechnenden Prämie stehen Versicherungsunternehmen vor der Frage, mit welcher Rendite des Wertpapierportfolios bis zum aktuarisch zu erwartenden Eintritt des Versicherungsrisikos zu rechnen ist. Ziel ist die Schonung der versicherungstechnischen Reserven. Ausgangspunkt für die während des Versicherungszeitraums zu erwartende Wertpapierrendite ist der langjährige Durchschnitt. Hierbei steht im Hinblick auf die Immunisierung des aktuarisch zu erwartenden Versicherungsrisikos der Endwert der veranlagten Versicherungsprämien im Vordergrund. Dementsprechend interessieren sich Versicherungsunternehmen für den wahren, jedoch unbekannten durchschnittlichen laufzeitäquivalenten Aufzinsungsfaktor, mit welchem bis zum Schadenseintritt zu rechnen ist.

*Blume* zufolge lassen sich die mit der arithmetischen respektive geometrischen Mittelung einhergehenden systematischen Abweichungen vom wahren, jedoch unbekannten Mittelwert des laufzeitäquivalenten Aufzinsungsfaktors der $t$-ten Periode annähernd kompensieren, wenn der arithmetisch gemittelte Aufzinsungsfaktor $E(\hat{R}_{M,AM})$ und der geometrisch gemittelte Aufzinsungsfaktor $E(\hat{R}_{M,GM})$ der periodenspezifischen Marktrenditen in einer Schätzfunktion der Form

$$\left[E(\hat{R}_M)_{Blume}\right]^t \approx \frac{T-t}{T-1} \cdot E(\hat{R}_{M,AM})^t + \frac{t-1}{T-1} \cdot E(\hat{R}_{M,GM})^t \quad (1)$$

kombiniert werden.[854] Hierbei symbolisiert $\left[E(\hat{R}_M)_{Blume}\right]^t$ den *Blume*-Schätzer für den laufzeitäquivalenten Aufzinsungsfaktor, $T$ die Dauer des Investitionszeitraums und $t$ die jeweils betrachtete Periode mit $t \in \{1; 2; 3; \ldots$

---

[853] Vgl. z. B. Cooper, I., EFM 1996, S. 161; Indro, D. C. / Lee, W. Y., FM 1997, Nr. 4, S. 81 – 82.
[854] Vgl. Blume, M. E., JASA 1974, S. 637. Auf die Herleitung sei an dieser Stelle verzichtet.

...; T - 1; T}. Beim *Blume*-Schätzer für den laufzeitäquivalenten Aufzinsungsfaktor handelt es sich um einen gewogenen Mittelwert der arithmetisch respektive geometrisch gemittelten laufzeitäquivalenten Aufzinsungsfaktoren.[855]

### 4.4.3.3.5.3 Cooper (1996)

Im wesentlichen Unterschied zu *Blume* untersucht *Cooper* explizit die Effekte der Abzinsung, welche bei Transformation der Renditen einer Zeitreihe in periodenspezifische Abzinsungsfaktoren der Form $\frac{1}{(1+r)^t}$ mit $t \in \{1; 2; 3; ...$ ...; T - 1; T} resultieren.[856] Auch *Cooper* gelingt es, bezüglich der Verwendung der orthodoxen Mitteilungsverfahren für Zwecke der Bestimmung periodenspezifischer Diskontierungsfaktoren statistische Verzerrungen nachzuweisen. Zu deren Eliminierung schlägt er vor, das arithmetische und das geometrische Mittel der periodenspezifischen Abzinsungsfaktoren zu einem Schätzer der Form

$$\left[1 + E(\widetilde{MRP})_{Cooper}\right]^{-t} \approx \frac{T+t}{T-1} \cdot \left[1 + E(\widetilde{MRP}_{AM})\right]^{-t} - ...$$

$$... - \frac{1+t}{T-1} \cdot \left[1 + E(\widetilde{MRP}_{GM})\right]^{-t} \quad (1)$$

zu aggregieren. Hierbei steht $\left[1 + E(\widetilde{MRP})_{Cooper}\right]^{-t}$ für die von *Cooper* formulierte Schätzfunktion für den laufzeitäquivalenten Abzinsungsfaktor. $E(\widetilde{MRP}_{AM})$ und $E(\widetilde{MRP}_{GM})$ stehen weiterhin für die Schätzfunktionen der arithmetisch bzw. geometrisch gemittelten Marktrisikoprämie. Wie bisher gilt $t \in \{1; 2; 3; ...; T - 1; T\}$. Hinsichtlich $E(\widetilde{MRP}_{AM})$ und $E(\widetilde{MRP}_{GM})$ bedient sich *Cooper* der allgemeinen Berechnungsformen der Beziehungen (1) und (2) in Kapitel 4.4.2.2 der vorliegenden Untersuchung.[857] Zudem empfiehlt *Cooper*, die Schätzfunktion unter bestimmten Bedingungen zu modifizieren.[858]

### 4.4.3.3.5.4 Würdigung

Im wesentlichen Unterschied zum arithmetischen respektive geometrischen Mittelwert sind die von *Blume* (1974) und *Cooper* (1996) gebildeten gewogenen Mittelwerte weder konstant noch linear in der Zeit. Vielmehr führt die Kombination von arithmetischem und geometrischem Mittelwert mit

---
[855] Daneben unterbreitet *Blume* drei weitere Vorschläge, welche sich jedoch, wie er selbst einräumt, als wenig operational erweisen, weshalb von einer eingehenderen Darstellung an dieser Stelle abgesehen sei. Vgl. hierzu Blume, M. E., JASA 1974, S. 636 – 637.
[856] Vgl. Cooper, I., EFM 1996, S. 159 – 167.
[857] Vgl. Cooper, I., EFM 1996, S. 159.
[858] Vgl. Cooper, I., EFM 1996, S. 161 – 162.

periodenspezifischen Gewichtungen zu einem periodenspezifischen Mittelwert für den laufzeitäquivalenten Auf- respektive Abzinsungsfaktor. Die Wägungen einerseits des arithmetischen, andererseits des geometrischen Mittelwerts bestimmen sich nach der Lage der jeweiligen Periode innerhalb des betrachteten Investitionszeitraums. Dabei konvergiert der *Blume*-Schätzer ausgehend vom Aufzinsungsfaktor bei Zugrundelegung des arithmetischen Mittels mit zunehmendem zeitlichen Horizont gegen den Aufzinsungsfaktor bei Zugrundelegung des geometrischen Mittels. Demgegenüber liegt der *Cooper*-Schätzer stets außerhalb der vom arithmetischen und geometrischen Mittelwert eingeschlossenen Bandbreite. Dies sei anhand des folgenden Beispiels verdeutlicht.

Das arithmetische Mittel der Zeitreihe betrage hierbei isoliert 10,00 %, das geometrische Mittel 8,00 %. Auf dieser Basis zeigt Tabelle 10 die Gegenüberstellung des *Blume*- und *Cooper*-Schätzers.

| Periode | 1 | 2 | 3 | 4 | 5 |
|---|---|---|---|---|---|
| *Blume*-Schätzer | | | | | |
| $E(\hat{R}_{M,AM})^t$ | 1,10 | 1,21 | 1,33 | 1,46 | 1,61 |
| $E(\hat{R}_{M,GM})^t$ | 1,08 | 1,17 | 1,26 | 1,36 | 1,47 |
| Wägung des arithmetischen Mittels | 1,00 | 0,75 | 0,50 | 0,25 | 0,00 |
| Wägung des geometrischen Mittels | 0,00 | 0,25 | 0,50 | 0,75 | 1,00 |
| $\left[E(\hat{R}_M)_{Blume}\right]^t$ | 1,10 | 1,20 | 1,30 | 1,39 | 1,47 |
| *Cooper*-Schätzer | | | | | |
| $[1 + E(\overline{MRP}_{AM})]^{-t}$ | 0,91 | 0,83 | 0,75 | 0,68 | 0,62 |
| $[1 + E(\overline{MRP}_{GM})]^{-t}$ | 0,93 | 0,86 | 0,79 | 0,74 | 0,68 |
| Wägung des arithmetischen Mittels | 1,50 | 1,75 | 2,00 | 2,25 | 2,50 |
| Wägung des geometrischen Mittels | -0,50 | -0,75 | -1,00 | -1,25 | -1,50 |
| $\left[1 + E(\overline{MRP})_{Cooper}\right]^{-t}$ | 0,90 | 0,80 | 0,71 | 0,62 | 0,53 |
| Geringfügige Abweichungen sind rundungsbedingt. Quelle: Eigene Darstellung. | | | | | |

**Tabelle 10: Vergleichende Gegenüberstellung von Blume- und Cooper-Schätzer**

Im Hinblick auf die hier gegenständliche Mittelung historischer Marktrenditen im Rahmen der Unternehmensbewertung und damit des Barwertkalküls ist die Verwendung der von *Blume* und *Cooper* vorgeschlagenen Schätzer in mehrfacher Hinsicht fragwürdig. Der *Blume*-Schätzer ist das Ergebnis umfänglicher statistischer Überlegungen. Aus Gründen der Komplexitätsreduktion beschränkt sich *Blume* hierbei auf die ersten beiden Momente. Dies geht mit einer mathematischen Ungenauigkeit einher, welche *Blume* nachgerade vermeiden will.[859] Die Aussagen beziehen sich ausdrücklich auf den Kontext der Versicherungswirtschaft.[860] In diesem Zusammenhang sei mit Nachdruck betont, dass sich der *Blume*-Schätzer als laufzeitäquivalenter Aufzinsungsfaktor versteht, mit dessen Hilfe eine Aussage über den zu erwartenden Endwert eines Wertpapierportfolios im Zeitpunkt $t$ getroffen werden soll. Die Übertragung der Ergebnisse auf die Marktrendite ist nach hier vertretener Auffassung zwar grundsätzlich zulässig, zumal das Marktportfolio nur einen Sonderfall eines Wertpapierportfolios darstellt. Einsetzen der Schätzfunktionen für die arithmetisch bzw. geometrisch gemittelte Marktrendite $E(\hat{R}_{M,AM})$ und $E(\hat{R}_{M,GM})$ liefert somit für den *Blume*-Schätzer:

$$\left[E(\hat{R}_M)_{Blume}\right]^t \approx \frac{T-t}{T-1} \cdot \left\{\frac{1}{T} \cdot \sum_{t=1}^{T}[1 + r_{m,t}]\right\}^t + \frac{t-1}{T-1} \cdot \left(\sqrt[T]{\prod_{t=1}^{T}[1 + r_{m,t}]}\right)^t \quad (1)$$

Dass allerdings der *Blume*-Schätzer ohne Weiteres analog für die hier interessierende Bestimmung eines gewogenen Mittelwerts zwischen arithmetisch und geometrisch gemittelter Marktrisikoprämie verwendet werden kann, wird hier sehr stark bezweifelt. Tatsache ist, dass diese Vorgehensweise den Bruch mit einigen elementaren Regeln der Algebra bedingt, zumal weder Potenz- noch Wurzelfunktionen linear verlaufen. Dies jedoch wird von den Vertretern des *Blume*-Schätzers offensichtlich unterstellt respektive der damit verbundene Fehler stillschweigend in Kauf genommen.[861] Dabei macht es einen ganz erheblichen Unterschied, ob der *Blume*-Schätzer wie vorgesehen auf Aufzinsungsfaktoren oder auf blanke Renditen angewendet wird. Im Übrigen verbietet sich für alle $t \neq 1$ die einfache Eliminierung der $t$-ten Potenz.[862] Wenn überhaupt, gilt damit für den *Blume*-Schätzer für die Marktrendite der $t$-ten Periode:

---

[859] Vgl. Blume, M. E., JASA 1974, S. 636.
[860] Vgl. Blume, M. E., JASA 1974, S. 634.
[861] Vgl. Stehle, R., WPg 2004, S. 918 – 919; Wagner, W. / Jonas, M. / Ballwieser, W. u. a., WPg 2006, S. 1017 – 1019; IDW (Hrsg.), WP-Handbuch, 2014, lit. A, Tz. 360.
[862] Vgl. so aber Koller, M. / Goedhart, M. / Wessels, D., Valuation, 2010, S. 307 – 308.

$[E(\hat{r}_M)_{Blume}] \approx$

$$\approx \sqrt[t]{\frac{T-t}{T-1} \cdot \left\{\frac{1}{T} \cdot \sum_{t=1}^{T}[1+r_{m,t}]\right\}^t + \frac{t-1}{T-1} \cdot \left(\sqrt[T]{\prod_{t=1}^{T}[1+r_{m,t}]}\right)^t} - 1 \quad (2)$$

Allgemein erscheint der *Cooper*- im Vergleich zum *Blume*-Schätzer besser geeignet, was die Verwendung in dem im Rahmen der Unternehmensbewertung relevanten Barwertkalkül angeht. Allein beziehen sich die von *Cooper* gefundenen Ergebnisse auf die Diskontierungsfaktoren als solche und damit nur mittelbar auf die hier interessierenden Renditen.[863] Insofern lassen sich die von *Cooper* vorgeschlagenen Korrekturen aus den bereits genannten mathematischen Gründen nicht undifferenziert auf die Marktrendite übertragen.[864] Wie eingangs dargelegt, sind die Schätzfunktionen des arithmetischen und des geometrischen Mittels $E(\widehat{MRP}_{AM})$ und $E(\widehat{MRP}_{GM})$ integrale Bestandteile des *Cooper*-Schätzers. Einsetzen liefert für die von *Cooper* formulierte Schätzfunktion

$$\left[1+E(\widehat{MRP})_{Cooper}\right]^{-t} \approx \frac{T+t}{T-1} \cdot \left\{\frac{1}{T} \cdot \sum_{t=1}^{T}[1+(r_{m,t}-r_{f,t})]\right\}^{-t} - \ldots$$

$$\approx$$

$$\ldots - \frac{1+t}{T-1} \cdot \left(\sqrt[T]{\prod_{t=1}^{T}[1+(r_{m,t}-r_{f,t})]}\right)^{-t} \quad (3)$$

Unter Hinweis auf die Ausführungen in 4.4.3.3.4.1 unterstellt die von *Cooper* verwendete Schätzfunktion für den geometrischen Mittelwert periodisch revolvierende Renditerealisationen. Dies steht den Annahmen des CAPM entgegen. Somit ist der *Cooper*-Schätzer auf Fragestellungen der Unternehmensbewertung nicht anwendbar.

Sowohl *Blume* als auch *Cooper* bauen ihre Überlegungen zunächst auf diskreten Renditen auf,[865] welche zum einen interseriell independent, zum anderen normalverteilt seien.[866] Vorliegende Untersuchung kommt zu dem

---

[863] Vgl. Cooper, I., EFM 1996, S. 161.
[864] Vgl. zu den Korrekturen im Einzelnen Cooper, I., EFM 1996, S. 161 – 162.
[865] Dies folgt aus dem von *Blume* unterstellten Verzinsungskonzept des Total Return, der Nichtnegativitätsbedingung der Aufzinsungsfaktoren sowie deren multiplikative Verknüpfung. Vgl. hierzu Blume, M. E., JASA 1974, S. 634; Cooper, I., EFM 1996, S. 159.
[866] Vgl. Blume, M. E., JASA 1974, S. 634 – 635, S. 638; Cooper, I., EFM 1996, S. 159, S. 161.

Ergebnis, dass diese Annahme nicht haltbar ist. Im Übrigen erfolgt die im Ergebnis periodenspezifische Ermittlung des durchschnittlichen Auf- bzw. Abzinsungsfaktors auf Kosten des Laufzeitäquivalenzprinzips. Im hier betrachteten Fall der Bewertung eines Unternehmens von unendlicher Fortbestehensdauer ist das Marktportfolio laufzeitäquivalent auf einen unendlichen Investitionszeitraum anzulegen. Dieser Maßstab gilt auch für die Bestimmung der Marktrendite. Die Frage nach einer periodenspezifischen Ermittlung der Marktrendite stellt sich somit nicht. Vielmehr ist diese im Rahmen der Kapitalkostenermittlung in allen Perioden konstant. Indirekt ist mit dem Laufzeitäquivalenzprinzip der gewichtigste Einwand gegen die Kombination von arithmetischem und geometrischem Mittelungsverfahren angesprochen, nämlich ob die Frage nach dem Schätzfehler überhaupt relevant ist. *Blume* zufolge tritt der Schätzfehler nur im Fall $1 < t < T$ auf. Im Unterschied zu dem von *Blume* betrachteten Kontext der Versicherungswirtschaft steht vorliegend die Frage nach der periodenspezifischen Bestimmung der Marktrendite nicht zu beantworten. Vielmehr ist hier ausschließlich der Fall $t = T$ relevant. Doch genau für diesen Fall negiert *Blume* ausdrücklich das Auftreten eines Schätzfehlers.[867] In eine ähnliche Richtung zielt die Überlegung, dass die Grundgesamtheit der in Rede stehenden annualisierten Marktrenditen im Vergleich zur Stichprobe nicht unverhältnismäßig groß ist, die Umsetzung der hier empfohlenen finanzarchäologischen Maßnahmen vorausgesetzt. Der marktmäßig organisierte Handel mit Anteilen an Kapitalgesellschaften zumindest in nennenswertem Umfang ist eine Erscheinung der Neuzeit. Die Berücksichtigung eines Schätzfehlers bei der Mittelung historischer Marktrenditen, dessen tatsächliche praktische Relevanz in Frage zu stellen ist, statuiert nach hier vertretener Auffassung im Übrigen nur ein weiteres Exempel für die Fülle von Scheingenauigkeiten im Rahmen der Unternehmensbewertung.

Zusammenfassend lässt sich damit festhalten, dass die Verwendung des *Blume*- bzw. des *Cooper*-Schätzers für Zwecke der Mittelung historischer Marktrenditen bzw. Marktrisikoprämien abzulehnen ist. Hierfür sprechen vor allen Dingen mathematisch-konzeptionelle Erwägungen.[868] Im Übrigen wird die Relevanz des Schätzfehlers im Kontext der Unternehmensbewer-

---

[867] Vgl. Blume, M. E., JASA 1974, S. 634 – 635.
[868] Eine andere Auffassung hierzu vertreten offensichtlich *Koller / Goedhart / Wessels*. Diese sprechen sich zuletzt grundsätzlich für das arithmetische Mittelungsverfahren aus, obwohl historische Kapitalmarktrenditen negativ autokorreliert seien. Zudem sei der arithmetischen Mittelung ein Schätzfehler in Kauf zu nehmen. Diese methodischen Schwächen lassen sich mithilfe des von *Blume* vorgeschlagenen Verfahrens überwinden. Vgl. hierzu Koller, T. / Goedhart, M. / Wessels, D., Valuation, 2010, S. 244 – 245. Dass dieses jedoch gerade interseriell unabhängige Renditen voraussetzt, scheint in diesem Zusammenhang ohne Belang zu sein.

tung bezweifelt. Unabhängig hiervon kommt vorliegende Untersuchung zu dem Ergebnis, dass historische Marktrenditen geometrisch zu mitteln sind. Die arithmetische Mittelung diskreter Renditen ist methodisch falsch. Die Kombination von arithmetischem und geometrischem Mittelwert generiert daher unter dem Gesichtspunkt der Finanzmathematik ein synthetisches Konstrukt, welches im Ergebnis abzulehnen ist.

### 4.4.4 Zwischenergebnis

Die Bestimmung des Mittelwerts der Marktrendite aus Vergangenheitsdaten ist in induktiv-statistischer Hinsicht das Ergebnis einer Punktschätzung über einen Parameter aus der Grundgesamtheit historischer Marktrenditen. Für die Bestimmung des wahren, jedoch unbekannten Mittelwerts der Grundgesamtheit $\hat{\mu}$ kommen grundsätzlich das arithmetische und das geometrische Mittel arithmetisch berechneter Marktrenditen als Schätzfunktionen in Betracht. Cet. par. weichen das arithmetische und das geometrische Mittel voneinander ab. Hintergrund sind Unterschiede in den zugrundeliegenden Annahmen.

Die Literatur trägt einen anhaltenden Meinungsstreit über die Frage aus, welches Mittelungsverfahren richtigerweise anzuwenden ist. Neben dem arithmetischen und dem geometrischem Mittelwert wird auch deren Kombination vorgeschlagen. Diesem Lager ist letztlich auch das *IDW* zuzuordnen. Die Vertreter des arithmetischen Mittelungsverfahrens begründen ihre Auffassung in erster Linie mit den statistischen Eigenschaften historischer Wertpapierrenditen. Historische Wertpapierrenditen seien als normal- respektive identisch verteilte, jedenfalls jedoch interseriell voneinander unabhängige Zufallsvariablen anzusehen. Die Befürworter des geometrischen Mittelwerts heben hervor, dass das geometrische Mittel die Überleitung des Anfangs- auf den Endwert erlaube. Zentrales Argument der Vertreter der Mischverfahren ist die Nivellierung des Schätzfehlers, welcher mit der isolierten Anwendung von arithmetischem respektive geometrischem Mittelwert verbunden sei.

Weder stetige noch gar diskrete Wertpapierrenditen folgen originär einer Normalverteilung. Die subsidiäre Begründung der Normalverteilungseigenschaft stetiger Renditen mithilfe des zentralen Grenzwertsatzes von *Lindeberg / Lévy* scheitert an der zu negierenden interseriellen Independenz von Wertpapierrenditen. Unter dem Gesichtspunkt der Finanzmathematik kommt als Schätzfunktion allein der geometrische Mittelwert in Frage: Zum einen inhäriert dem arithmetischen Mittelwert das finanzmathematische Konzept der einfachen Verzinsung, welches sich jedoch nicht mit der geometrischen Verzinsung des Barwertkalküls vereinbaren lässt. Zum anderen verbietet sich die arithmetische Mittelung diskreter Wertpapierrenditen, nachdem sich dies als methodisch falsch erweist. Es lässt sich zeigen, dass die in der Unternehmensbewertung relevanten diskreten Renditen ausschließlich geometrisch zu mitteln sind. Dies entspricht der arithmetischen Mittelung der korrespondierenden stetigen Marktrenditen. Die in der Literatur kontrovers diskutierte Frage nach dem richtigerweise anzuwendenden Verfahren zur Mittelung historischer Marktrenditen für Zwecke der Formulierung der Funktion zur Schätzung des wahren, jedoch unbekannten Mittelwerts $\hat{\mu}$ der Grundgesamtheit der Marktrenditen stellt sich damit bei näherer Betrachtung nicht. Auch unter dem Aspekt der Überleitung des Anfangs- auf das Endvermögen im Rahmen des auf der geometrischen Verzinsung beruhenden Barwertkalküls erweist sich das arithmetische Mittelungsverfahren als ungeeignet. Das CAPM äußert sich zwar nicht explizit zur Mittelungsproblematik, gibt jedoch an einigen Stellen Hinweise auf die Verwendung des geometrischen Mittelungsverfahrens als Schätzer für den wahren, jedoch unbekannten Mittelwert der Grundgesamtheit historischer Marktrenditen.

Die Frage nach der Kombination von arithmetischem und geometrischem Mittelungsverfahren stellt sich im Ergebnis nicht, zumal sich die von *Blume* und *Cooper* getroffenen Aussagen auf Auf- respektive Abzinsungsfaktoren und nicht auf die hier gegenständlichen Marktrenditen beziehen. Im Übrigen kommt die Anwendung aus formalen Gründen nicht in Betracht. Unabhängig hiervon ist in Frage zu stellen, ob der mit der Formulierung einer Schätzfunktion grundsätzlich auftretenden Problematik des Schätzfehlers im Rahmen der Marktrendite tatsächlich materielle Bedeutung beikommt.

## 4.5 Zusammenfassung

Unter den Annahmen des CAPM umfasst das Marktportfolio grundsätzlich alle risikobehafteten Anlagemöglichkeiten materieller und immaterieller Art, soweit diese als Wertpapiere verbrieft sind und am Kapitalmarkt umgehen. Es entspricht der allgemeinen Übung, das theoretisch gebotene Marktportfolio vereinfachend mithilfe eines Aktienindexes zu operationalisieren. Allein sollte dieser horizontal und vertikal möglichst breit diversifiziert sein, um auf diese Weise die globale Ökonomie und ihre Entwicklung bestmöglich abzubilden. Technische Anforderung ist die Strukturierung als kapitalisierungsgewichteter Performance-Index vom Typ *Laspeyres*.

Ein lokaler Aktienindex scheidet als Market Proxy aus, zumal sich in lokalen Aktienindizes in der Regel nationale Besonderheiten der jeweiligen Ökonomie niederschlagen. Gleichwohl kommen bislang im Rahmen der Unternehmensbewertung ausschließlich lokale Aktienindizes als Market Proxy zur Anwendung. In der Bundesrepublik Deutschland greift die Bewertungspraxis in Anlehnung an die wissenschaftliche Studie von *Stehle* (2004) in der Regel auf die Zeitreihe des CDAX® oder auch des DAX® 30 zurück. Allein erweisen sich die zugehörigen Zeitreihen insbesondere angesichts der wirtschaftsgeschichtlichen Besonderheiten der Bundesrepublik Deutschland als deutlich zu kurz. Bestenfalls ist das Marktportfolio durch die weit in die Vergangenheit zurückreichende Zeitreihe eines synthetisch zu konstruierenden Weltaktienindexes abzubilden. Bestehende Datenlücken sind finanzarchäologisch zu schließen.

Der Referenzzeitraum ist im Sinne der intertemporalen Diversifikation möglichst umfänglich zu wählen. Der Referenzzeitraum ist zufällig zu legen, wobei das Ende der Zeitreihe bestenfalls mit dem Bewertungsstichtag zusammenfällt. Sonderfaktoren sind nicht zu eliminieren, zumal sich diese aus der Distanz der Betrachtung relativieren und ein im Zusammenhang mit dem objektivierten Unternehmenswert subjektives Element darstellen. Vielmehr sind Sonderfaktoren ein weiteres gewichtiges Argument gegen die Beschränkung auf einen lokalen Aktienindex.

Die Marktrisikoprämie ist arithmetisch zu berechnen. Die Bestimmung des Mittelwerts der Marktrisikoprämie aus Vergangenheitsdaten ist ein induktivstatistisches Experiment, wobei die Grundgesamtheit historischer Marktrisikoprämien unbekannt ist. Der wahre, jedoch unbekannte Mittelwert der Grundgesamtheit ist zu schätzen, wobei als Schätzfunktionen grundsätzlich das arithmetische und das geometrische Mittelungsverfahren in Frage kommen. Die arithmetische Mittelung der in der Unternehmensbewertung relevanten diskreten Renditen erweist sich als methodisch falsch. Es lässt sich zeigen, dass aus formalen Gründen das geometrische Mittelungsverfahren zu wählen ist. Auch aus dem CAPM selbst lässt sich die Anwendung des geometrischen Mittelungsverfahrens schlussfolgern. Jedwede Form der Kombination von arithmetischem und geometrischem Mittelwert ist abzulehnen.

## 5 Rendite der risikolosen Anlage

### 5.1 Vorbemerkung

Der Rendite der risikolosen Anlage kommt bei der Bestimmung der risikoadjustierten Kapitalkosten mithilfe des CAPM eine Doppelfunktion zu. Zum einen bildet sie einen isolierten Bestandteil bei der Ermittlung der marktgerechten Renditeforderung an ein risikobehaftetes Wertpapier. Zum anderen dient sie als Referenz für die Höhe der Marktrendite.[869] Übereinstimmend erhebt das Schrifttum daher die Forderung, die Rendite der risikolosen Anlage konsistent zu verwenden, sodass für die Rendite der risikolosen Anlage einerseits in der Funktion als isolierter Bestandteil der risikoadjustierten Kapitalkosten, andererseits in der Funktion als Referenz für die Marktrendite dasselbe Renditemaß zugrunde zu legen ist.[870] „Thus, if the Treasury bill rate is used as the risk-free rate, the premium has to be the premium earned by stocks over that rate. If the Treasury bond rate is used as the risk-free rate, the premium has to be estimated relative to that rate."[871] Unabhängig davon, ob nun die Rendite der risikolosen Anlage im Einzelfall die Funktion eines isolierten Bestandteils der risikoadjustierten Kapitalkosten oder aber die Funktion einer Referenz für die Marktrendite übernimmt, ist an diese somit derselbe Maßstab anzulegen, und zwar im Hinblick auf sämtliche Ausstattungsmerkmale des zugrundeliegenden Finanzinstruments.[872] Im Hinblick auf die Wahl des der Rendite der risikolosen Anlage zugrundeliegenden Finanzinstruments sind daher beide Funktionen im Rahmen der Ermittlung der risikoadjustierten Kapitalkosten zu berücksichtigen. In der Funktion als isolierter Kapitalkostenbestandteil wird die Rendite der risikolosen Anlage in der Literatur eingehend erörtert.[873] Demgegenüber werden die Merkmale der risikolosen Anlage in der Funktion als Referenz für die

---

[869] Vgl. Obermaier, R., Basiszinssatz, 2005, S. 3.
[870] Vgl. Purtscher, V., RWZ 2006, S. 109; Reese, R., Eigenkapitalkosten, 2007, S. 56.
[871] Damodaran, A., Investment Valuation, 2012, S. 162. Die USA begeben auf dem Kapitalmarkt Anleihen unterschiedlicher Restlaufzeit. Im Allgemeinen unterscheidet man Treasury Bills und Treasury Bonds, wobei Treasury Bills eine anfängliche Restlaufzeit von bis zu einem Jahr aufweisen. Bei Anleihen mit darüber hinausgehenden anfänglichen Restlaufzeiten handelt es sich um Treasury Bonds. Wesentliches Unterscheidungsmerkmal zwischen Treasury Bills und Treasury Bonds ist also die anfängliche Restlaufzeit der jeweils zu beurteilenden US-amerikanischen Staatsanleihe.
[872] Vgl. Damodaran, A., Investment Valuation, 2012, S. 162; OLG Stuttgart vom 26. Oktober 2006, NZG 2007, S. 112 (S. 116); OLG Stuttgart vom 16. Februar 2007, NZG 2007, S. 302 (S. 306, S. 310).
[873] Vgl. z. B. Jonas, M. / Wieland-Blöse, H. / Schiffarth, S., FB 2005, S. 647 – 653; Lampenius, N. / Obermaier, R. / Schüler, A., ZBB 2008, S. 245 – 254; Wiese, J. / Gampenrieder, P., BB 2008, S. 1722 – 1726.

## Kapitel 5: Rendite der risikolosen Anlage

Marktrendite nur am Rande gestreift, sofern sich überhaupt Aussagen hierzu finden.[874]

Vor dem Hintergrund der geforderten konsistenten Verwendung der Rendite der risikolosen Anlage in der Funktion als isolierter Bestandteil der risikoadjustierten Kapitalkosten und in der Funktion als Referenz für die Marktrendite sind die folgenden Ausführungen so aufgebaut, dass die verschiedenen Aspekte der Rendite der risikolosen Anlage zunächst aus dem Blickwinkel der Funktion als isolierter Bestandteil der risikoadjustierten Kapitalkosten erörtert werden. In einem zweiten Schritt wird geprüft, ob und inwiefern die jeweiligen Aussagen für die Rendite der risikolosen Anlage in der Funktion als Referenz für die Marktrendite ebenfalls gelten oder aber anzupassen sind.

Die Bestimmung der Rendite der risikolosen Anlage dreht sich im Kern um drei Fragen: Erstens bestehen im Schrifttum divergierende Auffassungen, anhand welcher Marktdaten die Rendite der risikolosen Anlage zu bestimmen ist. Diese Frage bezieht sich auf die Ausstattungsmerkmale der Finanzinstrumente, welche der Ableitung der Rendite der risikolosen Anlage zugrunde liegen.[875] Zweitens ruft das Prinzip der Laufzeitäquivalenz von Bewertungsobjekt und Alternativanlage im hier betrachteten Fall der Bewertung eines Unternehmens von unendlicher Fortbestehensdauer das Problem hervor, für die Phase, welche nicht von der Restlaufzeit des zu wählenden Finanzinstruments abgedeckt ist, eine Annahme über die hierfür vorzusehende Verzinsung treffen zu müssen.[876] Drittens schließlich stellt sich die Frage, ob die Rendite der risikolosen Anlage über die gesamte Fortbestehensdauer des Bewertungsobjekts hinweg einheitlich oder aber periodenspezifisch zu wählen ist.[877] Die folgenden Darlegungen widmen sich eingehend den hier aufgeworfenen Fragen. Zunächst jedoch gilt es, die Rendite der risikolosen Anlage bewertungstheoretisch einzuordnen.

---

[874] Vgl. z. B. Kaplan, S. N. / Ruback, R. S., JOF 1995, S. 106; Wenger, E., AG 2005, Sonderheft, S. 16.
[875] Vgl. Jonas, M. / Wieland-Blöse, H. / Schiffarth, S., FB 2005, S. 647.
[876] Vgl. Gebhardt, G. / Daske, H., WPg 2005, S. 650; Wiese, J. / Gampenrieder, P., DST 2007, S. 442 – 443.
[877] Vgl. Ballwieser, W., Unternehmensbewertung, 2003, S. 23 – 24.

## 5.2 Definition

Die Rendite der risikolosen Anlage entspricht dem landesüblichen Zins.[878] Wenngleich diese Definition eindeutig erscheint, so kann dies dennoch nicht darüber hinwegtäuschen, dass es den einen einheitlichen landesüblichen Zinssatz nicht gibt, sondern nur sehr verschiedene Zinssätze für unterschiedliche Kredit- und Anlageformen.[879] Die Rendite der risikolosen Anlage ist daher ein theoretisches Konstrukt.[880] Die Jurisdiktion versteht unter der Rendite der risikolosen Anlage die auf Dauer zu erzielende Verzinsung.[881] Synonym, auch im Rahmen der vorliegenden Untersuchung, werden für die Rendite der risikolosen Anlage die Begriffe ‚Basiszinssatz' und ‚risikoloser Zinssatz' verwendet. Allgemein beschreibt der Basiszinssatz die Höhe der Rendite, wie sie am Bewertungsstichtag „ein vernünftig wirtschaftlich denkender Mensch sicher erzielen kann."[882] Referenz ist ein Portfolio festverzinslicher Anlagen ohne Ausfallrisiko, deren Renditen von der Renditeentwicklung der übrigen auf dem Kapitalmarkt bestehenden Anlagemöglichkeiten unabhängig sind.[883] Der Basiszinssatz knüpft somit an die Bonität des besten Schuldners eines Kapitalmarkts an.[884]

---

[878] Vgl. eingehend Bodarwé, E., WPg 1963, S. 309 – 313; IDW (Hrsg.), IDW S 1 i. d. F. 2008, Tz. 116; Großfeld, B., Recht, 2012, S. 177. Ursprünglich unterschied die Wissenschaft zwischen Rein- und Rohzins. Während der Reinzins den reinen Kapitalertrag darstellt, enthält der Rohzins zusätzlich eine der jeweiligen Kapitalmarktanlage entsprechende Risikoprämie. Der Begriff des landesüblichen Zinsfußes oder auch des Landeszinsfußes wurde im Zusammenhang mit der Quantifizierung des Reinzinses von der Bewertungspraxis geprägt. Vgl. hierzu Reuther, W., Kapitalisierungszinsfuss, 1933, S. 45 – 46; Sondermann, D., Kapitalisierungs-Zinsfuß, 1961, S. 55 – 56.
[879] Vgl. Fisher, I., Interest, 1930, S. 206 – 207; BGH vom 30. September 1981, ZIP 1981, S. 1330 (S. 1330 – 1331); aA OLG Düsseldorf vom 11. April 1988, WM 1988, S. 1058 – 1059; OLG Düsseldorf vom 20. Oktober 2005, NZG 2006, S. 911 (S. 913), welches unter dem landesüblichen Zinsfuß die langfristige durchschnittliche Rendite für Wertpapiere von Emittenten bester Bonität versteht, welche über alle Hoch- und Niedrigzinsphasen hinweg auch künftig zu erwarten sei.
[880] Vgl. Ballwieser, W., Unternehmensbewertung, 2003, S. 23.
[881] Vgl. z. B. OLG Düsseldorf vom 11. April 1988, WM 1988, S. 1052 (S. 1059); LG Frankfurt am Main vom 19. Dezember 1995, AG 1996, S. 187 (S. 189).
[882] LG Hannover vom 6. Februar 1979, AG 1979, S. 234 (S. 235).
[883] Vgl. Purtscher, V., RWZ 2006, S. 169; Lampenius, N. / Obermaier, R. / Schüler, A., ZBB 2008, S. 246. Das Kriterium der Ausfallsfreiheit wird im Zusammenhang mit dem Basiszinssatz im Weiteren vorausgesetzt, ohne dass hierauf an gegebenen Orte jeweils explizit verwiesen wird.
[884] Vgl. Schwetzler, B., DB 1996, S. 1961.

## Kapitel 5: Rendite der risikolosen Anlage

Bei der Bonität handelt es sich um ein relatives Maß. Insbesondere inhäriert selbst Emittenten bester Bonität[885] ein verbleibendes, wenn auch gemessen an den übrigen Kapitalmarktteilnehmern minimales Kreditrisiko, etwa in Form einer allenfalls nur technisch bedingten Verzögerung von Zins- und Tilgungszahlungen.[886] Eine festverzinsliche Anleihe eines Schuldners bester Bonität ist daher „nicht absolut sicher, sondern nur „quasi-sicher""[887]. Dies macht grundsätzlich erforderlich, den Basiszinssatz wie die Kapitalisierungsgröße nicht ein-, sondern mehrwertig abzubilden. Doch findet dieser Aspekt kaum praktische Beachtung. Die Eigenschaft der Quasisicherheit vermögen nach übereinstimmender Meinung von Wissenschaft und Praxis allenfalls Anleihen der öffentlichen Hand des Sitzlandes des Bewertungsobjekts für sich in Anspruch zu nehmen.[888] Manche Stimmen fordern darüber hinaus, dass der in Betracht zu ziehende öffentliche Schuldner als weiteres Kriterium das Monopol über die Währung hat.[889] Bezogen auf die Bundesrepublik Deutschland empfiehlt *Münstermann*, sich hinsichtlich des landesüblichen Zinsfußes und damit des Basiszinssatzes am Durchschnitt der Renditen von Pfandbriefen, Kommunalobligationen sowie Anleihen, sohin unterschiedlicher Formen von Schuldverschreibungen, des Bundes und der Länder zu orientieren.[890]

---

[885] Allgemein meint Rating die Beurteilung der Bonität von Schuldtiteln oder von deren Emittenten. Der Markt für das Rating von Schuldtiteln wird im Wesentlichen von den drei Rating-Agenturen Fitch, Moody's und Standard & Poor's, allsamt mit Sitz in den USA, dominiert. Fitch sowie Standard & Poor's vergeben als beste Bonitätsnote AAA, in ähnlicher Weise Moody's Aaa. Einmal vergebene Rating-Noten werden in regelmäßigen Abständen sowie bei besonderen Ereignissen von makro- und mikroökonomischer Tragweite überprüft und gegebenenfalls angepasst. Zudem geben die Rating-Agenturen eine Tendenzaussage über die weitere Entwicklung der Bonität ab. Vgl. hierzu Everling, O. / Heinke, V. G., Rating, 2001, Sp. 1757 – 1759; zu den einzelnen Rating-Klassen von Fitch, Moody's und Standard & Poor's Heinrich, M., Kreditderivate, 2005, S. 37 – 38.
[886] Vgl. Hofmann, F., Unternehmenssteuerung, 2011, S. 24 – 28.
[887] Moxter, A., Grundsätze, 1983, S. 146.
[888] Vgl. Jonas, H., ZfB 1954, S. 489 – 490; Moxter, A., Grundsätze, 1983, S. 146; Reese, R. / Wiese, J., ZBB 2007, S. 38. Ob und inwiefern diese Auffassung im Hinblick auf die strukturellen Gegebenheiten der emittierenden öffentlichen Körperschaft, insbesondere was deren Haushalt angeht, relativiert werden muss, ist nicht Gegenstand der vorliegenden Untersuchung.
[889] Vgl. Tartler, T., RWZ 2010, S. 188.
[890] Vgl. z. B. OLG Düsseldorf vom 2. August 1994, WM 1995, S. 756 (S. 761); OLG Stuttgart vom 4. Februar 2000, NZG 2000, S. 744 (S. 747); stellvertretend für das Schrifttum z. B. Münstermann, H., Wert, 1970, S. 68; Arbeitskreis Finanzierung der Schmalenbach-Gesellschaft Deutsche Gesellschaft für Betriebswirtschaft e. V. (Hrsg.), ZfbF 1996, S. 549.

## 5.3 Merkmale von Anleihen

Allgemein dienen Schuldverschreibungen der langfristigen Aufnahme von Fremdkapital. Sie stellen eine wertpapierverbriefte Gläubigerforderung dar.[891] Rechtlich handelt es sich um einen Finanzkontrakt zwischen dem Zeichnenden und dem Emittenten auf der Grundlage der § 793 bis § 808 BGB i. d. F. 2015. Nach dem Berechtigten unterscheidet man Namens-, Order- und Inhaberschuldverschreibungen.[892] Namens- und Orderschuldverschreibungen lauten auf eine bestimmte Person. Während bei Namensschuldverschreibungen die Übertragung auf Dritte ausgeschlossen ist, steht diese Möglichkeit bei Orderschuldverschreibungen mittels Begebungsvermerk (Indossament) offen. Inhaberschuldverschreibungen richten sich nicht an einen bestimmten, sondern an alle potentiellen Kreditgeber des anonymen Kapitalmarkts. Sie sind in bestimmte Losgrößen gestückelt (Teilschuldverschreibungen) und tragen die synonymen Bezeichnungen ‚Anleihen' oder ‚Obligationen'.[893] Die weiteren Ausführungen beschränken sich auf Anleihen.

Der Zeichner einer Anleihe überlässt dem Emittenten für einen vereinbarten Zeitraum einen bestimmten Geldbetrag. Dieser entspricht im Regelfall dem Zeichnungsbetrag, dem sogenannten Nominalwert, der Schuldverschreibung.[894] Emittent und Zeichnender begründen einen Primärmarkt, die Weiterveräußerung der Anleihe durch den Zeichnenden an einen dritten Kapitalmarktteilnehmer mit den rechtlichen Vorgängen Einigung und Übergabe einen Sekundärmarkt.[895] Der Emittent verspricht dem Inhaber der Anleihe, diese termingerecht zu ihrer Nominalen zurückzuzahlen und bis dahin die Kapitalüberlassung durch Zinszahlungen zu vergüten.[896]

---

[891] Vgl. Bieg, H. / Kußmaul, H., Finanzierung, 2009, S. 166.
[892] Vgl. Zantow, R. / Dinauer, J., Finanzwirtschaft, 2011, S. 228.
[893] Vgl. Eilenberger, G. / Ernst, D. / Toebe, M., Finanzwirtschaft, 2013, S. 327. Tatsächlich misst die Praxis jedoch den Begriffen einen unterschiedlichen Bedeutungsinhalt bei. So emittiert die Bundesfinanzagentur im Auftrag der Bundesrepublik Deutschland Anleihen mit einer Laufzeit von zwei, fünf, zehn und 30 Jahren. Anleihen mit einer Laufzeit von zwei Jahren tragen in diesem Kontext die Bezeichnung ‚Bundesschatzanweisungen', Anleihen mit einer Laufzeit von fünf Jahren die Bezeichnung ‚Bundesobligationen' und Anleihen mit einer Laufzeit von zehn oder 30 Jahren die Bezeichnung ‚Bundesanleihen'. Alle Anleiheformen versprechen eine Zinszahlung pro Jahr sowie die Rückzahlung zum Nominalbetrag am Ende der Restlaufzeit. Bis zum 31. Dezember 2012 wurden von der Bundesfinanzagentur zudem Finanzierungsschätze, Bundesschatzbriefe sowie Tagesanleihen begeben. Daneben bestehen unverzinsliche Schatzanweisungen, welche jedoch im Weiteren keine Relevanz entfalten. Vgl. Bundesrepublik Deutschland – Finanzagentur GmbH, Bundeswertpapiere (11. Januar 2016).
[894] Andernfalls spricht man von einem Aufgeld (Agio) oder Abschlag (Disagio) vom Zeichnungsbetrag. Vgl. hierzu Perridon, L. / Steiner, M. / Rathgeber, A., Finanzwirtschaft, 2012, S. 428.
[895] Vgl. Zantow, R. / Dinauer, J., Finanzwirtschaft, 2011, S. 231 – 233.
[896] Vgl. Bieg, H. / Kußmaul, H., Finanzierung, 2009, S. 166.

Höhe und Fälligkeit der Zinsen sowie des Nominalbetrags der Anleihe sind im Emissionsprospekt festgehalten. Im klassischen Fall definiert der Emissionsprospekt die Höhe der Zinsen als einen auf den Nennwert der Anleihe zu leistenden, über die gesamte Laufzeit hinweg fixen Nominalzinssatz.[897] Daher spricht man im Zusammenhang mit festverzinslichen Anleihen auch von Rentenpapieren. Das Verhältnis von Nominalzins zu Nominalwert beschreibt die laufende Verzinsung (engl. current yield oder auch running yield) der Anleihe.[898] Die Höhe des Nominalzinssatzes orientiert sich am aktuellen Zinsumfeld im Zeitpunkt der Emission der Anleihe sowie am Marktpreis vergleichbarer Bonitäten. Nach der Fälligkeit des Nominalbetrags unterscheidet man endfällige und ratierlich an mehreren, im Emissionsprospekt genau definierten Terminen hinweg teilfällige Anleihen.[899]

In Abhängigkeit davon, ob die Anleihe laufende oder einmalige Zinszahlungen vorsieht, unterscheidet man Kuponanleihen (Anleihe cum) und Nullkuponanleihen (engl. zero-coupon bonds).[900] Kuponanleihen sind mit isolierbaren Zinsscheinen (Kupons) ausgestattet, die ihrem Inhaber am jeweiligen Zinsfälligkeitstermin gegenüber dem Emittenten einen rechtlichen Anspruch auf Zahlung des Zinsbetrags vermitteln. Dieser berechnet sich unter Anlegung des Nominalzinssatzes auf den zum jeweiligen Zinszahlungstermin noch ausstehenden Nominalbetrag. Zivilrechtlich handelt es sich bei den Zinsscheinen um selbständige Wertpapiere (§ 803 Abs. 1 BGB i. d. F. 2015).[901] Ihrer rechtlichen Eigenständigkeit entsprechend lassen sich Kuponanleihen daher in eine Kapital- und je nach Laufzeit der Anleihe in eine oder mehrere Zinsforderungen aufspalten, mit separaten Wertpapierkenn-

---

[897] Vgl. Kohn, M., Financial Institutions, 2004, S. 72 – 74. Der Nominalzinssatz setzt sich aus vier Komponenten zusammen, dem Realzins, einem Zuschlag für den Ausgleich der über die Laufzeit der Anleihe erwarteten Inflation, einer Vergütung für das Ausfallrisiko des Emittenten sowie einer laufzeitabhängigen Prämie für die temporäre Überlassung von Liquidität. Vgl. hierzu Csajbók, A., Zero-Coupon Yield Curve Estimation, 1999, S. 10 – 13. Die Liquiditätsprämie ist definiert als die Differenz zwischen dem impliziten Terminzinssatz und dem korrespondierenden Kassazinssatz. Vgl. hierzu McCulloch, J. H., JPE 1975, S. 96.
[898] Vgl. Buse, A., JOF 1970, S. 816.
[899] Vgl. Gerke, W. / Bank, M., Finanzierung, 2003, S. 350; Fabozzi, F. J., Fixed Income, 2007, S. 576 – 577. Zusätzlich können Optionsrechte sowohl dem Emittenten als auch dem Inhaber einer Anleihe das Recht einräumen, gegenüber dem Kontraktpartner die vorfällige Rückzahlung der Anleihe zu begehren. Vgl. hierzu Eilenberger, G. / Ernst, D. / Toebe, M., Finanzwirtschaft, 2011, S. 326. Eine weitere Möglichkeit, eine bestehende Anleihe abzulösen, besteht daneben im Rückkauf zu ihrem aktuellen Kurs. Vgl. hierzu Zantow, R. / Dinauer, J., Finanzwirtschaft, 2011, S. 240.
[900] Vgl. Schwetzler, B., ZfB 1996, S. 1086.
[901] Vgl. Staudinger, J. v., BGB, 2009, § 803 BGB, Rn. 6.

nummern[902] versehen und sodann als so bezeichnete STRIPS (engl. separate trading of registered interest and principal securities) an der Börse handeln.[903] Umgekehrt erlauben isoliert am Finanzmarkt umgehende Kapital- und Zinsstrips, Kuponanleihen synthetisch zu konstruieren.[904] Sofern nicht anders angegeben, liegt den folgenden Darlegungen eine klassische endfällige Kuponanleihe mit jährlichen Zinszahlungen zugrunde. Der Preis $P_0$ einer klassischen endfälligen Anleihe am Bewertungsstichtag, ihr Kurs, bestimmt sich mit

$$P_0 = \sum_{t=1}^{T} \frac{C_t}{(1+k)^t} + \frac{NV}{(1+k)^T} \qquad (1)$$

wobei $C_t$ den Kupon in der $t$-ten Periode, $NV$ den Nominalwert oder Erfüllungsbetrag der Anleihe, $k$ die Rendite der Alternativanlage und $T$ die Laufzeit der Anleihe beschreibt.[905] Üblicherweise wird der Kurs einer Anleihe in Prozent ihrer Nominalen angegeben. Sofern der Nominalzins einer Anleihe bei der Emission marktkonform bemessen ist, beträgt der Kurs der Anleihe anfänglich gerade 100 %.[906] Dies wird im Weiteren unterstellt.

---

[902] Im Zuge der Harmonisierung der Finanzmärkte sind zur Sicherstellung der Ausschließlichkeit und Eindeutigkeit an die Stelle der früheren nationalen mittlerweile weitgehend internationale Wertpapierkennnummern (engl. international securities identification numbers) getreten.
[903] Vgl. Dybvig, P. H. / Ingersoll, J. E. / Ross, S. A., JOB 1996, S. 15; Herrmann, C. / Heuer, G. / Raupach, A., EStG, 2009, § 5 EStG, Rn. 1084.
[904] Das Stripping von Kuponanleihen ist in Deutschland erst seit dem 4. Juli 1997 finanzaufsichtsrechtlich zulässig und zudem auf Kuponanleihen mit einer Laufzeit von zehn respektive 30 Jahren beschränkt. Vgl. hierzu Schich, T., Zinsstrukturkurve, 1997, S. 2. Gleichwohl macht die Deutsche Finanzagentur nicht in allen Fällen von dieser Möglichkeit Gebrauch. Als Beispiel sei hier etwa die Anleihe mit der ISIN DE0001134492 und der anfänglichen Laufzeit von 30 Jahren genannt. Vgl. hierzu Bundesrepublik Deutschland – Deutsche Finanzagentur GmbH, Bundeswertpapiere (11. Januar 2016); demgegenüber Deutsche Bundesbank, Kapital- und Zins-Strips, Zinstermin: 4. Januar (4. Januar 2016); Deutsche Bundesbank, Kapital- und Zins-Strips, Zinstermin: 15. Februar (4. Januar 2016); Deutsche Bundesbank, Kapital- und Zins-Strips, Zinstermin: 15. Mai (4. Januar 2016); Deutsche Bundesbank, Kapital- und Zins-Strips, Zinstermin: 4. Juli (4. Januar 2016); Deutsche Bundesbank, Kapital- und Zins-Strips, Zinstermin: 15. August (4. Januar 2016); Deutsche Bundesbank, Kapital- und Zins-Strips, Zinstermin: 4. September (4. Januar 2016).
[905] Vgl. Kohn, M., Financial Institutions, 2004, S. 74.
[906] Vgl. Perridon, L. / Steiner, M. / Rathgeber, A., Finanzwirtschaft, 2012, S. 428.

## 5.4 Marktdaten

### 5.4.1 Vorbemerkung

Die Diskussion der Frage, anhand welcher Marktdaten die Rendite der risikolosen Anlage zu bestimmen ist, konzentriert sich an dieser Stelle einerseits auf das Sitzlandprinzip, andererseits auf die Restlaufzeit des festverzinslichen Wertpapiers, welches der Bestimmung des risikolosen Zinssatzes zugrunde liegt.

### 5.4.2 Sitzlandprinzip

Als Referenz für die Wahl des risikolosen Zinssatzes dienen prinzipiell Anleihen der öffentlichen Hand desjenigen Landes, in welchem das Bewertungsobjekt seine Ansässigkeit unterhält.[907] Mittlerweile hat sich jedoch in der Literatur die Auffassung durchgesetzt, bei der Bewertung eines Unternehmens, dessen Sitzland einem transnationalen Währungsraum angehört, das Sitzlandprinzip weit auszulegen und daher auch die Anleihen der übrigen Mitgliedsstaaten in die Betrachtung einzubeziehen.[908] Maßgeblich sind allein die Anleihen des Mitgliedsstaats mit dem geringsten Ausfallrisiko, nachdem in transnationalen Währungsräumen kein Wechselkursrisiko besteht.[909] Im Euroraum gelten im Moment festverzinsliche Anleihen der Bundesrepublik Deutschland als am wenigsten ausfallgefährdet und daher als quasi-sicher. Die Bestimmung des risikolosen Zinssatzes setzt daher gegenwärtig auf deutschen Bundesanleihen auf.[910]

### 5.4.3 Restlaufzeit

#### 5.4.3.1 Theoretische Anforderungen

Allgemein verlangt das Laufzeitäquivalenzprinzip, dass sich die Zahlungsströme der Alternativanlage über denselben Zeitraum wie die Zahlungsströme des Bewertungsobjekts erstrecken und hinsichtlich ihres zeitlichen Anfalls eine vergleichbare Struktur aufweisen.[911] Gegenstand der Betrachtung ist ein Unternehmen, welches nach den Verhältnissen am Bewertungsstichtag in der Lage ist, zeitlich unbegrenzt ausschüttungsfähige Zahlungsströme zu erwirtschaften.[912] Vor dem Hintergrund des Laufzeitäquivalenz-

---

[907] Vgl. Moxter, A., Grundsätze, 1983, S. 146; IDW (Hrsg.), IDW S 1 i. d. F. 2000, Tz. 52.
[908] Vgl. Großfeld, B., Anteilsbewertung, 2002, S. 120; noch unschlüssig Ballwieser, W., Unternehmensbewertung, 2003, S. 23; Obermaier, R., FB 2008, S. 493.
[909] Vgl. Obermaier, R., Zins, 2004, S. 154.
[910] Vgl. Bundesrepublik Deutschland – Finanzagentur GmbH, Bundeswertpapiere (11. Januar 2016).
[911] Vgl. Großfeld, B., Anteilsbewertung, 2002, S. 118; Ballwieser, W., Unternehmensbewertung, 2003, S. 21 – 22; Wiese, J. / Gampenrieder, P., BB 2008, S. 1724; aA wohl Siepe, G., WPg 1998, S. 326.
[912] Vgl. Freiberg, J. / Lüdenbach, N., KoR 2005, S. 480 – 481; Wiese, J. / Gampenrieder, P., DST 2007, S. 442 – 443.

## Kapitel 5: Rendite der risikolosen Anlage

prinzips ist der Basiszinssatz daher grundsätzlich aus Staatsanleihen von unbegrenzter Restlaufzeit abzuleiten, um auf diese Weise die Zahlungsströme des Bewertungsobjekts gegen eine mögliche zwischenzeitliche Zinsänderung zu immunisieren.[913]

Die Orientierung an der Bundesanleihe mit der längsten Restlaufzeit für den Basiszinssatz in der Funktion als isolierter Kapitalkostenbestandteil deckt sich mit den Anforderungen des CAPM hinsichtlich der risikolosen Anlage in der Funktion als Referenz für die Marktrendite. Denn bei der hier betrachteten originären Form des CAPM handelt es um ein Einperiodenmodell. Keineswegs ist hierbei der zeitliche Horizont von einer Periode mit einem Jahr gleichzusetzen.[914] Diesem Missverständnis scheint jedoch zumindest ein Teil derjenigen Stimmen zu erliegen, welche sich hinsichtlich der risikolosen Anlage in der Funktion als Referenz für die Marktrendite für kurzlaufende Staatsanleihen aussprechen.[915] Als weiterer Grund für die Wahl von Kurzläufern wird die im Vergleich zu Langläufern bessere Datenverfügbarkeit genannt.[916] Hierbei wird jedoch übersehen, dass hinsichtlich der in das Marktportfolio einbezogenen Unternehmen die Annahme einer unendlichen Fortbestehensdauer gilt. Der Vergleich der aus einem möglichst langen Referenzzeitraum abgeleiteten Marktrendite mit der Rendite eines kurzlaufenden risikolosen Wertpapiers geht mit einer Verletzung der Laufzeitäquivalenz respektive der Duration[917] von Marktportfolio und risikoloser Anlage einher und verbietet sich daher.[918]

---

[913] Vgl. Ballwieser, W., BFuP 1981, S. 112 – 114; Widmann, B. / Schieszl, S. / Jeromin, A., FB 2003, S. 800; Hachmeister, D. / Wiese, J., WPg 2009, S. 55; grundsätzlich zustimmend, jedoch hieraus andere Schlussfolgerungen ableitend Jonas, M. / Wieland-Blöse, H. / Schiffarth, S., FB 2005, S. 650.

[914] Vgl. Ritter, J. R., JFR 2002, S. 159.

[915] Vgl. Morawietz, M., Rentabilität und Risiko, 1994, S. 138 – 139, allerdings wohl relativierend S. 257; Abel, B. A., JME 1999, S. 3; Reese, R., Eigenkapitalkosten, 2007, S. 56; Drukarczyk, J. / Schüler, A., Unternehmensbewertung, 2009, S. 221 – 222; Brealey, R. A. / Myers, S. C. / Allen, F., Principles of Corporate Finance, 2014, S. 168 – 169.

[916] Vgl. Siegel, J. J., FAJ 1992, Nr. 1, S. 28.

[917] Die Reagibilität des Kurses einer Anleihe auf Veränderungen des Marktzinses kommt in der Duration zum Ausdruck. Sie gibt an, welche Veränderung der Kurs einer Anleihe in Prozent erfährt, wenn sich das Marktzinsniveau um ein Prozent ändert. Vgl. hierzu Gerke, W. / Bank, M., Finanzierung, 2003, S. 93; Perridon, L. / Steiner, M. / Rathgeber, A., Finanzwirtschaft, 2012, S. 202. Daneben lässt sich die Duration $D$ als mittlere Kapitalbindungsdauer interpretieren. Formal gilt $D = \frac{\sum_{t=1}^{T} \frac{t \cdot X_t}{(1+k)^t}}{\sum_{t=1}^{T} \frac{X_t}{(1+k)^t}}$. Hierbei steht $X_t$ weiterhin für die Zahlungsströme in der $t$-ten von insgesamt $T$ Perioden und $k$ für die Rendite der Alternativanlage. Vgl. hierzu Macaulay, F. R., Long Interest Rates, 1938, S. 44 – 53; Kohn, M., Financial Institutions, 2004, S. 85 – 87.

[918] Vgl. Weber, M. / Schiereck, D., Kapitalkosten, 1993, S. 141 – 142; Ilmanen, A., JPortM 2003, Nr. 2, S. 19.

Als Zwischenergebnis ist damit festzuhalten, dass die Bestimmung der Rendite der Alternativanlage im hier betrachteten Fall der Bewertung eines Unternehmens von unendlicher Fortbestehensdauer ihren Ausgangspunkt theoretisch in einer ewig laufenden Bundesanleihe nimmt. Dies gilt für die Bestimmung der Rendite der risikolosen Anlage in der Funktion als Referenz für die Marktrendite in gleicher Weise wie in der Funktion als isolierter Kapitalkostenbestandteil.[919]

#### 5.4.3.2 Praktische Umsetzung

#### 5.4.3.2.1 Vorbemerkung

Dem theoretischen Erfordernis, die Rendite der risikolosen Anlage im hier betrachteten Fall der Bewertung eines Unternehmens von unendlicher Fortbestehensdauer korrespondierend aus unendlich laufenden Staatsanleihen abzuleiten, sind in der praktischen Umsetzung enge Grenzen gesetzt. Diese bestehen in der mangelnden Verfügbarkeit derartiger Anleihen auf dem Kapitalmarkt. Im Marktsegment unendlich laufender festverzinslicher Anleihen sind öffentliche Emittenten bislang kaum vertreten, wie überhaupt nur vergleichsweise wenige Anleihen mit unendlicher Restlaufzeit auf dem Kapitalmarkt umgehen.[920] Bei der Bestimmung des Basiszinssatzes sind daher zwei Zeiträume zu unterscheiden, nämlich einerseits die zeitlich begrenzte Phase, welche von der Restlaufzeit der längstlaufenden Staatsanleihe abgedeckt wird, andererseits die sich hieran anschließende zeitlich unbegrenzte Phase, für welche Annahmen über die dann geltende Verzinsung zu treffen sind.[921] In den Annahmen bezüglich der Verzinsung in der ferneren Phase tritt also die Problematik einer möglichen zwischenzeitlichen

---

[919] Vgl. Arbeitskreis Finanzierung der Schmalenbach-Gesellschaft Deutsche Gesellschaft für Betriebswirtschaft e. V. (Hrsg.), ZfbF 1996, S. 549; Benartzi, S. / Thaler, R. H., QJE 1995, S. 82; Stehle, R. / Hausladen, J., WPg 2004, S. 934.

[920] Eine Ausnahme bilden Consols, eine Unterform der britischen Gilts, welche die britische Regierung erstmals 1729 und später besonders im Zuge der napoleonischen Kriege zur Konsolidierung der ausufernden Staatsverschuldung begeben hat. Vgl. hierzu Kohn, M., Financial Institutions, 2004, S. 341 – 342; Siegel, J. J., JME 1992, S. 237. Jedoch können selbst diese nur bedingt als Beispiel für ewig laufende Staatsanleihen dienen. Denn im Unterschied zu den hier interessierenden einfachen endfälligen Staatsanleihen sind Consols mit einer Call-Option ausgestattet, welche dem Emittenten das Recht gibt, die Anleihen jederzeit zu ihrem Nominalbetrag zurückzuzahlen. Erst jüngst kündigte Großbritannien an, das momentane Zinsumfeld nutzen und von der Call-Option solcher Consols positiven Gebrauch üben zu wollen, um die Nominale günstiger zu refinanzieren. Vgl. hierzu Castle, S., NYT 2014, Ausgabe vom 28. Dezember, S. A14. Das zusätzliche Ausstattungsmerkmal einer Call-Option äußert sich in einer im Vergleich zu den hier fokussierten einfachen Anleihen abweichenden Reagibilität des Kursverlaufs von Consols auf Änderungen des Zinsumfelds sowie in der Konvexität der Anleihe.

[921] Vgl. Lampenius, N. / Obermaier, R. / Schüler, A., ZBB 2008, S. 246; Gebhardt, G. / Daske, H., WPg 2005, S. 653 – 654; IDW (Hrsg.), FN-IDW 2008, S. 491; Drukarczyk, J. / Schüler, A., Unternehmensbewertung, 2009, S. 211.

Zinsänderung in Erscheinung.[922] Mangels unendlich laufender Staatsanleihen kommt es somit zu einer Verletzung des Laufzeitäquivalenzprinzips. Das Zweiphasenmodell versucht, diese dadurch zu heilen, dass es als zweitbeste Lösung eine synthetische unendlich laufende Staatsanleihe konstruiert, indem es die Rendite der am längsten laufenden Staatsanleihe mit einer geschätzten Anschlussverzinsung kombiniert. Abbildung 18 veranschaulicht das Vorgehen.

Kassazinssatz
$i(m; b)$

$i(m^*; b)$

0  $m^*$  Zeitlicher Horizont $m$

Phase explizit geschätzter Kassazinssätze

Phase der Anschlussverzinsung

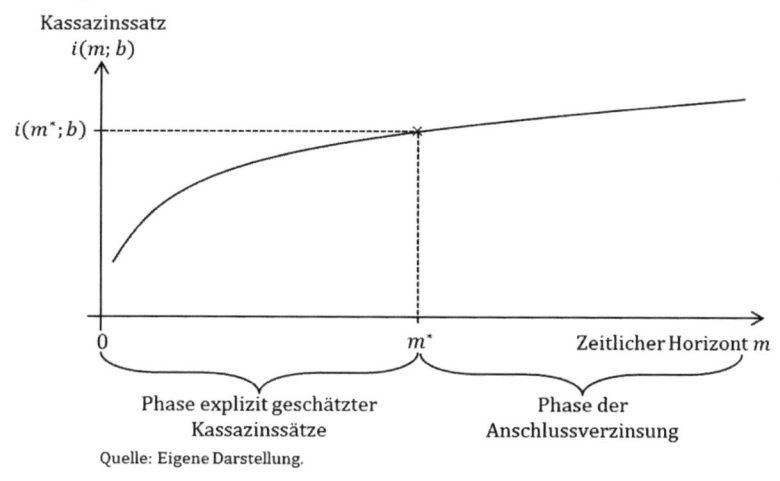

Quelle: Eigene Darstellung.

**Abbildung 18: Zweiphasenmodell**

### 5.4.3.2.2 Rendite der risikolosen Anlage in der Funktion als isolierter Kapitalkostenbestandteil

Eingedenk des Laufzeitäquivalenzprinzips erscheint es naheliegend, für die erste Phase innerhalb des Zweiphasenmodells auf die Staatsanleihe mit der längsten Restlaufzeit abzustellen. Denn sollten sich die Annahmen hinsichtlich der Anschlussverzinsung ex post als falsch erweisen, lassen sich bei Zugrundelegung der längsten am Markt verfügbaren Restlaufzeit die Implikationen auf den Unternehmenswert zumindest so gering wie möglich halten. Dennoch wurde die Frage, welche Restlaufzeit der ersten Phase zugrunde zu legen ist, lange Zeit kontrovers diskutiert. Allerdings stand hierbei die Funktion der risikolosen Anlage als isolierter Kapitalkostenbestandteil im Vordergrund.[923]

Der Meinungsstreit hinsichtlich der Restlaufzeit der Kuponanleihen in der Funktion der Rendite der risikolosen Anlage als isolierter Kapitalkostenbe-

---

[922] Vgl. Schwetzler, B., ZfB 1996, S. 1086.
[923] Vgl. Drukarczyk, J. / Schüler, A., Unternehmensbewertung, 2009, S. 210.

standteil wurde in erster Linie über die Frage nach der Liquidität, die damit eng verbundene Frage nach der Ausgabefrequenz sowie über die Reagibilität unterschiedlicher Restlaufzeiten auf kurzfristige Veränderungen der Inflation ausgetragen. Erst die eindeutige Positionierung des *IDW* in IDW S 1 i. d. F. 2008 nach einer längeren Phase des Wankelmuts brachte die Diskussion zum Verstummen. Seither ist der Basiszinssatz marktorientiert unter Zuhilfenahme der Informationen der Zinsstrukturkurve zu schätzen.[924] Ausdrücklich sprechen in diesem Zusammenhang die ergänzenden Hinweise des FAUB zur Bestimmung des Basiszinssatzes von einem Zeitraum von 30 Jahren für die erste Phase.[925] Die Auffassungsunterschiede hinsichtlich der Restlaufzeit der Anleihe für die erste Phase sind somit seit IDW S 1 i. d. F. 2008 als beigelegt anzusehen.

Wenngleich sich in der Rechtsprechung zu der Frage bislang noch keine herrschende Meinung herausgebildet hat, konkretisiert sich auch hier in den vergangenen Jahren die ehedem ausgesprochene auslegungsbedürftige Empfehlung langer Restlaufzeiten zunehmend mit 30 Jahren, insbesondere seit der dahingehenden Äußerung des *IDW* im Zuge der Verlautbarung von IDW S 1 i. d. F. 2008.[926] Aus Sicht der Bewertungspraxis spricht für die Zugrundelegung einer möglichst langen Restlaufzeit für die erste Phase, dass der Restwert in praxi vielfach nicht auf der Grundlage der ewigen Rente, sondern mithilfe eines Multiplikators geschätzt wird, wodurch sich die unendliche in eine endliche Zahlungsreihe wandelt.[927]

### 5.4.3.2.3 Rendite der risikolosen Anlage in der Funktion als Referenz für die Marktrendite

Das *IDW* stellt in der genannten Verlautbarung auf den Basiszinssatz in der Funktion als isolierter Kapitalkostenbestandteil ab. Da vorliegend der Basiszinssatz in der Funktion als Referenz für die Marktrendite im Vordergrund steht, gilt es zu prüfen, inwiefern die Auffassung des *IDW* hinsichtlich der Restlaufzeit im Sinne des Konsistenzgebots grundsätzliche Gültigkeit hat. Denn im Hinblick auf den Basiszinssatz in der Funktion als Referenz für die Marktrendite ist die Frage nach der Restlaufzeit der zugrundeliegenden Anleihe keineswegs abschließend geklärt. Erstaunlicherweise wird diese zumeist gar nicht aufgegriffen. Vielmehr zeigen die eingangs vorgestellten empirischen Untersuchungen hinsichtlich der Restlaufzeit der risikolosen Anlage eine bemerkenswerte Heterogenität. Somit ist die Diskussion über

---

[924] Vgl. IDW (Hrsg.), IDW S 1 i. d. F. 2008, Tz. 117.
[925] Vgl. IDW (Hrsg.), FN-IDW 2008, S. 491.
[926] Vgl. LG Bremen vom 18. Februar 2002, AG 2003, S. 214 (S. 215); LG München I vom 25. Februar 2002, AG 2002, S. 563 (S. 565); OLG Düsseldorf vom 27. Mai 2009, WM 2009, S. 2220 (S. 2225).
[927] Vgl. Ballwieser, W., Unternehmensbewertung, 2003, S. 22, S. 28.

Kapitel 5: Rendite der risikolosen Anlage

die Wahl der adäquaten Restlaufzeit für den Basiszinssatz in der Funktion als Referenz für die Marktrendite gesondert zu führen, wobei die im Zusammenhang mit der Funktion als isolierter Kapitalkostenbestandteil ins Feld geführten Argumente, sohin die Liquidität und die Inflation, zu berücksichtigen sind.

Im Allgemeinen gilt ein Wertpapier als liquide, wenn es auf dem Kapitalmarkt für Zwecke des Konsums oder der Reinvestition ohne zeitliche Verzögerungen und ohne Transaktionskosten in Geld getauscht werden kann.[928] Die Liquidität eines Wertpapiers erstreckt sich somit auf eine zeitliche Dimension, welche darin besteht, das Wertpapier jederzeit handeln zu können. Wesentliche Bestimmungsfaktoren für die Liquidität eines Finanzierungstitels sind die Anzahl potentieller Handelspartner, Handelsbeschränkungen, Haltekosten sowie insbesondere möglicherweise erforderliche Preiszugeständnisse.[929] Tiefe[930], Breite[931], Innovationskraft[932] und die Dauer der Orderausführung geben Aufschluss über die Liquidität des Kapitalmarkts im Besonderen.[933] Als Indikatoren für die Liquidität eines Wertpapiers dienen die Geld-Brief-Spanne[934] (engl. bid ask spread), Umsatzzahlen sowie der Anteil des Streubesitzes.

Der Einwand unzureichender Liquidität richtet sich an die grundsätzliche Eignung langlaufender Anleihen, auf dem Kapitalmarkt den fairen Preis anzunehmen. Hintergrund der dahingehenden Diskussion ist die in IDW S 1 i. d. F. 2000 ausgesprochene Empfehlung, als Ausgangspunkt für die Bestimmung des risikolosen Zinses in der ersten Phase auf „öffentliche Anleihen mit einer Restlaufzeit von zehn oder mehr Jahren"[935] zurückzugreifen. Teile der Literatur werten die ergänzenden Erläuterungen im Wirtschaftsprüferhandbuch 2002 als Indiz dafür, dass das *IDW* zu diesem Zeitpunkt Bundesanleihen „mit einer Restlaufzeit von 9 bis 10 Jahren"[936] favorisierte, da wegen des vergleichsweise geringen Marktvolumens von Bundesanlei-

---

[928] Vgl. Hirshleifer, J., Liquidity, 1972, S. 137 – 138; Ballwieser, W., BFuP 1981, S. 113.
[929] Vgl. Lippman, S. A. / McCall, J. J., AER 1986, S. 43; aA Kempf, A., DBW 1998, S. 299; Obermaier, R., Basiszinssatz, 2005, S. 19.
[930] Nimmt die Ausführung eines neu eingehenden Orders keinen wesentlichen Einfluss auf den Marktpreis, was das jederzeitige Vorliegen einer hinreichenden Anzahl von Kauf- und Verkaufsorder voraussetzt, so liegt ein tiefer Kapitalmarkt vor.
[931] Ein Kapitalmarkt ist breit, wenn die Gesamtheit der Order ein Volumen erreicht, welches auch für die Ausführung größerer Aufträge geeignet ist.
[932] Das Merkmal der Erneuerungsfähigkeit ist einem Kapitalmarkt zuzuschreiben, wenn Marktungleichgewichte kurzfristig entsprechende Order nach sich ziehen und so zum Ausgleich gelangen.
[933] Vgl. Upper, C., Financial Market Liquidity, 2000, S. 6 – 7.
[934] Zum Geldkurs können Wertpapiere an der Börse verkauft, zum Briefkurs gekauft werden.
[935] IDW (Hrsg.), IDW S 1 i. d. F. 2000, Tz. 121.
[936] IDW (Hrsg.), Wirtschaftsprüfer-Handbuch, 2002, lit. A, Tz. 292.

Kapitel 5: Rendite der risikolosen Anlage

hen mit anfänglichen Laufzeiten von bis zu 30 Jahren[937] die Bewertung durch den Markt möglicherweise unzuverlässig sei.[938] 2003 hat der Arbeitskreis Unternehmensbewertung des *IDW* (AKU) die Auslegung dieser Äußerung mit einer Restlaufzeit von zehn Jahren explizit bestätigt,[939] um sie 2005 erneut zu relativieren. Hier zog man sich auf die allgemein gehaltene Empfehlung zurück, für die Bestimmung des Basiszinssatzes „auf Staatsanleihen mit langen Restlaufzeiten abzustellen"[940].

Im Zusammenhang mit der Interpretation der Maßgrößen für die Liquidität von Anleihen erscheint problematisch, dass festverzinsliche Bundeswertpapiere nicht nur im amtlichen Börsenhandel, sondern auch und vor allen Dingen im freien Handel außerhalb der Börse ‚über den Tresen' als OTC-Geschäfte umgehen. Dies gilt umso mehr, als nicht so sehr Privatanleger als vielmehr institutionelle Investoren, so z. B. Banken, Versicherungen und Pensionsfonds, Anleihen mit einer Restlaufzeit von 30 Jahren halten. Institutionelle Investoren jedoch tätigen ihre Wertpapiergeschäfte untereinander üblicherweise außerbörslich, um die ansonsten anfallende Maklercourtage zu sparen.[941] Somit ist das tatsächliche Gesamtvolumen des Markts für langlaufende Bundesanleihen nicht abschätzbar. Allerdings steht fest, dass die von der Deutschen Börse AG veröffentlichten Handelsdaten allenfalls ein unvollständiges, wenn nicht gar verzerrtes Bild vermitteln.[942] Fraglich ist daher, ob die aus den öffentlich zugänglichen Daten abzuleitenden Schlussfolgerungen hinsichtlich der Liquidität Anspruch auf Allgemeingültigkeit erheben können und undifferenziert auf den Gesamtmarkt übertragbar sind. Im Übrigen lassen die öffentlich zugänglichen Handelsdaten keine ein-

---

[937] Warum die Diskussion ausschließlich Restlaufzeiten von zehn respektive 30 Jahren fokussiert und nicht auch dazwischen liegende Restlaufzeiten einbeziehT, bleibt indes unklar.
[938] Vgl. IDW (Hrsg.), Wirtschaftsprüfer-Handbuch, 1998, lit. A, Tz. 277; IDW (Hrsg.), Wirtschaftsprüfer-Handbuch, 2002, lit. A, Tz. 292, dort insbesondere Fn. 594; Wenger, E., Basiszins, 2003, S. 480; Widmann, B. / Schieszl, S. / Jeromin, A., FB 2003, S. 801; Jonas, M. / Wieland-Blöse, H. / Schiffarth, S., FB 2005, S. 649. In diesem Zusammenhang stützt sich das IDW auf *Wagner*. *Wagner* hegt im Grundsatz offensichtlich eine gewisse Sympathie gegenüber einer Restlaufzeit von 30 Jahren. Allerdings spricht er derartigen Anleihen die Eigenschaft einer hinreichenden Liquidität ab. Im Ergebnis scheint er sich für eine Restlaufzeit von zehn Jahren auszusprechen, wenngleich sich bei näherer Betrachtung die Argumentationslinie als wenig schlüssig erweist und Schwachstellen erkennen lässt. Vgl. hierzu Wagner, W., Shareholder-Value, 1996, S. 336 – 337. So bezieht sich *Wagner* auf *Jonas*, der sich jedoch klar für eine Restlaufzeit von 30 Jahren ausspricht. Vgl. hierzu Jonas, M., BFuP 1995, S. 87 – 88; kritisch Wenger, E., Basiszins, 2003, S. 480 – 482; Obermaier, R., Basiszinssatz, 2005, S. 17 – 18.
[939] Vgl. IDW (Hrsg.), FN-IDW 2003, S. 26.
[940] IDW (Hrsg.), FN-IDW 2005, S. 70 – 71.
[941] Vgl. Jaschke, S. / Stehle, R. / Wernicke, S., ZfbF 2000, S. 445.
[942] Vgl. Ballwieser, W., Unternehmensbewertung, 2003, S. 27; Wenger, E., Basiszins, 2003, S. 482, dort insbesondere Fn. 17.

deutige Tendenz zugunsten einer höheren Liquidität zehnjähriger Staatsanleihen erkennen.[943] In Bezug auf die Geld-Brief-Spanne, dem aussagekräftigsten Liquiditätsmaß, ist dies gleichwohl der Fall.[944]

Zwischenzeitlich überlebt hat sich der Einwand, die Bundesrepublik Deutschland begebe erst seit 1994 mit einer gewissen Regelmäßigkeit Anleihen mit einer Restlaufzeit von 30 Jahren.[945] Die zu geringe Ausgabefrequenz von Bundesanleihen mit einer Restlaufzeit von 30 Jahren erlaube daher nur lückenhafte Zinsinformationen im Restlaufzeitenspektrum jenseits von zehn Jahren.[946] Vielmehr hat die verstärkte Emission langlaufender Bundesanleihen gerade in der jüngeren Vergangenheit[947] dazu beigetragen, dass sich dieses inzwischen beinahe vervollständigt hat.

Abbildung 19 gibt eine Übersicht über die von der Deutschen Finanzagentur GmbH im Auftrag der Bundesrepublik Deutschland emittierten Anleihen. Aus Gründen der Darstellung beschränken sich die im Folgenden wiedergegebenen Ausstattungsmerkmale auf Wertpapierkennnummer, Kupon, Bezeichnung, Fälligkeit, Restlaufzeit, Emissionsvolumen, Kurs und Rendite der jeweiligen Anleihen. Auf Einzelheiten kann hierbei nicht eingegangen werden. Die im Weiteren unbeachtlichen inflationsindexierten Anleihen bleiben unberücksichtigt.

---

[943] Vgl. Ballwieser, W., Unternehmensbewertung, 2003, S. 28.
[944] Vgl. Obermaier, R., Basiszinssatz, 2005, S. 20.
[945] Die Bundesrepublik Deutschland begibt zwar bereits seit 1986 Anleihen mit einer Restlaufzeit von 30 Jahren, regelmäßig jedoch erst seit 1994. Damit weist das Spektrum der für die Ableitung des Basiszinssatzes in Frage kommenden Anleihen jenseits des Horizonts von 21 Jahren Lücken auf. Vgl. hierzu Widmann, B. / Schieszl, S. / Jeromin, A., FB 2003, S. 800 – 801; Obermaier, R., FB 2008, S. 494.
[946] Vgl. Bundesrepublik Deutschland – Finanzagentur GmbH, Bundeswertpapiere (11. Januar 2016). Warum *Widmann / Schieszl / Jeromin* die 1994 emittierte Bundesanleihe mit einer Restlaufzeit von 30 Jahren von ihrer Betrachtung ausnehmen, bleibt offen. Vgl. hierzu Widmann, B. / Schieszl, S. / Jeromin, A., FB 2003, S. 801. Ähnlich lückenhaft ist das Restlaufzeitenspektrum auch in anderen Währungsräumen, etwa in Großbritannien. Vgl. hierzu Deacon, M. / Derry, A., Term Structure, 1994, S. 5 – 6.
[947] Vgl. Obermaier, R., Basiszinssatz, 2005, S. 18, der in diesem Punkt seinerseits *Widmann / Schieszl / Jeromin* offensichtlich missversteht. Vgl. hierzu Widmann, B. / Schieszl, S. / Jeromin, A., FB 2003, S. 801.

# Kapitel 5: Rendite der risikolosen Anlage

| ISIN | Kupon | Bezeichnung | Fälligkeit | Restlaufzeit in Jahren | Emissions-volumen in Mrd. EUR | Kurs | Rendite |
|---|---|---|---|---|---|---|---|
| DE0001141596 | 2,000 | BO S 159 | 26. Februar 2016 | 0,08 | 16,0 | 100,358 | -0,46% |
| DE0001137453 | 0,250 | BSA 14 | 11. März 2016 | 0,17 | 13,0 | 100,133 | -0,47% |
| DE0001141604 | 2,750 | BO S 160 | 8. April 2016 | 0,25 | 18,0 | 100,821 | -0,40% |
| DE0001137461 | 0,250 | BSA 14 II | 10. Juni 2016 | 0,42 | 13,0 | 100,290 | -0,42% |
| DE0001134468 | 6,000 | Bund 86 II | 20. Juni 2016 | 0,42 | 3,8 | 102,945 | -0,39% |
| DE0001135309 | 4,000 | Bund 06 | 4. Juli 2016 | 0,50 | 23,0 | 102,183 | -0,37% |
| DE0001137479 | 0,000 | BSA 14 | 16. September 2016 | 0,67 | 13,0 | 100,268 | -0,38% |
| DE0001134492 | 5,625 | Bund 86 | 20. September 2016 | 0,67 | 0,8 | 104,305 | -0,41% |
| DE0001141612 | 1,250 | BO S 161 | 14. Oktober 2016 | 0,75 | 16,0 | 101,265 | -0,37% |
| DE0001137487 | 0,000 | BSA 14 II | 16. Dezember 2016 | 0,92 | 14,0 | 100,365 | -0,38% |
| DE0001135317 | 3,750 | Bund 06 | 4. Januar 2017 | 1,00 | 20,0 | 104,165 | -0,40% |
| DE0001141620 | 0,750 | BO S 162 | 24. Februar 2017 | 1,08 | 16,0 | 101,271 | -0,36% |
| DE0001137495 | 0,000 | BSA 15 | 10. März 2017 | 1,17 | 14,0 | 100,425 | -0,36% |
| DE0001141638 | 0,500 | BO S 163 | 7. April 2017 | 1,25 | 18,0 | 101,078 | -0,35% |
| DE0001104602 | 0,000 | BSA 15 II | 16. Juni 2017 | 1,42 | 13,0 | 100,506 | -0,35% |
| DE0001135333 | 4,250 | Bund 07 II | 4. Juli 2017 | 1,50 | 19,0 | 106,905 | -0,34% |
| DE0001104610 | 0,000 | BSA 15 III | 15. September 2017 | 1,67 | 13,0 | 100,590 | -0,35% |
| DE0001141646 | 0,500 | BO S 164 | 13. Oktober 2017 | 1,75 | 16,0 | 101,497 | -0,34% |
| DE0001104628 | 0,000 | BSA 15 IV | 15. Dezember 2017 | 1,92 | 8,0 | 100,668 | -0,34% |
| DE0001135341 | 4,000 | Bund 07 | 4. Januar 2018 | 2,00 | 20,0 | 108,725 | -0,34% |
| DE0001141653 | 0,500 | BO S 165 | 23. Februar 2018 | 2,08 | 17,0 | 101,770 | -0,32% |
| DE0001141661 | 0,250 | BO S 166 | 13. April 2018 | 2,25 | 17,0 | 101,300 | -0,32% |
| DE0001135358 | 4,250 | Bund 08 | 4. Juli 2018 | 2,50 | 21,0 | 111,450 | -0,31% |
| DE0001141679 | 1,000 | BO S 167 | 12. Oktober 2018 | 2,75 | 17,0 | 103,600 | -0,29% |
| DE0001135374 | 3,750 | Bund 08 | 4. Januar 2019 | 3,00 | 24,0 | 112,105 | -0,26% |
| DE0001141687 | 1,000 | BO S 168 | 22. Februar 2019 | 3,08 | 16,0 | 103,960 | -0,26% |
| DE0001141695 | 0,500 | BO S 169 | 12. April 2019 | 3,25 | 16,0 | 102,450 | -0,25% |
| DE0001135382 | 3,500 | Bund 09 | 4. Juli 2019 | 3,50 | 24,0 | 113,030 | -0,21% |
| DE0001141703 | 0,250 | BO S 170 | 11. Oktober 2019 | 3,75 | 16,0 | 101,680 | -0,19% |
| DE0001135390 | 3,250 | Bund 09 | 4. Januar 2020 | 4,00 | 22,0 | 113,625 | -0,14% |
| DE0001141711 | 0,000 | BO S 171 | 17. April 2020 | 4,25 | 20,0 | 100,475 | -0,11% |
| DE0001135408 | 3,000 | Bund 10 | 4. Juli 2020 | 4,50 | 22,0 | 113,865 | -0,08% |
| DE0001135416 | 2,250 | Bund 10 | 4. September 2020 | 4,67 | 16,0 | 110,820 | -0,06% |
| DE0001141729 | 0,250 | BO S 172 | 16. Oktober 2020 | 4,75 | 19,0 | 101,335 | -0,03% |
| DE0001135424 | 2,500 | Bund 10 | 4. Januar 2021 | 5,00 | 19,0 | 112,565 | -0,01% |
| DE0001135440 | 3,250 | Bund 11 | 4. Juli 2021 | 5,50 | 19,0 | 117,580 | 0,05% |
| DE0001135457 | 2,250 | Bund 11 | 4. September 2021 | 5,67 | 16,0 | 112,395 | 0,06% |
| DE0001135465 | 2,000 | Bund 11 | 4. Januar 2022 | 6,00 | 20,0 | 111,340 | 0,10% |
| DE0001135473 | 1,750 | Bund 12 | 4. Juli 2022 | 6,50 | 24,0 | 110,260 | 0,16% |
| DE0001135499 | 1,500 | Bund 12 | 4. September 2022 | 6,67 | 18,0 | 108,740 | 0,18% |
| DE0001102309 | 1,500 | Bund 13 | 15. Februar 2023 | 7,08 | 18,0 | 108,820 | 0,25% |
| DE0001102317 | 1,500 | Bund 13 II | 15. Mai 2023 | 7,33 | 18,0 | 108,840 | 0,28% |
| DE0001102325 | 2,000 | Bund 13 | 15. August 2023 | 7,58 | 18,0 | 112,670 | 0,31% |
| DE0001134922 | 6,250 | Bund 94 | 4. Januar 2024 | 8,00 | 10,3 | 146,320 | 0,36% |
| DE0001102333 | 1,750 | Bund 14 | 15. Februar 2024 | 8,08 | 18,0 | 110,850 | 0,39% |
| DE0001102358 | 1,500 | Bund 14 | 15. Mai 2024 | 8,33 | 18,0 | 108,830 | 0,42% |
| DE0001102366 | 1,000 | Bund 14 | 15. August 2024 | 8,58 | 18,0 | 104,370 | 0,48% |
| DE0001102374 | 0,500 | Bund 15 | 15. Februar 2025 | 9,08 | 23,0 | 99,270 | 0,58% |
| DE0001102382 | 1,000 | Bund 15 | 15. August 2025 | 9,58 | 23,0 | 103,340 | 0,64% |
| DE0001135044 | 6,500 | Bund 97 | 4. Juli 2027 | 11,50 | 11,3 | 162,850 | 0,77% |
| DE0001135069 | 5,625 | Bund 98 | 4. Januar 2028 | 12,00 | 14,5 | 154,450 | 0,84% |
| DE0001135085 | 4,750 | Bund 98 II | 4. Juli 2028 | 12,50 | 11,3 | 145,600 | 0,88% |
| DE0001135143 | 6,250 | Bund 00 | 4. Januar 2030 | 14,00 | 9,3 | 168,950 | 0,96% |
| DE0001135176 | 5,500 | Bund 00 | 4. Januar 2031 | 15,00 | 17,0 | 160,950 | 1,08% |
| DE0001135234 | 4,750 | Bund 03 | 4. Juli 2034 | 18,50 | 20,0 | 157,470 | 1,25% |
| DE0001135275 | 4,000 | Bund 05 | 4. Januar 2037 | 21,00 | 23,0 | 147,880 | 1,36% |
| DE0001135325 | 4,250 | Bund 07 | 4. Juli 2039 | 23,50 | 14,0 | 156,750 | 1,40% |
| DE0001135366 | 4,750 | Bund 08 | 4. Juli 2040 | 24,50 | 16,0 | 168,800 | 1,41% |
| DE0001135432 | 3,250 | Bund 10 | 4. Juli 2042 | 26,50 | 15,0 | 139,780 | 1,43% |
| DE0001135481 | 2,500 | Bund 12 | 4. Juli 2044 | 28,50 | 16,0 | 124,240 | 1,45% |
| DE0001102341 | 2,500 | Bund 14 | 15. August 2046 | 30,58 | 13,0 | 124,550 | 1,49% |

Quelle: Eigene Darstellung in enger Anlehnung an Deutsche Bundesbank, Bundeswertpapiere (11. Januar 2016).

**Abbildung 19: Restlaufzeitentabelle bundesdeutscher Rentenpapiere am 30. Dezember 2015**

Keineswegs lässt sich die Entscheidung für die Bundeswertpapiere mit einer Restlaufzeit von zehn Jahren damit mit der Liquidität bestimmter Abschnitte im Restlaufzeitenspektrum erklären.[948]

Des Weiteren bringen Kritiker gegen Anleihen mit der längsten verfügbaren anfänglichen Restlaufzeit von 30 Jahren vor, diese zeigen im Vergleich zu Anleihen mit einer anfänglichen Restlaufzeit von zehn Jahren eine größere Schwankungsanfälligkeit gegenüber unerwarteten Änderungen der Inflationsrate.[949] Mit dem Hinweis auf die Qualität der Ergebnisse zieht daher die Bewertungspraxis vielfach Anleihen mit einer Laufzeit von zehn Jahren Anleihen mit einer Laufzeit von 30 Jahren vor.[950] Ähnlich verhält es sich mit jenen empirischen Studien zur Marktrisikoprämie, welche der Marktrendite etwa die Rendite von Bundesschatzanweisungen gegenüberstellen und sich somit für die erste Phase implizit für eine Restlaufzeit von sogar nur zwei Jahren oder weniger aussprechen.[951]

Tatsächlich reagiert der Kurs einer Anleihe umso sensibler auf Veränderungen des Nominalzinses, je größer die Duration der Anleihe ist.[952] Unter den hier getroffenen Annahmen ist die Duration wiederum cet. par. umso größer, je länger die Restlaufzeit der Anleihe ist. Somit ist der Einwand einer größeren Schwankungsanfälligkeit gegenüber unerwarteten Änderungen der Inflationsrate nicht von der Hand zu weisen.[953]

### 5.4.3.2.4 Würdigung

Im Ergebnis sind im Rahmen des Zweiphasenmodells für Zwecke der Rendite der risikolosen Anlage in der Funktion als Referenz für die Marktrendite für die erste Phase konsistent Staatsanleihen mit einer Restlaufzeit von 30 Jahren solchen mit einer Restlaufzeit von zehn Jahren vorzuziehen.[954] Die Orientierung an der längsten verfügbaren Restlaufzeit schmälert den Einfluss sich ex post möglicherweise als falsch erweisender Annahmen hinsichtlich der Anschlussverzinsung.

Der Grund für die Bildung des Zweiphasenmodells liegt gerade in der präsumierten Unendlichkeit des zu diskontierenden Zahlungsstroms. Solange

---

[948] Vgl. so aber Widmann, B. / Schieszl, S. / Jeromin, A., FB 2003, S. 801.
[949] Vgl. Fisher, I., Interest, 1930, S. 37; Frühwirth, M. / Höger, A., FB 2000, S. 40.
[950] Vgl. Widmann, B. / Schieszl, S. / Jeromin, A., FB 2003, S. 801.
[951] Vgl. Morawietz, M., Rentabilität und Risiko, 1994, S. 138 – 139, allerdings S. 257; Reese, R., Eigenkapitalkosten, 2007, S. 56; Drukarczyk, J. / Schüler, A., Unternehmensbewertung, 2009, S. 221 – 222.
[952] Vgl. hierzu Macaulay, F. R., Long Interest Rates, 1938, S. 44 – 53; Kohn, M., Financial Institutions, 2004, S. 85 – 87.
[953] Vgl. Frühwirth, M. / Höger, A., FB 2000, S. 40.
[954] Vgl. z. B. Wiese, J. / Gampenrieder, P., BB 2008, S. 1722; Reese, R. / Wiese, J., Unternehmensbewertung, 2006, S. 2.

also eine Anleihe umläuft, deren Restlaufzeit dem durch die Mischung von Ertrags- und Multiplikatorverfahren faktisch begrenzten Zeitraum entspricht, empfiehlt es sich, allein schon aus Gründen der Laufzeitäquivalenz auf diese Anleihe zurückzugreifen. Schließlich ist zu würdigen, dass das Zweiphasenmodell ohnehin nur eine Approximation für die Rendite einer unendlich laufenden Staatsanleihe bieten kann. Als Grundlage für die erste Phase sieht das Modell die am längsten laufende Staatsanleihe vor, wobei die Frage nach deren Liquidität nicht im Vordergrund steht. Abweichungen hiervon stellen daher einen unnötigen Bruch mit den Modellannahmen dar. Die Wahl jeder anderen als der längsten verfügbaren Restlaufzeit ist willkürlich.

### 5.4.4 Zwischenergebnis

Ausgangspunkt für die Bestimmung des risikolosen Zinssatzes sind grundsätzlich öffentliche Anleihen desjenigen Landes, in welchem das Bewertungsobjekt ansässig ist. Das Kriterium der Ansässigkeit ist hierbei weit mit dem Währungsraum auszulegen, welchem das Bewertungsobjekt angehört. Öffentliche Anleihen mit einer unendlichen Laufzeit gehen auf dem Kapitalmarkt nicht um. Daher ist der Basiszinssatz mithilfe eines Zweiphasenmodells zu bestimmen. Um den Einfluss der Anschlussverzinsung auf das Bewertungsergebnis so gering wie möglich zu halten, ist hierbei der ersten Phase die Anleihe mit der längsten verfügbaren Restlaufzeit zugrunde zu legen.

## 5.5 Stichtagsverzinsung

### 5.5.1 Vorbemerkung

Nach dem eng ausgelegten Stichtagsprinzip sind bei der Unternehmensbewertung alle Faktoren zu berücksichtigen, welche am Bewertungsstichtag angelegt und bereits hinreichend konkret sind. Das eng ausgelegte Stichtagsprinzip sowie das diesem übergeordnete Prinzip der Zukunftsbezogenheit der Bewertung beziehen sich hierbei gleichermaßen auf die Kapitalisierungsgröße wie auf die Rendite der Alternativanlage.[955]

Hinsichtlich der Rendite der Alternativanlage bestehen mit der Orientierung an den Verhältnissen vor, am respektive nach dem Bewertungsstichtag drei unterschiedliche Auffassungen, wie das Prinzip der Zukunftsbezogenheit der Bewertung praktisch umzusetzen ist. Es wurde gezeigt, dass der bewertungstheoretisch korrekte Ansatz zur Bestimmung der Rendite der Alternativanlage in den Verhältnissen am Bewertungsstichtag liegt. Die Berücksichtigung der Verhältnisse vor respektive nach dem Bewertungsstichtag hingegen widerspricht im Kern dem eng ausgelegten Stichtagsprinzip. Bei Zu-

---

[955] Vgl. Moxter, A., Grundsätze, 1983, S. 172.

grundelegung der Stichtagsverzinsung finden explizit die Erwartungen der Kapitalmarktteilnehmer am Bewertungsstichtag Berücksichtigung, indem sich diese in Angebot und Nachfrage und damit mittelbar in den Wertpapierpreisen niederschlagen.[956] Der zeitliche Horizont, für welchen so die Kapitalmarkterwartungen zum Ausdruck kommen, erstreckt sich dabei auf die Restlaufzeit der betreffenden Anleihe. Die folgenden Ausführungen widmen sich der Frage, wie der bisher abstrakt gehaltene Begriff der Stichtagsverzinsung zu konkretisieren ist.

### 5.5.2 Ausprägungen

Die Gegebenheiten auf dem Kapitalmarkt und damit das einer Anleihe beigemessene Risiko verändern sich fortlaufend, sodass die Rendite der Alternativanlage und mit dieser der Kurs einer Anleihe permanenten Schwankungen unterliegen. Kurs und Nominalbetrag einer Anleihe weichen während ihrer Restlaufzeit in der Regel voneinander ab.[957]

Die im Zeitablauf schwankende Rendite der Alternativanlage einer Anleihe gibt deren Effektivverzinsung an.[958] Allgemein versteht man unter der Effektivverzinsung einer Anleihe denjenigen Zinssatz, bei welchem der Barwert der noch ausstehenden Kuponzahlungen und des Nominalwerts genau dem aktuellen Kurs der Anleihe entspricht.[959] Insofern versteht sich die Effektivverzinsung als interner Zinssatz der mit der zu bewertenden Anleihe verbundenen Zahlungsreihe. Formal gilt für den Zusammenhang zwischen Kurs und Effektivverzinsung einer Anleihe $r_e$ am Bewertungsstichtag $t = 0$ mit der Restlaufzeit $T$

$$P_0 = \sum_{t=1}^{T} \frac{C_t}{(1 + r_e)^t} + \frac{100{,}00}{(1 + r_e)^T} \qquad (1)$$

wobei $C_t$ weiterhin die Zahlung der Kuponanleihe in der $t$-ten Periode mit $t \in \{1; 2; 3; ...; T - 1; T\}$ beschreibt. In dem speziellen Fall, wenn eine Anleihe gerade zu pari notiert, bezeichnet man die Effektivverzinsung als Par Rate.[960] Der vorstehende Zusammenhang gilt grundsätzlich für Kupon- in gleicher Weise wie für Nullkuponanleihen. Im Unterschied zu Kuponanleihen sehen Nullkuponanleihen formal keine laufende Verzinsung vor. Jedoch ver-

---

[956] Vgl. Schwetzler, B., ZfB 1996, S. 1090.
[957] Vgl. Zantow, R. / Dinauer, J., Finanzwirtschaft, 2011, S. 235.
[958] Im internationalen Kontext ist der Begriff ‚yield to maturity' gebräuchlich. Vgl. hierzu Kohn, M., Financial Institutions, 2004, S. 76 – 78; Fabozzi, F. J., Fixed Income, 2007, S. 121; Penman, S. H., Security Analysis, 2013, S. 695.
[959] Vgl. Deacon, M. / Derry, A., Term Structure, 1994, S. 7; Rolfes, W., Effektivverzinsung, 2001, Sp. 576 – 581.
[960] Vgl. hierzu ausführlich Dybvig, P. H. / Ingersoll, J. E. / Ross, S. A., JOB 1996, S. 5; Gruber, W. / Overbeck, L., FMPM 1998, S. 61.

pflichtet sich der Emittent zu einem über dem Verfügungsbetrag liegenden Erfüllungsbetrag.[961] Die Differenz zwischen Erfüllungs- und Verfügungsbetrag entspricht wirtschaftlich dem Wertäquivalent der über die Laufzeit auflaufenden Zinsen und Zinseszinsen. Mit anderen Worten sind Nullkuponanleihen Schuldverschreibungen, die der Emittent mit einem Emissionsabgeld (Disagio) ausgibt, um sie am Ende ihrer Laufzeit zum Nennbetrag zurückzuzahlen.[962] Die Zahlung der über die Laufzeit auflaufenden Zinsen und Zinseszinsen erfolgt bei Nullkuponanleihen einmalig am Ende ihrer Laufzeit. Ihre sukzessive wirtschaftliche Entstehung hingegen äußert sich in einer asymptotischen Annäherung des Kurses an den Nominalbetrag der Nullkuponanleihe mit Verstreichen der Restlaufzeit. In Ermangelung von Zahlungsströmen während der Laufzeit reduziert sich bei Nullkuponanleihen der formale Zusammenhang für die Berechnung der Effektivverzinsung auf die einfache Beziehung

$$P_0 = \frac{100{,}00}{[1 + i(0,T)]^T} \qquad (2)$$

Hierbei beschreibt $i(0,T)$ die Effektivverzinsung der Nullkuponanleihe, welche erzielbar ist, wenn die Nullkuponanleihe von der Ausgabe bis zur Fälligkeit von ein und demselben Anleger gehalten wird. Allgemein gilt daher für die Effektivverzinsung von Nullkuponanleihen:

$$i(0,T) = \sqrt[T]{\frac{100{,}00}{P_0}} - 1 \qquad (3)$$

Da sich der Effektivzinssatz einer Nullkuponanleihe mangels laufender Kupons ausschließlich auf die Kapitalmarktverhältnisse im gegenwärtigen Zeitpunkt bezieht, bezeichnet man diesen als Kassazinssatz.[963] Synonyme Bezeichnungen sind ‚Spot Rate' oder auch ‚Zero-Coupon Bond Rate'.[964]

Die aus Kuponanleihen gewonnene Effektivverzinsung beruht auf der Annahme, dass alle Zahlungen der Anleihe vom Zeitpunkt ihrer Bewertung bis zum Ende der Restlaufzeit erneut gerade zu einem Zinssatz in Höhe der Effektivverzinsung angelegt werden können. Diese Annahme bezeichnet man als Wiederanlageprämisse.[965] Eine eindeutige Aussage über den tatsächlich realisierten Effektivzins eines Wertpapiers ist allerdings nur ex post mög-

---

[961] Vgl. Deutsche Bundesbank (Hrsg.), Monatsbericht, 1997, S. 17 – 20.
[962] Vgl. Herrmann, C. / Heuer, G. / Raupach, A., EStG, 2012, § 6 EStG, Rn. 1155.
[963] Vgl. Schich, S. T., Zinsstrukturkurve, 1997, S. 4.
[964] Vgl. Obermaier, R., Basiszinssatz, 2005, S. 7; Fabozzi, F. J., Fixed Income, 2007, S. 185.
[965] Vgl. Caks, J., JOF 1977, S. 103; Obermaier, R., FB 2006, S. 473.

Kapitel 5: Rendite der risikolosen Anlage

lich. Erst mit Verstreichen der Restlaufzeit steht definitiv fest, zu welchen Konditionen die laufenden Kupons angelegt werden konnten.[966]

Im Hinblick auf die Berechnung der Effektivverzinsung zeichnen sich Nullkupon- gegenüber Kuponanleihen durch die Besonderheit aus, dass sich bei diesen mangels Zahlungsströmen während der Restlaufzeit die Frage nicht stellt, zu welchen Konditionen die laufenden Kupons angelegt werden können. Somit wird die Wiederanlageprämisse bei Nullkuponanleihen praktisch nicht wirksam.[967] Die ex ante erwartete und ex post tatsächlich realisierte Effektivverzinsung stimmen hier systemimmanent überein. Die Effektivverzinsung einer Nullkuponanleihe mit einer bestimmten Restlaufzeit gibt daher Auskunft über die am Kapitalmarkt erzielbare Rendite für die Anlage finanzieller Mittel über diesen Zeitraum, wobei die Zahlung der auflaufenden Zinsen und Zinseszinsen einmalig am Ende der Restlaufzeit erfolgt.

Zusammenfassend lässt sich festhalten, dass die Stichtagsverzinsung mit der Effektivverzinsung von Kuponanleihen und mit der Effektivverzinsung von Nullkuponanleihen praktisch zwei unterschiedliche Ausprägungen hat. Der wesentliche Unterschied zwischen der Effektivverzinsung von Kuponanleihen und der Effektivverzinsung von Nullkuponanleihen besteht darin, dass im Zusammenhang mit Nullkuponanleihen mangels laufender Zahlungen auf die weitreichende Wiederanlageprämisse verzichtet werden kann.

### 5.5.3 Fristigkeitsstruktur

#### 5.5.3.1 Gegenstand

In gleicher Weise wie die Effektivverzinsung einer Kupon- bezieht sich der Kassazinssatz einer Nullkuponanleihe auf einen Anlagehorizont, welcher der Restlaufzeit der jeweiligen Anleihe entspricht.[968] Der Zusammenhang zwischen Effektivverzinsung und unterschiedlichen Restlaufzeiten ansonsten merkmalsidentischer Anleihen lässt sich graphisch veranschaulichen. Die beobachtbare Menge der internen Zinssätze von Anleihen, welche sich nur hinsichtlich ihrer Restlaufzeit unterscheiden, bezeichnet man allgemein als Fristigkeitsstruktur. Je nachdem ob hierbei die laufzeitspezifischen Effektivzinssätze von Kupon- oder von Nullkuponanleihen abgebildet werden, spricht man von der Renditestrukturkurve (engl. yield curve) respektive von der Zinsstrukturkurve (engl. spot rate curve).[969] Insofern handelt es sich bei der Zins- um einen Sonderfall der Renditestrukturkurve. Die Rendi-

---

[966] Vgl. Deutsche Bundesbank (Hrsg.), Monatsbericht, 1997, S. 20.
[967] Vgl. Gruber, W. / Overbeck, L., FMPM 1998, S. 61.
[968] Vgl. Shiller, R. J. / McCulloch, J. H., Term Structure, 1990, S. 633 – 644.
[969] Vgl. Svensson, L. E. O., Forward Interest Rates, 1994, S. 2 – 5, welcher jedoch die Begriffe ‚yield curve' und ‚spot rate curve' unsauber differenziert; zur Deutung unterschiedlicher Kurvenverläufe Johnson, R. E., JOF 1967, S. 340 – 344.

te- und die Zinsstrukturkurve beziehen sich gleichermaßen auf einen bestimmten Betrachtungszeitpunkt. Nach enger Auslegung der Definition sind für ihre Konstruktion ausschließlich diejenigen Kapitalmarktinformationen maßgebend, die den Wertpapieren des Primärmarkts zu entnehmen sind.[970] Die Zinsstruktur eines zukünftigen Bezugszeitpunkts heißt Terminzinsstruktur.[971] Abbildung 20 zeigt die Reinformen der möglichen Verläufe der Fristigkeitsstruktur.

Effektivverzinsung

S-förmige Fristigkeitsstruktur

steigende Fristigkeitsstruktur

flache Fristigkeitsstruktur

fallende Fristigkeitsstruktur

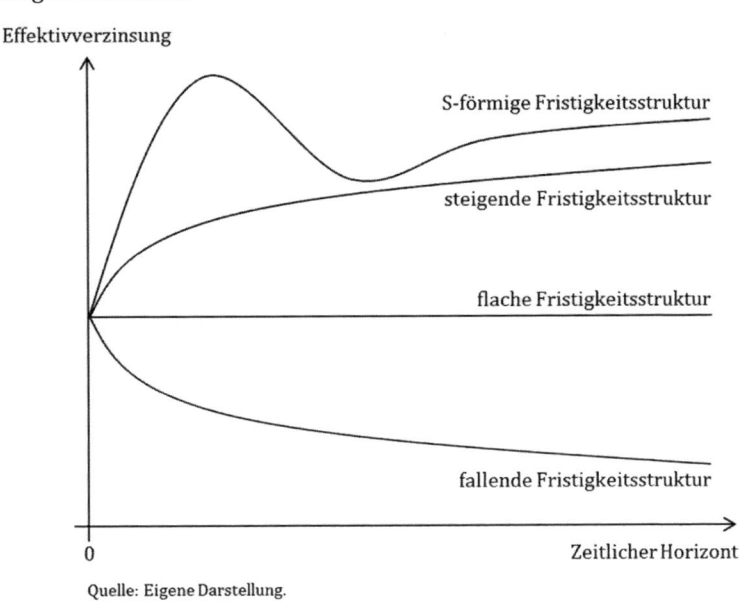

0    Zeitlicher Horizont

Quelle: Eigene Darstellung.

**Abbildung 20: Ausprägungen der Fristigkeitsstruktur**

In Abhängigkeit von den Markterwartungen kann die Fristigkeitsstruktur einen monoton steigenden, einen flachen oder einen monoton fallenden (inversen) Verlauf annehmen. In der Realität ist vielfach ein S-förmiger Verlauf der Fristigkeitsstruktur mit fallenden und steigenden Abschnitten vorherrschend.[972] Gemeinhin gilt eine monoton steigende Fristigkeitsstruktur als normal. Den Bereich der kurzen Restlaufzeiten bezeichnet man als kurzes

---

[970] Vgl. Nelson, C. R., Interest Rates, 1979, S. 124 – 125. Die anglo-amerikanische Literatur verwendet hierfür den Begriff ‚on-the-run issues'. Vgl. hierzu Fabozzi, F. J., Fixed Income, 2007, S. 185.
[971] Vgl. Bußmann, J., KuK 1989, S. 117 – 118.
[972] Vgl. Zantow, R. / Dinauer, J., Finanzwirtschaft, 2011, S. 235.

Ende, den Bereich der langen Restlaufzeiten korrespondierend als langes Ende der Fristigkeitsstruktur.[973]

### 5.5.3.2 Erklärungsansätze

#### 5.5.3.2.1 Vorbemerkung

Die Zinsstrukturtheorie zählt zu den zentralen Forschungsfragen innerhalb der Wirtschaftswissenschaften. Hintergrund ist der hohe Stellenwert, welcher dem Zinssatz in einer Vielzahl ökonomischer Modelle und Anwendungen zukommt. So konstatiert etwa *von Hayek* zutreffend: „Es ist vielleicht nicht zu viel gesagt, wenn man behauptet, daß die Bedeutung, die ein Nationalökonom dem Zins als Regulator der wirtschaftlichen Entwicklung beimißt, vielleicht [sic!] das beste Kriterium für seine theoretische Einsicht ist."[974] Bislang konnte sich die wissenschaftliche Diskussion auf keinen Konsens verständigen. Dementsprechend umfänglich ist die Anzahl der Meinungen, welche sich im Laufe der Zeit zur Zinsstruktur herausgebildet haben. Gleichwohl lassen sich mit der Erwartungstheorie einerseits und der Marktsegmentationstheorie andererseits zwei grundlegende Erklärungsansätze erkennen, in welchen alle übrigen Auffassungen wurzeln.

Eine eingehende Erörterung der verschiedenen Strömungen übersteigt den Rahmen der vorliegenden Untersuchung.[975] Für die weitere Darstellung ist es ausreichend, sich hierbei auf die Erwartungstheorie und deren Abwandlungen sowie die Marktsegmentationstheorie zu beschränken.

#### 5.5.3.2.2 Erwartungstheorie

##### 5.5.3.2.2.1 Überblick

In Abhängigkeit von den getroffenen Annahmen tritt die Erwartungstheorie in Form der reinen Erwartungstheorie, der Erwartungshypothese, der Liquiditätsprämientheorie und der Preferred Habitat-Theorie in Erscheinung.[976] Die folgenden Ausführungen unterscheiden daher zwischen der reinen Erwartungstheorie und den hierauf aufbauenden Varianten.

---

[973] Vgl. Perridon, L. / Steiner, M. / Rathgeber, A., Finanzwirtschaft, 2012, S. 192. Einen sehr guten Überblick über die langfristige Entwicklung der Rendite- und damit mittelbar auch der Zinsstrukturkurve auf dem US-amerikanischen Kapitalmarkt gibt *Wood*. Vgl. hierzu Wood, J. H., FRBCEP 1983, Nr. 4, S. 18.

[974] Hayek, F. A. v., Geldtheorie und Konjunkturtheorie, 1929, S. 119.

[975] Eine ausführliche Darstellung der verschiedenen Strömungen der Zinsstrukturtheorie, insbesondere auch jüngerer Ansätze, findet sich bei *Stoklossa*. Vgl. hierzu Stoklossa, H., Zinsstrukturtheorie, 2010, S. 21 – 177.

[976] Vgl. Fabozzi, F. J., Structure of Interest Rates, 2005, S. 152. Teile der Literatur vertreten hingegen die Auffassung, dass die Preferred Habitat–Theorie gleichsam Elemente der Marktsegmentationstheorie in sich vereint und insofern methodisch zwischen der Erwartungstheorie und der Marktsegmentationstheorie anzusiedeln sei. Vgl. hierzu z. B. Issing, O., Geldtheorie, 2011, S. 126.

### 5.5.3.2.2.2 Reine Erwartungstheorie

Nach der reinen Erwartungstheorie der Zinsstruktur bestimmt sich der langfristige Zinssatz zum einen aus dem im Betrachtungszeitpunkt herrschenden kurzfristigen Zinssatz, zum anderen aus den bei der späteren Wiederanlage erzielbaren kurzfristigen Zinssätzen. Während das im Betrachtungszeitpunkt herrschende Zinsniveau fest steht, bestehen hinsichtlich der weiteren Zinsentwicklung nur Erwartungen.[977] Die reine Erwartungstheorie unterstellt, dass der einzelne Kapitalmarktteilnehmer im Hinblick auf die Entwicklung der Wertpapierpreise sichere Erwartungen[978] hat respektive risikoneutrales Verhalten an den Tag legt. Im Übrigen betrachte er Wertpapiere unterschiedlicher Restlaufzeiten als perfekte Substitute. Insbesondere gewähre der Markt keine gesonderte Vergütung für das Vorhalten bestimmter Laufzeiten, sodass alle umlaufenden festverzinslichen Wertpapiere unabhängig von ihrer Restlaufzeit dieselbe jährliche Effektivverzinsung bieten. Vor diesem Hintergrund orientiere sich die Anlageentscheidung einzig an der über den gesamten Anlagehorizont hinweg erzielbaren Rendite.[979] Allfällige Diskrepanzen in der Effektivverzinsung eröffnen im Konzept der Erwartungstheorie intertemporale Arbitragemöglichkeiten.[980] Eine Arbitragegelegenheit liegt vor, wenn auf unterschiedlichen Teilmärkten ein und dasselbe Gut zu unterschiedlichen Preisen umgeht. Dies erlaubt die Erzielung eines risikolosen Gewinns.[981] Auf effizienten Kapitalmärkten erodieren Arbitragegelegenheiten unverzüglich und haben allenfalls vorübergehend Bestand, indem sie eine Verschiebung von Angebot und Nachfrage nach sich ziehen.[982]

Bei der reinen Erwartungstheorie stimmen aufgrund der ihr zugrundeliegenden Annahmen die momentanen impliziten Terminzinssätze und die

---

[977] Vgl. Fisher, I., Interest, 1930, S. 70, S. 209 – 210, S. 313 – 314; eingehend Lutz, F. A., QJE 1940, S. 36 – 63; Hicks, J. R., Value and Capital, 1946, S. 144 – 146.
[978] Die Wissenschaft unterscheidet zwischen extrapolativen und regressiven Erwartungen. Extrapolative Erwartungen schreiben den bisherigen Trend der Entwicklung der kurzfristigen Zinsen fort, während regressive Erwartungen unterstellen, dass die kurzfristigen Zinsen mittelfristig auf ihr langfristiges Niveau zurückkehren. Hierbei spiele es gerade keine Rolle, welche Entwicklung die kurzfristigen Zinsen in der jüngeren Vergangenheit genommen haben. Vgl. hierzu Wood, J. H., FRBCEP 1983, Nr. 4, S. 19.
[979] Vgl. Holtemöller, O., Geldtheorie und Geldpolitik, 2008, S. 260 – 261.
[980] Vgl. Jarchow, H.-J., Theorie und Politik des Geldes, 2003, S. 151; Issing, O., Geldtheorie, 2011, S. 123.
[981] Vgl. Dybvig, P. H. / Ingersoll, J. E. / Ross, S. A., JOB 1996, S. 8; Hodges, S. D. / Schaefer, S. M., JFQA 1997, S. 245; Perridon, L. / Steiner, M. / Rathgeber, A., Finanzwirtschaft, 2012, S. 333. Vom Phänomen der Arbitrage ist das in der Finanzwirtschaft ebenfalls bedeutsame ‚Gesetz des einen Preises' (engl. law of one price) streng zu unterscheiden. Dieses postuliert, dass sich auf effizienten Märkten für gleiche Zahlungsströme gleiche Preise einstellen.
[982] Vgl. Steiner, M. / Bruns, C. / Stöckl, S., Wertpapiermanagement, 2012, S. 4.

Zinssätze in den künftigen Perioden überein.[983] Die Rendite- respektive Zinsstrukturkurve gibt unter diesen Bedingungen Aufschluss über die in der Zukunft erzielbare Effektivverzinsung von Kupon- respektive Nullkuponanleihen.[984] Aufgrund der Erosion von Arbitragegelegenheiten nimmt die Zinsstrukturkurve nach der reinen Erwartungstheorie zumindest langfristig einen normalen Verlauf an.[985] Allgemein versteht man unter dem impliziten Terminzinssatz (engl. forward rate) die sich im Arbitragegleichgewicht ergebende Effektivverzinsung eines Terminkreditgeschäfts.[986] Ein Terminkreditgeschäft ist eine Vereinbarung über die Aufnahme oder Anlage finanzieller Mittel in einem zukünftigen Zeitpunkt, deren Konditionen, insbesondere die Laufzeit und die Verzinsung, die kontrahierenden Partner bereits heute vertraglich festschreiben.[987] Auf friktions- und arbitragefreien Märkten fallen die impliziten Terminzinssätze für Anlage- und Kreditgeschäfte zusammen.[988] Im Kontext der Zinsstrukturkurve gleicht das Terminkreditgeschäft hinsichtlich seiner Ausstattungsmerkmale einer Nullkuponanleihe. Dies erlaubt, die impliziten Terminzinssätze aus der Zinsstrukturkurve am Betrachtungszeitpunkt abzuleiten.[989] Das Terminkreditgeschäft wird im Fälligkeitszeitpunkt eines ebenfalls heute und ebenfalls als Nullkuponanleihe ausgestalteten Kreditgeschäfts effektiv. Anders als das Terminkreditgeschäft beginnt die dem Terminkreditgeschäft vorangehende Nullkuponanleihe bereits heute zu laufen.[990] Die Laufzeit des gesamten Kreditgeschäfts setzt sich somit aus der Laufzeit der ab heute laufenden Nullkuponanleihe und der Laufzeit des sich hieran anschließenden, ebenfalls heute konditionierten Terminkreditgeschäfts zusammen. Bei wirtschaftlicher Betrachtungsweise stellt der implizite Terminzinssatz somit für die kontrahierenden Parteien eine vertraglich fixierte Anschlussverzinsung für die Wiederanlage aus der kurzlaufenden Nullkuponanleihe frei werdender finanzieller Mittel dar. Der Kapitalmarkt befindet sich im Gleichgewicht, wenn bei Betrachtung des gesamten Anlagehorizonts die kurzlaufende Nullkuponanleihe mit der Laufzeit $t$ und das Terminkreditgeschäft mit der Laufzeit $T - t$ dieselbe Effektivverzinsung wie die Anlage in einer Nullkuponanleihe bieten, deren Laufzeit dem gesamten Anlagehorizont bestehend aus der Restlaufzeit der kurzlaufenden Nullkuponanleihe und der Laufzeit des Ter-

---

[983] Vgl. Echols, M. E. / Elliott, J. W., JFQA 1976, S. 90.
[984] Vgl. Fabozzi, J. H., Structure of Interest Rates, 2005, S. 152.
[985] Vgl. Dybvig, P. H. / Ingersoll, J. E. / Ross, S. A., JOB 1996, S. 10.
[986] Vgl. Vasiček, O. A. / Fong, H. G., JOF 1982, S. 341; Svensson, L. E. O., Forward Interest Rates, 1994, S. 4.
[987] Vgl. Gruber, W. / Overbeck, L., FMPM 1998, S. 62.
[988] Vgl. Fama, E. F., JFE 1976, S. 361.
[989] Vgl. Hartmann-Wendels, T. / Gumm-Heußen, M., ZfB 1994, S. 1287; Bühler, W. / Uhrig-Homburg, M., Rendite und Renditestruktur, 2000, S. 310 – 311.
[990] Vgl. Svensson, L. E. O., Forward Interest Rates, 1994, S. 4.

## Kapitel 5: Rendite der risikolosen Anlage

minkreditgeschäfts und damit $T$ entspricht.[991] Hierbei steht $T$ für das Ende des Investitionshorizonts und $t$ für den Zeitpunkt zwischen dem Beobachtungszeitpunkt und dem Ende des Investitionshorizonts, wo einerseits die Laufzeit der Nullkuponanleihe endet, andererseits die Laufzeit des Terminkreditgeschäfts beginnt. Der Beobachtungszeitpunkt liegt in $t = 0$. Bedingt durch die Ableitung aus Nullkuponanleihen stimmt bei einem Terminkreditgeschäft die ex ante- mit der ex post-Effektivverzinsung überein. Beschreibt weiterhin $f(0; t; T)$ den impliziten Terminzinssatz für den Zeitraum $T$, stehen die Kassazinssätze $i(0; t)$ für den Zeitraum $t$ respektive $i(0; T)$ für den Zeitraum $T$ und der implizite Terminzinssatz $f(0; t; T)$ somit in der Beziehung[992]

$$e^{i(0;t) \cdot t} \cdot e^{f(0;t;T) \cdot T} = e^{i(0;T) \cdot T} \tag{1}$$

Logarithmieren und Auflösen nach dem impliziten Terminzinssatz liefern für den impliziten Terminzinssatz:[993]

$$f(0; t; T) = \frac{i(0; T) \cdot T - i(0; t) \cdot t}{T} \tag{2}$$

Die laufzeitspezifischen Kassazinssätze $i(0; t)$ und die zugehörigen Diskontierungsfaktoren $q_t$ stehen ihrerseits in der Beziehung

$$q_t = e^{-i(0;t) \cdot t} \tag{3}$$

In Anwendung von Beziehung (3) lässt sich Beziehung (2) umformulieren in[994]

$$f(0; t; T) = -\frac{\ln q_T - \ln q_t}{T - t} = \frac{1}{T - t} \cdot \ln\left(\frac{q_t}{q_T}\right) \tag{4}$$

Damit ist der implizite Terminzinssatz eines Terminkreditgeschäfts, welches etwa ausgehend vom Betrachtungszeitpunkt nach fünf Perioden zu laufen beginnt und sich ab diesem Zeitpunkt über einen Zeitraum von zwei Perioden erstreckt, die durch die Laufzeit des Terminkreditgeschäfts von zwei Perioden dividierte Differenz zwischen dem Kassazinssatz des siebenjährigen respektive fünfjährigen Anlagezeitraums. Hierbei ist der jeweilige Kassazinssatz mit der Laufzeit gewichtet, welche die zugrundeliegende Nullkuponanleihe aufweist. Insbesondere stellt der implizite Terminzinssatz eine

---

[991] Vgl. Hicks, J. R., Value and Capital, 1946, S. 144 – 146.
[992] Vgl. ähnlich Deacon, M. / Derry, A., Term Structure, 1994, S. 13; Csajbók, A., Zero-Coupon Yield Curve Estimation, 1999, S. 9 – 10.
[993] Vgl. ähnlich McCulloch, J. M., JOB 1971, S. 23; Fama, E. F., JFE 1976, S. 361 – 362; Nelson, C. R., Interest Rates, 1979, S. 125 – 126; Dybvig, P. H. / Ingersoll, J. E. / Ross, S. A., JOB 1996, S. 3 – 4.
[994] Vgl. ähnlich Dahlquist, M. / Svensson, L. E. O., Nelson & Siegel vs. Longstaff & Schwartz, 1994, S. 5.

Art gewichtetes Mittel der Kassazinssätze dar. Als Wägungen kommen hierbei die Laufzeiten der zugrundeliegenden Nullkuponanleihen zur Anwendung.[995]

#### 5.5.3.2.2.3 Erweiterungen

Die Erwartungshypothese ergänzt die reine Erwartungstheorie um die Annahme, dass der Markt die Bereitschaft, Kapital langfristig zur Verfügung zu stellen, mit einem Rendite- respektive Zinsaufschlag honoriert.[996] Die impliziten Terminzinssätze im Betrachtungszeitpunkt seien Schätzer der im Betrachtungszeitpunkt unbekannten zukünftigen Kassazinssätze.[997] Jedoch sei das Premium unabhängig vom zeitlichen Horizont der Kapitalüberlassung. Diesem konzeptionellen Schwachpunkt begegnet die Liquiditätsprämientheorie, indem sie eine Abhängigkeit des Aufschlags von der Laufzeit des Finanzinstruments vermutet.[998] Diese Auffassung teilt im Grundsatz auch die Preferred Habitat-Theorie, doch entwickle sich ihr zufolge das Premium nicht stetig, sondern diskret.[999]

#### 5.5.3.2.3 Marktsegmentationstheorie

Die Vertreter der Marktsegmentationstheorie distanzieren sich von der Annahme der Risikoneutralität der Kapitalmarktakteure. Keineswegs haben diese sichere Erwartungen hinsichtlich der Entwicklung der Wertpapierpreise.[1000] Zudem sei die Interkonnektivität der verschiedenen Teilmärkte für Wertpapiere unterschiedlicher Restlaufzeiten zu negieren, nachdem angesichts der jeweils unterstellten Risikoaversion Schuldner regelmäßig lange, Gläubiger hingegen kurze Laufzeiten präferieren, sohin hinsichtlich der Laufzeiten abweichende Vorstellungen bestehen.[1001] Hieraus folgt, dass sich

---

[995] Vgl. Hicks, J. R., Value and Capital, 1946, S. 145; Spremann, K., ZfbF 1989, S. 928. Gleichwohl ist der formale Zusammenhang zwischen impliziten Termin- und Kassazinssätzen nicht unumstritten, insbesondere im Hinblick auf die in den impliziten Terminzinssätzen enthaltenen Prämien, etwa für die Abgeltung des Inflationsrisikos. Vgl. hierzu ausführlich Fama, E. F., JFE 1984, S. 511; Fama, E. F., JME 1990, S. 64 – 73.
[996] Vgl. zu einer Untersuchung der Gültigkeit der Erwartungshypothese Fisher, D., Economica 1966, S. 324 – 329; Ingersoll, J. E., Financial Decision Making, 1987, S. 389 – 392.
[997] Vgl. Nelson, C. R., Interest Rates, 1979, S. 127 – 128; Dybvig, P. H. / Ingersoll, J. E. / Ross, S. A., JOB 1996, S. 2.
[998] Vgl. Hicks, J. R., Value and Capital, 1946, S. 141 – 146; Görgens, E. / Ruckriegel, K. / Seitz, F., Europäische Geldpolitik, 2014, S. 278; Holtemöller, O., Geldtheorie und Geldpolitik, 2008, S. 263 – 264.
[999] Vgl. eingehend Modigliani, F. / Sutch, R., AER 1966, S. 185 – 192; Nelson, C. R., Interest Rates, 1979, S. 129; Belke, A. / Polleit, T., Monetary Economics, 2009, S. 264 – 266.
[1000] Vgl. Issing, O., Geldtheorie, 2011, S. 125 – 126.
[1001] Vgl. zur Preferred Habitat-Theorie grundlegend Culbertson, J. M., QJE 1957, S. 489 – 504; Jarchow, H.-J., Theorie und Politik des Geldes, 2003, S. 157 – 159.

im Regime der Marktsegmentationstheorie Arbitragemöglichkeiten nicht zwangsläufig unmittelbar verflüchtigen.[1002]

#### 5.5.3.3 Eignung der Stichtagsverzinsung zur laufzeitäquivalenten Diskontierung der Kapitalisierungsgröße

#### 5.5.3.3.1 Vorbemerkung

Das Prinzip der Laufzeitäquivalenz macht die Wahl einer Alternativanlage erforderlich, deren Zahlungsströme sich über denselben Zeitraum wie die Zahlungsströme des Bewertungsobjekts erstrecken und hinsichtlich ihres zeitlichen Anfalls eine vergleichbare Struktur aufweisen. Die Wahl einer laufzeitäquivalenten Alternativanlage dient der Immunisierung der Zahlungsströme des Bewertungsobjekts gegen Änderungen des Zinsumfelds. Als weitere Anforderung muss daher in den Zahlungsströmen der Alternativanlage die Zinsstruktur am Bewertungsstichtag Berücksichtigung finden. Die Immunisierung der Zahlungsströme des Bewertungsobjekts gegen nachrichtliche Zinsänderungen setzt voraus, dass die zeitliche Struktur der Zahlungsströme der Alternativanlage der zeitlichen Struktur der Zahlungsströme des Bewertungsobjekts genau entspricht.

Im Folgenden wird erörtert, ob und inwieweit die Effektivverzinsung einerseits von Kuponanleihen, andererseits von Nullkuponanleihen diesen Anforderungen genügen. Die Übereinstimmung der Restlaufzeit der zugrundeliegenden Anleihen mit dem zeitlichen Horizont des Bewertungsobjekts wird hierbei in beiden Fällen vorausgesetzt und nicht gesondert thematisiert.

#### 5.5.3.3.2 Effektivverzinsung von Kuponanleihen

Die hier betrachteten festverzinslichen Wertpapiere emittieren während ihrer Laufzeit in ihrer Höhe gleichbleibende Kupons. Die Verwendung der aus Kuponanleihen gewonnenen Effektivverzinsung für Zwecke der Rendite der Alternativanlage führt nur dann zu methodisch korrekten Bewertungsergebnissen, wenn die laufenden Zahlungen der zugrundeliegenden Kuponanleihe unabhängig von ihrem konkreten zeitlichen Anfall stets zur anfänglichen Effektivverzinsung der Kuponanleihe am Bewertungsstichtag angelegt werden können. Dies bedingt den in der Realität nur selten und allenfalls temporär vorkommenden Fall einer über die gesamte Restlaufzeit der Kuponanleihe hinweg flach verlaufenden Zinsstrukturkurve.[1003]

---

[1002] Vgl. Borchert, M., Geld und Kredit, 2003, S. 44; Moritz, K.-H., Geldtheorie und Geldpolitik, 2012, S. 143 – 144.

[1003] Vgl. Gruber, W. / Overbeck, L, FMPM 1998, S. 61; Wiese, J. / Gampenrieder, P., DST 2007, S. 443.

## 5.5.3.3.3 Effektivverzinsung von Nullkuponanleihen

Gegenüber der aus Kuponanleihen gewonnenen Effektivverzinsung zeichnet die aus Nullkuponanleihen gewonnene Effektivverzinsung der konzeptionelle Vorteil aus, im Ergebnis ohne die weitreichende Wiederanlageprämisse auszukommen. Hintergrund ist das Fehlen laufender Zahlungen innerhalb der Restlaufzeit. Die Frage, zu welchen Konditionen die laufenden Kuponzahlungen angelegt werden können, stellt sich somit nicht. Die Wiederanlageprämisse entfaltet keine Wirksamkeit.[1004] Aufgrund dieser Eigenschaft ist es möglich, mithilfe von Nullkuponanleihen ebenfalls jede beliebige Zahlungsstruktur des Bewertungsobjekts zu duplizieren, ohne hierfür jedoch die weitreichende Annahme einer grundsätzlich flach verlaufenden Zinsstrukturkurve treffen zu müssen. Zur Duplikation der einzelnen Zahlungsströme des Bewertungsobjekts ist die laufzeitäquivalente Nullkuponanleihe zu wählen.

## 5.5.3.3.4 Exemplifizierende Gegenüberstellung

Die Implikationen für den Wert der Zahlungsreihe eines Bewertungsobjekts bei Zugrundelegung einerseits der aus Kupon-, andererseits der aus Nullkuponanleihen gewonnenen Effektivverzinsung seien im Folgenden anhand eines Beispiels erläutert.

Zu bewerten seien die periodenspezifischen Sicherheitsäquivalente einer endlichen Reihe[1005] von Zahlungen des Bewertungsobjekts. Rendite- und Zinsstruktur am Bewertungsstichtag seien bekannt. Alle Kuponanleihen notieren zu pari. Insbesondere wird hier die Annahme getroffen, dass die Rendite- und die Zinsstruktur am Bewertungsstichtag übereinstimmen. Abgesehen von dem wenig relevanten Fall einer flachen Zinsstrukturkurve widerspricht diese Annahme zwar den tatsächlichen Gegebenheiten. Doch erlaubt diese einen einfacheren Vergleich der Effekte bei Diskontierung der Zahlungsreihe des Bewertungsobjekts einerseits mit der aus Kuponanleihen, andererseits mit der aus Nullkuponanleihen gewonnenen Effektivverzinsung, welcher hier im Vordergrund steht. Wie bisher wird beliebige Teilbarkeit der Anleihen unterstellt. Tabelle 11 gibt einen Überblick über die übrigen Annahmen.

---

[1004] Vgl. Deacon, M. / Derry, A., Term Structure, 1994, S. 5; Kruschwitz, L. / Husmann, S., Investition, 2012, S. 165 – 168.
[1005] Die Betrachtung eines Bewertungsobjekts mit begrenztem Investitionshorizont hat hier allein darstellerische Gründe. Die anhand des Beispiels getroffenen Aussagen gelten im Grundsatz auch in dem in vorliegender Untersuchung betrachteten Fall eines Bewertungsobjekts von unendlicher Fortbestehensdauer.

Kapitel 5: Rendite der risikolosen Anlage

| Zeitpunkt | 0 | 1 | 2 | 3 | 4 |
|---|---|---|---|---|---|
| *Bewertungsobjekt* | | | | | |
| Zahlung | - | 20,00 | 5,00 | 15,00 | 35,00 |
| *Alternativanlage* | | | | | |
| Renditestrukturkurve | | | | | |
| Renditestruktur | - | 1,00 % | 3,50 % | 5,00 % | 6,00 % |
| Entwicklung der zu duplizierenden Zahlungen des Bewertungsobjekts | | | | | |
| Zu duplizierende Zahlungen | - | 20,00 | 5,00 | 15,00 | 35,00 |
| Kuponanleihe Laufzeit 0, 4 | -33,02 | 1,98 | 1,98 | 1,98 | 35,00 |
| Zu duplizierende Zahlungen | - | 18,02 | 3,02 | 13,02 | 0,00 |
| Kuponanleihe Laufzeit 0, 3 | -12,40 | 0,62 | 0,62 | 13,02 | |
| Zu duplizierende Zahlungen | - | 17,40 | 2,40 | 0,00 | |
| Kuponanleihe Laufzeit 0, 2 | -2,32 | 0,08 | 2,40 | | |
| Zu duplizierende Zahlungen | - | 17,32 | 0,00 | | |
| Kuponanleihe Laufzeit 0, 1 | -17,15 | 17,32 | | | |
| Zu duplizierende Zahlungen | - | 0,00 | | | |
| Erforderliche Gesamtinvestition | -64,88 | | | | |
| Interne Rendite | 5,26 % | | | | |
| Zinsstrukturkurve | | | | | |
| Zinsstruktur | - | 1,00 % | 3,50 % | 5,00 % | 6,00 % |
| Entwicklung der zu duplizierenden Zahlungen des Bewertungsobjekts | | | | | |
| Zu duplizierende Zahlungen | - | 20,00 | 5,00 | 15,00 | 35,00 |
| Nullkuponanleihe Laufzeit 0, 4 | -27,72 | 0,00 | 0,00 | 0,00 | 35,00 |
| Zu duplizierende Zahlungen | - | 20,00 | 5,00 | 15,00 | 0,00 |

Fortsetzung siehe nächste Seite.

| Nullkuponanleihe Laufzeit 0, 3 | -12,96 | 0,00  | 0,00 | 15,00 |
|---|---|---|---|---|
| Zu duplizierende Zahlungen | - | 20,00 | 5,00 | 0,00 |
| Nullkuponanleihe Laufzeit 0, 2 | -4,67 | 0,00 | 5,00 | |
| Zu duplizierende Zahlungen | - | 20,00 | 0,00 | |
| Nullkuponanleihe Laufzeit 0, 1 | -19,80 | 20,00 | | |
| Zu duplizierende Zahlungen | - | 0,00 | | |
| Erforderliche Gesamtinvestition | -65,15 | | | |
| Interne Rendite | 5,11 % | | | |

Sofern nicht anders angegeben, alle Angaben in [GE]. Geringfügige Abweichungen sind rundungsbedingt. Quelle: Eigene Darstellung.

**Tabelle 11: Duplikation schwankender Zahlungsströme mithilfe von Kupon- und Nullkuponanleihen**

Zunächst sei die Duplikation der Zahlungsreihe des Bewertungsobjekts mithilfe von Kuponanleihen betrachtet. Das Bewertungsobjekt generiert in der vierten Periode eine Zahlung in Höhe von 35,00 [GE]. Zur Duplikation dieser Zahlung ist auf die Kuponanleihe zurückzugreifen, deren Laufzeit in der vierten Periode endet. Am Bewertungsstichtag gehen derartige Kuponanleihen mit einer nominalen Periodenverzinsung in Höhe von 6,00 % um. Um mithilfe dieser Kuponanleihe in der vierten Periode eine Zahlung in Höhe von 35,00 [GE] zu erzeugen, ist am Bewertungsstichtag eine Investition in Höhe von $\frac{35,00}{1,06} = 33,02$ [GE] erforderlich. Die Zahlung in der vierten Periode wird damit einerseits durch den Kupon in Höhe von 1,98 [GE], andererseits durch die Rückzahlung der Nominalen in Höhe von 33,02 [GE] dupliziert. Allerdings emittiert die Kuponanleihe nicht nur einmalig in der vierten Periode, sondern in allen Perioden ihrer Laufzeit einen Kupon in Höhe von 1,98 [GE]. Die Kupons der Anleihe in der ersten, zweiten und dritten Periode lassen sich für die Duplikation der Zahlungen des Bewertungsobjekts in diesen Perioden verwenden. In der dritten Periode etwa generiert das Bewertungsobjekt eine Zahlung in Höhe von 15,00 [GE]. Der Kupon der Anleihe mit einer anfänglichen Restlaufzeit von vier Perioden reduziert den per Saldo zu duplizierenden Betrag auf 13,02 [GE]. Hierfür bedarf es des Erwerbs einer Kuponanleihe mit einer Laufzeit von drei Perioden. Derartige Kuponanleihen rentieren am Bewertungsstichtag mit 5,00 %. Die Verwendung des

249

Kapitel 5: Rendite der risikolosen Anlage

Kupons der vierjährigen Anleihe in Höhe von 1,98 [GE] für die Duplikation der Zahlung der dritten Periode kommt finanzmathematisch einem Leerverkauf der Anleihe mit einer Restlaufzeit von drei Perioden mit einer Nominalen in Höhe von $\frac{1{,}98}{1{,}05} = 1{,}89$ [GE] gleich. Die Wiederanlage des Kupons der vierjährigen Anleihe in der dritten Periode erfolgt also zu den Konditionen der dreijährigen Anleihe, d. h. zu einer Rendite in Höhe von 5,00 %. Die Duplikation der noch anderweitig zu deckenden Zahlung in Höhe von 13,02 [GE] erfordert eine Investition in die dreijährige Kuponanleihe in Höhe von $\frac{13{,}02}{1{,}05} = 12{,}40$ [GE]. Grundsätzlich gelten für diese Anleihe obige Ausführungen analog. Dies gilt besonders für den Kupon in Höhe von 0,62 [GE], welcher gleichsam in allen drei Perioden anfällt.

Zusammen mit dem Kupon der Anleihe mit der Restlaufzeit von vier Perioden in Höhe von 1,98 [GE] kann der Kupon der Anleihe mit einer Restlaufzeit von drei Perioden in Höhe von 0,62 [GE] auf die Duplikation der Zahlung des Bewertungsobjekts in der zweiten Periode in Höhe von 5,00 [GE] angerechnet werden. Finanzmathematisch lässt sich der Vorgang als Leerverkauf einer zu 3,50 % rentierenden zweijährigen Kuponanleihe mit einer Nominalen in Höhe von 2,51 [GE] deuten. Per Saldo verbleibt ein mit der Anleihe mit einer Laufzeit von zwei Perioden zu duplizierender Betrag in Höhe von 2,40 [GE]. Derartige Anleihen bieten eine anfängliche Effektivverzinsung in Höhe von 3,50 %, sodass $\frac{2{,}40}{1{,}035} = 2{,}32$ [GE] in diese Anleihe zu investieren sind.

Der Kupon der zweijährigen Anleihe in der ersten Periode in Höhe von 0,08 [GE] schließlich kann zusammen mit den Kupons der drei- bzw. vierjährigen Anleihe zur teilweisen Deckung der Zahlung der ersten Periode in Höhe von 20,00 [GE] verwendet werden. Finanzmathematisch kommt dies einem Leerverkauf einer zu 1,00 % rentierenden Kuponanleihe mit einer Nominalen in Höhe von 2,65 [GE] gleich. Per Saldo verbleibt ein Betrag in Höhe von 17,32 [GE], welcher mithilfe der einjährigen Anleihe zu duplizieren ist. Die einjährige Anleihe rentiert am Bewertungsstichtag mit 1,00 %. Somit ist in die einjährige Anleihe ein Betrag in Höhe von 17,15 [GE] zu investieren.

Mithilfe eines Bündels aus ein-, zwei-, drei- und vierjährigen Kuponanleihen lässt sich somit die Zahlungsreihe des Bewertungsobjekts duplizieren. Hierfür ist am Bewertungsstichtag ein Betrag in Höhe von 64,88 [GE] zu investieren. Die Bestimmung des Duplikationsportfolios erfolgt rekursiv. Allerdings sind hierfür Annahmen über die Anlage temporär freier finanzieller Mittel erforderlich. Die Laufzeitäquivalenz zu den Zahlungsströmen des Bewertungsobjekts ist gestört. Die finanzmathematische Interpretation der

## Kapitel 5: Rendite der risikolosen Anlage

zur Duplikation der periodenspezifischen Zahlungen des Bewertungsobjekts verwendeten Kupons als Leerverkäufe laufzeitäquivalenter Kuponanleihen zeigt, dass die Wiederanlageprämisse nicht aufrecht erhalten werden kann.[1006] Im hier betrachteten Fall einer normal verlaufenden Renditestrukturkurve erfolgt die Anlage der Kupons, welche vor dem Ende der Restlaufzeit der jeweiligen Kuponanleihe anfallen, zu einer Rendite, welche unter der Effektivverzinsung der Kuponanleihe im Emissionszeitpunkt liegt. Die ex ante antizipierte und ex post tatsächlich realisierte Effektivverzinsung fallen auseinander. Bei der vierjährigen Kuponanleihe etwa beträgt die ex post realisierte Effektivverzinsung nicht 6,00 %, sondern 5,80 %.[1007] Die verhältnismäßig geringe Abweichung erklärt sich durch die Duration der Anleihe, welche nahe an deren Restlaufzeit liegt.

Im Vergleich zur Verwendung von Kuponanleihen nimmt sich die Duplikation der Zahlungsreihe mit Nullkuponanleihen beinahe trivial aus. Die periodenspezifischen Zahlungen des Bewertungsobjekts werden mithilfe von laufzeitäquivalenten Nullkuponanleihen dupliziert. Zur Duplikation der Zahlung in der vierten Periode in Höhe von 35,00 [GE] etwa ist in die laufzeitäquivalente Nullkuponanleihe ein Betrag in Höhe von 27,72 [GE] zu investieren. Die im Fall von Kuponanleihen relevante Verwendung unter der Laufzeit der betreffenden Kuponanleihen anfallender Kupons ist hier nicht relevant. Die zu duplizierende Zahlungsreihe des Bewertungsobjekts bleibt somit unberührt. Die Duplikation der einzelnen Zahlungen kann daher isoliert erfolgen. Insgesamt ist bei Duplikation der Zahlungsreihe des Bewertungsobjekts mithilfe von Nullkuponanleihen ein Investment in Höhe von 65,15 [GE] erforderlich. Damit übersteigt der Betrag, welcher bei Duplikation der Zahlungsreihe des Bewertungsobjekts mithilfe von Nullkuponanleihen zu investieren ist, den Betrag bei Verwendung von Kuponanleihen. Im Vergleich zur Duplikation mithilfe von Kuponanleihen ist das Portfolio von Nullkuponanleihen stärker am kurzen Ende der Zinsstrukturkurve investiert. Hintergrund ist das Ausbleiben der Effekte der laufenden Kupons. Die Frage nach der Aufnahme temporär fehlender respektive nach der Anlage temporär freier finanzieller Mittel stellt sich nicht. Die Laufzeitäquivalenz zu den Zahlungsströmen des Bewertungsobjekts bleibt im Ergebnis gewahrt.

Sowohl die Rendite- als auch die Zinsstrukturkurve geben Aufschluss über den Zusammenhang zwischen Laufzeit und periodenbezogener Verzinsung. Allein ist die Ableitung eines methodisch richtigen Ergebnisses für die Be-

---

[1006] Streng genommen müsste die Betrachtung hier um die Terminrenditestrukturkurve ergänzt werden. Aus Gründen der Darstellung wird hiervon abgesehen.

[1007] $0 = -33,24 + \frac{1,98}{1,058} + \frac{1,98}{1,058^2} + \frac{1,98}{1,058^3} + \frac{35,00}{1,058^4}$. Geringfügige Abweichungen sind rundungsbedingt.

wertung der Zahlungsströme des Bewertungsobjekts mithilfe der aus Kuponanleihen gewonnenen Effektivverzinsung an die Bedingung gebunden, dass die Wiederanlage der laufenden Kuponzahlungen stets zur ex ante antizipierten Effektivverzinsung erfolgen kann. Nur in dem wenig relevanten Fall einer flachen Renditestrukturkurve führt die Verwendung von Kuponanleihen zur Duplikation der Zahlungsreihe des Bewertungsobjekts zu methodisch korrekten Ergebnissen, zumal in diesem speziellen Fall Rendite- und Zinsstrukturkurve übereinstimmen.[1008] Die Wiederanlageprämisse wird hier nicht effektiv. Ansonsten resultieren systematische Bewertungsfehler. Im regelmäßigen Fall einer nicht-flachen Zinsstruktur kommt es zu einer Verletzung des Laufzeitäquivalenzprinzips. Die Verwendung von Nullkuponanleihen zur Duplikation der Zahlungsströme des Bewertungsobjekts macht die Wiederanlageprämisse mangels laufender Kuponzahlungen effektiv unwirksam. Im Unterschied zur Rendite- gibt die Zinsstrukturkurve den Anstieg der laufzeitspezifischen Zinssätze ohne weitere Annahmen zutreffend wieder.[1009] Das Laufzeitäquivalenzprinzip bleibt gewahrt.

### 5.5.4 Zwischenergebnis

Vor dem Hintergrund des eng ausgelegten Stichtagsprinzips und der Zukunftsbezogenheit der Bewertung ist im Hinblick auf die Rendite der Alternativanlage in gleicher Weise wie für die Prognose der Kapitalisierungsgröße auf die Verhältnisse am Bewertungsstichtag abzustellen. Gleichzeitig macht das Prinzip der Laufzeitäquivalenz die Wahl einer Alternativanlage erforderlich, deren Zahlungsströme sich über denselben Zeitraum wie die Zahlungsströme des Bewertungsobjekts erstrecken und hinsichtlich ihres zeitlichen Anfalls eine vergleichbare Struktur aufweisen. Weiterhin muss in den Zahlungsströmen der Alternativanlage die Zinsstruktur am Bewertungsstichtag Berücksichtigung finden.

Zur Operationalisierung der Stichtagsverzinsung kommt einerseits die aus Kuponanleihen, andererseits die aus Nullkuponanleihen gewonnene Effektivverzinsung in Frage. Die Verwendung der aus Kuponanleihen gewonnenen Effektivverzinsung führt nur dann zu konzeptionell richtigen Bewertungsergebnissen, wenn die laufenden Kuponzahlungen unabhängig von ihrem zeitlichen Anfall stets zur Effektivverzinsung am Bewertungsstichtag angelegt werden können. Dies bedingt das Vorliegen einer flach verlaufenden Rendite- respektive Zinsstrukturkurve. In allen anderen Fällen hingegen führt die Zugrundelegung der Renditestrukturkurve für Zwecke der Rendite der Alternativanlage zu systematischen Bewertungsfehlern. Bei der

---

[1008] Vgl. Gerke, W. / Bank, M., Finanzierung, 2003, S. 101 – 102; Kohn, M., Financial Institutions, 2004, S. 355.
[1009] Vgl. Csajbók, A., Zero-Coupon Yield Curve Estimation, 1999, S. 7 – 8; Obermaier, R., Basiszinssatz, 2005, S. 7.

Verwendung der aus Nullkuponanleihen gewonnenen Effektivverzinsung entfaltet die restriktive Wiederanlageprämisse mangels laufender Kuponzahlungen keine tatsächliche Wirksamkeit. Die Verwendung der aus Nullkuponanleihen gewonnenen Effektivverzinsung für Zwecke der Rendite der Alternativanlage am Bewertungsstichtag erlaubt, jede beliebige Zahlungsstruktur des Bewertungsobjekts zu duplizieren, ohne hierbei einen bestimmten Verlauf der Zinsstrukturkurve unterstellen zu müssen. Ein konzeptionell richtiges Bewertungsergebnis resultiert daher allein bei Verwendung der Informationen der Zinsstruktur. Im Weiteren ist der Frage nachzugehen, wie die Zinsstrukturkurve zu operationalisieren ist.

## 5.6 Operationalisierung der Zinsstruktur

### 5.6.1 Vorbemerkung

Allgemein beschreibt die Zinsstruktur den Zusammenhang zwischen den am Markt geforderten Kassazinssätzen und den korrespondierenden Kapitalüberlassungszeiträumen.[1010] Angesichts der Vielzahl der am Markt umlaufenden Anleihen unterschiedlicher Konditionen und nominaler Restlaufzeiten ist nicht unmittelbar ersichtlich, welche Anleihe und damit welcher Zinssatz mit welcher Kapitalüberlassungsdauer in Verbindung zu bringen ist. Zunächst also ist der Zinsstrukturbegriff wissenschaftstheoretischer Natur. Um die Zinsstruktur zu operationalisieren, bedarf es daher einer wissenschaftlich nachprüfbaren, in sich geschlossenen Theorie.[1011]

### 5.6.2 Nullkuponanleihen

#### 5.6.2.1 Vorgehensweise

Definitionsgemäß werden Kassazinssätze aus Nullkuponanleihen gewonnen. Vorrangig vor dritten Ansätzen ist die Zinsstrukturkurve daher aus Nullkuponanleihen abzuleiten. Die Ableitung einer lückenlosen Zinsstrukturkurve setzt zunächst einen Primärmarkt für ausfallsfreie Nullkuponanleihen voraus, deren Restlaufzeiten ein möglichst breites Spektrum bilden.[1012] Tatsächlich gehen auf dem Kapitalmarkt einige Nullkuponanleihen mit der Bundesrepublik Deutschland als Schuldnerin um.[1013] Allein resultieren diese aus dem Stripping von Kuponanleihen in Kapital- und Zinsstrips, sodass es sich nicht im hier geforderten originären Sinne, sondern nur wirtschaftlich betrachtet um Nullkuponanleihen handelt.[1014] Bezogen auf Deutschland

---
[1010] Vgl. Gramlich, L. / Gluchowski, P. / Horsch, A. u. a. (Hrsg.), Gabler Banklexikon, 2012, S. 1569 – 1570 (Stichwort ‚Zinsstruktur').
[1011] Vgl. Wilhelm, J. / Brüning, L., KuK 1992, S. 259.
[1012] Vgl. Fabozzi, F. J., Fixed Income, 2007, S. 185.
[1013] Ähnlich verhält es sich auch in anderen Ländern, so z. B. in Großbritannien. Vgl. hierzu Deacon, M. / Derry, A., Term Structure, 1994, S. 5 – 6.
[1014] Vgl. Deutsche Bundesbank (Hrsg.), Monatsbericht, 1997, S. 17 – 18.

ist damit das Vorliegen eines Primärmarkts für Nullkuponanleihen zu negieren.[1015] Zur Ermittlung der Kassazinssätze aus Nullkuponanleihen ist daher subsidiär auf die isolierten Kapital- und Zinsansprüche gestrippter Kuponanleihen zurückzugreifen. Ausgehend hiervon lassen sich mithilfe der bereits eingeführten Beziehung

$$i(0;T) = \sqrt[T]{\frac{100{,}00}{P_0}} - 1 \tag{1}$$

die Kassazinssätze $i(0;T)$ für unterschiedliche Laufzeiten nach den Verhältnissen am Bewertungsstichtag ermitteln. Hierbei steht $P_0$ für den Kurs des Kapital- bzw. Zinsstrips am Bewertungsstichtag. Dennoch mangelt es der so ermittelten Zinsstrukturkure an hinreichender Aussagekraft. Zum einen ist die Anzahl der strippbaren und der tatsächlich gestrippten Kuponanleihen begrenzt, sodass die resultierende Zinsstrukturkurve einen diskontinuierlichen Verlauf annimmt. Zum anderen werden die Zinsstrips von mehreren Kuponanleihen in einer Nullkuponanleihe gebündelt. Entscheidend für die Einbeziehung in das Bündel von Zinsstrips ist dabei, dass die Kupontermine der zugrundeliegenden Anleihen übereinstimmen, mithin die zu einer Nullkuponanleihe gebündelten Zinsstrips denselben Fälligkeitstermin aufweisen. Ohne Belang hingegen sind die Restlaufzeit der zugrundeliegenden Kuponanleihe sowie deren Nominalverzinsung.[1016] Die Fälligkeiten der gebündelten Zinsstrips beschränken sich zurzeit auf sechs Termine innerhalb eines jeden Kalenderjahres.[1017] Der Kurs einer so konstruierten synthetischen Nullkuponanleihe ergibt sich als Summe der Kurse der in ihr gebündelten Zinsstrips. Als Kassazinssatz resultiert somit ein mit dem jeweiligen Kuponvolumen gewichteter Durchschnitt der Kassazinssätze bei isolierter Bewertung. Die Gegenüberstellung der Restlaufzeit und des Kurses einer synthetischen Nullkuponanleihe generiert für jeden Zinstermin genau einen Datenpunkt. Die Menge der zu ein und demselben Zinstermin aufeinanderfolgender Kalenderjahre gehörenden Datenpunkte ist hierbei durch die Anzahl der

---

[1015] Vgl. so aber wohl Ballwieser, W., Unternehmensbewertung, 2003, S. 24; Jonas, M. / Wieland-Blöse, H. / Schiffarth, S., FB 2005, S. 647.

[1016] Vgl. Deutsche Bundesbank (Hrsg.), Monatsbericht, 1997, S. 18, wobei die Deutsche Bundesbank die dort genannten Zins- und Tilgungstermine am 4. Januar und am 4. Juli mittlerweile um weitere ergänzt hat.

[1017] Bei diesen sechs Terminen handelt es sich um den 4. Januar, den 15. Februar, den 15. Mai, den 4. Juli, den 15. August sowie den 4. September. Vgl. hierzu Deutsche Bundesbank, Kapital- und Zins-Strips, Zinstermin: 4. Januar (4. Januar 2016); Deutsche Bundesbank, Kapital- und Zins-Strips, Zinstermin: 15. Februar (4. Januar 2016); Deutsche Bundesbank, Kapital- und Zins-Strips, Zinstermin: 15. Mai (4. Januar 2016); Deutsche Bundesbank, Kapital- und Zins-Strips, Zinstermin: 4. Juli (4. Januar 2016); Deutsche Bundesbank, Kapital- und Zins-Strips, Zinstermin: 15. August (4. Januar 2016); Deutsche Bundesbank, Kapital- und Zins-Strips, Zinstermin: 4. September (4. Januar 2016).

noch ausstehenden Zinstermine der Kuponanleihe mit der längsten Restlaufzeit determiniert. Gleichzeitig definiert die Restlaufzeit des jeweils am längsten laufenden Wertpapiers den zeitlichen Horizont der rudimentären Zinsstrukturkurve, die sich so für jeden einzelnen der sechs Fälligkeitstermine ergibt. Abbildung 21 und Abbildung 22 zeigen das Vorgehen für den Zinstermin am 15. Februar. Die Wahl des Zinstermins am 15. Februar erklärt sich mit darstellerischen Gründen. Die Ausführung des Beispiels für jeden anderen der fünf übrigen Zinstermine erweist sich als deutlich umfänglicher. Dem höheren Komplexitätsgrad stehen dabei keinerlei zusätzliche Erkenntnisse gegenüber.

Kapitel 5: Rendite der risikolosen Anlage

| Bezeichnung der Kuponanleihe | 1,500% Bund 13 | 1,750% Bund 14 | 0,500% Bund 15 |
|---|---|---|---|
| Emissionsdatum | 18.1.2013 | 31.1.2014 | 16.1.2015 |
| Fälligkeit | 15.2.2023 | 15.2.2024 | 15.2.2025 |
| ISIN DE000... | ...1102309 | ...1102333 | ...1102374 |
| Emissionsvolumen in Mio. EUR | 18.000,00 | 18.000,00 | 23.000,00 |

| Zins-Strips ISIN DE000... | Volumen in Mio. EUR ||| Fälligkeitstermin | Nominale in Mio. EUR | Restlaufzeit (Jahre) | Kurs | Rendite |
|---|---|---|---|---|---|---|---|---|
| | 1,500% Bund 13 | 1,750% Bund 14 | 0,500% Bund 15 | | | | | |
| ...1142735 | 270,00 | 315,00 | 124,50 | 15.2.2016 | 709,50 | 0,11 | 98,53 | 13,886% |
| ...1142743 | 270,00 | 315,00 | 115,00 | 15.2.2017 | 700,00 | 1,11 | 98,56 | 1,311% |
| ...1142750 | 270,00 | 315,00 | 115,00 | 15.2.2018 | 700,00 | 2,11 | 98,62 | 0,660% |
| ...1142768 | 270,00 | 315,00 | 115,00 | 15.2.2019 | 700,00 | 3,11 | 98,56 | 0,467% |
| ...1142776 | 270,00 | 315,00 | 115,00 | 15.2.2020 | 700,00 | 4,11 | 98,36 | 0,403% |
| ...1142784 | 270,00 | 315,00 | 115,00 | 15.2.2021 | 700,00 | 5,11 | 98,03 | 0,390% |
| ...1142792 | 270,00 | 315,00 | 115,00 | 15.2.2022 | 700,00 | 6,11 | 97,58 | 0,401% |
| ...1142800 | 270,00 | 315,00 | 115,00 | 15.2.2023 | 700,00 | 7,11 | 96,99 | 0,431% |
| ...1142818 | | 315,00 | 115,00 | 15.2.2024 | 430,00 | 8,11 | 96,35 | 0,459% |
| ...1142826 | | | 115,00 | 15.2.2025 | 115,00 | 9,11 | 96,05 | 0,443% |

Sofern nicht anders angegeben, alle Angaben in EUR per 4. Januar 2016. Quelle: Eigene Darstellung in weiter Anlehnung an Deutsche Bundesbank, Kapital- und Zins-Strips, Zinstermin: 15. Februar (4. Januar 2016).

**Abbildung 21: Kombination von Zinsstrips**

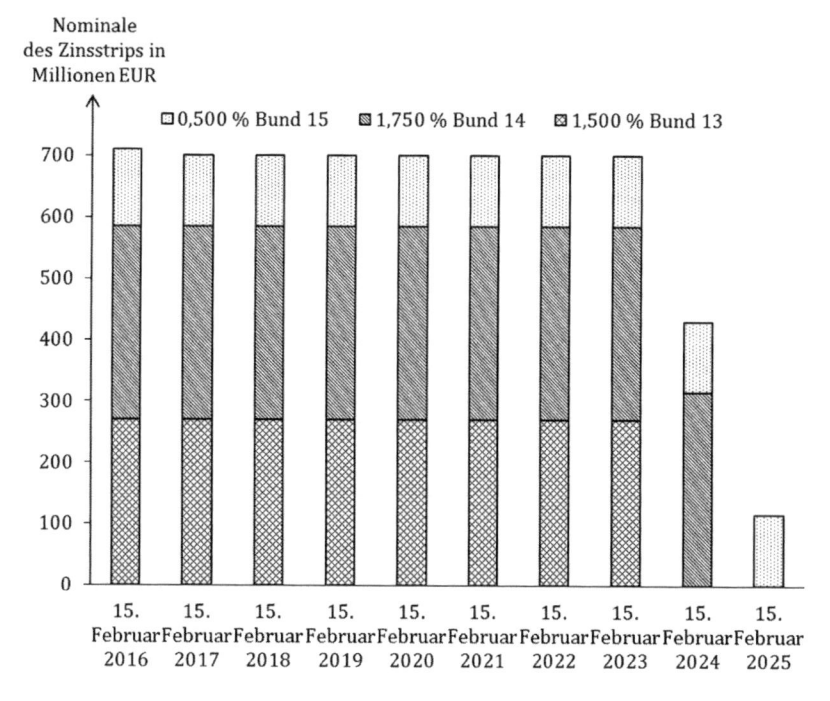

**Abbildung 22: Exemplarische Zahlungsstruktur synthetischer Nullkuponanleihen**

Abbildung 23 zeigt die empirische Zinsstruktur für den Zinstermin am 15. Februar. Um den S-förmigen Verlauf der empirischen Zinsstruktur besser verdeutlichen zu können, wurde hierbei auf die Einbeziehung des sehr kurzfristigen Kassazinssatzes mit einer Restlaufzeit von 0,11 Jahren verzichtet. Dennoch sei hier betont, dass die zugehörige Rendite 13,886 % beträgt, was das Vorgehen seiner Unbrauchbarkeit überführt.

Empirisch
ermittelter
Kassazinssatz

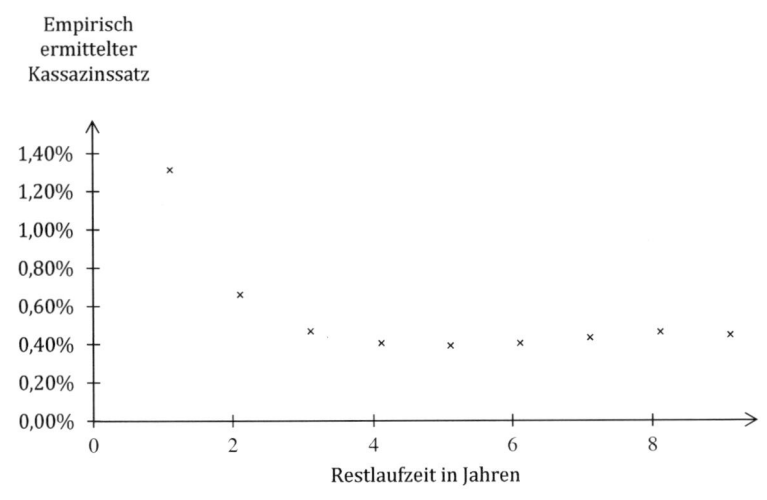

[Diagramm: Streudiagramm mit Datenpunkten bei Restlaufzeiten von ca. 1 Jahr (1,40%), 3 Jahren (0,60%), und weiteren Punkten bei ca. 0,40% für Restlaufzeiten von 4 bis 9 Jahren. X-Achse: Restlaufzeit in Jahren (0 bis 8+), Y-Achse: 0,00% bis 1,40%]

Quelle: Eigene Darstellung.

**Abbildung 23: Empirische Zinsstruktur für den Zinstermin am 15. Februar**

### 5.6.2.2 Würdigung

Im Ergebnis erlaubt das Stripping von Kuponanleihen, allenfalls einige wenige Datenpunkte der Zinsstrukturkurve zu ermitteln, die selbst unter der Prämisse äquidistanter Zahlungsströme für die Bestimmung verlässlicher Unternehmenswerte nicht ausreichend sind.[1018] Vielmehr sind für Bewertungsstichtage zwischen den Fälligkeitsterminen der synthetischen Nullkuponanleihen weiterhin Interpolationen erforderlich. Hiervon unabhängig besteht das Problem, dass eine hinreichende Liquidität der synthetischen Nullkuponanleihen in der Praxis jedenfalls anzuzweifeln ist. Dies gilt im Hinblick auf die Breite, Tiefe und Erneuerungsfähigkeit des Markts, vor allen Dingen jedoch im Hinblick auf die Dauer der Orderausführung. Tatsächlich nämlich kommt es an den öffentlichen Handelsplätzen nur selten zu einem Handel mit Strips. Für gewöhnlich scheinen in den Orderbüchern nur Geldkurse oder außerordentlich geringe Handelsvolumina auf. Hintergrund ist, dass besonders institutionelle Investoren Nullkuponanleihen als beliebtes Instrument zum Hedging von Zinsänderungsrisiken einsetzen, sodass ähnlich wie bei Kuponanleihen der Handel mit Nullkuponanleihen im Wesentlichen außerbörslich stattfindet.[1019] Die Übernahme des Risikos einer

---
[1018] Vgl. Deutsche Bundesbank (Hrsg.), Monthly Report, 1997, S. 63.
[1019] Vgl. Jaschke, S. / Stehle, R. / Wernicke, S., ZfbF 2000, S. 445.

eingeschränkten Liquidität lassen sich rationale Kapitalmarktteilnehmer in Form einer angemessenen Liquiditätsprämie vergüten.[1020] Gleichzeitig herrscht in Abhängigkeit von der Laufzeit und von den Erwartungen an die allgemeine Zinsentwicklung eine unterschiedliche Nachfrage nach Strips, wodurch zusätzlich die latente Gefahr besteht, dass die Zinsstrukturkurve einen verzerrten Verlauf annimmt.[1021]

### 5.6.3 Rekursive Ableitung der Zinsstruktur

#### 5.6.3.1 Vorbemerkung

Angesichts der Tatsache, dass originäre Nullkuponanleihen auf dem deutschen Kapitalmarkt nicht umgehen und gestrippte Kuponanleihen keine unverzerrten Ergebnisse liefern, haben sich im Lauf der wissenschaftlichen Diskussion verschiedene Alternativen für die Ableitung der Zinsstrukturkurve herausgebildet. Diese beruhen auf der Überlegung, dass die Zinsstruktur in der empirisch beobachtbaren Renditestruktur oder – was gleichbedeutend ist – in den Marktpreisen von Kuponanleihen implizit enthalten sei. Daher könne von der Renditestrukturkurve respektive den Marktpreisen der Kuponanleihen auf die Zinsstruktur geschlossen werden.[1022] Vor diesem Hintergrund spricht man in diesem Zusammenhang auch von rekursiven Verfahren.[1023]

Ansatzpunkte zur Ableitung der Zinsstruktur bieten, einhergehend mit zunehmendem Abstraktionsgrad, die Renditestruktur, die Methode der kleinsten quadrierten Abweichungen zwischen tatsächlich beobachtbarem und theoretisch gerechtfertigtem Preis von Kuponanleihen sowie die arbitragetheoretische Operationalisierung. Ein weiterer rekursiver Ansatz zur Konstruktion der Zinsstrukturkurve besteht daneben in der Verwertung der Informationen von Zinsswaps.

#### 5.6.3.2 Empirische Renditestruktur

##### 5.6.3.2.1 Vorgehensweise

Voraussetzung für die Ableitung der Zins- aus der Renditestrukturkurve ist ein Portfolio einer hinreichenden Anzahl börsengehandelter, unkündbarer

---

[1020] Vgl. Hicks, J. R., Value and Capital, 1946, S. 164; ausführlich Jonkhart, M. J. L., JBF 1979, S. 254 – 256; auch zur Abgrenzung von Erwartungs- und Risikoprämientheorie Marty, R., SZVS 1990, S. 51 – 54; Jarchow, H.-J., Theorie und Politik des Geldes, 2003, S. 159 – 162; Fabozzi, F. J., Fixed Income, 2007, S. 203.
[1021] Vgl. Deutsche Bundesbank (Hrsg.), Monatsbericht, 1997, S. 21 – 22. Eine latente Gefahr von Fehlbewertungen bei Anleihen im Allgemeinen sieht auch *Bußmann*. Vgl. hierzu Bußmann, J., KuK 1989, S. 118.
[1022] Vgl. Schich, S. T., Zinsstrukturkurve, 1997, S. 2.
[1023] Vgl. Obermaier, R., Basiszinssatz, 2005, S. 8.

Kapitel 5: Rendite der risikolosen Anlage

festverzinslicher Anleihen hoher Liquidität,[1024] deren Restlaufzeiten ein möglichst vollständiges Spektrum abbilden und deren Kupon- und Tilgungszahlungen keinerlei Ausfallrisiko bergen.[1025] Idealerweise zeichnen sich die Anleihen weiterhin durch Homogenität hinsichtlich der Art und Höhe ihrer Besteuerung, Verzinsungs- und Tilgungsmodalitäten, Erwerbs-, Verwahrungs- und Verkaufskosten sowie Kuponsätze aus.[1026] Diesen Anforderungen genügen allenfalls die hier betrachteten öffentlichen Anleihen. Aus der Renditestrukturkurve so gearteter Anleihen unterschiedlicher Restlaufzeiten lässt sich die Zinsstruktur des Kapitalmarkts empirisch erheben, indem die Gesamtheit der Effektivzinssätze nach der Restlaufzeit in ein Diagramm übertragen wird.[1027] Für den deutschen Kapitalmarkt zeigt die empirische Zinsstruktur am 30. Dezember 2015 den in Abbildung 24 dargestellten Verlauf.

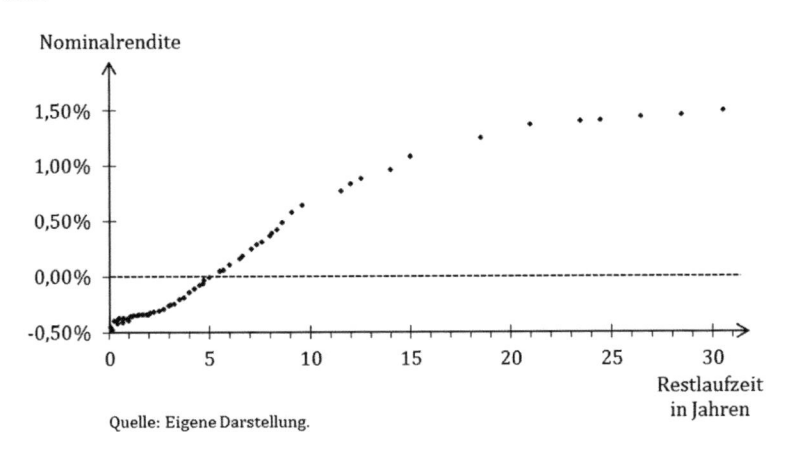

Quelle: Eigene Darstellung.

**Abbildung 24: Empirische Renditestruktur am 30. Dezember 2015**

Im Übrigen geht aus Abbildung 24 die bereits angemerkte Vervollständigung des Laufzeitenspektrums hervor.

---

[1024] Vgl. Beer, U., SZVS 1990, S. 40.
[1025] Vgl. Nuske, M., Kapitalmarktdiskontierung, 1983, S. 5.
[1026] Vgl. Wilhelm, J. / Brüning, L., KuK 1992, S. 272; Beer, U., SZVS 1990, S. 39. Unter diesen Prämissen ist es erlaubt, auf die Berücksichtigung des Störterms zu verzichten. Vgl. hierzu etwa McCulloch, J. H., JOB 1971, S. 21; Chambers, D. R. / Carleton, W. T. / Waldman, D. W., JFQA 1984, S. 234 – 235.
[1027] Vgl. Faßbender, H., Fristigkeitsstruktur, 1973, S. 130, S. 138.

## 5.6.3.2.2 Würdigung

Abgesehen von der Auswahl der repräsentativen Kuponanleihen und der bereits thematisierten, mit der Effektivverzinsung von Kuponanleihen unweigerlich verbundenen Wiederanlageprämisse haftet der empirischen Zinsstruktur der Schwachpunkt an, nur einige wenige Punkte der Renditestrukturkurve markieren zu können. Zur Ermittlung der durchgängigen empirischen Zinsstruktur werden daher lineare Interpolationen notwendig.[1028] Wollen im Wege der linearen Interpolation gewonnene Daten für die flachen Abschnitte der Renditestrukturkurve hinreichend valide sein, so können diese für die nicht-flachen Bereiche nur eine Annäherung an den tatsächlichen Verlauf der Renditestrukturkurve geben.[1029] Daneben unterliegt die Methodik subjektiven Einflüssen.[1030]

Ungleich schwerer wiegt der Vorbehalt gegenüber der empirischen Zinsstruktur im Hinblick auf die restriktiven Anforderungen, welche diese an die Eigenschaften der Anleihen des Portfolios stellt. Tatsächlich nämlich sind Anleihen unterschiedlicher Laufzeiten für gewöhnlich gerade mit Kupons unterschiedlicher Höhe ausgestattet. Aus diesem Grunde scheitert der Zugang zur Zins- über die Renditestruktur allein schon am so bezeichneten Kuponeffekt[1031] Der Kuponeffekt meint die Beobachtung, dass Wertpapiere gleicher Restlaufzeit, jedoch unterschiedlicher anfänglicher Laufzeiten im Allgemeinen eine unterschiedliche Nominal- und Effektivverzinsung bieten.[1032]

Der Kuponeffekt lässt sich steuerlich begründen, sofern zum einen Zinseinkommen und Kursgewinne, zum anderen unterschiedliche Haltefristen einer differenzierten steuerlichen Behandlung unterliegen.[1033] Die steuerliche Ungleichbehandlung von Zinseinkommen und Kursgewinnen sowie von unterschiedlichen Haltedauern gilt als wesentlicher Grund, warum die Nachfrage nach Anleihen unterschiedlicher Restlaufzeit asymmetrisch verteilt ist.[1034] Dies war etwa in Deutschland bis zur Unternehmensteuerreform 2008 der Fall. In diesem Zusammenhang trat allerdings an die Stelle der ein-

---

[1028] Vgl. Obermaier, R., FB 2008, S. 494.
[1029] Vgl. Obermaier, R., Basiszinssatz, 2005, S. 10.
[1030] Vgl. Masera, R. S., BNLQR 1970, S. 89.
[1031] Vgl. hierzu grundlegend Wonnacott, P., Interest Rates, 1962, S. 18; Wallace, N., JOF 1967, S. 307 – 309; Weingartner, H., JFQA 1966, Nr. 3, S. 14 – 21.
[1032] Vgl. zu einer formalen Begründung des Kuponeffekts Buse, A., JOF 1970, S. 809 – 817; Schaefer, S. M., FAJ 1977, Nr. 4, S. 60; Cooper, I. A., JFQA 1977, S. 710 – 711; Svensson, L. E. O., Forward Interest Rates, 1994, S. 3 – 4.
[1033] Vgl. so z. B. Caks, J., JOF 1977, S. 104; ähnlich auch Ronn, E. I., JFQA 1987, S. 450 – 452.
[1034] Vgl. hierzu eingehend sowohl für vollständige als auch für unvollständige Anleihemärkte Litzenberger, R. H. / Rolfo, J., JOF 1984, S. 4 – 12; Katz, E. / Prisman, E. Z., JFQA 1991, S. 436 – 438.

## Kapitel 5: Rendite der risikolosen Anlage

jährigen Spekulationsfrist, nach deren Verstreichen private Veräußerungsgewinne im Zusammenhang mit Wertpapieren steuerfrei realisiert werden konnten, eine von der Haltedauer unabhängige Abgeltungssteuer.[1035] Die steuerlich bedingte Unterscheidung zwischen Zinseinkommen und Kursgewinnen ist seither obsolet. Dementsprechend hat das Argument der unterschiedlichen steuerlichen Behandlung erheblich an Relevanz verloren.

Eine weitere Erklärung für den Kuponeffekt setzt an der unterschiedlichen Verteilung der Zahlungsvolumina der Anleihen über die Restlaufzeit an.[1036] Bei gleicher Restlaufzeit weisen Anleihen mit hohem Kupon eine geringere Duration als Anleihen mit niedrigem Kupon auf.[1037] Somit lässt sich der Kuponeffekt mit der effektiven Restlaufzeit von Kuponanleihen begründen.[1038] Es ist also davon auszugehen, dass auf dem deutschen Anleihenmarkt auch nach der Unternehmensteuerreform 2008 der Kuponeffekt vorherrscht, wenn auch in abgeschwächter Form. Allerdings ist seither die Unterscheidung erschwert, welchem Faktor dieser vornehmlich geschuldet ist.

In eine ähnliche Richtung wie der Kupon- zielt der Konvexitätseffekt. Allgemein beschreibt die Konvexität einer Anleihe die non-lineare Beziehung zwischen Preis und Effektivverzinsung. Diese besteht darin, dass der Betrag des Kursanstiegs einer Anleihe bei einem Rückgang der Rendite der Alternativanlage cet. par. den Betrag übertrifft, um welchen der Kurs der Anleihe bei einem Anstieg der Rendite der Alternativanlage im selben Umfang fällt.[1039] In einem Umfeld ausgeprägter Zinsschwankungen lassen sich auf diese Weise mit Anleihen hoher Konvexität vergleichsweise höhere Erträge erzielen. Daher gehen selbst auf hocheffizienten Märkten derartige Anleihen mit einem Preispremium um, was gleichbedeutend mit einem Renditeabschlag ist. Die Reagibilität des Kursverlaufs einer Anleihe auf Änderungen des Zinsniveaus ist umso ausgeprägter, je höher die Duration der Anleihe ist.[1040] So macht sich der Konvexitätseffekt vor allen Dingen am langen Ende der Zinsstrukturkurve bemerkbar, indem diese dort zunehmend flacher verläuft.[1041]

Die Diskontierung der periodenspezifischen Zahlungsströme des Bewertungsobjekts mit der von der Deutschen Bundesbank veröffentlichten stich-

---

[1035] Vgl. Wiese, J., WPg 2007, S. 368 – 369.
[1036] Vgl. Deacon, M. / Derry, A., Term Structure, 1994, S. 19; Deutsche Bundesbank (Hrsg.), Monatsbericht, 1997, S. 21 – 22.
[1037] Vgl. Fisher, D., Economica 1964, S. 413; Caks, J., JOF 1977, S. 108; Schich, S. T., Zinsstrukturkurve, 1997, S. 13; aA Buse, A., JOF 1970, S. 817.
[1038] Vgl. Wonnacott, P., Interest Rates, 1962, S. 16 – 19; Weingartner, H. M., JFQA 1966, Nr. 3, S. 13.
[1039] Vgl. Schich, S. T., Zinsstrukturkurve, 1997, S. 14.
[1040] Vgl. Livingston, M. / Caks, J., JOF 1977, S. 186 – 187.
[1041] Vgl. Schich, S. T., Zinsstrukturkurve, 1997, S. 14.

tagsspezifischen Effektivverzinsung börsennotierter Bundeswertpapiere[1042] führt zu fehlerhaften Bewertungsergebnissen, da es sich bei diesen im Allgemeinen um festverzinsliche Anleihen handelt.[1043] Demgegenüber unterliegen die Zahlungsströme des Bewertungsobjekts mehr oder weniger ausgeprägten Schwankungen. Die Verwendung der stichtagsbezogenen Effektivverzinsung von Kuponanleihen für Zwecke der Diskontierung der aus der Sicht des Bewertungsstichtags prognostizierten Zahlungsströme des Bewertungsobjekts erweist sich als finanzwirtschaftlich falsch und als schätztheoretisch ineffizient.[1044] Gleichwohl sprechen sich Teile der Literatur, insbesondere jedoch die Bewertungspraxis zugunsten der Effektivverzinsung und damit zugunsten eines Basiszinssatzes aus, welcher für die Zahlungsströme aller Perioden des Investitionszeitraums einheitlich ist. Offensichtlich kommt der mit der Effektivverzinsung einhergehenden Komplexitätsreduktion praktisch ein höherer Stellenwert bei als dem dafür in Kauf zu nehmenden systematischen Bewertungsfehler.[1045] Dieser sei vernachlässigbar klein,[1046] für welchen Einwand *Obermaier* angesichts der fehlenden quantitativen Untermauerung zutreffend den Begriff ‚Zinsstrukturthese' prägt.[1047] Mag der systematische Bewertungsfehler in der Tat ex ante nicht quantifizierbar sein, so widerlegen dahingehende Untersuchungen dennoch zumindest exemplarisch die Gültigkeit der Zinsstrukturthese.[1048]

Angesichts der aufgezeigten Bedenken gegenüber der Operationalisierung der Zins- anhand der Renditestruktur erstaunt, dass die Deutsche Bundesbank bis 1997 genau an diesem Ansatz festhielt, ehe sie sich hiervon abkehrte und sich für eine modellbasierte Ableitung des funktionalen Zusammenhangs zwischen Laufzeit und Rendite aussprach.[1049] Der Grund hierfür lag weniger in einem Mangel an Modellen zur Zinsstruktur als vielmehr in deren überwiegend unzureichenden Praktikabilität, insbesondere im Hinblick auf die Flexibilität bezüglich der fallweise verfügbaren Kapitalmarkt-

---

[1042] Vgl. Deutsche Bundesbank, Bundeswertpapiere (11. Januar 2016).
[1043] Vgl. so wohl Schwetzler, B., ZfB 1996, S. 1095; Wiese, J. / Gampenrieder, P., BB 2008, S. 1723.
[1044] Vgl. Nuske, M., Kapitalmarktdiskontierung, 1983, S. 8.
[1045] Vgl. Obermaier, R., Basiszinssatz, 2005, S. 6; Reese, R. / Wiese, J., Unternehmensbewertung, 2006, S. 2 – 3.
[1046] Vgl. Schwetzler, B., ZfB 1996, S. 1094 – 1095; Ballwieser, W., Unternehmensbewertung, 2003, S. 24.
[1047] Vgl. Obermaier, R., Basiszinssatz, 2005, S. 6.
[1048] Vgl. Knoll, L. / Deininger, C., ZBB 2004, S. 378 – 381; Gebhardt, G. / Daske, H., WPg 2005, S. 352.
[1049] Vgl. Deutsche Bundesbank (Hrsg.), Monthly Report, 1997, S. 61 – 66; Wilhelm, J., Zinsstruktur, 2001, Sp. 2358; Obermaier, R., FB 2006, S. 494.

## Kapitel 5: Rendite der risikolosen Anlage

daten und die Einfachheit hinsichtlich der in das Modell einfließenden Parameter.[1050]

Eine vor allen Dingen in der Bewertungspraxis diskutierte Anwendung der Effektivverzinsung stellt das Konzept der Umlaufsrendite dar.[1051] Der Zweck der Umlaufsrendite liegt in der Abbildung des langfristigen Kapitalmarktzinses. Aus diesem Grunde finden bei ihrer Berechnung grundsätzlich nur unterschiedlich geartete Anleihen mit einer anfänglichen Laufzeit laut Emissionsprospekt von mehr als vier Jahren[1052] Berücksichtigung.[1053] Hierbei gehen die Renditen der einzelnen Wertpapiere mit den zu Marktkursen bewerteten Umlaufsbeträgen ein. Basis bilden die Referenzpreise der Deutschen Bundesbank respektive die XETRA®-Kurse. Die Zusammensetzung der in die Berechnung der Umlaufsrendite einbezogenen festverzinslichen Wertpapiere erfolgt zu Beginn eines jeden Berichtsmonats.[1054]

Die Umlaufsrendite wird von der Deutschen Bundesbank börsentäglich berechnet und veröffentlicht und ist somit intersubjektiv leicht nachprüfbar. Gleichwohl kann die Verwendung der Umlaufsrendite als Maß für die Stichtagsverzinsung im Ergebnis ebenso wenig wie die originäre aus Kuponanleihen gewonnene Effektivverzinsung überzeugen. Denn bei der Umlaufsrendite handelt es sich um einen Durchschnitt der Renditen unterschiedli-

---

[1050] Vgl. Deutsche Bundesbank (Hrsg.), Monthly Report, 1997, S. 63; Obermaier, R., Basiszinssatz, 2005, S. 10.

[1051] Vgl. Moxter, A., Grundsätze, 1983, S. 146; Hackmann, A., Unternehmensbewertung, 1987, S. 110; Hohlfeldt, G. / Jacob, H.-J., Unternehmensbewertung, 1992, S. 233.

[1052] Außer Betracht bleiben Wandel- und vergleichbare Schuldverschreibungen, Bankschuldverschreibungen mit unplanmäßiger Tilgung (ab Januar 1973), Nullkuponanleihen, variabel verzinsliche Anleihen und nicht auf D-Mark oder Euro lautende Anleihen. Bei Tilgungsanleihen liegt den Renditen eine mittlere Restlaufzeit zugrunde. In die Berechnung der Gesamtrenditen sowie der Renditen nach Wertpapierarten von Januar 1971 bis Dezember 1976 gehen nur diejenigen Schuldverschreibungen ein, deren Laufzeit mehr als vier Jahre beträgt. Dieses Kriterium ist historisch begründet. So gingen Mitte der fünfziger Jahre des 20. Jahrhunderts noch Kassenobligationen um, deren Laufzeit regelmäßig vier Jahre betrug. Dennoch wurden Kassenobligationen nicht dem langfristigen Kapitalmarkt zugerechnet, da ihr Kurs unregelmäßig festgestellt wurde. Vgl. hierzu Morawietz, M., Rentabilität und Risiko, 1994, S. 134 – 135. Ab Januar 1977 erstreckt sich die Berechnung auf Wertpapiere mit einer mittleren Restlaufzeit von mehr als drei Jahren. Die Gruppenrenditen sind gewogen mit den zu Marktkursen bewerteten Umlaufsbeträgen bzw. den Absatzbeträgen der in die Berechnung einbezogenen Schuldverschreibungen. Infolge der sich monatlich ändernden Zusammensetzung der in die Berechnung einbezogenen Anleihen ist die Entwicklung der ermittelten Renditen nicht nur auf Veränderungen des Zinsniveaus, sondern vor allem bei den Emissionsrenditen auch auf strukturelle Einflüsse, so z. B. auf Veränderungen der Laufzeitstruktur, zurückzuführen. Vgl. hierzu Deutsche Bundesbank (Hrsg.), Kapitalmarktstatistik, 2013, S. 85.

[1053] Vgl. Schwetzler, B., ZfB 1996, S. 1094.

[1054] Vgl. Bußmann, J., KuK 1989, S. 118; Deutsche Bundesbank, Umlaufsrenditen (11. Januar 2016).

cher Wertpapierarten und damit – wenn auch nur marginal – unterschiedlicher Ausfallrisiken, vor allen Dingen jedoch unterschiedlicher Restlaufzeiten. Die Diskontierung mit der Umlaufsrendite führt daher regelmäßig zu einer Verletzung des Laufzeitäquivalenzprinzips und liefert selbst im Vergleich zur Kapitalisierung mit der Effektivverzinsung inferiore Ergebnisse.

Zusammenfassend lässt sich festhalten, dass weder die originäre Effektivverzinsung von Kuponanleihen noch das Konzept der Umlaufsrendite als Maß für die Rendite der risikolosen Anlage in Betracht kommt. Bei Verwendung der Effektivverzinsung von Kuponanleihen resultieren regelmäßig, bei Verwendung der Umlaufsrendite stets systematische Abweichungen von den theoretisch richtigen Zukunftserfolgswerten. Weder die originäre Renditestrukturkurve noch die Umlaufsrendite bietet einen geeigneten Ansatz zur Ableitung der Zinsstruktur.

### 5.6.3.3 Modellbasierte rekursive Verfahren

#### 5.6.3.3.1 Vorbemerkung

Unter den rekursiven Ansätzen leiten die Methode der kleinsten quadrierten Abweichungen zwischen tatsächlich beobachtbarem und theoretisch gerechtfertigtem Preis von Kuponanleihen sowie die arbitragetheoretische Operationalisierung ihre Aussagen modellbasiert ab. Da die Annahmen der Modelle in wesentlichen Teilen übereinstimmen, seien diese, den eigentlichen Erläuterungen zur Methode der kleinsten quadrierten Abweichungen zwischen tatsächlich beobachtbarem und theoretisch gerechtfertigtem Preis[1055] von Kuponanleihen sowie zur arbitragetheoretischen Operationalisierung vorangestellt, nachfolgend dargelegt. Das Modell selbst beruht auf den Überlegungen von *Hodges / Schaefer* (1977)[1056], *Schaefer* (1982)[1057] und *Wilhelm / Brüning* (1992)[1058].

#### 5.6.3.3.2 Modellbildung

Betrachtet sei ein Portfolio von Kuponanleihen mit den in 5.6.3.2.1 genannten Merkmalen,[1059] sodass in jedem Zeitpunkt des betrachteten Restlaufzeitenspektrums fix mit der Zahlung von mindestens einem Wertpapier zu rechnen ist. Beschreibe $t = 0$ den Betrachtungszeitpunkt, $T$ das Ende des Investitionszeitraums und $t$ ein beliebiges Element der Menge aller äqui-

---

[1055] Vgl. z. B. Nuske, M., Kapitalmarktdiskontierung, 1983, S. 1 – 18; McCulloch, J. H., JOF 1975, S. 813 – 816; Carleton, W. T. / Cooper, I. A., JOF 1976, S. 1071 – 1073; Shea, G. S., JFQA 1984, S. 255.
[1056] Vgl. Hodges, S. D. / Schaefer, S. M., JFQA 1977, S. 243 – 260.
[1057] Vgl. Schaefer, S. M., JFE 1982, S. 121 – 159.
[1058] Vgl. Wilhelm, J. / Brüning, L., KuK 1992, S. 259 – 294.
[1059] Vgl. hierzu Faßbender, H., Fristigkeitsstruktur, 1973, S. 130; Nuske, M., Kapitalmarktdiskontierung, 1983, S. 5; Wilhelm, J. / Brüning, L., KuK 1992, S. 272.

## Kapitel 5: Rendite der risikolosen Anlage

distanten Zeitpunkte zwischen $t = 0$ und $T$ mit $t = 0, 1, 2, ..., T - 1, T$. Abgesehen vom Betrachtungszeitpunkt leiste an jedem Zeitpunkt $t$ während des Investitionszeitraums mindestens eines der $U$ Wertpapiere mit $u = 1, 2, 3, ..., U - 1, U$ eine Zahlung in Höhe von $Z_{t,u}$. Stehe $P_{t,u}$ für den in $t$ beobachtbaren Marktpreis der $u$-ten Kuponanleihe inklusive der seit dem letzten Kupontermin aufgelaufenen Stückzinsen.[1060] In $t = 0$ sei die Zahlung der Stückzinsen soeben erfolgt. Die Betrachtung unterstellt geometrische Verzinsung zwischen den Zinszahlungsterminen. Gelte weiterhin für die im Portfolio enthaltenen Wertpapiere im Zeitpunkt $t$ der Preisvektor[1061] $\vec{P_t}$

$$\vec{P_t} = (P_{t,1} \quad P_{t,2} \quad P_{t,3} \quad \cdots \quad P_{t,U-1} \quad P_{t,U})' \tag{1}$$

für die jeweiligen Stücke der im Portfolio enthaltenen Wertpapiere $x_{t,u}$ der Mengenvektor $\vec{x_t}$

$$\vec{x_t} = \begin{pmatrix} x_{t,1} \\ x_{t,2} \\ x_{t,3} \\ \vdots \\ x_{t,U-1} \\ x_{t,U} \end{pmatrix} \tag{2}$$

und für die Zahlungen des Portfolios entsprechend die $T \times U$-Matrix mit $T$ Zeilen und $U$ Spalten der zeitpunktspezifischen Zahlungsströme $Z_{t,u}$

$$Z = \begin{pmatrix} 0 & 0 & 0 & \cdots & 0 & 0 \\ Z_{1,1} & Z_{1,2} & Z_{1,3} & \cdots & Z_{1,U-1} & Z_{1,U} \\ Z_{2,1} & Z_{2,2} & Z_{2,3} & \cdots & Z_{2,U-1} & Z_{2,U} \\ \vdots & \vdots & \vdots & \ddots & \vdots & \vdots \\ Z_{T-1,1} & Z_{T-1,2} & Z_{T-1,3} & \cdots & Z_{T-1,U-1} & Z_{T-1,U} \\ Z_{T,1} & Z_{T,2} & Z_{T,3} & \cdots & Z_{T,U-1} & Z_{T,U} \end{pmatrix} \tag{3}$$

---

[1060] Vgl. Wilhelm, J. / Brüning, L., KuK 1992, S. 261. Insofern handelt es sich um ein zeitdiskretes Modell. Der Begriff ‚Stückzinsen' (engl. accrued interest) beschreibt die seit dem letzten Kupontermin aufgelaufenen, zeitanteiligen Nominalzinsen einer Anleihe. In ihnen kommt zum Ausdruck, dass sich der Nominalbetrag nicht diskret, sondern geometrisch fortlaufend verzinst. Die Börsenkurse von Anleihen exkludieren üblicherweise die Stückzinsen (engl. clean price). Gleichwohl bilden diese zusammen mit dem Kurs bei einem Wechsel des Berechtigten den Kaufpreis der Anleihe (engl. dirty price). Denn der Kupon steht jeweils in voller Höhe demjenigen zu, welcher am Kupontermin Inhaber der Anleihe ist. Hierbei ist die Haltedauer ohne Bedeutung. Die Höhe der Stückzinsen bestimmt sich nach der Tagesberechnungsmethode. Vgl. hierzu Deacon, M. / Derry, A., Term Structure, 1994, S. 9 – 12; Gramlich, L. / Gluchowski, P. / Horsch, A., Gabler Banklexikon, 2012, S. 1331 (Stichwort ‚Stückzinsen').
[1061] Grundsätzlich gestaltet sich der Preisvektor in Spaltenschreibweise, doch ist es in den Wirtschaftswissenschaften Konvention, den Preisvektor in transponierter Schreibweise als Zeilenvektor darzustellen. Vgl. hierzu Ohse, D., Mathematik, 2005, S. 33; Sydsæter, K. / Hammond, P. J., Mathematik, 2013, S. 660 – 661.

## Kapitel 5: Rendite der risikolosen Anlage

so stellt sich die Zahlung des Portfolios $Z_t$ im Zeitpunkt $t$ allgemein mit

$$Z_t = Z \cdot \vec{x_t} \tag{4}$$

dar.[1062] Das innere Produkt der in Beziehung (4) beschriebenen skalaren Multiplikation der Matrix der Zahlungsströme und des Stückevektors ist eine reelle Zahl.[1063] Beziehung (4) ist eine alternative Darstellungsweise für die Operation

$$Z_t = \sum_{u=1}^{U} Z_{t,u} \cdot x_{t,u} \tag{5}$$

Der Marktpreis des Portfolios $P_{t,PF}$ im Zeitpunkt $t$ berechnet sich entsprechend als inneres Produkt der skalaren Multiplikation des Preis- und des Stückevektors mit

$$P_{t,PF} = \vec{P_t} \cdot \vec{x_t} \tag{6}$$

Hierbei handelt es sich ebenfalls um eine reelle Zahl.

Aufbauend auf den hier vorgestellten Modellannahmen ist im Folgenden weiter zu prüfen, ob und inwiefern die Methode der kleinsten quadrierten Abweichungen zwischen tatsächlich beobachtbarem und theoretisch gerechtfertigtem Preis von Kuponanleihen respektive die Methode der arbitragetheoretischen Operationalisierung brauchbare Ergebnisse für die gesuchte Zinsstruktur versprechen.

### 5.6.3.3.3 Methode der kleinsten quadrierten Abweichungen

#### 5.6.3.3.3.1 Vorgehensweise

Die Methode der kleinsten quadrierten Abweichungen zwischen tatsächlich beobachtbarem und theoretisch gerechtfertigtem Preis der Kuponanleihen bestimmt für die Gesamtheit der im Portfolio enthaltenen Kuponanleihen ein Bündel von Kassazinssätzen, welches die im Betrachtungszeitpunkt $t = 0$ beobachtbaren Marktpreise der Kuponanleihen möglichst gut zu erklären vermag.[1064]

Beschreibe aufbauend auf dem oben vorgestellten Modell $i(0;t)$ den Kassazinssatz, der die im Zeitpunkt $t$ anfallende Zahlung $Z_{t,u}$ der $u$-ten Kupon-

---

[1062] Vgl. für ein im Prinzip ähnliches Vorgehen Nuske, M., Kapitalmarktdiskontierung, 1983, S. 6 – 8.
[1063] Vgl. Fama, E. F., JME 1990, S. 61; Ohse, D., Mathematik, 2005, S. 32 – 33.
[1064] Vgl. z. B. Carleton, W. T. / Cooper, I. A., JOF 1976, S. 1071 – 1073; Nuske, M., Kapitalmarktdiskontierung, 1983, S. 7 – 9; ähnlich auch McCulloch, J. H., JOB 1971, S. 21.

anleihe auf den Betrachtungszeitpunkt $t = 0$ diskontiert, so gilt allgemein für den zugehörigen Diskontierungsfaktor[1065] $q_{0,t}$

$$q_{0,t} = e^{-t \cdot i(0;t)} \tag{1}$$

Ebenso wie der Kassazinssatz ist der Diskontierungsfaktor für sämtliche Zahlungen, welche an ein und demselben Zeitpunkt anfallen, identisch. Der Wert $V_{0,u}$ der einzelnen Kuponanleihe im Betrachtungszeitpunkt $t = 0$ bestimmt sich entsprechend mit[1066]

$$V_{0,u} = \sum_{t=0}^{T} q_{0,t} \cdot Z_{t,u} \tag{2}$$

Bezogen auf die $u$-te Kuponanleihe stellt sich die Abweichung $\Delta_u$ zwischen dem am Markt beobachtbaren Preis $P_{0,u}$ und dem theoretisch gerechtfertigten Preis $V_{0,u}$ mit

$$\Delta_u = P_{0,u} - \sum_{t=0}^{T} q_{0,t} \cdot Z_{t,u} \tag{3}$$

dar. Die globale Abweichung des Portfolios $\Delta$ lässt sich entsprechend mit

$$\Delta = \sum_{u=1}^{U} \left( P_{0,u} - \sum_{t=0}^{T} q_{0,t} \cdot Z_{t,u} \right) \tag{4}$$

darstellen.

Der einfachen globalen Abweichung zwischen tatsächlich beobachtbarem und theoretisch gerechtfertigtem Preis der einzelnen in das Portfolio einbezogenen Kuponanleihen haftet der Nachteil sich gegenseitig kompensierender positiver und negativer Abweichungen an. Um einerseits diesem Schwachpunkt zu begegnen, andererseits der absoluten Größe der wertpapierspezifischen Abweichung innerhalb der globalen Abweichung Rechnung zu tragen, empfiehlt es sich, im Hinblick auf die globale Abweichung auf die Summe der quadrierten Abweichungen

$$\sum_{u=1}^{U} \Delta_u^2 = \sum_{u=1}^{U} \left( P_{0,u} - \sum_{t=0}^{T} q_{0,t} \cdot Z_{t,u} \right)^2 \tag{5}$$

---

[1065] Vgl. hierzu McCulloch, J. H., JOB 1971, S. 19 – 20; Schaefer, S. M., JFE 1982, S. 125 – 131; Bußmann, J., KuK 1989, S. 119; Beer, U., SZVS 1990, S. 41; Bank for International Settlements (Hrsg.), Zero-Coupon Yield Curves, 2005, S. V.
[1066] Vgl. ähnlich Deacon, M. / Derry, A., Term Structure, 1994, S. 8.

abzustellen.[1067] Die beste Erklärung ist hierbei das Bündel an Kassazinssätzen, bei denen die Summe der quadrierten Abweichungen global minimal wird.[1068] Hierzu ist Beziehung (5) in ein Regressionsproblem umzuformulieren, was die zusätzliche Einführung eines Fehlerterms bedingt. Das gesuchte Minimum ergibt sich mithilfe eines Trial and Error-Verfahrens hinsichtlich der Wahl der Diskontierungsfaktoren $q_{0,t}$ respektive der zugehörigen Kassazinssätze.[1069] Grafisch offenbart sich die Zinsstruktur, indem das im Wege des Trial and Error-Verfahrens gefundene Bündel an Kassazinssätzen entlang der $t$-Achse angetragen wird.[1070]

#### 5.6.3.3.3.2 Würdigung

Die Methode der kleinsten quadrierten Abweichungen zwischen tatsächlich beobachtbarem und theoretisch gerechtfertigtem Preis von Anleihen besticht durch ihre Einfachheit sowie durch ihre statistische Effizienz, zumal sie alle zur Verfügung stehenden Informationen der Datenbasis verarbeitet.[1071] Im Hinblick auf das eigentliche Ziel, den Begriff der Zinsstruktur wissenschaftstheoretisch zu präzisieren, erscheint das Vorgehen dennoch in mehrfacher Hinsicht problematisch. Denn anstatt einen Erklärungsansatz zu bieten, welcher die Zinsstruktur zum Ergebnis hat, setzt die Vorgehensweise deren Kenntnis voraus, sodass zwischen Operationalisierung und Messung der Zinsstruktur keine klare Trennlinie zu ziehen ist. Zudem sind sowohl das Barwertkalkül als auch die Methode der kleinsten quadrierten Abweichungen ad hoc-Lösungen, welche im Modell nicht näher begründet werden.[1072]

#### 5.6.3.3.4 Arbitragetheoretische Operationalisierung
#### 5.6.3.3.4.1 Grundlagen

Die arbitragetheoretische Operationalisierung nimmt ihren Ausgangspunkt in einem System linearer Gleichungen und Ungleichungen, welches in seinem Kern eine Beziehung zwischen den tatsächlich beobachtbaren Marktpreisen der Kuponanleihen und der gesuchten Zinsstruktur herstellt. Hierbei wird die Zinsstruktur auf der Basis der tatsächlich beobachtbaren Marktpreise geschätzt. Allerdings resultiert die Zinsstruktur auch bei die-

---

[1067] Vgl. für ein ausführliches Beispiel der Methode der kleinsten quadrierten Abweichungen Faßbender, H., Fristigkeitsstruktur, 1973, S. 152 – 179.
[1068] Vgl. so wohl Schich, S. T., Zinsstrukturkurve, 1997, S. 2 – 3; ähnlich auch Carleton, W. T. / Cooper, I. A., JOF 1976, S. 1075; Wilhelm, J. / Brüning, L., KuK 1992, S. 269; Jaschke, S. / Stehle, R. / Wernicke, S., ZfbF 2000, S. 445 – 446.
[1069] Vgl. Obermaier, R., Basiszinssatz, 2005, S. 8.
[1070] Vgl. z. B. Cohen, K. J. / Kramer, R. L. / Waugh, W. H., MS 1966, B–169 – B–174; Masera, R. S., BNLQR 1970, S. 92 – 95.
[1071] Vgl. Nuske, M., Kapitalmarktdiskontierung, 1983, S. 8.
[1072] Vgl. Wilhelm, J., Zinsstruktur, 2001, Sp. 2358 – 2359.

sem Vorgehen nur indirekt. Das Modell verarbeitet die Informationen über den zeitlichen Anfall der Zins- und Tilgungszahlungen, indem es die Zahlungsströme einer jeden Kuponanleihe mit den gesuchten Kassazinssätzen diskontiert, die Barwerte summiert und so die theoretisch gerechtfertigten Preise indiziert. Die theoretisch gerechtfertigten Preise werden im Anschluss den tatsächlich beobachtbaren Marktpreisen gegenübergestellt.[1073]

Die Erkenntnisse der arbitragetheoretischen Operationalisierung resultieren aus der Untersuchung der intertemporal nutzenoptimalen Allokation des konsumierbaren laufenden Einkommens eines Akteurs, wenn dieser neben seinem laufenden Einkommen über das eingangs modellierte Portfolio festverzinslicher Anleihen verfügt. Grundlegende Annahme ist hierbei, dass auf dem Kapitalmarkt keine Arbitragemöglichkeiten bestehen.

Der Arbitragebegriff im hier verstandenen Sinne ist weit gefasst und abstrahiert von der Betrachtung ein und derselben Kuponanleihe. Vielmehr sind hier auch diejenigen Fälle einzubeziehen, in welchen beispielsweise zwei Kuponanleihen unterschiedliche Restlaufzeiten, ansonsten jedoch identische Ausstattungsmerkmale aufweisen, insbesondere was die Nominalverzinsung angeht, und dennoch der Kurs der Kuponanleihe mit der längeren Restlaufzeit jenen der Kuponanleihe mit der kürzeren Restlaufzeit übersteigt.[1074]

Das Modell, welches dem Konzept der arbitragetheoretischen Operationalisierung zugrunde liegt, beruht auf einer intertemporalen Konsumfunktion.[1075] Von Transaktionskosten und Steuern wird dabei abstrahiert.[1076] Einkommen und Konsum einer Periode sind in der Regel nicht deckungsgleich, sodass es eines Instruments zur Transformation der Fristen vorgezogener respektive verschobener, mithin vom jeweiligen Periodeneinkommen abweichender Konsumausgaben bedarf. Diese Funktion übernimmt das Anleiheportfolio.

### 5.6.3.3.4.2 Modellerweiterung

Sei ein Wirtschaftssubjekt anfänglich mit dem Portfolio $\vec{x_0}$ ausgestattet. Das Wirtschaftssubjekt erwarte aus anderen Quellen die frei verfügbaren laufenden Einkünfte $(h_0; \vec{h})$ mit

---

[1073] Vgl. so wohl Schich, S. T., Zinsstrukturkurve, 1997, S. 2 – 3.
[1074] Vgl. Spremann, K., ZfbF 1989, S. 924 – 930; Jaschke, S. / Stehle, R. / Wernicke, S., ZfbF 2000, S. 443 – 444.
[1075] Vgl. Spremann, K., ZfbF 1989, S. 932 – 935.
[1076] Vgl. Hodges, S. D. / Schaefer, S. M., JFQA 1977, S. 246. Diese Annahme ist freilich angesichts des verfolgten Zwecks, den wissenschaftstheoretischen Begriff der Zinsstruktur arbitragetheoretisch zu operationalisieren, nicht unproblematisch.

## Kapitel 5: Rendite der risikolosen Anlage

$$\vec{h} = \begin{pmatrix} h_1 \\ h_2 \\ h_3 \\ \vdots \\ h_{T-1} \\ h_T \end{pmatrix} \tag{1}$$

Unter diesen Bedingungen beschreiben die intertemporalen Budgetrestriktionen $(c_0, \vec{c})$

$$c_0 = h_0 - \vec{P_0}' \cdot \overrightarrow{\Delta x_0} \tag{2}$$

und

$$\vec{c} = \vec{h} + Z \cdot \overrightarrow{x_0} + Z \cdot \overrightarrow{\Delta x_0} \tag{3}$$

alle Entscheidungsmöglichkeiten, die geplanten zukünftigen Konsumauszahlungen intertemporal zu allokieren. Das Individuum steht im Hinblick auf das im Beobachtungszeitpunkt $t = 0$ bezogene Einkommen $h_0$ vor der Wahl, dieses zu konsumieren oder auf den Erwerb weiterer Wertpapiere im Umfang $\overrightarrow{\Delta x_0}$ zu verwenden. Hierbei gibt $\overrightarrow{\Delta x_0}$ die Veränderung der Portfoliopositionen gegenüber der anfänglichen Zusammensetzung im Beobachtungszeitpunkt $t = 0$ an. Die Veränderung der Portfoliopositionen gegenüber der anfänglichen Zusammensetzung $\overrightarrow{\Delta x_0}$ lässt sich weiter in Wertpapierkäufe $\overrightarrow{\Delta x_0^+}$ mit

$$\overrightarrow{\Delta x_0^+} = \begin{pmatrix} x_{0,1}^+ \\ x_{0,2}^+ \\ x_{0,3}^+ \\ \vdots \\ x_{0,U-1}^+ \\ x_{0,U}^+ \end{pmatrix} \tag{4}$$

und Wertpapierverkäufe $\overrightarrow{\Delta x_0^-}$ mit

$$\overrightarrow{\Delta x_0^-} = \begin{pmatrix} x_{0,1}^- \\ x_{0,2}^- \\ x_{0,3}^- \\ \vdots \\ x_{0,U-1}^- \\ x_{0,U}^- \end{pmatrix} \tag{5}$$

zerlegen respektive als Differenzvektor

$$\overrightarrow{\Delta x_0} = \overrightarrow{\Delta x_0^+} - \overrightarrow{\Delta x_0^-} \tag{6}$$

## Kapitel 5: Rendite der risikolosen Anlage

darstellen, wobei $x_{0,u}^{+}, x_{0,u}^{-} \geq 0$ für alle $u = 1, 2, 3, ..., U - 1, U$ gilt. $c_0$ stellt eine reelle Zahl dar. Demgegenüber handelt es sich bei $\vec{c}$ mit

$$\vec{c} = \begin{pmatrix} c_1 \\ c_2 \\ c_3 \\ \vdots \\ c_{T-1} \\ c_T \end{pmatrix} \tag{7}$$

um den Vektor der zukünftigen Konsumauszahlungen. Die anfängliche Aufteilung der Konsumauszahlungen auf die Gegenwart und die Zukunft $(c_0, \vec{c})$ ist exogen vorgegeben und nimmt keine Rücksicht auf die tatsächlichen intertemporalen Konsumpräferenzen des Wirtschaftssubjekts. Diese kommen erst in einem zweiten Schritt ins Spiel. Präferiert das Wirtschaftssubjekt nämlich, was regelmäßig der Fall sein wird, eine vom anfänglichen exogen vorgebenen Konsumplan abweichende Struktur der periodenspezifischen Konsumauszahlungen in der Form $(c_0^*; \vec{c^*})$ mit

$$c_0^* = h_0 - \vec{P_0}' \cdot \vec{\Delta x_0^*} \tag{8}$$

und

$$\vec{c^*} = \vec{h} + Z \cdot \vec{x_0} + Z \cdot \vec{\Delta x_0^*} \tag{9}$$

so sind die Positionen des Ausgangsportfolios $\vec{x_0}$ erneut anzupassen, nunmehr um $\vec{\Delta x_0^*}$. Nach den Gossen'schen Gesetzen führt eine Erhöhung des Konsums zu einer Erhöhung des Gesamtnutzenniveaus, allerdings bei abnehmendem Grenznutzen et vice versa.[1077] Analog zum Ausgangsfall stellt $c_0^*$ eine reelle Zahl dar. Konsumiert wird das Nutzenäquivalent des um die Anpassung des Ausgangsportfolios veränderten Einkommens. Bei $\vec{c^*}$ hingegen handelt es sich um einen Vektor. Konsumiert wird in den zukünftigen Perioden das Nutzenäquivalent des laufenden Periodeneinkommens zuzüglich der Erträge aus dem Portfolio, wobei hier die Anpassung der anfänglichen Zusammensetzung an die individuellen Präferenzen des Akteurs zu berücksichtigen ist. Unter diesen Bedingungen steht der Akteur vor einem intertemporalen Optimierungsproblem. Dieses besteht in der Frage, ob und inwieweit sich die Konsumausgaben der Totalperiode anderweitig auf die einzelnen Perioden des Betrachtungszeitraums distribuieren lassen, um im Vergleich zur Ausgangsposition in wenigstens einer Periode ein höheres Nutzenniveau zu erzielen, ohne hierfür in einer anderen Periode ein niedri-

---

[1077] Vgl. Pindyck, R. S. / Rubinfeld, D. L., Mikroökonomie, 2013, S. 143 – 146.

geres Nutzenniveau in Kauf nehmen zu müssen.[1078] Ist dies möglich, liegt eine intertemporale Arbitragemöglichkeit vor.[1079] Formal gestaltet sich das intertemporale Optimierungsproblem mit

$$max\left\{h_0 - \overrightarrow{P_0}' \cdot \left(\overrightarrow{\Delta x_0^*} + \overrightarrow{\Delta x_0}\right) \middle| \vec{h} + Z \cdot \overrightarrow{x_0} + Z \cdot \left(\overrightarrow{\Delta x_0^*} + \overrightarrow{\Delta x_0}\right) \geq \overrightarrow{c^*}\right\} \qquad (10)$$

Der Maximand unterliegt formal der Bedingung

$$h_0 - \overrightarrow{P_0}' \cdot \left(\overrightarrow{\Delta x_0^*} + \overrightarrow{\Delta x_0}\right) > c_0^* \qquad (11)$$

Einsetzen der Beziehung (8) in (11) resultiert in dem Skalarprodukt

$$\overrightarrow{P_0}' \cdot \overrightarrow{\Delta x_0} < 0 \qquad (12)$$

Es zeigt sich, dass die Aufstellung eines nutzenoptimalen intertemporalen Konsumplans unabhängig von der Anpassung der Gewichtungen des Ausgangsportfolios $\overrightarrow{\Delta x_0^*}$ ist. Zudem ist festzustellen, dass sich durch die Operation der ökonomische Gehalt des intertemporalen Optimierungsproblems ausgehend von der Maximierung des Konsums $c_0^*$ im Betrachtungszeitpunkt $t = 0$ in die Minimierung der dafür erforderlichen Anpassung der Portfoliozusammensetzung gegenüber der Ausgangssituation $\overrightarrow{\Delta x_0}$ wandelt. An die Stelle der bisher zu maximierenden tritt nunmehr eine zu minimierende Zielfunktion. Einsetzen von Beziehung (9)

$$\overrightarrow{c^*} = \vec{h} + Z \cdot \overrightarrow{x_0} + Z \cdot \overrightarrow{\Delta x_0^*}$$

in die Nebenbedingung von (10)

$$\vec{h} + Z \cdot \overrightarrow{x_0} + Z \cdot \left(\overrightarrow{\Delta x_0} + \overrightarrow{\Delta x_0^*}\right) \geq \overrightarrow{c^*}$$

ergibt

$$Z \cdot \overrightarrow{\Delta x_0} \geq 0 \qquad (13)$$

Insgesamt folgt somit ein Optimierungsproblem der Form

$$min\left\{\overrightarrow{P_0}' \cdot \overrightarrow{\Delta x_0} \middle| Z \cdot \overrightarrow{\Delta x_0} \geq 0\right\} \qquad (14)$$

Beziehung (14) ist äquivalent zu Beziehung (10). Insbesondere beschreibt Beziehung (14) den theoretischen Kern der Zinsstruktur.

Beschreibe aufbauend auf den bisherigen Modellannahmen $y_t$ den Betrag, welchen das Wirtschaftssubjekt im Zeitraum $[t; t + 1]$ als Liquiditätskasse vorzuhalten beabsichtigt, sodass sich die gewünschte Kassenhaltung zu Beginn einer Periode allgemein mit

---

[1078] Die formale Beweisführung sprengt den Rahmen der vorliegenden Untersuchung. Der interessierte Leser sei hierfür auf *Wilhelm / Brüning* verwiesen. Vgl. Wilhelm, J. / Brüning, L., KuK 1992, S. 261 – 264.

[1079] Vgl. zur intertemporalen Arbitrage ausführlich Spremann, K., ZfbF 1989, S. 932 – 935.

Kapitel 5: Rendite der risikolosen Anlage

$$\vec{y_t} = \begin{pmatrix} y_0 \\ y_1 \\ y_2 \\ \vdots \\ y_{T-2} \\ y_{T-1} \end{pmatrix} \qquad (15)$$

und am Ende einer Periode mit $\vec{S_t}$

$$\vec{S_t} = \begin{pmatrix} y_1 \\ y_2 \\ y_3 \\ \vdots \\ y_{T-1} \\ y_T \end{pmatrix} \qquad (16)$$

darstellen lässt. Eine alternative Schreibweise für die gewünschte Kassenhaltung am Ende der Periode $\vec{S_t}$ ist das skalare Produkt

$$S \cdot \vec{y_t} = \begin{pmatrix} y_1 \\ y_2 \\ y_3 \\ \vdots \\ y_{T-1} \\ 0 \end{pmatrix} \qquad (17)$$

wobei

$$S = \begin{pmatrix} 0 & 1 & 0 & \cdots & 0 & 0 \\ 0 & 0 & 1 & \cdots & 0 & 0 \\ 0 & 0 & 0 & \cdots & 0 & 0 \\ \vdots & \vdots & \vdots & \ddots & \vdots & \vdots \\ 0 & 0 & 0 & \cdots & 0 & 1 \\ 0 & 0 & 0 & \cdots & 0 & 0 \end{pmatrix} \qquad (18)$$

für die Koeffizientenmatrix im vorstehenden skalaren Produkt steht.

Der Kassenstand zu Beginn einer Periode entspricht der vorgehaltenen Liquidität am Ende der vorangehenden Periode. Dies erlaubt, die Elemente der Hauptdiagonalen der Koeffizientenmatrix $S$ zu nullen. Die Entscheidung über die Zusammensetzung des Vektors $\vec{y_t}$ ist im Zeitpunkt $t = 0$ zu treffen.[1080] Das Vorhalten von Liquidität dient allein dem intertemporalen Transfer von Konsumwünschen. Mithin stiftet Liquidität per se in dem Modell keinerlei Nutzen, sofern sie nicht bis zum Ende der Totalperiode in Konsumausgaben umgesetzt wird. Ein nutzenmaximierendes Individuum löst daher die Kassenhaltung bis zum Ende der Totalperiode vollständig auf,

---

[1080] Vgl. Wilhelm, J. / Brüning, L., KuK 1992, S. 263.

## Kapitel 5: Rendite der risikolosen Anlage

sodass $y_T = 0$ zu setzen ist. Auf diese Weise wird das Element $y_T = 0$ im Vektor $\vec{S_t}$ eindeutig determiniert.[1081]

Beschreibt der Differenzvektor $\vec{y_t} - \vec{S_t}$ die Abnahme der Kassenhaltung in der $t$-ten Periode, so folgt für das lineare Programm (14) die modifizierte Beziehung

$$min\left\{\vec{P_0}' \cdot \vec{\Delta x_0} + y_0 \middle| Z \cdot \vec{\Delta x_0} + \vec{y_t} - \vec{S_t} \geq 0, y \geq 0\right\} \tag{19}$$

Die Lösung des intertemporalen Optimierungsproblems hängt maßgeblich von der Anwendbarkeit des Dualitätssatzes der linearen Programmierung[1082] ab. Hierfür muss die Nichtnegativitätsbedingung $y_t \geq 0$ erfüllt sein.

---

[1081] Vgl. Hodges, S. D. / Schaefer, S. M., JFQA 1977, S. 245.

[1082] Mit jedem linearen Programmierungsproblem ist ein anderes lineares Programmierungsproblem verbunden. Dieses bezeichnet man als duales Programmierungsproblem. In seiner Beziehung zum dualen Programmierungsproblem bezeichnet man das originäre Programmierungsproblem als primal. Die optimalen zulässigen Lösungen des primalen und des dualen Programmierungsproblems erlauben, aus der Lösung des einen die Lösung des anderen Programmierungsproblems abzuleiten. Das primale und das duale System stehen in einer nahezu symmetrischen Beziehung zueinander, wenn alle Variablen nicht negativ sind. Dies ist vorliegend der Fall. Das duale Programmierungsproblem zu einem Programmierungsproblem, welches im Verhältnis zu einem primalen Programmierungsproblem selbst dual ist, hat erneut das primale Programmierungsproblem als Lösung. Somit ist es eine Frage der Zweckmäßigkeit, ob die Lösung im Einzelfall einfacher über das primale oder das duale Problem abgeleitet werden soll. Sei das primale Programmierungsproblem allgemein mit den Bedingungen

$$a_{11} \cdot x_1 + a_{12} \cdot x_2 + \cdots + a_{1n} \cdot x_n \geq b_1$$
$$a_{21} \cdot x_1 + a_{22} \cdot x_2 + \cdots + a_{2n} \cdot x_n \geq b_2$$
$$\vdots \quad \vdots \quad \vdots \quad \vdots \quad \vdots$$
$$a_{m1} \cdot x_1 + a_{m2} \cdot x_2 + \cdots + a_{mn} \cdot x_n \geq b_m$$
$$c_1 \cdot x_1 + c_2 \cdot x_2 + \cdots + c_n \cdot x_n = z(min)$$

beschrieben, wobei $x_j \geq 0$ die gesuchten Variablen und $min\,z$ die lineare Zielform seien, so stellt sich das duale Programmierungsproblem korrespondierend mit den Bedingungen

$$a_{11} \cdot y_1 + a_{21} \cdot y_2 + \cdots + a_{m1} \cdot y_m \leq c_1$$
$$a_{12} \cdot y_1 + a_{22} \cdot y_2 + \cdots + a_{m2} \cdot y_m \leq c_2$$
$$\vdots \quad \vdots \quad \vdots \quad \vdots \quad \vdots$$
$$a_{1n} \cdot y_1 + a_{2n} \cdot y_2 + \cdots + a_{mn} \cdot y_m \leq c_m$$
$$b_1 \cdot y_1 + b_2 \cdot y_2 + \cdots + b_m \cdot y_m = v(max)$$

und den gesuchten Variablen $y_i \geq 0$ und $max\,v$ als linearer Zielform dar. Eine alternative Schreibweise lautet

$$min\left\{(c_1 \; c_2 \; \cdots \; c_n) \cdot \begin{pmatrix} x_1 \\ x_2 \\ \vdots \\ x_n \end{pmatrix} \middle| \begin{pmatrix} a_{11} & a_{12} & \cdots & a_{1n} \\ a_{21} & a_{22} & \cdots & a_{2n} \\ \vdots & \vdots & \ddots & \vdots \\ a_{m1} & a_{m2} & \cdots & a_{mn} \end{pmatrix} \cdot \begin{pmatrix} x_1 \\ x_2 \\ \vdots \\ x_n \end{pmatrix} \geq \begin{pmatrix} b_1 \\ b_2 \\ \vdots \\ b_m \end{pmatrix} \right\}$$

für das primale respektive

$$max\left\{(b_1 \; b_2 \; \cdots \; b_m) \cdot \begin{pmatrix} y_1 \\ y_2 \\ \vdots \\ y_m \end{pmatrix} \middle| \begin{pmatrix} a_{11} & a_{21} & \cdots & a_{m1} \\ a_{12} & a_{22} & \cdots & a_{m2} \\ \vdots & \vdots & \ddots & \vdots \\ a_{1n} & a_{2n} & \cdots & a_{mn} \end{pmatrix} \cdot \begin{pmatrix} y_1 \\ y_2 \\ \vdots \\ y_m \end{pmatrix} \leq \begin{pmatrix} c_1 \\ c_2 \\ \vdots \\ c_m \end{pmatrix} \right\}$$

für das duale Programmierungsproblem.

Dies ist stets der Fall, nachdem eine negative Kassenhaltung ausgeschlossen ist. Das Arbitrageproblem erweist sich angesichts der Unabhängigkeit von individuellen Nebenbedingungen als rein marktdeterminiert. Die nutzenoptimale Lösung gilt somit für jeden beliebigen Akteur.[1083]

Mit der Einführung der Kassenhaltung tritt neben die Veränderung der Portfoliopositionen $\overrightarrow{\Delta x_0^*}$ eine weitere endogene Variable, welche bei der Aufstellung des nutzenoptimalen intertemporalen Konsumplans zu berücksichtigen ist. Für die nutzenoptimale Lösung bedeutet dies eine Erweiterung des Optimierungsproblems auf $(\overrightarrow{\Delta x_0^*}, \overrightarrow{y^*})$. Das insoweit modifizierte lineare Programmierungsproblem (19) stellt sich nunmehr in der Form

$$Z \cdot \overrightarrow{\Delta x_0^*} + \overrightarrow{y^*} - S \cdot \overrightarrow{y^*} \geq 0 \qquad (20)$$

und

$$\overrightarrow{P_0}' \cdot \overrightarrow{\Delta x_0^*} + y_0^* < 0 \qquad (21)$$

dar. Die relevante Dimension des linearen Vektorraums ist hinsichtlich des Vektors der Anpassung der Portfoliopositionen $\overrightarrow{\Delta x_0^*}$ die Anzahl der verfügbaren Anleihen, bezüglich des Vektors der Kassenhaltung $\overrightarrow{y^*}$ die Zeit, sodass ferner

$$\overrightarrow{\Delta x_0^*} \in \mathbb{R}^U \qquad (22)$$

und

$$\overrightarrow{y^*} \in \mathbb{R}_0^T \qquad (23)$$

gilt.[1084] Unter den Bedingungen (20) und (21) bietet das Portfolio eine intertemporale Arbitragemöglichkeit: Das Wirtschaftssubjekt erleidet hinsichtlich der zukünftigen Zahlungen jedenfalls keine Verschlechterung seines Nutzenniveaus. Gleichzeitig verbessert sich sein Nutzenniveau im Beobachtungszeitpunkt $t = 0$ definitiv, nachdem Beziehung (21) eine Erspar-

---

Nach dem Dualitätssatz der linearen Programmierung ist der Wert $z$ der Zielform, der zu einer zulässigen Lösung des primalen Problems gehört, größer als oder gleich dem Wert $v$ der Zielform, welche zu einer zulässigen Lösung des dualen Problems gehört. Voraussetzung hierfür ist, dass sich sowohl für das primale als auch für das duale Programm Lösungen finden lassen. In diesem Fall existieren für beide Systeme zulässige optimale Lösungen, sodass $max\ v = min\ z$ gilt. Ausdrücklich sei an dieser Stelle auf die Konnotation hingewiesen. Der Dualitätssatz der linearen Programmierung trifft also eine Aussage über den Bereich der möglichen $z$-Werte zur Lösung des primalen Programmierungsproblems im Vergleich zum Bereich der möglichen $v$-Werte des dualen Programmierungsproblems. Vgl. zum Dualitätssatz der linearen Programmierung ausführlich Dantzig, G. B. / Jaeger, A., Lineare Programmierung, 1966, S. 54 – 58, S. 143 – 163.

[1083] Vgl. Wilhelm, J. / Brüning, L., KuK 1992, S. 264.
[1084] Vgl. Ohse, D., Mathematik, 2005, S. 12.

nis von Finanzmitteln indiziert. Demgegenüber signalisiert die umgekehrte Situation, also

$$Z \cdot \overrightarrow{\Delta x_0^*} + \overrightarrow{y^*} - S \cdot \overrightarrow{y^*} < 0 \tag{24}$$

und

$$\overrightarrow{P_0}' \cdot \overrightarrow{\Delta x_0^*} + y_0^* > 0 \tag{25}$$

eine definitive Verschlechterung des Nutzenniveaus, und zwar sowohl im Betrachtungszeitpunkt $t = 0$ als auch in der Zukunft. Da sich annahmegemäß alle Akteure rational verhalten, kann dieser Fall im Weiteren ausgeblendet bleiben.

Auf effizienten Märkten verflüchtigen sich Arbitragemöglichkeiten unmittelbar. Daher befindet sich der Markt im Ergebnis dann und nur dann im Gleichgewicht, wenn der Erwerb respektive die Veräußerung von Portfolioanteilen zu keiner Änderung der Nettovermögensposition des Kapitalmarktteilnehmers führen. Eine Gleichgewichtssituation stellt sich folglich ein, wenn für Beziehung (21) gerade

$$\overrightarrow{P_0}' \cdot \overrightarrow{\Delta x_0^*} + y_0^* = 0 \tag{26}$$

gilt.[1085] Da auf einem arbitragefreien Markt ausschließlich in diesem Zustand die Nebenbedingung des linearen Programms, d. h. Beziehung (20), erfüllt ist, ist Beziehung (26) die einzige und damit optimale zulässige Lösung des linearen Programms.[1086] Ausdrücklich sei betont, dass die Lösung von den individuellen Präferenzen des jeweiligen Akteurs unabhängig ist.[1087]

Bezeichnet $I$ die $[T \times T]$-Einheitsmatrix (Identitätsmatrix)

$$I = \begin{pmatrix} 1 & 0 & 0 & \cdots & 0 & 0 \\ 0 & 1 & 0 & \cdots & 0 & 0 \\ 0 & 0 & 1 & \cdots & 0 & 0 \\ \vdots & \vdots & \vdots & \ddots & \vdots & \vdots \\ 0 & 0 & 0 & \cdots & 1 & 0 \\ 0 & 0 & 0 & \cdots & 0 & 1 \end{pmatrix} \tag{27}$$

lässt sich Beziehung (19) unter Berücksichtigung der Beziehungen (4) und (5) umformulieren in das primale Minimierungsproblem

---

[1085] Vgl. Wilhelm, J. / Brüning, L., KuK 1992, S. 265.
[1086] Die Lösung eines linearen Optimierungsproblems heißt zulässig, wenn diese tatsächlich ein Optimum verspricht, ohne hierbei die Nebenbedingungen zu verletzen. In diesem Fall ist die Durchführung des linearen Programms möglich respektive zulässig. Das gesuchte Optimum des linearen Programms trägt die Bezeichnung ‚Wert' des linearen Programms. Vgl. Dantzig, G. B. / Jaeger, A., Lineare Programmierung, 1966, S. 70.
[1087] Vgl. Wilhelm, J. / Brüning, L., KuK 1992, S. 264.

## Kapitel 5: Rendite der risikolosen Anlage

$$\min\left\{\left(\overrightarrow{P_0'}\middle|-\overrightarrow{P_0'}\middle|(1\quad 0\quad \cdots\quad 0)\right)\cdot\begin{pmatrix}\overrightarrow{\Delta x_0^+}\\\overrightarrow{\Delta x_0^-}\\\overrightarrow{y_t}\end{pmatrix}\middle|(Z|-Z|I-S)\cdot\begin{pmatrix}\overrightarrow{\Delta x_0^+}\\\overrightarrow{\Delta x_0^-}\\\overrightarrow{y_t}\end{pmatrix}\geq 0\right\} \quad (28)$$

Weitere Nebenbedingungen sind $\overrightarrow{y_t}\geq 0, \overrightarrow{\Delta x_0^+}\geq 0$ und $\overrightarrow{\Delta x_0^-}\geq 0$.[1088] Der Dualitätssatz der linearen Programmierung gewährleistet die Existenz der dualen Variablen $\overrightarrow{q_t}$, wobei

$$\overrightarrow{q_t}=\begin{pmatrix}q_0\\q_1\\q_2\\\vdots\\q_{T-1}\\q_T\end{pmatrix} \quad (29)$$

mit $q_t \in \mathbb{R}^T$ für den $[T\times 1]$-Spaltenvektor der dualen Variablen steht.[1089] Die Nebenbedingung des zu Beziehung (28) dualen Problems lautet zunächst

$$(Z|-Z|I-S)^T\cdot\overrightarrow{q_t}\leq\left(\overrightarrow{P_0'}\middle|-\overrightarrow{P_0'}\middle|(1\quad 0\quad 0\quad \cdots\quad 0\quad 0)\right)^T \quad (30)$$

Zur Ermittlung der gesuchten Zinsstruktur empfiehlt es sich, Beziehung (30) zu transformieren. Denn dies bedingt seinerseits die Transposition des Vektors $\overrightarrow{q_t}$ in $\overrightarrow{q_t}'$ sowie der Matrizen $(Z|-Z|I-S)^T$ in $(Z|-Z|I-S)$ und $\left(\overrightarrow{P_0'}\middle|\cdots\right.$

$\left.\cdots -\overrightarrow{P_0'}\middle|(1\quad 0\quad 0\quad \cdots\quad 0\quad 0)\right)^T$ in $\left(\overrightarrow{P_0'}\middle|-\overrightarrow{P_0'}\middle|(1\quad 0\quad 0\quad \cdots\quad 0\quad 0)\right)$.[1090]

Hieraus folgt:[1091]

$$0 < q_t \leq 1 \quad (31)$$

mit $t \in \{0; 1; 2; \ldots; T-1; T\}$ sowie

$$\overrightarrow{q_t}'\cdot(Z|-Z|I-S)\leq\left(\overrightarrow{P_0'}\middle|-\overrightarrow{P_0'}\middle|(1\quad 0\quad 0\quad \cdots\quad 0\quad 0)\right) \quad (32)$$

---

[1088] Auf die explizite Einbeziehung in das primale Minimierungsproblem wird aus Gründen der Darstellung verzichtet.
[1089] Vgl. zur Funktion der Dualitätsvariablen ausführlich Hodges, S. D. / Schaefer, S., JFQA 1977, S. 247 – 248, S. 253 – 255.
[1090] Vgl. Csajbók, A., Zero-Coupon Yield Curve Estimation, 1999, S. 15; Ohse, D., Mathematik, 2005, S. 32 – 33.
[1091] Vgl. hierzu Beer, U., SZVS 1990, S. 41.

Beziehung (32) bringt in aggregierter Form die Nebenbedingungen zum Ausdruck, welchen die Maximierung der dualen Variablen $\vec{q_t}$ unterliegt.[1092] Im Einzelnen lauten die Nebenbedingungen:

$$\vec{q_t}' \cdot Z \leq \vec{P_0}' \tag{33}$$

$$-\vec{q_t}' \cdot Z \leq -\vec{P_0}' \tag{34}$$

$$\vec{q_t}' \cdot (I - S) \leq (1 \quad 0 \quad 0 \quad \cdots \quad 0 \quad 0) \tag{35}$$

Mit

$$I - S = \begin{pmatrix} 1 & -1 & 0 & \cdots & 0 & 0 \\ 0 & 1 & -1 & \cdots & 0 & 0 \\ 0 & 0 & 1 & \cdots & 0 & 0 \\ \vdots & \vdots & \vdots & \ddots & \vdots & \vdots \\ 0 & 0 & 0 & \cdots & 1 & -1 \\ 0 & 0 & 0 & \cdots & 0 & 1 \end{pmatrix} \tag{36}$$

lässt sich Aussage (35) umformulieren in

$$(q_0 \quad q_1 \quad q_2 \quad \cdots \quad q_{T-1} \quad q_T) \cdot \begin{pmatrix} 1 & -1 & 0 & \cdots & 0 & 0 \\ 0 & 1 & -1 & \cdots & 0 & 0 \\ 0 & 0 & 1 & \cdots & 0 & 0 \\ \vdots & \vdots & \vdots & \ddots & \vdots & \vdots \\ 0 & 0 & 0 & \cdots & 1 & -1 \\ 0 & 0 & 0 & \cdots & 0 & 1 \end{pmatrix} \leq \begin{pmatrix} 1 \\ 0 \\ 0 \\ \vdots \\ 0 \\ 0 \end{pmatrix} \tag{37}$$

Dies ist gleichbedeutend mit:

$$q_0 \leq 1 \tag{38}$$

$$-q_{t-1} + q_t \leq 0 \tag{39}$$

mit $t \in \{1; 2; 3; \ldots; T - 1; T\}$. Insbesondere lautet der gemeinsame Überschneidungsbereich der beiden Ungleichungen (33) und (34):

$$\vec{q_t}' \cdot Z = \vec{P_0}' \tag{40}$$

ein. $\vec{q_t}'$ ist ein $[1 \times T]$-Zeilenvektor. Die Multiplikation von $\vec{q_t}'$ mit $Z$ generiert wiederum einen $[1 \times T]$-Zeilenvektor. Demgegenüber handelt es sich bei der Resultante $\vec{P_0}$ um einen $(U \times 1)$-Spaltenvektor. Dies bedingt zum einen

---

[1092] Es sei darauf hingewiesen, dass es sich bei dem Ausdruck $(Z|-Z|I - S)$ seinerseits um einen Vektor bestehend aus Matrizen und bei dem Ausdruck $\left(\vec{P_0}|-\vec{P_0}|(1 \quad 0 \quad \cdots \quad 0)\right)$ seinerseits um einen aus Vektoren bestehenden Vektor handelt.

Kapitel 5: Rendite der risikolosen Anlage

die Transposition des Vektors $\vec{q_t}'$ in $\vec{q_t}$ respektive der Matrix $Z$ in $Z'$, zum anderen die Transformation der Operation (40) in den Ausdruck

$$\vec{P_0}' = Z' \cdot \vec{q_t} \tag{41}$$

Mit

$$Z' = \begin{pmatrix} Z_{0,1} & Z_{1,1} & Z_{2,1} & \cdots & Z_{T-1,1} & Z_{T,1} \\ Z_{0,2} & Z_{1,2} & Z_{2,2} & \cdots & Z_{T-1,2} & Z_{T,2} \\ Z_{0,3} & Z_{1,3} & Z_{2,3} & \cdots & Z_{T-1,3} & Z_{T,3} \\ \vdots & \vdots & \vdots & \ddots & \vdots & \vdots \\ Z_{0,U-1} & Z_{1,U-1} & Z_{2,U-1} & \cdots & Z_{T-1,U-1} & Z_{T,U-1} \\ Z_{0,U} & Z_{1,U} & Z_{2,U} & \cdots & Z_{T-1,U} & Z_{T,U} \end{pmatrix} \tag{42}$$

nimmt Beziehung (41) die Form

$$\begin{pmatrix} P_{0,1} \\ P_{0,2} \\ P_{0,3} \\ \vdots \\ P_{0,U-1} \\ P_{0,U} \end{pmatrix} = \begin{pmatrix} Z_{0,1} & Z_{1,1} & Z_{2,1} & \cdots & Z_{T-1,1} & Z_{T,1} \\ Z_{0,2} & Z_{1,2} & Z_{2,2} & \cdots & Z_{T-1,2} & Z_{T,2} \\ Z_{0,3} & Z_{1,3} & Z_{2,3} & \cdots & Z_{T-1,3} & Z_{T,3} \\ \vdots & \vdots & \vdots & \ddots & \vdots & \vdots \\ Z_{0,U-1} & Z_{1,U-1} & Z_{2,U-1} & \cdots & Z_{T-1,U-1} & Z_{T,U-1} \\ Z_{0,U} & Z_{1,U} & Z_{2,U} & \cdots & Z_{T-1,U} & Z_{T,U} \end{pmatrix} \cdot \begin{pmatrix} q_0 \\ q_1 \\ q_2 \\ \vdots \\ q_{T-1} \\ q_T \end{pmatrix} \tag{43}$$

an. Eine äquivalente Schreibweise lautet:

$$P_{0,u} = \sum_{t=0}^{T} q_t \cdot Z_{t,u} \tag{44}$$

Mithilfe des Dualitätssatzes der linearen Programmierung lässt sich also ein Vektor $\vec{q_t}$ zulässiger dualer Variablen finden, welche das lineare Programmierungsproblem optimal lösen. Ökonomisch hat das Ergebnis weitreichende Bedeutung. Denn die so gefundenen dualen Variablen erlauben, für jede einzelne Kuponanleihe eine lineare Funktion zwischen dem beobachtbaren Marktpreis und ihrem Wert aufzustellen, welcher aufgrund der erwarteten Zahlungen investitionstheoretisch gerechtfertigt erscheint. Sohin ist die Zinsstruktur geeignet, in Gestalt der Diskontierungsfaktoren $q_t$ die Preise der umlaufenden Kuponanleihen aus ihren Zahlungen zu erklären.[1093] Die Proportionalitätskoeffizienten dieser Funktionen sind für Zahlungen ein und desselben Zeitraums gleich und kommen in den Elementen des Vektors $\vec{q_t}$ zum Ausdruck. Ökonomisch betrachtet fungiert $\vec{q_t}$ somit als Vektor der theoretischen Schattenpreise[1094] für die Kapitalüberlassung über

---

[1093] Vgl. Wilhelm, J. / Brüning, L., KuK 1992, S. 268.
[1094] Vgl. Hodges, S. D. / Schaefer, S. M., JFQA 1977, S. 243; Sydsæter, K. / Hammond, P. J., Mathematik, 2013, S. 735 – 738.

jeden in $T$ definierten, diskreten Zeitraum.[1095] Im Hinblick auf das primale Optimierungsproblem geben sie den Umfang der zusätzlichen Konsumauszahlungen im Betrachtungszeitpunkt $t = 0$ wieder, welcher eine Einschränkung der Konsumauszahlungen zu einem späteren Zeitpunkt ohne gleichzeitige Nutzeneinbuße erlaubt.

Im konkreten Einzelfall lassen sich die Diskontierungsfaktoren bestimmen, indem man im Wege eines rekursiven Trial and Error-Verfahrens sukzessive die Lösung von Beziehung (44) eingrenzt oder indem man die inverse Matrix der Zahlungen mit dem Preisvektor multipliziert.[1096] Eine weitere Möglichkeit bietet das Bootstrapping-Verfahren. Dieses ermittelt die Diskontierungsfaktoren aus quotierten Par Rates respektive aus den Preisen liquider Bonds, indem zu pari notierende Kuponanleihen in Nullkuponanleihen entbündelt werden.[1097]

Unter den getroffenen Annahmen, insbesondere der eines arbitragefreien Markts, bilden folglich die optimalen zulässigen dualen Variablen des Vektors $\vec{q_t}$ in ihrer Gesamtheit den theoretischen Kern der Zinsstruktur. Im Ergebnis lässt sich also die Zinsstruktur als das vom Markt als fair beurteilte Verhältnis der Preise von Zahlungen zu unterschiedlichen Zeitpunkten umschreiben.

### 5.6.3.3.4.3 Würdigung

Die Übertragbarkeit der Schlussfolgerungen der arbitragetheoretischen Operationalisierung auf die Gegebenheiten auf realen Kapitalmärkten hängt in erster Linie davon ab, ob und inwiefern die ihr zugrundeliegenden Prämissen tatsächlich zutreffen. Zunächst unterstellen arbitragefreie Märkte implizit vollständige Informationseffizienz. Empirische Untersuchungen kommen jedoch wiederholt zu dem Ergebnis, dass selbst auf hochentwickelten Kapitalmärkten allenfalls halbstrenge Informationseffizienz vorherrscht. Insoweit sei auf die Ausführungen im Zusammenhang mit der Random Walk-Theorie verwiesen. Dass die Hypothese vollständig informationseffizienter Kapitalmärkte einer Überprüfung nicht standhält, lässt sich allein an dem allenthalben beobachtbaren Phänomen belegen, dass zumindest vorübergehend selbst ein und dasselbe Wertpapier an unterschiedlichen Handelsplätzen zu unterschiedlichen Preisen umgeht. Umso mehr gilt

---

[1095] Vgl. Hodges, S. D. / Schaefer, S. M., JFQA 1977, S. 257.
[1096] In Abhängigkeit vom zeitlichen Umfang und der Struktur der Zahlungen der einzelnen Anleihen stellt die Bildung der inversen Zahlungsmatrix ein mehr oder weniger anspruchsvolles Unterfangen dar. Die Ableitung der inversen Matrix sprengt den Rahmen der vorliegenden Untersuchung, weshalb hierauf verzichtet sei. Das Auffinden der inversen Matrix orientiert sich an der Zielvorgabe, dass die Multiplikation der Matrix mit ihrer inversen Matrix die Einheitsmatrix liefert.
[1097] Vgl. Gruber, W. / Overbeck, L., FMPM 1998, S. 63 – 68.

dies im hier betrachteten Fall finanzwirtschaftlich zwar vergleichbarer, nicht jedoch völlig ausstattungsgleicher Wertpapiere. Sofern die Preisdifferenz die expliziten und die impliziten Transaktionskosten übersteigt, ergibt sich gerade hieraus die Möglichkeit, Gewinne zu erzielen, ohne hierfür das einzusetzende Kapital aufs Spiel zu setzen.

In eine argumentativ ähnliche Richtung zielt der Hinweis auf die Gepflogenheiten hinsichtlich der Genauigkeit, mit welcher die Preise von Wertpapieren an der Börse festgestellt werden.[1098] Zwar wollen sich einhergehend mit einem höheren Entwicklungs- und Integrationsgrad der Kapitalmärkte die kleinstmöglichen Einheiten, um welche sich der Kurs eines Wertpapiers verändern kann (engl. ticks), im Zuge der Digitalisierung des Wertpapierhandels kontinuierlich reduziert haben. Doch sind selbst im Zeitalter des elektronischen Wertpapierhandels weiterhin nur diskrete Preisfeststellungen zulässig.[1099] Mitunter fallen daher, wenn auch freilich nur marginal, Preis und Wert der in die arbitragetheoretische Operationalisierung einbezogenen Kuponanleihen technisch bedingt auseinander. Erschwerend kommen die empirisch belegbare Lenkungswirkung der Steuergesetzgebung auf die Faktorallokationsentscheidung[1100] sowie realiter begrenzte Handelsvolumina hinzu. Die Idealform des linearen Programms ist daher nicht unmittelbar auf die Realität übertragbar.

Insgesamt ist vor dem Hintergrund der vorgebrachten Einwände die Annahme arbitragefreier Märkte, zumindest im hier verstandenen strengen Sinne, und mit dieser die postulierte Identität von beobachtbarem Preis und innerem Wert von Kuponanleihen zumindest in Frage zu stellen, wenn nicht zu negieren.[1101] Für das Modell der arbitragetheoretischen Operationalisierung der Zinsstruktur hat dies in zweifacher Hinsicht Konsequenzen: Zum einen begründet die Beschränkung der Handelsvolumina eine weitere Nebenbedingung.[1102] Zum anderen nimmt das modifizierte duale Programm hierdurch die Form von Approximationsanweisungen an, indem es die Minimierung des angestrebten Abstands zwischen beobachtbarem und investitionstheoretisch gerechtfertigtem Preis anstrebt, sodass ein Vergleich mit

---

[1098] Vgl. Jaschke, S. / Stehle, R. / Wernicke, S., ZfbF 2000, S. 445.
[1099] Vgl. so z. B. Jaschke, S. / Stehle, R. / Wernicke, S., ZfbF 2000, S. 444 – 445.
[1100] Vgl. hierzu ausführlich McCulloch, JOF 1975, S. 826 – 827; Nuske, M., Kapitalmarktdiskontierung, 1983, S. 14 – 16; Litzenberger, R. H. / Rolfo, J., JOF 1984, S. 18 – 21; Ronn, E. I., JFQA 1987, S. 450 – 452; aA Beer, U., SZVS 1990, S. 48; Deacon, M. / Derry, A., Term Structure, 1994, S. 36 – 51.
[1101] Zu diesem Ergebnis kommen *Katz / Prisman*. Vgl. hierzu Katz, E. / Prisman, E. Z., JFQA 1991, S. 440 – 442. Genau dieser Schwachstelle möchte *Ronn* begegnen. Vgl. hierzu Ronn, E. I., JFQA 1987, S. 441 – 445.
[1102] Vgl. so z. B. Beer, U., SZVS 1990, S. 44.

der in 5.6.3.3.3 erläuterten Operationalisierung anhand der kleinsten quadrierten Abweichungen naheliegt.[1103]

Insgesamt ist somit selbst die arbitragetheoretische Operationalisierung der Zinsstruktur nicht frei von methodischen Mängeln. Allein nehmen sich diese im Vergleich zur Ableitung der Zins- aus der Renditestruktur und der originären Methode der kleinsten quadrierten Abweichungen als gering aus. Mithilfe der arbitragetheoretischen Operationalisierung lässt sich die Gestalt der Zinsstruktur bestmöglich bestimmen. Der wesentliche Vorzug der arbitragetheoretischen Operationalisierung insbesondere gegenüber der originären Methode der kleinsten quadrierten Abweichungen ist darin zu sehen, dass diese sowohl für den Approximationsansatz als auch für das Barwertkalkül eine wissenschaftstheoretisch nachvollziehbare Begründung liefert.[1104]

### 5.6.3.4 Zinsswaps

#### 5.6.3.4.1 Definition

Allgemein versteht man unter einem Swap die vertragliche Vereinbarung zweier Handelspartner, über einen festgelegten Zeitraum hinweg zu bestimmten Zeitpunkten Geldzahlungen oder auf Rechnungseinheiten lautende Beträge zu tauschen.[1105] Ein Swap verpflichtet die Vertragsparteien zur effektiven Erfüllung der vereinbarten Leistung.[1106] Die hieraus resultierenden Rechte und Pflichten für die Kontraktpartner gestalten sich dabei symmetrisch.[1107] Im Unterschied zu einem unbedingten Termingeschäft (Festgeschäft), etwa einem Forward-Kontrakt, dessen wesentliches Unterschei-

---

[1103] Vgl. Nuske, M., Kapitalmarktdiskontierung, 1983, S. 2; Wilhelm, J. / Brüning, L., KuK 1992, S. 271.

[1104] Die Anpassung des Modells um diese Aspekte ist für die weitere Darstellung ohne Relevanz. Der interessierte Leser sei daher auf die weiterführende Literatur verwiesen. Vgl. hierzu Wilhelm, J. / Brüning, L., KuK 1992, S. 268 – 271.

[1105] Dies meint jedoch keinen Tausch im Sinne von § 515 BGB i. d. F. 2015. Hierzu mangelt es Swapgeschäften an den dafür erforderlichen tauschfähigen Vermögenswerten. Weder gehen Swapgeschäfte mit einer Schuld- oder Erfüllungsübernahme im Sinne von § 414 und § 415 respektive § 329 BGB i. d. F. 2015 noch mit einem Darlehen (§ 488 BGB i. d. F. 2015) in der Form eines Parallelkredits einher. Hierfür fehlt die erforderliche Willensrichtung. Wenngleich insbesondere in Bezug auf Zinsswapgeschäfte mitunter auch die Meinung vertreten wird, hierbei handle es sich um Spiel- oder Wettgeschäfte im Sinne des § 762 BGB i. d. F. 2015, ordnet die herrschende Meinung Swapgeschäfte den atypisch gegenseitigen Verträgen im Sinne von § 320 bis § 327 BGB i. d. F. 2015 zu, deren Gegenstand die wechselseitige Begründung von Geldschulden ist. Die Kontraktpartner treten in eine synallagmatische Verknüpfung. Vgl. hierzu Rudolf, S., Finanzderivate, 2011, S. 2418; Jahn, U., Außerbörsliche Finanztermingeschäfte, 2011, S. 1563; zur rechtlichen Wertung von Swapkontrakten ausführlich Decker, E., WM 1990, S. 1004 – 1009; Kopp, T., Zinsswap, 1995, S. 59 – 108; zur Einordnung als Spiel- oder Wettgeschäft Kümpel, S., WM 1986, S. 668 – 669.

[1106] Vgl. Assmann, H.-D. / Schneider, U. H., Wertpapierhandelsgesetz, 2012, § 2 WpHG, Rz. 44.

[1107] Vgl. Hannemann, S., Swaps, 2005, S. 251.

dungsmerkmal damit umschrieben ist,[1108] verpflichtet ein Swapgeschäft die Kontraktpartner während seiner Laufzeit nicht nur einmalig, sondern revolvierend zur Erbringung der wechselseitigen Leistungen. Wirtschaftlich betrachtet handelt es sich daher bei einem Swap um eine Kette unbedingter Finanztermingeschäfte.[1109] Der Umfang der aus dem Swapkontrakt wechselseitig zu erbringenden Leistungen hängt von der Entwicklung der Marktbewertung einer dritten Referenzgröße ab, die ihrerseits mehr oder weniger ausgeprägten Schwankungen unterliegt.[1110] Referenz für die periodisch zu leistenden Zahlungen ist der so bezeichnete Basiswert (engl. underlying). Vor diesem Hintergrund unterliegen Swapgeschäfte den finanzaufsichtsrechtlichen Bestimmungen für Derivate (§ 2 Abs. 2 Nr. 1 WpHG).[1111]

Die Art des Tauschgeschäfts entscheidet über die Klassifizierung als Zins-[1112], Währungs-, Wertpapier-, Rohstoff- und als sonstiger Swap.[1113] Swapgeschäfte sind zum weit überwiegenden Teil nicht standardisiert.[1114] Typisch ist vielmehr der Vielfalt ihrer Einsatzgebiete entsprechend eine Strukturierung als OTC-Geschäft.[1115] Gleichwohl finden regelmäßig nationale respektive internationale Rahmenvertragswerke Anwendung,[1116] welche eine Anpassung an die Besonderheiten des Einzelfalls erlauben.[1117] Angesichts ihrer zumeist individualrechtlichen Ausgestaltung als OTC-Geschäfte findet der Handel mit Swapverträgen beinahe ausschließlich außerbörslich unmittelbar zwischen den kontrahierenden Parteien statt, ohne dass hierbei eine

---

[1108] Vgl. Fuchs, A., Wertpapierhandelsgesetz, 2009, § 2 WpHG, Rn. 45.
[1109] Vgl. Franke, G., Kreditgeschäft und Finanzmärkte, 2000, S. 265; Schwark, E. / Zimmer, D., Kapitalmarktrechts-Kommentar, 2010, § 2 WpHG, Rn. 38; Fabozzi, F. J., Fixed Income, 2007, S. 379 – 380; Rudolph, B. / Schäfer, K., Derivative Finanzmarktinstrumente, 2010, S. 130; Rudolf, S., Finanzderivate, 2011, S. 2419.
[1110] Vgl. Assmann, H.-D. / Schneider, U. H., Wertpapierhandelsgesetz, 2012, § 2 WpHG, Rz. 43.
[1111] Vgl. Schüwer, U. / Steffen, S., Funktionen und Einsatz von Finanzderivaten, 2013, S. 43.
[1112] Gängig ist auch die Bezeichnung ‚Zinssatzswap'.
[1113] Vgl. Jahn, U., Außerbörsliche Finanztermingeschäfte, 2011, S. 1509 – 1510.
[1114] Vgl. Rudolph, B. / Schäfer, K., Derivative Finanzmarktinstrumente, 2010, S. 60.
[1115] Vgl. Fabozzi, F. J. / Mann, S. V. / Choudhry, M., Interest-Rate Swaps and Swaptions, 2005, S. 1250.
[1116] Eine Diskussion des Rahmenvertrags findet sich bei *Decker*. Vgl. hierzu Decker, E., WM 1990, S. 1010 –1015; ausführlich Behrends, O. H. / Diefenhardt, A. / Lomp, P. u. a., Rahmenvertrag, 2008, S. 61 – 115; zu der Entwicklung in den USA und Großbritannien Lassak, G., Zins- und Währungsswaps, 1988, S. 120 – 134. Die internationalen Rahmenvertragswerke dienen dem Zweck, eine gewisse Standardisierung der Swapgeschäfte herbeizuführen. Vgl. hierzu Rudolph, B. / Schäfer, K., Derivative Finanzmarktinstrumente, 2010, S. 132.
[1117] Vgl. Rudolf, S., Finanzderivate, 2011, S. 2413 – 2414.

zwischengeschaltete Clearingstelle[1118] die Steuerung der wechselseitigen Kreditrisiken übernähme.[1119]

### 5.6.3.4.2 Vorgehensweise

Bei einem Zinsswapgeschäft kommen die Vertragspartner überein, in periodischen Abständen in ein und derselben Währung Zahlungen auf einen bestimmten Kapitalbetrag (Nominalbetrag) zu tauschen. Die Berechnung der Zahlungen ähnelt der Berechnung von Zinsansprüchen. Indes handelt es sich nicht um Zinszahlungen im eigentlichen Sinne.[1120] Der Nominalbetrag dient einzig als Grundlage für die Berechnung der zu tauschenden Zahlungen. Insofern handelt es sich um eine rein fiktive Rechengröße.[1121] Weder kommt es zum Einsatz noch zum tatsächlichen Austausch des Nominalbetrags.[1122] Üblicherweise sind Zinsswaps auf Nominalwerte von mindestens EUR 500.000 kontrahiert.[1123] Die Berechnung der periodischen Zahlungen, deren Arithmetik sowie der jeweils zur Anwendung kommende Zinssatz sind vertraglich festgelegt.[1124] Zinsswaps sind zumeist in einer Art und Weise strukturiert, dass die Vertragsparteien bei einem Kuponswap entweder fixe gegen variable (Kuponswap)[1125] oder bei einem Basisswap variable gegen variable Zahlungen (Basisswap)[1126] tauschen.[1127] Neben diesen Grund-

---

[1118] Einer Clearingstelle kommt die Funktion eines Finanzintermediärs zu. Vgl. hierzu Fabozzi, F. J., Fixed Income, 2007, S. 361.
[1119] Vgl. Fabozzi, F. J. / Mann, S. V. / Choudhry, M., Interest-Rate Swaps and Swaptions, 2005, S. 1250 – 1251; Schüwer, U. / Steffen, S., Funktionen und Einsatz von Finanzderivaten, 2013, S. 47. Das Marktvolumen der OTC-Derivate, hierunter insbesondere jenes der OTC-Swaps, ist in den vergangenen 30 Jahren von rund USD 2 Mrd. geradezu inflationär auf zuletzt rund USD 630 Bio. angestiegen. Diese Angabe bezieht sich auf die Summe der Nominalbeträge zum 31. Dezember 2014. Vgl. hierzu Fischer, L., Swapgeschäft, 2001, Sp. 2038; Bank for International Settlements, Amounts Outstanding (11. Januar 2016).
[1120] Dass es sich nicht um Zinszahlungen im eigentlichen Sinne handelt, rührt aus der rechtlichen Qualifikation des Zinsswaps her. Nicht zwischen Zinszahlungen und den hier vertretenen zinsähnlichen Zahlungen differenzieren z. B. *Schüwer / Steffen*, *Lassak* und *Rudolph / Schäfer*. Vgl. hierzu Schüwer, U. / Steffen, S., Funktionen und Einsatz von Finanzderivaten, 2013, S. 54; Lassak, G., Zins- und Währungsswaps, 1988, S. 16 – 19; Rudolph, B. / Schäfer, K., Derivative Finanzmarktinstrumente, 2010, S. 131.
[1121] Vgl. Rudolf, S., Finanzderivate, 2011, S. 2420.
[1122] Vgl. Fabozzi, F. J. / Mann, S. V. / Choudhry, M., Interest-Rate Swaps and Swaptions, 2005, S. 1249 – 1250.
[1123] Vgl. Rudolph, B. / Schäfer, K., Derivative Finanzmarktinstrumente, 2010, S. 132.
[1124] Vgl. Bühler, W. / Uhrig-Homburg, M., Rendite und Renditestruktur, 2000, S. 306 – 307.
[1125] Im internationalen Kontext sind die Bezeichnungen ‚fix-to-floating interest rate swap', ‚generic swap' oder ‚plain vanilla interest rate swap' üblich. Vgl. hierzu Hannemann, S., Swaps, 2005, S. 251; Schüwer, U. / Steffen, S., Funktionen und Einsatz von Finanzderivaten, 2013, S. 54.
[1126] Gängig ist auch die Bezeichnung ‚floating-to-floating interest rate swap' oder ‚basic-rate swap'. Vgl. hierzu Hannemann, S., Swaps, 2005, S. 251; Fischer, L., Swapgeschäft, 2001, Sp. 2039.

## Kapitel 5: Rendite der risikolosen Anlage

typen findet sich eine Vielzahl von Varianten.[1128] In den vergangenen Jahren entfielen mit großer Konstanz rund 60 % des Gesamtvolumens der ausstehenden OTC-Kontrakte auf Zinsswaps. Trotz ihres vornehmlich außerbörslichen Handels sind Zinsswaps hochliquide Finanzinstrumente. Dies gilt besonders für den Laufzeitenbereich bis zehn Jahre.[1129] Die weiteren Darlegungen konzentrieren sich auf die in der Praxis weit überwiegend verbreitete Standardform eines Kuponswaps.[1130]

Nach internationaler Konvention bezeichnet man bei einem Kuponswapgeschäft diejenige Partei, deren periodische Zahlungsverpflichtung sich unter Zugrundelegung des Nominalbetrags $NB$ nach dem fixen Zinssatz $r_{fix}$ berechnet und welcher im Gegenzug ein Anspruch auf variable Zahlungen erwächst, als Käufer des Swaps (engl. fixed rate payer). Die andere Vertragspartei, also jene, welche die fixen Zahlungen $Z_{fix}$ vom Käufer empfängt und an diesen die variablen Zahlungen $Z_{variabel}^{t,t+1}$ leistet, heißt korrespondierend Verkäufer des Swaps (engl. fixed rate receiver).[1131] Je nach Ausgestaltung des Kontrakts kommen als Basiswerte für die Berechnung der variablen Zahlungen die Geldmarktsätze international bedeutsamer Finanzplätze, etwa der LIBOR[1132], der EURIBOR[1133], der EONIA[1134] oder die Zinssätze der

---

[1127] Vgl. Sender, G., Zinsswaps, 1996, S. 11 – 14; Hannemann, S., Swaps, 2005, S. 251; Jahn, U., Außerbörsliche Finanztermingeschäfte, 2011, S. 1510.

[1128] Vgl. hierzu Fuchs, A., Wertpapierhandelsgesetz, 2009, Vor §§ 37 e und 37 g WpHG, Rn. 60, Schwark, E. / Zimmer, D., Kapitalmarktrechts-Kommentar, 2010, § 2 WpHG, Rn. 42, dort insbesondere Fn. 174.

[1129] Vgl. Rudolph, B. / Schäfer, K., Derivative Finanzmarktinstrumente, 2010, S. 132.

[1130] Vgl. Bühler, W. / Uhrig-Homburg, M., Rendite und Renditestruktur, 2000, S. 307; Fabozzi, F. J., Fixed Income, 2007, S. 377.

[1131] In ihrer eigentlichen Funktion als Finanzmarktinstrumente finden Kuponswaps in der Praxis breite Anwendung. Sie erlauben, beispielsweise auf veränderte Markterwartungen zu reagieren und die vertraglich niedergelegten Modalitäten im Hinblick auf die Art der Verzinsung temporär oder während der gesamten verbleibenden Laufzeit zu verändern, ohne dass hierfür ein neues Kreditengagement erforderlich würde. Durch ein Swapgeschäft lassen sich unter bestimmten Voraussetzungen für beide Vertragspartner komparative Kostenvorteile erzielen. Vgl. hierzu Fischer, L., Swapgeschäft, 2001, Sp. 2039 – 2040; Rudolph, B. / Schäfer, K., Derivative Finanzmarktinstrumente, 2010, S. 133 – 136; Schüwer, U. / Steffen, S., Funktionen und Einsatz von Finanzderivaten, 2013, S. 54; Jahn, U., Außerbörsliche Finanztermingeschäfte, 2011, S. 1511; Rudolf, S., Finanzderivate, 2011, S. 2420.

[1132] Der LIBOR (London Interbank Offered Rate) ist ein festgelegter Referenzzinssatz im Interbankengeschäft, welcher werktäglich um 11.00 Uhr Londoner Zeit von den wichtigsten in London beheimateten internationalen Banken der British Bankers Association fixiert wird und zu welchem diese Banken einander Geld leihen. Vgl. hierzu Fabozzi, F. J., Fixed Income, 2007, S. 92.

[1133] Der EURIBOR (Euro Interbank Offered Rate) wird seit dem 30. Dezember 1998 an jedem TARGET-Werktag für ein-, zwei- und dreiwöchige Gelder sowie Ein- bis Zwölfmonatsgelder am Interbankenmarkt aus den Briefsätzen bestimmter Kreditinstitute für die jeweilige Laufzeit berechnet. Zugrunde liegen eine zweitägige Wertstellungsfrist sowie die Zinsberechnungsmethode *actual* / 360. Ähnlich wie der LIBOR wird der EURIBOR TARGET-werktäglich

EZB und der Deutschen Bundesbank zur Anwendung.[1135] Abbildung 25 veranschaulicht die Funktionsweise eines Kuponswapgeschäfts.

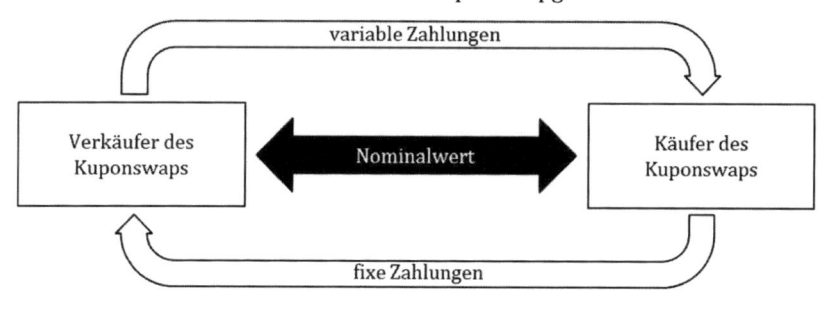

```
                    variable Zahlungen
        ┌─────────────┐                    ┌─────────────┐
        │ Verkäufer des│ ◄── Nominalwert ──► │ Käufer des  │
        │  Kuponswaps  │                    │  Kuponswaps │
        └─────────────┘                    └─────────────┘
                     fixe Zahlungen
```

Quelle: Eigene Darstellung.

**Abbildung 25: Kuponswapgeschäft**

Referenz eines Kuponswaps ist der Festzinssatz (engl. swap fixed rate[1136]).[1137] Dieser ist über die gesamte Laufzeit hinweg konstant. Die fixen Zahlungen berechnen sich halbjährlich oder jährlich nachschüssig unter Zugrundelegung der deutschen Methode für die Zinsberechnung (30 Zinstage pro Monat / 360). Für die Berechnung der variablen Zahlungen hingegen kommt die französische Methode (tatsächliche Zinstage pro Monat / 360) für die Zinsberechnung zur Anwendung, wobei die Abrechnung selbst üblicherweise nach drei oder sechs Monaten erfolgt. Beim Zusammenfallen der Zahlungstermine werden die wechselseitigen Ansprüche saldiert (engl. netting).[1138]

Der Berechnung der variablen Zahlungen liegt der variable Zinssatz $r_{variabel}^{t,t+1}$ zugrunde. Dieser steht am jeweiligen Betrachtungszeitpunkt nur für die

---

um 11.00 Uhr mitteleuropäischer Zeit veröffentlicht. Vgl. hierzu Rossbach, O., Kreditgeschäft mit Unternehmen, 2011, S. 1384. Im Zuge der Harmonisierung des europäischen Wirtschafts- und Währungsraums trat der EURIBOR unter anderem an die Stelle des FIBOR (Frankfurt Interbank Offered Rate).

[1134] Ähnlich wie der EURIBOR wird der EONIA (Euro Overnight Index Average) seit 1999 an jedem TARGET-Arbeitstag ermittelt. Hierzu übermitteln die Banken den Zinssatz, zu welchem sie an diesem Tag auf dem Interbankenmarkt im Euroraum unbesicherte Ausleihungen in Euro von einem TARGET-Arbeitstag auf den nächsten vergeben. Vgl. hierzu Bruchner, H. / Krepold, H.-M., Vergütungen, 2011, S. 2236 – 2237.
[1135] Vgl. Assmann, H.-D. / Schneider, U. H., Wertpapierhandelsgesetz, 2012, § 2 WpHG, Rz. 48.
[1136] Synonym findet sich auch die Bezeichnung ‚swap rate'.
[1137] Vgl. Fabozzi, F. J., Fixed Income, 2007, S. 193; Schüwer, U. / Steffen, S., Funktionen und Einsatz von Finanzderivaten, 2013, S. 54.
[1138] Vgl. Rudolph, B. / Schäfer, K., Derivative Finanzmarktinstrumente, 2010, S. 132; Jahn, U., Außerbörsliche Finanztermingeschäfte, 2011, S. 1511; Rudolf, S., Finanzderivate, 2011, S. 2420.

## Kapitel 5: Rendite der risikolosen Anlage

unmittelbar folgende Abrechnungsperiode bereits mit Sicherheit fest. Die variablen Zinssätze der ferneren Abrechnungsperioden hingegen lassen sich nur anhand der impliziten Terminzinssätze $f(t; t+1; T)$ prognostizieren, wie sie sich nach den Gegebenheiten des jeweiligen Betrachtungszeitpunktes $t \in \{0; 1; 2; ...; T-2; T-1\}$ darstellen.[1139] Im Übrigen stimmt der variable Zinssatz für die dem Betrachtungszeitpunkt unmittelbar folgende Abrechnungsperiode mit dem entsprechenden Terminzinssatz überein. Für die festen respektive variablen Zahlungen gilt daher allgemein:

$$Z_{fix} = NB \cdot r_{fix} \cdot \frac{30 \cdot \text{Monate der Zinsperiode}}{360} \qquad (1)$$

$$Z_{variabel}^{t,t+1} = NB \cdot f(t; t+1; T) \cdot \frac{\text{Tage der Zinsperiode}}{360} \qquad (2)$$

Zum Zeitpunkt des Vertragsabschlusses beträgt der faire Wert eines Swapgeschäfts Null. Der Barwert der festen Zahlungen $PV(Z_{fix})$

$$PV(Z_{fix}) = \sum_{t}^{T} \left[ NB \cdot r_{fix} \cdot \frac{30 \cdot \text{Monate der Zinsperiode}}{360} \right] \cdot FDF_t \qquad (3)$$

entspricht hier gerade dem Barwert der im Kontrahierungszeitpunkt geschätzten variablen Zahlungen $PV(Z_{variabel}^{t,t+1})$

$$PV(Z_{variabel}^{t,t+1}) = \sum_{t}^{T-1} \left[ NB \cdot f(t; t+1; T) \cdot \frac{\text{Tage der Zinsperiode}}{360} \right] \cdot FDF_t \qquad (4)$$

wobei $FDF_t$ für den periodenspezifischen Forward-Diskontfaktor steht.[1140] Der Forward-Diskontfaktor beschreibt hierbei die Umkehrung der multiplikativen Verknüpfung der impliziten Terminzinssätze des zugrundeliegenden Geldmarktinstruments $f(t; t+1; T), f(t+1; t+2; T), f(t+2; t+3; T), ...$ $..., f(T-2; T-1; T), f(T-1; T; T)$ bis zum Zeitpunkt $t$.[1141] Somit gilt:

---

[1139] Es sei hier angemerkt, dass der implizite Terminzinssatz im Zusammenhang mit der Diskussion von Swaps als geeignetes Instrument zur Ableitung der Zinsstrukturkurve abweichend von der bisherigen Handhabung mit fixer Laufzeit und variabler Basisperiode definiert ist. Die übrigen Aussagen zum impliziten Terminzinssatz bleiben hiervon unberührt.
[1140] Vgl. Fabozzi, F. J. / Mann, S. V. / Choudhry, M., Interest-Rate Swaps and Swaptions, 2005, S. 1261 – 1264; Hannemann, H. / Schürmann, S., Swaps, 2005, S. 261; zur Bewertung von Swaps Duffie, D. / Singleton, K. J., JOF 1997, S. 1289 – 1294.
[1141] Vgl. Fabozzi, F. J. / Mann, S. V. / Choudhry, M., Interest-Rate Swaps and Swaptions, 2005, S. 1263; zum Verfahren der Interpolation von Forward-Diskontfaktoren Bardenhewer, M. M., Exotische Zinsswaps, 2000, S. 12 – 15.

## Kapitel 5: Rendite der risikolosen Anlage

$$FDF_t = \frac{1}{\prod_t^{T-1} f(t; t+1; T)} \tag{5}$$

Endogene Variable in dem Gefüge ist somit der Festzinssatz. Für gewöhnlich nehmen die variablen Zahlungen zusammen mit dem variablen Zinssatz eine andere Entwicklung als bei Vertragsabschluss unterstellt, sodass die Barwerte der festen respektive der variablen Zahlungen im Zeitablauf divergieren, den Vertragsparteien somit aus dem Swapgeschäft je nach Perspektive ein latenter Wert respektive eine betragsgleiche Last erwächst.[1142] Derjenige Festzinssatz, der während der Laufzeit anzusetzen wäre, um das Gleichgewicht zwischen dem Barwert der festen und dem Barwert der variablen Zahlungen wieder herzustellen, trägt die Bezeichnung ‚fairer Swapsatz'.[1143] Allfällige Abweichungen zwischen der tatsächlichen und der präsumierten Entwicklung des variablen Zinssatzes ziehen entsprechende Veränderungen des fairen Swapsatzes nach sich. Insbesondere stimmt der faire Swapsatz im Zeitpunkt der Kontrahierung mit dem vereinbarten Festzinssatz überein.[1144] Für die Berechnung des fairen Swapsatzes $SR_t$ gilt allgemein

$$SR_t = \frac{\sum_t^{T-1} \left[ f(t; t+1; T) \cdot \frac{\text{Tage der Zinsperiode}}{360} \right] \cdot FDF_t}{\sum_t^{T-1} \left( \frac{30 \cdot \text{Monate der Zinsperiode}}{360} \right) \cdot FDF_t} \tag{6}$$

Der faire Swapsatz lässt sich als Kupon respektive der Vomhundertsatz hiervon als Effektivverzinsung einer zu pari notierenden Kuponanleihe interpretieren.[1145] Hierdurch eröffnet sich ein alternativer Weg zur Konstruktion der Renditestrukturkurve. Die fairen Swapsätze werden zumeist für eine Laufzeit von bis zu zehn Jahren angegeben.[1146] Der Zusammenhang zwischen Laufzeit und zugehörigem Swapsatz trägt die Bezeichnung ‚Swapsatz-Kurve' oder ‚Par Rate-Kurve'.[1147]

Ausgehend von den fairen Swapsätzen lassen sich im Wege des Bootstrapping von zu pari notierenden Kuponanleihen in Nullkuponanleihen die Nullkuponswapsätze bestimmen, deren Kenntnis für die Ableitung der hier gegenständlichen Zinsstrukturkurve erforderlich ist.[1148] Konkret werden

---

[1142] Vgl. Jahn, U., Außerbörsliche Finanztermingeschäfte, 2011, S. 1511.
[1143] Vgl. Bardenhewer, M. M., Exotische Zinsswaps, 2000, S. 6; Hannemann, S., Swaps, 2005, S. 263; Schüwer, U. / Steffen, S., Funktionen und Einsatz von Finanzderivaten, 2013, S. 54.
[1144] Vgl. Kopp, T., Zinsswap, 1995, S. 48 – 52; ausführlich Fabozzi, F. J. / Mann, S. V. / Choudhry, M., Interest-Rate Swaps and Swaptions, 2005, S. 1255 – 1272.
[1145] Vgl. Bühler, W. / Uhrig-Homburg, M., Rendite und Renditestruktur, 2000, S. 307.
[1146] Vgl. Schüwer, U. / Steffen, S., Funktionen und Einsatz von Finanzderivaten, 2013, S. 54.
[1147] Vgl. Bühler, W. / Uhrig-Homburg, M., Rendite und Renditestruktur, 2000, S. 307.
[1148] Vgl. Bühler, W. / Uhrig-Homburg, M., Rendite und Renditestruktur, 2000, S. 308, S. 317.

die Nullkuponswapsätze aus den Festzinsswapsätzen für Laufzeiten von ein bis zehn, zwölf, 15, 20, 25, 30, 40 und 50 Jahren berechnet. Die Ermittlung der Nullkuponswapsätze bedient sich der Erkenntnis, dass die Fälligkeitstermine der Nullkuponanleihen im Jahresabstand aufeinanderfolgen und mit den Kuponterminen der Kuponanleihen übereinstimmen. Für den Gegenwartswert eines Festzinsswaps mit der Laufzeit $t$ am Beobachtungszeitpunkt $t = 0$ gilt:

$$\sum_{t=0}^{t-1} \frac{SR_t}{(1+\eta_t)^t} + \frac{1+SR_t}{(1+\eta_t)^t} = 1 \quad (7)$$

wobei $\eta_t$ den Nullkuponswapsatz mit der Laufzeit $t$ beschreibt.

Der Festzinsswapsatz mit einer Laufzeit von einem Jahr stimmt mit dem Nullkuponswapsatz mit einer Laufzeit von einem Jahr überein. Hierauf aufbauend berechnen sich die Nullkuponswapsätze aller über ein Jahr hinausgehenden Laufzeiten mit

$$\eta_t = \sqrt[t]{\left(\frac{1+SR_t}{1-\sum_{t=0}^{t-1}\left(\frac{SR_t}{(1+\eta_t)^t}\right)}\right) - 1} \quad (8)$$

Die Vorgehensweise liefert die Nullkuponswapsätze für diskrete ganzjährige Laufzeiten. Die Nullkuponswapsätze für die dazwischen liegenden Laufzeiten lassen sich im Wege der polynomialen Interpolation gewinnen (§ 2 bis § 4 RückAbzinsV). Die Deutsche Bundesbank veröffentlicht die Nullkuponswapsätze auf Monatsbasis für Laufzeiten von bis zu 50 Jahren.[1149]

### 5.6.3.4.3 Würdigung

Der Ansatz, die Zinsstrukturkurve aus den Marktdaten für Zinsswaps abzuleiten, besticht zum einen angesichts der ausgeprägten Liquidität und des Volumens des Markts für Swapkontrakte,[1150] zum anderen im Hinblick auf das im Vergleich zu Bundesanleihen mit 50 Jahren nahezu verdoppelte Laufzeitenspektrum.[1151] Denn auf diese Weise verliert die Problematik der Anschlussverzinsung an Gewicht. Gerade unter dem Gesichtspunkt der Laufzeitäquivalenz ist die Zinsstrukturkurve aus Swapsätzen jener auf der Basis von Kuponanleihen technisch überlegen. Gleichwohl sind ihre Ergebnisse für die Unternehmensbewertung nur von begrenztem Nutzen. So kommen

---

[1149] Vgl. Deutsche Bundesbank, Null-Kupon-Euro-Swapkurve (11. Januar 2016). Ein ökonometrisches Modell zur Ableitung der Zinsstrukturkurve aus Swapsätzen schlagen *Duffie / Singleton* vor. Vgl. hierzu Duffie, D. / Singleton, K. J., JOF 1997, S. 1289 – 1311.

[1150] Vgl. Remolona, E. M. / Woolridge, P. D., BIS QR 2003, March, S. 47 – 48.

[1151] Vgl. Deutsche Bundesbank, Null-Kupon-Euro-Swapkurve (11. Januar 2016).

empirische Untersuchungen zu dem Ergebnis, dass die Verwendung der Daten von Zinsswaps vergleichsweise höhere Kassazinssätze liefert. Den Grund hierfür sieht die Literatur in dem wechselseitigen Kreditrisiko der kontrahierenden Parteien. Insofern sei die Differenz zwischen Nullkuponswapsatz und korrespondierendem Kassazinssatz als Risikoprämie aufzufassen.[1152]

So sehr der Einwand berechtigt sein mag, eine Risikoprämie stehe in eklatantem Widerspruch zur Theorie des risikolosen Zinssatzes, so sehr lässt dieser eine genauere Differenzierung nach der Art des Kreditrisikos vermissen, welche der Lokalisierung der Problematik halber jedoch geboten ist. Das Kreditrisiko eines Zinsswaps setzt sich aus einer gegenwärtigen und aus einer potentiellen Komponente zusammen. Das gegenwärtige Kreditrisiko besteht darin, dass diejenige Partei, welche beim aktuellen Fälligkeitstermin Nettozahlungsempfänger ist, mithin von ihrem Vertragspartner per Saldo eine Zahlung erwarten darf, ihren Anspruch effektiv nicht mehr durchsetzen kann, weil die Gegenpartei mittlerweile überschuldet oder illiquide ist. Das potentielle Kreditrisiko hingegen hängt von der Einschätzung der zukünftigen Entwicklungen, beispielsweise der Bonität des Vertragspartners, ab. Es lässt sich nicht mit rechnerischer Genauigkeit bestimmen, sondern allenfalls mithilfe unterschiedlicher Szenarien approximieren.[1153] Während sich das gegenwärtige Kreditrisiko somit auf einen bestimmten Zeitpunkt bezieht, erstreckt sich das potentielle Kreditrisiko auf einen Zeitraum, nämlich auf die Restlaufzeit des Swapgeschäfts.

Zinsswapgeschäfte dienen zumeist der Absicherung des Kreditportfolios institutioneller Investoren, etwa von Banken, Versicherungen oder Pensionsfonds, gegenüber Zinsänderungen.[1154] Allerdings treten diese hierbei oftmals nicht selbst als kontrahierende Parteien in Erscheinung.[1155] Vielmehr übernehmen diese Funktion hierfür eigens eingerichtete Zweck- oder Einzweckgesellschaften (engl. special purpose entities). Diese sind in der Regel rechtlich und organisatorisch so ausgestaltet, dass eine Konsolidierung im Konzernabschluss des Mutterunternehmens nicht in Betracht kommt.[1156] Rechtlich, nicht jedoch wirtschaftlich kommt es auf diese Weise zu einer Trennung zwischen dem abzusichernden Kreditengagement auf

---

[1152] Vgl. Bühler, W. / Uhrig-Homburg, M., Rendite und Renditestruktur, 2000, S. 308; Remolona, E. M. / Woolridge, P. D., BIS QR 2003, March, S. 53 – 54.
[1153] Vgl. Kopp, T., Zinsswap, 1995, S. 44 – 47.
[1154] Vgl. hierzu ausführlich Sender, G., Zinsswaps, 1996, S. 114 – 134.
[1155] Vgl. Lassak, G., Zins- und Währungsswaps, 1988, S. 18.
[1156] Vgl. zu den restriktiven Anforderungen für die Konsolidierung von Zweckgesellschaften im Regime des HGB, der IAS / IFRS und der US-GAAP Brune, J. W., Unternehmensverbindungen, 2013, S. 1304 – 1307; Lüdenbach, N., Tochterunternehmen im Konzern- und Einzelabschluss, 2015, S. 2171 – 2174.

Ebene einer konsolidierten Gesellschaft und dem Sicherungsinstrument auf Ebene der Zweckgesellschaft, wie das Vorgehen überhaupt wirtschaftlich motiviert ist. Denn bei wirtschaftlicher Betrachtungsweise ist die Absicherung eines Kreditengagements umso kostengünstiger, je höher die Bonität der Zweckgesellschaft und je kleiner damit einhergehend die Prämie ist, welche der Gegenpartei als Vergütung für die Übernahme des Kreditrisikos zu gewähren ist.[1157]

Wesentliches Merkmal von Zweckgesellschaften ist eine komfortable Eigenkapital- und Finanzposition,[1158] welche ihnen aufgrund ihrer formaljuristischen Eigenständigkeit regelmäßig eine von der Bonität des wirtschaftlichen Mutterunternehmens unabhängige Bonität, häufig gar in der höchsten Bonitätsklasse, einbringt.[1159] Indes stehen sich bei Zinsswapgeschäften nicht ausschließlich Marktteilnehmer bester Bonität gegenüber, was insbesondere dann nicht der Fall ist, wenn diese nicht dem Finanzsektor angehören.[1160] Doch sprechen gerade unter dem Aspekt des Kreditrisikos gewichtige Gründe dafür, die Zusammensetzung des Spread nach der Kreditwürdigkeit der kontrahierenden Parteien zu differenzieren. Denn eine objektive Würdigung der Aussagekraft von aus Zinsswaps gewonnenen Kassazinssätzen gebietet, dass diese dieselbe Bonität wie die andernfalls zugrundeliegenden Kuponanleihen aufweisen. Ein sinnvoller Vergleich zwischen den aus Kuponanleihen respektive Zinsswaps gewonnenen Zinsstrukturkurven macht also erforderlich, dass bei den Swapgeschäften in gleicher Weise ausschließlich Marktteilnehmer bester Bonität einander gegenüberstehen. In diesem Fall spricht nach hier vertretener Auffassung jedoch weiterhin viel dafür, dass der Anteil des sich hierbei ergebenden Spread, welcher auf das gegenwärtige Kreditrisiko entfällt, minimal, wenngleich nicht gänzlich zu negieren ist, zumal innerhalb ein und derselben Bonitätsklasse durchaus Bonitätsunterschiede bestehen können. In erster Linie dürfte der Spread somit vielmehr dem potentiellen Kreditrisiko geschuldet sein. Ein potentielles Kreditrisiko inhäriert jedoch auch Kuponanleihen bester Bonität.

Die Frage, ob und inwieweit also der Verweis auf das Kreditrisiko ein geeignetes Argument gegen die Ableitung der Zinsstrukturkurve aus Zinsswaps

---

[1157] Vgl. Fabozzi, F. J. / Mann, S. V. / Choudhry, M., Interest-Rate Swaps and Swaptions, 2005, S. 1251.
[1158] Referenz für die Eigenkapitalausstattung ist hierbei das Nettovolumen der kontrahierten Swapgeschäfte.
[1159] Vgl. kritisch konstatierend, wohlgemerkt im Zusammenhang mit der Verbriefung von Darlehen, Schröder, C., Handbuch Kapitalmarktstrafrecht, 2013, S. 465 – 466; Heitmann, P. A., Kapitalanlagevorschriften, 2011, S. 477 – 478; Zantow, R. / Dinauer, J., Finanzwirtschaft, 2011, S. 326 – 327; widersprüchlich Fabozzi, F. J. / Mann, S. V. / Choudhry, M., Interest-Rate Swaps and Swaptions, 2005, S. 1251; Fabozzi, F. J., Fixed Income, 2007. S. 195.
[1160] Vgl. Remolona, E. M. / Woolridge, P. D., BIS QR 2003, March, S. 51 – 52.

darstellt, ist damit unmittelbar mit der Frage verbunden, in welchem Umfang der Spread dem gegenwärtigen respektive dem potentiellen Kreditrisiko geschuldet ist. Die eingehende Erörterung dieser Frage übersteigt den Rahmen der vorliegenden Untersuchung, doch geben die Darlegungen berechtigten Grund, dem Vorbringen der Literatur zumindest mit einer gewissen Skepsis zu begegnen.[1161] Dies gilt umso mehr eingedenk der hiervon unabhängigen Frage, ob der Vergleich von Kassazinssätzen, welche alternativ aus Swapgeschäften oder aus Kuponanleihen abgeleitet sind, tatsächlich zielführend ist. Während sich die Kuponanleihen auf ein und denselben Emittenten beziehen, stehen sich bei den Swapgeschäften von Kontrakt zu Kontrakt regelmäßig unterschiedliche Vertragsparteien gegenüber, welchen nur dieselbe Bonität gemein ist. Nach hier vertretener Auffassung machte ein stringenter Vergleich erforderlich, dass sich die Betrachtung korrespondierend auf Swapgeschäfte der beiden Vertragsparteien mit der besten Bonität beschränkt. Allein dürfte dies die Vollständigkeit des Laufzeitenspektrums gefährden. Eindeutiger erscheint demgegenüber der Einwand, die Nachfrage nach Zinsswaps am kurzen Ende stehe in einem diametralen Verhältnis zur Nachfrage am langen Ende der Swapsatzkurve. Ähnlich wie im Fall der in 5.6.2 erläuterten Zinsstrips sind somit mögliche nachfragebedingte Verzerrungen der Zinsstrukturkurve nicht von der Hand zu weisen. Hinzutritt die Problematik, dass bedingt durch die vornehmliche Ausgestaltung als OTC-Geschäfte sowohl die Verfügbarkeit als auch die Verlässlichkeit der Daten über Zinsswapgeschäfte eingeschränkt ist.[1162]

Insgesamt sind also im Zusammenhang mit der Ableitung der Zinsstrukturkurve Kuponanleihen Zinsswaps vorzuziehen, dies allerdings nicht so sehr aufgrund des zumeist mit ihnen in Verbindung gebrachten Kreditrisikos, als vielmehr aufgrund nachfragebedingter Verzerrungen und der Problematik der eingeschränkten Datenverfügbarkeit. Gänzlich ohne Belang sind die Aussagen der aus Zinsswaps abgeleiteten Zinsstrukturkurve für die Bestimmung des Basiszinssatzes gleichwohl dennoch nicht. Vielmehr vermag deren mit 50 Jahren deutlich breiteres Laufzeitenspektrum hilfreiche Dienste bei der Plausibilisierung der aus Kuponanleihen abgeleiteten Zinsstrukturkurve sowie insbesondere bei der Prognose der Anschlussverzinsung zu leisten.

---

[1161] Vgl. Remolona, E. M. / Woolridge, P. D., BIS QR 2003, March, S. 53 – 54; Reese, R. / Wiese, J., Unternehmensbewertung, 2006, S. 13 – 14; Reese, R. / Wiese, J., ZBB 2007, S. 43.
[1162] Vgl. Duffie, D. / Singleton, K. J., JOF 1997, S. 1287.

### 5.6.4 Zwischenergebnis

Die Bestimmung der Zinsstrukturkurve setzt grundsätzlich das Vorhandensein eines Primärmarkts für ausfallsfreie Nullkuponanleihen voraus, deren Restlaufzeit ein möglichst breites Spektrum abdecken. Allein gehen derartige Wertpapiere mit der Bundesrepublik Deutschland als Emittenten auf dem Kapitalmarkt nicht um. Vielmehr handelt es sich bei den wenigen derartigen am Kapitalmarkt umlaufenden Wertpapieren um kapital- respektive zinsgestrippte Kuponanleihen. Die hieraus konstruierbare Zinsstrukturkurve erweist sich als lückenhaft. Zudem ist die Qualität der Daten selbst in Zweifel zu ziehen. Subsidiär ist zur Bestimmung der Zinsstruktur daher auf die Informationen der Renditestrukturkurve zurückzugreifen. Dahingehende Ansätze bestehen in der empirischen Renditestruktur, in modellbasierten rekursiven Verfahren sowie in Zinsswaps.

Als momentan einzig gangbarer Weg verbleibt somit der Rückgriff auf die Informationen der Renditestrukturkurve. Die Verwendung der Informationen der originären Renditestrukturkurve selbst scheidet angesichts der mit dieser verbundenen Wiederanlageprämisse aus. Im Übrigen besteht die Problematik des Kupon- respektive des Konvexitätseffektes. Der in der Praxis beliebte Rückgriff auf die Umlaufsrendite liefert im Vergleich zur Verwendung der empirischen Zinsstruktur selbst inferiore Ergebnisse.

Wenngleich methodisch den modellbasierten Verfahren überlegen, sind der Verwendung der Informationen der Swapsatzkurve für Zwecke der Ableitung der Zinsstruktur praktisch enge Grenzen gesetzt, zumal es sich bei den hierbei zugrundeliegenden Zinssatzswaps in der Regel um OTC-Geschäfte handelt. Perspektivisch ist allerdings mit einem erheblichen Bedeutungsgewinn der Methode zu rechnen.

Zu den modellbasierten Ansätzen zur rekursiven Ableitung der Zinsstrukturkurve zählen die Methode der kleinsten quadrierten Abweichungen zwischen empirisch beobachtbaren und theoretisch gerechtfertigten Preisen festverzinslicher Kuponanleihen sowie die arbitragetheoretische Operationalisierung. Die Methode der kleinsten quadrierten Abweichungen zwischen empirisch beobachtbaren und theoretisch gerechtfertigten Wertpapierpreisen erweist sich in ihrer originären Form als wissenschaftstheoretisch widersprüchlich, da hier die Zinsstruktur vorausgesetzt wird, obwohl diese ja gerade abgeleitet werden soll. Eine allgemein schlüssigere Erklärung der Zinsstruktur liefert hingegen das Konzept der arbitragetheoretischen Operationalisierung. Allein erweisen sich die dieser zugrundeliegenden Annahmen in der Realität ebenfalls als unzutreffend. Dies hat zur Folge, dass das der arbitragetheoretischen Operationalisierung zugrundeliegende Modell um weitere Nebenbedingungen anzupassen ist. Hierdurch kommt es im Ergebnis zu einer Annäherung an das Modell der kleinsten quadrierten Abweichungen.

## 5.7 Verfahren von Nelson / Siegel / Svensson zur Schätzung der empirischen Zinsstruktur

### 5.7.1 Vorbemerkung

Die Modellierung der empirischen Zinsstruktur gehört zu den zentralen Fragestellungen der Finanztheorie. So verwundert nicht, dass die wissenschaftliche Diskussion im Laufe der Zeit zahlreiche Vorschläge für eine modelltheoretische Erklärung der empirischen Zinsstruktur hervorgebracht hat.[1163] Wenngleich sich die einzelnen Ansätze mit demselben Untersuchungsgegenstand beschäftigen, unterscheiden sie sich zum Teil erheblich, was ihre formalen Eigenschaften, ihren Abstraktionsgrad sowie ihre praktische Anwendbarkeit angeht. Gerade unter letzterem Gesichtspunkt ist für die Wahl eines Zinsstrukturmodells entscheidend, dass dieses nicht nur mit einer begrenzten Anzahl von Parametern arbeitet, sondern auch im Hinblick auf die im Einzelfall verfügbaren Daten hinreichend anpassungsfähig ist. Hierzu bemerkt *Friedman*: „... students of statistical demand functions might find it more productive to examine how the whole term structure of yields can be described more compactly by a few parameters."[1164] Unter allen Vorschlägen zur Modellierung der empirischen Zinsstruktur genügt diesen beiden Eigenschaften gleichzeitig am besten das von *Nelson / Siegel* (1987) entwickelte und von *Svensson* (1994) erweiterte Zinsstrukturmodell.[1165]

---

[1163] Vgl. z. B. Durand, D., Basic Yields of Corporate Bonds, 1942, S. 3 – 21; Cohen, K. J. / Kramer, R. L. / Waugh, W. H., MS 1966, S. B–168 – B–175; Fisher, D., Economica 1966, S. 319 – 329; Jen, F. C. / Wert, J. E., JOF 1966, S. 698 – 710; Wallace, N., JOF 1967, S. 307 – 311; McCulloch, J. H., JOB 1971, S. 19 – 31; Carleton, W. T. / Cooper, I. A., JOF 1976, S. 1069 – 1082; Echols, M. A. / Elliott, J. W., JFQA 1976, S. 87 – 114; Hodges, S. D. / Schaefer, S. M., JFQA 1977, S. 244 – 249; Vasiček, O., JFE 1977, S. 177 – 188; Dobson, S. W., JOF 1978, S. 75 – 92; Heller, H. R. / Khan, M. S., JPE 1979, S. 109 – 129; Nelson, C. R., Interest Rates, 1979, S. 127 – 137; Schaefer, S. M., EJ 1981, S. 417 – 425; Vasiček, O. A. / Fong, H. G., JFE 1982, S. 341 – 348; Chambers, D. R. / Carleton, W. T. / Waldman, D. W., JFQA 1984, S. 233 – 252; Shea, G. S., JFQA 1984, S. 257 – 264; Cox, J. C. / Ingersoll, J. E. / Ross, S. A., Econometrica 1985, S. 387 – 405; Fama, E. F. / Bliss, R. R., AER 1987, S. 680 – 690; Nelson, C. R. / Siegel, A. F., JOB 1987, S. 473 – 488; Katz, E. / Prisman, E. Z., JFQA 1991, S. 438 – 443; Ingersoll, J. E., Financial Decision Making, 1987, S. 392 – 399; Fama, E. F., JME 1990, S. 60 – 64; Beer, U., SZVS 1990, S. 40 – 44; Marty, R., SZVS 1990, S. 52 – 57; Longstaff, F. A. / Schwartz, E. S., JOF 1992, S. 1261 – 1272; Svensson, L. E. O., Forward Interest Rates, 1994, S. 1 – 22; Dybvig, P. H. / Ingersoll, J. E. / Ross, S. A., JOB 1996, S. 20 – 22. Eine empirische Untersuchung für den deutschen Kapitalmarkt aufbauend auf den Ergebnissen von *Carleton / Cooper*, *Chambers / Carleton / Waldman* und *Shea* stellt *Bußmann* an. Vgl. hierzu Bußmann, J., KuK 1989, S. 122 – 137. Einen Überblick über bedeutsame Zinsstrukturmodelle geben *Shiller / McCulloch*. Vgl. hierzu Shiller, R. J. / McCulloch, J. H., Term Structure, 1990, S. 644 – 653.

[1164] Friedman, M., SJE 1977, S. 411.

[1165] Vgl. Obermaier, R., FB 2008, S. 494.

Kapitel 5: Rendite der risikolosen Anlage

Die folgenden Ausführungen widmen sich der Erläuterung des Zinsstrukturmodells von *Nelson / Siegel / Svensson*. Um deren Ergebnisse angemessen würdigen zu können, bedarf es zunächst jedoch eines Überblicks über die wesentlichen modelltheoretischen Vorläufer sowie der jeweiligen Schwachpunkte.

### 5.7.2 Historische Vorläufer

Die Zinsstrukturtheorie als Teildisziplin der Kapitalmarkttheorie wurde durch die grundlegenden Arbeiten von *Durand* (1942)[1166] begründet. *Durand* definiert die Zinsstrukturkurve mit der umhüllenden Funktion, welche die sich aus der Gegenüberstellung von Restlaufzeiten und empirisch beobachtbaren Durchschnittsrenditen ergebende Punktewolke von unten umgibt.[1167] Ein genauer Verlauf der umhüllenden Funktion lässt sich indes nicht ausmachen, vielmehr unterliegt dieser subjektiven Einflüssen.

Breiten Raum innerhalb der Zinsstrukturtheorie nehmen später ökonometrische Modelle ein. Dieser Klasse lassen sich etwa die Modelle von *Cohen / Kramer / Waugh* (1966)[1168], *Fisher* (1966)[1169], *Echols / Elliott* (1976)[1170], *Dobson* (1978)[1171], *Heller / Khan* (1979)[1172] sowie *Chambers / Carleton / Waldman* (1984)[1173] zuordnen. Die ökonometrischen Modelle beruhen zum Teil auf polynomialen Regressionen. Unabhängig hiervon bedienen sie sich linearer Terme, was mitunter mit Ungenauigkeiten – vor allen Dingen am langen Ende der Zinsstruktur – einhergeht.

*McCulloch* (1971 / 1975) basiert seine Überlegungen zur Zinsstrukturkurve auf die Beziehung zwischen dem theoretischen Preis und der Effektivverzinsung von Anleihen und schlägt vor, die Funktion der Preise der Kuponanleihen mithilfe abschnittsweise definierter polynomialer Splines[1174] quadra-

---

[1166] Vgl. Durand, D., Basic Yields of Corporate Bonds, 1942.
[1167] Vgl. Durand, D., Basic Yields of Corporate Bonds, 1942, S. 9.
[1168] Vgl. Cohen, K. J. / Kramer, R. L. / Waugh, W. H., MS 1966, S. B–168 – B–175.
[1169] Vgl. Fisher, D., Economica 1966, S. 319 – 329.
[1170] Vgl. Echols, M. A. / Elliott, J. W., JFQA 1976, S. 87 – 114.
[1171] Vgl. Dobson, S. W., JOF 1978, S. 75 – 92.
[1172] Vgl. Heller, H. R. / Khan, M. S., JPE 1979, S. 109 – 129.
[1173] Vgl. Chambers, D. R. / Carleton, W. T. / Waldman, D. W., JFQA 1984, S. 233 – 252.
[1174] Auch die synonyme Bezeichnung ‚Polynomzug' ist gängig. Unter einem Spline $n$-ten Grades versteht man eine abschnittsweise aus Polynomen höchstens $n$-ten Grades zusammengesetzte Funktion. Als unmittelbare Anforderung muss ein Polynomzug $n$-ten Grades an den so bezeichneten Knoten (engl. knot points), an denen jeweils Polynomabschnitte zusammentreffen, stetig differenzierbar sein. Polynomzüge ersten Grades heißen Polygonzüge. Ansonsten spricht man von quadratischen, kubischen, exponentiellen usw. Polynomzügen (engl. splines). Vgl. hierzu ausführlich Csajbók, A., Zero-Coupon Yield Curve Estimation, 1999, S. 17; Nürnberger, G. / Walz, G. / Zeilfelder, F., Splinefunktionen, 2002, S. 71 – 75; zur Verwendung von Polynomzügen in der Ökonometrie Wegener, M., Penalized Spline Smoothing, 2012.

tischer[1175] und kubischer[1176] Natur zu modellieren.[1177] Doch zeigen empirische Tests, dass sich selbst auf diese Weise das Problem der Ungenauigkeit am langen Ende der Zinsstruktur nicht beheben lässt. Das Gleiche gilt für die von *Vasiček / Fong* (1982)[1178] empfohlene Verwendung exponentieller[1179] Splines.[1180]

### 5.7.3 Grundsätzliche Vorgehensweise

Der Forderung *Friedmans* folgend, entwickeln *Nelson / Siegel* ein bewusst einfach gehaltenes Zinsstrukturmodell, welches dennoch in der Lage ist, neben monotonen auch höckerige und S-förmige Verläufe der Zinsstrukturkurve abzubilden.[1181] Ausgangspunkt ihrer Überlegungen ist die Erkenntnis, dass sich eine Kuponanleihe als Portfolio von Nullkuponanleihen auffassen lässt,[1182] deren Anzahl respektive Restlaufzeiten sich anhand der Zahlungen der Kuponanleihe bis zu deren Fälligkeit bestimmt, die empirisch nicht beobachtbaren Kassazinssätze[1183] daher implizit in der Renditestrukturkurve enthalten sind.[1184] Ebenfalls empirisch nicht unmittelbar beobachtbar sind

---

[1175] Vgl. McCulloch, J. H., JOB 1971, S. 19 – 31.
[1176] Vgl. McCulloch, J. H., JOF 1975, S. 828; Litzenberger, R. H. / Rolfo, J., JOF 1984, S. 8 – 9.
[1177] Die polynomiale Approximation beruht auf dem *Weierstraß-Stone*-Theorem. Dieses formuliert die Bedingungen, unter welchen sich eine stetig differenzierbare Funktion innerhalb eines definierten Intervalls mit einem Polynom beliebig genau approximieren lässt. Hierbei ist in Abhängigkeit von der Güte der Approximation ein gewisser Schätzfehler in Kauf zu nehmen. Sohin sind die Anforderungen an den Grad des Polynoms umso höher, je genauer die Approximation sein soll. Vgl. hierzu ausführlich Prolla, J. B., Weierstrass-Stone, 1993, S. 1 – 13; Bußmann, J., KuK 1989, S. 120 – 121; zur Verwendung von Splines im Rahmen der Zinsstrukturtheorie ausführlich Fisher, M. / Nychka, D. / Zervos, D., Smoothing Splines, 1994, S. 1 – 29; Csajbók, A., Zero-Coupon Yield Curve Estimation, 1999, S. 14 – 15.
[1178] Vgl. Vasicek, O. A. / Fong, H. G., JOF 1982, S. 339 – 348.
[1179] Vgl. Chambers, D. R. / Carleton, W. T. / Waldman, D. W., JFQA 1984, S. 236 – 237.
[1180] Vgl. Zimmerer, T. / Hertlein, F., FB 2007, S. 101 – 104; zur Kritik an der Verwendung von Splines zur Modellierung der Zinsstruktur Shea, G. S., JFQA 1984, S. 259 – 264; Svensson, L. E. O., Forward Interest Rates, 1994, S. 5 – 6; zu den verschiedenen Formen von Splines Anderson, N. / Breedon, F. / Deacon, M. u. a., Yield Curve, 1996, S. 24 – 36; Deacon, M. / Derry, A., Term Structure, 1994, S. 23 – 33. Ein guter Überblick über weitere modelltheoretische Vorläufer des Zinsstrukturmodells insbesondere von *Nelson / Siegel / Svensson* findet sich bei *Faßbender*. Vgl. Faßbender, H., Fristigkeitsstruktur, 1973, S. 35 – 85. Eine Übersicht über die Grundzüge bedeutsamer Zinsstrukturmodelle gibt Bußmann. Vgl. hierzu Bußmann, J., KuK 1989, S. 120 – 127.
[1181] Vgl. Echols, M. E. / Elliott, J. W., JFQA 1976, S. 91; Nelson, C. R. / Siegel, A. F., JOB 1987, S. 473 – 474.
[1182] Vgl. ausführlich Schaefer, S. M., FAJ 1977, Nr. 4, S. 59 – 60; Nelson, C. R., Interest Rates, 1979, S. 124; Litzenberger, R. H. / Rolfo, J., JOF 1984, S. 3; so wohl auch Nuske, M., Kapitalmarktdiskontierung, 1983, S. 2.
[1183] Vgl. Vasicek, O. A. / Fong, H. G., JOF 1982, S. 341.
[1184] Vgl. Svensson, L. E. O., Forward Interest Rates, 1994, S. 2; Gruber, W. / Overbeck, L., FMPM 1998, S. 61 – 63.

die impliziten Terminzinssätze.[1185] Doch stehen, wie in 5.5.3.2.2.2 dargelegt, die impliziten Termin- in unmittelbarem Zusammenhang mit den Kassazinssätzen.[1186]

Aufbauend hierauf heißt der implizite Terminzinssatz für einen infinitesimal kleinen Anlagehorizont momentaner impliziter Terminzinssatz $f(0;t)$. Er ist definiert als

$$f(0;t) = \lim_{\Delta t \to 0} f(0;t;T) \tag{1}$$

Der momentane implizite Terminzinssatz $f(0;t)$ versteht sich als marginale Veränderung des Kassazinssatzes bei einer marginalen Veränderung des Anlagehorizonts. Der implizite Terminzinssatz $f(0;t;T)$ mit dem Anlagehorizont $T-t$ lässt sich als arithmetisches Mittel der momentanen impliziten Terminzinssätze für die Summe der infinitesimal kleinen Anlagehorizonte dieses Zeitraums auffassen, sodass

$$f(0;t;T) = \frac{\int_t^T f(0;t)dt}{T-t} \tag{2}$$

gilt. Hinsichtlich ihres Kurvenverlaufs stehen die momentanen impliziten Terminzinssätze und die Kassazinssätze in einem ähnlichen Verhältnis wie die marginalen und durchschnittlichen Kosten in der Produktionstheorie.[1187] Vor diesem Hintergrund vermögen die momentanen impliziten Terminzinssätze Auskunft über die künftige Entwicklung der Kassazinssätze zu geben.[1188] Im Gegensatz zu den Kassazinssätzen gestalten sich die momentanen impliziten Terminzinssätze zeitlich dynamisch. Aus diesem Grunde lässt die Analyse der impliziten Terminzinssätze verlässlichere Aussagen über die kurz-, mittel- und langfristigen Zinserwartungen zu.[1189] Abbildung 26 veranschaulicht das Verhältnis zwischen den momentanen impliziten Terminzinssätzen und den Kassazinssätzen.

---

[1185] Vgl. Deacon, M. / Derry, A., Term Structure, 1994, S. 14.
[1186] Vgl. Hodges, S. D. / Schaefer, S. M., JFQA 1977, S. 248 – 249.
[1187] Vgl. McCulloch, J. H., JOB 1971, S. 24; Schaefer, S. M., FAJ 1977, Nr. 4, S. 61 – 65; Samuelson, P. A. / Nordhaus, W. D., Volkswirtschaftslehre, 2010, S. 201 – 206.
[1188] Diese Aussage gilt unter der Einschränkung, dass die Erwartungshypothese tatsächlich erfüllt ist. Zu dieser Frage gehen die Meinungen auseinander. Die Anhängerschaft der Zinsstrukturtheorie nicht widerlegen können *Fama / Bliss*. Vgl. hierzu Fama, E. F. / Bliss, R. R., AER 1987, S. 690; hingegen Campbell, J. Y. / Shiller, R. J., RES 1991, S. 510; Csajbók, A., Zero-Coupon Yield Curve Estimation, 1999, S. 11; zu den Annahmen der Erwartungstheorie Faßbender, H., Fristigkeitsstruktur, 1973, S. 23.
[1189] Vgl. Svensson, L. E. O., Forward Interest Rates, 1994, S. 2, S. 8.

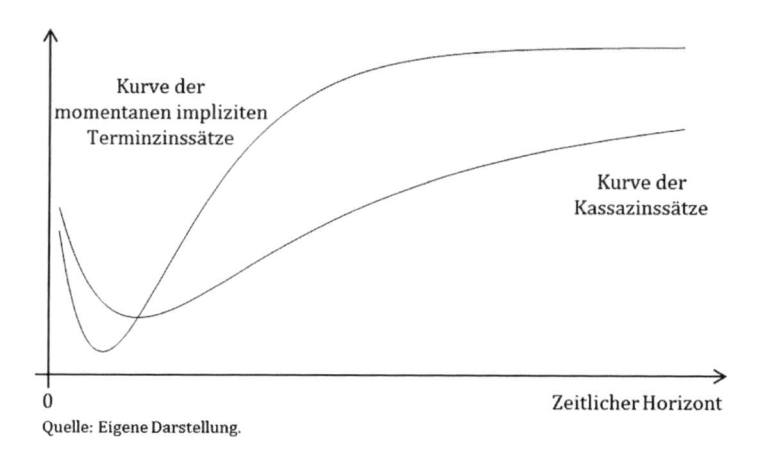

**Abbildung 26: Kurve der momentanen impliziten Terminzinssätze und Kurve der Kassazinssätze**[1190]

Der Kassazinssatz im Zeitpunkt $t = 0$ mit einem Anlagehorizont bis zum Zeitpunkt $T$ ist der arithmetische Durchschnitt der momentanen Terminzinssätze, wobei die diesen zugrundeliegenden Terminkreditgeschäfte zu infinitesimal unterschiedlichen Zeitpunkten zwischen $t = 0$ und $T$ nacheinander effektiv werden, sodass zwischen den momentanen impliziten Terminzinssätzen und dem Kassazinssatz dieses Zeitraums allgemein der formale Zusammenhang

$$i(0;t) = \frac{\int_0^t f(0;t)dt}{t} \quad (3)$$

besteht.[1191]

*Nelson / Siegel* machen sich den Zusammenhang zwischen den impliziten Termin- und den Kassazinssätzen zunutze, indem sie ausgehend von der Schätzung der impliziten Terminzinssätze die Kassazinssätze ableiten. Dabei setzt die Schätzung der impliziten Terminzinssätze an der empirisch beobachtbaren Renditestrukturkurve an. Diskontiert man mit den Kassazins-

---

[1190] Den Kurven liegen die Ergebnisse zugrunde, welche sich bei Anwendung des im Weiteren ausführlich diskutierten Verfahrens von *Nelson / Siegel / Svensson* für $\beta_0 = 5{,}00$, $\beta_1 = -2{,}00$, $\beta_2 = -10{,}00$, $\beta_3 = -10{,}00$, $\tau_1 = 10$ und $\tau_2 = 30$ für die Variation des zeitlichen Horizonts $m$ im Bereich bis 100 ergeben.

[1191] Vgl. zum Zusammenhang zwischen Forward Rates und Spot Rates ausführlich Fama, E. F. / Bliss, R. R., AER 1987, S. 681 – 683; Svensson, L. E. O., Forward Interest Rates, 1994, S. 4 – 5.

sätzen die Zahlungen der als Vielzahl von Nullkuponanleihen verstandenen Kuponanleihen, so resultiert für die $u$-te Kuponanleihe der theoretisch gerechtfertigte Preis $\hat{P}_u(0;t)$

$$\hat{P}_u(0;t) = \sum_{t=0}^{T} \frac{C_{u,t}}{e^{\hat{\imath}(0;t)\cdot t}} + \frac{100{,}00}{e^{\hat{\imath}(0;t)\cdot T}} \tag{4}$$

respektive unter Hinweis auf Beziehung (1) in 5.5.2 die theoretisch gerechtfertigte Effektivverzinsung

$$\hat{P}_u(0;t) = \sum_{t=0}^{T} \frac{C_{u,t}}{e^{\hat{r}_{u,e}\cdot t}} + \frac{100{,}00}{e^{\hat{r}_{u,e}\cdot T}} \tag{5}$$

mit $u = 1, 2, 3, ..., U-1, U$ und $t \in \{0; 1; 2; ...; T-1; T\}$. Hierbei steht $C_{u,t}$ weiterhin für die Zahlung der $u$-ten Kuponanleihe im Zeitpunkt $t$.

Die Schätzung der Effektivverzinsung $\hat{r}_{u,e}$ erfordert zunächst die Schätzung des theoretisch gerechtfertigten Preises $\hat{P}_u(0;t)$, was seinerseits die Schätzung der impliziten Terminzinssätze $\hat{f}(0;t;T)$ sowie der Kassazinssätze $\hat{\imath}(0;t)$ erforderlich macht. Ausgehend von dem theoretisch gerechtfertigten Preis $\hat{P}_u(0;t)$ lässt sich die Effektivverzinsung des $u$-ten Wertpapiers mithilfe des *Newton*'schen Näherungsverfahrens oder mithilfe der rekursiven Renditeformeln bestimmen.[1192]

Das Modell von *Nelson / Siegel* erlaubt einen Rückschluss auf den Verlauf der Zinsstrukturkurve, indem es hierfür an der Schätzung der impliziten Terminzinssätze ansetzt. Somit handelt es sich im Kern um ein rekursives Verfahren. Die Schätzung der impliziten Terminzinssätze, mithin die Wahl der in das Modell einfließenden Parameter ist dann optimal, wenn die Abweichung zwischen empirisch beobachtbarem und theoretisch gerechtfertigtem Preis $\hat{P}_u(0;t)$ über alle Kuponanleihen des Portfolios hinweg ein globales Minimum annimmt.[1193] Mathematisches Hilfsmittel ist hierbei ein non-lineares Optimierungsverfahren.[1194] Dies bedeutet allerdings nicht,

---

[1192] Vgl. Morawietz, M., Rentabilität und Risiko, 1994, S. 133. Das *Newton*'sche Näherungsverfahren ist eine Methode für die hier gegenständliche Approximation der Nullstellen der Funktion. Das grundsätzliche Vorgehen des Verfahrens besteht darin, ausgehend von einem Startpunkt eine Folge zu generieren, welche gegen eine Nullstelle der Funktion konvergiert. Die neu zu iterierende Nullstelle berechnet sich hierbei aus der jeweils zuletzt ermittelten Nullstelle. Voraussetzung ist, dass die Funktion stetig differenzierbar ist. Vgl. hierzu ausführlich Csajbók, A., Zero-Coupon Yield Curve Estimation, 1999, S. 20; Walz, G. (Hrsg.), Lexikon der Mathematik, 2002, S. 53 – 55 (Stichwort ‚Newtonverfahren').
[1193] Vgl. Deutsche Bundesbank (Hrsg.), Monthly Report, 1997, S. 63.
[1194] Vgl. Deutsche Bundesbank (Hrsg.), Kapitalmarktstatistik, 2008, S. 66. Ein Anwendungsbeispiel liefert etwa *Virmani*. Vgl. hierzu Virmani, V., Term Structure Models, 2006, S. 12 – 18.

dass sich im globalen Minimum zwangsläufig auch im Hinblick auf die einzelne Kuponanleihe ein Minimum einstellen muss.[1195]
Dabei beurteilt sich die Güte des Zinsstrukturmodells erneut anhand der Betrachtung der kleinsten quadrierten Abweichungen zwischen empirisch beobachtbaren und theoretisch gerechtfertigten Preisen $P_u$ respektive $\hat{P}_u(0;t)$ über alle betrachteten Anleihen hinweg respektive der Quadratwurzel[1196] hiervon.[1197] Formal gilt:

$$\min \sqrt{\frac{1}{U} \cdot \sum_{u=1}^{U} [P_u - \hat{P}_u(0;t)]^2} \qquad (6)$$

Eine alternative Betrachtung stellt auf das Minimum der quadrierten Abweichungen zwischen den empirisch beobachtbaren und theoretisch gerechtfertigten Effektivzinssätzen $r_{u,e}$ und $\hat{r}_{u,e}$ ab, sodass in diesem Fall das Minimierungsproblem entsprechend in

$$\min \sqrt{\frac{1}{U} \cdot \sum_{u=1}^{U} (r_{u,e} - \hat{r}_{u,e})^2} \qquad (7)$$

umzuformulieren ist.[1198]

Das Wesen des Zinsstrukturmodells von *Nelson / Siegel* lässt sich damit vorläufig so beschreiben, dass dieses die empirische Renditestruktur im Wege eines iterativen Algorithmus hinsichtlich der Abweichungen zwischen empirisch beobachtbaren und theoretisch gerechtfertigten Wertpapierpreisen approximiert. Die Approximation hinsichtlich der Abweichungen zwischen empirisch beobachtbaren und theoretisch gerechtfertigten Wertpapierprei-

---

[1195] Vgl. Svensson, L. E. O., Forward Interest Rates, 1994, S. 2 – 7.
[1196] In der Literatur findet sich auch die Abkürzung ‚RMSE', was für ‚root mean squared error' steht. Der RMSE ist ein gängiges Maß für die Beurteilung der Validität von ex ante-Schätzungen. Vgl. hierzu Fair, R. C., Predictive Accuracy of Models, 1986, S. 1984 – 1986.
[1197] Vgl. hierzu nochmals Nuske, M., Kapitalmarktdiskontierung, 1983, S. 2; Wilhelm, J. / Brüning, L., KuK 1992, S. 271.
[1198] Hinsichtlich der Notwendigkeit des Faktors $\frac{1}{U}$ herrscht in der Literatur offensichtlich Unschlüssigkeit. *Reese / Wiese* halten diesen zunächst scheins für unbeachtlich. Vgl. hierzu Reese, R. / Wiese, J., Unternehmensbewertung, 2006, S. 10, dort insbesondere auch Fn. 51. Jedoch sprechen sie sich in einer späteren Veröffentlichung doch dafür aus, diesen zu berücksichtigen. Vgl. hierzu Reese, R. / Wiese, J., ZBB 2007, S. 41. Gleichwohl scheint *Wiese* seine Auffassung unter Hinweis auf *Svensson* erneut zu revidieren. Vgl. hierzu Wiese, J. / Gampenrieder, P., BB 2008, S. 1723. *Svensson* selbst äußert sich zu der Frage selbst nicht explizit. Vgl. hierzu Svensson, L. E. O., Forward Interest Rates, 1994, S. 7.

sen führt zu denselben Ergebnissen wie bei Approximation der korrespondierenden Effektivverzinsungen.

Das Verfahren von *Nelson / Siegel* und die Erweiterung von *Svensson* erfreuen sich nicht nur in Deutschland und in Europa großer praktischer Beliebtheit. Der Status eines allgemeinen Standards ist dem Verfahren von *Nelson / Siegel / Svensson* dennoch nicht zuzusprechen. Vielmehr kommen international dritte Zinsstrukturmodelle zur Anwendung, etwa solche auf Basis von Splines.[1199] Abbildung 27 gibt einen Überblick über die Zinsstrukturmodelle, derer sich ausgewählte Zentralbanken bedienen.

| Zentralbank | Zinsstrukturmodell | Minimierter Fehler |
|---|---|---|
| Großbritannien | Spline-basierter Variable Roughness Penalty-Ansatz von *Waggoner* (1997)[1200] | Effektivverzinsungen |
| Japan | Smoothing Splines | Wertpapierpreise |
| Kanada | *Merill Lynch* Exponential Spline | gewichtete Wertpapierpreise |
| Schweiz | Nelson / Siegel / Svensson-Methode | Effektivverzinsungen |
| USA | Smoothing Splines | T-Bills: Gewichtete Wertpapierpreise T-Bonds: Wertpapierpreise |
| Quelle: Eigene Darstellung. | | |

**Abbildung 27: Zinsstrukturmodelle im internationalen Vergleich**

---

[1199] Vgl. Bank for International Settlements (Hrsg.), Zero-Coupon Yield Curves, 2005, S. 1 – 37.
[1200] Vgl. hierzu Waggoner, D., Interest Rate Curves, 2005.

## 5.7.4 Modell von Nelson / Siegel (1987)

Die Zinsstruktur folgt einem zeitlichen Veränderungsprozess. Um den zeitabhängigen und dynamischen ökonomischen Variablen Rechnung zu tragen, bedient sich der Ansatz von *Nelson / Siegel* des mathematischen Instruments der Differentialgleichung.[1201] Dieses im Prinzip heuristische Vorgehen legen die Ergebnisse der Erwartungstheorie der Zinsstrukturtheorie nahe. Denn als Lösung der Differentialgleichung resultieren die impliziten Terminzinssätze, sofern eine Differentialgleichung die Kassazinssätze generiert.[1202]

Ausgangspunkt der Überlegungen von *Nelson / Siegel* ist eine Differentialgleichung zweiter Ordnung mit reellen und ungleichen Wurzeln zur Bestimmung der Funktion der impliziten Terminzinssätze $f(m; b)$.[1203] Für diese gilt in einem beliebigen Zeitpunkt[1204] $t$

---

[1201] Ein ökonomisches System ist dynamisch, wenn es zugleich Variablen unterschiedlicher Perioden verarbeitet oder mindestens eine Variable eine Veränderung in der Zeit $t$ erfährt. In Abhängigkeit davon, ob das ökonomische System hierbei die Zeit $t$ diskret oder stetig behandelt, kommen Differenzen- oder Differentialgleichungen zur Anwendung. Das *Nelson / Siegel*-Modell begreift die Zeit $t$ als Kontinuum und stützt seine Aussagen aus diesem Grunde auf Differentialgleichungen. Allgemein versteht man unter einer Differentialgleichung eine Funktionalgleichung, welche eine oder mehrere Ableitungen $\frac{\partial y(t)}{\partial t}, \frac{\partial^2 y(t)}{\partial t^2}, \frac{\partial^3 y(t)}{\partial t^3}, ..., \frac{\partial^{n-1} y(t)}{\partial t^{n-1}}, \frac{\partial^n y(t)}{\partial t^n}$ einer unbekannten, natürlich differenzierbaren Funktion $y(t)$ nach der Zeit $t$ enthält. Vgl. hierzu Senger, J., Mathematik, 2009, S. 511. Vorliegend handelt es sich bei der unbekannten, natürlich differenzierbaren Funktion $y(t)$ um die Funktion der impliziten Terminzinssätze, deren Variable die Zeit $t$ ist. Funktionalgleichungen zeichnen sich dadurch aus, dass ihre Unbekannten selbst Funktionen sind. Als Lösung einer Funktionalgleichung resultieren eine oder mehrere unbekannte Funktionen, welche die Funktionalgleichung identisch erfüllen. Mit anderen Worten ist also diejenige Funktion $y(t)$, welche die Differentialgleichung für alle Werte von $t$ zu erfüllen vermag, die Lösung der Differentialgleichung. Vgl. hierzu Senger, J., Mathematik, 2009, S. 396. Insbesondere heißt eine Gleichung der Form $\frac{\partial^n y(t)}{\partial t^n} + ...$

$... + a_1 \cdot \frac{\partial^{n-1} y(t)}{\partial t^{n-1}} + ... + a_{n-2} \cdot \frac{\partial^2 y(t)}{\partial t^2} + a_{n-1} \cdot \frac{\partial y(t)}{\partial t} + a_n \cdot y(t) = b$ mit $a_n \neq 0$ und $a_i = const.$ lineare Differentialgleichung $n$-ter Ordnung mit konstanten Koeffizienten. Gilt $b = 0$, spricht man von einer homogenen Differentialgleichung. Andernfalls liegt eine inhomogene Differentialgleichung vor. Vgl. hierzu Senger, J., Mathematik, 2009, S. 512. Aus der Betrachtung des einfachen Beispiels einer homogenen Differentialgleichung der Form $\frac{\partial y(t)}{\partial t} + y(t) = 0$ ist unmittelbar ersichtlich, dass in diesem Fall $y(t) = A \cdot e^t$ gilt. Als Lösung der homogenen Differentialgleichung der Form $\frac{\partial y(t)}{\partial t} + y(t) = 0$ resultiert somit eine *Euler*'sche Funktion der Zeit $t$. Vgl. hierzu Senger, J., Mathematik, 2009, S. 511.

[1202] Vgl. Nelson, C. R. / Siegel, A. F., JOB 1987, S. 474; Virmani, V., Term Structure Models, 2006, S. 5.

[1203] Vgl. Deacon, M. / Derry, A., Term Structure, 1994, S. 34 – 35; Csajbók, A., Zero-Coupon Yield Curve Estimation, 1999, S. 18.

[1204] Die hier gegenständliche homogene lineare Differentialgleichung zweiter Ordnung hat in Übertragung der Grundsätze zur Differentialgleichung die Form $a_{n-2} \cdot \frac{\partial^2 y(t)}{\partial t^2} + ...$

## Kapitel 5: Rendite der risikolosen Anlage

$$f(m;b) = \beta_0 + \beta_1 \cdot exp\left(-\frac{m}{\tau_1}\right) + \beta_2 \cdot exp\left(-\frac{m}{\tau_2}\right) \qquad (1)$$

Hierbei bringt der Vektor $b = (\beta_0; \beta_1; \beta_2; \tau_1; \tau_2)$ aggregiert die exogenen Parameter zum Ausdruck.[1205] Der Parameter $m$ steht für die Laufzeit des Zinsterminkontrakts, also für den Zeitraum zwischen dem Zeitpunkt der Fälligkeit des Zinsterminkontrakts $t$ und dem Beobachtungszeitpunkt $t = 0$, in dem der Zinsterminkontrakt geschlossen wird. Die Differentialgleichung (1) dient der formalen Darstellung der empirischen Zinsstruktur mithilfe eines Regressionsverfahrens. $\beta_0$, $\beta_1$ und $\beta_2$ stellen dabei die zu bestimmenden Regressionskoeffizienten dar.[1206] Bei $\tau_1$ und $\tau_2$ handelt es sich um Zeitkonstanten, welche als solche nur positive Werte annehmen können. $\tau_1$ und $\tau_2$ scheinen beim ersten respektive zweiten Exponentialterm auf. Die Argumente der Exponentialterme sind negativ definiert, sodass $\tau_1$ und $\tau_2$ cet. par. die Geschwindigkeit determinieren, mit welcher sich die Regressoren $exp\left(-\frac{m}{\tau_1}\right)$ und $exp\left(-\frac{m}{\tau_2}\right)$ asymptotisch dem Wert Null annähern. Mithin handelt es sich bei der Differentialgleichung in Analogie zur formalen Darstellung atomarer Zerfallsprozesse in der Physik um eine stetige degressive Zerfallsfunktion. Der Zerfall ist umso langsamer respektive die Halbwertszeit umso größer, je größer $\tau_1$ und $\tau_2$ sind et vice versa.

Wendet man die Erkenntnisse der arbitragetheoretischen Operationalisierung der theoretischen Zinsstruktur an und berücksichtigt man hierbei insbesondere ihre praktischen Grenzen, so resultieren die Regressionskoeffi-

---

$... + a_{n-1} \cdot \frac{\partial y(t)}{\partial t} + a_n \cdot y(t) = b$ mit $a_{n-2} = 1$ und $b = 0$ mit der generellen Lösung $y(t) = e^{\lambda \cdot t}$. Doch lautet die charakteristische Gleichung einer linearen homogenen Differentialgleichung zweiter Ordnung $\lambda^2 + a_{n-1} \cdot \lambda + a_n = 0$, was eine mehrwertige Lösung für $y(t)$ zulässt. Bei Anwendung der allgemeinen Lösungsformel für quadratische Gleichungen auf die charakteristische Gleichung folgt $\lambda_{1/2} = \frac{-a_{n-1} \pm \sqrt{a_{n-1}^2 - 4 \cdot a_n}}{2}$. In Abhängigkeit von der Diskriminanten sind grundsätzlich drei Fälle zu unterscheiden, wobei hier zunächst nur der Fall einer von Null verschiedenen positiven Diskriminante relevant ist. Unter der Annahme reeller und ungleicher Wurzeln folgen nach einigen einfachen Umformungen als Lösungen der Differentialgleichung $y_1(t) = e^{\lambda_1 \cdot t}$ und $y_2(t) = e^{\lambda_2 \cdot t}$, d. h. erneut Euler'sche Funktionen der Zeit. Als Lösung für homogene Differentialgleichungen zweiter Ordnung mit reellen und ungleichen Wurzeln resultiert für beliebige Koeffizienten $A_1$ und $A_2$ im Prinzip $y(t) = A_1 \cdot y_1(t) + ...$
$... + A_2 \cdot y_2(t)$ oder $y(t) = A_1 \cdot e^{\lambda_1 \cdot t} + A_2 \cdot e^{\lambda_2 \cdot t}$, d. h. eine Linearkombination der beiden Lösungen der charakteristischen Gleichung. Vgl. hierzu Senger, J., Mathematik, 2009, S. 531 – 535. Übertragen auf die hier gegenständliche Beziehung (1) gilt entsprechend $A_1 = \beta_1$, $A_2 = \beta_2$, $\lambda_1 = -\frac{1}{\tau_1}$ und $\lambda_2 = -\frac{1}{\tau_2}$.

[1205] Vgl. Dahlquist, M. / Svensson, L. E. O., Nelson & Siegel vs. Longstaff & Schwartz, 1994, S. 7 – 8; Anderson, N. / Breedon, F. / Deacon, M. u. a., Yield Curve, 1996, S. 39 – 40.
[1206] Vgl. Hladíková, H. / Radová, J., EFAJ 2012, S. 38 – 41.

zienten $\beta_0$, $\beta_1$ und $\beta_2$. Hierfür ist es erforderlich, im Rahmen eines non-linearen Regressionsverfahrens[1207] $\tau_1$ und $\tau_2$ solange zu variieren, bis die Summe der kleinsten quadrierten Abweichungen zwischen theoretisch gerechtfertigtem und empirisch beobachtbarem Preis der Anleihen minimale Werte annimmt.[1208] Idealiter beträgt diese Summe gerade Null. Eine Besonderheit besteht hierbei darin, dass die Regressionskoeffizienten im Hinblick auf ihre Eignung, die empirische Zinsstruktur bestmöglich nachzubilden, in ihrer Gesamtschau zu beurteilen sind. Somit ist bei singulärer Betrachtung denkbar, dass einzelne oder alle Regressionskoeffizienten[1209] suboptimal erscheinen.[1210] Ein alternatives Vorgehen zur Methode der kleinsten quadrierten Abweichungen bietet das Maximum Likelihood-Verfahren.[1211] Hierbei handelt es sich um eine Verallgemeinerung der Methode der kleinsten quadrierten Abweichungen, welche besonders im hier gegenständlichen Fall von non-linearen Regressionen zusätzliche Erkenntnisse ermöglicht.[1212]

Entgegen seiner eigentlichen Intention stellt sich das originäre Zinsstrukturmodell von *Nelson / Siegel* in der empirischen Anwendung als überparametrisiert und damit als unzureichend operationalisierbar heraus.[1213] Um das Modell zu entparametrisieren, treten in einer modifizierten Version an die Stelle ungleicher gleiche Wurzeln,[1214] sodass sich die Funktion der impliziten Terminzinssätze in der Form

---

[1207] Die allgemeine Form eines linearen Regressionsmodells lautet $Y = \beta_1 + \beta_2 \cdot X_1 + \beta_3 \cdot \ldots$
$\ldots \cdot X_2 + \beta_{k+1} \cdot X_k + \varepsilon$, wobei k die Anzahl der unabhängigen Variablen und $\varepsilon$ den Vektor stochastischer Fehlerterme beschreibt. Ein non-lineares Regressionsmodell hingegen ist dadurch gekennzeichnet, dass mindestens ein non-linearer Regressionskoeffizient in das Regressionsmodell eingeht. Dies ist vorliegend bei $\tau_1$ ebenso wie bei $\tau_2$ der Fall, indem diese Bestandteil der exponentiellen Regressoren $exp\left(-\frac{m}{\tau_1}\right)$ und $exp\left(-\frac{m}{\tau_2}\right)$ sind. Vgl. hierzu Schröder, M. (Hrsg.), Finanzmarkt-Ökonometrie, 2012, S. 30 – 31. Unter bestimmten Voraussetzungen lassen sich non-lineare in lineare Regressionsmodelle transformieren. Vgl. hierzu Intriligator, M. D., Econometric Models, 1983, S. 187 – 190.
[1208] Vgl. Wilhelm, J. / Brüning, L., KuK 1992, S. 269; Rinne, H., Ökonometrie, 2004, S. 20 – 24.
[1209] Vgl. Auer, L. v., Ökonometrie, 2013, S. 20 – 22.
[1210] Vgl. Nelson, C. R. / Siegel, A. F., JOB 1987, S. 478.
[1211] Des Maximum-Likelihood-Verfahrens bedienen sich etwa *Chambers / Carleton / Waldman*. Vgl. hierzu Chambers, D. R. / Carleton, W. T. / Waldman, D. W., JFQA 1984, S. 241 – 245.
[1212] Vgl. Rinne, H., Ökonometrie, 2004, S. 122 – 132.
[1213] Vgl. Nelson, C. R. / Siegel, A. F., JOB 1987, S. 475.
[1214] Reelle und gleiche Wurzeln resultieren, wenn die Determinante gerade den Wert Null annimmt. Die charakteristische Gleichung der linearen homogenen Differentialgleichung lautet zwar weiterhin $\lambda^2 + a_{n-1} \cdot \lambda + a_n = 0$, doch liefert die allgemeine Lösungsformel für quadratische Gleichungen für $\lambda$ nur mehr eine Lösung, nämlich $\lambda = -\frac{a_{n-1}}{2}$. Als Lösung der Differentialgleichung folgt daher grundsätzlich nur $y(t) = e^{\lambda \cdot t}$. Es lässt sich jedoch zeigen, dass die Differentialgleichung daneben mit $y(t) = t \cdot e^{\lambda \cdot t}$ gelöst werden kann. Die allgemeine Lösung einer homogenen Differentialgleichung zweiter Ordnung mit reellen und gleichen

## Kapitel 5: Rendite der risikolosen Anlage

$$f(m; b) = \beta_0 + \beta_1 \cdot exp\left(-\frac{m}{\tau_N}\right) + \beta_2 \cdot \frac{m}{\tau_N} \cdot exp\left(-\frac{m}{\tau_N}\right) \qquad (2)$$

darstellt.

Die formale Interpretation von Beziehung (2) ist nicht eindeutig. So lässt sich Beziehung (2) einerseits als Näherung zur Lösung von Beziehung (1) ableiten, indem man diese um eine Potenzreihe erweitert. Eine alternative Interpretation besteht in einer Konstanten $\beta_0$, die zum einen um eine exponentielle Zerfallsfunktion, zum anderen um eine *Laguerre*-Funktion[1215] der Form $x^n \cdot e^{-x}$ ergänzt ist. Bei dieser Deutung kommt die exponentielle Zerfallsfunktion im zweiten Term von Beziehung (2) zum Ausdruck, bei Auffassung als *Laguerre*-Funktion im dritten Term. Daneben lässt sich $\beta_0$ als y-Achsenabschnitt interpretieren. Bei dieser Lesart besteht das modifizierte *Nelson / Siegel*-Modell also aus drei Teilen, wobei sich jeder einzelne auf eine ganz bestimmte Eigenschaft der Zinsstrukturkurve bezieht: Die Konstante $\beta_0$ stellt das langfristige Zinsniveau dar[1216], die exponentielle Zerfallsfunktion $\beta_1 \cdot exp\left(-\frac{m}{\tau_N}\right)$ modelliert den Verlauf der Kurve, die *Laguerre*-Funktion $\beta_2 \cdot \frac{m}{\tau_N} \cdot exp\left(-\frac{m}{\tau_N}\right)$ schließlich lokale Extrema, also Höcker und Mulden. $\beta_1 > 0$ indiziert einen steigenden, $\beta_1 < 0$ einen fallenden Verlauf der Kurve.[1217] Die *Laguerre*-Funktion beschränkt sich auf die Verwendung eines *Laguerre'*schen Polynoms ersten Grades.[1218] Dies ist ausreichend, um einen Höcker ($\beta_2 > 0$) oder eine Mulde ($\beta_2 < 0$) im Verlauf der Zinsstruktur modellieren zu können.[1219] Je höher der Betrag der Konstanten $\beta_2$ ist, desto ausgeprägter ist das lokale Extremum. Abbildung 28 zeigt den Zerfallspro-

---

Wurzeln lautet daher $y(t) = A_1 \cdot e^{\lambda \cdot t} + A_2 \cdot t \cdot e^{\lambda \cdot t}$. Übertragen auf die hier gegenständliche Beziehung (2) gilt entsprechend $A_1 = \beta_1, A_2 = \beta_2, \lambda = 1$ und $t = -\frac{m}{\tau_N}$.

[1215] *Laguerre*-Funktionen lassen sich hinsichtlich ihrer mathematischen Klassifizierung der Familie der Approximationsfunktionen zuordnen. Sie setzen sich aus Exponentialtermen zusammen, welche um Polynome erweitert sind. Um den zu erfassenden Zerfallsprozess zu simulieren, sind die Argumente der Exponentialterme negativ definiert. Insbesondere tritt das *Laguerre'*sche Polynom $L_n(x)$ als Faktor von $e^{-x}$ in der n-ten Ableitung der Funktion $x^n \cdot e^{-x}$ auf. Für das *Laguerre'*sche Polynom n-ten Grades gilt allgemein $L_n(x) = \sum_{k=0}^{n} \frac{(-1)^k}{k!} \cdot \binom{n}{k} \cdot x^k$. Vgl. hierzu ausführlich Laguerre, E., BSMF 1879, S. 72 – 81; Courant, R. / Hilbert, D., Methoden der mathematischen Physik, 1924, S. 77 – 79; Hurn, A. S. / Lindsay, K. A. / Pavlov, V., Yield Curves, 2005, S. 1044 – 1046.

[1216] Vgl. Deutsche Bundesbank (Hrsg.), Monthly Report, 1997, S. 65.

[1217] Vgl. Annaert, J. / Claes, A. G. / De Ceuster, M. J. u. a., IREF 2013, S. 483; Cairns, A. J. / Pritchard, D. J., BAJ 2001, S. 469 – 470.

[1218] Hinsichtlich des *Laguerre'*schen Polynoms ersten Grades sei auf Kapitel A 5 im Anhang verwiesen.

[1219] Vgl. Svensson, L. E. O., PVP 1995, Nr. 3, S. 17; Csajbók, A., Zero-Coupon Yield Curve Estimation, 1999, S. 19; Bank for International Settlements (Hrsg.), Zero-Coupon Yield Curves, 2005, S. VI.

Kapitel 5: Rendite der risikolosen Anlage

zess für den entparametrisierten Fall der impliziten Terminzinssätze. Hierbei steht die gestrichelte Linie für den Zerfall von $exp\left(-\frac{m}{\tau_N}\right)$. Der Zerfall des Faktors $\frac{m}{\tau_N} \cdot exp\left(-\frac{m}{\tau_N}\right)$ wird mit der gepunkteten Linie dargestellt. Die durchgezogene Linie demonstriert die Stabilität von $\beta_0$ in der Zeit. Der Betrachtung liegt die beispielsweise Annahme von $\tau_N = 20$ zugrunde.

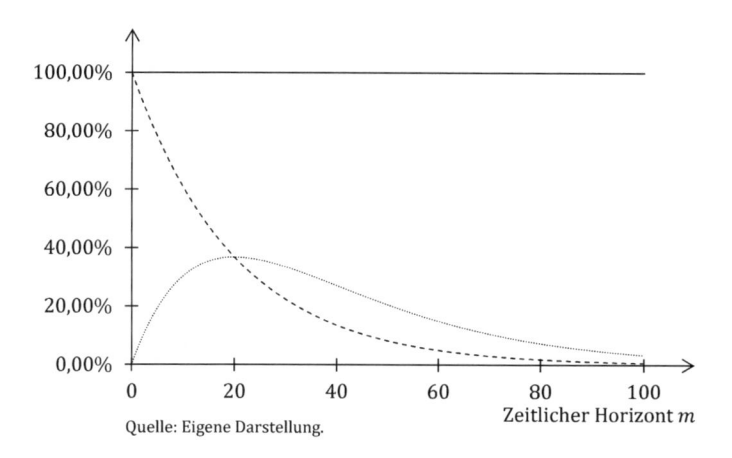

Quelle: Eigene Darstellung.

**Abbildung 28: Stabilität der Komponenten der Funktion der impliziten Terminzinssätze im Nelson / Siegel-Modell**

Die Überlegungen in 5.7.3 zeigen, dass zwischen den Kassazinssätzen und den impliziten Terminzinssätzen der Zusammenhang

$$i(m;b) = \frac{\int f(m;b)dm}{m} \tag{3}$$

besteht.[1220] Bei Anwendung auf die Funktion der impliziten Terminzinssätze nach *Nelson / Siegel* folgt für die Funktion der Kassazinssätze[1221]

$$i(m;b) = \beta_0 + \beta_1 \cdot \left[\frac{1 - exp\left(-\frac{m}{\tau_N}\right)}{\frac{m}{\tau_N}}\right] + \ldots$$

---

[1220] Vgl. Deacon, M. / Derry, A., Term Structure, 1994, S. 15; Dahlquist, M. / Svensson, L. E. O., SJE 1996, S. 168 – 169; Fabozzi, F. J. / Martellini, L. / Priaulet, P., JFI 2005, Nr. 6, S. 41 – 42.
[1221] Die Herleitung ist in A 6.2 im Anhang dargestellt.

Kapitel 5: Rendite der risikolosen Anlage

$$... + \beta_2 \cdot \left\{ \left[ \frac{1 - exp\left(-\frac{m}{\tau_N}\right)}{\frac{m}{\tau_N}} \right] - exp\left(-\frac{m}{\tau_N}\right) \right\} \quad (4)$$

Aus Beziehung (3), insbesondere der Integration der Funktion der impliziten Terminzinssätze $f(m; b)$, folgt unmittelbar, dass die aus der Funktion $i(m; b)$ resultierenden Kassazinssätze stetiger Natur sind.[1222] Abbildung 29 zeigt den Verlauf der degressiven Zerfallsfunktionen. Hierbei steht die gestrichelte Linie für den Verlauf von $\left[ \frac{1 - exp\left(-\frac{m}{\tau_N}\right)}{\frac{m}{\tau_N}} \right]$. Der Verlauf von $\left\{ \left[ \frac{1 - exp\left(-\frac{m}{\tau_N}\right)}{\frac{m}{\tau_N}} \right] - exp\left(-\frac{m}{\tau_N}\right) \right\}$ wird in Gestalt der gestrichelten Linie gezeigt. $\beta_0$, symbolisiert durch die durchgezogene Linie, erweist sich auch hier als stabil in der Zeit. Das Beispiel wurde weiterhin für den Fall $\tau_N = 20$ entwickelt.

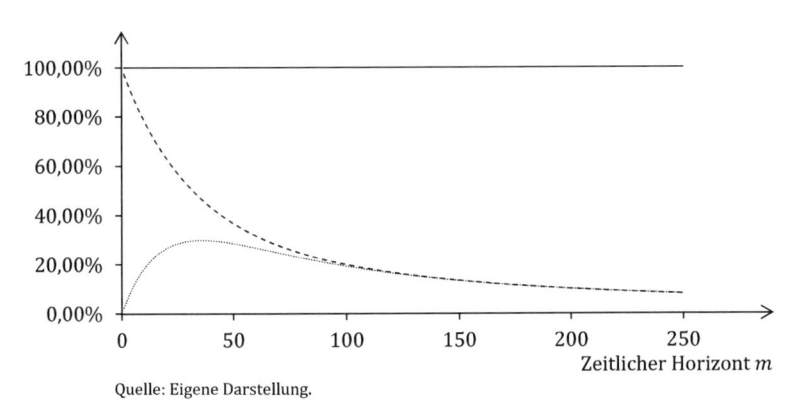

Quelle: Eigene Darstellung.

**Abbildung 29: Stabilität der Komponenten der Funktion der Kassazinssätze im Nelson / Siegel-Modell**

---

[1222] Vgl. Afonso, A. / Martins, M. M., Sovereign Yield Curve, 2010, S. 15 – 17.

308

## 5.7.5 Modell von Svensson (1994)

In Zeiten hoher Marktvolatilität kann die nach dem *Nelson / Siegel*-Modell ermittelte Zinsstrukturkurve insbesondere im Bereich kurzer Restlaufzeiten sehr komplexe Verläufe annehmen. Dies nimmt *Svensson* zum Anlass, den von *Nelson / Siegel* formulierten funktionalen Zusammenhang hinsichtlich der impliziten Terminzinssätze zu erweitern, indem er mit $\beta_3 \cdot \frac{m}{\tau_2} \cdot exp\left(-\frac{m}{\tau_2}\right)$ einen dritten Exponentialterm mit den zusätzlichen Parametern $\beta_3$ und $\tau_2$ einführt.[1223] An die Stelle des bisherigen Parameters $\tau$ tritt korrespondierend $\tau_1$. Dieser erlaubt, wenn auch auf Kosten eines höheren Parametrisierungsgrades,[1224] zum einen eine weitere Erhöhung der Flexibilität des Zinsstrukturmodells, zum anderen eine Verbesserung der Modellierungsqualität im Hinblick auf die Ausprägung der lokalen Extrema. Konkret ermöglicht der von *Svensson* eingeführte dritte Exponentialterm die Betrachtung eines zusätzlichen Höckers respektive einer zusätzlichen Mulde.[1225] Denn der dritte Exponentialterm markiert einen weiteren Wendepunkt der zu modellierenden Renditestruktur.[1226] Unter Hinweis auf Beziehung (1) in 5.7.4 gilt für die Funktion der impliziten Terminzinssätze $f(m; b)$ somit modifiziert

$$f(m; b) = \beta_0 + \beta_1 \cdot exp\left(-\frac{m}{\tau_1}\right) + \beta_2 \cdot \frac{m}{\tau_1} \cdot exp\left(-\frac{m}{\tau_1}\right) + \ldots$$

$$\ldots + \beta_3 \cdot \frac{m}{\tau_2} \cdot exp\left(-\frac{m}{\tau_2}\right) \quad (1)$$

mit $b = (\beta_0; \beta_1; \beta_2; \beta_3; \tau_1; \tau_2)$. Hinsichtlich der Interpretation von $\beta_3$ und $\tau_2$ gelten die Erklärungen in 5.7.4 analog. Mithin stellt $\beta_3$ einen weiteren Regressionskoeffizienten dar, dessen Einführung die Regressionsanalyse verfeinert, was sich in der Gestalt eines höheren Bestimmtheitsmaßes $R^2$, d. h. eines höheren erklärten Anteils der Variation der endogenen Variablen, artikuliert.[1227] $\beta_3$ ist regulär ebenfalls negativ. Die Zeitkonstante $\tau_2$ definiert korrespondierend die Zerfallsrate des Regressors $exp\left(-\frac{m}{\tau_2}\right)$. Abbildung 30 veranschaulicht den Verlauf der degressiven Zerfallsfunktionen. Die gleichmäßig gestrichelte Linie zeigt den Verlauf von $exp\left(-\frac{m}{\tau_1}\right)$. Die gepunktete

---

[1223] Vgl. Anderson, N. / Breedon, F. / Deacon, M. u. a., Yield Curve, 1996, S. 41; Csajbók, A., Zero-Coupon Yield Curve Estimation, 1999, S. 19.
[1224] Vgl. Deutsche Bundesbank (Hrsg.), Monthly Report, 1997, S. 64; Virmani, V., Term Structure Models, 2006, S. 6.
[1225] Vgl. Schich, S. T., Zinsstrukturkurve, 1996, S. 17.
[1226] Vgl. Obermaier, R., Basiszinssatz, 2005, S. 10.
[1227] Vgl. für ein ähnliches Vorgehen z. B. Carleton, W. T. / Cooper, I. A., JOF 1976, S. 1076.

Kapitel 5: Rendite der risikolosen Anlage

Linie demonstriert den Verlauf von $\frac{m}{\tau_1} \cdot exp\left(-\frac{m}{\tau_1}\right)$, die ungleichmäßig gestrichelte Linie entsprechend von $\frac{m}{\tau_2} \cdot exp\left(-\frac{m}{\tau_2}\right)$. Die durchgezogene Linie verdeutlicht die Stabilität von $\beta_0$. Für Zwecke der Darstellung wurde die Annahme $\tau_1 = 20$ bzw. $\tau_2 = 40$ getroffen.

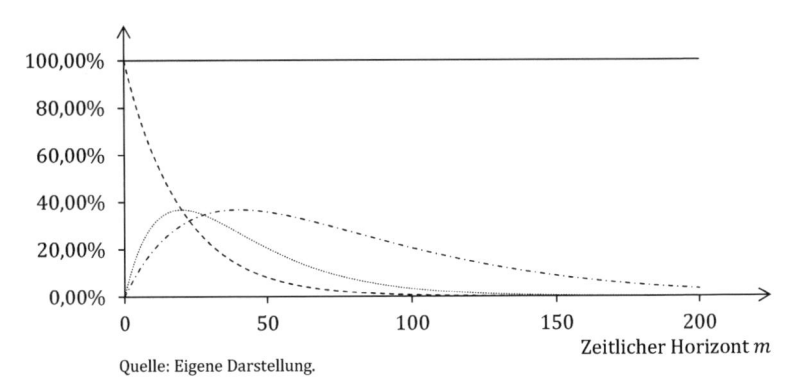

Quelle: Eigene Darstellung.

**Abbildung 30: Stabilität der Komponenten der Funktion der impliziten Terminzinssätze im Nelson / Siegel / Svensson-Modell**

Die optische Ähnlichkeit der Beziehungen (1) in 5.7.4 und (1) vermag nicht darüber hinwegzutäuschen, dass der dritte Exponentialterm nicht etwa, wie eigentlich zu erwarten wäre, die Lösung einer Differentialgleichung dritter Ordnung ist. Vielmehr zeigt der Vergleich mit dem ersten und dem zweiten Exponentialterm, dass es sich hierbei allenfalls um eine heuristische Ergänzung der von Nelson / Siegel formulierten Differentialgleichung handelt, deren Gestalt ihrem Zweck entsprechend unverkennbar Anleihen in den formalen Eigenschaften des zweiten Exponentialterms nimmt.[1228]

Nachdem die Funktion $f(m; b)$ über den gesamten definierten Wertebereich von $m$ stetig differenzierbar ist, beschränkt sich die Untersuchung der Grenzwerte auf die beiden Standardfälle $\lim_{m \to 0} f(m; b)$ und $\lim_{m \to +\infty} f(m; b)$. Als Ergebnisse der Grenzwertbetrachtung folgen[1229]

$$\lim_{m \to 0} f(m; b) = \beta_0 + \beta_1 \qquad (2)$$

sowie

$$\lim_{m \to +\infty} f(m; b) = \beta_0 \qquad (3)$$

---

[1228] *Svensson* selbst begründet die Wahl der formalen Ausgestaltung des dritten Exponentialterms nicht näher. Vgl. hierzu Svensson, L. E. O., Forward Interest Rates, 1994, S. 6.
[1229] Eine ausführliche Darstellung findet sich in A 7.2 im Anhang.

Kapitel 5: Rendite der risikolosen Anlage

Durch Anwendung von Beziehung (3) in 5.7.4 auf die modifizierte Funktion der impliziten Terminzinssätze nach Beziehung (1) findet *Svensson* für die Funktion der Kassazinssätze $i(m;b)$ den Zusammenhang

$$i(m;b) = \beta_0 + \beta_1 \cdot \left[\frac{1 - \exp\left(-\frac{m}{\tau_1}\right)}{\frac{m}{\tau_1}}\right] + \ldots$$

$$\ldots + \beta_2 \cdot \left[\frac{1 - \exp\left(-\frac{m}{\tau_1}\right)}{\frac{m}{\tau_1}} - \exp\left(-\frac{m}{\tau_1}\right)\right] + \ldots$$

$$\ldots + \beta_3 \cdot \left[\frac{1 - \exp\left(-\frac{m}{\tau_2}\right)}{\frac{m}{\tau_2}} - \exp\left(-\frac{m}{\tau_2}\right)\right] \tag{4}$$

Abbildung 31 zeigt den Verlauf der degressiven Zerfallsfunktionen.

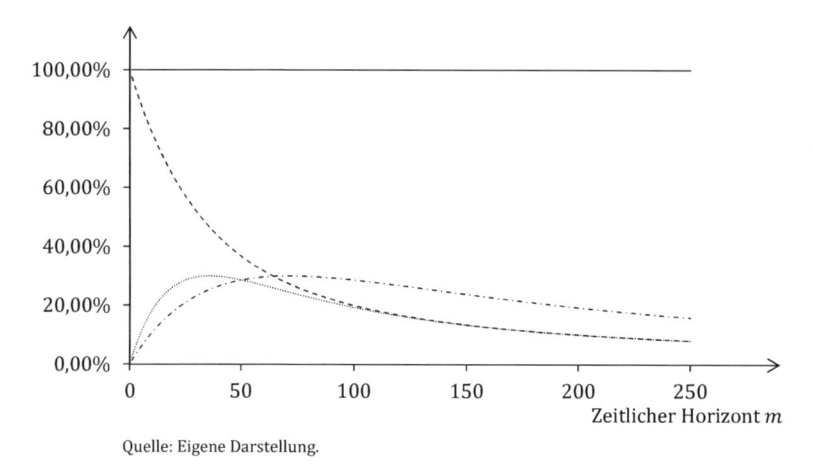

Quelle: Eigene Darstellung.

**Abbildung 31: Stabilität der Komponenten der Funktion der Kassazinssätze im Nelson / Siegel / Svensson-Modell**

Die gleichmäßig gestrichelte Linie steht für den Verlauf von $\left[\frac{1-\exp\left(-\frac{m}{\tau_1}\right)}{\frac{m}{\tau_1}}\right]$, die gepunktete Linie für den Verlauf von $\left[\frac{1-\exp\left(-\frac{m}{\tau_1}\right)}{\frac{m}{\tau_1}} - \exp\left(-\frac{m}{\tau_1}\right)\right]$ und die ungleichmäßig gestrichelte Linie für den Verlauf von $\left[\frac{1-\exp\left(-\frac{m}{\tau_2}\right)}{\frac{m}{\tau_2}} - \exp\left(-\frac{m}{\tau_2}\right)\right]$

bei Veränderung des zeitlichen Horizonts $m$. Der waagrechte Verlauf der durchgezogenen Linie signalisiert die Stabilität von $\beta_0$. Die Betrachtung wurde weiterhin für $\tau_1 = 20$ und $\tau_2 = 40$ entwickelt.

Die Diskontierungsfaktoren $q_m$ stellen sich dementsprechend in der Form

$$q_m = e^{-i(m;b) \cdot m} \tag{5}$$

dar. Für die Grenzwerte der Funktion der Kassazinssätze gilt analog zu der Grenzwertbetrachtung der impliziten Terminzinssätze[1230]

$$\lim_{m \to 0} i(m;b) = \beta_0 + \beta_1 \tag{6}$$

und

$$\lim_{m \to +\infty} i(m;b) = \beta_0 \tag{7}$$

Hierbei lässt sich $\beta_0 + \beta_1$ als sehr kurzfristiger Kassazinssatz, etwa als Tagesgeldzinssatz,[1231] $\beta_0$ hingegen als derjenige Kassazinssatz interpretieren, welchem modellkonform eine unendlich laufende Kuponanleihe zugrunde liegt.[1232] In gleicher Weise wie das *Nelson / Siegel*-Modell generiert die Funktion $i(m;b)$ in der Erweiterung von *Svensson* stetige Kassazinssätze. Bei der Kapitalisierungsgröße hingegen handelt es sich um diskrete, äquidistante Zahlungen, welche in den Perioden des Investitionszeitraums nachschüssig anfallen. Der allgemeine Zusammenhang

$$r_d = e^{r_s} - 1 \tag{8}$$

erlaubt, die vom Modell ermittelten stetigen in diskrete Kassazinssätze umzurechnen.[1233]

---

[1230] A 7.3 im Anhang des Anhangs zeigt die Untersuchung der Grenzwerte.
[1231] Vgl. Csajbók, A., Zero-Coupon Yield Curve Estimation, 1999, S. 19.
[1232] Vgl. Svensson, L. E. O., PVP 1995, Nr. 3, S. 17 – 18; Deutsche Bundesbank (Hrsg.), Monthly Report, 1997, S. 65; Bank for International Settlements (Hrsg.), Zero-Coupon Yield Curves, 2005, S. VII – VIII; Diebold, F. X. / Li, C., JOE 2006, S. 339 – 344.
[1233] Vgl. Cooper, I. A., JFQA 1977, S. 706 – 707; Lassak, G., Bewertung festverzinslicher Wertpapiere, 1992, S. 47; zur Frage der Arbitragefreiheit des Modells von *Nelson / Siegel / Svensson* Coroneo, L. / Nyholm, K. / Vidova-Koleva, R., JEF 2011, S. 395 – 405.

## 5.7.6 Bewertungspraktische Aspekte
### 5.7.6.1 Indirekte Ermittlung der Zinsstruktur

Für die Schätzung der impliziten Terminzinssätze bedarf es einer rekursiven Anpassung der Regressionsparameter, bis die Abweichung zwischen empirisch beobachtbarem und theoretisch gerechtfertigtem Preis über alle betrachteten Kuponanleihen hinweg, mithin der Modellierungsfehler RMSE, ein globales Minimum annimmt.[1234] Eine Alternative besteht im Vergleich der Effektivzinssätze. Theoretisch führen beide Vorgehensweisen zu demselben Ergebnis, nämlich den im Vektor $b = (\beta_0; \beta_1; \beta_2; \beta_3; \tau_1; \tau_2)$ zum Ausdruck kommenden global optimalen Regressionsparametern. Tatsächlich jedoch zeigen insbesondere die Preise kurzlaufender Kuponanleihen eine verhältnismäßig große Stabilität gegenüber Änderungen des allgemeinen Zinsumfelds.[1235] Daher sind auf der Grundlage eines Vergleichs zwischen empirisch beobachtbarem und theoretisch gerechtfertigtem Preis der Anleihen keine unverzerrten Aussagen über das globale Minimum der kleinsten quadrierten Abweichungen respektive des Maximum Likelihood-Schätzers zu erwarten.[1236] Ein weiterer Grund für die Überlegenheit des Vergleichs anhand des empirisch beobachtbaren und theoretisch gerechtfertigten Effektivzinssatzes ist pragmatisch darin zu sehen, dass der Kapitalmarkt die Attraktivität von Anleihen üblicherweise nicht anhand ihres tatsächlichen Preises, sondern anhand ihrer Effektivverzinsung beurteilt.[1237]

Unabhängig von der Art der Ermittlung der Regressionsparameter erlaubt deren Kenntnis, in einem ersten Schritt einen funktionalen Zusammenhang zwischen dem Anlagehorizont $m$ und der Höhe des impliziten Terminzinssatzes $f(m; b)$ zu formulieren. Wie gezeigt wurde, lassen sich hierauf aufbauend in einem zweiten Schritt die korrespondierenden Kassazinssätze $i(m; b)$ ableiten. Ohne Belang ist dabei, ob auf dem Kapitalmarkt tatsächlich Kuponanleihen mit der jeweiligen Restlaufzeit umgehen. Vielmehr ermöglicht das parametrische Zinsstrukturmodell von *Nelson / Siegel / Svensson*, die Kassazinssätze für beliebige Restlaufzeiten zu ermitteln, auf diese Weise die Zinsstrukturkurve zu modellieren und hierbei die in praxi bestehenden Lücken im Laufzeitspektrum ökonometrisch mithilfe von Interpolationen zu schließen. Je nachdem ob sich diese am langen oder am kurzen Ende der

---

[1234] Dieses Vorgehen wurde wesentlich von *McCulloch* geprägt. Vgl. hierzu McCulloch, J. H., JOB 1971, S. 21.
[1235] Vgl. Deutsche Bundesbank (Hrsg.), Monthly Report, 1997, S. 65.
[1236] Vgl. Reese, R. / Wiese, J., Unternehmensbewertung, 2006, S. 9.
[1237] Während *Nelson / Siegel* der Methode der kleinsten quadrierten Abweichungen den Vorzug geben, favorisiert *Svensson* deren allgemeinere Form, das Maximum Likelihood-Schätzverfahren. Vgl. hierzu Nelson, C. R. / Siegel, A. F., JOB 1987, S. 478; Svensson, L. E. O., Forward Interest Rates, 1994, S. 7.

Zinsstruktur befinden, vermag das skizzierte Vorgehen angesichts der regelmäßig logarithmischen Gestalt der Zinsstruktur deren tatsächlichen Verlauf mehr oder weniger zutreffend zu approximieren.[1238] Über die Güte der Approximation gibt das Bestimmtheitsmaß $R^2$ Auskunft. Realiter bestehen am langen Ende der Zinsstruktur Lücken im Laufzeitenspektrum.

### 5.7.6.2 Direkte Ermittlung der Zinsstruktur

#### 5.7.6.2.1 Vorbemerkung

Wenngleich an dieser Stelle nochmals betont sei, dass insbesondere unter dem Gesichtspunkt des Parametrisierungsgrades und der Anpassungsfähigkeit an die Datenverfügbarkeiten des zu beurteilenden Einzelfalls das Modell von *Nelson / Siegel / Svensson* der Vielzahl der weiteren Ansätze zur Formalisierung der Zinsstruktur überlegen ist,[1239] so geben die bisherigen Erörterungen allen Grund zu der Annahme, dass selbst diesem der Nachteil hoher formaler Komplexität bei gleichzeitig nicht unerheblichem Aufwand inhäriert. Überdies steht der praktische Anwender des *Nelson / Siegel / Svensson*-Modells vor dem Problem einer mitunter unzureichenden Datenverfügbarkeit. Allerdings relativiert sich dieses im Hoheitsbereich der Deutschen Bundesbank respektive der Europäischen Zentralbank (EZB).[1240] Die Deutsche Bundesbank und die EZB schätzen die Regressionsparameter voneinander unabhängig sowohl auf Monats- als auch auf Tagesbasis und stellen ihre Ergebnisse in historischen Zeitreihen der interessierten Öffentlichkeit zur Verfügung.[1241] Die Schätzung der Zinsstrukturkurve baut auf Kuponanleihen auf, deren Restlaufzeit bezogen auf Deutschland im Moment auf 30 Jahre begrenzt ist. Dies jedoch limitiert in gleicher Weise das Laufzeitenspektrum der mithilfe des *Nelson / Siegel / Svensson*-Modells ermittelten Kassazinssätze, sodass sich unabhängig davon, ob die Parameter von der Deutschen Bundesbank oder von der EZB stammen, weiterhin die Frage stellt, welche Annahmen für die Anschlussverzinsung über diesen zeitlichen Horizont hinaus zu treffen sind. Neben diesen Gemeinsamkeiten bestehen dennoch auch Unterschiede, vor allen Dingen was die der Regression zugrundeliegende Datenbasis sowie den formalen Aussagehalt der so ermittelten Parameter angeht. Diese seien im Folgenden einander gegenübergestellt.

---

[1238] Vgl. hierzu Deutsche Bundesbank (Hrsg.), Monthly Report, 1997, S. 64.
[1239] Vgl. Friedman, M., SJE 1977, S. 411.
[1240] In gleicher Weise gilt dies für den Geltungsbereich des US-amerikanischen Federal Reserve System (FED).
[1241] Vgl. Deutsche Bundesbank, Parameter börsennotierter Bundeswertpapiere (11. Januar 2016); Deutsche Bundesbank, Parameter Pfandbriefe (11. Januar 2016); European Central Bank, Euro Area Yield Curve (11. Januar 2016); European Central Bank (Hrsg.), Monthly Bulletin, 2008, S. 98.

### 5.7.6.2.2 Verwendung der Regressionsparameter der Deutschen Bundesbank

Die Schätzungen der Deutschen Bundesbank nehmen ihren Ausgangspunkt in den Kursen von börsennotierten Bundeswertpapieren mit einer Restlaufzeit von mindestens sechs Monaten.[1242] Alternativ stützt sich die Untersuchung auf Hypotheken- und öffentliche Pfandbriefe mit einer Restlaufzeit von mindestens einem Jahr.[1243] Unbeachtlich sind hierbei Anleihen, welche der Finanzierung von Sondervermögen dienen, nachdem diese eine im Vergleich zu klassischen Bundeswertpapieren geringfügig reduzierte Bonität aufweisen. Ebenfalls außer Ansatz, allerdings nicht so sehr aus Gründen einer abweichenden Bonität als vielmehr aus Gründen divergierender Preisfeststellungen an der Börse, bleiben Wertpapiere mit besonderen Ausstattungsmerkmalen, etwa Wandel- oder Optionsanleihen.[1244]

### 5.7.6.2.3 Verwendung der Regressionsparameter der Europäischen Zentralbank (EZB)

In Bezug auf die Restlaufzeit der Kuponanleihen stellt die EZB mit drei Monaten ähnliche Mindestanforderungen wie die Deutsche Bundesbank. Die übrigen Auswahlkriterien jedoch gestalten sich restriktiver, indem die EZB für Zwecke der Schätzung der Zinsstrukturkurve ausschließlich festverzinsliche Kuponanleihen sowie Nullkuponanleihen inklusive gestrippter Kuponanleihen in Betracht zieht, welche bestimmten Kriterien genügen. Insbesondere muss es sich hierbei um in Euro denominierte Anleihen endlicher Laufzeit von Mitgliedsstaaten des Euroraums handeln, deren quotiertes Gesamtvolumen jeweils fünf Milliarden Euro übersteigt. Ferner müssen die einbezogenen Anleihen einen hinreichenden Grad an Liquidität aufweisen. Diese Eigenschaft ist nach Ansicht der EZB einer Anleihe dann zuzuschreiben, wenn die Geld-Brief-Spanne bezogen auf die Schlusskurse eines Handelstages nicht mehr als drei Basispunkte beträgt. Die Einbeziehung von Restlaufzeiten von bis zu 30 Jahren soll zudem die Tiefe des Wertpapiermarkts angemessen widerspiegeln. Unberücksichtigt hingegen bleiben auch hier Kuponanleihen mit besonderen Ausstattungsmerkmalen. Dasselbe gilt für variabel verzinsliche und inflationsindexierte Anleihen[1245] oder solche, deren Renditen ausgeprägten Schwankungen unterliegen. Maßstab ist hierbei die zweifache Standardabweichung der Rendite des Portfolios aller Wertpapiere derselben Restlaufzeit.[1246] Im wesentlichen Unterschied zur Deutschen

---

[1242] Vgl. Deutsche Bundesbank, Zinsstrukturkurve für börsennotierte Bundeswertpapiere (11. Januar 2016).
[1243] Vgl. Deutsche Bundesbank, Zinsstrukturkurve für Pfandbriefe (11. Januar 2016).
[1244] Vgl. Schich, S. T., Zinsstrukturkurve, 1997, S. 21 – 23.
[1245] Vgl. hierzu Zantow, R. / Dinauer, J., Finanzwirtschaft, 2011, S. 234.
[1246] Vgl. eingehend European Central Bank (Hrsg.), ECB Monthly Bulletin, 2008, S. 95 – 103.

Bundesbank differenziert die EZB die Schätzung der Zinsstrukturkurve weiterhin danach, ob der Betrachtung alle in Frage kommenden Wertpapiere jeder Bonität oder ausschließlich jene mit einem AAA-Rating zugrunde liegen.[1247]

#### 5.7.6.2.4 Würdigung

Der direkte Zugriff auf die Zinsstrukturdaten macht eine aufwendige und zudem latent fehleranfällige[1248] eigenhändige Ermittlung der Regressionsparameter obsolet. Gleichwohl ist bei deren Verwendung Aufmerksamkeit geboten und auf deren Provenienz zu achten. Mag sich dies allein schon angesichts des offensichtlich nicht vollkommen übereinstimmenden Maßstabs empfehlen, welchen die Deutsche Bundesbank und die EZB bei der Wahl der Kriterien anlegen, so gilt dies umso mehr in Anbetracht der Tatsache, dass sich die Deutsche Bundesbank einer vom originären *Nelson / Siegel / Svensson*-Modell abweichenden Berechnung bedient, welche unmittelbar diskrete Kassazinssätze zum Ergebnis hat.[1249] Konkret besteht die Modifikation darin, dass die Deutsche Bundesbank den theoretischen Preis der Kuponanleihen unter Zugrundelegung der diskreten Verzinsung ermittelt, sodass Beziehung (4) in 5.7.3 im Kontext der Deutschen Bundesbank entsprechend

$$\hat{P}_u(0;t) = \sum_{t=0}^{T} \frac{C_{u,t}}{[1+\hat{\imath}(0;t)]^t} + \frac{100,00}{[1+\hat{\imath}(0;T)]^T} \quad (1)$$

lautet.[1250] Dies bestätigt die Deutsche Bundesbank auf Anfrage. Das insofern modifizierte Modell generiert somit auf direktem Wege diskrete Kassazinssätze, sodass sich die zweckgebotene Transformation von stetigen in diskrete Kassazinssätze erübrigt.[1251] Demgegenüber führt die Verwendung der EZB-Daten zunächst zu stetigen Kassazinssätzen. Die üblicherweise erfor-

---

[1247] Vgl. European Central Bank, Technical Notes (11. Januar 2016); zu den verschiedenen Rating-Klassen Everling, O. / Heinke, V. G., Rating, 2001, Sp. 1758.
[1248] Vgl. Bassemir, M. / Gebhardt, G. / Leyh, S., ZfbF 2012, S. 660.
[1249] Vgl. Reese, R. / Wiese, J., ZBB 2007, S. 42; Wehmeier, W., Stbg 2008, S. 31, dort insbesondere auch Fn. 33; Wollny, C., Unternehmenswert, 2013, S. 326 – 327.
[1250] Vgl. Svensson, L. E. O., Forward Interest Rates, 1994, S. 3; Schich, S. T., Zinsstrukturkurve, 1997, S. 4, S. 18, S. 30.
[1251] Vgl. Wiese, J. / Gampenrieder, P., DST 2007, S. 445; so aber Obermaier, R., Basiszinssatz, 2005, S. 12; Jonas, M. / Wieland-Blöse, H. / Schiffarth, S., FB 2005, S. 648, welche nicht nach der Herkunft der Daten differenzieren. Wohl einem Missverständnis erliegen *Schmusch / Laas*, welche sich für eine Umrechnung der vom *Nelson / Siegel / Svensson*-Modell generierten Kassazinssätzen selbst bei Verwendung von Bundesbankdaten aussprechen. Vgl. hierzu Schmusch, M. / Laas, T., WPg 2006, S. 1055; ebenso Obermaier, R., FB 2006, S. 474, welcher seine Auffassung später jedoch revidiert. Vgl. hierzu Obermaier, R., FB 2008, S. 496.

## Kapitel 5: Rendite der risikolosen Anlage

derliche Umrechnung von stetigen in diskrete Kassazinssätze ist in diesem Falle obligatorisch.[1252] Erstaunlicherweise zeigen die Zinsstrukturkurven der Deutschen Bundesbank respektive der EZB bemerkenswerte Diskrepanzen, indem die Kassazinssätze der EZB zum Teil jene der Deutschen Bundesbank übersteigen. Dies überrascht umso mehr, nachdem sich ein derartiges Bild nicht nur dann ergibt, wenn der Zinsstrukturkurve alle in Frage kommenden Wertpapiere zugrunde liegen, in welchem Fall dies freilich zu erwarten wäre. Vielmehr gilt dies auch dann, wenn sich die Betrachtung auf die AAA- respektive allgemein die bestgerateten Anleihen der Mitgliedsstaaten des Euroraums beschränkt. Als mögliche Erklärung nennt die Literatur zum einen eine unterschiedliche Liquidität der Wertpapiere, zum anderen marginal divergierende Bonitätsrisiken innerhalb derselben Bonitätsklasse. Wenngleich das Rating von Schuldnern zwar ordinal skaliert ist, weist der Kapitalmarkt diesem dennoch praktisch metrische Werte zu, indem sich bestehende Bewertungsunterschiede gleich welchen Umfangs in den Wertpapierkursen widerspiegeln. Derartige Risikoprämien seien mit dem Prinzip des risikolosen Zinssatzes nicht vereinbar.[1253]

Dieser Auffassung ist nur bedingt zu folgen. In der Tat beruht das Konzept des risikolosen Zinssatzes auf den Anleihen desjenigen Schuldners, welcher das geringste Ausfallrisiko birgt. Allein kann es auf dem Kapitalmarkt nur einen, nicht aber mehrere beste Schuldner geben. Bei den Emittenten von AAA-gerateten Anleihen von Mitgliedsstaaten des Euroraums handelt es sich momentan um Deutschland, Luxemburg und die Niederlande, wobei Fitch, Moody´s und Standard & Poor´s bis vor kurzem den Ausblick Deutschlands und Luxemburgs nicht gleichermaßen positiv beurteilt haben. Vielmehr wurde der Ausblick zumindest von einem dieser Institute negativ eingeschätzt. Offensichtlich bestehen also innerhalb der AAA-Rating-Klasse tatsächlich Bonitätsunterschiede, sodass der dahingehende Einwand des Schrifttums berechtigt ist.[1254] Auch die Vorbehalte gegenüber unzureichend liquiden Anleihen haben durchaus ihre Berechtigung. Allerdings ist der Grund hierfür nicht so sehr in dem Konzept des risikolosen Zinssatzes als vielmehr in den Annahmen der arbitragetheoretischen Operationalisierung zu su-

---

[1252] Vgl. so z. B. Wiese, J. / Gampenrieder, P., BB 2008, S. 1724; Baetge, J. / Niemeyer, K. / Kümmel, J. u. a., DCF-Verfahren, 2015, S. 380; zur Umrechnung von stetigen in diskrete Kassazinssätze z. B. Lassak, G., Bewertung festverzinslicher Wertpapiere, 1992, S. 47.
[1253] Vgl. Ruiz de Vargas, S. / Zollner, T., BP 2010, Nr. 2, S. 2; Baetge, J. / Niemeyer, K. / Kümmel, J. u. a., DCF-Verfahren, 2015, S. 380.
[1254] Vgl. Herausgebergemeinschaft Wertpapier-Mitteilungen, Keppler, Lehmann GmbH & Co. KG, Länder-Ratings (11. Januar 2016). Von den Implikationen der Reputation als besonders ausfallsicherer Schuldner, welche oftmals historisch begründet ist und sich nicht zwangsläufig im Rating widerspiegelt, sei hier abstrahiert.

chen, zu denen ja gerade das Postulat von Anleihen hoher Liquidität zählt. Fraglich ist somit, ob die AAA-gerateten Anleihen, auf welchen die Zinsstrukturkurve der EZB basiert, diesem Kriterium zu genügen vermögen. Dahingehende Untersuchungen ziehen dies in Zweifel, wobei als Referenz deutsche Staatsanleihen dienen.[1255] Den Bedenken der arbitragetheoretischen Operationalisierung im Hinblick auf die Liquidität der Anleihen ist entgegenzuhalten, dass die Zinsstrukturkurve der EZB – auch perspektivisch – die Verhältnisse des gesamten Euroraums und nicht nur desjenigen Mitgliedsstaates mit dem liquidesten Kapitalmarkt widerspiegeln soll. Insofern deckt die EZB-Zinsstruktur im Vergleich zur Zinsstrukturkurve der Deutschen Bundesbank einen breiteren Markt ab.[1256] Zudem ist unter Hinweis auf die Ausführungen zum modifizierten Sitzlandprinzip nicht auszuschließen, dass die Zinsstruktur der EZB im Zuge der voranschreitenden europäischen Integration eine deutliche Aufwertung erfahren wird.

### 5.7.7 Zur Problematik der Anschlussverzinsung

#### 5.7.7.1 Vorbemerkung

Das Prinzip der Laufzeitäquivalenz macht erforderlich, dass sich die Zahlungsströme von Bewertungsobjekt und Alternativanlage auf denselben Zeitraum erstrecken und eine vergleichbare zeitliche Struktur aufweisen.[1257] Der vorliegenden Untersuchung liegt ein Bewertungsobjekt von unendlicher Fortbestehensdauer zugrunde. Demgegenüber ist das zeitliche Spektrum der zugrundeliegenden Kuponanleihen respektive der mithilfe des *Nelson / Siegel / Svensson*-Verfahrens ermittelten Kassazinssätze auf 30 Jahre limitiert. Somit stellt sich die Frage, von welcher Anschlussverzinsung jenseits dieses zeitlichen Horizonts auszugehen ist.

Als Bestandteil der Rendite der Alternativanlage ist die Anschlussverzinsung nach den Verhältnissen am Bewertungsstichtag zu bestimmen. Weitere Anforderung ist jedes Freisein von erkennbaren Niveaubrüchen im Verhältnis zu den analytisch ermittelten Kassazinssätzen der näheren ersten Phase, insbesondere jedoch zu jenem Kassazinssatz, welchem die Kuponanleihe mit der längsten Restlaufzeit zugrunde liegt. Zudem soll die Anschlussverzinsung zusammen mit den geschätzten Kassazinssätzen der näheren ersten Phase eine sukzessive abflachende Zinsstrukturkurve widerspiegeln,[1258] zumal diese langfristig einen normalen Verlauf annimmt.[1259]

---

[1255] Vgl. Favero, C. / Pagano, M. / Thadden, E.-L. v., JFQA 2010, S. 130 – 131. Die Studie beschränkt sich auf die Analyse des Bondmarkts unter anderem von Deutschland, Finnland und den Niederlanden.
[1256] Vgl. aA Bassemir, M. / Gebhardt, G. / Ruffing, P., WPg 2012, S. 885.
[1257] Vgl. Großfeld, B., Anteilsbewertung, 2002, S. 118; Ballwieser, W., Unternehmensbewertung, 2003, S. 21 – 22; Wiese, J. / Gampenrieder, P., BB 2008, S. 1724.
[1258] Vgl. Kruschwitz, L., Anschlussverzinsung, 2009, S. 24.

Die Frage nach der Bestimmung[1260] der Anschlussverzinsung wird in der Literatur kontrovers diskutiert. Im Folgenden werden die unterschiedlichen Auffassungen vorgestellt und kritisch gewürdigt.[1261] Die Darlegungen schließen mit einem konzeptionellen Vorschlag zur Lösung der Problematik.

#### 5.7.7.2 Expertenprognosen

Beim Rückgriff auf Expertenprognosen tritt an die Stelle einer formalmethodischen Bestimmung der Anschlussverzinsung die subjektive Einschätzung von Akteuren, bei welchen aufgrund ihrer Branchenzugehörigkeit oder ihres Berufsstands von einer besonderen Marktkenntnis auszugehen ist. Besondere Marktaffinität wird hierbei Banken, Versicherungen und auch Wirtschaftsprüfern unterstellt. Das Vorgehen beruht auf der Annahme, dass einige wenige Marktteilnehmer ein besseres Urteil über die zukünftige Entwicklung des Basiszinssatzes abzugeben vermögen als der Markt in seiner Gesamtheit. Genau dies jedoch können empirische Studien nicht bestätigen.[1262]

Weitere Schwachstellen liegen unmittelbar auf der Hand. Nicht nur geschieht die faktische Mischung unterschiedlicher methodischer Ansätze zum Preis eines Systembruchs. Vielmehr ist auch und insbesondere zu hinterfragen, welche Eigenschaften einen Experten ausmachen und ob für die Prognose die Meinung nur eines, mehrerer oder aber aller Experten maßgeblich ist, wobei sich hieran die weitere Frage anknüpft, wie sichergestellt werden soll, dass alle in Frage kommenden Akteure tatsächlich in den Kreis der Experten einbezogen werden. Der Einwand der Subjektivität drängt sich auf und wiegt umso schwerer, als sich dieser mit dem Konzept des objektivierten Unternehmenswerts nicht in Einklang bringen lässt. Dies gilt beson-

---

[1259] Vgl. Dybvig, P. H. / Ingersoll, J. E. / Ross, S. A., JOB 1996, S. 10.

[1260] Hinsichtlich der Terminologie im Zusammenhang mit der Anschlussverzinsung herrscht im Schrifttum Konfusion. So werden die Begriffe ‚Prognose', ‚Schätzung' und ‚Annahmen' im Prinzip synonym verwendet, wobei unklar bleibt, ob dies willentlich geschieht. Vgl. hierzu z. B. Schwetzler, B., ZfB 1996, S. 1091; Ballwieser, W., Unternehmensbewertung, 2003, S. 25; Obermaier, R., Basiszinssatz, 2005, S. 21 – 25; Schwetzler, B., WPg 2008, S. 891. Vorliegende Untersuchung kommt im Hinblick auf die Anschlussverzinsung zu einem eindeutigen Ergebnis. Aus diesem Grunde spricht der Text hier und im Weiteren von der Bestimmung der Anschlussverzinsung.

[1261] *Drukarczyk / Schüler* sowie *Obermaier* unterscheiden, eingedenk ihrer akademischen Herkunft scheinbar in Anlehnung an *Moxter*, weiter in explizite und implizite Methoden. Dieser Auffassung wird hier nicht gefolgt, nachdem *Moxter* diese Unterscheidung allein im Hinblick auf die Bilanz als Rechenschaftsinstrument trifft. Vgl. hierzu Moxter, A., Betriebswirtschaftliche Gewinnermittlung, 1982, S. 219 – 228; so aber Drukarczyk, J. / Schüler, A., Unternehmensbewertung, 2009, S. 211; Obermaier, R., Basiszinssatz, 2005, S. 21 – 25.

[1262] Vgl. z. B. Pesando, J. E., JME 1979, S. 309 – 316; Belongia, M. T., FRBSLR 1987, March, S. 9 – 14; Spiwoks, M., Aktienindexprognosen, 2004, S. 17 – 33; Drukarczyk, J. / Schüler, A., Unternehmensbewertung, 2009, S. 211.

ders für weit in der Vergangenheit liegende Bewertungsstichtage. Nach den Ergebnissen der Verhaltensökonomie steht hier zu befürchten, dass es den befragten Experten nicht gelingt, bei ihrer Urteilsfindung die zwischenzeitlichen Kapitalmarktentwicklungen gänzlich auszublenden.[1263] *Wenger* stellt sich selbst auf den Standpunkt, dass dies bisweilen gar nicht gewollt sei. Vielmehr eröffne die explizite Forderung des Wirtschaftsprüferhandbuchs 1998, für die Anschlussverzinsung auf das Urteil von Experten zurückzugreifen, dem Bewertenden die Möglichkeit, unter dem Deckmantel gutachterlicher Objektivität je nach Zinsprognose das Bewertungsergebnis in die eine oder andere Richtung zu beeinflussen.[1264]

### 5.7.7.3 Historische Durchschnittszinsen

Bezüglich der Verwendung historischer Durchschnittszinsen für Zwecke der Bestimmung der Anschlussverzinsung gilt das in 2.4.3.1.4 Gesagte prinzipiell entsprechend, sodass sich die diesbezüglichen Darlegungen im Zusammenhang mit der Anschlussverzinsung auf die Darstellung von Ergänzungen und Besonderheiten beschränken kann.

Die Vertreter der historischen Durchschnittszinsen für Zwecke der Bestimmung der Anschlussverzinsung sammeln sich überwiegend in demselben Lager wie die Gegner der marktorientierten Bestimmung des Basiszinssatzes. Das am Bewertungsstichtag herrschende Zinsniveau sei nicht repräsentativ, sondern allenfalls vorübergehend. Mittel- und vor allen Dingen langfristig sei zu erwarten, dass der Basiszinssatz, beinahe einem Naturgesetz folgend, gegen seinen langjährigen Mittelwert konvergiere. Für die Orientierung am historischen Mittelwert sprächen zudem Plausibilitätsgesichtspunkte.[1265]

Beim Rückgriff auf Vergangenheitswerte tritt an die Stelle einer echten Prognose, welche eine intensive Auseinandersetzung des Bewertenden mit den eigenen Erwartungen hinsichtlich der weiteren Entwicklung des Kapitalmarkts erforderlich macht, die bloße Hypothese, dass die Entwicklung am Kapitalmarkt bestimmten Mustern folgt. Tatsächlich jedoch lässt sich dies empirisch nicht belegen respektive machte dies unter analoger Anwendung der Grundsätze der Hypothese rationaler Erwartungen erforderlich, den betrachteten Vergangenheitszeitraum so weit wie möglich auszudehnen. Dies ändert jedoch nichts an der Tatsache, dass selbst in diesem Fall die Orientierung an Vergangenheitsdaten in eklatantem Widerspruch zum eng ausgelegten Stichtagsprinzip steht, zumal im Hinblick auf den Basiszinssatz

---

[1263] Vgl. Hardman, D., Decision Making, 2009, S. 34 – 35.
[1264] Vgl. Wenger, E., Basiszins, 2003, S. 482 – 483; hierzu IDW (Hrsg.), Wirtschaftsprüfer-Handbuch, 1998, lit. A, Tz. 276; IDW (Hrsg.), Wirtschaftsprüfer-Handbuch, 2002, lit. A, Tz. 292.
[1265] Vgl. z. B. OLG Stuttgart vom 4. Februar 2000, NZG 2000, S. 744 (S. 747).

durchaus Ansätze zur Abbildung der Verhältnisse am Bewertungsstichtag bestehen. Somit lassen sich in der Vergangenheit realisierte Renditen nicht undifferenziert in die Zukunft fortschreiben.[1266] Ein Bruch im Verlauf der Zinsstrukturkurve beim Übergang von der Phase der detailliert geschätzten Kassazinssätze in die Phase der Anschlussverzinsung ist bei der Verwendung historischer Durchschnittszinsen mehr die Regel denn die Ausnahme. Zudem missachtet die Vorgehensweise den in der Zinsstrukturkurve zum Ausdruck kommenden Marktkonsensus über die zu erwartende Rendite der risikolosen Anlagealternative. In informationstheoretischer Hinsicht erweist sich der Ansatz somit als ineffizient, indem er an sich verfügbare Marktinformationen bewusst ausblendet.[1267]

### 5.7.7.4 Zinsstrukturkurve

#### 5.7.7.4.1 Überblick

Eine weitere Möglichkeit für die Bestimmung der Anschlussverzinsung besteht in der Verwendung der Ergebnisse von Zinsstrukturmodellen, vorliegend also des *Nelson / Siegel / Svensson*-Verfahrens. Die Meinungen, welcher Kassazinssatz hierfür konkret heranzuziehen sei, gehen auseinander. Während sich der eine Teil des Schrifttums hierfür am explizit geschätzten Kassazinssatz mit der längsten Restlaufzeit orientiert, spricht sich der andere Teil für den sehr langfristigen Kassazinssatz $\beta_0$ aus, welcher nur asymptotisch erreicht werde. Eine dritte Meinung tritt für die Mittelung dieser beiden Werte ein.

#### 5.7.7.4.2 Explizit geschätzter Kassazinssatz mit der längsten verfügbaren Restlaufzeit

Die Orientierung der Anschlussverzinsung an dem mithilfe des *Nelson / Siegel / Svensson*-Verfahrens explizit geschätzten Kassazinssatz mit der längsten Restlaufzeit beruht auf der Überlegung, dass die Zinsstrukturkurve langfristig einen normalen Verlauf annimmt.[1268] Andernfalls eröffnen sich Arbitragegelegenheiten, doch lösen solche entsprechende Angebots- und Nachfrageprozesse aus und verflüchtigen sich daher auf effizienten Märkten innerhalb kurzem.[1269] Einen weiteren Erklärungsansatz bietet daneben der in 5.6.3.2.2 beschriebene Konvexitätseffekt.[1270]

---

[1266] Vgl. Wenger, E., Basiszins, 2003, S. 482 – 483.
[1267] Vgl. Zantow, R. / Dinauer, J., Finanzwirtschaft, 2011, S. 235.
[1268] Vgl. Dybvig, P. H. / Ingersoll, J. E. / Ross, S. A., JOB 1996, S. 10; Kruschwitz, L., Anschlussverzinsung, 2009, S. 24.
[1269] Vgl. Hodges, S. D. / Schaefer, S. M., JFQA 1977, S. 245; Jaschke, S. / Stehle, R. / Wernicke, S., ZfbF 2000, S. 443 – 444.
[1270] Vgl. Livingston, M. / Caks, J., JOF 1977, S. 186 – 187; Schich, S. T., Zinsstrukturkurve, 1997, S. 14; Bassemir, M. / Gebhardt, G. / Leyh, S., ZfbF 2012, S. 661.

## Kapitel 5: Rendite der risikolosen Anlage

Das Vorgehen unterstellt, dass die Zinsstrukturkurve mit Erreichen des explizit geschätzten Kassazinssatzes mit der längsten Restlaufzeit keine weitere Veränderung erfährt, mithin während der gesamten Phase der Anschlussverzinsung auf eben diesem Niveau verharrt.[1271] Tatsächlich jedoch zeichnet diese Annahme ein unzutreffendes Bild von der Realität. Zwar verläuft die Steigung der Zinsstrukturkurve in der näheren Phase der explizit geschätzten Kassazinssätze deutlich steiler als in der ferneren Phase der Anschlussverzinsung. Doch rechtfertigt dies nicht, die Steigung der Zinsstrukturkurve in der Phase der Anschlussverzinsung bewusst auszublenden, zumal dies der Annahme gleichkommt, dass die Zinsstrukturkurve jenseits des explizit geschätzten Kassazinssatzes mit der längsten Restlaufzeit abrupt abflacht. Abbildung 32 verdeutlicht die Problematik.

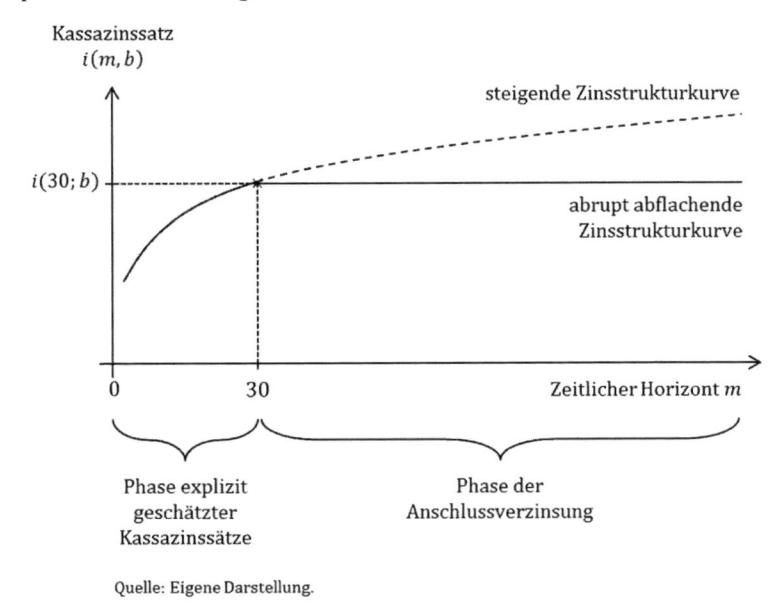

**Abbildung 32: Explizit geschätzter Kassazinssatz mit der längsten verfügbaren Restlaufzeit als Anschlussverzinsung**

Abgesehen von dem wenig relevanten und an dieser Stelle daher ausgeblendeten Fall einer flachen Zinsstrukturkurve ist somit die Annahme der

---

[1271] Vgl. grundlegend Schwetzler, B., ZfB 1996, S. 1091; Drukarczyk, J. / Schüler, A., Unternehmensbewertung, 2009, S. 213; Gebhardt, G. / Daske, H., WPg 2005, S. 654.

Kapitel 5: Rendite der risikolosen Anlage

Anschlussverzinsung auf dem Niveau des explizit geschätzten Kassazinssatzes mit der längsten Restlaufzeit als nicht zutreffend zu verwerfen.[1272]

### 5.7.7.4.3 $\beta_0$

$\beta_0$ lässt sich als derjenige Kassazinssatz auffassen, mit welchem im *Nelson / Siegel / Svensson*-Modell idealtypisch eine unendlich laufende Kuponanleihe korrespondiert.[1273] Unter der Annahme einer von Brüchen freien stetigen Zinsstrukturkurve normalen Verlaufs stellt $\beta_0$ damit die obere Begrenzung der möglichen Kassazinssätze dar. Zwar kann das *Nelson / Siegel / Svensson*-Modell für die fernere Phase der Anschlussverzinsung weder zu den Kassazinssätzen noch zur Gestalt der Zinsstrukturkurve eine konkrete Aussage treffen. Hierfür bedürfte es Kuponanleihen mit entsprechenden Restlaufzeiten. Dennoch stehen die Außengrenzen der Phase der Anschlussverzinsung mit dem explizit geschätzten Kassazinssatz mit der längsten Restlaufzeit einerseits und $\beta_0$ andererseits eindeutig fest. Ein außerhalb dieser Grenzen liegender Wert für die Anschlussverzinsung scheidet aus. Abbildung 33 verdeutlicht den Ansatz.

Quelle: Eigene Darstellung.

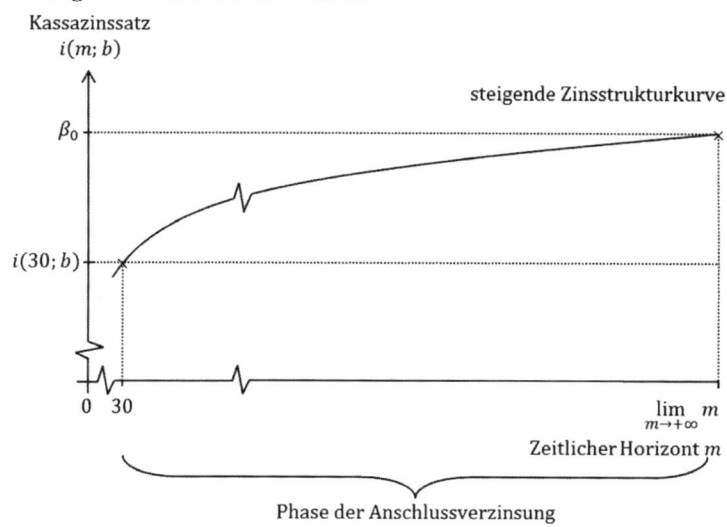

**Abbildung 33: $\beta_0$ als Anschlussverzinsung**

---

[1272] Vgl. Obermaier, R., FB 2008, S. 499.
[1273] Vgl. Svensson, L. E. O., PVP 1995, Nr. 3, S. 17 – 18; Deutsche Bundesbank (Hrsg.), Monthly Report, 1997, S. 65. Im Übrigen sei auf A 7.3 im Anhang verwiesen.

Gegen $\beta_0$ als Maß für die Anschlussverzinsung werden zwei Argumente ins Feld geführt: Zum einen komme es bei der Orientierung der Anschlussverzinsung auf dem Niveau von $\beta_0$ zu einer systematischen Überschätzung.[1274] Zum anderen lasse sich die Zinsstrukturkurve bei Zugrundelegung des *Nelson / Siegel / Svensson*-Modells nicht über den Kassazinssatz mit der längsten Restlaufzeit hinaus extrapolieren.[1275] Richtig ist zwar, dass *Nelson / Siegel* bezüglich der Extrapolierbarkeit der Zinsstrukturkurve Bedenken anmelden, wenn sie konstatieren: „What correspondence is there between the ability of a model to fit the bill yield data well and its accuracy in extrapolating beyond the sample to predict the yield on a bond? The short answer is none necessarily. A function may have the flexibility to fit data over a specific interval but may have very poor properties when extrapolated outside that interval."[1276] Doch übersieht die Literatur hierbei, dass *Nelson / Siegel* ihre Aussage expressis verbis allein auf die Konstellation beziehen, wenn die auf der Grundlage von Kuponanleihen sehr kurzer Restlaufzeiten von bis zu einem Jahr („bills") gewonnenen Regressionsparameter dazu verwendet werden, um die Zinsstrukturkurve in den darüber hinausgehenden Restlaufzeitenbereich („bonds") zu extrapolieren. In der Tat verläuft die Zinsstrukturkurve im Bereich sehr kurzer Restlaufzeiten erheblich steiler als im Bereich der übrigen Restlaufzeiten. Daher erstaunt wenig, dass *Nelson / Siegel* keinen statistischen Zusammenhang zwischen den nach dem Zinsstrukturmodell zu erwartenden und den tatsächlich beobachtbaren Effektivverzinsungen respektive Preisen der Kuponanleihen mittlerer und langer Restlaufzeiten finden können.[1277] Liegen der Regression hingegen Kuponanleihen des gesamten Restlaufzeitenspektrums, insbesondere also auch langer Restlaufzeiten, zugrunde, so betonen *Nelson / Siegel* ausdrücklich die Extrapolierbarkeit der Zinsstrukturkurve auf Basis der hierbei resultierenden Regressionsparameter: „If the model reflects the basic shape of the term structure and not just a local approximation, then we should be able to predict yields or prices at maturities beyond the range of the sample. Confirming this, we find a high correlation between the present value of a long-term bond implied by the fitted curves and the actual reported price of the bond."[1278] Der Einwand einer mangelnden Extrapolierbarkeit der Zinsstrukturkurve in den sehr langfristigen Restlaufzeitenbereich kann somit nicht überzeugen, zumal diese in der Phase der Anschlussverzinsung zunehmend abflacht.

---

[1274] Vgl. Obermaier, R., FB 2008, S. 499 – 500; Lampenius, N. / Obermaier, R. / Schüler, A., ZBB 2008, S. 247, S. 251.
[1275] Vgl. Reese, R. / Wiese, J., Unternehmensbewertung, 2006, S. 15.
[1276] Nelson, C. R. / Siegel, A. F., JOB 1987, S. 487.
[1277] Vgl. Nelson, C. R. / Siegel, A. F., JOB 1987, S. 487.
[1278] Nelson, C. R. / Siegel, A. F., JOB 1987, S. 487.

Anders verhält es sich hingegen mit dem Hinweis auf die systematische Überschätzung der Höhe der Anschlussverzinsung. So schließt sich $\beta_0$ nicht unmittelbar an den vom *Nelson / Siegel / Svensson*-Modell explizit geschätzten Kassazinssatz mit der längsten Restlaufzeit an, sondern resultiert im Gegenteil erst bei einer Restlaufzeit, welche asymptotisch gegen positiv Unendlich konvergiert.[1279] Somit handelt es sich bei $\beta_0$ um einen theoretischen Wert, welcher sich gleichsam nur asymptotisch, nicht jedoch tatsächlich einstellt. Die Orientierung an $\beta_0$ bedeutet daher, für die Anschlussverzinsung die obere Begrenzung des Spektrums der hierfür in Frage kommenden Kassazinssätze zu wählen. Dies erscheint, zumindest im hier betrachteten Fall einer normal verlaufenden Zinsstrukturkurve, durchaus plausibel.[1280] Denn das Vorgehen trägt dem asymmetrischen Verhältnis des zeitlichen Umfangs der endlichen Phase der explizit geschätzten Kassazinssätze und der unendlichen Phase der Anschlussverzinsung Rechnung. Anders mag es sich bei inversen Kurvenverläufen verhalten, die jedoch hier nicht betrachtet werden. Hier sind in der Tat alternative Zinsstrukturmodelle, welche etwa auf Polynomen oder Splines beruhen, dem Verfahren von *Nelson / Siegel / Svensson* konzeptionell überlegen. Doch wäre die Frage nach dem zu wählenden Zinsstrukturmodell grundsätzlicher Natur und nicht allein unter dem Aspekt der Anschlussverzinsung zu beantworten.[1281] Im Ergebnis können damit die wider die Verwendung von $\beta_0$ als Anschlussverzinsung vorgebrachten Argumente einer kritischen Würdigung nicht standhalten.

#### 5.7.7.4.4 Einfaches Mittel zwischen dem explizit geschätzten Kassazinssatz mit der längsten verfügbaren Restlaufzeit und $\beta_0$

Einen weiteren Ansatz für die Lösung der Problematik der Anschlussverzinsung sehen Teile der Literatur im arithmetischen Mittelwert zwischen dem explizit geschätzten Kassazinssatz mit der längsten Restlaufzeit und dem sehr langfristigen Kassazinssatz $\beta_0$.[1282] Auf diese Weise sollen die mit einer isolierten Orientierung an dem explizit geschätzten Kassazinssatz mit der längsten Restlaufzeit respektive dem sehr langfristigen Kassazinssatz $\beta_0$ assoziierten systematischen Fehler bei der Bestimmung der Anschlussverzinsung pragmatisch zum Ausgleich kommen.

Mit der Wahl des einfachen arithmetischen Mittelungsverfahrens ist implizit die Annahme verbunden, dass die Zinsstrukturkurve in der Phase der An-

---

[1279] Vgl. Lampenius, N. / Obermaier, R. / Schüler, A., ZBB 2008, S. 247, S. 251.
[1280] Vgl. Deutsche Bundesbank (Hrsg.), Monthly Report, 1997, S. 65; Jonas, M. / Wieland-Blöse, H. / Schiffarth, S., FB 2005, S. 651.
[1281] Vgl. so wohl aber Reese, R. / Wiese, J., ZBB 2007, S. 43 – 44.
[1282] Vgl. Obermaier, R., Basiszinssatz, 2005, S. 23.

schlussverzinsung linear verläuft.[1283] Abgesehen von dem hier nicht näher betrachteten Fall einer flachen Zinsstrukturkurve widerspricht dies den tatsächlichen Gegebenheiten. Die Vorgehensweise verkennt den gekrümmten Verlauf der Zinsstrukturkurve und ist daher nicht geeignet, den mit der isolierten Verwendung des explizit geschätzten Kassazinssatzes mit der längsten Restlaufzeit respektive des sehr langfristigen Kassazinssatzes $\beta_0$ in Zusammenhang gebrachten systematischen Fehler zu korrigieren, sondern allenfalls zu reduzieren. Bei normalem Verlauf der Zinsstrukturkurve kommt es tendenziell zu einer Unterschätzung der wahren Anschlussverzinsung. Zudem handelt es sich auch beim arithmetischen Mittelwert aus dem explizit geschätzten Kassazinssatz mit der längsten Restlaufzeit und dem sehr langfristigen Kassazinssatz $\beta_0$ nur um einen theoretischen Wert, welcher außerhalb der Zinsstrukturkurve liegt. Abbildung 34 veranschaulicht die Problematik.

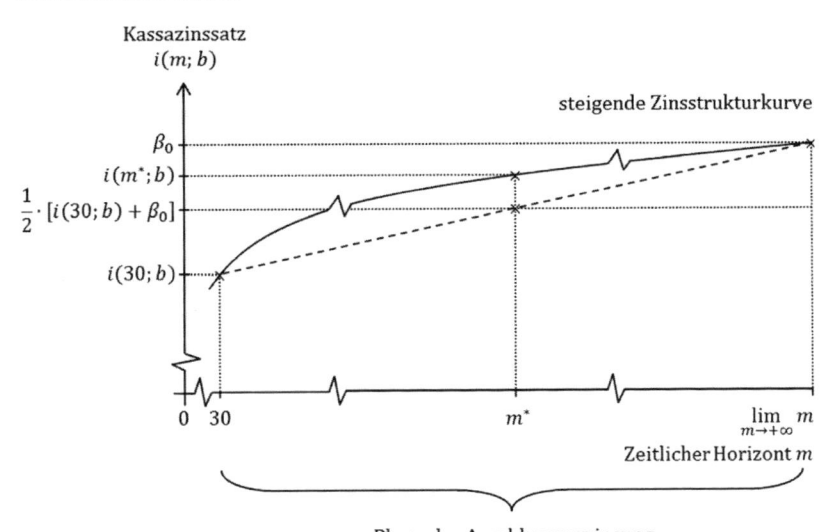

**Abbildung 34: Einfaches Mittel zwischen explizit geschätztem Kassazinssatz mit der längsten verfügbaren Restlaufzeit und $\beta_0$ als Anschlussverzinsung**

---

[1283] *Obermaier* hingegen negiert die Notwendigkeit weiterer Annahmen. Vgl. hierzu Obermaier, R., Basiszinssatz, 2005, S. 23.

## 5.7.7.5 Regressionsansatz

Der Regressionsansatz wurzelt im Zinsstrukturmodell von *Vasiček* und den von diesem angestellten Überlegungen.[1284] Bei der Regressionsmethode zur Bestimmung der Anschlussverzinsung sind zunächst die Differenzen zwischen den explizit geschätzten Kassazinssätzen zu bestimmen. Hierzu ist erforderlich, dass die Restlaufzeiten der in Beziehung gesetzten Kassazinssätze unmittelbar aufeinanderfolgen.[1285] Die so zu bildenden Differenzen formulieren die Resultante einer linearen Regressionsgleichung, sodass formal

$$i(0;t) - i(0;t-1) = a + e \cdot i(0;t-1) \tag{1}$$

gilt. Beziehung (1) lässt sich äquivalent in

$$i(0;t) = a + e \cdot i(0;t-1) + i(0;t-1) \tag{2}$$

umformen.[1286]

Anhand von Beziehung (2) wird deutlich, dass bei der Regressionsmethode der Kassazinssatz der $t$-ten Periode aufbauend auf dem Kassazinssatz der $t-1$-ten Periode geschätzt wird. Da die explizit geschätzten Kassazinssätze bekannt sind, lassen sich der Achsenabschnitt $a$ und das negativ definierte Steigungsmaß $e$ bestimmen.[1287] Im konkreten Anwendungsfall der Anschlussverzinsung dient als Ausgangspunkt für die Berechnung der Regressionsparameter der explizit geschätzte Kassazinssatz mit der längsten Restlaufzeit.[1288] Weiterhin einen normalen Verlauf der Zinsstrukturkurve unterstellt, folgt insbesondere

$$\lim_{t \to +\infty} [i(0;t) - i(0;t-1)] = 0 \tag{3}$$

respektive nach einfacher Umformung

$$\lim_{t \to +\infty} i(0;t) = -\frac{a}{e} \tag{4}$$

Als Maß für die Anschlussverzinsung resultiert bei der Regressionsmethode damit der Quotient aus den Regressionsparametern.[1289]

Die Regressionsmethode zur Bestimmung der Anschlussverzinsung kann in formaler Hinsicht nicht überzeugen. An die Stelle der funktionalen Beziehung zwischen Restlaufzeiten und Kassazinssätzen im *Nelson / Sie-*

---

[1284] Vgl. hierzu Vasiček, O., JFE 1977, S. 177 – 188, insbesondere S. 185 – 188.
[1285] Vgl. zur Regressionsmethode Obermaier, R., Basiszinssatz, 2005, S. 23 – 24; Reese, R. / Wiese, J., Unternehmensbewertung, 2006, S. 16 – 17.
[1286] Vgl. Vasiček, O., JFE 1977, S. 187; Obermaier, R., FB 2006, S. 476.
[1287] Vgl. Obermaier, R., FB 2008, S. 500.
[1288] Vgl. Reese, R. / Wiese, J., ZBB 2007, S. 44.
[1289] Vgl. Lampenius, N. / Obermaier, R. / Schüler, A., ZBB 2008, S. 247.

*gel / Svensson*-Modell tritt eine Regressionsgleichung, welche auf den Ergebnissen des *Nelson / Siegel / Svensson*-Modells aufbaut. Nachdem das *Nelson / Siegel / Svensson*-Modell seinerseits eine Regression darstellt, handelt es sich damit zum einen um eine Regression auf bereits qua Regression gewonnene Daten. In diesem Zusammenhang erstaunt, dass zum Teil dieselben Stimmen, welche dem *Nelson / Siegel / Svensson*-Modell die Fortschreibung in die Phase der Anschlussverzinsung absprechen, diesbezüglich im Hinblick auf die vorgeschlagene Regressionsmethode keinerlei Bedenken anmelden.[1290] Zum anderen lässt sich die Regressionsgleichung, insbesondere in Form von Beziehung (2) als *Ornstein / Uhlenbeck*-Prozess mit dem ihm eigenen autoregressiven Element auffassen.[1291]

Der *Ornstein / Uhlenbeck*-Prozess erlaubt, die Veränderung der Kassazinssätze im Zeitablauf zu simulieren, sohin das Zinsstrukturmodell zu dynamisieren. Als Anwendungsbeispiel für ein dynamisches Zinsstrukturmodell sei etwa jenes von *Vasiček* genannt.[1292] Beim *Nelson / Siegel / Svensson*-Modell hingegen handelt es sich um ein statisches Zinsstrukturmodell. Vor diesem Hintergrund bedeutet die Anwendung der Regressionsmethode für die Schätzung der Anschlussverzinsung einen Systembruch. In eine ähnliche Richtung zielt die Frage, ob und inwiefern sich der *Ornstein / Uhlenbeck*-Prozess mit dem CAPM vereinbaren lässt.[1293] Unabhängig hiervon besteht die Problematik, dass der Regressionsansatz nicht für beliebige Kurvenverläufe im Bereich des explizit geschätzten Kassazinssatzes mit der längsten Restlaufzeit anwendbar ist. Für valide Ergebnisse ist vielmehr erforderlich, dass sich in den in die Regression einbezogenen explizit geschätzten Kassazinssätzen ein hinreichend monotoner Verlauf der Zinsstrukturkurve widerspiegelt.

---

[1290] Vgl. Obermaier, R., FB 2008, S. 500.
[1291] Der *Ornstein / Uhlenbeck*-Prozess ist durch eine lineare stochastische Differentialgleichung gekennzeichnet. Vgl. hierzu z. B. Dixit, K. A. / Pindyck, R. S., Investment, 1994, S. 74 – 78; Albrecht, P. / Maurer, R., Risikomanagement, 2008, S. 180 – 182.
[1292] Vgl. Vasiček, O., JPE 1977, S. 177 – 188; Garber, P. M., AER 1986, S. 1020. Das Zinsstrukturmodell von *Vasiček* generiert eine homogene affine Zinsstruktur. Diese besticht durch ihre Flexibilität, indem sie in der Lage ist, nicht nur monoton steigende und monoton fallende, sondern auch höckerige Kurvenverläufe abzubilden. Problematisch hingegen erscheint, dass hier auch negative Kassazinssätze nicht ausgeschlossen sind. Hintergrund ist, dass der dem *Vasiček*-Modell zugrundeliegende *Ornstein / Uhlenbeck*-Prozess seinerseits eine Anwendung des *Gauß*-Prozesses ist. Aus diesem Grunde folgen die resultierenden Kassazinssätze einer Normalverteilung. Vgl. hierzu Albrecht, P. / Maurer, R., Risikomanagement, 2008, S. 511 – 515.
[1293] Vgl. Winkelmann, M., Aktienbewertung, 1984, S. 17; ablehnend Reese, R. / Wiese, J., Unternehmensbewertung, 2006, S. 17; bejahend Obermaier, R., FB 2008, S. 500 – 501.

Kapitel 5: Rendite der risikolosen Anlage

## 5.7.7.6 Konzeptioneller Vorschlag zur Anschlussverzinsung
### 5.7.7.6.1 Vorbemerkung

Das *Nelson / Siegel / Svensson*-Modell ist in der Lage, mithilfe einer Regression über die Datensätze der empirisch beobachtbaren Renditestrukturkurve Aussagen über die impliziten Terminzinssätze zu treffen.[1294] Auf dieser Grundlage wiederum lassen sich die laufzeitspezifischen Kassazinssätze bestimmen, welche in ihrer Gesamtheit die Zinsstruktur ausmachen.[1295] Insbesondere ist der so gewonnene Zusammenhang zwischen Restlaufzeiten und Kassazinssätzen nach den Ergebnissen von *Nelson / Siegel* im Bereich langer Restlaufzeiten extrapolierbar.[1296] Als eine der zentralen Eigenschaften der Anschlussverzinsung postuliert das Schrifttum die Freiheit von Brüchen im Vergleich zum explizit geschätzten Kassazinssatz mit der längsten Restlaufzeit. Doch bezieht sich diese Forderung ausschließlich auf das Niveau der Anschlussverzinsung. Nicht im Vordergrund hingegen steht die Methodik, anhand welcher die Anschlussverzinsung zu bestimmen ist,[1297] wovon die eingangs gewürdigten Vorschläge der Literatur beredtes Zeugnis ablegen. Dies erstaunt, zumal sich nach hier vertretener Auffassung bei Bestimmung einer methodisch korrekten Anschlussverzinsung die Frage nach deren Höhe nicht stellt, mit anderen Worten das Postulat der Freiheit von Brüchen in der Zinsstruktur im Gegenteil nicht so sehr quantitativ als vielmehr qualitativ auszulegen ist.

Grundsätzlich ließe sich die Problematik der Anschlussverzinsung umgehen, wenn es sich als möglich erweisen sollte, für jede einzelne Periode der Phase der Anschlussverzinsung den korrespondierenden Kassazinssatz zu bestimmen. Doch scheitert dieses Unterfangen – zumindest bei orthodoxer Handhabung – an dem unendlichen zeitlichen Horizont der Phase der Anschlussverzinsung. Denn mit jedem zusätzlichen extrapolierten Kassazinssatz setzte die Phase der Anschlussverzinsung nur entsprechend später ein. Wenngleich damit einhergehend der Anteil der Phase der Anschlussverzinsung am zu ermittelnden Barwert schwände, ließe sich auf diese Weise die Problematik der Anschlussverzinsung nicht lösen, sondern nur lindern. Allenfalls ließe sich das Dilemma der Anschlussverzinsung lösen, wenn es gelänge, die unendliche Menge der Kassazinssätze der Phase der Anschlussverzinsung auf einen einzigen Kassazinssatz zu komprimieren, was einer Bündelung in einem einzigen Kassazinssatz gleichkäme. Gesucht ist also

---

[1294] Vgl. Dahlquist, M. / Svensson, L. E. O., SJE 1996, S. 168 – 169; Fabozzi, F. J. / Martellini, L. / Priaulet, P., JFI 2005, Nr. 6, S. 41 – 42.
[1295] Vgl. Deacon, M. / Derry, A., Term Structure, 1994, S. 15; Csajbók, A., Zero-Coupon Yield Curve Estimation, 1999, S. 19.
[1296] Vgl. Nelson, C. R. / Siegel, A. F., JOB 1987, S. 487.
[1297] Vgl. Kruschwitz, L., Anschlussverzinsung, 2009, S. 24.

derjenige Kassazinssatz, welcher geeignet ist, die unendliche Menge der Kassazinssätze der Phase der Anschlussverzinsung zutreffend zu repräsentieren. Hierfür kommen insbesondere zwei Kassazinssätze in Betracht, zum einen der mittlere Kassazinssatz der Phase der Anschlussverzinsung, zum anderen derjenige Kassazinssatz, dessen zugehörige Nullkuponanleihe eine Duration in Höhe der durchschnittlichen Duration der Nullkuponanleihen der unendlichen Menge der Kassazinssätze der Phase der Anschlussverzinsung aufweist. Die weiteren Darlegungen widmen sich zunächst letzterem Lösungsansatz. Diesem vorangestellt, gilt es zunächst jedoch, sich einige besondere Eigenschaften von Kassazinssätzen und der damit im Zusammenhang stehenden Nullkuponanleihen zu vergegenwärtigen.

Der Kassazinssatz eines bestimmten Anlagezeitraums entspricht der Effektivverzinsung einer Nullkuponanleihe, deren Restlaufzeit mit diesem Anlagezeitraum übereinstimmt. Dementsprechend korrespondiert mit jedem Kassazinssatz entlang der Zinsstrukturkurve genau eine Nullkuponanleihe. Nullkuponanleihen zeichnen sich durch die Besonderheit aus, dass die auflaufenden Zinsen und Zinseszinsen endfällig sind. Mangels laufender Kuponzahlungen entspricht die Duration einer Nullkuponanleihe gerade ihrer Restlaufzeit. Allgemein beschreibt die Duration die Reagibilität des Kurses einer Anleihe auf Veränderungen der Rendite der korrespondierenden Alternativanlage um ein Prozent. Eine alternative Interpretationsmöglichkeit besteht in der mittleren Kapitalbindungsdauer.[1298] In vorliegendem Kontext ist die Duration mit der mittleren Kapitalbindungsdauer auszulegen. Aufgrund der Identität von Duration und Restlaufzeit stimmt die mittlere Kapitalbindungsdauer bei Nullkuponanleihen gerade mit der Restlaufzeit überein.

### 5.7.7.6.2 Duration

Gesucht ist derjenige Kassazinssatz, dessen zugrundeliegende fiktive Nullkuponanleihe eine Duration aufweist, welche der durchschnittlichen Duration der fiktiven Nullkuponanleihen entspricht, deren jeweilige Restlaufzeit in der Phase der Anschlussverzinsung endet. Da bei Nullkuponanleihen Restlaufzeit und Duration übereinstimmen, ist dies derjenige Kassazinssatz, dessen zugrundeliegende Nullkuponanleihe eine Restlaufzeit besitzt, welche der mittleren Restlaufzeit der fiktiven Nullkuponanleihen der Phase der Anschlussverzinsung entspricht. Nachdem mit jedem Kassazinssatz entlang der Zinsstrukturkurve genau eine Nullkuponanleihe korrespondiert, gehen alle Nullkuponanleihen mit derselben Gewichtung in die Durchschnittsbildung ein. Die durchschnittliche Restlaufzeit der zu einem bestimmten Abschnitt der Zinsstrukturkurve gehörenden Nullkuponanleihen, was gleich-

---

[1298] Vgl. Macaulay, F. R., Long Interest Rates, 1938, S. 44 – 53; Perridon, L. / Steiner, M. / Rathgeber, A., Finanzwirtschaft, 2012, S. 202.

bedeutend ist mit deren durchschnittlicher Duration, bestimmt sich damit allgemein als das einfache arithmetische Mittel der Restlaufzeiten der zu diesem Abschnitt gehörenden Nullkuponanleihen. Einsetzen der mittleren Restlaufzeit der fiktiven Nullkuponanleihen, deren jeweilige Restlaufzeit in der Phase der Anschlussverzinsung endet, in den von *Nelson / Siegel / Svensson* formulierten Zusammenhang liefert schließlich den gesuchten Kassazinssatz. Abbildung 35 verdeutlicht das Vorgehen.

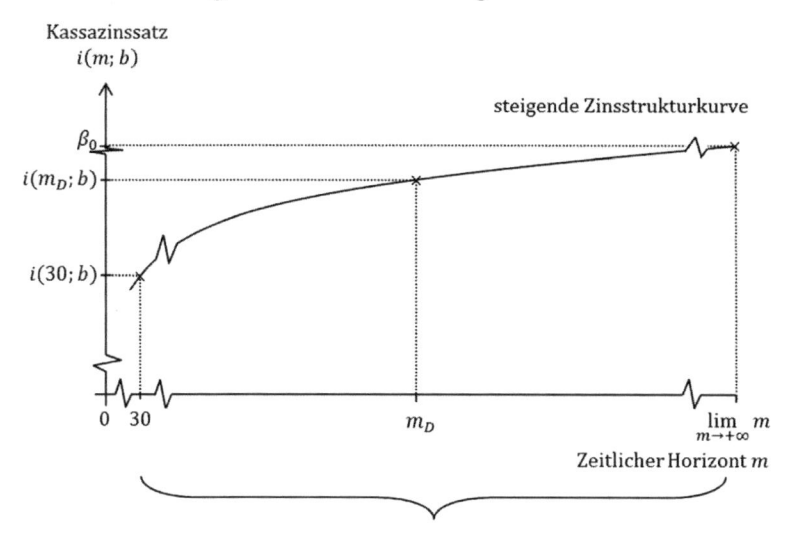

**Abbildung 35: Mit der Duration der Phase der Anschlussverzinsung korrespondierender Kassazinssatz als Anschlussverzinsung**

Die Restlaufzeiten selbst sind stetig. Somit gilt formal für die mittlere Restlaufzeit der Phase der Anschlussverzinsung

$$m_D = \lim_{t \to +\infty} \frac{\int_{30}^{t} c \, dc}{t - 30} \qquad (1)$$

Hierbei handelt es sich bei $c$ um einen Integrationsparameter und bei $t$ weiterhin um die Variable der Zeit. Umformungen liefern schließlich:[1299]

$$m_D = \lim_{t \to +\infty} \frac{1}{2} \cdot (t + 30) = +\infty \qquad (2)$$

---

[1299] Die Herleitung des Zusammenhangs findet sich in A 8.1.1 im Anhang.

Damit strebt die mittlere Restlaufzeit gegen positiv Unendlich. Einsetzen in die Funktion der Kassazinssätze ergibt:[1300]

$$i(m_D; b) = \beta_0 \tag{3}$$

Als Anschlussverzinsung resultiert bei der Vorgehensweise der bereits in 5.7.7.4.3 in den Raum gestellte Regressionsparameter $\beta_0$.

Die aufgezeigte Vorgehensweise führt zwar zu einem formal eindeutigen Ergebnis. Doch sind Zweifel an der Richtigkeit angebracht, nicht nur hinsichtlich des ökonomischen Gehalts, sondern auch hinsichtlich der damit implizierten Annahmen. Denn auch hier kommt es nur zu einer Verlagerung des eigentlich zu lösenden Problems. Angesichts des unendlichen zeitlichen Horizonts der Phase der Anschlussverzinsung konvergiert die mittlere Restlaufzeit der diesem Zeitraum zugrundeliegenden Nullkuponanleihen erwartungsgemäß ebenfalls gegen positiv Unendlich, wie die Herleitung des Ergebnisses zeigt. Zwar mag der für $m$ ermittelte Grenzwert mathematisch korrekt sein. Doch wirft Beziehung (2), dort insbesondere der Faktor $\frac{1}{2}$, die Frage auf, inwieweit die bloße Mittelung der Restlaufzeiten der Kassazinssätze an den Randwerten der Phase der Anschlussverzinsung, welches Vorgehen Beziehung (2) letztlich indiziert, tatsächlich methodisch richtig sein kann. Denn in gleicher Weise wie die Mittelung der Randwerte der Kassazinssätze der Phase der Anschlussverzinsung selbst unterstellt die Mittelung der Restlaufzeiten der Kassazinssätze an den Randwerten der Phase der Anschlussverzinsung, dass die Zinsstrukturkurve linear und somit frei von jeder Krümmung oder allgemeiner formuliert punktsymmetrisch um den gesuchten repräsentativen Kassazinssatz verläuft. Dies ist jedoch weder plausibel noch formal korrekt. Tatsächlich zeigt eine dahingehende Analyse, dass die Funktion der Zinsstrukturkurve im betrachteten Grenzbereich global einen abnehmend negativ gekrümmten Verlauf annimmt.[1301] Unabhängig hiervon ist fraglich, inwieweit die Bestimmung der mittleren Restlaufzeit bei einem gegen positiv Unendlich konvergierenden Grenzwert grundsätzlich Anspruch auf methodische Richtigkeit erheben kann. Die mittlere Restlaufzeit konvergiert in diesem Fall ebenfalls gegen positiv Unendlich. Angesichts der Linearität der Funktion der Restlaufzeit kann das Ergebnis somit wenig überraschen. Doch liegt hierin genau die Problematik des Ansatzes, zumal die Restlaufzeiten entlang der Zeitachse asymmetrisch verteilt sind, indem der linke Randbereich in der Restlaufzeit des explizit geschätzten Kassazinssatzes mit der längsten Restlaufzeit endet, der rechte Randbereich hingegen infinit ist.

---

[1300] Die formale Herleitung dieses Ergebnisses findet der interessierte Leser in A 8.1.2 im Anhang.
[1301] Vgl. zur Beweisführung eingehend A 9 im Anhang.

## 5.7.7.6.3 Durchschnittliche Restlaufzeit der Kassazinssätze der Phase der Anschlussverzinsung

Letztlich kann die Frage nach der grundsätzlichen ökonomischen Zulässigkeit der Grenzwertbetrachtung dahingestellt bleiben. Denn effektiv kommt ihr keine Entscheidungserheblichkeit bei. Hintergrund ist, dass für die Bestimmung desjenigen Kassazinssatzes, welcher geeignet ist, das breite Spektrum sämtlicher Kassazinssätze der gesamten Phase der Anschlussverzinsung zu repräsentieren, die Kenntnis der Restlaufzeit der zugehörenden Nullkuponanleihen ohnehin nicht erforderlich ist. Vielmehr lässt sich dieser unmittelbar als ungewichteter Durchschnitt sämtlicher Kassazinssätze der Phase der Anschlussverzinsung ermitteln. Dieser Lösungsweg bedient sich der eingangs herausgestellten Eigenschaft der Zinsstrukturkurve, dass mit jedem einzelnen Kassazinssatz entlang der Zinsstrukturkurve genau eine Nullkuponanleihe im Zusammenhang steht und daher alle Nullkuponanleihen gleichgewichtet sind. Insofern bestimmt sich der durchschnittliche Kassazinssatz in der Phase der Anschlussverzinsung $i_A(\bar{m}; b)$ als Quotient der Summe der Kassazinssätze in der Phase der Anschlussverzinsung und deren Dauer.

Für die Summe der Kassazinssätze in der Phase der Anschlussverzinsung gilt

$$\lim_{t \to +\infty} \left[ \sum_{m=0}^{+\infty} i(m;b) - \sum_{m=0}^{30} i(m;b) \right] = \lim_{t \to +\infty} \int_{30}^{t} i(m;b) dm \qquad (1)$$

Die Dauer der Phase der Anschlussverzinsung kommt in der Beziehung

$$\lim_{t \to +\infty} (t - 30) \qquad (2)$$

zum Ausdruck, wobei das Argument des Grenzwerts stetig ist. Der durchschnittliche Kassazinssatz $i_A(\bar{m}; b)$ in der Phase der Anschlussverzinsung berechnet sich entsprechend mit

$$i_A(\bar{m}; b) = \lim_{t \to +\infty} \frac{\int_{30}^{t} i(m;b) dm}{t - 30} \qquad (3)$$

Hierbei beschreibt $i(m; b)$ die von *Nelson / Siegel / Svensson* formulierte Funktion der Kassazinssätze. Das Symbol $t$ steht weiterhin für die Variable der Zeit. Unter Berücksichtigung des bestimmten Integrals über die Funktion der Kassazinssätze resultiert[1302] die Beziehung

---

[1302] Das unbestimmte Integral einer Funktion $g(x)$ berechnet sich mit $\int g(x) dx = G(x) + C$. Hierbei steht $C$ für eine beliebige Konstante. Diese ist in vorliegendem Zusammenhang ohne weitere Bedeutung. Daher gelte hier und im Folgenden $C = 0$.

Kapitel 5: Rendite der risikolosen Anlage

$$
\begin{aligned}
i_A(\bar{m}; b) = \lim_{t \to +\infty} &\Bigg[ \frac{1}{[m]_{30}^t} \cdot \Bigg| \beta_0 \cdot [m]_{30}^t + \ldots \\
&\ldots + \beta_1 \cdot \tau_1 \cdot \left\{ [\ln m]_{30}^t - \left[ \gamma + \ln m - \sum_{i=1}^{\infty} \frac{\left(-\frac{1}{\tau_1} \cdot m\right)^i}{i \cdot i!} \right]_{30}^t \right\} + \ldots \\
&\ldots + \beta_2 \cdot \tau_1 \cdot \left\{ [\ln m]_{30}^t - \left[ \gamma + \ln m - \sum_{i=1}^{\infty} \frac{\left(-\frac{1}{\tau_1} \cdot m\right)^i}{i \cdot i!} \right]_{30}^t \right\} + \ldots \\
&\ldots + \beta_2 \cdot \tau_1 \cdot \left[ \exp\left(-\frac{1}{\tau_1} \cdot m\right) \right]_{30}^t + \ldots \\
&\ldots + \beta_3 \cdot \tau_2 \cdot \left\{ [\ln m]_{30}^t - \left[ \gamma + \ln m - \sum_{i=1}^{\infty} \frac{\left(-\frac{1}{\tau_2} \cdot m\right)^i}{i \cdot i!} \right]_{30}^t \right\} + \ldots \\
&\ldots + \beta_3 \cdot \tau_2 \cdot \left[ \exp\left(-\frac{1}{\tau_2} \cdot m\right) \right]_{30}^t \Bigg|\Bigg]
\end{aligned} \qquad (4)
$$

wobei es sich bei $\gamma$ um die im Weiteren nicht beachtliche *Euler-Mascheroni*-Konstante handelt.[1303] Hinsichtlich der übrigen Konnotationen gelten die bisherigen Festlegungen.

Die Untersuchung des Grenzwertverhaltens zeigt, dass sowohl das Dividendum als auch der Divisor im hier gegenständlichen Fall einer asymptotisch gegen positiv Unendlich konvergierenden Dauer der Phase der Anschlussverzinsung ihrerseits jeweils asymptotisch gegen positiv Unendlich

---

[1303] Die Herleitung des Zusammenhangs findet sich in A 8.2 im Anhang. Anders als bei der *Euler'*schen Zahl *e* beschränkt sich der Anwendungsbereich der *Euler-Mascheroni*-Konstanten auf die mathematischen Gebiete der Analysis und der Zahlentheorie. Sie tritt vornehmlich bei Grenzwertprozessen der Differenzial- und Integralrechnung in Erscheinung. Der Wissenschaft ist es bislang noch nicht gelungen, die mathematischen Eigenschaften der *Euler-Mascheroni*-Konstanten abschließend zu klären. Vgl. zur *Euler-Mascheroni*-Konstanten einführend Rahi, N., Euler-Mascheroni-Konstante, 2009, S. 3 – 9.

konvergieren. Mithin liegen die Voraussetzungen für den Satz von *l'Hôpital* vor,[1304] dessen Anwendung für den durchschnittlichen Kassazinssatz in der Phase der Anschlussverzinsung

$$i_A(\overline{m};b) = \lim_{m \to +\infty} \left[ \beta_0 + \beta_1 \cdot \left[ \frac{1 - exp\left(-\frac{m}{\tau_1}\right)}{\frac{m}{\tau_1}} \right] + \ldots \right.$$

$$\ldots + \beta_2 \cdot \left[ \frac{1 - exp\left(-\frac{m}{\tau_1}\right)}{\frac{m}{\tau_1}} - exp\left(-\frac{m}{\tau_1}\right) \right] + \ldots$$

$$\left. \ldots + \beta_3 \cdot \left[ \frac{1 - exp\left(-\frac{m}{\tau_2}\right)}{\frac{m}{\tau_2}} - exp\left(-\frac{m}{\tau_2}\right) \right] \right] = \beta_0 \quad (5)$$

liefert. Die mathematisch bestimmte Anschlussverzinsung konvergiert damit gegen $\beta_0$. Abbildung 36 veranschaulicht das Vorgehen. Insbesondere geht hieraus hervor, dass sich bei Erhöhung des zeitlichen Horizonts jeweils um den Betrag $\Delta m$ die Kassazinssätze zunehmend im Bereich gegen $\beta_0$ konzentrieren. Hintergrund ist der steigende Verlauf der Zinsstrukturkurve.

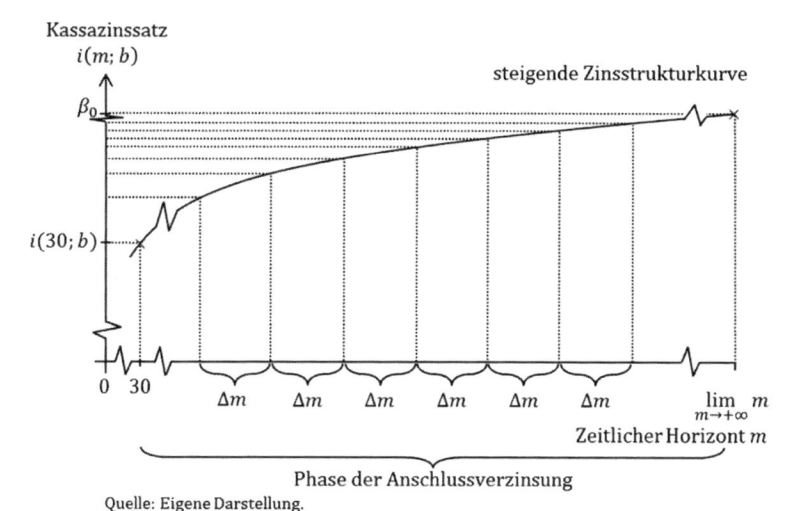

**Abbildung 36: Durchschnittlicher Kassazinssatz der Phase der Anschlussverzinsung als Anschlussverzinsung**

[1304] Vgl. hierzu z. B. Senger, J., Mathematik, 2009, S. 190 – 191.

### 5.7.7.6.4 Würdigung

Die Lösung der Problematik der Anschlussverzinsung besteht in der Bestimmung desjenigen Kassazinssatzes, welcher geeignet ist, die Menge der Kassazinssätze der unendlichen Phase der Anschlussverzinsung zu repräsentieren. Dies ist zunächst derjenige Kassazinssatz, dessen zugehörige Nullkuponanleihe eine Duration in Höhe der durchschnittlichen Duration sämtlicher Nullkuponanleihen aufweist, deren Restlaufzeit in der Phase der Anschlussverzinsung endet. Als Maß für die Anschlussverzinsung resultiert bei dieser Vorgehensweise $\beta_0$. Aufgrund der Besonderheit, dass bei Nullkuponanleihen Duration und mittlere Restlaufzeit übereinstimmen, besteht ein weiterer Lösungsansatz darin, als repräsentativen Kassazinssatz unmittelbar den mittleren Kassazinssatz der Phase der Anschlussverzinsung zu berechnen. Als repräsentativer Kassazinssatz für die Phase der Anschlussverzinsung resultiert hierbei ebenfalls $\beta_0$.

Tatsächlich stimmen die Ergebnisse nur zufällig überein: Der Lösungsweg über die mittlere Restlaufzeit und die hierbei letztlich erfolgende Mittelung der Restlaufzeiten der Kassazinssätze an den Rändern der Phase der Anschlussverzinsung bedingen die weitreichende Annahme, dass die Zinsstrukturkurve linear und somit frei von jeder Krümmung oder zumindest punktsymmetrisch um den gesuchten repräsentativen Kassazinssatz als Zentrum verläuft. Dies widerspricht jedoch den tatsächlichen Gegebenheiten. Die hierfür anzustellende Grenzwertbetrachtung mag zwar formal korrekt sein. Unter ökonomischen Gesichtspunkten allerdings ist sie zweifelhaft. Demgegenüber kommt der Lösungsweg über den mittleren Kassazinssatz der Phase der Anschlussverzinsung ohne weitere Annahmen aus. Vor dem Hintergrund des Ausgangsniveaus der Phase der Anschlussverzinsung auf dem explizit geschätzten Kassazinssatz mit der längsten Restlaufzeit erscheint das Ergebnis $\beta_0$ als methodisch korrektes Maß für die Anschlussverzinsung plausibel.

### 5.7.8 Zwischenergebnis

Das Verfahren von *Nelson / Siegel / Svensson* ist ein vergleichsweise einfaches und dennoch anpassungsfähiges Modell zur stichtagsbezogenen Konstruktion der empirischen Zinsstrukturkurve. Basis sind die Informationen der Renditestrukturkurve. Methodisch beruht das Verfahren auf der Minimierung der kleinsten quadrierten Abweichungen zwischen den empirisch beobachtbaren und den theoretisch gerechtfertigten Preisen festverzinslicher Kuponanleihen unterschiedlicher Restlaufzeiten. Ein alternativer Ansatz besteht in der Minimierung der kleinsten quadrierten Abweichungen zwischen der empirisch beobachtbaren und der theoretisch gerechtfertigten Effektivverzinsung der zugrundeliegenden festverzinslichen Kuponan-

## Kapitel 5: Rendite der risikolosen Anlage

leihen unterschiedlicher Restlaufzeiten. Hierzu bedient es sich des formalen Zusammenhangs zwischen impliziten Terminzinssätzen, Effektivverzinsung und Kassazinssätzen. Das Verfahren von *Nelson / Siegel / Svensson* zur Konstruktion der empirischen Zinsstruktur besitzt eine zinsstrukturtheoretische Basis. Mithilfe eines Regressionsansatzes werden stetige Renditen ermittelt. Die Interpretation des von *Nelson / Siegel* formulierten und von *Svensson* erweiterten funktionalen Zusammenhangs ist in formaler Hinsicht nicht eindeutig.

Aus Gründen der Begrenzung der Komplexität beschränken sich *Nelson / Siegel* zunächst auf fünf Modellparameter. Aufbauend hierauf führt *Svensson* zwei weitere Parameter ein. Dies erlaubt die Abbildung des langfristigen Verlaufs der Zinsstrukturkurve sowie die Berücksichtigung zweier lokaler Extrema. Gleichzeitig steigt hierdurch der eigentlich zu vermeidende Parametrisierungsgrad. Gleichwohl erfreut sich das Verfahren von *Nelson / Siegel / Svensson* in der Praxis großer Beliebtheit, zumal die zahlreich bestehenden Modellalternativen teilweise deutlich höhere formale Anforderungen an den Anwender stellen.

Das Laufzeitäquivalenzprinzip gebietet, dass sich die Zahlungsströme von Bewertungsobjekt und Alternativanlage über denselben Zeitraum erstrecken und eine vergleichbare zeitliche Struktur aufweisen. Im hier betrachteten Fall der Bewertung eines unendlich fortbestehenden Unternehmens ist daher die Rendite der risikolosen Anlage grundsätzlich aus Bundesanleihen mit unendlicher Restlaufzeit abzuleiten. Allein gehen derartige Wertpapiere auf dem Kapitalmarkt nicht um. Somit ist in eine nähere Phase explizit schätzbarer Kassazinssätze und eine Phase zu unterscheiden, für die eine Anschlussverzinsung bestimmt werden muss. Hierfür bestehen mit dem Rückgriff auf Expertenprognosen, der Verwendung der Durchschnittszinsen eines bestimmten Vergangenheitszeitraums, dem Regressionsansatz sowie dem Rückgriff auf die Informationen der Zinsstrukturkurve verschiedene Ansätze, welche sich jedoch allsamt als angreifbar erweisen. Vorliegende Untersuchung kommt zu dem Ergebnis, dass die methodisch korrekte Anschlussverzinsung in der Tat aus der Zinsstrukturkurve abzuleiten ist. Bei Zugrundelegung des *Nelson / Siegel / Svensson*-Verfahrens resultiert hierbei der sehr langfristige Kassazinssatz $\beta_0$. Die Herleitung dieses Ergebnisses beruht auf der Erkenntnis, dass bei Nullkuponanleihen Restlaufzeit und Duration übereinstimmen.

## 5.8 Auffassung des IDW zur Rendite der risikolosen Anlage

### 5.8.1 Entwicklungslinie

Die Empfehlungen des *IDW* zur methodisch korrekten Bestimmung des Basiszinssatzes haben in der Vergangenheit einen bemerkenswerten Wandel durchlebt. In der Stellungnahme HFA 2 / 1983 spricht sich das *IDW* noch für die Verwendung der langfristigen historischen Durchschnittsverzinsung festverzinslicher Wertpapiere mit einer möglichst langen Restlaufzeit aus, ohne hierfür einen Bruch mit dem Stichtagsprinzip zu scheuen oder auch nur zu sehen.[1305] IDW S 1 i. d. F. 2000 versucht, den konzeptionellen Widerspruch aufzulösen. Hierfür empfiehlt IDW S 1 i d. F 2000 explizit, als Ausgangspunkt für die Bestimmung des risikolosen Zinssatzes in der ersten Phase die am Bewertungsstichtag erzielbare Effektivverzinsung „öffentliche[r] Anleihen mit einer Restlaufzeit von zehn oder mehr Jahren"[1306] zu verwenden. Tatsächlich gelingt dies jedoch nur bedingt, zumal IDW S 1 i. d. F. 2000 weiterhin die Möglichkeit offenlässt, für die Wiederanlage die historische Durchschnittsverzinsung fortzuschreiben.[1307] Diese Auffassung bestätigt der AKU 2003 sowie im Grundsatz erneut 2005.[1308] Hier zog man sich auf die allgemein gehaltene Empfehlung zurück, für die Bestimmung des Basiszinssatzes „auf Staatsanleihen mit langen Restlaufzeiten abzustellen"[1309]. Gleichwohl erfährt die Position des *IDW* 2005 insofern eine Relativierung, als die Stellungnahme neben der historischen Zinsentwicklung erstmals die Zinsstrukturkurve am Bewertungsstichtag als gleichwertige Alternative für die Bestimmung der Anschlussverzinsung nennt, was zumindest aus heutiger Sicht als nichts weniger als der Auftakt zu einem Paradigmenwechsel zu werten ist.[1310] Denn nur wenig später hält diese Wahlmöglichkeit gleichsam Einzug in den ebenfalls 2005 novellierten IDW S 1.[1311]

Im Zuge der Unternehmensteuerreform 2008 wurde erforderlich, den Standard zur Durchführung von Unternehmensbewertungen ein weiteres Mal zu überarbeiten. Wenngleich hier das *IDW* im Hinblick auf den Basiszinssatz an seinen 2005 geäußerten Vorstellungen grundsätzlich festhält, lässt IDW S 1 i. d. F. 2008 nunmehr eine deutliche Präferenz für die Verwendung der Informationen der Zinsstrukturkurve erkennen. Mangels öffentlicher Anlei-

---

[1305] Vgl. IDW (Hrsg.), Stellungnahme HFA 2 / 1983, B. 3., C. 1. f).
[1306] IDW (Hrsg.), IDW S 1 i. d. F. 2000, Tz. 121.
[1307] Vgl. IDW (Hrsg.), IDW S 1 i. d. F. 2000, Tz. 121.
[1308] Vgl. IDW (Hrsg.), FN-IDW 2003, S. 26.
[1309] IDW (Hrsg.), FN-IDW 2005, S. 70 – 71.
[1310] Vgl. IDW (Hrsg.), FN-IDW 2003, S. 26; IDW (Hrsg.), FN-IDW 2005, S. 70.
[1311] Vgl. IDW (Hrsg.), IDW S 1 i. d. F. 2005, Tz. 127. In ähnlicher Weise spricht sich seit 2005 die Kammer der Wirtschaftstreuhänder in Österreich für die Ableitung des Basiszinssatzes aus der Zinsstrukturkurve aus.

hen von unendlicher Restlaufzeit „empf[ehle] es sich, den Basiszins ausgehend von aktuellen Zinsstrukturkurven und zeitlich darüber hinausgehenden Prognosen abzuleiten."[1312]

Noch deutlicher kommt diese Tendenz in der Stellungnahme des FAUB vom November 2008 zum Ausdruck. Zu diesem Zeitpunkt hatte sich die Bestimmung des Basiszinssatzes unter Rückgriff auf die Zinsstrukturkurve in der Bewertungspraxis bereits allgemein etabliert. Daher beschränken sich die Ausführungen des FAUB hierauf. Die Effektivverzinsung von Kuponanleihen wird als Alternative zur Zinsstrukturkurve gar nicht mehr in Erwägung gezogen. Dies ist wohl so zu werten, dass das *IDW* zu diesem Zeitpunkt dem Ansatz der Effektivverzinsung bereits abgeschworen hatte. Ausdrücklich äußert sich das *IDW* zudem zur Frage nach der Anschlussverzinsung. Angesichts der allgemeinen Prognoseunsicherheit orientiere sich diese am explizit mithilfe des Zinsstrukturmodells geschätzten Kassazinssatz mit der längsten Restlaufzeit.[1313] In der praktischen Anwendung ist dies der Kassazinssatz, welcher mit einer festverzinslichen Bundesanleihe mit einer Restlaufzeit von 30 Jahren korrespondiert. Jenseits dieses zeitlichen Horizonts unterstellt das *IDW* somit eine flache Zinsstrukturkurve. Die Reichweite dieser Annahme wurde bereits in 5.7.7.4.2 eingehend erläutert. Insoweit sei hierauf verwiesen.

Die Frage nach dem anzuwendenden Zinsstrukturmodell selbst lässt das *IDW* indes offen und zieht sich auf die Empfehlung zurück, aus Objektivierungsgründen auf die von der Deutschen Bundesbank veröffentlichten Zinsstrukturdaten zurückzugreifen.[1314] Methodisch vergleichbar seien im Übrigen die Zinsstrukturdaten der EZB.[1315] Wie dargelegt, stützen sich die Deutsche Bundesbank ebenso wie die EZB für die Ermittlung der Zinsstrukturdaten auf das Zinsstrukturmodell von *Nelson / Siegel / Svensson*.[1316] Mit dem Verweis auf die von der Deutschen Bundesbank respektive der EZB veröffentlichten Zinsstrukturdaten spricht sich somit auch das *IDW* indirekt für die Verwendung des Verfahrens von *Nelson / Siegel / Svensson* aus, allerdings nicht in dessen Reinform. Vielmehr schlägt es Modifikationen im Hinblick auf die Datenbasis sowie solche systematischer Art vor, welche es im Folgenden näher zu erörtern gilt. Nach hier vertretener Auffassung ist der bloße Ver-

---

[1312] IDW (Hrsg.), IDW S 1 i. d. F. 2008, Tz. 117.
[1313] Vgl. IDW (Hrsg.), FN-IDW 2008, S. 490 – 491; Jonas, M., FB 2009, S. 543.
[1314] Auch die Finanzverwaltung orientiert sich zur Bestimmung der Rendite der risikolosen Anlage für Zwecke steuerrechtlich motivierter Unternehmensbewertungen an den Zinsstrukturdaten der Deutschen Bundesbank. Vgl. hierzu Kohl, T. / König, J., BB 2012, S. 608.
[1315] Vgl. IDW (Hrsg.), FN-IDW 2005, S. 555 – 556; IDW (Hrsg.), FN-IDW 2008, S. 490 – 491.
[1316] Vgl. Deutsche Bundesbank (Hrsg.), Kapitalmarktstatistik, 2008, S. 66 – 67; Deutsche Bundesbank, Zinsstrukturkurve für börsennotierte Bundeswertpapiere (11. Januar 2016); European Central Bank, Euro Area Yield Curve (11. Januar 2016).

weis auf die Zinsstrukturdaten der Deutschen Bundesbank respektive der EZB, ohne das zugrundeliegende Zinsstrukturmodell zu nennen, im Übrigen so zu werten, dass sich das *IDW* auch der Verwendung alternativer Zinsstrukturmodelle zumindest nicht grundsätzlich verschließt.[1317] Der Vergleich unterschiedlicher Zinsstrukturmodelle zeigt, dass diese zwar ähnliche, keineswegs jedoch identische Ergebnisse liefern.[1318]

### 5.8.2 Modifikationen der Zinsstrukturkurve

#### 5.8.2.1 Systematik

Auf Basis der Zinsstrukturdaten der Deutschen Bundesbank respektive der EZB wird mithilfe der Renditen der synthetischen Nullkuponanleihen der Barwert eines standardisierten und mit konstanter Rate wachsenden Zahlungsstroms ermittelt. Ursprünglich wurde hierfür vom *IDW* die Zugrundelegung eines Auswertungszeitraums von 249 Jahren empfohlen.[1319] Mit einigem zeitlichen Vorlauf zum eigentlichen Ausbruch der Subprime- und weltweiten Finanz- und Staatsschuldenkrise in den Jahren 2007 und 2008 kündigten sich ab dem Jahr 2005 die bevorstehenden Verwerfungen am Kapitalmarkt in der Gestalt der Zinsstrukturkurve an. Sehr niedrige $\beta_0$-Werte mehrten sich. Die Zinsstrukturkurve nahm einen inversen Verlauf an. Allein eröffnet eine invers verlaufende Zinsstrukturkurve Arbitragemöglichkeiten und kann daher nicht von dauerhaftem Bestand sein. Das *IDW* reagierte im Oktober 2008 hierauf, indem es nunmehr einen Auswertungszeitraum von 30 Jahren empfiehlt. Gleichzeitig setzte es den Kassazinssatz mit einer Restlaufzeit von 30 Jahren als nachhaltigen Schätzwert an.[1320] Unabhängig von der Frage nach dem zugrunde zu legenden Auswertungszeitraum spricht sich das *IDW* für die Verwendung eines periodenübergreifend einheitlichen Basiszinssatzes aus, welcher schließlich zu runden sei.[1321]

#### 5.8.2.2 Datenbasis

Um kurzfristige Marktschwankungen zu glätten sowie mögliche Schätzfehler auszugleichen, hält es das *IDW* für zweckmäßig, bei der Ermittlung der

---

[1317] Dass das IDW seine dahingehenden Verlautbarungen auf das *Nelson / Siegel / Svensson*-Modell bezieht, ergibt sich allein aus dem kommentierenden Wirtschaftsprüfer-Handbuch. Vgl. hierzu IDW (Hrsg.), WP-Handbuch, 2007, lit. A, Tz. 298.
[1318] Vgl. hierzu z. B. Virmani, V., Term Structure Models, 2006.
[1319] Die Wahl eines Zeitraums von gerade 249 Jahren ist softwarebedingt. Das Arbeitsblatt des in der Bewertungspraxis gemeinhin zum Einsatz kommenden Tabellenkalkulationsprogramms war seinerzeit auf 249 Spalten begrenzt.
[1320] Vgl. IDW (Hrsg.), FN-IDW 2008, S. 491; Ruiz de Vargas, S. / Zollner, T., BP 2010, Nr. 2, S. 2 – 3; Drukarczyk, J. / Schüler, A., Unternehmensbewertung, 2009, S. 217; aA Knoll, L. / Wenger, E. / Tartler, M., ZSteu 2011, S. 49.
[1321] Vgl. IDW (Hrsg.), FN-IDW 2005, S. 556; IDW (Hrsg.), FN-IDW 2008, S. 491; hierzu auch LG Frankfurt am Main vom 13. Juni 2006, NZG 2006, S. 868 (S. 871).

## Kapitel 5: Rendite der risikolosen Anlage

Kassazinssätze nicht allein die Kapitalmarktverhältnisse am Bewertungsstichtag, sondern darüber hinaus die Kapitalmarktverhältnisse während des vor dem Bewertungsstichtag liegenden Zeitraums von drei Monaten in Betracht zu ziehen.[1322] Abweichend von der *IDW*-Vorgabe wird bisweilen auch ein Zeitraum von vier Wochen diskutiert. An die Stelle der Kassazinssätze nach den Kapitalmarktverhältnissen eines Zeitpunkts treten auf diese Weise die durchschnittlichen Kassazinssätze eines Zeitraums. Diese Forderung ist in mehrerlei Hinsicht denkwürdig.

Nach dem Stichtagsprinzip sind ausschließlich die Verhältnisse am Bewertungsstichtag maßgeblich.[1323] Das Stichtagsprinzip der Unternehmensbewertung erstreckt sich sowohl auf die Prognose der Zukunftserfolge als auch auf die Rendite der Alternativanlage. Daher sind im Hinblick auf die *Nelson / Siegel / Svensson*-Methode ausschließlich die Zinsstrukturdaten am Bewertungsstichtag zu verwenden.[1324] Die vom *IDW* empfohlene Mittelung der Kassazinssätze hingegen bewirkt die Kreierung eines synthetischen Bewertungsstichtags, nicht allein also, wie vom Schrifttum bisweilen vorgebracht, dessen bloße Verschiebung.[1325] Denn eine bloße Verschiebung des Bewertungsstichtags bedingte, dass die sich durch die Mittelung ergebende Zinsstrukturkurve genau mit der Zinsstrukturkurve an einem ganz bestimmten Tag des Dreimonatszeitraums zusammenfällt, vor allen Dingen jedoch, dass sich die Zinsstrukturkurve bei intertemporaler Veränderung der *Nelson / Siegel / Svensson*-Parameter parallel verschiebt. Dies ist jedoch regelmäßig nicht der Fall. Zum einen entwickeln sich die Parameter des *Nelson / Siegel / Svensson*-Modells im Zeitablauf nicht synchron. Zum anderen verlaufen die exponentiellen Funktionen der Regressoren nicht linear. Ein solcher synthetischer Bewertungsstichtag erscheint insofern problematisch, als er Zinsstrukturdaten widerspiegelt, welche in dieser Form bestenfalls nur zufällig am Kapitalmarkt vorzufinden sind. Dies wiegt umso schwerer eingedenk der Tatsache, dass die Lückenlosigkeit der mithilfe des Verfahrens nach *Nelson / Siegel / Svensson* generierten Zinsstrukturkurve selbst auf synthetischen Nullkuponanleihen sowie Interpolationen beruht. Zusammen mit der Objektivität, dem wesentlichen Vorzug der *Nelson / Siegel / Svensson*-Methode, leidet die Genauigkeit der Kassazinssätze. In diesem Zusammenhang bleibt vor allen Dingen offen, warum das *IDW* auf die Mittelung der Kassazinssätze und nicht auf die diesen zugrundeliegenden Zinsstrukturdaten abstellt. Angesichts der Non-Linearität der im *Nelson / Siegel / Svensson*-Modell verwendeten Exponentialterme wäre dies jedoch zwingend geboten, sollen sich die mit der Mittelung ohnehin einhergehen-

---

[1322] Vgl. IDW (Hrsg.), FN-IDW 2005, S. 556; IDW (Hrsg.), FN-IDW 2008, S. 491.
[1323] Vgl. Moxter, A., Grundsätze, 1983, S. 168.
[1324] Vgl. so auch OLG Stuttgart vom 8. März 2006, AG 2006, S. 420 (S. 425).
[1325] Vgl. so aber Gebhardt, G. / Daske, H., WPg 2005, S. 650.

den Ungenauigkeiten nicht auch noch aus rein formalen Gründen vergrößern.

Mit Argwohn schließlich ist dem Dreimonatskriterium selbst zu begegnen. Weniger ist dabei die konkrete Länge des Zeitraums in Frage zu stellen, welche die herrschende Meinung eng mit drei Kalendermonaten auslegt, auch wenn die beiden vom *IDW* ausgeführten Berechnungsbeispiele eine darüber hinausgehende weite Auslegung von bis zu vier Kalendermonaten zumindest nicht undenkbar erscheinen lassen.[1326] Vielmehr konzentriert sich die Erörterung auf die Frage, ob die in diesem Zusammenhang ins Feld geführten Tatbestandsmerkmale des § 5 Abs. 1 respektive § 6 Abs. 1 WpÜG-AngebVO tatsächlich auf die Zinsstrukturkurve übertragbar sind. Denn augenscheinlich hat das *IDW* hier bei der Vorgabe des Dreimonatskriteriums Anleihen genommen.[1327] § 5 Abs. 1 und § 6 Abs. 1 WpÜG-AngebVO definieren die Untergrenze der Barabfindung des § 327 b Abs. 1 AktG i. d. F. 2015 beim Ausschluss von Minderheitsgesellschaftern börsennotierter Aktiengesellschaften (Squeeze Out-Verfahren).[1328] § 327 b Abs. 1 AktG i. d. F. 2015 steht in enger Beziehung zu § 305 AktG, der aktienrechtlichen Norm zur Abfindung außenstehender Aktionäre beim Abschluss von Unternehmensverträgen.[1329] Maßgeblich für die Höhe der Abfindung ausscheidender Gesellschafter ist demnach die volle wirtschaftliche Entschädigung für die Aufgabe der Minderheitsbeteiligung.[1330] Nach § 327 b Abs. 1 AktG i. d. F. 2015 i. V. m. § 5 Abs. 1 und § 6 Abs. 1 WpÜG-AngebVO i. d. F. 2015 darf mit Blick auf Art. 14 Abs. 1 i. d. F. 2015 die Gegenleistung beim Ausschluss aus der Gesellschaft den gewichteten durchschnittlichen Börsenkurs während der letzten drei Monate vor Bekanntgabe eines beabsichtigten Squeeze Out-Verfahrens, sprich vor der Einladung zu der hierfür abzuhaltenden Hauptversammlung, grundsätzlich nicht unterschreiten.[1331] Der Tag der Hauptver-

---

[1326] Vgl. IDW (Hrsg.), FN-IDW 2005, S. 556; IDW (Hrsg.), FN-IDW 2008, S. 491.
[1327] Vgl. Wüstemann, J., BB 2007, S. 2225; IDW (Hrsg.), WP-Handbuch, 2007, lit. A, Tz. 290 – 291; Großfeld, B., Recht, 2012, S. 183.
[1328] Vgl. Schmidt, K. / Lutter, M. (Hrsg.), Aktiengesetz, 2010, § 327 b AktG, Rz. 3.
[1329] Vgl. z. B. Zöllner, W. / Noack, U., Kölner Kommentar zum Aktiengesetz, 2004, § 327 b AktG, Rn. 7; Hölters, W., Aktiengesetz, 2014, § 327 b AktG, Rn. 8.
[1330] Vgl. grundlegend BVerfG vom 7. August 1962, NJW 1962, S. 1667 (S. 1669 – 1670); seitdem ständige Rechtsprechung z. B. OLG Frankfurt am Main vom 7. Juni 2011, NZG 2011, S. 990 (S. 991).
[1331] Vgl. Hirte, H. / Bülow, C. v., Kölner Kommentar zum WpÜG, 2010, § 327 b AktG, Rn. 29. Ausnahmen sind nach Meinung der Literatur dennoch denkbar, insbesondere bei Marktenge. Vgl. hierzu Goette, W. / Habersack, M. (Hrsg.), Münchener Kommentar zum Aktiengesetz, 2010, § 327 b AktG, Rn. 10; Spindler, G. / Stilz, E. (Hrsg.), Aktiengesetz, 2010, § 327 b AktG, Rn. 5; Hüffer, U., Aktiengesetz, 2014, § 327 b AktG, Rn. 6; zur Parallelnorm des § 305 AktG i. d. F. 2015 Schmidt, K. / Lutter, M. (Hrsg.), Aktiengesetz, 2010, § 305 AktG, Rz. 100; Spindler, G. / Stilz, E. (Hrsg.), Aktiengesetz, 2010, § 305 AktG, Rn. 56. Einen Wendepunkt in der Rechtsprechung zur Abfindung ausscheidender Aktionäre markiert die *Altana / DAT*-Entscheidung

sammlung selbst hingegen kommt als Stichtag regelmäßig nicht in Betracht. Denn der Börsenkurs ist zum Zeitpunkt der Einberufung der Hauptversammlung nicht absehbar und kann spekulativen, mitunter aber auch manipulativen Kräften im Zusammenhang mit der Abfindung ausgesetzt sein,[1332] für welche ein enger Markt, zumal bei nur mehr geringem Streubesitz, jedoch eine latente Anfälligkeit zeigt. Doch stehen derartige Kursbewegungen jedenfalls nicht unmittelbar im Zusammenhang mit dem Unternehmenswert.[1333] Zudem soll die Verbreiterung des Referenzzeitraums mögliche Marktanomalien um den Stichtag glätten, und zwar vor allen Dingen solche, die nur auf Zufälligkeiten beruhen.[1334]

Zunächst sticht ins Auge, dass das *IDW* im Hinblick auf das Dreimonatskriterium bei der Bestimmung des Basiszinssatzes eklektisch vorgeht und auf die Gewichtung mit Börsenumsätzen verzichtet. Hierdurch gelingt ein nur unvollständiges Analogon zu § 5 Abs. 1 und § 6 Abs. 1 WpÜG-AngebVO. Schwerer wiegt freilich die Tatsache, dass sich die vom *IDW* empfohlene Mittelung grundsätzlich verbietet: Die Rendite der risikolosen Anlage ist eine vom konkreten Bewertungsanlass unabhängige Größe. Weiterhin handelt es sich im Hinblick auf Liquidität und Umfang des Wertpapiermarkts bei öffentlichen Anleihen um einen gänzlich anders gelagerten Fall als bei den im Verhältnis zur Gesamtzahl nur mehr wenigen zirkulierenden Aktien

---

des Bundesverfassungsgerichts vom 27. April 1999. Hier revidiert das Bundesverfassungsgericht seine bis dahin vertretene Auffassung, der Börsenkurs entfalte bei der Abfindung ausscheidender Minderheitsaktionäre keine Relevanz. Vielmehr sei der Börsenkurs zwingend zu berücksichtigen. Vgl. hierzu BVerfG vom 27. April 1999, WPg 1999, S. 780 (S. 782 – 785); Gampenrieder, P., Squeeze-Out, 2004, S. 48 – 51. Das Dreimonatskriterium selbst ist indes nicht unumstritten. Das Schrifttum fordert im Allgemeinen einen längeren Referenzzeitraum. Vgl. hierzu eingehend Hüffer, U., Aktiengesetz, 2014, § 305 AktG, Rn. 43 – 44. In seiner *Altana / DAT*-Entscheidung vom 12. März 2001 spricht sich der BGH dafür aus, dass der Referenzzeitraum ausgehend vom Tage der Hauptversammlung zu berechnen sei. Vgl. hierzu BGH vom 12. März 2001, NJW 2001, S. 2080 (S. 2082). Richtungsweisend im Hinblick auf die Lage des Referenzzeitraums war zuletzt die *Stollwerck*-Entscheidung des BGH vom 19. Juli 2010. Hier vertritt die Rechtsprechung erstmals die Auffassung, dass im Zusammenhang mit der Abfindung von Minderheitsaktionären auf den Tag der Einberufung, nicht also auf den Tag der Hauptversammlung selbst abzustellen sei, wie dies bei Unternehmensverträgen nach wie vor der Fall ist. Bei einem längeren Zeitraum zwischen der Hauptversammlung und dem Tag ihrer Einberufung sei der Börsenkurs hochzurechnen. Vgl. hierzu BGH vom 19. Juli 2010, DB 2010, S. 1693 (S. 1695); Schmidt, K. / Lutter, M. (Hrsg.), Aktiengesetz, 2010, § 327 b AktG, Rz. 5; Hölters, W., Aktiengesetz, 2014, § 327 b AktG, Rn. 8.

[1332] Vgl. OLG Stuttgart vom 16. Februar 2007, NZG 2007, S. 302 (S. 303 – 305); OLG Düsseldorf vom 9. September 2009, ZIP 2009, S. 2055 (S. 2057 – 2058).

[1333] Vgl. Schmidt, K. / Lutter, M. (Hrsg.), Aktiengesetz, 2010, § 327 b AktG, Rz. 5.

[1334] Vgl. Zöllner, W. / Noack, U., Kölner Kommentar zum Aktiengesetz, 2004, § 305 AktG, Rn. 107; Hirte, H. / Bülow, C. v., Kölner Kommentar zum WpÜG, 2010, § 31 Anh. – § 5 AngebVO, Rn. 9, Rn. 12; Hirte, H. / Bülow, C. v., Kölner Kommentar zum WpÜG, 2010, § 327 b AktG, Rn. 31.

einer börsennotierten Gesellschaft. Als Bedingung stellt das Verfahren nach *Nelson / Siegel / Svensson* jedoch gerade unter Hinweis auf die Vorgaben der arbitragetheoretischen Operationalisierung eine hohe Liquidität der Anleihen.

Kritisch erscheint zudem, dass die Tage, an denen kein amtlicher Börsenhandel stattfindet, über das Jahr hinweg ungleichmäßig verteilt sind, sodass das Dreimonatskriterium in Abhängigkeit von der Lage des Bewertungsstichtags mit der Einbeziehung einer unterschiedlichen Anzahl an Datensätzen einhergeht. Schließlich zeigt die Erfahrung, dass sich die Bewertungspraxis, den Glättungsbestrebungen des *IDW* gewissermaßen vorauseilend, veranlasst fühlt, über die Empfehlungen zur Anwendung der Zinsstrukturkurve hinaus zu gehen und nach eigenem Gutdünken vermeintliche Marktanomalien auszumachen und die betreffenden Datensätze zu modifizieren. Nach welchen Kriterien die Beurteilung der Güte der Datensätze erfolgt, bleibt indes im Dunkeln. Tatsächlich dürften diese jedoch von Fall zu Fall voneinander abweichen. Fest steht allein, dass eine derartige Auslegung der Empfehlungen des *IDW* ihrerseits einen gewissen Spielraum für Manipulationen eröffnet. Unabhängig hiervon gesteht die Vorgehensweise dem einzelnen Bewertenden eine bessere Marktkenntnis als der Gesamtheit der Kapitalmarktteilnehmer zu.[1335]

Wie die Darlegungen zeigen, entbehrt die Mittelung der Zinsstrukturdaten über einen Zeitraum von drei Monaten vor dem Bewertungsstichtag jeder wissenschaftlichen Rechtfertigung.[1336] Die offensichtlich vom *IDW* intendierte Anknüpfung an die aktienrechtlichen Regelungen der Barabfindung beim Ausschluss von Minderheitsgesellschaftern ist angesichts kaum vergleichbarer Sachverhalte nicht opportun. Die Vorgehensweise steht in eklatantem Widerspruch zum Stichtagsprinzip und ist daher konzeptionell zu verwerfen.[1337] So sehr zu begrüßen ist, dass mittlerweile auch die Rechtsprechung die Verwendung der Zinsstrukturkurve befürwortet,[1338] so sehr befremdet, dass sie sich im Hinblick auf die Mitteilung der Zinsstrukturdaten der Auffassung des *IDW* anschließt.[1339] Dies erstaunt umso mehr, als die Jurisprudenz den wesentlichen Vorzug der Zinsstrukturkurve für die Be-

---

[1335] Vgl. Wenger, E., Basiszins, 2003, S. 482.
[1336] Vgl. so auch Ballwieser, W. / Hachmeister, D., Unternehmensbewertung, 2013, S. 91.
[1337] Vgl. Knoll, L., WiSt 2006, S. 527.
[1338] Vgl. so bereits für einen Stichtag im Jahr 1999 OLG Stuttgart vom 19. März 2008, AG 2008, S. 510 (S. 514); für einen Stichtag im März 2002 OLG Stuttgart vom 26. Oktober 2006, NZG 2007, S. 112 (S. 115 – 116); für einen Stichtag im November 2002 LG Frankfurt am Main vom 13. Juni 2006, NZG 2006, S. 868 (S. 870); für einen Stichtag im September 2003 LG Frankfurt am Main vom 21. März 2006, AG 2007, S. 42 (S. 44 – 45).
[1339] Vgl. OLG Stuttgart vom 26. Oktober 2006, NZG 2007, S. 112 (S. 115 – 116); OLG München vom 17. Juli 2007, AG 2008, S. 28 (S. 30).

stimmung der Rendite der risikolosen Anlage in der Objektivität des Vorgehens sieht.[1340] Jedoch werden gerade durch die Mittelung der Datensätze originär objektive Marktdaten entobjektiviert, sodass die auf dieser Grundlage resultierende Zinsstrukturkurve allenfalls als artifizielles Konstrukt zu würdigen ist, welches nicht mehr als scheingenaue Aussagen zu treffen vermag.

### 5.8.2.3 Verdichtung der periodenspezifischen Kassazinssätze zu einem einheitlichen Basiszinssatz

#### 5.8.2.3.1 Vorbemerkung

Die Zinsstrukturkurve beschreibt auf annualisierter Basis den Zusammenhang zwischen Anlagehorizont und korrespondierenden Kassazinssätzen nach den Verhältnissen, wie sie sich am Betrachtungszeitpunkt am Kapitalmarkt darstellen.[1341] Das Laufzeitäquivalenzprinzip gebietet, dass sich die Zahlungsströme des Bewertungsobjekts und der Alternativanlage auf denselben Zeitraum erstrecken und eine vergleichbare zeitliche Struktur aufweisen.[1342] Im Hinblick auf den Basiszinssatz folgt hieraus die Notwendigkeit, die Informationen der Zinsstrukturkurve bestmöglich zu verwerten und die Rendite der risikolosen Anlage periodenspezifisch zu bestimmen.[1343] Einen normalen Verlauf der Zinsstrukturkurve unterstellt, werden bei Verwendung eines einheitlichen Basiszinssatzes die Zahlungsströme des Bewertungsobjekts am Beginn des Investitionshorizonts zu stark und jene am Ende des Investitionshorizonts zu schwach kapitalisiert. Dies gilt besonders für den Fall, dass die bewertungsrelevanten Überschüsse der Detailplanungsphase stark schwanken.[1344] Nur in dem wenig relevanten Fall einer flachen Zinsstrukturkurve ist ein einheitlicher Basiszinssatz kapitalmarkttheoretisch gerechtfertigt.[1345] Unter Hinweis auf die Bedürfnisse der praktischen Unternehmensbewertung empfehlen gleichwohl Teile des Schrifttums, aber auch das *IDW*, einen über die gesamte Laufzeit hinweg konstanten und somit für alle Perioden des Investitionszeitraums einheitlichen Ba-

---

[1340] Vgl. LG Frankfurt am Main vom 21. März 2006, AG 2007, S. 42 (S. 44).
[1341] Vgl. Fabozzi, F. J., Structure of Interest Rates, 2005, S. 142; Kruschwitz, L. / Husmann, S., Investition, 2012, S. 165 – 168.
[1342] Vgl. z. B. Großfeld, B., Anteilsbewertung, 2002, S. 118.
[1343] Vgl. Fama, E. F., JFE 1977, S. 5 – 14; Schwetzler, B., ZfB 1996, S. 1093; IDW (Hrsg.), FN-IDW 2005, S. 555; Drukarczyk, J. / Schüler, A., Unternehmensbewertung, 2009, S. 212 – 213, S. 217 – 218; Franke, G. / Hax, H., Finanzwirtschaft, 2009, S. 200; Kruschwitz, L., Investitionsrechnung, 2011, S. 88 – 91; Perridon, L. / Steiner, M. / Rathgeber, A., Finanzwirtschaft, 2012, S. 49.
[1344] Vgl. Ruiz de Vargas, S. / Zollner, T., BP 2010, Nr. 2, S. 5.
[1345] Vgl. z. B. Knoll, L. / Deininger, C., ZBB 2004, S. 372.

siszinssatz zu verwenden.[1346] Dies erlaube, die Komplexität der Unternehmensbewertung zu begrenzen und gleichzeitig die Informationen der Zinsstrukturkurve vollständig zu verwerten.[1347]

Die Frage nach der Komprimierung der periodenspezifisch ermittelten Kassazinssätze zu einem einheitlichen Basiszinssatz stellt sich weniger im Hinblick auf die hier interessierende Funktion der Rendite der risikolosen Anlage als Referenz für die Marktrendite. Vielmehr ist damit in erster Linie die Funktion der risikolosen Anlage als isolierter Bestandteil der risikoadjustierten Kapitalkosten angesprochen. Gleichwohl entfaltet die Thematik auch im Hinblick auf die Funktion der Rendite der risikolosen Anlage als Referenz für die Marktrendite Relevanz, wenn auch aus einem anderen Blickwinkel. Die folgenden Ausführungen sind daher weiterhin so aufgebaut, dass die Frage nach der Komprimierung der periodenspezifischen Kassazinssätze zunächst unter dem Gesichtspunkt der Funktion der risikolosen Anlage als isolierter Bestandteil der risikoadjustierten Kapitalkosten diskutiert wird. In einem zweiten Schritt gilt es zu überprüfen, ob und inwiefern die Ergebnisse auch im Hinblick auf die Funktion der Rendite der risikolosen Anlage als Referenz für die Marktrendite übertragbar sind.

### 5.8.2.3.2 Funktion des Basiszinssatzes als isolierter Bestandteil der risikoadjustierten Kapitalkosten

Die Formulierung eines allgemeinen formalen Zusammenhangs für einen einheitlichen, über die gesamte Laufzeit hinweg konstanten Basiszinssatz gründet auf der Erkenntnis, dass der Barwert der Zahlungsreihe, welcher sich bei Kapitalisierung mit periodenspezifischen Zinssätzen ergibt, notwendigerweise mit jenem Barwert übereinstimmt, welcher bei Diskontierung mit einem über alle Restlaufzeiten hinweg einheitlichen Basiszinssatz resultiert. Mithin müssen die beiden Zahlungsreihen barwertäquivalent sein.[1348]

Der vorliegenden Untersuchung liegt ein Bewertungsobjekt von präsumtiv unendlicher Fortbestehensdauer zugrunde. Ausgangspunkt für die Ableitung eines einheitlichen Basiszinssatzes ist daher eine ebenfalls unendliche Reihe risikoloser Zahlungen. Bei der Bestimmung des über alle Restlaufzei-

---

[1346] Vgl. zur Größe des dabei in Kauf zu nehmenden Fehlers Bassemir, M. / Gebhardt, G. / Ruffing, P., WPg 2012, S. 883.

[1347] Vgl. z. B. Moxter, A., Grundsätze, 1983, S. 146; wohl auch Ballwieser, W., Komplexitätsreduktion, 1993, S. 173; Hackmann, A., Unternehmensbewertung, 1987, S. 116; IDW (Hrsg.), FN-IDW 2005, S. 556; Jonas, M. / Wieland-Blöse, H. / Schiffarth, S., FB 2005, S. 649 – 650; Wagner, W. / Jonas, M. / Ballwieser, W. u. a., WPg 2006, S. 1016; Bassemir, M. / Gebhardt, G. / Leyh, S., ZfbF 2012, S. 655.

[1348] Vgl. Jonas, M. / Wieland-Blöse, H. / Schiffarth, S., FB 2005, S. 652 – 653; Knoll, L., WiSt 2006, S. 527 – 528; Obermaier, R., FB 2006, S. 477.

ten hinweg einheitlichen Basiszinssatzes wird eine typisierte Zahlungsreihe verwendet.[1349] Eine alternative Darstellungsform besteht in einer ersten Phase, wo detailliert geplante Zahlungsströme mit periodenspezifischen Kassazinssätzen kapitalisiert werden, und einer Phase der ewigen Rente, welche nach dem Zeitraum der Detailplanungsphase im Zeitpunkt $T$ einsetzt. Hierbei fließt in die Phase der ewigen Rente die Anschlussverzinsung ein.

Vereinfachend unterstellt das *IDW* gleichbleibende respektive ausgehend vom Niveau $X_0$ geometrisch von Periode zu Periode mit der Rate $g$ wachsende Zahlungsströme.[1350] Grundsätzlich orientiert sich die Rate $g$ an der Rate des nachhaltigen Wachstums des zu bewertenden Unternehmens.[1351] Aus Gründen der Praktikabilität hält es das *IDW* alternativ für zulässig, eine typisierte Wachstumsrate von 1 % zu unterstellen, da der Einfluss der Wachstumsrate auf den einheitlichen Basiszinssatz verhältnismäßig gering sei.[1352]

Beschreibe $i(0;t)$ weiterhin den periodenspezifischen Kassazinssatz in der $t$-ten Periode der Detailplanungsphase, $i(0;T)$ den explizit geschätzten Kassazinssatz mit der längsten Restlaufzeit und $i_e$ den einheitlichen, über alle Perioden hinweg konstanten Kassazinssatz, so stellt sich der Barwert der ewigen Rente mit

$$X_0 \cdot \frac{1+g}{i_e - g} \qquad (1)$$

respektive mit

$$X_0 \cdot \sum_{t=1}^{T} \frac{(1+g)^t}{[1+i(0;t)]^t} + X_0 \cdot (1+g)^T \cdot \frac{1+g}{i(0;T) - g} \cdot \frac{1}{[1+i(0;T)]^T} \qquad (2)$$

dar, sofern der Phase der ewigen Rente eine Detailplanungsphase vorausgeht.[1353]

---

[1349] Vgl. Bassemir, M. / Gebhardt, G. / Ruffing, P., WPg 2012, S. 884.
[1350] Vgl. IDW (Hrsg.), FN-IDW 2005, S. 555 – 556.
[1351] Vgl. Wagner, W. / Jonas, M. / Ballwieser, W. u. a., WPg 2006, S. 1016; Wiese, J. / Gampenrieder, P., DST 2007, S. 446.
[1352] Vgl. Reese, R., Eigenkapitalkosten, 2007, S. 23; IDW (Hrsg.), WP-Handbuch, 2007, lit. A, Tz. 291.
[1353] Vgl. Baetge, J. / Niemeyer, K. / Kümmel, J. u. a., DCF-Verfahren, 2015, S. 381; wohl aA Wiese, J. / Gampenrieder, P., BB 2008, S. 1724, welche die Steigerung der Zahlungsströme in der ersten Phase augenscheinlich für unbeachtlich halten. *Reese / Wiese* treffen für die Ermittlung des über alle Restlaufzeiten hinweg einheitlichen Basiszinssatzes die an sich gebotene Unterscheidung nach der Art der Berücksichtigung des Risikos in Form von Sicherheitsäquivalenten oder in Form eines Risikozuschlags, auf welche jedoch an dieser Stelle verzichtet wird. Vgl. zum Prinzip Reese, R. / Wiese, J., ZBB 2007, S. 45.

Unter den getroffenen Modellannahmen liefern einfache äquivalente Umformungen für den einheitlichen Basiszinssatz im Ergebnis:

$$i_e = \frac{1+g}{\sum_{t=1}^{T} \frac{(1+g)^t}{[1+i(0;t)]^t} + (1+g)^T \cdot \frac{1+g}{i(0;T)-g} \cdot \frac{1}{[1+i(0;T)]^T}} + g \quad (3)$$

Nach Auffassung des *IDW* ist der so gewonnene einheitliche Basiszinssatz auf 0,25 Prozentpunkte zu runden, also etwa von 3,39 % auf 3,50 %.[1354]

In der Funktion als isolierter Bestandteil der risikoadjustierten Kapitalkosten akzeptiert die Rechtsprechung die vereinfachende Komprimierung laufzeitäquivalenter Kassazinssätze zu einem einheitlichen Basiszinssatz.[1355] In bewertungspraktischer Hinsicht kann ein einheitlicher Basiszinssatz einen wichtigen Beitrag leisten, eine nicht unerhebliche Quelle bewertungsarithmetischer Fehler auszuschalten und zugleich die Kommunikation mit den Adressaten der Unternehmensbewertung zu vereinfachen.[1356] Indes relativiert sich der mit einem über alle Restlaufzeiten hinweg einheitlichen Basiszinssatz im Vergleich zu periodenspezifischen Zinssätzen assoziierte geringere Grad an Komplexität, vergegenwärtig man sich die hierfür erforderlichen Annahmen und Berechnungen.[1357] Überhaupt vermag das ins Feld geführte Argument der Komplexitätsreduktion nicht zu überzeugen: Zum einen bestehen zwischenzeitlich mannigfaltige Möglichkeiten, die Informationen über laufzeitspezifische Zinssätze kostengünstig von hierauf spezialisierten Finanzdienstleistungsunternehmen zu beziehen. Zum anderen kann der Bewertende die periodenspezifischen Kassazinssätze unter Rückgriff auf die öffentlich zugänglichen Zinsstrukturdaten der Deutschen Bundesbank oder der Europäischen Zentralbank mit verhältnismäßig geringem Aufwand selbst bestimmen.[1358] Keineswegs erscheint es zweckmäßig, mit der Verdichtung laufzeitspezifischer Kassazinssätze zu einem einheitlichen Basiszinssatz eine Verletzung der Laufzeitäquivalenz von Bewertungsobjekt und Alternativanlage in Kauf zu nehmen,[1359] auch wenn die Höhe des damit einhergehenden Bewertungsfehlers von der Struktur der Zahlungsströme abhängig und somit nicht allgemein quantifizierbar ist.[1360]

---

[1354] Vgl. IDW (Hrsg.), FN-IDW 2013, S. 367.
[1355] Vgl. z. B. LG Frankfurt am Main vom 21. März 2006, AG 2007, S. 42 (S. 44 – 45).
[1356] Vgl. Wiese, J. / Gampenrieder, P., BB 2007, S. 1724.
[1357] Vgl. Ballwieser, W. / Hachmeister, D., Unternehmensbewertung, 2013, S. 91.
[1358] Vgl. Obermaier, R., FB 2006, S. 473; Schmusch, M. / Laas, T., WPg 2006, S. 1055; IDW (Hrsg.), FN-IDW 2008, S. 490 – 491.
[1359] Vgl. Schwetzler, B., ZfB 1996, S. 1095; Baetge, J. / Niemeyer, K. / Kümmel, J., DCF-Verfahren, 2015, S. 381 – 382.
[1360] Vgl. hierzu nochmals Großfeld, B., Anteilsbewertung, 2002, S. 118; Ballwieser, W., Unternehmensbewertung, 2003, S. 21 – 22; Gebhardt, G. / Daske, H., WPg 2005, S. 655; Kniest, W., BP 2005, Nr. 1, S. 12.

## Kapitel 5: Rendite der risikolosen Anlage

Was für die Verdichtung laufzeitspezifischer Kassazinssätze zu einem einheitlichen Basiszinssatz im Allgemeinen gilt, gilt für die dahingehenden Empfehlungen des *IDW* im Besonderen. So ist die pauschale Wachstumsannahme des *IDW* als zu wenig differenzierend zu würdigen.[1361] Eine wissenschaftliche Begründung für die Rundung lässt sich nicht erkennen.[1362] Möglicherweise verspricht sich die Bewertungspraxis hiervon, die sich so ergebenden Zinsstufen, welche ähnlich den Zinsschritten der EZB sind, den Adressaten der Unternehmensbewertung leichter zu vermitteln. Die Rechtsprechung zeigt sich im Hinblick auf die vom *IDW* geforderte Rundung unschlüssig. Ein klarer Leitsatz im Hinblick einerseits auf die Notwendigkeit der Rundung, andererseits auf den Umfang der etwaigen Rundung lässt sich nicht erkennen.[1363]

Insgesamt kann die vom *IDW* vorgeschlagene Rundung des einheitlichen Basiszinssatzes für Zwecke der risikolosen Anlage als isolierter Bestandteil der Kapitalkosten nicht anders als willkürlich bezeichnet werden. Sie konterkariert den Rückgriff auf Marktdaten, von welchem man sich gerade bestmögliche Objektivität verspricht, provoziert in gleicher Weise wie die Mittelung der Zinsstrukturdaten deren Entobjektivierung und ist daher als methodisch falsch abzulehnen. Im Übrigen vertritt das *IDW* die Auffassung, als Anschlussverzinsung sei der explizit geschätzte Kassazinssatz mit der längsten verfügbaren Restlaufzeit von aktuell 30 Jahren in Ansatz zu bringen.[1364] Dies ist konzeptionell nicht unproblematisch, nachdem die Orientierung der Anschlussverzinsung am explizit geschätzten Kassazinssatz mit der längsten verfügbaren Restlaufzeit unterstellt, dass die Zinsstrukturkurve für darüber hinausgehende Restlaufzeiten abrupt abflacht und die korrespondierenden Kassazinssätze auf dem Niveau des explizit geschätzten Kassazinssatzes mit der längsten verfügbaren Restlaufzeit verharren. Unabhängig hiervon kommt vorliegende Untersuchung zu dem Ergebnis, dass als methodisch korrekte Anschlussverzinsung der sehr langfristige Kassazinssatz $\beta_0$ zu wählen ist. Somit wäre in Beziehung (3) im Faktor $\frac{1+g}{i(0;T)-g}$ der explizit geschätzte Kassazinssatz mit der längsten Restlaufzeit $i(0;T)$ durch $\beta_0$ zu ersetzen.

---

[1361] Vgl. Ballwieser, W. / Hachmeister, D., Unternehmensbewertung, 2013, S. 91 – 92.
[1362] Vgl. Kniest, W., BP 2005, Nr. 1, S. 12.
[1363] So spricht sich das LG Frankfurt am Main für eine Rundung auf eine Dezimalstelle aus, wenngleich es die Notwendigkeit der Rundung per se in Frage stellt. Vgl. hierzu LG Frankfurt am Main vom 21. März 2006, AG 2007, S. 42 (S. 44 – 46). Beim Ausschluss von Minderheitsaktionären komme gar nur eine Aufrundung in Frage. Das OLG Frankfurt am Main rundet den über alle Restlaufzeiten hinweg einheitlichen Basiszinssatz hingegen auf zwei Nachkommastellen. Vgl. hierzu OLG Frankfurt am Main vom 17. Juni 2010, 5 W 39 / 09, Rn. 42.
[1364] Vgl. IDW (Hrsg.), FN-IDW 2008, S. 491.

Kapitel 5: Rendite der risikolosen Anlage

### 5.8.2.3.3 Funktion des Basiszinssatzes als Referenz für die Marktrendite

Einer gesonderten Beurteilung bedarf die Frage nach der Komprimierung der periodenspezifisch ermittelten Kassazinssätze zu einem einheitlichen Basiszinssatz im Hinblick auf die Funktion der Rendite der risikolosen Anlage als Referenz für die Marktrendite. Nach hier vertretener Auffassung stellt sich die Frage nach der Verwendung periodenspezifisch oder zu einem einheitlichen Basiszinssatz verdichteter Kassazinssätze in dieser Konstellation nicht. Vielmehr ist auf denjenigen Kassazinssatz abzustellen, welcher am ehesten geeignet ist, Laufzeitäquivalenz zum Marktportfolio herzustellen. Im hier betrachteten Fall der Bewertung eines Unternehmens von unendlicher Fortbestehensdauer ist der Einperiodenzeitraum des CAPM mit einem möglichst langen Referenzzeitraum auszulegen. Korrespondierend ist für Zwecke des Basiszinssatzes in der Funktion als Referenz für die Marktrendite auf die Anschlussverzinsung abzustellen.

Es wurde gezeigt, dass als methodisch korrekte Anschlussverzinsung mit $\beta_0$ derjenige Kassazinssatz zu wählen ist, welcher sich im *Nelson / Siegel / Svensson*-Modell bei Zugrundelegung einer gegen positiv Unendlich konvergierenden Restlaufzeit ergibt. Aufgrund der Einwertigkeit der Anschlussverzinsung erübrigt sich die Frage nach einer etwaigen Komprimierung. Aus Gründen der Vollständigkeit jedoch sei diese auch formal gezeigt. Der wesentliche Unterschied zu den allgemeinen Ausführungen hinsichtlich der Komprimierung periodenspezifischer Kassazinssätze besteht darin, dass im hier betrachteten Fall der Bewertung eines Unternehmens von unendlicher Fortbestehensdauer die Zahlungsströme auf den Zeitpunkt $T$, dem Beginn der Phase der Anschlussverzinsung, zu kapitalisieren sind. Es lässt sich zeigen, dass sich hierdurch Beziehung (2) in 5.8.2.3.2 zu

$$X_T \cdot \frac{1+g}{\beta_0 - g} \qquad (1)$$

vereinfacht, wobei $X_T$ für die erwarteten Zahlungsströme zu Beginn der Phase der Anschlussverzinsung, sohin

$$X_0 \cdot (1+g)^T \coloneqq X_T \qquad (2)$$

steht.[1365] Korrespondierend ist die ewige Rente auf den Zeitpunkt $T$ zu basieren, sodass

$$X_T \cdot \frac{1+g}{i_e - g} \qquad (3)$$

---

[1365] Hinsichtlich der Beweisführung sei der interessierte Leser auf A 10.2 im Anhang verwiesen.

gilt. Wie unmittelbar ersichtlich, liefert Gleichsetzen der beiden Beziehungen (1) und (3) $\beta_0$ als einheitlichen Basiszinssatz. Als Ergebnis ist damit festzuhalten, dass im hier betrachteten Fall der Bewertung eines Unternehmens von unendlicher Fortbestehensdauer im Hinblick auf den Basiszinssatz in der Funktion als Referenz für die Marktrendite auf den sehr langfristigen Kassazinssatz $\beta_0$ abzustellen ist.

Ansätze der Bewertungspraxis zur Ableitung des Basiszinssatzes in der Funktion als Referenz für die Marktrendite bestehen zum einen in der Effektivverzinsung langlaufender Kuponanleihen, zum anderen in Indizes von Kuponanleihen öffentlicher Schuldner. Die unzureichende Eignung der Effektivverzinsung von Kuponanleihen wurde bereits in 5.6.3.2.2 gewürdigt. Insofern sei hierauf verwiesen. Ebenso wie die Umlaufsrendite erfreuen sich Indizes von Anleihen als Gradmesser für die Beurteilung der Konstitution des Rentenmarkts allgemein großer Beliebtheit.

Hinsichtlich Konstruktion und Funktionsweise von Rentenindizes gelten die für Aktienindizes getroffenen Aussagen im Prinzip analog. Der Berechnung der Indexzahlen liegt hier ein Portfolio festverzinslicher Wertpapiere zugrunde. Insbesondere ist in gleicher Weise zwischen Kurs- und Performance-Indizes zu unterscheiden. Ein wesentlicher Unterschied zu Aktienindizes besteht jedoch darin, dass zumindest real existierende Rentenpapiere einen konkreten Rückzahlungstermin und damit gerade keine grundsätzlich unendliche Laufzeit wie Aktien aufweisen, wodurch laufende Portfolioanpassungen erforderlich werden. Andernfalls kommt es zu einer sukzessiven Verkürzung der durchschnittlichen Restlaufzeit und damit einhergehend der Duration des Indexportfolios, was das Zinsänderungsrisiko selbst beeinflusst. Eine alternative Vorgehensweise besteht in der Verwendung synthetischer Anleihen. Der Kurs der synthetischen Anleihen wird über einen Barwertansatz aus der Rendite- respektive Zinsstruktur real existierender Rentenpapiere approximiert.[1366] Wenngleich derartige Anleihen am Markt nicht gehandelt werden, zeichnen sich diese durch eine konstante Restlaufzeit und eine gleichbleibende Duration aus und vermögen auf diese Weise ein stabiles Zinsänderungsrisiko zu simulieren.

Trotz ihrer Vielschichtigkeit und des von ihnen repräsentierten Marktvolumens führen Rentenindizes ein vergleichsweises Schattendasein. Allenfalls der Rentenindex REX® und der Renten-Performance-Index REXP® der Deutschen Börse AG können auf eine ähnliche Bekanntheit wie der omnipräsente deutsche Leitindex DAX® 30 verweisen. Hinsichtlich des zugrundeliegenden Wägungsschemas handelt es sich beim REX® und REXP® um Indizes

---

[1366] Vgl. Maier, J. / Stehle, R., KuK 1999, S. 125 – 126.

vom Typ *Laspeyres*.[1367] Der REX® beschreibt das Segment für deutsche Staatspapiere am deutschen Rentenmarkt. Er umfasst alle Anleihen, Obligationen und Schatzanweisungen der Bundesrepublik Deutschland, des Fonds Deutsche Einheit sowie der Treuhandanstalt mit fixer Verzinsung und einer Restlaufzeit zwischen einem halben und zehneinhalb Jahren. Auf dieses Marktsegment entfallen rund 90 % der Börsenumsätze. Der REX® bedient sich eines gewichteten Durchschnittskurses aus synthetischen Anleihen konstanter Laufzeit. Hierbei handelt es sich um 30 idealtypische Anleihen mit ganzzahligen Laufzeiten von einem bis zehn Jahren und einem Kupon von je 6 %, 7,5 % oder 9 %. Es bestehen also zehn Laufzeit- und drei Kuponklassen. Für jeden Laufzeitbereich wird ein gesonderter Subindex berechnet und veröffentlicht.[1368]

Die Berechnung des REX®-Gesamtindexes erfolgt in mehreren Schritten auf Basis eines multiplen Regressionsansatzes. Aus den Einheitskursen der Grundgesamtheit werden die aktuellen Renditen berechnet. Diese bilden die Grundlage für die Berechnung einer Renditestruktur in Abhängigkeit von Restlaufzeit und Kupon. Aus der somit dreidimensionalen Darstellung von Kupon, Laufzeit und Rendite werden die fiktiven Kurse und die Renditen der synthetischen Anleihen bestimmt. Die Kurse der synthetischen Anleihen werden im Anschluss mit einem vorgegebenen Marktanteil gewichtet. Die Summe der 30 gewichteten Kurse bildet den REX®-Gesamtindex.[1369] Dieser gibt ausschließlich über die Kursentwicklung Auskunft.

Für den REXP® gilt Vorstehendes grundsätzlich entsprechend. Im Unterschied zum REX® zeigt der REXP® die langfristige Wertentwicklung eines hypothetischen Rentenportfolios, welchem weder Mittel entzogen noch hinzugefügt werden. Somit inhäriert dem REXP® das Renditekonzept des Total Return.[1370] Die tägliche Wiederanlage des durchschnittlichen REX®-Kupons erfolgt auf alle in das Portfolio einbezogenen Wertpapiere entsprechend der ihnen zugewiesenen Gewichte. Einkommensteuern auf die Zinserträge und Kapitalgewinne finden hierbei keine Berücksichtigung.[1371] Indexbasis ist der 30. Dezember 1987 = 100,00.[1372] Unter Rückgriff auf geeignete Vorgän-

---

[1367] Vgl. Stehle, R., Renditevergleich von Aktien und festverzinslichen Wertpapieren, 1999, S. 8.
[1368] Vgl. Uhlir, H., Börsenindizes, 2001, Sp. 389 – 390.
[1369] Vgl. Maier, J. / Stehle, R., KuK 1999, S. 129 – 130; Deutsche Börse AG (Hrsg.), REX® und REXP®, 2004, S. 2, S. 4 – 5.
[1370] Vgl. Kielkopf, K., Performance von Anleiheporteteuilles, 1995, S. 60 – 64, S. 76 – 82; Maier, J. / Stehle, R., KuK 1999, S. 130 – 131.
[1371] Vgl. Stehle, R., Renditevergleich von Aktien und festverzinslichen Wertpapieren, 1999, S. 10.
[1372] Vgl. Uhlir, H., Börsenindizes, 2001, Sp. 390; Deutsche Börse AG (Hrsg.), REX® und REXP®, 2004, S. 3, S. 6; zu den Einzelheiten Deutsche Börse AG (Hrsg.), REX®-Indizes, 2014, S. 4 – 22.

## Kapitel 5: Rendite der risikolosen Anlage

gerindizes lässt sich die Zeitreihe bis 1967 rekonstruieren.[1373] Allerdings ist diese nicht uneingeschränkt durchgängig vergleichbar. Hintergrund ist unter anderem eine Veränderung der Indexformel zum 19. August 1995 hinsichtlich des Verfahrens zur Bestimmung des mittleren Kupons.[1374] Dem REXP® liegt wie den übrigen Rentenindizes der Deutschen Börse AG das Notional Bond-Konzept zugrunde. Charakteristisch für das Notional Bond-Konzept ist, dass sowohl Kupon als auch Restlaufzeit der einzelnen in das Indexportfolio einbezogenen synthetischen Anleihen stets konstant bleiben. Veränderungen des Durchschnittskupons und der Durchschnittslaufzeit des Indexportfolios sind damit per definitionem ausgeschlossen. Dies erlaubt, den REXP® als Kurs einer fiktiven festverzinslichen Anleihe mit einer endlichen Restlaufzeit aufzufassen, welche einen Kupon entsprechend dem Durchschnittskupon des Indexportfolios in Höhe von 7,443 % und eine Laufzeit entsprechend der durchschnittlichen Restlaufzeit des Indexportfolios von 5,49 Jahren aufweist.[1375]

Die Zeitreihe des REXP® erlaubt keine Rückschlüsse auf den Verlauf der Renditestrukturkurve am jeweiligen Bewertungsstichtag. Angesichts der nur mittleren Laufzeit der fiktiven festverzinslichen Anleihe unterschätzt der REXP® die tatsächliche Reagibilität des Kurses einer im Idealfall laufzeitäquivalenten festverzinslichen Anleihe auf Veränderungen des allgemeinen Zinsniveaus am Kapitalmarkt systematisch.[1376] Hintergrund sind Abweichungen hinsichtlich Duration und Konvexität bei Anleihen unterschiedlicher Restlaufzeit.[1377] Eine Veränderung des Marktzinssatzes wirkt sich cet. par. umso stärker auf den Kurs einer Anleihe aus, je länger deren Restlaufzeit ist. Gerade in der mittleren durchschnittlichen Restlaufzeit liegt neben der Vergangenheitsorientierung die wesentliche Schwäche des REXP®, welche insbesondere gegen dessen Verwendung als Proxy für die risikolose Anlage im Rahmen des CAPM spricht.[1378] Zwar handelt es sich beim REXP® methodisch um einen Total Return-Index. Allein vermag der REXP® nicht als laufzeitäquivalentes Proxy des Marktportfolios zu dienen, nachdem die darin enthaltenen Unternehmen grundsätzlich auf eine unendliche Fortbestehensdauer angelegt sind. Die Verwendung der Zeitreihe des REXP® als Proxy für die risikolose Anlage im Rahmen des CAPM geht sowohl in einem Umfeld allgemein fallender wie auch in einem Umfeld allge-

---

[1373] Vgl. hierzu z. B. Müller, J., Rentenmarkt, 1992, S. 164 – 219.
[1374] Vgl. Maier, J. / Stehle, R., KuK 1999, S. 130 – 132.
[1375] Vgl. Deutsche Börse AG (Hrsg.), REX®-Indizes, 2014, S. 4 – 5, S. 17 – 19.
[1376] Vgl. Schutzgemeinschaft der Kapitalanleger e. V. (Hrsg.), AG 2005, Sonderheft, S. 44.
[1377] Vgl. Loistl, O., Rentenwerte, 2001, Sp. 1830 – 1834.
[1378] Vgl. Wiek, E. J., DBa 1992, S. 719.

mein steigender Zinsniveaus mit einem systematischen Fehler hinsichtlich der Höhe der Marktrisikoprämie einher.[1379]

#### 5.8.2.3.4 Würdigung

Zusammenfassend lässt sich festhalten, dass die Komprimierung periodenspezifischer Kassazinssätze zu einem einheitlichen Basiszinssatz abzulehnen ist. Dies gilt unabhängig von der Funktion, welche der Basiszinssatz im Einzelfall erfüllt. Vielmehr sind die Kassazinssätze für Zwecke der risikolosen Anlage als isolierter Kapitalkostenbestandteil periodenspezifisch zu verwenden. Für die Phase der Anschlussverzinsung ist für die risikolose Anlage bei Zugrundelegung des Verfahrens von *Nelson / Siegel / Svensson* der sehr langfristige Kassazinssatz $\beta_0$ anzusetzen. Zwar handelt es sich hierbei ebenfalls um einen einheitlichen Kassazinssatz. Keineswegs jedoch ist dieser seinerseits als Ergebnis eines Verdichtungsprozesses zu werten, sondern dem flachen Verlauf der Zinsstrukturkurve am langen Ende der Zinsstrukturkurve geschuldet. Die Bewertungspraxis greift für Zwecke der Rendite der risikolosen Anlage als Referenz für die Marktrendite bislang zumeist auf Vergangenheitsdaten zurück.[1380] Unter dem Aspekt des Stichtagsprinzips erscheint dies problematisch. Hier wird empfohlen, aus Gründen der Objektivierung sowie zur Wahrung einerseits des Stichtagsprinzips, andererseits der Laufzeitäquivalenz für Zwecke der risikolosen Anlage in der Funktion als Referenz für die Marktrendite im Rahmen des CAPM auf den sehr langfristigen Kassazinssatz $\beta_0$ abzustellen. Die Verwendung der Effektivverzinsung langlaufender Anleihen respektive der Zeitreihe des REXP® für Zwecke der Rendite der risikolosen Anlage in der Funktion als Referenz für die Marktrendite ist hingegen abzulehnen.

### 5.8.3 Berücksichtigung der globalen Finanz- und Staatsschuldenkrise

Der FAUB sieht Hinweise darauf, dass im Zuge der globalen Finanz- und Staatsschuldenkrise die Risikoaversion der Kapitalmarktteilnehmer gestiegen ist. Dies äußere sich in einer verstärkten Nachfrage nach deutschen Staatsanleihen.[1381] Diesem steht ein allenfalls gleichbleibendes Angebot an deutschen Staatsanleihen gegenüber. Dies hat mit sich gebracht, dass die Kurse deutscher Staatsanleihen zuletzt in einem Umfang gestiegen sind, dass vor dem Hintergrund der inversen Beziehung zwischen Kurs und Rendite festverzinslicher Wertpapiere Ende 2015 auf einem historisch niedrigen Niveau rentieren. Am kurzen Ende der Zinsstrukturkurve lassen sich

---

[1379] Vgl. Wenger, E., AG 2005, Sonderheft, S. 17; Schmitt, D. / Dausend, F., FB 2006, S. 239.
[1380] Vgl. z. B. Stehle, R., WPg 2004, S. 920 – 921; Wenger, E., AG 2005, Sonderheft, S. 21.
[1381] Vgl. IDW (Hrsg.), FN-IDW 2012, S. 122; Kohl, T. / König, J., BB 2012, S. 609; Baetge, J. / Niemeyer, K. / Kümmel, J. u.a., DCF-Verfahren, 2015, S. 396.

mittlerweile vermehrt negative Renditen beobachten.[1382] Die hier nicht betrachteten inflationsindexierten Anleihen der Bundesrepublik Deutschland weisen gar allsamt negative Renditen auf.[1383] Gleichwohl geht der FAUB davon aus, dass der Markt für öffentliche Anleihen uneingeschränkt funktioniert. Anzeichen für Marktversagen lassen sich nicht erkennen. Trotz des historisch niedrigen Zinsniveaus seien die beobachtbaren Renditen für deutsche Staatsanleihen unverändert der Ausgangspunkt für die Schätzung der Rendite der risikolosen Anlage.[1384]

Vorliegende Untersuchung schließt sich der Auffassung des FAUB an. Die Kurse und damit indirekt die Renditen von festverzinslichen Wertpapieren sind das Ergebnis eines Preisbildungsprozesses am Kapitalmarkt. Jede Form eines vermeintlich korrigierenden Eingriffs in den Markt, etwa gestützt auf das Urteil als solcher anerkannter Experten, erscheint willkürlich und ist daher abzulehnen. Eine gesonderte Frage besteht darin, ob sich im Zuge der globalen Finanz- und Schuldenkrise durch den Eintritt neuer Akteure auf dem Markt für öffentliche Anleihen das Machtgefüge verschoben hat. Diese gilt es jedoch nicht zu beurteilen, zumal dies nichts über die Qualität des Preisbildungsprozesses selbst aussagt, welcher hier jedoch im Vordergrund steht.

### 5.8.4 Zwischenergebnis

Die Auffassung des *IDW* zum Basiszinssatz hat sich in der Vergangenheit merklich gewandelt, wobei die Funktion des Basiszinssatzes in der Funktion als isolierter Bestandteil der Kapitalkosten im Vordergrund steht. Ausgehend von der Verwendung der historischen Durchschnittszinsen eines nicht genau definierten Referenzzeitraums über die vorübergehend empfohlene Verwendung der Effektivverzinsung von Kuponanleihen am Bewertungsstichtag vertritt das *IDW* mittlerweile die Auffassung, für Zwecke der Anschlussverzinsung, aber auch für die nähere erste Phase auf die Informationen der Zinsstrukturkurve zurückzugreifen. Dabei spricht sich das *IDW* nicht konkret für die Ableitung der Zinsstruktur mithilfe des Verfahrens von *Nelson / Siegel / Svensson* aus. Vielmehr verweist es auf die von der Deutschen Bundesbank respektive der EZB veröffentlichten Daten. Im Übrigen wird eine nicht näher begründete modifizierte Verwendung der Zinsstrukturdaten gefordert, was im Ergebnis als willkürlich abzulehnen ist.

---

[1382] Vgl. Kohl, T. / König, J., BB 2012, S. 607; Wagner, W. / Mackenstedt, A. / Schieszl, S. u. a., WPg 2013, S. 949.
[1383] Vgl. Zeidler, G. W. / Tschöpel, A. / Bertram, I., CF biz 2012, S. 76.
[1384] Vgl. IDW (Hrsg.), FN-IDW 2009, S. 697; IDW (Hrsg.), FN-IDW 2012, S. 568 – 569; Bassemir, M. / Gebhardt, G. / Ruffing, P., WPg 2012, S. 885; Zeidler, G. W. / Tschöpel, A. / Bertram, I., BP 2012, Nr. 1, S. 8.

Ursprünglich wurde ein Auswertungszeitraum von 249 Jahren empfohlen. Im Zuge der Finanzkrise hat das *IDW* seine dahingehende Auffassung auf 30 Jahre angepasst. Für weitere krisenbedingte Eingriffe sieht das *IDW* im Moment keine Notwendigkeit. Hinsichtlich der Verwendung der Zinsstrukturdaten selbst sieht das *IDW* eine Mittelung der Kassazinssätze über einen Zeitraum von drei Monaten vor dem Bewertungsstichtag vor. Auf diese Weise sollen Marktanomalien zum Ausgleich kommen. Weiterhin sind die Verdichtung der periodenspezifischen Kassazinssätze zu einem einheitlichen Zinssatz und die anschließende Rundung des Ergebnisses auf 0,25 Prozentpunkte vorgesehen. Hinsichtlich der Anschlussverzinsung stellt das *IDW* auf den Kassazinssatz mit der momentan längsten verfügbaren Restlaufzeit von 30 Jahren ab.

Die vom *IDW* vorgesehenen Modifikationen hinsichtlich der Verwendung der Informationen der Zinsstrukturkurve sind abzulehnen. Hinsichtlich der Anschlussverzinsung ist auf den sehr langfristigen Kassazinssatz $\beta_0$ abzustellen. Insbesondere ist der sehr langfristige Kassazinssatz $\beta_0$ in der Funktion als Referenz für die Marktrendite zugrunde zu legen. Der in der Bewertungspraxis beliebte Rückgriff auf die Effektivverzinsung der längstlaufenden Kuponanleihe respektive der Zeitreihe von Indizes der Kuponanleihen öffentlicher Schuldner kann nicht überzeugen.

## 5.9 Zusammenfassung

Die Rendite der risikolosen Anlage übernimmt im Rahmen der Bestimmung der risikoadjustierten Kapitalkosten eine Doppelfunktion, zum einen als isolierter Bestandteil der risikoadjustierten Kapitalkosten, zum anderen als Referenz für die Höhe der Marktrendite. Synonym wird die Rendite der risikolosen Anlage als Basiszinssatz oder als risikoloser Zinssatz bezeichnet. Die Bewertungstheorie versteht unter dem Basiszinssatz den landesüblichen Zinssatz. Der Begriff des landesüblichen Zinssatzes selbst wird gemeinhin mit der Rendite der längstlaufenden Anleihe des Schuldners mit der besten Bonität innerhalb des Sitzlandes des Bewertungsobjekts ausgelegt. Hierbei gelten für das Sitzland nicht die staatsrechtlichen Grenzen, sondern die Grenzen des jeweiligen Währungsraums.

Angesichts seiner Doppelfunktion ist der Basiszinssatz innerhalb der risikoadjustierten Kapitalkosten konsistent zu verwenden. Das Konsistenzgebot bezieht sich auf sämtliche Ausstattungsmerkmale der dem Basiszinssatz zugrundeliegenden Anleihen. Es besteht ein breites Spektrum von Anleiheformen, welche sich nach unterschiedlichen Kriterien klassifizieren lassen. Hinsichtlich des Kriteriums des Verzinsungskonzepts bilden Kuponanleihen und Nullkuponanleihen die Eckpunkte festverzinslicher Wertpapiere.

Vor dem Hintergrund des eng ausgelegten Stichtagsprinzips ist hinsichtlich der Rendite der Alternativanlage in gleicher Weise wie für die Prognose der Kapitalisierungsgröße auf die Verhältnisse am Bewertungsstichtag abzustellen. Im Hinblick auf die Rendite der risikolosen Anlage bestehen mit der Effektivverzinsung von Kuponanleihen einerseits und von Nullkuponanleihen andererseits zwei unterschiedliche Ausprägungen der Stichtagsverzinsung. Der wesentliche Unterschied zwischen der Effektivverzinsung von Kuponanleihen und von Nullkuponanleihen besteht darin, dass die Effektivverzinsung von Nullkuponanleihen ohne weitere Annahmen hinsichtlich der Entwicklung der Fristigkeitsstruktur nach Verstreichen des Bewertungsstichtags auskommt. Demgegenüber ist die Effektivverzinsung von Kuponanleihen unweigerlich mit der weitreichenden Wiederanlageprämisse verbunden. Unter dem bewertungstheoretischen Gesichtspunkt der Laufzeitäquivalenz ist die Effektivverzinsung von Nullkuponanleihen gegenüber der Effektivverzinsung von Kuponanleihen methodisch überlegen. Für die Bestimmung der Rendite der risikolosen Anlage ist daher auf die Informationen der Zinsstrukturkurve abzustellen.

Der Zinsstrukturbegriff ist wissenschaftstheoretischer Natur und bedarf daher der Operationalisierung. Die naheliegende Operationalisierung mithilfe von Nullkuponanleihen ist praktisch nicht möglich. Subsidiär ist für die Ableitung der Zinsstruktur auf die Informationen der Renditestrukturkurve zurückzugreifen. Mit dem Rückgriff auf die empirische Renditestrukturkurve, modellbasierte Verfahren sowie Zinsswaps bestehen drei verschiedene Ansätze zur rekursiven Bestimmung der Zins- anhand der Renditestruktur. Die Operationalisierung der Zins- anhand der empirischen Renditestruktur liefert verzerrte Ergebnisse. Wenigstens zum jetzigen Zeitpunkt liefern die modellbasierten Verfahren die qualitativ besten Ergebnisse, wobei die arbitragetheoretische Operationalisierung der Methode der kleinsten quadrierten Abweichungen wissenschaftstheoretisch überlegen ist. Vielversprechend, zumindest perspektivisch, ist daneben die Verwendung der Informationen der Swapsatzkurve zur Operationalisierung der Zinsstruktur. Methodisch ist das Vorgehen der arbitragetheoretischen Operationalisierung der Zins- anhand der Renditestrukturkurve überlegen. Allein ist die hierzu erforderliche Datenverfügbarkeit im Moment nicht gegeben.

Es besteht eine Reihe von Modellen zur Schätzung der empirischen Zinsstruktur. Ob seiner Einfachheit bei gleichzeitiger Anpassungsfähigkeit hat das Verfahren von *Nelson / Siegel / Svensson* international breite Akzeptanz erlangt. Im Kern beruht das Verfahren von *Nelson / Siegel / Svensson* auf der Methode der kleinsten quadrierten Abweichungen.

Mittlerweile befürwortet auch das *IDW* die Ableitung des Basiszinssatzes anhand der Informationen der Zinsstrukturkurve und verweist hierzu auf

## Kapitel 5: Rendite der risikolosen Anlage

die von der Deutschen Bundesbank respektive der EZB veröffentlichten Zinsstrukturdaten. Abweichend vom originären Zinsstrukturmodell von *Nelson / Siegel / Svensson* empfiehlt das *IDW* jedoch einige Modifikationen hinsichtlich der Systematik und der Datenbasis sowie die Aggregation der aus der Zinsstrukturkurve gewonnenen periodenspezifischen Kassazinssätze zu einem einheitlichen Basiszinssatz, welcher im Anschluss zu runden sei. Die Modifikationen führen zu einer Entobjektivierung und damit zu einer Entwertung des wesentlichen Vorzugs der Verwendung der Informationen der Zinsstrukturkurve und sind daher abzulehnen.

# 6 Sonderfragen

## 6.1 Zur Berücksichtigung von persönlichen Einkommensteuern bei der Unternehmensbewertung im Allgemeinen und bei der Marktrisikoprämie im Besonderen

### 6.1.1 Grundlagen

Der Zukunftserfolgswert einer Unternehmung bestimmt sich nach dem Nutzen, welchen diese ihren Inhabern stiftet.[1385] Maß für den Nutzen ist die mit den Eigentumsrechten an dem Unternehmen verbundene Anwartschaft auf zukünftige, tatsächlich zufließende Zahlungen (Zuflussprinzip).[1386] Diese bestehen aus Dividenden respektive Entnahmen und Kapitalrückzahlungen, vermindert um die Beträge möglicher Kapitaleinzahlungen.[1387] Steuern verändern den zu bewertenden Zahlungsstrom des Bewertungsobjekts.

Im Folgenden ist der Frage nachzugehen, ob und gegebenenfalls inwieweit Steuern Bewertungsrelevanz besitzen. Die Frage nach der Bewertungsrelevanz von Ertragsteuern ist zunächst unter dem Blickwinkel der Bewertungstheorie zu diskutieren. Die Betrachtung beschränkt sich hierbei auf periodische Vorgänge. Die steuerlichen Implikationen aperiodischer Vorgänge hingegen bleiben ausgeblendet. In einem zweiten Schritt ist der Frage nach der bewertungspraktischen Operationalisierung der bewertungstheoretischen Vorgaben hinsichtlich der Berücksichtigung von Ertragsteuern im Rahmen von Unternehmensbewertungskalkülen nachzugehen. Zunächst jedoch ruft die Komplexität der Thematik nach einem einführenden Überblick über die im Folgenden relevanten Aspekte des deutschen Unternehmenssteuerrechts.

### 6.1.2 Grundzüge der deutschen Unternehmensbesteuerung

#### 6.1.2.1 Anknüpfungspunkte der Besteuerung

Nach dem Merkmal, an welches die Besteuerung anknüpft, unterscheidet man Personen-, Real- und Verkehrsteuern. In Abhängigkeit von der Kopplung an das Einkommen des jeweiligen Steuersubjekts fallen diese ertragsabhängig oder ertragsunabhängig an.[1388] Während Personensteuern, etwa die Einkommensteuer oder die Körperschaftsteuer, am Vorhandensein einer natürlichen oder einer juristischen Person anknüpfen, setzen Realsteuern, z. B. die Gewerbesteuer, das Vorliegen eines bestimmten Objekts voraus. Die Person des Steuerschuldners ist hier zweitrangig. Verkehrsteuern (z. B. Umsatzsteuer) schließlich werden auf bestimmte Geschäftsvorfälle

---

[1385] Vgl. Mellerowicz, K., Wert, 1952, S. 13; Münstermann, H., Wert, 1970, S. 12.
[1386] Vgl. IDW (Hrsg.), IDW S 1 i. d. F. 2008, Tz. 25; Löffler, A., FB 2001, S. 594.
[1387] Vgl. Preiser, E., Verteilung, 1970, S. 104.
[1388] Vgl. hierzu eingehend Fuest, C. / Thöne, M., Steuern, 2008, S. 15 – 26.

erhoben.[1389] Ertragsunabhängige, auf Ebene der Gesellschaft erhobene Steuern bezeichnet man als Betriebssteuern.[1390] Die weiteren Darlegungen beschränken sich auf die Betrachtung ertragsabhängiger Personen- oder Objektsteuern, namentlich der Körperschaft-, der Gewerbe- und der Einkommensteuer sowie der damit verbundenen Zuschlagssteuern und Ergänzungsabgaben (Kirchensteuer und Solidaritätszuschlag).

#### 6.1.2.2 Gesellschaftsrechtliche Grundlagen

Allgemein knüpft das deutsche Unternehmenssteuerrecht an das Gesellschaftsrecht an. Uneingeschränkt gilt dies für Einzelunternehmen und Kapitalgesellschaften. Eine Sonderstellung nehmen Personengesellschaften ein.

Einzelunternehmen und Kapitalgesellschaften bilden die Eckpunkte des deutschen Gesellschaftsrechts.[1391] Das Gesellschaftsrecht trifft keine Unterscheidung zwischen Einzelunternehmen und Einzelunternehmer. Insbesondere entbehren Einzelunternehmen einer eigenständigen Rechtsfähigkeit. Rechtsfähig ist die Person des Einzelunternehmers, der mit seinem Privatvermögen für die Schulden des Einzelunternehmens haftet.

Bei Kapitalgesellschaften begrenzt das gesellschaftsrechtliche Trennungsprinzip die Haftung auf das Vermögen der Gesellschaft. Ein Rückgriff auf das Privatvermögen der Gesellschafter zur Bedienung der Schulden der Gesellschaft im Insolvenzfall ist grundsätzlich nicht möglich. Gesellschaft und Gesellschafter sind voneinander isolierte, eigenständige Rechtssubjekte. Vor diesem Hintergrund ist bei Kapitalgesellschaften streng zwischen der Ebene der Gesellschaft und der Ebene der Gesellschafter zu differenzieren.[1392]

Personengesellschaften sind gesellschaftsrechtlich zwischen Einzelunternehmen und Kapitalgesellschaften einzuordnen. Sie sind zivilrechtlich nicht voll, sondern nur relativ rechtsfähig. Dies bedeutet, dass Personengesellschaften zum einen insoweit rechtlich selbständig sind, als die jeweilige Gesamthand eigenes, von der Sphäre der Gesellschafter abgegrenztes Vermögen besitzt, zum anderen im eigenen Namen Rechtsgeschäfte tätigen, Klage erheben und geklagt werden können (§ 124 Abs. 1 HGB).[1393] Für Einzelun-

---

[1389] Vgl. Jacobs, O. H. (Hrsg.), Unternehmensbesteuerung, 2009, S. 91 – 92.
[1390] Vgl. IDW (Hrsg.), Wirtschaftsprüfer-Handbuch, 1992, lit. A, Tz. 165; aA Großfeld, B., Anteilsbewertung, 2002, S. 100.
[1391] Vgl. Jacobs, O. H. (Hrsg.), Unternehmensbesteuerung, 2009, S. 92 – 93.
[1392] Vgl. Hamann, H. / Sigle, A. (Hrsg.), Vertragsbuch Gesellschaftsrecht, 2012, § 13, Rn. 2; zu den Einzelheiten des Rechts der Kapitalgesellschaften Hauschild, A. / Kallrath, J. / Wachter, T. (Hrsg.), Notarhandbuch, 2011, S. 419 – 926.
[1393] Vgl. Jacobs, O. H. (Hrsg.), Unternehmensbesteuerung, 2009, S. 92 – 93; zu den Einzelheiten des Rechts der Personengesellschaften Hauschild, A. / Kallrath, J. / Wachter, T. (Hrsg.), Notarhandbuch, 2011, S. 257 – 417.

ternehmen und Personengesellschaften wird im Folgenden auch der Sammelbegriff ‚Personenunternehmen' verwendet.

#### 6.1.2.3 Besteuerung unterschiedlicher Gesellschaftsformen

Hinsichtlich der Besteuerung von Einzelunternehmen hat sich im deutschen Steuerrecht die Einheitstheorie durchgesetzt, wonach Einzelunternehmen und Einzelunternehmer als Einheit zu betrachten sind. Eine eigenständige Besteuerung des vom Einzelunternehmen erwirtschafteten Einkommens unterbleibt, vielmehr erfolgt diese im Rahmen der steuerlichen Veranlagung des Einzelunternehmers. Demgegenüber spricht das Steuerrecht Kapitalgesellschaften und deren Gesellschaftern jeweils eine separate steuerliche Leistungsfähigkeit zu. Hintergrund ist das gesellschaftsrechtliche Trennungsprinzip. Für die Besteuerung von Kapitalgesellschaften hat dies zweierlei Konsequenzen: Zum einen ist hinsichtlich der steuerlichen Gesamtbelastung in den Thesaurierungs- und in den Ausschüttungsfall zu unterscheiden, wobei der Ausschüttungsfall zusätzliche Annahmen hinsichtlich der Ausschüttungsquote erforderlich macht. Zum anderen unterliegt im Ausschüttungsfall wirtschaftlich betrachtet das Einkommen der Kapitalgesellschaft einer zweimaligen Besteuerung, nämlich auf Ebene der Gesellschaft und auf Ebene der Gesellschafter.[1394]

In Abhängigkeit davon, ob und gegebenenfalls in welchem Umfang die von der Kapitalgesellschaft entrichtete Körperschaftsteuer bei der Besteuerung auf Ebene der Gesellschafter Berücksichtigung findet, unterscheidet man klassische, Doppelbesteuerung vermeidende und Doppelbesteuerung mildernde Körperschaftsteuersysteme. Im klassischen Körperschaftsteuersystem kommt es zu einer echten Doppelbesteuerung. Weder sind die Dividenden auf Ebene der ausschüttenden Gesellschaft als Betriebsausgaben abzugsfähig noch kommen die Anteilseigner in den Genuss eines Anspruchs auf eine wie auch immer geartete Anrechnung der auf Ebene der Gesellschaft erhobenen Körperschaftsteuer. Mit der Abzugsfähigkeit von Dividenden als Betriebsausgaben und der Anrechenbarkeit der Körperschaftsteuer auf die persönliche Einkommensteuer sind zugleich die Ansätze genannt, wie eine Doppelbesteuerung des am Markt erwirtschafteten Einkommens einer Kapitalgesellschaft vermieden werden kann. Eine teilweise Entlastung ausgeschütteter Gewinne lässt sich korrespondierend entweder durch nur teilweisen Betriebsausgabenabzug oder durch nur teilweise Anrechnung der von der Kapitalgesellschaft entrichteten Körperschaftsteuer erreichen. Daneben finden sowohl in Doppelbesteuerung vermeidenden als auch in

---

[1394] Vgl. Jacobs, O. H. (Hrsg.), Unternehmensbesteuerung, 2009, S. 92 – 97.

Doppelbesteuerung mildernden Körperschaftsteuersystemen gespaltene Körperschaftsteuersätze Anwendung.[1395]

Eine Sonderstellung nimmt die Besteuerung von Personengesellschaften ein. Diese steht im Spannungsverhältnis zwischen der Einheit der Gesellschaft und der Vielheit der Gesellschafter (Bilanzbündeltheorie).[1396] Das deutsche Steuerrecht negiert die relative Rechtsfähigkeit von Personengesellschaften und betont stattdessen mittlerweile die Einheit der Personengesellschaft. Korrespondierend unterliegt das von der Gesamthand erwirtschaftete Einkommen nicht auf Ebene der Gesellschaft, sondern auf Ebene der Gesellschafter der Besteuerung (Transparenzprinzip). Somit mangelt es Personengesellschaften ähnlich wie Einzelunternehmen der Eigenschaft als eigenständige Steuersubjekte.[1397]

Das mit Personenunternehmen erwirtschaftete Einkommen unterliegt auf Ebene der beteiligten Unternehmer als Einkünfte aus Gewerbebetrieb (§ 15 EStG i. d. F. 2008) der Besteuerung. Im Unterschied hierzu handelt es sich bei Einkommen, welches mit der Inhaberschaft der Mitgliedschaftsrechte an Kapitalgesellschaften erzielt wird, einkommensteuerrechtlich um Einkünfte aus Kapitalvermögen (§ 20 EStG i. d. F. 2008).[1398] Für Personenunternehmen gilt weiterhin, dass die Gewerbeertragsteuer auf die Einkommensteuer des Unternehmers anrechenbar ist (§ 35 Abs. 1 und 2 EStG i. d. F. 2008).

### 6.1.3 Bewertungsrelevanz von Steuern

#### 6.1.3.1 Auffassung der Bewertungstheorie

Unter realistischen Bedingungen liefern bei der Bewertung von Investitionsprojekten Vor- und Nachsteuerrechnung nur zufällig denselben Barwert.[1399] Bei Einbeziehung der Ertragsteuern ändern sich die mit dem Bewertungsobjekt respektive der Alternativanlage verbundenen Konsummöglichkeiten.[1400] Bei der Prognose der Zukunftserfolge sind daher grundsätzlich auch Steuerzahlungen zu berücksichtigen.[1401] Allerdings kommt es bei der Einbeziehung von Ertragsteuern in das Bewertungskalkül nicht zwangsläufig zu einer Reduzierung des Barwerts. Tatsächlich ist es im Einzelfall möglich, dass sich erst unter Berücksichtigung der Steuerbelastung der Zahlungsströme von Bewertungsobjekt und Alternativanlage ein Investitionsprojekt als vorteilhaft erweist. Dieses Phänomen bezeichnet man als Steu-

---

[1395] Vgl. Jacobs, O. H. (Hrsg.), Unternehmensbesteuerung, 2009, S. 160 – 161.
[1396] Vgl. Jacobs, O. H. (Hrsg.), Unternehmensbesteuerung, 2009, S. 224.
[1397] Vgl. Kraft, C. / Kraft. G., Unternehmensbesteuerung, 2014, S. 225 – 228.
[1398] Diese Aussage bezieht sich auf den im Folgenden betrachteten allgemeinen Fall, wenn eine natürliche Person die Beteiligung an der Kapitalgesellschaft im Privatvermögen hält.
[1399] Vgl. Ballwieser, W., WPg 1995, S. 127; Laitenberger, J. / Bahr, C., FB 2002, S. 703.
[1400] Vgl. Moxter, A., Grundsätze, 1983, S. 177; IDW (Hrsg.), IDW S 1 i. d. F. 2000, Tz. 32.
[1401] Vgl. Peemöller, V. H., DStR 2001, S. 1403 – 1404.

erparadoxon.[1402] Gleichsam ist es nicht ausgemacht, dass die hier gegenständliche Marktrisikoprämie bei Berücksichtigung steuerlicher Aspekte fällt, was intuitiv naheliegend erscheinen mag. Vielmehr ist auch ein Anstieg der Marktrisikoprämie nicht grundsätzlich ausgeschlossen. Maßgeblich für das Vorzeichen der Veränderung sind die Annahmen hinsichtlich der Eigenschaften der Alternativanlage und die in die Betrachtung einbezogenen steuerlichen Sphären.[1403] Wenngleich nämlich allgemein dahingehend Übereinstimmung herrscht, dass Ertragsteuern Bewertungsrelevanz besitzen, ist umstritten, ob ausschließlich die Steuern auf Ebene der Gesellschaft (engl. before-tax theory)[1404] oder auch jene auf Ebene der Gesellschafter (engl. after-tax theory)[1405] in das Bewertungskalkül einzubeziehen sind.[1406]

#### 6.1.3.2 Auffassung der Bewertungspraxis

International finden ertragsteuerliche Aspekte auf Ebene des Anteilseigners bei der Bestimmung objektivierter Unternehmenswerte kaum Beachtung.[1407] Dies gilt besonders für die USA. Hierzulande erklärt man sich dies zum einen mit der vermeintlichen Ähnlichkeit der Besteuerung von Zinsen, Dividenden und Kursgewinnen,[1408] zum anderen mit abweichenden Besteuerungswirkungen.[1409] Bei näherer Betrachtung offenbart sich der wahre Grund jedoch in der unter Anlegung objektiver Maßstäbe nicht abschließend zu beantwortenden Frage, welche Eigenschaften den typisierten Anleger auszeichnen.[1410]

In Deutschland wird die Frage, ob die steuerliche Sphäre der Anteilseigner in das Bewertungskalkül einzubeziehen ist, anhaltend kontrovers diskutiert.

---

[1402] Vgl. Schneider, D., Investition, 1992, S. 246 – 250.
[1403] Vgl. Peemöller, V. H. / Beckmann, C. / Meitner, M., BB 2005, S. 93.
[1404] Vgl. Hamada, R. S. / Scholes, M. S., Taxes, 1985, S. 187 – 226.
[1405] Vgl. Miller, M. H., JOF 1977, S. 261 – 275.
[1406] Vgl. für die Einbeziehung persönlicher Einkommensteuern z. B. Wagner, W., Unternehmensbewertung, 2000, S. 431 – 440; Wiese, J., WPg 2007, S. 369; Dierkes, S. / Diedrich, R. / Gröger, H.-C., ZfB 2009, S. 292 – 294; gegen die Einbeziehung persönlicher Einkommensteuern z. B. Ollmann, M. / Richter, F., Kapitalmarkorientierte Unternehmensbewertung, 1999, S. 171 – 172; Hachmeister, D. / Ruthardt, F. / Lampenius, N., WPg 2011, S. 839.
[1407] Vgl. Schutzgemeinschaft der Kapitalanleger e. V. (Hrsg.), AG 2005, Sonderheft, S. 43 – 44; Großfeld, B. / Stöver, R. / Tönnes, W. A., BB 2005, Special Nr. 7, S. 10.
[1408] Vgl. Stehle, R., WPg 2004, S. 914. Das von *Stehle* ins Feld geführte Argument läuft in zweifacher Hinsicht ins Leere. Zum einen unterliegen in den USA Zinsen, Dividenden und Kursgewinne – jedenfalls zum Zeitpunkt der Erstellung dieser Abhandlung – keineswegs einer ähnlichen Besteuerung. Vgl. hierzu z. B. Mennel, A. / Förster, J., 2009, Fach USA, Rn. 132 – 133, Rn. 218 – 222. Zum anderen hätte sich bei analoger Anwendung des Arguments auf die deutschen Verhältnisse die Diskussion mit der Einführung der Abgeltungssteuer erübrigen müssen, was jedoch keineswegs der Fall ist. Vgl. hierzu z. B. Hachmeister, D. / Ruthardt, F. / Lampenius, N., WPg 2011, S. 837 – 839; Hoffmann, S. / Nippel, P., ZfB 2012, S. 1314 – 1331.
[1409] Vgl. IDW (Hrsg.), IDW S 1 i. d. F. 2000, Tz. 140.
[1410] Vgl. Damodaran, A., Investment Valuation, 2012, S. 678.

Dies gilt für die Betriebswirtschaft in gleicher Weise wie für die Judikatur. Lange Zeit lautete in der Rechtsprechung der Tenor, Einkommensteuern in Unternehmensbewertungskalkülen nicht zu berücksichtigen, selbst als dies bereits gängige Praxis war. Die Einkommensteuer unterliege dem Steuergeheimnis (§ 30 Abs. 1 AO i. d. F. 2015), sei insofern der Privatsphäre der Anteilseigner zuzuordnen und interessiere nur die Finanzverwaltung. Expressis verbis sieht § 12 Nr. 3 EStG i. d. F. 2015 etwa vor, dass Steuern vom Einkommen und sonstige Personensteuern weder bei den einzelnen Einkunftsarten noch vom Gesamtbetrag der Einkünfte abgezogen werden dürfen.[1411] Nichtsdestotrotz hat sich das Meinungsbild mittlerweile zugunsten der Einbeziehung von Einkommensteuern gewandelt, insbesondere seit die Bewertungsstandards des *IDW* die Berücksichtigung von Einkommensteuern bei der Ermittlung objektivierter Unternehmenswerte vorsehen.[1412]

### 6.1.3.3 Empfehlungen des IDW

#### 6.1.3.3.1 Vorbemerkung

Das *IDW* zeigte sich in der Vergangenheit im Hinblick auf die Frage nach der Einbeziehung ertragsteuerlicher Aspekte in die Unternehmensbewertung selbst wankelmütig. Dies spiegelt sich in der im Folgenden zu skizzierenden Entwicklungslinie der Standards des *IDW* zur Bewertung von Unternehmen wider. Überhaupt ist ein wesentlicher Grund für die dynamische Novellierung der Bewertungsstandards des *IDW* in den grundlegenden Veränderungen des deutschen Unternehmenssteuerrechts in der jüngeren Vergangenheit zu suchen. Dies macht die Darstellung der der jeweiligen Novellierung vorangehenden Änderung des deutschen Unternehmenssteuerrechts erforderlich.

Erstmalig äußert sich das *IDW* in der Stellungnahme HFA 2 / 1983[1413] zur Durchführung von Unternehmensbewertungen. Weitere Verlautbarungen folgen mit IDW S 1 i. d. F. 2000[1414], IDW S 1 i. d. F. 2005[1415] und IDW S 1

---

[1411] Vgl. z. B. BGH vom 28. Juni 1982, AG 1983, S. 188 (S. 190); OLG Düsseldorf vom 19. Oktober 1999, S. 81 (S. 82); LG München vom 25. Februar 2002, AG 2002, S. 563 (S. 567); BFH vom 12. März 1980, BStBl II 1980, S. 405 (S. 408).
[1412] Vgl. z. B. OLG Stuttgart vom 19. März 2008, AG 2008, S. 510 (S. 513); OLG Stuttgart vom 6. Juli 2007, AG 2007, S. 705 (S. 707); OLG Stuttgart vom 26. Oktober 2006, NZG 2007, S. 112 (S. 117 – 118); OLG München vom 17. Juli 2007, AG 2008, S. 28 (S. 31); weiterhin gegen die Berücksichtigung persönlicher Einkommensteuern BayObLG vom 28. Oktober 2005, NZG 2006, S. 156 (S. 158); LG Dortmund vom 19. März 2007, WM 2007, S. 938 (S. 943); für einen Überblick über die jüngere Rechtsprechung Hachmeister, D. / Ruthardt, F. / Lampenius, N., WPg 2011, S. 835 – 837.
[1413] Vgl. IDW (Hrsg.), WPg 1983, S. 468 – 480.
[1414] Vgl. IDW (Hrsg.), WPg 2000, S. 825 – 846.
[1415] Vgl. IDW (Hrsg.), WPg 2005, S. 1303 – 1323.

i. d. F. 2008[1416]. Mit der Stellungnahme HFA 2 / 1995[1417] und IDW RS HFA 10[1418] adressiert das *IDW* zudem die Sonderfälle der Bewertung von Familienunternehmen respektive der Bewertung von Anteilen im Rahmen der Abschlussprüfung. Diese ebenso wie die steuerlichen Effekte beim betriebsnotwendigen Vermögen und die dahingehenden Besonderheiten beim Wachstumsabschlag bleiben im Folgenden ausgeblendet.[1419]

### 6.1.3.3.2  U. E. C.-Methode

Vor der Stellungnahme HFA 2 / 1983 fand in Deutschland die U. E. C.-Methode Anwendung. Hierbei handelt es sich um eine rudimentäre Form eines Übergewinnverfahrens. Das U. E. C.-Verfahren sieht die Berücksichtigung der Steuersituation sowohl vom Käufer als auch vom Verkäufer vor. Hintergrund ist, dass in dem bei der Bewertung von Personenunternehmen in Ansatz zu bringenden Unternehmerlohn korrespondierend sowohl die Einkommen- als auch die Vermögenssteuern enthalten seien.[1420]

### 6.1.3.3.3  Stellungnahme HFA 2 / 1983

Die Stellungnahme HFA 2 / 1983 trifft explizite Aussagen zur Behandlung der Körperschaftsteuer im Rahmen der Unternehmensbewertung, wenn auch nur am Rande. Die Notwendigkeit hierfür entsteht mit der Einführung des körperschaftsteuerlichen Anrechnungsverfahrens 1977.[1421] Mit diesem tritt an die Stelle des bis dahin in Deutschland geltenden klassischen Körperschaftsteuersystems ein Doppelbesteuerung vermeidendes Körperschaftsteuersystem.[1422] Unter dem Regime des körperschaftsteuerlichen Anrechnungsverfahrens hat die Körperschaftsteuer bei wirtschaftlicher Betrachtungsweise allein die Funktion einer von der Kapitalgesellschaft auf die persönliche Einkommensteuer des Anteilseigners geleisteten Vorauszahlung.[1423] Eine definitive Besteuerung der Kapitalgesellschaft unterbleibt.[1424] Die anrechenbare Körperschaftsteuer ist somit Einkommensbestandteil des Anteilseigners und daher den zu kapitalisierenden Unterneh-

---

[1416] Vgl. IDW (Hrsg.), WPg 2008, Supplement Nr. 3, S. 68 – 89.
[1417] Vgl. IDW (Hrsg.), WPg 1995, S. 522 – 526.
[1418] Vgl. IDW (Hrsg.), WPg 2005, S. 1415 – 1416.
[1419] Vgl. hierzu Meilicke, J. F., Ertragsteuern, 2013, S. 32 – 40; Emmerich, M. / Habersack, M., Konzernrecht, 2013, § 305 AktG, Rn. 63 – 64; Emmerich, V., Unternehmensbewertung, 2014, S. 142.
[1420] Vgl. Viel, J. / Bredt, O. / Renard, M., Bewertung von Unternehmungen, 1975, S. 61 – 65, S. 113 – 114.
[1421] Vgl. IDW (Hrsg.), Stellungnahme HFA 2 / 1983, C. 2. b 5,1); König, W. / Zeidler, G. W., DStR 1996, S. 1099.
[1422] Vgl. Erle, B. / Sauter, S., Körperschaftsteuergesetz, 2010, Einführung KStG I, Tz. 79 – 91.
[1423] Vgl. Moxter, A., Grundsätze, 1983, S. 179; Siepe, G., WPg 1997, S. 3.
[1424] Die Konstellation eines möglichen Anrechnungsüberhangs sei ausgeblendet.

menserträgen zuzurechnen.[1425] Die Einbeziehung der Ebene der Anteilseigner in die Ermittlung des Zukunftserfolgs begründet sich allein mit der Art des Körperschaftsteuersystems. Hinsichtlich der Höhe begrenzt die Stellungnahme HFA 2 / 1983 den Betrag der zu berücksichtigenden Einkommensteuer auf den Betrag der anrechenbaren Körperschaftsteuer. Die Berücksichtigung des darüber hinausgehenden Betrags der persönlichen Einkommensteuer der Anteilseigner habe demgegenüber zu unterbleiben, da dies in der Unternehmensbewertung unüblich sei.[1426] Die Einbeziehung des vollen Betrags der persönlichen Einkommensteuer bedingte nämlich, aus Gründen der Steueräquivalenz die persönliche Einkommensteuer auch im Kapitalisierungszinssatz zu berücksichtigen.[1427] Indes sei der hieraus resultierende Effekt auf den Unternehmenswert vernachlässigbar.[1428]

### 6.1.3.3.4 Stellungnahme des IDW von 1997

Anhaltende Kritik an der Stellungnahme HFA 2 / 1983 nimmt das *IDW* 1997 zum Anlass, seine Position bezüglich der Behandlung der persönlichen Einkommensteuern im Rahmen der Unternehmensbewertung zu revidieren.[1429] Ausdrücklich habe nunmehr die persönliche Einkommensteuer der Anteilseigner in die Ermittlung objektivierter Unternehmenswerte einzufließen. Unabhängig davon, ob die persönlichen steuerlichen Verhältnisse der Unternehmenseigner bekannt seien, sei hierbei ein typisierter Steuersatz in Höhe von 35 % zugrunde zu legen.[1430] Der typisierte Steuersatz umfasse die Einkommensteuer, den Solidaritätszuschlag sowie gegebenenfalls die Kirchensteuer.[1431] Referenz sei eine im Inland ansässige, unbeschränkt steuerpflichtige natürliche Person.[1432]

---

[1425] Vgl. IDW (Hrsg.), Stellungnahme HFA 2 / 1983, C. 2. b 5,1); diese Auffassung nochmals bestätigend IDW (Hrsg.), IDW S 1 i. d. F. 2000, Anhang. Die Körperschaftsteuer auf nicht abzugsfähige Aufwendungen ist hingegen ergebnismindernd zu berücksichtigen. Vgl. hierzu IDW (Hrsg.), Wirtschaftsprüfer-Handbuch, 1992, lit. A, Tz. 181.
[1426] Vgl. IDW (Hrsg.), Stellungnahme HFA 2 / 1983, C. 2. b 5,1).
[1427] Vgl. Moxter, A., Grundsätze, 1983, S. 177 – 178.
[1428] Vgl. IDW (Hrsg.), Stellungnahme HFA 2 / 1983, C. 2. b 5,1).
[1429] Vgl. IDW (Hrsg.), FN-IDW 1997, S. 33.
[1430] Vgl. Helbling, C., Unternehmensbewertung, 1998, S. 657; zur vormaligen Verwendung eines Steuersatzes in Höhe von 45 % in der Bewertungspraxis König, W. / Zeidler, G. W., DStR 1996, S. 1101; kritisch LG München I vom 25. Februar 2002, AG 2002, S. 563 (S. 567); Großfeld, B. / Stöver, R. / Tönnes, W. A., BB 2005, Special Nr. 7, S. 10. Grundlage für den typisierten Einkommensteuersatz in Höhe von 35 % sind die statistischen Daten des Jahres 1989. Vgl. hierzu Wagner, W. / Jonas, M. / Ballwieser, W. u. a., WPg 2006, S. 1013.
[1431] Vgl. Jacob, H.-J., Aktuelle Entwicklungen, 2001, S. 33.
[1432] Vgl. insofern klarstellend IDW (Hrsg.), IDW S 1 i. d. F. 2000, Tz. 51.

## 6.1.3.3.5  IDW S 1 i. d. F. 2000

### 6.1.3.3.5.1  Anlass der Novellierung

Mit der Einführung des Halbeinkünfteverfahrens vollzieht der Gesetzgeber einen Systemwechsel zu einem Doppelbesteuerung mildernden Körperschaftsteuersystem. An die Stelle der auf die Einkommensteuer anrechenbaren Körperschaftsteuer tritt eine definitive Körperschaftsteuer auf Ebene der Kapitalgesellschaft, kombiniert mit einer hälftigen Steuerbefreiung ausgeschütteter Gewinne auf Ebene der Anteilseigner (§ 3 Nr. 40 lit. d EStG i. d. F. 2000).[1433] Weiterhin gänzlich von der Einkommensteuer ausgenommen bleiben realisierte Gewinne aus der Veräußerung von im Privatvermögen gehaltenen Beteiligungen. Voraussetzung für das Vorliegen eines derartigen privaten Veräußerungsgeschäfts im Sinne von § 23 Abs. 1 Satz 1 Nr. 2 EStG i. d. F. 2000 ist, dass die Beteiligung mindestens ein Jahr unterhalten wurde und diese selbst nicht in den Anwendungsbereich des § 17 Abs. 1 Satz 1 EStG i. d. F. 2000 fällt. Mithin darf die Höhe der Beteiligung am Kapital der Gesellschaft zu keinem Zeitpunkt innerhalb der letzten fünf Jahre vor der Veräußerung die Schwelle von 10 % (bis 31. Dezember 2000), nachrichtlich 1 % (nach 31. Dezember 2000), erreichen. Im Hinblick auf die Unternehmensbewertung ergibt sich mit dem Systemwechsel zum Halbeinkünfteverfahren erstmals die Notwendigkeit, Kapitalgesellschaften und Personenunternehmen nach unterschiedlichen Schemata zu bewerten. Hintergrund ist, dass sich bedingt durch den Systemwechsel die bis dahin rein steuerrechtliche Ungleichbehandlung von Kapitalgesellschaften und Personenunternehmen nunmehr auch wirtschaftlich manifestiert.[1434]

Das *IDW* reagiert auf die Einführung des Halbeinkünfteverfahrens mit einem grundlegend überarbeiteten Bewertungsstandard in Gestalt von IDW S 1 i. d. F. 2000. An dieser Stelle setzt sich das *IDW* zum ersten Mal eingehend mit der Frage nach der Berücksichtigung persönlicher Einkommensteuern im Rahmen der Unternehmensbewertung auseinander. Neben den Ertragsteuern auf Ebene der Gesellschaft seien auch die Ertragsteuern auf Ebene der Gesellschafter anzusetzen, und zwar sowohl bei der Kapitalisierungsgröße[1435] als auch beim Kapitalisierungszinssatz[1436].

---

[1433] Vgl. Erle, B. / Sauter, S., Körperschaftsteuergesetz, 2010, Einführung KStG I, Tz. 110 – 111.
[1434] Vgl. Peemöller, V. H., DStR 2001, S. 1403.
[1435] Vgl. IDW (Hrsg.), IDW S 1 i. d. F. 2000, Tz. 32 – 40, Tz. 51.
[1436] Vgl. IDW (Hrsg.), IDW S 1 i. d. F. 2000, Tz. 99 – 100.

Kapitel 6: Sonderfragen

### 6.1.3.3.5.2 Besteuerung der Kapitalisierungsgröße

Bei der Ermittlung der finanziellen Überschüsse einer Kapitalgesellschaft sei zunächst die definitive Steuerbelastung auf Ebene der Kapitalgesellschaft,[1437] sohin die Gewerbesteuer,[1438] die Körperschaftsteuer sowie der Solidaritätszuschlag, in Abzug zu bringen.[1439] Weiterhin sei zu berücksichtigen, dass unter dem Regime des Halbeinkünfteverfahrens mit Wirkung zum 1. Januar 2002 respektive 2003[1440] Ausschüttungen der Kapitalgesellschaft auf Ebene der Gesellschafter nochmals, allerdings nur zur Hälfte der typisierten Einkommensteuer unterliegen (§ 3 Nr. 40 lit. d EStG i. d. F. 2000).[1441] Hierbei sei zu unterstellen, dass sich die Beteiligung an der Kapitalgesellschaft im Privatvermögen des Gesellschafters befinde.[1442] Rechnerisch komme somit auf die volle Dividende nur der hälftige typisierte Einkommensteuersatz, mithin ein Steuersatz in Höhe von 17,5 %, zur Anwendung.[1443]

Im Zuge des Systemwechsels vom Anrechnungs- auf das Halbeinkünfteverfahren verliert die Körperschaftsteuer das Privileg der Anrechnung auf die persönliche Einkommensteuer der Anteilseigner. Infolgedessen erfährt im Regime des Halbeinkünfteverfahrens erstmals die Höhe der Ausschüttungsquote Bewertungsrelevanz.[1444] Zudem sind Annahmen hinsichtlich der Wiederanlage einbehaltener Gewinne zu treffen. Hintergrund ist, dass aufgrund des gesellschaftsrechtlichen Trennungsprinzips thesaurierte Gewinne bis zur Ausschüttung nur auf Ebene der Kapitalgesellschaft zu besteuern sind.[1445] Unter dem Regime des körperschaftsteuerlichen Anrechnungsverfahrens kann diesbezüglich angesichts des bloßen Vorauszahlungscharakters der Körperschaftsteuer die vereinfachende Annahme der Vollausschüttung getroffen werden,[1446] sodass Kapitalgesellschaften wenn auch nicht rechtlich, so doch wirtschaftlich transparent und damit wie Personenunternehmen behandelt werden können.

---

[1437] Vgl. IDW (Hrsg.), IDW S 1 i. d. F. 2000, Tz. 33.
[1438] Vgl. IDW (Hrsg.), IDW S 1 i. d. F. 2000, Tz. 34.
[1439] Vgl. IDW (Hrsg.), IDW S 1 i. d. F. 2000, Tz. 35.
[1440] Dieser Stichtag gilt für Unternehmen mit abweichendem Wirtschaftsjahr. Zudem gilt das Halbeinkünfteverfahren bereits für Vorabausschüttungen in den Jahren 2001 respektive 2002. Vgl. hierzu Schmidt, L., Einkommensteuergesetz, 2014, § 3 ABC (Stichwort ‚Zeitl Anwendung').
[1441] Vgl. IDW (Hrsg.), IDW S 1 i. d. F. 2000, Tz. 99.
[1442] Vgl. IDW (Hrsg.), IDW S 1 i. d. F. 2000, Tz. 51, Anhang.
[1443] Vgl. IDW (Hrsg.), IDW S 1 i. d. F. 2000, Tz. 51.
[1444] Vgl. Hayn, M., DB 2000, S. 1350.
[1445] Vgl. Gorny, C. / Rosenbaum, D., WPg 2004, S. 863.
[1446] Vgl. König, W. / Zeidler, G. W., DStR 1996, S. 1099 – 1100.

Hinsichtlich der Bewertung von Personenunternehmen spricht sich IDW S 1 i. d. F. 2000 dafür aus, die Anrechenbarkeit der Gewerbeertragsteuer auf die persönliche Einkommensteuer des Unternehmers in die Betrachtung einzubeziehen.[1447]

### 6.1.3.3.5.3 Besteuerung der Rendite der Alternativanlage

Bezüglich der Rendite der Alternativanlage sei ebenfalls von einer dem Privatvermögen zuzurechnenden, risikofreien Kapitalmarktanlage auszugehen.[1448] Zur Herstellung der Risikoäquivalenz sei die Rendite der risikolosen Anlage um einen nicht näher spezifizierten Risikozuschlag zu erhöhen.[1449] In der Bewertungspraxis war es bis dahin bereits allgemein üblich, den Risikozuschlag mithilfe des CAPM zu bestimmen.[1450]

Implizit ist mit der Vorgabe von IDW S 1 i. d. F. 2000 die Annahme verbunden, dass es sich bei der Alternativanlage um eine Anleihe handelt.[1451] Dies erweist sich jedoch in mehrfacher Hinsicht als problematisch: Zum einen weist eine Anleihe mit begrenzter Laufzeit ohne besondere Annahmen hinsichtlich der Anschlussverzinsung keine Laufzeitäquivalenz mit der unendlichen Zahlungsreihe des Bewertungsobjekts auf. Zum anderen lässt sich mithilfe einer Anleihe praktisch kaum die erforderliche Risikoäquivalenz zwischen Bewertungsobjekt und Alternativanlage herstellen. Wohlgemerkt ist die dahingehende Diskussion bei Vorsteuerbetrachtung nur theoretischer Natur, zumal das Bewertungsergebnis unabhängig davon ist, ob es sich bei der Alternativanlage um ein Renten- oder ein Dividendenpapier handelt. Probleme ergeben sich erst, wenn man eine Nachsteuerbetrachtung anstellt. Diese rühren aus der unterschiedlichen Behandlung von Dividenden und Zinsen aus im Privatvermögen gehaltenen Finanzierungstiteln her. Zwar handelt es sich bei diesen wie bei jenen um Einkünfte aus Kapitalvermögen (§ 20 Abs. 1 Nr. 1 und Nr. 9, § 20 Abs. 1 Nr. 5 EStG i. d. F. 2000). Doch kommen die laufenden Zinszahlungen einer Anleihe nicht in den Genuss der hälftigen Steuerbefreiung des § 3 Nr. 40 lit. d EStG i. d. F. 2000. Mithin unterliegen die laufenden Erträge aus Schuldtiteln einer höheren Besteuerung als die laufenden Erträge aus Beteiligungstiteln. Formal stellt sich damit der Kapitalisierungszinssatz nach persönlichen Einkommensteuern $r_{2000}^{nESt}$ in den Anwendungsfällen des IDW S 1 i. d. F. 2000 mit

$$r_{2000}^{nESt} = \left[r_f + \beta \cdot (r_M - r_f)\right] \cdot (1 - st_{typ}) \qquad (1)$$

---

[1447] Vgl. IDW (Hrsg.), IDW S 1 i. d. F. 2000, Tz. 40.
[1448] Vgl. IDW (Hrsg.), IDW S 1 i. d. F. 2000, Tz. 99.
[1449] Vgl. IDW (Hrsg.), IDW S 1 i. d. F. 2000, Tz. 100.
[1450] Vgl. Laitenberger, J., FB 2000, S. 548; Wagner, W. / Jonas, M. / Ballwieser, W. u. a., WPg 2004, S. 890.
[1451] Vgl. Gorny, C. / Rosenbaum, D., WPg 2004, S. 862.

dar. Weiterhin stehen $r_f$ für die Rendite der risikolosen Anlage, $r_M$ für die Marktrendite, $\beta$ für den risikoadäquaten $\beta$-Faktor und $st_{typ}$ für den typisierten Einkommensteuersatz.[1452]

Im Ergebnis äußert sich die ungleiche einkommensteuerliche Behandlung der Erträge aus Beteiligungskapital einerseits und Schuldtiteln andererseits darin, dass der objektivierte Unternehmenswert nach jenen vor Berücksichtigung persönlicher Ertragsteuern übersteigt, was prima vista befremdet.[1453] Bei näherer Betrachtung lässt sich die Erhöhung des Nach- gegenüber dem Vorsteuerunternehmenswert freilich damit erklären, dass im Regime des Halbeinkünfteverfahrens die Erträge aus Beteiligungskapital einer niedrigeren Besteuerung als Erträge aus Schuldtiteln unterliegen.

### 6.1.3.3.6 IDW S 1 i. d. F. 2005

#### 6.1.3.3.6.1 Anlass der Novellierung

Die Novellierung des Unternehmensbewertungsstandards des IDW steht unter dem Eindruck einiger neuerer bewertungssytematischer Erkenntnisse. Hierzu zählt insbesondere die Bestimmung der Rendite der Alternativanlage anhand eines Bündels von risikoäquivalenten Unternehmensanteilen. Das Steuersystem selbst hingegen bleibt bis 2005 jedenfalls in den hier interessierenden Aspekten unverändert, sodass sich dahingehend kein Anpassungsbedarf ergibt.

#### 6.1.3.3.6.2 Besteuerung der Kapitalisierungsgröße

Im Hinblick auf die Kapitalisierungsgröße kommt IDW S 1 i. d. F. 2005 vornehmlich die Funktion einer Klarstellung der diesbezüglichen Ausführungen in IDW S 1 i. d. F. 2000 zu.[1454] Insofern sei auf das dort Gesagte verwiesen.

#### 6.1.3.3.6.3 Besteuerung der Rendite der Alternativanlage

Wesentliche Neuerungen ergeben sich für die Bestimmung der Rendite der Alternativanlage: Zum einen sieht IDW S 1 i. d. F. 2005 erstmals die Bestimmung der Rendite der Alternativanlage anhand eines Bündels von risikoäquivalenten Unternehmensanteilen vor.[1455] Zum anderen sei für die Ableitung der Rendite der Alternativanlage selbst auf das CAPM zurückzugreifen. Der Einfluss der persönlichen Ertragsteuern, welche im Durchschnitt auf Renditen so gearteter Kapitalmarktanlagen beim Anteilseigner anfallen, sei hierbei ausdrücklich in die Betrachtung einzubeziehen.[1456] Insbesondere

---

[1452] Vgl. Wagner, W. / Jonas, M. / Ballwieser, W. u. a., WPg 2004, S. 893.
[1453] Vgl. Peemöller, V. H. / Beckmann, C. / Meitner, M., BB 2005, S. 91.
[1454] Vgl. IDW (Hrsg.), IDW S 1 i. d. F. 2005, Tz. 33 – 40, Tz. 53 – 54.
[1455] Vgl. IDW (Hrsg.), IDW S 1 i. d. F. 2005, Tz. 101, Tz. 125.
[1456] Vgl. IDW (Hrsg.), IDW S 1 i. d. F. 2005, Tz. 101.

sei der abweichenden steuerlichen Behandlung von Dividenden und Gewinnen aus der Veräußerung von Aktien Rechnung zu tragen.[1457] Dies zielt insbesondere darauf ab, dass nach der 2005 geltenden Rechtslage Dividenden aus im Privatvermögen gehaltenen Beteiligungen an Kapitalgesellschaften nur zur Hälfte der typisierten Einkommensteuer in Höhe von 35 % unterliegen,[1458] während mit diesen im Zusammenhang stehende Veräußerungsgewinne gänzlich steuerbefreit sind. Denn es sei nicht davon auszugehen, dass es sich bei der Alternativanlage um eine Beteiligung im Sinne von § 17 Abs. 1 Satz 1 EStG i. d. F. 2005 handle. Eine Beteiligung an einer Kapitalgesellschaft im Sinne von § 17 Abs. 1 Satz 1 EStG i. d. F. 2005 liegt vor, wenn der typisierte Anleger innerhalb der letzten fünf Jahre vor dem Bewertungsstichtag ununterbrochen weder unmittelbar noch mittelbar zu mindestens 1 % an der Kapitalgesellschaft beteiligt war. Im Übrigen sei das für das Vorliegen eines privaten Veräußerungsgeschäfts im Sinne von § 23 Abs. 1 Satz. 1 Nr. 2 EStG i. d. F. 2005 erforderliche Kriterium einer mindestens einjährigen Haltedauer erfüllt, sodass die Vereinnahmung eines allfälligen Veräußerungsgewinns steuerfrei erfolgen könne.[1459] Die Einbeziehung der persönlichen Ertragsteuern auf Ebene der Anteilseigner mache erforderlich, ein insoweit erweitertes Nachsteuer-CAPM anzuwenden, zumal das CAPM in seiner Grundform Ertragsteuern auf Ebene der Anteilseigner ausblende.[1460] Demgegenüber erlaube das Nachsteuer-CAPM die Berücksichtigung der unterschiedlichen Besteuerung von Zinsen, Dividenden und Veräußerungsgewinnen.[1461] Risikoäquivalenz zwischen Bewertungsobjekt und Alternativanlage vorausgesetzt, entspreche die so bestimmte Rendite des Aktienportfolios nach Ertragsteuern dem gesuchten Kapitalisierungszinssatz.[1462] Im Ergebnis setze sich damit der Kapitalisierungszinssatz aus dem um die typisierte Einkommensteuer geminderten Basiszinssatz und der mithilfe des Nachsteuer-CAPM ermittelten Risikoprämie zusammen.[1463] Der Kapitalisierungszinssatz nach persönlichen Einkommensteuern $r_{2005}^{nESt}$ berechnet sich damit in den Anwendungsfällen des IDW S 1 i. d. F. 2005 mit

---

[1457] Vgl. IDW (Hrsg.), IDW S 1 i. d. F. 2005, Tz. 101.
[1458] Vgl. insofern die bisherige Auffassung wiederholend IDW (Hrsg.), IDW S 1 i. d. F. 2005, Tz. 53.
[1459] Vgl. IDW (Hrsg.), IDW S 1 i. d. F. 2005, Tz. 102.
[1460] Vgl. IDW (Hrsg.), IDW S 1 i. d. F. 2005, Tz. 128 – 129; zum Nachsteuer-CAPM Schulz, A. / Stehle, R., AG 2005, Sonderheft, S. 22 – 34; Schmitt, D. / Dausend, F., FB 2006, S. 233 – 242.
[1461] Vgl. IDW (Hrsg.), IDW S 1 i. d. F. 2005, Tz. 129. Die theoretischen Grundlagen für das Nachsteuer-CAPM gehen auf *Brennan* zurück. Vgl. hierzu Brennan, M. J., NTJ 1970, S. 417 – 427.
[1462] Vgl. IDW (Hrsg.), IDW S 1 i. d. F. 2005, Tz. 130.
[1463] Vgl. IDW (Hrsg.), IDW S 1 i. d. F. 2005, Tz. 132.

$$r_{2005}^{nESt} = r_f \cdot (1 - st_{typ}) + \beta \cdot \left[ r_M - \frac{50}{100} \cdot \delta_M \cdot st_{typ} - r_f \cdot (1 - st_{typ}) \right] \quad (1)$$

Hierbei steht $\delta_M$ für den auf die Dividenden entfallenden Anteil an der Rendite des Marktportfolios, welcher zur Hälfte von der Einkommensteuer befreit ist (§ 3 Nr. 40 lit. d EStG i. d. F. 2000).[1464] $r_f$, $r_M$, $\beta$ und $st_{typ}$ stehen weiterhin für die Rendite der risikolosen Anlage, die Marktrendite, den $\beta$-Faktor respektive den typisierten Einkommensteuersatz.

### 6.1.3.3.7 IDW S 1 i. d. F. 2008

#### 6.1.3.3.7.1 Anlass der Novellierung

Nur wenige Jahre nach der Einführung des Halbeinkünfteverfahrens vollzieht der Gesetzgeber im Zuge der Unternehmensteuerreform 2008 eine weitere gravierende Änderung des deutschen Körperschaftsteuersystems.[1465] So tritt im Hinblick auf die Besteuerung von Dividenden und Gewinnen aus der Veräußerung von im Privatvermögen gehaltenen Anteilen an Kapitalgesellschaften mit Wirkung zum 1. Januar 2009 an die Stelle des Halbeinkünfteverfahrens die Besteuerung mit einem einheitlichen Steuersatz (Abgeltungssteuer) in Höhe von 25 % (§ 32 d Abs. 1 Satz 1 EStG i. d. F. 2008) zuzüglich Solidaritätszuschlag. Die steuerliche Begünstigung von Gewinnen aus privaten Veräußerungsgeschäften im Zusammenhang mit Wertpapieren entfällt korrespondierend.[1466] Zudem wird die bisher zu treffende Unterscheidung der steuerlichen Behandlung von Kapitalerträgen nach der Art des zugrundeliegenden Finanzinstruments aufgegeben.

Von den Regelungen der Abgeltungssteuer ausgenommen sind Kapitalerträge, welche nach der Subsidiaritätsklausel von § 20 Abs. 8 EStG i. d. F. 2008 den Einkünften aus Land- und Forstwirtschaft, Gewerbebetrieb, selbständiger Arbeit oder aus Vermietung und Verpachtung zuzuordnen sind.[1467] Für diese gelten die bisherigen Regelungen fort, wenngleich ebenfalls in modifizierter Form, nachdem die Quote der Steuerbefreiung von 50 % auf 40 % abgesenkt wurde (§ 3 Nr. 40 lit. d EStG i. d. F. 2009). Nachrichtlich ist damit nicht mehr von einem Halb-, sondern zutreffender von einem Teileinkünfteverfahren zu sprechen.[1468] Weitere, hier relevante Änderungen[1469] ergeben sich zum einen hinsichtlich des Körperschaftsteuer-,

---

[1464] Vgl. Jonas, M. / Löffler, A. / Wiese, J., WPg 2004, S. 903 – 904.
[1465] Vgl. Dausend, F. / Schmitt, D., FB 2007, S. 287; BR-Drucks. 384 / 07 vom 15. Juni 2007.
[1466] Von der Darlegung von Übergangsregelungen wird hier abgesehen.
[1467] Vgl. Schmidt, L., Einkommensteuergesetz, 2014, § 32 d, Tz. 2.
[1468] Vgl. Hommel, M. / Pauly, D., BB 2007, S. 1157.
[1469] Im vorliegenden Zusammenhang stehen die Änderungen hinsichtlich der Steuersystematik sowie des Steuertarifs im Vordergrund. Auf die hinsichtlich ihres Umfangs und ihrer Wirkung ebenfalls nicht unerheblichen Änderungen hinsichtlich der Bemessungsgrundlage kann aus Gründen der Darstellung hier nicht eingegangen werden.

zum anderen hinsichtlich des Gewerbesteuertarifs, indem der Körperschaftsteuersatz von 25 % auf 15 % (§ 23 Abs. 1 KStG i. d. F. 2008) und die Gewerbesteuermesszahl von 5,0 % auf einen einheitlichen Wert in Höhe 3,5 % (§ 11 Abs. 2 GewStG i. d. F. 2008) abgesenkt wird. Im Gegenzug wird der Faktor zur Anrechnung der Gewerbesteuer von 1,8 auf 3,8 erhöht. Im Übrigen wird der Gewerbesteuer die Abzugsfähigkeit als Betriebsausgabe abgesprochen (§ 4 Abs. 5 b EStG i. d. F. 2008).[1470]

Eine weitere wesentliche Neuerung der Unternehmensteuerreform 2008 stellt daneben die Option auf steuerliche Begünstigung nicht entnommener Gewinne bei Personenunternehmen (§ 34 a EStG i. d. F. 2008) dar. Bisher hatte bei Personenunternehmen der volle Gewinn der Besteuerung unterlegen, wobei unerheblich war, ob und gegebenenfalls in welchem Umfang dieser aus der Personenunternehmung entnommen wurde. § 34 a EStG i. d. F. 2008 sieht die Besteuerung nicht entnommener Gewinne mit einem pauschalen Steuersatz in Höhe von 28,25 % vor (§ 34 a Abs. 1 Satz 1 EStG i. d. F. 2008). Spätere Entnahmen unterliegen einer Nachversteuerung mit einem Steuersatz in Höhe von 25 % (§ 34 a Abs. 4 Satz 2 EStG i. d. F. 2008).[1471]

### 6.1.3.3.7.2 Besteuerung der Kapitalisierungsgröße

Hinsichtlich der Einbeziehung der Steuerbelastung auf Ebene der Gesellschaft bei der Bestimmung der Kapitalisierungsgröße wiederholt das *IDW* seine bisherige Auffassung, dass in- und ausländische Ertragsteuern des Unternehmens bewertungsrelevant seien.[1472] Bezüglich der aus der Unternehmensteuerreform 2008 für den Zukunftserfolg resultierenden Implikationen kann daher auf vorstehende Ausführungen verwiesen werden.

Weitreichende Änderungen bringt IDW S 1 i. d. F. 2008 dagegen im Hinblick auf die Ertragsteuern auf Ebene der Gesellschafter. Zwar bestätigt das *IDW* erneut auch deren Bewertungsrelevanz, doch distanziert es sich von der bisherigen expliziten Vorgabe eines typisierten Einkommensteuersatzes. Stattdessen zieht es sich auf die Empfehlung zurück, die steuerlichen Verhältnisse der Anteilseigner „sachgerecht zu typisieren"[1473]. Die in der Folge der Novelle ergangene Literatur spricht sich für eine differenzierende Auslegung dieser allgemein gehaltenen Empfehlung aus. Demnach sei bei Personenunternehmen weiterhin von einem Steuersatz in Höhe von 35 % aus-

---
[1470] Vgl. Zeidler, G. W. / Schöniger, S. / Tschöpel, A., FB 2008, S. 277 – 278.
[1471] Mit der Einführung der Thesaurierungsbegünstigung versucht der Gesetzgeber, hinsichtlich der steuerlichen Behandlung von Kapitalgesellschaften und Personenunternehmen Gleichheit herzustellen. Steuersystematisch bringt die Neuregelung eine Annäherung von Personenunternehmen an Kapitalgesellschaften.
[1472] Vgl. IDW (Hrsg.), IDW S 1 i. d. F. 2008, Tz. 28.
[1473] IDW (Hrsg.), IDW S 1 i. d. F. 2008, Tz. 43.

zugehen.[1474] Bei Kapitalgesellschaften dagegen sei der Tarif der Abgeltungssteuer in Höhe von 25 % zuzüglich Solidaritätszuschlag zugrunde zu legen.[1475] Allerdings sei bei der Wahl des in Ansatz zu bringenden typisierten Einkommensteuersatzes dem jeweiligen Bewertungsanlass Rechnung zu tragen,[1476] sodass für die Höhe des typisierten Einkommensteuersatzes grundsätzlich ein breites Spektrum in Frage komme.[1477]

### 6.1.3.3.7.3 Besteuerung der Rendite der Alternativanlage

Hinsichtlich der Berücksichtigung von Ertragsteuern bei der Ermittlung der Rendite der Alternativanlage trifft IDW S 1 i. d. F. 2008 im Vergleich zu IDW S 1 i. d. F. 2005 keine grundsätzlich neuen Vorgaben.[1478] Die einzige wesentliche Modifikation besteht in der korrespondierenden Öffnung der allgemeinen Vorgaben bezüglich der Berücksichtigung persönlicher Ertragsteuern beim Kapitalisierungszinssatz an unterschiedliche Bewertungsanlässe.[1479] Die Mannigfaltigkeit der Bewertungsanlässe scheint nach Auffassung des *IDW* die Einschätzung des Bewertenden erforderlich zu machen, ob die korrespondierende Berücksichtigung typisierter Einkommensteuern im Kapitalisierungszinssatz von Fall zu Fall sachgerecht erscheint. Nur so lässt sich die Wahl der konditionalen Subjunktion „sofern"[1480] verstehen.

Insbesondere nimmt IDW S 1 i. d. F. 2008 auf die mit der Unternehmensteuerreform 2008 eingetretenen steuerlichen Änderungen keinen expliziten Bezug. Insofern ergeben sich die hieraus abzuleitenden Implikationen für den Kapitalisierungszinssatz grundsätzlich unter analoger Anwendung des Nachsteuer-CAPM. Für den Kapitalisierungszinssatz nach persönlichen Einkommensteuern $r_{2008}^{nESt}$ resultiert somit

$$r_{2008}^{nESt} = r_f \cdot (1 - st_{ASt}) + \ldots$$

$$\ldots + \beta \cdot [r_M - \delta_M \cdot st_{ASt} - \kappa_M \cdot st_{ASt}^{eff} - r_f \cdot (1 - st_{ASt})] \quad (1)$$

Hierbei stehen $\delta_M$ für den auf die Dividenden entfallenden Anteil der Marktrendite, $\kappa_M$ für den auf den Kursgewinn[1481] entfallenden Anteil an der Marktrendite, $st_{ASt}$ für den Tarif der Abgeltungssteuer einschließlich Solidaritätszuschlag, $r_f$ für die Rendite der risikolosen Anlage, $r_M$ für die Markt-

---

[1474] Vgl. Wollny, C., Unternehmenswert, 2013, S. 280 – 281; OLG Stuttgart vom 19. März 2008, AG 2008, S. 510 (S. 513).
[1475] Vgl. Popp, M. / Kunowski, S., Steuern, 2015, S. 1319 – 1320.
[1476] Vgl. IDW (Hrsg.), IDW S 1 i. d. F. 2008, Tz. 29.
[1477] Vgl. IDW (Hrsg.), IDW S 1 i. d. F. 2008; Wagner, W. / Saur, G. / Willershausen, T., WPg 2008, S. 733 – 734.
[1478] Vgl. IDW (Hrsg.), IDW S 1 i. d. F. 2008, Tz. 93, Tz. 114 – 122.
[1479] Vgl. IDW (Hrsg.), IDW S 1 i. d. F. 2008, Tz. 30 – 31.
[1480] IDW (Hrsg.), IDW S 1 i. d. F. 2008, Tz. 93.
[1481] Vgl. zur typisierten Haltedauer z. B. Diedrich, R. / Stier, C., WPg 2013, S. 29 – 36.

rendite und $\beta$ für den risikoadäquaten $\beta$-Faktor.[1482] $st_{ASt}^{eff}$ bezeichnet die effektive Besteuerung des Kursgewinns. Dieser unterliegt zwar ebenfalls der Abgeltungssteuer, allerdings erst am Ende der Haltedauer, sodass die künftige Steuerbelastung des Kursgewinns auf den Bewertungsstichtag zu kapitalisieren ist. Eine entscheidende Determinante ist in diesem Zusammenhang die Annahme hinsichtlich der typisierten Haltedauer.[1483] Diese liegt im Moment bei mehr als 40 Jahren. Nach hier vertretener Auffassung ist als Kapitalisierungszinssatz für die Bestimmung des effektiven Abgeltungssteuersatzes auf den Kursgewinn der sehr langfristige Kassazinssatz bezogen auf die Bundesrepublik Deutschland heranzuziehen.

### 6.1.3.4 Würdigung

Hier wird die Auffassung geteilt, dass ertragsabhängige Steuern grundsätzlich bewertungsrelevant sind. Allerdings wird in Frage gestellt, ob und inwiefern es praktikabel, vor allen Dingen aber richtig ist, bei der Bestimmung des objektivierten Unternehmenswerts die ertragsabhängigen Steuern in der Art und Weise in die Betrachtung einzubeziehen, wie dies die Bewertungsstandards des *IDW* vorsehen. Die dahingehende Diskussion verliert sich in Details, ohne im Vorfeld der wichtigen Frage den gebührenden Raum zu geben, ob die Annahmen des *IDW* bezüglich der Alternativanlage tatsächlich zielführend sind, insbesondere was deren Vereinbarkeit mit dem Konzept des Barwerts angeht.

Die üblicherweise gegen die Berücksichtigung persönlicher Ertragsteuern in Unternehmensbewertungskalkülen ins Feld geführten Argumente beziehen sich in erster Linie auf die Eigenschaften, welche dem typisierten Anleger in Deutschland zuzuschreiben sind.[1484] Weitere Bedenken bestehen hinsichtlich der Inhomogenität der Kapitalmarktteilnehmer, der diesen zuzuordnenden Risikonutzenfunktionen und Vermögensanfangsausstattungen sowie der Abhängigkeit der Ergebnisse von der Höhe des $\beta$-Faktors.[1485] Schließlich wird auf die Komplexität von Nachsteuerbetrachtungen[1486] sowie die Objektbezogenheit der Bewertung der Gesellschaft unter besonderer Berücksichtigung des überindividuellen Verbandszwecks sämtlicher

---

[1482] Vgl. Zeidler, G. W. / Schöniger, S. / Tschöpel, A., FB 2008, S. 282; wohl dahingehend einem Irrtum erliegend Meilicke, F., Ertragsteuern, 2013, S. 40.
[1483] Vgl. Streitferdt, F., FB 2008, S. 268; Dierkes, S. / Diedrich, R. / Gröger, H.-C., ZfB 2009, S. 292 – 294.
[1484] Vgl. Gorny, C. / Rosenbaum, D., WPg 2004, S. 865; Peemöller, V. H., UM 2003, S. 126; Barthel, C. W., DStR 2007, S. 83.
[1485] Vgl. Ollmann, M. / Richter, F., Kapitalmarkorientierte Unternehmensbewertung, 1999, S. 171 – 172; Peemöller, V. H. / Beckmann, C. / Meitner, M., BB 2005, S. 92 – 95.
[1486] Vgl. Ballwieser, W., Unternehmensbewertung und Steuern, 1995, S. 35 – 36; Aders, C., BP 2007, Nr. 4, S. 2, S. 7.

Formen privater Verbände (§ 705 BGB i. d. F. 2015) verwiesen.[1487] Nach hier vertretener Auffassung ist die Diskussion aus einer übergeordneten Perspektive zu führen.

Äquivalenz im Kontext der Unternehmensbewertung meint im Allgemeinen die Vergleichbarkeit von Bewertungsobjekt und Alternativanlage.[1488] Steueräquivalenz im Besonderen meint eine vergleichbare Besteuerung der Zahlungsströme von Bewertungsobjekt und Alternativanlage.[1489] Keineswegs beschränkt sich Steueräquivalenz somit auf die Frage, ob die Zahlungsströme des Bewertungsobjekts ebenso wie jene der Alternativanlage überhaupt der Besteuerung unterliegen.[1490] Eine derartige Auslegung bedeutete nämlich eine unterschiedliche Reichweite des Äquivalenzbegriffs. Diesem jedoch steht der explizite Wortlaut von IDW S 1 i. d. f. 2005 respektive IDW S 1 i. d. F. 2008 entgegen, indem diese die Laufzeit-, die Risiko- und die Steueräquivalenz von Bewertungsobjekt und Alternativanlage im selben Atemzuge nennen[1491] und somit gerade keine Differenzierung zwischen den unterschiedlichen Ausprägungen der Äquivalenzprinzipien der Unternehmensbewertung treffen.[1492]

Die Implikationen von Laufzeit- und Risikoäquivalenz im Rahmen des Barwertkalküls wurden bereits eingehend erläutert. Daher reicht es an dieser Stelle aus zu wiederholen, dass in diesen beiden Anwendungsfällen unter Äquivalenz die bestenfalls perfekte Übereinstimmung der zeitlichen Struktur respektive der Risikoposition der Zahlungsströme von Bewertungsobjekt und Alternativanlage zu verstehen ist.[1493] Der Grundsatz der Steueräquivalenz ist nach hier vertretener Auffassung korrespondierend so auszulegen, dass auf die Zahlungsströme des Bewertungsobjekts und der Alternativanlage steuerliche Regelungen zur Anwendung kommen, welche in ihrer Gesamtheit die Zahlungsströme von Bewertungsobjekt und Alternativanlage gleich belasten.[1494] Eine reine Grenzsteuerbetrachtung, wie sie große Teile der Literatur anstellen,[1495] greift hierbei deutlich zu kurz. Ein solches Vorgehen ist nur dann zulässig, wenn das Steuersystem investitionsneutral ausgestaltet ist, an welcher Eigenschaft es jedoch dem Steuerrecht gemein-

---

[1487] Vgl. Hennrichs, J., ZHR 2000, S. 470 – 475.
[1488] Vgl. Gorny, C. / Rosenbaum, D., WPg 2004, S. 867; aA wohl Wiese, J., WPg 2005, S. 618.
[1489] Vgl. Peemöller, V. H. / Beckmann, C. / Meitner, M., BB 2005, S. 91; Wiese, J., WPg 2007, S. 373.
[1490] Vgl. so aber Wagner, W. / Jonas, M. / Ballwieser, W. u. a., WPg 2004, S. 890.
[1491] Vgl. so zwar auch Wagner, W. / Jonas, M. / Ballwieser, W. u. a., WPg 2004, S. 890.
[1492] Vgl. IDW (Hrsg.), IDW S 1 i. d. F. 2005, Tz. 124; IDW (Hrsg.), IDW S 1 i. d. F. 2008, Tz. 114.
[1493] Vgl. Gorny, C. / Rosenbaum, D., WPg 2004, S. 862.
[1494] Vgl. Laitenberger, J., FB 2000, S. 546.
[1495] Vgl. z. B. Löffler, A., FB 2001, S. 593; Wagner, W. / Jonas, M. / Ballwieser, W. u. a., WPg 2004, S. 893; Wiese, J., WPg 2007, S. 371 – 373.

hin mangelt.[1496] Vielmehr ist auf die effektive Steuerbelastung der Zahlungsströme von Bewertungsobjekt und Alternativanlage abzustellen. Dies macht erforderlich, den genauen Verlauf des Steuertarifs ebenso zu berücksichtigen wie mögliche Unterschiede hinsichtlich der steuerlichen Behandlung der Zahlungsströme von Bewertungsobjekt und Alternativanlage. Ein bloßes Kürzen der Steuerbelastung von Bewertungsobjekt und Alternativanlage scheidet aus. In engem Zusammenhang mit der Frage, welcher Einkunftsart der Zahlungsstrom einerseits des Bewertungsobjekts, andererseits der Alternativanlage zuzuordnen ist, steht die Frage nach der steuerrechtlichen Behandlung unterschiedlicher Rechtsformen.[1497] Zu berücksichtigen sind daneben allfällige steuerliche Verlustvorträge[1498]. Die Einbeziehung steuerlicher Aspekte in die Unternehmensbewertung bedingt somit eine detaillierte Steuerrechnung, und zwar nicht nur für das Bewertungsobjekt, sondern auch für die Alternativanlage.

Erweist sich die Erstellung einer expliziten Steuerrechnung im Hinblick auf das Bewertungsobjekt zwar gewiss als aufwendig, wenn auch, die hierzu erforderlichen steuerrechtlichen Kenntnisse vorausgesetzt, nicht unmöglich, so besteht im Hinblick auf die Alternativanlage die Problematik, dass die hierzu erforderlichen Daten, zumal in hinreichender Genauigkeit, dem Bewertenden regelmäßig nicht zur Verfügung stehen. Dies gilt besonders für den zunehmend relevanten Fall internationaler Verflechtungen des Bewertungsobjekts. Allenfalls Daten über die durchschnittliche Steuerbelastung der Alternativanlage liegen vor. Doch gilt für einen hilfsweisen Rückgriff auf diese im Prinzip dasselbe wie für die bereits gewürdigte Grenzsteuerbetrachtung. Die Beurteilung der Steueräquivalenz von Bewertungsobjekt und Alternativanlage stellt daher den Bewertenden vor praktisch nicht zu bewältigende Herausforderungen.

„Bewerten heißt vergleichen".[1499] Voraussetzung für einen sinnvollen Vergleich ist tatsächliche Vergleichbarkeit. Das Prinzip des Vergleichs von Bewertungsobjekt und Alternativanlage kommt im Barwertkonzept zum Ausdruck. Der Barwert quantifiziert den Geldbetrag, welchen der Eigner des Bewertungsobjekts fiktiv in die Alternativanlage anlegen muss, um denselben Zahlungsstrom wie mit dem zu bewertenden Unternehmen zu erzielen. Insofern sei auf die Ausführungen in 2.4.1 verwiesen. Die verschiedenen Ausprägungen der Äquivalenz von Bewertungsobjekt und Alternativanlage

---

[1496] Vgl. Jonas, M., Steuern, StBJb 2000 / 2001, S. 411; Dausend, F. / Schmitt, D., FB 2007, S. 292. In einem investitionsneutralen Steuersystem kommt dem kapitaltheoretischen Gewinn die Funktion der steuerlichen Bemessungsgrundlage zu. Vgl. Schneider, D., Investition, 1992, S. 219.
[1497] Vgl. wohl Barthel, C. W., DStR 2007, S. 84 – 85.
[1498] Vgl. hierzu z. B. Komp, R., Zweifelsfragen, 2002, S. 93 – 110.
[1499] Moxter, A., Grundsätze, 1983, S. 123.

wirken integrativ, sodass die Verletzung der Äquivalenz hinsichtlich einer bestimmten Ausprägung die Äquivalenz von Bewertungsobjekt und Alternativanlage per se stört. Die eingangs skizzierte Entwicklungslinie der Haltung des *IDW* zur Berücksichtigung von Ertragsteuern im Rahmen der Unternehmensbewertung lässt deutlich erkennen, dass in den hier diskutierten Unternehmensbewertungsstandards das Prinzip der Steueräquivalenz nicht gewahrt ist. So sind die Zahlungsströme des Bewertungsobjekts und der Alternativanlage in Abhängigkeit von deren Definition nach dem jeweiligen Bewertungsstandard fallweise unterschiedlichen Einkunftsarten zuzuordnen. Doch gelten für die verschiedenen Einkunftsarten oder, was damit in engem Zusammenhang steht, für die verschiedenen Rechtsformen jeweils eigene steuerliche Vorgaben, welche hinsichtlich ihrer effektiven Belastungswirkung mitunter erheblich divergieren. Regelmäßig weichen Vor- und Nachsteuerunternehmenswert voneinander ab.[1500] Allein in dem Fall, wo die Zahlungsströme von Bewertungsobjekt und Alternativanlage derselben effektiven Besteuerung unterliegen und auch ansonsten Äquivalenz herrscht, haben Ertragsteuern im hier betrachteten Fall eines unendlichen Investitionshorizonts keine Bewertungsrelevanz.[1501] Vor- und Nachsteuerunternehmenswert stimmen in dieser und nur in dieser Konstellation überein. Das regelmäßige Auseinanderfallen von Vor- und Nachsteuerunternehmenswert ist damit weniger eine Frage der konkreten typisierenden Annahmen für die Besteuerung des Bewertungsobjekts und der Alternativanlage.[1502] Vielmehr kommt darin die mangelnde Steueräquivalenz, insbesondere aber die fehlende Rechtsformneutralität des deutschen Steuerrechts zum Ausdruck. Die Differenz zwischen Vor- und Nachsteuerunternehmenswert ist der abweichenden Besteuerung der Zahlungsströme von Bewertungsobjekt und Alternativanlage geschuldet und somit kein Merkmal, welches der operativen Ertragskraft des Bewertungsobjekts zuzuschreiben wäre. Tatsächlich manifestiert sich hierin der Vergleich von bewertungskonzeptionell nicht Vergleichbarem.[1503] Nach hier vertretener Auffassung wäre daher grundsätzlich zu überlegen, den Nachsteuerunternehmenswert, dem APV-Verfahren ähnlich,[1504] zweistufig zu bestimmen. Der Nachsteuerunternehmenswert errechnete sich hierbei analog aus dem Vorsteuerunternehmenswert zuzüglich eines Wertbeitrags aus der abweichenden Besteuerung der Zahlungs-

---

[1500] Vgl. Siegel, T., Unternehmensbewertung, 2000, S. 399 – 407; Wiese, J., WPg 2005, S. 621.
[1501] Vgl. so wohl auch Jonas, M., StBJb 2000 / 2001, S. 410.
[1502] Vgl. z. B. Ballwieser, W., WPg 2002, S. 741; Wiese, J., WPg 2007, S. 372 – 373.
[1503] Vgl. insoweit zustimmend Maier, J., FB 2002, S. 76 – 77; Hommel, M. / Dehmel, I. / Pauly, D., BB 2005, Special Nr. 7, S. 15; Wiese, J., WPg 2007, S. 374 – 375; Zeidler, G. W. / Schöniger, S. / Tschöpel, A., FB 2008, S. 276.
[1504] Vgl. Baetge, J. / Niemeyer, K. / Kümmel, J. u. a., DCF-Verfahren, 2015, S. 365 – 366.

ströme von Bewertungsobjekt und Alternativanlage. Der Zukunftserfolgswert $PV(X)$ ergäbe sich bei dieser Vorgehensweise damit mit

$$PV(X) = \sum_{t=1}^{T} \frac{X_t^{vSt}}{(1+r)^t} + \sum_{t=1}^{T} \frac{St_t^{BO} - St_t^{AA}}{(1+r)^t} \qquad (1)$$

wobei $X_t^{vSt}$ für die Zahlungsströme des Bewertungsobjekts vor Einkommensteuern und $St_t^{BO}$ respektive $St_t^{AA}$ für die Steuerbelastung der Zahlungsströme des Bewertungsobjekts respektive der Alternativanlage in der $t$-ten Periode und $r$ für die risikoadjustierten Kapitalkosten stehen. Doch tritt hier erneut die Notwendigkeit expliziter Steuerrechnungen für das Bewertungsobjekt und die Alternativanlage und die damit verbundene Problematik einer unzureichenden Datenverfügbarkeit auf. Die mitunter erheblichen Unterschiede zwischen Handels- und Steuerbilanzrecht machen hierbei erforderlich, zumindest die Detailplanungsphase um eine gesonderte Steuerrechnung[1505] zu ergänzen. Eine eingehendere Erörterung übersteigt den Rahmen der vorliegenden Untersuchung. Insofern sei für die dahingehende Notwendigkeit an dieser Stelle nur sensibilisiert.

Im Hinblick auf die unzureichende Steueräquivalenz von Bewertungsobjekt und Alternativanlage kommt erschwerend hinzu, dass die Verwendung der durchschnittlichen historischen Aktienrendite ihrerseits mit einer Verletzung der Laufzeitäquivalenz einhergeht. Die Ursache für die Diskrepanz zwischen Vor- und Nachsteuerunternehmenswert liegt somit nicht allein in der mangelnden Steueräquivalenz von Bewertungsobjekt und Alternativanlage im engeren Sinne. Vielmehr wurzelt die unzureichende Steueräquivalenz zum Teil auch in der mangelnden Laufzeitäquivalenz von Bewertungsobjekt und Alternativanlage. Im Hinblick auf die unzureichende Herstellung der Steueräquivalenz wirkt die Missachtung der Laufzeitäquivalenz multiplikativ. Die Ausführungen zur Rendite der risikolosen Anlage zeigen, dass die Effektivverzinsung von Kuponanleihen nicht geeignet ist, die Zahlungsströme des Bewertungsobjekts laufzeitäquivalent zu duplizieren. Vielmehr ist hierfür auf die Effektivverzinsung von Nullkuponanleihen abzustellen. Es wurde gezeigt, dass zur Bestimmung der durchschnittlichen historischen Marktrendite zwingend das geometrische Mittelungsverfahren anzuwenden ist. Doch beruht dieses selbst auf dem Konzept der Effektivverzinsung. Nach hier vertretener Auffassung ist daher die geometrisch gemittelte Aktienrendite gleichermaßen in einen Kassazinssatz umzurechnen, um auf diese Weise die Laufzeitäquivalenz von Bewertungsobjekt und Alternativanlage zu

---

[1505] Vgl. zur Komplexität von Steuerrechnungen im Rahmen der Unternehmensbewertung z. B. Wagner, F. W., WPg 2007, S. 934–935.

vervollkommnen, auch wenn am langen Ende der Unterschied zwischen Rendite- und Zinsstrukturkurve freilich nur mehr gering ausfällt. Überhaupt erstaunt die Selbstverständlichkeit, mit welcher die Annahme, bei der Alternativanlage sei von einem Aktienportfolio auszugehen,[1506] im Schrifttum hingenommen wird.[1507] Bewertungstheoretisch erscheint diese mehr als zweifelhaft. Der Risikozuschlag auf die Rendite der risikolosen Anlage dient dem Zweck, zwischen den Zahlungsströmen einerseits des Bewertungsobjekts, andererseits der Alternativanlage Risikoäquivalenz herzustellen. Entscheidungstheoretisch ist die Sicherheitsäquivalent- gegenüber der Risikozuschlagsmethode superior. Praktisch sind der Anwendung der Sicherheitsäquivalentmethode indes enge Grenzen gesetzt. Die hierzu benötigten Risikonutzenfunktionen sind weder bekannt noch auf einfachem Wege bestimmbar.[1508] Hilfsweise ist daher auf die Risikozuschlagsmethode zurückzugreifen. Allerdings ist die Anwendung der Risikozuschlagsmethode nur dann zulässig, sofern die hierbei resultierenden Ergebnisse mit jenen auf Basis der Sicherheitsäquivalentmethode übereinstimmen.[1509] Sei dahingestellt, wie für den Vergleich der Ergebnisse konkret vorzugehen ist, wenn die Risikonutzenfunktionen doch unbekannt sind. Fest steht die hier einzig relevante Tatsache, dass die Kapitalisierung von Sicherheitsäquivalenten mit dem risikolosen Zinssatz erfolgt.[1510]

Allgemein bestimmt sich der risikolose Zinssatz anhand eines festverzinslichen Wertpapiers.[1511] Dies gilt auch im Fall der hier in Rede stehenden Sicherheitsäquivalentmethode, nachdem dies der Herstellung der Laufzeitäquivalenz von Bewertungsobjekt und Alternativanlage entgegenkommt.[1512] Eine Risikoadjustierung des Basiszinssatzes ist bei der Sicherheitsäquivalentmethode nicht vorgesehen. Der Risikoposition der in der Zukunft erwarteten Zahlungsströme wird bereits bei der Bestimmung der periodenspezifischen Sicherheitsäquivalente in Form von Abschlägen Rechnung getragen. Insofern sei auf die Ausführungen in 2.4.4.2 verwiesen. Demgegenüber wird bei der Risikozuschlagsmethode die Risikoposition der zukünftig erwarteten Zahlungsströme im Kapitalisierungszinssatz berücksichtigt. Ausgangs-

---

[1506] Vgl. IDW (Hrsg.), IDW S 1 i. d. F. 2005, Tz. 101, Tz. 124; IDW (Hrsg.), FN-IDW 2005, S. 555; IDW (Hrsg.), IDW S 1 i. d. F. 2008, Tz. 28, Tz. 115.
[1507] Vgl. z. B. Hommel, M. / Pauly, D., BB 2007, S. 1159; Aders, C., BP 2007, Nr. 4, S. 3 – 4.
[1508] Vgl. Kürsten, W., ZfbF 2002, S. 137 – 138; Reichling, P. / Spengler, T. / Vogt, B., ZfB 2006, S. 762; Schwetzler, B., ZfbF 2002, S. 146 – 149; Obermaier, R., Sicherheitsäquivalentmethode, 2003, S. 6 – 12.
[1509] Vgl. Moxter, A., Grundsätze, 1983, S. 157.
[1510] Vgl. Ballwieser, W., Komplexitätsreduktion, 1993, S. 171.
[1511] Vgl. Purtscher, V., RWZ 2006, S. 169; Lampenius, N. / Obermaier, R. / Schüler, A., ZBB 2008, S. 246.
[1512] Vgl. Siepe, G., WPg 1998, S. 326 – 327.

punkt ist hierbei jedoch wiederum der risikolose Zinssatz. Dieser wird um einen Zuschlag erhöht, welcher der Risikoposition der in der Zukunft erwarteten Zahlungsströme entspricht.[1513] Eine Möglichkeit, den risikoadäquaten Zuschlag auf die Rendite der risikolosen Anlage zu bestimmen, besteht in der Anwendung des CAPM.[1514] Das CAPM ist geeignet, die Preisbildung risikobehafteter Anlagen auf dem Kapitalmarkt zu erklären.[1515] Bei den risikobehafteten Anlagen handelt es sich vorliegend um Beteiligungen an börsengehandelten Unternehmen. Tatsächlich bedient sich auch das CAPM bei der Bestimmung des Preises unsicherer Anlagen des risikolosen Zinssatzes.[1516] Die Einbeziehung der risikolosen Anlage in das Modell erlaubt, ein deutlich breiteres Spektrum unterschiedlicher Risikopräferenzen abzubilden.[1517] Das CAPM bestimmt den Preis einer unsicheren Anlage rechnerisch als Rendite der risikolosen Anlage zuzüglich eines Risikozuschlags, welcher den Besonderheiten des zu bewertenden Risikos Rechnung trägt.[1518] Der im Rahmen der Risikozuschlagsmethode benötigte Risikozuschlag berechnet sich damit als Differenz zwischen dem vom CAPM ermittelten Preis für das jeweils zu bewertende Risiko und der Rendite der risikolosen Anlage. Mithin entspricht der für die Risikozuschlagsmethode benötigte Risikozuschlag rechnerisch dem risikospezifischen Risikozuschlag im Rahmen des CAPM selbst. Zwar herrscht bei Bestimmung des Risikozuschlags mithilfe des CAPM zwischen der Rendite der risikolosen Anlage und dem Risikozuschlag einerseits und dem Marktpreis unsicherer Anlagen andererseits rechnerische Identität. Ob dies jedoch als Freibrief zu werten ist, für die Rendite der Alternativanlage im Rahmen der Risikozuschlagsmethode unmittelbar auf den mithilfe des CAPM bestimmten Marktpreis unsicherer Anlagen zurückzugreifen, erscheint zumindest fraglich. Denn auf diese Weise kommt es zu einer Umqualifizierung der Alternativanlage von einem festverzinslichen Wertpapier in eine Unternehmensbeteiligung. Vorliegend wird dies jedenfalls bezweifelt,[1519] zumal das *IDW* selbst von der Verwendung des CAPM zur Ermittlung des Risikozu-

---

[1513] Vgl. Schneider, D., Investition, 1992, S. 522 – 523; Ballwieser, W., Komplexitätsreduktion, 1993, S. 177; Laux, H. / Gillenkirch, R. M. / Schenk-Mathes, H. Y., Entscheidungstheorie, 2014, S. 479, S. 484 – 485.
[1514] Vgl. Schneider, D., Investition, 1992, S. 522; kritisch Böcking, H.-J. / Nowak, K., DB 1998, S. 688 – 690; OLG Düsseldorf vom 27. Mai 2009, S. 2220 (S. 2225 – 2226).
[1515] Vgl. Hachmeister, D., Unternehmenswertsteigerung, 2000, S. 160; Franke, G. / Hax, H., Finanzwirtschaft, 2009, S. 354.
[1516] Vgl. Mossin, J., Econometrica 1966, S. 771.
[1517] Vgl. Sharpe, W. F., JOF 1964, S. 426 – 427.
[1518] Vgl. Lintner, J., REStat 1965, S. 31; Merton, R. C., JFE 1980, S. 323 – 324.
[1519] Vgl. im Ergebnis unschlüssig Künnemann, M., Unternehmensbewertung, 2003, S. 164 – 165.

schlags spricht.[1520] Im Vorsteuerfall ist die Art der Alternativanlage freilich ohne praktische Relevanz, nicht jedoch im hier diskutierten Nachsteuerfall in einem Umfeld fehlender steuerlicher Investitionsneutralität. Auch die vieldiskutierte Frage nach der Ausschüttungsäquivalenz von Bewertungsobjekt und Alternativanlage und die damit verbundenen weitreichenden Annahmen verlören bei Rückbesinnung auf das entscheidungstheoretisch gebotene festverzinsliche Wertpapier erheblich an Brisanz.[1521] Unabhängig von der Frage nach der Art der Alternativanlage wird jedoch zu berücksichtigen sein, dass das klassische CAPM eine Vorsteuerbetrachtung anstellt und die Integration ertragsteuerlicher Aspekte zum Preis mehr oder weniger plausibler Annahmen, insbesondere aber einer zunehmenden Entfernung vom Modell geschieht und dennoch nur ein allenfalls scheingenaues Ergebnis zu liefern vermag.[1522]

### 6.1.4 Zusammenfassung

Eine abschließende Erörterung der Frage nach der Berücksichtigung von Ertragsteuern im Rahmen der Unternehmensbewertung sprengt den Rahmen der vorliegenden Untersuchung. Aufgrund der identifizierten Problemkreise kommt diese jedoch zu dem Ergebnis, dass Ertragsteuern im Rahmen der Unternehmensbewertung nicht zu berücksichtigen sind. Zu vielschichtig sind die hierfür in Kauf zu nehmenden Modellabweichungen, sodass letztlich ein Vergleich von nicht Vergleichbarem resultiert. Wissenschaft und Praxis sind aufgerufen, die hier aufgeworfenen Fragen aufzugreifen, ehe sie sich weiteren Details hinsichtlich der Berücksichtigung von Ertragsteuern im Rahmen der Unternehmensbewertung zuwenden. Hierbei wird zu berücksichtigen sein, dass unabhängig von den hier vorgetragenen ökonomischen Argumenten gewichtige gesellschaftsrechtliche Gründe gegen die Einbeziehung der persönlichen Einkommensteuern der Anteilseigner in die Ermittlung der angemessenen Abfindung gemäß § 305 AktG i. d. F. 2015 sprechen, zumal diese bei den aktienrechtlichen Schwesterregelungen des Ausgleichs (§ 304 AktG i. d. F. 2015)[1523] und der Barabfindung (§ 327 b AktG i. d. F. 2015)[1524] keineswegs in solcher Eindeutigkeit fest steht.[1525] Doch

---

[1520] Vgl. IDW (Hrsg.), IDW S 1 i. d. F. 2000, Tz. 98; IDW (Hrsg.), IDW S 1 i. d. F. 2005, Tz. 100; IDW (Hrsg.), IDW S 1 i. d. F. 2008, Tz. 92; IDW (Hrsg.), FN-IDW 2012, S. 60.
[1521] Vgl. zur Problematik der Ausschüttungsäquivalenz z. B. Jonas, M., StBJb 2000 / 2001, S. 413 – 414; Laas, T., WPg 2006, S. 291.
[1522] Vgl. Emmerich, V., Unternehmensbewertung, 2014, S. 142.
[1523] Vgl. Spindler, G. / Stilz, E. (Hrsg.), Aktiengesetz, 2010, § 304 AktG, Rn. 60.
[1524] Vgl. Hölters, W., Aktiengesetz, 2014, § 327 b, Rn. 7.
[1525] Vgl. hierzu eingehend Hennrichs, J., ZHR 2000, S. 466 – 475; Emmerich, V. / Habersack, M., Konzernrecht, 2013, § 305, Rn. 63 – 64; Meilicke, J. F., Ertragsteuern, 2013, S. 237 – 240; aA Hölters, W., Aktiengesetz, 2014, § 304 AktG, Rn. 27; für eine differenzierende Handhabung Wagner, F. W., Besteuerung, 2008, S. 99 – 100.

Kapitel 6: Sonderfragen

nennen die Bewertungsstandards des *IDW* gerade die Ermittlung des angemessenen Abfindungsbetrags als exemplarisches Anwendungsgebiet und stellen diesen auf dieselbe Ebene wie den Ausgleichsbetrag gemäß § 304 AktG i. d. F. 2015 und die Barabfindung gemäß § 327 b AktG i. d. F. 2015.[1526] Breiten Raum sollte zudem auch die Frage einnehmen, ob die allgemein favorisierte Einwertigkeit der Einbeziehung von Ertragsteuern in das Bewertungskalkül angesichts der Schnelllebigkeit des Steuerrechts in der jüngeren Vergangenheit tatsächlich sinnvoll ist.[1527] Gleiches gilt für die Annahmen hinsichtlich des typisierten Anlegers, welche angesichts der Bedeutung internationaler Investmentgesellschaften auf dem deutschen Kapitalmarkt wenig realitätsnah erscheinen.[1528] Besondere Bedeutung sollte in diesem Zusammenhang der Diskussion des Ansässigkeitslandes des typisierten Anlegers beikommen, und zwar nicht nur im Hinblick auf die Höhe des allfällig in Abzug zu bringenden typisierten Einkommensteuersatzes. Vielmehr ist – zumindest bei Zugrundelegung des DAX® 30 für Zwecke der Marktrendite – die Ansässigkeit des typisierten Anlegers auch für die Frage entscheidend, welche Modifikationen für den zeitlichen Geltungsbereich des körperschaftsteuerlichen Anrechnungsverfahrens konkret vorzunehmen sind.[1529]

## 6.2 Anpassungen der empirisch ermittelten historischen Marktrisikoprämie

### 6.2.1 Vorbemerkung

Wissenschaft und Praxis fordern gleichermaßen, auf die kapitalmarktorientiert bestimmte historische Marktrisikoprämie pauschale Ab- respektive Zuschläge vorzunehmen, um einerseits der Entwicklung des Kapitalmarkts, andererseits ihrer Verwendung im Rahmen der Unternehmensbewertung Rechnung zu tragen. Die Befürworter pauschaler Abschläge finden in *Stehle* ihren prominentesten Vertreter. Die Diskussion über mögliche Abschläge wird bereits seit Veröffentlichung der wissenschaftlichen Studie zur Bestimmung der Risikoprämie von Aktien am deutschen Kapitalmarkt von *Stehle* (2004) geführt. Demgegenüber ist die Diskussion über die Zulässigkeit möglicher Zuschläge auf die historische Marktrisikoprämie erst jüngst im Zusammenhang mit den Verwerfungen an den internationalen Kapitalmärkten im Zuge der globalen Finanz- und Staatsschuldenkrise aufgekom-

---

[1526] Vgl. IDW (Hrsg.), IDW S 1 i. d. F. 2000, Tz. 9, Tz. 16; IDW (Hrsg.), IDW S 1 i. d. F. 2005, Tz. 9, Tz. 16; IDW (Hrsg.), IDW S 1 i. d. F. 2008, Tz. 11, Tz. 16.
[1527] Vgl. Zeidler, G. W. / Schöniger, S. / Tschöpel, A., FB 2008, S. 277; Ballwieser, W. / Kruschwitz, L. / Löffler, A., WPg 2007, S. 766.
[1528] Vgl. Gorny, C. / Rosenbaum, D., WPg 2004, S. 865; Knoll, L., AG 2005, Sonderheft, S. 40.
[1529] Vgl. Maier, J. / Stehle, R., KuK 1999, S. 126. Etwa die Hälfte der Aktionäre deutscher Publikumsaktiengesellschaften ist im Ausland ansässig. Vgl. hierzu Emmerich, V. / Habersack, M., Konzernrecht, 2013, § 304 AktG, Rn. 34 b.

men. Das *IDW* zeigt sich für beide Positionen offen, wobei es im Hinblick auf die Frage eines pauschalen Abschlags eine von *Stehle* (2004) leicht abweichende Haltung einnimmt respektive diesen anders begründet. Im Folgenden werden die für die eine oder andere Position ins Feld geführten Argumente dargelegt und jeweils im Anschluss kritisch gewürdigt.

### 6.2.2 Ermittlungsbedingter Abschlag

#### 6.2.2.1 Auffassung von Stehle (2004)

##### 6.2.2.1.1 Forderung

Im Zusammenhang mit der Länge und der Lage des Referenzzeitraums hält es *Stehle* für vertretbar, bei Verwendung des CDAX® als Market Proxy auf den arithmetisch gemittelten Schätzwert der historischen Marktrisikoprämie einen „Abschlag von 1 – 1,5 %"[1530] vorzunehmen. Hierfür sprächen zum einen ein in Zukunft zu erwartendes niedrigeres Risiko von Aktienkursschwankungen, zum anderen zwischenzeitlich deutlich verbesserte Diversifikationsmöglichkeiten. Nicht nur seien die Verbesserungen in den Diversifikationsmöglichkeiten dem allgemeinen Rückgang der Transaktionskosten geschuldet, sondern eröffnen sich diese durch die verstärkte Investition in Investmentfonds sowie in ausländische Wertpapiere.[1531]

##### 6.2.2.1.2 Würdigung

Hinsichtlich der Höhe des Abschlags scheint sich *Stehle* an den Empfehlungen dahingehender Untersuchungen für den US-amerikanischen Kapitalmarkt zu orientieren. *Stehle* rechtfertigt den Abschlag auf die historische Marktrisikoprämie somit ausschließlich mit Veränderungen in der Zusammensetzung des Marktportfolios. Eine mögliche Veränderung des strukturellen Niveaus der Rendite der risikolosen Anlage zieht er hierbei ebenso wenig ins Kalkül wie die damit verbundenen Rückkopplungseffekte auf die Finanzierung des operativen Geschäfts der in das Marktportfolio einbezogenen Unternehmen.[1532] Ohne dass dies *Stehle* konkret aussprechen würde, bezieht sich die Empfehlung eines Abschlags somit in erster Linie auf die Marktrendite. Ob die von *Stehle* ins Feld geführten Argumente tatsächlich zutreffen, ist indes fraglich. Tatsache ist, dass die Empfehlung *Stehles* unter anderem auf der *Stehle-Hartmond*-Zeitreihe aufbaut,[1533] welche jedoch keine Transaktionskosten berücksichtigt.[1534] Im Übrigen stellt sich nach hier vertretener Auffassung bei einem mit einem Aktienindex definierten Markt-

---

[1530] Stehle, R., WPg 2004, S. 921.
[1531] Vgl. Stehle, R., WPg 2004, S. 911, S. 921; Wagner, W. / Mackenstedt, A. / Schieszl, S. u. a., WPg 2013, S. 952.
[1532] Vgl. Siegel, J. J., FAJ 1992, Nr. 1, S. 37.
[1533] Vgl. Stehle, R., WPg 2004, S. 920.
[1534] Vgl. Stehle, R. / Hartmond, A., KuK 1991, S. 397; Stehle, R., WPg 2004, S. 920.

portfolio die Frage nach dem Grad der Diversifikation nicht. Referenz für die Beurteilung des Grads der Diversifikation ist in diesem Falle das Market Proxy selbst, und zwar unabhängig von dem Standpunkt, welchen der Betrachter entlang der Zeitachse einnimmt. Die von *Stehle* genannten Argumente für die Vornahme eines Abschlags auf die historische Marktrendite laufen somit ins Leere.

Wenngleich es vorliegend die Vornahme eines Abschlags auf die Marktrisikoprämie am deutschen Kapitalmarkt zu würdigen gilt, ist *Stehles* diesbezügliche Haltung im Hinblick auf die US-amerikanische Marktrisikoprämie insofern in die Betrachtung einzubeziehen, als dieser ausdrücklich darauf hinweist, dass seine Veröffentlichung zur US-amerikanischen Marktrisikoprämie als Ergänzung seines zeitgleich ergangenen Beitrags zur deutschen Marktrisikoprämie zu verstehen sei.[1535] Im Zusammenhang mit der US-amerikanischen Marktrisikoprämie spricht sich *Stehle* ausdrücklich gegen Abschläge aus. Gleichwohl verschließt sich *Stehle* auch hier dem Gedanken nicht kategorisch. So kommen die von *Stehle* ins Feld geführten Untersuchungen auf Basis des *Gordon'*schen Wachstumsmodells zu dem einhelligen Ergebnis, dass auch im Hinblick auf die Beurteilung der Frage nach der US-amerikanischen Marktrisikoprämie der Referenzzeitraum unzureichend repräsentativ sei.[1536] Keineswegs seien die Aktienrenditen, welche während des allgemeinen Börsenbooms am Ende des 20. Jahrhunderts erzielbar waren, undifferenziert in die Zukunft fortzuschreiben.[1537] Vielmehr sei auf den Durchschnitt grundsätzlich ein Abschlag vorzunehmen.[1538] Hintergrund seien erhebliche Abweichungen aller drei Determinanten des *Gordon'*schen Wachstumsmodells von ihrem jeweiligen langjährigen Mittel.[1539] Allerdings sei der wesentliche Grund für einen Abschlag entfallen, nachdem sich die „ungewöhnlich guten Aktienjahre"[1540] im Zeitraum von 1997 bis 2000 durch die nachrichtliche Entwicklung nivelliert haben. Den im Kontext der deutschen Marktrisikoprämie genannten Gründen für einen Abschlag misst *Stehle* für die US-amerikanische Marktrisikoprämie hingegen bemerkenswerterweise keine Bedeutung bei, obschon der Fall freilich nicht grundsätzlich anders gelagert ist und daher die im Zusammenhang mit der deutschen Marktrendite getroffenen Aussagen zunächst entsprechend gelten. Grundsätzlich zeigt *Stehle* für das Argument, der im Zeitraum von 1997 bis 2000

---

[1535] Vgl. Stehle, R. / Hausladen, J., WPg 2004, S. 928.
[1536] Vgl. Campbell, J. Y., US Equity Returns, 2001, S. 5; Diamond, P. A., Stock Market Returns, 2001, S. 13 – 16; Shoven, J. B., Long-Run Rates of Return, 2001, S. 48 – 49.
[1537] Vgl. Campbell, J. Y., US Equity Returns, 2001, S. 4.
[1538] Vgl. Diamond, P. A., Stock Market Returns, 2001, S. 12.
[1539] Vgl. Diamond, P. A., Stock Market Returns, 2001, S. 12; Shoven, J. B., Long-Run Rates of Return, 2001, S. 50 – 51; Malkiel, B. G., Random Walk, 2007, S. 324 – 328.
[1540] Stehle, R. / Hausladen, J., WPg 2004, S. 933.

erlebte Anstieg der Risikoprämie sei für die Zukunft nicht repräsentativ und daher zu korrigieren, somit auch im Zusammenhang mit der US-amerikanischen Marktrisikoprämie durchaus Sympathie.[1541] Allerdings ist fraglich, inwieweit die im Hinblick auf die US-amerikanische Marktrisikoprämie ausgesprochene Handlungsempfehlung auch im hier interessierenden Kontext der Unternehmensbewertung Anspruch auf Gültigkeit erheben kann. Denn die von *Stehle* zitierten Studien beziehen sich ausnahmslos auf das Portfoliomanagement von Unternehmen der Versicherungswirtschaft.[1542]

Versicherungsunternehmen stehen beim Abschluss von kapitalgedeckten Versicherungsgeschäften vor der Frage, welches Renditeversprechen sie dem Versicherungsnehmer gegenüber abgeben können. Als Ausgangspunkt dient hierbei die im langjährigen Durchschnitt erzielte Kapitalmarktrendite. In Abhängigkeit von den hier vorherrschenden Bewertungsniveaus macht die Antizipation erwarteter Kapitalmarktentwicklungen in Form von Zu- oder Abschlägen auf das langjährige Mittel der Kapitalmarktrendite im Sinne kaufmännischer Vorsicht durchaus Sinn, zumal sich an der über den Versicherungszeitraum hinweg erwarteten Kapitalmarktrendite die Versicherungsprämie bemisst. Im Zusammenhang mit Versicherungsverträgen ist somit die Marktrisikoprämie unter dem Gesichtspunkt einer geforderten Mindestrendite zur Erreichung eines bestimmten Endvermögens am Ende der Vertragslaufzeit (engl. required rate of return) angesprochen.[1543] Vorliegende Untersuchung betrachtet den allgemeinen Fall der Bewertung eines Unternehmens von unendlicher Fortbestehensdauer. Das Konzept des CAPM als integraler Bestandteil der Ermittlung der Kapitalkosten beruht auf der erwarteten Rendite (engl. expected rate of return) einerseits des Marktportfolios, andererseits der risikolosen Anlage.

Es konnte gezeigt werden, dass sich unter der Hypothese rationaler Erwartungen bei Zugrundelegung eines hinreichend langen Referenzzeitraums die Marktrendite pseudozukunftsorientiert bestimmen lässt. Unter der Hypothese rationaler Erwartungen herrscht somit Übereinstimmung zwischen der am Bewertungsstichtag zu erwartenden und der über einen möglichst langen Vergangenheitszeitraum tatsächlich realisierten Rendite (engl. realized rate of return).[1544] Mangels verifizierbarer Ansätze zur zukunftsorientierten Bestimmung der Marktrendite stellt die Hypothese rationaler Erwartungen zugleich die bestmögliche Methode zur Schätzung der am Bewertungsstichtag zukünftig zu erwartenden Marktrendite dar. Der Vorschlag

---

[1541] Vgl. Stehle, R. / Hausladen, J., WPg 2004, S. 933.
[1542] Vgl. Campbell, J. Y., US Equity Returns, 2001, S. 6; Malkiel, B. G., Random Walk, 2007, S. 324 – 328.
[1543] Vgl. Diamond, P. A., SSB 2000, S. 38 – 40.
[1544] Vgl. kritisch Elton, E. J., JOF 1999, S. 1213 – 1218.

eines Abschlags auf die wie auch immer gemittelten historischen Renditerealisationen lässt sich mit der Hypothese rationaler Erwartungen nicht vereinbaren. Denn unter Hinweis auf die dortigen Ausführungen stellte dies die Richtigkeit der Zeitreihe per se in Frage. Doch gerade die Richtigkeit der historischen Renditerealisationen leugnet *Stehle* nicht. Vielmehr aktualisiert er im gleichen Zuge frühere von ihm veröffentlichte Renditedaten.[1545] Die Übertragung der Argumente für einen Abschlag auf die historische Marktrisikoprämie im Kontext der Versicherungswirtschaft auf Fragestellungen der Unternehmensbewertung verbietet sich damit nicht nur unter dem Aspekt des unterschiedlichen zeitlichen Horizonts, sondern auch unter dem Aspekt des relevanten Renditebegriffs: Während vor dem Hintergrund der Hypothese rationaler Erwartungen zwischen der erwarteten und der realisierten durchschnittlichen Rendite Übereinstimmung herrscht, ist dies im Hinblick auf die zur Erreichung eines bestimmten Portfolioendwerts erforderliche Rendite nicht zwangsläufig der Fall. Vielmehr steht hier die jeweilige Renditevorgabe unter dem besonderen Einfluss des Anlagehorizonts respektive des aktuellen Kapitalmarktumfelds.

Überhaupt führt *Stehle* eine bemerkenswert einseitige Diskussion. Zum einen greift er die Frage nach einem möglichen Zuschlag auf das Mittel der historischen Aktienrendite gar nicht erst auf, was mit dem Hinweis auf die Hypothese rationaler Erwartungen jedoch geboten wäre. Offen bleibt somit, ob es sich bei dem geforderten Abschlag gewissermaßen um den Saldo einander gegenübergestellter positiver und negativer Abweichungen handelt oder aber allfällige positive Abweichungen in der Betrachtung gänzlich ausgespart bleiben. Zum anderen liefern weder *Stehle* noch die von ihm genannten Quellen eine objektiv nachvollziehbare Begründung für das Maß des geforderten Abschlags. Vielmehr wird für diesen nur eine Bandbreite genannt.[1546]

Insgesamt erweckt das Vorgehen den Eindruck einer gewissen Beliebigkeit, um nicht zu sagen, dass an dieser Stelle *Stehles* eigene Unschlüssigkeit im Hinblick auf die Wahl der Determinanten der Marktrisikoprämie offenkundig wird. Angesichts der hiervon ausgehenden Implikationen für den zu bestimmenden Unternehmenswert steht dies jedoch in diametralem Widerspruch zu der Genauigkeit der Angaben bezüglich der historischen Renditen, welche in Anbetracht zahlreicher nachträglicher Berichtigungen[1547] al-

---

[1545] Vgl. Stehle, R., WPg 2004, S. 920, S. 922 – 927; Stehle, R. / Hausladen, J., WPg 2004, S. 931.
[1546] Vgl. Stehle, R., WPg 2004, S. 911, S. 921; Diamond, P. A., Stock Market Returns, 2001, S. 12; Shoven, J. B., Long-Run Rates of Return, 2001, S. 50 – 51.
[1547] Vgl. hierzu nochmals die Studie von *Stehle / Hartmond* (1991) berichtigend Stehle, R. / Schmidt, M. H., German Stocks 1954 – 2013, 2014, S. 14, S. 16; die Studie von *Stehle / Huber / Maier* (1996) berichtigend Stehle, R. / Wulff, C. / Richter, Y., Rückberechnung des DAX, 1999, S. 13.

lenfalls als scheingenau zu bezeichnen sind. Letztlich lässt sich nach hier vertretener Auffassung das Eintreten *Stehles* für einen Abschlag auf das arithmetische Mittel der historischen Aktienrendite nur als eigenes Eingeständnis dafür deuten, dass der untersuchte Referenzzeitraum zu kurz gewählt ist, um auf dieser Basis eine belastbare Aussage hinsichtlich des langjährigen Durchschnitts der historischen Aktienrenditen treffen zu können. Dies gilt umso mehr, wenn das von *Stehle* in diesem Kontext favorisierte arithmetische Mittelungsverfahren, zumal in Phasen hoher Volatilität, zur Anwendung kommt.[1548]

### 6.2.2.2 Auffassung des IDW

#### 6.2.2.2.1 Forderung

Ähnlich wie *Stehle* spricht sich das *IDW* für einen pauschalen Abschlag auf das empirisch ermittelte arithmetische Mittel historischer Marktrisikoprämien aus. Allerdings begründet es diesen nicht allein mit einem in der Zukunft zu erwartenden niedrigeren Risiko von Aktienkursschwankungen und zwischenzeitlich verbesserten Diversifikationsmöglichkeiten.[1549] Vielmehr sieht das *IDW* neben weiteren qualitativen Aspekten auch quantitative Gründe für die Vornahme eines Abschlags.[1550] Als Beispiele für die weiteren qualitativen Aspekte werden eine gestiegene Risikotoleranz aufgrund allgemein höherer Vermögen, eine höhere Transparenz durch Verbesserungen der Rechnungslegung sowie eine abgeschwächte Wirkung der Konjunkturzyklen infolge einer verbesserten Koordination der Notenbankpolitik genannt. Bei den quantitativen Gründen für einen Abschlag auf das arithmetische Mittel historischer Marktrisikoprämien handelt es sich um die Frage nach der Wahl der Rendite der risikolosen Anlage, des Renditeintervalls, des Referenzzeitraums und des Referenzportfolios, insbesondere aber um die letztlich nicht abschließend geklärte Frage nach dem richtigerweise anzuwendenden Mittelungsverfahren.[1551] Die quantitativen Gründe für den Abschlag stehen also im Zusammenhang mit der empirischen Schätzunsicherheit.[1552] Allerdings lässt das *IDW* offen, wie sich der empfohlene Abschlag auf die beiden Komponenten verteilt. Hinsichtlich der Höhe geht die Forderung mit 1 bis 2 Prozentpunkten über den von *Stehle* geforderten Abschlag

---

[1548] Vgl. Stehle, R., WPg 2004, S. 911, S. 921; Stehle, R. / Hausladen, J., WPg 2004, S. 933.
[1549] Vgl. Stehle, R., WPg 2004, S. 911, S. 921; IDW (Hrsg.), WP-Handbuch, 2007, lit. A, Tz. 299; IDW (Hrsg.), FN-IDW 2012, S. 569; Wagner, W. / Mackenstedt, A. / Schieszl, S. u. a., WPg 2013, S. 951.
[1550] Vgl. Wagner, W. / Mackenstedt, A. / Schieszl, S. u. a., WPg 2013, S. 952.
[1551] Vgl. IDW (Hrsg.), WP-Handbuch, 2014, lit. A, Tz. 360; aA Baetge, J. / Niemeyer, K. / Kümmel, J. u. a., DCF-Verfahren, 2015, S. 395.
[1552] Vgl. Wagner, W. / Mackenstedt, A. / Schieszl, S. u. a., WPg 2013, S. 954.

hinaus.[1553] Möglicherweise ist hieraus der Schluss zu ziehen, dass das *IDW* die Differenz, also 0,5 Prozentpunkte, den quantitativen Gründen für den Abschlag auf das arithmetische Mittel historischer Marktrisikoprämien zuordnet.

#### 6.2.2.2.2 Würdigung

Vorliegende Untersuchung kommt zu dem Ergebnis, dass sich die arithmetische Mittelung von diskreten Renditen aus methodischen Gründen verbietet. Vielmehr ist zwingend das geometrische Mittelungsverfahren anzuwenden. Das Argument, den Abschlag auf das arithmetische Mittel der Marktrisikoprämie mit der letztlich ungeklärten Frage nach dem richtigerweise anzuwendenden Mittelungsverfahren zu begründen, läuft somit ins Leere. Auch der Einwand der Effekte unterschiedlicher Renditeintervalle ist damit zerstreut. Die Frage, ob möglicherweise nicht doch das geometrische Mittelungsverfahren anzuwenden ist, wird vom *IDW* nicht näher erörtert. Dies erstaunt in mehrfacher Hinsicht. Zum einen spricht sich *Stehle* erstmals 2004 im Rahmen seiner wissenschaftlichen Studie öffentlich für die arithmetische Mittelung historischer Renditen für Zwecke der Unternehmensbewertung aus. Noch Ende 2002 empfiehlt *Stehle*, damals in der Funktion als neutraler Gutachter im Squeeze Out-Verfahren *Blackstone / Celanese*, die Verwendung des geometrischen Mittelwerts, wobei seine darin bekundete Haltung seinerzeit einer langen Tradition folgte.[1554] Zum anderen spricht *Stehle* 1998 expressis verbis historischen Renditen mit der stationären Verteilung und der stochastischen Unabhängigkeit genau diejenigen Eigenschaften ab,[1555] mit welchen er 2004 die Verwendung des arithmetischen Mittelungsverfahrens begründet.[1556] Im Übrigen können dahingehende Untersuchungen die interserielle stochastische Independenz von Aktienrenditen überwiegend nicht bestätigen.[1557] Was den Stein des Anstoßes für diesen doch recht abrupten Gesinnungswandel gegeben haben mag, bleibt im Bereich des Spekulativen. Fest steht jedoch, dass die Wirtschaftsprüfungsgesellschaft PricewaterhouseCoopers im Dezember 2003 *Stehle* einen Auf-

---

[1553] Vgl. Wagner, W. / Jonas, M. / Ballwieser, W. u. a., WPg 2006, S. 1019; IDW (Hrsg.), WP-Handbuch, 2007, lit. A, Tz. 299.

[1554] Vgl. Stehle, R. / Hartmond, A., KuK 1991, S. 388 – 389; Stehle, R., Aktien versus Renten, 1998, S. 822; Stehle, R. / Wulff, C. / Richter, Y., Rückberechnung des DAX, 1999, S. 5; Renditevergleich von Aktien und festverzinslichen Wertpapieren, 1999, S. 5; nicht jedoch, da im Zusammenhang mit der Rekonstruktion der Jahresrenditen eines Indexes freilich nicht brauchbar, Stehle, R. / Huber, R. / Maier, J., KuK 1996, S. 289; Papendick, U., MM 2005, Nr. 5, S. 146, S. 148 – 149. Wohlgemerkt standen bei den genannten Studien weniger Aspekte der Unternehmensbewertung, sondern bloße langfristige Renditevergleiche von Aktien gegenüber Rentenpapieren im Vordergrund.

[1555] Vgl. Stehle, R., ZBB 1997, S. 243; Stehle, R., Aktien versus Renten, 1998, S. 822.

[1556] Vgl. Stehle, R., WPg 2004, S. 913, S. 917 – 919.

[1557] Vgl. z. B. Lewellen, J., JFE 2004, S. 212 – 229; Siegel, J. J., FAJ 2005, Nr. 6, S. 65.

trag zur Erstellung einer wissenschaftlich fundierten Schätzung der Risikoprämie von deutschen Aktien erteilt hat. Erst die damit verbundene neuerliche intensive Auseinandersetzung mit der Materie ließ *Stehle* von seiner bis dahin vertretenen Auffassung abrücken.[1558]

Weiterhin kommt vorliegende Untersuchung zu dem Ergebnis, dass für die Rendite der risikolosen Anlage im Sinne der konsistenten Verwendung und der Laufzeitäquivalenz auf den sehr langfristigen Kassazinssatz abzustellen ist. Im *Nelson / Siegel / Svensson*-Modell ist dies $\beta_0$. Insbesondere unter dem Gesichtspunkt des Stichtagsprinzips kommt nur der sehr langfristige Kassazinssatz als Rendite der risikolosen Anlage in Frage. Das ins Feld geführte Argument der Unsicherheit hinsichtlich der Wahl der risikolosen Anlage hält daher einer kritischen Prüfung nicht stand. Nicht auszuräumen sind demgegenüber die Bedenken hinsichtlich des Referenzzeitraums und des Referenzportfolios. Doch ist diesen in Form einer Annäherung an die theoretischen Vorgaben und nicht in Form eines Abschlags zu begegnen. Im Übrigen dürfte der auf den Referenzzeitraum und das Referenzportfolio entfallende Anteil des Abschlags nur mehr gering ausfallen, nachdem der Frage nach dem Mittelungsverfahren innerhalb der quantitativen Gründe die größte Bedeutung beigemessen wird.[1559]

Insgesamt kann die Argumentationslinie des *IDW* zur Begründung eines pauschalen Abschlags auf die historische Marktrisikoprämie nicht überzeugen. Die Vornahme eines Abschlags auf das wie auch immer geartete Mittel historischer Marktrenditen ist daher abzulehnen.

### 6.2.3 Finanz- und staatsschuldenkrisenbedingter Zuschlag

#### 6.2.3.1 Vorbemerkung

Die Empfehlung eines pauschalen Zuschlags auf die historische Marktrisikoprämie ist die jüngste Reaktion des *IDW* auf die Veränderungen des Kapitalmarktumfelds im Zuge der globalen Finanz- und Staatsschuldenkrise. Das *IDW* sah sich hierzu gezwungen, nachdem der Spielraum der bisherigen Bandbreiten für die Marktrisikoprämie ausgereizt war und aus der Bewertungspraxis zunehmend Stimmen laut wurden, die diesen drastischen Schritt forderten. Die Empfehlung eines pauschalen Zuschlags auf die historische Marktrisikoprämie versteht sich somit als vorläufiger Höhepunkt einer Reihe von Maßnahmen des *IDW*, den Auswirkungen der globalen Fi-

---

[1558] Vgl. Papendick, U., MM 2005, Nr. 5, S. 146, S. 148 – 149; Stehle, R., WPg 2004, S. 921; Stehle, R. / Hausladen, J., WPg 2004, S. 930; Stehle, R. / Schmidt, M. H., German Stocks 1954 – 2013, 2014, S. 5; Stehle, R., Managermagazin-Artikel 5 / 2005 (11. Januar 2016). Die Studie selbst wurde in Gestalt der hier bereits vielfach zitierten Publikation von *Stehle* einer breiteren Öffentlichkeit zugänglich gemacht. Vgl. hierzu Papendick, U., MM 2005, Nr. 5, S. 146.
[1559] Vgl. Wagner, W. / Jonas, M. / Ballwieser, W. u. a., WPg 2006, S. 1017.

nanz- und Staatsschuldenkrise auf die Unternehmensbewertung zu begegnen. Im Folgenden gilt es, zunächst diese Maßnahmen chronologisch zu rekonstruieren, um hierauf aufbauend die Zulässigkeit eines krisenbedingten Zuschlags auf die historische Marktrisikoprämie zu erörtern.

### 6.2.3.2 Entwicklungslinie der Auffassung des IDW zur Vornahme krisenbedingter Zuschläge auf die Marktrisikoprämie

Grundsätzlich ist nach Auffassung des *IDW* für Bewertungssachverhalte, deren Stichtag nach dem 31. Dezember 2008 liegt, eine Marktrisikoprämie in Höhe von 5,00 % vor respektive 4,50 % nach persönlichen Steuern anzusetzen.[1560] Die zunächst auf die USA begrenzte Subprimekrise wuchs sich angesichts der engen Verflechtungen zwischen den internationalen Finanzmärkten ab dem Jahr 2008 rasch zu einer globalen Finanzkrise aus. Infolge der Sozialisierung umfänglicher privater Risiken zur Stabilisierung des Finanzmarkts schloss sich dieser eine seither schwelende und immer wieder auflodernde Staatsschuldenkrise an. Erstmals im Herbst 2009 befasst sich der FAUB mit der Frage, ob und gegebenenfalls inwieweit auf die jüngeren Entwicklungen an den Finanzmärkten in Form einer etwaigen Anpassung der Marktrisikoprämie zu reagieren sei. Im Ergebnis wird diese zum damaligen Zeitpunkt jedoch verneint. Hintergrund sei, dass die Bandbreite der Marktrisikoprämie unter Bezugnahme auf einen langfristigen Referenzzeitraum abgeleitet worden sei und so in dieser unterschiedliche Konjunkturzyklen bereits berücksichtigt seien.[1561]

Im Frühjahr 2012 unterzieht der FAUB die Frage einer nochmaligen Überprüfung. Hierbei revidiert er seine bisherige Auffassung und sieht nunmehr Hinweise, dass im Zuge der globalen Finanzmarkt- und Staatsschuldenkrise die Risikoaversion der Kapitalmarktakteure gegenüber dem Vorkrisenniveau gestiegen ist.[1562] Das erhöhte Risikobewusstsein der Akteure äußere sich unter anderem in einer verstärkten Nachfrage nach deutschen Staatsanleihen, zumal diese in der internationalen Finanzwelt gemeinhin die Reputation eines sicheren Hafens genießen.[1563] Der verstärkten Nachfrage stehe ein allenfalls gleichbleibendes Angebot gegenüber, sodass die Kurse deutscher Staatsanleihen seit Ausbruch der Finanzkrise in Sphären vorgedrungen seien, welche bislang nur theoretisch für möglich gehalten worden

---

[1560] Vgl. Wagner, W. / Saur, G. / Willershausen, T., WPg 2008, S. 737 – 745; IDW (Hrsg.), FN-IDW 2009, S. 696 – 697; IDW (Hrsg.), WP-Handbuch, 2014, lit. A, Tz. 360; Baetge, J. / Niemeyer, K. / Kümmel, J. u. a., DCF-Verfahren, 2015, S. 395 – 396.
[1561] Vgl. IDW (Hrsg.), FN-IDW 2009, S. 697.
[1562] Vgl. IDW (Hrsg.), FN-IDW 2012, S. 122; Bassemir, M. / Gebhardt, G. / Ruffing, P., WPg 2012, S. 883; Ihlau, S. / Gödecke, S., BB 2012, S. 890; Baetge, J. / Niemeyer, K. / Kümmel, J. u. a., DCF-Verfahren, 2015, S. 396.
[1563] Vgl. Zeidler, G. W. / Tschöpel, A. / Bertram, I., CF biz 2012, S. 74.

seien. Einhergehend mit dem anhaltenden Kursanstieg deutscher Staatsanleihen seien daher die mit diesen erzielbaren Renditen mittlerweile auf ein historisch niedriges Niveau gefallen.[1564] In der Zeitreihe des REXP® spiegeln sich die jüngeren Entwicklungen am Anleihenmarkt nur unzureichend wider. Die undifferenzierte Übernahme für Zwecke der risikolosen Anlage vermittle ein allzu optimistisches Bild von der Höhe der Marktrisikoprämie. Bedingt durch den allgemeinen Kursrückgang im Zuge der globalen Finanzmarkt- und Staatsschuldenkrise sei die Marktrisikoprämie sogar gesunken, was intuitiv befremde.[1565] Gleichzeitig führen krisenbedingt höhere Risikoaufschläge zu einem Anstieg der Marktrisikoprämie.[1566] Anfang 2012 geht daher zunächst die Empfehlung des FAUB dahin zu prüfen, sich ob der besonderen Situation am Anleihenmarkt am oberen Rand der 2009 bestätigten Bandbreite für die Marktrisikoprämie von 4,50 % bis 5,50 % vor respektive von 4,00 % bis 5,00 % nach persönlichen Steuern zu orientieren.[1567]

Im Herbst 2012 stellt sich der FAUB erstmals auf den Standpunkt, dass sich im Zuge der globalen Finanz- und Staatsschuldenkrise die bisher empfohlenen Bandbreiten für die Marktrisikoprämie selbst verschoben haben. Die langfristigen Trends, mit welchen bislang bei der Prognose der Marktrisikoprämie auf Basis historischer Daten ein Abschlag begründet wurde, seien in der anhaltenden Finanzmarktkrise von anderen Einflussgrößen überlagert worden.[1568] Marktbeobachtungen und Kapitalmarktstudien sowie die Ergebnisse kapitalmarktorientierter Bewertungsmodelle zur impliziten Marktrisikoprämie legen zwischenzeitlich eine Orientierung am oberen Rand der Bandbreite historischer Aktienrenditen respektive hieraus abgeleiteter Marktrisikoprämien nahe.[1569] Angesichts dessen empfiehlt der FAUB, sich hinsichtlich der Festlegung der Marktrisikoprämie bis auf weiteres an einer Bandbreite von 5,50 % bis 7,00 % vor respektive 5,00 % bis 6,00 % nach

---

[1564] Vgl. IDW (Hrsg.), FN-IDW 2012, S. 122; Ihlau, S. / Gödecke, S., BB 2012, S. 889. Ähnlich verhält es sich auch mit den Anleihen anderer öffentlicher Schuldner. Britische Staatsanleihen etwa rentieren Mitte 2015 auf dem niedrigsten Niveau seit 300 Jahren. Vgl. hierzu Mullins, M. / Wadhwani, S., Interest Rates, 1990, S. 3 – 12.
[1565] Vgl. Maas, J. / Ihlau, S., Krise, 2009, S. 3; Ruiz de Vargas, S. / Zollner, T., BP 2010, Nr. 2, S. 6; Kemper, T. / Ragu, B. / Rüthers, T., DB 2012, S. 649; Ihlau, S. / Gödecke, S., BB 2012, S. 890.
[1566] Vgl. Zwirner, C. / Reinholdt, A., FB 2009, S. 390 – 391.
[1567] Vgl. IDW (Hrsg.), FN-IDW 2009, S. 696 – 697; IDW (Hrsg.), FN-IDW 2012, S. 122.
[1568] Vgl. IDW (Hrsg.), FN-IDW 2012, S. 569.
[1569] Vgl. IDW (Hrsg.), WP-Handbuch, 2014, lit. A, Tz. 360; zur Vorgehensweise der kapitalmarktorientierten Bewertungsmodelle Bassemir, M. / Gebhardt, G. / Ruffing, P., WPg 2012, S. 887 – 890.

persönlichen Steuern zu halten.[1570] Das Mittel der jeweiligen Spannen liegt bei 6,25 % vor respektive 5,50 % nach persönlichen Steuern. Im Vergleich zu der Empfehlung für die Zeit vor Ausbruch der Finanz- und Staatsschuldenkrise bedeutet dies eine Verschiebung der Bandbreite um 1,00 bis 1,50 Prozentpunkte vor respektive um 1,00 Prozentpunkte nach persönlichen Steuern nach oben. Bezogen auf das Mittel der jeweiligen Bandbreite beträgt der Zuschlag auf die Marktrisikoprämie somit im Vorsteuerfall 1,25 Prozentpunkte und im Nachsteuerfall 1,00 Prozentpunkte.

### 6.2.3.3 Würdigung

Hinsichtlich des Umfangs des Zuschlags orientiert sich das *IDW* ausweislich des Wirtschaftsprüferhandbuchs 2014 an einem dahingehenden Vorschlag von *Zeidler / Tschöpel / Bertram*.[1571] Dass die Marktrisikoprämie zumindest vorübergehend in diesem Bereich einzuordnen sei, lasse sich im Übrigen anhand der Entwicklung der realen Aktienrenditen des Marktportfolios[1572] belegen.[1573] Eine derartige Betrachtung stellen etwa *Wagner / Mackenstedt / Schieszl u. a.* an. Wenngleich das Wirtschaftsprüferhandbuch 2014 auf deren Beitrag zumindest nicht explizit Bezug nimmt, so ist dennoch davon auszugehen, dass sich hierin die Meinung des *IDW* widerspiegelt, nachdem mit *Wagner, Mackenstedt* und *Schieszl* drei der fünf Coautoren seinerzeit in Personalunion dem FAUB angehörten.[1574] Im Übrigen stellen *Wagner / Mackenstedt / Schieszl u. a.* ihre Abhandlung ausdrücklich in den Kontext der Verlautbarung des FAUB im Herbst 2012.[1575] Der Schwerpunkt der folgenden Würdigung krisenbedingter Zuschläge auf die Marktrisikoprämie liegt daher auf den Beiträgen von *Zeidler / Tschöpel / Bertram* und von *Wagner / Mackenstedt / Schieszl u. a.*

*Zeidler / Tschöpel / Bertram* stellen die Überlegung an, dass langfristig ein nominaler Basiszinssatz in Höhe von „4,0 % bis 4,5 %"[1576] zu erwarten sei. Demgegenüber habe der Basiszinssatz Ende 2011 bei einem historisch niedrigen Niveau von 2,75 % gelegen. Die hierdurch bewirkte Reduzierung der Kapitalkosten führe zu einem Anstieg der Unternehmenswerte. Ange-

---

[1570] Vgl. IDW (Hrsg.), FN-IDW 2012, S. 569; IDW (Hrsg.), WP-Handbuch, 2014, lit. A, Tz. 360. Die Ausdehnung der Bandbreite der empfohlenen Marktrisikoprämien vor Steuern scheint steuerlich begründet zu sein. Vgl. hierzu Zeidler, G. W. / Tschöpel, A. / Bertram, I., CF biz 2012, S. 78.
[1571] Vgl. Zeidler, G. W. / Tschöpel, A. / Bertram, I., CF biz 2012, S. 70 – 80.
[1572] Vgl. Bassemir, M. / Gebhardt, G. / Ruffing, P., WPg 2012, S. 882 – 892; Wagner. W. / Makkenstedt, A. / Schieszl, S. u. a., WPg 2013, S. 948 – 959; Zimmermann, J. / Meser, M., CF biz 2013, S. 3 – 9.
[1573] Vgl. IDW (Hrsg.), FN-IDW 2012, S. 569; IDW (Hrsg.), WP-Handbuch, 2014, lit. A, Tz. 360.
[1574] Vgl. IDW (Hrsg.), Tätigkeitsbericht, 2013, S. 88.
[1575] Vgl. Wagner, W. / Mackenstedt, A. / Schieszl, S. u. a., WPg 2013, S. 948, S. 954.
[1576] Zeidler, G. W. / Tschöpel, A. / Bertram, I., CF biz 2012, S. 78.

sichts der gegenläufigen Entwicklung am Aktienmarkt sei dies jedoch nicht plausibel und zeichne ein verzerrtes Bild der tatsächlichen Gegebenheiten.[1577] Die Situation am Markt für Bundesanleihen Ende 2011 sei als einzigartig und vorübergehend anzusehen. Es gebe keinerlei Anzeichen dafür, dass die Anleger im Zuge der Finanzkrise ihre Ansprüche an die Realverzinsung ihrer Investitionen reduziert haben. Daher sei bei der Berechnung der Kapitalkosten der erneute Anstieg der Rendite der risikolosen Anlage auf das langfristig zu erwartende Niveau zu antizipieren.[1578] Dies sei vor dem Hintergrund von IDW S 1 i. d. F. 2008, dort Tz. 91, sogar geboten.[1579] Im Vorsteuerfall sei ein Zuschlag in Höhe von 1,25 bis 1,75 Prozentpunkten gerechtfertigt. Im Nachsteuerfall wird der Zuschlag auf einer Bandbreite von 1,00 bis 1,50 Prozentpunkten gesehen.[1580] Das *IDW* orientiert sich somit hinsichtlich des krisenbedingten Zuschlags am unteren Rand der von *Zeidler / Tschöpel / Bertram* empfohlenen Bandbreite.[1581]

Unklar bleibt, ob *Zeidler / Tschöpel / Bertram* für einen Zuschlag auf die Kapitalkosten oder aber auf die Marktrisikoprämie eintreten.[1582] Fest steht, dass der Zuschlag allein dem Ausgleich des historisch niedrigen Niveaus des Basiszinssatzes dient.[1583] Daher ist wohl von einem Zuschlag auf die Kapitalkosten, konkret auf den Basiszinssatz, und zwar in der Funktion als isolierter Bestandteil der Kapitalkosten, auszugehen. Bei dieser Lesart übernimmt der Zuschlag somit die Funktion eines Korrektivs auf die vom *IDW* vorgesehene Ermittlung des Basiszinssatzes anhand der Daten der Zinsstrukturkurve um den Bewertungsstichtag in Zeiten der Finanzkrise. Indes kann die Frage, welche Aufgabe nun dem Zuschlag bei *Zeidler / Tschöpel / Bertram* tatsächlich zugedacht ist, letztlich dahingestellt bleiben. Ausdrücklich nämlich spricht das *IDW* unter Bezugnahme auf die Empfehlungen von *Zeidler / Tschöpel / Bertram* von einer Verschiebung der Bandbreiten der Marktrisikoprämie.[1584] Damit geht das *IDW* von einem Zuschlag auf die Marktrisikoprämie aus.

Anders verhält es sich mit der Frage, ob die effektive Erhöhung der Marktrisikoprämie infolge der Verschiebung der zugehörigen Bandbreiten einer

---

[1577] Vgl. Zeidler, G. W. / Tschöpel, A. / Bertram, I., CF biz 2012, S. 70.
[1578] Vgl. Zeidler, G. W. / Tschöpel, A. / Bertram, I., CF biz 2012, S. 78.
[1579] Vgl. Zeidler, G. W. / Tschöpel, A. / Bertram, I., CF biz 2012, S. 76.
[1580] Vgl. Zeidler, G. W. / Tschöpel, A. / Bertram, I., CF biz 2012, S. 78.
[1581] Vgl. IDW (Hrsg.), FN-IDW 2012, S. 569; IDW (Hrsg.), WP-Handbuch, 2014, lit. A, Tz. 360.
[1582] Vgl. Zeidler, G. W. / Tschöpel, A. / Bertram, I., CF biz 2012, S. 77 – 80. In hierauf bezugnehmenden Literaturbeiträgen wird die Frage uneinheitlich behandelt. Allerdings wird nicht klar, ob dort die Notwendigkeit für eine dahingehende Unterscheidung gesehen wird. Vgl. hierzu z. B. Bassemir, M. / Gebhardt, G. / Ruffing, P., WPg 2012, S. 887; Ihlau, S. / Gödecke, S., BB 2012, S. 890.
[1583] Vgl. Zeidler, G. W. / Tschöpel, A. / Bertram, I., CF biz 2012, S. 78.
[1584] Vgl. IDW (Hrsg.), FN-IDW 2012, S. 569; IDW (Hrsg.), WP-Handbuch, 2014, lit. A, Tz. 360.

Kapitel 6: Sonderfragen

Erhöhung der Marktrendite oder einer Erhöhung der Rendite der risikolosen Anlage geschuldet ist. Diese ist eindeutig mit Letzterem zu beantworten. *Zeidler / Tschöpel / Bertram* begründen den Zuschlag mit einem Absinken der Renditen deutscher Staatsanleihen. Weniger stellt sich die Frage, wie sich der Zuschlag erklärt, unter dem Gesichtspunkt des Unternehmenswerts, sondern mehr unter dem Aspekt der konsistenten Verwendung der Bewertungsparameter. Es sei daran erinnert, dass die Vorgaben des *IDW* hinsichtlich der Marktrisikoprämie ihren Ausgangspunkt in den Ergebnissen der wissenschaftlichen Studie von *Stehle* (2004) nehmen.[1585] Als Proxy für die Rendite der risikolosen Anlage verwendet *Stehle* hierbei das arithmetische Mittel der Renditezeitreihe des REXP® im Zeitraum von 1955 bis 2003.[1586] Im Zusammenhang mit der vergangenheitsorientierten Bestimmung von Bewertungsparametern qua Mittelung über einen bestimmten Zeitraum wird häufig das Argument vorgebracht, dass auf diese Weise Hoch- und Niedrigzinsphasen angemessen zum Ausgleich kommen.[1587] Dies sollte besonders bei dem hier betrachteten verhältnismäßig langen Zeitraum, über welchen der REXP® gemittelt wird, der Fall sein. Hierbei übersehen jedoch *Zeidler / Tschöpel / Bertram*, dass das arithmetische Mittel des REXP® im Zeitraum von 1955 bis 2003 ohnehin bei 6,94 % p. a. und damit deutlich über dem von ihnen angegebenen Zielwert für den nominalen Basiszinssatz in Höhe von 4,00 % bis 4,50 % liegt.[1588] Es verdichten sich somit die Anzeichen für die bereits eingangs geäußerte Vermutung, dass der von *Zeidler / Tschöpel / Bertram* ins Spiel gebrachte Zuschlag tatsächlich ein Korrektiv für den krisenbedingt reduzierten Basiszinssatz in der Funktion als isolierter Bestandteil der Kapitalkosten darstellt, die Marktrisikoprämie selbst hingegen unverändert bleibt. Für die Berechnung der Kapitalkosten $E(\tilde{r}_i)$ des fiktiv vollständig eigenkapitalfinanzierten Bewertungsobjekts gilt daher bei dieser Lesart:

$$E(\tilde{r}_i) = \left(r_f + ZS_{Zeidler\ u.\ a.}\right) + \beta \cdot MRP_{Stehle\ (2004)} \quad (1)$$

Hierbei stehen $r_f$ und $\beta$ weiterhin für die Rendite der risikolosen Anlage respektive für den $\beta$-Faktor. Darüber hinaus stehen $ZS_{Zeidler\ u.\ a.}$ und $MRP_{Stehle\ (2004)}$ für den von *Zeidler / Tschöpel / Bertram* vorgeschlagenen Zuschlag in Höhe von 1,25 bis 1,75 Prozentpunkten respektive für die von *Stehle* (2004) ermittelte Risikoprämie nach Berücksichtigung des aufgrund qualitativer und quantitativer Unwägbarkeiten vorzunehmenden Abschlags. Vor diesem Hintergrund erweckt das offen ausgesprochene Ziel, „als unver-

---
[1585] Vgl. IDW (Hrsg.), WP-Handbuch, 2007, lit. A, Tz. 298.
[1586] Vgl. Stehle, R., WPg 2004, S. 921.
[1587] Vgl. z. B. OLG Düsseldorf vom 2. August 1994, WM 1995, S. 756 (S. 761); LG Dortmund vom 1. Juli 1996, AG 1996, S. 427 (S. 429).
[1588] Vgl. Zeidler, G. W. / Tschöpel, A. / Bertram, I., CF biz 2012, S. 78.

zerrte[n] Schätzer für den Basiszinssatz die langfristige durchschnittliche Renditeerwartung der Anteilseigner"[1589] heranzuziehen, beinahe den Eindruck, als würden *Zeidler / Tschöpel / Bertram* in Nostalgie verfallen und unter dem Vorwand der Finanzkrise der bereits beendet geglaubten Diskussion über die Verwendung der auf Dauer zu erzielenden Verzinsung neues Leben einhauchen wollen.[1590]

Andernfalls, wenn man also den Zuschlag mit einem Rückgang der Rendite der risikolosen Anlage in der Funktion als Referenz für die Marktrendite begründen wollte, müsste dieser auf einen Abschlag auf den Basiszinssatz in Höhe der Differenz zwischen dem arithmetischen Mittel des REXP® im Zeitraum von 1955 bis 2003 in Höhe von 6,94 % und dem Zielwert für den Basiszinssatz in Höhe von 4,00 % bis 4,50 % lauten. Im Ergebnis würde hier in der Tat, wie von *Zeidler / Tschöpel / Bertram* gefordert, ein Zuschlag auf die Marktrisikoprämie resultieren. Doch läge dieser vor persönlichen Steuern nicht wie angegeben auf einer Bandbreite von 1,25 bis 1,75 Prozentpunkten, sondern auf einer Bandbreite von 2,44 bis 2,94 Prozentpunkten. Diese Vorgehensweise bedeutete eine Abkehr von der bisher im Hinblick auf die Rendite der risikolosen Anlage in der Funktion als Referenz für die Höhe der Marktrendite vertretenen rein vergangenheitsorientierten Betrachtungsweise. Allerdings träte an deren Stelle nicht die Berücksichtigung der Stichtagsverhältnisse, was eigentlich geboten und auch wünschenswert wäre, sondern eine letztlich subjektive Prognose der künftigen Entwicklung an den Anleihenmärkten. Diese liegt jedoch im Dunkeln. Im Übrigen resultierte der Zuschlag in Höhe von 2,44 bis 2,94 Prozentpunkten allein bei numerischer Betrachtungsweise. Denn streng handelte es sich um einen Abschlag auf die durchschnittliche Rendite des REXP® in der Funktion als Referenz für die Marktrendite. Formal gölte damit für die Berechnung der Kapitalkosten $E(\tilde{r}_i)$ des fiktiv vollständig eigenkapitalfinanzierten Bewertungsobjekts:

$$E(\tilde{r}_i) = r_f + \beta \cdot [r_M - (r_f - AS_{BZ})] \qquad (2)$$

Hierbei stehen $r_f$, $r_M$ und $\beta$ weiterhin für die Rendite der risikolosen Anlage, die Marktrendite respektive den $\beta$-Faktor. $AS_{BZ}$ steht für den Abschlag auf den Basiszinssatz in Höhe von 2,44 bis 2,94 Prozentpunkten.

Doch ist es noch nicht einmal erforderlich, sich in solchen Details zu verlieren, um zu erkennen, dass die gesamte Argumentationslinie von *Zeidler / Tschöpel / Bertram* auf tönernen Füßen steht. So ist nach hier vertretener Auffassung IDW S 1 i. d. F. 2008, Tz. 91, keineswegs so auszulegen, dass die Marktrisikoprämie an die Besonderheiten des jeweiligen Bewertungsfalls anzupassen ist. Vielmehr geschieht dies über die Anlegung des $\beta$-

---

[1589] Zeidler, G. W. / Tschöpel, A. / Bertram, I., CF biz 2012, S. 78.
[1590] Vgl. Bassemir, M. / Gebhardt, G. / Ruffing, P., WPg 2012, S. 886.

Faktors an die Marktrisikoprämie.[1591] Die Berücksichtigung der Besonderheiten des Einzelfalls erfolgt im $\beta$-Faktor, zumal in die Marktrisikoprämie selbst möglichst wenig manipulierte Kapitalmarktdaten einfließen.[1592] Hinsichtlich der von ihnen zugrunde gelegten Inflationserwartungen am Ende des Jahres 2011 in Höhe von 2,00 % orientieren sich *Zeidler / Tschöpel / Bertram* an Analystenschätzungen.[1593] Ebenso wenig wie es sich Ende 2011 um eine einmalige und vorübergehende Situation am Anleihenmarkt gehandelt hat, diese Zeit angesichts der nachrichtlichen Entwicklung vielmehr selbst als Phase vergleichsweise hoher Renditen in die Annalen der deutschen Finanzmarktgeschichte eingehen wird, haben sich die Annahmen hinsichtlich der Inflation bewahrheitet. Im Gegenteil sah sich die EZB zwischenzeitlich veranlasst, ein umfangreiches Programm zum Kauf von Staatsanleihen am sekundären Kapitalmarkt zu starten, um so ein Abgleiten der Eurozone in die Deflation zu verhindern. Das Vorgehen von *Zeidler / Tschöpel / Bertram* darf daher getrost als Paradebeispiel für das latente Fehlerpotential gewertet werden, welches die Schätzungen als solcher anerkannter Experten in sich bergen. Nicht nachvollziehbar ist unabhängig hiervon, warum *Zeidler / Tschöpel / Bertram* aus ihrer Betrachtung den gegenläufigen Effekt des krisenbedingten Rückgangs der Marktrendite[1594] in Höhe von rund 0,55 % vor persönlichen Steuern ausnehmen und insofern eine Bruttorechnung anstellen.

Ähnlich wie *Zeidler / Tschöpel / Bertram* befinden *Wagner / Mackenstedt / Schieszl u. a.*, dass im Zuge der Finanzkrise deutsche Staatsanleihen eine historisch niedrige Rendite abwerfen.[1595] Die Fortschreibung der von *Stehle* (2004) angestellten Untersuchungen zur Marktrisikoprämie auf dem deutschen Kapitalmarkt führe zu dem wenig plausiblen Ergebnis, dass die Marktrisikoprämie im Zuge der Finanzkrise zurückgegangen sei.[1596] Allerdings lassen sich keinerlei Hinweise dafür erkennen, dass im Zuge der Finanzkrise die von den Anlegern geforderte Realrendite gleichermaßen gesunken sei.[1597] Die arithmetisch gemittelte reale Aktienrendite auf Jahresbasis aller an der Börse Frankfurt notierten marktwertgewichteten Aktien vor persönlichen Steuern liege im Anlagezeitraum von 1955 bis 2011 bei 8,90 %.[1598] Hinsichtlich der erwarteten Inflation unterstellen *Wagner / Mackenstedt / Schieszl u. a.* für den Zeitraum von 2013 bis 2033 einen

---

[1591] Vgl. Brealey, R. / Myers, S., Principles of Corporate Finance, 1985, S. 99.
[1592] Vgl. IDW (Hrsg.), WP-Handbuch, 2007, lit. A, Tz. 300.
[1593] Vgl. Zeidler, G. W. / Tschöpel, A. / Bertram, I., CF biz 2012, S. 75.
[1594] Vgl. Zeidler, G. W. / Tschöpel, A. / Bertram, I., CF biz 2012, S. 70.
[1595] Vgl. Wagner, W. / Mackenstedt, A. / Schieszl, S. u. a., WPg 2013, S. 949.
[1596] Vgl. Wagner, W. / Mackenstedt, A. / Schieszl, S. u. a., WPg 2013, S. 951.
[1597] Vgl. Wagner, W. / Mackenstedt, A. / Schieszl, S. u. a., WPg 2013, S. 953 – 954.
[1598] Vgl. Wagner, W. / Mackenstedt, A. / Schieszl, S. u. a., WPg 2013, S. 955.

Wert von jährlich 1,6 %, wobei sie hierfür auf die Daten von IHS Global Insight zurückgreifen.[1599] Bei einfacher additiver Verknüpfung der realen historischen Durchschnittsrendite mit der prognostizierten Inflation auf Jahresbasis ergibt sich auf dieser Grundlage für den Zeitraum von 2013 bis 2033 eine zu erwartende nominale Aktienrendite in Höhe von 10,50 %.[1600] Hiervon den am relevanten Stichtag 1. April 2013 herrschenden Basiszinssatz in Höhe von nominal 2,43 % abgesetzt, resultiert bei diesem Gedankengang für die nominale Marktrisikoprämie vor persönlichen Steuern ein Wert in Höhe von nominal 8,07 %.

*Wagner / Mackenstedt / Schieszl u. a.* empfehlen, hierauf einen Abschlag von 1,00 bis 2,00 Prozentpunkten vorzunehmen, und zwar aus Gründen der empirischen Schätzunsicherheit.[1601] Somit handelt es sich um einen quantitativ begründeten Abschlag.[1602] Für die Marktrisikoprämie vor persönlichen Steuern ergebe sich daher insgesamt eine Bandbreite von rund 6,00 % bis 7,00 %. Das Resultat stütze die vom FAUB ausgesprochene Empfehlung, die Bandbreite für die Marktrisikoprämie vor persönlichen Steuern auf 5,50 % bis 7,00 % anzuheben.[1603]

Hinsichtlich der Einschätzung der weiteren Entwicklung an den Finanzmärkten sowie bezüglich der Verwendung von Expertenprognosen für Zwecke der Inflationsrate gelten die Ausführungen innerhalb der Würdigung des Beitrags von *Zeidler / Tschöpel / Bertram* entsprechend. Einer gesonderten Beurteilung bedarf hingegen der von *Wagner / Macken-*

---

[1599] Vgl. Wagner, W. / Mackenstedt, A. / Schieszl, S. u. a., WPg 2013, S. 954. *Zeidler / Tschöpel / Bertram* hingegen greifen bei einer ähnlichen Argumentation auf die Inflationserwartungen der Analysten der Economic Intelligence Unit zurück. Vgl. hierzu Zeidler, G. W. / Tschöpel, A. / Bertram, I., CF biz 2012, S. 75.

[1600] Unklar bleibt, warum *Wagner / Mackenstedt / Schieszl u. a.* entgegen der anders lautenden Behauptung die Effekte der *Fisher*-Formel in ihrer Berechnung gerade nicht berücksichtigen. Vgl. hierzu Wagner, W. / Mackenstedt, A. / Schieszl, S. u. a., WPg 2013, S. 955. Hierdurch wird das Ergebnis um rund 0,1 Prozentpunkte nach unten verzerrt.

[1601] Vgl. Wagner, W. / Mackenstedt, A. / Schieszl, S. u. a., WPg 2013, S. 954.

[1602] Vgl. Wagner, W. / Mackenstedt, A. / Schieszl, S. u. a., WPg 2013, S. 952.

[1603] Vgl. Wagner, W. / Mackenstedt, A. / Schieszl, S. u. a., WPg 2013, S. 954. Eine ähnliche Vorgehensweise nimmt rekursiv ihren Ausgangspunkt in der Realität ein. Eine langfristige durchschnittliche Marktrisikoprämie in Höhe von 4,75 % sowie eine geforderte Mindestrealverzinsung in Höhe von 2,00 % für langlaufende Bundesanleihen ohne Ausfallrisiko unterstellt, betrage diese 6,75 %. Aktuell sei mit einer Inflation von jährlich 2,00 % zu rechnen. Bei ebenfalls nur einfacher additiver Verknüpfung der realen Aktienrendite und der aktuellen Inflationserwartung ergibt sich hieraus für die zu erwartende nominale Aktienrendite ein Wert in Höhe von 8,75 %. Subtrahiert man hiervon den aktuellen Basiszinssatz in Höhe von 2,50 %, folgt für die aktuelle Marktrisikoprämie vor persönlichen Steuern ein Wert in Höhe von 6,25 %. Im Ergebnis stützt damit die hier in Rede stehende Kapitalkostenstudie die vom FAUB ausgesprochene Empfehlung hinsichtlich der nachrichtlichen Höhe der Marktrisikoprämie vor Steuern. KPMG (Hrsg.), Kapitalkostenstudie, 2013, S. 24; KPMG (Hrsg.), Kapitalkostenstudie, 2014, S. 3, S. 27.

*stedt / Schieszl u. a.* geforderte „quantitativ begründete Abschlag von rund 1 % bis 2 %"[1604]. Dieser sei aus Gründen der empirischen Schätzunsicherheit von der residual arithmetisch ermittelten Marktrisikoprämie in Höhe von 8,07 % vor persönlichen Steuern abzusetzen. Die Gründe für die qualitative Komponente des Abschlags, welchen das *IDW* auf die Ergebnisse der wissenschaftlichen Studie von *Stehle* (2004) vornimmt, seien demgegenüber im Zuge der Finanzkrise entfallen. Von der Vornahme qualitativ begründeter Abschläge sei daher abzusehen.[1605] Gleichwohl soll ein Abschlag in der bisherigen Größenordnung in Höhe von 1 bis 2 Prozentpunkten vorgenommen werden. Damit sprechen sich *Wagner / Mackenstedt / Schieszl u. a.* indirekt für eine Neuverteilung des Abschlags auf die qualitative und die quantitative Komponente aus. Nachdem der Abschlag in seiner Größenordnung gleich bleibt, ordnen sie der quantitativen Komponente nunmehr offensichtlich den deutlich größeren Anteil am Abschlag zu. Hierfür scheint sich auch das *IDW* auszusprechen.[1606] Obige Überlegungen zeigen jedoch, dass weder die qualitativen noch die quantitativen Gründe für einen Abschlag einer kritischen Würdigung standhalten. Die Höhe des Abschlags selbst ist die Resultante der Kombination der realen Aktienrendite, der prognostizierten Inflationsrate und des Basiszinssatzes. Dass *Wagner / Mackenstedt / Schieszl u. a.* die krisenbedingt verschobene Bandbreite der Marktrisikoprämie im Ergebnis ex post bestätigen können, kann im Übrigen wenig verwundern, zumal jedes andere Ergebnis abbildbar gewesen wäre, eine entsprechende Wahl der Expertenprognose hinsichtlich der Inflationsrate vorausgesetzt.

### 6.2.4 Zusammenfassung

Ebenso wie die Vornahme von Ab- hat die Vornahme von Zuschlägen auf das wie auch immer geartete Mittel historischer Renditen den schalen Beigeschmack einer gewissen Beliebigkeit, um nicht zu sagen Willkür, und ist daher abzulehnen. Dies gilt umso mehr, als der Aktienmarkt zumindest bis 2015 eine Entwicklung genommen hat, welche keineswegs mit gestiegenen Unternehmenswerten unvereinbar ist. Die zur Rechtfertigung von Ab- und Zuschlägen bemühten Rechtfertigungen sind bei genauerer Betrachtung in sich widersprüchlich. Es bleibt abzuwarten, wann das *IDW* seiner Ankündigung folgen[1607] und den Zuschlag unter Berücksichtigung der zwischenzeitlichen Entwicklung am Aktienmarkt einer neuerlichen Beurteilung unterziehen wird. Ein Schurke ist, wer Übles denkt und das beharrliche Schweigen des *IDW*, aber auch seiner ansonsten durchaus mitteilungsbedürftigen

---

[1604] Wagner, W. / Mackenstedt, A. / Schieszl, S. u. a., WPg 2013, S. 954.
[1605] Vgl. Wagner, W. / Mackenstedt, A. / Schieszl, S. u. a., WPg 2013, S. 954.
[1606] Vgl. IDW (Hrsg.), WP-Handbuch, 2014, lit. A, Tz. 360.
[1607] Vgl. IDW (Hrsg.), FN-IDW 2012, S. 569.

## Kapitel 6: Sonderfragen

Mitglieder als weiteres Indiz dafür wertet, dass der Zuschlag einem anderen als dem vorgegebenen Zweck dient und eine nicht unwillkommene Möglichkeit ist, passend zu machen, was offensichtlich nicht passt. Hierbei wird zu bedenken sein, dass jede auch noch so phantasievolle Form des manipulativen Eingriffs in das CAPM ein weiterer Beitrag ist, dieses bis zur Unkenntlichkeit zu entstellen, die ansonsten gerade im Hinblick auf die Kapitalkosten vorgetäuschte Scheingenauigkeit konterkariert und mit Fug und Recht Wasser auf den Mühlen all jener ist, welche die Unternehmensbewertung ohnehin mehr der Alchimie denn der Wissenschaft zuordnen. Die unreflektierte Akzeptanz der Dogmen einiger Weniger tut hierzu ihr Übriges, wodurch der Begriff einer dominierten Bewertungssituation eine völlig neue Bedeutung erhält. Zusammenfassend ist daher festzuhalten, dass jedwede Form des Zu- und Abschlags auf die historische Marktrisikoprämie als konzeptionell falsch abzulehnen ist.

## 7 Konzeptioneller Vorschlag zur Schätzung der Marktrisikoprämie

Eingangs wurde festgestellt, dass die Bestandteile der Kapitalkosten vorrangig zukunftsorientiert zu bestimmen sind. Nur als zweitbeste Lösung sollten die Bestandteile der Kapitalkosten anhand von Vergangenheitsdaten bestimmt werden. Hier wird die Auffassung vertreten, dass aus diesem Grunde, aus Gründen der bestmöglichen Verwertung der zur Verfügung stehenden Informationen sowie im Sinne der konsistenten Verwendung der Rendite der risikolosen Anlage selbige aus der Zinsstrukturkurve abzuleiten ist. Ohne Bedeutung ist hierbei, welche Funktion die Rendite der risikolosen Anlage innerhalb der Kapitalkosten übernimmt. Daher wird hier die Auffassung vertreten, dass abweichend von der traditionellen Handhabung der geometrisch gemittelten Marktrendite eines möglichst langen Referenzzeitraums die anhand der Zinsstrukturkurve ermittelte Rendite der risikolosen Anlage gegenüberzustellen ist. Im Hinblick auf den hier gegenständlichen objektivierten Unternehmenswert besticht die Vorgehensweise durch die damit einhergehende Objektivierung. Denn durch den Rückgriff auf Marktdaten für Zwecke der Rendite der risikolosen Anlage auch in der Funktion als Referenz für die geometrisch gemittelte Marktrendite wird eine wesentliche Stellschraube für subjektive Einflüsse bei der Wertfindung beseitigt.

Vorliegend steht die Marktrisikoprämie im Rahmen der objektivierten Unternehmensbewertung im Vordergrund. Weiter einschränkend ist daher die Rendite der risikolosen Anlage in der Funktion als Referenz für die geometrisch gemittelte Marktrendite laufzeitäquivalent zur Marktrendite zu wählen. Aus diesem Grunde ist im hier betrachteten Fall der Bewertung eines Unternehmens von unendlicher Fortbestehensdauer für die Rendite der risikolosen Anlage in der Funktion als Referenz für die geometrisch gemittelte Marktrendite auf den sehr langfristigen Kassazinssatz $\beta_0$ abzustellen. Zusammenfassend wird hier somit die Auffassung vertreten, dass für Zwecke der Bestimmung der Marktrisikoprämie der geometrisch gemittelten Marktrendite eines möglichst langen Referenzzeitraums der sehr langfristige Kassazinssatz $\beta_0$ gegenüberzustellen ist.

Die hier empfohlene Vorgehensweise sei im Folgenden exemplifiziert. Hierbei handelt es sich um eine Betrachtung vor persönlichen Steuern. Als Referenzportfolio diene der CDAX®, als risikolose Anlage bei vergangenheitsorientierter Betrachtung der REXP®, bei zukunftsorientierter Schätzung hingegen der sehr langfristige Kassazinssatz $\beta_0$. Der Referenzzeitraum laufe vom 1. Januar 1955 bis zum Ultimo des jeweiligen Jahres. Unter diesen Annahmen ergeben sich die in Tabelle 12 wiedergegebenen Zeitreihen.

Kapitel 7: Konzeptioneller Vorschlag zur Schätzung der Marktrisikoprämie

| Jahr | CDAX® | REXP® | CDAX® – REXP® | GM CDAX® | $\beta_0$ (31.12.) | GM CDAX® – $\beta_0$ (31.12.) |
|---|---|---|---|---|---|---|
| 1955 | 14,55 % | 5,91 % | 8,64 % | 14,55 % | n. v. | n. v. |
| 1956 | -5,27 % | 0,90 % | -6,17 % | 4,17 % | n. v. | n. v. |
| 1957 | 9,40 % | 5,01 % | 4,39 % | 5,88 % | n. v. | n. v. |
| 1958 | 62,21 % | 10,26 % | 51,95 % | 17,80 % | n. v. | n. v. |
| 1959 | 78,05 % | 11,01 % | 67,04 % | 27,95 % | n. v. | n. v. |
| 1960 | 35,84 % | 3,29 % | 32,55 % | 29,23 % | n. v. | n. v. |
| 1961 | -7,82 % | 9,39 % | -17,21 % | 23,14 % | n. v. | n. v. |
| 1962 | -21,73 % | 5,50 % | -27,23 % | 16,36 % | n. v. | n. v. |
| 1963 | 14,31 % | 5,37 % | 8,94 % | 16,13 % | n. v. | n. v. |
| 1964 | 6,89 % | 5,25 % | 1,64 % | 15,17 % | n. v. | n. v. |
| 1965 | -12,33 % | 2,90 % | -15,23 % | 12,35 % | n. v. | n. v. |
| 1966 | -13,54 % | 1,97 % | -15,51 % | 9,92 % | n. v. | n. v. |
| 1967 | 49,65 % | 10,31 % | 39,34 % | 12,56 % | n. v. | n. v. |
| 1968 | 15,79 % | 8,92 % | 6,87 % | 12,79 % | n. v. | n. v. |
| 1969 | 16,87 % | 0,94 % | 15,93 % | 13,06 % | n. v. | n. v. |
| 1970 | -22,90 % | 5,47 % | -28,37 % | 10,39 % | n. v. | n. v. |
| 1971 | 9,70 % | 8,54 % | 1,16 % | 10,34 % | n. v. | n. v. |
| 1972 | 16,43 % | 4,07 % | 12,36 % | 10,67 % | 9,44 % | 1,24 % |
| 1973 | -17,10 % | 3,29 % | -20,39 % | 9,00 % | 10,61 % | -1,61 % |
| 1974 | 1,62 % | 8,23 % | -6,61 % | 8,62 % | 10,73 % | -2,11 % |
| 1975 | 36,49 % | 13,49 % | 23,00 % | 9,81 % | 6,76 % | 3,05 % |
| 1976 | -4,24 % | 11,15 % | -15,39 % | 9,13 % | 10,50 % | -1,37 % |
| 1977 | 13,25 % | 13,56 % | -0,31 % | 9,30 % | 7,51 % | 1,80 % |
| 1978 | 11,77 % | 3,74 % | 8,03 % | 9,41 % | 3,61 % | 5,80 % |
| 1979 | -6,30 % | 0,51 % | -6,81 % | 8,73 % | 8,15 % | 0,58 % |
| 1980 | 5,40 % | 3,10 % | 2,30 % | 8,60 % | 8,88 % | -0,28 % |
| 1981 | 4,58 % | 5,07 % | -0,49 % | 8,45 % | 8,64 % | -0,19 % |
| 1982 | 19,66 % | 18,57 % | 1,09 % | 8,83 % | 7,84 % | 0,99 % |
| 1983 | 39,77 % | 4,91 % | 34,86 % | 9,77 % | 11,36 % | -1,58 % |
| 1984 | 13,25 % | 13,19 % | 0,06 % | 9,89 % | 7,82 % | 2,07 % |
| 1985 | 77,47 % | 10,26 % | 67,21 % | 11,60 % | 7,11 % | 4,49 % |
| 1986 | 7,98 % | 8,62 % | -0,64 % | 11,48 % | 6,70 % | 4,79 % |
| 1987 | -33,27 % | 6,81 % | -40,08 % | 9,76 % | 8,20 % | 1,57 % |
| 1988 | 33,44 % | 4,95 % | 28,49 % | 10,40 % | 10,14 % | 0,26 % |
| 1989 | 38,43 % | 1,61 % | 36,82 % | 11,11 % | 6,90 % | 4,21 % |
| 1990 | -13,53 % | 1,41 % | -14,94 % | 10,34 % | 9,10 % | 1,24 % |
| 1991 | 6,21 % | 11,17 % | -4,96 % | 10,23 % | 6,74 % | 3,48 % |

Fortsetzung siehe nächste Seite.

Kapitel 7: Konzeptioneller Vorschlag zur Schätzung der Marktrisikoprämie

| Jahr | CDAX® | REXP® | CDAX® – REXP® | GM CDAX® | $\beta_0$ (31.12.) | GM CDAX® – $\beta_0$ (31.12.) |
|---|---|---|---|---|---|---|
| 1992 | -4,94 % | 13,41 % | -18,35 % | 9,80 % | 7,23 % | 2,57 % |
| 1993 | 46,21 % | 14,66 % | 31,55 % | 10,61 % | 6,96 % | 3,65 % |
| 1994 | -5,12 % | -2,51 % | -2,61 % | 10,19 % | 8,15 % | 2,04 % |
| 1995 | 5,68 % | 16,69 % | -11,01 % | 10,07 % | 7,85 % | 2,22 % |
| 1996 | 23,14 % | 7,55 % | 15,59 % | 10,37 % | 7,73 % | 2,64 % |
| 1997 | 41,78 % | 6,56 % | 35,22 % | 11,01 % | 6,54 % | 4,47 % |
| 1998 | 16,20 % | 11,24 % | 4,96 % | 11,13 % | 7,79 % | 3,34 % |
| 1999 | 32,50 % | -1,95 % | 34,45 % | 11,56 % | 7,42 % | 4,14 % |
| 2000 | -9,41 % | 6,86 % | -16,27 % | 11,06 % | 6,77 % | 4,29 % |
| 2001 | -17,24 % | 5,62 % | -22,86 % | 10,37 % | 5,88 % | 4,49 % |
| 2002 | -39,94 % | 9,02 % | -48,96 % | 8,98 % | 5,70 % | 3,27 % |
| 2003 | 37,58 % | 4,09 % | 33,49 % | 9,50 % | 5,68 % | 3,81 % |
| 2004 | 8,47 % | 6,70 % | 1,77 % | 9,47 % | 5,17 % | 4,30 % |
| 2005 | 28,20 % | 4,08 % | 24,12 % | 9,81 % | 4,18 % | 5,63 % |
| 2006 | 24,09 % | 0,27 % | 23,82 % | 10,07 % | 4,21 % | 5,87 % |
| 2007 | 20,42 % | 2,51 % | 17,91 % | 10,26 % | 3,21 % | 7,05 % |
| 2008 | -42,58 % | 10,14 % | -52,72 % | 8,94 % | 1,52 % | 7,41 % |
| 2009 | 25,40 % | 4,92 % | 20,48 % | 9,21 % | 2,09 % | 7,13 % |
| 2010 | 18,46 % | 4,01 % | 14,45 % | 9,37 % | 1,51 % | 7,86 % |
| 2011 | -14,82 % | 8,29 % | -23,11 % | 8,89 % | 0,37 % | 8,52 % |
| 2012 | 29,26 % | 4,64 % | 24,62 % | 9,22 % | 0,73 % | 8,49 % |
| 2013 | 26,75 % | -0,49 % | 27,24 % | 9,49 % | 0,77 % | 8,72 % |
| 2014 | 3,09 % | 7,10 % | -4,01 % | 9,38 % | 2,14 % | 7,24 % |
| 2015 | 11,33 % | 0,51 % | 10,82 % | 9,41 % | 0,01 % | 9,41 % |

Geringfügige Abweichungen sind rundungsbedingt. Die Angaben des geometrischen Mittels der Renditen des CDAX® beziehen sich auf den 1. Januar 1955. Quelle: Stehle, R., WPg 2004, S. 924, S. 926; Deutsche Bundesbank, CDAX Performanceindex (11. Januar 2016); Deutsche Bundesbank, REX Performanceindex (11. Januar 2016); Deutsche Bundesbank, Parameter börsennotierter Bundeswertpapiere (11. Januar 2016); eigene Berechnungen.

**Tabelle 12: Entwicklung der Rendite des CDAX®, des REXP®, der arithmetisch berechneten Überrendite des CDAX® gegenüber dem REXP®, des geometrischen Mittels der Rendite des CDAX®, Basis: 1. Januar 1955, im Zeitraum von 1955 bis 2015, Entwicklung von $\beta_0$ und der Überrendite des geometrischen Mittels des CDAX®, Basis: 1. Januar 1955, gegenüber $\beta_0$ im Zeitraum von 1972 bis 2015**

Die Spalten 2 und 3 geben die Renditen des CDAX® respektive des REXP® im jeweiligen Jahr wieder. Spalte 4 gibt Auskunft über die zugehörige arithme-

403

tisch berechnete Renditedifferenz zwischen CDAX® und REXP®. Spalte 5 bezeichnet den geometrischen Mittelwert der Rendite des CDAX® für den Zeitraum vom 1. Januar 1955 bis zum Ultimo des jeweiligen Jahres. Spalte 6 gibt den sehr langfristigen Kassazinssatz $\beta_0$ am Ultimo eines jeden Jahres an. Die hierzu erforderlichen Rohdaten werden von der Deutschen Bundesbank erst beginnend mit dem Jahr 1972 für den Monatsendstand zur Verfügung gestellt. Für den Zeitraum von 1955 bis 1971 ist daher eine Angabe nicht möglich. In Spalte 7 findet sich die periodenspezifisch nach der hier empfohlenen Vorgehensweise ermittelte Marktrisikoprämie.

Tabelle 13 stellt eine vergleichende Gegenüberstellung des arithmetischen und des geometrischen Mittels der Renditen des CDAX® respektive des REXP® im Zeitraum von 1972 bis 2015 an.

| Jahr | AM CDAX® | AM REXP® | AM CDAX® − AM REXP® | GM CDAX® | GM REXP® | GM CDAX® − GM REXP® | $\beta_0$ (31.12.) | GM CDAX® − $\beta_0$ (31.12.) |
|------|----------|----------|---------------------|----------|----------|---------------------|--------------------|-------------------------------|
| 1972 | 13,67 % | 5,83 % | 7,84 % | 10,67 % | 5,79 % | 4,89 % | 9,44 % | 1,24 % |
| 1973 | 12,05 % | 5,70 % | 6,35 % | 9,00 % | 5,65 % | 3,35 % | 10,61 % | -1,61 % |
| 1974 | 11,53 % | 5,83 % | 5,70 % | 8,62 % | 5,78 % | 2,84 % | 10,73 % | -2,11 % |
| 1975 | 12,72 % | 6,19 % | 6,53 % | 9,81 % | 6,14 % | 3,67 % | 6,76 % | 3,05 % |
| 1976 | 11,95 % | 6,42 % | 5,53 % | 9,13 % | 6,36 % | 2,77 % | 10,50 % | -1,37 % |
| 1977 | 12,01 % | 6,73 % | 5,28 % | 9,30 % | 6,66 % | 2,64 % | 7,51 % | 1,80 % |
| 1978 | 12,00 % | 6,60 % | 5,39 % | 9,41 % | 6,54 % | 2,87 % | 3,61 % | 5,80 % |
| 1979 | 11,26 % | 6,36 % | 4,90 % | 8,73 % | 6,29 % | 2,44 % | 8,15 % | 0,58 % |
| 1980 | 11,04 % | 6,23 % | 4,80 % | 8,60 % | 6,17 % | 2,43 % | 8,88 % | -0,28 % |
| 1981 | 10,80 % | 6,19 % | 4,61 % | 8,45 % | 6,13 % | 2,32 % | 8,64 % | -0,19 % |
| 1982 | 11,12 % | 6,63 % | 4,48 % | 8,83 % | 6,55 % | 2,28 % | 7,84 % | 0,99 % |
| 1983 | 12,10 % | 6,57 % | 5,53 % | 9,77 % | 6,49 % | 3,28 % | 11,36 % | -1,58 % |
| 1984 | 12,14 % | 6,79 % | 5,35 % | 9,89 % | 6,71 % | 3,18 % | 7,82 % | 2,07 % |
| 1985 | 14,25 % | 6,91 % | 7,34 % | 11,60 % | 6,82 % | 4,78 % | 7,11 % | 4,49 % |
| 1986 | 14,05 % | 6,96 % | 7,09 % | 11,48 % | 6,88 % | 4,61 % | 6,70 % | 4,79 % |
| 1987 | 12,62 % | 6,96 % | 5,66 % | 9,76 % | 6,87 % | 2,89 % | 8,20 % | 1,57 % |
| 1988 | 13,23 % | 6,90 % | 6,33 % | 10,40 % | 6,82 % | 3,58 % | 10,14 % | 0,26 % |
| 1989 | 13,95 % | 6,75 % | 7,21 % | 11,11 % | 6,66 % | 4,45 % | 6,90 % | 4,21 % |
| 1990 | 13,19 % | 6,60 % | 6,59 % | 10,34 % | 6,51 % | 3,83 % | 9,10 % | 1,24 % |
| 1991 | 13,00 % | 6,72 % | 6,28 % | 10,23 % | 6,64 % | 3,59 % | 6,74 % | 3,48 % |
| 1992 | 12,53 % | 6,90 % | 5,63 % | 9,80 % | 6,81 % | 2,99 % | 7,23 % | 2,57 % |
| 1993 | 13,39 % | 7,10 % | 6,30 % | 10,61 % | 7,01 % | 3,60 % | 6,96 % | 3,65 % |
| 1994 | 12,93 % | 6,86 % | 6,07 % | 10,19 % | 6,76 % | 3,43 % | 8,15 % | 2,04 % |
| 1995 | 12,75 % | 7,10 % | 5,66 % | 10,07 % | 6,99 % | 3,08 % | 7,85 % | 2,22 % |

Fortsetzung siehe nächste Seite.

# Kapitel 7: Konzeptioneller Vorschlag zur Schätzung der Marktrisikoprämie

| Jahr | AM CDAX® | AM REXP® | AM CDAX® – AM REXP® | GM CDAX® | GM REXP® | GM CDAX® – GM REXP® | $\beta_0$ (31.12.) | GM CDAX® – $\beta_0$ (31.12.) |
|---|---|---|---|---|---|---|---|---|
| 1996 | 13,00 % | 7,11 % | 5,89 % | 10,37 % | 7,00 % | 3,37 % | 7,73 % | 2,64 % |
| 1997 | 13,67 % | 7,09 % | 6,57 % | 11,01 % | 6,99 % | 4,02 % | 6,54 % | 4,47 % |
| 1998 | 13,73 % | 7,19 % | 6,54 % | 11,13 % | 7,09 % | 4,04 % | 7,79 % | 3,34 % |
| 1999 | 14,14 % | 6,98 % | 7,16 % | 11,56 % | 6,88 % | 4,69 % | 7,42 % | 4,14 % |
| 2000 | 13,63 % | 6,98 % | 6,65 % | 11,06 % | 6,88 % | 4,18 % | 6,77 % | 4,29 % |
| 2001 | 12,97 % | 6,95 % | 6,02 % | 10,37 % | 6,85 % | 3,52 % | 5,88 % | 4,49 % |
| 2002 | 11,87 % | 7,00 % | 4,88 % | 8,98 % | 6,89 % | 2,08 % | 5,70 % | 3,27 % |
| 2003 | 12,40 % | 6,94 % | 5,46 % | 9,50 % | 6,84 % | 2,66 % | 5,68 % | 3,81 % |
| 2004 | 12,32 % | 6,93 % | 5,39 % | 9,47 % | 6,83 % | 2,64 % | 5,17 % | 4,30 % |
| 2005 | 12,63 % | 6,88 % | 5,75 % | 9,81 % | 6,78 % | 3,04 % | 4,18 % | 5,63 % |
| 2006 | 12,85 % | 6,75 % | 6,10 % | 10,07 % | 6,65 % | 3,42 % | 4,21 % | 5,87 % |
| 2007 | 12,99 % | 6,67 % | 6,32 % | 10,26 % | 6,57 % | 3,69 % | 3,21 % | 7,05 % |
| 2008 | 11,96 % | 6,73 % | 5,23 % | 8,94 % | 6,64 % | 2,30 % | 1,52 % | 7,41 % |
| 2009 | 12,21 % | 6,70 % | 5,51 % | 9,21 % | 6,60 % | 2,61 % | 2,09 % | 7,13 % |
| 2010 | 12,32 % | 6,65 % | 5,67 % | 9,37 % | 6,56 % | 2,82 % | 1,51 % | 7,86 % |
| 2011 | 11,84 % | 6,68 % | 5,16 % | 8,89 % | 6,59 % | 2,31 % | 0,37 % | 8,52 % |
| 2012 | 12,14 % | 6,65 % | 5,50 % | 9,22 % | 6,55 % | 2,66 % | 0,73 % | 8,49 % |
| 2013 | 12,39 % | 6,53 % | 5,87 % | 9,49 % | 6,43 % | 3,06 % | 0,77 % | 8,72 % |
| 2014 | 12,24 % | 6,53 % | 5,70 % | 9,38 % | 6,44 % | 2,94 % | 2,14 % | 7,24 % |
| 2015 | 12,22 % | 6,44 % | 5,78 % | 9,41 % | 6,34 % | 3,07 % | 0,01 % | 9,41 % |

Geringfügige Abweichungen sind rundungsbedingt. Die Angaben des geometrischen Mittels der Renditen des CDAX® beziehen sich auf den 1. Januar 1955. Quelle: Eigene Darstellung.

**Tabelle 13: Arithmetisches und geometrisches Mittel des CDAX® und des REXP®, Basis: 1. Januar 1955, im Zeitraum von 1972 bis 2015**

Die Spalten 2 und 3 geben das arithmetische Mittel der Rendite des CDAX® respektive des REXP® für den Zeitraum vom 1. Januar 1955 bis zum Ultimo des jeweiligen Jahres wieder. Spalte 4 bezeichnet die korrespondierende arithmetisch berechnete Überrendite des CDAX® gegenüber dem REXP®. In den Spalten 5 und 6 findet sich das geometrische Mittel der Rendite des CDAX® respektive des REXP® im Zeitraum vom 1. Januar 1955 bis zum Ultimo des jeweiligen Jahres. Diese werden in Spalte 7 unter Zugrundelegung der arithmetischen Berechnungsweise für das geometrische Mittel vom Typ *Stehle* einander gegenübergestellt. $\beta_0$ zum Ultimo eines jeden Jahres findet sich in Spalte 8. Spalte 9 schließlich gibt zum Zwecke des unmittelbaren Vergleichs die periodenspezifisch nach der hier empfohlenen Vorgehensweise ermittelte Marktrisikoprämie wieder. Aufgrund der bereits angespro-

# Kapitel 7: Konzeptioneller Vorschlag zur Schätzung der Marktrisikoprämie

chenen Datensituation beschränkt sich die Betrachtung auf den Zeitraum von 1972 bis 2015. An dieser Stelle sei betont, dass die Wahl eben dieses Referenzindexes respektive Referenzzeitraums in der Absicht erfolgt, im Anschluss einen Vergleich mit den Ergebnissen der wissenschaftlichen Studie von *Stehle* (2004) anzustellen. Die am gegebenen Orte im Rahmen der vorliegenden Untersuchung diesbezüglich geäußerte Kritik bleibt von dem hier vorgestellten Beispiel unberührt.

Vorliegende Untersuchung kommt zu dem Ergebnis, dass das arithmetische Mittelungsverfahren im Zusammenhang mit diskreten Renditen methodisch falsch ist. Vielmehr ist zwingend auf das geometrische Mittelungsverfahren abzustellen. In der weiteren Betrachtung bleiben daher die Ergebnisse für das arithmetische Mittelungsverfahren ausgeblendet. In vorstehender Gegenüberstellung ist das arithmetische Mittel nur zu Vergleichszwecken abgebildet. Die Entwicklung des geometrischen Mittelwerts der Rendite des CDAX® nimmt beginnend mit dem Jahr 1955 den in Abbildung 37 dargestellten Verlauf.

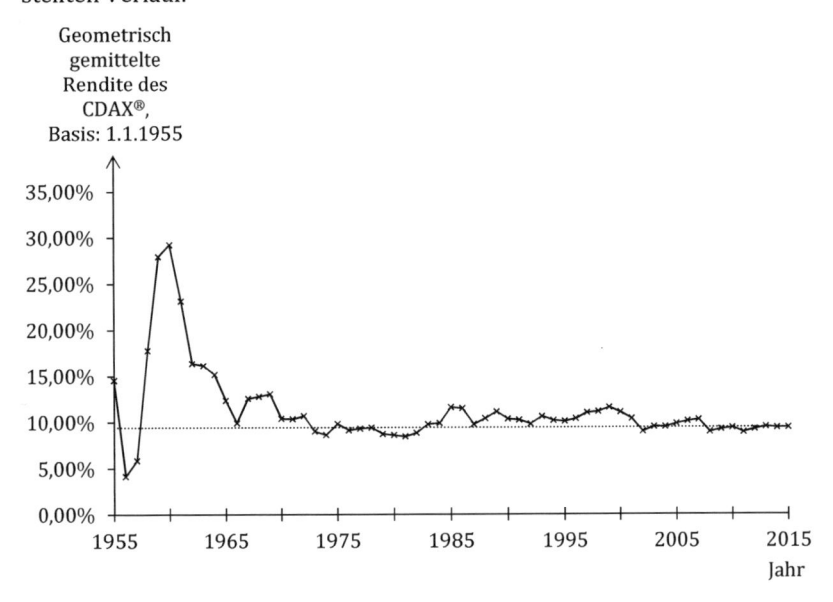

Quelle: Eigene Darstellung.

**Abbildung 37: Geometrisch gemittelte Rendite des CDAX®, Basis: 1. Januar 1955, im Zeitraum von 1955 bis 2015**

Kapitel 7: Konzeptioneller Vorschlag zur Schätzung der Marktrisikoprämie

Die durchgezogene Linie zeigt die Entwicklung der geometrisch gemittelten Aktienrendite im Zeitraum vom 1. Januar 1955 bis zum 31. Dezember 2015. Die gepunktete Linie zeigt die geometrisch gemittelte Aktienrendite für den Zeitraum vom 1. Januar 1955 bis zum 31. Dezember 2015. Es lässt sich erkennen, dass die geometrisch gemittelte Aktienrendite für den Zeitraum vom 1. Januar 1955 bis zum jeweiligen Betrachtungszeitpunkt um die geometrisch gemittelte Aktienrendite für den Zeitraum vom 1. Januar 1955 bis zum 31. Dezember 2015 in Höhe von 9,41 % oszilliert, wobei die Schwankung einhergehend mit der Stabilisierung des geometrischen Mittelwerts mit zunehmender Länge des Referenzzeitraums erwartungsgemäß immer kleiner wird. Gut erkennbar sind im Übrigen die Phasen der Auf- und Abschwünge an der Frankfurter Wertpapierbörse und deren schwindender Einfluss auf die Höhe des geometrischen Mittelwerts der Rendite des CDAX® mit zunehmender Länge des Referenzzeitraums. Abbildung 38 illustriert korrespondierend die Entwicklung der Marktrisikoprämie bei Ermittlung nach der hier empfohlenen Vorgehensweise.

Geometrisch gemittelte
Rendite des CDAX®,
Basis: 1.1.1955,
Marktrisikoprämie,
$\beta_0$

Quelle: Eigene Darstellung.

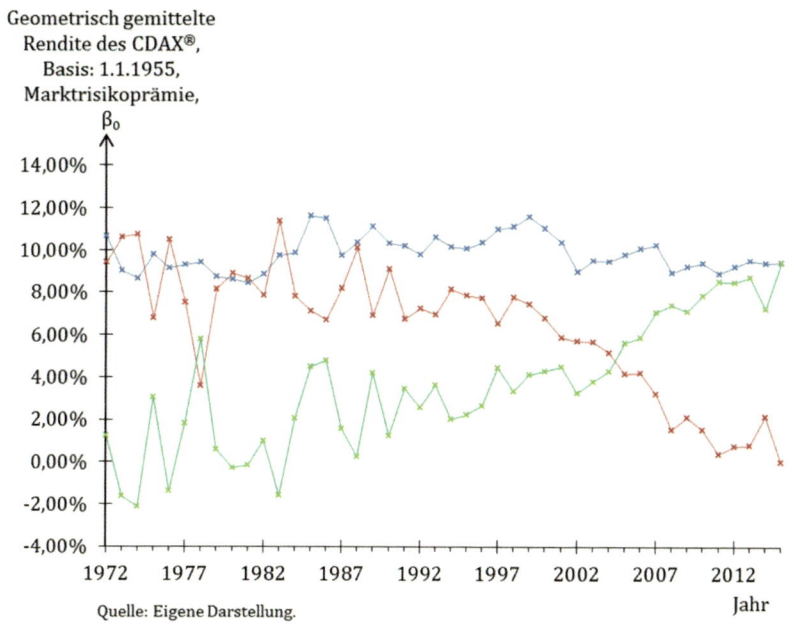

**Abbildung 38: Geometrisch gemittelte Rendite des CDAX®,
Basis: 1. Januar 1955, $\beta_0$ und Marktrisikoprämie
im Zeitraum von 1972 bis 2015**

## Kapitel 7: Konzeptioneller Vorschlag zur Schätzung der Marktrisikoprämie

Die blaue Linie zeigt die Entwicklung der geometrisch gemittelten Rendite des CDAX® mit der Basis am 1. Januar 1955 im Zeitraum vom 1. Januar 1972 bis zum 31. Dezember 2015, die rote Linie entsprechend die Entwicklung des sehr langfristigen Kassazinssatzes $\beta_0$. Die grüne Linie zeigt die Entwicklung der Marktrisikoprämie nach der hier vorgeschlagenen Vorgehensweise als Gegenüberstellung der geometrisch gemittelten Rendite des CDAX® mit der Basis am 1. Januar 1955 und dem sehr langfristigen Kassazinssatz $\beta_0$ im Zeitraum vom 1. Januar 1972 bis zum 31. Dezember 2015.

Die Entwicklung der geometrisch gemittelten Rendite des CDAX® vom 1. Januar 1955 bis zum jeweiligen Betrachtungszeitpunkt bleibt im Zeitraum von 1972 bis 2015 weitgehend stabil, wenngleich sich gewisse temporäre Schwankungen nicht verkennen lassen. Demgegenüber ist der sehr langfristige Kassazinssatz $\beta_0$ ausgehend von 9,44 % auf zuletzt 0,01 % kontinuierlich gesunken.

Korrespondierend zur Entwicklung der geometrisch gemittelten Rendite des CDAX® und des sehr langfristigen Kassazinssatzes $\beta_0$ bewegt sich die Marktrisikoprämie bei Ermittlung nach der hier empfohlenen Vorgehensweise in einem Korridor von rund -2,11 % im Jahr 1974 bis 5,87 % im Jahr 2006. Hierbei sind im Zeitraum von 1973 bis 1974, 1976, im Zeitraum von 1980 bis 1981 sowie 1983 Phasen negativer Marktrisikoprämien zu beobachten. Überhaupt lassen sich erhebliche Schwankungen der Marktrisikoprämie nach der hier empfohlenen Ermittlungsweise erkennen, wobei sich diese in erster Linie durch Schwankungen des sehr langfristigen Kassazinssatzes $\beta_0$ erklären.

Einer gesonderten Beurteilung bedarf der Zeitraum ab 2007: Während hier der sehr langfristige Kassazinssatz $\beta_0$ weiterhin und kontinuierlich sinkt, stabilisiert sich die geometrisch gemittelte Rendite des CDAX® mit der Basis am 1. Januar 1955 um den langfristigen geometrischen Durchschnitt in Höhe von 9,41 %. Parallel hierzu steigt die Marktrisikoprämie nach der hier empfohlenen Vorgehensweise sukzessive an. Besonders ist auf die hohen Marktrisikoprämien seit dem Vorabend der Finanzkrise im Jahr 2007 hinzuweisen. Diese sind vornehmlich auf den Rückgang des sehr langfristigen Kassazinssatzes $\beta_0$ zurückzuführen.

2014 galten vielen Marktteilnehmern die Probleme der Eurozone als überwunden. Dies spiegelt sich in einem Anstieg des sehr langfristigen Kassazinssatzes $\beta_0$ und einem korrespondierenden Rückgang der Marktrisikoprämie nach der hier empfohlenen Vorgehensweise wider. Das Wiederaufflammen der Probleme der Eurozone im Verlauf des Jahres 2015 manifestierte sich mit einem neuerlichen abrupten Rückgang des sehr langfristigen

# Kapitel 7: Konzeptioneller Vorschlag zur Schätzung der Marktrisikoprämie

Kassazinssatzes $\beta_0$ und einem korrespondierenden Anstieg der Marktrisikoprämie nach der hier empfohlenen Vorgehensweise. Ausgehend hiervon entwickeln sich die Kapitalkosten von jeweils fiktiv vollständig eigenkapitalfinanzierten Unternehmen mit einem $\beta$-Faktor in Höhe von 0,25, 1,00 respektive 2,00 wie folgt:

| Jahr | GM CDAX® | $\beta_0$ (31.12.) | GM CDAX® - $\beta_0$ (31.12.) | Kapitalkosten | | |
|---|---|---|---|---|---|---|
| | | | | $\beta = 0{,}25$ | $\beta = 1{,}00$ | $\beta = 2{,}00$ |
| 1972 | 10,67 % | 9,44 % | 1,24 % | 9,75 % | 10,67 % | 11,91 % |
| 1973 | 9,00 % | 10,61 % | -1,61 % | 10,21 % | 9,00 % | 7,40 % |
| 1974 | 8,62 % | 10,73 % | -2,11 % | 10,20 % | 8,62 % | 6,51 % |
| 1975 | 9,81 % | 6,76 % | 3,05 % | 7,53 % | 9,81 % | 12,86 % |
| 1976 | 9,13 % | 10,50 % | -1,37 % | 10,15 % | 9,13 % | 7,76 % |
| 1977 | 9,30 % | 7,51 % | 1,80 % | 7,96 % | 9,30 % | 11,10 % |
| 1978 | 9,41 % | 3,61 % | 5,80 % | 5,06 % | 9,41 % | 15,21 % |
| 1979 | 8,73 % | 8,15 % | 0,58 % | 8,30 % | 8,73 % | 9,31 % |
| 1980 | 8,60 % | 8,88 % | -0,28 % | 8,81 % | 8,60 % | 8,32 % |
| 1981 | 8,45 % | 8,64 % | -0,19 % | 8,59 % | 8,45 % | 8,26 % |
| 1982 | 8,83 % | 7,84 % | 0,99 % | 8,08 % | 8,83 % | 9,83 % |
| 1983 | 9,77 % | 11,36 % | -1,58 % | 10,96 % | 9,77 % | 8,19 % |
| 1984 | 9,89 % | 7,82 % | 2,07 % | 8,33 % | 9,89 % | 11,96 % |
| 1985 | 11,60 % | 7,11 % | 4,49 % | 8,23 % | 11,60 % | 16,09 % |
| 1986 | 11,48 % | 6,70 % | 4,79 % | 7,89 % | 11,48 % | 16,27 % |
| 1987 | 9,76 % | 8,20 % | 1,57 % | 8,59 % | 9,76 % | 11,33 % |
| 1988 | 10,40 % | 10,14 % | 0,26 % | 10,20 % | 10,40 % | 10,66 % |
| 1989 | 11,11 % | 6,90 % | 4,21 % | 7,95 % | 11,11 % | 15,32 % |
| 1990 | 10,34 % | 9,10 % | 1,24 % | 9,41 % | 10,34 % | 11,58 % |
| 1991 | 10,23 % | 6,74 % | 3,48 % | 7,61 % | 10,23 % | 13,71 % |
| 1992 | 9,80 % | 7,23 % | 2,57 % | 7,87 % | 9,80 % | 12,37 % |
| 1993 | 10,61 % | 6,96 % | 3,65 % | 7,87 % | 10,61 % | 14,26 % |
| 1994 | 10,19 % | 8,15 % | 2,04 % | 8,66 % | 10,19 % | 12,22 % |
| 1995 | 10,07 % | 7,85 % | 2,22 % | 8,41 % | 10,07 % | 12,29 % |
| 1996 | 10,37 % | 7,73 % | 2,64 % | 8,39 % | 10,37 % | 13,01 % |
| 1997 | 11,01 % | 6,54 % | 4,47 % | 7,66 % | 11,01 % | 15,48 % |
| 1998 | 11,13 % | 7,79 % | 3,34 % | 8,62 % | 11,13 % | 14,47 % |
| 1999 | 11,56 % | 7,42 % | 4,14 % | 8,46 % | 11,56 % | 15,70 % |
| 2000 | 11,06 % | 6,77 % | 4,29 % | 7,84 % | 11,06 % | 15,35 % |
| 2001 | 10,37 % | 5,88 % | 4,49 % | 7,00 % | 10,37 % | 14,85 % |

Fortsetzung siehe nächste Seite.

# Kapitel 7: Konzeptioneller Vorschlag zur Schätzung der Marktrisikoprämie

| Jahr | GM CDAX® | $\beta_0$ (31.12.) | GM CDAX® - $\beta_0$ (31.12.) | Kapitalkosten | | |
|---|---|---|---|---|---|---|
| | | | | $\beta = 0{,}25$ | $\beta = 1{,}00$ | $\beta = 2{,}00$ |
| 2002 | 8,98 % | 5,70 % | 3,27 % | 6,52 % | 8,98 % | 12,25 % |
| 2003 | 9,50 % | 5,68 % | 3,81 % | 6,64 % | 9,50 % | 13,31 % |
| 2004 | 9,47 % | 5,17 % | 4,30 % | 6,25 % | 9,47 % | 13,78 % |
| 2005 | 9,81 % | 4,18 % | 5,63 % | 5,59 % | 9,81 % | 15,44 % |
| 2006 | 10,07 % | 4,21 % | 5,87 % | 5,67 % | 10,07 % | 15,94 % |
| 2007 | 10,26 % | 3,21 % | 7,05 % | 4,97 % | 10,26 % | 17,31 % |
| 2008 | 8,94 % | 1,52 % | 7,41 % | 3,37 % | 8,94 % | 16,35 % |
| 2009 | 9,21 % | 2,09 % | 7,13 % | 3,87 % | 9,21 % | 16,34 % |
| 2010 | 9,37 % | 1,51 % | 7,86 % | 3,48 % | 9,37 % | 17,24 % |
| 2011 | 8,89 % | 0,37 % | 8,52 % | 2,50 % | 8,89 % | 17,42 % |
| 2012 | 9,22 % | 0,73 % | 8,49 % | 2,85 % | 9,22 % | 17,71 % |
| 2013 | 9,49 % | 0,77 % | 8,72 % | 2,95 % | 9,49 % | 18,22 % |
| 2014 | 9,38 % | 2,14 % | 7,24 % | 3,95 % | 9,38 % | 16,62 % |
| 2015 | 9,41 % | 0,01 % | 9,41 % | 2,36 % | 9,41 % | 18,82 % |

Geringfügige Abweichungen sind rundungsbedingt. Die Angaben des geometrischen Mittels der Renditen des CDAX® beziehen sich auf den 1. Januar 1955. Quelle: Eigene Darstellung.

**Tabelle 14: Geometrisch gemittelte Rendite des CDAX®, Basis: 1. Januar 1955, $\beta_0$ und exemplarisch ermittelte Kapitalkosten im Zeitraum von 1972 bis 2015**

Spalte 2 zeigt die Entwicklung der geometrisch gemittelten Rendite des CDAX® basierend auf dem 1. Januar 1955 im Zeitraum von 1. Januar 1972 bis zum 31. Dezember 2015. Spalte 3 gibt die Entwicklung des sehr langfristigen Kassazinssatzes $\beta_0$ im selben Zeitraum wieder. Spalte 4 gibt Auskunft über die Überrendite des geometrisch gemittelten CDAX® basierend auf dem 1. Januar 1955 über dem sehr langfristigen Kassazinssatz $\beta_0$. Die Spalten 5 bis 7 zeigen die Entwicklung der Kapitalkosten für die ewige Rente eines Unternehmens mit einem $\beta$-Faktor von 0,25, 1,00 respektive 2,00 im Zeitraum vom 1. Januar 1972 bis zum 31. Dezember 2015. Abbildung 39 gibt einen zusammenfassenden Überblick.

Kapitel 7: Konzeptioneller Vorschlag zur Schätzung der Marktrisikoprämie

Geometrisch gemittelte
Rendite des CDAX®,
Basis: 1.1.1955,
Marktrisikoprämie,
$\beta_0$,
Kapitalkosten

Quelle: Eigene Darstellung.                                            Jahr

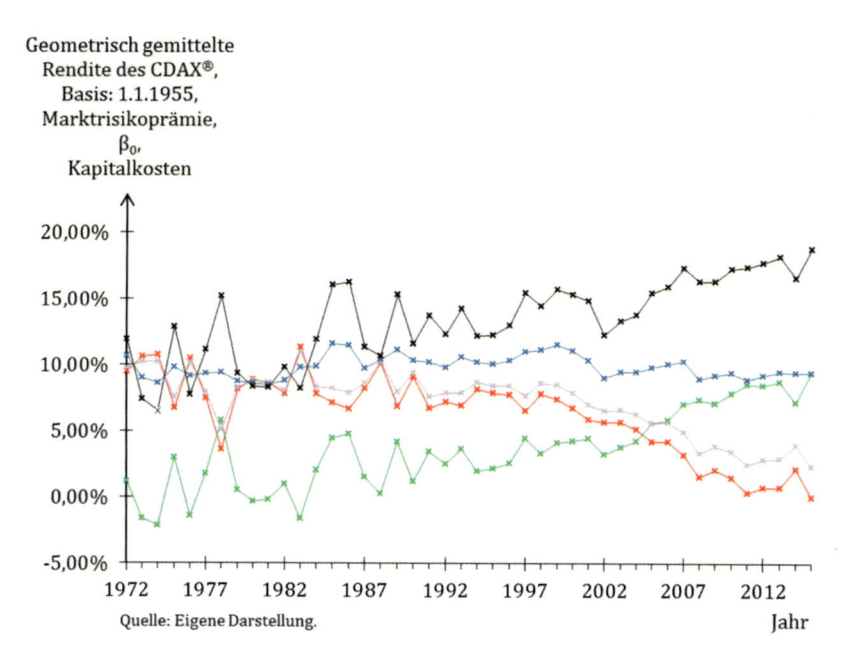

**Abbildung 39: Geometrisch gemittelte Rendite des CDAX®, Basis: 1. Januar 1955, Marktrisikoprämie, $\beta_0$ und exemplarisch ermittelte Kapitalkosten im Zeitraum von 1972 bis 2015**

Die blaue Linie zeigt weiterhin den Verlauf der geometrisch gemittelten Rendite des CDAX® mit der Basis am 1. Januar 1955 im Zeitraum vom 1. Januar 1972 bis zum 31. Dezember 2015. Nämliches gilt im Hinblick auf die rote Linie für den sehr langfristigen Kassazinssatz $\beta_0$. Die Überrendite zwischen der geometrisch gemittelten Rendite des CDAX® und dem sehr langfristigen Kassazinssatz $\beta_0$ in diesem Zeitraum scheint in Gestalt der grünen Linie auf. Die violette bzw. schwarze Linie skizziert den Verlauf der Kapitalkosten eines Unternehmens mit einem $\beta$-Faktor in Höhe von 0,25 bzw. 2,00. Der Verlauf der Kapitalkosten eines Unternehmens mit einem $\beta$-Faktor in Höhe von 1,00 ist ident mit dem Verlauf der Rendite des CDAX® basierend auf dem 1. Januar 1955 im Zeitraum von 1. Januar 1972 bis zum 31. Dezember 2015. Die Höhe des $\beta$-Faktors entscheidet bei dem hier empfohlenen Ansatz, ob die Rendite der risikolosen Anlage, abstrahierend von der Funktion im Rahmen der Kapitalkostenbestimmung und somit rein rechnerisch, kapitalkostenmindernd ($\beta > 1{,}00$) oder kapitalkostenerhöhend ($\beta < 1{,}00$) wirkt und damit der Verlauf der Kapitalkosten mehr dem Verlauf der geometrisch gemittelten Rendite des CDAX® oder dem Verlauf des sehr langfristigen Kassazinssatzes $\beta_0$ im Zeitraum vom 1. Januar 1972 bis zum 31. Dezember 2015 ähnelt.

Im Zusammenhang mit der Diskussion krisenbedingter Zuschläge auf die Marktrisikoprämie wird unter anderem das Argument ins Feld geführt, dass im Zuge der Finanzkrise die Kapitalkosten gestiegen seien, was sich jedoch in der Entwicklung der deutschen Aktienkurse nicht widerspiegle.[1608] Die Entwicklung des CDAX® indiziere gar einen Rückgang der Kapitalkosten. Hintergrund sei das Absinken des Niveaus der Zinsstrukturkurve.[1609]

Das Marktportfolio verfügt per definitionem über einen $\beta$-Faktor von 1,00. Der sehr langfristige Kassazinssatz $\beta_0$ ist ein Indikator für das nominelle Wachstumspotential einer Volkswirtschaft. Nach hier vertretener Auffassung könnte eine mögliche Erklärung für den vorübergehenden Kursverfall des CDAX® im Zuge der Finanz- und Staatsschuldenkrise darin zu suchen sein, dass der Kapitalmarkt einhergehend mit dem Rückgang des sehr langfristigen Kassazinssatzes $\beta_0$ seine Erwartungen an das Ergebniswachstum des Marktportfolios und die geforderte Realrendite nach unten revidiert hat.[1610] Denkbar ist weiterhin, dass der Kapitalmarkt aufgrund der allgemeinen Verunsicherung das Marktportfolio als riskanter wahrnahm, als dies fundamental gerechtfertigt war. Jedenfalls zeigt die Entwicklung der Kapitalkosten bei Berechnung der Marktrisikoprämie nach der hier empfohlenen Vorgehensweise, dass hinsichtlich der Entwicklung der Kapitalkosten nach der Höhe des $\beta$-Faktors zu differenzieren ist. Bei Bewertungsobjekten mit einem $\beta$-Faktor größer als 1,00 ist es im Zuge der Finanzkrise zu einem Anstieg der Kapitalkosten gekommen. Bei Bewertungsobjekten mit einem $\beta$-Faktor kleiner als 1,00 hingegen sind die Kapitalkosten gefallen. Dies erscheint plausibel, zumal aufgrund der allgemeinen Verunsicherung an den Kapitalmärkten Unternehmen mit stabiler Ertragslage angesichts der desolaten Haushaltslage zahlreicher öffentlicher Schuldner zunehmend die Funktion sicherer Häfen übernehmen.

Es sei hier nochmals betont, dass die Entwicklung der Kapitalkosten nicht der krisenbedingten Entwicklung der geometrisch gemittelten Rendite des CDAX® mit der Basis am 1. Januar 1955, sondern in erster Linie dem Rückgang des sehr langfristigen Kassazinssatzes $\beta_0$ geschuldet ist. Auch sei nochmals hervorgehoben, dass vorstehende Ausführungen nur das Prinzip der hier empfohlenen Vorgehensweise verdeutlichen möchten und keineswegs so zu verstehen sind, dass hier eine Marktrisikoprämie in der oben aufge-

---

[1608] Vgl. Wagner, W. / Mackenstedt, A. / Schieszl, S. u. a., WPg 2013, S. 950.
[1609] Vgl. Maas, J. / Ihlau, S., Krise, 2009, S. 3; Ruiz de Vargas, S. / Zollner, T., BP 2010, Nr. 2, S. 6; Kemper, T. / Ragu, B. / Rüthers, T., DB 2012, S. 649; Ihlau, S. / Gödecke, S., BB 2012, S. 890.
[1610] Vgl. Zeidler, G. W. / Tschöpel, A. / Bertram, I., CF biz 2012, S. 79.

## Kapitel 7: Konzeptioneller Vorschlag zur Schätzung der Marktrisikoprämie

zeigten Höhe vertreten wird. Wie eingehend erläutert, machte eine diesbezügliche Aussage erforderlich, zum einen den Referenzzeitraum, zum anderen das Marktportfolio selbst deutlich auszudehnen. Die hierzu erforderlichen Daten stehen im Moment nicht zur Verfügung und sind großenteils erst finanzarchäologisch zu rekonstruieren, eine zwar zweifelsfrei schwierige, allerdings nicht unlösbare Aufgabe. Die Wahl des CDAX® als Referenzportfolio dient hier nur dem Zweck, einen Vergleich mit den Ergebnissen der wissenschaftlichen Studie von *Stehle* (2004) anzustellen. Dieser findet für den Zeitraum von 1955 bis 2003 bei Zugrundelegung der Renditezeitreihe des CDAX® respektive des REXP® für die geometrisch gemittelte Marktrisikoprämie einen Wert in Höhe von 2,66 % vor persönlichen Steuern.[1611] Auf der Grundlage der Ergebnisse von *Stehle* (2004) siedelt das *IDW* die Marktrisikoprämie vor persönlichen Steuern in einem Bereich von 4,00 bis 5,00 % an, wobei sich im Zuge der Finanzkrise die Bandbreite auf 5,50 % bis 7,00 % verschoben habe.[1612]

Vorliegende Untersuchung kommt zu dem Ergebnis, dass sich die Risikoprämie im Zuge der Finanzkrise in der Tat erhöht hat. Allerdings liegt der Wert für die Risikoprämie nach der hier vorgeschlagenen Vorgehensweise zuletzt über dem vom *IDW* empfohlenen Rahmen, legt man den Beginn des Referenzzeitraums in gleicher Weise auf den 1. Januar 1955. Der so definierte Referenzzeitraum ist zwar nach hier vertretener Auffassung deutlich zu kurz, doch gebietet ein sinnvoller Vergleich, an diesem Stichtag anzusetzen. Es zeigt sich, dass die Erhöhung der Risikoprämie in erster Linie auf die Wahl des sehr langfristigen Kassazinssatzes $\beta_0$ als Proxy für die Rendite der risikolosen Anlage auch in der Funktion als Referenz für die Marktrendite zurückzuführen ist und damit systematische Gründe hat. Die geometrisch gemittelte Rendite des CDAX® erweist sich im Untersuchungszeitraum hingegen als bemerkenswert stabil. *Stehle* (2004) findet für das geometrische Mittel der Rendite des CDAX® einen Wert in Höhe von 9,50 % vor persönlichen Steuern.[1613] Für die bis 31. Dezember 2015 verlängerte Zeitreihe resultiert mit einem Wert von 9,41 % ein nur geringfügig abweichendes Ergebnis. Der Anstieg der Risikoprämie im Zuge der Finanzkrise ist somit beinahe ausschließlich auf den Rückgang der Rendite der risikolosen Anlage zurückzuführen. Die hier angestellten Überlegungen bestätigen die erstmals von *Mehra / Prescott* vertretene Meinung, dass es sich bei der Frage nach der Marktrisikoprämie nicht so sehr um ein Equity Risk Premium Puzzle als vielmehr um ein Risk-Free Rate Puzzle handelt.[1614]

---

[1611] Vgl. Stehle, R., WPg 2004, S. 921.
[1612] Vgl. IDW (Hrsg.), FN-IDW 2005, S. 71; IDW (Hrsg.), FN-IDW 2012, S. 569.
[1613] Vgl. Stehle, R., WPg 2004, S. 921.
[1614] Vgl. Mehra, R. / Prescott, E. C., JME 1985, S. 158.

## 8 Zusammenfassung der Ergebnisse

Ansätze zur Erklärung des Unternehmenswertbegriffs liefern die objektive, die subjektive und die funktionale Werttheorie. Teile der objektiven Werttheorie finden sich im objektivierten Unternehmenswert wieder.

Beim objektivierten Unternehmenswert handelt es sich um einen typisierten Zukunftserfolgswert. Allgemein bestimmt sich der Zukunftserfolgswert einer Unternehmung nach dem Nutzen, welchen diese ihren Inhabern stiftet. Maß für den gezogenen Nutzen ist die mit dem Eigentum an dem Unternehmen verbundene Anwartschaft auf zukünftige tatsächlich zufließende Zahlungen.

Der Zukunftserfolgswert ist den Gesamtbewertungsverfahren zuzuordnen, welche weiter in die markt- und in die zukunftserfolgswertorientierten Bewertungsverfahren zu unterscheiden sind. Die Gesamtbewertungsverfahren bewerten das in der Kombination der Vermögensgegenstände und Schulden ruhende Ertragspotential, welche in ihrer Gesamtheit das zu bewertende Unternehmen ausmachen.

Der Zukunftserfolgswert versteht sich als Anwendung des investitionstheoretischen Barwertkalküls. Der Barwert stellt einen Vergleich zwischen Bewertungsobjekt und der nächstbesten Alternativanlage an. Im Rahmen der Unternehmensbewertung wird der Erwartungswert der Kapitalisierungsgröße mit der in diskreter Konnotation formulierten Rendite der Alternativanlage kapitalisiert. Der Barwert beruht auf dem finanzmathematischen Konzept der geometrischen Verzinsung.

Ein sinnvoller Vergleich zwischen Bewertungsobjekt und Alternativanlage bedingt deren Äquivalenz. Hierbei handelt es sich um ein qualitatives Kriterium, sodass die verschiedenen Ausprägungen der Äquivalenz integrativ wirken. Insbesondere gilt das Erfordernis der Vergleichbarkeit auch im Hinblick auf die Kapitalstruktur. Bei vollständiger Äquivalenz lässt sich die Zahlungsreihe des Bewertungsobjekts mithilfe der Alternativanlage duplizieren.

Das Prinzip der Laufzeitäquivalenz gebietet die Wahl einer Alternativanlage, deren Zahlungsströme denselben Zeitraum wie die Zahlungsströme des Bewertungsobjekts umfassen und eine vergleichbare Struktur aufweisen.

Das Stichtagsprinzip konkretisiert das Prinzip der Zukunftsbezogenheit der Bewertung, indem es den Informationsstand definiert, welcher bei der Prognose der Kapitalisierungsgröße und der Rendite der Alternativanlage einzunehmen ist. Im Zusammenhang mit der Rendite der Alternativanlage ist das Stichtagsprinzip mit den Verhältnissen am Bewertungsstichtag auszulegen. Konkret finden die Erwartungen der Kapitalmarktteilnehmer am

Bewertungsstichtag Berücksichtigung, indem sich diese über Angebot und Nachfrage mittelbar in den Wertpapierpreisen am Bewertungsstichtag niederschlagen.

Der Grundsatz der Risikoäquivalenz fordert die Vergleichbarkeit der Risikostruktur der Zahlungsströme von Bewertungsobjekt und Alternativanlage. Das systematische Risiko findet in der Rendite der Alternativanlage Berücksichtigung. Risikoäquivalenz lässt sich entweder mithilfe der Sicherheitsäquivalent- oder mithilfe der Risikozuschlagsmethode herstellen. Ausgangspunkt der Rendite der Alternativanlage ist in beiden Fällen der risikolose Zinssatz. Wenngleich nutzentheoretisch der Risikozuschlagsmethode überlegen, mangelt es der Sicherheitsäquivalentmethode an hinreichender Praktikabilität. Die hierzu erforderliche Nutzenfunktion des Bewertungssubjekts ist in der Regel nicht bekannt. Bei der Risikozuschlagsmethode ist dem bloßen Erwartungswert der Kapitalisierungsgröße durch einen adäquaten Risikozuschlag auf die Rendite der risikolosen Anlage zu begegnen. Der Risikozuschlag kann auf individualistischem oder auf marktmäßig-objektiviertem Wege bestimmt werden. Für die marktmäßig-objektivierte Bestimmung des Risikozuschlags bestehen mehrere Ansätze. Das *IDW* favorisiert das CAPM.

Das CAPM erlaubt die Beurteilung der Angemessenheit der Rendite risikobehafteter Kapitalmarktanlagen. Hierzu bestimmt es den Gleichgewichtspreis der jeweils zu bewertenden riskanten Anlage. Der marktgerechte Preis einer risikobehafteten Kapitalmarktanlage ergibt sich im CAPM als die um eine bewertungsobjektspezifische Risikoprämie erhöhte Rendite der risikolosen Anlage. Die bewertungsobjektspezifische Risikoprämie ergibt sich aus dem Produkt aus dem $\beta$-Faktor und der Marktrisikoprämie. Der $\beta$-Faktor beschreibt das Ausmaß der Schwankung der Rendite der zu bewertenden Kapitalmarktanlage im Verhältnis zur Schwankung der Rendite des Marktportfolios. Die Marktrisikoprämie selbst berechnet sich arithmetisch als Differenz zwischen der Marktrendite und der Rendite der risikolosen Anlage. Die Anpassung der Risikoprämie an die Risikoposition des Bewertungsobjekts erfolgt über eine entsprechende Wahl des $\beta$-Faktors. Das CAPM rechnet mit diskreten Renditen. Gleichzeitig unterstellt die Portfoliotheorie normalverteilte Wertpapierrenditen, wobei es sich hierbei um eine schwache Annahme handelt.

Die Marktrisikoprämie im Rahmen des CAPM ist grundsätzlich zukunftsorientiert nach den Verhältnissen am Bewertungsstichtag zu schätzen. Für die Bestimmung der Rendite der risikolosen Anlage finden mittlerweile volkswirtschaftliche Modelle Anwendung. Anknüpfungspunkte für die Bestimmung der Marktrendite bestehen im Rückgriff auf historische Renditezeitreihen, barwertbasierte Verfahren, volkswirtschaftliche Modelle sowie Expertenprognosen. Die wissenschaftliche Diskussion konzentriert sich in Deutschland in erster Linie auf den vergangenheits- und den barwertbasierten Ansatz.

Konzeptionell ist der barwertbasierte dem vergangenheitsorientierten Ansatz zur Bestimmung der Marktrendite überlegen. Bei den barwertbasierten Verfahren resultiert die Marktrendite mittelbar, indem der Barwert des Bewertungsobjekts invertiert wird. Hierbei gilt die Annahme, dass der am Markt beobachtbare Preis dem Wert des Bewertungsobjekts entspricht. Die Zukunftserfolge des Bewertungsobjekts hingegen müssen nach den Verhältnissen am Bewertungsstichtag geschätzt werden. Das Prinzip der Zukunftsbezogenheit der Bewertung bleibt auf diese Weise gewahrt. Allein inhäriert den barwertbasierten Verfahren der Nachteil nicht zu vermeidender modellbedingter subjektiver Einflüsse bei der Schätzung der Zukunftserfolge. Diese lassen sich mit dem Konzept des objektivierten Unternehmenswerts vereinbaren. Als zweitbeste Lösung ist die Marktrendite daher aus historischen Renditezeitreihen abzuleiten. Der vergangenheitsorientierte Ansatz wird von der Rechtsprechung klar favorisiert.

Die Höhe der aus Vergangenheitsdaten abgeleiteten Marktrendite ist das Ergebnis einer Reihe von Entscheidungen quantitativer und qualitativer Art. Hierzu zählen die Art des Mittelungsverfahrens, die praktische Operationalisierung des theoretisch gebotenen Marktportfolios, die Wahl des Referenzzeitraums sowie die Frage nach der Berücksichtigung von persönlichen Steuern auf Ebene des typisierten Anlegers. Im speziellen Kontext der Unternehmensbewertung kommt die Frage nach der Berücksichtigung pauschaler Ab- und Zuschläge hinzu. Die Bedeutung der quantitativen und qualitativen Einflussgrößen für die Höhe der historischen Marktrendite kommt in der ausgesprochenen Heterogenität der Ergebnisse der zahllosen empirischen Studien zur Marktrendite zum Ausdruck.

Unter den Annahmen des CAPM enthält das Marktportfolio alle am Kapitalmarkt umgehenden risikobehafteten Finanzierungstitel im Verhältnis ihrer Marktwerte. Hierfür sind alle Anlageklassen materieller und immaterieller Art in Betracht zu ziehen. In der Bewertungspraxis herrscht der Konsens, aus praktischen Erwägungen das Marktportfolio vereinfachend mit einem möglichst breit diversifizierten Aktienindex auszulegen. Im Sinne der bestmöglichen Annäherung an das theoretisch gebotene Marktportfolio hat die Indexformel des zu wählenden Market Proxy einen kapitalisierungsgewichteten Performance-Index vom Typ *Laspeyres* widerzuspiegeln, wo die Anlage der laufenden Erträge in das Indexportfolio erfolgt. Kapitalisierungsgewichtungsindizes halten der Rundprobe nicht stand und bedürfen daher laufender Neuverkettungen.

## Kapitel 8: Zusammenfassung der Ergebnisse

Das Indexportfolio sollte eine möglichst breite, in jederlei Hinsicht multidimensionale Diversifikation aufweisen, insbesondere was die in das Indexportfolio einbezogenen Branchen sowie das Ansässigkeitsland und den Reifegrad der repräsentierten Unternehmen angeht. Vor diesem Hintergrund sind lokale Aktienindizes, im Hinblick auf den deutschen Kapitalmarkt etwa der Aktienindex des Statistischen Reichs- respektive Bundesamtes, der CDAX® oder der DAX® 30, als Market Proxy abzulehnen, zumal diese nicht durchgängig vergleichbar sind. Vielmehr ist auf einen möglichst breit diversifizierten globalen Aktienindex mit möglichst hoher Marktkapitalisierung abzustellen. Unter dem Gesichtspunkt des weit ausgelegten Diversifikationsbegriffs spricht für die Wahl eines globalen Aktienindexes, dass sich manche aus lokaler Sicht systematische Risiken diversifizieren und aus globaler Sicht den Charakter unsystematischer Risiken annehmen. Allerdings erweisen sich die Zeitreihen der hierfür grundsätzlich in Frage kommenden Aktienindizes momentan noch als zu kurz, um auf dieser Basis verlässliche Aussagen über die langfristig erzielbare Marktrendite treffen zu können. Bis zum Vorliegen hinreichend langer Zeitreihen ist die Kreierung eines synthetischen Aktienindexes anzuraten, in welchen die Daten der wichtigsten lokalen Aktienindizes einfließen. In diesem sind die lokalen Aktienindizes entweder im Verhältnis der Marktkapitalisierung oder im Verhältnis des Bruttoinlandsproduktes der repräsentierten Volkswirtschaften zu gewichten.

Der Referenzzeitraum ist im Sinne der intertemporalen Diversifikation möglichst umfänglich zu wählen. Dies gilt besonders, wenn von einer konstanten Risikoaversion des typisierten Anlegers auszugehen ist. Für einen möglichst langen Referenzzeitraum sprechen die beobachtbaren Schwankungen der Marktrendite im Zeitablauf, die Nivellierung möglicher Erfassungsfehler sowie die Anlegung des CAPM auf einen Einperiodenzeitraum. Die Festlegung des Untersuchungszeitraums sollte zufällig erfolgen, wobei der Referenzzeitraum aufgrund der Hypothese rationaler Erwartungen idealtypisch am Bewertungsstichtag endet. Als solche identifizierte Sonderfaktoren sind nicht zu eliminieren. Die Bewertungspraxis steht vor dem Problem, dass zumeist nur für einen verhältnismäßig kurzen Zeitraum verlässliche Renditedaten vorliegen und diese zudem durch die Kombination technisch nicht kombinierbarer Indizes in ihrer Aussagekraft verzerrt sind.

Die Bestimmung des Mittelwerts der Marktrisikoprämie aus Vergangenheitsdaten für Zwecke der Unternehmensbewertung ist in induktiv-statistischer Hinsicht das Ergebnis einer Punktschätzung über einen Parameter aus der Grundgesamtheit der historischen Marktrisikoprämien. Als mögliche Schätzfunktionen kommen das arithmetische und das geometrische Mittel in Frage, wobei das arithmetische nie kleiner als das geometrische Mittel ist. In Abhängigkeit von der Berechnungsweise der Marktrisikoprämie ste-

## Kapitel 8: Zusammenfassung der Ergebnisse

hen originär vier verschiedene Schätzfunktionen zur Verfügung. Das geometrische Mittel der arithmetisch berechneten Marktrisikoprämie unterstellt periodische Renditerealisationen und ist daher insofern zu modifizieren, als das geometrische Mittel der Marktrendite dem geometrischen Mittel der Rendite der risikolosen Anlage gegenüberzustellen ist. Die Auffassungsunterschiede in der Literatur hinsichtlich der Wahl der adäquaten Schätzfunktion zur Mittelung historischer Marktrenditen erstrecken sich auf eine statistische und eine finanzmathematische Sphäre.

Die Vertreter des arithmetischen Mittelungsverfahrens stützen ihre Argumentation auf die Behauptung, historische Marktrenditen folgen einer Normalverteilung respektive seien als identisch verteilte und interseriell voneinander unabhängige Zufallsvariablen anzusehen. Diese Behauptung erweist sich als nicht zutreffend. Diskreten Renditen ist allein aufgrund ihrer formalen Eigenschaften die Normalverteilungseigenschaft abzusprechen. Selbst die Dichtefunktion der subsidiär heranzuziehenden stetigen Renditen zeigt keine originäre Normalverteilung. Gleichwohl wird stetigen Renditen gemeinhin das Kriterium einer identischen Verteilung zuerkannt. Zur derivativen Begründung der Normalverteilungseigenschaft stetiger Renditen über den zentralen Grenzwertsatz der induktiven Statistik nach *Lindeberg / Lévy* bedürften stetige Renditen daneben der Eigenschaft von Zufallsvariablen. Allein kommt die überwiegende Anzahl empirischer Studien zu dem Ergebnis, dass stetige Renditen nicht als interseriell independent anzusehen sind.

Der geometrische Mittelwert gibt Aufschluss über die annualisierte Effektivverzinsung und vermag daher ohne weitere Einschränkungen das Anfangs- auf das bei geometrischer Verzinsung zu erwartende Endvermögen überzuleiten. Demgegenüber versteht sich das arithmetische Mittel als einfacher ungewichteter Durchschnitt der in den einzelnen Perioden eines bestimmten Investitionszeitraums realisierten Renditen. Insbesondere mangelt es diesem an dem geometrischen Element. Daher vermag das arithmetische Mittel das Anfangs- auf das Endvermögen nur bei Zugrundelegung des Konzepts der einfachen Verzinsung überzuleiten, welches sich jedoch nicht mit der Barwertmethode vereinbaren lässt. Es lässt sich zeigen, dass das arithmetische Mittel diskreter Renditen und das geometrische Mittel diskreter Renditen bei Einführung einer gegen positiv Unendlich konvergierenden Anzahl äquidistanter Zinszahlungstermine gegen das arithmetische Mittel stetiger Renditen konvergiert, wenn durch den Vorgang die periodenspezifische Effektivrendite in diskreter Konnotation unverändert bleibt. Umgekehrt gilt dieser Satz nicht, vielmehr resultiert hier mit dem geometrischen Mittel diskreter Renditen ein einwertiges Ergebnis. Der Grund hierfür ist darin zu suchen, dass bei arithmetischer Mittelung diskreter Renditen der

Kapitel 8: Zusammenfassung der Ergebnisse

gemeinsame Grenzwert im Prinzip zufällig resultiert, indem das Konzept der einfachen Verzinsung und die Annahme der endwertäquivalenten Reduzierung der periodenspezifischen Renditen zusammentreffen. Im Übrigen sind stetige Renditen interperiodisch additiv, diskrete Renditen hingegen interperiodisch multiplikativ. Die arithmetische Mittelung von diskreten Renditen ist damit als finanzmathematisch falsch abzulehnen. Zwingend ist das geometrische Mittelungsverfahren anzuwenden.

Das CAPM gibt als Einperiodenmodell keine explizite Empfehlung hinsichtlich der Wahl des Mittelungsverfahrens ab. Gleichwohl finden sich im CAPM Hinweise, welche die geometrische Mittelung der Marktrenditen nahelegen. Hierbei handelt es sich um das Rechnen mit dem Total Return, welches sich seinerseits im Rechnen mit diskreten Renditen manifestiert, die Operationalisierung des theoretisch gebotenen Marktportfolios mit einem kapitalisierungsgewichteten Performance-Index vom Typ *Laspeyres* sowie in der Modellannahme eines Einperiodenhorizonts. In die Richtung des Arguments des Einperiodenkriteriums zielt auch der Intervalling-Effekt.

Jedwede Form der Kombination von arithmetischem und geometrischem Mittelwert zur Nivellierung des Schätzfehlers ist abzulehnen. Weder der *Blume*- noch der *Cooper*-Schätzer sind konstant oder auch nur linear in der Zeit. Der *Blume*-Schätzer bestimmt einen laufzeitäquivalenten Aufzinsungsfaktor, dessen Einsatz originär eine Aussage über den zu erwartenden Endwert eines Wertpapierportfolios ermöglichen soll. Die analoge Anwendung zur Kombination arithmetisch respektive geometrisch gemittelter Marktrisikoprämien ist nicht zulässig, da dies die Verletzung einiger elementarer Rechenregeln der Analysis nach sich zieht. Im Vergleich zum *Blume*- ist der *Cooper*-Schätzer für die Verwendung im Rahmen der Unternehmensbewertung allgemein besser geeignet. Allerdings bezieht *Cooper* seine Aussagen auf Diskontierungsfaktoren und damit nicht unmittelbar auf Renditen. Das Vorgehen unterstellt periodisch revolvierende Renditerealisationen, welche jedoch den Annahmen des CAPM entgegenstehen. Sowohl *Blume* als auch *Cooper* treffen die Annahme interseriell independenter, normalverteilter diskreter Renditen. Im Übrigen geschieht die Bestimmung laufzeitäquivalenter Auf- respektive Abzinsungsfaktoren bei Bewertung eines Unternehmens von unendlichem Fortbestand zum Preis eines Bruchs mit dem Laufzeitäquivalenzprinzip. Grundsätzlich ist die Relevanz des zu nivellierenden Schätzfehlers anzuzweifeln.

Beim Basiszinssatz handelt es sich um ein theoretisches Konstrukt, welches der Operationalisierung bedarf. Dies erfolgt anhand eines Portfolios klassischer festverzinslicher Anleihen ohne Ausfallrisiko. Anknüpfungspunkt sind vor dem Hintergrund des weit ausgelegten Sitzlandprinzips die Anleihen von öffentlichen Schuldnern mit der besten Bonität innerhalb des Währungsraums, in welchem das Bewertungsobjekt ansässig ist. Der Basiszinssatz übernimmt eine Doppelfunktion. Zum einen dient er als isolierter Bestandteil bei der Ermittlung der marktgerechten Renditeforderung an ein risikobehaftetes Wertpapier, zum anderen als Referenz für die Höhe der Marktrendite. Der Basiszinssatz ist in beiden Funktionen konsistent zu verwenden. Bei Bewertung eines Unternehmens von präsumtiv unendlicher Fortbestehensdauer ist der Basiszinssatz laufzeitäquivalent aus Anleihen von unendlicher Restlaufzeit abzuleiten. Da derartige Anleihen auf dem Kapitalmarkt nicht umgehen, sind bei der Bestimmung des Basiszinssatzes zwei Zeiträume zu unterscheiden: Der zeitlich begrenzten Phase, welche von der Restlaufzeit der längstlaufenden Staatsanleihe abgedeckt ist, schließt sich die zeitlich unbegrenzte Phase an, für welche Annahmen über das dann herrschende Zinsniveau zu treffen sind.

Als Ausprägungen der Stichtagsverzinsung der risikolosen Anlage sind die Effektivverzinsung von Kuponanleihen und die Effektivverzinsung von Nullkuponanleihen zu unterscheiden. Nullkuponanleihen sehen im Unterschied zu Kuponanleihen keine laufende Verzinsung vor. Die Verzinsung erfolgt mittelbar, indem der Erfüllungs- über dem Verfügungsbetrag liegt. Allgemein versteht man unter der Effektivverzinsung den internen Zinssatz der mit der zu bewertenden Anleihe verbundenen Zahlungsreihe. Das Konzept des internen Zinssatzes beruht auf der Annahme, dass die laufenden Zahlungen stets zur internen Rendite angelegt werden können. Mangels laufender Zahlungen entfaltet die Wiederanlageprämisse bei Nullkupon- im Unterschied zu Kuponanleihen keine praktische Wirksamkeit. Die Effektivverzinsung einer Nullkuponanleihe bezeichnet man als Kassazinssatz. Die Kassazinssätze stehen in einem funktionalen Zusammenhang mit den impliziten Terminzinssätzen.

Die beobachtbare Menge ansonsten merkmalsidentischer Anleihen unterschiedlicher Restlaufzeit bezeichnet man allgemein als Fristigkeitsstruktur. Die Renditestrukturkurve im Besonderen veranschaulicht den Zusammenhang zwischen Restlaufzeit und Effektivverzinsung von Kuponanleihen unterschiedlicher Restlaufzeit. Bei Zugrundelegung von Nullkuponanleihen spricht man analog von der Zinsstrukturkurve. Die Rendite- respektive Zinsstrukturkurve nimmt im Normalfall einen monoton steigenden Verlauf an, kann jedoch fallweise auch flach, monoton fallend oder S-förmig verlaufen.

Die Ableitung eines methodisch richtigen Ergebnisses für die Bewertung der Zahlungsströme des Bewertungsobjekts mithilfe der aus Kuponanleihen gewonnenen Effektivverzinsung bedingt den wenig relevanten Fall einer flachen Zinsstruktur. Ansonsten resultieren systematische Bewertungsfeh-

## Kapitel 8: Zusammenfassung der Ergebnisse

ler. Es kommt zu einer Verletzung des Laufzeitäquivalenzprinzips. Kassazinssätze hingegen entbehren dieser Schwachstellen.
Der Zinsstrukturbegriff ist wissenschaftstheoretischer Natur. Die naheliegende Operationalisierung anhand von Nullkuponanleihen scheitert an dem hierfür erforderlichen Primärmarkt für Nullkuponanleihen. Dem hilfsweisen Rückgriff auf gestrippte Kuponanleihen steht eine nur geringe Anzahl an besetzten Zinsterminen entgegen. Die Renditeinformationen leiden zudem unter der eingeschränkten Liquidität gestrippter Kuponanleihen. Hilfsweise ist die Zinsstrukturkurve daher rekursiv abzuleiten. Dahingehende Anknüpfungspunkte bieten die Verwertung der Informationen der Renditestruktur, die Methode der kleinsten quadrierten Abweichungen zwischen tatsächlich beobachtbaren und theoretisch gerechtfertigten Preisen von Kuponanleihen, die arbitragetheoretische Operationalisierung sowie Zinsswaps.

Der Rückgriff auf die empirische Renditestruktur geht mit der Problematik der Wiederanlageprämisse einher. Angesichts des diskreten Laufzeitenspektrums der umlaufenden Bundesanleihen sind zur Vervollständigung der Zinsstruktur Interpolationen erforderlich. Die Methodik unterliegt subjektiven Einflüssen. Zudem führen der Kupon- und der Konvexitätseffekt zu Verzerrungen. Die Verwendung der Umlaufsrendite liefert im Vergleich zur empirischen Renditestruktur inferiore Bewertungsergebnisse.

Die Methode der kleinsten quadrierten Abweichungen zwischen tatsächlich beobachtbaren und theoretisch gerechtfertigten Preisen von Kuponanleihen sowie die Methode der arbitragetheoretischen Operationalisierung leiten ihre Aussagen modellbasiert ab. Das Grundmodell ist hierbei identisch.

Die Methode der kleinsten quadrierten Abweichungen zwischen tatsächlich beobachtbaren und theoretisch gerechtfertigten Preisen der Kuponanleihen bestimmt für alle im Portfolio enthaltenen Kuponanleihen ein Bündel von Kassazinssätzen. Diese sind so zu wählen, dass die im Betrachtungszeitpunkt beobachtbaren Marktpreise der Kuponanleihen anhand der mit ihnen verbundenen Zins- und Tilgungszahlungen möglichst gut erklärt werden können. Die Wahl des optimalen Bündels von Kassazinssätzen erfolgt indirekt über die Wahl des optimalen Bündels von Diskontierungsfaktoren. Das Optimum ist erreicht, wenn die Abweichung zwischen tatsächlich beobachtbaren und theoretisch gerechtfertigten Preisen der Kuponanleihen ein globales Minimum annimmt. Praktisch bedient man sich hierzu eines Regressionsansatzes. Der Einfachheit des Verfahrens steht der Nachteil gegenüber, dass das Vorgehen die gesuchte Zinsstruktur implizit voraussetzt.

Aufbauend auf der Methode der kleinsten quadrierten Abweichungen entwickelt die arbitragetheoretische Operationalisierung ein System linearer Gleichungen und Ungleichungen, welches eine Beziehung zwischen den tat-

## Kapitel 8: Zusammenfassung der Ergebnisse

sächlich beobachtbaren Marktpreisen der Kuponanleihen und der gesuchten Zinsstruktur herstellt. Die wesentliche Modellerweiterung besteht in der Einführung einer intertemporalen Dimension, indem das laufende Einkommen und der Konsum eines fiktiven Akteurs einbezogen werden. Zentrale Annahme ist hierbei, dass auf dem Kapitalmarkt keine Arbitragemöglichkeiten bestehen. Die Zinsstruktur wird bei der arbitragetheoretischen Operationalisierung indirekt auf Basis der tatsächlich beobachtbaren Marktpreise geschätzt. Das Modell verwendet die Informationen über den zeitlichen Anfall der Zins- und Tilgungszahlungen der Kuponanleihen. Konkret werden die mit einer jeden Kuponanleihe verbundenen Zahlungsströme diskontiert, die resultierenden Barwerte summiert und so die theoretisch gerechtfertigten Preise indiziert. Im Anschluss werden die theoretisch gerechtfertigten Preise den tatsächlich beobachtbaren Marktpreisen gegenübergestellt. Herzstück des Konzepts der arbitragetheoretischen Operationalisierung ist der Dualitätssatz der linearen Programmierung. Mit dessen Hilfe lässt sich ein Vektor zulässiger dualer Variablen finden, welche das lineare Programmierungsproblem optimal lösen. Bei den dualen Variablen handelt es sich um die Diskontierungsfaktoren. Der Vektor der zulässigen dualen Variablen bildet somit den Kern der theoretischen Zinsstruktur.

Das Konzept der arbitragetheoretischen Operationalisierung bedingt vollständige Informationseffizienz sowie infinitesimal kleine Preisänderungen. Beide Annahmen sind realiter nicht haltbar. Im Hinblick auf das Modell hat dies zur Konsequenz, dass in der praktischen Anwendung weitere Nebenbedingungen in das Modell aufzunehmen sind. Im Ergebnis kommt es auf diese Weise zu einer Annäherung der arbitragetheoretischen Operationalisierung an das Konzept der kleinsten quadrierten Abweichungen zwischen tatsächlich beobachtbaren und theoretisch gerechtfertigten Preisen der Kuponanleihen. Im Unterschied zu diesem ist das Konzept der arbitragetheoretischen Operationalisierung wissenschaftstheoretisch korrekt.

Bei einem Zinsswapgeschäft verpflichten sich die kontrahierenden Parteien, über einen festgelegten Zeitraum hinweg in periodischen Abständen in ein und derselben Währung Zahlungen auf einen bestimmten Kapitalbetrag zu tauschen. Die Berechnung der wechselseitig zu erbringenden Zahlungen ähnelt jener von Zinsansprüchen. Bei der Standardform eines Kuponswaps ist der Tausch fixer gegen variable Zahlungen vereinbart. Referenz eines Kuponswaps ist der über die gesamte Laufzeit hinweg konstante Festzinssatz. Der faire Swapsatz lässt sich als Kupon einer zu pari notierenden Kuponanleihe interpretieren, deren Restlaufzeit jener des Swapgeschäfts entspricht. Ausgehend von den fairen Swapsätzen lassen sich durch Bootstrapping von zu pari notierenden Kupon- in Nullkuponanleihen die Nullkuponswapsätze bestimmen. Die Nullkuponswapsätze bieten ihrerseits eine

Möglichkeit zur Ableitung der Zinsstrukturkurve. Bei der Laufzeit von einem Jahr stimmen der Festzinssatz und der Nullkuponswapsatz überein. Hierauf aufbauend lassen sich die Nullkuponswapsätze aller übrigen ganzjährigen Laufzeiten berechnen. Für dazwischen liegende Laufzeiten kommt die polynomiale Interpolation zur Anwendung.

Die Ableitung der Zinsstruktur aus Zinsswaps besticht angesichts der Liquidität und des Volumens des zugehörigen Markts sowie im Hinblick auf die Thematik der Anschlussverzinsung sowie der Laufzeitäquivalenz durch das mit 50 Jahren beinahe verdoppelte Restlaufzeitenspektrum. Der praktischen Anwendbarkeit des Ansatzes stehen wenigstens im Moment nachfragebedingte Verzerrungen sowie ein nur eingeschränkter Zugang zu den relevanten Informationen entgegen, zumal Swaps weit überwiegend als OTC-Geschäfte strukturiert sind. Der aus Zinsswaps abgeleiteten Zinsstrukturkurve kommt daher aktuell nur eine Plausibilisierungsfunktion zu.

Das Verfahren von *Nelson / Siegel* respektive die Erweiterung von *Svensson* ist ein Ansatz zur Bestimmung der empirischen Zinsstruktur. Im Vergleich zu den zahlreichen Modellalternativen besticht dieses durch Einfachheit und Flexibilität. Kern ist die Approximation der empirischen Renditestruktur im Wege eines iterativen Algorithmus bezüglich der Abweichungen zwischen den empirisch beobachtbaren und den theoretisch gerechtfertigten Preisen von Kuponanleihen. Ein alternatives Vorgehen besteht in der Approximation der korrespondierenden Effektivverzinsungen. Breiten Raum nehmen daneben Zinsstrukturmodelle ein, die sich ökonometrischer Ansätze bedienen oder auf polynomialen, quadratischen oder kubischen Splines beruhen.

Ausgangspunkt der Überlegungen von *Nelson / Siegel* ist die Erkenntnis, dass sich eine Kuponanleihe als Portfolio von Nullkuponanleihen auffassen lässt. Die Anzahl respektive die Restlaufzeiten dieser Nullkuponanleihen bestimmen sich anhand der Zahlungen der Kuponanleihe bis zu deren Fälligkeit. Zentrale Bedeutung kommt daneben dem Zusammenhang zwischen impliziten Terminzinssätzen und Kassazinssätzen bei. Ausgehend von der Schätzung der impliziten Terminzinssätze werden die Kassazinssätze abgeleitet. Die Schätzung der impliziten Terminzinssätze selbst setzt an der empirischen Renditestrukturkurve an. Somit handelt es sich beim Modell von *Nelson / Siegel* um ein rekursives Verfahren. Die Schätzung der impliziten Terminzinssätze ist optimal, wenn die Abweichung zwischen empirisch beobachtbarem und theoretisch gerechtfertigtem Preis über alle Kuponanleihen des betrachteten Portfolios unter Zuhilfenahme eines non-linearen Optimierungsverfahrens ein globales Minimum annimmt. Eine alternative Vorgehensweise bietet das Maximum-Likelihood-Verfahren.

Um der zeitlichen Veränderung der Zinsstruktur Rechnung zu tragen, bedient sich das Modell von *Nelson / Siegel* einer Differentialgleichung zweiter Ordnung mit reellen und gleichen Wurzeln zur Bestimmung der Funktion der impliziten Terminzinssätze. Hierbei handelt es sich um eine stetige degressive Zerfallsfunktion mit sechs Parametern. Die Regressionskoeffizienten $\beta_0$, $\beta_1$ und $\beta_2$ resultieren, indem im Rahmen eines non-linearen Regressionsverfahrens $\tau_1$ und $\tau_2$ solange variiert werden, bis sich das globale Minimum einstellt. $\beta_0$ indiziert das langfristige Zinsniveau, $\beta_1$ den Verlauf der Zinsstruktur, und $\beta_2$ die Lage lokaler Extrema. Die Regressionskoeffizienten sind hinsichtlich ihrer Eignung, die empirische Zinsstruktur bestmöglich abzubilden, in ihrer Gesamtheit zu beurteilen. Die formale Interpretation des von *Nelson / Siegel* formulierten Zusammenhangs ist nicht eindeutig.

In Zeiten hoher Marktvolatilität kann die nach dem Modell von *Nelson / Siegel* ermittelte Zinsstrukturkurve im Bereich kurzer Restlaufzeiten sehr komplexe Verläufe annehmen. Daher ergänzt *Svensson* den von *Nelson / Siegel* formulierten Zusammenhang um einen dritten Exponentialterm respektive um zwei Regressionsparameter und ermöglicht so, ein weiteres lokales Extremum zu betrachten. Zudem führt er eine weitere Zeitkonstante ein. Auf diese Weise wird die Flexibilität des Zinsstrukturmodells erhöht. Die Ähnlichkeit des von *Nelson / Siegel* formulierten und von *Svensson* erweiterten Zinsstrukturmodells ist offenkundig. Bei dem von *Svensson* eingeführten Exponentialterm handelt es sich nicht um die Lösung einer Differentialgleichung dritter Ordnung, sondern um eine heuristische Ergänzung der von *Nelson / Siegel* formulierten Differentialgleichung. Der sehr kurzfristige Kassazinssatz ergibt sich aus der Summe aus den beiden Regressionsparametern $\beta_0$ und $\beta_1$. Der sehr langfristige Kassazinssatz entspricht dem Regressionsparameter $\beta_0$. Angesichts der formalen Definition liefern das Modell von *Nelson / Siegel* respektive die Erweiterung von *Svensson* originär stetige Renditen.

Die Zinsstrukturkurve lässt sich mithilfe des *Nelson / Siegel / Svensson*-Modells sowohl auf direktem als auf indirektem Wege ermitteln. Hierbei meint direkte Ermittlung die Bestimmung des globalen Minimums zwischen den tatsächlich beobachtbaren und den theoretisch gerechtfertigten Preisen respektive Effektivverzinsungen der Kuponanleihen. Die direkte Ableitung der Zinsstrukturkurve ist latent fehleranfällig. Demgegenüber erfolgt bei indirekter Ermittlung die Bestimmung der Zinsstrukturkurve anhand der Regressionsparameter, welche von dritter Seite, etwa der Deutschen Bundesbank oder der EZB, bereitgestellt werden. Die Deutsche Bundesbank und die EZB schätzen ihrerseits die Regressionsparameter voneinander unabhängig auf Tages- und auf Monatsbasis. Die von der Deutschen Bundesbank respektive der EZB veröffentlichten Daten führen zu leicht voneinander ab-

425

weichenden Ergebnissen. Im Allgemeinen stellt die Deutsche Bundesbank vergleichsweise restriktivere Anforderungen an die Liquidität der in das Portfolio einzubeziehenden Wertpapiere und an die Bonität ihrer Emittenten. Dies ist der Grund, warum die Zinsstrukturkurve der Deutschen Bundesbank bisweilen unter der Zinsstrukturkurve der EZB verläuft. Im Übrigen bedienen sich beide Institute einer unterschiedlichen Berechnungsweise. Aufgrund eines geringfügig modifizierten Modells ermittelt die Deutsche Bundesbank diskrete Kassazinssätze.

Die Anschlussverzinsung ist nach den Verhältnissen am Bewertungsstichtag zu bestimmen. Niveaubrüche zum explizit geschätzten Kassazinssatz mit der längsten Restlaufzeit sind zu vermeiden. Langfristig nimmt die Zinsstrukturkurve einen normalen Verlauf an. Das sukzessive Abflachen der Zinsstrukturkurve hat sich in der Anschlussverzinsung widerzuspiegeln. Eine aus Expertenprognosen abgeleitete Anschlussverzinsung ist ebenso abzulehnen wie der Ansatz historischer Durchschnittszinsen. Das subjektive Element von Expertenprognosen steht dem objektivierten Unternehmenswert entgegen. Der Ansatz historischer Durchschnittszinsen lässt sich mit dem eng ausgelegten Stichtagsprinzip nicht vereinbaren. Der gerade zu vermeidende Bruch mit dem Niveau des explizit geschätzten Kassazinssatzes mit der längsten verfügbaren Restlaufzeit ist hier die Regel. Der Regressionsansatz zur Bestimmung der Anschlussverzinsung ist in formaler Hinsicht fragwürdig: Zum einen handelt es sich um eine Regression auf eine Regression. Zum anderen lässt sich der Regressionsansatz als *Ornstein / Uhlenbeck*-Prozess auffassen, welcher jedoch mit einem statischen Zinsstrukturmodell wie dem Verfahren von *Nelson / Siegel / Svensson* nicht zu vereinbaren ist. Weitere Vorschläge gehen dahin, für die Anschlussverzinsung den explizit geschätzten Kassazinssatz mit der längsten verfügbaren Restlaufzeit, den sehr langfristigen Kassazinssatz $\beta_0$ oder das einfache Mittel aus diesen beiden Werten anzusetzen. Der Ansatz des explizit geschätzten Kassazinssatzes mit der längsten verfügbaren Restlaufzeit verkennt den streng monoton steigenden Verlauf der Zinsstrukturkurve für Restlaufzeiten jenseits des explizit geschätzten Kassazinssatzes mit der längsten verfügbaren Restlaufzeit. Das Vorgehen unterstellt ein abruptes Abflachen der Zinsstrukturkurve. Spiegelbildlich kommt es bei $\beta_0$ zu einer systematischen Überschätzung des tatsächlichen Verlaufs der Zinsstrukturkurve. Mit dem einfachen Mittel aus dem explizit geschätzten Kassazinssatz mit der längsten verfügbaren Restlaufzeit und $\beta_0$ ist die realitätsfremde Annahme verbunden, dass die Zinsstrukturkurve mit Erreichen des explizit geschätzten Kassazinssatzes mit der längsten verfügbaren Restlaufzeit linear verläuft.

Die theoretisch richtige Anschlussverzinsung konvergiert gegen $\beta_0$. Hintergrund ist die Überlegung, dass das *Nelson / Siegel / Svensson*-Modell in der

Lage ist, mithilfe einer Regression über die Datensätze der empirischen Renditestrukturkurve Aussagen über die impliziten Terminzinssätze zu treffen. Insbesondere ist der Zusammenhang zwischen Restlaufzeiten und Kassazinssätzen nach *Nelson / Siegel* am langen Ende der Zinsstrukturkurve extrapolierbar. Bei der theoretisch richtigen Anschlussverzinsung handelt es sich um denjenigen Kassazinssatz, welcher geeignet ist, die unendliche Menge der Kassazinssätze der Phase der Anschlussverzinsung zutreffend zu repräsentieren. Hierfür kommt zum einen der mittlere Kassazinssatz der Phase der Anschlussverzinsung in Betracht, zum anderen derjenige Kassazinssatz, dessen zugehörige Nullkuponanleihe eine Duration in Höhe der durchschnittlichen Duration der Nullkuponanleihen der unendlichen Menge der Kassazinssätze der Phase der Anschlussverzinsung aufweist. Bei beiden Ansätzen lässt sich zeigen, dass die Anschlussverzinsung gegen $\beta_0$ konvergiert. Allerdings ist die Argumentation, welche auf der durchschnittlichen Duration der Nullkuponanleihen der unendlichen Menge der Kassazinssätze aufsetzt, instabil, zumal es hier rein rechnerisch ebenfalls nur zu einer Mittelung der beiden Randwerte kommt. Dies unterstellt, dass die Zinsstrukturkurve im Bereich der Anschlussverzinsung punktsymmetrisch um den gesuchten repräsentativen Kassazinssatz verläuft, was jedoch den tatsächlichen Gegebenheiten widerspricht. Im Übrigen ist fraglich, inwieweit die Bestimmung der mittleren Restlaufzeit bei einem gegen positiv Unendlich konvergierenden Grenzwert grundsätzlich Anspruch auf methodische Richtigkeit erheben kann. Die Argumentation über die durchschnittliche Restlaufzeit der Phase der Anschlussverzinsung hingegen erweist sich als einwandfrei.

Die Auffassung des *IDW* zum Basiszinssatz hat in der Vergangenheit einen deutlichen Wandel durchlebt. Ausgehend von der historischen Durchschnittsverzinsung festverzinslicher öffentlicher Anleihen mit einer möglichst langen Restlaufzeit über deren Effektivverzinsung und eine bloße Option für die Orientierung an den Informationen der Zinsstrukturkurve empfiehlt das *IDW* mittlerweile fix die Orientierung an der Zinsstrukturkurve. Hinsichtlich der Anschlussverzinsung ist hierbei auf den explizit geschätzten Kassazinssatz mit der längsten verfügbaren Restlaufzeit von momentan 30 Jahren abzustellen. Dass die Zinsstrukturkurve mithilfe des Verfahrens von *Nelson / Siegel / Svensson* zu bestimmen ist, ergibt sich indirekt aus dem Verweis auf die von der Deutschen Bundesbank respektive der EZB veröffentlichten Zinsstrukturdaten. Offensichtlich verschließt sich das *IDW* auch dritten Zinsstrukturmodellen zumindest nicht grundsätzlich. Im Übrigen spricht sich das *IDW* für Modifikationen im Hinblick auf die Datenbasis sowie die Ermittlung selbst aus. Im Sinne der Glättung von kurzfristigen Marktschwankungen sowie zum Ausgleich von möglichen Schätzfehlern erachtet es das *IDW* für zweckmäßig, bei der Ermittlung der Kassazinssätze

## Kapitel 8: Zusammenfassung der Ergebnisse

nicht allein die Kapitalmarktverhältnisse am Bewertungsstichtag, sondern darüber hinaus den vor dem Bewertungsstichtag liegenden Zeitraum von drei Monaten zu berücksichtigen. Im Übrigen spricht sich das *IDW* für die Verdichtung der periodenspezifisch bestimmten Kassazinssätze zu einem einheitlichen Basiszinssatz aus. Die Modifikation der Datenbasis kreiert einen synthetischen Bewertungsstichtag und widerspricht dem eng ausgelegten Stichtagsprinzip.

Das Vorgehen ist aufgrund der Non-Linearität der Exponentialterme formal nicht zulässig. Dem Dreimonatskriterium selbst ist mit Argwohn zu begegnen. Die vom *IDW* augenscheinlich intendierte Anknüpfung an die aktienrechtlichen Regelungen der Barabfindung beim Ausschluss von Minderheitsgesellschaftern ist angesichts kaum vergleichbarer Sachverhalte nicht opportun. Durch die Mittelung kommt es zur Entobjektivierung von Marktdaten, deren Vorzug gerade in ihrer Objektivität liegt. Ähnliches gilt für die vom *IDW* empfohlene Rundung. Diese steht der Genauigkeit der Ergebnisse entgegen. Bei Verwendung eines einheitlichen Basiszinssatzes werden die Zahlungsströme des Bewertungsobjekts, einen normalen Verlauf der Zinsstrukturkurve unterstellt, unter Verletzung des Laufzeitäquivalenzprinzips am Beginn des Investitionszeitraums zu stark und die Zahlungsströme am Ende des Investitionszeitraums zu schwach kapitalisiert. Das Argument der Komplexitätsreduktion vermag nicht zu überzeugen. Die pauschale Wachstumsannahme des *IDW* lässt eine wissenschaftliche Begründung vermissen.

Die Frage nach der Verdichtung der periodenspezifischen Kassazinssätze stellt sich in erster Linie für den Basiszinssatz in der Funktion als isolierter Kapitalkostenbestandteil. Im Hinblick auf die Funktion des Basiszinssatzes in der Funktion als Referenz für die Marktrendite läuft die Frage praktisch ins Leere. Bei einem Unternehmen von präsumtiv unendlichem Fortbestand ist der durchschnittlichen Marktrendite laufzeitäquivalent der sehr langfristige Kassazinssatz $\beta_0$ gegenüberzustellen. Ansätze der Bewertungspraxis zur Ableitung des Basiszinssatzes in der Funktion als Referenz für die Marktrendite bestehen zum einen in der Effektivverzinsung langlaufender Kuponanleihen, zum anderen in der Zeitreihe von Rentenindizes. Jedoch erweisen sich diese als nicht zielführend.

Rentenindizes zeichnen sich durch die Besonderheit aus, dass angesichts der endlichen Laufzeit von Rentenpapieren laufende Portfolioanpassungen erforderlich werden. Andernfalls kommt es zu einer sukzessiven Verkürzung der durchschnittlichen Restlaufzeit und damit einhergehend zu einer Verkürzung der Duration des Indexportfolios und des Zinsänderungsrisikos, welchem dieses unterliegt. Ein alternativer Ansatz setzt bei synthetischen Anleihen an. Der REXP® zeigt die langfristige Wertentwicklung eines hypothetischen, in seiner Höhe statischen Rentenportfolios und beruht auf dem

Notional Bond-Konzept. Beim Notional Bond-Konzept bleiben sowohl Kupon als auch Restlaufzeit der einzelnen in das Indexportfolio einbezogenen Anleihen stets konstant. Somit lässt sich der REXP® selbst als Kurs einer fiktiven festverzinslichen Anleihe mit einem fixen Kupon und einer fixen endlichen Restlaufzeit auffassen. Die Zugrundelegung der Zeitreihe des REXP® für Zwecke der Rendite der risikolosen Anlage widerspricht als vergangenheitsorientierter Ansatz dem eng ausgelegten Stichtagsprinzip. Daneben kommt es zu einer systematischen Unterschätzung der Reagibilität des Kurses einer idealtypisch laufzeitäquivalenten festverzinslichen Anleihe im Hinblick auf Veränderungen des allgemeinen Zinsniveaus am Kapitalmarkt. Eine weitere Schwäche liegt in der nur mittleren durchschnittlichen Restlaufzeit des Indexportfolios.

Im Zuge der seit 2008 schwelenden globalen Finanz- und Staatsschuldenkrise kam es bedingt durch das beherzte Eingreifen der westlichen Notenbanken zu einem Verfall der Renditen deutscher Bundesanleihen. Anpassungen auf das vermeintliche Nachkrisenniveau sind abzulehnen. Dies deckt sich mit der vorläufigen Meinung des *IDW*.

Nach allgemeiner Übereinstimmung der Bewertungstheorie sind Ertragsteuern in den Barwertkalkül einzubeziehen. Vor- und Nachsteuerrechnung liefern nur zufällig denselben Barwert. Bei der Einbeziehung von Ertragsteuern in das Bewertungskalkül kommt es nicht zwangsläufig zu einer Reduzierung des Barwerts respektive der Marktrisikoprämie. Maßgeblich für die Entwicklung der Marktrisikoprämie sind die Annahmen hinsichtlich der Eigenschaften der Alternativanlage und die in die Betrachtung einbezogenen steuerlichen Sphären. So ist in der Literatur und Bewertungspraxis umstritten, ob ausschließlich die Ertragsteuern auf Ebene der Gesellschaft (before-tax theory) oder auch jene auf Ebene der Gesellschafter (after-tax theory) in das Bewertungskalkül einzubeziehen sind. International herrscht im Zusammenhang mit der Bestimmung objektivierter Unternehmenswerte die before-tax theory vor. Die Diskussion über die after-tax theory beschränkt sich in erster Linie auf den deutschen Sprachraum.

Die Auffassung des *IDW* hinsichtlich der Einbeziehung ertragsteuerlicher Aspekte in das Bewertungskalkül hat sich in der Vergangenheit merklich gewandelt. Die Gründe hierfür liegen in den grundlegenden Veränderungen des deutschen Unternehmenssteuerrechts in der jüngeren Vergangenheit sowie in einigen Neuerungen bewertungssystematischer Natur. Bis 1997 spricht sich das *IDW* gegen die Einbeziehung der einkommensteuerlichen Sphäre der Anteilseigner bei der Bestimmung objektivierter Unternehmenswerte aus. Intensiv setzt sich das *IDW* mit der Thematik erstmals im Zuge der Verabschiedung von IDW S 1 i. d. F. 2000 auseinander. Hier wird der aus dem Bewertungsobjekt abzuleitenden Kapitalisierungsgröße eine

Rendite der Alternativanlage gegenübergestellt, welche aus Rentenpapieren abgeleitet ist. Ausgangspunkt ist die Rendite der risikolosen Anlage. Zur Herstellung der Risikoäquivalenz wird diese um einen Risikozuschlag erhöht. Zur Ableitung des Risikozuschlags greift die Bewertungspraxis auf das CAPM zurück. Eingedenk der Theorie der Risikozuschlagsmethode ändert dies jedoch nichts an dem Anleihecharakter der Alternativanlage, was sich im Hinblick auf die Laufzeit- und die Steueräquivalenz als problematisch erweist. Für die Besteuerung der mit dem Bewertungsobjekt respektive mit der Alternativanlage verbundenen Zahlungsströme hat dies zur Konsequenz, dass diese einer unterschiedlichen steuerlichen Behandlung unterliegen. Das Halbeinkünfteverfahren unterwirft Erträge aus Beteiligungskapital einer niedrigeren Besteuerung als Erträge aus Schuldtiteln, sodass es cet. par. zu einer Erhöhung des Unternehmenswerts nach gegenüber dem Unternehmenswert vor Berücksichtigung persönlicher Einkommensteuern kommt. Im Zuge der Novellierung von IDW S 1 i. d. F. 2005 empfiehlt das *IDW* die Bestimmung der Rendite der Alternativanlage anhand des CAPM, wobei die Sphäre der persönlichen Einkommensteuern ausdrücklich in die Betrachtung einzubeziehen ist. Die Einbeziehung persönlicher Einkommensteuern macht die Anwendung eines um persönliche Einkommensteuern erweiterten CAPM erforderlich, welches der unterschiedlichen Besteuerung von Zinsen, Dividenden und Veräußerungsgewinnen Rechnung trägt. Im Ergebnis setzt sich der Kapitalisierungszinssatz in IDW S 1 i. d. F. 2005 aus dem um die typisierte Einkommensteuer geminderten Basiszinssatz und der mithilfe des Nachsteuer-CAPM ermittelten Risikoprämie zusammen. Die Umstellung des Halb- respektive des Teileinkünfteverfahrens auf das System der Abgeltungssteuer macht eine neuerliche Anpassung der Rendite der Alternativanlage im Rahmen von IDW S 1 i. d. F. 2008 erforderlich. Allerdings trifft das *IDW* hier im Vergleich zu IDW S 1 i. d. F. 2005 keine grundsätzlich neuen Vorgaben hinsichtlich der Berücksichtigung von Ertragsteuern bei der Ermittlung der Rendite der Alternativanlage. Im Hinblick auf die Rendite der Alternativanlage macht der Wegfall der privilegierten Behandlung von Gewinnen aus privaten Wertpapiergeschäften Annahmen hinsichtlich des effektiven Steuersatzes auf Kursgewinne von im Privatvermögen gehaltenen Wertpapieren erforderlich.

Wenngleich die grundsätzliche Bewertungsrelevanz ertragsabhängiger Steuern außer Frage steht, ist zu bezweifeln, ob die Art und Weise, wie das *IDW* diese berücksichtigt wissen möchte, praktikabel und richtig ist. Steueräquivalenz meint eine vergleichbare Besteuerung der Zahlungsströme von Bewertungsobjekt und Alternativanlage. Der Grundsatz der Steueräquivalenz ist so auszulegen, dass die Zahlungsströme des Bewertungsobjekts und der Alternativanlage in ihrer Gesamtheit gleich belastet werden. Eine reine Grenzsteuerbetrachtung greift deutlich zu kurz. Eine methodisch korrekte

## Kapitel 8: Zusammenfassung der Ergebnisse

Nachsteuerbetrachtung erfordert vielmehr die Berücksichtigung des genauen Verlaufs des Steuertarifs sowie möglicher Unterschiede hinsichtlich der steuerlichen Behandlung der Zahlungsströme von Bewertungsobjekt und Alternativanlage. Dies bedingt die Erstellung expliziter Steuerrechnungen. Praktisch erweist sich dies jedoch als kaum durchführbar, zumal die hierzu erforderlichen Daten regelmäßig nicht zur Verfügung stehen. Die Einbeziehung einkommensteuerlicher Aspekte in die Unternehmensbewertung nach den Vorstellungen des *IDW* geschieht zum Preis einer Verletzung der Steueräquivalenz von Bewertungsobjekt und Alternativanlage. Bei der Äquivalenz von Bewertungsobjekt und Alternativanlage handelt es sich um ein qualitatives Kriterium. Infolge der Störung der Steueräquivalenz ist die Äquivalenz von Bewertungsobjekt und Alternativanlage per se gestört. Das Auseinanderfallen von Vor- und Nachsteuerunternehmenswert ist auf die abweichende Besteuerung der Zahlungsströme von Bewertungsobjekt und Alternativanlage zurückzuführen. Somit handelt es sich hierbei um kein Kriterium der operativen Ertragskraft des Bewertungsobjekts, welche allein bewertungsrelevant ist. Vielmehr kommen hierin die fehlende Rechtsformneutralität sowie die unterschiedliche steuerliche Behandlung der verschiedenen Einkunftsarten zum Ausdruck. Im Auseinanderfallen von Vor- und Nachsteuerunternehmenswert manifestiert sich der Vergleich von bewertungskonzeptionell nicht Vergleichbarem.

Die Ergebnisse der wissenschaftlichen Studie zur Risikoprämie von Aktien im Rahmen der Schätzung des Werts von börsennotierten Kapitalgesellschaften von *Stehle* (2004) bilden die Grundlage für die Empfehlungen des *IDW* hinsichtlich der Höhe der Marktrisikoprämie. Bis dahin orientiert sich das *IDW* an den Forschungsergebnissen von *Copeland / Koller / Murrin* (1994). *Stehle* (2004) stellt für die Bestimmung der Marktrisikoprämie im Referenzzeitraum von 1955 bis 2003 die Entwicklung des CDAX® respektive des DAX® 30 der Entwicklung des Renten-Performance-Indexes REXP® gegenüber. Die Änderungen der Empfehlungen des *IDW* bezüglich der Höhe der Marktrisikoprämie stehen in engem Zusammenhang mit der Fortentwicklung der Grundsätze zur Durchführung von Unternehmensbewertungen in Gestalt der Novellen des Bewertungsstandards in den Jahren 2000, 2005 und 2008 sowie weiterer Verlautbarungen.

Für Bewertungsstichtage vor dem 1. Januar 2001 empfiehlt das *IDW* eine Marktrisikoprämie zwischen 5,00 % bis 6,00 % und für Bewertungsstichtage zwischen dem 31. Dezember 2000 und dem 1. Januar 2009 zwischen 4,00 % bis 5,00 % vor bzw. zwischen 5,00 % bis 6,00 % nach persönlichen Steuern. Für Bewertungsstichtage nach dem 31. Dezember 2008 empfiehlt das *IDW* eine Bandbreite von 4,50 % bis 5,50 % vor respektive 4,00 % bis 5,00 % nach persönlichen Steuern. Diese Angaben beziehen sich auf ein stabiles Marktumfeld. Im Rahmen seiner wissenschaftlichen Studie unterstellt *Stehle* (2004) stochastische Unabhängigkeit der Jahresrenditen, weshalb er sich an dieser Stelle für das arithmetische Mittelungsverfahrens ausspricht. Zudem tritt er für einen Abschlag von 1,00 % bis 1,50 % auf den arithmetisch bestimmten Schätzwert der historischen Marktrisikoprämie ein. Das *IDW* hält seinerseits einen pauschalen Abschlag von ein bis zwei Prozentpunkten auf das empirisch ermittelte arithmetische Mittel der Marktrisikoprämie für sachgerecht. Allerdings begründet man dort den Abschlag anders.

Mittlerweile anerkennt die Rechtsprechung die Verwendung des CAPM respektive des Nachsteuer-CAPM zur Bestimmung des Risikozuschlags. Das gleichwohl nach wie vor bestehende Misstrauen gegenüber dem CAPM zeigt sich anhand der offenkundigen Orientierungslosigkeit, welche die Rechtsprechung im Hinblick auf die Höhe der Marktrisikoprämie an den Tag legt. Einigkeit besteht nur hinsichtlich der arithmetischen Berechnungsweise. Im Übrigen teilt die Rechtsprechung die Auffassung des *IDW*, dass die Marktrisikoprämie mangels hinreichend valider Ergebnisse der barwertbasierten Modelle vergangenheitsorientiert abzuleiten ist. Konfusion herrscht insbesondere auch im Hinblick auf die Wahl des Referenzzeitraums. Die Frage nach dem adäquaten Mittelungsverfahren wird uneinheitlich beantwortet. Stark vereinfachende Lösungen in Form einer einfachen Mittelung des arithmetischen und des geometrischen Mittels gewinnen tendenziell an Bedeutung. Keineswegs jedoch geschieht dies zum Ausgleich allfälliger Schätzfehler bei isolierter arithmetischer respektive geometrischer Mittelung der Marktrisikoprämie, vielmehr aus offenkundiger Unschlüssigkeit. Hinsichtlich der Wahl des Marktportfolios und der Rendite der risikolosen Anlage sowie hinsichtlich der Höhe der Marktrisikoprämie bedient sich die Rechtsprechung der Erkenntnisse der Wirtschaftswissenschaften. Fallweise stützt sich die Gerichtsbarkeit auch auf § 278 Abs. 2 ZPO und schätzt die Marktrisikoprämie eigenständig. Insgesamt lässt die Rechtsprechung im Hinblick auf die Marktrisikoprämie keinen einheitlichen Leitsatz erkennen.

Der in Wissenschaft und Praxis erhobenen Forderung, auf die historische Marktrisikoprämie pauschale Ab- respektive Zuschläge vorzunehmen, ist eine Absage zu erteilen. Die Motivation für den pauschalen Zu- oder Abschlag ist hierbei ohne Belang. *Stehle* (2004) stellt die Forderung nach einem Abschlag in den Kontext der Länge und der Lage des Referenzzeitraums und begründet diesen mit einem in Zukunft zu erwartenden niedrigeren Risiko von Aktienkursschwankungen und mit verbesserten Diversifikationsmöglichkeiten. Damit dient der von *Stehle* (2004) geforderte Abschlag der Anpassung der Marktrendite. Indes erweisen sich die angeführten Argumente als nicht belastbar respektive auf den Kontext der Unternehmensbewertung nicht übertragbar. Insbesondere widerspricht ein Abschlag auf das Mittel der historischen Marktrendite der Hypothese rationaler Erwartungen. Das Eintreten *Stehles* (2004) für einen Abschlag auf das arithmetische Mittel der historischen Aktienrenditen lässt sich als Eingeständnis deuten, dass der von ihm untersuchte Referenzzeitraum von 1955 bis 2003 zu kurz gewählt ist.

Das *IDW* begründet den Abschlag abweichend von *Stehle* (2004) mit weiteren qualitativen, aber auch mit weiteren quantitativen Aspekten. Zu den quantitativen Gründen zählt insbesondere die nicht abschließend geklärte Frage nach dem richtigerweise anzuwendenden Mittelungsverfahren. Vorliegende Untersuchung kann die Ausschließlichkeit des geometrischen Mittelungsverfahrens beweisen. Das geometrische Mittelungsverfahren wird vom *IDW* nicht in Betracht bezogen, obwohl *Stehle* noch Ende 2002 in der Funktion als neutraler Gutachter im Squeeze Out-Verfahren *Blackstone / Celanese* zum wiederholtem Male die Verwendung des geometrischen Mittelwerts nahelegt.

Mit der Empfehlung eines pauschalen Zuschlags auf die historische Marktrisikoprämie reagiert das *IDW* auf die Veränderungen des Kapitalmarktumfelds im Zuge der globalen Finanz- und Staatsschuldenkrise. Das historisch niedrige Renditeniveau deutscher Staatsanleihen quittiert der FAUB Anfang 2012 mit der Empfehlung an den Bewertungspraktiker, sich am oberen Rand der 2009 bestätigten Bandbreite für die Marktrisikoprämie von 4,50 % bis 5,50 % vor respektive von 4,00 % bis 5,00 % nach persönlichen Steuern zu orientieren. Im Herbst 2012 vertritt der FAUB erstmals die Meinung, dass sich im Zuge der globalen Finanz- und Staatsschuldenkrise die Bandbreiten für die Marktrisikoprämie selbst verschoben haben. Diese sieht der FAUB nunmehr bei 5,50 % bis 7,00 % vor respektive 5,00 % bis 6,00 % nach persönlichen Steuern. Das Mittel liegt korrespondierend bei 6,25 % vor respektive 5,50 % nach persönlichen Steuern. Dies entspricht einem Zuschlag auf das Mittel der genannten Bandbreite in Höhe von 1,25 Prozentpunkte im Vorsteuer- respektive in Höhe von 1,00 Prozentpunkten im Nachsteuerfall. Der FAUB stützt seine Empfehlung auf einen Literaturbeitrag von *Zeidler / Tschöpel / Bertram* respektive versuchen *Wagner / Makkenstedt / Schieszl u. a.*, den Zuschlag nachträglich zu bestätigen. Sowohl der Beitrag von *Zeidler / Tschöpel / Bertram* als auch der Beitrag von *Wagner / Mackenstedt / Schieszl u. a.* erweisen sich als in sich widersprüchlich. Im Hinblick auf den Beitrag von *Zeidler / Tschöpel / Bertram* ist zudem davon auszugehen, dass der FAUB einem Denkfehler erliegt und den Zuschlag nicht auf die Rendite der risikolosen Anlage in der Funktion als isolierter Kapitalkostenbestandteil, sondern auf die Marktrisikoprämie bezieht.

## Kapitel 8: Zusammenfassung der Ergebnisse

Der Bewertungspraxis wird im Hinblick auf die Ermittlung der Marktrisikoprämie ein Paradigmenwechsel empfohlen. Dieser besteht darin, dass im Sinne der bestmöglichen Operationalisierung des eng ausgelegten Stichtagsprinzips sowie im Sinne der konsistenten Verwendung der Rendite der risikolosen Anlage bei Bewertung eines Unternehmens von unendlichem Fortbestand der geometrisch gemittelten Marktrendite eines möglichst langen Referenzzeitraums eines möglichst breit diversifizierten Aktienindexes laufzeitäquivalent der sehr langfristige Kassazinssatz $\beta_0$ gegenüberzustellen ist, welcher nach den Verhältnissen am Bewertungsstichtag zu ermitteln ist. Die Risikoprämie hat sich im Zuge der globalen Finanz- und Staatsschuldenkrise erhöht. Die geometrisch gemittelte Marktrendite zeigt sich weitgehend stabil. Die Erhöhung der Risikoprämie ist damit auf ein krisenbedingtes Absinken der Rendite der risikolosen Anlage zurückzuführen.

Vorliegende Untersuchung konnte eine Vielzahl der offenen konzeptionellen Fragen im Zusammenhang mit der Marktrisikoprämie im Rahmen der objektivierten Unternehmensbewertung klären. Es wird die Aufgabe zukünftiger empirischer Forschungsarbeiten sein, eine hinreichend lange Zeitreihe eines globalen Aktienindexes zu bestimmen und diese unter Zugrundelegung der hier gefundenen Ergebnisse auszuwerten. Zumindest bis dahin sei an die Bewertungspraxis die Empfehlung ausgesprochen, sich auf die Grundsätze ordnungsmäßiger Unternehmensbewertung zurückzubesinnen und an die Stelle der allgemeinen Einwertigkeit der verwendeten Marktrenditen das Rechnen mit einer Bandbreite treten zu lasssen. Wenngleich die Wahrheit nicht greifbar ist, so lässt sie sich auf diese Weise zumindest orten. Der Wissenschaft sei schließlich zu bedenken gegeben, ob die letztlich nie vollständig auszuräumenden Unwägbarkeiten hinsichtlich der Marktrisikoprämie nicht zum Anlass genommen werden sollten, die Überlegenheit der Risikozuschlags- gegenüber der Sicherheitsäquivalentmethode grundsätzlich zu überprüfen.

*--- Operis Finis ---*

## Literaturverzeichnis

**Abel, A. B.**, Risk Premia and Term Premia in General Equilibrium, in: JME 1999, S. 3 – 33

**Abramowitz, M. / Stegun, I. A. (Hrsg.)** (Handbook of Mathematical Functions, 1972), Handbook of Mathematical Functions: With Formulas, Graphs, and Mathematical Tables, New York 1972

**Aders, C.**, Auswirkung der Unternehmenssteuerreform auf die Ertragswertmethode und objektivierten Unternehmenswerte, in: BP 2007, Nr. 4, S. 2 – 7

**Aders, C. / Galli, A. / Wiedemann, F.**, Unternehmenswerte auf Basis der Multiplikatormethode?, in: FB 2000, S. 197 – 204

**Afonso, A. / Martins, M. M.** (Sovereign Yield Curve, 2010), Level, Slope, and Curvature of the Sovereign Yield Curve, and Fiscal Behavior, Working Paper No. 1276, European Central Bank, o. O. 2010

**Aha, C.**, Aktuelle Aspekte der Unternehmensbewertung im Spruchstellenverfahren – Zugleich Anmerkungen zu der Paulaner-Entscheidung des BayObLG, in: AG 1997, S. 26 – 36

**Ahearne, A. G. / Griever, W. L. / Warnock, F. E.**, Information Costs and Home Bias: An Analysis of US Holdings of Foreign Equities, in: JIE 2004, S. 313 – 336

**Albrecht, P. / Kantar, C. / Xiao, Y.**, Mean Reversion Effekte beim Deutschen Aktienindex – Existenz und Konsequenzen, in: DBa 2005, Nr. 4, S. 14 – 16

**Albrecht, P. / Maurer, R.** (Risikomanagement, 2008), Investment- und Risikomanagement: Modelle, Methoden, Anwendungen, 3. Auflage, Stuttgart 2008

**Albrecht, T.** (Zinsprognose, 2000), Zur Eignung professioneller Zinsprognosen als Entscheidungsgrundlage: Ein Vergleich der Zinsprognosen deutscher Banken mit der Zinserwartung „des Marktes", So*fi*a-Diskussionsbeiträge zur Institutionenanalyse Nr. 7 / 2000, Fachbereich Gesellschaftswissenschaften und Soziale Arbeit, Sonderforschungsgruppe Institutionenanalyse (So*fi*a), Hochschule Darmstadt, Darmstadt 2000

**Anderson, N. / Breedon, F. / Deacon, M. u. a.** (Yield Curve, 1996), Estimating and Interpreting the Yield Curve, Chichester / New York / Brisbane u. a. 1996

**Anderson, O.** (Probleme der statistischen Methodenlehre, 1962), Probleme der statistischen Methodenlehre in den Sozialwissenschaften, 4. Auflage, Würzburg 1962

**Angele, J.**, Zur Einstellung der Statistik der Aktienmärkte, in: WiSta 1996, S. 25 – 30

**Annaert, J. / Claes, A. G. / De Ceuster, M. J. u. a.**, Estimating the Spot Rate Curve Using the Nelson-Siegel Model – A Ridge Regression Approach, in: IREF 2013, S. 482 – 496

**Arbeitskreis Finanzierung der Schmalenbach-Gesellschaft Deutsche Gesellschaft für Betriebswirtschaftslehre e. V. (Hrsg.)**, Wertorientierte Unternehmenssteuerung mit differenzierten Kapitalkosten, in: ZfbF 1996, S. 543 – 578

**Artmann, S. / Finter, P. / Kempf, A. u. a.**, The Cross-Section of German Stock Returns: New Data and New Evidence, in: SBR 2012, S. 20 – 43

**Assenmacher, W.** (Konjunkturtheorie, 1998), Konjunkturtheorie, 8. Auflage, München / Wien 1998

**Assmann, H.-D. / Schneider, U. H.** (Wertpapierhandelsgesetz, 2012), Wertpapierhandelsgesetz: Kommentar, 6. Auflage, Köln 2012

**Auer, L. v.** (Ökonometrie, 2013), Ökonometrie: Eine Einführung, 6. Auflage, Berlin / Heidelberg 2013

**Bacon, C. R.** (Portfolio Performance Measurement, 2008), Practical Portfolio Performance Measurement and Attribution: Plus CD-ROM, 2. Auflage, New York 2008

**Bachelier, L.** (Spéculation, 1900), Théorie de la Spéculation, Paris 1900

**Baetge, J. / Krause, C.**, Die Berücksichtigung des Risikos bei der Unternehmensbewertung – Eine empirisch gestützte Betrachtung des Kalkulationszinses, in: BFuP 1994, S. 433 – 456

**Baetge, J. / Niemeyer, K. / Kümmel, J. u. a.** (DCF-Verfahren, 2015), Darstellung der Discounted Cashflow-Verfahren (DCF-Verfahren) mit Beispiel, in: Peemöller, V. H. (Hrsg.), Praxishandbuch der Unternehmensbewertung: Grundlagen und Methoden; Bewertungsverfahren; Besonderheiten bei der Bewertung, 6. Auflage, Herne 2015, S. 353 – 508

**Ballwieser, W.**, Die Wahl des Kalkulationszinsfußes bei der Unternehmensbewertung unter Berücksichtigung von Risiko und Geldentwertung, in: BFuP 1981, S. 97 – 114

**Ballwieser, W.** (Geldentwertung, 1986), Unternehmensbewertung bei unsicherer Geldentwertung, Diskussionspapier Nr. 87, Fachbereich Wirtschaftswissenschaften, Universität Hannover, Hannover 1986

**Ballwieser, W.** (Multiplikatoren, 1991), Unternehmensbewertung mit Hilfe von Multiplikatoren, in: Rückle, D. (Hrsg.), Aktuelle Fragen der Finanzwirtschaft und Unternehmensbewertung: Festschrift für Erich Loitlsberger zum 70. Geburtstag, Wien 1991, S. 47 – 66

**Ballwieser, W.** (Komplexitätsreduktion, 1993), Unternehmensbewertung und Komplexitätsreduktion, 3. Auflage, Wiesbaden 1993

**Ballwieser, W.** (Methoden, 1993), Methoden der Unternehmensbewertung, in: Gebhardt, G. / Gerke, W. / Steiner, M. (Hrsg.), Handbuch des Finanzmanagements: Instrumente und Märkte der Unternehmensfinanzierung, München 1993, S. 151 – 176

**Ballwieser, W.** (Unternehmensbewertung und Steuern, 1995), Unternehmensbewertung und Steuern, in: Elschen, R. / Siegel, T. / Wagner, F. W. (Hrsg.), Unternehmenstheorie und Besteuerung: Festschrift zum 60. Geburtstag von Dieter Schneider, Wiesbaden 1995, S. 15 – 37

**Ballwieser, W.**, Aktuelle Aspekte der Unternehmensbewertung, in: WPg 1995, S. 119 – 129

**Ballwieser, W.**, Kalkulationszinsfuß und Steuern, in: DB 1997, S. 2393 – 2395

**Ballwieser, W.**, Der Kalkulationszinsfuß in der Unternehmensbewertung – Komponenten und Ermittlungsprobleme, in: WPg 2002, S. 736 – 743

**Ballwieser, W.** (Unternehmensbewertung, 2003), Zum risikolosen Zins für die Unternehmensbewertung, in: Richter, F. / Schüler, A. / Schwetzler, B. (Hrsg.), Kapitalgeberansprüche, Marktwertorientierung und Unternehmenswert: Festschrift für Prof. Dr. Dr. h. c. Jochen Drukarczyk zum 65. Geburtstag, München 2003, S. 19 – 35

**Ballwieser, W.** (Ermittlung impliziter Eigenkapitalkosten, 2005), Die Ermittlung impliziter Eigenkapitalkosten aus Gewinnschätzungen und Aktienkursen: Ansätze und Probleme, in: Schneider, D. / Rückle, D. / Küpper, H.-U. u. a. (Hrsg.), Kritisches zu Rechnungslegung und Unternehmensbesteuerung; Festschrift zur Vollendung des 65. Lebensjahres von Theodor Siegel, Berlin 2005, S. 321 – 337

**Ballwieser, W.**, Betriebswirtschaftliche (kapitalmarkttheoretische) Anforderungen an die Unternehmensbewertung, in: WPg 2008, Sonderheft, S. 102 – 108

Literaturverzeichnis

**Ballwieser, W. / Hachmeister, D.** (Unternehmensbewertung, 2013), Unternehmensbewertung: Prozess, Methoden und Probleme, 4. Auflage, Stuttgart 2013

**Ballwieser, W. / Coenenberg, A. G. / Schultze, W.** (Unternehmensbewertung, 2002), in: Ballwieser, W. / Coenenberg, A. G. / Wysocki, K. v. (Hrsg.), Handwörterbuch der Rechnungslegung und Prüfung, 3. Auflage, Stuttgart 2002, Sp. 2412 – 2432

**Ballwieser, W. / Kruschwitz, L. / Löffler, A.**, Einkommensteuer und Unternehmensbewertung – Probleme mit der Steuerreform 2008, in: WPg 2007, S. 765 – 769

**Ballwieser, W. / Leuthier, R.**, Grundprinzipien, Verfahren und Probleme der Unternehmensbewertung (Teil I), in: DStR 1986, S. 545 – 551

**Ballwieser, W. / Leuthier, R.**, Grundprinzipien, Verfahren und Probleme der Unternehmensbewertung (Teil II), in: DStR 1986, S. 604 – 610

**Balvers, R. / Wu, Y. / Gilliland, E.**, Mean Reversion across National Stock Markets and Parametric Contrarian Investment Strategies, in: JOF 2000, S. 745 – 772

**Bamberg, G. / Coenenberg, A. G. / Krapp, M.** (Entscheidungslehre, 2012), Betriebswirtschaftliche Entscheidungslehre, 15. Auflage, München 2012

**Bamberg, G. / Dorfleitner, G.**, Is Traditional Capital Market Theory Consistent with Fat-Tailed Log Returns, in: ZfB 2002, S. 865 – 878

**Bank for International Settlements (Hrsg.)** (Zero-Coupon Yield Curves, 2005), Zero-Coupon Yield Curves: Technical Documentation, BIS Paper No. 25, Monetary and Economic Department, o. O. 2005

**Banz, R. W.**, The Relationship between Return and Market Value of Common Stocks, in: JFE 1981, S. 3 – 18

**Bardenhewer, M. M.** (Exotische Zinsswaps, 2000), Exotische Zinsswaps: Bewertung, Hedging und Analyse, Wiesbaden 2000

**Barlage, T.** (Risikoprämie, 1980), Die Risikoprämie am deutschen Aktienmarkt: Eine empirische Untersuchung, Berlin 1980

**Bartels, R.** (Unternehmenswertermittlung, 1961), Die Behandlung der Lastenausgleichsabgaben und der Ertragsteuern bei der Unternehmenswertermittlung, Köln 1961

**Barthel, C. W.**, Unternehmenswert: Die nutzenorientierten Bewertungsverfahren – Zur Fragwürdigkeit des sogenannten „Allgemeingültigkeitsanspruches des Ertragswertverfahrens", in: DStR 1995, S. 343 – 351

# Literaturverzeichnis

**Barthel, C. W.**, Unternehmenswert: Die vergleichsorientierten Bewertungsverfahren – Vergleichswert schlägt Ertragswert, in: DB 1996, S. 149 – 163

**Barthel, C. W.**, Unternehmenswert: Der systematische Fehler in der Nach-Steuer-Rechnung, in: DStR 2007, S. 83 – 86

**Bartke, G.**, Der Vermögenswert der Unternehmung – Probleme der Ermittlung des Vermögensreinertrages und des Kapitalisierungszinsfußes für die Ertragswertberechnung bei der Unternehmungbewertung (Erster Teil), in: BFuP 1960, S. 551 – 562

**Bassemir, M. / Gebhardt, G. / Leyh, S.**, Der Basiszinssatz in der Praxis der Unternehmensbewertung: Quantifizierung eines systematischen Bewertungsfehlers, in: ZfbF 2012, S. 655 – 678

**Bassemir, M. / Gebhardt, G. / Ruffing, P.**, Zur Diskussion um die (Nicht-)Berücksichtigung der Finanz- und Schuldenkrisen bei der Ermittlung der Kapitalkosten, in: WPg 2012, S. 882 – 892

**Beer, U.**, Eine Methode zur Schätzung der Zinsstruktur in der Schweiz, in: SZVS 1990, S. 39 – 50

**Behrends, O. H. / Diefenhardt, A. / Lomp, P. u. a.** (Rahmenvertrag, 2008), Der Deutsche Rahmenvertrag und das European Master Agreement, in: Zerey, J.-C. (Hrsg.), Außerbörsliche (OTC) Finanzderivate: Rechtshandbuch, Baden-Baden 2008, S. 61 – 115

**Belke, A. / Polleit, T.** (Monetary Economics, 2009), Monetary Economics in Global Financial Markets, Berlin / Heidelberg 2009

**Belongia, M. T.**, Predicting Interest Rates: A Comparison of Professional and Market-Based Forecasts, in: FRBSLR 1987, March, S. 9 – 15

**Benartzi, S. / Thaler, R. H.**, Myopic Loss Aversion and the Equity Premium Puzzle, in: QJE 1995, S. 73 – 92

**Benninga, S. Z. / Sarig, O. H.** (Corporate Finance, 1997), Corporate Finance: A Valuation Approach, New York / St. Louis / San Francisco 1997

**Berg, T. / Kaserer, C.** (CDS Spreads, 2008), Estimating Equity Premia from CDS Spreads, Working Paper, Department of Financial Management and Capital Markets, Technische Universität München, München 2008

**Berk, J. / DeMarzo, P.** (Corporate Finance, 2014), Corporate Finance, 3. Auflage, Boston / Columbus / Indianapolis 2014

**Bernoulli, D.**, Entwurf einer neuen Theorie zur Bewertung von Lotterien – »Specimen Theoriae Novae de Mensura Sortis,« Comentarii Academiae Scientiarum Imperialis Petropolitanae 1738, S. 175 – 192, aus dem Lateinischen übersetzt von Kruschwitz, L. / Kruschwitz, P., in: DBW 1996, S. 733 – 742

**Beyer, W. H. (Hrsg.)** (Handbook of Mathematical Sciences, 1978), CRC Handbook of Mathematical Sciences, 5. Auflage, West Palm Beach 1978

**Bhandari, L. C.**, Debt / Equity Ratio and Expected Common Stock Returns: Empirical Evidence, in: JOF 1988, S. 507 – 528

**Bieg, H. / Kußmaul, H.** (Finanzierung, 2009), Finanzierung, 2. Auflage, München 2009

**Bieg, H. / Kußmaul, H.** (Investition, 2009), Investition, 2. Auflage, München 2009

**Bimberg, L. H.** (Langfristige Renditeberechnung, 1991), Langfristige Renditeberechnung zur Ermittlung von Risikoprämien: Empirische Untersuchung der Renditen von Aktien, festverzinslichen Wertpapieren und Tagesgeld in der Bundesrepublik Deutschland für den Zeitraum von 1954 bis 1988, 1. Auflage, Frankfurt am Main / Bern / New York 1991

**Bittlingmayer, G.**, Output, Stock Volatility, and Political Uncertainty in a Natural Experiment: Germany, 1880 – 1940, in: JOF 1998, S. 2243 – 2257

**Black, F.**, Capital Market Equilibrium with Restricted Borrowing, in: JOB 1972, S. 444 – 455

**Black, F. / Scholes, M.**, The Effects of Dividend Yield and Dividend Policy on Common Stock Prices and Returns, in: JFE 1974, S. 1 – 22

**Blanchard, O. J.**, Movements in the Equity Premium, in: BPEA 1993, Nr. 2, S. 75 – 138

**Bleymüller, J.** (Aktienkursindizes, 1966), Theorie und Technik der Aktienkursindizes, Wiesbaden 1966

**Blohm, H. / Lüder, K. / Schaefer, C.** (Investition, 2012), Investition: Schwachstellenanalyse des Investitionsbereiches und Investitionsrechnung, 10. Auflage, München 2012

**Blume, M. E.**, On the Assessment of Risk, JOF 1971, S. 1 – 10

**Blume, M. E.**, Unbiased Estimators of Long-Run Expected Rates of Return, in: JASA 1974, S. 634 – 638

**Bodarwé, E.**, Die Ertragsteuern bei der Bewertung von Unternehmungen und Unternehmungsanteilen, in: WPg 1962, S. 281 – 287

**Bodarwé, E.**, Überlegungen zum Kapitalisierungszinsfuß bei der Berechnung des Ertragswerts von Unternehmungen, in: WPg 1963, S. 309 – 315

**Bodie, Z. / Kane, A. / Marcus, A. J.** (Investments, 2014), Investments, 10. Auflage, New York 2014

**Böcking, H.-J.** (Barabfindung, 2003), Zur Bedeutung des Börsenkurses für die angemessene Barabfindung, in: Richter, F. / Schüler, A. / Schwetzler, B. (Hrsg.), Kapitalgeberansprüche, Marktwertorientierung und Unternehmenswert: Festschrift für Prof. Dr. Dr. h. c. Jochen Drukarczyk zum 65. Geburtstag, München 2003, S. 59 – 91

**Böcking, H.-J. / Nowak, K.**, Der Beitrag der Discounted Cash Flow-Verfahren zur Lösung der Typisierungsproblematik bei Unternehmensbewertungen – Eine Warnung vor einer „naiven" Übertragung modelltheoretischer Erkenntnisse auf die Bewertungspraxis, in: DB 1998, S. 685 – 690

**Börner, D.** (Unternehmensbewertung, 1988), Unternehmensbewertung, in: Albers, W. / Born, K. E. / Dürr, E. u. a. (Hrsg.), Handwörterbuch der Wirtschaftswissenschaft, Band 8: Terminmärkte bis Wirtschaft der DDR, Stuttgart 1988, S. 111 – 123

**Bohley, P.** (Statistik, 2000), Statistik: Einführendes Lehrbuch für Wirtschafts- und Sozialwissenschaftler, 7. Auflage, München / Wien 2000

**Borchert, M.** (Geld und Kredit, 2003), Geld und Kredit: Einführung in die Geldtheorie und Geldpolitik, 8. Auflage, München / Wien 2003

**Bosch, K.** (Finanzmathematik, 2007), Finanzmathematik, 7. Auflage, München 2007

**Boudoukh, J. / Richardson, M. / Whitelaw, R. F.**, The Myth of Long-Horizon Predictability, in: RFS 2008, S. 1577 – 1605

**Brealey, R. / Myers, S.** (Principles of Corporate Finance, 1985), Instructor's Manual to Accompany Principles of Corporate Finance, 2. Auflage, New York / St. Louis / San Francisco 1985

**Brealey, R. A. / Myers, S. C. / Allen, F.** (Principles of Corporate Finance, 2014), Principles of Corporate Finance, 11. Auflage, New York 2014

**Brennan, M. J.**, Taxes, Market Valuation and Corporate Financial Policy, in: NTJ 1970, S. 417 – 427

**Bretzke, W.-R.** (Prognoseproblem, 1975), Das Prognoseproblem bei der Unternehmensbewertung: Ansätze zu einer risikoorientierten Bewertung ganzer Unternehmungen auf der Grundlage modellgestützter Erfolgsprognosen, Düsseldorf 1975

**Bretzke, W.-R.**, Funktionen und Folgen der Verwendung objektivistischer Wertkonventionen bei der Unternehmensbewertung, in: WPg 1975, S. 125 – 131

**Breuer, W.** (Finanzierung, 2008), Finanzierung: Eine systematische Einführung, 2. Auflage, Wiesbaden 2008

**Breuer, W. / Fuchs, D. / Mark, K.** (Cost of Capital, 2011), Estimating Cost of Capital in Firm Valuations with Arithmetic or Geometric Mean – or Better Use the Cooper Estimator, Working Paper, RWTH Aachen, Aachen 2011

**Breuer, W. / Schweizer, T. / Breuer, C. (Hrsg.)** (Corporate Finance, 2012), Gabler, Lexikon Corporate Finance, 2. Auflage, Wiesbaden 2012

**Brinson, G. P. / Fachler, N.**, Measuring Non-U.S. Equity Portfolio Performance, in: JPortM 1985, Nr. 3, S. 73 – 76

**Bruchner, H. / Krepold, H.-M.** (Vergütungen, 2011), Vergütungen, in: Schimansky, H. / Bunte, H.-J. / Lwowski, H.-J. (Hrsg.), Bankrechts-Handbuch, Band 1, 4. Auflage, München 2011, S. 2225 – 2281

**Brune, J. W.** (Unternehmensverbindungen, 2013), Unternehmensverbindungen, in: Bohl, W. / Riese, J. / Schlüter, J. (Hrsg.), Beck'sches IFRS-Handbuch: Kommentierung der IAS / IFRS, 4. Auflage, München 2013, S. 1295 – 1328

**Bruns, C.** (Bubbles, 1994), Bubbles und Excess Volatility auf dem deutschen Aktienmarkt, Wiesbaden 1994

**Bruns, C. / Meyer-Bullerdiek, F.** (Professionelles Portfoliomanagement, 2013), Professionelles Portfoliomanagement: Aufbau, Umsetzung und Erfolgskontrolle strukturierter Anlagestrategien, 5. Auflage, Stuttgart 2013

**Bühler, W. / Uhrig-Homburg, M.** (Rendite und Renditestruktur, 2000), Rendite und Renditestruktur am Rentenmarkt, in: Hagen, J. v. / Stein, J. H. v. (Hrsg.), Geld-, Bank- und Börsenwesen: Handbuch des Finanzsystems / Georg Obst; Otto Hintner, 40. Auflage, Stuttgart 2000, S. 298 – 337

**Bürgers, T. / Körber, T.**, Aktiengesetz, 3. Auflage, Heidelberg / München / Landsberg u. a. 2014

**Burger, A. / Buchhart, A.**, Der Residualgewinn als kapitalmarktrelevante Information, in: KoR 2002, S. 82 – 87

**Buse, A.**, Expectations, Prices, Coupons and Yields, in: JOF 1970, S. 809 – 818

**Busse von Colbe, W.** (Zukunftserfolg, 1957), Der Zukunftserfolg: Die Ermittlung des künftigen Unternehmungserfolges und seine Bedeutung für die Bewertung von Industrieunternehmen, Wiesbaden 1957

**Bußmann, J.**, Die Bestimmung der Zinsstruktur am deutschen Kapitalmarkt – Eine empirische Untersuchung für den Zeitraum 1978 bis 1986, in: KuK 1989, S. 117 – 137

**Cairns, A. J. / Pritchard, D. J.**, Stability of Models for the Term Structure of Interest Rates with Application to German Market Data, in: BAJ 2001, S. 467 – 507

**Caks, J.**, The Coupon Effect on Yield to Maturity, in: JOF 1977, S. 103 – 115

**Callahan, C. M. / Mohr, R. M.**, The Determinants of Systematic Risk: A Synthesis, in: TFR 1989, S. 157 – 181

**Campbell, J. Y.**, Asset Pricing at the Millennium, in: JOF 2000, S. 1515 – 1567

**Campbell, J. Y.** (U.S. Equity Returns, 2001), Forecasting U.S. Equity Returns in the 21st Century, in: Campbell, J. Y. / Diamond, P. A. / Shoven, J. B. (Hrsg.), Estimating the Real Rate of Return on Stocks Over the Long Term, o. O. 2001

**Campbell, J. Y. / Shiller, R. J.**, Yield Spreads and Interest Rate Movements: A Bird's Eye View, in: RES 1991, S. 495 – 514

**Campbell, J. Y. / Viceira, L. M.** (Strategic Asset Allocation, 2002), Strategic Asset Allocation: Portfolio-Choice for Long-Term Investors, Oxford / New York / Auckland 2002

**Canner, N. / Mankiw, N. G. / Weil, D. N.**, An Asset Allocation Puzzle, AER 1997, S. 181 – 191

**Carhart, M. M.**, On Persistence in Mutual Fund Performance, in: JOF 1997, S. 57 – 82

**Carleton, W. T.** (CAPM, 1979), A Note on the Use of the CAPM for Utility Rate of Return Determination, in: Elton, E. J. / Gruber, M. J., Portfolio Theory, 25 Years after; Essays in Honor of Harry Markowitz, Amsterdam 1979

**Carleton, W. T. / Cooper, I. A.**, Estimation and Uses of the Term Structure of Interest Rates, in: JOF 1976, S. 1067 – 1083

**Casey, C. / Loistl, O.** (Risikoadjustierte Kapitalkosten, 2008), Risikoadjustierte Kapitalkosten und ihre empirische Ermittlung, in: Seicht, G. (Hrsg.), Bilanztheorie, Buchhaltung, Bilanzierung, Risiko und Risikopolitik, Finanzierung, Internationale Besteuerung und Steuergestaltung, Varia; Jahrbuch für Controlling und Rechnungswesen, Wien 2008, S. 309 – 338

**Castle, S.**, That Debt from 1720? Britain's Payment is Coming, in: NYT 2014, Ausgabe vom 28. Dezember 2014, S. A14

**Chamberlain, G.**, A Characterization of the Distributions that Imply Mean-Variance Utility Functions, in: JET 1983, S. 185 – 201

**Chambers, D. R. / Carleton, W. T. / Waldman, D. W.**, A New Approach to Estimation of the Term Structure of Interest Rates, in: JFQA 1984, S. 233 – 252

**Claus, J. / Thomas, J.**, Equity Premia as Low as Three Percent? Evidence from Analysts' Earnings Forecasts for Domestic and International Stock Markets, in: JOF 2001, S. 1629 – 1666

**Coenenberg, A. G. / Sieben, G.** (Unternehmungsbewertung, 1976), in: Grochla, E. / Wittmann, W., Handwörterbuch der Betriebswirtschaft, Band 3: Ree – Z; mit Gesamtregister, 4. Auflage, Stuttgart 1976, Sp. 4062 – 4079

**Coenenberg, A. G. / Schultze, W.**, Unternehmensbewertung: Konzeptionen und Perspektiven, in: DBW 2002, S. 597 – 621

**Cohen, K. J. / Kramer, R. L. / Waugh, W. H.**, Regression Yield Curves for US Government Securities, in: MS 1966, B–168 – B–175

**Conen, R. / Väth, H.**, Risikoprämien am deutschen Kapitalmarkt, in: DBa 1993, S. 642 – 647

**Cooper, I. A.**, Asset Values, Interest-Rate Changes, and Duration, in: JFQA 1977, S. 701 – 723

**Cooper, I.**, Arithmetic versus Geometric Mean Estimators: Setting Discount Rates for Capital Budgeting, in: EFM 1996, S. 157 – 161

**Cootner, P. H.** (Random Character, 1964), The Random Character of Stock Market Prices, Cambridge 1964

**Copeland, T. / Koller, T. / Murrin, J.** (Valuation, 1990), Valuation: Measuring and Managing the Value of Companies, 1. Auflage, New York / Chichester / Brisbane u. a. 1990

**Copeland, T. / Koller, T. / Murrin, J.** (Valuation, 1994), Valuation: Measuring and Managing the Value of Companies, 2. Auflage, New York / Chichester / Brisbane u. a. 1994

**Copeland, T. / Koller, T. / Murrin, J.** (Valuation, 2000), Valuation: Measuring and Managing the Value of Companies, 3. Auflage, New York / Chichester / Weinheim u. a. 2000

**Copeland, T. E. / Weston, J. F. / Shastri, K.** (Finanzierungstheorie, 2008), Finanzierungstheorie und Unternehmenspolitik – Konzepte der kapitalmarktorientierten Unternehmensfinanzierung, 4. Auflage, München / Boston / San Francisco u. a. 2008

**Copeland, T. E. / Weston, J. F. / Shastri, K.** (Financial Theory, 2014), Financial Theory and Corporate Policy, 4. Auflage, Boston 2014

**Cornell, B.** (Equity Risk Premium, 1999), The Equity Risk Premium: The Long-Run Future of the Stock Market, New York / Chichester / Weinheim 1999

**Coroneo, L. / Nyholm, K. / Vidova-Koleva, R.**, How Arbitrage-Free is the Nelson-Siegel Model?, in: JEF 2011, S. 393 – 407

**Courant, R. / Hilbert, D.** (Methoden der mathematischen Physik, 1924), Methoden der mathematischen Physik, 4. Auflage, Berlin 1924

**Cowles, A.** (Common-Stock Indexes, 1939), Common-Stock Indexes, 2. Auflage, Bloomington 1939

**Cox, J. C. / Ross, S. A. / Rubinstein, M.**, Option Pricing: A Simplified Approach, in: JFE 1979, S. 229 – 263

**Cox, J. C. / Ingersoll, J. E. / Ross, S. A.**, A Theory of the Term Structure of Interest Rates, in: Econometrica 1985, S. 385 – 407

**Csajbók, A.** (Zero-Coupon Yield Curve Estimation, 1999), Zero-Coupon Yield Curve Estimation from a Central Bank Perspective, NBH Working Paper Nr. 2 / 1998, Economics and Research Department, Magyar Nemzeti Bank, o. O. 1999

**Culbertson, J. M.**, The Term Structure of Interest Rates, in: QJE 1957, S. 485 – 517

**Cutler, D. M. / Poterba, J. M. / Summers, L. H.**, Speculative Dynamics, in: RES 1991, S. 529 – 546

**Cyert, R. M. / DeGroot, M. H.**, Rational Expectations and Bayesian Analysis, in: JPE 1974, S. 521 – 536

**Dahlquist, M. / Svensson, L. E. O.** (Nelson & Siegel vs. Longstaff & Schwartz, 1994), Estimating the Term Structure of Interest Rates with Simple and Complex Functional Forms: Nelson & Siegel vs. Longstaff & Schwartz, Seminar Paper No. 565, Institute for International Economic Studies, Stockholm 1994

**Dahlquist, M. / Svensson, L. E. O.**, Estimating the Term Structure of Interest Rates for Monetary Policy Analysis, in: SJE 1996, S. 163 – 183

**Damodaran, A.** (Valuation, 2006), Damodaran on Valuation: Security Analysis for Investment and Corporate Finance, 2. Auflage, New York 2006

**Damodaran, A.** (Equity Risk Premium, 2010), Equity Risk Premium (ERP): Determinants, Estimation and Implications – The 2010 Edition; Updated: February 2010, Working Paper, Stern School of Business, New York 2010

**Damodaran, A.** (Investment Valuation, 2012), Investment Valuation: Tools and Techniques for Determining the Value of Any Asset, 3. Auflage, New York 2012

**Dankenbring, H. / Missong, M.**, GARCH-Effekte auf dem deutschen Aktienmarkt, in: ZfB 1997, S. 311 – 331

## Literaturverzeichnis

**Dantzig, G. B. / Jaeger, A.** (Lineare Programmierung, 1966), Lineare Programmierung und Erweiterungen, Berlin / Heidelberg / New York 1966

**Dartsch, A.** (Implizite Volatilitäten, 1998), Implizite Volatilitäten am Aktien- und Optionsmarkt, Wiesbaden 1999

**Daske, H. / Gebhardt, G.**, Zukunftsorientierte Bestimmung von Risikoprämien und Eigenkapitalkosten für die Unternehmensbewertung, in: ZfbF 2006, S. 530 – 551

**Daske, H. / Gebhardt, G. / Klein, S.**, Estimating the Expected Cost of Equity Capital Using Analysts´ Consensus Forecasts, in: SBR 2006, S. 2 – 36

**Daske, H. / Wiesenbach, K.**, Praktische Probleme der zukunftsorientierten Schätzung von Eigenkapitalkosten am deutschen Kapitalmarkt, in: FB 2005, S. 407 – 419

**Dausend, F. / Lenz, H.**, Unternehmensbewertung mit dem Residualgewinnmodell unter Einschluss persönlicher Steuern, in: WPg 2006, S. 719 – 729

**Dausend, F. / Schmitt, D.**, Abgeltungssteuern und die Zukunft des IDW S 1 – Konsequenzen der Unternehmenssteuerreform 2008 für die Unternehmensbewertung, in: FB 2007, S. 287 – 292

**Dausend, F. / Schmitt, D.**, Implizite Schätzung der Marktrisikoprämie nach Steuern für den deutschen Kapitalmarkt, in: CF biz 2011, S. 459 – 469

**Deacon, M. / Derry, A.** (Term Structure, 1994), Estimating the Term Structure of Interest Rates, Working Paper, Bank of England, o. O. 1994

**Debreu, G.** (Werttheorie, 1976), Werttheorie: Eine axiomatische Analyse des ökonomischen Gleichgewichtes, Berlin / Heidelberg / New York 1976

**Decker, E.**, Zinssatz- und Währungsswaps unter rechtlichen Aspekten, dargestellt anhand des Muster-Rahmenvertrags für Swapgeschäfte, in: WM 1990, S. 1001 – 1015

**Denzler, M.** (Arbitrage-Preis-Theorie, 1988), Arbitrage-Preis-Theorie: Eine empirische Untersuchung für den schweizerischen Aktienmarkt, Winterthur 1988

**Deutsche Börse AG (Hrsg.)** (REX® und REXP®, 2004), REX® und REXP®; Kurzinformation; July 2004, Frankfurt am Main 2004

**Deutsche Börse AG (Hrsg.)** (Aktienindizes der Deutschen Börse, 2009), Leitfaden zu den Aktienindizes der Deutschen Börse: Version 6.9, Januar 2009, Frankfurt am Main 2009

**Deutsche Börse AG (Hrsg.)** (Aktienindizes der Deutschen Börse, 2013), Leitfaden zu den Aktienindizes der Deutschen Börse: Version 6.18, Januar 2013, Frankfurt am Main 2013

Literaturverzeichnis

**Deutsche Börse AG (Hrsg.)** (REX®-Indizes, 2014), Leitfaden zu den REX®-Indizes; Version 3.11, Dezember 2014, Frankfurt am Main 2014

**Deutsche Bundesbank (Hrsg.)** (Monatsbericht, 1997), Deutsche Bundesbank Monatsbericht, Juli 1997, Frankfurt am Main 1997

**Deutsche Bundesbank (Hrsg.)** (Monthly Report, 1997), Deutsche Bundesbank Monthly Report, October 1997, Frankfurt am Main 1997

**Deutsche Bundesbank (Hrsg.)** (Kapitalmarktstatistik, 2008), Kapitalmarktstatistik August 2008; Statistisches Beiheft zum Monatsbericht Nr. 2, Frankfurt am Main 2008

**Deutsche Bundesbank (Hrsg.)** (Kapitalmarktstatistik, 2013), Kapitalmarktstatistik Juni 2013; Statistisches Beiheft zum Monatsbericht Nr. 2, Frankfurt am Main 2013

**Diamond, P. A.**, What Stock Market Returns to Expect for the Future, in: SSB 2000, S. 38 – 52

**Diamond, P. A.** (Stock Market Returns, 2001), What Stock Market Returns to Expect for the Future: An Update, in: Campbell, J. Y. / Diamond, P. A. / Shoven, J. B. (Hrsg.), Estimating the Real Rate of Return on Stocks over the Long Term, o. O. 2001

**Diebold, F. X. / Li, C.**, Forecasting the Term Structure of Government Bond Yields, in: JOE 2006, S. 337 – 364

**Diedrich, R. / Stier, C.**, Zur Berücksichtigung einer realisationsorientierten Kursgewinnbesteuerung bei der Unternehmensbewertung – Anmerkungen zum Haltedauerproblem, in: WPg 2013, S. 29 – 36

**Dierkes, S. / Diedrich, R. / Gröger, H.-C.**, Unternehmensbewertung bei wertabhängiger und autonomer Finanzierungspolitik unter Berücksichtigung einer Kursgewinnbesteuerung, in: ZfB 2009, S. 275 – 301

**Dimson, E. / Marsh, P. / Staunton, M.** (Optimists, 2002), Triumph of the Optimists: 101 Years of Global Investment Returns, Princeton / Oxford 2002

**Dimson, E. / Marsh, P. / Staunton, M.**, Global Evidence on the Equity Risk Premium, in: JACF 2003, S. 27 – 38

**Dimson, E. / Marsh, P. / Staunton, M.** (Worldwide Equity Premium, 2008), The Worldwide Equity Premium: A Smaller Puzzle, in: Mehra R. (Hrsg.), Handbook of the Equity Risk Premium, Amsterdam / Boston / Heidelberg 2008, S. 467 – 514

**Dimson, E. / Marsh, P. / Staunton, M.** (Global Investment Returns, 2014), The Credit Suisse Global Investment Returns Sourcebook 2014, Zürich 2014

**Ding, Z. / Granger, C. W. J. / Engle, R. F.**, A Long Memory Property of Stock Market Returns and a New Model, in: JEF 1993, S. 83 – 106

**Dixit, K. A. / Pindyck, R. S.** (Investment, 1994), Investment under Uncertainty, Princeton / Chichester 1994

**Dobretz, W.** (Finanzmarkt-Zeitreihen, 2003), Statistische Eigenschaften von Finanzmarkt-Zeitreihen, Abteilung Finanzmarkttheorie, Universität Basel (WWZ) 2003

**Dobson, S. W.**, Estimating Term Structure Equations with Individual Bond Data, in: JOF 1978, S. 75 – 92

**Dörschell, A. / Franken, L.**, Rückwirkende Anwendung des neuen IDW-Standards zur Durchführung von Unternehmensbewertungen, in: DB 2005, S. 2257 – 2258

**Dörschell, A. / Franken, L. / Schulte, J. u. a.**, Ableitung CAPM-basierter Risikozuschläge bei der Unternehmensbewertung – eine kritische Analyse ausgewählter Problemkreise im Rahmen von IDW S 1 i. d. F. 2008, in: WPg 2008, S. 1152 – 1162

**Dörschell, A. / Franken, L. / Schulte, J.** (Kapitalisierungszinssatz, 2012), Der Kapitalisierungszinssatz in der Unternehmensbewertung: Praxisgerechte Ableitung unter Verwendung von Kapitalmarktdaten, 2. Auflage, Düsseldorf 2012

**Donner, O.**, Die Kursbildung am Aktienmarkt; Grundlagen zur Konjunkturbeobachtung an den Effektenmärkten, in: VjKf 1934, Sonderheft Nr. 36

**Dorfleitner, G.** (Index-Futures, 1999), Zum Glattstellen von Index-Futures: Empirie und stochastische Modelle unter besonderer Berücksichtigung des DAX-Futures, Lohmar / Köln 1999

**Dorfleitner, G.** (Stetige versus diskrete Renditen, 1999), Stetige versus diskrete Renditen: Finanzmathematische Überlegungen zur richtigen Verwendung beider Begriffe in Theorie und Praxis, Arbeitspapiere zur mathematischen Wirtschaftsforschung Nr. 174 / 1999, Institut für Statistik und Mathematische Wirtschaftstheorie, Universität Augsburg, o. O. 1999

**Dorfleitner, G.**, Stetige versus diskrete Renditen – Überlegungen zur richtigen Verwendung beider Begriffe in Theorie und Praxis, in: KuK 2002, S. 216 – 241

**Drukarczyk, J.** (Finanzierung, 1993), Theorie und Politik der Finanzierung, 2. Auflage, München 1993

**Drukarczyk, J. / Schüler, A.** (Unternehmensbewertung, 2009), Unternehmensbewertung, 6. Auflage, München 2009

**Duffie, D. / Singleton, K. J.**, An Econometric Model of the Term Structure of Interest-Rate Swap Yields, in: JOF 1997, S. 1287 – 1321

**Durand, D.** (Basic Yields of Corporate Bonds, 1942), Basic Yields of Corporate Bonds 1900 – 1942, Technical Paper No. 3 / 1942, National Bureau of Economic Research Cambridge, Cambridge 1942

**Dybvig, P. H. / Ingersoll, J. E. / Ross, S. A.**, Long Forward and Zero-Coupon Rates Can Never Fall, in: JOB 1996, S. 1 – 25

**Easton, P. D.**, PE Ratios, PEG Ratios, and Estimating the Implied Expected Rate of Return on Equity Capital, in: TAR 2004, S. 73 – 95

**Easton, P. / Taylor, G. / Shroff, P. u. a.**, Using Forecasts of Earnings to Simultaneously Estimate Growth and the Rate of Return on Equity Investment, in: JAR 2002, S. 657 – 676

**Echols, M. E. / Elliott, J. W.**, A Quantitative Yield Curve Model for Estimating the Term Structure of Interest Rates, in: JFQA 1976, S. 87 – 114

**Eckey, H.-F. / Kosfeld, R. / Dreger, C.** (Ökonometrie, 2014), Ökonometrie: Grundlagen – Methoden – Beispiele, 5. Auflage, Wiesbaden 2014

**Ehrhardt, J.** (Schätzung der Risikoprämie, 2011), Schätzung der Risikoprämie auf Basis historischer Renditezeitreihen: 1960 – 2009, Frankfurt am Main / Berlin / Bern u. a. 2011

**Ehrhardt, O.**, Historische Kapitalmarktforschung zur Schätzung langfristiger Renditen, in: ZBB 2012, S. 210 – 222

**Eichhorn, W.** (Economic Index, 1978), What is an Economic Index? An Attempt of an Answer, in: Eichhorn, W. / Henn, R. / Opitz, O. u. a. (Hrsg.), Theory and Applications of Economic Indices, Würzburg 1978

**Eilenberger, G. / Ernst, D. / Toebe, M.** (Finanzwirtschaft, 2013), Betriebliche Finanzwirtschaft: Einführung in Investition und Finanzierung, Finanzpolitik und Finanzmanagement von Unternehmungen, 8. Auflage, München 2013

**Elton, E. J.**, Expected Return, Realized Return, and Asset Pricing Tests, in: JOF 1999, S. 1199 – 1220

**Elton, E. J. / Gruber, M. J. / Brown, S. J. u. a.**, (Portfolio Theory, 2010), Modern Portfolio Theory and Investment Analysis; International Student Version, 8. Auflage, New York 2010

**Emmerich, V.** (Unternehmensbewertung, 2014), Kapitulation vor der Komplexität – Zur Praxis der Unternehmensbewertung in der aktuellen Rechtsprechung, in: Habersack, M. / Huber, K. / Spindler, G. (Hrsg.), Festschrift für Eberhard Stilz zum 65. Geburtstag, München 2014, S. 135 – 142

**Emmerich, V. / Habersack, M.** (Konzernrecht, 2013), Aktien- und GmbH-Konzernrecht: Kommentar, 7. Auflage, München 2013

**Engeleiter, H.-J.** (Unternehmensbewertung, 1970), Unternehmensbewertung, Stuttgart 1970

**Engle, R. F.**, Statistical Models for Financial Volatility, in: FAJ 1993, Nr. 1, S. 72 – 78

**Erle, B. / Sauter, T.** (Körperschaftsteuergesetz, 2010), Körperschaftsteuergesetz: Die Besteuerung der Kapitalgesellschaft und ihrer Anteilseigner, 3. Auflage, Heidelberg 2010

**Ernst, D. / Gleißner, W.**, Damodarans Länderrisikoprämie – Eine Ergänzung zur Kritik von Kruschwitz / Löffler / Mandl aus realwissenschaftlicher Perspektive, in: WPg 2012, S. 1252 – 1265

**Eube, S.** (Aktienmarkt, 1998), Der Aktienmarkt in Deutschland vor dem Ersten Weltkrieg, Frankfurt am Main 1998

**European Central Bank (Hrsg.)** (ECB Monthly Bulletin, 2008), ECB Monthly Bulletin; February 2008, Frankfurt am Main 2008

**Everling, O. / Heinke, V. G.** (Rating, 2001), Rating, externes, in: Gerke, W. / Steiner, M. (Hrsg.), Enzyklopädie der Betriebswirtschaftslehre, Band 6: Handwörterbuch des Bank- und Finanzwesens, 3. Auflage, Stuttgart 2001, Sp. 1755 – 1767

**Fabozzi, F. J.** (Structure of Interest Rates, 2005), Structure of Interest Rates, in: Fabozzi, F. J. (Hrsg.), The Handbook of Fixed Income Securities, 7. Auflage, New York / Chicago / San Francisco u. a. 2005, S. 135 – 157

**Fabozzi, F. J.** (Fixed Income, 2007), Fixed Income Analysis, 2. Auflage, New York 2007

**Fabozzi, F. J. / Mann, S. V. / Choudhry, M.** (Interest-Rate Swaps und Swaptions, 2005), Interest-Rate Swaps and Swaptions, in: Fabozzi, F. J. (Hrsg.), The Handbook of Fixed Income Securities, 7. Auflage, New York / Chicago / San Francisco u. a. 2005, S. 1249 – 1281

**Fabozzi, F. J. / Mann, S. V. / Pitts, M.** (Interest-Rate Futures, 2005), Introduction of Interest-Rate Futures and Option Contracts, in: Fabozzi, F. J. (Hrsg.), The Handbook of Fixed Income Securities, 7. Auflage, New York / Chicago / San Francisco u. a. 2005, S. 1163 – 1186

**Fabozzi, F. J. / Martellini, L. / Priaulet, P.**, Predictability in the Shape of the Term Structure of Interest Rates, in: JFI 2005, Nr. 6, S. 40 – 53

**Fahrmeir, L. / Künstler, R. / Pigeot, I. u. a.** (Statistik, 2010), Statistik: Der Weg zur Datenanalyse, 7. Auflage, Berlin / Heidelberg 2010

**Fair, R. C.** (Predictive Accuracy of Models, 1986), Evaluating the Predictive Accuracy of Models, in: Griliches, Z. / Intriligator, M. D., Handbook of Econometrics, Band 3, Amsterdam / New York / Oxford u. a. 1986, S. 1979 – 1995

**Fama, E. F.**, The Behavior of Stock-Market Prices, in: JOB 1965, S. 34 – 105

**Fama, E. F.**, Multiperiod Consumption-Investment Decisions, in: AER 1970, S. 163 – 174

**Fama, E. F.**, Efficient Capital Markets: A Review of Theory and Empirical Work, in: JOF 1970, S. 383 – 417

**Fama, E. F.**, Forward Rates as Predictors of Future Spot Rates, in: JFE 1976, S. 361 – 377

**Fama, E. F.**, Risk-Adjusted Discount Rates and Capital Budgeting under Uncertainty, in: JFE 1977, S. 3 – 24

**Fama, E. F.**, The Information in the Term Structure, in: JFE 1984, S. 509 – 528

**Fama, E. F.**, Term-Structure Forecasts of Interest Rates, Inflation, and Real Returns, in: JME 1990, S. 59 – 76

**Fama, E. F.**, Efficient Capital Markets: II, in: JOF 1991, S. 1575 – 1617

**Fama, E. F.**, Discounting under Uncertainty, in: JOB 1996, S. 415 – 428

**Fama, E. F. / Bliss, R. R.**, The Information in Long–Maturity Forward Rates, in: AER 1987, S. 680 – 692

**Fama, E. F. / French, K. R.**, Permanent and Temporary Components of Stock Prices, in: JPE 1988, S. 246 – 273

**Fama, E. F. / French, K. R.**, The Cross-Section of Expected Stock Returns, in: JOF 1992, S. 427 – 465

**Fama, E. F. / French, K. R.**, The Equity Premium, in: JOF 2002, S. 637 – 659

**Fama, E. F. / French, K. R.** (CAPM, 2003), The CAPM: Theory and Evidence, Working Paper No. 550, Center for Research in Security Prices (CRSP), University of Chicago, Chicago 2003

**Fama, E. F. / MacBeth, J. D.**, Risk, Return, and Equilibrium: Empirical Tests, in: JPE 1973, S. 607 – 636

**Fama, E. F. / Schwert, G. W.**, Human Capital and Capital Market Equilibrium, in: JFE 1977, S. 95 – 125

**Faßbender, H.** (Fristigkeitsstruktur, 1973), Zur Theorie und Empirie der Fristigkeitsstruktur der Zinssätze, Berlin 1973

**Favero, C. / Pagano, M. / Thadden, E.-L. v.**, How Does Liquidity Affect Government Bond Yields?, in: JFQA 2010, S. 107 – 134

**Feibel, B. J.** (Investment Performance Measurement, 2003), Investment Performance Measurement, Hoboken 2003

**Fernandez, P. / Aguirreamalloa, J. / Corres, L.** (Market Risk Premium, 2011), Market Risk Premium Used in 56 Countries in 2011: A Survey with 6,014 Answers, Working Paper, IESE Business School, o. O. 2011

**Fischer, L.** (Swapgeschäft, 2001), Swapgeschäft, in: Gerke, W. / Steiner, M. (Hrsg.), Enzyklopädie der Betriebswirtschaftslehre, Band 6: Handwörterbuch des Bank- und Finanzwesens, 3. Auflage, Stuttgart 2001, Sp. 2037 – 2048

**Fisher, D.**, The Structure of Interest Rates: A Comment, in: Economica 1964, S. 412 – 419

**Fisher, D.**, Expectations, the Term Structure of Interest Rates, and Recent British Experience, in: Economica 1966, S. 319 – 329

**Fisher, I.**, (Index Numbers, 1922), The Making of Index Numbers: A Study of Their Varieties, Tests, and Reliability, Boston / New York 1922

**Fisher, I.** (Interest, 1930), The Theory of Interest as Determined by Impatience to Spend Income and Opportunity to Invest It, 1. Auflage, New York 1930

**Fisher, M. / Nychka, D. / Zervos, D.** (Smoothing Splines, 1994), Fitting the Term Structure of Interest Rates with Smoothing Splines, Board of Governors of the Federal Reserve System, North Carolina State University, o. O. 1994

**Fisz, M.** (Wahrscheinlichkeitsrechnung, 1989), Wahrscheinlichkeitsrechnung und mathematische Statistik, 11. Auflage, Berlin 1989

**Focardi, S. M. / Fabozzi, F. J.**, Fat Tails, Scaling, and Stable Laws: A Critical Look at Modeling Extremal Events in Financial Phenomena, in: JRF 2003, Nr. 1, S. 5 – 26

**Franke, G.** (Kreditgeschäft und Finanzmärkte, 2000), Kreditgeschäft und Finanzmärkte, in: Hagen, J. v. / Stein, J. H. v. (Hrsg.), Geld-, Bank- und Börsenwesen: Handbuch des Finanzsystems / Georg Obst; Otto Hintner, 40. Auflage, Stuttgart 2000, S. 231 – 270

**Franke, G. / Hax, H.** (Finanzwirtschaft, 2009), Finanzwirtschaft des Unternehmens und Kapitalmarkt, 6. Auflage, Berlin / Heidelberg 2009

**Franke, J. / Härdle, W. / Hafner, C.** (Statistik der Finanzmärkte, 2004), Einführung in die Statistik der Finanzmärkte, 2. Auflage, Berlin / Heidelberg / New York u. a. 2004

**Franken, L. / Schulte, J. / Dörschell, A.** (Kapitalkosten, 2014), Kapitalkosten für die Unternehmensbewertung: Unternehmens- und Branchenanalysen für Betafaktoren, Fremdkapitalkosten und Verschuldungsgrade 2014 / 2015, 3. Auflage, Düsseldorf 2014

**Frankfurter Allgemeine Zeitung GmbH / Structured Solutions AG (Hrsg.)** (F. A. Z.-Indexfamilie, 2011), Leitfaden zur F. A. Z.-Indexfamilie, Version 1.2 vom 7. Juni 2011, o. O. 2011

**Franks, J. R. / Broyles, J. E. / Carleton, W. T.** (Corporate Finance, 1985), Corporate Finance: Concepts and Applications, Boston 1985

**Freiberg, J. / Lüdenbach, N.**, Ermittlung des Diskontierungszinssatzes nach IAS 36, in: KoR 2005, S. 479 – 487

**Friedman, M.**, Time Perspective in Demand for Money, in: SJE 1977, S. 397 – 416

**Frühwirth, M. / Höger, A.**, Die Schätzung der Zinsstruktur aus Swapmarkt-Daten unter besonderer Berücksichtigung des Bonitätsrisikos, in: FB 2000, S. 40 – 44

**Fuchs, A.** (Wertpapierhandelsgesetz, 2009), Wertpapierhandelsgesetz: (WpHG); Kommentar, München 2009

**Fuest, C. / Thöne, M.** (Steuern, 2008), Ertragsabhängige und ertragsunabhängige Steuern, FiFo-Berichte Nr. 10, Finanzwissenschaftliches Forschungsinstitut, Universität zu Köln, Köln 2008

**Gallati, R. R.** (Multifaktor-Modell, 1994), Multifaktor-Modell für den Schweizer Aktienmarkt: Eine empirische Untersuchung unter besonderer Berücksichtigung der Arbitrage Preis Theorie, Bern / Stuttgart / Wien 1994

**Gampenrieder, P.** (Squeeze-Out, 2004), Squeeze-Out: Rechtsvergleich, empirischer Befund und ökonomische Analyse, Frankfurt am Main / Berlin / Bern u. a. 2004

**Garber, P. M.**, Nominal Contracts in a Bimetallic Standard, in: AER 1986, S. 1012 – 1030

**Gausemeier, J. / Fink, A. / Schlake, O.** (Szenario-Management, 1996), Szenario-Management: Planen und Führen mit Szenarien, 2. Auflage, München / Wien 1996

**Gebhardt, W. R. / Lee, C. M. C. / Swaminathan, B.**, Toward an Implied Cost of Capital, in: JAR 2001, S. 135 – 176

**Gebhardt, G. / Daske, H.** (Kapitalkosten, 2004), Zukunftsorientierte Bestimmung von Kapitalkosten für die Unternehmensbewertung, Working Paper Nr. 134, Fachbereich Wirtschaftswissenschaften, Johann-Wolfgang-Goethe-Universität Frankfurt am Main, Frankfurt am Main 2004

**Gebhardt, G. / Daske, H.**, Kapitalmarktorientierte Bestimmung von risikofreien Zinssätzen für die Unternehmensbewertung, in: WPg 2005, S. 649 – 655

**Gebhardt, G. / Ruffing, P.** (Beta-Faktoren, 2014), Zukunftsorientierte Bestimmung von Beta-Faktoren für die Unternehmensbewertung, in: Dobler, M. / Hachmeister, D. / Kuhner, C. u. a. (Hrsg.), Rechnungslegung, Prüfung und Unternehmensbewertung: Festschrift zum 65. Geburtstag von Professor Dr. Dr. h. c. Wolfgang Ballwieser, Stuttgart 2014, S. 201 – 218

**Gerke, W. / Bank, M.** (Finanzierung, 2003), Finanzierung, Teil 1: Grundlagen für Investitions- und Finanzierungsentscheidungen in Unternehmen, 2. Auflage, Stuttgart 2003

**Gerke, W. / Bank, M.** (Finanzierung, 2005), Finanzierung, Teil 2: Grundlegende Theorien, Modelle und Konzepte der neoklassischen Finanzierungstheorie, Stuttgart 2005

**Giaccotto, C.**, Discounting Mean Reverting Cash Flows with the Capital Asset Pricing Model, in: TFR 2007, S. 247 – 265

**Gielen, G.** (Aktienkurse, 1994), Können Aktienkurse noch steigen? – Langfristige Trendanalyse des deutschen Aktienmarktes, Wiesbaden 1994

**Goette, W. / Habersack, M. (Hrsg.)** (Münchener Kommentar zum Aktiengesetz, 2010), Münchener Kommentar zum Aktiengesetz, Band 5: §§ 278 – 328, SpruchG, ÖGesAusG, Österreichisches Konzernrecht, 3. Auflage, München 2010

**Goetzmann, W. N. / Ibbotson, R. G. / Peng, L.**, A New Historical Database for the NYSE 1815 to 1925: Performance and Predictability, in: JFM 2001, S. 1 – 32

**Göppl, H. / Herrmann, R. / Kirchner, T. u. a.** (Risk Book, 1996), Risk Book: German Stocks 1976 – 1995; Risk, Return and Liquidity, Frankfurt am Main 1996

**Göppl, H. / Schütz, H.** (DAFOX, 1993), The Design and Implementation of a German Stock Price Research Index (Deutscher Aktien-Forschungsindex DAFOX), in: Diewert, W. E. / Spremann, K. / Stehling, F., Mathematical Modelling in Economics: Essays in Honor of Wolfgang Eichhorn, Berlin / Heidelberg 1993, S. 506 – 519

**Göppl, H. / Schütz, H.** (DAFOX, 1995), Die Konzeption eines Deutschen Aktienindex für Forschungszwecke (DAFOX), Diskussionspapier Nr. 162, Institut für Entscheidungstheorie und Unternehmensforschung, Universität Karlsruhe (TH), Karlsruhe 1995

**Görgens, E. / Ruckriegel, K. / Seitz, F.** (Europäische Geldpolitik, 2014), Europäische Geldpolitik: Theorie, Empirie und Praxis, 6. Auflage, Konstanz / München 2014

**Götze, U. / Northcott, D. / Schuster, P.** (Investment, 2008), Investment Appraisal: Methods and Models, Berlin / Heidelberg 2008

**Gordon, M. J.**, Dividends, Earnings and Stock Prices, in: REStat 1959, S. 99 – 105

**Gorny, C. / Rosenbaum, D.**, Die methodische Berücksichtigung von Ertragsteuern in der Unternehmensbewertung – Aktuelle Probleme und Lösungsvorschläge –, in: WPg 2004, S. 861 – 868

**Gradshteyn, I. S. / Ryzhik, I. M.** (Table of Integrals, 1980), Table of Integrals, Series and Products, 4. Auflage, New York / London / Toronto u. a. 1980

**Graham, J. R. / Harvey, C. R.** (Equity Risk Premium, 2015), The Equity Risk Premium in 2015, Working Paper, Fuqua School of Business, Duke University Durham, North Carolina, Durham 2015

**Gramlich, L. / Gluchowski, P. / Horsch, A. u. a. (Hrsg.)** (Gabler Banklexikon, 2012), Gabler Banklexikon; Bank; Börse; Finanzierung, 14. Auflage, Wiesbaden 2012

**Grandville, O. d. la**, The Long-Term Expected Rate of Return: Setting It Right, in: FAJ 1998, Nr. 6, S. 75 – 80

**Gröger, H.-C.** (Unternehmensbewertung, 2009), Kapitalmarktorientierte Unternehmensbewertung: Untersuchung unter Berücksichtigung der persönlichen Besteuerung der Kapitalgeber, Wiesbaden 2009

**Großfeld, B.** (Anteilsbewertung, 2002), Unternehmens- und Anteilsbewertung im Gesellschaftsrecht, 4. Auflage, Köln 2002

**Großfeld, B. / Stöver, R. / Tönnes, W. A.**, Neue Unternehmensbewertung, in: BB 2005, Special Nr. 7, S. 2 – 13

**Großfeld, B.** (Recht, 2012), Recht der Unternehmensbewertung, 7. Auflage, Köln 2012

**Grote, J. F.** (Indexkonstruktion, 2006), Unternehmensbewertung zwecks Indexkonstruktion: Bewertung von nicht börsennotierten Unternehmen zwecks Konstruktion eines regionalen Index, Lohmar / Köln 2006

**Gruber, W. / Overbeck, L.**, „Nie mehr Bootstrapping", in: FMPM 1998, S. 59 – 73

**Guesnerie, R.** (Rational Expectations, 2005), Assessing Rational Expectations 2: „Eductive" Stability in Economics, Cambridge 2005

**Haberler, G.** (Indexzahlen, 1927), Der Sinn der Indexzahlen: Eine Untersuchung über den Begriff des Preisniveaus und die Methoden seiner Messung, Tübingen 1927

**Hachmeister, D.** (Unternehmenswertsteigerung, 2000), Der Discounted Cash Flow als Maß der Unternehmenswertsteigerung, 4. Auflage, Frankfurt am Main / Berlin / Bern u. a. 2000

**Hachmeister, D. / Ruthardt, F. / Lampenius, N.**, Unternehmensbewertung im Spiegel der neueren gesellschaftsrechtlichen Rechtsprechung – Berücksichtigung des Risikos, Risikozuschlags und persönlicher Steuern, in: WPg 2011, S. 829 – 839

**Hachmeister, D. / Ruthardt, F. / Autenrieth, M.**, Marktrisikoprämien am deutschen Kapitalmarkt: Ermittlung und Vergleich angebotsseitiger und historischer Marktrisikoprämien, in: DBW 2015, S. 145 – 159

**Hachmeister, D. / Wiese, J.**, Der Zinsfuß in der Unternehmensbewertung: Aktuelle Probleme und Rechtsprechung, in: WPg 2009, S. 54 – 65

**Hackl, P.** (Ökonometrie, 2013), Einführung in die Ökonometrie, 2. Auflage, München / Harlow / Amsterdam u. a. 2013

**Hackmann, A.** (Unternehmensbewertung, 1987), Unternehmensbewertung und Rechtsprechung, Wiesbaden 1987

**Häuser, K. / Rosenstock, A. / Vorwerk, T. u. a.** (Aktienrendite, 1985), Aktienrendite und Rentenparadoxie: 1964 bis 1983 in der Bundesrepublik Deutschland, Frankfurt am Main 1985

**Hald, A.**, On the History of the Correction for Grouping, 1873 – 1922, in: SJS 2001, S. 417 – 428

**Hamada, R. S.**, Portfolio Analysis, Market Equilibrium and Corporation Finance, in: JOF 1969, S. 13 – 31

**Hamada, R. S. / Scholes, M. S.** (Taxes, 1985), Taxes and Corporate Financial Management, in: Altman, E. I. / Subrahmanyam, M. G., Recent Advances in Corporate Finance, Homewood 1985, S. 187 – 226

**Hamann, H. / Sigle, A. (Hrsg.)** (Vertragsbuch Gesellschaftsrecht, 2012), Vertragsbuch Gesellschaftsrecht: Gestaltung, Finanzierung, Internationalisierung, Mergers / Acquisitions und Nachfolge, 2. Auflage, München 2012

**Hannemann, S.** (Swaps, 2005), Swaps – Produktbeschreibung, Pricing und Bewertung, in: Eller, R. / Heinrich, M. / Perrot, R. u. a. (Hrsg.), Handbuch derivativer Finanzinstrumente: Produkte, Strategien, Risikomanagement, 3. Auflage, Stuttgart 2005, S. 249 – 267

**Hardman, D.** (Decision Making, 2009), Judgment and Decision Making, Malden 2009

**Hartmann-Wendels, T. / Gumm-Heußen, M.**, Zur Diskussion um die Marktzinsmethode: Viel Lärm um Nichts?, in: ZfB 1994, S. 1285 – 1301

**Hartung, J. / Elpelt, B.** (Multivariate Statistik, 2007), Multivariate Statistik: Lehr- und Handbuch der angewandten Statistik, 7. Auflage, München / Wien 2007

**Hartung, J.** (Statistik, 2009), Statistik: Lehr- und Handbuch der angewandten Statistik, 15. Auflage, München 2009

**Harvey, A. C.** (Zeitreihenmodelle, 1995), Zeitreihenmodelle, 2. Auflage, München / Wien 1995

**Haugen, R. A.** (Modern Investment Theory, 2001), Modern Investment Theory, 5. Auflage, Upper Saddle River 2001

**Hauschild, A. / Kallrath, J. / Wachter, T. (Hrsg.)**, Notarhandbuch Gesellschafts- und Unternehmensrecht, München 2011

**Hax, H.** (Unternehmen, 2005), Unternehmen und Unternehmer in der Marktwirtschaft, Göttingen 2005

**Hayek, F. A. v.** (Geldtheorie und Konjunkturtheorie, 1929), Geldtheorie und Konjunkturtheorie, 1. Auflage, Wien / Leipzig 1929

**Haymoz, F.** (Entreprises, 1943), Essai sur les Fondements Théoretiques de l'Évaluation des Entreprises, Fribourg 1943

**Hayn, M.** (Bewertung, 2000), Bewertung junger Unternehmen, 2. Auflage, Herne / Berlin 2000

**Hayn, M.**, Unternehmensbewertung: Die funktionalen Wertkonzeptionen; Gemeinsamkeiten, Unterschiede und Konsequenzen für die Überarbeitung des Entwurfs der HFA-Stellungnahme 2 / 1983, in: DB 2000, S. 1346 – 1353

**Heinrich, M.** (Kreditderivate, 2005), Kreditderivate, in: Eller, R. / Heinrich, M. / Perrot, R. u. a. (Hrsg.), Handbuch derivativer Finanzinstrumente: Produkte, Strategien, Risikomanagement, 3. Auflage, Stuttgart 2005, S. 33 – 61

**Heitmann, P. A.** (Kapitalanlagevorschriften, 2011), Kapitalanlagevorschriften, in: Bähr, G. W. (Hrsg.), Handbuch des Versicherungsaufsichtsrechts, München 2011, S. 455 – 492

**Helbling, C.** (Unternehmensbewertung, 1998), Unternehmensbewertung und Steuern: Unternehmensbewertung in Theorie und Praxis, insbesondere die Berücksichtigung der Steuern aufgrund der Verhältnisse in der Schweiz und in Deutschland, 9. Auflage, Zürich 1998

**Heller, H. R. / Khan, M. S.**, The Demand for Money and the Term Structure of Interest Rates, in: JPE 1979, S. 109 – 129

**Henning, F.-W.** (Börsenkrisen und Börsengesetzgebung, 1992), Börsenkrisen und Börsengesetzgebung von 1914 bis 1945 in Deutschland, in: Pohl, H. (Hrsg.), Deutsche Börsengeschichte, Frankfurt am Main 1992, S. 209 – 290

**Hennrichs, J.**, Unternehmensbewertung und persönliche Ertragsteuern aus (aktien-)-rechtlicher Sicht, in: ZHR 2000, S. 453 – 478

**Henselmann, K.** (Unternehmenswert, 1999), Unternehmensrechnungen und Unternehmenswert: Ein situativer Ansatz, Aachen 1999

**Henze, J.** (Finanzanalysten, 2004), Was leisten Finanzanalysten? Eine empirische Analyse des deutschen Aktienmarktes, Lohmar / Köln 2004

**Hering, T.** (Unternehmensbewertung, 2006), Unternehmensbewertung, 2. Auflage, München / Wien 2006

**Hering, T.** (Investitionstheorie, 2008), Investitionstheorie, 3. Auflage, München 2008

**Herrmann, C. / Heuer, G. / Raupach, A.** (EStG, 2009), Einkommensteuer- und Körperschaftsteuergesetz, Band 2: §§ 4 – 5 EStG, 21. Auflage, Köln 1996, Stand: Juli 2009

**Herrmann, C. / Heuer, G. / Raupach, A.** (EStG, 2012), Einkommensteuer- und Körperschaftsteuergesetz, Band 3: §§ 5 a – 7 k EStG, 21. Auflage, Köln 1996, Stand: November 2012

**Herrmann, K.**, Die Statistik der Börsenwerte der Aktien: Kursdurchschnitte – Rendite – Indexziffer der Aktienkurse, in: WiSta 1956, S. 188 – 197

**Herzberger, J.** (Finanzmathematik, 1999), Einführung in die Finanzmathematik, München / Wien 1999

**Hertz, D. B.**, Risk Analysis in Capital Investment, in: HBR 1964, S. 95 – 106

**Heston, S. L. / Sadka, R.**, Seasonality in the Cross-Section of Stock Returns, in: JFE 2008, S. 418 – 445

**Hetzel, H.**, Stichtagszins oder zukünftiger Zins zur Ertragswertermittlung im Rahmen der modernen Unternehmensbewertung?, in: BB 1988, S. 725 – 728

**Heusinger v. Waldegge, S.** (Steigerung, 2009), Steigerung des Unternehmenswertes: Entwicklung und Einsatz eines Controlling-Instrumentes, Wiesbaden 2009

**Heyde, J. E.** (Wert, 1926), Wert: Eine philosophische Grundlegung, Erfurt 1926

**Hicks, J. R.** (Value and Capital, 1946), Value and Capital: An Inquiry into Some Fundamental Principles of Economic Theory, 2. Auflage, Oxford 1946

**Hirshleifer, J.** (Liquidity, 1972), Liquidity, Uncertainty, and the Accumulation of Information, in: Carter, C. F. / Ford, J. L., Uncertainty and Expectations in Economics: Essays in Honour of G. L. S. Shackle, Oxford 1972, S. 136 – 147

**Hirte, H. / Bülow, C. v.** (Kölner Kommentar zum WpÜG, 2010), Kölner Kommentar zum WpÜG: Mit AngebVO und §§ 327 a – 327 f AktG, 2. Auflage, Köln 2010

**Hladíková, H. / Radová, J.**, Term Structure Modelling by Using Nelson-Siegel Model, in: EFAJ 2012, S. 36 – 55

**Hodges, S. D. / Schaefer, S. M.**, A Model for Bond Portfolio Improvement, in: JFQA 1977, S. 243 – 260

**Hölters, W.** (Aktiengesetz, 2014), Aktiengesetz: Kommentar, 2. Auflage, München 2014

**Hofmann, F.** (Unternehmenssteuerung, 2011), Ratingorientierte Unternehmenssteuerung, Hamburg 2011

**Hoffmann, S. / Nippel, P.**, Die Abgeltungsteuer auf Kursgewinne und der Steuerstundungseffekt in der Unternehmensbewertung, in: ZfB 2012, S. 1311 – 1336

**Hohlfeldt, G. / Jacob, H.-J.** (Unternehmensbewertung, 1992), Theorie und Praxis in der Unternehmensbewertung: A-STATE-OF-THE-ART, in: Boysen, K. / Hohlfeldt, G. / Jacob, H.-J. u. a. (Hrsg.), Der Wirtschaftsprüfer vor innovativen Herausforderungen: Festschrift für Hans-Heinrich Otte, Stuttgart 1992, S. 205 – 263

**Holtemöller, O.** (Geldtheorie und Geldpolitik, 2008), Geldtheorie und Geldpolitik, Tübingen 2008

**Homer, S.** (Interest Rates, 1963), A History of Interest Rates, 1. Auflage, New Brunswick 1963

**Hommel, M. / Dehmel, I. / Pauly, D.**, Unternehmensbewertung unter dem Postulat der Steueräquivalenz, in: BB 2005, Special Nr. 7, S. 13 – 18

**Hommel, M. / Pauly, D.**, Unternehmensteuerreform 2008: Auswirkungen auf die Unternehmensbewertung, in: BB 2007, S. 1155 – 1161

**Hüffer, U.** (Aktiengesetz, 2014), Aktiengesetz, 11. Auflage, München 2014

**Hurn, A. S. / Lindsay, K. A. / Pavlov, V.** (Yield Curves, 2005), Smooth Estimation of Yield Curves by Laguerre Functions, in: Zerger, A. / Argent, R. (Hrsg.), MODSIM 05 – International Congress on Modelling and Simulation Advances and Applications for Management and Decision Making, 12 December – 15 December, 2005, Melbourne 2005, S. 1042 – 1048

**Hurwitz, A. / Courant, R. / Röhrl, H. (Hrsg.)** (Funktionentheorie, 1964), Vorlesungen über allgemeine Funktionentheorie und elliptische Funktionen, 4. Auflage, Berlin / Göttingen / New York u. a. 1964

**Huschens, S.** (Rationale Erwartung, 1992), Rationale Erwartung versus optimale Prognose: Eine kritische Anmerkung zur makroökonomischen Modellierung rationaler Erwartungsbildung, Diskussionspapier Nr. 176, Alfred-Weber-Institut für Wirtschaftswissenschaften, Universität Heidelberg, Heidelberg 1992

**Ibbotson, R. G. / Fall, C. L.**, The United States Market Wealth Portfolio – Components of Capital Market Values and Returns, 1947 – 1978, in: JPortM 1979, Nr. 1, S. 82 – 92

**Ibbotson, R. G. / Siegel, L. B. / Love, K. S.**, Market Values and Returns, in: JPortM 1985, Nr. 1, S. 4 – 23

**Indro, D. C. / Lee, W. Y.**, Biases in Arithmetic and Geometric Averages as Estimates of Long-Run Expected Returns and Risk Premia, in: FM 1997, Nr. 4, S. 81 – 90

**IDW (Hrsg.)**, Stellungnahme HFA 2 / 1983: Grundsätze zur Durchführung von Unternehmensbewertungen, in: WPg 1983, S. 468 – 480

**IDW (Hrsg.)** (Wirtschaftsprüfer-Handbuch, 1992), Wirtschaftsprüfer-Handbuch 1992; Handbuch für Rechnungslegung, Prüfung und Beratung, Band 2, 10. Auflage, Düsseldorf 1992

**IDW (Hrsg.)**, Stellungnahme HFA 2 / 1995: Zur Unternehmensbewertung im Familien- und Erbrecht, in: WPg 1995, S. 522 – 526

**IDW (Hrsg.)**, Berichterstattung über die 57. bis 61. Sitzung des Arbeitskreises Unternehmensbewertung, in: FN-IDW 1997, S. 33 – 34

**IDW (Hrsg.)** (Wirtschaftsprüfer-Handbuch, 1998), Wirtschaftsprüfer-Handbuch 1998; Handbuch für Rechnungslegung, Prüfung und Beratung, Band 2, 11. Auflage, Düsseldorf 1998

**IDW (Hrsg.)** (IDW S 1 i. d. F. 2000), IDW Standard: Grundsätze zur Durchführung von Unternehmensbewertungen (IDW S 1) – Stand: 28.6.2000, in: WPg 2000, S. 825 – 846

**IDW (Hrsg.)** (Wirtschaftsprüfer-Handbuch, 2002), Wirtschaftsprüfer-Handbuch 2002; Handbuch für Rechnungslegung, Prüfung und Beratung, Band 2, 12. Auflage, Düsseldorf 2002

**IDW (Hrsg.)**, 75. Sitzung des AKU: Basiszinssatz als Bestandteil des Kapitalisierungszinssatzes im Rahmen der Unternehmensbewertung, in: FN-IDW 2003, S. 26

**IDW (Hrsg.)** (IDW S 1 i. d. F. 2005), IDW Standard: Grundsätze zur Durchführung von Unternehmensbewertungen (IDW S 1) – Stand: 18.10.2005, in: WPg 2005, S. 1303 – 1321

**IDW (Hrsg.)**, IDW Stellungnahme zur Rechnungslegung: Anwendung der Grundsätze des IDW S 1 bei der Bewertung von Beteiligungen und sonstigen Unternehmensanteilen für Zwecke des handelsrechtlichen Jahresabschlusses (IDW RS HFA 10) – Stand: 18.10.2005, in: WPg 2005, S. 1322 – 1323

**IDW (Hrsg.)**, 84. Sitzung des AKU: Eckdaten zur Bestimmung des Kapitalisierungszinssatzes im Rahmen der Unternehmensbewertung, in: FN-IDW 2005, S. 70 – 71

**IDW (Hrsg.)**, Arbeitskreis Unternehmensbewertung: Eckdaten zur Bestimmung des Kapitalisierungszinssatzes bei der Unternehmensbewertung, in: FN-IDW 2005, S. 555 – 556

**IDW (Hrsg.)** (IDW S 1 i. d. F. 2008), IDW Standard: Grundsätze zur Durchführung von Unternehmensbewertungen (IDW S 1 i. d. F. 2008), in: WPg 2008, Supplement Nr. 3, S. 68 – 89

**IDW (Hrsg.)**, Ergänzende Hinweise des FAUB zur Bestimmung des Basiszinssatzes im Rahmen objektivierter Unternehmensbewertungen, in: FN-IDW 2008, S. 490 – 491

**IDW (Hrsg.)** (WP-Handbuch, 2007), WP-Handbuch 2008; Handbuch für Rechnungslegung, Prüfung und Beratung, Band 2, 13. Auflage, Düsseldorf 2007

**IDW (Hrsg.)**, Auswirkungen der Finanz- und Konjunkturkrise auf Unternehmensbewertungen, in: FN-IDW 2009, S. 696 – 698

**IDW (Hrsg.)**, Beschaffung von Kapitalmarktdaten zur Ermittlung eines objektivierten Unternehmenswertes nach IDW S 1 i. d. F. 2008, in: FN-IDW 2012, S. 60 – 61

**IDW (Hrsg.)**, FAUB: Auswirkungen der aktuellen Kapitalmarktsituation auf die Ermittlung des Kapitalisierungszinssatzes, in: FN-IDW 2012, S. 122

**IDW (Hrsg.)**, FAUB: Hinweise zur Berücksichtigung der Finanzmarktkrise bei der Ermittlung des Kapitalisierungszinssatzes, in: FN-IDW 2012, S. 568 – 569

**IDW (Hrsg.)**, Das IDW 2012 / 2013: Tätigkeitsbericht; Berichtszeitraum 01.07.2011 – 30.06.2013, Düsseldorf 2013

**IDW (Hrsg.)**, Fragen und Antworten: Zur praktischen Anwendung der Grundsätze zur Durchführung von Unternehmensbewertungen nach IDW S 1 i. d. F. 2008 (F & A zu IDW S 1 i. d. F. 2008), in: FN-IDW 2013, S. 363 – 367

**IDW (Hrsg.)** (WP-Handbuch, 2014), WP-Handbuch 2014; Handbuch für Rechnungslegung, Prüfung und Beratung, Band 2, 14. Auflage, Düsseldorf 2014

**Ihlau, S. / Gödecke, S.**, M&A-Transaktionen in volatilen Märkten, in: BB 2012, S. 887 – 892

**Ilmanen, A.**, Expected Returns on Stocks and Bonds, in: JPortM 2003, Nr. 2, S. 7 – 27

**Indro, D. C. / Lee, W. Y.**, Biases in Arithmetic and Geometric Averages as Estimates of Long-Run Expected Returns and Risk Premia, in: FM 1997, Nr. 4, S. 81 – 90

**Ingersoll, J. E.** (Financial Decision Making, 1987), Theory of Financial Decision Making, Lanham 1987

**Intriligator, M. D.** (Econometric Models, 1983), Economic and Econometric Models, in: Griliches, Z. / Intriligator, M. D., Handbook of Econometrics, Band 1, Amsterdam / New York / Oxford 1983, S. 181 – 221

**Issing, O.** (Geldtheorie, 2011), Einführung in die Geldtheorie, 15. Auflage, München 2011

**Jacob, H.**, Der Zukunftserfolgswertbegriff und die Verfahren der Unternehmensbewertung, in: ZfB 1961, S. 231 – 246

**Jacob, H.-J.** (Unternehmensbewertung, 2001), Unternehmensbewertung im Wandel – Aktuelle Entwicklungen in der Unternehmensbewertung, in: Baetge, J. (Hrsg.), Unternehmensbewertung im Wandel: Vorträge und Diskussionen des 16. Münsteraner Gesprächskreises Rechnungslegung und Prüfung e. V. am 11. Mai 2000, Düsseldorf 2000, S. 25 – 52

**Jacobs, O. H. (Hrsg.)** (Unternehmensbesteuerung, 2009), Unternehmensbesteuerung und Rechtsform: Handbuch zur Besteuerung deutscher Unternehmen, 4. Auflage, München 2009

**Jaeckel, U.**, Zur Bestimmung des Basiszinsfußes bei der Ertragswertermittlung, in: BFuP 1988, S. 553 – 563

**Jaensch, G.** (Wert, 1966), Wert und Preis der ganzen Unternehmung, Köln / Opladen 1966

**Jaensch, G. H.** (Gewinnüberlegungen, 1995), Betriebswirtschaftliche Gewinnüberlegungen und Shareholder-Value-Konzept, in: Elschen, R. / Siegel, T. / Wagner, F. W. (Hrsg.), Unternehmenstheorie und Besteuerung: Festschrift zum 60. Geburtstag von Dieter Schneider, Wiesbaden 1995, S. 331 – 345

**Jahn, U.** (Außerbörsliche Finanztermingeschäfte, 2011), Außerbörsliche Finanztermingeschäfte (OTC-Derivate), in: Schimansky, H. / Bunte, H.-J. / Lwowski, H.-J. (Hrsg.), Bankrechts-Handbuch, Band 2, 4. Auflage, München 2011, S. 1500 – 1720

**Janßen, B. / Rudolph, B.** (DAX, 1992), Der Deutsche Aktienindex DAX: Konstruktion und Anwendungsmöglichkeiten, Frankfurt am Main 1992

**Jarchow, H.-J.** (Theorie und Politik des Geldes, 2003), Theorie und Politik des Geldes, 11. Auflage, Göttingen 2003

**Jaschke, S. / Stehle, R. / Wernicke, S.**, Arbitrage und die Gültigkeit des Barwertprinzips im Markt für Bundeswertpapiere, in: ZfbF 2000, S. 440 – 468

**Jegadeesh, N.**, Evidence of Predictable Behavior of Security Prices, in: JOF 1990, S. 881 – 898

**Jen, F. C / Wert, J. E.**, Imputed Yields of a Sinking Fund Bond and the Term Structure of Interest Rates, in: JOF 1966, S. 697 – 713

**Jensen, M. C.** (Capital Market Theory, 1972), The Foundations and Current State of Capital Market Theory, in: Jensen, M. C. (Hrsg.), Studies in the Theory of Capital Markets, New York / Washington / London 1972

**Johnson, R. E.**, Term Structure of Corporate Bond Yields as a Function of Risk of Default, in: JOF 1967, S. 313 – 345

**Jonas, H.**, Einige Bemerkungen zur Bestimmung des Verkehrswertes von Unternehmungen, in: ZfB 1954, S. 18 – 27

**Jonas, H.**, Die Bestimmung des Kapitalisierungszinsfußes bei der Unternehmensbewertung, in: ZfB 1954, S. 488 – 497

**Jonas, M.**, Zur Anwendung der Discounted-Cash-flow-Methode in Deutschland, in: BFuP 1995, S. 83 – 98

**Jonas, M.**, Steuern in der Unternehmensbewertung unter besonderer Berücksichtigung der Unternehmenssteuerreform, in: StBJb 2000 / 2001, S. 409 – 423

**Jonas, M.**, Unternehmensbewertung in der Krise, in: FB 2009, S. 541 – 546

**Jonas, M. / Löffler, A. / Wiese, J.**, Das CAPM mit deutscher Einkommensteuer, in: WPg 2004, S. 898 – 906

**Jonas, M. / Wieland-Blöse, H. / Schiffarth, S.**, Basiszinssatz in der Unternehmensbewertung, in: FB 2005, S. 647 – 653

**Jonkhart, M. J. L.**, On the Term Structure of Interest Rates and the Risk of Default: An Analytical Approach, in: JBF 1979, S. 253 – 262

**Käfer, K.** (Ertrag, 1969), Substanz und Ertrag bei der Unternehmensbewertung, in: Busse von Colbe, W. / Sieben, G. (Hrsg.), Betriebswirtschaftliche Information, Entscheidung und Kontrolle: Festschrift für Hans Münstermann, Wiesbaden 1969, S. 295 – 357

**Kähler, J. / Pasternak, C.**, Stetige Veränderungsraten und Renditen, in: WiSt 2002, S. 165 – 168

**Kalbhenn, C.**, Dax durch VW-Kapriolen langfristig verzerrt, in: BZ 2009, Ausgabe vom 20. Februar 2009, S. 17

**Kaplan, P. D. / Peterson, J. D.**, Full-Information Industry Betas, in: FM 1998, Nr. 2, S. 85 – 93

**Kaplan, S. N. / Ruback, R. S.**, The Valuation of Cash Flow Forecasts: An Empirical Analysis, in: JOF 1995, S. 1059 – 1093

**Karmann, A.** (Theorie rationaler Erwartungen, 1990), Theorie rationaler Erwartungen: Eine Einführung, Diskussionsbeitrag Nr. 71, Sozialökonomisches Seminar, Universität Hamburg, 2. Auflage, Hamburg 1990

**Kasperzak, R.**, Unternehmensbewertung, Kapitalmarktgleichgewichtstheorie und Komplexitätsreduktion, in: BFuP 2000, S. 466 – 477

**Katz, E. / Prisman, E. Z.**, Arbitrage, Clientele Effects, and the Term Structure of Interest Rates, in: JFQA 1991, S. 435 – 443

**Keim, D. B.**, Size-Related Anomalies and Stock Return Saisonality, in: JFE 1983, S. 13 – 32

**Keim, D. B. / Stambaugh, R. F.**, Predicting Returns in the Stock and Bond Markets, in: JFE 1986, S. 357 – 390

**Kemper, T. / Ragu, B. / Rüthers, T.**, Eigenkapitalkosten in der Finanzkrise, in: DB 2012, S. 645 – 650

**Kempf, A.**, Was messen Liquiditätsmaße?, in: DBW 1998, S. 299 – 311

**Kerling, M.** (Finanzanalyse, 1998), Moderne Konzepte der Finanzanalyse: Markthypothesen, Renditegenerierungsprozesse und Modellierungswerkzeuge, Bad Soden 1998

**Kielkopf, K.** (Performance von Anleiheportefeuilles, 1995), Performance von Anleiheportefeuilles: Konzepte, Vergleichsmaßstäbe, Leistung von deutschen Rentenfonds, Wiesbaden 1995

**Kim, M. J. / Nelson, C. R. / Startz, R.**, Mean Reversion in Stock Prices? A Reappraisal of the Empirical Evidence, in: RES 1991, S. 515 – 528

**Kirchgässner, G. / Wolters, J.** (Zeitreihenanalyse, 2006), Einführung in die moderne Zeitreihenanalyse, München 2006

**Kirsch, H.**, Cashflow-Planungen zur Durchführung des Asset Impairment Test nach US-GAAP, in: BB 2003, S. 1775 – 1781

**Kniest, W.**, Quasi-risikolose Zinssätze in der Unternehmensbewertung, in: BP 2005, Nr. 1, S. 9 – 12

**Knoll, L.**, IDW ES 1 n. F. und der Preis der Ästhetik, in: AG 2005, Sonderheft, S. 39 – 43

**Knoll, L.**, Basiszins und Zinsstruktur – Anmerkungen zu einer methodischen Neuausrichtung des IDW, in: WiSt 2006, S. 525 – 528

**Knoll, L.** (Mittelungsproblematik historischer Marktrisikoprämien, 2010), Anmerkungen zur Mittelungsproblematik historischer Marktrisikoprämien, in: Königsmaier, H. / Rabel, K. (Hrsg.), Unternehmensbewertung: Theoretische Grundlagen – Praktische Anwendung; Festschrift für Gerald Mandl zum 70. Geburtstag, Wien 2010, S. 325 – 343

**Knoll, L. / Deininger, C.**, Der Basiszins der Unternehmensbewertung zwischen theoretisch Wünschenswertem und praktisch Machbarem, in: ZBB 2004, S. 371 – 381

**Knoll, L. / Wenger, E. / Tartler, M.**, Die Marktrisikoprämie nach den Vorgaben des IDW: Ein empirischer Vertretbarkeitstest, in: ZSteu 2011, S. 47 – 56

**König, W. / Zeidler, G. W.**, Die Behandlung von Steuern bei der Unternehmensbewertung, in: DStR 1996, S. 1098 – 1103

**Kohl, T. / König, J.**, Das vereinfachte Ertragswertverfahren im Lichte des aktuellen Kapitalmarktumfeldes, in: BB 2012, S. 607 – 611

**Kohn, M.** (Financial Institutions, 2004), Financial Institutions and Markets, 2. Auflage, New York 2004

**Kolbe, A. L. / Read, J. A. / Hall, G. R.** (Cost of Capital, 1984), The Cost of Capital: Estimating the Rate of Return for Public Utilities, Cambridge 1984

**Koller, T. / Goedhart, M. / Wessels, D.** (Valuation, 2005), Valuation: Measuring and Managing the Value of Companies, 4. Auflage, New York 2005

**Koller, T. / Goedhart, M. / Wessels, D.** (Valuation, 2010), Valuation: Measuring and Managing the Value of Companies, 5. Auflage, New York 2010

**Komp, R.** (Zweifelsfragen, 2002), Zweifelsfragen des aktienrechtlichen Abfindungsanspruchs nach §§ 305, 320 b AktG, Berlin 2002

**Kondratieff, N. D.**, Die langen Wellen der Konjunktur, in: ASS 1926, S. 573 – 609

**Kopp, T.** (Zinsswap, 1995), Der Zinsswap: Ein deutsch–US-amerikanischer Rechtsvergleich, Baden-Baden 1995

**KPMG (Hrsg.)** (Kapitalkostenstudie, 2013), Kapitalkostenstudie 2013: Konjunktur im Wandel – Kapitalkosten auch?, Berlin 2013

**KPMG (Hrsg.)** (Kapitalkostenstudie, 2014), Kapitalkostenstudie 2014: Risikoberücksichtigung, Risikoäquivalenz, Risikoteilung, Berlin 2014

**Kraft, C. / Kraft, G.** (Unternehmensbesteuerung, 2014), Grundlagen der Unternehmensbesteuerung: Die wichtigsten Steuerarten und ihr Zusammenwirken, 4. Auflage, Wiesbaden 2014

**Krämer, W.**, Statistische Besonderheiten von Finanzzeitreihen, in: JNS 2002, S. 210 – 229

**Krämer, W. / Runde, R.**, Testing for the Autocorrelation among Common Stock Returns, in: SP 1991, S. 311 – 320

**Krämer, W. / Runde, R.**, Wochentagseffekte am Deutschen Aktienmarkt – Wie robust ist der $t$-Test bei unendlicher Varianz?, in: AStA 1992, S. 226 – 239

**Krämer, W. / Runde, R.**, Peaks and Tails – What Distinguishes Financial Data?, in: EE 2000, S. 665 – 671

**Kreyer, F.** (Restwertbestimmung, 2009), Strategieorientierte Restwertbestimmung in der Unternehmensbewertung: Eine Untersuchung des langfristigen Rentabilitätsverlaufs europäischer Unternehmen, Wiesbaden 2009

**Kritzman, M. P.** (Puzzles of Finance, 2000), Puzzles of Finance: Six Practical Problems and Their Remarkable Solutions, New York / Chichester / Weinheim u. a. 2000

**Kromschröder, B.** (Unternehmensbewertung, 1979), Unternehmensbewertung und Risiko: Der Einfluss des Risikos auf den subjektiven Wert von Unternehmensbeteiligungen im Rahmen der optimalen Investitions- und Finanzierungspolitik des Investors, Berlin / Heidelberg / New York 1979

**Kruschwitz, L.**, Risikoabschläge, Risikozuschläge und Risikoprämien in der Unternehmensbewertung, in: DB 2001, S. 2409 – 2413

**Kruschwitz, L.** (Anschlussverzinsung, 2009), Zum Problem der Anschlussverzinsung, Diskussionsbeiträge FACTS Nr. 15 / 2009, Fachbereich Wirtschaftswissenschaften, Freie Universität Berlin, Berlin 2009

**Kruschwitz, L.** (Finanzmathematik, 2010), Finanzmathematik: Lehrbuch der Zins-, Renten-, Tilgungs-, Kurs- und Renditerechnung, 5. Auflage, München 2010

**Kruschwitz, L.** (Investitionsrechnung, 2011), Investitionsrechnung, 13. Auflage, München 2011

**Kruschwitz, L. / Decker, R. O. A. / Röhrs, M.** (Finanzwirtschaft, 2007), Übungsbuch zur betrieblichen Finanzwirtschaft, 7. Auflage, München / Wien 2007

**Kruschwitz, L. / Husmann, S.** (Investition, 2012), Finanzierung und Investition, 7. Auflage, München 2012

**Kruschwitz, L. / Löffler, A. / Lorenz, D.**, Unlevering und Relevering – Modigliani / Miller versus Miles / Ezzel, in: WPg 2011, S. 672 – 678

**Kümpel, S.**, Zum Termin- und Differenzeinwand bei Zinsterminkontrakten und Zinsswapgeschäfte, in: WM 1986, S. 661 – 670

**Künnemann, M.** (Unternehmensbewertung, 2003), Berücksichtigung von Steuern in der Unternehmensbewertung, in: Börsig, C. / Coenenberg, A. G. (Hrsg.), Bewertung von Unternehmen: Strategie – Markt – Risiko; Kongress-Dokumentation / 56. Deutscher Betriebswirtschafter-Tag 2002, S. 153 – 171

**Kürsten, W.**, Präferenzmessung, Kardinalität und sinnmachende Aussagen – Enttäuschung über die Kardinalität des Bernoulli-Nutzens, in: ZfB 1992, S. 459 – 478

**Kürsten, W.**, „Unternehmensbewertung unter Unsicherheit", oder: Theoriedefizit einer künstlichen Diskussion über Sicherheitsäquivalent- und Risikozuschlagsmethode – Anmerkungen (nicht nur) zu dem Beitrag von Bernhard Schwetzler in der zfbf (August 2000, S. 469 – 486), in: ZfbF 2002, S. 128 – 144

**Laas, T.**, Einkommensteuerwirkungen bei der Unternehmensbewertung, in: WPg 2006, S. 290 – 297

## Literaturverzeichnis

**Laguerre, E.**, Sur l'Intégrale $\int_x^\infty \frac{e^{-x}dx}{x}$, in: BSMF 1879, S. 72 – 81

**Laitenberger, J.**, Die Berücksichtigung von Kursgewinnen bei der Unternehmensbewertung, in: FB 2000, S. 546 – 550

**Laitenberger, J. / Bahr, C.**, Der Bedeutung der Einkommensteuer bei der Unternehmensbewertung, in: FB 2002, S. 703 – 708

**Lampenius, N. / Obermaier, R. / Schüler, A.**, Der Einfluss stichtags- und laufzeitäquivalenter Basiszinssätze auf den Unternehmenswert, in: ZBB 2008, S. 245 – 254

**Lang, C. B. / Pucker, N.** (Mathematische Methoden, 2005), Mathematische Methoden in der Physik, 2. Auflage, München / Heidelberg 2005

**Langenkämper, C.** (Unternehmensbewertung, 2000), Unternehmensbewertung: DCF-Methoden und simulativer VOFI-Ansatz, Wiesbaden 2000

**Lassak, G.** (Zins- und Währungsswaps, 1988), Zins- und Währungsswaps, Frankfurt am Main 1988

**Lassak, G.** (Bewertung festverzinslicher Wertpapiere, 1992), Bewertung festverzinslicher Wertpapiere am deutschen Rentenmarkt, Heidelberg 1992

**Laux, H.**, Unternehmensbewertung bei Unsicherheit, in: ZfB 1971, S. 525 – 540

**Laux, H.** (Entscheidungstheorie, 2007), Entscheidungstheorie, 7. Auflage, Berlin / Heidelberg 2007

**Laux, H. / Gillenkirch, R. M. / Schenk-Mathes, H. Y.** (Entscheidungstheorie, 2014), Entscheidungstheorie, 9. Auflage, Berlin / Heidelberg 2014

**Leiner, B.** (Zeitreihenanalyse, 1998), Grundlagen der Zeitreihenanalyse, 4. Auflage, München / Wien 1998

**León, J. A. / Solé, J. L. / Utzet, F. u. a.**, On Lévy Processes, Mallianvin Calculus and Market Models with Jumps, in: FaS 2002, S. 197 – 225

**Levy, H. / Sarnat, M.** (Financial Decisions, 1994), Capital Investment and Financial Decisions, 5. Auflage, Englewood Cliffs / London / Mexico u. a. 1994

**Lewellen, J.**, Predicting Returns with Financial Ratios, in: JFE 2004, S. 209 – 235

**Linnenbrink, K.** (CAPM, 1998), Das CAPM mit zeitabhängigen Beta-Faktoren: Eine empirische Untersuchung am deutschen Kapitalmarkt, Berlin 1998

**Lintner, J.**, Security Prices, Risk, and Maximal Gains from Diversification, in: JOF 1965, S. 587 – 615

**Lintner, J.**, The Valuation of Risk Assets and the Selection of Risky Investments in Stock Portfolios and Capital Budgets, in: REStat 1965, S. 13 – 37

**Lintner, J.**, The Aggregation of Investor's Judgments and Preferences in Purely Competitive Security Markets, in: JFQA 1969, S. 347 – 400

**Lippe, P. v. d.** (Index Theory, 2007), Index Theory and Price Statistics, Frankfurt am Main / Berlin / Bern u. a. 2007

**Lippman, S. A. / McCall, J. J.**, An Operational Measure of Liquidity, in: AER 1986, S. 43 – 55

**Lipster, R. S. / Shiryayev, A. N.** (Theory of Martingales, 1989), Theory of Martingales, Dordrecht / Boston / London 1989

**Litzenberger, R. H. / Rolfo, J.**, An International Study of Tax Effects on Government Bonds, in: JOF 1984, S. 1 – 22

**Litz, H. P.** (Statistische Methoden, 2003), Statistische Methoden in den Wirtschafts- und Sozialwissenschaften, 3. Auflage, München / Wien 2003

**Livingston, M. / Caks, J.**, A "Duration Fallacy", in: JOF 1977, S. 185 – 187

**Lo, A. W. / MacKinlay, A. C.**, Stock Market Prices Do not Follow Random Walks: Evidence from a Simple Specification Test, in: RFS 1988, S. 41 – 66

**Lo, A. W. / MacKinlay, A. C.** (Non-Random Walk, 2002), A Non-Random Walk Down Wall Street, 5. Auflage, Princeton 2002

**Löffler, A.**, Die Besteuerung von Kursgewinnen und Dividenden in der Unternehmensbewertung, in: FB 2001, S. 593 – 594

**Löhr, D.**, Bewertung von Kapitalgesellschaften mit dem Zukunftserfolgswert – Auswirkungen des Steuersenkungsgesetzes, in: BB 2001, S. 351 – 357

**Loistl, O.** (Kapitalmarkttheorie, 1994), Kapitalmarkttheorie, 3. Auflage, München / Wien 1994

**Loistl, O.** (Rentenwerte, 2001), Rentenwerte, Analyse von, in: Gerke, W. / Steiner, M. (Hrsg.), Enzyklopädie der Betriebswirtschaftslehre, Band 6: Handwörterbuch des Bank- und Finanzwesens, 3. Auflage, Stuttgart 2001, Sp. 1826 – 1836

**Longstaff, F. A. / Schwartz, E. S.**, Interest Rate Volatility and the Term Structure: A Two-Factor General Equilibrium Model, in: JOF 1992, S. 1259 – 1282

**Lorie, J. H. / Hamilton, M. T.** (Stock Market Indexes, 1978), Stock Market Indexes, in: Modern Developments in Investment Management: A Book of Readings, 2. Auflage, Hinsdale 1978, S. 78 – 93

**Lucas, R. E.**, Some International Evidence on Output-Inflation Tradeoffs, in: AER 1973, S. 326 – 334

**Lüdenbach, N.** (Tochterunternehmen im Konzern- und Einzelabschluss, 2015), Tochterunternehmen im Konzern- und Einzelabschluss, in: Lüdenbach, N. / Hoffmann, W. -D. / Freiberg, J. (Hrsg.), Haufe IFRS-Kommentar: Das Standardwerk, 13. Auflage, Freiburg / München 2015

**Lützel, H. / Jung, W.**, Neuberechnung des Index der Aktienkurse, in: WiSta 1984, S. 43 – 56

**Lutz, F. A.**, The Term Structure of Interest Rates, in: QJE 1940, S. 36 – 63

**Maas, J. / Ihlau, S.** (Krise, 2009), Unternehmensbewertung in der Krise, in: MAZARS Hemmelrath (Hrsg.), jetzt Newsletter Nr. 2; Oktober 2009, Frankfurt am Main 2009, S. 3 –4

**Macaulay, F. R.** (Long Interest Rates, 1938), The Concept of Long Interest Rates, in: Some Theoretical Problems Suggested by the Movements of Interest Rates, Bond Yields and Stock Prices in the United States since 1856, New York 1938, S. 24 – 53

**MacBeth, J. D.**, What´s the Long-Term Expected Return to Your Portfolio?, in: FAJ 1995, Nr. 5, S. 6 – 8

**Mag, W.** (Unternehmensplanung, 1995), Unternehmensplanung, München 1995

**Mager, N. H.** (Kondratieff Waves, 1987), The Kondratieff Waves, New York 1987

**Maier, J. / Stehle, R.**, Berechnung von Nachsteuerrenditen für den deutschen Rentenmarkt auf Basis des REX und des REXP, in: KuK 1999, S. 125 – 145

**Maier, J.**, Unternehmensbewertung nach IDW S 1 – Konsistenz der steuerlichen Annahmen bei Anwendung des Halbeinkünfteverfahrens, in: FB 2002, S. 73 – 79

**Malkiel, B. G.** (Random Walk, 2007), A Random Walk down Wall Street: The Time-Tested Strategy for Successful Investing, New York 2007

**Mandelbrot, B.**, The Variation of Certain Speculative Prices, in: JOB 1963, S. 394 – 419

**Mandelbrot, B. / Taylor, H. M.**, On the Distribution of Stock Price Differences, in: OR 1967, S. 1057 – 1062

**Mandl, G. / Rabel, K.** (Unternehmensbewertung, 1997), Unternehmensbewertung: Eine praxisorientierte Einführung, Wien 1997

**Mandl, G. / Rabel, K.** (Methoden, 2015), Methoden der Unternehmensbewertung (Überblick), in: Peemöller, V. H. (Hrsg.), Praxishandbuch der Unternehmensbewertung: Grundlagen und Methoden; Bewertungsverfahren; Besonderheiten bei der Bewertung, 6. Auflage, Herne 2015, S. 51 – 94

**Markowitz, H.**, Portfolio Selection, in: JOF 1952, S. 77 – 91

**Markowitz, H. M.** (Portfolio Selection, 1959), Portfolio Selection – Efficient Diversification of Investments, New York / London 1959

**Markowitz, H. M.**, Foundations of Portfolio Theory, in: FMPM 1991, S. 205 – 211

**Markowitz, H. M.** (Mean-Variance Analysis, 2000), Mean-Variance Analysis in Portfolio Choice and Capital Markets, 2. Auflage, Oxford 2000

**Markowitz, H. M.** (Portfolio Selection, 2008), Portfolio Selection: Die Grundlagen der optimalen Portfolio-Auswahl, München 2008

**Marty, R.**, Die Zinsstruktur am Euromarkt: Eine empirische Studie, in: SZVS 1990, S. 51 – 61

**Masera, R. S.**, Least-Squares Construction of the Yield Curves for Italian Government Securities, 1957 – 1959, Part II: Technical Notes on the Construction of the Yield Curves for the Italian Treasury Securities (B. T. P.), in: BNLQR 1970, S. 82 – 102

**Matschke, M. J.**, Der Arbitrium- oder Schiedsspruchwert der Unternehmung – Zur Vermittlungsfunktion eines unparteiischen Gutachters bei der Unternehmensbewertung, in: BFuP 1971, S. 508 – 520

**Matschke, M. J.** (Entscheidungswert, 1975), Der Entscheidungswert der Unternehmung, Wiesbaden 1975

**Matschke, M. J.** (Arbitriumwert, 1976), Der Arbitriumwert der Unternehmung: Unternehmensbewertung zur Vermittlung zwischen konfligierenden Parteien, Köln 1976

**Matschke, M. J.** (Funktionale Unternehmungsbewertung, 1979), Funktionale Unternehmungsbewertung, Band 2: Der Arbitriumwert der Unternehmung, Wiesbaden 1979

**Matschke, M. J. / Brösel, G.** (Unternehmensbewertung, 2013), Unternehmensbewertung: Funktionen – Methoden – Grundsätze, 4. Auflage, Wiesbaden 2013

**Mayers, D.** (Nonmarketable Assets, 1972), Nonmarketable Assets and Capital Market Equilibrium under Uncertainty, in: Jensen, M. C., Studies in the Theory of Capital Markets, New York 1972, S. 223 – 248

**Mayers, D.**, Nonmarketable Assets and the Determination of Capital Asset Prices in the Absence of a Riskless Asset, in: JOB 1973, S. 258 – 267

**McCulloch, J. H.**, Measuring the Term Structure of Interest Rates, in: JOB 1971, S. 19 – 31

**McCulloch, J. H.**, An Estimate of the Liquidity Premium, in: JPE 1975, S. 95 – 120

**McCulloch, J. H.**, The Tax-Adjusted Yield Curve, JOF 1975, S. 811 – 830

**McIntyre, F.**, The Problem of the Stock Price Index Number, in: JASA 1938, S. 557 – 563

**Mehra, R. / Prescott, E. C.**, The Equity Premium: A Puzzle, in: JME 1985, S. 145 – 161

**Mehra, R. / Prescott, E. C.** (Equity Premium, 2003), The Equity Premium in Retrospect, in: Constantinides, G. M. / Harris, M. / Stulz, R., Handbook of the Economics of Finance, Band 1, Part B, 1. Auflage, Amsterdam / London 2003

**Meilicke, W.** (Barabfindung, 1975), Die Barabfindung für den ausgeschlossenen oder ausscheidungsberechtigten Minderheits-Kapitalgesellschafter: Rechtsgrundsätze zur Unternehmensbewertung, Berlin 1975

**Meilicke, J. F.** (Ertragsteuern, 2013), Die Behandlung von Ertragsteuern im Rahmen der Unternehmensbewertung als Rechtsfrage, Köln 2013

**Meitner, M. / Streitferdt, F.**, Zum Unlevering und Relevering von Betafaktoren – Stellungnahme zu Kruschwitz / Löffler / Lorenz, WPg 2011, S. 672, in: WPg 2012, S. 1037 – 1047

**Meitner, M. / Streitferdt, F.** (Bestimmung des Betafaktors, 2015), Die Bestimmung des Betafaktors, in: Peemöller, V. H. (Hrsg.), Praxishandbuch der Unternehmensbewertung: Grundlagen und Methoden; Bewertungsverfahren; Besonderheiten bei der Bewertung, 6. Auflage, Herne 2015, S. 521 – 587

**Mella, F.** (Trend, 1988), Dem Trend auf der Spur: Der deutsche Aktienmarkt 1959 – 1987 im Spiegel des Index Börsen-Zeitung; deutscher Aktienindex, Frankfurt am Main 1988

**Mellerowicz, K.** (Wert, 1952), Der Wert der Unternehmung als Ganzes, Essen 1952

**Menchero, J.**, Multiperiod Arithmetic Attribution, in: FAJ 2004, Nr. 4, S. 76 – 91

**Mennel, A. / Förster, J.**, Steuern in Europa, Asien und Amerika, Band 3, Herne / Berlin, 1995, Stand: 2009

**Merton, R. C.**, An Analytic Derivation of the Efficient Portfolio Frontier, in: JFQA 1972, S. 1851 – 1872

**Merton, R. C.**, An Intertemporal Capital Asset Pricing Model, in: Econometrica 1973, S. 867 – 887

**Merton, R. C.**, On Estimating the Expected Return on the Market – An Exploratory Investigation, in: JFE 1980, S. 323 – 361

**Meyer, F.** (Zins- und Aktienindex-Futures, 1994), Hedging mit Zins- und Aktienindex-Futures: Eine theoretische und empirische Analyse des deutschen Marktes, Köln 1994

**Mietzner, D.** (Szenarioanalysen, 2009), Strategische Vorausschau und Szenarioanalysen: Methodenevaluation und neue Ansätze, Wiesbaden 2009

**Miller, M. H. / Scholes, M.** (Rates of Return, 1972), Rates of Return in Relation to Risk: A Re-Examination of Some Recent Findings, in: Jensen, M. C., Studies in the Theory of Capital Markets, New York / Washington / London 1972

**Miller, M. H.**, Debt and Taxes, in: JOF 1977, S. 261 – 275

**Mindlin, D.** (Arithmetic and Geometric Returns, 2011), On the Relationship between Arithmetic and Geometric Returns, Working Paper, CDI Advisors LLC, o. O. 2011

**Mißler-Behr, M.** (Szenarioanalyse, 1993), Methoden der Szenarioanalyse, Wiesbaden 1993

**Mittnik, S. / Paolella, M. S.**, Conditional Density and Value-at-Risk Prediction of Asian Currency Exchange Rates, in: JF 2000, S. 313 – 333

**Modigliani, F. / Sutch, R.**, Innovations in Interest Rate Policy, in: AER 1966, S. 178 – 197

**Monopolies and Mergers Commission (Hrsg.)** (Scottish Hydro Electric Plc, 1995), Scottish Hydro Electric Plc, London 1995

**Morawietz, M.** (Rentabilität und Risiko, 1994), Rentabilität und Risiko deutscher Aktien- und Rentenanlagen seit 1870: Unter Berücksichtigung von Geldentwertung und steuerlichen Einflüssen, Wiesbaden 1994

**Moritz, K.-H.** (Geldtheorie und Geldpolitik, 2012), Geldtheorie und Geldpolitik, 3. Auflage, München 2012

**Moser, U. / Auge-Dickhut, S.**, Unternehmensbewertung: Der Informationsgehalt von Marktpreisabschätzungen auf Basis von Vergleichsverfahren, in: FB 2003, S. 10 – 22

**Mossin, J.**, Equilibrium in a Capital Asset Market, in: Econometrica 1966, S. 768 – 783

**Mossin, J.**, Optimal Multiperiod Portfolio Policies, in: JOB 1968, S. 215 – 229

**Moxter, A.** (Grundsätze, 1976), Grundsätze ordnungsmäßiger Unternehmensbewertung, 1. Auflage, Wiesbaden 1976

**Moxter, A.** (Betriebswirtschaftliche Gewinnermittlung, 1982), Betriebswirtschaftliche Gewinnermittlung, Tübingen 1982

**Moxter, A.** (Grundsätze, 1983), Grundsätze ordnungsmäßiger Unternehmensbewertung, 2. Auflage, Wiesbaden 1983

**Müller, J.** (Rentenmarkt, 1992), Der deutsche Rentenmarkt vor dem Ersten Weltkrieg – Eine Indexanalyse, Frankfurt am Main 1992

**Münstermann, H.** (Wert, 1970), Wert und Bewertung der Unternehmung, 3. Auflage, Wiesbaden 1970

**Mullins, M. / Wadhwani, W.** (Interest Rates, 1990), The Effects of Inflation and Interest Rates on Stock Returns: Evidence from Three Centuries of UK Data, Discussion Paper No. 72, Financial Markets Group, London School of Economics, London 1990

**Muth, J. F.**, Rational Expectations and the Theory of Price Movements, in: Econometrica 1961, S. 315 – 335

**Nelson, C. R.** (Interest Rates, 1979), The Term Structure of Interest Rates: Theories and Evidence, in: Bicksler, J. L. (Hrsg.), Handbook of Financial Economics, Amsterdam / New York / Oxford 1979, S. 123 – 138

**Nelson, C. R. / Siegel, A. F.**, Parsimonious Modeling of Yield Curves, in: JOB 1987, S. 473 – 489

**Neubauer, W.** (Preisstatistik, 1996), Preisstatistik, München 1996

**Neumann, K. / Morlock, M.** (Research, 2002), Operations Research, 2. Auflage, München / Wien 2002

**Nölle, J.-U.** (Unternehmensbewertung, 2009), Grundlagen der Unternehmensbewertung: Anlässe, Funktionen, Verfahren und Grundsätze, in: Schacht, U. / Fackler, M. (Hrsg.), Praxishandbuch Unternehmensbewertung: Grundlagen, Methoden, Fallbeispiele, 2. Auflage, Wiesbaden 2009, S. 9 – 29

**Nowak, K.** (Unternehmensbewertung, 2003), Marktorientierte Unternehmensbewertung: Discounted Cashflow, Realoption, Economic Value Added und der Direct Comparison Approach, 2. Auflage, Wiesbaden 2003

**Nürnberger, G. / Walz, G. / Zeilfelder, F.** (Splinefunktionen, 2002), Splinefunktionen, in: Walz, G. (Hrsg.), Lexikon der Mathematik, Band 5: Sed bis Zyl, Heidelberg / Berlin, 2002, S. 71 – 75

**Nuske, M.** (Kapitalmarktdiskontierung, 1983), Die Bestimmung der impliziten Kapitalmarktdiskontierung zur Bewertung von Anleihen und Obligationen, Diskussionspapier Nr. 49, Institut für Entscheidungstheorie und Unternehmensforschung, Universität Karlsruhe, Karlsruhe 1983

**Obermaier, R.** (Sicherheitsäquivalentmethode, 2003), Zur aktuellen Diskussion um die Sicherheitsäquivalentmethode im Rahmen der individualistischen Unternehmensbewertung, Regensburger Diskussionsbeiträge zur Wirtschaftswissenschaft Nr. 384, Fakultät für Wirtschaftswissenschaften, Universität Regensburg, Regensburg 2003

**Obermaier, R.** (Zins, 2004), Bewertung, Zins und Risiko, Frankfurt am Main 2004

**Obermaier, R.** (Basiszinssatz, 2005), Unternehmensbewertung, Basiszinssatz und Zinsstruktur: Kapitalmarktorientierte Bestimmung des risikolosen Basiszinssatzes bei nicht-flacher Zinsstruktur, Regensburger Diskussionsbeiträge zur Wirtschaftswissenschaft Nr. 408, Fakultät für Wirtschaftswissenschaften, Universität Regensburg, Regensburg 2005

**Obermaier, R.**, Marktzinsorientierte Bestimmung des Basiszinssatzes in der Unternehmensbewertung, in: FB 2006, S. 472 – 479

**Obermaier, R.**, Die kapitalmarktorientierte Bestimmung des Basiszinssatzes für die Unternehmensbewertung: The Good, the Bad and the Ugly, in: FB 2008, S. 493 – 507

**Ohse, D.** (Mathematik, 2005), Mathematik für Wirtschaftswissenschaftler, Band 2: Lineare Wirtschaftsalgebra, 5. Auflage, München 2005

**Ollmann, M. / Richter, F.** (Kapitalmarktorientierte Unternehmensbewertung, 1999), Kapitalmarktorientierte Unternehmensbewertung und Einkommensteuer – Eine deutsche Perspektive im Kontext internationaler Praxis, in: Kleineidam, H.-J. (Hrsg.), Unternehmenspolitik und Internationale Besteuerung: Festschrift für Lutz Fischer zum 60. Geburtstag, Berlin 1999, S. 159 – 178

**Papendick, U.**, Zum Abnicken verurteilt, in: MM 2005, Nr. 5, S. 140 – 149

**Peemöller, V. H.**, Grundsätze der Unternehmensbewertung – Anmerkungen zum Standard IDW S 1, in: DStR 2001, S. 1401 – 1408

**Peemöller, V. H.**, Steuern Steuern den Unternehmenswert? – Der Einfluss der Besteuerung auf die Unternehmensbewertung, in: UM 2003, S. 125 – 130

**Peemöller, V. H.** (Anlässe, 2015), Anlässe der Unternehmensbewertung, in: Peemöller, V. H. (Hrsg.), Praxishandbuch der Unternehmensbewertung: Grundlagen und Methoden; Bewertungsverfahren; Besonderheiten bei der Bewertung, 6. Auflage, Herne 2015, S. 17 – 29

**Peemöller, V. H.** (Wert, 2015), Wert und Werttheorien, in: Peemöller, V. H. (Hrsg.), Praxishandbuch der Unternehmensbewertung: Grundlagen und Methoden; Bewertungsverfahren; Besonderheiten bei der Bewertung, 6. Auflage, Herne 2015, S. 1 – 15

**Peemöller, V. H. / Beckmann, C. / Meitner, M.**, Einsatz eines Nachsteuer-CAPM bei der Bestimmung objektivierter Unternehmenswerte – Eine kritische Analyse des IDW ES 1 n. F., in: BB 2005, S. 90 – 97

**Penman, S. H.** (Security Valuation, 2013), Financial Statement Analysis and Security Valuation, 5. Auflage, New York 2013

**Perridon, L. / Steiner, M. / Rathgeber, A.** (Finanzwirtschaft, 2012), Finanzwirtschaft der Unternehmung, 16. Auflage, München 2012

**Pesando, J. E.**, On Forecasting Interest Rates: An Efficient Market Perspective, in: JME 1981, S. 305 – 318

**Pesaran, M. H.** (Rational Expectations, 1987), The Limits to Rational Expectations, Padstow 1987

**Peters, E. E.** (Fractal Market Analysis, 1994), Fractal Market Analysis: Applying Chaos Theory to Investment and Economics, New York / Chichester / Brisbane u. a. 1994

**Pfister, C.** (Kapitalkosten, 2003), Divisionale Kapitalkosten: Theorie und Anwendung, Bern / Stuttgart / Wien 2003

**Piltz, D. J.** (Rechtsprechung, 1994), Die Unternehmensbewertung in der Rechtsprechung, 3. Auflage, Düsseldorf 1994

**Pindyck, R. S. / Rubinfeld, D. L.** (Mikroökonomie, 2013), Mikroökonomie, 7. Auflage, München 2013

**Poddig, T. / Dichtl, H. / Petersmeier, K.** (Statistik, 2008), Statistik, Ökonometrie, Optimierung: Methoden und ihre praktischen Anwendungen in Finanzanalyse und Portfoliomanagement, Bad Soden / Taunus, 4. Auflage 2008

**Pokorny, J.** (Wörterbuch, 1959), Indogermanisches etymologisches Wörterbuch, Band 1, 1. Auflage, Bern 1959

**Popp, M. / Kunowski, S.** (Steuern, 2015), Berücksichtigung von Steuern, in: Peemöller, V. H. (Hrsg.), Praxishandbuch der Unternehmensbewertung: Grundlagen und Methoden; Bewertungsverfahren; Besonderheiten bei der Bewertung, 6. Auflage, Herne 2015, S. 1311 – 1361

**Poterba, J. M. / Summers, L. H.**, Mean Reversion in Stock Prices – Evidence and Implications, in: JFE 1988, S. 27 – 59

**Pratt, S. P. / Grabowski, R. J.** (Cost of Capital, 2010), Cost of Capital: Applications and Examples, 4. Auflage, New York 2010

**Precht, M. / Voit, K. / Kraft, R.** (Mathematik, 2005), Mathematik 2 für Nichtmathematiker, Band 2: Funktionen; Folgen und Reihen; Differential- und Integralrechnung; Differentialgleichungen; Ordnung und Chaos, 7. Auflage, München / Wien 2005

**Preiser, E.** (Verteilung, 1970), Bildung und Verteilung des Volkseinkommens: Gesammelte Aufsätze zur Wirtschaftstheorie und Wirtschaftspolitik, 4. Auflage, Göttingen 1970

**Press, W. H. / Teukolsky, S. A. / Vetterling, W. T. u. a.** (Numerical Recipes in FORTRAN 77, 1992), Numerical Recipes in FORTRAN 77, Band 1: The Art of Scientific Computing, 2. Auflage, Cambridge / New York / Melbourne u. a. 1992

**Prolla, J. B.** (Weierstrass-Stone, 1993), Weierstrass-Stone, the Theorem, Frankfurt am Main / Berlin / Bern u. a. 1993

**Purtscher, V.**, Komponenten des Kapitalisierungszinssatzes – Ein praxisorientierter Leitfaden zur Ableitung des Kapitalisierungszinssatzes nach CAPM, in: RWZ 2006, S. 108 – 112

**Rahi, N.** (Euler-Mascheroni-Konstante, 2009), Die Euler-Mascheroni-Konstante, Ausarbeitung zum Vortrag in *Überraschungen und Gegenbeispiele in der Analysis*, Ruprecht-Karls-Universität Heidelberg, Heidelberg 2009

**Rathgeber, A.**, Optionsbewertung unter Lévy-Prozessen – Eine Analyse für den deutschen Aktienindex, in: KuK 2007, S. 451 – 484

**Rasch, D.** (Mathematische Statistik, 1995), Mathematische Statistik: Eine Einführung für Studenten der Mathematik, Statistik, Biometrie und Naturwissenschaften; mit 125 Tabellen, Heidelberg / Leipzig 1995

**Read, C.** (Portfolio Theorists, 2012), The Portfolio Theorists: von Neumann, Savage, Arrow, and Markowitz, Basingstoke 2012

**Reibnitz, U. v.** (Szenarien, 1987), Szenarien – Optionen für die Zukunft, Hamburg / New York / St. Louis u. a. 1987

**Reichling, P. / Spengler, T. / Vogt, B.**, Sicherheitsäquivalente, Wertadditivität und Risikoneutralität, in: ZfB 2006, S. 759 – 768

**Reese, R. / Wiese, J.** (Unternehmensbewertung, 2006), Die kapitalmarktorientierte Ermittlung des Basiszinses für die Unternehmensbewertung; Operationalisierung, Schätzverfahren und Anwendungsprobleme; Version vom 18. Oktober 2006, Münchner Betriebswirtschaftliche Beiträge Nr. 16 / 2006, Munich Business Research, München 2006

**Reese, R. / Wiese, J.**, Die kapitalmarktorientierte Ermittlung des Basiszinssatzes für die Unternehmensbewertung, in: ZBB 2007, S. 38 – 50

**Reese, R.** (Eigenkapitalkosten, 2007), Schätzung von Eigenkapitalkosten für die Unternehmensbewertung, Frankfurt am Main / München 2007

**Remolona, E. M. / Woolridge, P. D.**, The Euro Interest Rate Swap Market, in: BIS QR 2003, March, S. 47 – 56

**Reuther, W.** (Kapitalisierungszinsfuss, 1933), Der Kapitalisierungszinsfuss in der Ertragswertberechnung der Unternehmung, Köln-Kalk 1933

**Richard, H.-J.** (Aktienindizes, 1992), Aktienindizes: Grundlagen ihrer Konstruktion und Verwendungsmöglichkeiten unter besonderer Berücksichtigung des Deutschen Aktienindex – DAX, Bergisch Gladbach / Köln 1992

**Richardson, M.**, Temporary Components of Stock Prices: A Skeptic´s View, in: JBES 1993, S. 199 – 207

**Richter, F.** (Konzeption, 1999), Konzeption eines marktwertorientierten Steuerungs- und Monitoringsystems, 2. Auflage, Frankfurt am Main / Berlin / Bern 1999

**Riegger, B. / Wasmann, D.** (Stichtagsprinzip, 2011), Das Stichtagsprinzip in der Unternehmensbewertung, in: Habersack, M. / Hommelhoff, P. (Hrsg.), Festschrift für Wulf Goette zum 65. Geburtstag, München 2011, S. 433 – 441

**Rinne, H.** (Ökonometrie, 2004), Ökonometrie: Grundlagen der Makroökonometrie, München 2004

**Ritter, J. R.**, The Biggest Mistakes We Teach, in: JFR 2002, S. 159 – 168

**Robichek, A. A. / Myers, S. C.** (Financing Decisions, 1965), Optimal Financing Decisions, Englewood Cliffs / New Jersey 1965

**Robichek, A. A. / van Horne, J. C.**, Abandonment Value and Capital Budgetting, in: JOF 1967, S. 577 – 589

**Röder, K.**, Intraday-Volatilität und Expiration-Day-Effekte bei DAX, IBIS-DAX und DAX-Future, in: FMPM 1996, S. 463 – 477

**Rolfes, B.** (Effektivverzinsung, 2001), Effektivverzinsung, in: Gerke, W. / Steiner, M. (Hrsg.), Enzyklopädie der Betriebswirtschaftslehre, Band 6: Handwörterbuch des Bank- und Finanzwesens, 3. Auflage, Stuttgart 2001, Sp. 575 – 583

**Roll, R.**, Ambiguity When Performance is Measured by the Securities Market Line, in: JOF 1978, S. 1051 – 1069

**Ronn, E. I.**, A New Linear Programming Approach to Bond Portfolio Management, in: JFQA 1987, S. 439 – 466

**Ross, S. A.**, The Arbitrage Theory of Capital Asset Pricing, in: JET 1976, S. 341 – 360

**Ross, S. A. / Westerfield, R. W. / Jaffe, J.** (Corporate Finance, 2005), Corporate Finance, 7. Auflage, Boston / Burr Ridge / Dubuque 2005

**Rossbach, O.** (Kreditgeschäft mit Unternehmen, 2011), Kreditgeschäft mit Unternehmen, in: Kümpel, S. / Wittig, A. (Hrsg.), Bank- und Kapitalmarktrecht, 4. Auflage, Köln 2011, S. 1357 – 1454

**Rowoldt, M. / Pillen, C.**, Anwendung des CAPM in der Unternehmenspraxis – Eine Analyse vor dem Hintergrund praxisbezogener Empfehlungen, in: CF 2015, S. 115 – 129

**Rudolf, S.** (Finanzderivate, 2011), Finanzderivate, in: Kümpel, S. / Wittig, A. (Hrsg.), Bank- und Kapitalmarktrecht, 4. Auflage, Köln 2011, S. 2387 – 2444

**Rudolph, B.** (Effekten- und Wertpapierbörsen, 1992), Effekten- und Wertpapierbörsen, Finanztermin- und Devisenbörsen seit 1945, in: Pohl, H. (Hrsg.), Deutsche Börsengeschichte, Frankfurt am Main 1992, S. 291 – 375

**Rudolph, B. / Schäfer, K.** (Derivative Finanzmarktinstrumente, 2010), Derivative Finanzmarktinstrumente: Eine anwendungsbezogene Einführung in Märkte, Strategien und Bewertung, 2. Auflage, Berlin / Heidelberg 2010

**Rühle, A.-S.** (Aktienindizes, 1991), Aktienindizes in Deutschland: Entstehung, Anwendungsbereiche, Indexhandel, Wiesbaden 1991

**Ruiz de Vargas, S. / Zollner, T.**, Einfluss der Finanzkrise auf Parameter der Unternehmensbewertung, in: BP 2010, Nr. 2, S. 2 – 12

**Ruiz de Vargas, S.**, Bestimmung der historischen Marktrisikoprämie im Rahmen von Unternehmensbewertungen – Arithmetisches oder geometrisches Mittel?, in: DB 2012, S. 813 – 819

**Runde, R. / Scheffner, A.** (Moments, 1998), On the Existence of Moments – With an Application to German Stock Returns, Working Paper, Department of Statistics, University of Dortmund, Dortmund 1998

**Ruthardt, F. / Hachmeister, D.**, Das Stichtagsprinzip in der Unternehmensbewertung – Grundlegende Anmerkungen und Würdigung der jüngeren Rechtsprechung Spruchverfahren, in: WPg 2012, S. 451 – 459

**Salm, C. / Siemkes, J.**, Persistenz von Kalenderanomalien am deutschen Aktienmarkt, in: FB 2009, S. 414 – 418

**Samuelson, P. A.**, Proof that Properly Anticipated Prices Fluctuate Randomly, in: IMR 1964 / 1965, Nr. 2, S. 41 – 49

**Samuelson, P. A. / Nordhaus, W. D.** (Volkswirtschaftslehre, 2010), Volkswirtschaftslehre: Das internationale Standardwerk der Makro- und Mikroökonomie, 4. Auflage, München 2010

**Sandmann, K.** (Stochastik der Finanzmärkte, 2010), Einführung in die Stochastik der Finanzmärkte, 3. Auflage, Berlin / Heidelberg 2010

**Sarnat, M. / Engelhardt, A.** (Deutsche Aktien, 1978), Die Ertragsrate der Investition in deutsche Aktien, 1871 – 1976, Diskussionspapier Nr. 45 a / 1978, International Institute of Management, Wissenschaftszentrum Berlin, Berlin 1978

**Sauer, A.** (Bereinigung von Aktienkursen, 1991), Die Bereinigung von Aktienkursen: Ein kurzer Überblick über Konzept und praktische Umsetzung; Version 1.0, Arbeitspapier, Institut für Entscheidungstheorie und Unternehmensforschung, Universität Karlsruhe (TH), Karlsruhe 1991

**Schaefer, S. M.**, The Problem with Redemption Yields, FAJ 1977, Nr. 4, S. 59 – 67

**Schaefer, S. M.**, Measuring a Tax-Specific Term Structure of Interest Rates in the Market for British Government Securities, in: EJ 1981, S. 415 – 438

**Schaefer, S. M.**, Tax-Induced Clientele Effects in the Market for British Government Securities – Placing Bounds on Security Values in an Incomplete Market, in: JFE 1982, S. 121 – 159

**Schich, S. T.** (Zinsstrukturkurve, 1996), Alternative Spezifikationen der deutschen Zinsstrukturkurve und ihr Informationsgehalt hinsichtlich der Inflation, Diskussionspapier Nr. 8 / 1996, Volkswirtschaftliche Forschungsgruppe, Deutsche Bundesbank, Frankfurt am Main 1996

**Schich, S. T.** (Zinsstrukturkurve, 1997), Schätzung der deutschen Zinsstrukturkurve, Diskussionspapier Nr. 4 / 1997, Volkswirtschaftliche Forschungsgruppe, Deutsche Bundesbank, Frankfurt am Main 1997

**Schierenbeck, H. / Lister, M. / Kirmße, S.** (Ertragsorientiertes Bankmanagement, 2008), Ertragsorientiertes Bankmanagement, Band 2: Risiko-

Controlling und integrierte Rendite-/Risikostreuung, 9. Auflage, Wiesbaden 2008

**Schildbach, T.**, Der Verkäufer und das Unternehmen „wie es steht und liegt" – Zur Unternehmensbewertung aus Verkäufersicht, in: ZfbF 1995, S. 620 – 632

**Schira, J.** (Statistische Methoden, 2012), Statistische Methoden der VWL und BWL: Theorie und Praxis, 4. Auflage, München / Harlow / Amsterdam u. a. 2012

**Schlag, H. W.** (Aktien als Vermögensanlage, 1959), Aktien als Vermögensanlage: Eine Untersuchung bestimmter Werte über den Zeitverlauf von 1913 bis 1958, Frankfurt am Main 1959

**Schlittgen, R.** (Statistik, 2012), Einführung in die Statistik: Analyse und Modellierung von Daten, 12. Auflage, München 2012

**Schlittgen, R. / Streitberg, B. H. J.** (Zeitreihenanalyse, 2001), Zeitreihenanalyse, 9. Auflage, München / Wien 2001

**Schmalenbach, E. / Bethmann, R.** (Finanzierungen, 1937), Finanzierungen, 6. Auflage, Leipzig 1937

**Schmalenbach, E. / Bauer, R.** (Finanzierung, 1966), Finanzierung der Betriebe, Band 2: Die Beteiligungsfinanzierung, 9. Auflage, Köln / Opladen 1966

**Schmidbauer, R.**, Marktbewertung mit Hilfe von Multiplikatoren im Spiegel des Discounted-Cashflow-Ansatzes, in: BB 2004, S. 148 – 153

**Schmidt, K. / Lutter, M. (Hrsg.)** (Aktiengesetz, 2010), Aktiengesetz, Band 2: §§ 150 – 410, SpruchG, 2. Auflage, Köln 2010

**Schmidt, L.** (Einkommensteuergesetz, 2014), Einkommensteuergesetz, 33. Auflage, München 2014

**Schmitt, D. / Dausend, F.**, Unternehmensbewertung mit dem Tax CAPM, in: FB 2006, S. 233 – 242

**Schmitz-Esser, V.** (Aktienindizes im Portfoliomanagement, 2001), Aktienindizes im Portfoliomanagement: Funktionen, Merkmale und Indexeffekte, Bad Soden / Taunus 2001

**Schmusch, M. / Laas, T.**, Werthaltigkeitsprüfungen nach IAS 36 in der Interpretation von IDW RS HFA 16, in: WPg 2006, S. 1048 – 1060

**Schneeweiß, H.** (Risiko, 1967), Entscheidungskriterien bei Risiko, Berlin / Heidelberg / New York 1967

**Schneider, D.** (Investition, 1992), Investition, Finanzierung und Besteuerung, 7. Auflage, Wiesbaden 1992

**Schneller, T. / Schwedener, P. / Elsaesser, P.**, Risiken von Aktienanlagen – Bestimmung der Marktrisikoprämie, in: DST 2010, S. 658 – 665

**Schnettler, A.** (Zins, 1931), Der betriebswirtschaftliche Zins, Stuttgart 1931

**Schredelseker, K.** (Finanzwirtschaft, 2002), Grundlagen der Finanzwirtschaft: Ein informationsökonomischer Zugang, München 2002

**Schröder, C.** (Handbuch Kapitalmarktstrafrecht, 2013), Handbuch Kapitalmarktstrafrecht, 3. Auflage, Köln 2013

**Schröder, M. (Hrsg.)** (Finanzmarkt-Ökonometrie, 2012), Finanzmarkt-Ökonometrie: Basistechniken, fortgeschrittene Verfahren, Prognosemodelle, 2. Auflage, Stuttgart 2012

**Schüwer, U. / Steffen, S.** (Funktionen und Einsatz von Finanzderivaten, 2013), Funktionen und Einsatz von Finanzderivaten, in: Zerey, J.-C. (Hrsg.), Finanzderivate: Rechtshandbuch, Baden-Baden 2013, 3. Auflage, S. 43 – 67

**Schultze, W.** (Unternehmensbewertung, 2003), Methoden der Unternehmensbewertung: Gemeinsamkeiten, Unterschiede, Perspektiven, 2. Auflage, Düsseldorf 2003

**Schulz, A. / Stehle, R.**, Empirische Untersuchungen zur Frage CAPM vs. Steuer-CAPM – Ein Literaturüberblick mit einer eigenen Untersuchung für Deutschland, in: AG 2005, Sonderheft, S. 22 – 34

**Schulze, P. M. / Porath, D.** (Statistik, 2012), Statistik mit Datenanalyse und ökonometrischen Grundlagen, 7. Auflage, München 2012

**Schulze, P. M. / Spieker, U.** (Deutsche Aktienindizes, 1994), Deutsche Aktienindizes: Statistische Konzepte und Beispiele, Arbeitspapier Nr. 7, Institut für Statistik und Ökonometrie, Johannes Gutenberg-Universität Mainz, Mainz 1994

**Schutzgemeinschaft der Kapitalanleger e. V. (Hrsg.)**, Stellungnahme vom 27.6.2005 zur Neufassung des IDW Standards S 1 Grundsätze zur Durchführung von Unternehmensbewertungen, in: AG 2005, Sonderheft, S. 43 – 44

**Schwark, E. / Zimmer, D.** (Kapitalmarktrechts-Kommentar, 2010), Kapitalmarktrechts-Kommentar, Börsengesetz mit Börsenzulassungsverordnung, Wertpapierprospektgesetz, Verkaufsprospektgesetz mit Vermögensanlagen-Verkaufsprospektverordnung, Wertpapierhandelsgesetz, Wertpapiererwerbs- und Übernahmegesetz, 4. Auflage, München 2010

**Schwert, G. W.**, Indexes of US Stock Prices from 1802 to 1987, in: JOB 1990, S. 399 – 426

**Schwetzler, B.**, Zinsänderungen und Unternehmensbewertung: Zum Problem der angemessenen Barabfindung nach § 305 AktG, in: DB 1996, S. 1961 – 1966

**Schwetzler, B.**, Zinsänderungsrisiko und Unternehmensbewertung: Das Basiszinsfuß-Problem bei der Ertragswertermittlung, in: ZfB 1996, S. 1081 – 1101

**Schwetzler, B.**, Stochastische Verknüpfung und implizite bzw. maximal zulässige Risikozuschläge bei der Unternehmensbewertung, in: BFuP 2000, S. 478 – 492

**Schwetzler, B.**, Unternehmensbewertung unter Unsicherheit – Sicherheitsäquivalent- oder Risikozuschlagsmethode?, in: ZfbF 2000, S. 469 – 486

**Schwetzler, B.**, Das Ende des Ertragswertverfahrens? – Replik zu den Anmerkungen von Wolfgang Kürsten zu meinem Beitrag in der zfbf (August 2000, S. 469 – 486), in: ZfbF 2002, S. 145 – 158

**Schwetzler, B.**, Unternehmensbewertung bei nicht zeitnaher Abfindung – Geänderte Bewertungsfaktoren während des Spruchstellenverfahrens und „volle" Entschädigung, in: FB 2008, S. 30 – 38

**Schwetzler, B.**, Die „volle Entschädigung" von außenstehenden und ausscheidenden Minderheitsaktionären – Eine Anmerkung aus ökonomischer Sicht, in: WPg 2008, S. 890 – 902

**Sender, G.** (Zinsswaps, 1996), Zinsswaps: Instrument zur Senkung der Finanzierungskosten oder zum Zinsrisikomanagement?, Wiesbaden 1996

**Senger, J.** (Mathematik, 2009), Mathematik: Grundlagen für Ökonomen, 3. Auflage, München 2009

**Seppelfricke, P.**, Moderne Multiplikatorverfahren bei der Aktien- und Unternehmensbewertung, in: FB 1999, S. 300 – 307

**Seppelfricke, P.** (Handbuch, 2012), Handbuch Aktien- und Unternehmensbewertung: Bewertungsverfahren, Unternehmensanalyse, Erfolgsprognose, 4. Auflage, Stuttgart 2012

**Sewell, M.** (Efficient Market Hypothesis, 2011), History of the Efficient Market Hypothesis, Research Note No. 4 / 2011, UCL Department of Computer Science, University College London, London 2011

**Sharpe, W. F.**, Capital Asset Prices: A Theory of Market Equilibrium under Conditions of Risk, in: JOF 1964, S. 425 – 442

**Sharpe, W. F. / Gordon, J. A. / Bailey, J. V.** (Investments, 1999), Investments, 6. Auflage, London / Sydney / Toronto 1999

**Shea, G. S.**, Pitfalls in Smoothing Interest Rate Term Structure Data: Equilibrium Models and Spline Approximations, in: JFQA 1984, S. 253 – 269

**Shestopaloff, Y. / Shestopaloff, A.**, A Hierarchy of Methods for Calculating Rates of Return, in: JPM 2007, Nr. 1, S. 39 – 52

**Shestopaloff, Y.**, Geometric Attribution Model and a Symmetry Principle, in: JPM 2008, Nr. 4, S. 29 – 39

**Shiller, R. J.** (Market Volatility, 2001), Market Volatility, Cambridge / London 2001

**Shiller, R. J. / McCulloch, J. H.** (Term Structure, 1990), The Term Structure of Interest Rates, in: Friedman, B. M. / Hahn, F. H. (Hrsg.), Handbook of Monetary Economics, Band 1: Money, Amsterdam / New York / Oxford u. a. 1990, S. 627 – 722

**Shoven, J. B.** (Long-Run Rates of Return, 2001), What Are Reasonable Long-Run Rates of Return to Expect on Equities, in: Campbell, J. Y. / Diamond, P. A. / Shoven, J. B. (Hrsg.), Estimating the Real Rate of Return on Stocks over the Long Term, o. O. 2001

**Sieben, G.** (Unternehmensbewertung, 1993), Unternehmensbewertung, in: Wittmann, W. / Kern, W. / Köhler, R. u. a. (Hrsg.), Enzyklopädie der Betriebswirtschaftslehre; Handwörterbuch der Betriebswirtschaft, Band 3: R – Z; mit Gesamtregister, 5. Auflage, Stuttgart 1993, Sp. 4315 – 4332

**Sieben, G. / Schildbach, T.**, Zum Stand der Entwicklung der Lehre von der Bewertung ganzer Unternehmungen, in: DStR 1979, S. 455 – 461

**Sieben, G. / Schildbach, T.**, (Entscheidungstheorie, 1994), Betriebswirtschaftliche Entscheidungstheorie, 4. Auflage, Düsseldorf 1994

**Siegel, J. J.**, The Equity Premium: Stock and Bond Returns since 1802, in: FAJ 1992, Nr. 1, S. 28 – 38, S. 46

**Siegel, J. J.**, The Real Rate of Interest from 1800 – 1990, in: JME 1992, S. 227 – 252

**Siegel, J. J. / Thaler, R. H.**, The Equity Premium Puzzle, in: JEP 1997, Nr. 1, S. 191 – 200

**Siegel, J. J.**, Perspectives on the Equity Risk Premium, in: FAJ 2005, Nr. 6, S. 61 – 73

**Siegel, J. J.** (Stocks, 2008), Stocks for the Long Run – The Definitive Guide to Financial Market Returns and Long-Term Investment Strategies, 4. Auflage, New York / Chicago / San Francisco u. a. 2008

**Siegel, T.** (Risikoprofil, 1991), Das Risikoprofil als Alternative zur Berücksichtigung der Unsicherheit in der Unternehmensbewertung, in: Rückle, D.

(Hrsg.), Aktuelle Fragen der Finanzwirtschaft und Unternehmensbewertung: Festschrift für Erich Loitlsberger zum 70. Geburtstag, Wien 1991, S. 619 – 638

**Siegel, T.**, Unternehmensbewertung, Unsicherheit und Komplexitätsreduktion, in: BFuP 1994, S. 457 – 476

**Siegel, T.** (Sicherheitsäquivalentmethode, 1998), Ein Vergleich von Sicherheitsäquivalentmethode und Risikoprofilmethode vor dem Hintergrund zu berücksichtigender Konsum- und Zeitpräferenzen, in: Kruschwitz, L. / Löffler, A. (Hrsg.), Ergebnisse des Berliner Workshops Unternehmensbewertung vom 07. Februar 1998, Diskussionsbeiträge des Fachbereichs Wirtschaftswissenschaften der Freien Universität Berlin, Nr. 7 / 1998, Betriebswirtschaftliche Reihe, Fachbereich Wirtschaftswissenschaften, Freie Universität Berlin, Berlin 1998, S. 109 – 118

**Siegel, T.** (Unternehmensbewertung, 2000), Paradoxa in der Unternehmensbewertung, in: Poll, J. (Hrsg.), Bilanzierung und Besteuerung der Unternehmen: Das Handels- und Steuerrecht auf dem Weg ins 21. Jahrhundert; Festschrift für Dr. iur. Dr. rer. pol. Herbert Brönner zum 70. Geburtstag, Stuttgart 2000, S. 391 – 410

**Siegel, T.** (Unsicherheit, 2010), Unsichere Unternehmensbewertung bei Unsicherheit, in: Königsmaier, H. / Rabel, K. (Hrsg.), Unternehmensbewertung: Theoretische Grundlagen – Praktische Anwendung; Festschrift für Gerald Mandl zum 70. Geburtstag, Wien 2010, S. 609 – 622

**Siegert, T.** (Unternehmensbewertung, 1998), Unternehmensbewertung und Wettbewerbspositionierung, in: Matschke, M. J. / Schildbach, T., Unternehmensberatung und Wirtschaftsprüfung, Stuttgart 1998, S. 323 – 340

**Siepe, G.**, Die Berücksichtigung von Ertragsteuern bei der Unternehmensbewertung (Teil I), in: WPg 1997, S. 1 – 10

**Siepe, G.**, Kapitalisierungszinssatz und Unternehmensbewertung, in: WPg 1998, S. 325–338

**Silbermann, H.**, Index der Aktienkurse auf Basis 29. Dezember 1972, in: WiSta 1974, S. 832 – 838

**Solnik, B. H.**, Why not Diversify Internationally rather than Domestically?, in: FAJ 1974, Nr. 4, S. 48 – 54

**Solnik, B. H.**, An Equilibrium Model of the International Capital Market, in: JET 1974, S. 500 – 524

**Solnik, B. / McLeavey, D.** (Global Investments, 2009), Global Investments, 6. Auflage, Boston / San Francisco / New York u. a. 2009

**Sondermann, D.** (Kapitalisierungs-Zinsfuß, 1961), Der Kapitalisierungs-Zinsfuß bei der Bewertung von Unternehmen, Köln 1961

**Spaulding, D.** (Investment Performance Attribution, 2003), Investment Performance Attribution: A Guide to What It Is, How to Calculate It, and How to Use It, New York / Chicago / San Francisco u. a. 2003

**Spellerberg, B. / Schneider, R.**, Neuberechnung des Index der Aktienkurse – Index des börsennotierten Aktienkapitals, in: WiSta 1967, S. 341 – 346

**Spindler, G. / Stilz, E. (Hrsg.)** (Aktiengesetz, 2010), Kommentar zum Aktiengesetz, Band 2: §§ 150 – 410, IntGesR, SpruchG, SE-VO, 2. Auflage, München 2010

**Spiwoks, M.** (Aktienindexprognosen, 2004), Aktienindexprognosen, rationale Erwartungen und aktive Anlagestrategien: Eine empirische Analyse, Diskussionspapier Nr. 1 / 2004, Sonderforschungsgruppe Institutionenanalyse Darmstadt, Darmstadt 2004

**Spremann, K.**, Konsistente Zins-Tableaus, in: ZfbF 1989, S. 919 – 943

**Spremann, K.** (Unternehmensbewertung, 2002), Finanzanalyse und Unternehmensbewertung, München / Wien 2002

**Spremann, K.** (Portfoliomanagement, 2008), Portfoliomanagement, 4. Auflage, München 2008

**Spremann, K.** (Finance, 2010), Finance, 4. Auflage, München 2010

**Stackelberg, E. v.**, Die Entwicklungsstufen der Werttheorie, in: SJES 1947, S. 1 – 18

**Stambaugh, R. F.**, On the Exclusion of Assets from Tests of the Two-Parameter Model, in: JFE 1982, S. 237 – 268

**Stankov, D.** (Kapitalverflechtungen, 2010), Die Kapitalverflechtungen hinter dem DAX 30: The Capital Linkages of the DAX 30 Companies, Berlin 2010

**Statistisches Bundesamt (Hrsg.)** (Geld und Kredit, 1985), Geld und Kredit: Fachserie 9, Reihe 2.S.1, Index der Aktienkurse – Lange Reihen, Wiesbaden 1985

**Statistisches Bundesamt (Hrsg.)** (Geld und Kredit, 1992), Geld und Kredit: Fachserie 9, Reihe 2.S.1, Index der Aktienkurse – Lange Reihen – Januar 1982 bis Juni 1992, Wiesbaden 1992

**Staudinger, J. v.** (BGB, 2009), J. v. Staudingers Kommentar zum Bürgerlichen Gesetzbuch mit Einführungsgesetz und Nebengesetzen, Band 2: Recht der Schuldverhältnisse §§ 779 – 811: (Vergleich, Schuldversprechen, Anweisung, Schuldverschreibung), 15. Auflage, Berlin 2009

**Stehle, R.**, Der Size-Effekt am deutschen Aktienmarkt, in: ZBB 1997, S. 237 – 260

**Stehle, R.** (Aktien versus Renten, 1998), Aktien versus Renten, in: Cramer, J.-E. / Förster, W. / Ruland, F. (Hrsg.), Handbuch der Altersversorgung: Gesetzliche, betriebliche und private Vorsorge in Deutschland, Frankfurt am Main 1998, S. 815 – 831

**Stehle, R.** (Renditevergleich von Aktien und festverzinslichen Wertpapieren, 1999), Renditevergleich von Aktien und festverzinslichen Wertpapieren auf Basis des DAX und des REXP, Arbeitspapier, Institut für Bank-, Börsen- und Versicherungswesen, Humboldt-Universität zu Berlin, Berlin 1999

**Stehle, R.**, Die Festlegung der Risikoprämie von Aktien im Rahmen der Schätzung des Wertes von börsennotierten Kapitalgesellschaften, in: WPg 2004, S. 906 – 927

**Stehle, R.** (Wissenschaftliches Gutachten, 2010), Wissenschaftliches Gutachten zur Ermittlung des kalkulatorischen Zinssatzes, der den spezifischen Risiken des Breitbandausbaus Rechnung trägt, Institut für Bank-, Börsen- und Versicherungswesen, Humboldt-Universität zu Berlin, Berlin 2010

**Stehle, R. / Hartmond, A.**, Durchschnittsrenditen deutscher Aktien 1954 – 1988, in: KuK 1991, S. 371 – 411

**Stehle, R. / Hausladen, J.**, Die Schätzung der US-amerikanischen Risikoprämie auf Basis der historischen Renditezeitreihe, in: WPg 2004, S. 928 – 936

**Stehle, R. / Huber, R. / Maier, J.**, Rückberechnung des DAX für die Jahre 1955 bis 1987, in: KuK 1996, S. 277 – 304

**Stehle, R. / Schmidt, M. H.** (German Stocks 1954 – 2013, 2014), Returns on German Stocks 1954 – 2013, Working Paper, Fachbereich Wirtschaftswissenschaften, Humboldt-Universität zu Berlin, Berlin 2014

**Stehle, R. / Wulff, C. / Richter, Y.** (Rückberechnung des DAX, 1999), Die Rendite deutscher Blue-Chip-Aktien in der Nachkriegszeit – Rückberechnung des DAX für die Jahre 1948 bis 1954, Working Paper, unvollständige Version: Juli 1999, Fachbereich Wirtschaftswissenschaften, Humboldt-Universität zu Berlin, Berlin 1999

**Stellbrink, J.** (Restwert, 2005), Der Restwert in der Unternehmensbewertung, Düsseldorf 2005

**Steiner, M. / Bruns, C. / Stöckl, S.** (Wertpapiermanagement, 2012), Wertpapiermanagement: Professionelle Wertpapieranalyse und Portfoliostrukturierung, 10. Auflage, Stuttgart 2012

**Steiner, M. / Kleeberg, J.**, Zum Problem der Indexauswahl im Rahmen der wissenschaftlich-empirischen Anwendung des Capital Asset Pricing Model, in: DBW 1991, S. 171 – 182

**Steiner, P. / Uhlir, H.** (Wertpapieranalyse, 2001), Wertpapieranalyse, 4. Auflage, Heidelberg 2001

**Stewart, G. B.** (Value, 1999), The Quest for Value – A Guide for Senior Managers, 2. Auflage, New York 1999

**Stober, K. L.** (Multiplikatoren, 2008), Multiplikatoren als vergleichswertorientierte Methode der Unternehmensbewertung, Konstanz 2008

**Stoklossa, H.** (Zinsstrukturtheorie, 2010), Die Zinsstrukturtheorie: Eine Analyse der Faktoren, Arbitrage und Volatilität für das Euro-Währungsgebiet, Wiesbaden 2010

**Strassl, W.** (Rationale Erwartungen, 1989), Rationale Erwartungen und Neue Klassische Makroökonomik: Eine Einführung, Frankfurt am Main / Bern / New York u. a. 1989

**Streitferdt, F.**, Unternehmensbewertung mit den DCF-Verfahren nach der Unternehmensteuerreform 2008, in: FB 2008, S. 268 – 276

**Strubecker, K.** (Mathematik, 1966), Einführung in die höhere Mathematik: Mit besonderer Berücksichtigung ihrer Anwendungen auf Geometrie, Physik, Naturwissenschaften und Technik; Band 1: Grundlagen, 2. Auflage, München 1966

**Summers, L. H.**, Does the Stock Market Rationally Reflect Fundamental Values?, in: JOF 1986, S. 591 – 601

**Svensson, L. E. O.** (Forward Interest Rates, 1994), Estimating and Interpreting Forward Interest Rates: Sweden 1992 – 1994, Working Paper No. 4871, National Bureau of Economic Research Cambridge, Cambridge 1999

**Svensson, L. E. O.**, Estimating Forward Interest Rates with the Extended Nelson & Siegel Method, in: PVP 1995, Nr. 3, S. 13 – 26

**Sydsæter, K. / Hammond, P. J.** (Mathematik, 2013), Mathematik für Wirtschaftswissenschaftler: Basiswissen mit Praxisbezug, 4. Auflage, München / Boston / San Francisco u. a. 2013

**Tartler, T.**, Die Marktrisikoprämie im deutschsprachigen Raum von 1959 bis 2009 – Eine Untersuchung historischer Überrenditen auf den Kapitalmärkten in Österreich, Deutschland und der Schweiz, in: RWZ 2010, S. 187 – 195

**Tobin, J.**, Liquidity Preference as Behavior towards Risk, in: RES 1958, S. 65 – 86

**Treynor, J. L.** (Risky Assets, 1962), Toward a Theory of Market Value of Risky Assets, o. J., o. O., S. 1 – 19

**Upper, C.** (Financial Market Stability, 2000), How Safe was the "Safe Haven"? Financial Market Liquidity during the 1998 Turbulences, Discussion Paper No. 1 / 2000, Economic Research Group of the Deutsche Bundesbank, Frankfurt am Main 2000

**Uhlir, H. / Steiner, P.** (Wertpapieranalyse, 1986), Wertpapieranalyse, 1. Auflage, Heidelberg / Wien 1986

**Uhlir, H. / Steiner, P.** (Wertpapieranalyse, 1991), Wertpapieranalyse, 2. Auflage, Heidelberg 1991

**Uhlir, H.** (Börsenindizes, 2001), Börsenindizes, in: Gerke, W. / Steiner, M. (Hrsg.), Enzyklopädie der Betriebswirtschaftslehre, Band 6: Handwörterbuch des Bank- und Finanzwesens, 3. Auflage, Stuttgart 2001, Sp. 382 – 392

**Vasiček, O.**, JFE 1977, An Equilibrium Characterization of the Term Structure, in: JFE 1977, S. 177 – 188

**Vasiček, O. A. / Fong, H. G.**, Term Structure Modeling Using Exponential Splines, in: JOF 1982, S. 339 – 348

**Vernimmen, P. / Quiry, P. / Dallacchio, M. u. a.** (Corporate Finance, 2014), Corporate Finance: Theory and Practice, 3. Auflage, New York 2011

**Viebig, J. / Poddig, T. / Varmaz, A. (Hrsg. )** (Equity Valuation, 2008), Equity Valuation: Models from Leading Investment Banks, New York 2008

**Viel, J. / Bredt, O. / Renard, M.** (Bewertung von Unternehmungen, 1975), Die Bewertung von Unternehmungen und Unternehmungsanteilen: Ein Leitfaden mit Bewertungsbeispielen, 5. Auflage, Stuttgart 1975

**Virmani, V.** (Term Structure Models, 2006), On Estimability of Parsimonious Term Structure Models: An Experiment with Three Popular Specifications, Working Paper No. 06-01 / 2006, Indian Institute of Management Ahmedabad, Ahmedabad 2006

**Vogler, O.**, Das Fama-French-Modell: Eine Alternative zum CAPM – Auch in Deutschland, in: FB 2009, S. 382 – 388

**Waggoner, D.** (Interest Rates Curves, 1997), Spline Methods for Extracting Interest Rate Curves from Coupon Bond Prices, Working Paper Nr. 10 / 1997, Federal Reserve Bank of Atlanta, Atlanta 1997

**Wagner, F. W.**, Der Einfluss der Besteuerung auf zivilrechtliche Abfindungs- und Ausgleichsansprüche bei Personengesellschaften, in: WPg 2007, S. 929 – 937

**Wagner, F. W.** (Besteuerung, 2008), Der Einfluss der Besteuerung auf die rechtsgeprägte Unternehmensbewertung – Ein vernachlässigtes Problem, in: Laitenberger, J. / Löffler, A. (Hrsg.), Finanzierungstheorie auf vollkommenen und unvollkommenen Kapitalmärkten: Festschrift für Lutz Kruschwitz zum 65. Geburtstag, München 2008, S. 79 – 103

**Wagner, W.** (Shareholder-Value, 1996), Shareholder-Value als Managementinstrument und Aspekte des Konzeptes für die Unternehmensbewertung, in: Baetge, J. (Hrsg.), Rechnungslegung und Prüfung 1996, Düsseldorf 1996, S. 309 – 354

**Wagner, W.** (Unternehmensbewertung, 2000), Unternehmensbewertung unter Berücksichtigung persönlicher Steuern, in: Poll, J. (Hrsg.), Bilanzierung und Besteuerung der Unternehmen: Das Handels- und Steuerrecht auf dem Weg ins 21. Jahrhundert; Festschrift für Dr. iur. Dr. rer. pol. Herbert Brönner zum 70. Geburtstag, Stuttgart 2000, S. 425 – 441

**Wagner, W. / Jonas, M. / Ballwieser, W. u. a.**, Weiterentwicklung der Grundsätze zur Durchführung von Unternehmensbewertungen (IDW S 1), in: WPg 2004, S. 889 – 898

**Wagner, W. / Jonas, M. / Ballwieser, W. u. a.**, Unternehmensbewertung in der Praxis – Empfehlungen und Hinweise zur Anwendung von IDW S 1, in: WPg 2006, S. 1005 – 1028

**Wagner, W. / Saur, G. / Willershausen, T.**, Zur Anwendung der Neuerungen der Unternehmensbewertungsgrundsätze des IDW S 1 i. d. F. 2008 in der Praxis, in: WPg 2008, S. 731 – 747

**Wagner, W. / Mackenstedt, A. / Schieszl, S. u. a.**, Auswirkungen der Finanzmarktkrise auf die Ermittlung des Kapitalisierungszinssatzes in der Unternehmensbewertung, in: WPg 2013, S. 948 – 959

**Wallace, N.**, The Term Structure of Interest Rates and the Maturity Composition of the Federal Debt, in: JOF 1967, S. 301 – 312

**Wallmeier, M.**, Implizite Kapitalkostensätze und der Fortführungswert im Residualgewinnmodell, in: BFuP 2007, S. 558 – 579

**Walsh, C. M.** (Measurement, 1901), The Measurement of General Exchange-Value, New York / London 1901

**Walz, G. (Hrsg.)**, Lexikon der Mathematik, Band 4: Moo bis Sch, Heidelberg / Berlin, 2002

**Weber, M. / Schiereck, D.** (Kapitalkosten, 1993), Marktbezogene Bestimmung der Kapitalkosten, in: Gebhardt, G. / Gerke, W. / Steiner, M. (Hrsg.), Handbuch des Finanzmanagements: Instrumente und Märkte der Unternehmensfinanzierung, München 1993, S. 131 – 150

**Wegener, M.** (Penalized Spline Smoothing, 2012), Penalized Spline Smoothing in Financial and Economic Research, Bielefeld 2012

**Wehmeier, W.**, Praxisbewertung: Wert- und Preistreiber, in: Stbg 2008, S. 19 – 23

**Weiler, A.** (Prognosegüte, 2005), Verbesserung der Prognosegüte bei der Unternehmensbewertung, Aachen 2005

**Weingartner, H. M.**, The Generalized Rate of Return, in: JFQA 1966, Nr. 3, S. 1 – 29.

**Welch, I.**, Views of Financial Economists on the Equity Premium and on Professional Controversies, in: JOB 2000, S. 501 – 537

**Wenger, E.** (Basiszins, 2003), Der unerwünscht niedrige Basiszins als Störfaktor bei der Ausbootung von Minderheiten, in: Richter, F. / Schüler, A. / Schwetzler, B. (Hrsg.), Kapitalgeberansprüche, Marktwertorientierung und Unternehmenswert: Festschrift für Prof. Dr. Dr. h. c. Jochen Drukarczyk zum 65. Geburtstag, München 2003, S. 475 – 495

**Wenger, E.**, Verzinsungsparameter in der Unternehmensbewertung – Betrachtungen aus theoretischer und empirischer Sicht, in: AG 2005, Sonderheft, S. 9 – 22

**Westergaard, H. / Nybølle, H. C.** (Theorie der Statistik, 1928), Grundzüge der Theorie der Statistik, 2. Auflage, Jena 1928

**Widmann, B. / Schieszl, S. / Jeromin, A.**, Der Kapitalisierungszinssatz in der praktischen Unternehmensbewertung, in: FB 2003, S. 800 – 810

**Wiek, E. J.**, Lohnt die Aktie das Risiko?, in: DBa 1992, S. 718 – 722

**Wiese, J.**, Wachstum und Ausschüttungsannahmen im Halbeinkünfteverfahren, in: WPg 2005, S. 617 – 623

**Wiese, J.**, Das Nachsteuer-CAPM im Mehrperiodenkontext, in: FB 2006, S. 242 – 248

**Wiese, J.**, Unternehmensbewertung und Abgeltungssteuer, in: WPg 2007, S. 368 – 375

**Wiese, J. / Gampenrieder, P.**, Kapitalmarktorientierte Bestimmung des Basiszinses – Möglichkeiten und Grenzen, in: DST 2007, S. 442 – 448

**Wiese, J. / Gampenrieder, P.**, Marktorientierte Ableitung des Basiszinses mit Bundesbank- und EZB-Daten, in: BB 2008, S. 1722 – 1726

**Wiese, L. v.**, Forderungen an unsere Zukunft, in: SJb 1962, S. 641 – 659

**Wilhelm, J. / Brüning, L.**, Die Fristigkeitsstruktur der Zinssätze: Theoretisches Konstrukt und empirische Evaluierung, in: KuK 1992, S. 259 – 294

**Wilhelm, J.** (Zinsstruktur, 2001), Zinsstruktur, in: Gerke, W. / Steiner, M. (Hrsg.), Enzyklopädie der Betriebswirtschaftslehre, Band 6: Handwörterbuch des Bank- und Finanzwesens, 3. Auflage, Stuttgart 2001, Sp. 2357 – 2366

**Wilhelm, J.** (Risikoaversion, 2008), Risikoaversion und Risikomessung – Ein Blick ins Innere des Bernoulli-Prinzips, in: Oehler, A. / Terstege, U. (Hrsg.), Finanzierung, Investition und Entscheidung – Einzelwirtschaftliche Analysen zur Bank- und Finanzwirtschaft; Prof. Dr. Michael Bitz zum 65. Geburtstag gewidmet, Wien / New York 2008, S. 447 – 490

**Wilson, J. W. / Jones, C. P.**, A Comparison of Annual Common Stock Returns: 1871 – 1925 with 1926 – 85, in: JOB 1987, S. 239 – 258

**Wilson, J. W. / Jones, C. P.**, An Analysis of the S & P 500 Index and Cowles's Extensions: Price Indexes and Stock Returns, in: JOB 2002, S. 505 – 533

**Winkelmann, M.** (Aktienbewertung, 1984), Aktienbewertung in Deutschland, Königstein / Taunus 1984

**Wittmann, W.** (Wertbegriff, 1956), Der Wertbegriff in der Betriebswirtschaftslehre, Köln / Opladen 1956

**Wöhe, G.** (Betriebswirtschaftslehre, 2010), Einführung in die Allgemeine Betriebswirtschaftslehre, 24. Auflage, München 2010

**Wollny, C.** (Unternehmenswert, 2013), Der objektivierte Unternehmenswert: Unternehmensbewertung bei gesetzlichen und vertraglichen Bewertungsanlässen, 3. Auflage, Herne 2013

**Wonnacott. P.**, (Interest Rates, 1962), The Height, Structure, and Significance of Interest Rates, Working Paper, Canadian Royal Commission on Banking & Finance, o. O. 1962

**Wood, J. H.**, Do Yield Curves Normally Slope up? The Term Structure of Interest Rates, 1862 – 1982, in: FRBCEP 1983, Nr. 4, S. 17 – 23

**Wüstemann, J.**, Basiszinssatz und Risikozuschlag in der Unternehmensbewertung: Aktuelle Rechtsprechung, in: BB 2007, S. 2223 – 2228

**Yadav, P. K. / Pope, P. F.**, Intraweek and Intraday Seasonalities in Stock Market Risk Premia: Cash and Futures, in: JBF 1992, S. 233 – 270

**Zantow, R. / Dinauer, J.** (Finanzwirtschaft, 2011), Finanzwirtschaft des Unternehmens: Die Grundlagen des modernen Finanzmanagements, 3. Auflage, München / Boston / San Francisco u. a. 2011

**Zeidler, G. W. / Schöniger, S. / Tschöpel, A.**, Auswirkungen der Unternehmensteuerreform 2008 auf Unternehmensbewertungskalküle, in: FB 2008, S. 276 – 288

**Zeidler, G. W. / Tschöpel, A. / Bertram, I.**, Risikoprämie in der Krise?, BP 2012, Nr. 1, S. 2 – 10

**Zeidler, G. W. / Tschöpel, A. / Bertram, I.**, Kapitalkosten in Zeiten der Finanz- und Schuldenkrise – Überlegungen zu empirischen Kapitalmarktparametern in Unternehmensbewertungskalkülen, in: CF biz 2012, S. 70 – 80

**Zimmerer, T. / Hertlein, F.**, Schätzung von Renditestrukturkurven für Euroland-Staatsanleihen: Gibt es teuere und billige Bonds?, in: FB 2007, S. 98 – 108

**Zimmermann, H. / Rudolf, M. / Jaeger, S. u. a.** (Moderne Performance-Messung, 1996), Moderne Performance-Messung: Ein Handbuch für die Praxis, Bern / Stuttgart / Wien 1996

**Zimmermann, J. / Meser, M.**, Kapitalkosten in der Krise – Krise der Kapitalkosten? – CAPM und Barwertmodelle im Langzeitvergleich, in: CF biz 2013, S. 3 – 9

**Zimmermann, P.** (Schätzung und Prognose, 1997), Schätzung und Prognose von Betawerten deutscher Aktien: Eine Untersuchung am deutschen Aktienmarkt, Bad Soden / Taunus 1997

**Zöllner, W. / Noack, U.** (Kölner Kommentar zum Aktiengesetz, 2004), Kölner Kommentar zum Aktiengesetz, Band 6: §§ 15 – 22 AktG, §§ 291 – 328 AktG und Meldepflichten nach §§ 21 ff. WpHG, SpruchG, 3. Auflage, Köln / Berlin / München 2004

**Zwirner, C. / Reinholdt, A.**, Unternehmensbewertung im Zeichen der Finanzmarktkrise vor dem Hintergrund der neuen erbschaftsteuerlichen Regelungen – Anmerkungen zu einer angemessenen Zinssatzermittlung, in: FB 2009, S. 389 – 393

## Verzeichnis der Gerichtsentscheidungen

**BFH** vom 12. März 1980, II R 28 / 77, BStBl II 1980, S. 405 – 408

**BGH** vom 30. September 1981, IVa ZR 127 / 80 (OLG Hamm), ZIP 1981, S. 1330 – 1332

**BGH** vom 28. Juni 1982, II ZR 69 / 81, AG 1983, S. 188 – 190

**BGH** vom 4. März 1998, II ZB 5 / 97 (OLG Karlsruhe), NZG 1998, S. 379 – 382

**BGH** vom 12. März 2001, II ZB 15 / 00 (Düsseldorf), NJW 2001, S. 2080 – 2084

**BGH** vom 21. Juli 2003, II ZB 17 / 01 (BayObLG), NJW 2003, S. 3272 – 3274

**BGH** vom 19. Juli 2010, II ZB 15 / 00, DB 2010, S. 1693 – 1697

**BVerfG** vom 7. August 1962, 1 BvL 16 / 60, NJW 1962, S. 1667 – 1670

**BVerfG** vom 27. April 1999, 1 BvR 1613 / 94, WPg 1999, S. 780 – 785

**KG Berlin** vom 19. Mai 2011, 2 W 154 / 08

**OLG Celle** vom 19. April 2007, 9 W 53 / 06, ZIP 2007, S. 2025 – 2028

**OLG Düsseldorf** vom 11. April 1988, 19 W 32 / 86, WM 1988, S. 1052 – 1061

**OLG Düsseldorf** vom 2. August 1994, 19 W 1 / 93, WM 1995, S. 756 – 765

**OLG Düsseldorf** vom 19. Oktober 1999, 19 W 1 / 96 AktE, DB 2000, S. 81 – 84

**OLG Düsseldorf** vom 20. Oktober 2005, I-19 W 11 / 04 AktE, NZG 2006, S. 911 – 914

**OLG Düsseldorf** vom 31. März 2006, I-26 W 5 / 06

**OLG Düsseldorf** vom 27. Mai 2009, I-26 W 5 / 07 (AktE), WM 2009, S. 2220 – 2228

**OLG Düsseldorf** vom 9. September 2009, I-26 W 13 / 06 AktE, ZIP 2009, S. 2055 – 2059

**OLG Düsseldorf** vom 4. Juli 2012, I-26 W 8 / 10, AG 2012, S. 797 – 802

**OLG Frankfurt am Main** vom 17. Juni 2010, 5 W 39 / 09

**OLG Frankfurt am Main** vom 7. Dezember 2010, 5 U 29 / 10, AG 2011, S. 173 – 177

**OLG Frankfurt am Main** vom 29. März 2011, 21 W 12 / 11, AG 2011, S. 629 – 631

**OLG Frankfurt am Main** vom 7. Juni 2011, 21 W 2 / 11, NZG 2011, S. 990 – 992

**OLG Frankfurt am Main** vom 24. November 2011, 21 W 7 / 11

**OLG Frankfurt am Main** vom 20. Dezember 2011, 21 W 8 / 11, AG 2012, S. 330 – 335

**OLG Frankfurt am Main** vom 20. Februar 2012, 21 W 17 / 11

**OLG Frankfurt am Main** 30. August 2012, 21 W 14 / 11, GWR 2012, S. 490

**OLG Karlsruhe** vom 13. Juni 1997, 15 W 1 / 97, AG 1998, S. 96 – 98

**OLG München** vom 26. Oktober 2006, 31 Wx 12 / 06, ZIP 2007, S. 375 – 380

**OLG München** vom 17. Juli 2007, 31 Wx 060 / 06, AG 2008, S. 28 – 33

**OLG München** vom 31. März 2008, 31 Wx 88 / 06

**OLG München** vom 18. Februar 2014, 31 Wx 211 / 13, AG 2014, S. 453 – 456

**OLG Stuttgart** vom 4. Februar 2000, 4 W 15 / 98, NZG 2000, S. 744 – 749

**OLG Stuttgart** vom 1. Oktober 2003, 4 W 34 / 93, ZIP 2004, S. 712 – 719

**OLG Stuttgart** vom 8. März 2006, 20 W 5 / 05, AG 2006, S. 420 – 428

**OLG Stuttgart** vom 26. Oktober 2006, 20 W 14 / 05, NZG 2007, S. 112 – 119

**OLG Stuttgart** vom 16. Februar 2007, 20 W 6 / 06, NZG 2007, S. 302 – 310

**OLG Stuttgart** vom 6. Juli 2007, 20 W 5 / 06, AG 2007, S. 705 – 715

**OLG Stuttgart** vom 14. Februar 2008, 20 W 9 / 06

**OLG Stuttgart** vom 19. März 2008, 20 W 3 / 06, AG 2008, S. 510 – 516

**OLG Stuttgart** vom 18. Dezember 2009, 20 W 2 / 08

**OLG Stuttgart** vom 17. Oktober 2011, 20 W 7 / 11

**OLG Stuttgart** vom 3. April 2012, 20 W 7 / 09

**OLG Stuttgart** vom 5. Juni 2013, 20 W 6 / 10

**BayObLG** vom 28. Oktober 2005, 3 Z BR 71 / 00, NZG 2006, S. 156 – 159

**LG Bremen** vom 18. Februar 2003, 13 O 458 / 96, AG 2002, S. 214 – 216

**LG Dortmund** vom 1. Juli 1996, 20 AktE 2 / 94, AG 1996, S. 427 – 430

**LG Dortmund** vom 10. Juni 1997, 20 AktE 1 / 94, AG 1998, S. 142 – 144

**LG Dortmund** vom 19. März 2007, 18 AktE 5 / 03, WM 2007, S. 938 – 947

**LG Frankfurt am Main** vom 19. Dezember 1995, 3-03 O 162 / 88, AG 1996, S. 187 – 190

**LG Frankfurt am Main** vom 21. März 2006, 3-5 O 153 / 04, AG 2007, S. 42 – 48

**LG Frankfurt am Main** vom 13. Juni 2006, 3-5 O 110 / 04, NZG 2006, S. 868 – 873

**LG Hannover** vom 6. Februar 1979, 26 / 22 AktE 2 / 72, AG 1979, S. 234 – 235

**LG München I** vom 25. Februar 2002, 5 HKO 1080 / 96, AG 2002, S. 563 – 567

**BR-Drucks. 384 / 07** vom 15. Juni 2007, Unternehmensteuerreformgesetz 2008, in: BGBl. I 2007, S. 1912 – 1938

## Verzeichnis der Internet-Quellen

**Bank for International Settlements** (Amounts Outstanding), Table 19: Amounts Outstanding of OTC Derivatives, http://www.bis.org/statistics/... ...dt1920a.pdf (11. Januar 2016)

**Bundesrepublik Deutschland – Finanzagentur GmbH** (Bundeswertpapiere), Bundeswertpapiere, http://www.deutsche-finanzagentur.de/de/p... ...rivate-anleger/bundeswertpapiere/ (11. Januar 2016)

**Bundesrepublik Deutschland – Finanzagentur GmbH** (Restlaufzeitentabelle), Restlaufzeitentabelle, http://www.deutsche-finanzagentur.de/filea... ...dmin/Material_Deutsche_Finanzagentur/PDF/Aktuelle_Informationen/... ...kredit_renditetabelle.pdf (11. Januar 2016)

**Center for Research in Security Prices (S & P 500®)**, CRSP Indexes for the S & P 500® Universe, http://www.crsp.com/products/documentation/crs... ...p-indexes-sp-500%C2%AE-universe (11. Januar 2016)

**Deutsche Börse AG** (Transparenzstandards), Transparenzstandards, htt... ...p://www.deutsche-boerse-cash-market.com/dbcm-de/primary-market... .../marktstruktur/transparenzstandards (11. Januar 2016)

**Deutsche Bundesbank** (Bundeswertpapiere), Kurse und Renditen börsennotierter Bundeswertpapiere, http://www.bundesbank.de/Navigation/D... ...E/Service/Bundeswertpapiere/Kurse_und_Renditen/kurse_und_rendite... ...n.html (11. Januar 2016)

**Deutsche Bundesbank** (CDAX Performanceindex), CDAX Performanceindex, http://www.bundesbank.de/Navigation/DE/Statistiken/Zeitreihen_... ...Datenbanken/Makrooekonomische_Zeitreihen/its_details_value_node.ht... ...ml?tsId=BBK01.WU018A&listId=www_s140_mb05 (11. Januar 2016)

**Deutsche Bundesbank** (Kapital- und Zins-Strips, Zinstermin: 4. Januar), Kapital- und Zins-Strips bei Bundesanleihen mit Strip-Option, Zinstermin: 4. Januar, http://www.bundesbank.de/Redaktion/DE/Downloads/Service... .../Bundeswertpapiere/Stripping/kapital_zins_strips_zinstermin_januar.p... ...df?_blob=publicationFile (4. Januar 2016)

**Deutsche Bundesbank** (Kapital- und Zins-Strips, Zinstermin: 15. Februar), Kapital- und Zins-Strips bei Bundesanleihen mit Strip-Option, Zinstermin: 15. Februar, http://www.bundesbank.de/Redaktion/DE/Downloads/Serv... ...ice/Bundeswertpapiere/Stripping/kapital_zins_strips_zinstermin_febru... ...ar.pdf?_blob=publicationFile (4. Januar 2016)

**Deutsche Bundesbank** (Kapital- und Zins-Strips, Zinstermin: 15. Mai), Kapital- und Zins-Strips bei Bundesanleihen mit Strip-Option, Zinstermin: 15. Mai, http://www.bundesbank.de/Redaktion/DE/Downloads/Service/...

...Bundeswertpapiere/Stripping/kapital_zins_strips_zinstermin_mai.pdf?_...
...bvlob=publicationFile (4. Januar 2016)

**Deutsche Bundesbank** (Kapital- und Zins-Strips, Zinstermin: 4. Juli), Kapital- und Zins-Strips bei Bundesanleihen mit Strip-Option, Zinstermin: 4. Juli, http://www.bundesbank.de/Redaktion/DE/Downloads/Service/Bundes...
...wertpapiere/Stripping/kapital_zins_strips_zinstermin_juli.pdf?_blob=p...
...ublicationFile (4. Januar 2016)

**Deutsche Bundesbank** (Kapital- und Zins-Strips, Zinstermin: 15. August), Kapital- und Zins-Strips bei Bundesanleihen mit Strip-Option, Zinstermin: 15. August, http://www.bundesbank.de/Redaktion/DE/Downloads/Servi...
...ce/Bundeswertpapiere/Stripping/kapital_zins_strips_zinstermin_august...
....pdf?_blob=publicationFile (4. Januar 2016)

**Deutsche Bundesbank** (Kapital- und Zins-Strips, Zinstermin: 4. September), Kapital- und Zins-Strips bei Bundesanleihen mit Strip-Option, Zinstermin: 4. September, http://www.bundesbank.de/Redaktion/DE/Download...
...s/Service/Bundeswertpapiere/Stripping/kapital_zins_strips_zinstermin...
..._september.pdf?_blob=publicationFile (4. Januar 2016)

**Deutsche Bundesbank** (Null-Kupon-Euro-Swapkurve), Nachrichtlich: Null-Kupon-Euro-Swapkurve (Monatswerte), http://www.bundesbank.de/Nav...
...igation/DE/Statistiken/Zeitreihen_Datenbanken/Makrooekonomische_...
...Zeitreihen/its_list_node.html?listId=www_s140_it05b (11. Januar 2016)

**Deutsche Bundesbank** (Parameter börsennotierter Bundeswertpapiere), Parameter börsennotierter Bundeswertpapiere (Monats- und Tageswerte), http://www.bundesbank.de/Navigation/DE/Statistiken/Zeitreihen_Daten...
...banken/Makrooekonomische_Zeitreihen/its_list_node.html?listId=www...
..._s140_it03c (11. Januar 2016)

**Deutsche Bundesbank** (Parameter Pfandbriefe), Parameter Pfandbriefe (Monats- und Tageswerte), http://www.bundesbank.de/Navigation/DE/S...
...tatistiken/Zeitreihen_Datenbanken/Makrooekonomische_Zeitreihen/ist...
..._list_node.html?listId=www_s140_it04c (11. Januar 2016)

**Deutsche Bundesbank** (REX Performanceindex), REX Performanceindex, http://www.bundesbank.de/Navigation/DE/Statistiken/Zeitreihen_Daten...
...banken/Makrooekonomische_Zeitreihen/its_details_value_node.html?ts...
...Id=BBK01.WU046A (11. Januar 2016)

**Deutsche Bundesbank** (Umlaufsrenditen), Umlaufsrenditen, http://ww...
...w.bundesbank.de/Navigation/DE/Statistiken/Geld_und_Kapitalmaerkte...
.../Zinssaetze_und_Renditen/Umlaufsrenditen/umlaufsrenditen.html (11. Januar 2016)

# Verzeichnis der Internet-Quellen

**Deutsche Bundesbank** (Zinsstrukturkurve für börsennotierte Bundeswertpapiere), Zinsstrukturkurve für börsennotierte Bundeswertpapiere (Monats- und Tageswerte), http://www.bundesbank.de/Navigation/DE...
.../Statistiken/Zeitreihen_Datenbanken/Makrooekonomische_Zeitreihen/...
...its_list_node.html?listId=www_s140_it03a (11. Januar 2016)

**Deutsche Bundesbank** (Zinsstrukturkurve für Pfandbriefe), Zinsstrukturkurve für Pfandbriefe (Monats- und Tageswerte), http://www.bundes...
...bank.de/Navigation/DE/Statistiken/Zeitreihen_Datenbanken/Makrooe...
...konomische_Zeitreihen/its_list_node.html?listId=www_s140_it04a (11. Januar 2016)

**European Central Bank** (Euro Area Yield Curve), Euro Area Yield Curve, http://www.ecb.europa.eu/stats/money/yc/html/index.en.html (11. Januar 2016)

**European Central Bank** (Technical Notes), Technical Notes, http://www...
....ecb.europa.eu/stats/money/yc/html/technical_notes.pdf (11. Januar 2016)

**Herausgebergemeinschaft Wertpapier-Mitteilungen, Keppler, Lehmann GmbH & Co. KG** (Länder-Ratings), Länder-Ratings, http://www.boersen...
...-zeitung.de/index.php?li=312&subm=laender&sort=2_1 (11. Januar 2016)

**Karlsruher Institut für Technologie** (DAFOX), Deutscher Aktienforschungsindex (DAFOX), http://fmi.fbv.kit.edu/148.php (11. Januar 2016)

**MSCI Inc.** (MSCI World Index), MSCI World Index, http://www.msci.com...
.../resources/factsheets/index_fact_sheet/msci-world-index.pdf (11. Januar 2016)

**MSCI Inc.** (MSCI ACWI), MSCI ACWI, https://www.msci.com/resources...
.../factsheets/index_fact_sheet/msci-acwi.pdf (11. Januar 2016)

**MSCI Inc.** (MSCI Germany Index), MSCI Germany Index, http://www.msci...
....com/resources/factsheets/index_fact_sheet/msci-germany-index-net.pdf (11. Januar 2016)

**S & P Dow Jones Indices LLC** (S & P 500®), S & P 500®, http://us.spindic...
...es.com/indices/equity/sp-500 (11. Januar 2016)

**S & P Dow Jones Indices LLC** (S & P Global 1200), S & P Global 1200, http://us.spindices.com/indices/equity/sp-global-1200 (11. Januar 2016)

**Statista** (Wertentwicklung), Wertentwicklung der weltweit an den Börsen gehandelten Aktien von 2000 bis 2014 (in Billionen US-Dollar), http://...
...de.statista.com/statistik/daten/studie/199488/umfrage/wert-des-welt...
...weiten-aktienbestandes-seit-2000/ (11. Januar 2016)

**Stehle, R.** (Stehle / Hartmond-Reihe), Stehle / Hartmond-Reihe: Jährliche nominale Renditen aller in Frankfurt amtlich notierten deutschen Aktien 1955 bis 2011 (in %), https://www.wiwi.hu-berlin.de/de/professuren/b... ...wl/bb/data/pdf/1cdax0proznom19552011.pdf (11. Januar 2016)

**Stehle, R.** (Managermagazin-Artikel 5 / 2005), Bemerkungen zum Managermagazin-Artikel 5 / 2005, https://www.wiwi.hu-berlin.de/de/profes... ...suren/bwl/bb/Research/presse/Bemerkungen_zu_Managermagazin_5_... ...2005_090505.pdf (11. Januar 2016)

**Thomson Reuters** (Datastream Global Equity Indices), Datastream Global Equity Indices – User Guide Issue 5, http://extranet.datastream.com/data... .../Equity %20indices/DSGlobalEquityIndices.htm (11. Januar 2016)

# Anhang

## A 1 Geometrische Berechnung des geometrischen Mittelwerts historischer Marktrisikoprämien

Das geometrische Mittel in der Vergangenheit realisierter Marktrisikoprämien berechnet sich allgemein mit:

$$E(\widehat{MRP}_{GM}) = \sqrt[T]{\prod_{t=1}^{T}(1 + MRP_t)} - 1 \tag{1}$$

Die geometrisch berechnete Marktrisikoprämie bestimmt sich mit:

$$MRP_t^G = \frac{1 + r_{M,t}}{1 + r_f} - 1 \tag{2}$$

Einsetzen von (1) in (2) liefert:

$$E(\widehat{MRP}_{GM}^G) = \sqrt[T]{\prod_{t=1}^{T}\left(1 + \frac{1 + r_{M,t}}{1 + r_f} - 1\right)} - 1 \tag{3}$$

respektive

$$E(\widehat{MRP}_{GM}^G) = \sqrt[T]{\prod_{t=1}^{T}\left(\frac{1 + r_{M,t}}{1 + r_f}\right)} - 1 \tag{4}$$

# Anhang

## A 2 Überleitung des geometrischen Mittelwerts historischer Marktrisikoprämien

Das geometrische Mittel berechnet sich als $T$-te Wurzel des Produkts der in der Vergangenheit realisierten Marktrisikoprämien mit:

$$E(\widehat{MRP}_{GM}) = \sqrt[T]{\prod_{t=1}^{T}(1 + MRP_t)} - 1 \tag{1}$$

respektive

$$1 + E(\widehat{MRP}_{GM}) = \sqrt[T]{\prod_{t=1}^{T}(1 + MRP_t)} \tag{2}$$

Nach äquivalenter Umformung resultiert:

$$[1 + E(\widehat{MRP}_{GM})]^T = \prod_{t=1}^{T}(1 + MRP_t) \tag{3}$$

Logarithmieren liefert:

$$T \cdot \ln[1 + E(\widehat{MRP}_{GM})] = \sum_{t=1}^{T} \ln(1 + MRP_t) \tag{4}$$

respektive

$$\ln[1 + E(\widehat{MRP}_{GM})] = \frac{1}{T} \cdot \sum_{t=1}^{T} \ln(1 + MRP_t) \tag{5}$$

Hieraus folgen nach weiterer äquivalenter Umformung:

$$1 + E(\widehat{MRP}_{GM}) = exp\left[\frac{1}{T} \cdot \sum_{t=1}^{T} \ln(1 + MRP_t)\right] \tag{6}$$

und

$$E(\widehat{MRP}_{GM}) = exp\left[\frac{1}{T} \cdot \sum_{t=1}^{T} \ln(1 + MRP_t)\right] - 1 \tag{7}$$

# A 3 Zusammenhang zwischen arithmetischem und geometrischem Mittelwert

## A 3.1 Vorbemerkung

Es ist zu zeigen, dass das arithmetische Mittel diskreter Marktrenditen und das geometrische Mittel diskreter Marktrenditen unter folgenden Bedingungen gegen das arithmetische Mittel stetiger Marktrenditen als gemeinsamen Grenzwert konvergieren:

(1) Ausgehend von dem zunächst betrachteten einen einzigen Zinszahlungstermin am Ende jeder einzelnen Periode des Investitionszeitraums wird eine gegen positiv Unendlich konvergierende Anzahl äquidistanter Zinszahlungstermine $p$ eingeführt.

(2) Die Einführung der gegen positiv Unendlich konvergierenden Anzahl äquidistanter Zinszahlungstermine $p$ nimmt keinen Einfluss auf die periodenspezifische Effektivverzinsung.

Die Anzahl der von dem Investitionszeitraum umfassten Perioden ist ohne Belang. Aus diesem Grunde umfasst der hier betrachtete Investitionszeitraum weiterhin $T$ Perioden. Die anzustellende Grenzwertbetrachtung würdigt ausschließlich den mathematischen Gehalt der hierzu erforderlichen Rechenschritte. Daher wird zunächst die methodische Zulässigkeit der arithmetischen wie auch der geometrischen Mittelung diskreter Marktrenditen als Datum vorausgesetzt. Ausgangspunkt der Grenzwertbetrachtung ist somit einerseits der arithmetische Mittelwert $E(\hat{r}^d_{M,AM})$, andererseits der geometrische Mittelwert $E(\hat{r}^d_{M,GM})$ diskreter Marktrenditen $r^d_{M,t}$

$$E(\hat{r}^d_{M,AM}) = \frac{1}{T} \cdot \sum_{t=1}^{T} r^d_{M,t} \qquad (1)$$

respektive

$$E(\hat{r}^d_{M,GM}) = \sqrt[T]{\prod_{t=1}^{T}(1 + r^d_{M,t})} - 1 \qquad (2)$$

Die erste Bedingung bewirkt eine Verkürzung des Verzinsungsintervalls. Die Einführung einer wachsenden Anzahl von Zinszahlungsterminen führt zu einer allmählichen Verstetigung der diskreten Marktrenditen. Ein Vergleich mit der in 2.3.3.3 vorgenommenen Überleitung diskreter in stetige Zinsen liegt nahe. Zwar führen in der Tat beide Grenzwertbetrachtungen zu einer Verstetigung des jeweiligen Arguments. Doch unterscheidet sich die im vorliegenden Zusammenhang durchzuführende Grenzwertbetrachtung von jener durch die Nebenbedingung, dass die Transformation keine Veränderung der periodenspezifischen Effektivrendite herbeiführt. Die Nebenbedingung ist dann erfüllt, wenn zusammen mit der Unterteilung der anfänglichen Periode in $p$ gleich lange Subperioden die Marktrendite, welche auf die zu einer Periode gehörenden Subperioden korrespondierend Anwendung findet, in einer Art und Weise reduziert wird, dass der Endwert über alle Subperioden ein und derselben Periode hinweg gerade wieder die anfängliche diskrete Marktrendite der jeweiligen Periode liefert. Die Äquivalenzbedingung ist erfüllt, wenn für die diskreten Marktrenditen der $m$-ten Subperiode formal

$$\sqrt[p]{1 + r_{M,t}^d} \tag{3}$$

mit

$$\left(\sqrt[p]{1 + r_{M,t}^d}\right)^p = 1 + r_{M,t}^d \tag{4}$$

und

$$r_{M,t}^d = \left(\sqrt[p]{1 + r_{M,t}^d}\right)^p - 1 \tag{5}$$

gilt. Die endwertäquivalente diskrete Marktrendite steht in einem reziproken Verhältnis zur Anzahl der Subperioden. Mit der Einführung weiterer Zinszahlungstermine tritt damit die konforme Marktrendite auf den Plan.[1615] Die weitere Grenzwertanalyse macht eine isolierte Betrachtung einerseits des arithmetischen, andererseits des geometrischen Mittelwerts erforderlich.

### A 3.2 Arithmetischer Mittelwert

Anwendung von Beziehung (4) in A 3.1 auf Beziehung (1) in A 3.1 liefert für das arithmetische Mittel diskreter Marktrenditen $E\left(\hat{r}_{M,AM}^d\right)$ allgemein:

$$E\left(\hat{r}_{M,AM}^d\right) = \frac{1}{T} \cdot \sum_{t=1}^{T} p \cdot \left(\sqrt[p]{1 + r_{M,t}^d} - 1\right) \tag{1}$$

An die Stelle der ursprünglichen periodenspezifischen diskreten Marktrendite $r_{M,t}^d$ tritt das $p$-Fache der mit der Anzahl der Subperioden $p$ korrespondierenden endwertäquivalenten diskreten Marktrendite. So erklärt sich der Faktor $p$ in Beziehung (1). Die Einführung des Faktors $p$ trägt dem finanzmathematischen Konzept der einfachen Verzinsung Rechnung, welches dem arithmetischen Mittelwert innewohnt. Die auf die Subperioden ein und derselben Periode anzuwendende diskrete Marktrendite ist für alle Subperio-

---

[1615] Vgl. hierzu nochmals Kruschwitz, L., Finanzmathematik, 2010, S. 28 – 33.

den derselben Periode identisch. Unter dieser Bedingung bietet die Multiplikation mit dem Faktor $p$ eine Alternative für die ansonsten gebotene Summierung der konformen diskreten Marktrenditen über die Subperioden derselben Periode. Insofern spricht die Prämisse äquidistanter Zinszahlungstermine einen Sonderfall an. Konvergiert die Anzahl der Subperioden gegen positiv Unendlich, stellt sich das arithmetische Mittel diskreter Marktrenditen in der Form

$$E\bigl(\hat{r}_{M,AM}^d\bigr) = \lim_{p \to +\infty} \frac{1}{T} \cdot \sum_{t=1}^{T} p \cdot \left(\sqrt[p]{1 + r_{M,t}^d} - 1\right) \qquad (2)$$

dar. Allgemein gilt

$$\lim_{z \to +\infty} z \cdot \left(\sqrt[z]{o} - 1\right) = \ln o \qquad (3)$$

wobei $z$ für die Anzahl der Iterationen steht und und $o \in \mathbb{R}^+$ gilt.[1616] Anwendung von Beziehung (3) auf Beziehung (2) liefert:

$$E\bigl(\hat{r}_{M,AM}^d\bigr) = \lim_{p \to +\infty} \frac{1}{T} \cdot \sum_{t=1}^{T} p \cdot \left(\sqrt[p]{1 + r_{M,t}^d} - 1\right) =$$

$$= \frac{1}{T} \cdot \sum_{t=1}^{T} \ln\bigl(1 + r_{M,t}^d\bigr) = \frac{1}{T} \cdot \sum_{t=1}^{T} r_{M,t}^s \qquad (4)$$

Die eingangs formulierte Behauptung ist damit bewiesen. Bei Einführung einer gegen positiv Unendlich konvergierenden Anzahl äquidistanter Zinszahlungstermine konvergiert das arithmetische Mittel diskreter Marktrenditen gegen das arithmetische Mittel stetiger Marktrenditen, sofern im Zuge der Einführung der äquidistanten Zinszahlungstermine die periodenspezifische Effektivverzinsung unverändert bleibt.

### A 3.3 Geometrischer Mittelwert

Anwendung von Beziehung (4) auf Beziehung (2) in A 3.1 liefert allgemein:

$$E\bigl(\hat{r}_{M,GM}^d\bigr) = \sqrt[T]{\prod_{t=1}^{T} \left(\sqrt[p]{1 + r_{M,t}^d}\right)^p} - 1 \qquad (1)$$

Eine alternative Schreibweise für Beziehung (1) lautet:

---

[1616] Die Gültigkeit des Zusammenhangs wurde numerisch überprüft.

Anhang

$$E(\hat{r}_{M,GM}^d) = \prod_{t=1}^{T} \sqrt[T]{\left(1 + \sqrt[p]{1 + r_{M,t}^d} - 1\right)^p} - 1 \qquad (2)$$

Hier wird die im Ausgangsfall betrachtete periodenspezifische diskrete Marktrendite $r_{M,t}^d$ durch diejenige diskrete Marktrendite substituiert, welche bei multiplikativer Verknüpfung der $p$ Subperioden einer Periode gerade wieder die zu dieser gehörende anfängliche diskrete Marktrendite $r_{M,t}^d$ ergibt. Das Verfahren trägt dem finanzmathematischen Konzept der geometrischen Verzinsung Rechnung, auf welchem der geometrische Mittelwert beruht. Die äquivalente Ergänzung des Arguments $\sqrt[p]{1 + r_{M,t}^d}$ unter der Hauptradix um die Terme $+1$ und $-1$ erleichtert die weitere formale Analyse.

Konvergiert die Anzahl der Subperioden $p$ gegen positiv Unendlich, folgt für Beziehung (2):

$$E(\hat{r}_{M,GM}^d) = \lim_{p \to +\infty} \prod_{t=1}^{T} \left[\sqrt[T]{\left(1 + \sqrt[p]{1 + r_{M,t}^d} - 1\right)^p}\right] - 1 \qquad (3)$$

Der Grenzwert der $z$-ten Potenz einer Funktion ist äquivalent mit der $z$-ten Potenz des Grenzwerts der Funktion. Aus diesem Grunde lässt sich Beziehung (3) in

$$E(\hat{r}_{M,GM}^d) = \lim_{p \to +\infty} \left\{ \sqrt[T]{\prod_{t=1}^{T} \left[\left(1 + \sqrt[p]{1 + r_{M,t}^d} - 1\right)^p\right]} \right\} - 1 \qquad (4)$$

umformulieren. Weiterhin ist der Grenzwert der mit einem konstanten Faktor multiplizierten Funktion gleich dem mit diesem konstanten Faktor multiplizierten Grenzwert der Funktion.[1617] Somit lässt sich Beziehung (4) zu

$$E(\hat{r}_{M,GM}^d) = \lim_{p \to +\infty} \sqrt[T]{\left\{\frac{1}{p} \cdot \prod_{t=1}^{T} \left[p \cdot \left(1 + \sqrt[p]{1 + r_{M,t}^d} - 1\right)\right]\right\}^p} - 1 \qquad (5)$$

erweitern. Hier ansetzende äquivalente Umformungen liefern zunächst

$$E(\hat{r}_{M,GM}^d) = \lim_{p \to +\infty} \left\{\frac{1}{p} \cdot \prod_{t=1}^{T} \left[p \cdot \left(1 + \sqrt[p]{1 + r_{M,t}^d} - 1\right)\right]\right\}^{p/T} - 1 \qquad (6)$$

---

[1617] Vgl. zum Rechnen mit Grenzwerten z. B. Senger, J., Mathematik, 2009, S. 139 – 140.

und schließlich

$$1 + E(\hat{r}_{M,GM}^d) = \lim_{p \to +\infty} \left\{ \frac{1}{p} \cdot \prod_{t=1}^{T} \left[ p + p \cdot \left( \sqrt[p]{1 + r_{M,t}^d} - 1 \right) \right] \right\}^{p/T} \tag{7}$$

Da allgemein

$$\lim_{z \to +\infty} z \cdot \left( \sqrt[z]{o} - 1 \right) = \ln o \tag{8}$$

gilt, wobei $z$ für die Anzahl der Iterationen steht und und $o \in \mathbb{R}^+$ gilt, lässt sich Beziehung (7) zunächst in

$$\ln\left[1 + E(\hat{r}_{M,GM}^d)\right] = \left\{ \frac{1}{p} \cdot \sum_{t=1}^{T} \ln(1 + r_{M,t}^d) \right\}^{p/T} \tag{9}$$

umformulieren. Im Zuge der gegen positiv Unendlich konvergierenden Anzahl von Iterationen tritt an die Stelle der multiplikativen Verknüpfung diskreter Renditen die additive Verknüpfung der asymptotisch stetigen Renditen. Äquivalentes Umformen liefert weiterhin

$$\ln\left[1 + E(\hat{r}_{M,GM}^d)\right] = \frac{1}{p} \cdot \frac{p}{T} \cdot \sum_{t=1}^{T} \ln(1 + r_{M,t}^d) \tag{10}$$

und schließlich

$$\ln\left[1 + E(\hat{r}_{M,GM}^d)\right] = \frac{1}{T} \cdot \sum_{t=1}^{T} \ln(1 + r_{M,t}^d) \tag{11}$$

$$\ln\left[1 + E(\hat{r}_{M,GM}^d)\right] = \frac{1}{T} \cdot \sum_{t=1}^{T} r_{M,t}^s \tag{12}$$

Mit gegen positiv Unendlich konvergierender Anzahl von Subperioden nähern sich nicht nur die diskreten periodenspezifischen Marktrenditen, sondern auch das hierüber gebildete geometrische Mittel stetigen Marktrenditen an.[1618] So entspricht die rechte Seite von Beziehung (12) gerade dem arithmetischen Mittel stetiger Marktrenditen. Die eingangs aufgestellte Hypothese ist somit bewiesen. Die angestellten Überlegungen zeigen, dass bei gegen positiv Unendlich konvergierender Anzahl von Subperioden das arithmetische Mittel diskreter Marktrenditen und das geometrische Mittel

---

[1618] Vgl. zur allgemeinen Erklärung des Zusammenhangs Bohley, P., Statistik, 2000, S. 132; Fahrmeir, L. / Künstler, R. / Pigeot, I. u. a., Statistik, 2010, S. 62.

diskreter Marktrenditen gegen das arithmetische Mittel stetiger Marktrenditen als gemeinsamen Grenzwert konvergieren, wenn im Zuge der Einführung einer gegen positiv Unendlich konvergierenden Anzahl äquidistanter Zinszahlungstermine die jeweilige periodenspezifische Effektivverzinsung unverändert bleibt.

### A 3.4  Probe

Die Richtigkeit der angestellten Überlegungen bedingt, dass die Transformation des gemeinsamen Grenzwerts in diskrete Konnotation einerseits das arithmetische, andererseits das geometrische Mittel diskreter Marktrenditen ergibt. Unter Hinweis auf 2.3.3.3 gilt für den Zusammenhang zwischen diskreten und stetigen Renditen der allgemeine Zusammenhang

$$r_d = e^{r_s} - 1 \tag{13}$$

Einsetzen von Beziehung (12) in Beziehung (13) liefert:

$$r_{M,t}^d = e^{\ln\left[1+E\left(\hat{r}_{M,GM}^d\right)\right]} - 1$$

Äquivalente Umformungen ergeben schließlich:

$$r_{M,t}^d = E\left(\hat{r}_{M,GM}^d\right) \tag{14}$$

Es wurde festgestellt, dass im Allgemeinen das arithmetische das geometrische Mittel einer Datenreihe übersteigt. Mithin liefern beide Mittelungsverfahren regelmäßig voneinander abweichende Ergebnisse. Die Verifizierung der oben gefundenen Ergebnisse hingegen führt mit dem geometrischen Mittelwert diskreter Marktrenditen zu einem einwertigen Ergebnis. Aufgrund der allgemeinen Inkongruenz zwischen arithmetischem und geometrischem Mittelwert vermag die Transformation des gemeinsamen Grenzwerts das arithmetische Mittel diskreter Marktrenditen nicht zu erklären.

## A 4 Zusammenhang zwischen Kassazinssätzen und impliziten Terminzinssätzen

Anwenden des natürlichen Logarithmus auf beiden Seiten der Beziehung

$$e^{i(0;t) \cdot t} \cdot e^{f(0;t;T) \cdot T} = e^{i(0;T) \cdot T} \tag{1}$$

liefert:

$$i(0;t) \cdot t + f(0;t;T) \cdot T = i(0;T) \cdot T \tag{2}$$

Nach äquivalenter Umformung resultiert:

$$f(0;t;T) = \frac{i(0;T) \cdot T - i(0;t) \cdot t}{T} \tag{3}$$

Anhang

## A 5 Entwicklung des Laguerre'schen Polynoms ersten Grades

Für das *Laguerre'*sche Polynom $n$-ten Grades gilt allgemein:

$$L_n(x) = \sum_{k=0}^{n} \frac{(-1)^k}{k!} \cdot \binom{n}{k} \cdot x^k \qquad (1)$$

Für das *Laguerre'*sche Polynom ersten Grades gilt daher:

$$L_1(x) = \sum_{k=0}^{1} \frac{(-1)^k}{k!} \cdot \binom{n}{k} \cdot x^k =$$

$$= \frac{(-1)^0}{0!} \cdot \binom{1}{0} \cdot x^0 + \frac{(-1)^1}{1!} \cdot \binom{1}{1} \cdot x^1 = -x + 1 \qquad (2)$$

Anhang

## A 6 Integration der Funktion der impliziten Terminzinssätze

### A 6.1 Vorbemerkung

Die Kassazinssätze $i(m;b)$ und die impliziten Terminzinssätze $f(m;b)$ stehen in der Beziehung

$$i(m;b) = \frac{\int f(m;b)dm}{m} \quad (1)$$

Nach Umformung resultiert der äquivalente Zusammenhang

$$\int f(m;b)\,dm = i(m;b) \cdot m \quad (2)$$

### A 6.2 Modell von Nelson / Siegel (1987)

Das *Nelson / Siegel*-Modell beschreibt in modifizierter Form die Funktion der impliziten Terminzinssätze mit

$$f(m;b)\,dm = \beta_0 + \beta_1 \cdot exp\left(-\frac{m}{\tau_N}\right) + \beta_2 \cdot \frac{m}{\tau_N} \cdot exp\left(-\frac{m}{\tau_N}\right) \quad (1)$$

Für das unbestimmte Integral $\int f(m;b)dm$ gilt:[1619]

$$\int f(m;b)\,dm = \int \left[\beta_0 + \beta_1 \cdot exp\left(-\frac{m}{\tau_N}\right) + \beta_2 \cdot \frac{m}{\tau_N} \cdot exp\left(-\frac{m}{\tau_N}\right)\right] dm \quad (2)$$

Äquivalente Erweiterung von Beziehung (2) um $\beta_2 \cdot exp\left(-\frac{m}{\tau_N}\right) - ...$

$... - \beta_2 \cdot exp\left(-\frac{m}{\tau_N}\right)$ liefert:

$$\int f(m;b)\,dm = \int \left[\beta_0 + \beta_1 \cdot exp\left(-\frac{m}{\tau_N}\right) + ... \right.$$

$$... + \beta_2 \cdot exp\left(-\frac{m}{\tau_N}\right) - \beta_2 \cdot exp\left(-\frac{m}{\tau_N}\right) + ...$$

$$\left. ... + \beta_2 \cdot \frac{m}{\tau_N} \cdot exp\left(-\frac{m}{\tau_N}\right)\right] dm \quad (3)$$

Für die Integration des Terms $exp\left(-\frac{m}{\tau_N}\right)$ sind mehrere Lösungen zulässig. Ökonomisch ist allein die Lösung $\int exp\left(-\frac{m}{\tau_N}\right) dm = 1 - exp\left(-\frac{m}{\tau_N}\right)$ sinnvoll. Denn diese erlaubt, mit zunehmender Restlaufzeit den betroffenen Termen modelladäquat ausgehend von 100 % ein sich stetig verkleinerndes

---

[1619] Für das unbestimmte Integral einer Funktion $f(x)$ gilt $\int f(x)dx = F(x) + C$. Dabei beschreibt $C$ eine beliebige Konstante. Da diese vorliegend ohne Belang ist, gelte hier und im Folgenden $C = 0$.

Anhang

Gewicht zuzuweisen. Mit anderen Worten leistet diese Lösung einen Beitrag zur Simulation des Zerfallsprozesses. Somit gilt:

$$\int f(m;b)\,dm = \beta_0 \cdot m + \beta_1 \cdot m \cdot \left\{\frac{\left[1 - exp\left(-\frac{m}{\tau_N}\right)\right]}{\frac{m}{\tau_N}}\right\} + \ldots$$

$$\ldots + \beta_2 \cdot m \cdot \left\{\frac{\left[1 - exp\left(-\frac{m}{\tau_N}\right)\right]}{\frac{m}{\tau_N}}\right\} - \ldots$$

$$\ldots - \beta_2 \cdot m \cdot exp\left(-\frac{m}{\tau_N}\right) \tag{4}$$

Äquivalentes Umformen liefert:

$$\int f(m;b)\,dm = \beta_0 \cdot m + (\beta_1 + \beta_2) \cdot m \cdot \left\{\frac{\left[1 - exp\left(-\frac{m}{\tau_N}\right)\right]}{\frac{m}{\tau_N}}\right\} - \ldots$$

$$\ldots - \beta_2 \cdot m \cdot exp\left(-\frac{m}{\tau_N}\right) \tag{5}$$

Unter Hinweis auf Beziehung (2) in A 6.1 gilt entsprechend:

$$i(m;b) \cdot m = \beta_0 \cdot m + (\beta_1 + \beta_2) \cdot m \cdot \left\{\frac{\left[1 - exp\left(-\frac{m}{\tau_N}\right)\right]}{\frac{m}{\tau_N}}\right\} - \ldots$$

$$\ldots - \beta_2 \cdot m \cdot exp\left(-\frac{m}{\tau_N}\right) \tag{6}$$

Unter Hinweis auf Beziehung (1) in A 6.1 gilt für die Kassazinssätze entsprechend:

$$i(m;b) = \frac{1}{m} \cdot \left[\beta_0 \cdot m + \beta_1 \cdot m \cdot \left[\frac{1 - exp\left(-\frac{m}{\tau_N}\right)}{\frac{m}{\tau_N}}\right] + \ldots \right.$$

$$\left. \ldots + \beta_2 \cdot m \cdot \left\{\left[\frac{1 - exp\left(-\frac{m}{\tau_N}\right)}{\frac{m}{\tau_N}}\right] - exp\left(-\frac{m}{\tau_N}\right)\right\}\right]$$

respektive

$$i(m;b) = \beta_0 + \beta_1 \cdot \left[\frac{1 - exp\left(-\frac{m}{\tau_N}\right)}{\frac{m}{\tau_N}}\right] + \ldots$$

$$\ldots + \beta_2 \cdot \left\{ \left[ \frac{1 - exp\left(-\frac{m}{\tau_N}\right)}{\frac{m}{\tau_N}} \right] - exp\left(-\frac{m}{\tau_N}\right) \right\} \tag{7}$$

## A 6.3  Modell von Svensson (1994)

Aufbauend auf den Überlegungen von *Nelson / Siegel* formuliert *Svensson* die Funktion der impliziten Terminzinssätze mit:

$$f(m; b) = \beta_0 + \beta_1 \cdot exp\left(-\frac{m}{\tau_1}\right) + \beta_2 \cdot \frac{m}{\tau_1} \cdot exp\left(-\frac{m}{\tau_1}\right) + \ldots$$

$$\ldots + \beta_3 \cdot \frac{m}{\tau_2} \cdot exp\left(-\frac{m}{\tau_2}\right) \tag{1}$$

Das unbestimmte Integral $\int f(m; b) \, dm$ stellt sich hier in der Form

$$\int f(m; b) \, dm = \int \left[ \beta_0 + \beta_1 \cdot exp\left(-\frac{m}{\tau_1}\right) + \beta_2 \cdot \frac{m}{\tau_1} \cdot exp\left(-\frac{m}{\tau_1}\right) + \ldots \right.$$

$$\left. \ldots + \beta_3 \cdot \frac{m}{\tau_2} \cdot exp\left(-\frac{m}{\tau_2}\right) \right] dm$$

respektive, äquivalent um den Term $\beta_2 \cdot exp\left(-\frac{m}{\tau_1}\right) - \beta_2 \cdot exp\left(-\frac{m}{\tau_1}\right) + \ldots$

$$\ldots + \beta_3 \cdot exp\left(-\frac{m}{\tau_2}\right) - \beta_3 \cdot exp\left(-\frac{m}{\tau_2}\right) \text{ erweitert, in der Form}$$

$$\int f(m; b) \, dm =$$

$$= \int \left[ \beta_0 + \beta_1 \cdot exp\left(-\frac{m}{\tau_1}\right) + \beta_2 \cdot exp\left(-\frac{m}{\tau_1}\right) - \beta_2 \cdot exp\left(-\frac{m}{\tau_1}\right) + \ldots \right.$$

$$\ldots + \beta_2 \cdot \frac{m}{\tau_1} \cdot exp\left(-\frac{m}{\tau_1}\right) + \beta_3 \cdot exp\left(-\frac{m}{\tau_2}\right) - \beta_3 \cdot exp\left(-\frac{m}{\tau_2}\right) + \ldots$$

$$\left. \ldots + \beta_3 \cdot \frac{m}{\tau_2} \cdot exp\left(-\frac{m}{\tau_2}\right) \right] dm \tag{2}$$

dar. Integrieren über die Restlaufzeit $m$ liefert:

$$\int f(m; b) \, dm =$$

$$= \beta_0 \cdot m + \beta_1 \cdot m \cdot \left\{ \frac{\left[1 - exp\left(-\frac{m}{\tau_1}\right)\right]}{\frac{m}{\tau_1}} \right\} + \beta_2 \cdot m \cdot \left\{ \frac{\left[1 - exp\left(-\frac{m}{\tau_1}\right)\right]}{\frac{m}{\tau_1}} \right\} - \ldots$$

# Anhang

$$\ldots - \beta_2 \cdot m \cdot exp\left(-\frac{m}{\tau_1}\right) + \beta_3 \cdot m \cdot \left\{\frac{\left[1 - exp\left(-\frac{m}{\tau_2}\right)\right]}{\frac{m}{\tau_2}}\right\} - \beta_3 \cdot m \cdot exp\left(-\frac{m}{\tau_2}\right)$$

respektive

$$\int f(m;b)\,dm = \beta_0 \cdot m + \beta_1 \cdot m \cdot \left\{\frac{\left[1 - exp\left(-\frac{m}{\tau_1}\right)\right]}{\frac{m}{\tau_1}}\right\} + \ldots$$

$$\ldots + \beta_2 \cdot m \cdot \left\{\frac{\left[1 - exp\left(-\frac{m}{\tau_1}\right)\right]}{\frac{m}{\tau_1}} - exp\left(-\frac{m}{\tau_1}\right)\right\} + \ldots$$

$$\ldots + \beta_3 \cdot m \cdot \left\{\frac{\left[1 - exp\left(-\frac{m}{\tau_2}\right)\right]}{\frac{m}{\tau_2}} - exp\left(-\frac{m}{\tau_2}\right)\right\} \qquad (3)$$

Unter Hinweis auf Beziehung (2) resultiert schließlich:

$$i(m;b) \cdot m = \beta_0 \cdot m + \beta_1 \cdot m \cdot \left\{\frac{\left[1 - exp\left(-\frac{m}{\tau_1}\right)\right]}{\frac{m}{\tau_1}}\right\} + \ldots$$

$$\ldots + \beta_2 \cdot m \cdot \left\{\frac{\left[1 - exp\left(-\frac{m}{\tau_1}\right)\right]}{\frac{m}{\tau_1}} - exp\left(-\frac{m}{\tau_1}\right)\right\} + \ldots$$

$$\ldots + \beta_3 \cdot m \cdot \left\{\frac{\left[1 - exp\left(-\frac{m}{\tau_2}\right)\right]}{\frac{m}{\tau_2}} - exp\left(-\frac{m}{\tau_2}\right)\right\} \qquad (4)$$

Aus Beziehung (1) in A 6.1 folgt für die Kassazinssätze entsprechend:

$$i(m;b) = \frac{\beta_0 \cdot m + \beta_1 \cdot m \cdot \left\{\frac{\left[1 - exp\left(-\frac{m}{\tau_1}\right)\right]}{\frac{m}{\tau_1}}\right\}}{m} + \ldots$$

$$\ldots + \frac{\beta_2 \cdot m \cdot \left\{\frac{\left[1 - exp\left(-\frac{m}{\tau_1}\right)\right]}{\frac{m}{\tau_1}} - exp\left(-\frac{m}{\tau_1}\right)\right\}}{m} + \ldots$$

$$\ldots + \frac{\beta_3 \cdot m \cdot \left\{ \frac{\left[1 - exp\left(-\frac{m}{\tau_2}\right)\right]}{\frac{m}{\tau_2}} - exp\left(-\frac{m}{\tau_2}\right) \right\}}{m}$$

bzw. gekürzt um $m$

$$i(m;b) = \beta_0 + \beta_1 \cdot \left\{ \frac{\left[1 - exp\left(-\frac{m}{\tau_1}\right)\right]}{\frac{m}{\tau_1}} \right\} + \ldots$$

$$\ldots + \beta_2 \cdot \left\{ \frac{\left[1 - exp\left(-\frac{m}{\tau_1}\right)\right]}{\frac{m}{\tau_1}} - exp\left(-\frac{m}{\tau_1}\right) \right\} + \ldots$$

$$\ldots + \beta_3 \cdot \left\{ \frac{\left[1 - exp\left(-\frac{m}{\tau_2}\right)\right]}{\frac{m}{\tau_2}} - exp\left(-\frac{m}{\tau_2}\right) \right\} \tag{5}$$

Anhang

## A 7 Grenzwertbetrachtungen

### A 7.1 Vorbemerkung

Sowohl die Funktion der impliziten Terminzinssätze $f(m; b)$ als auch die Funktion der Kassazinssätze $i(m; b)$ sind im Definitionsbereich $m \in \mathbb{R}_0^+$ stetig differenzierbar. Die anzustellende Grenzwertbetrachtung beschränkt sich daher in beiden Fällen auf ein gegen Null respektive positiv Unendlich konvergierendes $m$.

### A 7.2 Funktion der impliziten Terminzinssätze

$$f(m;b) = \beta_0 + \beta_1 \cdot exp\left(-\frac{m}{\tau_1}\right) + \beta_2 \cdot \frac{m}{\tau_1} \cdot exp\left(-\frac{m}{\tau_1}\right) + \ldots$$

$$\ldots + \beta_3 \cdot \frac{m}{\tau_2} \cdot exp\left(-\frac{m}{\tau_2}\right) \tag{1}$$

beschreibt die Funktion der impliziten Terminzinssätze. Es gilt allgemein:

$$\lim_{m \to 0} \left[ exp\left(-\frac{m}{\tau}\right) \right] = 1 \tag{2}$$

bzw.

$$\lim_{m \to +\infty} \left[ exp\left(-\frac{m}{\tau}\right) \right] = 0 \tag{3}$$

Angewendet auf $f(m; b)$ folgt hieraus:

$$\lim_{m \to 0} f(m;b) = \beta_0 + \beta_1 \cdot exp\left(-\frac{m}{\tau_1}\right) + \beta_2 \cdot \frac{m}{\tau_1} \cdot exp\left(-\frac{m}{\tau_1}\right) + \ldots$$

$$\ldots + \beta_3 \cdot \frac{m}{\tau_2} \cdot exp\left(-\frac{m}{\tau_1}\right) =$$

$$= \beta_0 + \beta_1 \cdot 1 + \beta_2 \cdot \frac{0}{\tau_1} \cdot 1 + \beta_3 \cdot \frac{0}{\tau_2} \cdot 1 =$$

$$= \beta_0 + \beta_1 \tag{4}$$

respektive

$$\lim_{m \to +\infty} f(m;b) = \beta_0 + \beta_1 \cdot exp\left(-\frac{m}{\tau_1}\right) + \beta_2 \cdot \frac{m}{\tau_1} \cdot exp\left(-\frac{m}{\tau_1}\right) + \ldots$$

$$\ldots + \beta_3 \cdot \frac{m}{\tau_2} \cdot exp\left(-\frac{m}{\tau_1}\right) =$$

$$= \beta_0 + \beta_1 \cdot 0 + \beta_2 \cdot \frac{m}{\tau_1} \cdot 0 + \beta_3 \cdot \frac{m}{\tau_2} \cdot 0 =$$

$$= \beta_0 \tag{5}$$

Anhang

## A 7.3 Funktion der Kassazinssätze

Die Funktion der Kassazinssätze $i(m; b)$ stellt sich in der Form

$$i(m; b) = \beta_0 + \beta_1 \cdot \left[\frac{1 - exp\left(-\frac{m}{\tau_1}\right)}{\frac{m}{\tau_1}}\right] + \ldots$$

$$\ldots + \beta_2 \cdot \left[\frac{1 - exp\left(-\frac{m}{\tau_1}\right)}{\frac{m}{\tau_1}} - exp\left(-\frac{m}{\tau_1}\right)\right] + \ldots$$

$$\ldots + \beta_3 \cdot \left[\frac{1 - exp\left(-\frac{m}{\tau_2}\right)}{\frac{m}{\tau_2}} - exp\left(-\frac{m}{\tau_2}\right)\right]$$

dar. Unabhängig von seiner fallspezifischen Konnotation bedarf zunächst der Faktor $\left[\frac{1-exp\left(-\frac{m}{\tau}\right)}{\frac{m}{\tau}}\right]$ einer eigenen Grenzwertbetrachtung in den beiden betrachteten Fällen. Es gilt:

$$\lim_{m \to 0} \left[\frac{1 - exp\left(-\frac{m}{\tau}\right)}{\frac{m}{\tau}}\right] = \frac{1-1}{0} = \frac{0}{0}$$

Offensichtlich liegt für ein gegen Null konvergierendes $m$ eine Konstellation vor, welche die Voraussetzungen für die Anwendung der Regel von *l'Hôpital* erfüllt.[1620] Es folgt daher:

$$\lim_{m \to 0}\left[\frac{1 - exp\left(-\frac{m}{\tau}\right)}{\frac{m}{\tau}}\right] \stackrel{\text{l'Hôpital}}{=} \lim_{m \to 0} \left\{\frac{\partial\left[1 - exp\left(-\frac{m}{\tau}\right)\right]}{\partial m} \Big/ \frac{\partial\left(\frac{m}{\tau}\right)}{\partial m}\right\} =$$

$$= \lim_{m \to 0} \left\{\frac{\left(-\frac{1}{\tau}\right) \cdot \left[-exp\left(-\frac{m}{\tau}\right)\right]}{\frac{1}{\tau}}\right\} =$$

$$= \lim_{m \to 0}\left[exp\left(-\frac{m}{\tau}\right)\right] =$$

---

[1620] Vgl. hierzu z. B. Senger, J., Mathematik, 2009, S. 190 – 191.

$$= 1 \tag{1}$$

Für ein gegen positiv Unendlich konvergierendes $m$ besteht hingegen der Zusammenhang

$$\lim_{m \to +\infty} \left[ \frac{1 - exp\left(-\frac{m}{\tau}\right)}{\frac{m}{\tau}} \right] = 0 \tag{2}$$

Übertragen auf die zu untersuchende Funktion der Kassazinssätze gilt daher:

$$\lim_{m \to 0} i(m; b) = \beta_0 + \beta_1 \cdot \left[ \frac{1 - exp\left(-\frac{m}{\tau_1}\right)}{\frac{m}{\tau_1}} \right] + \ldots$$

$$\ldots + \beta_2 \cdot \left[ \frac{1 - exp\left(-\frac{m}{\tau_1}\right)}{\frac{m}{\tau_1}} - exp\left(-\frac{m}{\tau_1}\right) \right] + \ldots$$

$$\ldots + \beta_3 \cdot \left[ \frac{1 - exp\left(-\frac{m}{\tau_2}\right)}{\frac{m}{\tau_2}} - exp\left(-\frac{m}{\tau_2}\right) \right] =$$

$$= \beta_0 + \beta_1 \cdot 1 + \beta_2 \cdot [1 - 1] + \beta_3 \cdot [1 - 1] =$$

$$= \beta_0 + \beta_1 \tag{3}$$

respektive

$$\lim_{m \to +\infty} i(m; b) = \beta_0 + \beta_1 \cdot \left[ \frac{1 - exp\left(-\frac{m}{\tau_1}\right)}{\frac{m}{\tau_1}} \right] + \ldots$$

$$\ldots + \beta_2 \cdot \left[ \frac{1 - exp\left(-\frac{m}{\tau_1}\right)}{\frac{m}{\tau_1}} - exp\left(-\frac{m}{\tau_1}\right) \right] + \ldots$$

$$\ldots + \beta_3 \cdot \left[ \frac{1 - exp\left(-\frac{m}{\tau_2}\right)}{\frac{m}{\tau_2}} - exp\left(-\frac{m}{\tau_2}\right) \right] =$$

$$= \beta_0 + \beta_1 \cdot 0 + \beta_2 \cdot [0 - 0] + \beta_3 \cdot [0 - 0] =$$

# Anhang

$$= \beta_0 \tag{4}$$

Anhang

## A 8 Bestimmung der Anschlussverzinsung

### A 8.1 Mit der Duration der Phase der Anschlussverzinsung korrespondierender Kassazinssatz

#### A 8.1.1 Berechnung der Duration der Phase der Anschlussverzinsung

$$m_D = \lim_{t \to +\infty} \left( \frac{\int_{30}^{t} c\, dc}{t - 30} \right) = \lim_{t \to +\infty} \left\{ \frac{\left[\frac{1}{2} \cdot c^2\right]_{30}^{t}}{t - 30} \right\} = \lim_{t \to +\infty} \left( \frac{1}{2} \cdot \frac{t^2 - 30^2}{t - 30} \right) =$$

$$= \lim_{t \to +\infty} \left[ \frac{1}{2} \cdot \frac{(t - 30) \cdot (t + 30)}{t - 30} \right] = \lim_{t \to +\infty} \left[ \frac{1}{2} \cdot (t + 30) \right] =$$

$$= +\infty \tag{1}$$

#### A 8.1.2 Berechnung des mit der Duration der Phase der Anschlussverzinsung korrespondierenden Kassazinssatzes

Für eine gegen positiv Unendlich konvergierende Restlaufzeit resultiert für die Funktion der Kassazinssätze der Grenzwert

$$i(m_D; b) = \lim_{m \to +\infty} \left[ \beta_0 + \beta_1 \cdot \left[ \frac{1 - exp\left(-\frac{m}{\tau_1}\right)}{\frac{m}{\tau_1}} \right] + \ldots \right.$$

$$\ldots + \beta_2 \cdot \left[ \frac{1 - exp\left(-\frac{m}{\tau_1}\right)}{\frac{m}{\tau_1}} - exp\left(-\frac{m}{\tau_1}\right) \right] + \ldots$$

$$\left. \ldots + \beta_3 \cdot \left[ \frac{1 - exp\left(-\frac{m}{\tau_2}\right)}{\frac{m}{\tau_2}} - exp\left(-\frac{m}{\tau_2}\right) \right] \right]$$

$$= \beta_0 \tag{1}$$

### A 8.2 Durchschnittlicher Kassazinssatz der Phase der Anschlussverzinsung

Es wurde festgestellt, dass alle für die Phase der Anschlussverzinsung extrapolierten Kassazinssätze gleichgewichtet sind. Daher bestimmt sich der durchschnittliche Kassazinssatz in der Phase der Anschlussverzinsung $i_A(\overline{m}; b)$, welche Überlegung dem hier vorgeschlagenen mathematischen Ansatz zur Bestimmung der Anschlussverzinsung zugrunde liegt, als die Summe der Kassazinssätze in der Phase der Anschlussverzinsung, dividiert

Anhang

durch die Dauer der Phase der Anschlussverzinsung. Die Summe der Kassazinssätze in der Phase der Anschlussverzinsung ergibt sich mathematisch aus dem bestimmten Integral über die Funktion der Kassazinssätze $i(m; b)$. Somit gilt:

$$\sum_{m=0}^{+\infty} i(m; b) - \sum_{m=0}^{30} i(m; b) = \lim_{t \to +\infty} \int_{30}^{t} i(m; b)\, dm \quad (1)$$

Die Dauer der Phase der Anschlussverzinsung kommt in der Beziehung

$$\lim_{t \to +\infty} (t - 30) \quad (2)$$

zum Ausdruck. Für den durchschnittlichen Kassazinssatz in der Phase der Anschlussverzinsung $i_A(\bar{m}; b)$ gilt daher

$$i_A(\bar{m}; b) = \lim_{t \to +\infty} \left[ \frac{\int_{30}^{t} i(m; b)dm}{t - 30} \right] \quad (3)$$

respektive

$$i_A(\bar{m}; b) = \lim_{t \to +\infty} \left[ \frac{1}{t - 30} \cdot \int_{30}^{t} i(m; b)dm \right] \quad (4)$$

Unter Berücksichtigung des funktionalen Zusammenhangs für die Kassazinssätze $i(m; b)$ nach dem *Nelson / Siegel / Svensson*-Modell stellt sich Beziehung (4) in der Gestalt

$$i_A(\bar{m}; b) = \lim_{t \to +\infty} \left[ \frac{1}{t - 30} \cdot \int_{30}^{t} \left\{ \beta_0 + \beta_1 \cdot \left[ \frac{1 - exp\left(-\frac{m}{\tau_1}\right)}{\frac{m}{\tau_1}} \right] + \ldots \right. \right.$$

$$\ldots + \beta_2 \cdot \left[ \frac{1 - exp\left(-\frac{m}{\tau_1}\right)}{\frac{m}{\tau_1}} - exp\left(-\frac{m}{\tau_1}\right) \right] + \ldots$$

$$\left. \left. \ldots + \beta_3 \cdot \left[ \frac{1 - exp\left(-\frac{m}{\tau_2}\right)}{\frac{m}{\tau_2}} - exp\left(-\frac{m}{\tau_2}\right) \right] \right\} dm \right] \quad (5)$$

dar. Die Beweisführung macht erforderlich, den Zusammenhang zunächst in Form unbestimmter Integrale darzustellen, ehe in einem zweiten Schritt das eigentliche Problem gelöst werden kann. Der besseren Übersichtlichkeit halber wird bei der Formulierung der unbestimmten Integrale auf die explizite Berücksichtigung der Integrationskonstanten verzichtet, da diese für das hier interessierende Ergebnis ohne Belang sind. Ebenfalls aus darstelle-

# Anhang

rischen Gründen unterscheidet die Untersuchung zudem nach dem unbestimmten Integral des Divisors $M(m)$ einerseits und jenem des Dividendums $I(m)$ andererseits.

Beim Divisor in Beziehung (5) handelt es sich bereits um ein bestimmtes Integral. Das zugehörige unbestimmte Integral lautet

$$\int 1 \, dm = m$$

Das bestimmte Integral heißt korrespondierend

$$M(m) = \lim_{t \to +\infty} \int_{30}^{t} 1 \, dm = \lim_{t \to +\infty} [m]_{30}^{t} \qquad (6)$$

Der Divisor konvergiert gegen positiv Unendlich.

Einer eingehenderen Betrachtung bedarf die Bildung des unbestimmten Integrals des Dividendums. Es gilt:

$$\int \left\{ \beta_0 + \beta_1 \cdot \left[ \frac{1 - exp\left(-\frac{m}{\tau_1}\right)}{\frac{m}{\tau_1}} \right] + \beta_2 \cdot \left[ \frac{1 - exp\left(-\frac{m}{\tau_1}\right)}{\frac{m}{\tau_1}} - exp\left(-\frac{m}{\tau_1}\right) \right] + \ldots \right.$$

$$\left. \ldots + \beta_3 \cdot \left[ \frac{1 - exp\left(-\frac{m}{\tau_2}\right)}{\frac{m}{\tau_2}} - exp\left(-\frac{m}{\tau_2}\right) \right] \right\} dm$$

Dies ist äquivalent mit folgenden Umformungen:

$$\int \left\{ \beta_0 + \beta_1 \cdot \left[ \frac{1 - exp\left(-\frac{m}{\tau_1}\right)}{\frac{m}{\tau_1}} \right] + \beta_2 \cdot \left[ \frac{1 - exp\left(-\frac{m}{\tau_1}\right)}{\frac{m}{\tau_1}} \right] - \beta_2 \cdot exp\left(-\frac{m}{\tau_1}\right) + \ldots \right.$$

$$\left. \ldots + \beta_3 \cdot \left[ \frac{1 - exp\left(-\frac{m}{\tau_2}\right)}{\frac{m}{\tau_2}} \right] - \beta_3 \cdot exp\left(-\frac{m}{\tau_2}\right) \right\} dm =$$

$$= \int \beta_0 \, dm + \int \left\{ \beta_1 \cdot \left[ \frac{1 - exp\left(-\frac{m}{\tau_1}\right)}{\frac{m}{\tau_1}} \right] \right\} dm + \ldots$$

$$\ldots + \int \left\{ \beta_2 \cdot \left[ \frac{1 - exp\left(-\frac{m}{\tau_1}\right)}{\frac{m}{\tau_1}} \right] \right\} dm - \int \beta_2 \cdot exp\left(-\frac{m}{\tau_1}\right) dm + \ldots$$

$$\ldots + \int \left\{ \beta_3 \cdot \left[ \frac{1 - exp\left(-\frac{m}{\tau_2}\right)}{\frac{m}{\tau_2}} \right] \right\} dm - \int \beta_3 \cdot exp\left(-\frac{m}{\tau_2}\right) dm =$$

$$= \beta_0 \cdot \int 1\, dm + \beta_1 \cdot \tau_1 \cdot \int \left[ \frac{1 - exp\left(-\frac{m}{\tau_1}\right)}{m} \right] dm + \ldots$$

$$\ldots + \beta_2 \cdot \tau_1 \cdot \int \left[ \frac{1 - exp\left(-\frac{m}{\tau_1}\right)}{m} \right] dm - \beta_2 \cdot \int exp\left(-\frac{m}{\tau_1}\right) dm + \ldots$$

$$\ldots + \beta_3 \cdot \tau_2 \cdot \int \left[ \frac{1 - exp\left(-\frac{m}{\tau_2}\right)}{m} \right] dm - \beta_3 \cdot \int exp\left(-\frac{m}{\tau_2}\right) dm =$$

$$= \beta_0 \cdot \int 1\, dm + \beta_1 \cdot \tau_1 \cdot \int \left[ \frac{1}{m} - \frac{exp\left(-\frac{1}{\tau_1} \cdot m\right)}{m} \right] dm + \ldots$$

$$\ldots + \beta_2 \cdot \tau_1 \cdot \int \left[ \frac{1}{m} - \frac{exp\left(-\frac{1}{\tau_1} \cdot m\right)}{m} \right] dm - \beta_2 \cdot \int exp\left(-\frac{1}{\tau_1} \cdot m\right) dm + \ldots$$

$$\ldots + \beta_3 \cdot \tau_2 \cdot \int \left[ \frac{1}{m} - \frac{exp\left(-\frac{1}{\tau_2} \cdot m\right)}{m} \right] dm - \beta_3 \cdot \int exp\left(-\frac{1}{\tau_2} \cdot m\right) dm \quad (7)$$

Allgemein gilt für die Integration einer Exponentialfunktion der hier relevanten Form $\frac{e^{a \cdot x}}{x}$

$$\int \frac{e^{a \cdot x}}{x} dx = \gamma + \ln x + \frac{a \cdot x}{1 \cdot 1!} + \frac{a^2 \cdot x^2}{2 \cdot 2!} + \frac{a^3 \cdot x^3}{3 \cdot 3!} + \ldots =$$

$$= \gamma + \ln x + \sum_{i=1}^{+\infty} \frac{(a \cdot x)^i}{i \cdot i!} \quad (8)$$

Anhang

wobei es sich bei $\gamma$ um die im Folgenden unbeachtliche *Euler-Mascheroni-Konstante* handelt.[1621] Insofern bestimmt sich die Integration nach den Grundsätzen für unvollständige $\Gamma$-Funktionen.[1622]
Die Betrachtung beschränkt sich auf den hier gegenständlichen Fall $\tau_1$, $\tau_2 > 0$, sodass im vorliegendem Zusammenhang $a < 0$ gilt und sich Beziehung (7) daher folgendermaßen darstellt:

$$I(m) = \beta_0 \cdot m + \beta_1 \cdot \tau_1 \cdot \left\{ \ln m - \left[ \gamma + \ln m - \sum_{i=1}^{\infty} \frac{\left(-\frac{1}{\tau_1} \cdot m\right)^i}{i \cdot i!} \right] \right\} + \ldots$$

$$\ldots + \beta_2 \cdot \tau_1 \cdot \left\{ \ln m - \left[ \gamma + \ln m - \sum_{i=1}^{\infty} \frac{\left(-\frac{1}{\tau_1} \cdot m\right)^i}{i \cdot i!} \right] \right\} + \ldots$$

$$\ldots + \beta_2 \cdot \tau_1 \cdot exp\left(-\frac{1}{\tau_1} \cdot m\right) + \ldots$$

$$\ldots + \beta_3 \cdot \tau_2 \cdot \left\{ \ln m - \left[ \gamma + \ln m - \sum_{i=1}^{\infty} \frac{\left(-\frac{1}{\tau_2} \cdot m\right)^i}{i \cdot i!} \right] \right\} + \ldots$$

$$\ldots + \beta_3 \cdot \tau_2 \cdot exp\left(-\frac{1}{\tau_2} \cdot m\right) \tag{9}$$

Somit lässt sich Beziehung (5) umformulieren in:

$$i_A(\overline{m}; b) = \lim_{t \to +\infty} \left[ \frac{1}{\int_{30}^{t} 1 \, dm} \cdot \ldots \right.$$

$$\ldots \cdot \int_{30}^{t} \left[ \beta_0 + \beta_1 \cdot \left[ \frac{1 - exp\left(-\frac{m}{\tau_1}\right)}{\frac{m}{\tau_1}} \right] \right] + \ldots$$

---

[1621] Die *Euler-Mascheroni*-Konstante wird beim Integrationsprozess eliminiert und ist daher für das Ergebnis ohne Bedeutung. Vgl. zur Integration der Exponentialfunktion Beyer, W. H. (Hrsg.), Handbook of Mathematical Sciences, 1978, S. 429, Nr. 522; Gradshteyn, I. S. / Ryzhik, I. M., Table of Integrals, 1980, S. 93, Nr. 2.325, 1, S. 925, Nr. 8.211, 1, S. 927, Nr. 8.214, 2.
[1622] Vgl. Abramowitz, M. / Stegun, I. A. (Hrsg.), Handbook of Mathematical Functions, 1972, S. 262, Nr. 6; zum Themenkomplex der $\Gamma$-Funktion und deren Integration eingehend Hurwitz, A. / Courant, R. / Röhrl, H. (Hrsg.), Funktionentheorie, 1964, S. 128 – 135; Press, W. H. / Teukolsky, S. A. / Vetterling, W. T. u. a., Numerical Recipes in FORTRAN 77, 1992, S. 215 – 219.

# Anhang

$$\ldots + \beta_2 \cdot \left\{ \left[ \frac{1 - exp\left(-\frac{m}{\tau_1}\right)}{\frac{m}{\tau_1}} \right] - exp\left(-\frac{m}{\tau_1}\right) \right\} + \ldots$$

$$\ldots + \beta_3 \cdot \left\{ \left[ \frac{1 - exp\left(-\frac{m}{\tau_2}\right)}{\frac{m}{\tau_2}} \right] - exp\left(-\frac{m}{\tau_2}\right) \right\} \right] \, dm =$$

$$= \lim_{t \to +\infty} \frac{1}{[m]_{30}^t} \cdot \left[ \beta_0 \cdot [m]_{30}^t + \ldots \right.$$

$$\ldots + \beta_1 \cdot \tau_1 \cdot \left\{ [\ln m]_{30}^t - \left[ \gamma + \ln m - \sum_{i=1}^{\infty} \frac{\left(-\frac{1}{\tau_1} \cdot m\right)^i}{i \cdot i!} \right]_{30}^t \right\} + \ldots$$

$$\ldots + \beta_2 \cdot \tau_1 \cdot \left\{ [\ln m]_{30}^t - \left[ \gamma + \ln m - \sum_{i=1}^{\infty} \frac{\left(-\frac{1}{\tau_1} \cdot m\right)^i}{i \cdot i!} \right]_{30}^t \right\} + \ldots$$

$$\ldots + \beta_2 \cdot \tau_1 \cdot \left[ exp\left(-\frac{1}{\tau_1} \cdot m\right) \right]_{30}^t + \ldots$$

$$\ldots + \beta_3 \cdot \tau_2 \cdot \left\{ [\ln m]_{30}^t - \left[ \gamma + \ln m - \sum_{i=1}^{\infty} \frac{\left(-\frac{1}{\tau_2} \cdot m\right)^i}{i \cdot i!} \right]_{30}^t \right\} + \ldots$$

$$\left. \ldots + \beta_3 \cdot \tau_2 \cdot \left[ exp\left(-\frac{1}{\tau_2} \cdot m\right) \right]_{30}^t \right] \quad (10)$$

Für das Grenzwertverhalten des Divisors gilt:

$$\lim_{t \to +\infty} (t - 30) = +\infty \quad (11)$$

Der Grenzwert des Divisors konvergiert somit gegen positiv Unendlich. Zur Untersuchung des Grenzwertverhaltens des Dividendums bedarf es einer Partialanalyse der Beziehung (10).

Es gilt:

$$\lim_{t \to +\infty} [m]_{30}^{t} = \lim_{t \to +\infty} (t - 30) = +\infty \tag{12}$$

Insbesondere gilt:

$$\lim_{t \to +\infty} \{\beta_0 \cdot [m]_{30}^{t}\} = \lim_{t \to +\infty} \{\beta_0 \cdot [t - 30]\} = \begin{cases} -\infty \text{ für } \beta_0 < 0 & (13.1) \\ +\infty \text{ für } \beta_0 > 0 & (13.2) \end{cases}$$

Für die Bestimmung von

$$\lim_{t \to +\infty} \left\{ [\ln m]_{30}^{t} - \left[ \gamma + \ln m - \sum_{i=1}^{\infty} \frac{\left(-\frac{1}{\tau} \cdot m\right)^{i}}{i \cdot i!} \right]_{30}^{t} \right\} \tag{14}$$

ist das Grenzwertverhalten des Terms

$$\lim_{m \to +\infty} \left[ \gamma + \ln m - \sum_{i=1}^{\infty} \frac{\left(-\frac{1}{\tau} \cdot m\right)^{i}}{i \cdot i!} \right] \tag{15}$$

und hierfür wiederum der Potenzreihe

$$\lim_{m \to +\infty} \left[ \sum_{i=1}^{\infty} \frac{\left(-\frac{1}{\tau} \cdot m\right)^{i}}{i \cdot i!} \right] \tag{16}$$

entscheidend. Da wegen $(a \cdot b)^c = a^c \cdot b^c$

$$\lim_{m \to +\infty} (m^i) = +\infty \tag{17}$$

mit $i = 1, 2, 3, \ldots$ gilt,[1623] lässt sich die Potenzreihe in der Form

$$\lim_{m \to +\infty} \left[ \left( \sum_{i=1}^{\infty} \frac{\left(-\frac{1}{\tau}\right)^{i}}{i \cdot i!} \right) \cdot m \right] \tag{18}$$

darstellen. Beziehung (18) ist das Aggregat der unendlichen Folge

---

[1623] Vgl. Precht, M. / Voit, K. / Kraft, R., Mathematik, 2005, S. 99.

Anhang

$$\lim_{m \to +\infty} \left[ \left( -\frac{\left(\frac{1}{\tau}\right)^1}{1 \cdot 1!} + \frac{\left(\frac{1}{\tau}\right)^2}{2 \cdot 2!} - \frac{\left(\frac{1}{\tau}\right)^3}{3 \cdot 3!} + \frac{\left(\frac{1}{\tau}\right)^4}{4 \cdot 4!} - \ldots \right) \cdot m \right] \tag{19}$$

Offensichtlich handelt es sich bei dem ersten Faktor in Beziehung (18) um eine alternierende Reihe. Als solche kann die Potenzreihe nicht absolut konvergent sein. Nachdem jedoch die Reihe absolut monoton fallend ist, indem jedes Glied im Betrag kleiner als der Betrag des vorhergehenden Gliedes ist und die Glieder eine Nullfolge bilden, ist die Reihe nach dem *Leibnitz*-Kriterium dennoch konvergent und oszilliert mit abnehmender Amplitude um eine Konstante.[1624] Deren Wert lässt sich aufgrund von $\tau > 0$ auf

$$-1 < \left( -\frac{\left(\frac{1}{\tau}\right)^1}{1 \cdot 1!} + \frac{\left(\frac{1}{\tau}\right)^2}{2 \cdot 2!} - \frac{\left(\frac{1}{\tau}\right)^3}{3 \cdot 3!} + \frac{\left(\frac{1}{\tau}\right)^4}{4 \cdot 4!} - \ldots \right) < 0 \tag{20}$$

eingrenzen. Gleichzeitig gilt damit für die Potenzreihe:

$$\lim_{t \to +\infty} \left\{ \left[ \sum_{i=1}^{\infty} \frac{\left(-\frac{1}{\tau} \cdot m\right)^i}{i \cdot i!} \right]_{30}^{t} \right\} < 0 \tag{21}$$

Hieraus folgt für Beziehung (14):

$$\lim_{t \to +\infty} \left\{ [\ln m]_{30}^{t} - \gamma - [\ln m]_{30}^{t} + \left[ \sum_{i=1}^{\infty} \frac{\left(-\frac{1}{\tau} \cdot m\right)^i}{i \cdot i!} \right]_{30}^{t} \right\} =$$

$$= \lim_{t \to +\infty} \left\{ -\gamma + \left[ \sum_{i=1}^{\infty} \frac{\left(-\frac{1}{\tau} \cdot m\right)^i}{i \cdot i!} \right]_{30}^{t} \right\} < 0 \tag{22}$$

Beziehung (22) enthält die *Euler-Mascheroni*-Konstante nur aus Gründen der Vollständigkeit. Für das eigentliche Ergebnis kommt dieser in vorliegendem Zusammenhang keine Bedeutung bei.

---

[1624] Vgl. Strubecker, K., Mathematik, 1966, S. 468; Lang, C. B. / Pucker, N., Mathematische Methoden, 2005, S. 18 – 20.

Aufgrund von Beziehung (21) gilt:

$$\lim_{t\to+\infty}\left[\beta_1 \cdot \tau_1 \cdot \left\{[\ln m]_{30}^t - \ldots \right.\right.$$

$$\left.\left.\ldots - \left[\gamma + \ln m - \sum_{i=1}^{\infty} \frac{\left(-\frac{1}{\tau_1} \cdot m\right)^i}{i \cdot i!}\right]_{30}^t\right\}\right] \begin{cases} < 0 \text{ für } \beta_1 > 0 & (23.1) \\ > 0 \text{ für } \beta_1 < 0 & (23.2) \end{cases}$$

$$\lim_{t\to+\infty}\left[\beta_2 \cdot \tau_1 \cdot \left\{[\ln m]_{30}^t - \ldots \right.\right.$$

$$\left.\left.\ldots - \left[\gamma + \ln m - \sum_{i=1}^{\infty} \frac{\left(-\frac{1}{\tau_1} \cdot m\right)^i}{i \cdot i!}\right]_{30}^t\right\}\right] \begin{cases} < 0 \text{ für } \beta_2 > 0 & (24.1) \\ > 0 \text{ für } \beta_2 < 0 & (24.2) \end{cases}$$

$$\lim_{t\to+\infty}\left[\beta_3 \cdot \tau_2 \cdot \left\{[\ln m]_{30}^t - \ldots \right.\right.$$

$$\left.\left.\ldots - \left[\gamma + \ln m - \sum_{i=1}^{\infty} \frac{\left(-\frac{1}{\tau_2} \cdot m\right)^i}{i \cdot i!}\right]_{30}^t\right\}\right] \begin{cases} < 0 \text{ für } \beta_3 > 0 & (25.1) \\ > 0 \text{ für } \beta_3 < 0 & (25.2) \end{cases}$$

Weiterhin gilt:

$$\lim_{t\to+\infty}\left\{\left[exp\left(-\frac{1}{\tau} \cdot m\right)\right]_{30}^t\right\} = \lim_{t\to+\infty}\left[exp\left(-\frac{1}{\tau} \cdot t\right) - exp\left(-\frac{1}{\tau} \cdot 30\right)\right] =$$

$$= 0 - exp\left(-\frac{1}{\tau} \cdot 30\right) = -exp\left(-\frac{1}{\tau} \cdot 30\right) < 0 \quad (26)$$

Anhang

Aus Ergebnis (26) folgt:

$$\lim_{t \to +\infty} \left\{ \beta_2 \cdot \tau_1 \cdot \left[ exp\left(-\frac{1}{\tau_1} \cdot m\right) \right]_{30}^{t} \right\} =$$

$$= \begin{cases} -\beta_2 \cdot \tau_1 \cdot exp\left(-\frac{1}{\tau_1} \cdot 30\right) < 0 \text{ für } \beta_2 > 0 & (27.1) \\ -\beta_2 \cdot \tau_1 \cdot exp\left(-\frac{1}{\tau_1} \cdot 30\right) > 0 \text{ für } \beta_2 < 0 & (27.2) \end{cases}$$

$$\lim_{t \to +\infty} \left\{ \beta_3 \cdot \tau_2 \cdot \left[ exp\left(-\frac{1}{\tau_2} \cdot m\right) \right]_{30}^{t} \right\} =$$

$$= \begin{cases} -\beta_3 \cdot \tau_2 \cdot exp\left(-\frac{1}{\tau_2} \cdot 30\right) < 0 \text{ für } \beta_3 > 0 & (28.1) \\ -\beta_3 \cdot \tau_2 \cdot exp\left(-\frac{1}{\tau_2} \cdot 30\right) > 0 \text{ für } \beta_3 < 0 & (28.2) \end{cases}$$

Im hier betrachteten Fall einer normalen Zinsstruktur nimmt $\beta_1$ negative Werte an. Der Kassazinssatz für sehr kurzfristige Anlagen liegt unter dem Kassazinssatz für sehr langfristige Anlagen. $\beta_2$ und $\beta_3$ indizieren bei negativen Werten Mulden, bei positiven Werten Höcker am kurzen Ende der Zinsstrukturkurve. Zum Vorzeichen von $\beta_2$ und $\beta_3$ lässt sich somit keine allgemeine Aussage treffen. Vorerst werden beide Fälle betrachtet. Die Beurteilung des Grenzwertverhaltens von Beziehung (10) am langen Ende der Zinsstrukturkurve bedingt daher die simultane Betrachtung der Aussagen (13.2), (23.2), (24.1) bzw. (24.2), (25.1) bzw. (25.2), (27.1) bzw. (27.2) und (28.1) bzw. (28.2). Da $\lim_{t \to +\infty} \{[m]_{30}^{t}\}$ stärker wächst, als $\lim_{t \to +\infty} \left[ \sum_{i=1}^{\infty} \frac{\left(-\frac{1}{\tau_1} \cdot m\right)^i}{i \cdot i!} \right]$ fällt, gilt allgemein:

$$\lim_{t \to +\infty} \left[ \beta_0 \cdot [m]_{30}^{t} + \beta_1 \cdot \tau_1 \cdot \left\{ [\ln m]_{30}^{t} - \left[ \gamma + \ln m - \sum_{i=1}^{\infty} \frac{\left(-\frac{1}{\tau_1} \cdot m\right)^i}{i \cdot i!} \right]_{30}^{t} \right\} + \ldots \right]$$

$$\ldots + \beta_2 \cdot \tau_1 \cdot \left\{ [\ln m]_{30}^t - \left[ \gamma + \ln m - \sum_{i=1}^{\infty} \frac{\left(-\frac{1}{\tau_1} \cdot m\right)^i}{i \cdot i!} \right]_{30}^t \right\} + \ldots$$

$$\ldots + \beta_2 \cdot \tau_1 \cdot \left[ exp\left(-\frac{1}{\tau_1} \cdot m\right) \right]_{30}^t + \ldots$$

$$\ldots + \beta_3 \cdot \tau_2 \cdot \left\{ [\ln m]_{30}^t - \left[ \gamma + \ln m - \sum_{i=1}^{\infty} \frac{\left(-\frac{1}{\tau_2} \cdot m\right)^i}{i \cdot i!} \right]_{30}^t \right\} + \ldots$$

$$\ldots + \beta_3 \cdot \tau_2 \cdot \left[ exp\left(-\frac{1}{\tau_2} \cdot m\right) \right]_{30}^t =$$

$$= +\infty \tag{29}$$

Als Zwischenergebnis kann daher festgehalten werden, dass das Dividendum in Beziehung (10) bei gegen positiv Unendlich konvergierenden Restlaufzeiten seinerseits gegen positiv Unendlich konvergiert. Dieses Ergebnis erscheint plausibel, zumal es sich beim Dividendum um die Summe der über die Restlaufzeit der am längsten laufenden Kuponanleihe extrapolierbaren unendlich vielen Kassazinssätze in der Phase der Anschlussverzinsung handelt. Nachdem somit sowohl das Dividendum als auch der Divisor bei gegen positiv Unendlich konvergierenden Restlaufzeiten gegen positiv Unendlich konvergieren, kommt erneut der Satz von *l'Hôpital* zur Anwendung.[1625] Für Beziehung (10) folgt daher

$$i_A(\bar{m}; b) =$$

$$= \lim_{t \to +\infty} \left[ \frac{1}{[m]_{30}^t} \cdot \left| \beta_0 \cdot [m]_{30}^t + \ldots \right. \right.$$

$$\ldots + \beta_1 \cdot \tau_1 \cdot \left\{ [\ln m]_{30}^t - \left[ \gamma + \ln m - \sum_{i=1}^{\infty} \frac{\left(-\frac{1}{\tau_1} \cdot m\right)^i}{i \cdot i!} \right]_{30}^t \right\} + \ldots$$

---

[1625] Vgl. hierzu z. B. Senger, J., Mathematik, 2009, S. 190–191.

# Anhang

$$\ldots + \beta_2 \cdot \tau_1 \cdot \left\{ [\ln m]_{30}^{t} - \left[ \gamma + \ln m - \sum_{i=1}^{\infty} \frac{\left(-\frac{1}{\tau_1} \cdot m\right)^{i}}{i \cdot i!} \right]_{30}^{t} \right\} + \ldots$$

$$\ldots + \beta_2 \cdot \tau_1 \cdot \left[ exp\left(-\frac{1}{\tau_1} \cdot m\right) \right]_{30}^{t} + \ldots$$

$$\ldots + \beta_3 \cdot \tau_2 \cdot \left\{ [\ln m]_{30}^{t} - \left[ \gamma + \ln m - \sum_{i=1}^{\infty} \frac{\left(-\frac{1}{\tau_2} \cdot m\right)^{i}}{i \cdot i!} \right]_{30}^{t} \right\} + \ldots$$

$$\ldots + \beta_3 \cdot \tau_2 \cdot \left[ exp\left(-\frac{1}{\tau_2} \cdot m\right) \right]_{30}^{t} \quad \overset{\text{l'Hôpital}}{=}$$

$$\overset{\text{l'Hôpital}}{=} \lim_{m \to +\infty} \left\{ \frac{\beta_0 + \beta_1 \cdot \left[ \frac{1 - exp\left(-\frac{m}{\tau_1}\right)}{\frac{m}{\tau_1}} \right]}{1} + \ldots \right.$$

$$\ldots + \frac{\beta_2 \cdot \left[ \frac{1 - exp\left(-\frac{m}{\tau_1}\right)}{\frac{m}{\tau_1}} - exp\left(-\frac{m}{\tau_1}\right) \right]}{1} + \ldots$$

$$\left. \ldots + \frac{\beta_3 \cdot \left[ \frac{1 - exp\left(-\frac{m}{\tau_2}\right)}{\frac{m}{\tau_2}} - exp\left(-\frac{m}{\tau_2}\right) \right]}{1} \right\} =$$

$$\begin{aligned}
&= \lim_{m \to +\infty} \Biggl\{ \beta_0 + \beta_1 \cdot \left[ \frac{1 - exp\left(-\frac{m}{\tau_1}\right)}{\frac{m}{\tau_1}} \right] + \ldots \\
&\ldots + \beta_2 \cdot \left[ \frac{1 - exp\left(-\frac{m}{\tau_1}\right)}{\frac{m}{\tau_1}} - exp\left(-\frac{m}{\tau_1}\right) \right] + \ldots \\
&\ldots + \beta_3 \cdot \left[ \frac{1 - exp\left(-\frac{m}{\tau_2}\right)}{\frac{m}{\tau_2}} - exp\left(-\frac{m}{\tau_2}\right) \right] \Biggr\} \\
&= \beta_0
\end{aligned}$$
(30)

Als Ergebnis des mathematischen Ansatzes zur Bestimmung der Anschlussverzinsung folgt somit der Regressionsparameter $\beta_0$. Das Vorgehen bedient sich hierbei einer Grenzwertbetrachtung. Bei präsumtiv unendlichem Investitionshorizont der Alternativanlage konvergiert die mathematisch bestimmte Anschlussverzinsung damit gegen den sehr langfristigen Kassazinssatz $\beta_0$.

Anhang

## A 9 Kurvendiskussion

### A 9.1 Vorbemerkung

Die Krümmung der Funktion der Kassazinssätze nach dem *Nelson / Siegel / Svensson*-Verfahren ist anhand der zugehörigen zweiten Ableitung zu beurteilen. In einem ersten Schritt ist hierzu die erste Ableitung der Funktion der Kassazinssätze zu bestimmen. Aus Gründen der einfacheren Nachvollziehbarkeit werden im Rahmen der ersten und zweiten Ableitung die Nachdifferenzierungen explizit ausgeführt.

### A 9.2 Erste Ableitung

Ausgangspunkt für die Bestimmung der ersten Ableitung der Funktion der Kassazinssätze nach dem *Nelson / Siegel / Svensson*-Verfahren ist die Funktion der Kassazinssätze selbst. Diese lautet

$$i(m;b) = \beta_0 + \beta_1 \cdot \left[ \frac{1 - exp\left(-\frac{m}{\tau_1}\right)}{\frac{m}{\tau_1}} \right] + \ldots$$

$$\ldots + \beta_2 \cdot \left[ \frac{1 - exp\left(-\frac{m}{\tau_1}\right)}{\frac{m}{\tau_1}} - exp\left(-\frac{m}{\tau_1}\right) \right] + \ldots$$

$$\ldots + \beta_3 \cdot \left[ \frac{1 - exp\left(-\frac{m}{\tau_2}\right)}{\frac{m}{\tau_2}} - exp\left(-\frac{m}{\tau_2}\right) \right] \quad (1)$$

$$\frac{\partial i(m;b)}{\partial m} = \beta_1 \cdot \left\{ \frac{\frac{m}{\tau_1} \cdot \frac{\partial \left[1 - exp\left(-\frac{m}{\tau_1}\right)\right]}{\partial m} - \left[1 - exp\left(-\frac{m}{\tau_1}\right)\right] \cdot \frac{\partial \left(\frac{m}{\tau_1}\right)}{\partial m}}{\left(\frac{m}{\tau_1}\right)^2} \right\} + \ldots$$

$$\ldots + \beta_2 \cdot \left\{ \frac{\frac{m}{\tau_1} \cdot \frac{\partial \left[1 - exp\left(-\frac{m}{\tau_1}\right)\right]}{\partial m} - \left[1 - exp\left(-\frac{m}{\tau_1}\right)\right] \cdot \frac{\partial \left(\frac{m}{\tau_1}\right)}{\partial m}}{\left(\frac{m}{\tau_1}\right)^2} - \ldots \right.$$

$$\ldots - \frac{\partial \left[ exp\left(-\frac{m}{\tau_1}\right) \right]}{\partial m} \Bigg\} + \ldots$$

$$\ldots + \beta_3 \cdot \left\{ \frac{\frac{m}{\tau_2} \cdot \frac{\partial \left[ 1 - exp\left(-\frac{m}{\tau_2}\right) \right]}{\partial m} - \left[ 1 - exp\left(-\frac{m}{\tau_2}\right) \right] \cdot \frac{\partial \left(\frac{m}{\tau_2}\right)}{\partial m}}{\left(\frac{m}{\tau_2}\right)^2} - \ldots \right.$$

$$\ldots - \frac{\partial \left[ exp\left(-\frac{m}{\tau_2}\right) \right]}{\partial m} \Bigg\} =$$

$$= \beta_1 \cdot \left\{ \frac{\frac{m}{\tau_1} \cdot \left[ -exp\left(-\frac{m}{\tau_1}\right) \right] \cdot \frac{\partial \left(-\frac{m}{\tau_1}\right)}{\partial m} - \left[ 1 - exp\left(-\frac{m}{\tau_1}\right) \right] \cdot \frac{1}{\tau_1}}{\left(\frac{m}{\tau_1}\right)^2} \right\} + \ldots$$

$$\ldots + \beta_2 \cdot \left\{ \frac{\frac{m}{\tau_1} \cdot \left[ -exp\left(-\frac{m}{\tau_1}\right) \right] \cdot \frac{\partial \left(-\frac{m}{\tau_1}\right)}{\partial m} - \left[ 1 - exp\left(-\frac{m}{\tau_1}\right) \right] \cdot \frac{1}{\tau_1}}{\left(\frac{m}{\tau_1}\right)^2} - \ldots \right.$$

$$\ldots - exp\left(-\frac{m}{\tau_1}\right) \cdot \frac{\partial \left(-\frac{m}{\tau_1}\right)}{\partial m} \Bigg\} + \ldots$$

$$\ldots + \beta_3 \cdot \left\{ \frac{\frac{m}{\tau_2} \cdot \left[ -exp\left(-\frac{m}{\tau_2}\right) \right] \cdot \frac{\partial \left(-\frac{m}{\tau_2}\right)}{\partial m} - \left[ 1 - exp\left(-\frac{m}{\tau_2}\right) \right] \cdot \frac{1}{\tau_2}}{\left(\frac{m}{\tau_2}\right)^2} - \ldots \right.$$

$$\left.\ldots - exp\left(-\frac{m}{\tau_2}\right)\cdot\frac{\partial\left(-\frac{m}{\tau_2}\right)}{\partial m}\right\} =$$

$$= \beta_1 \cdot \left\{\frac{\frac{m}{\tau_1^2}\cdot exp\left(-\frac{m}{\tau_1}\right) - \frac{1}{\tau_1}\cdot\left[1 - exp\left(-\frac{m}{\tau_1}\right)\right]}{\left(\frac{m}{\tau_1}\right)^2}\right\} + \ldots$$

$$\ldots + \beta_2 \cdot \left\{\frac{\frac{m}{\tau_1^2}\cdot exp\left(-\frac{m}{\tau_1}\right) - \frac{1}{\tau_1}\cdot\left[1 - exp\left(-\frac{m}{\tau_1}\right)\right]}{\left(\frac{m}{\tau_1}\right)^2}\right. + \ldots$$

$$\left.\ldots + \frac{1}{\tau_1}\cdot exp\left(-\frac{m}{\tau_1}\right)\right\} + \ldots$$

$$\ldots + \beta_3 \cdot \left\{\frac{\frac{m}{\tau_2^2}\cdot exp\left(-\frac{m}{\tau_2}\right) - \frac{1}{\tau_2}\cdot\left[1 - exp\left(-\frac{m}{\tau_2}\right)\right]}{\left(\frac{m}{\tau_2}\right)^2}\right. + \ldots$$

$$\left.\ldots + \frac{1}{\tau_2}\cdot exp\left(-\frac{m}{\tau_2}\right)\right\} \qquad (2)$$

Zur Vereinfachung der Interpretation des Ergebnisses wird für Beziehung (2) die Schreibweise

$$\frac{\partial i(m;b)}{\partial m} = \beta_1 \cdot \left\{\frac{1}{m\cdot exp\left(\frac{m}{\tau_1}\right)} - \frac{1}{\tau_1}\cdot\frac{\left[1 - \frac{1}{exp\left(\frac{m}{\tau_1}\right)}\right]}{\left(\frac{m}{\tau_1}\right)^2}\right\} + \ldots$$

$$\ldots + \beta_2 \cdot \left[ \frac{1}{m \cdot exp\left(\frac{m}{\tau_1}\right)} - \frac{1}{\tau_1} \cdot \left\{ \frac{\left[1 - \frac{1}{exp\left(\frac{m}{\tau_1}\right)}\right]}{\left(\frac{m}{\tau_1}\right)^2} - \frac{1}{exp\left(\frac{m}{\tau_1}\right)} \right\} \right] + \ldots$$

$$\ldots + \beta_3 \cdot \left[ \frac{1}{m \cdot exp\left(\frac{m}{\tau_2}\right)} - \frac{1}{\tau_2} \cdot \left\{ \frac{\left[1 - \frac{1}{exp\left(\frac{m}{\tau_2}\right)}\right]}{\left(\frac{m}{\tau_2}\right)^2} - \frac{1}{exp\left(\frac{m}{\tau_2}\right)} \right\} \right] =$$

$$= \beta_1 \cdot \left[ \frac{1}{m \cdot exp\left(\frac{m}{\tau_1}\right)} - \left\{ \frac{exp\left(\frac{m}{\tau_1}\right) - 1}{\frac{m^2}{\tau_1} \cdot exp\left(\frac{m}{\tau_1}\right)} \right\} \right] + \ldots$$

$$\ldots + \beta_2 \cdot \left[ \frac{1}{m \cdot exp\left(\frac{m}{\tau_1}\right)} - \left\{ \frac{exp\left(\frac{m}{\tau_1}\right) - 1 - \left(\frac{m}{\tau_1}\right)^2}{\frac{m^2}{\tau_1} \cdot exp\left(\frac{m}{\tau_1}\right)} \right\} \right] + \ldots$$

$$\ldots + \beta_3 \cdot \left[ \frac{1}{m \cdot exp\left(\frac{m}{\tau_2}\right)} - \left\{ \frac{exp\left(\frac{m}{\tau_2}\right) - 1 - \left(\frac{m}{\tau_2}\right)^2}{\frac{m^2}{\tau_2} \cdot exp\left(\frac{m}{\tau_2}\right)} \right\} \right] =$$

$$= \beta_1 \cdot \left[ \frac{\frac{m}{\tau_1} - exp\left(\frac{m}{\tau_1}\right) + 1}{\frac{m^2}{\tau_1} \cdot exp\left(\frac{m}{\tau_1}\right)} \right] + \beta_2 \cdot \left[ \frac{\frac{m}{\tau_1} - exp\left(\frac{m}{\tau_1}\right) + 1 + \left(\frac{m}{\tau_1}\right)^2}{\frac{m^2}{\tau_1} \cdot exp\left(\frac{m}{\tau_1}\right)} \right] + \ldots$$

$$\ldots + \beta_3 \cdot \left[ \frac{\frac{m}{\tau_2} - exp\left(\frac{m}{\tau_2}\right) + 1 + \left(\frac{m}{\tau_2}\right)^2}{\frac{m^2}{\tau_2} \cdot exp\left(\frac{m}{\tau_2}\right)} \right] \quad (3)$$

gewählt. Vorliegend ist ausschließlich der Bereich sehr langer Restlaufzeiten relevant, sodass

# Anhang

$$\lim_{m\to+\infty}\frac{\partial i(m;b)}{\partial m} = \lim_{m\to+\infty}\left[\beta_1 \cdot \left|\frac{\frac{m}{\tau_1} - exp\left(\frac{m}{\tau_1}\right) + 1}{\frac{m^2}{\tau_1} \cdot exp\left(\frac{m}{\tau_1}\right)}\right| + \ldots\right.$$

$$\ldots + \beta_2 \cdot \left|\frac{\frac{m}{\tau_1} - exp\left(\frac{m}{\tau_1}\right) + 1 + \left(\frac{m}{\tau_1}\right)^2}{\frac{m^2}{\tau_1} \cdot exp\left(\frac{m}{\tau_1}\right)}\right| + \ldots$$

$$\left.\ldots + \beta_3 \cdot \left|\frac{\frac{m}{\tau_2} - exp\left(\frac{m}{\tau_2}\right) + 1 + \left(\frac{m}{\tau_2}\right)^2}{\frac{m^2}{\tau_2} \cdot exp\left(\frac{m}{\tau_2}\right)}\right|\right] \quad (4)$$

betrachtet wird, ohne jedoch den Grenzwert selbst zu bestimmen. Vielmehr steht das Steigungsverhalten der Funktion der Kassazinssätze am langen Ende der Zinsstrukturkurve im Vordergrund.

Der Term $-exp\left(\frac{m}{\tau_1}\right)$ bzw. $-exp\left(\frac{m}{\tau_2}\right)$ beim jeweils zweiten Faktor innerhalb des ersten, des zweiten und des dritten Summanden fällt mit zunehmender Restlaufzeit stärker, als der Term $\frac{m}{\tau_1} + 1$, $\frac{m}{\tau_1} + 1 + \left(\frac{m}{\tau_1}\right)^2$ respektive $\frac{m}{\tau_2} + 1 + \left(\frac{m}{\tau_2}\right)^2$ steigt. Damit nimmt der Zähler jeweils einen negativen Wert an. Demgegenüber ist der Nenner positiv. Der jeweils zweite Faktor innerhalb des ersten, zweiten und dritten Summanden ist im Ergebnis negativ. Da der Nenner im Übrigen bei gegen positiv Unendlich konvergierender Restlaufzeit stärker steigt, als der jeweilige Zähler fällt, konvergiert der jeweils zweite Faktor der ersten, des zweiten und des dritten Summanden gegen Null. Zusammenfassend gilt daher am hier betrachteten langen Ende der Zinsstrukturkurve:

$$\left\{\frac{1}{m \cdot exp\left(\frac{m}{\tau_1}\right)} - \frac{1}{\tau_1} \cdot \left[\frac{1 - \frac{1}{exp\left(\frac{m}{\tau_1}\right)}}{\left(\frac{m}{\tau_1}\right)^2}\right]\right\} < 0$$

$$\left| \frac{1}{m \cdot exp\left(\frac{m}{\tau_1}\right)} - \frac{1}{\tau_1} \cdot \left\{ \frac{\left[1 - \frac{1}{exp\left(\frac{m}{\tau_1}\right)}\right]}{\left(\frac{m}{\tau_1}\right)^2} - \frac{1}{exp\left(\frac{m}{\tau_1}\right)} \right\} \right| < 0$$

$$\left| \frac{1}{m \cdot exp\left(\frac{m}{\tau_2}\right)} - \frac{1}{\tau_2} \cdot \left\{ \frac{\left[1 - \frac{1}{exp\left(\frac{m}{\tau_2}\right)}\right]}{\left(\frac{m}{\tau_2}\right)^2} - \frac{1}{exp\left(\frac{m}{\tau_2}\right)} \right\} \right| < 0$$

Mit $\beta_1 < 0, \beta_2 < 0$ und $\beta_3 < 0$ gilt daher für Beziehung (2) am langen Ende der Zinsstruktur

$$\left[ \beta_1 \cdot \left\{ \frac{1}{m \cdot exp\left(\frac{m}{\tau_1}\right)} - \frac{1}{\tau_1} \cdot \frac{\left[1 - \frac{1}{exp\left(\frac{m}{\tau_1}\right)}\right]}{\left(\frac{m}{\tau_1}\right)^2} \right\} + \ldots \right.$$

$$\ldots + \beta_2 \cdot \left| \frac{1}{m \cdot exp\left(\frac{m}{\tau_1}\right)} - \frac{1}{\tau_1} \cdot \left\{ \frac{\left[1 - \frac{1}{exp\left(\frac{m}{\tau_1}\right)}\right]}{\left(\frac{m}{\tau_1}\right)^2} - \frac{1}{exp\left(\frac{m}{\tau_1}\right)} \right\} \right| + \ldots$$

$$\left. \ldots + \beta_3 \cdot \left| \frac{1}{m \cdot exp\left(\frac{m}{\tau_2}\right)} - \frac{1}{\tau_2} \cdot \left\{ \frac{\left[1 - \frac{1}{exp\left(\frac{m}{\tau_2}\right)}\right]}{\left(\frac{m}{\tau_2}\right)^2} - \frac{1}{exp\left(\frac{m}{\tau_2}\right)} \right\} \right| \right] > 0 \quad (5)$$

Die Steigung der Funktion der Kassazinssätze ist damit im hier betrachteten Fall einer normal verlaufenden Zinsstrukturkurve am langen Ende positiv. Dieses Ergebnis ist zu erwarten, da der sehr langfristige Kassazinssatz $\beta_0$ über dem sehr kurzfristigen Kassazinssatz $\beta_0 + \beta_1$ liegt. Der Term $\left(\frac{m}{\tau}\right)^2$

# Anhang

wirkt retardierend, sodass die Funktion der Kassazinssätze am langen Ende der Zinsstrukturkurve abflacht und schließlich bei gegen positiv Unendlich konvergierendem $m$ den Wert Null annimmt.

# Anhang

## A 9.3 Zweite Ableitung

Für die Bestimmung der zweiten Ableitung der Funktion der Kassazinssätze ist die erste Ableitung der Funktion der Kassazinssätze nach der Restlaufzeit $m$ abzuleiten. Die Analyse setzt hierbei auf Beziehung (2) in A 9.2 auf. Diese lautet:

$$\frac{\partial i(m;b)}{\partial m} = \beta_1 \cdot \left\{ \frac{\frac{m}{\tau_1^2} \cdot exp\left(-\frac{m}{\tau_1}\right) - \frac{1}{\tau_1} \cdot \left[1 - exp\left(-\frac{m}{\tau_1}\right)\right]}{\left(\frac{m}{\tau_1}\right)^2} \right\} + \ldots$$

$$\ldots + \beta_2 \cdot \left\{ \frac{\frac{m}{\tau_1^2} \cdot exp\left(-\frac{m}{\tau_1}\right) - \frac{1}{\tau_1} \cdot \left[1 - exp\left(-\frac{m}{\tau_1}\right)\right]}{\left(\frac{m}{\tau_1}\right)^2} + \ldots \right.$$

$$\left. \ldots + \frac{1}{\tau_1} \cdot exp\left(-\frac{m}{\tau_1}\right) \right\} + \ldots$$

$$\ldots + \beta_3 \cdot \left\{ \frac{\frac{m}{\tau_2^2} \cdot exp\left(-\frac{m}{\tau_2}\right) - \frac{1}{\tau_2} \cdot \left[1 - exp\left(-\frac{m}{\tau_2}\right)\right]}{\left(\frac{m}{\tau_2}\right)^2} + \ldots \right.$$

$$\left. \ldots + \frac{1}{\tau_2} \cdot exp\left(-\frac{m}{\tau_2}\right) \right\} \tag{1}$$

$$\frac{\partial^2 i(m;b)}{\partial m^2} = \frac{\partial \left[\beta_1 \cdot \left\{ \frac{\frac{m}{\tau_1^2} \cdot exp\left(-\frac{m}{\tau_1}\right) - \frac{1}{\tau_1} \cdot \left[1 - exp\left(-\frac{m}{\tau_1}\right)\right]}{\left(\frac{m}{\tau_1}\right)^2} \right\}\right]}{\partial m} + \ldots$$

$$\ldots + \frac{\beta_2 \cdot \left\{ \frac{\frac{m}{\tau_1^2} \cdot exp\left(-\frac{m}{\tau_1}\right) - \frac{1}{\tau_1} \cdot \left[1 - exp\left(-\frac{m}{\tau_1}\right)\right]}{\left(\frac{m}{\tau_1}\right)^2} + \frac{1}{\tau_1} \cdot exp\left(-\frac{m}{\tau_1}\right) \right\}}{\partial m} + \ldots$$

# Anhang

$$\ldots + \frac{\beta_3 \cdot \left\{ \dfrac{\dfrac{m}{\tau_2^2} \cdot exp\left(-\dfrac{m}{\tau_2}\right) - \dfrac{1}{\tau_2} \cdot \left[1 - exp\left(-\dfrac{m}{\tau_2}\right)\right]}{\left(\dfrac{m}{\tau_2}\right)^2} + \dfrac{1}{\tau_2} \cdot exp\left(-\dfrac{m}{\tau_2}\right) \right\}}{\partial m} \Bigg| =$$

$$= \beta_1 \cdot \Bigg| \frac{\left(\dfrac{m}{\tau_1}\right)^2 \cdot \dfrac{\partial \left\{ \dfrac{m}{\tau_1^2} \cdot exp\left(-\dfrac{m}{\tau_1}\right) - \dfrac{1}{\tau_1} \cdot \left[1 - exp\left(-\dfrac{m}{\tau_1}\right)\right] \right\}}{\partial m}}{\left(\dfrac{m}{\tau_1}\right)^4} - \ldots$$

$$\ldots - \frac{\left\{ \dfrac{m}{\tau_1^2} \cdot exp\left(-\dfrac{m}{\tau_1}\right) - \dfrac{1}{\tau_1} \cdot \left[1 - exp\left(-\dfrac{m}{\tau_1}\right)\right] \right\} \cdot \dfrac{\partial \left[\left(\dfrac{m}{\tau_1}\right)^2\right]}{\partial m}}{\left(\dfrac{m}{\tau_1}\right)^4} \Bigg| + \ldots$$

$$\ldots + \beta_2 \cdot \Bigg| \frac{\left(\dfrac{m}{\tau_1}\right)^2 \cdot \dfrac{\partial \left\{ \dfrac{m}{\tau_1^2} \cdot exp\left(-\dfrac{m}{\tau_1}\right) - \dfrac{1}{\tau_1} \cdot \left[1 - exp\left(-\dfrac{m}{\tau_1}\right)\right] \right\}}{\partial m}}{\left(\dfrac{m}{\tau_1}\right)^4} - \ldots$$

$$\ldots - \frac{\left\{ \dfrac{m}{\tau_1^2} \cdot exp\left(-\dfrac{m}{\tau_1}\right) - \dfrac{1}{\tau_1} \cdot \left[1 - exp\left(-\dfrac{m}{\tau_1}\right)\right] \right\} \cdot \dfrac{\partial \left[\left(\dfrac{m}{\tau_1}\right)^2\right]}{\partial m}}{\left(\dfrac{m}{\tau_1}\right)^4} + \ldots$$

$$\ldots + \frac{1}{\tau_1} \cdot \frac{\partial \left[exp\left(-\dfrac{m}{\tau_1}\right)\right]}{\partial m} \Bigg| + \ldots$$

$$\ldots + \beta_3 \cdot \Bigg| \frac{\left(\dfrac{m}{\tau_2}\right)^2 \cdot \dfrac{\partial \left\{ \dfrac{m}{\tau_2^2} \cdot exp\left(-\dfrac{m}{\tau_2}\right) - \dfrac{1}{\tau_2} \cdot \left[1 - exp\left(-\dfrac{m}{\tau_2}\right)\right] \right\}}{\partial m}}{\left(\dfrac{m}{\tau_2}\right)^4} - \ldots$$

$$\ldots - \frac{\left\{\frac{m}{\tau_2^2} \cdot exp\left(-\frac{m}{\tau_2}\right) - \frac{1}{\tau_2} \cdot \left[1 - exp\left(-\frac{m}{\tau_2}\right)\right]\right\} \cdot \frac{\partial\left[\left(\frac{m}{\tau_2}\right)^2\right]}{\partial m}}{\left(\frac{m}{\tau_2}\right)^4} + \ldots$$

$$\ldots + \frac{1}{\tau_2} \cdot \frac{\partial\left[exp\left(-\frac{m}{\tau_2}\right)\right]}{\partial m}\Bigg| =$$

$$= \beta_1 \cdot \Bigg| \frac{\left(\frac{m}{\tau_1}\right)^2 \cdot \left\{\frac{1}{\tau_1^2} \cdot exp\left(-\frac{m}{\tau_1}\right) + \frac{m}{\tau_1^2} \cdot exp\left(-\frac{m}{\tau_1}\right) \cdot \frac{\partial\left(-\frac{m}{\tau_1}\right)}{\partial m}\right.}{\left(\frac{m}{\tau_1}\right)^4} - \ldots$$

$$\ldots - \frac{\frac{1}{\tau_1} \cdot \frac{\partial\left[1 - exp\left(-\frac{m}{\tau_1}\right)\right]}{\partial m}\Bigg\}}{\left(\frac{m}{\tau_1}\right)^4} - \ldots$$

$$\ldots - \frac{\left\{\frac{m}{\tau_1^2} \cdot exp\left(-\frac{m}{\tau_1}\right) - \frac{1}{\tau_1} \cdot \left[1 - exp\left(-\frac{m}{\tau_1}\right)\right]\right\} \cdot 2 \cdot \frac{m}{\tau_1} \cdot \frac{\partial\left(\frac{m}{\tau_1}\right)}{\partial m}}{\left(\frac{m}{\tau_1}\right)^4} + \ldots$$

$$\ldots + \beta_2 \cdot \Bigg| \frac{\left(\frac{m}{\tau_1}\right)^2 \cdot \left\{\frac{1}{\tau_1^2} \cdot exp\left(-\frac{m}{\tau_1}\right) + \frac{m}{\tau_1^2} \cdot exp\left(-\frac{m}{\tau_1}\right) \cdot \frac{\partial\left(-\frac{m}{\tau_1}\right)}{\partial m}\right.}{\left(\frac{m}{\tau_1}\right)^4} - \ldots$$

$$\ldots - \frac{\frac{1}{\tau_1} \cdot \frac{\partial \left[1 - exp\left(-\frac{m}{\tau_1}\right)\right]}{\partial m}}{\left(\frac{m}{\tau_1}\right)^4} - \ldots$$

$$\ldots - \frac{\left\{\frac{m}{\tau_1^2} \cdot exp\left(-\frac{m}{\tau_1}\right) - \frac{1}{\tau_1} \cdot \left[1 - exp\left(-\frac{m}{\tau_1}\right)\right]\right\} \cdot 2 \cdot \frac{m}{\tau_1} \cdot \frac{\partial \left(\frac{m}{\tau_1}\right)}{\partial m}}{\left(\frac{m}{\tau_1}\right)^4} + \ldots$$

$$\ldots + \left. \frac{1}{\tau_1} \cdot exp\left(-\frac{m}{\tau_1}\right) \cdot \frac{\partial \left(-\frac{m}{\tau_1}\right)}{\partial m} \right| + \ldots$$

$$\ldots + \beta_3 \cdot \left| \frac{\left(\frac{m}{\tau_2}\right)^2 \cdot \left\{\frac{1}{\tau_2^2} \cdot exp\left(-\frac{m}{\tau_2}\right) + \frac{m}{\tau_2^2} \cdot exp\left(-\frac{m}{\tau_2}\right) \cdot \frac{\partial \left(-\frac{m}{\tau_2}\right)}{\partial m}\right\}}{\left(\frac{m}{\tau_2}\right)^4} - \ldots \right.$$

$$\ldots - \frac{\frac{1}{\tau_2} \cdot \frac{\partial \left[1 - exp\left(-\frac{m}{\tau_2}\right)\right]}{\partial m}}{\left(\frac{m}{\tau_2}\right)^4} - \ldots$$

$$\ldots - \frac{\left\{\frac{m}{\tau_2^2} \cdot exp\left(-\frac{m}{\tau_2}\right) - \frac{1}{\tau_2} \cdot \left[1 - exp\left(-\frac{m}{\tau_2}\right)\right]\right\} \cdot 2 \cdot \frac{m}{\tau_2} \cdot \frac{\partial \left(\frac{m}{\tau_2}\right)}{\partial m}}{\left(\frac{m}{\tau_2}\right)^4} + \ldots$$

$$\ldots + \left. \frac{1}{\tau_2} \cdot exp\left(-\frac{m}{\tau_2}\right) \cdot \frac{\partial \left(-\frac{m}{\tau_2}\right)}{\partial m} \right| =$$

$$= \beta_1 \cdot \left[ \frac{\left(\frac{m}{\tau_1}\right)^2 \cdot \left\{\frac{1}{\tau_1^2} \cdot exp\left(-\frac{m}{\tau_1}\right) + \frac{m}{\tau_1^2} \cdot exp\left(-\frac{m}{\tau_1}\right) \cdot \left(-\frac{1}{\tau_1}\right)\right\}}{\left(\frac{m}{\tau_1}\right)^4} + \ldots \right.$$

$$\ldots + \frac{\frac{1}{\tau_1} \cdot exp\left(-\frac{m}{\tau_1}\right) \cdot \frac{\partial\left(-\frac{m}{\tau_1}\right)}{\partial m}}{\left(\frac{m}{\tau_1}\right)^4} - \ldots$$

$$\ldots - \frac{\left\{\frac{m}{\tau_1^2} \cdot exp\left(-\frac{m}{\tau_1}\right) - \frac{1}{\tau_1} \cdot \left[1 - exp\left(-\frac{m}{\tau_1}\right)\right]\right\} \cdot 2 \cdot \frac{m}{\tau_1^2}}{\left(\frac{m}{\tau_1}\right)^4} + \ldots \right]$$

$$\ldots + \beta_2 \cdot \left[ \frac{\left(\frac{m}{\tau_1}\right)^2 \cdot \left\{\frac{1}{\tau_1^2} \cdot exp\left(-\frac{m}{\tau_1}\right) + \frac{m}{\tau_1^2} \cdot exp\left(-\frac{m}{\tau_1}\right) \cdot \left(-\frac{1}{\tau_1}\right)\right\}}{\left(\frac{m}{\tau_1}\right)^4} + \ldots \right.$$

$$\ldots + \frac{\frac{1}{\tau_1} \cdot exp\left(-\frac{m}{\tau_1}\right) \cdot \frac{\partial\left(-\frac{m}{\tau_1}\right)}{\partial m}}{\left(\frac{m}{\tau_1}\right)^4} - \ldots$$

$$\ldots - \frac{\left\{\frac{m}{\tau_1^2} \cdot exp\left(-\frac{m}{\tau_1}\right) - \frac{1}{\tau_1} \cdot \left[1 - exp\left(-\frac{m}{\tau_1}\right)\right]\right\} \cdot 2 \cdot \frac{m}{\tau_1^2}}{\left(\frac{m}{\tau_1}\right)^4} - \ldots$$

$$\ldots - \frac{1}{\tau_1^2} \cdot exp\left(-\frac{m}{\tau_1}\right) \right] + \ldots$$

$$\ldots + \beta_3 \cdot \left[ \frac{\left(\frac{m}{\tau_2}\right)^2 \cdot \left\{\frac{1}{\tau_2^2} \cdot exp\left(-\frac{m}{\tau_2}\right) + \frac{m}{\tau_2^2} \cdot exp\left(-\frac{m}{\tau_2}\right) \cdot \left(-\frac{1}{\tau_2}\right)\right\}}{\left(\frac{m}{\tau_2}\right)^4} + \ldots \right.$$

# Anhang

$$\ldots + \cfrac{\cfrac{1}{\tau_2} \cdot exp\left(-\cfrac{m}{\tau_2}\right) \cdot \cfrac{\partial\left(-\cfrac{m}{\tau_2}\right)}{\partial m}}{\left(\cfrac{m}{\tau_2}\right)^4} - \ldots$$

$$\ldots - \cfrac{\left\{\cfrac{m}{\tau_2^2} \cdot exp\left(-\cfrac{m}{\tau_2}\right) - \cfrac{1}{\tau_2} \cdot \left[1 - exp\left(-\cfrac{m}{\tau_2}\right)\right]\right\} \cdot 2 \cdot \cfrac{m}{\tau_2^2}}{\left(\cfrac{m}{\tau_2}\right)^4} - \ldots$$

$$\ldots - \cfrac{1}{\tau_2^2} \cdot exp\left(-\cfrac{m}{\tau_2}\right) \Bigg] =$$

$$= \beta_1 \cdot \Bigg[ \cfrac{\left(\cfrac{m}{\tau_1}\right)^2 \cdot \left\{\cfrac{1}{\tau_1^2} \cdot exp\left(-\cfrac{m}{\tau_1}\right) - \cfrac{m}{\tau_1^3} \cdot exp\left(-\cfrac{m}{\tau_1}\right) - \cfrac{1}{\tau_1^2} \cdot exp\left(-\cfrac{m}{\tau_1}\right)\right\}}{\left(\cfrac{m}{\tau_1}\right)^4} - \ldots$$

$$\ldots - \cfrac{\left\{\cfrac{m}{\tau_1^2} \cdot exp\left(-\cfrac{m}{\tau_1}\right) - \cfrac{1}{\tau_1} \cdot \left[1 - exp\left(-\cfrac{m}{\tau_1}\right)\right]\right\} \cdot 2 \cdot \cfrac{m}{\tau_1^2}}{\left(\cfrac{m}{\tau_1}\right)^4} + \ldots$$

$$\ldots + \beta_2 \cdot \Bigg[ \cfrac{\left(\cfrac{m}{\tau_1}\right)^2 \cdot \left\{\cfrac{1}{\tau_1^2} \cdot exp\left(-\cfrac{m}{\tau_1}\right) - \cfrac{m}{\tau_1^3} \cdot exp\left(-\cfrac{m}{\tau_1}\right) - \cfrac{1}{\tau_1^2} \cdot exp\left(-\cfrac{m}{\tau_1}\right)\right\}}{\left(\cfrac{m}{\tau_1}\right)^4} - \ldots$$

$$\ldots - \cfrac{\left\{\cfrac{m}{\tau_1^2} \cdot exp\left(-\cfrac{m}{\tau_1}\right) - \cfrac{1}{\tau_1} \cdot \left[1 - exp\left(-\cfrac{m}{\tau_1}\right)\right]\right\} \cdot 2 \cdot \cfrac{m}{\tau_1^2}}{\left(\cfrac{m}{\tau_1}\right)^4} - \cfrac{1}{\tau_1^2} \cdot exp\left(-\cfrac{m}{\tau_1}\right) \Bigg] + \ldots$$

$$\ldots + \beta_3 \cdot \Bigg[ \cfrac{\left(\cfrac{m}{\tau_2}\right)^2 \cdot \left\{\cfrac{1}{\tau_2^2} \cdot exp\left(-\cfrac{m}{\tau_2}\right) - \cfrac{m}{\tau_2^3} \cdot exp\left(-\cfrac{m}{\tau_2}\right) - \cfrac{1}{\tau_2^2} \cdot exp\left(-\cfrac{m}{\tau_2}\right)\right\}}{\left(\cfrac{m}{\tau_2}\right)^4} - \ldots$$

$$\ldots - \cfrac{\left\{\cfrac{m}{\tau_2^2} \cdot exp\left(-\cfrac{m}{\tau_2}\right) - \cfrac{1}{\tau_2} \cdot \left[1 - exp\left(-\cfrac{m}{\tau_2}\right)\right]\right\} \cdot 2 \cdot \cfrac{m}{\tau_2^2}}{\left(\cfrac{m}{\tau_2}\right)^4} - \cfrac{1}{\tau_2^2} \cdot exp\left(-\cfrac{m}{\tau_2}\right) \Bigg] =$$

$$= \beta_1 \cdot \left[ \frac{\left(\frac{m}{\tau_1}\right) \cdot \left\{\left(\frac{1}{\tau_1^2} - \frac{m}{\tau_1^3} - \frac{1}{\tau_1^2}\right) \cdot exp\left(-\frac{m}{\tau_1}\right)\right\}}{\left(\frac{m}{\tau_1}\right)^3} - \ldots \right.$$

$$\left. \ldots - \frac{\left\{\frac{m}{\tau_1^2} \cdot exp\left(-\frac{m}{\tau_1}\right) - \frac{1}{\tau_1} \cdot \left[1 - exp\left(-\frac{m}{\tau_1}\right)\right]\right\} \cdot 2 \cdot \frac{1}{\tau_1}}{\left(\frac{m}{\tau_1}\right)^3} \right] + \ldots$$

$$\ldots + \beta_2 \cdot \left[ \frac{\left(\frac{m}{\tau_1}\right) \cdot \left\{\left(\frac{1}{\tau_1^2} - \frac{m}{\tau_1^3} - \frac{1}{\tau_1^2}\right) \cdot exp\left(-\frac{m}{\tau_1}\right)\right\}}{\left(\frac{m}{\tau_1}\right)^3} - \ldots \right.$$

$$\left. \ldots - \frac{\left\{\frac{m}{\tau_1^2} \cdot exp\left(-\frac{m}{\tau_1}\right) - \frac{1}{\tau_1} \cdot \left[1 - exp\left(-\frac{m}{\tau_1}\right)\right]\right\} \cdot 2 \cdot \frac{1}{\tau_1}}{\left(\frac{m}{\tau_1}\right)^3} - \frac{1}{\tau_1^2} \cdot exp\left(-\frac{m}{\tau_1}\right) \right] + \ldots$$

$$\ldots + \beta_3 \cdot \left[ \frac{\left(\frac{m}{\tau_2}\right) \cdot \left\{\left(\frac{1}{\tau_2^2} - \frac{m}{\tau_2^3} - \frac{1}{\tau_2^2}\right) \cdot exp\left(-\frac{m}{\tau_2}\right)\right\}}{\left(\frac{m}{\tau_2}\right)^3} - \ldots \right.$$

$$\left. \ldots - \frac{\left\{\frac{m}{\tau_2^2} \cdot exp\left(-\frac{m}{\tau_2}\right) - \frac{1}{\tau_2} \cdot \left[1 - exp\left(-\frac{m}{\tau_2}\right)\right]\right\} \cdot 2 \cdot \frac{1}{\tau_2}}{\left(\frac{m}{\tau_2}\right)^3} - \frac{1}{\tau_2^2} \cdot exp\left(-\frac{m}{\tau_2}\right) \right] =$$

$$= \beta_1 \cdot \left[ \frac{\left(-\frac{m^2}{\tau_1^4}\right) \cdot exp\left(-\frac{m}{\tau_1}\right) - 2 \cdot \frac{m}{\tau_1^3} \cdot exp\left(-\frac{m}{\tau_1}\right)}{\left(\frac{m}{\tau_1}\right)^3} + \ldots \right.$$

$$\left. \ldots + \frac{2 \cdot \frac{1}{\tau_1^2} \cdot \left[1 - exp\left(-\frac{m}{\tau_1}\right)\right]}{\left(\frac{m}{\tau_1}\right)^3} \right] + \ldots$$

$$\ldots + \beta_2 \cdot \left[ \frac{\left(-\frac{m^2}{\tau_1^4}\right) \cdot exp\left(-\frac{m}{\tau_1}\right) - 2 \cdot \frac{m}{\tau_1^3} \cdot exp\left(-\frac{m}{\tau_1}\right)}{\left(\frac{m}{\tau_1}\right)^3} + \ldots \right.$$

# Anhang

$$\ldots + \frac{2 \cdot \frac{1}{\tau_1^2} \cdot \left[1 - exp\left(-\frac{m}{\tau_1}\right)\right]}{\left(\frac{m}{\tau_1}\right)^3} - \frac{1}{\tau_1^2} \cdot exp\left(-\frac{m}{\tau_1}\right)\Bigg] + \ldots$$

$$\ldots + \beta_3 \cdot \Bigg[\frac{\left(-\frac{m^2}{\tau_2^4}\right) \cdot exp\left(-\frac{m}{\tau_2}\right) - 2 \cdot \frac{m}{\tau_2^3} \cdot exp\left(-\frac{m}{\tau_2}\right)}{\left(\frac{m}{\tau_2}\right)^3} + \ldots$$

$$\ldots + \frac{2 \cdot \frac{1}{\tau_2^2} \cdot \left[1 - exp\left(-\frac{m}{\tau_2}\right)\right]}{\left(\frac{m}{\tau_2}\right)^3} - \frac{1}{\tau_2^2} \cdot exp\left(-\frac{m}{\tau_2}\right)\Bigg]$$

Äquivalente Umformungen liefern schließlich:

$$\beta_1 \cdot \Bigg[\frac{\left(-\frac{m^2}{\tau_1^4}\right) \cdot exp\left(-\frac{m}{\tau_1}\right) - 2 \cdot \frac{m}{\tau_1^3} \cdot exp\left(-\frac{m}{\tau_1}\right) + 2 \cdot \frac{1}{\tau_1^2}}{\left(\frac{m}{\tau_1}\right)^3} - \ldots$$

$$\ldots - \frac{2 \cdot \frac{1}{\tau_1^2} \cdot exp\left(-\frac{m}{\tau_1}\right)}{\left(\frac{m}{\tau_1}\right)^3}\Bigg] + \ldots$$

$$\ldots + \beta_2 \cdot \Bigg[\frac{\left(-\frac{m^2}{\tau_1^4}\right) \cdot exp\left(-\frac{m}{\tau_1}\right) - 2 \cdot \frac{m}{\tau_1^3} \cdot exp\left(-\frac{m}{\tau_1}\right) + 2 \cdot \frac{1}{\tau_1^2}}{\left(\frac{m}{\tau_1}\right)^3} - \ldots$$

$$\ldots - \frac{2 \cdot \frac{1}{\tau_1^2} \cdot exp\left(-\frac{m}{\tau_1}\right)}{\left(\frac{m}{\tau_1}\right)^3} - \frac{1}{\tau_1^2} \cdot exp\left(-\frac{m}{\tau_1}\right)\Bigg] + \ldots$$

$$\ldots + \beta_3 \cdot \Bigg[\frac{\left(-\frac{m^2}{\tau_2^4}\right) \cdot exp\left(-\frac{m}{\tau_2}\right) - 2 \cdot \frac{m}{\tau_2^3} \cdot exp\left(-\frac{m}{\tau_2}\right) + 2 \cdot \frac{1}{\tau_2^2}}{\left(\frac{m}{\tau_2}\right)^3} - \ldots$$

$$\ldots - \frac{2 \cdot \frac{1}{\tau_2^2} \cdot exp\left(-\frac{m}{\tau_2}\right)}{\left(\frac{m}{\tau_2}\right)^3} - \frac{1}{\tau_2^2} \cdot exp\left(-\frac{m}{\tau_2}\right)\Bigg] =$$

$$= \beta_1 \cdot \frac{1}{\tau_1^2} \cdot \left[ \frac{2 - \left[\left(\frac{m}{\tau_1}\right)^2 + 2 \cdot \frac{m}{\tau_1} + 2\right] \cdot exp\left(-\frac{m}{\tau_1}\right)}{\left(\frac{m}{\tau_1}\right)^3} \right] + \ldots$$

$$\ldots + \beta_2 \cdot \frac{1}{\tau_1^2} \cdot \left[ \frac{2 - \left[\left(\frac{m}{\tau_1}\right)^2 + 2 \cdot \frac{m}{\tau_1} + 2\right] \cdot exp\left(-\frac{m}{\tau_1}\right)}{\left(\frac{m}{\tau_1}\right)^3} - exp\left(-\frac{m}{\tau_1}\right) \right] + \ldots$$

$$\ldots + \beta_3 \cdot \frac{1}{\tau_2^2} \cdot \left[ \frac{2 - \left[\left(\frac{m}{\tau_2}\right)^2 + 2 \cdot \frac{m}{\tau_2} + 2\right] \cdot exp\left(-\frac{m}{\tau_2}\right)}{\left(\frac{m}{\tau_2}\right)^3} - exp\left(-\frac{m}{\tau_2}\right) \right] =$$

$$= \beta_1 \cdot \frac{1}{\tau_1^2} \cdot \left[ \frac{2}{\left(\frac{m}{\tau_1}\right)^3} - \frac{\left(\frac{m}{\tau_1}\right)^2 + 2 \cdot \frac{m}{\tau_1} + 2}{\left(\frac{m}{\tau_1}\right)^3 \cdot exp\left(\frac{m}{\tau_1}\right)} \right] + \ldots$$

$$\ldots + \beta_2 \cdot \frac{1}{\tau_1^2} \cdot \left[ \frac{2}{\left(\frac{m}{\tau_1}\right)^3} - \frac{\left(\frac{m}{\tau_1}\right)^2 + 2 \cdot \frac{m}{\tau_1} + 2}{\left(\frac{m}{\tau_1}\right)^3 \cdot exp\left(\frac{m}{\tau_1}\right)} - \frac{1}{exp\left(\frac{m}{\tau_1}\right)} \right] + \ldots$$

$$\ldots + \beta_3 \cdot \frac{1}{\tau_2^2} \cdot \left[ \frac{2}{\left(\frac{m}{\tau_2}\right)^3} - \frac{\left(\frac{m}{\tau_2}\right)^2 + 2 \cdot \frac{m}{\tau_2} + 2}{\left(\frac{m}{\tau_2}\right)^3 \cdot exp\left(\frac{m}{\tau_2}\right)} - \frac{1}{exp\left(\frac{m}{\tau_2}\right)} \right] =$$

$$= \beta_1 \cdot \frac{1}{\tau_1^2} \cdot \left[ \frac{2}{\left(\frac{m}{\tau_1}\right)^3} - \frac{\left(\frac{m}{\tau_1}\right)^2 \cdot \left[1 + \frac{2}{\left(\frac{m}{\tau_1}\right)} + \frac{2}{\left(\frac{m}{\tau_1}\right)^2}\right]}{\left(\frac{m}{\tau_1}\right)^3 \cdot exp\left(\frac{m}{\tau_1}\right)} \right] + \ldots$$

# Anhang

$$\ldots + \beta_2 \cdot \frac{1}{\tau_1^2} \cdot \left| \frac{2}{\left(\frac{m}{\tau_1}\right)^3} - \frac{\left(\frac{m}{\tau_1}\right)^2 \cdot \left[1 + \frac{2}{\left(\frac{m}{\tau_1}\right)} + \frac{2}{\left(\frac{m}{\tau_1}\right)^2}\right]}{\left(\frac{m}{\tau_1}\right)^3 \cdot exp\left(\frac{m}{\tau_1}\right)} - \frac{1}{exp\left(\frac{m}{\tau_1}\right)} \right| + \ldots$$

$$\ldots + \beta_3 \cdot \frac{1}{\tau_2^2} \cdot \left| \frac{2}{\left(\frac{m}{\tau_2}\right)^3} - \frac{\left(\frac{m}{\tau_2}\right)^2 \cdot \left[1 + \frac{2}{\left(\frac{m}{\tau_2}\right)} + \frac{2}{\left(\frac{m}{\tau_2}\right)^2}\right]}{\left(\frac{m}{\tau_2}\right)^3 \cdot exp\left(\frac{m}{\tau_2}\right)} - \frac{1}{exp\left(\frac{m}{\tau_2}\right)} \right| \quad (2)$$

Weitere äquivalente Umformungen liefern:

$$\beta_1 \cdot \frac{1}{\tau_1^2} \cdot \left| \frac{2}{\left(\frac{m}{\tau_1}\right)^3} - \frac{\left[1 + \frac{2}{\left(\frac{m}{\tau_1}\right)} + \frac{2}{\left(\frac{m}{\tau_1}\right)^2}\right]}{\left(\frac{m}{\tau_1}\right) \cdot exp\left(\frac{m}{\tau_1}\right)} \right| + \ldots$$

$$\ldots + \beta_2 \cdot \frac{1}{\tau_1^2} \cdot \left| \frac{2}{\left(\frac{m}{\tau_1}\right)^3} - \frac{\left[1 + \frac{2}{\left(\frac{m}{\tau_1}\right)} + \frac{2}{\left(\frac{m}{\tau_1}\right)^2}\right]}{\left(\frac{m}{\tau_1}\right) \cdot exp\left(\frac{m}{\tau_1}\right)} - \frac{1}{exp\left(\frac{m}{\tau_1}\right)} \right| + \ldots$$

$$\ldots + \beta_3 \cdot \frac{1}{\tau_2^2} \cdot \left| \frac{2}{\left(\frac{m}{\tau_2}\right)^3} - \frac{\left[1 + \frac{2}{\left(\frac{m}{\tau_2}\right)} + \frac{2}{\left(\frac{m}{\tau_2}\right)^2}\right]}{\left(\frac{m}{\tau_2}\right) \cdot exp\left(\frac{m}{\tau_2}\right)} - \frac{1}{exp\left(\frac{m}{\tau_2}\right)} \right|$$

Bedingt durch die Exponentialfunktion im Nenner zerfällt der Term $\dfrac{\left[1+\frac{2}{\left(\frac{m}{\tau}\right)}+\frac{2}{\left(\frac{m}{\tau}\right)^2}\right]}{\left(\frac{m}{\tau}\right)\cdot exp\left(\frac{m}{\tau}\right)}$ am hier betrachteten langen Ende der Zinsstrukturkurve schneller als der Term $\dfrac{2}{\left(\frac{m}{\tau}\right)^3}$. Dies gilt in gleicher Weise für den Term $\dfrac{1}{exp\left(\frac{m}{\tau}\right)}$.

Es folgt daher:

$$\left[\frac{2}{\left(\frac{m}{\tau_1}\right)^3}-\frac{\left[1+\frac{2}{\left(\frac{m}{\tau_1}\right)}+\frac{2}{\left(\frac{m}{\tau_1}\right)^2}\right]}{\left(\frac{m}{\tau_1}\right)\cdot exp\left(\frac{m}{\tau_1}\right)}\right]>0$$

$$\left[\frac{2}{\left(\frac{m}{\tau_1}\right)^3}-\frac{\left[1+\frac{2}{\left(\frac{m}{\tau_1}\right)}+\frac{2}{\left(\frac{m}{\tau_1}\right)^2}\right]}{\left(\frac{m}{\tau_1}\right)\cdot exp\left(\frac{m}{\tau_1}\right)}-\frac{1}{exp\left(\frac{m}{\tau_1}\right)}\right]>0$$

$$\left[\frac{2}{\left(\frac{m}{\tau_2}\right)^3}-\frac{\left[1+\frac{2}{\left(\frac{m}{\tau_2}\right)}+\frac{2}{\left(\frac{m}{\tau_2}\right)^2}\right]}{\left(\frac{m}{\tau_2}\right)\cdot exp\left(\frac{m}{\tau_2}\right)}-\frac{1}{exp\left(\frac{m}{\tau_2}\right)}\right]>0$$

Für das Vorzeichen von Beziehung (2) am langen Ende der Zinsstrukturkurve gilt wegen $\beta_1<0, \beta_2<0$ und $\beta_3<0$:

$$\beta_1\cdot\frac{1}{\tau_1^2}\cdot\left[\frac{2}{\left(\frac{m}{\tau_1}\right)^3}-\frac{\left(\frac{m}{\tau_1}\right)^2\cdot\left[1+\frac{2}{\left(\frac{m}{\tau_1}\right)}+\frac{2}{\left(\frac{m}{\tau_1}\right)^2}\right]}{\left(\frac{m}{\tau_1}\right)^3\cdot exp\left(\frac{m}{\tau_1}\right)}\right]+\dots$$

$$\ldots + \beta_2 \cdot \frac{1}{\tau_1^2} \cdot \left| \frac{2}{\left(\frac{m}{\tau_1}\right)^3} - \frac{\left(\frac{m}{\tau_1}\right)^2 \cdot \left[1 + \frac{2}{\left(\frac{m}{\tau_1}\right)} + \frac{2}{\left(\frac{m}{\tau_1}\right)^2}\right]}{\left(\frac{m}{\tau_1}\right)^3 \cdot exp\left(\frac{m}{\tau_1}\right)} - \frac{1}{exp\left(\frac{m}{\tau_1}\right)} \right| + \ldots$$

$$\ldots + \beta_3 \cdot \frac{1}{\tau_2^2} \cdot \left| \frac{2}{\left(\frac{m}{\tau_2}\right)^3} - \frac{\left(\frac{m}{\tau_2}\right)^2 \cdot \left[1 + \frac{2}{\left(\frac{m}{\tau_2}\right)} + \frac{2}{\left(\frac{m}{\tau_2}\right)^2}\right]}{\left(\frac{m}{\tau_2}\right)^3 \cdot exp\left(\frac{m}{\tau_2}\right)} - \frac{1}{exp\left(\frac{m}{\tau_2}\right)} \right| < 0 \qquad (3)$$

Damit ist gezeigt, dass die Funktion der Kassazinssätze negativ gekrümmt ist, wobei die Krümmung für Fälligkeiten gegen positiv Unendlich gegen Null konvergiert. Ein punktsymmetrischer Verlauf der Funktion der Kassazinssätze am langen Ende der Zinsstrukturkurve kommt damit nicht in Betracht.

# Anhang

## A 10 Komprimierung der periodenspezifischen Kassazinssätze zu einem einheitlichen Basiszinssatz

### A 10.1 Allgemeiner Fall

Die Ermittlung eines laufzeitkonstanten einheitlichen Basiszinssatzes nimmt ihren Ausgang in der Beziehung

$$X_0 \cdot \sum_{t=1}^{T} \frac{(1+g)^t}{[1+i(0;t)]^t} + X_0 \cdot (1+g)^T \cdot \frac{1+g}{i(0;T)-g} \cdot \frac{1}{[1+i(0;T)]^T} \stackrel{!}{=}$$

$$\stackrel{!}{=} X_0 \cdot \frac{1+g}{i_e - g} \tag{1}$$

Hierbei steht

$$X_0 \cdot \sum_{t=1}^{T} \frac{(1+g)^t}{[1+i(0;t)]^t} \tag{2}$$

im Zweiphasenmodell für die Kapitalisierung der Zahlungsströme des Bewertungsobjekts in der näheren ersten Phase unter Verwendung periodenspezifischer Kassazinssätze $i(0;t)$, während der Term

$$X_0 \cdot (1+g)^T \cdot \frac{1+g}{i(0;T)-g} \cdot \frac{1}{[1+i(0;T)]^T} \tag{3}$$

den Barwert der Zahlungsströme repräsentiert, welche in der Phase der Anschlussverzinsung zu erwarten sind. Hierbei handelt es sich um eine ewige Rente auf der Grundlage der präsumierten Anschlussverzinsung $i(0;T)$, wobei die Zahlung $X_0 \cdot (1+g)^T$ mit der Rate $g$ wächst. Der Term

$$X_0 \cdot \frac{1+g}{i_e - g} \tag{4}$$

trifft keine Unterscheidung zwischen der ersten Phase und der Phase der Wiederanlage frei werdender finanzieller Mittel am Ende der Laufzeit der längstlaufenden Kuponanleihe, sondern formalisiert der beabsichtigten Darstellung entsprechend die Zahlungsstruktur einer ewig laufenden Anleihe. Somit gilt:

$$X_0 \cdot \left\{ \sum_{t=1}^{T} \frac{(1+g)^t}{[1+i(0;t)]^t} + (1+g)^T \cdot \frac{1+g}{i(0;T)-g} \cdot \frac{1}{[1+i(0;T)]^T} \right\} \stackrel{!}{=}$$

$$\stackrel{!}{=} X_0 \cdot \frac{1+g}{i_e - g} \tag{5}$$

Die äquivalente Umformung von Beziehung (5) in Form von Kürzen um den Faktor $X_0$ liefert

$$\sum_{t=1}^{T} \frac{(1+g)^t}{[1+i(0;t)]^t} + (1+g)^T \cdot \frac{1+g}{i(0;T) - g} \cdot \frac{1}{[1+i(0;T)]^T} \stackrel{!}{=} \frac{1+g}{i_e - g} \tag{6}$$

Weitere einfache äquivalente Umformungen führen schließlich zu

$$i_e - g = \frac{1+g}{\sum_{t=1}^{T} \frac{(1+g)^t}{[1+i(0;t)]^t} + (1+g)^T \cdot \frac{1+g}{i(0;T) - g} \cdot \frac{1}{[1+i(0;T)]^T}}$$

$$i_e = \frac{1+g}{\sum_{t=1}^{T} \frac{(1+g)^t}{[1+i(0;t)]^t} + (1+g)^T \cdot \frac{1+g}{i(0;T) - g} \cdot \frac{1}{[1+i(0;T)]^T}} + g \tag{7}$$

Beziehung (7) bezeichnet den über alle Perioden hinweg einheitlichen Kassazinssatz, dessen Verwendung anstelle von periodenspezifischen Kassazinssätzen denselben Barwert der Zahlungsreihe des Bewertungsobjekts zum Ergebnis hat.

### A 10.2 Phase der Anschlussverzinsung

Ausgangspunkt für die Ermittlung eines einheitlichen Basiszinssatzes für die Phase der Anschlussverzinsung ist erneut

$$X_0 \cdot \sum_{t=1}^{T} \frac{(1+g)^t}{[1+i(0;t)]^t} + X_0 \cdot (1+g)^T \cdot \frac{1+g}{\beta_0 - g} \cdot \frac{1}{[1+i(0;T)]^T} \stackrel{!}{=} X_0 \cdot \frac{1+g}{i_e - g} \tag{1}$$

Vorliegende Untersuchung kommt zu dem Ergebnis, dass für die Anschlussverzinsung $\beta_0$ zu wählen ist. Abweichend von Beziehung (1) in A 10.1 wird daher $i(0;T)$ durch $\beta_0$ substituiert. Gesucht ist der einheitliche Basiszinssatz für die Phase der Anschlussverzinsung. Aus diesem Grunde ist zunächst die ewige Rente $X_0 \cdot \frac{1+g}{i_e - g}$ aufzuspalten einerseits in denjenigen Anteil, welcher auf die Phase explizit geschätzter Kassazinssätze entfällt, andererseits in denjenigen Anteil, welcher mit der Phase der Anschlussverzinsung korrespondiert. Barwertäquivalentes Umformen liefert

$$X_0 \cdot \sum_{t=1}^{T} \frac{(1+g)^t}{[1+i(0;t)]^t} + X_0 \cdot (1+g)^T \cdot \frac{1+g}{\beta_0 - g} \cdot \frac{1}{[1+i(0;T)]^T} \stackrel{!}{=}$$

$$\overset{!}{=} X_0 \cdot \sum_{t=1}^{T} \frac{(1+g)^t}{[1+i(0;t)]^t} + X_0 \cdot (1+g)^T \cdot \frac{1+g}{i_e - g} \cdot \frac{1}{[1+i(0;T)]^T} \quad (2)$$

Bezugszeitpunkt für die Ermittlung eines globalen einheitlichen Basiszinssatzes ist der Bewertungsstichtag $t = 0$. Bezugszeitpunkt für die Ermittlung eines einheitlichen Basiszinssatzes für die Phase der Anschlussverzinsung ist der Beginn der Phase der Anschlussverzinsung im Zeitpunkt $T$. Infolge der Verschiebung des Bewertungszeitpunkts von $t = 0$ auf $T$ sind in Beziehung (2) zum einen $X_0 \cdot \sum_{t=1}^{T} \frac{(1+g)^t}{[1+i(0;t)]^t}$, mithin der Anteil am Barwert der ewigen Rente, welcher auf die Phase explizit geschätzter Kassazinssätze entfällt, zum anderen der Rentenbarwertfaktor $\frac{1}{[1+i(0;T)]^T}$ zu eliminieren. Das Produkt $X_0 \cdot (1+g)^T$ beschreibt die zu Beginn der Phase der Anschlussverzinsung erwarteten Zahlungsströme $X_T$, sodass zudem

$$X_0 \cdot (1+g)^T \coloneqq X_T \quad (3)$$

gilt. Hieraus folgt für Beziehung (2)

$$X_T \cdot \frac{1+g}{\beta_0 - g} \overset{!}{=} X_T \cdot \frac{1+g}{i_e - g} \quad (4)$$

Einfaches äquivalentes Umformen liefert schließlich

$$i_e = \beta_0 \quad (5)$$

q. e. d.

# Schriftenreihe zum Finanz-, Prüfungs- und Rechnungswesen

herausgegeben von

Prof. Dr. Hans Peter Möller, TH Aachen
Prof. Dr. Volker H. Peemöller, Universität Erlangen-Nürnberg
Prof. Dr. Martin Richter, Universität Potsdam

Band 48: Peter Pinzinger: **Die Marktrisikoprämie im Rahmen der objektivierten Unternehmensbewertung** · Eine Erörterung der qualitativen und der quantitativen Determinanten im Lichte der modelltheoretischen Annahmen und der Empfehlungen der Bewertungspraxis
2016 · 600 Seiten · ISBN 978-3-8316-4514-5

Band 47: Michaela Müller: **Unternehmensbewertungen in Krisenzeiten** · Unter Berücksichtigung der internationalen Finanzmarktkrise der Jahre 2008 und 2009 sowie der europäischen Schuldenkrise
2015 · 270 Seiten · ISBN 978-3-8316-4475-9

Band 46: Robert Braun: **Die Neuregelung des Firmenwerts nach International Financial Reporting Standards** · Bilanzpolitische Möglichkeiten und empirische Befunde
2009 · 288 Seiten · ISBN 978-3-8316-0906-2

Band 45: Benedikt Kormaier: **Externe Unternehmensberichterstattung nicht kapitalmarktorientierter Unternehmen** · Ableitung von Vorschlägen zur konzeptionellen Ausgestaltung einer differenzierten Rechnungslegung
2008 · 330 Seiten · ISBN 978-3-8316-0788-4

Band 44: Tanja Grüner: **Behandlung der immateriellen Vermögenswerte im Rahmen der Erstkonsolidierung nach IAS/IFRS**
2006 · 250 Seiten · ISBN 978-3-8316-0628-3

Band 43: Hartmut Ruh: **Unternehmensbewertung von Krankenhäusern** · Grundlagen, Analysen und Bewertung von Krankenhäusern unter besonderer Berücksichtigung der materiellen Privatisierung
2006 · 360 Seiten · ISBN 978-3-8316-0616-0

Band 42: Jana Eckhoff: **Synergiecontrolling im Rahmen von Mergers & Acquisitions**
2006 · 294 Seiten · ISBN 978-3-8316-0584-2

Band 40: Joachim Schroff: **Aufgabenwandel in der Internen Revision** · Eine theoretische und empirische Untersuchung
2006 · 308 Seiten · ISBN 978-3-8316-0551-4

Band 39: Ralph Oehler: **Auswirkungen einer IAS/IFRS-Umstellung bei KMU**
2005 · 344 Seiten · ISBN 978-3-8316-0513-2

Band 38: Marc Hennies: **Bilanzpolitik und Bilanzanalyse im kommunalen Sektor** · Beurteilung der wirtschaftlichen Lage des Konzerns Kommune mit Hilfe der Informationsinstrumente des Neuen Rechnungswesens
2005 · 252 Seiten · ISBN 978-3-8316-0505-7

Band 37: Sabine Wussow: **Harmonisierung des internen und externen Rechnungswesens mittels IAS/IFRS** · unter Berücksichtigung der wertorientierten Unternehmenssteuerung
2005 · 300 Seiten · ISBN 978-3-8316-0422-7

Band 36: Sven Weichert: **Anwendung internationaler Rechnungslegungsnormen in mittelständischen Unternehmen** · Darstellung und Vergleich von Eigenkapital und Konzernbildung
2004 · 236 Seiten · ISBN 978-3-8316-0403-6

Band 35: Thomas Zorn: **Die Ableitung der Endkonsolidierung vor dem Hintergrund von Regelungslücken innerhalb der IAS/IFRS**
2004 · 305 Seiten · ISBN 978-3-8316-0391-6

Band 34: Stefan Marx: **IAS vs. HGB als Basis der ertragsorientierten Unternehmensbewertung** · Vergleich der Rechnungslegungsvorschriften nach HGB und IAS und Analyse der Auswirkungen auf die Planungsrechnung sowie auf die ertragsorientierte Unternehmensbewertung unter deutschen Normen
2004 · 230 Seiten · ISBN 978-3-8316-0342-8

Band 33: Michaela Schiller: **Restrukturierungsrückstellungen nach HGB, IAS und US-GAAP** · Bilanzielle Behandlung einschließlich Ansatzpunkten zur Prüfung
2004 · 292 Seiten · ISBN 978-3-8316-0340-4

Band 31: Nina Hinze: **Segmentberichterstattung in deutschen Bankkonzernen** · Segmentberichterstattung in deutschen Bankkonzernen
2003 · 297 Seiten · ISBN 978-3-8316-8467-0

Band 25: Markus Uhde: **Harmonisierung der Rechnungslegung nach den Vorschriften des IASC?** · Anwendung im internationalen Vergleich
1999 ·  Seiten · ISBN 978-3-8316-8346-8

Band 19: Thomas Zwingel: **Einsatzmöglichkeiten und Grenzen von Kennzahlen und Kennzahlensystemen im Rahmen eines ökologischen Controllingkonzepts**
1997 · 357 Seiten · ISBN 978-3-8316-8270-6

Band 18: Rainer Husmann: **Analyse der wirtschaftlichen Lage des Konzerns im Rahmen der Konzernabschlußprüfung**
1997 · 348 Seiten · ISBN 978-3-8316-8259-1

Band 16: Heiko Neumann: **Beteiligungsmanagement und -controlling** · Unter besonderer Berücksichtigung kommunaler Unternehmen
1997 · 284 Seiten · ISBN 978-3-8316-8248-5

Band 12: Bernd Keller: **Unternehmensexterne ökologische Berichterstattung** · Entwicklung einer Konzeption mit Ansatzpunkten zur Prüfung
1996 · 324 Seiten · ISBN 978-3-8316-8198-3

Band 11: Peter Löhnert: **Shareholder Value – Reflexion der Adaptionsmöglichkeiten in Deutschland** · Eine Untersuchung unter Berücksichtigung strategischer Implikationen
1996 · 270 Seiten · ISBN 978-3-8316-8184-6

Band 10: Christian Marettek: **Plankostenrechnung im Krankenhaus unter Berücksichtigung des BPflV 1995** · alte ISBN: 3-89481-166-8
1995 · 298 Seiten · ISBN 978-3-8316-8166-2

Erhältlich im Buchhandel oder direkt beim Verlag:
Herbert Utz Verlag GmbH, München
089-277791-00 · info@utzverlag.de

Gesamtverzeichnis mit mehr als 3000 lieferbaren Titeln: www.utzverlag.de